中華大藏經編輯局編

漢文部分
六五

中華書局

圖書在版編目(CIP)數據

中華大藏經:漢文部分.第65册/《中華大藏經》編輯局編.
—北京:中華書局,1993.6(2020.4 重印)
ISBN 978-7-101-01130-2

Ⅰ.中…　Ⅱ.中…　Ⅲ.大藏經　Ⅳ.B941

中國版本圖書館 CIP 數據核字(2020)第 037584 號

内封題簽:李一氓
裝幀設計:伍端端

中華大藏經(漢文部分)

第六五册

《中華大藏經》編輯局 編

*

中華書局出版發行

(北京市豐臺區太平橋西里 38 號　100073)

http://www.zhbc.com.cn

E-mail:zhbc@zhbc.com.cn

三河市航遠印刷有限公司印刷

*

787×1092 毫米 1/16 · 65¾印張 · 2 插頁

1993 年 6 月第 1 版　2020 年 4 月北京第 4 次印刷

定價:600.00 元

ISBN 978-7-101-01130-2

中華大藏經（漢文部分）

第六十五册目録

千字文編次　振——實

振

一三八五　大唐開元釋教廣品歷章三十卷

京兆華嚴寺沙門釋玄逸撰

（金藏廣勝寺本）

卷一（原缺）

卷二（原缺）

卷三　一

校勘記　九

卷四　一〇

卷五　二〇

卷六　三三

卷七　四一

卷八　五〇

卷九　六一

卷一〇　七一

卷一一（原缺）

纓

卷一二　八四

卷一三　九三

卷一四　一〇三

卷一五　一一五

卷一六　一二八

卷一七　一三八

卷一八　一四九

卷一九　一六〇

卷二〇　一七二

卷二一（原缺）

卷二二（原缺）

卷二三（原缺）

卷二四（原缺）

卷二五（原缺）

卷二六（原缺）

卷二七（原缺）

卷二八（原缺）

卷二九（原缺）

卷三〇（原缺）
世
一三八六　大唐正元續開元釋教録三卷
西明寺翻經臨壇沙門圓照撰
卷上（金藏廣勝寺本）　一八三
校勘記　一九七
卷中（金藏廣勝寺本）　二〇三
校勘記　二一七
卷下（金藏廣勝寺本）　二二一
校勘記　二二七
一三八七　穢跡金剛禁百變法經一卷　二三一
北天竺國三藏沙門阿質達霰譯
（麗藏本）
校勘記　二三三
一三八八　穢跡金剛説神通大滿陀羅尼法術靈要門一卷　二三五
北天竺國三藏沙門阿質達霰譯
（麗藏本）
校勘記　二三七
禄
一三八九　金剛恐怖集會方廣軌儀觀自在菩薩三世最勝心明王大威力烏樞瑟摩明王經三卷
北天竺國三藏阿質達霰譯
卷上（金藏廣勝寺本）　二三九
校勘記　二四五
卷中（金藏廣勝寺本）　二四九
校勘記　二五六
卷下（麗藏本）　二五九
校勘記　二六九
一三九〇　普遍智藏般若波羅蜜多心經一卷　二七三
摩竭提國三藏沙門法月重譯
（麗藏本）
校勘記　二七三

一三九一　金剛頂經瑜伽修習毗盧遮那三摩地法一卷　大唐三藏沙門金剛智譯　二七四
（麗藏本）　二七四
新得貞元禄大小乘經等序　二八〇
校勘記　二八二
一三九二　千手千眼觀世音菩薩大身咒本一卷　大唐三藏沙門金剛智譯　二八二
（麗藏本）　二八二
校勘記　二八三
一三九三　千手千眼觀自在菩薩廣大圓滿無礙大悲心陀羅尼咒本一卷　大唐三藏沙門金剛智譯　二八三
（麗藏本）　二八四
校勘記　二八四
一三九四　不動使者陀羅尼秘密法一卷　京大薦福寺三藏沙門金剛菩提譯　二八五
（金藏廣勝寺本）　二九一
校勘記　二九一
一三九五　金剛頂瑜伽念珠經一卷　唐大興善寺三藏沙門不空譯　二九三
（麗藏本）　二九三
校勘記　二九三
一三九六　金剛頂一切如來真實攝大乘現證大教王經三卷　唐大興善寺三藏沙門不空譯
卷上　（麗藏本）　二九四
新得貞元録大小乘經等序　二九四
金剛界大曼荼羅廣大儀軌品之一　二九四
校勘記　三〇二
卷中　（麗藏本）　三〇四
大曼荼羅廣大儀軌品之二　三〇四
校勘記　三一一
卷下　（麗藏本）　三一三
大曼荼羅廣大儀軌品之三　三一三
校勘記　三二〇

一三九七　大樂金剛不空真實三麼耶經　一卷　唐大興善寺三藏沙門不空譯　三二二
（麗藏本）
般若波羅蜜多理趣品　三二二
校勘記　三二五
一三九八　佛説大方廣曼殊室利經一卷　唐大興善寺三藏沙門不空譯　三二六
（麗藏本）
觀自在菩薩授記品　三二六
觀自在多羅菩薩經曼荼羅品第二　三二七
觀自在多羅菩薩經畫像品　三二九
觀自在多羅菩薩第二畫像品　三三〇
校勘記　三三一
一三九九　一字奇特佛頂經三卷　唐大興善寺三藏沙門不空譯
卷上（麗藏本）　三三四
現威德品第一　三三四
印契品第二　三三六
曼荼羅儀軌品第三　三三八
先行品第四　三四二
校勘記　三四六
卷中（麗藏本）　三五〇
成就毗那夜迦品第五　三五〇
説法品第六　三五七
校勘記　三五九
卷下（麗藏本）　三六一
調伏一切障毗那夜迦天王品第七　三六一
最勝成就品第八　三六三
菩薩藏品第九　三六六
校勘記　三六九
一四〇〇　金剛恐怖集會方廣軌儀觀自在菩薩三世最勝心明王經一卷　唐大興善寺三藏沙門不空譯　三七一
（麗藏本）
序品第一　三七一
成就事品第二　三七二
成就如意寶品第三　三七三

瘵一切病品第四　三七三
一切有情敬念品第五　三七四
義利成就品第六　三七四
成就軌儀品第七　三七四
普通成就品第八　三七四
成就心真言品第九　三七八
校勘記　三八二
富
一四〇一　佛説出生無邊門陀羅尼經一卷
唐大興善寺三藏沙門不空譯
（金藏廣勝寺本）　三八五
校勘記　三九〇
一四〇二　金剛頂經瑜伽文殊師利菩薩法
一品（亦名五字呪法）一卷
唐大興善寺三藏沙門不
空譯　三九二
（麗藏本）
校勘記　三九七
一四〇三　阿唎多羅陀羅尼阿嚕力經一卷
唐大興善寺三藏沙門不空譯　四〇〇
（麗藏本）
校勘記　四一一
一四〇四　百千頌大集經地藏菩薩請問
法身讚一卷
唐大興善寺三藏沙門不
空譯　四一七
（金藏廣勝寺本）
校勘記　四二〇
一四〇五　普賢菩薩行願讚一卷
唐大興善寺三藏沙門不空譯　四二二
（金藏廣勝寺本）
校勘記　四二四
一四〇六　大吉祥天女十二契一百八名
無垢大乘經一卷
唐大興善寺三藏沙門不
空譯　四二六
（麗藏本）
校勘記　四二九
一四〇七　底哩三昧邪不動尊威怒王使
者念誦法一卷　四三一

唐大興善寺三藏沙門不空譯
（金藏廣勝寺本）
校勘記　四三八
一四〇八　底哩三昧耶不動使者念誦品（別本）一卷
唐大興善寺三藏沙門不空譯　四四一
（房山石經本）
一四〇九　十一面觀自在菩薩心密言念誦儀軌經三卷
唐大興善寺三藏沙門不空譯
卷上（麗藏本）　四四六
校勘記　四四九
卷中（金藏廣勝寺本）　四五一
校勘記　四五六
卷下（麗藏本）　四五七
校勘記　四六〇
車
一四一〇　一切如來心秘密全身舍利寶篋印陀羅尼經一卷
唐大興善寺三藏沙門不空譯　四六一
（金藏廣勝寺本）
校勘記　四六四
一四一一　佛説一切如來金剛壽命陀羅尼經一卷
南天竺國三藏沙門智藏譯　四六七
（金藏廣勝寺本）
校勘記　四六八
一四一二　佛説大吉祥天女十二名號經一卷
唐大興善寺三藏沙門不空譯　四六九
（金藏廣勝寺本）
校勘記　四七〇
一四一三　佛説大吉祥天女十二名號經（別本）一卷
唐大興善寺三藏沙門不空譯　四七一

（房山石經本）
一四一四　佛説大吉祥天女十二名號經（別本）一卷　唐大興善寺三藏沙門不空譯 …… 四七二
一四一五　金剛頂瑜伽經十八會指歸一卷　唐大興善寺三藏沙門不空譯 …… 四七三
（麗藏本）
（金藏廣勝寺本）
校勘記 …… 四七七
一四一六　菩提場所説一字頂輪王經五卷　唐大興善寺三藏沙門不空譯 …… 四八〇
（金藏廣勝寺本）
卷一 …… 四八〇
序品第一 …… 四八二
示現真言大威德品第二 …… 四八八
校勘記 …… 四九一
卷二　（麗藏本） …… 四九一
畫像儀軌品第三 …… 四九一
行品第四 …… 四九四
儀軌品第五 …… 四九四
分別秘密相品第六 …… 四九七
校勘記 …… 四九九
卷三　（金藏廣勝寺本） …… 五〇二
末法成就品第七 …… 五〇二
密印品第八 …… 五〇五
校勘記 …… 五〇九
卷四　（金藏廣勝寺本） …… 五一一
密印真言品之餘 …… 五一一
諸成就法品第九 …… 五一四
世成就品第十 …… 五一八
校勘記 …… 五二二
卷五　（金藏廣勝寺本） …… 五二五
無能勝加持品第十一 …… 五二五
證學法品第十二 …… 五二六
護摩品第十三 …… 五二七
校勘記 …… 五二九
一四一七　略述金剛頂瑜伽分別聖位修證法門一卷　唐大興善寺三藏沙門不空譯 …… 五三一

（麗藏本）
略述金剛頂瑜伽分別聖位修證法門序　五三一
校勘記　五三七
駕
一四一八　佛母大孔雀明王經三卷
唐大興善寺三藏沙門不空譯
卷上（金藏廣勝寺本）　五四〇
讀誦佛母大孔雀明王經前啟請法　五四〇
校勘記　五四八
卷中（金藏廣勝寺本）　五五二
校勘記　五六三
卷下（麗藏本）　五六七
校勘記　五七四
一四一九　大雲輪請雨經二卷
唐大興善寺三藏沙門不空譯
卷上（金藏廣勝寺本）　五七六
校勘記　五八一
卷下（金藏廣勝寺本）　五八三
校勘記　五八九
一四二〇　佛説雨寶陀羅尼經一卷　五九一
唐大興善寺三藏沙門不空譯
（金藏廣勝寺本）
校勘記　五九三
一四二一　佛説穰麌梨童女經一卷　五九五
三藏沙門大廣智不空譯
（金藏廣勝寺本）
校勘記　五九七
一四二二　觀自在菩薩化身蘘麌哩曳童女銷伏毒害陀羅尼經（別本）一卷　五九八
唐大興善寺三藏沙門不空譯
（麗藏本）
一四二三　慈氏菩薩所説大乘緣生稻䕸喻經一卷　五九九
唐大興善寺三藏沙門不空譯
（金藏廣勝寺本）
校勘記　六〇三
一四二四　大寶廣博樓閣善住秘密陀羅

尼經三卷
唐大興善寺三藏沙門不空譯
卷上（金藏廣勝寺本） 六〇四
序品第一 六〇四
根本陀羅尼品第二 六一一
心及隨心陀羅尼品第三 六一一
校勘記 六一三
卷中（金藏廣勝寺本） 六一六
成就心陀羅尼法品第四 六一六
成就隨心陀羅尼法品第五 六一七
諸儀軌陀羅尼品第六 六一七
建立曼荼羅品第七 六一九
畫像品第八 六二〇
護摩品第九 六二一
校勘記 六二三
卷下（金藏廣勝寺本） 六二五
護摩品第九之餘 六二五
校勘記 六三一
肥

一四二五 菩提場莊嚴陀羅尼經一卷 唐大興善寺三藏沙門不空譯 六三四
（金藏廣勝寺本）
校勘記 六四五
一四二六 除一切疾病陀羅尼經一卷 唐大興善寺三藏沙門不空譯 六四七
（麗藏本）
校勘記 六四七
一四二七 能淨一切眼疾病陀羅尼經一卷 唐大興善寺三藏沙門不空譯 六四九
（麗藏本）
校勘記 六五〇
一四二八 佛說救拔焰口餓鬼陀羅尼經一卷 唐大興善寺三藏沙門不空譯 六五一
（麗藏本）
校勘記 六五二
一四二九 佛說三十五佛名禮懺文一卷 唐大興善寺三藏沙門不空譯 六五四

（麗藏本）
校勘記 六五五
一四三〇 八大菩薩曼荼羅經一卷 六五六
唐大興善寺三藏沙門不空譯
（金藏廣勝寺本）
校勘記 六五七
一四三一 葉衣觀自在菩薩經一卷 六五九
唐大興善寺三藏沙門不空譯
（金藏廣勝寺本）
校勘記 六六三
一四三二 訶利帝母真言法一卷 六六五
唐大興善寺三藏沙門不空譯
（金藏廣勝寺本）
校勘記 六六七
一四三三 毗沙門天王經一卷 六六九
唐大興善寺三藏沙門不空譯
（金藏廣勝寺本）
附興國院本 六七一
校勘記 六七四
一四三四 觀自在菩薩説普賢陀羅尼經一卷 六七五
唐大興善寺三藏沙門不空譯
（金藏廣勝寺本）
校勘記 六七七
輕
一四三五 文殊問經字母品第十四一卷 六七八
唐大興善寺三藏沙門不空譯
（金藏廣勝寺本）
校勘記 六七九
一四三六 金剛頂蓮華部心念誦儀軌一卷 六八〇
唐大興善寺三藏沙門不空譯
（金藏廣勝寺本）
校勘記 六九二
一四三七 金剛頂瑜伽千手千眼觀自在菩薩修行儀軌經一卷 六九四
唐大興善寺三藏沙門不空譯
（金藏廣勝寺本）
校勘記 七〇七

一四三八　無量壽如來修觀行供養儀軌一卷　唐大興善寺三藏沙門不空譯（麗藏本）　七一一
校勘記　七一七
一四三九　阿閦如來念誦供養法一卷　唐大興善寺三藏沙門不空譯（金藏廣勝寺本）　七二三
校勘記　七二八
一四四〇　佛頂尊勝陀羅尼念誦儀軌法一卷　唐大興善寺三藏沙門不空譯（麗藏本）　七三一
校勘記　七三五
一四四一　金剛頂勝初瑜伽普賢菩薩念誦法一卷　唐大興善寺三藏沙門不空譯（麗藏本）　七三八
校勘記　七四一
一四四二　金剛王菩薩秘密念誦儀軌一卷　唐大興善寺三藏沙門不空譯（金藏廣勝寺本）　七四三
校勘記　七四八
一四四三　普賢金剛薩埵瑜伽念誦儀一卷　唐大興善寺三藏沙門不空譯（金藏廣勝寺本）　七五一
校勘記　七五七
一四四四　金剛頂瑜伽金剛薩埵五秘密修行念誦儀軌一卷　唐大興善寺三藏沙門不空譯（金藏廣勝寺本）　七六二
校勘記　七六七
一四四五　金剛壽命陀羅尼念誦法一卷　唐大興善寺三藏沙門不空譯（麗藏本）　七七〇
校勘記　七七一

策

一四四六　瑜伽翳迦訖沙囉烏瑟尼沙斫訖囉真言安怛陀那儀則一字頂輪王瑜伽經一卷　唐大興善寺三藏沙門不空譯　（金藏廣勝寺本）　七七二

校勘記　七七五

一四四七　仁王般若念誦法一卷　唐大興善寺三藏沙門不空譯　（金藏廣勝寺本）　七七八

校勘記　七八一

一四四八　一字頂輪王念誦儀軌一卷　唐大興善寺三藏沙門不空譯　（麗藏本）　七八三

校勘記　七八七

一四四九　一字頂輪王念誦儀軌（別本）一卷　依忉利天宮所説經譯　（宋磧砂藏本）　七八九

校勘記　七九一

一四五〇　觀自在菩薩如意輪念誦儀軌一卷　唐大興善寺三藏沙門不空譯　（金藏廣勝寺本）　七九三

校勘記　七九七

一四五一　觀自在如意輪菩薩念誦法一卷　唐大興善寺三藏沙門不空譯　（房山石經本）　八〇〇

一四五二　大虛空藏菩薩念誦法一卷　唐大興善寺三藏沙門不空譯　（麗藏本）　八〇三

校勘記　八〇五

一四五三　瑜伽蓮華部念誦法一卷　唐大興善寺三藏沙門不空譯　（金藏廣勝寺本）　八〇七

校勘記　八一〇

一四五四　甘露軍荼利菩薩供養念誦成就儀軌一卷　八一二

唐大興善寺三藏沙門不空譯
（金藏廣勝寺本）
校勘記 八二一
一四五五 聖觀自在菩薩心真言瑜伽觀行儀軌一卷 八二四
唐大興善寺三藏沙門不空譯
（麗藏本）
校勘記 八二六
一四五六 金剛頂經多羅菩薩念誦法一卷 八二八
唐大興善寺三藏沙門不空譯
（金藏廣勝寺本）
校勘記 八三二
一四五七 大方廣佛華嚴經入法界品四十二字觀門一卷 八三四
唐大興善寺三藏沙門不空譯
（麗藏本）
校勘記 八三七
功
一四五八 大聖文殊師利菩薩讚佛法身禮并序一卷 八三八
唐大興善寺三藏沙門不空譯
（金藏廣勝寺本）
校勘記 八三九
一四五九 受菩提心戒儀一卷 八四一
唐大興善寺三藏沙門不空譯
（金藏廣勝寺本）
校勘記 八四二
一四六〇 金剛頂瑜伽三十七尊禮一卷 八四四
唐大興善寺三藏沙門不空譯
（金藏廣勝寺本）
校勘記 八四六
一四六一 金剛頂經金剛界大道場毗盧遮那如來自受用身内證智眷屬法身異名佛最上乘秘密三摩地禮懺文一卷 八四七
唐大興善寺三藏沙門不空譯

（麗藏本）
校勘記 八四九
一四六二　大樂金剛不空真實三昧耶經般若波羅蜜多理趣釋二卷　唐大興善寺三藏沙門不空譯 八五一
卷上　（金藏廣勝寺本）
大樂不空金剛薩埵初集會品 八五六
毗盧遮那理趣會品 八五七
校勘記 八五七
卷下　（金藏廣勝寺本）
降三世品 八六〇
觀自在菩薩般若理趣會品 八六一
虚空藏品 八六二
金剛拳理趣會品 八六二
文殊師利理趣品 八六三
虚空庫菩薩理趣品 八六四
摧一切魔菩薩理趣品 八六五
降三世教令輪品 八六六
外金剛會品 八六六
七母天集會品 八六七
三兄弟集會品 八六七
四姉妹集會品 八六八
校勘記 八六八
一四六三　般若波羅蜜多理趣經大樂不空三昧真實金剛薩埵菩薩等一十七聖大曼荼羅義述一卷　唐大興善寺三藏沙門不空譯　（金藏廣勝寺本） 八六九
校勘記 八七三
一四六四　金剛頂瑜伽護摩儀軌一卷　師子國三藏沙門阿目佉跋折羅譯　（金藏廣勝寺本） 八七四
校勘記 八七六
一四六五　陀羅尼門諸部要目一卷　唐大興善寺三藏沙門不空譯　（金藏廣勝寺本） 八八一
八八三

校勘記 八八五
一四六六　都部陀羅尼目(別本)一卷
唐大興善寺三藏沙門不空譯 八八八
(房山石經本)
一四六七　大乘緣生論一卷
唐大興善寺三藏沙門不空譯 八九〇
(金藏廣勝寺本)
校勘記 八九五
一四六八　七俱胝佛母所説准提陀羅尼
經一卷
唐大興善寺三藏沙門不
空譯 八九八
(麗藏本)
校勘記 九〇六
一四六九　大集大虚空藏菩薩所問經
八卷
唐大興善寺三藏沙門不
空譯
卷一　(麗藏本) 九一〇
校勘記 九一六
卷二　(麗藏本) 九一八
校勘記 九二五
卷三　(麗藏本) 九二六
校勘記 九三三
卷四　(麗藏本) 九三四
校勘記 九三九
卷五　(麗藏本) 九四一
校勘記 九四八
卷六　(麗藏本) 九五〇
校勘記 九五五
卷七　(麗藏本) 九五六
校勘記 九六二
卷八　(麗藏本) 九六三
校勘記 九六九
一四七〇　仁王護國般若波羅蜜多經二卷
唐大興善寺三藏沙門不空譯
卷上　(麗藏本) 九七〇
大唐新翻護國仁王般若經序 九七〇
序品第一 九七〇
觀如來品第二 九七一

菩薩行品第三　九七三
二諦品第四　九七六
校勘記　九七八
實
卷下（金藏廣勝寺本）　九八〇
護國品第五　九八〇
不思議品第六　九八一
奉持品第七　九八二
囑累品第八　九八六
校勘記　九八七
一四七一　大聖文殊師利菩薩佛刹功德莊嚴經三卷
唐大興善寺三藏沙門不空譯
卷上（金藏廣勝寺本）　九八九
校勘記　九九七
卷中（金藏廣勝寺本）　九九八
校勘記　一〇〇七
卷下（金藏廣勝寺本）　一〇〇九
校勘記　一〇一七
一四七二　仁王護國般若波羅蜜多經陀羅尼念誦儀軌一卷　一〇一九
唐大興善寺三藏沙門不空譯
新譯仁王般若經陀羅尼念誦儀軌序（麗藏本）　一〇一九
校勘記　一〇二八
中華大藏經（漢文部分）校勘凡例　一〇三六

新編入録

大唐開元釋教廣品歷章卷第三　振

京地華嚴寺沙門釋玄逸撰

大乘經重單合譯且有二百卷　二十帙

大般若波羅蜜多經卷第四百一
第二分緣起品第一
大般若波羅蜜多經卷第四百二
第二分歡喜品第二
第二分觀照品第三之一
大般若波羅蜜多經卷第四百三
第二分觀照品第三之二
大般若波羅蜜多經卷第四百四
第二分觀照品第三之三
大般若波羅蜜多經卷第四百五
第二分觀照品第三之四
第二分無等等品第四
第二分舌根相品第五
大般若波羅蜜多經卷第四百六
第二分善現品第六之一
大般若波羅蜜多經卷第四百七
第二分善現品第六之二
大般若波羅蜜多經卷第四百八
第二分善現品第六之三

第二張

第二分入離生品第七
第二分勝軍品第八之一
大般若波羅蜜多經卷第四百九
第二分勝軍品第八之二
第二分行相品第九之一
大般若波羅蜜多經卷第四百一十
第二分行相品第九之二
第二分幻喻品第十
大般若波羅蜜多經卷第四百一十一
第二分譬喻品第十一
第二分斷諸見品第十二
第二分六到彼岸品第十三之一
大般若波羅蜜多經卷第四百一十二
第二分六到彼岸品第十三之二
第二分乘大乘品第十四
大般若波羅蜜多經卷第四百一十三
第二分無縛解品第十五
第二分三摩地品第十六之一
大般若波羅蜜多經卷第四百一十四
第二分三摩地品第十六之二
第二分念住等品第十七之一
大般若波羅蜜多經卷第四百一十五
第二分念住等品第十七之二

第二分脩治地品第十八之一
大般若波羅蜜多經卷第四百十六
第二分脩治地品第十八之二
第二分出住品第十九之一
大般若波羅蜜多經卷第四百十七
第二分出住品第十九之二
第二分超勝品第二十之一
大般若波羅蜜多經卷第四百十八
第二分超勝品第二十之二
第二分無所有品第二十一之一
大般若波羅蜜多經卷第四百十九
第二分無所有品第二十一之二
大般若波羅蜜多經卷第四百二十
第二分無所有品第二十一之三
第二分隨順品第二十二
第二分無邊際品第二十三之一
大般若波羅蜜多經卷第四百二十一
第二分無邊際品第二十三之二
大般若波羅蜜多經卷第四百二十二
第二分無邊際品第二十三之三
大般若波羅蜜多經卷第四百二十三
第二分無邊際品第二十三之四
第二分遠離品第二十四之一

大般若波羅蜜多經卷第四百二十四
第二分遠離品第二十四之二
大般若波羅蜜多經卷第四百二十五
第二分帝釋品第二十五之一
大般若波羅蜜多經卷第四百二十六
第二分帝釋品第二十五之二
第二分信受品第二十六
第二分散華品第二十七之一
大般若波羅蜜多經卷第四百二十七
第二分散華品第二十七之二
第二分授記品第二十八
第二分攝受品第二十九之一
大般若波羅蜜多經卷第四百二十八
第二分攝受品第二十九之二
第二分窣堵波品第三十
大般若波羅蜜多經卷第四百二十九
第二分福生品第三十一
第二分功德品第三十二
第二分外道品第三十三
第二分天來品第三十四之一
大般若波羅蜜多經卷第四百三十
第二分天來品第三十四之二
第二分設利羅品第三十五

大般若波羅蜜多經卷第四百三十一
第二分經文品第三十六之一
大般若波羅蜜多經卷第四百三十二
第二分經文品第三十六之二
第二分隨喜迴向品第三十七之一
大般若波羅蜜多經卷第四百三十三
第二分隨喜迴向品第三十七之二
大般若波羅蜜多經卷第四百三十四
第二分大師品第三十八
第二分地獄品第三十九之一
大般若波羅蜜多經卷第四百三十五
第二分地獄品第三十九之二
大般若波羅蜜多經卷第四百三十六
第二分清淨品第四十
第二分無摽幟品第四十一之一
大般若波羅蜜多經卷第四百三十七
第二分無摽幟品第四十一之二
第二分不可得品第四十二
大般若波羅蜜多經卷第四百三十八
第二分東北方品第四十三之一
大般若波羅蜜多經卷第四百三十九
第二分東北方品第四十三之二
大般若波羅蜜多經卷第四百四十

第二分東北方品第四十三之三
第二分魔事品第四十四
第二分不和合品第四十五之一
大般若波羅蜜多經卷第四百四十一
第二分不和合品第四十五之二
第二分佛母品第四十六之一
大般若波羅蜜多經卷第四百四十二
第二分佛母品第四十六之二
第二分示相品第四十七之一
大般若波羅蜜多經卷第四百四十三
第二分示相品第四十七之二
第二分成辦品第四十八
大般若波羅蜜多經卷第四百四十四
第二分船等喻品第四十九之一
第二分船等喻品第四十九之二
大般若波羅蜜多經卷第四百四十五
第二分初業品第五十之一
第二分初業品第五十之二
大般若波羅蜜多經卷第四百四十六
第二分調伏貪等品第五十一
第二分眞如品第五十二之一
大般若波羅蜜多經卷第四百四十七
第二分眞如品第五十二之二

大般若波羅蜜多經卷第四百四十八
第二分眞如品第五十二之三
第二分不退轉品第五十三
大般若波羅蜜多經卷第四百四十九
第二分轉不轉品第五十四
第二分甚深義品第五十五之一
大般若波羅蜜多經卷第四百五十
第二分甚深義品第五十五之二
大般若波羅蜜多經卷第四百五十一
第二分夢行品第五十六
第二分願行品第五十七
第二分殑伽天品第五十八
大般若波羅蜜多經卷第四百五十二
第二分習近品第五十九
第二分增上慢品第六十之一
大般若波羅蜜多經卷第四百五十三
第二分增上慢品第六十之二
大般若波羅蜜多經卷第四百五十四
第二分增上慢品第六十之三
第二分同學品第六十一之一
大般若波羅蜜多經卷第四百五十五
第二分同學品第六十一之二
第二分同性品第六十二之一

大般若波羅蜜多經卷第四百五十六
第二分同性品第六十二之二
第二分無分別品第六十三
第二分堅非堅品第六十四之一
大般若波羅蜜多經卷第四百五十七
第二分堅非堅品第六十四之二
第二分實語品第六十五之一
大般若波羅蜜多經卷第四百五十八
第二分實語品第六十五之二
第二分無盡品第六十六
大般若波羅蜜多經卷第四百五十九
第二分相攝品第六十七
大般若波羅蜜多經卷第四百六十
第二分巧便品第六十八之一
大般若波羅蜜多經卷第四百六十一
第二分巧便品第六十八之二
大般若波羅蜜多經卷第四百六十二
第二分巧便品第六十八之三
大般若波羅蜜多經卷第四百六十三
第二分巧便品第六十八之四
第二分樹喻品第六十九
大般若波羅蜜多經卷第四百六十四
第二分菩薩行品第七十

陛章卷第三　第九張

第二分親近品第七十一
第二分徧學品第七十二之一
大般若波羅蜜多經卷第四百六十五
第二分徧學品第七十二之二
第二分漸次品第七十三之一
大般若波羅蜜多經卷第四百六十六
第二分漸次品第七十三之二
第二分無相品第七十四之一
大般若波羅蜜多經卷第四百六十七
第二分無相品第七十四之二
第二分無雜品第七十五之一
大般若波羅蜜多經卷第四百六十八
第二分無雜品第七十五之二
第二分衆德相品第七十六之一
大般若波羅蜜多經卷第四百六十九
第二分衆德相品第七十六之二
第二分衆德相品第七十六之三
大般若波羅蜜多經卷第四百七十
第二分衆德相品第七十六之四
大般若波羅蜜多經卷第四百七十一
第二分善達品第七十七之一
大般若波羅蜜多經卷第四百七十二
第二分善達品第七十七之二

大般若波羅蜜多經卷第四百七十三
第二分善達品第七十七之三
第二分實際品第七十八之一
大般若波羅蜜多經卷第四百七十四
第二分實際品第七十八之二
第二分無闕品第七十九之一
大般若波羅蜜多經卷第四百七十五
第二分無闕品第七十九之二
大般若波羅蜜多經卷第四百七十六
第二分道士品第八十
大般若波羅蜜多經卷第四百七十七
第二分正定品第八十一
第二分佛法品第八十二
大般若波羅蜜多經卷第四百七十八
第二分無事品第八十三
第二分實說品第八十四
第二分空性品第八十五
大般若波羅蜜多經卷第四百七十九
第三分緣起品第一
第三分舍利子品第二之一
大般若波羅蜜多經卷第四百八十
第三分舍利子品第二之二
大般若波羅蜜多經卷第四百八十一

陛章卷第三　第十張

大般若波羅蜜多經卷第四百七十三
第二分善達品第七十七之三
第二分實際品第七十八之一
大般若波羅蜜多經卷第四百七十四
第二分實際品第七十八之二
第二分無闕品第七十九之一
大般若波羅蜜多經卷第四百七十五
第二分無闕品第七十九之二
大般若波羅蜜多經卷第四百七十六
第二分道士品第八十
大般若波羅蜜多經卷第四百七十七
第二分正定品第八十一
第二分佛法品第八十二
大般若波羅蜜多經卷第四百七十八
第二分無事品第八十三
第二分實說品第八十四
第二分空性品第八十五
大般若波羅蜜多經卷第四百七十九
第三分緣起品第一
第三分舍利子品第二之一
大般若波羅蜜多經卷第四百八十
第三分舍利子品第二之二
大般若波羅蜜多經卷第四百八十一

第三分善現品第三之十一
大般若波羅蜜多經卷第四百九十三
第三分善現品第三之十二
大般若波羅蜜多經卷第四百九十四
第三分善現品第三之十三
大般若波羅蜜多經卷第四百九十五
第三分善現品第三之十四
大般若波羅蜜多經卷第四百九十六
第三分善現品第三之十五
大般若波羅蜜多經卷第四百九十七
第三分善現品第三之十六
大般若波羅蜜多經卷第四百九十八
第三分善現品第三之十七
第三分天帝品第四之一
大般若波羅蜜多經卷第四百九十九
第三分天帝品第四之二
大般若波羅蜜多經卷第五百
第三分天帝品第四之三
第三分現窣堵波品第五之一
大般若波羅蜜多經卷第五百一
第三分現窣堵波品第五之二
大般若波羅蜜多經卷第五百二
第三分現窣堵波品第五之三

第三分稱揚功德品第六之一
大般若波羅蜜多經卷第五百三
第三分稱揚功德品第六之二
第三分佛設利羅品第七
第三分福聚品第八之一
大般若波羅蜜多經卷第五百四
第三分福聚品第八之二
第三分隨喜迴向品第九之一
大般若波羅蜜多經卷第五百五
第三分隨喜迴向品第九之二
第三分地獄品第十之一
大般若波羅蜜多經卷第五百六
第三分地獄品第十之二
第三分歎淨品第十一之一
大般若波羅蜜多經卷第五百七
第三分歎淨品第十一之二
第三分讚德品第十二
大般若波羅蜜多經卷第五百八
第三分陀羅尼品第十三之一
大般若波羅蜜多經卷第五百九
第三分陀羅尼品第十三之二
第三分魔事品第十四
大般若波羅蜜多經卷第五百十

第三分現世間品第十五
大般若波羅蜜多經卷第五百十一
第三分不思議等品第十六
第三分譬喻品第十七
大般若波羅蜜多經卷第五百十二
第三分善友品第十八
大般若波羅蜜多經卷第五百十三
第三分真如品第十九之一
大般若波羅蜜多經卷第五百十四
第三分真如品第十九之二
第三分不退相品第二十之一
大般若波羅蜜多經卷第五百十五
第三分不退相品第二十之二
第三分空相品第二十一之一
大般若波羅蜜多經卷第五百十六
第三分空相品第二十一之二
大般若波羅蜜多經卷第五百十七
第三分空相品第二十一之三
第三分殑伽天品第二十二
第三分巧便品第二十三之一
大般若波羅蜜多經卷第五百十八
第三分巧便品第二十三之二
大般若波羅蜜多經卷第五百十九

第三分巧便品第二十三之三
大般若波羅蜜多經卷第五百二十
第三分巧便品第二十三之四
第三分學時品第二十四
大般若波羅蜜多經卷第五百二十一
第三分見不動品第二十五之一
大般若波羅蜜多經卷第五百二十二
第三分見不動品第二十五之二
大般若波羅蜜多經卷第五百二十三
第三分方便善巧品第二十六之一
大般若波羅蜜多經卷第五百二十四
第三分方便善巧品第二十六之二
大般若波羅蜜多經卷第五百二十五
第三分方便善巧品第二十六之三
大般若波羅蜜多經卷第五百二十六
第三分方便善巧品第二十六之四
大般若波羅蜜多經卷第五百二十七
第三分慧到彼岸品第二十七
大般若波羅蜜多經卷第五百二十八
第三分妙相品第二十八之一
大般若波羅蜜多經卷第五百二十九
第三分妙相品第二十八之二
大般若波羅蜜多經卷第五百三十

第三分妙相品第二十八之三
大般若波羅蜜多經卷第五百三十一
第三分妙相品第二十八之四
大般若波羅蜜多經卷第五百三十二
第三分妙相品第二十八之五
第三分施等品第二十九之一
大般若波羅蜜多經卷第五百三十三
第三分施等品第二十九之二
大般若波羅蜜多經卷第五百三十四
第三分施等品第二十九之三
大般若波羅蜜多經卷第五百三十五
第三分佛國品第三十之一
大般若波羅蜜多經卷第五百三十六
第三分佛國品第三十之二
第三分宣化品第三十一之一
大般若波羅蜜多經卷第五百三十七
第三分宣化品第三十一之二
大般若波羅蜜多經卷第五百三十八
第四分妙行品第一之一
大般若波羅蜜多經卷第五百三十九
第四分妙行品第一之二
第四分帝釋品第二

第四分帝釋品第一
第四分供養窣堵波品第三之一
大般若波羅蜜多經卷第五百四十
第四分供養窣堵波品第三之二
大般若波羅蜜多經卷第五百四十一
第四分供養窣堵波品第三之三
第四分稱揚功德品第四
第四分福門品第五之一
大般若波羅蜜多經卷第五百四十二
第四分福門品第五之二
大般若波羅蜜多經卷第五百四十三
第四分隨喜迴向品第六之一
大般若波羅蜜多經卷第五百四十四
第四分隨喜迴向品第六之二
第四分地獄品第七
大般若波羅蜜多經卷第五百四十五
第四分清淨品第八
第四分讚歎品第九
第四分摠持品第十之一
大般若波羅蜜多經卷第五百四十六
第四分摠持品第十之二
第四分魔事品第十一之一
大般若波羅蜜多經卷第五百四十七

第四分魔事品第十一之二
第四分現世間品第十二
第四分不思議等品第十三
大般若波羅蜜多經卷第五百四十八
第四分譬喻品第十四
第四分天讚品第十五
第四分眞如品第十六之一
大般若波羅蜜多經卷第五百四十九
第四分眞如品第十六之二
第四分不退相品第十七
第四分空相品第十八之一
大般若波羅蜜多經卷第五百五十
第四分空相品第十八之二
第四分深功德品第十九
第四分殑伽天品第二十
第四分覺魔事品第二十一之一
大般若波羅蜜多經卷第五百五十一
第四分覺魔事品第二十一之二
第四分善友品第二十二之一
大般若波羅蜜多經卷第五百五十二
第四分善友品第二十二之二
第四分天主品第二十三
第四分無雜無異品第二十四

第四分迅速品第二十五之一
大般若波羅蜜多經卷第五百五十三
第四分迅速品第二十五之二
第四分幻喻品第二十六
第四分堅固品第二十七之一
大般若波羅蜜多經卷第五百五十四
第四分堅固品第二十七之二
第四分散花品第二十八
大般若波羅蜜多經卷第五百五十五
第四分隨順品第二十九
大般若波羅蜜多經卷第五百五十六
第五分善現品第一
第五分天帝品第二
大般若波羅蜜多經卷第五百五十七
第五分窣堵波品第三
第五分神咒品第四
大般若波羅蜜多經卷第五百五十八
第五分設利羅品第五
第五分經典品第六
第五分迴向品第七
大般若波羅蜜多經卷第五百五十九
第五分地獄品第八
第五分清淨品第九

第五分不思議品第十之一
大般若波羅蜜多經卷第五百六十
第五分不思議品第十之二
第五分魔事品第十一
第五分眞如品第十二
大般若波羅蜜多經卷第五百六十一
第五分甚深相品第十三
第五分船等喻品第十四
第五分如來品第十五之一
大般若波羅蜜多經卷第五百六十二
第五分如來品第十五之二
第五分如來品第十五之三
第五分不退品第十六
第五分貪行品第十七之一
大般若波羅蜜多經卷第五百六十三
第五分貪行品第十七之二
第五分姊妹品第十八
第五分夢行品第十九
大般若波羅蜜多經卷第五百六十四
第五分勝意樂品第二十
第五分修學品第二十一
第五分根栽品第二十二之一
大般若波羅蜜多經卷第五百六十五

第五分根栽品第二十二之二
第五分付囑品第二十三
大般若波羅蜜多經卷第五百六十六
第六分緣起品第一
第六分通達品第二
大般若波羅蜜多經卷第五百六十七
第六分顯相品第三
第六分法界品第四之一
大般若波羅蜜多經卷第五百六十八
第六分法界品第四之二
第六分念住品第五
大般若波羅蜜多經卷第五百六十九
第六分法性品第六
大般若波羅蜜多經卷第五百七十
第六分平等品第七
第六分現相品第八
大般若波羅蜜多經卷第五百七十一
第六分無所得品第九
第六分證勸品第十
大般若波羅蜜多經卷第五百七十二
第六分顯德品第十一
第六分現化品第十二

第六分陀羅尼品第十三
第六分勸誡品第十四之一
大般若波羅蜜多經卷第五百七十三
第六分勸誡品第十四之二
第六分二行品第十五
第六分讚歎品第十六
第六分付囑品第十七
大般若波羅蜜多經卷第五百七十四
第七曼殊室利分之一
大般若波羅蜜多經卷第五百七十五
第七曼殊室利分之二
大般若波羅蜜多經卷第五百七十六
第八那伽室利分
大般若波羅蜜多經卷第五百七十七
第九能斷金剛分
大般若波羅蜜多經卷第五百七十八
第十般若理趣分
大般若波羅蜜多經卷第五百七十九
第十一布施波羅蜜多分之一
大般若波羅蜜多經卷第五百八十
第十一布施波羅蜜多分之二
大般若波羅蜜多經卷第五百八十一
第十一布施波羅蜜多分之三

大般若波羅蜜多經卷第五百八十二
第十一布施波羅蜜多分之四
大般若波羅蜜多經卷第五百八十三
第十一布施波羅蜜多分之五
大般若波羅蜜多經卷第五百八十四
第十二淨戒波羅蜜多分之一
大般若波羅蜜多經卷第五百八十五
第十二淨戒波羅蜜多分之二
大般若波羅蜜多經卷第五百八十六
第十二淨戒波羅蜜多分之三
大般若波羅蜜多經卷第五百八十七
第十二淨戒波羅蜜多分之四
大般若波羅蜜多經卷第五百八十八
第十二淨戒波羅蜜多分之五
大般若波羅蜜多經卷第五百八十九
第十三安忍波羅蜜多分
大般若波羅蜜多經卷第五百九十
第十四精進波羅蜜多分
大般若波羅蜜多經卷第五百九十一
第十五靜慮波羅蜜多分之一
大般若波羅蜜多經卷第五百九十二
第十五靜慮波羅蜜多分之二
大般若波羅蜜多經卷第五百九十三

第十六般若波羅蜜多分之一
大般若波羅蜜多經卷第五百九十四
第十六般若波羅蜜多分之二
大般若波羅蜜多經卷第五百九十五
第十六般若波羅蜜多分之三
大般若波羅蜜多經卷第五百九十六
第十六般若波羅蜜多分之四
大般若波羅蜜多經卷第五百九十七
第十六般若波羅蜜多分之五
大般若波羅蜜多經卷第五百九十八
第十六般若波羅蜜多分之六
大般若波羅蜜多經卷第五百九十九
第十六般若波羅蜜多分之七
大般若波羅蜜多經卷第六百
第十六般若波羅蜜多分之八

右大唐顯慶五年正月一日三藏法師玄奘於坊州玉華寺玉華殿譯至龍朔三年十月二十日功畢

沙門大乘光大乘欽嘉尚等筆受

見翻經圖

右六百卷並是大唐三藏法師奉　詔譯

大唐開元釋教廣品歷章卷第三

大唐開元釋教廣品歷章

校勘記

一　底本，金藏廣勝寺本。孤本。

一　據石經本《大唐正元續開元釋教録》卷下載，此經録爲三十卷。現存十七卷即卷三至卷十、卷十二至卷二十。其中卷三第十版與第十一版重、卷六缺首三版又九行、卷十首二版殘、卷十二首版殘、卷十五首版與第四版殘、卷十六缺首二版、卷十九缺首版。

趙城縣廣勝寺

廣品歷章卷第四

京兆華嚴寺沙門玄逸撰

大乘經重單合譯有二十部 叛有一百二十九卷 十三帙 合三小經爲一軸 計一百二十七卷

放光般若波羅蜜經一部三十卷 亦云摩訶般若放光或二十卷 蒲州四百六十六紙 亦云放光摩訶般若經 三帙 供城五百四十六紙

摩訶般若波羅蜜經一部四十卷 或三十卷 僧祐録云新大品經 蒲州六百二十三紙 亦云大品般若經或一十卷或二十帙 供城七百三十一紙

光讃般若經一部十卷 或十五卷或初放羅蜜字 蒲州二百二十一紙 亦云光讃摩訶般若經 供城二百五十二紙

摩訶般若波羅蜜鈔經五卷 一名須菩提品一本 或七卷 長安品 蒲州九十紙 或類鈔 供城一百□紙

道行般若波羅蜜經一部十卷 或八卷或云般若道行品經 蒲州一百六十七紙一帙 題云摩訶般若波羅蜜道行經 供城一百九十紙

小品般若波羅蜜經一部八卷 或七卷或十卷 題云摩訶般若 蒲州一百五十紙 波羅蜜經小品 僧祐録云新小品經 供城一百八十三紙

大明度經一部四卷 或六卷或名大明度無極經 供城一百二十二紙 蒲州九十四紙

勝天王般若波羅蜜經一部七卷 一百五十四紙 蒲州一百二十三紙

文殊師利所說摩訶般若波羅蜜經一部二卷 或直云文殊般若波羅蜜 蒲州二十一紙 供城二十四紙

文殊師利所說般若波羅蜜經一卷 蒲州二十紙 供城二十四紙

濡首菩薩無上清淨分衛經一部二卷 一名決了諸法如幻三昧經 蒲州二十八紙 供城三十三紙

金剛般若波羅蜜經一卷 舍衛國 蒲州十一紙 供城十三紙

金剛般若波羅蜜經一卷 婆伽婆 蒲州一十四紙 供城十六紙

金剛般若經一卷 祇樹林 蒲州一十四紙 供城十六張

能斷金剛般若波羅蜜經一卷 室羅伐 蒲州十六紙 供城二十五紙

能斷金剛般若波羅蜜多經一卷 在名 誓多林 蒲州 一十二紙 供城十五 大城戰勝林

仁王般若經一部二卷 第二出與法護出者文稍異亦云仁王般若波羅蜜經 蒲州二十八紙 供城四十三紙

摩訶般若波羅蜜大明呪經一卷 亦云摩訶大明呪經 一紙

般若多心經一卷 亦云般若心經 一紙

實相般若經一卷 蒲州八紙 供城九紙

放光般若波羅蜜經一部三十卷 或二十卷 亦云摩訶般若波羅蜜放光經 初出 亦云放光摩訶般若經 第一譯 凡九十品 ……

訶般若波羅蜜放光序品第一 放光經卷第一

摩訶般若波羅蜜無見品第二

摩訶般若波羅蜜假名號品第三
摩訶般若波羅蜜假名號品之餘 放光經第二
摩訶般若波羅蜜學五眼品第四
摩訶般若波羅蜜度五神通品第五
摩訶般若波羅蜜授決品第六
摩訶般若波羅蜜妙度品第七
摩訶般若波羅蜜舌相光品第八
摩訶般若波羅蜜行品第九 放光經卷第三
摩訶般若波羅蜜學品第十
摩訶般若波羅蜜本無品第十一
摩訶般若波羅蜜空行品第十二 放光經卷第四
摩訶般若波羅蜜問幻品第十三
摩訶般若波羅蜜了本品第十四
摩訶般若波羅蜜摩訶薩品第十五
摩訶般若波羅蜜問僧那品第十六
摩訶般若波羅蜜摩訶衍品第十七 放光經卷第五
摩訶般若波羅蜜僧那僧涅品第十八
摩訶般若波羅蜜問摩訶衍品第十九
摩訶般若波羅蜜陀隣尼品第二十
摩訶般若波羅蜜陀隣尼品之餘 放光經卷第六
摩訶般若波羅蜜治地品第二十一
摩訶般若波羅蜜問出衍品第二十二
摩訶般若波羅蜜歎衍品第二十三 放光經卷第七

摩訶般若波羅蜜衍與空等品第二十四
摩訶般若波羅蜜合聚品第二十五
摩訶般若波羅蜜不可得三際品第二十六
摩訶般若波羅蜜問觀品第二十七 放光經卷第八
摩訶般若波羅蜜無住品第二十八
摩訶般若波羅蜜如幻品第二十九
摩訶般若波羅蜜雨法品第三十 放光經卷第九
摩訶般若波羅蜜歎品第三十一
摩訶般若波羅蜜降衆生品第三十二
摩訶般若波羅蜜守行品第三十三 放
光經卷第十
摩訶般若波羅蜜供養品第三十四
摩訶般若波羅蜜持品第三十五
摩訶般若波羅蜜遣異道士品第三十六
摩訶般若波羅蜜無二品第三十七
摩訶般若波羅蜜全身舍利品第三十八
放光經卷第十一
摩訶般若波羅蜜功德品第三十九
摩訶般若波羅蜜功德品之餘 放光經卷第十二
摩訶般若波羅蜜勸助品第四十
摩訶般若波羅蜜照明品第四十一 放
光經卷第十三
摩訶般若波羅蜜泥犁品第四十二

摩訶般若波羅蜜明淨品第四十三
摩訶般若波羅蜜無作品第四十四
放光經卷第十四
摩訶般若波羅蜜等品第四十五
摩訶般若波羅蜜眞知識品第四十六
摩訶般若波羅蜜眞知識品之餘 放
光經卷第十五
摩訶般若波羅蜜覺魔品第四十七
摩訶般若波羅蜜不和合品第四十
八 放光經卷第十六
摩訶般若波羅蜜大明品第四十九
摩訶般若波羅蜜問相品第五十
摩訶般若波羅蜜大事興品第五十
一 放光經卷第十七
摩訶般若波羅蜜譬喻品第五十二
摩訶般若波羅蜜隨眞知識品第
五十三
摩訶般若波羅蜜解深品第五十四
摩訶般若波羅蜜歎深品第五十五
放光經卷第十八
摩訶般若波羅蜜阿惟越致品第五十六
摩訶般若波羅蜜堅固品第五十七
放光經卷第十九

摩訶般若波羅蜜甚深品第五十八
摩訶般若波羅蜜夢中行品第五十九
放光經卷第二十
摩訶般若波羅蜜恒加調品第六十
摩訶般若波羅蜜問相行願品第六十一
摩訶般若波羅蜜阿惟越致相品第
六十二
摩訶般若波羅蜜阿惟越致相品第
六十二之餘 放光經卷第二十一
摩訶般若波羅蜜釋提桓因品第六十三
摩訶般若波羅蜜問等學品第六十四
摩訶般若波羅蜜願樂品第六十五放
光經卷第二十二
摩訶般若波羅蜜稱揚品第六十六
摩訶般若波羅蜜中譽累品第六十七
摩訶般若波羅蜜無盡品第六十八
摩訶般若波羅蜜六度相攝品第六十
九放光經卷第二十三
摩訶般若波羅蜜漚和品第七十
摩訶般若波羅蜜漚和品第七十之
餘 放光經卷第二十四
摩訶般若波羅蜜種樹品第七十一
摩訶般若波羅蜜菩薩行品第七十二

摩訶般若波羅蜜當得真知識品第
七十三
摩訶般若波羅蜜教化衆生品第七
十四 放光經卷第二十五
摩訶般若波羅蜜無堅要品第七十五
摩訶般若波羅蜜無倚相品第七十六
摩訶般若波羅蜜無倚相品第七十六
之餘 放光經卷第二十六
摩訶般若波羅蜜無有相品第七十七
摩訶般若波羅蜜住二空品第七十八
摩訶般若波羅蜜住二空品第七十
八之餘 放光經卷第二十七
摩訶般若波羅蜜超越法相品第七十九
摩訶般若波羅蜜信本際品第八十
摩訶般若波羅蜜無形品第八十一
放光經卷第二十八
摩訶般若波羅蜜建立品第八十二
摩訶般若波羅蜜畢竟品第八十三
摩訶般若波羅蜜畢竟品第八十三之
餘 放光經卷第二十九
摩訶般若波羅蜜分別品第八十四
摩訶般若波羅蜜有無品第八十五
摩訶般若波羅蜜諸法等品第八十六

摩訶般若波羅蜜諸法妙化品第八十七
摩訶般若波羅蜜薩陀波倫品第八十八
摩訶般若波羅蜜薩陀波倫品第八十八之
餘 放光經卷第三十
摩訶般若波羅蜜法上品第八十九
摩訶般若波羅蜜囑累品第九十
右西晉元康元年五月十五日于闐
沙門無羅叉等於陳留倉垣水南
寺譯至十二月二十四日訖 河南居士
竺叔蘭口傳祝太玄周玄明筆受見經後記
及支敏度等録
摩訶般若波羅蜜經一部四十卷 或三十卷
七百三十一紙 僧祐錄云新大品經亦凡八十九品
云大品般若經或二十七卷或二十四卷四帙第三譯
摩訶般若波羅蜜經序品第一 大品卷第一
十五紙八行
摩訶般若波羅蜜經奉鉢品第二
摩訶般若波羅蜜經習相應品第三
卷第二十八紙九行
摩訶般若波羅蜜經往生品第四
摩訶般若波羅蜜經往生品之下 大品
卷第三 三十五紙十三行
摩訶般若波羅蜜經歎度品第五

摩訶般若波羅蜜經舌相品第六
摩訶般若波羅蜜經三假品第七
摩訶般若波羅蜜經三假品之下　大品卷第四
摩訶般若波羅蜜經勸學品第八
摩訶般若波羅蜜經集散品第九
摩訶般若波羅蜜經相行品第十　卷第五
摩訶般若波羅蜜經幻學品第十一
摩訶般若波羅蜜經句義品第十二　卷第六
摩訶般若波羅蜜經摩訶薩品第十三
摩訶般若波羅蜜經富樓那品第十四
摩訶般若波羅蜜經大乘品第十五　卷第七
摩訶般若波羅蜜經縛解品第十六
摩訶般若波羅蜜經摩訶衍品第十七
摩訶般若波羅蜜經摩訶衍品之下
卷第八
摩訶般若波羅蜜經四念處品第十八
摩訶般若波羅蜜經發趣品第十九
卷第九
摩訶般若波羅蜜經出到品第二十
摩訶般若波羅蜜經勝出品第二十一
大品卷第十
摩訶般若波羅蜜經含受品第二十二
摩訶般若波羅蜜經會宗品第二十三

摩訶般若波羅蜜經十無品第二十四
卷第十一
摩訶般若波羅蜜經無生品第二十五
摩訶般若波羅蜜經無生品之下
卷第十二
摩訶般若波羅蜜經天主品第二十六
摩訶般若波羅蜜經幻人聽法品第二十七
摩訶般若波羅蜜經散華品第二十八
卷第十三
摩訶般若波羅蜜經顧視品第二十九
摩訶般若波羅蜜經現功德品第三十
摩訶般若波羅蜜經舍利寶塔品第三十一
大品卷第十四十五紙二十四行
摩訶般若波羅蜜經述成品第三十二
摩訶般若波羅蜜經勸持品第三十三
摩訶般若波羅蜜經梵志品第三十四
摩訶般若波羅蜜經阿難稱譽品第三十五
大品卷第十五十八紙十七行
摩訶般若波羅蜜經授舍利品第三十六
摩訶般若波羅蜜經十善品第三十七

大品卷第十六
摩訶般若波羅蜜經隨喜迴向品第三十八
摩訶般若波羅蜜經隨喜迴向品之下　大品卷第十七
摩訶般若波羅蜜經大度品第三十九
摩訶般若波羅蜜經泥犁品第四十
大品卷第十八
摩訶般若波羅蜜經歎淨品第四十一
摩訶般若波羅蜜經面各千佛品第四十二
摩訶般若波羅蜜經面各千佛品之下　大品卷第十九
摩訶般若波羅蜜經百波羅蜜品第四十三
摩訶般若波羅蜜經遝耳品第四十四
摩訶般若波羅蜜經遝耳品之下　大品卷第二十
摩訶般若波羅蜜經魔事品第四十五
摩訶般若波羅蜜經兩不和合品第四十六　大品卷第二十一
摩訶般若波羅蜜經佛母品第四十七
摩訶般若波羅蜜經問相品第四十八

大品卷第二十二　第十二張

摩訶般若波羅蜜經輕毛品第四十九

摩訶般若波羅蜜經船喻品第五十

摩訶般若波羅蜜經善知識品第五十一　大品卷第二十三

摩訶般若波羅蜜經趣智品第五十二

摩訶般若波羅蜜經大如品第五十三

摩訶般若波羅蜜經大如品之下　大品卷第二十四

摩訶般若波羅蜜經阿鞞跋致品第五十四

摩訶般若波羅蜜經轉不轉品第五十五

大品卷第二十五

摩訶般若波羅蜜經燈炷品第五十六

摩訶般若波羅蜜經淨土品第五十七

大品卷第二十六

摩訶般若波羅蜜經恒伽提婆品第五十八

摩訶般若波羅蜜經學空不證品第五十九

摩訶般若波羅蜜經夢中不證品第六十　大品卷第二十七

摩訶般若波羅蜜經同學品第六十一

摩訶般若波羅蜜經等學品第六十二　大品卷二十八

般若卷廿四　第十三張　杜字号

摩訶般若波羅蜜經願樂隨喜品第六十三

摩訶般若波羅蜜經稱揚品第六十四

摩訶般若波羅蜜經囑累品第六十五

大品卷二十九

摩訶般若波羅蜜經不可盡品第六十六

摩訶般若波羅蜜經六度相攝品第六十七

摩訶般若波羅蜜經六度相攝品之下　大品卷三十

摩訶般若波羅蜜經方便品第六十八

摩訶般若波羅蜜經三慧品第六十九　大品卷三十一

摩訶般若波羅蜜經佛種樹品第七十

摩訶般若波羅蜜經菩薩行品第七十一　大品卷三十三

摩訶般若波羅蜜經種善根方便品第七十二

摩訶般若波羅蜜經徧學品第七十三

摩訶般若波羅蜜經次第行品第七十四　大品卷三十三

般若卷廿五　第十四張　杜字号

摩訶般若波羅蜜經無漏行六度品第七十五

摩訶般若波羅蜜經夢化六度品第七十六

摩訶般若波羅蜜經夢化六度品之下　大品卷三十四

摩訶般若波羅蜜經四攝品第七十七

大品卷三十五

摩訶般若波羅蜜經善達品第七十八　大品卷三十六

摩訶般若波羅蜜經實際品第七十九

摩訶般若波羅蜜經實際品之下

大品卷三十七

摩訶般若波羅蜜經照明品第八十

摩訶般若波羅蜜經淨佛國品第八十一　大品卷三十八

摩訶般若波羅蜜經畢定品第八十二

摩訶般若波羅蜜經四諦品第八十三

摩訶般若波羅蜜經七喻品第八十四

摩訶般若波羅蜜經平等品第八十五

大品卷三十九

摩訶般若波羅蜜經化品第八十六

摩訶般若波羅蜜經薩陀波崙品第

八十七
摩訶般若波羅蜜經薩陀波崙品之下 大品 卷四十
八十八
摩訶般若波羅蜜經曇無竭品第八十九
摩訶般若波羅蜜經囑累品第九十

右後秦弘始五年四月二十三日三藏沙門鳩摩羅什於常安逍遙園譯至六年四月二十三日訖見僧叡二秦錄及僧祐錄 僧叡僧䂮道常筆受

光讚般若經一部十卷 或十五卷 二百五十七紙 第二譯
或加波羅蜜字亦云光讚摩訶般若經 一帙凡二十七品一名佛說摩訶般若波羅蜜

佛說摩訶般若波羅蜜經光讚品第一 晉太康七年沙門竺法護於長安譯 卷一
摩訶般若波羅蜜順空品第二
摩訶般若波羅蜜行空品第三之一
光讚摩訶般若波羅蜜經行空品第三之二 卷二
摩訶般若波羅蜜歎等品第四
摩訶般若波羅蜜授決品第五
摩訶般若波羅蜜分別空品第六

光讚摩訶般若波羅蜜經了空品第七 卷三
摩訶般若波羅蜜假號品第八
光讚摩訶般若波羅蜜經行品第九 卷四
摩訶般若波羅蜜幻品第十
光讚摩訶般若波羅蜜經摩訶薩品第十一 卷五
摩訶般若波羅蜜等無等品第十二
摩訶般若波羅蜜大乘品第十三
光讚摩訶般若波羅蜜經乘大乘品第十四 卷第六
摩訶般若波羅蜜無縛品第十五
摩訶般若波羅蜜三昧品第十六
光讚摩訶般若波羅蜜經觀品第十七 卷第七
摩訶般若波羅蜜十住品第十八
光讚摩訶般若波羅蜜經所因出衍品第十九 卷八
摩訶般若波羅蜜無去來品第二十
摩訶般若波羅蜜衍與空等品第二十一
光讚摩訶般若波羅蜜經分曷陀尼弗品第二十二 卷第九
摩訶般若波羅蜜等三世品第二十三

摩訶般若波羅蜜觀行品第二十四
光讚摩訶般若波羅蜜經問品第二十五 卷第十
摩訶般若波羅蜜法師如幻品第二十六
摩訶般若波羅蜜雨法寶品第二十七

右西晉太康七年十一月二十五日月支沙門竺法護於長安譯見道安錄及僧祐錄 清信士聶承遠等筆受

摩訶般若波羅蜜經鈔長安品五卷 一名須菩提品一名長安品經一百五紙或七卷第六譯凡十三品 一帙
摩訶般若波羅蜜經道行品第一 長安品卷第一前秦建元年曇摩蜱共佛念等長安譯
摩訶般若波羅蜜問品第二
摩訶般若波羅蜜功德品第三 長安品卷第二前秦建元年曇摩蜱共佛念等長安譯
摩訶般若波羅蜜善權品第四 長安品卷第三前秦建元年曇蜱共佛念等長安譯
摩訶般若波羅蜜地獄品第五
摩訶般若波羅蜜清淨品第六
摩訶般若波羅蜜本無品第七 長安

凡[illegible]卷第四　第十六張　帙十三號
品 卷第四　前秦建元年曇摩蜱共竺佛念等譯
摩訶般若波羅蜜阿惟越致品第八
摩訶般若波羅蜜常啼優婆夷
品第九
摩訶般若波羅蜜守空品第十　長安
品 卷第五　前秦建元年曇摩蜱共佛念等集
安譯
摩訶般若波羅蜜遠離品第十一
摩訶般若波羅蜜善知識品第十二
摩訶般若波羅蜜釋提桓因品第
十三
右前秦建元十八年天竺沙門曇
摩蜱於長安譯佛護傳譯慧進
筆受安公校定見僧叡二秦錄
上二經一十五卷二帙　上下五
道行般若經一部十卷　一百九十紙　或八卷
一帙　或云般若道行品經第一譯　凡三十品
一名摩訶般若波羅蜜道行經
摩訶般若波羅蜜道行經道行品第
一　後漢光和年支讖譯　卷第一
摩訶般若波羅蜜道行經難問品
第二
摩訶般若波羅蜜道行經功德品第

道行經卷第四　十七張　帙十三號
三　卷第二
摩訶般若波羅蜜道行經漚和拘舍羅
勸助品第四　卷第三
摩訶般若波羅蜜道行經泥犁品第五
摩訶般若波羅蜜道行經清淨品第六
摩訶般若波羅蜜道行經歎品第七　卷第四
摩訶般若波羅蜜道行經持品第八
摩訶般若波羅蜜道行經覺魔品第九
摩訶般若波羅蜜道行經照明品第十　卷第五
摩訶般若波羅蜜道行經不可計品第十一
摩訶般若波羅蜜道行經譬喻品第十二
摩訶般若波羅蜜道行經分別品第十三
摩訶般若波羅蜜道行經本無品第十四
摩訶般若波羅蜜道行經阿惟越致品
第十五　卷第六
摩訶般若波羅蜜道行經怛竭優婆夷品第十六
摩訶般若波羅蜜道行經守空品第十七
摩訶般若波羅蜜道行經遠離品第十八　卷第七
摩訶般若波羅蜜道行經善知識品第十九
摩訶般若波羅蜜道行經釋提桓因品第二十
摩訶般若波羅蜜道行經貢高品第二十一
摩訶般若波羅蜜道行經學品第二十二　卷第八
摩訶般若波羅蜜道行經守行品第二十三

[illegible]　第二十張　帙十三號
摩訶般若波羅蜜道行經強弱品第
二十四
摩訶般若波羅蜜道行經累教品第
二十五
摩訶般若波羅蜜道行經不可盡品
第二十六
卷九
摩訶般若波羅蜜道行經隨品第二十七
摩訶般若波羅蜜道行經薩陀波倫
菩薩品第二十八
摩訶般若波羅蜜道行經曇無竭菩
品第二十九
卷第十
摩訶般若波羅蜜道行經囑累品第
三十
右後漢光和二年七月八日月氏國
沙門支婁迦讖於洛陽譯見支敏
度及僧祐等錄河南清信士孟福
張蓮筆受
小品般若波羅蜜經一部八卷　或七卷或十卷
一帙　第七譯　一百八十紙　僧祐錄云新小品經　凡二十九品
摩訶般若波羅蜜經初品第一　小品

歷章卷第四　第二十一張　振字号

卷第一

摩訶般若波羅蜜釋提桓因品第二

摩訶般若波羅蜜寶塔品第三

摩訶般若波羅蜜大明呪品第四 小品

卷第二

摩訶般若波羅蜜舍利品第五

摩訶般若波羅蜜經校量品第六

摩訶般若波羅蜜迴向品第七

摩訶般若波羅蜜泥犁品第八 小品

摩訶般若波羅蜜經卷第三

摩訶般若波羅蜜歎淨品第九

摩訶般若波羅蜜不可思議品第十

摩訶般若波羅蜜魔事品第十一 小品

摩訶般若波羅蜜經卷第四

摩訶般若波羅蜜小如品第十二

摩訶般若波羅蜜相無相品第十三

摩訶般若波羅蜜船喻品第十四 小品

摩訶般若波羅蜜經卷第五

摩訶般若波羅蜜大如品第十五

摩訶般若波羅蜜阿惟越致相品第十六

摩訶般若波羅蜜深功德品第十七 小品

摩訶般若波羅蜜深功德品第十七 小品

歷章第四　第二十二張　振字号

摩訶般若波羅蜜經卷第六

摩訶般若波羅蜜常伽提婆品第十八

摩訶般若波羅蜜阿惟越致覺魔品第十九

摩訶般若波羅蜜深心求菩提品第二十

摩訶般若波羅蜜恭敬菩薩品第二十一 小品

摩訶般若波羅蜜經卷第七

摩訶般若波羅蜜無慳煩惱品第二十二

摩訶般若波羅蜜稱揚菩薩品第二十三

摩訶般若波羅蜜累教品第二十四

摩訶般若波羅蜜見阿閦佛品第二十五

摩訶般若波羅蜜隨知品第二十六

摩訶般若波羅蜜經薩陀波崙品第二十七 小品

摩訶般若波羅蜜經卷第八

摩訶般若波羅蜜曇無竭品第二十八

摩訶般若波羅蜜囑累品第二十九

右後秦弘始十年二月六日沙門鳩摩羅什於常安逍遙園譯至四

歷章卷第四　第二十三張　振字号

月三十日訖見僧叡二秦等錄　僧肇道常筆受

大明度無極經一部四卷　或六卷　或名大明度無極經一百一十二紙或五卷或無大字

第二譯　凡三十品

大明度無極經卷第一　吳黃武年支謙譯

大明度經上行品第一　天帝釋問品第二

持品第三　功德品第四

變謀明慧品五

大明度無極經卷第二　吳黃武年支謙譯

地獄品第六　清淨品第七

悉持品第八　覺邪品第九

照明十方品第十　不可計品第十一

譬喻品第十二　分別品第十三

本無品第十四　不退轉品第十五

大明度無極經卷第三　吳黃武年支謙譯

常碍清信女品第十六　守空品第十七

遠離品第十八　善友品第十九

天帝釋品第二十　貢高品第二十一

學品第二十二　守行品第二十三

强弱品第二十四　累教品第二十五

大明度無極經卷第四　吳黃武年支謙譯

不可盡品第二十六　隨教品第二十七
普慈開士品第二十八　法來開士品第二十九
囑累阿難品第三十
右吳代月氏國優婆塞支謙字恭明見竺道祖魏吳等錄
勝天王般若經一部七卷　一百二十四紙　一名勝天王般若經
或云勝天王般若波羅蜜經　凡十六品　上二經十一卷同帙
勝天王經序
勝天王般若經卷第一
勝天王般若波羅蜜經通達品第一
勝天王般若波羅蜜經顯相品第二
勝天王般若波羅蜜經法界品第三
勝天王般若經卷第二
勝天王般若波羅蜜經念處品第四
勝天王般若波羅蜜經法性品第五
勝天王般若經卷第三
勝天王般若波羅蜜經平等品第六
勝天王般若經卷第四
勝天王般若波羅蜜經現相品第七
勝天王般若波羅蜜經無所得品第八
勝天王般若經卷第五
勝天王般若波羅蜜經證勸品第九
勝天王般若波羅蜜經述德品第十

勝天王般若經卷第六
勝天王般若波羅蜜經現化品第十一
勝天王般若波羅蜜經陀羅尼品第十二
勝天王般若經卷第七
勝天王般若波羅蜜經二行品第十四
勝天王般若波羅蜜經讚歎品第十五
勝天王般若波羅蜜經付囑品第十六
右陳世天嘉六年七月二十三日優禪尼國王子月婆首那於江州興業寺譯至九月十八日訖見費長房錄　沙門智昕筆受
上二經十一卷同帙
文殊師利所說摩訶般若波羅蜜經一部二卷　或一卷　第一譯　二十四紙　或云文殊般若波羅蜜經
文殊師利所說摩訶般若波羅蜜經卷上
文殊師利所說摩訶般若波羅蜜經卷下
右梁天監二年扶南沙門曼陀羅仙共僧伽婆羅於楊都譯見李廓等錄

文殊師利所說般若波羅蜜經一卷　二十紙　第二譯
文殊師利所說般若波羅蜜經一卷
右梁天監二年扶南沙門僧伽婆羅譯見費長房錄初翻經日於壽光殿武帝親自筆受後付沙門寶唱惠超僧智法雲筆受
濡首菩薩經一部二卷　一名決了諸法如幻化三昧經　四十三紙　第三譯
佛說濡首菩薩無上清淨分衛經上　一名決了諸法如幻化三昧
佛說濡首菩薩無上清淨分衛經下
右宋代沙門翔公於南海郡譯見始興錄
金剛般若波羅蜜經一卷　舍衛國　十三紙　第一譯
金剛般若波羅蜜經一卷
右後秦弘始年沙門鳩摩羅什於長安逍遙園譯見僧叡二秦錄　僧叡僧肇道常等筆受
金剛般若經一卷　婆伽婆　十六紙　舍婆提城　第二譯
金剛般若經一卷

右後魏永平二年天竺沙門菩提留支於洛陽胡相國第譯見法上錄僧
筆受
金剛般若經一卷　祇陀樹林　十六紙　第三譯　或加佛說字　或加波羅字
佛說金剛般若波羅蜜經
右陳代優禪尼國沙門眞諦譯
於廣州制旨寺譯見費長房錄
能斷金剛般若經一卷　室羅筏　第四譯
二十五紙
能斷金剛般若波羅蜜多經一卷
三藏法師玄奘奉詔譯
大唐三藏聖教序　御製
皇太子臣治述　聖記
右大唐貞觀二十二年十月一日三
藏法師玄奘從駕於坊州玉華宮
弘法臺譯見內典錄　直中書杜行顗筆受
能斷金剛般若波羅蜜經一卷　在名攝大城戰勝林　十五紙　第五譯
佛說能斷金剛般若波羅蜜多經
一卷
右大周長安三年十月四日三藏

法師義淨於長安西明寺譯見開
元錄
仁王般若經一部二卷　第二出　與法護出者文稍異　第三譯　開　二十三紙　或一卷　凡八品
佛說仁王護國般若波羅蜜經序品第一
卷上
般若波羅蜜經觀空品第二
般若波羅蜜經菩薩教化品第三
般若波羅蜜經二諦品第四
佛說仁王護國般若波羅蜜經護國品
第五
卷下
般若波羅蜜經散華品第六
般若波羅蜜經受持品第七
般若波羅蜜經囑累品第八
右後秦弘始年中沙門鳩摩羅什
於長安逍遙園譯見費長房錄　僧叡僧肇道常等筆受
摩訶般若波羅蜜大明呪經　或無波羅蜜字　一紙　第一譯
摩訶大明呪經
右後秦弘始四年中三藏鳩摩羅什
於逍遙園譯見經題上及開元錄

般若多心經　一紙　第二譯　或有波羅蜜字
般若波羅蜜多心經　有異譯
右大唐貞觀二十三年五月二十四日
三藏法師玄奘從駕於終南山翠
微宮譯見內典錄　沙門知仁筆受
實相般若經　九紙　第二譯　或有波羅蜜字
實相般若波羅蜜經　南天竺國沙門菩
提留志等奉　制譯
右大周長壽二年南天竺三藏菩
提流志於神都大周東寺譯見大
周錄　沙門處一筆受　上三經同卷
上十二經十三卷同帙

廣品歷章卷第四

新綴入錄　㧞　苶有一百九十兀火

廣品歷章卷第五

大乘經重單合譯有三十四㕥　十七帙合四紹為二軸計一百六十七卷

大寶積經一百二十卷　四十九會說合成一部一二帙蒲州一千九百九十一紙

大方廣三戒經三卷　蒲州四十六紙

無量清淨平等覺經二卷　亦直云無量清淨經蒲州六十一紙

阿彌陀經二卷　上卷題云佛說阿彌陀三耶三佛薩樓佛檀過度人道經　蒲州五十五紙

無量壽經二卷　蒲州五十九紙

阿閦佛國經二卷　一名阿閦佛刹諸菩薩學成品經或一卷　蒲州四十紙

大乘十法經一卷　佛住王舍城者　蒲州二十張

普門品經一卷　亦名普門經　蒲州十六紙

胞胎經一卷　一名胞胎受身經　蒲州十五紙

文殊師利佛土嚴淨經二卷　亦直云嚴佛土經亦直云佛土嚴淨經　蒲州二十四紙

法鏡經二卷　或一卷　蒲州二十五紙

郁伽羅越問菩薩行經一卷　或云郁伽長者經或二卷　蒲州二十五紙

幻士仁賢經一卷　或云仁賢幻士經　蒲州十八紙

歷平恭第五　第二張　振字六

決定毗尼經一卷　瑒州十七紙

發覺淨心經二卷　一名破壇一切心識　蒲州二十八紙

優填王經一卷　蒲州五紙

須摩提經一卷　蒲州八紙

阿闍世王女阿術達菩薩經一卷　亦名阿闍世女經亦直云名阿述達經　蒲州一十七紙

離垢施女經一卷　蒲州二十三紙

得無垢女經一卷　一名論議辯才法門經或云無垢女經　蒲州二十五紙

文殊師利所說不思議佛境界經二卷　或一卷又有一本偽經佛性海藏題為文殊所說應審觀之　蒲州二十四紙

如幻三昧經二卷　或三卷或四卷　共城大十六紙　蒲州五十七紙

聖善住意天子所問經三卷　或四卷　蒲州五十七

太子和休經一卷　或云和休　蒲州四紙

太子刷護經一卷　蒲州五紙

慧上菩薩問大善權經二卷　或一卷或直云大善權經或云慧上菩薩經或云善權方便經或云方便所度無極經　蒲州三十二紙

大乘顯識經二卷　蒲州二十五紙

大乘方等要慧經一卷　一紙

彌勒菩薩所問本願經　或無所問字亦云彌勒本願經一名彌勒難經　蒲州紙

佛遺曰摩尼寶經一卷　一名古品日遺日說般若經　蒲州二十三紙一名大寶積科

歷章卷第五　第三張　恒字

摩訶衍寶嚴經一卷　一名大迦葉品　蒲州二十紙
勝鬘師子吼一乘大方便方廣經一
卷　亦直名勝鬘經　或二卷　蒲州二十九紙
毗耶娑問經二卷
大寶積經一部一百二十卷　二千三百九十二紙　四十九會　說合成一部　凡總九十三品一十二帙
大寶積經序太上皇製
大寶積經三律儀會第一之一　大唐三藏法師菩提流志奉制譯
大寶積經卷第一　并序　翻譯朝官　二藏名　十八紙十六行
大寶積經三律儀會第一之二　大唐三藏菩提流志奉制譯
大寶積經卷第二　十八紙二十二行
大寶積經三律儀會第一之三　大唐三藏菩提流志奉制譯
大寶積經卷第三　十七紙二十三行
大寶積經無邊莊嚴會第二之一　大唐三藏菩提流志奉制譯
大寶積經卷第四　十八紙二十行
無上陀羅尼品第一之一　大唐三藏菩提流志奉制譯
大寶積經卷第五　十九紙十六行
無上陀羅尼品第一之二
大寶積經無邊莊嚴會第二之三

歷章卷第五　第四張　恒

大寶積經卷第六　十八紙五行　大唐三藏菩提流志奉制譯
出離陀羅尼品第二
清淨陀羅尼品第三之一
大寶積經無邊莊嚴會第二之四　大唐三藏菩提流志奉制譯
大寶積經卷第七　十七紙三行
清淨陀羅尼品第三之二
大寶積經密迹金剛力士會第三之一　西晉三藏竺法護譯
大寶積經卷第八　十六紙七行
大寶積經密迹金剛力士會第三之
一　西晉三藏竺法護譯
大寶積經卷第九　十八紙十二行
大寶積經密迹金剛力士會第三之三　西晉三藏竺法護譯
大寶積經卷第十　十九紙二十行
大寶積經密迹金剛力士會第三之四　西晉三藏竺法護譯
大寶積經卷第十一　十七紙一行
大寶積經密迹金剛力士會第三之五　西晉三藏竺法護譯
大寶積經卷第十二　十五紙十九行

歷章卷第五　第五張　恒

大寶積經密迹金剛力士會第三之六　西晉三藏竺法護譯
大寶積經卷第十三　十九紙十九行
大寶積經密迹金剛力士會第三之七　西晉三藏竺法護譯
大寶積經卷第十四　十六紙二十一行
大寶積經淨居天子會第四之一　西晉三藏竺法護譯
大寶積經卷第十五　十七紙十四行
大寶積經淨居天子會第四之二　西晉三藏竺法護譯
大寶積經卷第十六　十八紙十六行
大寶積經無量壽會第五之一　大唐三藏菩提流志奉制譯
大寶積經卷第十七　十六紙十七行
大寶積經無量壽會第五之二　大唐三藏菩提流志奉制譯
大寶積經卷第十八　十七紙六行
大寶積經不動如來會第六之一　大唐三藏菩提流志奉詔譯
大寶積經卷第十九　十七紙二十三行
授記莊嚴品第一
佛剎功德莊嚴品第二

歷字號卷第五　第六張

聲聞衆品第三
大寶積經不動如來會第六之二　大唐
三藏菩提流志奉制譯
大寶積經卷第二十　十九紙十九行
菩薩衆品第四
涅槃功德莊嚴品第五
往生因緣品第六
大寶積經被甲莊嚴會第七之一大唐
三藏菩提流志奉詔譯
大寶積經卷第二十一　十八紙六行
大寶積經被甲莊嚴會第七之二大
唐三藏菩提流志奉詔譯
大寶積經卷第二十二　十三紙十六行
大寶積經被甲莊嚴會第七之三
大唐三藏菩提流志奉詔譯
大寶積經卷第二十三　十五紙十九行
大寶積經被甲莊嚴會第七之四大
唐三藏菩提流志奉詔譯
大寶積經卷第二十四　十五紙八行
大寶積經被甲莊嚴會第七之五大
唐三藏菩提流志譯
大寶積經卷第二十五　十七紙三行
大寶積經法界體性無分別會第八

歷字號卷第五　第七張

之一　梁三藏曼陀羅譯
大寶積經卷第二十六　十三紙二十行
大寶積經法界體性無分別會第八
之二　梁三藏曼陀羅譯
大寶積經卷第二十七　十三紙十七行
大寶積經大乘十法會第九　元魏三
藏佛陀扇多譯
大寶積經卷二十八　二十五紙二十行
大寶積經文殊師利普門會第十
大唐三藏菩提流志奉詔譯
大寶積經卷二十九　十一紙三行
大寶積經出現光明會第十一之一大
唐三藏菩提流志奉詔譯
大寶積經卷第三十　十五紙九行
大寶積經出現光明會第十一之二大
唐三藏菩提流志奉詔譯
大寶積經卷第三十一　十五紙十七行
大寶積經出現光明會第十一之三大
唐三藏菩提流志奉詔譯
大寶積經出現光明會第十一之三大唐
三藏菩提流志奉詔譯
大寶積經卷第三十二　十三紙十三行
大寶積經出現光明會第十一之四大唐

歷字號卷第五　第八張

三藏菩提流志奉詔譯
大寶積經卷第三十三　十五紙
大寶積經出現光明會第十一之五大唐
三藏菩提流志奉詔譯
大寶積經卷第三十四　十四紙二十三行
大寶積經菩薩藏會第十二之一大
唐三藏玄奘譯
大寶積經卷第三十五　二十四紙十行
開化長者品第一
大寶積經菩薩藏會第十二之二
大唐三藏玄奘譯
大寶積經卷第三十六　十五紙七行
金毗羅天授記品第二
試驗菩薩品第三
大寶積經菩薩藏會第十二之三
大唐三藏玄奘譯
大寶積經卷第三十七　二十一紙八行
如來不思議性品第四之一
大寶積經菩薩藏會第十二之四
大唐三藏玄奘譯
大寶積經卷第三十八　廿紙四行
如來不思議性品第四之二
大寶積經菩薩藏會第十二之五　大唐三

藏玄奘譯
大寶積經卷第三十九　十八紙一行
如來不思議性品第四之三
大寶積經菩薩藏會第十二之六　大唐
三藏玄奘譯
大寶積經卷第四十　十五紙　二十二行
如來不思議性品第四之四
大寶積經菩薩藏會第十二之七　大
唐三藏玄奘譯
大寶積經卷第四十一　十四紙八行
四無量品第五
陀那波羅蜜多品第六
大寶積經菩薩藏會第十二之八　大
唐三藏玄奘譯
大寶積經菩薩藏會第十二之八　大唐
三藏玄奘譯
大寶積經卷第四十二　二十二紙十四行
尸波羅蜜多品第七之一
大寶積經菩薩藏　會第十二之九　大
唐三藏玄奘譯
大寶積經卷第四十三　二十紙四行
尸波羅蜜多品第七之二
大寶積經菩薩藏會第十二之十　大

唐三藏玄奘譯
大寶積經卷第四十四　十八紙十六行
尸波羅蜜多品第七之三
大寶積經菩薩藏會第十二之十一
大唐三藏玄奘譯
大寶積經卷第四十五　二十一紙十二行
羼底波羅蜜多品第八
毗利耶波羅蜜多品第九之一
大寶積經菩薩藏會第十二之十二
大唐三藏玄奘譯
大寶積經卷第四十六　二十紙二十行
毗利耶波羅蜜多品第九之二
大寶積經菩薩藏會第十二之十三
大唐三藏玄奘譯
大寶積經卷第四十七　二十紙七行
毗利耶波羅蜜多品第九之三
大寶積經菩薩藏會第十二之十四
大唐三藏玄奘譯
大寶積經卷第四十八　二十一紙四行
毗利耶波羅蜜多品第九之四
大寶積經菩薩藏會第十二之十五
大唐三藏玄奘譯
大寶積經卷第四十九

靜慮波羅蜜多品第十之一
大寶積經菩薩藏會第十二之十六
大唐三藏玄奘譯
大寶積經卷第五十　十七紙十六行
靜慮波羅蜜多品第十之二
般若波羅蜜多品第十一之一
大寶積經菩薩藏會第十二之十七
大唐三藏玄奘譯
大寶積經卷第五十一　十七紙十九行
般若波羅蜜多品第十一之二
大寶積經菩薩藏會第十二之十八
大唐三藏玄奘譯
大寶積經卷第五十二　二十一紙十一行
般若波羅蜜多品第十一之三
大寶積經菩薩藏會第十二之十九
大唐三藏玄奘譯
大寶積經卷第五十三　二十一紙十一行
般若波羅蜜多品第十一之四
大寶積經菩薩藏會第十二之二十
大唐三藏玄奘譯
大寶積經卷第五十四　十七紙六行
大自在天授記品第十二
大寶積經佛爲阿難說人處胎會第十

歷登表第五　第十二張　誠字号　六

三大唐三藏玄奘譯

大寶積經卷第五十五　十四紙　二十行

大寶積經佛說入胎藏會第十四之一

大唐三藏義淨奉

詔譯

大寶積經卷第五十六

大寶積經佛說入胎藏會第十四之二

大唐三藏義淨奉

詔譯

大寶積經卷第五十七　十八紙　十八行

大寶積經文殊師利授記會第十五之一

大唐于闐三藏實叉難陀譯

大寶積經卷第五十八　十四紙　七行

大寶積經文殊師利授記會第十五之二

大唐三藏實叉難陀譯

大寶積經卷第五十九　十七紙　五行

大寶積經文殊師利授記會第十五之三

大唐三藏實叉難陀譯

大寶積經卷第六十　十五紙　八行

大寶積經菩薩見實會第十六之一

北齊三藏那連提耶舍譯

大寶積經卷第六十一　十四紙　十七行

序品第一

歷登表第五　第十三張　既字号

大寶積經菩薩見實會第十六之二

北齊三藏那連耶舍譯

大寶積經第六十二　十九紙　二十三行

淨飯王詣佛品第二

阿脩羅王授記品第三

大寶積經菩薩見實會第十六之三

大寶積經卷第六十三　十八紙　二行

本事品第四

迦樓羅授記品第五

龍女授記品第六

大寶積經菩薩見實會第十六之四

北齊三藏那連提耶舍譯

大寶積經卷第六十四　十六紙　七行

龍王授記品第七

鳩槃茶授記品第八

乾闥婆授記品第九

夜叉授記品第十

大寶積經菩薩見實會第十六之五

大寶積經卷第六十五　十五紙　十行

緊那羅授記品第十一

虛空行天授記品第十二

四天王天授記品第十三

大寶積經菩薩見實會第十六之六

歷登表第五　第十四張　振字号

北齊三藏那連耶舍譯

大寶積經卷第六十六　十三紙　十一行

三十三天授記品第十四

夜摩天授記品第十五

兜率陀天得授記品第十六

大寶積經菩薩見實會第十六之七

北齊三藏那連提耶舍譯

大寶積經卷第六十七　十四紙　十二行

化樂天授記品第十七

他化自在天授記品第十八

諸梵天等得授記品第十九

大寶積經菩薩見實會第十六之八

北齊三藏那連提耶舍譯

大寶積經卷第六十八　十五紙　二行

光音天等得授記品第二十

徧淨天授記品第二十一

大寶積經菩薩見實會第十六之九

北齊三藏那連提耶舍譯

大寶積經卷第六十九　十五紙　十行

廣果天授記品第二十二

大寶積經菩薩見實會第十六之十

大寶積經卷第七十　十六紙　七行

淨居天子讚偈品第二十三之一

歷章卷第五 第十五張 振字号
北齊三藏那連提耶舍譯
大寶積經卷第七十一 二十紙三行
淨居天子讚偈品第二十三之二
大寶積經菩薩見實會第十六之
十二
大寶積經卷第七十二 十四紙九行
遮羅迦波利婆羅闍迦外道品第二
十四
大寶積經菩薩見實會第十六之十三
北齊三藏那連提耶舍譯
大寶積經卷第七十三 十五紙十九行
六界差別品第二十五之一
大寶積經菩薩見實會第十六之十四
大寶積經卷第七十四 十六紙三行
六界差別品第二十五之二
大寶積經菩薩見實會第十六之十
五 北齊三藏那連提耶舍譯
大寶積經菩薩見實會第十六之十五
北齊三藏那連提耶舍譯
大寶積經卷第七十五 十四紙二十四行
六界差別品第二十五之三
四轉輪王品第二十六之一
大寶積經菩薩見實會第十六

歷章卷第五 第十六張 振字号
之十六 北齊三藏那連提耶舍譯
大寶積經卷第七十六 十九紙十一行
四轉輪王品第二十六之二
大寶積經富樓那會第十七之一 後
秦三藏羅什譯
大寶積經卷第七十七 二十五紙二十一行
菩薩行品第一 多聞品第二
不退品第三
大寶積經富樓那會第十七之二 後
秦三藏羅什譯
大寶積經卷第七十八 十九紙八行
具善根品第四 神通力品第五
大寶積經富樓那會第十七之三 後
秦三藏羅什譯
大寶積經卷第七十九 二十二紙二行
大悲品第六 答難品第七
富樓那品第八
大寶積經護國菩薩會第十八之一
隋三藏崛多譯
大寶積經卷第八十 二十五紙三行
大寶積經護國菩薩會第十八之二
隋三藏崛多譯
大寶積經卷第八十一 二十紙十八行

歷章卷第五 第十七張 振字号
大寶積經郁伽長者會第十九 魏三藏
康僧鎧譯
大寶積經卷第八十二 二十八紙
大寶積經無盡伏藏會第二十之一
大唐三藏菩提流志奉詔譯
大寶積經卷第八十三 八紙十四行
大寶積經無盡伏藏會第二十之二
大寶積經卷第八十四 九紙十行
大寶積經授幻師跋陀羅記會第二十一
大唐三藏菩提流志奉詔譯
大寶積經卷第八十五 十八紙七行
大寶積經大神變會第二十二之一 大唐
三藏菩提流志奉詔譯
大寶積經卷第八十六 十四紙十三行
大寶積經大神變會第二十二之二 大唐
三藏菩提流志奉詔譯
大寶積經卷第八十七 十六紙十行
大寶積經摩訶迦葉會第二十三之
一 元魏月婆首那譯
大寶積經卷第八十八 二十紙
大寶積經摩訶迦葉會第二十三之二
元魏月婆首那譯
大寶積經卷第八十九 二十一紙二十三行

大寶積經優波離會第二十四 大唐
三藏菩提流志奉 詔譯
大寶積經卷第九十 十七紙十八行
大寶積經發勝志樂會第二十五之
一 大唐三藏菩提流志奉詔譯
大寶積經卷第九十一 十三紙二十行
大寶積經發勝志樂會第二十五之
二 大唐三藏菩提流志譯
大寶積經卷第九十二 十三紙二十行
大寶積經善臂菩薩會第二十六之一
後秦三藏羅什譯
大寶積經卷第九十三 十四紙六行
大寶積經善臂菩薩會第二十六之二
後秦三藏羅什譯
大寶積經卷第九十四 十一紙二十行
大寶積經善順菩薩會第二十七 大唐
三藏菩提流志譯
大寶積經卷第九十五
大寶積經勤授長者會第二十八 大唐
三藏菩提流志奉 詔譯
大寶積經卷第九十六 九紙十五行
大寶積經優陀延王會第二十九 大唐
三藏菩提流志奉 詔譯

大寶積經卷第九十七 十紙
大寶積經妙慧童女會第三十 大唐
三藏菩提流志奉 詔譯
大寶積經卷第九十八 九紙十八行
大寶積經殑伽優婆夷會第三十一
大寶積經無畏德菩薩會第三十二
後魏三藏佛陀扇多譯
大寶積經卷第九十九 十七紙三行
大寶積經無垢施菩薩應辯會第
三十三 西晉居士聶道真譯
大寶積經卷第一百 二十四行
序品第一 聲聞品第二
菩薩品第三 菩薩行品第四
授記品第五
大寶積經功德寶華敷菩薩會第三
十四 大唐三藏菩提流志譯
大寶積經卷第一百一 二十二紙
善德天子會第三十五
大寶積經善住意天子會第三十六
大唐三藏菩提流志奉 詔譯
大寶積經卷第一百二 十七紙三行
緣起品第一
大寶積經善住意天子會第三十六

之二 隋三藏笈多譯
大寶積經卷第一百三 十八紙
問寶義品第二
文殊神變品第三
破魔品第四
菩薩身行品第五
大寶積經善住意天子會第三十六
之三 隋三藏笈多譯
大寶積經卷第一百四 十七紙行
破菩薩相品第六
破二乘相品第七之一
大寶積經善住意天子會第三十六
之四 隋三藏笈多譯
大寶積經卷第一百五 十九紙十五行
破二乘相品第七之二
破凡夫相品第八 神通證說品第九
稱讚付法品第十
大寶積經阿闍世王子所問會第三十七
大唐三藏菩提流志奉 詔譯
大寶積經卷第一百六 十八紙五行
大乘方便會第三十八之一 西晉大竺
居士竺難提譯
大寶積經大乘方便會第三十八之二

西晉天竺居士竺難提譯
大寶積經卷第一百七 十五紙
大寶積經大乘方便會第三十八之三
西晉天竺居士竺難提譯
大寶積經卷第一百八 十六紙三行
大寶積經賢護長者會第三十九之一
隋三藏崛多譯
大寶積經卷第一百九 十八紙二行
大寶積經賢護長者會第三十九之二
隋三藏崛多譯
大寶積經卷第一百一十 十九紙
大寶積經淨信童女會第四十 大唐
三藏菩提流志譯
大寶積經卷第一百十一 二十四紙八行
彌勒菩薩問八法會第四十一 後魏三
藏菩提留支譯
彌勒菩薩所問會第四十二 大唐三
藏菩提流志奉詔譯 西晉竺法護說
大寶積經普明菩薩會第四十三
是舊遺日摩尼寶經一卷失譯者提流志入勘本編入會
大寶積經卷第一百十二
大寶積經卷第一百十三 十九紙八行
沙門品第一

比丘品第二 旃陀羅沙門品第三
營事比丘品第四
北梁道龔譯
大寶積經寶梁聚會第四十四之二
大寶積經卷第一百一十四 十二紙九行
蘭若比丘品第五
乞食比丘品第六 糞掃衣比丘品第七
大寶積經無盡慧菩薩會第四十五
大唐三藏菩提流志譯
大寶積經卷第一百十五 十五紙九行
文殊師利說般若會第四十六之一 梁
三藏曼陀羅譯
大寶積經文殊師利說般若會第四
十六之二 梁三藏曼陀羅譯
大寶積經卷第一百十六 十五紙十二行
大寶積經寶髻菩薩會第四十七之一
西晉三藏竺法護譯
大寶積經卷第一百十七 二十七紙十二行
大寶積經寶髻菩薩會第四十七之
二 西晉三藏竺法護譯
大寶積經卷第一百一十八 二十五紙十三行
大寶積經勝鬘夫人會第四十八 大唐
三藏菩提流志奉詔譯

大寶積經卷第一百十九 十九紙 二十二行
大寶積經廣博仙人會第四十九 大唐
三藏菩提流志譯
大寶積經卷第一百二十 二十紙十二行
右大唐神龍二年南天竺國三藏
沙門菩提流志奉 制於西京西崇
福寺譯至先天二年功畢於中二
十六會三十九卷新譯餘是舊經
勘同編入初開題日 和帝親御法
筵筆受是經旨後什沙門復禮法藏等
譯畢睿宗製序見開元釋教錄
大方廣三戒經一部三卷
大方廣三戒經卷第一
大方廣三戒經卷第二
大方廣三戒經卷第三
右北涼玄始年天竺沙門曇無讖
譯見法上錄
無量清淨平等覺經一部二卷
第二出 七十一紙 有加佛說字亦直云無量清
淨經或四卷
佛說無量清淨平等覺經卷上
佛說無量清淨平等覺經卷下
右後漢桓靈帝代月氏國沙門支

歷章卷第五　第二十四張

婁迦讖於洛陽譯見吳錄河南清
信士孟福張蓮等筆受
阿彌陀經一部二卷　第三譯上卷題云佛說諸佛阿彌陀三耶三薩樓佛檀過度人道經　五十五紙
佛說諸佛阿彌陀三耶三佛薩樓佛
檀過度人道經卷上　二十四紙五行
佛說阿彌陀經卷下
右吳代月氏國優婆塞支謙譯
見竺道祖錄
無量壽經一部二卷　四十五紙　第四譯　有加佛說字
佛說無量壽經卷上
佛說無量壽經卷下
右曹魏齊王代嘉平四年天竺國
沙門康僧鎧於雒陽白馬寺譯天
竺道祖晉代雜錄
右已上四經九卷同帙
阿閦佛國經一部二卷　一名阿閦佛剎諸菩薩學成品經　四十六紙　第一譯　凡五品　三譯闕一或無國字
阿閦佛剎發意受慧品第一　後和元年支樓迦讖譯

歷章卷第五　第二十五張

阿閦佛國經卷上
阿閦佛剎善快品第二
阿閦佛剎弟子學成品第三
阿閦佛剎諸菩薩學成品第四
阿閦佛國經卷下
阿閦佛剎般泥洹品第五
右後漢建和元年月氏國沙門支
樓迦讖於雒陽譯見朱士行漢錄
河南清信士孟福張蓮筆受
大乘十法經一卷　二十九紙　第一譯　初云佛住王舍城者是
大乘十法經一卷
右梁普通年扶南沙門僧伽婆羅
於揚都壽光殿譯見費長房錄
初武帝親自筆受後付沙門寶唱惠超僧智法雲等筆受
普門品經一卷　十四紙　亦云普門經　第一譯
佛說普門品經一卷
右西晉太康八年正月十一日月支
沙門竺法護譯見聶道眞錄　清
信士聶承遠等筆受
胞胎經一卷　亦云胞胎受身經　第一譯
佛說胞胎經

歷章卷　第二十六張

右西晉太安二年八月一日月氏沙
門竺法護譯見聶道眞錄　清信
士聶承遠筆受
文殊師利佛土嚴淨經一部二卷　一名佛土嚴淨經一名嚴淨佛土經　四十紙　第三譯　三譯闕一
文殊師利佛土嚴淨經卷上
文殊師利佛土嚴淨經卷下
右西晉太熙元年月氏沙門竺法
護於洛陽譯見竺道祖晉代雜錄
清信士聶承遠等筆受
法鏡經一部二卷　或一卷　二十七紙　安公云出方等部　第一譯
佛說法鏡經卷上　後漢安玄共嚴佛調譯
佛說法鏡經卷下
右後漢靈帝代光和四年安息國
優婆塞安玄共沙門嚴佛調於洛
陽譯玄口傳梵文見僧祐錄
佛調筆受
上六經九卷同帙
郁伽羅越問菩薩行經一卷　或二卷　第四出或云郁伽長者經與魏世康僧鎧吳世支譯同本廣略文異二十八紙或加迦字凡

八品六十七紙 闕三

佛說郁伽羅越問菩薩行經　西晉竺法護譯

上士品第一　戒品第二
聖品第三　　猥居品第四
施品第五　　禮塔品第六
止足品第七　閑居品第八

右西晉月氏沙門竺法護譯見釋道安
支敏度等錄　清信士聶承遠筆受

幻士仁賢經一卷　二十四紙　或云仁賢幻士經
四字經　第一譯

佛說幻士仁賢經一卷　晉代竺法護譯
右西晉月氏沙門竺法護譯見聶
道真等錄　清信士聶承遠筆受

決定毗尼經一卷　二十紙　一名破壞一切心識
第一譯

決定毗尼經一卷　亦名破壞

右僧祐錄云泉錄並云於燉煌譯
不顯人名開元中錄附東晉末

發覺淨心經一部二卷　三十三紙　第一譯

發覺淨心經卷上　隋闍那崛多及笈
多等譯

發覺淨心經卷下　隋闍那崛多及笈多
等譯

右隋開皇十五年九月天竺沙門
闍那崛多等於大興善寺譯十
月訖見費長房錄沙門僧琨筆受

優填王經一卷　一名優填王作佛形像經
六紙　第一譯

佛說優填王經一卷

右西晉代沙門法炬共法立譯見
費長房錄

須摩提經一卷　九紙　亦名須摩經　第二譯

須摩提經　西晉世竺法護譯

右西晉月氏沙門竺法護譯見聶
道真竺道祖等錄

佛說須摩提菩薩經一卷　第一譯　新
舊四譯一闕十紙

佛說須摩提菩薩經一卷

右後秦三藏鳩摩羅什於逍遙園
譯見費長房錄僧叡筆受

阿闍世王女阿術達菩薩經一卷　第三
譯五譯闕三十紙　亦云阿述達經　亦云阿闍
世女經

阿闍世王女阿術達菩薩經一卷

右西晉建武元年月氏國三藏竺
法護譯見聶道真等錄

離垢施女經一卷　初出二十六紙

佛說離垢施女經一卷　晉太康年竺法護譯

右西晉太康十年十二月二日月
氏沙門竺法護譯見聶道真僧
祐二錄上九經十卷同帙

得無垢女經一卷　一名論義辯才法門　或云
無垢女經二十九紙　第三譯

得無垢女經一卷　一名論義辯才法門

右後魏興和三年婆羅門瞿曇般
若留支於鄴都金花寺譯見費
長房錄　沙門曇林僧昉筆受

文殊師利所說不思議佛境界經一部
二卷　或一卷二十八紙又有一本乃是僞經佛性
海藏智慧解脫破心相經今之也

文殊師利所說不思議佛境界經卷上
文殊師利所說不思議佛境界經卷下

右大周天竺三藏菩提流志長壽
二年於大周東寺譯見大周錄

如幻三昧經一部二卷　或三卷　或四卷　六十
六紙　第三譯

佛說如幻三昧經卷上　晉世竺法護譯
佛說如幻三昧經卷下
右西晉月氏沙門竺法護譯見僧

歷章卷第五

祐錄清信士聶承遠等筆受

聖善住意天子所問經一部三卷 或四卷六十六紙 第五譯 七譯闕四

聖善住意天子所問經卷上 瞿曇

般若留支譯

聖善住意天子所問經卷中

聖善住意天子所問經卷下

右後魏興和三年婆羅門瞿曇般若留支於鄴城金華寺譯見費長房錄 沙門曇林等筆受

太子和休經 四紙 或云和休經 第二譯

右僧祐錄云安公錄中失譯經

開元錄云附西晉末

太子刷護經 五紙 第二譯

太子刷護經

右西晉月支沙門竺法護譯見法上錄上二經同卷

上六經九卷同帙

慧上菩薩問大善權經 部二卷 或一卷或云方便所度無極經或云大善權經五譯三問或云善權方便經或云慧上菩薩經四十六紙第二譯

慧上菩薩問大善權經卷上 晉太康

歷章卷第五 第三十二張

年竺法護譯

慧上菩薩問大善權經卷下 晉太康年竺法護譯

右西晉太康六年六月十七日月氏沙門竺法護譯見聶道真等錄 清信士聶承筆受

大乘顯識經一部二卷 三十九紙 第二譯

大唐新譯聖教序

大乘顯識經卷上 中天竺國沙門地婆訶羅等奉勑於東太原寺譯

大乘顯識經卷下

右大唐永隆元年天竺三藏地婆訶羅唐言日照於東都東太原寺譯見大周錄

大乘方等要慧經 一紙 第一譯

右後漢代安息國沙門安世高譯費長房錄

彌勒所問本願經一卷 九紙 或無所問字亦云彌勒本願經一名彌勒難 第一譯 二譯闕一

彌勒菩薩所問本願經 晉世竺法護譯

右西晉太安二年五月十一日月

歷章卷第五 第三十三張

氏沙門竺法護譯見聶道真竺道祖等錄清信士聶承遠等筆受

上二經同卷

佛遺日摩尼寶經一卷 一名古品遺日說般若經一名大寶積經安公云出方等部 十八紙

佛遺日摩尼寶經一卷 後漢光和年支讖於洛陽譯

右後漢桓靈帝代月氏國沙門支婁迦讖於洛陽譯見僧祐錄 河南清信士孟福張蓮筆受

摩訶衍寶嚴經一卷 二十三紙 一名大迦葉品 第二譯

摩訶衍寶嚴經一卷 一名大迦葉品

右漢代失譯見僧失譯錄

勝鬘師子吼一乘大方便經一卷 二十二紙第二譯亦直名勝鬘經三譯闕一或二卷或加方廣字

勝鬘師子吼一乘大方便經一卷

右宋元嘉十三年八月四日天竺三藏求那跋陀羅於丹陽郡譯見道慧僧祐李廓等譯錄 寶雲

歷章卷第五　　　第二十三張　張字号六

傳語慧觀筆受

毗耶娑問經一部二卷　三十七紙第一譯

毗耶娑問經翻譯之記　後魏世瞿曇般若留支譯

毗耶娑問經卷上

毗耶娑問經卷下

右後魏興和四年七月十七日優婆塞瞿曇般若留支於尚書令儀同高公第譯三十日畢見經前序記沙門曇林等筆受

上八經十卷同帙

廣品歷章卷第五

上闕三紙九行

集經卷第九
大集經海慧菩薩品之三
大集經卷第十
大集經海慧菩薩品之四
大集經卷第十一
大集經海慧菩薩品之五
大集經卷第十二
大集經虛空藏菩薩所問品第六
大集經卷第十三
大集經虛空藏菩薩所問品之二
大集經卷第十四
大集經虛空藏菩薩所問品之三
大集經卷第十五
大集經虛空藏菩薩所問品之四
大集經卷第十六

歷章卷第六　第五張　胡字号　□五

大集經虛空藏菩薩所問品之五
大集經卷第十七
大集經無言菩薩品第七
大集經無言菩薩品之餘
大集經卷第十八
大集經不可說菩薩第八
大集經不可說菩薩品之餘
大集經卷第十九
大集經寶幢分魔苦品第一
大集經卷第二十
大集經寶幢分中往古品第二
大集經寶幢分中魔調伏品第三
大集經寶幢分中三昧神足品第四
大集經卷第二十一
大集經寶幢分中相品第五
大集經寶幢分中陀羅尼品第六
大集經卷第二十二
大集經寶幢分中護品第七
大集經寶幢分中授記品第八
大集經寶幢分中悲品第九
大集經寶幢分中護法品第十
大集經寶幢分中四天王護品第十
大集經卷第二十三

歷章卷第六　第六張　日振字号

大集經寶幢分中曠野鬼品第十二
大集經寶幢分中還本品第十三
大集經虛空目分中聲聞品第一
大集經虛空目分中聲聞品之二
大集經卷第二十四
大集經虛空目分中世間目品第二
大集經虛空目分中彌勒品第三
大集經虛空目分中四無量心品第四
大集經卷第二十五
大集經虛空目分中淨目品第五
大集經虛空目分中聖目品第六
大集經虛空目分中辟支佛乘品第七
大集經虛空目分中聖無礙智品第八
大集經卷第二十六
大集經虛空目分中護法品第九
大集經虛空目分中大衆還品第十
大集經寶髻菩薩品第十一
大集經寶髻菩薩品之二
大集經卷第二十七
大集經日密分中護法品第一
大集經卷第二十八
大集經日密分中諸方持欲詣佛品第二
大集經日密分中諸方持欲詣佛品之

歷章卷第六　第七張　振字号

二
大集經卷第二十九
大集經日密分中分別說欲品第三
大集經日密分中佛說四方陀羅尼意
第四
大集經日密分中佛說四方陀羅尼意
之二
大集經卷第三十
大集經日密分中不思議大通品第五
或別本中有救龍品無大通名雖互存文則無別
右比涼玄始年天竺沙門曇無讖於
姑臧譯見竺道祖涼録等良由初
出即寫分卷不同遂使後文闕而
不備
大方等日藏經一部十卷　或十五卷　二百
四十三紙　或十二卷　凡十四品　第四譯　或云
大方等大集日藏經一帙題云大乘大方等
日藏經
大方等日藏分經護持正法品第一
大隋天竺三藏那連提耶舍譯
大方等日藏經卷第一
日藏分經陀羅尼品第二上
大方等日藏經卷第二

歷章卷第六　第八　振字号

大方等日藏分經陀羅尼品下
大方等日藏經卷第三
大方等日藏分經菩薩使品第三
大方等日藏經卷第四
大方等日藏分經定品第四
大方等日藏分經卷第五
大方等日藏分經惡業集品第五
大方等日藏經卷第六
大方等日藏分經護持品第六
大方等日藏分經佛現神通品第七
大方等日藏經卷之七
大方等日藏分經魔王波旬品第八
大方等日藏分經星宿品第九
大方等日藏分經卷第八
大方等日藏分經送使品第十
大方等日藏分經卷第九
大方等日藏分經念佛三昧品第十一
大方等日藏分經昇須彌山頂品第十二
大方等日藏分經三歸濟龍品第十三上
大方等日藏分經三歸濟龍品下
大方等日藏分經卷第十
大方等日藏分經護塔品第十四
右隋開皇四年五月天竺沙門那

歷章卷第六　第九張　栽字号
連提耶舍於西京大興善寺譯
至五年二月訖見費長房錄沙
門智鉉學士費長房等筆受
大方等月藏經一部十卷或十五卷二百五十三紙或云大集月藏經單譯一帙第十二分九二十品
大集經月藏分第十二初品卷第一
此經十卷成部
大集經月藏分第十二魔王波旬詣佛所品第二卷第二
大集經月藏分第十二諸阿修羅詣佛所品第三
大集經月藏分第十二本事品第四卷第三
大集經月藏分第十二第一義諦品第五
大集經月藏分第十二令魔得信樂品第六卷第四
大集經月藏分第十二一切鬼神集會品第七
大集經月藏分第十二諸惡鬼神得敬信品第八卷第五
大集經月藏分第十二諸惡鬼神得敬信品第八之下卷第六　第十張
大集經月藏分第十二諸天王護持品第九
大集經月藏分第十二諸魔得敬信品第十卷第七
大集經月藏分第十二提頭賴吒天王護持品第十一
大集經月藏分第十二毗樓勒叉天王品第十二
大集經月藏分第十二毗樓博叉天王品第十三
大集經月藏分第十二毗沙門天王品第十四
大集經月藏分第十二呪輪護持品第十五
大集經月藏分第十二忍辱品第十六卷第八
大集經月藏分第十二分布閻浮提品第十七卷第九
大集經月藏分第十二星宿攝受品第十八卷第十
大集經月藏分第十二建立塔寺品第十九

歷章卷第六　十七張　栽
大集經月藏分第十二法滅盡品第二十
右北齊天統二年天竺沙門那連提耶舍共法智於鄴都天平寺譯見費長房錄
大方等大集地藏十輪經一部十卷一百九十二紙　第十三分有加善權字第二譯一帙九八品
大乘大集地藏十輪經卷第一三藏法師玄奘奉　詔譯　二十八行
序品第一
大乘大集地藏十輪經卷第二三藏法師玄奘奉　詔譯　二十二紙
十輪品第二
大乘大集地藏十輪經卷第三三藏法師玄奘奉　詔譯　十三紙十三行
無依行品第三
大乘大集地藏十輪經卷第四三藏法師玄奘奉　詔譯
無依行品第三之二
大乘大集地藏十輪經卷第五三藏法師玄奘奉　詔譯
無依行品第三之三
大乘大集地藏十輪經有依行品第四

壁章卷第六　第十三張　振

大乘大集地藏十輪經卷第六　三藏法師玄奘奉　詔譯

有依行品第四之二

大乘大集地藏十輪經卷第七　三藏法師玄奘奉　詔譯

有依行品第四之三

大乘大集地藏十輪經懺悔品第五

大乘大集地藏十輪經卷第八　三藏法師玄奘奉　詔譯

善業道品第六

大乘大集地藏十輪經卷第九　三藏法師玄奘奉　詔譯

善業道品第六之二

大乘大集地藏十輪經福田相品第七

大乘大集地藏十輪經卷第十　三藏法師玄奘奉　詔譯

福田相品第七之二

大乘大集地藏十輪經獲益囑累品第八

右大唐永徽二年正月二十三日三藏法師玄奘於西京大慈恩寺翻經院譯至其年六月二十九日功畢見內典錄沙門神昉爲後序

大方廣十輪經一部八卷　亦七卷　一百二十四張　第十三張　沙門大乘光等筆受

佛說大方廣十輪經序品第一　譯凡十五品　卷一

佛說大方廣十輪經諸天女問四大相品第二　卷二

佛說大方廣十輪經發問本業斷結品第三

佛說大方廣十輪經灌頂喻品第四　卷二

佛說大方廣十輪經相輪品第五　亦云諸相品

佛說大方廣十輪經刹利旃陀羅現智相品第六　卷四

佛說大方廣十輪經衆善相品第七　卷五

佛說大方廣十輪經刹利依止輪品第八　卷六

佛說大方廣十輪經遠離識嫌品第九　卷七

佛說大方廣十輪經布施品第十

佛說大方廣十輪經持戒品第十一

佛說大方廣十輪經忍辱品第十二

佛說大方廣十輪經精進相品第十三　卷八

壁章卷第六　第十四張　振

佛說大方廣十輪經禪相品第十四

佛說大方廣十輪經智相品第十五

右經失譯拯尋諸錄不標時代開元新錄編北涼末

大集須彌藏經一部二卷　四十五紙

須彌藏分品有四單譯內題云大乘大集經須彌藏分第十五

大乘大集經須彌藏分第十五聲聞品第一　高齊國那連提耶舍共法智天統三年譯丁亥年出

大乘大集經須彌藏分第十五菩薩禪波羅蜜本業品第二

大乘大集經須彌藏分第十五滅非時風雨品第三

大乘大集經須彌藏分第十五陀羅尼品第四　卷下

右高齊天保九年天竺沙門那連提耶舍共法智於鄴都天平寺譯見費長房錄　上二經十卷同帙

虛空藏菩薩經一卷　實唱名虛空藏經　二十九紙　第一譯　有咒

虛空藏菩薩神呪經一卷

右後秦罽賓三藏佛陀耶舍歸罽賓譯寄來秦國見道慧宋齊錄

歷章卷第六　第十五　振字號

等

虛空孕菩薩經一部二卷　三十紙　第四譯

合是第十六分序虞琮作

虛空孕菩薩經卷上　三藏法師闍那崛多譯

虛空孕菩薩經卷下　三藏法師闍那崛多譯

右隋開皇七年正月天竺三藏闍那

崛多譯至三月訖見費長録

沙門僧曇華受虞琮製序

虛空藏菩薩神呪經　二十紙　第三譯

虛空藏菩薩神呪經

右宋文帝元嘉年罽賓沙門曇摩

蜜多於楊州譯見李廓魏世録

觀虛空藏菩薩經　亦名虛空藏觀經三紙

單譯　或無觀字

觀虛空藏經　宋元嘉年曇摩蜜多於楊州譯

右宋元嘉元年罽賓沙門曇摩多

於揚州譯見道慧宋齊録

上二經同卷

菩薩念佛三昧經一部六卷　或五卷　一百十二紙第一譯　或無菩薩字　凡十六品

佛說菩薩念佛三昧經序品第一　宋大明年功德直揚州譯

菩薩念佛三昧經不空見本事品第二

歷章卷第六　第十六　振字

佛說菩薩念佛三昧經不空見本事品之餘　卷二

菩薩念佛三昧經神通品第三

佛說菩薩念佛三昧經彌勒神通品第四　卷第三

菩薩念佛三昧經讚佛音聲辯才品第五

菩薩念佛三昧經讚如來功德品第六

佛說菩薩念佛三昧經如來神力證正說品第七　卷第四

菩薩念佛三昧經不空見勸請品第八

菩薩念佛三昧經讚三昧相品第九

菩薩念佛三昧經正觀品第十

佛說菩薩念佛三昧經正觀品之餘　卷第五

菩薩念佛三昧經微密王品第十一

菩薩念佛三昧經三法品第十二

佛說菩薩念佛三昧經勸持品第十三　卷第六

菩薩念佛三昧經諸菩薩本行品第十四

菩薩念佛三昧經正念品第十五

菩薩念佛三昧經大衆奉持品第十六

歷章卷第六　第十七張

右宋大明六年西域沙門功德直於荊州

禪房寺譯見道慧宋齊録沙門玄暢筆受

上五經十卷同帙

大方等大集菩薩念佛三昧經一部十卷　一百五十八紙一帙　第二譯凡十五分品

大方等大集經菩薩念佛三昧分序品第一

大方等大集經菩薩念佛三昧分不空見本事品第二

大方等大集經菩薩念佛三昧分不空見本事品之餘　卷第二

大方等大集經菩薩念佛三昧分神變品第三　卷第三

大方等大集經菩薩念佛三昧分神變品之餘　卷第四

大方等大集經菩薩念佛三昧分彌勒神通品第四

大方等大集經菩薩念佛三昧分歎佛妙音勝辯品第五

大方等大集經菩薩念佛三昧分歎佛妙音勝辯品之餘　卷第五

大方等大集經菩薩念佛三昧分讚如來功德品第六

大方等大集經菩薩念佛三昧分佛

作神通品第七

大方等大集經菩薩念佛三昧分見無邊佛廣請問品第八 卷第六

大方等大集經菩薩念佛三昧分讚三昧相品第九 卷第七

大方等大集經菩薩念佛三昧分正觀品第十

大方等大集經菩薩念佛三昧分思惟三昧品第十一

大方等大集經菩薩念佛三昧分思惟三昧品之餘 卷八

大方等大集經菩薩念佛三昧分示現微咲品第十二

大方等大集經菩薩念佛三昧分神通品第十三

大方等大集經菩薩念佛三昧分神通品之餘 卷第九

大方等大集經菩薩念佛三昧分說修習三昧品第十四

大方等大集經菩薩念佛三昧分說修習三昧品之餘 卷第十

大方等大集經菩薩念佛三昧分諸菩薩本行品第十五

右隋大業年天竺沙門達摩笈多於東都上林園翻經館譯見內典錄 沙門彥琮行矩等筆受

般舟三昧經一部三卷 或二卷 五十九紙 第一譯 凡十六品 或云般舟三昧經內題云十方現在佛悉在前立定經

佛說般舟三昧一名十方現在佛悉在前立定經

問事品第一 卷上 行品第二

行品第二 四事品第三

譬喻品第四

般舟三昧經無著品第五 卷中

四輩品第六 授決品第七

擁護品第八 羼羅耶佛品第九

般舟經請佛品第十 卷下

無想品第十一 十八不共十種力品第十二 勸助品第十三

師子意佛品第十四

至誠佛品第十五 佛印品第十六

右後漢靈帝光和二年月氏國沙門支婁迦讖於雒陽譯見聶道真等錄 河南清信士孟福張蓮等筆受

拔陂菩薩經一卷 一名拔陂經 第六譯 十六紙

投音跋 陂音波

拔陂菩薩一卷

右僧祐錄云安公古典經開元釋教錄中編在漢錄

大集賢護經一部五卷 或六卷 九十二紙 亦云賢護菩薩經凡十七品或云賢護經 第一譯 題云大方等大集經賢護分

大方等大集經賢護分思惟品第一 隋開皇年闍那崛多及笈多等於大興善寺譯 皇朝奏行

大方等大集經賢護分思惟品之餘

卷第二

大集經賢護分三昧行品第二

大集經賢護分見佛品第三

大集經賢護分正信品第四

大集經賢護分受持品第五

大集經賢護分觀察品第六

大方等大集經賢護分觀品之餘

卷第三

大集經賢護分戒行具足品第七

大方等大集經賢護分稱讚功德品第八 卷第四

大集經賢護分饒益品第九

大集經賢護分具五法品第十

歷代錄卷第六　第二十三　握字號

大集經賢護分授記品第十一
大集經賢護分甚深品第十二
大方等大集經賢護分現前三昧中
十法品第十三　卷第五
大集經賢護分不共功德品第十四
大集經賢護分隨喜功德品第十五
大集經賢護分覺寤品第十六
大集經賢護分囑累品第十七
右隋開皇十四年十二月天竺沙門
闍那崛多及笈多於長安大興善
寺譯至十五年二月訖見費長房
錄沙門明芬等筆受
上三經九卷同帙
阿差末經一部七卷　第三出或四卷或云阿
差末菩薩經一百五紙或五卷
阿差末經卷第一　晉曰無盡意　元嘉
年竺法護譯
阿差末經卷第二　阿差末經卷第三
阿差末經卷第四　阿差末經卷第五
阿差末經卷第六　阿差末經卷第七
右西晉元嘉元年十二月一日月氏沙
門竺法護於長安譯是大集經無盡
意品見聶道真等錄　清信士聶承遠筆受

歷代錄卷第六　第二十二　握字號

無盡意經一部六卷
無盡意菩薩經卷第一　一百四紙第四譯　出大集經
大集經中無盡意所說不盡義品第
三十二
無盡意菩薩經卷第二
無盡意菩薩經卷第三
無盡意菩薩經卷第四
無盡意菩薩經卷第五
無盡意菩薩經卷第六
右宋文帝元嘉四年涼州沙門智
嚴共寶雲於揚都譯見李廓錄
上二經十三卷同帙
大集譬喻王經一部二卷　四十紙　單譯
大集別品
大集譬喻王經卷上　隋開皇年崛多
笈多等大興善寺譯
大集譬喻王經卷下　隋開皇年崛多
笈多等大興善寺譯
右隋開皇十五年五月天竺沙門闍
那崛多等於興善寺譯六月訖見費
長房錄　沙門道密筆受
大哀經一部八卷　或七卷或六卷一百三十五紙或云如來大哀經凡二十八品
單譯

歷代錄卷第六　第二十三紙　握字號

大哀經諸菩薩所生莊嚴大會法
典品第一　卷一　歎會品第二
大哀經元蓋法門品第三　卷第二
莊嚴法本品第四
八光品第五　大哀經大哀品第六
卷第三　開化品第七
道慧品第八　宣劫世品第九
處處品第十　大哀經了三世品第十一
卷第四　了衆生所品第十二
號衆種類品第十三
曉衆生根本品第十四
普游品第十五　正定意品第十六
大哀經知衆生本行品第十七　卷第五
撤視品第十八　諸漏盡品第十九
四無畏品第二十　十八不共法品第二十一
大哀經十八不共法品之餘　卷第六
如來道品第二十二
大哀經八總持品第二十三　卷第七
大哀經往古品第二十四　卷第八
智本慧業品第二十五
智積菩薩品第二十六

右西晉元康元年七月七日月支沙門
竺法護於長安譯至八月二十三日訖
見竺道祖晉世雜録 清信士聶承遠等筆受
上二經十卷同帙
寶女問慧經一部三卷 或四卷 或名寶女經 亦名寶女三昧經 七十四紙 凡十三品
佛說寶女所問經 卷上 晉太康年竺法護譯
發意三十二寶品第二
寶女經聰明品第三 卷中 晉太康年竺法護譯
問寶女品第四　八分品第五
十種力品第六　四無所畏品第七
十八不共法品第八
寶女經十八不共法品餘 卷下 晉太康年二十二法護譯
三十二相品第九　法行品第十
不退轉品第十一　大乘品第十二
囑累品第十三
右西晉太康八年四月二十七日月支
沙門竺法護於長安譯見聶道真
等録 清信士聶承遠筆受
無言菩薩經一部二卷 或云無言童子經 四十七紙 或一卷
佛說無言童子經卷上 晉世竺法護譯

佛說無言童子經卷下
右西晉沙門竺法護譯見聶承遠
等録 清信士聶承遠筆受
自在王經一部二卷 四十紙 第一譯 序僧叡作
自在王菩薩經卷上 後秦弘始年鳩摩羅什等於長安逍遙園譯
自在王菩薩經卷下 後秦弘始年姚摩羅什等於長安逍遙園譯
右秦弘始九年沙門鳩摩羅什於尚
書令姚顯第出見僧叡二秦 沙門僧叡筆受并製序
奮迅王問經一部二卷 或三卷 第二譯 四十八紙 題內有翻譯一万八千三百四十一字之記
奮迅王問經翻譯之記 卷上後 魏世瞿曇留支半譯
奮迅王問經卷上
奮迅王問經卷下
右後魏興和四年七月三十日婆羅門
沙門瞿曇般若流支在鄴城尚書令
儀同高公第內啓夾創譯見經序記 沙門曇林筆受
上四經九卷同帙
寶星陀羅尼經一部十卷 一百五十二紙 或八卷 單譯一帙 凡十三品

寶星經序 釋法琳撰
佛說寶星陀羅尼經降魔品第一 大唐貞觀三年中天竺三藏法師波頗蜜多羅於西京大興善寺譯
佛說寶星陀羅尼經本事品第二 卷二 大唐貞觀三年中天竺三藏法師波頗蜜多羅於西京大興善寺譯
寶星陀羅尼經魔王歸伏品第三 卷三 大唐三藏法師波頗蜜多羅譯
寶星陀羅尼經魔王歸伏品第三之餘 卷四 大唐三藏法師波頗蜜多羅譯
寶星陀羅尼經大集品第四
寶星陀羅尼經相品第五 卷五 大唐三藏法師波頗蜜多羅譯
寶星陀羅尼經陀羅尼品第六 卷六 大唐三藏法師波頗蜜多羅譯
寶星陀羅尼經陀羅尼品第六之餘 卷七 大唐三藏法師波頗蜜多羅譯
寶星陀羅尼經攝受妙法品第七
寶星陀羅尼經授記品第八
寶星陀羅尼經授記品第八之餘 卷八 大唐三藏法師波頗蜜多羅譯
寶星陀羅尼經慈敏品第九

[illegible]卷第六　第二十七張

寶星陀羅尼經擁護品第十

寶星陀羅尼經擁護品第十之餘

卷九　大唐三藏法師波頗蜜多羅譯

寶星陀羅尼經護正法品第十一

寶星陀羅尼經阿吒薄俱品第十二

卷十大唐三藏法師波頗蜜多羅譯

寶星陀羅尼經諸佛還國品第十三

右大唐貞觀三年三月天竺三藏波羅蜜多羅於西京大興善寺譯至四年四月訖見内典錄　沙門慧乘法常等證義玄謨等度語慧淨法琳等筆受

右僕射房玄齡蕭事杜正倫等參助詮定太府卿蕭璟揔監

大唐開元釋教廣品歷章卷第六

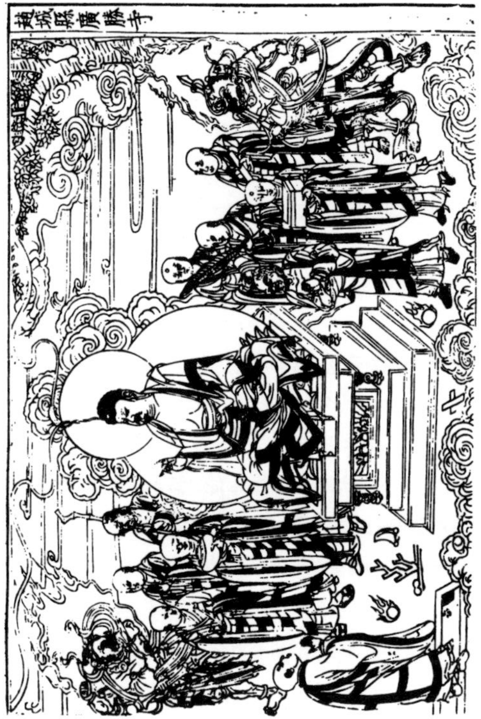

大唐開元釋教廣品歷章卷第七

京兆崇福寺沙門釋玄逸撰

大乘經重單合譯有三十二部

計二百四十卷

大方廣佛華嚴經六十卷

大方廣佛華嚴經八十卷

信力入印法門經五卷

度諸佛境界智光嚴經一卷

佛華嚴入如來德智不思議境界經

二卷

大方廣入如來智德不思議經一卷

大方廣如來不思議境界經一卷

大方廣佛華嚴經不思議佛境界分一

卷

大方廣佛華嚴經修慈分一卷

大乘金剛髻珠菩薩修行分一卷

大方廣普賢菩薩所說經一卷

莊嚴菩提心經一卷

兜沙經一卷

大方廣菩薩十地經一卷

菩薩本業經一卷

諸菩薩求佛本業經一卷

菩薩十住行道品一卷

菩薩十住經一卷

漸備一切智德經五卷

十住經四卷

等目菩薩所問三昧經三卷

如來興顯經四卷

度世品經六卷

羅摩伽經三卷

顯無邊佛土功德經一卷

大方廣佛華嚴經續入法界品一卷

大般涅槃經一部四十卷

大般涅槃經後譯荼毗分二卷

大般泥洹經六卷

方等般泥洹經二卷

四童子三昧經三卷

大悲經五卷

大方廣佛華嚴經一部六十卷

大方廣佛華嚴經序

大方廣佛華嚴經世間淨眼品第一 卷一
大方廣佛華嚴經世間淨眼品下 卷二
大方廣佛華嚴經盧舍那佛品第二 卷三
大方廣佛華嚴經盧舍那佛品下 卷四
大方廣佛華嚴經如來名號品第三 卷五
大方廣佛華嚴經四諦品第四
大方廣佛華嚴經如來光明覺品第五
大方廣佛華嚴經菩薩明難品第六 卷六
大方廣佛華嚴經淨行品第七
大方廣佛華嚴經賢首菩薩品第八 卷七
大方廣佛華嚴經賢首菩薩品下 卷八
大方廣佛華嚴經佛昇須彌頂品第九 卷九
大方廣佛華嚴經菩薩雲集妙勝殿上說偈品第十
大方廣佛華嚴經菩薩十住品第十一
大方廣佛華嚴經梵行品第十二
大方廣佛華嚴經初發心菩薩功德品第十三 卷十
大方廣佛華嚴經明法品第十四 卷十一
大方廣佛華嚴經佛昇夜摩天宮自在品第十五
大方廣佛華嚴經夜摩天宮菩薩說偈品第十六 卷十二

大方廣佛華嚴經功德華聚菩薩十行品第十七
大方廣佛華嚴經菩薩十行品下 卷第十三
大方廣佛華嚴經菩薩十無盡藏品第十八 卷第十四
大方廣佛華嚴經如來昇兜率天宮一切寶殿品第十九 卷第十五
大方廣佛華嚴經兜率天宮菩薩雲集讚佛品第二十
大方廣佛華嚴經金剛幢菩薩十迴向品第二十 卷十六
大方廣佛華嚴經金剛幢菩薩十迴向品之二 卷十七
大方廣佛華嚴經金剛幢菩薩十迴向品之三 卷十八
大方廣佛華嚴經金剛幢菩薩十迴向品之四 卷十九
大方廣佛華嚴經金剛幢菩薩十迴向品之五 卷二十
大方廣佛華嚴經金剛幢菩薩十迴向品之六 卷二十一
大方廣佛華嚴經金剛幢菩薩十迴向品之七 卷二十二

大方廣佛華嚴經金剛幢菩薩十迴向品之八 卷二十三
大方廣佛華嚴經金剛幢菩薩十迴向品之九 卷二十四
大方廣佛華嚴經十地品第二十二 卷二十五
大方廣佛華嚴經十地品之二 卷二十六
大方廣佛華嚴經十地品之三 卷二十七
大方廣佛華嚴經十地品之四 卷二十八
大方廣佛華嚴經十地品之五 卷二十九
大方廣佛華嚴經十明品第二十三 卷三十
大方廣佛華嚴經十忍品第二十四
大方廣佛華嚴經心王菩薩問阿僧祇品第二十五 卷三十一
大方廣佛華嚴經壽命品第二十六
大方廣佛華嚴經菩薩住處品第二十七
大方廣佛華嚴經佛不思議法品第二十八 卷三十二
大方廣佛華嚴經佛不思議法品下 卷三十三
大方廣佛華嚴經如來相海品第二十九 卷三十四
大方廣佛華嚴經佛小相光明功德品第三十
大方廣佛華嚴經普賢菩薩行品第

歷章第七

大方廣佛華嚴經寶王如來性起一品
三十一　卷第三十五
第三十二
大方廣佛華嚴經寶王如來性起品之二
卷三十六
大方廣佛華嚴經寶王如來性起品之三
卷三十七
大方廣佛華嚴經離世間品第三十三　卷三十八
大方廣佛華嚴經離世間品之二　卷三十九
大方廣佛華嚴經離世間品之三　卷四十
大方廣佛華嚴經離世間品之四　卷四十一
大方廣佛華嚴經離世間品之五　卷四十二
大方廣佛華嚴經離世間品之六　卷四十三
大方廣佛華嚴經離世間品之七　卷四十四
大方廣佛華嚴經入法界品第三十四　卷四十五
大方廣佛華嚴經入法界品之二　卷四十六
大方廣佛華嚴經入法界品之三　卷四十七
大方廣佛華嚴經入法界品之四　卷四十八
大方廣佛華嚴經入法界品之五　卷四十九
大方廣佛華嚴經入法界品之六　卷五十
大方廣佛華嚴經入法界品之七　卷五十一
大方廣佛華嚴經入法界品之八　卷五十二
大方廣佛華嚴經入法界品之九　卷五十三

歷章第七

大方廣佛華嚴經入法界品之十　卷五十四
大方廣佛華嚴經入法界品之十一　卷五十五
大方廣佛華嚴經入法界品之十二　卷五十六
大方廣佛華嚴經入法界品之十三　卷五十七
大方廣佛華嚴經入法界品之十四　卷五十八
大方廣佛華嚴經入法界品之十五　卷五十九
大方廣佛華嚴經入法界品之十六　卷
右東晉義熙十四年三月十日天竺沙
門佛陀跋陀羅於楊都道場寺譯至
元年六月十日訖見伍道祖錄沙門
法業惠義惠嚴等筆受

新譯華嚴經一部八十卷　一千一百五十二紙九會說新譯八十卷九有三十九品
大周新譯大方廣佛華嚴經序
天冊金輪聖神皇帝製
大方廣佛華嚴經世主妙嚴品第一之一　卷一
大方廣佛華嚴經世主妙嚴品第一之二　卷二
大方廣佛華嚴經世主妙嚴品第一之三　卷三
大方廣佛華嚴經世主妙嚴品第一之四
大方廣佛華嚴經世主妙嚴品第一之五　卷五
大方廣佛華嚴經如來現相品第二
大方廣佛華嚴經普賢三昧品第三
大方廣佛華嚴經世界成就品第四
大方廣佛華嚴經華藏世界品第五之一　卷八

大方廣佛華嚴經華藏世界品第五之二　卷九
大方廣佛華嚴經華藏世界品第五之三
大方廣佛華嚴經毗盧遮那品第六　卷十一
大方廣佛華嚴經如來名號品第七　卷十二
大方廣佛華嚴經四聖諦品第八
大方廣佛華嚴經光明覺品第九　卷十三
大方廣佛華嚴經菩薩問明品第十
大方廣佛華嚴經淨行品第十一
大方廣佛華嚴經賢首品第十二之上
大方廣佛華嚴經賢首品第十二之下　卷十五
大方廣佛華嚴經佛昇須彌頂品第十三　卷十六
大方廣佛華嚴經須彌頂上偈讚品第十四
大方廣佛華嚴經十住品第十五
大方廣佛華嚴經梵行品第十六
大方廣佛華嚴經初發心功德品第十七
大方廣佛華嚴經明法品第十八　卷十八
大方廣佛華嚴經昇夜摩天宮品第十九　卷十九
大方廣佛華嚴經夜摩宮中偈讚品第二十
大方廣佛華嚴經十行品第二十一之上
大方廣佛華嚴經十行品第二十一之下　卷二十
大方廣佛華嚴經十無盡藏品第二十二　卷二十一
大方廣佛華嚴經昇兜率天宮品第二十三

大方廣佛華嚴經兜率宮中偈讚品第二
十四　卷二十三
大方廣佛華嚴經十迴向品第二十五之一　卷二十三
大方廣佛華嚴經十迴向品第二十五之二　卷二十四
大方廣佛華嚴經十迴向品第二十五之三　卷二十五
大方廣佛華嚴經十迴向品第二十五之四　卷二十六
大方廣佛華嚴經十迴向品第二十五之五　卷二十七
大方廣佛華嚴經十迴向品第二十五之六　卷二十八
大方廣佛華嚴經十迴向品第二十五之七　卷二十九
大方廣佛華嚴經十迴向品第二十五之八　卷三十
大方廣佛華嚴經十迴向品第二十五之九　卷三十一
大方廣佛華嚴經十迴向品第二十五之十　卷三十二
大方廣佛華嚴經十迴向品第二十五之十一　卷三十三
大方廣佛華嚴經十地品第二十六之一　卷三十四
大方廣佛華嚴經十地品第二十六之二　卷三十五
大方廣佛華嚴經十地品第二十六之三　卷三十六
大方廣佛華嚴經十地品第二十六之四　卷三十七
大方廣佛華嚴經十地品第二十六之五　卷三十八
大方廣佛華嚴經十地品第二十六之六　卷三十九
大方廣佛華嚴經十定品第二十七之一　卷四十
大方廣佛華嚴經十定品第二十七之二　卷四十一
大方廣佛華嚴經十定品第二十七之三　卷四十二
大方廣佛華嚴經十定品第二十七之四　卷四十三

大方廣佛華嚴經十通品第二十八　卷四十四
大方廣佛華嚴經十忍品第二十九
大方廣佛華嚴經阿僧祇品第三十　卷四十五
大方廣佛華嚴經壽量品第三十一
大方廣佛華嚴經諸菩薩住處品第三十二
大方廣佛華嚴經佛不思議法品第三十三
之上　卷四十六
大方廣佛華嚴經佛不思議法品第三十三
之下　卷四十七
大方廣佛華嚴經如來十身相海品第三
十四　卷四十八
大方廣佛華嚴經如來隨好光明功德品
第三十五
大方廣佛華嚴經普賢行品第三十六　卷四十九
大方廣佛華嚴經如來出見品第三十七之
一　卷五十
大方廣佛華嚴經如來出見品第三十七之
二　卷五十一
大方廣佛華嚴經如來出見品第三十七
之三　卷五十二
大方廣佛華嚴經離世間品第三十八之一　卷五十三
大方廣佛華嚴經離世間品第三十八之二　卷五十四
大方廣佛華嚴經離世間品第三十八之三　卷五十五

大方廣佛華嚴經離世間品第三十八之四　卷五十六
大方廣佛華嚴經離世間品第三十八之五　卷五十七
大方廣佛華嚴經離世　品第三十八之六　卷五十八
大方廣佛華嚴經離世間品第三十八之七　卷五十九
大方廣佛華嚴經入法界品第三十九之一　卷六十
大方廣佛華嚴經入法界品第三十九之二　卷六十一
大方廣佛華嚴經入法界品第三十九之三　卷六十二
大方廣佛華嚴經入法界品第三十九之四　卷六十三
大方廣佛華嚴經入法界品第三十九之五　卷六十四
大方廣佛華嚴經入法界品第三十九之六　卷六十五
大方廣佛華嚴經入法界品第三十九之七　卷六十六
大方廣佛華嚴經入法界品第三十九之八　卷六十七
大方廣佛華嚴經入法界品第三十九之九　卷六十八
大方廣佛華嚴經入法界品第三十九之十　卷六十九
大方廣佛華嚴經入法界品第三十九之十一　卷七十
大方廣佛華嚴經入法界品第三十九之十二　卷七十一
大方廣佛華嚴經入法界品第三十九之十三　卷七十二
大方廣佛華嚴經入法界品第三十九之十四　卷七十三
大方廣佛華嚴經入法界品第三十九之十五　卷七十四
大方廣佛華嚴經入法界品第三十九之十六　卷七十五
大方廣佛華嚴經入法界品第三十九之十七　卷七十六
大方廣佛華嚴經入法界品第三十九之十八　卷七十七
大方廣佛華嚴經入法界品第三十九之十九　卷七十八

大方廣佛華嚴經入法界品第三十九之二十 卷七十九
大方廣佛華嚴經入法界品第三十九之二十一 卷八十
右大周天冊金輪聖神皇帝以證聖元年三月十四日與于闐國三藏實叉難陀 周云學喜 於神都大内大徧空寺譯天后親受筆削後付沙門復禮法藏等至聖曆二年十月八日於佛授記寺功畢見開元録
信力入印法門經一部五卷 一百二十一紙 單譯 或無經字內題云趣入一切諸佛
信力入印法門經卷第一 後魏曇摩流支等譯
信力入印法門經卷第二
信力入印法門經卷第三
信力入印法門經卷第四
信力入印法門經卷第五
右元魏正始元年天竺沙門曇摩流支於洛陽為宣武帝譯見費長房録沙門道寶等筆受
度諸佛境界智光嚴經一卷 名莊嚴智慧光明入一切佛境界經 十九紙 第二譯
度一切諸佛境界智光嚴經一卷
右三秦失譯見開元録
佛華嚴入如來不思議境界經一部二卷 或一卷 二十六紙 第三譯 題內或加德智字
佛華嚴入如來德智不思議境界經卷上
佛華嚴入如來德智不思議境界經卷下

右隋開皇年天竺沙門闍那崛多等於大興善寺譯見内典録
大方廣入如來智德不思議經一卷 十六紙 第四譯
大方廣入如來智德不思議經
右大周于闐國三藏實叉難陀於神都佛授記寺譯見開元録
大方廣如來不思議境界經一卷 十二紙 第二譯 于闐三藏實叉難陀奉 制譯
大方廣如來不思議境界經
右大周于闐國三藏實叉難陀於神都佛授記寺譯見開元録
大方廣佛華嚴經不思議佛境界分 或二卷 第一譯 十四紙
大方廣佛華嚴經不思議佛境界分
右大周永昌元年于闐沙門提雲般若於神都魏國東寺譯見大周録沙門慧一等筆受
大方廣佛華嚴經修慈分 單本 八紙
大方廣佛華嚴經修慈分 三藏法師提雲般若等奉 制譯
右大周天授二年于闐國沙門提雲般若於神都大周東寺譯見大周録沙門慧一等筆受
上二經同卷
大乘金剛髻珠菩薩修行分一卷 二十六紙 亦云金剛鬘 菩薩修行品單本
大乘金剛髻珠菩薩修行分一卷

右大周長壽二年南天竺國三藏菩提留志於大周東寺譯見大周録沙門慧一等筆受
上八經十二卷同袟
大方廣普賢菩薩所說經一卷 別有一本 約三十紙 非是本經
大方廣普賢菩薩所說經 亦須簡擇 或無普 薩字 單本 四紙
右大周于闐國三藏實叉難陀譯見開元録
莊嚴菩提心經一卷 第四譯與晉法護出菩薩十地品大同小異 八紙
莊嚴菩提心經
右後秦弘始年中沙門鳩摩羅什譯見費長房録僧叡僧肇道常筆受
上三經同卷
兜沙經一卷 六紙
佛說兜沙經
右後漢桓靈帝代月氏國沙門支婁迦識於洛陽譯見僧祐録河南清信士孟福張蓮等筆受
大方廣菩薩十地經一卷 八紙 與晉竺法護所出菩薩十地經小異 第五譯
大方廣菩薩十地經
右後魏延興二年西域沙門吉迦夜於北臺共曇曜譯見道慧宋齊録劉孝

擽筆受
上二經同卷
菩薩本業經一卷 一名本業經 十四紙 一名淨行品 凡三品
佛說菩薩本業經一卷
大業願行品第二 佛本業十地品第三
右吳代月氏國優婆塞支謙譯見僧祐錄
諸菩薩求佛本業經一卷 是華嚴經淨行品 十三紙 或無諸字
諸菩薩求佛本業經一卷
右西晉代清信士聶道真譯見費長房錄
菩薩十住行道品 九紙
菩薩十住行道品
右西晉月氏三藏竺法護譯見隋沙門
法經錄清信士聶承遠等筆受
菩薩十住經一卷 五紙
佛說菩薩十住經
右東晉代西域沙門耆多蜜譯見費長
房錄 上二經同卷
漸備一切智功德經一部五卷 百一十二紙 見有十住 又名大慧 光三昧言 品者誤 或十卷
漸備一切智德經初發意悅豫住第一 一名十住 又名大慧光三昧 晉元康年竺法護譯
漸備一切智德經卷第二
離垢住第二 興光住第三 暉曜住第四
漸備一切智德經卷第三
難勝住第五 目見住第六 玄妙住第七
漸備一切智德經卷第四
不動住第八 善哉意住第九
漸備一切智德經卷第五 法雨住第十
右西晉元康七年十一月二十一日月氏沙
門竺法護譯見聶道真等錄清信士
聶承遠筆受
上九經十卷同帙
十住經一部四卷 或五卷 一百五十紙 見歷十地名
十住經歡喜地第 後秦羅什譯
離垢地第二
十住經明地第三 卷第二
炎地第四 難勝地第五 現前地第六
十住經遠行地第七 卷第三
不動地第八 妙善地第九
十住經法雲地第十 卷第四
右後秦弘始年中沙門鳩摩羅什共
佛陀耶舍譯見僧叡二秦錄等僧叡
僧肇道常等筆受
等目菩薩所問三昧經一部二卷 或三卷 六十一紙 一名普賢菩薩定意經 或云等自菩薩經 凡十三品
佛說等目菩薩經卷上 晉世竺法護譯
大感動品第一 說行定品第二 神變品第三
幻事品第四 菩薩樂定品第五
大權慧定品第六 無量如品第七
權慧清淨品第八 興顯品第九
佛說等目菩薩經卷下 分身現化品第十
分別身行大慧空品第十一
大權慧品第十二 悅樂龍王品第十三
右西晉月氏沙門竺法護譯見僧祐
錄清信士聶承遠筆受
如來興顯經一部四卷 一名興顯如幻經 七十七紙
佛說如來興顯經卷第一
佛說如來興顯經卷第二
佛說如來興顯經卷第三
佛說如來興顯經卷第四
右西晉元康元年十二月二十五日月氏沙
門竺法護譯見聶道真等錄精信士
聶承遠等筆受
上三經十卷同帙
度世品經一部六卷 一百四十紙 凡一品 或五卷
佛說度世品經第一 卷第一 晉世竺法護譯
度世品第二 卷第二 度世品第三 卷第三
度世品第四 卷第四 度世品第五 卷第五
度世品第六 卷第六
右西晉元康元年四月十三日月氏沙

第十八張

門竺法護譯見聶道眞等錄淸信
士聶承遠筆受
羅摩伽經一部三卷 或四卷 八十四紙
佛說羅摩伽經卷第一 西秦乞伏仁世聖堅等譯
佛說羅摩伽經卷第二 西秦乞伏仁世聖堅等譯
佛說羅摩伽經卷第三 西秦乞伏仁世聖堅等譯
右西秦太初年沙門聖堅譯見內典錄
顯無邊佛土功德經一卷 二紙
顯無邊佛土功德經 三藏法師玄奘奉 詔譯
右大唐永徽五年九月二十八日三藏法
師玄奘於大慈恩寺翻經院譯見內
典錄沙門大乘光筆受
大方廣佛華嚴經續入法界品 九紙 或無續字
大方廣佛華嚴經入法界品
右大唐垂拱元年天竺沙門地婆訶羅
於西京西太原寺歸寧院譯見大周錄
上二經同卷　上四經十卷同帙
大般涅槃經一部四十卷 或三十六卷八百五十七紙四帙 第五卓重合譯 凡十三品
大般涅槃經壽命品第一之一 卷一
大般涅槃經壽命品之二 卷二
大般涅槃經壽命品之三 卷三
大般涅槃經金剛身品第二
大般涅槃經名字功德品第三

第十九張

大般涅槃經如來性品第四之一 卷四
大般涅槃經如來性品之二 卷五
大般涅槃經如來性品之三 卷六
大般涅槃經如來性品之四 卷七
大般涅槃經如來性品之五 卷八
大般涅槃經如來性品之六 卷九
大般涅槃經如來性品之七 卷十
大般涅槃經一切大衆所問品第五
大般涅槃經現病品第六 卷十一
大般涅槃經聖行品第七之一
大般涅槃經聖行品之二 卷十二
大般涅槃經聖行品之三 卷十三
大般涅槃經聖行品之四 卷十四
大般涅槃經梵行品第八之一 卷十五
大般涅槃經梵行品之二 卷十六
大般涅槃經梵行品之三 卷十七
大般涅槃經梵行品之四 卷十八
大般涅槃經梵行品之五 卷十九
大般涅槃經梵行品之六 卷二十
大般涅槃經嬰兒行品第九
大般涅槃經高貴德王菩薩品第十之一 卷二十一
大般涅槃經高貴德王菩薩品之二 卷二十二
大般涅槃經高貴德王菩薩品之三 卷二十三

第二十張

大般涅槃經高貴德王菩薩品之四 卷二十四
大般涅槃經高貴德王菩薩品之五 卷二十五
大般涅槃經高貴德王菩薩品之六 卷二十六
大般涅槃經師子吼菩薩品第十一之一 卷二十七
大般涅槃經師子吼菩薩品之二 卷二十八
大般涅槃經師子吼菩薩品之三 卷二十九
大般涅槃經師子吼菩薩品之四 卷三十
大般涅槃經師子吼菩薩品之五 卷三十一
大般涅槃經師子吼菩薩品之六 卷三十二
大般涅槃經師子吼菩薩品之七 卷三十三
大般涅槃經迦葉菩薩品第十二之一
大般涅槃經迦葉菩薩品之二 卷三十四
大般涅槃經迦葉菩薩品之三 卷三十五
大般涅槃經迦葉菩薩品之四 卷三十六
大般涅槃經迦葉菩薩品之五 卷三十七
大般涅槃經迦葉菩薩品之六 卷三十八
大般涅槃經憍陳如品第十三之一
大般涅槃經憍陳如品之二 卷三十九
大般涅槃經憍陳如品之三 卷四十
右北涼玄始三年天竺沙門曇無讖於
姑藏譯至十年十月二十三日訖梵本
具足有三万五千偈今所譯者止万
餘偈三分始一耳見竺道祖涼錄沙門

惠嵩筆受

大般涅槃經茶毗分二卷 一名闍維分亦云後分凡五品 四十三紙 單譯

大般涅槃經後分卷上 憍陳如品

大般涅槃經遺教品第二

大般涅槃經應盡還源品第三

大般涅槃經機感茶毗品第四 卷下

大般涅槃經聖軀廓潤品第五

右大唐麟德年中南海波陵國沙門

若那跋陀共唐僧會寧於彼國共譯

見大周錄

大般泥洹經一部六卷 或十卷 一百六十三紙 第四譯 凡有十八品

佛說大般泥洹經序品第一

大般泥洹經大身菩薩品第二

大般泥洹經長者純陀品第三

大般泥洹經哀歎品第四 卷二

大般泥洹經長壽品第五

大般泥洹經金剛身品第六

大般泥洹經受持品第七 卷三

大般泥洹經四種品第八

大般泥洹經四依品第九 卷四

大般泥洹經分別邪正品第十

大般泥洹經四諦品第十一 卷五

大般泥洹經四倒品第十二

大般泥洹經如來性品第十三

大般泥洹經文字品第十四

大般泥洹經鳥喻品第十五

大般泥洹經月喻品第十六

大般泥洹經問菩薩品第十七 卷六

大般泥洹經隨喜品第十八

右東晉義熙十三年十月一日平陽沙

門法顯於楊都道場寺共天竺沙門

覺賢譯見竺道祖晉世雜錄沙門

寶雲筆受至十四年正月二日訖

上二經八卷同帙

般泥洹經一部二卷 亦名大般泥洹經 亦名方等泥洹經 五十一紙 第一譯 或三卷 凡有六品

佛說方等般泥洹經上

哀泣品第一　四童子現生品第二

四童子品第三　方等般泥洹經下

囑累品第四　度地獄品第五

現諸佛品第六　佛國淨品第七

天菩薩品第八　如來化說法品第九

右晉太始五年七月二十三日月氏沙門

竺法護譯見聶道真等錄清信士

聶承遠筆受

四童子經一部三卷 或無三昧字 五十一紙 第二譯 凡有六品

四童子三昧經卷上

四童子哀泣品第一

四童子經現生品第二

四童子三昧經卷中

四童子品第三

四童子三昧經卷下

囑累品第四

四童子經地獄品第五

四童子經現諸佛品第六

右隋開皇十三年五月天竺沙門闍那

崛多等於大興善寺譯至七月訖見

費長房錄沙門僧琨筆受

大悲經一部五卷 一百三紙 單譯 九十三品

佛說大悲經梵天品第一

高齊天保年耶舍共法智相州譯 卷第一

大悲經梵天品第一

大悲經商主品第二

大悲經帝釋品第三

大悲經羅睺羅品第四 卷第二

大悲經迦葉品第五

大悲經持正法品第六

大悲經舍利品第七

大悲經禮拜品第八 卷第三

十四張

大悲經善根品第九

大悲經布施福德品第十

大悲經殖善根品第十一

大悲經以諸譬喻付囑正法品第十二 巻第十四

大非經以諸譬喻付囑正法品第十二

之二 卷第十五

大悲經教品第十三

大共齊天保九年天竺沙門那連提耶舍於鄴都天平寺共法粲譯見費長房錄

上三經十卷同帙

大唐開元釋教廣品歷章卷第七

開元釋教廣品歷章卷第八

京兆華嚴寺沙門玄逸撰

大乘經重單合譯有三十二部　散有一百五十一卷十五帙合二小紙爲一軸計一百五十卷

此廣品歷章紙數與開元釋教錄同

方廣大莊嚴經十二卷　一名神通遊戲或云大方廣　二百一十四紙

普曜經八卷　一名方等本起　一百四十三紙

法華三昧經一卷　一十一紙

無量義經一卷　一十七紙

薩曇分陁利經一卷　舊錄云薩芸芬陁利經亦直云多陁利經　三紙

妙法蓮華經八卷　或七卷二十八品僧祐錄云新法華經　百五十二紙

正法華經十卷　或云方等正法華或七卷一帙一百九十紙

添品妙法蓮華經七卷　二十七品寶塔品兼提婆達多品爲一品　一百五十紙

維摩詰所說經三卷　一名不可思議解脫或直云維摩詰經僧祐錄云新維摩詰經　六十六紙

維摩詰經二卷　維摩詰說不思議法門之稱或三卷一名佛法普入道門三昧　五十五紙

說無垢稱經六卷　九十七紙

大方等頂王經一卷　一名維摩詰子問經亦直云頂王經　二十紙

大乘頂王經一卷　亦云維摩詰兒經　一十六紙

大悲分陁利經八卷　亦云大乘悲分陁利經　一百六十紙

悲華經十卷　一帙　一百九十九紙

金光明最勝王經十卷　一帙　一百四十九紙

合部金光明經八卷　二十四品　一百六十一紙

佉真陁羅所問經二卷　亦云佉真陁羅所問寶如來三昧經或云佉真陁羅王經或一卷　五十八紙

大樹緊那羅王所問經四卷　亦云不可思議品或直云大樹緊那羅經　六十七紙

佛昇忉利天爲母說法經二卷　或三卷亦云佛昇忉利天品經　三十七紙

道神足無極變化經四卷　或二卷或三卷一名合道神足經　四十九紙

寶雨經十卷　一帙　一百四十一紙

寶雲經七卷　一百二紙

阿惟越致遮經三卷　或云不退轉無字　六十六紙

不退轉法輪經四卷　一名不退轉經　七十三紙

廣博嚴淨不退轉經四卷　或六卷或直云廣博嚴淨經亦云不退轉輪經　七十八紙

不必定入定入印經一卷　二十一紙

入定不定印經一卷　一十六紙

等集衆德三昧經三卷　或二卷或無三昧字或云等集　五十紙

集一切福德三昧經三卷　五十紙

持心梵天經四卷　亦云持心梵天所問經或六卷十八品一名莊嚴佛法經又名等御諸法經　九十一紙

方廣大莊嚴經一部十二卷　一名神通遊戲凡二十七品第四譯二百四十七紙

大方廣新譯三藏聖教序　皇太后

御製

方廣大莊嚴經　一名神通遊戲　卷第一

序品第一　中天竺國沙門地婆訶羅奉　詔譯

方廣大莊嚴經兜率天宮品第二

方廣大莊嚴經勝族品第三

方廣大莊嚴經法門品第四

方廣大莊嚴經降生品第五　卷第二

方廣大莊嚴經處胎品第六

方廣大莊嚴經誕生品第七　卷第三

方廣大莊嚴經入天祠品第八　卷第四

方廣大莊嚴經寶莊嚴具品第九

方廣大莊嚴經示書品第十

方廣大莊嚴經觀農務品第十一

方廣大莊嚴經現藝品第十二

方廣大莊嚴經樂音發寤品第十三

卷第五

方廣大莊嚴經感夢品第十四

方廣大莊嚴經出家品第十五　卷第六

方廣大莊嚴經頻婆娑羅王勸受俗利品第十六　卷第七

方廣大莊嚴經苦行品第十七

方廣大莊嚴經往尼連河品第十八

方廣大莊嚴經詣菩提場品第十九

卷第八

方廣大莊嚴經嚴菩提場品第二十

方廣大莊嚴經降魔品第二十一　卷第九

方廣大莊嚴經成正覺品第二十二

方廣大莊嚴經讚歎品第二十三　卷第十

方廣大莊嚴經商人蒙記品第二十四

方廣大莊嚴經大梵天王勸請品第二十五

方廣大莊嚴經轉法輪品第二十六

卷十一

方廣大莊嚴經轉法輪品之餘　卷十二

方廣大莊嚴經囑累品第二十七

右大唐永淳二年九月十五日天竺三藏地婆訶羅於西京太原寺歸寧院譯見大周錄沙門復禮等筆受

普曜經一部八卷　一名方等本起經第二譯有三十品安云出方等部四帙

闕二一百六十五紙

普曜經一名方等本起　西晉永嘉年竺法護譯　卷第一

普曜經說法門品第一

普曜經降神品第二

普曜經所現像形品第三

普曜經降神處胎品第四　卷第二

普曜經欲生時三十二瑞品第五

普曜經入天寺品第六　卷第三

普曜經現書品第七

普曜經坐樹下觀犁品第八

普曜經王為太子求妃品第九

普曜經試藝品第十

普曜經四出觀品第十一

普曜經出家品第十二　卷第四

普曜經告車匿被馬品第十三

普曜經異學三部品第十四　卷第五

普曜經六年勤苦行品第十五

普曜經詣林龍品第十六

普曜經召魔品第十七

普曜經降魔品第十八　卷第六

普曜經行道禪思品第十九

普曜經諸天賀佛成道品第二十

普曜經觀樹品第二十一　卷第七

普曜經四天王上鉢品第二十二
普曜經梵天勸助說法品第二十三
普曜經化五人法輪品第二十四
普曜經十八變品第二十五
普曜經佛至摩竭國品第二十六
卷第八
普曜經化舍利弗目連品第二十七
普曜經優陀耶品第二十八
普曜經歎佛品第二十九
普曜經囑累品第三十
右西晉永嘉二年五月月支國沙門
竺法護於天水寺譯見聶道真等
録沙門康殊白法巨等筆受
上二經二十卷爲二帙
法華三昧經一卷　法華支流單本　十三紙
法華三昧經
右宋文帝元嘉四年涼州沙門智嚴
共寶雲於楊都譯見費長房録
無量義經一卷　第二譯　兩本闕一　三品　二十紙
無量義經德行品第一　南齊建元年曇
摩伽陀耶舍於廣州譯
無量義經說法品第二
無量義經十功德品第三

右南齊建元三年天竺沙門曇摩伽
陀耶舍於廣州朝廷寺譯見僧祐録
薩曇分陀利經一卷　舊録云薩芸芬陀利
經亦直云分陀利經是法華寶塔天受二品
各少分異譯四紙
薩曇分陀利經　上二經同卷
右僧祐録云安公録中失譯經開元
録中附西晉末
妙法蓮華經一部八卷　或七卷此一部經具單
罣分譯凡二十八品僧祐録云新法華無第五譯
一百八十紙
妙法蓮華經序品第一　卷第一
妙法蓮華經方便品第二
妙法蓮華經譬喻品第三　卷第二
妙法蓮華經信解品第四
妙法蓮華經藥草喻品第五　卷三
妙法蓮華經授記品第六
妙法蓮華經化城喻品第七
妙法蓮華經五百弟子受記品第八
卷第四
妙法蓮華經授學無學人記品第九
妙法蓮華經法師品第十
妙法蓮華經見寶塔品第十一

妙法蓮華經提婆達多品第十二
卷第五
妙法蓮華經勸持品第十三
妙法蓮華經安樂行品第十四
妙法蓮華經從地踊出品第十五
妙法蓮華經如來壽量品第十六　卷第六
妙法蓮華經分別功德品第十七
妙法蓮華經隨喜功德品第十八
妙法蓮華經法師功德品第十九
妙法蓮華經常不輕菩薩品第二十
卷第七
妙法蓮華經如來神力品第二十一
妙法蓮華經囑累品第二十二
妙法蓮華經藥王菩薩本事品第
二十三
妙法蓮華經妙音菩薩品第二十四
妙法蓮華經觀世音菩薩普門品第
二十五　卷第八
妙法蓮華經陀羅尼品第二十六
妙法蓮華經妙莊嚴王本事品第二
十七
妙法蓮華經普賢菩薩勸發品第
二十八

歷章卷第八　第九張

右姚秦弘始八年夏三藏鳩摩羅
什於大寺出見僧叡二秦録僧叡
筆受并製序初爲七卷二十七品
後人益天授品成二十八品及普門
偈亦後續入

上四經十卷同帙

正法華經一部十卷 或云方等正法華第三譯或十二卷凡二十八品
一帙 二百二十二紙
正法華經光瑞品第一 晉太康年沙門竺法護譯 卷第一
正法華經善權品第二
正法華經應時品第三 卷第二
正法華經信樂品第四 卷第三
正法華經藥草品第五
正法華經正授聲聞決品第六
正法華經往古品第七 卷第四
正法華經授五百弟子決品第八
正法華經授阿難羅云決品第九
卷第五
正法華經藥王如來品第十
正法華經藥王如來品之餘 卷第六
正法華經七寶塔品第十一
正法華經梵志品第十二

歷章卷第八　第十張

正法華經勸說品第十三
正法華經安樂行品第十四 卷第七
正法華經菩薩從地踊出品第十五
正法華經如來現壽品第十六
正法華經衍福事品第十七 卷第八
正法華經勸助品第十八
正法華經歎法師品第十九
正法華經常被輕慢品第二十 卷第九
正法蓮經如來神足行品第二十一
正法華經藥王菩薩品第二十二
正法華經妙吼菩薩品第二十三
正法華經光世音普門品第二十四
卷第十
正法華經總持品第二十五
正法華經淨復淨王品第二十六
正法華經樂普賢品第二十七
正法華經囑累品第二十八

右西晉太康七年八月十日月支國沙
門竺法護於長安譯見聶道真等録
清信士張士明張仲正聶承遠等筆
受

添品妙法蓮華經一部七卷 寶塔品菩提婆達多品連爲一品或加添品字二十七品一
百七十五紙

歷章卷第八　第十一張

添品妙法蓮華經序 隋仁壽元年崛多笈多二法師添品 卷第一
添品妙法蓮華經序品第一
添品妙法蓮華經方便品第二
添品妙法蓮華經譬喻品第三
卷第二
添品妙法蓮華經信解品第四
添品妙法蓮華經藥草喻品第五 此品中添一段長行一段偈共五紙 卷第三
添品妙法蓮華經受記品第六
添品妙法蓮華經化城喻品第七
添品妙法蓮華經五百弟子受記品
第八 卷第四
添品妙法蓮華經受學無學人記
品第九
添品妙法蓮華經法師品第十一 菩提婆達多品連爲一品
添品妙法蓮華經勸持品第十一
添品妙法蓮華經安樂行品第十三
卷第五
添品妙法蓮華經從地踊出品第十四
添品妙法蓮華經如來壽量品第

十五
添品妙法蓮華經分別功德品第十六
添品妙法蓮華經隨喜功德品第十
七 卷第六
添品妙法蓮華經法師功德品第十八
添品妙法蓮華經常不輕菩薩品第
十九
添品妙法蓮華經如來神力品第二十
添品妙法蓮華經陀羅尼品第二十
一 新譯呪
添品妙法蓮華經藥王菩薩本事品
第二十二 卷七
添品妙法蓮華經妙音菩薩品第
二十三
添品妙法蓮華經觀世音菩薩普門
品第二十四
添品妙法蓮華經妙莊嚴王本事品
第二十五
添品妙法蓮華經普賢菩薩勸發
品第二十六
添品妙法蓮華經囑累品第二十七
右隋仁壽元年辛酉之歲普曜寺
沙門上行請崛多笈多三藏於興
善寺重勘梵本闍者添之具經前
序及內典錄

維摩詰所説經一部三卷 一名不可思議解脱或直云維摩詰經凡十四品六十九紙
維摩詰所説經 一名不可思議解脱經上
維摩詰所説經佛國品第一
維摩詰所説經方便品第二
維摩詰所説經弟子品第三
維摩詰所説經菩薩品第四
維摩詰所説經文殊師利問疾品第五
維摩經卷中
維摩詰所説經不思議品第六
維摩詰所説經觀衆生品第七
維摩詰所説經佛道品第八
維摩詰所説經入不二法門品第九
維摩詰所説經香積佛品第十 卷下
維摩詰所説經菩薩行品第十一
維摩詰所説經見阿閦佛品第十二
維摩詰所説經法供養品第十三
維摩詰所説經囑累品第十四
右後秦弘始八年沙門鳩摩羅什於
大興善寺譯僧肇筆受僧叡製序
上二經十卷同帙

維摩詰所説不可思議法門經一部二卷 或三卷凡十四品第二譯一名佛法普入道門三昧經 六十九紙
維摩詰經卷上 維摩詰説不思議法門之稱一名佛法普入道門三昧經
維摩詰經佛國品第一
維摩詰經善權品第二
維摩詰經弟子品第三
維摩詰經菩薩品第四
維摩詰經諸法言品第五
維摩詰經不思議品第六
維摩詰經觀人物品第七 卷下
維摩詰經如來種品第八
維摩詰經不二入品第九
維摩詰經香積佛品第十
維摩詰經菩薩行品第十一
維摩詰經見阿閦佛品第十二
維摩詰經法供養品第十三
維摩詰經囑累品第十四
右吴代月支國優婆塞支謙譯見
僧祐二錄
説無垢稱經一部六卷 或無説字 七譯凡十三品 一百二十紙
説無垢稱經 大唐三藏聖教序 御製 卷第一
皇太子臣治述聖記

歷章卷第八　第十五張

說無垢稱經序品第一　並三藏沙門玄奘奉　詔譯

無垢稱經顯不思議方便善巧品第二

說無垢稱經聲聞品第三　卷第二

說無垢稱經菩薩品四

說無垢稱經問疾品第五　卷第三

說無垢稱經不思議品第六

說無垢稱經觀有情品第七　卷第四

說無垢稱經菩提分品第八

說無垢稱經不二法門品第九

說無垢稱經香臺佛品第十　卷第五

說無垢稱經菩薩行品第十一

說無垢稱經觀如來品第十二　卷第六

說無垢稱經法供養品第十三

說無垢稱經囑累品第十四

右大唐永徽元年二月八日三藏法師玄奘於大慈恩寺翻經院譯至八月一日功畢見內典録沙門大乘光筆受

大方等頂王經一卷　或二卷亦名維摩詰子問經亦名頂王經初出　二十三紙

大方等頂王經

右西晉沙門竺法護譯見支敏度等録

大乘頂王經一卷　亦名維摩詰兒經　出天竺國使主婆羅門補多譯尼子月婆首那譯　十八紙

歷章卷第八

大乘頂王經

歸命大智海圓滿淨覺尊

右梁武帝代中天竺優禪尼國王子月婆首那譯見費長房録

上四經十卷同帙

善思童子經一部二卷　第四譯　二十四紙

善思童子經卷上

善思童子經卷下

右隋開皇十一年七月天竺沙門闍那崛多譯至九月訖見費長房録學士費長房筆受沙門彥琮製序

大悲分陀利經一部八卷　或十卷亦云大乘悲分陀利經第二譯凡三十品一百九十六紙

大悲分陀利經轉法輪品第一　卷第一

大悲分陀利經入陀羅尼門品第二

大悲分陀利經入一切種智行陀羅尼品第三

大悲分陀利經勸施品第四　卷第二

大悲分陀利經勸發品第五

大悲分陀利經離諍王授記品第六　卷第三

大悲分陀利經三王子授記品第七

歷章卷第八

大悲分陀利經四王子授記品第八

大悲分陀利經八王子授記品第九

大悲分陀利經千人授記品第十

卷第四

大悲分陀利經第九王子授記第十一

大悲分陀利經諸王子授記第十二

大悲分陀利經八十王子授記品第十三

大悲分陀利經三億少童子授記品第十四

大悲分陀利經千童子授記品第十五

大悲分陀利經大師立願品第十六

卷第五

大悲分陀利經五願舍利神變品第十七

大悲分陀利經歎品第十八　卷第六

大悲分陀利經感應品第十九

大悲分陀利經大師授記品第二十

大悲分陀利經大師立誓品第二十一

大悲分陀利經莊嚴品第二十二　卷第七

大悲分陀利經眼施品第二十三

大悲分陀利經身施品第二十四

大悲分陀利經寶施品第二十五

大悲分陀利經鼈方施品第二十六

十八

大悲分陀利經現伏藏施品第二十七
卷第八
大悲分陀利經菩薩集品第二十八
大悲分陀利經入三昧門品第二十九
大悲分陀利經囑累品第三十
右三秦失譯見開元録
上二經十卷同帙
悲華經一部十卷 第四譯又寶唱録云名悲蓮華經凡六品 一帙
悲華經轉法輪品第一 北涼沮渠蒙遜世曇無讖於姑臧譯 卷一
悲華經陀羅尼品第二
悲華經大施品第三 卷第二
悲華經大施品下 卷第三
悲華經諸菩薩本受記品第四之一
悲華經諸菩薩本受記品之二 卷第四
悲華經諸菩薩本授記品之三 卷第五
悲華經諸菩薩本授記品之四 卷第六
悲華經諸菩薩本受記品之五 卷第七
悲華經諸菩薩本受記品之六 卷第八
悲華經檀波羅蜜品第五
悲華經檀波羅蜜品之二 卷第九
悲華經檀波羅蜜品之三 卷第十
悲華經入定三昧門品第六

十九

右北涼玄始年天竺沙門曇無讖於姑臧譯見竹道祖河西録沙門慧嵩筆受
金光明最勝王經一部十卷 第五譯凡三十一品一百七十三紙
金光明最勝王經序品第一 三藏法師義淨奉詔譯 卷一
金光明最勝王經如來壽量品第二
金光明最勝王經分別三身品第三 卷二
金光明最勝王經夢見懺悔品第四
金光明最勝王經滅業障品第五 卷三
金光明最勝王經最淨地陀羅尼品第六 卷四
金光明最勝王經蓮華喻讚品第七 卷五
金光明最勝王經金勝陀羅尼品第八
金光明最勝王經重顯空性品第九
金光明最勝王經依空滿願品第十
金光明最勝王經四天王觀察人天品第十一
金光明最勝王經四天王護國品第十二 卷六

二十

金光明最勝王經無著陀羅尼品第十三 卷七
金光明最勝王經如意寶珠品第十四
金光明最勝王經大辯才天女品第十五
金光明最勝王經大辯才天女品之餘 卷八
金光明最勝王經大吉祥天女品第十六
金光明最勝王經大吉祥天女增長財物品第十七
金光明最勝王經堅牢地神品第十八
金光明最勝王經僧慎尒耶藥叉大將品第十九
金光明最勝王經王法正論品第二十
金光明最勝王經善生王品第二十一 卷九
金光明最勝王經諸天藥叉護持品第二十二
金光明最勝王經授記品第二十三
金光明最勝王經除病品第二十四
金光明最勝王經長者子流水品第二十五
金光明最勝王經捨身品第二十六 卷十
金光明最勝王經十方菩薩讚歎品

歷章卷第八　第二十三張　振字號

第二十七
金光明冣勝王經妙幢菩薩讚歎品第
二十八
金光明冣勝王經菩提樹神讚歎品第
二十九
金光明冣勝王經大辯才天女讚歎品
第三十
金光明冣勝王經付囑品第三十一
右大周長安三年十月四日三藏法師
義淨於長安西明寺譯畢并綴文
正字見開元錄沙門波崙惠表等
筆受
合部金光明經一部八卷 別譯或六卷或七卷第一譯 几二十四品
一百四十七紙
金光明經序 別譯
金光明經序品第一
金光明經壽量品第二
金光明經三身分別第三
金光明經懺悔品第四 別譯 卷第二
金光明經業障滅品第五
金光明經陀羅尼冣淨地品第六
別譯 卷三
金光明經讚歎品第七 別譯 卷四

歷章卷第八　第二十四張　振字號

金光明經空品第八
金光明經滿願品第九
金光明經四天王品第十 別譯 卷五
金光明經銀主陀羅尼品第十一 別譯
卷六
金光明經大辯天品第十二
金光明經功德天品第十三
金光明經堅牢地神品第十四
金光明經散脂鬼神品第十五
金光明經正論品第十六
金光明經善集品第十七 別譯 卷七
金光明經鬼神品第十八
金光明經授記品第十九
金光明經除病品第二十
金光明經流水長者子品第二十一
金光明經捨身品第二十二
金光明經讚佛品第二十三 別譯 卷八
金光明經付囑品第二十四
右隋開皇十七年比天竺三藏此云志
德與大興善寺沙門寶貴合前後
譯以爲一部見經前序沙門彥琮重
覆勘校費長房筆受
佉真陀羅所問經一部二卷 或三卷亦名

歷章卷第八　第二十五張　振字號

佉真陀羅尼王經 六十五紙或云佉真陀羅所
問寶如來三昧經
佛說佉真陀羅所問寶如來三昧經
卷上 後漢建寧年支婁迦讖譯
佛說佉真陀羅所問寶如來三昧經卷下
右後漢建寧年月氏國沙門支婁迦
讖於雒陽譯見朱士行漢錄河南清
信士孟福張蓮筆受
上二經十卷同帙
大樹緊那羅王所問經一部四卷 第廿
亦云說不思議品 七十八紙
大樹緊那羅王所問經卷第一 後秦
羅什等於常安譯
大樹緊那羅王所問經卷第二
大樹緊那羅王所問經卷第三
大樹緊那羅王所問經卷第四
右後秦弘始年中三藏鳩摩羅什於
常安譯見費長房錄僧睿筆受
佛昇忉利天爲母說法經一部二卷 或三卷
亦云佛昇忉利天品經 第一譯 四十三紙
佛昇忉利天爲母說法經卷上
佛昇忉利天爲母說法經卷下
右西晉太始年沙門竺法護於長安

譯見聶道真等錄清信士聶承
遠筆受
佛說道神足無極變化經一部四卷　或二卷或
三卷一名合道神足經第二譯五十六紙
佛說道神足無極變化經卷第一
晉太康年安法欽譯
佛說道神足無極變化經卷第二
佛說道神足無極變化經卷第三
佛說道神足無極變化經卷第四
右西晉安息國沙門安法欽於雒陽
譯見竺道祖錄
上三經十卷同帙
寶雨經一部十卷　第三譯一帙　一百六十九紙
佛說寶雨經卷第一　顯授不退轉菩提記
佛說寶雨經卷第二
佛說寶雨經卷第三
佛說寶雨經卷第四
佛說寶雨經卷第五
佛說寶雨經卷第六
佛說寶雨經卷第七
佛說寶雨經卷第八
佛說寶雨經卷第九
佛說寶雨經卷第

右大周長壽二年南印度三藏達
摩流支於東都佛授記寺譯見大
周錄沙門處一筆受
寶雲經一部七卷　初出　一百四十六紙
寶雲經卷第一　梁世曼陀羅於楊州譯
寶雲經卷第二
寶雲經卷第三
寶雲經卷第四
寶雲經卷第五
寶雲經卷第六
寶雲經卷第七
右梁天監二年扶南沙門曼陀羅
仙共伽婆羅等於楊都譯見續高
僧傳
阿惟越致遮經一部三卷　或四卷或名阿
惟越致經第一譯凡一十八品七十六紙
佛說阿惟越致遮經不退轉法輪品
第一　卷上
阿惟越致遮經持信品第二　並西晉太
康年竺法護譯
阿惟越致遮經奉法品第三
阿惟越致遮經八等品第四
阿惟越致遮經道跡品第五

阿惟越致遮經往來品第六
佛說阿惟越致遮經不還品第七
卷中
阿惟越致遮經無著品第八
阿惟越致遮經聲聞品第九
阿惟越致遮經緣覺品第十
阿惟越致遮經釋果想品第十一
阿惟越致遮經降魔品第十二
佛說阿惟越致遮經如來品第十三
卷下
阿惟越致遮經開化品第十四
阿惟越致遮經師子女品第十五
阿惟越致遮經歎法師品第十六
阿惟越致遮經識誇品第十七
阿惟越致遮經囑累品第十八
右西晉太康五年十月十四日沙門竺
法護於燉煌譯見聶道真等錄清
信士聶承遠等筆受
上二經十卷同帙
不退轉法輪經一部四卷　第二譯凡一十品七十五紙
不退轉法輪經序品第一　卷第一
不退轉法輪經序品之二　卷第二
不退轉法輪經序品之三　卷第三

不退轉法輪經除想品第二
不退轉法輪經授記品第三
不退轉法輪經降魔品第四 卷第四
不退轉法輪經現見品第五
不退轉法輪經安養國品第六
右僧祐錄云安公涼土異經見載
長房等錄
廣博嚴淨不退轉輪經一部四卷 或六卷
亦名廣博嚴淨經 亦名不退轉法輪經
第二譯 九十一紙
佛說廣博嚴淨不退轉輪經卷第一
宋元嘉年沙門智嚴共寶雲譯
佛說廣博嚴淨不退轉輪經卷第二
佛說廣博嚴淨不退轉輪經卷第三
佛說廣博嚴淨不退轉輪經卷第四
右宋元嘉四年涼州沙門智嚴共沙
門寶雲於揚都譯見道慧宋齊錄
不必定入定入印經一卷 亦云不必定入定印經
第一譯 二十五紙
不必定入定入印經翻譯之記
後魏[illegible]流支譯
不必定入定入印經
右後魏興和四年九月十九日優婆
塞瞿曇般若流支於鄴城尚書令
儀同高公第譯見經序沙門曇林
筆受
入定不定印經一卷 第二譯 二十紙
大周新翻三藏聖教序 御製
入定不定印經 義淨譯
右大周天授元年五月三日三藏法
師義淨於東都福先寺見隱元錄
沙門復禮等筆受
上四經十卷同帙
等集衆德三昧經一部三卷 或二卷
亦云等集衆德經 或無三昧字 五十八紙
等集衆德三昧經卷上
等集衆德三昧經卷中
等集衆德三昧經卷下
右西晉沙門竺法護譯見聶道真
等錄 清信士聶承遠筆受
集一切福德三昧經一部三卷 出寶積三
昧經 五十六紙
集一切福德三昧經卷第一
集一切福德三昧經卷第二
集一切福德三昧經卷第三
右後秦弘始年沙門鳩摩什於常安

譯見真寂寺錄[illegible]等筆受
持心梵天所問經一部四卷 第二譯 或三卷
或六卷 或云等御諸法經 凡十八品 亦云持心梵
天經 或名持心經 或名莊嚴佛法諸經 一百五紙
持心梵天經卷第一 一名莊嚴佛法又名
等御諸法 晉竺法護譯
持心梵天經明網菩薩光品第一
持心梵天經四法品第二
持心梵天經分別法言品第三
持心梵天經解諸法品第四
持心梵天經難問品第五 卷第二
持心梵天經問談品第六
持心梵天經談論品第七
持心梵天經論寂品第八 卷第三
持心梵天經力行品第九
持心梵天經志大乘品第十
持心梵天經行道品第十一
持心梵天經歎品第十二
持心梵天經誘德品第十三
持心梵天經等行品第十四
持心梵天經授現不退轉天子別品第十五 卷第四
持心梵天經建立法品第十六

歷章卷第八　　言三十張　[illegible]

持心梵天經諸天歎品第十七

持心梵天經囑累品第十八

右西晉太康七年三月十日沙門竺法護譯見聶道真等錄清信士聶承遠筆受

上三經十卷同帙

大唐開元聖教廣品歷章卷第八

趙城縣廣勝寺

新編入函　新

大唐開元釋教廣品歷章卷第九

此廣品歷章紙數與開元釋教錄同

京兆華嚴寺沙門玄逸　集

大乘經重單合譯有六十一部　散有一百五十卷合九經爲四軸十五帙

思益梵天所問經四卷　或直云思益經　僧祐錄云思益義經　六十三紙

勝思惟梵天所問經六卷　一百一紙

持人菩薩經四卷　或三卷　初云持人菩薩所問除疑種諸入以了道慧經　五十四紙

持世經四卷　一名法印經　或三卷　七十八紙

濟諸方等學經一卷　天竺菩薩和都日惟地或稱學字　一十五紙

大乘方廣揔持經一卷　或無乘字　一十四紙

文殊師利現寶藏經三卷　或二卷或無經字或直云寶藏經　四十三紙

大方廣寶篋經三卷　或二卷　四十三紙

大乘同性經二卷　或四卷　亦名一切佛行入智毗盧遮那藏經一名佛十地經　三十七紙

證契大乘經二卷　亦名入一切佛境智陪盧遮那藏　三十二紙

深密解脫經五卷　七十一紙

解深密經五卷　七十五紙

解節經一卷　一十紙

相續解脫地波羅蜜了義經一卷　或一卷　一名解脫了義經亦直云相續解脫經　十八紙

緣生初勝分法本經二卷　亦直云緣生經　二十三紙

分別緣起初勝法門經二卷　亦直云分別緣起經　三十三紙

楞伽阿跋多羅寶經四卷　九十二紙

入楞伽經十卷　一帙　一百七十四紙

大乘入楞伽經七卷　一百二十七紙

菩薩行方便境界神通變化經三卷　四十七紙

大薩遮尼乾子所說經十卷　或七卷或八卷或加受記無所說字　一名菩薩境界奮迅法門經　一百三十九紙

大方等大雲經六卷　或四卷或五卷一名方等無相大雲經一名大雲無想經　九十紙

大雲請雨經一卷　內題云大雲經請雨品第六十四　二十三紙

大雲輪請雨經二卷　二十七紙

大方等大雲請雨經一卷　內題云大方等大雲經請雨品第六十四　二十紙

諸法無行經二卷　或一卷　三十一紙

諸法本無經三卷　三十九紙

無極寶三昧經一卷　或無三昧字　三十紙

寶如來三昧經二卷　一名無極寶三昧經　二十八紙

慧印三昧經　一名寶思惟印三昧經亦直云慧印經　二十紙

如來智印經一卷　一名諸佛身　一十九紙

大灌頂經一十二卷　一帙或無大字　錄云九卷未詳　一百一十八紙

藥師如來本願經一卷　隋笈多譯　一十一紙

藥師琉璃光如來本願功德經一卷　十一紙

藥師琉璃光七佛本願功德經二卷　三十二紙

阿闍世王經二卷　五十五紙

普超三昧經三卷　或四卷或上加文殊師利字亦直云普超經一名阿闍世王品安公錄云出阿闍世王經　六十八紙

放鉢經一卷　七紙

七　歷章第九　第三張　都字

月燈三昧十一卷或十卷　一帙　一百九十八紙
月燈三昧經一卷　一名文殊師利菩薩十事行經或云逮慧三昧經　二十紙
度一切諸佛境界智嚴經一卷　二十紙
無所希望經一卷　一名象步經　二十紙
象腋經一卷　二十六紙
大淨法門經一卷　題云大淨法門品上金光首女所問淨自覺意具顯經　二十四紙
大莊嚴法門經二卷　亦名文殊師利神通力經亦名勝金色光明德女經　二十六紙
如來莊嚴智慧光明入一切佛境界經二卷　亦名如來入一切佛境界經　三十四紙
後出阿彌陀偈經一卷　或無經字　一紙
阿彌陀經一卷　亦名無量壽經　五紙
稱讚淨土佛攝受經一卷　亦直云稱讚淨土經　紙
觀無量壽佛經一卷　亦直云無量壽觀經或無量壽觀經　紙
觀彌勒菩薩上生兜率天經一卷　亦名彌勒上生經　八紙
彌勒來時經一卷　四紙
彌勒成佛經一卷　十七紙
彌勒下生經一卷　一名彌勒受決經亦名下生成佛經初云大智舍利弗　七紙
彌勒下生成佛經一卷　三藏法師義淨譯　五紙
諸法勇王經　十八紙
一切法高王經　一名一切法義王經　二十紙
第一義法勝經一卷　十四紙
大威燈光仙人問疑經一卷　十五紙

歷章第九　第四張　都字号王

順權方便經二卷　一名轉女身菩薩亦云惟權方便經或云順權女經或一卷　二十八紙
樂瓔珞莊嚴方便品經一卷　亦云轉女身菩薩問答經　二十六紙
思益梵天所問經一部四卷　或云思益義經第二出與法護所出勝思惟經本同　九十五紙
思益梵天所問經卷第一
思益梵天所問經卷第二
思益梵天所問經卷第三
思益梵天所問經卷第四
右後秦弘始四年十二月一日沙門鳩摩羅什於長安逍遥園譯見僧叡二秦録
勝思惟梵天所問經一部六卷　魏沙門統大乘論師菩提流支譯　第三出　一百二十紙
勝思惟梵天所問經卷第一
歸命一切諸佛菩薩
勝思惟梵天所問經卷第二
勝思惟梵天所問經卷第三
勝思惟梵天所問經卷第四
勝思惟梵天所問經卷第五
勝思惟梵天所問經卷第六
右後魏神龜元年天竺沙門菩提流

歷章第九　第五張　都字号

支於雒陽譯見法上録
上二經十卷同帙
持人菩薩經一部四卷　或三卷凡一十四品初云持人菩薩問陰種諸入以了道慧經第一譯或加所問字　六十三紙
持人菩薩所問經陰種諸入以了道慧四事品第二卷第一
持人菩薩所問經妙慧超王佛品第二
持人菩薩所問經持施王品第三　卷二
持人菩薩所問經十八種品第四
持人菩薩所問經曉三界品第五
持人菩薩所問經諸入品第六　卷三
持人菩薩所問經十二緣品第七
持人菩薩所問經三十七品第八
持人菩薩所問經世俗度世品第九　卷四
持人菩薩所問經有為無為品第十
持人菩薩所問經寶光菩薩品第十一
持人菩薩所問經往古品第十二
持人菩薩所問經颰陀和五百人品第十三
持人菩薩所問經囑累品第十四
右西晉代沙門竺法護譯見僧祐録清信士聶承遠筆授
持世經一部四卷　或三卷亦名法印經第三譯　凡十二品　八十九紙
持世經初品第一　後秦弘始年羅什譯　卷第一

持世經五陰品第二　卷第二
持世經五陰品下
持世經十八性品第三
持世經十二入品第四　卷第三
持世經十二因緣品第五
持世經四念處品第六
持世經五根品第七
持世經八聖道分品第八　卷第四
持世經世間出世間品第九
持世經有為無為法品第十
持世經本事品第十一
持世經囑累品第十二
右後秦弘始年中沙門鳩摩羅什於長安譯見僧叡二秦錄僧肇道常等筆授
濟諸方等學經一卷 或無學字 第二譯 天竺菩薩和日僧也　十七紙
佛說濟諸方等學經
右西晉沙門竺法護譯見竺道祖錄清信士聶承遠筆授
大方廣總持經一卷 三藏毗尼多流支譯 或有寶字 第三譯　十六紙
大乘方廣總持經
右隋開皇二年七月天竺沙門毗尼多流支於長安譯見費長房錄

沙門法纂筆授
上四經十卷同帙
文殊師利現寶藏經一部三卷 或二卷或云大方廣寶篋經
佛說文殊師利現寶藏經卷第一 經或云文殊師利嚴淨經 第一譯　四十九紙 晉太始年筆護譯
佛說文殊師利現寶藏經卷第二
佛說文殊師利現寶藏經卷第三
右西晉太始六年十月沙門竺法護譯見僧祐錄清信士聶承遠筆授
大方廣寶篋經一部三卷 宋求那跋陀羅譯 第三譯
大方廣寶篋經卷上
大方廣寶篋經卷中
大方廣寶篋經卷下
右宋文帝元嘉年中天竺沙門求那跋陀羅譯見李廓錄多是弟子法勇傳語惠觀等筆授
大乘同性經一部二卷 或四卷一名佛十地經一名一切佛行入智毗盧遮那藏
大乘同性經卷上
大乘同性經卷下
右周宇文氏天和五年天竺沙門闍那耶舍等於長安舊城四天王寺譯見費長房錄上儀同陽公蕭吉筆受

證契大乘經一部二卷 第二譯　三十七紙
證契大乘經卷上 中天竺國沙門地婆訶羅等奉敕於東都大原寺譯 亦名入一切佛境界智陀盧遮那藏
證契大乘經卷下
右大唐永隆元年天竺三藏地婆訶羅於東都大原寺譯見大周錄
上四經十卷同帙
深密解脫經一部五卷 元魏初譯 凡十一品 九十九紙
深密解脫經序品第一　卷一
深密解脫經聖者善問菩薩問品第二
深密解脫經聖者曇無竭菩薩問品第三
深密解脫經聖者善清淨慧菩薩問品第四
深密解脫經慧命須菩提問品第五
深密解脫經聖者廣慧菩薩問品第六
深密解脫經聖者功德林菩薩問品第七　卷二
深密解脫經聖者成就第一義菩薩問品第八
深密解脫經聖者彌勒菩薩問品第九　卷三
深密解脫經彌勒菩薩問品之餘　卷四
深密解脫經聖者觀世自在菩薩問品第十
深密解脫經聖者文殊師利法王子菩薩問品第十一　卷五

右後魏延昌二年天竺沙門菩提留支於雒陽譯見法上錄僧辯筆授
解深密經一部五卷 大唐三藏聖教序及皇太子述三藏聖記并譯七紙 大唐三藏沙門玄奘奉詔譯 凡八十
解深密經序品第一 卷一
解深密經勝義諦相品第二
解深密經心意識相品第三
解深密經一切法相品第四 卷二
解深密經無自性相品第五
解深密經分別瑜伽品第六 卷三
解深密經地波羅蜜多品第七 卷四
解深密經如來成所作事品第八 卷五
右大唐貞觀二十一年五月十八日三藏法師玄奘於弘福寺翻經院譯至七月十三日功畢見內典錄沙門大乘光筆授
上二經十卷同帙
解節經一卷 陳世真諦譯 凡有四品 十二紙
佛說解節經不可言無二品第一
解節經過覺觀境品第二
解節經過一異品第三
解節經一味品第四
右陳代優禪尼國沙門真諦於廣州制旨寺譯見費長房錄

相續解脫地波羅蜜了義經一卷 亦名解脫了義經亦云相續解脫經或二卷 二十二紙
相續解脫地波羅蜜了義經 宋元嘉年求那跋陀譯
相續解脫如來所說隨順了處義經
右宋文帝代元嘉年中天竺沙門求那跋陀羅於楊都東安寺譯見道慧等錄法勇傳語惠觀等筆授
緣生經一部二卷 亦云緣生初勝分法本經第一譯 二十七紙
緣生初勝分法本經卷上 并論序隨大業年達摩笈多譯
緣生初勝分法本經卷下
右隋大業十二年十月天竺沙門達摩笈多於東都上林園翻經館譯至十三年九月記見經前序內典錄沙門彥琮行矩等筆授
分別緣起經一部二卷 第二譯 二十四紙
分別緣起初緣勝法門經卷上 三藏法師玄奘譯
分別緣起初緣勝法門經卷下
右大唐永徽元年二月二日三藏法師玄奘於大慈恩寺翻經院譯至八日功畢見內典錄沙門大乘詢筆授
楞伽阿跋多羅寶經一部四卷或五卷一名一切諸佛語心品 第二譯 一百七紙

楞伽阿跋多羅寶經卷第一 求那跋陀羅譯
楞伽阿跋多羅寶經卷第二
楞伽阿跋多羅寶經卷第三
楞伽阿跋多羅寶經卷第四
右宋元嘉二十年天竺沙門求那跋陀羅於楊都道場寺譯見道惠僧祐等錄惠觀筆授寶雲傳
上五經十卷同帙
入楞伽經一部十卷 第三譯 凡十八品 一帙 二百紙
入楞伽經請佛品第一 後魏世菩提流支等於雒陽譯 卷第一
歸命大智慧海毗盧遮那佛
入楞伽經問答品第二
入楞伽經集一切佛性品第三 卷二
入楞伽經集一切佛法品之二 卷三
入楞伽經集一切佛法品之三 卷四
入楞伽經佛心品第四 卷五
入楞伽經盧迦耶陀品第五 卷六
入楞伽經涅槃品第六
入楞伽經法身品第七
入楞伽經無常品第八 卷七
入楞伽經入道品第九
入楞伽經問如來 無常品第十
入楞伽經佛性品第十一

入楞伽經五法門品第十二
入楞伽經彌伽河沙品第十三
入楞伽經刹那品第十四　卷八
入楞伽經化品第十五
入楞伽經遮食宍品第十六
入楞伽經陁羅尼品第十七
入楞伽經摠品第十八　卷九
入楞伽經摠品下
右後魏延昌二年天竺沙門菩提
留支於雒陽譯見續高僧傳僧
朗道湛侍中崔光等筆授
大乘入楞伽經一部七卷 第四譯 凡十品 一百四十七紙
新譯大乘入楞伽經序 御製 新譯
大乘入楞伽經羅婆那王勸請品第一
卷第一 大周三藏實叉難陁譯
大乘入楞伽經集一切法品第二之初
大乘入楞伽經集一切法品第二之二　卷二
大乘入楞伽經集一切法品第二之三　卷三
大乘入楞伽經無常品第三之初　卷四
大乘入楞伽經無常品第三之二　卷五
大乘入楞伽經現證品第四
大乘入楞伽經如來常無常品第五
大乘入楞伽經刹那品第六

大乘入楞伽經變化品第七　卷六
大乘入楞伽經　食宍品第八
大乘入楞伽經陁羅尼品第九
大乘入楞伽經偈頌品第十之初
大乘入楞伽經偈頌品第十之二　卷七
右大周久視元年五月五日于闐國
三藏實叉難陁於神州三陽宮内創
譯至長安四年正月五日繕寫功畢
見經前序及開元録沙門復禮等
筆授沙門法藏證譯
菩薩行方便境界神通變化經一部三卷
初譯 或無境界字 五十五紙
佛說菩薩行方便境界神通變化經卷第上
佛說菩薩行方便境界神通變化經卷第中
佛說菩薩行方便境界神通變化經卷第下
右宋文帝元嘉年天竺沙門求那跋陁
羅譯見李廓録慧觀等筆授法
勇度語
上三經十卷同帙
大薩遮尼乾子授記經一部七卷 一名菩薩境界奮迅法門 或八卷 或十卷 一帙十二品 或加所說字 第二譯 一百五十九紙
大薩遮尼乾子所說經序品第一 三藏菩提留支譯 卷一
歸命大智海毗盧遮那佛 外國本一切經首皆有此句

大薩遮尼乾子所說經疑品第二
大薩遮尼乾子所說經一乘品第三
大薩遮尼乾子所說經一乘品之餘　卷二
大薩遮尼乾子所說經嚴熾王品第四
大薩遮尼乾子所說經王論品第五　卷三
大薩遮尼乾子所說經王論品之餘　卷四
大薩遮尼乾子所說經請食品第六
大薩遮尼乾子所說經罪過品第七
大薩遮尼乾子所說經如來無過功德品第八
大薩遮尼乾子所說經功德之次　卷五
大薩遮尼乾子所說經功德品之餘　卷六
大薩遮尼乾子所說經詣如來品第九　卷七
大薩遮尼乾子所說經法品第十
大薩遮尼乾子所說經受記品第十一
大薩遮尼乾子所說經信功德品第十二
右後魏正光元年天竺沙門菩提
留支於雒陽爲司州牧南王第譯
見費長房録
方等大雲經一部六卷 或四卷 或五卷 一名大方等無相大雲經 一名大雲無相經 一名大雲密藏經 凡三十七犍度 第二譯 一百六紙
大方等無相經大雲初分大衆犍度 第上 卷一
大方等無相經大雲初分大衆犍度 第下 卷二
大方等無相經大雲初分三昧犍度第二

大方等無相經大雲初分陀羅尼揵度第三 卷三
大方等無相經大雲初分密語揵度第四
大方等無相經大雲初分轉生有藏揵度第五
大方等無相經大雲初分得轉生死業煩
惱揵度第六
大方等無相經大雲初分智狂入揵度第七
大方等無相經大雲初分解脫轉德藏
法門揵度第八
大方等無相經大雲初分解脫有德轉
藏揵度第九
大方等無相經大雲初分轉德揵度第十
大方等無相經大雲初分虛空主揵度第十一
大方等無相經大雲初分電光轉揵度第十二
大方等無相經大雲初分電行轉揵度第十三
大方等無相經大雲初分神通揵度第十四
大方等無相經大雲初分寶瓶揵度第十五
大方等無相經大雲初分金剛智揵度第十六
大方等無相經大雲初分無盡揵度第十七
大方等無相經大雲初分正行揵度第十八
大方等無相經大雲初分師子吼揵度第十九
大方等無相經大雲初分師子吼神通揵度第二十
大方等無相經大雲初分善方便揵度第二十一
大方等無相經大雲初分神通揵度第二十二

大方等無相經大雲初分金翅鳥揵度
第二十三
大方等無相經大雲初分大捨揵度第二十四
大方等無相經大雲初分無畏揵度第二十五
大方等無相經大雲初分入行揵度第二十六
大方等無相經大雲初分至心揵度第二十七
大方等無相經大雲初分勇力揵度第二十八
大方等無相經大雲初分善揵度第二十九
大方等無相經大雲初分神通揵度第三十
大方等無相經大雲初分智揵度第三十一
大方等無相經大雲初分智寶藏揵度第三十二
大方等無相經大雲初分施揵度第三十三
大方等無相經大雲初分福田揵度第三十四
大方等無相經大雲初分正法揵度第三十五
大方等無相經大雲初分如來涅槃揵度
第三十六 卷四
大方等無相經大雲初分增長揵度第
三十七上 卷五
大方等無相經大雲初分增長揵度第
三十七下 卷六
右北涼玄始年天竺三藏曇無讖於
內苑寺譯見僧叡李廓等錄沙
門慧嵩筆授

大雲請雨經一卷 或加大方等字 第一譯 二十五紙
大雲經請雨品 周闍那耶舍等譯
右周宇文氏天和五年天竺沙門闍
那耶舍等於長安舊城四天王寺
譯見費長房錄沙門圓明及城陽
公蕭吉筆授
大雲輪請雨經二部二卷 或一卷 是大雲經第六十四品 第二譯
大雲輪請雨經卷上 三藏法師那連耶舍譯
大雲輪請雨經卷下
右隋開皇五年正月天竺沙門那
連提耶舍譯見費長房錄沙門
惠獻筆授
大方等大雲請雨經一卷 第三譯 十二紙
大方等大雲經請雨品第六十四
隋開皇年闍那崛多譯
右隋開皇年天竺沙門闍那崛多
等於大興善寺譯見內典錄
上四經十卷同帙
諸法無行經一部二卷 或一卷 或無佛說字 第一譯 三十六紙
佛說諸法無行經卷上 後秦弘始年鳩摩羅什譯
佛說諸法無行經卷下
右後秦弘始年中沙門鳩摩羅什
於長安譯見僧叡二秦錄僧叡僧

肇筆授

諸法本無經一部三卷 第三譯 四十七紙

佛說諸法本無經卷上 隋開皇年闍那崛多笈多等譯

佛說諸法本無經卷中

佛說諸法本無經卷下

右隋開皇十五年六月天竺沙門闍那崛多等於大興善寺譯至七月訖見費長房錄學士劉憑等筆授

無極寶三昧經一卷 或二卷 或無三昧字 第二譯 或直云無極寶經

無極寶三昧經

右西晉永嘉元年三月三日沙門竺法護譯見聶道真錄清信士聶承遠筆授

寶如來三昧經一部二卷 一云無極寶三昧經 或一卷 第三譯 四十三紙

寶如來三昧經卷上 大乘藏

寶如來三昧經卷下

右東晉西域沙門祇多蜜譯見費長房錄

慧印三昧經一卷 亦名慧印經 亦名寶慧印三昧經 第一譯

慧印三昧經 吳世支謙譯

右吳代月氏國優婆塞支謙譯見竺道祖等錄

如來智印經一卷 一名諸佛法身經 第二譯 二十三紙

佛說如來智印經

右僧祐錄中失譯經開元錄云編於宋末

上六經十卷同帙

大灌頂經一部十二卷 或五卷 或無大字 一帙重單合譯 錄云九卷 未詳

百三十八紙

佛說灌頂七萬二千神王護比丘呪經第一

佛說灌頂十二萬神王護比丘呪經第二

佛說灌頂三歸五戒帶佩護身呪經第三

佛說灌頂百結神王護身呪經第四

佛說灌頂呪宮宅神王守鎮左右經第五

佛說灌頂塚墓因緣四方神呪經第六

佛說灌頂伏魔封印大神呪經第七

佛說灌頂摩尼羅亶大神呪經第八

佛說灌頂召五方龍王攝疫毒神呪經第九

佛說灌頂梵天神策經第十

佛說灌頂普廣經第十一 一名普願往生十方淨土經

佛說灌頂拔除過罪生死得度經第十二

右東晉元帝代西域沙門帛尸梨蜜多羅於楊都建初寺譯見費長房錄

藥師如來本願經一卷 第二譯 十三紙 隋大業達磨笈多於東京上林園譯

新翻藥師經序

佛說藥師如來本願經

右隋大業十一年十二月八日天竺三藏達磨笈多於東都上林園譯說見內典錄沙門行矩製序沙門明則彥琮等筆授

藥師如來本願功德經一卷 第三譯 有呪 或加琉璃字 十三紙 沙門玄奘譯

藥師琉璃光如來本願功德經

右大唐永徽元年五月五日三藏法師玄奘於大慈恩寺翻經院譯見內典錄沙門慧立筆授

藥師琉璃光七佛本願功德經一部二卷

第四譯 三十七紙

藥師琉璃光七佛本願功德經卷上 大唐中興三藏聖教序 御製 三藏義淨譯

藥師琉璃光七佛本願功德經卷下

右大唐神龍三年夏三藏法師義淨於大內佛光殿譯見開元錄 和帝親御法筵筆授

阿闍世王經一部二卷 或三卷 初出 六十四紙

佛說阿闍世王經卷上 支婁迦讖譯

佛說阿闍世王經卷下

右後漢月氏國沙門支婁迦讖於雒陽譯見僧祐錄河南清信士孟福張蓮等筆授

普超三昧經一部三卷 凡十三品或四卷 第二出與漢文婁迦讖阿闍世王經同本別譯 亦云文殊普超三昧經 亦云普超經 一名阿闍世王品 七十九紙

文殊師利普超三昧經卷上 一名阿闍世王經 晉太康年竺法護譯

文殊師利普超三昧經正士品第一

文殊師利普超三昧經化佛品第二

文殊師利普超三昧經舉鉢品第三

文殊師利普超三昧經卷中

文殊師利普超三昧經幼童品第四

文殊師利普超三昧經無吾我品第五

文殊師利普超三昧經摠持品第六

文殊師利普超三昧經三藏品第七

文殊師利普超三昧經不退轉輪品第八

文殊師利普超三昧經變動品第九

文殊師利普超三昧經卷下

文殊師利普超三昧經决疑品第十

文殊師利普超三昧經心本淨品第十一

文殊師利普超三昧經月首受决品第十二

文殊師利普超三昧經囑累品第十三

右西晉太康七年十二月二十七日沙門竺法護譯見竺道祖等錄清信士聶承遠筆授

放鉢經一卷 是普超經舉鉢品異譯 安公云出等部 八紙

佛說放鉢經

右僧祐錄云安公錄中失譯經開元錄云附西晉末

上六經十卷同帙・

月燈三昧經一部十一卷 或十卷 單重合譯 今從此有五品

一帙二百三十紙

月燈三昧經卷第一

月燈三昧經卷第二

月燈三昧經卷第三

月燈三昧經如來出城品第一　卷第四

月燈三昧經如來出城品之二　卷第五

月燈三昧經如來出城品之三　卷第六

月燈三昧經如來出城品之四　卷第七

月燈三昧經如來出城品之五　卷第八

月燈三昧經如來出城品之六　卷第九

月燈三昧經懺悔品第二

月燈三昧經校量功德品第三

月燈三昧經讚歎品第四

月燈三昧經本因品第五

月燈三昧經卷第十一

右高齊天保八年天竺沙門那連提耶舍共法智於天平寺譯見費長房錄

月燈三昧經一卷 或名文殊師利十事行 一名逮慧三昧經 第二譯 十二紙

月燈三昧經

右宋代沙門先公譯見趙保及法上錄

度諸佛境界智嚴經 又加一切字 或加光字 第二譯 十九紙

度一切諸佛境界智嚴經

梁天監年曼陀羅仙等於揚州譯

右梁扶南沙門僧伽婆羅於揚都壽光殿等譯見費長房錄

上二經同卷

無所希望經一卷 一名象步經 第三譯 二十三紙

佛說無所希望經 晉世竺法護譯

右西晉代沙門竺法護譯見聶道真等錄

象腋經一卷 第四譯 二十一紙

佛說象腋經

右宋文帝代元嘉年中罽賓三藏禪師曇摩密多於楊都譯見李廓錄

大淨法門經一卷 一名上金光首女所問轉首童真所開化經 一名淨法門經 或加品字 或二卷 或云普首童真第一譯 晉世竺法護譯 二十八紙

佛說大淨法門品經

右西晉建興元年十二月二十六日沙門竺法護譯見聶道真等錄

大莊嚴法門經一部二卷 亦名文殊師利神通力經 亦名勝色光明

歷章卷第九　十四張　振字

德女經與大淨法門經
同本別譯 三十紙

大莊嚴法門經卷上 隨開皇年那連提耶舍譯 第二譯
大莊嚴法門經卷下
右隨開皇二年正月天竺三藏那連
提耶舍於大興善寺譯見費長房
録沙門智鉉等筆授
如來莊嚴智慧光明入一切佛境界經二
卷 第一譯或一卷一名度諸佛經 亦云如來入一切境界經 三十二紙
如來莊嚴智慧光明入一切佛境界經卷上
如來莊嚴智慧光明入一切佛境界經卷下
右後魏宣武帝景明二年天竺沙門
曇摩留支於雒陽白馬寺譯見
費長房録沙門道寶筆授
後出阿彌陀佛偈 或加佛字一名後出阿彌陀佛偈經 一紙
後出阿彌陀佛偈
右後漢代失譯見僧祐失譯録
阿彌陀經一卷 一名小無量壽經 第三譯 五紙
佛說阿彌陀經 宋元嘉年求那跋陀羅重譯
右後秦弘始四年二月八日沙門鳩摩
羅什於長安逍遙園譯見僧叡二
秦録等僧肇道恒等筆授
稱讚淨土佛攝受經一卷 亦直云稱讚淨土經 第二譯 十一紙
稱讚淨土佛攝受經

歷章卷少　第二　十五張　振字号史

右大唐永徽元年正月一日三藏法師
玄奘於大慈恩寺翻經院譯見內
典録沙門大乘詢筆授
上三經同卷
觀無量壽佛經一卷 亦名無量壽佛觀經 第二譯 兩譯闕一 九紙
觀無量壽佛經
右宋元嘉元年西域沙門畺良耶舍
於楊都鍾山道林精舍譯見道慧
宋齊録沙門僧含筆授
上十一經十卷同帙
觀彌勒菩薩生兜率天經 一名彌勒上生經 單本 或無菩薩字 九紙
佛說觀彌勒菩薩上生兜率天經
右宋孝武帝孝建二年居士沮渠
京聲於楊都竹園寺譯見道慧宋
齊録
彌勒來時經 第二譯 三紙
佛說彌勒來時經 上二經同卷
右失譯見法上録開元録云附東晉宋
彌勒成佛經一卷 一名彌勒當來下生經 第二譯 二本闕一 十七紙
彌勒成佛經
右後秦弘始四年三藏鳩摩羅什
於長安譯見僧叡二秦等録沙
門道恒等筆受

歷章卷第九　第二十六　振字号玉

彌勒下生經 亦云下生成佛經 一名彌勒受決經 初云文智舍利弗 第四譯 八紙
彌勒菩薩下生經
右後秦弘始年三藏鳩摩羅什
譯見二秦等録
彌勒下生成佛經一卷 第六譯 七紙
大周新翻三藏聖教序 越古金輪聖神皇帝製
彌勒下生成佛經 三藏法師義淨奉制譯
右大周大足元年九月二十三日
三藏沙門義淨於東都大福先
寺譯見開元録
上二經同卷
諸法勇王經一卷 第二譯 二十紙
諸法勇王經
右宋文帝代罽賓沙門曇摩蜜
多於揚都譯見李廓録
一切法高王經一卷 一名一切法義王經 第三譯 二十三紙
一切法高王經甄譯之記
一切法高王經
右後魏興和四年六月二十三日
婆羅門瞿曇般若流支在實
太尉之邑寺譯見經序記沙門
曇林等筆受
第一義法勝經 第一譯

第一義法勝經
右元魏興和四年九月一日優婆塞
瞿曇般若流支於尚書令儀同
高公第譯見經序記沙門曇林
筆受

大威燈光仙人問疑經一卷　第二譯　十八紙
大威燈光仙人問疑經
右隋開皇六年正月天竺沙門闍
那崛多譯三月訖見費長房錄
沙門道邃筆受彥琮製序

順權方便經一部二卷　一名轉女身菩薩經或一卷亦名順權女經亦名推權方便經亦名隨權女經凡四品　三十六紙
佛說順權方便經卷上　晉世竺法護譯
佛說順權方便經沙門法品第一
佛說順權方便經見諦品第二
佛說順權方便經分衛品第三
佛說順權方便經卷下
佛說順權方便經假號品第四
右西晉沙門竺法護譯見聶道
真等錄

樂瓔珞莊嚴方便經一卷　或加品字一名大乘瓔珞莊嚴經一名轉女身菩薩問荅經第三譯　三十紙
樂瓔珞莊嚴方便經

右姚秦罽賓三藏曇摩耶舍譯開
元錄云見經後記
上十一經十卷同帙

大唐開元釋教廣品歷章卷第九

上關七行

菩薩睒子經
睒子經一卷 名菩薩睒子經 一名睒太子經 一名孝子隱經 蒲六紙
太子慕魄經一卷 蒲三紙
太子沐魄經一卷 或作慕魄 蒲三紙
九色鹿經一卷 蒲六紙
無字寶篋經一卷 蒲六紙
文字普光明藏經一卷 蒲五紙
偏照光明藏無字法門經一卷 亦直云大乘徧照光明藏經 蒲六紙
老女人經一卷 或云老女經 蒲二紙
母經一卷 蒲二紙
老女六英經一卷 蒲二紙
月明童子經一卷 名月明童子經 或名申日經 蒲九紙
申日兒本經一卷 或云申兒本經 錄作兆本誤也 蒲三紙
護長者經二卷 一名尸利崛多長者經 蒲二十八紙
耶山項經一卷 亦名伽耶項經 蒲十一紙

文殊師利問菩提經一卷 名菩提無行經 亦名云菩提經 蒲七紙
象頭精舍經一卷 蒲九紙
伽耶山項經一卷 蒲九紙
大乘伽耶山頂經一卷 一直云制經 蒲四紙
心 或直名逝經 蒲四紙

中關十四行

大乘百福相經一卷 蒲七紙
前世三轉經第一譯 蒲六紙

大乘百福莊嚴相經一卷 蒲八紙
希有希有挍量功德經一卷 或直云希有挍量功德經 蒲六紙
大乘四法經一卷 與單本中實叉難陀譯者二名雖同多少全異 蒲一紙
菩薩修行四法經一卷 蒲一紙
寂無比經一卷 蒲十一紙
銀色女經一卷 蒲六紙
阿闍世王受決經一卷 蒲四紙
採蓮違王上佛授決號妙華經一卷 亦直云採蓮華王經 蒲二紙
正恭信經一卷 一名成德陀羅尼中說經 或名正法恭信經 蒲五紙
說妙法決定業鄣經一卷 蒲三紙
善信經一卷 亦名善恭信 名恭信師經 蒲七紙
稱讚大乘功德經一卷 蒲五紙
諫王經一卷 亦云大小諫王經 蒲四紙
如來示教勝軍王經一卷 亦直云勝軍王經 蒲七紙
佛為勝光天子說王法經一卷 亦直云勝光天子經 蒲七紙
大方廣修多羅王經一卷 或無王字 蒲二紙
轉有經一卷 蒲二紙
文殊師利巡行經一卷 蒲五紙
文殊尸利行經一卷 蒲八紙
貝多樹下思惟十二因緣經一卷 亦云聞城十二因緣經 蒲四紙
緣起聖道經一卷 蒲八紙
稻芉經一卷 蒲十紙

了本生死經一卷 蒲五紙
自誓三昧經一卷 內題云獨證第四氏五淨行中 蒲八紙
如來獨證自誓三昧經一卷 亦云獨證自誓三昧經 亦云如來自誓三昧經 蒲七紙
灌洗佛形像經一卷 亦云四月八日灌經 亦直云灌經 蒲二紙
摩訶剎頭經一卷 亦名灌佛形像經 蒲三紙
造立形像福報經一卷 蒲三紙
作佛形像經一卷 亦名優填王作佛形像經 一名像因緣 蒲四紙
八吉祥神祝經一卷 或無神字 蒲三紙
龍施女經一卷 或無女字 蒲二紙
龍施菩薩本起經一卷 亦云龍施本經 蒲四紙
盂蘭盆經一卷 亦名盂蘭經 蒲二紙
八陽神祝經一卷 亦直云八陽經 別有一本亦云八陽神祝 可半紙許 初有七佛名字號者非也 蒲四紙
八吉祥經一卷 亦云八方八世界八佛名號經 蒲二紙
八佛名號經一卷 蒲四紙
報恩奉盆經一卷 蒲一紙
浴像功德經一卷 寶思惟譯 蒲三紙
浴像功德經一卷 義淨譯 蒲四紙
挍量數珠功德經一卷 蒲二紙
數珠功德經一卷 內云曼殊室利祝藏中挍量數珠功德經 蒲二紙
不空羂索神變真言經三十卷 三十卷 蒲五百紙
不空羂索祝經一卷 亦云不空羂索觀世音心祝經 蒲十紙
不空羂索神祝心經一卷 或無心字 蒲十五紙

不空羂索陀羅尼經一卷 一名普門 蒲二十七紙
不空羂索陀羅尼自在王祝經三卷 亦名不空羂索心祝王經 蒲二十四紙
千眼千臂觀世音菩薩陀羅尼神祝經二卷 或一卷 蒲十九紙
千手千眼觀世音菩薩姥陀羅尼身經一卷 或云千臂千眼 蒲州二十二紙
千手千眼觀世音菩薩廣大圓滿無礙大悲心陀羅尼經一卷 蒲十九紙
觀世音菩薩祕密藏神祝經一卷 蒲八紙
觀世音菩薩如意摩尼陀羅尼經一卷 蒲七紙
如意輪陀羅尼經一卷 此經出大蓮華金剛三昧耶伽持秘密無障礙經 蒲二十紙
觀自在菩薩如意心陀羅尼祝經一卷 蒲四紙
文殊師利根本一字陀羅尼經一卷 題云大方廣菩薩藏中文殊師利根本一字陀羅尼法 亦名一字祝王經 蒲二紙
曼殊室利菩薩祝藏中一字祝王經一卷 蒲三紙
十二佛名神祝經一卷 題云十二佛名神祝挍量功德除鄣滅罪經 蒲六紙
稱讚如來功德神祝經一卷 蒲三紙
孔雀王祝經一卷 亦名大金色孔雀王經 并結界場法具 蒲八紙
大金色孔雀王祝經一卷 蒲五紙
佛說大金色孔雀王祝經一卷 蒲六紙

從字第十卷　第六張　恒字号

孔雀王呪經二卷 亦云孔雀王陀羅尼經　蒲四十三紙

大孔雀呪王經三卷　蒲六十紙

六度集經一部八卷 一名六度無極經 一名度無極經 一名雜無極經重單合譯一百七十紙或九卷六度六波羅蜜名以爲六度雖有四十經內合七十七章

六度集第一　卷第一

佛說布施度無極經　凡十章

布施度無極波耶王經　凡四章

波羅柰國王經 二紙　薩和檀王經

度集第二　卷第二

須大拏經

六度集第三　卷第三

布施度無極經　凡十一章

六度集第四　卷第四

戒度無極經　凡十五章

太子墓魄經　彌蘭經

頂生聖王經　普明經

六度集第五　卷第五

忍辱度無極經　凡十三章

摩天羅王經　鰶蓮龍王經　孔雀王經

三裸國　六年守飢畢宿罪經　釋家畢罪經

六度集第六　卷第六

精進度無極經　凡十九章

蜜蜂王經　佛以三事笑經

歷字第十　第七張　恒字号

小兒聞法即解經　殺身濟賈人經

以金貢太山贖罪經　調達教人爲惡經

殺龍濟一國經　彌勒爲女身經

女人求願經　以然燈受決經

六度集第七　卷第七

禪度無極經　凡九章

六度集第八　卷第八

明度無極經　凡九章

尸呵偏王經　遮羅國王經

薩薩以明離鬼妻經

儒童經　摩調王經　阿離念彌經

鏡面王經　密微王經　梵皇經

右吳太元元年西域沙門康僧會於楊都建初寺譯見竺道祖吳錄

太子須達拏經一卷 十九紙 或二卷 重譯

佛說太子須大拏經一卷

右西秦沙門聖堅於江陵新寺譯見始興錄及寶唱錄度爽筆受

菩薩睒子經一卷 八紙 一名孝子睒經 第二譯

佛說菩薩睒經

右僧祐錄云安公錄中失譯經開元錄云附西晉末

睒子經一卷 一名菩薩睒經 一名佛說睒 一名孝子隱經 一名睒本起經 七紙 第四譯

歷字第十　第八張　恒字七

睒子經

右西秦沙門聖堅譯見始興錄及法上錄

太子墓魄經一卷　三紙 第一譯

太子墓魄經

右後漢代安息國沙門安世高譯見費長房錄

太子沐魄經一卷　第二譯 三紙

右西晉沙門竺法護譯見僧祐錄

九色鹿經一卷　三紙 重譯 或加王字

九色鹿經

右吳代氏國優婆塞支謙譯見法上錄

上五經同卷

上七經十卷同帙

無字寶篋經一卷　七紙 第一譯

無字寶篋經

右後魏天竺沙門菩提留支譯見費長房錄

大乘離文字普光明藏經　六紙 第二譯

大唐新譯聖教序　皇太后御製

大乘離文字普光明藏經 中天竺沙門地婆訶羅奉 詔譯

右大唐永淳二年天竺沙門地婆訶羅於西京太原寺歸寧院譯見大周錄

上二經同卷

大乘徧照光明藏無字法門經一卷 七紙 第四譯

大乘徧照光明藏無字法門經 或云大乘徧照光明藏經

大唐中天竺三藏地婆訶羅再譯

右大唐永淳元年四月二十五日中天竺
三藏地婆訶羅重譯見開元錄

老女人經一卷 或云老女經 安公云出阿毗曇 第一譯 二紙

老女人經

右吳代月氏優婆塞支謙譯見僧祐錄

老母經一卷 二紙 第二譯

老母經 吳世支謙譯

右僧祐錄中失譯經開元錄云編於宋
求 上三經同卷

老母六英經一卷 一紙 第三譯

佛說老母女六英經

右宋文帝代天竺沙門求那跋陀羅
於楊都譯見費長房錄

月光童子經一卷 一名月明童子經 一名申日經 十紙 第一譯

月光童子經

右西晉沙門竺法護譯見僧祐錄

申日兒本經一卷 或云申日兒經 錄作兜本誤也 三紙 第三譯

右宋天竺三藏求那跋陀羅譯見
費長房錄 上三經同卷

德護長者經一部二卷 一名尸利崛多長者經 與申日兒本經月光童子經同本異譯 三十二紙 第四譯

佛說德護長者經卷上 三藏法師那連提耶舍譯

佛說德護長者經卷下 三藏法師那連提耶舍譯

右隋開皇三年六月沙門那提耶舍
於大興善寺譯見費長房錄沙門
僧琨筆受

伽耶山頂經一卷 或云伽耶頂經 第二譯 十一紙

伽耶山頂經 後魏菩提留支譯

右後魏天竺沙門菩提留支於洛
陽及鄴都譯見費長房錄

文殊問菩提經一卷 一名菩提樹經 一名菩提無行經 八紙 第一譯 或加師利字

文殊師利問菩提經

右後秦弘始年中三藏鳩摩羅什
於常安譯見僧祐錄僧叡道常等
筆受 上二經同卷

象頭精舍經一卷 十二紙 第三出

佛說象頭精舍經 三藏法師毗尼多流支譯

右隋開皇二年二月天竺沙門毗尼
多留支譯見費長房錄沙門法纂
筆受

大乘伽耶山頂經一卷 十紙 第四譯

大乘伽耶山頂經

右大周長壽二年天竺沙門菩提
流志於大周東寺譯見大周錄沙
門處一等筆受
上二經同卷

長者子制經一卷 一名制經 六紙 第一譯

佛說長者子制經 一名制經

右後漢代安息國沙門安世高譯
見費長房錄

菩薩逝經一卷 亦名逝經 第三譯

佛說菩薩逝經

右西晉惠帝代河內沙門白法祖
譯見費長房錄

逝童子經一卷 第四譯 五譯 闕二 三紙

佛說逝童子經

右西晉惠帝永寧元年沙門支法
度譯見寶唱錄

犢子經一卷 一云犢牛經 二紙 第一譯

佛說犢子經

右吳代月氏國優婆塞支謙譯見
法上錄
上四經同卷

乳光佛經一卷 與犢子經同本別譯 一名乳光經 第二譯 十紙 或加法字

佛說乳光佛經

右西晉沙門竺法護譯見僧祐錄
無垢賢女經一卷 長房錄云離垢施女經或云胎藏經 四紙 第二譯
佛說無垢賢女經
右西晉沙門竺法護譯見聶道真錄
腹中女聽法經一卷 一名不莊挍女經 三紙 第三譯
佛說腹中女聽法經
右北涼天竺沙門曇無讖譯見費長房錄
上三經同卷
轉女身經一卷 二十一紙 第四譯
轉女身經
右宋文帝元嘉年中罽賓三藏禪師曇摩蜜多於揚都譯見李廓錄
上二十一經十卷同帙
無上依經二部二卷 三十六紙 今本第二譯 凡七品
佛說無上依經挍量造佛功德品第一 陳天竺沙門真諦於廣州譯 卷上
無上依經如來界品第二
無上依經菩提品第三
無上依經如來功德品第四卷下
無上依經如來事品第五
無上依經讚嘆品第六
無上依經付囑品第七
右梁紹泰三年九月八日於平固

縣南康內史劉文陀請優禪尼國沙門真諦譯見經後記
未曾有經一卷 第一譯 四紙
佛說未曾有經
右後漢失譯見僧祐失譯錄舊錄在小乘單本中誤也
甚希有經一卷 九紙 第三譯
甚希有經 三藏法師玄奘奉詔譯
大唐三藏聖教序 御製
右大唐貞觀二十三年五月十八日三藏法師玄奘於終南山翠微宮譯
見內典錄沙門大乘欽筆受
決定揔持經一卷 十紙 一名決定揔經 一名決揔持經 第一譯
佛說決定揔持經
右西晉沙門竺法護譯見僧祐錄
上三經同卷
謗佛經一卷 七紙 第二譯
謗佛經
右後魏天竺沙門菩提留支在洛及鄴譯見費長房錄
寶積三昧文殊問法身經一卷 一名惟日寶積三昧文殊師利菩薩問法身經 七紙 第一譯
佛說寶積三昧文殊問法身經

右後漢代安息國沙門安世高譯見費長房錄
上二經同卷
入法界體性經一卷 十一紙 第二譯 或無體性字
入法界體性經
右隋開皇十五年七月天竺沙門闍那崛多等於大興善寺譯八月訖見費長房錄沙門道密等筆受
如來師子吼經一卷 六紙 第一譯
如來師子吼經 三藏法師佛陀扇多譯
右後魏正光六年天竺沙門佛陀扇多於洛陽白馬寺譯見費長房錄沙門曇林等筆受
上二經同卷
大方廣師子吼經一卷 七紙 第二譯
大唐新譯聖教序 皇太后御製
大方廣師子吼經 中天竺國沙門地婆訶羅等奉敕於東都東太原寺譯
右大唐永隆元年天竺沙門地婆訶羅於東都東太原寺譯見大周錄
大乘百福相經一卷 十紙 第一譯
大乘百福相經 大唐三藏地婆訶羅等奉詔譯
皇太后御製序
右大唐永淳二年天竺沙門地婆訶

羅於西太原寺歸寧院譯見大周錄
上三經同卷
前世三轉經一卷 七紙 第一譯
前世三轉經
右西晉惠帝代沙門法炬共法立譯
見費長房錄
大乘百福莊嚴相經一卷 十紙
大乘百福莊嚴相經
右大唐中天竺三藏地婆訶羅重
譯見開元錄
希有希有挍量功德經一卷 七紙或直云希有挍量功德經 第一譯
希有希有挍量功德經 二藏法師闍那崛多譯
右隋開皇六年六月天竺沙門闍那
崛多譯見費長房沙門僧曇筆受
彥琮製序
上三經同卷
大乘四法經一卷 一紙 第一譯
大乘四法經
右大唐永隆元年天竺三藏地婆訶
羅於東都東太原寺譯見大周錄
菩薩脩行四法經一卷 二紙 第二譯
菩薩脩行四法經序 中天竺三藏法師地婆訶羅唐言日照奉 敕譯
右大唐永隆二年正月天竺沙門地婆

羅於京弘福寺譯沙門彥琮製序
見開元錄及經前序
上三經同卷
寂無比經一卷 西紙 第二譯
大唐三藏聖教序 御製
皇太子日治述 聖記
寂無比經 三藏法師玄奘奉 詔譯
右大唐貞觀二十三年七月十九日三
藏法師玄奘於大慈恩寺翻經院
譯見內典錄沙門大乘光筆受
銀色女經一卷 七紙 第二譯
佛說銀色女經
右後魏元象二年天竺沙門佛陀扇
多於鄴都金華寺譯見費長房錄
沙門曇林等筆受
阿闍世王授決經一卷 五紙 第一譯
佛說阿闍世王授決經
右西晉惠帝代沙門法炬共法立譯
見費長房錄
採華違王上佛授決號妙華經一卷 亦名採蓮違王經 三紙 第二譯
採蓮違王上佛授決號妙華經
右東晉孝武帝太元年中西域沙

門竺曇無蘭譯見費長房錄
正恭信經一卷 六紙一名威德陀羅尼中說經 或名正法恭信經 第一譯 亦名恭信經
佛說正恭信經
右後魏元象二年天竺沙門佛陀扇
多於鄴都金華寺譯見費長房錄
沙門曇林筆受
上四經同卷
說妙法決定業鄣經一卷 第二譯 四紙
說妙法決定業鄣經 大唐至相寺沙門智嚴譯
右大唐開元九年六月至相寺沙門
釋智嚴於終南山石鼈谷老君尹
真人蘭若譯見開元錄
善恭信經一卷 一名恭信師經 八紙 亦名善信經 第二譯
善恭信經 三藏法師闍那崛多等譯
右隋開皇六年七月天竺沙門闍
那崛多譯八月訖見費長房錄
沙門僧曇等筆受彥琮制序
稱讚大乘功德經一卷 六紙 第一譯
稱讚大乘功德經 三藏法師玄奘奉 詔譯
右大唐永徽五年六月五日三藏法
師玄奘於大慈恩寺翻經院譯見
內典錄沙門大乘光筆受
上三經同卷

上二十三經十卷同帙　履資寶十　第十八張　振字号

諫王經一卷　亦云大示諫王經　五紙　第一譯

佛說諫王經

右宋孝武帝孝建二年居士沮渠
京聲於楊都鍾山定林上寺譯見
長房錄

如來示教勝軍王經一卷　八紙第二譯亦名勝軍王經

如來示教勝軍王經　三藏法師玄奘奉　詔譯

右大唐貞觀二十三年二月六日三藏
法師玄奘於大慈恩寺翻經院譯
見內典錄沙門大乘光筆受

上二經同卷

佛為勝光天子說王法經　亦云勝光天子經　第三譯　八紙

佛為勝光天子說王法經　三藏法師義淨奉　詔譯

右大唐景龍四年七月十五日三藏
法師義淨於東都大福先寺宣譯
見開元錄沙門玄嶷筆受

大方等修多羅王經一卷　第一譯　二紙

大方等修多羅王經　後魏代菩提留支譯

右後魏天竺沙門菩提留支在洛及
鄴譯見費長房錄

轉有經一卷　二紙　第二譯

轉有經　後魏代佛陀扇多譯

右後魏元象二年天竺沙門佛陀扇
多於鄴都金華寺譯見費長房錄
沙門曇林筆受

上三經同卷

文殊師利巡行經一卷　七紙　第一譯

文殊師利巡行經

右後魏天竺沙門菩提留支於洛陽
及鄴譯見費長房錄覺竟筆受

文殊尸利行經一卷　十紙　第二譯

文殊尸利行經　三藏法師闍那崛多等譯

右隋開皇六年三月天竺三藏闍
那崛多譯四月訖見費長房錄沙
門僧曇林筆受彥琮製序

上二經同卷

貝多樹下思惟十二因緣經一卷　第二譯　四紙

佛說貝多樹下思惟十二因緣經

右吳代月氏國優婆塞支謙譯見
費長房錄

緣起聖道經　九紙　第六譯

緣起聖道經　三藏法師玄奘奉　詔譯

大唐三藏聖教序太宗文皇帝製
皇太子臣治述　聖記

右大唐貞觀二十三年正月一日三藏
法師玄奘於西京北闕內紫微殿右弘　第二十張　振
法院譯見內典錄沙門大乘光筆受

上二經同卷

稻竿經一卷　八紙

佛說稻竿經

右東晉失譯見開元錄

了本生死經一卷　三譯　一闕　五紙

了本生死經　吳黃武年支謙譯

右吳代月氏國優婆塞支謙譯見
僧祐錄謙自注解安公序云漢末出

謙注　上二經同卷

自誓三昧經一卷　內題云獨證品第四　淨行中　第二譯　九紙

自誓三昧經

右後漢代安息國沙門安世高譯
見費長房錄

獨證自誓三昧經一卷　一名如來自誓三昧經　第三譯　亦云如來獨證自誓三昧經　八紙

佛說獨證自誓三昧經　一名如來自誓三昧經

右西晉沙門竺法護譯見僧祐錄

上二經同卷

灌洗佛形像經一卷　亦云四月八日灌經　亦云灌經　第一譯

灌洗佛形像經

右西晉惠帝代沙門法炬共法立譯
見費長房錄

摩訶刹頭經 亦云灌佛形像經 亦云浴佛功德經

摩訶刹頭經 三紙 第二譯

右西秦大初年沙門聖堅譯見始典録

造立形像福報經一卷 四紙

造立形像福報經

右東晉失譯見開元録

作佛形像經一卷 一名優塡王作佛形像 一名作像因緣經 四紙

作佛形像福報經

右漢代失譯見僧祐失譯録舊在小乘

悞也 上四經同卷

八吉祥神祝經一卷 或無神字 三紙 第一譯 別有一本偈經加滿十紙者非

佛說八吉祥神呪經

右吳代支謙譯費長房公見古録

龍施女經一卷 二紙 第一譯

佛說龍施女經

右吳代支謙譯僧祐録云見別録

龍施菩薩本起經一卷 第二譯 舊録云龍施本經

佛說龍施菩薩本起經

右西晉沙門竺法護譯見僧祐録

上三經同卷

盂蘭盆經一卷 有別本五紙云淨土盂蘭盆經未知所出 二紙 亦云盂蘭經

盂蘭盆經

右西晉沙門竺法護譯見費長房録

八吉祥經一卷 四紙 第四譯

八吉祥經

右梁代扶南沙門僧伽婆羅於壽光

殿等處譯見費長房録

八佛名號經一卷 五紙 第五譯

八經名號經 三藏法師闍那崛多譯

右開皇六年五月天竺沙門闍那崛

多譯六月訖見費長房録沙門道

邃筆受彥琮制序

上四經同卷

報恩奉盆經一卷 一紙

報恩奉盆經

右東晉失譯見開元録

浴像功德經一卷 第一譯 四紙

佛說浴像功德經 迦濕蜜國三藏法師寶思惟於福先寺奉 詔譯

右大唐神龍元年正月二十三日北天竺

國三藏寶思惟於東都大福先寺譯

婆羅門李無諂譯語見開元録

浴像功德經一卷 第二譯 四紙

佛說浴像功德經 三藏法師義淨奉制譯

右大唐景龍四年四月十五日三藏法

師義淨於大薦福寺翻經院譯見

開元録

校量數珠功德經一卷 第一譯 三紙

佛說校量數珠功德經

文殊師利呪藏經中說校量數珠功德法

右大唐神龍元年正月二十三日北天竺

國三藏寶思惟於大福先寺譯李

無諂譯語見開元録

數珠功德經一卷 內云曼殊室利呪藏中校量數珠功德經 第二譯 三紙

曼殊室利呪藏中校量數珠功德經

右大唐景龍四年四月十五日三藏法

師義淨於大薦福寺翻經院譯見

開元録 上五經同卷

上三十九經十卷同帙

不空羂索神變真言經一部三十卷 三帙第四譯 凡七十八品 五百九十紙

不空羂索神變真言經卷第一 大唐三藏菩提流志譯

母陀羅尼真言序品第一

不空羂索神變真言經卷第二 大唐三藏菩提流志譯

祕密心真言品第二

不空羂索神變真言經卷第三 大唐三藏菩提流志譯

祕密成就真言品第三

祕密成就真言品第三之二

祕密印三昧耶品第四

不空羂索神變真言經卷第四 大唐三藏菩提流志譯

祕密印三昧耶品第四之二

法界密印莊嚴品第五
不空羂索神變真言經卷第五 大唐三藏菩提流志譯
羂索成就品第六
不空羂索神變真言經卷第六 大唐三藏菩提流志譯
羂索成就品第六之二
不空羂索神變真言經卷第七 大唐三藏菩提流志譯
護摩增益品第七　祕密灌頂品第八
不空羂索神變真言經卷第八 大唐三藏菩提流志譯
三三昧耶像品第九　護摩安隱品第十
清淨無垢蓮華王品第十一
不空羂索神變真言經卷第九 大唐三藏菩提流志譯
廣大解脫曼拏羅品第十二
最勝明王真言品第十三
不空羂索神變真言經卷第十 大唐三藏菩提流志譯
奮怒王品第十四
不空羂索神變真言經卷第十一 大唐三藏菩提流志譯
悉地王真言品第十五
不空羂索神變真言經卷第十二 大唐三藏菩提流志譯
廣博摩尼香王品第十六
金剛摩尼藥品第十七
如意摩尼瓶品第十八
如來加持品第十九
不空羂索神變真言經卷第十三 大唐三藏菩提流志譯

溥徧心印真言出世間品第二十
溥徧心印真言世間品第二十一
不空羂索神變真言經卷第十四 大唐三藏菩提流志譯
不思議觀世陀羅尼真言品第二十二
陀羅尼真言辯解脫品第二十三
不空羂索神變真言經卷第十五 大唐三藏菩提流志譯
最上神變解脫壇品第二十四
光燄真言品第二十五
出世解脫壇像品第二十六
一切菩薩信禮解脫三昧耶真言品第
二十七
不空羂索神變真言經卷第十六 大唐三藏菩提流志譯
一切菩薩信禮解脫三昧耶真言品第
二十七之二
出世解脫壇印品第二十八
出世相應解脫品第二十九
不空羂索神變真言經卷第十七 大唐三藏菩提流志譯
根本蓮華頂陀羅尼真言品第三十
不空羂索神變真言經卷第十八 大唐三藏菩提流志譯
十地真言品第三十一　冊開成就品第三十二
蓮華頂阿伽陀藥品第三十三
不空羂索神變真言經卷第十九 大唐三藏菩提流志譯
護摩成就品第三十四

根本蓮華壇品第三十五
根本蓮華頂像品第三十六
神變密印品第三十七
神變真言品第三十八
多羅菩薩護持品第三十九
大衆護持品第四十
不空羂索神變真言經卷第二十 大唐三藏菩提流志譯
溥徧解脫陀羅尼真言品第四十一
溥徧解脫心曼拏羅品第四十二
溥徧轉輪王阿伽陀藥品第四十三
溥徧轉輪王神通香品第四十四
不空羂索神變真言經卷第二十一 大唐三藏菩提流志譯
如意阿伽陀藥品第四十五
無垢光神通解脫壇三昧耶像品第四十六
不空羂索神變真言經卷第二十二 大唐三藏菩提流志譯
無垢光神通解脫壇三昧耶像品第
四十六之二
大奮怒王品第四十七
一切種族壇印品第四十八
不空羂索神變真言經卷第二十三 大唐三藏菩提流志譯
一切種族壇印品第四十八之二
大奮怒王字輪壇真言三昧耶品第四十九
大奮怒王真言護持品第五十

不空羂索神變真言經卷第二十四 大唐三藏菩提流志譯
執金剛祕密王問疑品第五十一
廣大明王央俱捨真言品第五十二
不空羂索神變真言經卷第二十五 大唐三藏菩提流志譯
廣大明王摩尼曼拏羅品第五十三
廣大明王三三昧耶品第五十四
廣大明王阿伽陀藥品第五十五
廣大明王央俱捨索曼拏羅品第五十六
廣大明王圖像品第五十七
不空羂索神變真言經卷第二十六 大唐三藏菩提流志譯
大可畏明王品第五十八
然頂香王成就品第五十九
不空羂索神變真言經卷第二十七 大唐三藏菩提流志譯
點藥成就品第六十
護摩祕密成就品第六十一
斫芻眼藥成就品第六十二
神變阿伽陀藥品第六十三
召請諸天密護品第六十四
大可畏明王像品第六十五
大可畏明王壇品第六十六
不空羂索神變真言經卷第二十八 大唐三藏菩提流志譯
清淨蓮華明王品第六十七
灌頂真言成就品第六十八

不空羂索神變真言經卷第二十九 大唐三藏菩提流志譯
灌頂曼拏羅品第六十九
不空摩尼供養真言品第七十
祈雨法品第七十一
清淨蓮華明王成就品第七十二
功德成就品第七十三
不空羂索神變真言經卷第三十 大唐三藏菩提流志譯
供養承事品第七十四
明王曼拏羅像品第七十五
歃捺羅印品第七十六
容儀真言品第七十七
囑累品第七十八
右大唐神龍三年天竺三藏菩提流
志於京崇福寺譯至景龍三年功畢
弟子般若丘多度語見開元錄
不空羂索祝經一卷 十二紙 第一譯 一名不空羂索觀世音心呪經
不空羂索祝經
右隋開皇七年四月沙門闍那崛多
譯五月訖見費長房錄彥琮製序
沙門僧曇等筆受
不空羂索神祝心經一卷 或無心字 第二譯 十八紙
不空羂索神祝心經 三藏法師玄奘奉 詔譯
大唐三藏聖教序

右大唐顯慶四年四月十九日三藏法
師玄奘於大慈恩寺翻經院譯出
經後序見內典錄沙門大乘光筆受
不空羂索陀羅尼經一卷 一名普門 四十二紙 第三譯 凡有十七品
不空羂索陀羅尼經序 沙門波崙序
不空羂索陀羅尼經
讚歎品第一 都合總有一十七品除根本大陀羅尼外總有二十七陀羅尼
一切明王不空自在王陀羅尼品第一
不空羂索明王祝王受持成就品第二
不空羂索明王祝王見成就品第三
不空羂索明主祝王成就像法品第四
不空羂索明王祝王成就緊羯羅品第五
不空羂索明王祝王成就制攞迦品第六
不空羂索明王呪王成就賢瓶品第七
不空羂索明主祝王成就使者品第八
不空羂索明王祝王取伏藏品第九
不空羂索明主祝王入窟品第十
不空羂索明主祝王成就安善那藥品第十一
不空羂索明主祝王禁諸鬼神所著品第十二
不空羂索明主祝王入壇品第十三
不空羂索明主祝王降伏龍品第十四
見不空王成就品第十五
見如來成就品第十六

不空羂索心印品第十七
右大周久視元年八月景午朔十五日
庚戌南天竺國三藏法師菩提流志
於東都佛授記寺翻經院譯前十六
品李無諂度語沙門波崙筆受并序
其祝印第十七品北天竺沙門尸利末
多續翻附入合成一十七品沙門惠月
度語

不空羂索心祝王經一部三卷 四十紙凡一十六分集
譯 或云不空羂索陀羅尼自在祝王經
不空陀羅尼自在王祝經卷上
成就尊者說不空神祝功德分第一
成就受持供養神祝法分第二
成就觀見聖觀自在菩薩法分第三
成就畫像損法分第四
成就使者能辯事法分第五
不空羂索心祝王經卷中
成就驅策僮僕使者分第六
成就吉祥瓶法分第七
成就策使羅刹童子分第八
成就使死尸取伏藏分第九
成就入淨女室分第十
成就眼藥分第十一
成就除鬼著病法分第十二
不空羂索心祝王經卷
成就入壇法分第十三
成就調伏諸龍得自在分第十四
成就見不空羂索王法分第十五
成就見如來法分第十六
右大周長壽二年十月天竺三藏
寶思惟於東都佛授記寺譯制
譯沙門德感筆受

千眼千臂觀世音菩薩陀羅尼神祝經
一卷 或二十四紙凡用身印摠二十四 第一譯
千眼千臂觀世音菩薩陀羅尼神祝
經一卷
千眼千臂觀世音菩薩陀羅尼根本
大身祝第一 用後摠攝身印
千眼千臂觀世音菩薩摠攝身印第一
千眼千臂觀世音菩薩摠持陀羅尼
印第二
千眼千臂觀世音菩薩解脫禪定印
第三
千眼千臂觀世音菩薩千眼印祝第四
千眼千臂觀世音菩薩千臂摠攝印第五
千眼千臂觀世音菩薩通達三昧印第六
千眼千臂觀世音菩薩呼召天龍八
部神鬼集會印第七
千眼千臂觀世音菩薩呼召大梵天
王及鳩尸迦來問法印第八
千眼千臂觀世音菩薩歡喜摩尼
隨意明珠印第九
千眼千臂觀世音菩薩乞願隨心印第十
千眼千臂觀世音菩薩入滅盡定三
明印第十一
千眼千臂觀世音菩薩諸佛三昧印第十二
千眼千臂觀世音菩薩辯才無礙印
第十三
千眼千臂觀世音菩薩碎三千大千
世界滅罪印第十四
千眼千臂觀世音菩薩降伏三千大千
界魔怨印第十五
千眼千臂觀世音菩薩廣大無畏印
第十六
千眼千臂觀世音菩薩水精菩薩讓
持千眼印祝第十七
千眼千臂觀世音菩薩成就印第十八
千眼千臂觀世音菩薩成等正覺
印第十九

千眼千臂觀世音菩薩呼召三十三
天印第二十
千眼千臂觀世音菩薩呼召天龍八
部鬼神印第二十一
千眼千臂觀世音菩薩解脫印第
二十二
千眼千臂觀世音菩薩自在神足印
第二十三
千眼千臂觀世音菩薩神變自在印
第二十四
請千臂觀世音王心印祝此印是第一
根本啓
右大唐貞觀年中大總持寺沙門
智通於大內譯見開元釋教錄沙
門波崙製序
千手千眼觀世音菩薩姥陀羅尼身經
一卷　或云千臂千眼　二十五紙　第二譯　凡有二十四印
千手千眼觀世音菩薩姥陀羅尼身經
一卷
右大唐景龍三年夏南天竺國三
藏菩提流志西崇福寺譯第子般
若丘多度語見開元錄
千手千眼觀世音菩薩廣大圓滿無礙

大悲心陀羅尼經一卷　一十一紙　單本
千手千眼觀世音菩薩廣大圓滿無礙
大悲心陀羅尼經一卷
右大唐西天竺沙門伽梵達摩共
京總持寺沙門智通譯見開元錄
觀世音菩薩秘密藏神呪經　第二譯　九六品　九紙
觀世音菩薩秘密藏神呪除破一切惡業
陀羅尼品第一　周實叉難陀譯
觀世音菩薩秘密藏一切受樂法品第二
觀世音陀羅尼和阿伽陀藥法令人受樂
品第三
觀世音如意輪合藥品第四
觀世音心輪眼藥品第五
觀世音火唵陀羅尼藥品第六
右大周于闐國三藏實叉難陀
譯見開元錄
觀世音菩薩如意摩尼陀羅尼經　八紙　第二譯
觀世音菩薩如意摩尼陀羅尼經
右大唐天竺三藏寶思惟譯見開元錄
上二經同卷
上九經十卷同帙
如意輪陀羅尼經一卷　此經出大蓮華金剛三昧耶加持秘密無障礙經第四譯　十品　二十八紙

如意輪陀羅尼經序品第一
如意輪陀羅尼經破業障品第二
如意輪陀羅尼經誦念法品第三
如意輪陀羅尼經法印品第四
大蓮華三昧耶印第一
解脫印第二　洽土明日第三
觸護身印第四　漱口印第五
浴三寶印第六　浴聖觀自在印第七
自灌頂印第八　著衣印第九
禁頂印第十　護身印第十一
大護身印第十二　被甲印第十三
十方界明第十四　結壇界印第十五
洽路明第十六　請召印第十七
迎印第十八　供養香水印第十九
華坐印第二十　請坐印第二十一
除障印第二十二　供養印第二十三
大生印第二十四　根本印第二十五
大心印第二十六　淨洽珠明第二十七
數珠印第二十八　解界印第二十九
五淨明第三十
如意輪陀羅尼經壇法品第五
如意輪陀羅尼經佩藥品第六
如意輪陀羅尼經合藥品第七

如意輪陁羅尼經眼藥品第八
如意輪陁羅尼經護摩品第九
如意輪陁羅尼經屬累品第十
右大唐景龍三年夏天竺三藏
菩提流志於京崇福寺譯弟子
般若丘多度語見開元録
觀自在菩薩如意心陁羅尼祝經一卷 第譯 四紙
觀自在菩薩如意心陁羅尼祝經
右大唐景龍四年四月十五日三藏
法師義淨於大薦福寺翻經院譯
見開元録
文殊師利根本一字陁羅尼經一卷 亦云一字祝王經題云大方廣菩薩藏中文殊師利根本一字陁羅尼法經第一譯 三紙
文殊師利根本一字陁羅尼法
右大周長安二年天竺三藏寶思惟
於東都天宮寺譯見開元録直中
書李無礙筆受
曼殊室利菩薩祝藏中一字祝王經一
卷 第二譯 四紙
曼殊室利菩薩祝藏中一字祝王經 三藏法師義淨奉 制譯
右大周長安三年十月四日三藏法
師義淨奉 勑於長安西明寺譯

見開元録
上三經同卷
十二佛名神祝經一卷 題云十二佛名神祝校量功德除障滅罪經 第一譯 七紙
佛說十二佛名神祝校量功德除障
滅罪經 三藏法師闍那崛多譯
右隋開皇七年五月天竺三藏闍
那崛多譯見費長房録僧琨筆受
彦琮製序
稱讚如來功德神祝經一卷 第譯 三紙
稱讚如來功德神祝經
右大唐景雲二年閏六月二十三日三
藏法師義淨於大薦福寺翻經院
譯見開元録沙門玄傘等筆受
上二經同卷
孔雀王祝經一卷 并結界塲法具 亦名大金色孔雀王經 十二紙 第四譯
孔雀王祝經
右後秦三藏鳩摩羅什於常安逍
遥園譯見費長房録沙門僧叡僧
肇道常等筆受
大金色孔雀王祝經一卷 第五譯 五紙 或加神字 或無大金色字
佛說大金色孔雀王祝經 八紙 第六譯
右三秦失譯見開元録
上三經同卷

孔雀王陁羅尼經一部二卷 五十紙第七譯 或云佛說祝字 或無陁羅尼字 并結祝界法
佛說孔雀王祝經卷上 在壽口利塔前出
佛說孔雀王祝經卷下
右梁扶南沙門僧伽婆羅於楊都
占雲館及正觀寺等處譯見寶唱録
大孔雀王祝經一部三卷 第八譯 六十九紙
大唐中興三藏聖教序 御製
讀誦大孔雀祝王經前方便法
佛說大孔雀祝王經卷上
佛說大孔雀祝王經卷中
佛說大孔雀祝王經卷下
大明壇場畫像法式
右大唐神龍元年三藏法師義淨於
東都內道場譯見開元録
上十一經九卷同帙

大唐開元釋教廣品歷章卷第十

大唐開元釋教廣品歷章卷第十二 纓

京兆華嚴寺沙門釋玄逸 集

[illegible]

無量門微密持經

出生無量門持經一卷 持經　蒲州十

阿難陀目佉尼訶離陀隣尼經一卷

無量門破魔陀羅尼經一卷 或直云陀羅尼經

阿難陀目佉尼呵離陀經一卷 或云出無量門持經　蒲州十

勝幢臂印陀羅尼經一卷　蒲州二紙

一向出生菩薩經一卷　蒲州十三紙

出生無邊門陀羅尼經一卷　蒲州十四紙

舍利弗陀羅尼經一卷　蒲州八紙

妙臂印幢陀羅尼經一卷 別有一本七紙非是本經不可流布　蒲州二紙

無崖際持法門一卷 一名無際經　蒲州十五紙

歷章第十二　第二張　纓

尊勝菩薩所問一切諸法入無量門陀羅尼經一卷 或直云尊勝菩薩所問經直云入無量門陀羅尼經　蒲州十七紙

金剛上味陀羅尼經一卷　蒲州十四紙

金剛場陀羅尼經一卷　蒲州十四紙

華積陀羅尼神祝經一卷　蒲州三紙

六字祝王經一卷　蒲州五紙

師子奮迅菩薩所問經一卷　蒲州二紙

華聚陀羅尼祝經一卷　蒲州三紙

六字神祝王經一卷　蒲州六紙

虛空藏菩薩問佛經一卷 亦云虛空藏菩薩問七佛陀羅尼經亦云七佛神祝經　蒲州十二紙

如來方便善巧祝經一卷　蒲州十紙

持句神祝經一卷 亦云陀羅尼句　蒲州三紙

陀隣尼鉢經一卷 亦云陀隣鉢祝　蒲州三紙

東方最勝燈王如來經一卷 題云東方最勝燈王如來遣二菩薩送祝奉釋迦如來助護持世間經

善法方便陀羅尼祝經一卷　蒲州五紙

金剛祕密善門陀羅尼經一卷　蒲州五紙

護命法門神祝經一卷　蒲州十紙

無垢淨光大陀羅尼經一卷　蒲州十二紙

請觀世音菩薩消伏毒害陀羅尼祝經一卷 亦直云請觀世音經　蒲州十二紙

內藏百寶經一卷 亦云內藏百品經　蒲州八紙

溫室洗浴衆僧經一卷 亦云名溫室經　蒲州三紙

任字第十二　第二張　婆

須賴經一卷　蒲州十八紙

私訶昧經一卷　或云私呵末經一名菩薩道樹經 亦云道樹三昧經　蒲州十二紙

菩薩生地經一卷　一名差摩竭經　蒲州三紙

四不可得經一卷　蒲州五紙

梵女首意經一卷　一名首意女經　蒲州五紙

成具光明定意經一卷　或云成具光明三昧經 或直云成具光明經　蒲州二十二紙

寶網經一卷　亦云寶網童子經　蒲州二十三紙

菩薩修行經一卷　亦云威施長者問觀身行經 亦云長者修行經　蒲州七紙

菩薩行五十緣身經　亦云菩薩瓔珞身五十事經 亦云五十緣身行經　蒲州六紙

諸德福田經一卷　或直云福田經 或云諸福田經　蒲州五紙

大方等如來藏經一卷　或直云如來藏經　蒲州九紙

佛語經一卷　蒲州四紙

金色王經一卷　蒲州九紙

演道俗業經一卷　蒲州九紙

百佛名經一卷　蒲州六紙

稱揚諸佛功德經三卷　亦云集諸佛華經一名集華經 一名現在佛名經或二卷　蒲州五十七紙

須真天子經三卷　亦云須真天子所問經 亦云問四事經或二卷　蒲州四十六紙

摩訶摩耶經一卷　一名佛昇忉利天為母說法經 亦直云摩耶經或二卷　蒲州二十六紙

除恐災患經一卷　蒲州十七紙

孛經一卷　或云孛經抄　蒲州十八紙

觀世音菩薩授記經一卷　一名觀世音受決經　蒲州二十三紙

海龍王經四卷　或三卷　蒲州七十三紙

首楞嚴三昧經三卷　或二卷 亦直云首楞嚴經 依梵本云新首楞嚴經　蒲州五十二紙

任字第十三　第三張　婆

觀普賢菩薩行法經一卷　亦云出深功德經中 或無法字 亦云普賢觀經　蒲州十六紙

觀藥王藥上二菩薩經一卷　蒲州十九紙

不思議光菩薩所問經一卷　亦云不思議光經　蒲州十二紙

十住斷結經十卷　一名最勝問菩薩十住除垢斷結經 一名十千日光三昧定 亦云十地斷結經 或十一卷 或十四卷　蒲州二百五十四紙

諸佛要集經二卷　亦直云要集經 天竺曰佛陀僧祇提　蒲州四十三紙

未曾有因緣經二卷　或無因緣字 虎豎沙彌序　蒲州四十紙

菩薩瓔珞經十二卷　一名現在報 或十四卷 或十六卷 或十三卷 或二十卷　蒲州二百二十紙

超日明三昧經二卷　或直云超日明經 或三卷　蒲州四十八紙

賢劫經十三卷　題云颰陀劫三昧 晉曰賢劫定意經 或十卷 或七卷 一帙　蒲州百九十三紙

舊錄云賢劫三昧經

觀自在菩薩隨心呪經一卷　亦云多羅心經 凡千一帙　二十八紙

觀自在菩薩隨心呪經一卷

右大唐永徽四年大總持寺沙門智

通於總持寺譯見開元錄

種種雜呪經　或無經字 雜呪抄　二十三首 七紙

種種雜呪經　周宇文氏天竺三藏闍那崛多譯

法華經內呪六首

第一藥王菩薩說　第二勇施菩薩說

第三毗沙門天王說　第四持國天王說

第五十羅剎女共說　第六普賢菩薩說

歷字第十三　第五張　婆

旋塔滅罪陀羅尼

禮拜滅罪命諸佛來迎呪

供養三寶呪　觀世音懺悔呪

金剛呪蛇呪　坐禪安隱呪

呪腫呪　金剛呪治惡鬼病

千轉陀羅尼

觀世音隨心呪十首

第一滅罪清淨呪　第二呪 無怖畏

第三呪 淨業障　第四呪 除災樂善

七俱胝佛神呪　隨一切如來意神呪

六字陀羅尼呪　歸依三寶呪

右周宇文氏天竺三藏闍那崛多於

益州龍泉寺譯見費長房錄

佛頂勝陀羅尼經　第一譯　八紙

佛頂勝陀羅尼經　杜行顗奉　製譯

稽首一切智

右大唐儀鳳四年正月五日朝散郎

杜行顗奉　製譯見大周錄寧遠將

軍度婆等證義及三藏地婆訶羅

證譯

佛頂最勝陀羅尼經　第二譯　九紙

佛頂最勝陀羅尼經序

大輪金剛陀羅尼地婆訶羅譯　沙門彥琮

右大唐永淳元年五月二十三日天竺沙門地婆訶羅於京弘福寺共沙門彥琮譯琮兼製序見經前序、開元錄

上三經同卷

佛頂尊勝陀羅尼經一卷 第三譯 八紙

佛頂尊勝陀羅尼經一卷 罽賓沙門佛陀波利奉 詔譯

右大唐天皇時罽賓沙門佛陀波利於西明寺譯見大周錄及經前序

最勝佛頂陀羅尼淨除業障經一卷 第四譯 十五紙 日照三藏再譯

佛說最勝佛頂陀羅尼經 中天竺沙門三藏地婆訶羅奉 制譯

右大唐中天竺三藏地婆訶羅於東都共沙門慧智再譯前緣後法二文並廣見開元錄

上二經同卷

佛頂尊勝陀羅尼經一卷 義淨譯 第五譯 或加救拔 十九紙

佛說佛頂尊勝陀羅尼經一卷 三藏法師義淨奉 制譯

右大唐景龍四年四月十五日三藏法師義淨於大薦福寺翻經院譯見開元錄

無量門微密持經一卷 一名成道降魔得一切智 第一譯 六紙

無量門微密持經一卷 一名成道降魔得一切智

右吳代支謙譯見僧祐二秦錄

上二經同卷

出生無量門持經一卷 或云新微密持經 第四譯 八紙

出生無量門持經一卷

右東晉天竺沙門佛陀跋陀羅於廬山譯見生道祖等錄沙門法業等筆受

阿難陀目佉尼訶離陀隣尼經一卷 一名無量門持經 第八譯 十一紙

佛說阿難陀目佉尼訶離陀隣尼經一卷

右元魏天竺沙門佛陀扇多於洛陽白馬寺及鄴都金華寺譯見費長房錄沙門曇林等筆受

上二經同卷

量門破魔陀羅尼經一卷 亦云破魔陀羅尼 第十譯 十二紙

佛說無量門破魔陀羅尼經一卷 宋大明年功德直於荊州譯

右宋大明六年天竺沙門功德直於荊州禪房寺譯見僧祐錄沙門玄暢筆受

阿難陀目佉尼呵離陀經一卷 或云出生無量門持經 第六譯

阿難陀目佉尼呵離陀經一卷

右宋元嘉年天竺三藏求那跋陀羅於楊都譯見費長房錄

勝幢臂印陀羅尼經一卷 第一譯

勝幢臂印陀羅尼經一卷 三藏法師玄奘奉 詔譯

右大唐永徽五年九月二十九日三藏法師玄奘於大慈恩寺翻經院譯見內典錄沙門大乘雲筆受

上二經同卷

一向出生菩薩經一卷 第十譯 十四紙

佛說一向出生菩薩經一卷 隋開皇年闍那崛多等譯 大興善寺譯

右隋開皇五年十一月沙門闍那崛多譯十二月訖見費長房錄彥琮製序沙門圓明等筆受

出生無邊門陀羅尼經一卷 第十一譯 十七紙

出生無邊門陀羅尼經一卷

右大唐開元九年至相寺沙門釋智嚴於奉恩寺譯見開元錄

舍利弗陀羅尼經一卷 第九譯 九紙

舍利弗陀羅尼經一卷

右梁代扶南沙門僧伽婆羅於楊都占雲館等處譯見費長房錄

妙臂印幢陀羅尼經一卷 第十二譯 二紙 別有一本亦十紙非是本經不可流布

妙臂印幢陀羅尼經一卷

右大周于闐國三藏實叉難陀譯見開元錄

上二經同卷

何字第十二　第九張

上十七經十卷同帙

無崖際持法門經一卷　一名無際經　一名金剛真女所問經　十一紙　第二譯

佛說無崖際持法門經一卷

右西秦沙門釋聖堅見始興及法上錄

尊勝菩薩入無量門陀羅尼經一卷　一名入無量門陀羅尼經　一名尊勝菩薩所問經　第三譯　十九紙

尊勝菩薩所問一切諸法入無量門陀羅尼經一卷

右後齊河清年中居士萬天懿於鄴都譯見費長房錄

金剛上味陀羅尼經一卷　十六紙　第一譯　或二卷

金剛上味陀羅尼經一卷　佛陀扇多譯　沙門曇林筆

右後魏正光六年天竺沙門佛陀扇多於洛陽白馬寺譯見費長房錄沙門曇林之筆受

金剛場陀羅尼經一卷　第二譯　十六紙

金剛場陀羅尼經一卷　三藏法師闍那崛多譯

右隋開皇七年六月三藏闍那崛多譯至八月訖見費長房錄彥琮製序沙門僧琨等筆受

華積陀羅尼神呪經一卷　三紙　或無神呪字

佛說華積陀羅尼神呪經

右吳代支謙譯見寶唱錄

何字第十二　第十張

六字呪王經一卷　第一譯　五紙

六字呪王經一卷

右東晉失譯見開元錄

師子奮迅菩薩所問經一卷　三紙

師子奮迅菩薩所問經一卷

右東晉失譯見開元錄

華聚陀羅尼呪經一卷　三紙　或無呪字

華聚陀羅尼呪經一卷

右東晉失譯見開元錄

上四經同卷

六字神呪經一卷　五紙　加王字　第二譯

六字神呪王經一卷

右梁代失譯見開元錄

虛空藏菩薩問佛經一卷　亦云虛空藏菩薩問七佛陀羅尼呪經

虛空藏菩薩問佛經一卷

右梁代失譯見開元錄

上二經同卷

如來方便善巧呪經一卷　第二譯　十二紙

如來方便善巧呪經一卷　隋三藏法師闍那崛多譯

右隋開皇七年正月沙門闍那崛多譯二月訖見費長房錄彥琮製序沙門僧曇等筆受

持句神呪經一卷　亦云陀羅尼句

何字第十二　第十一張

持句神呪

右吳代月氏優婆塞支謙譯見費長房錄

陀鄰尼鉢經一卷　亦云陀鄰鉢呪　三紙　第二譯

陀鄰尼鉢經一卷

右東晉孝武帝代太元年中西域沙門竺曇無蘭於揚都譯見費長房錄

上三經同卷

東方最勝燈王如來經一卷　十五紙　第四譯

東方最勝燈王如來遣二菩薩送呪奉釋迦如來助護持世間經一卷

我闍那崛多歸命大智海毗盧遮那佛

右隋開皇年沙門闍那崛多等於京大興善寺譯見內典錄

善法方便陀羅尼經一卷　第一譯　七紙　或加呪字

善法方便陀羅尼經一卷

右東晉失譯見開元錄

金剛祕密善門陀羅尼經一卷

金剛祕密善門陀羅尼經一卷

右東晉失譯見開元錄

上二經同卷

護命法門神呪經一卷　第三譯　十三紙

護命法門神呪經一卷　大周菩提留志譯

右大周長壽二年天竺三藏菩提留
志於神都佛授記寺譯見大周錄沙
門勗一等筆受
無垢淨光陀羅尼經一卷 第二譯或加大字 十四紙
無垢淨光陀羅尼經一卷 三藏法師彌陀山奉制譯
右大周天末年西域沙門彌陀山共沙
門法藏等譯見開元錄
請觀世音經一卷 一名請觀世音經 十三紙 或無世字 第二譯 兩譯一闕 或加咒字
請觀世音菩薩消伏毒害陀羅尼經
一卷 晉世竺難提譯
右東晉代西域居士竺難提譯見法上錄
上十九經十二卷同帙
內藏百寶經 亦名內藏百品經 九紙 安公云出方等部 第一譯 兩本闕一
內藏百寶經一卷
右後漢桓靈帝代月氏國沙門支婁
迦讖譯見僧祐錄 河南清信士孟福張蓮等筆受
溫室洗浴衆僧經一卷 亦直云溫室經 第一譯 兩本闕一 三紙
溫室洗浴衆僧經一卷
右後漢代安息國沙門安世高譯見
費長房錄
上三經同卷
須賴經一卷 或名須賴菩薩經 第三譯 四譯闕三本 三十一紙
須賴經一卷

右前涼咸安三年月氏優婆塞支施
崙於涼州州內譯歸慈王子帛延傳
語見經後記及開元錄 常侍趙瀟等筆受
私訶昧經一卷 或云私訶末經 一名菩薩道樹經 亦名道樹三昧經 第二譯 兩本闕一 十二紙
私訶昧經一卷
右吳代月氏國優婆塞支謙譯見釋
道安支敏度等錄
菩薩生地經一卷 三紙 一名差摩竭所問經 第三譯
菩薩生地經一卷
右吳代支謙譯見竺道祖吳錄
四不可得經一卷 五紙 第二譯 兩本闕一
四不可得經一卷
右西晉沙門竺法護譯見聶道眞釋
正度等錄清信士聶承遠筆受
梵女首意經一卷 六紙 第二譯 兩本闕一 一名首意女經 或加志字
梵女首意經一卷 晉世竺法護譯
右西晉沙門竺法護譯見僧祐錄清信
士聶承遠筆受
上三經同卷
成具光明定意經一卷 或云成具光明經 一云成具光明三昧經 二十三紙 第二譯 兩本闕一
成具光明定意經一卷
右後漢靈帝中平二年西域沙門支曜
於洛陽譯見朱士行等錄

寶網經一卷 三十七紙 第二譯 一名寶網童子經 兩本闕一
佛說寶網經一卷 一晉世竺法護譯
右西晉沙門竺法護譯見聶道眞等錄
清信士聶承遠等筆受
菩薩修行經一卷 亦名威施長者問觀身行經 第二譯 一名長者修行經 八紙
菩薩修行經一卷 亦名威施長者問觀身行經
右西晉惠帝代河內沙門白法祖譯
見費長房錄
菩薩行五十緣身經 亦名菩薩緣身經 亦云菩薩修身五十事經 七紙 第二譯 亦云五十緣身行經
菩薩行五十緣身經
右西晉沙門竺法護譯見竺道祖僧
祐二錄清信士聶承遠筆受
上二經同卷
福田經一卷 一名諸福田經 一名福田地經 第二譯 六紙 兩本闕一
諸福田經一卷 晉世法炬法立等譯
右西晉惠帝代沙門法立共法炬等
於洛陽譯見僧祐錄
大方等如來藏經一卷 一名佛藏方等經 十紙 第三譯 闕二
大方等如來藏經一卷 晉義熙年佛陀跋陀羅譯
右東晉元熙二年天竺沙門佛陀跋陀羅
於揚都道場寺譯見竺道祖晉世雜錄
上二經同卷
佛語經一卷 四紙 第二譯 兩本闕一

佛語經一卷

右後魏天竺沙門菩提留支譯見費

長房錄僧朗筆受

金色王經一卷 十紙 第二譯 兩本闕一

金色王經一卷 後魏留支譯

右後魏興和四年優婆塞瞿曇般若

流支於鄴城金華寺譯見費長房錄

沙門曇林筆受

上二經同卷

演道俗業經一卷 第二譯 兩本闕一 十一紙

佛說演道俗業經一卷

右西秦太初年沙門聖堅譯見法上錄

百佛名經一卷 七紙 第三譯 兩本闕一

佛說百佛名經一卷

右隋開皇三年十二月沙門那連提

耶舍於大興善寺譯見費長房錄

沙門慧獻筆受

上二經同卷

上十七經十卷同帙

稱揚諸佛功德經一部三卷 一名集諸佛華經 六十六紙 一名集華經 第三譯 或四卷 一名現在佛名經

佛說稱揚諸佛功德經卷上 亦名集華 佛華經

佛說稱揚諸佛功德經卷中

佛說稱揚諸佛功德經卷下

右後魏延興二年西域沙門吉迦

夜共曇曜於北臺譯見道慧宋齊錄

劉孝標筆受

須真天子經一部三卷 或名須真天子所問四事經 凡五十三紙 第一譯 或二卷 或四卷 十品

佛說須真天子經所問四事品第一 西晉太始年竺法護譯

須真天子經答法義品第二 卷第二

須真天子經法純淑品第三

須真天子經聲聞品第四

須真天子經無畏品第五

須真天子經住道品第六 卷第三

須真天子經菩薩行品第七

須真天子經分別品第八

須真天子經頌偈品第九

須真天子經道類品第十

右西晉太始二年十一月八日沙門竺法

護於長安青門外白馬寺譯至十二

月三十日畢安文惠帛元信傳語見竺道

祖等錄聶承遠孫休達筆受

摩訶摩耶經一卷 一名佛昇忉利天為母說法經 或二卷 亦云佛母般泥洹經

摩訶摩耶經一卷 一名佛昇忉利天為母說法經

右南齊沙門曇景於楊都譯見王宗

寶唱等錄

除恐災患經一卷 二十紙 第二譯 兩本闕一

除恐災患經一卷

右西秦太初年沙門聖堅譯見始興

寶唱法上三秦錄

孛經鈔一卷 或云孛抄經 第二譯 或云孛經抄 第三譯

孛經鈔一卷 第二譯

右吳代月支國優婆塞支謙譯見僧祐錄

觀世音菩薩授記經一卷 一名觀世音受決經 十五紙 第三譯 三本闕二 一名觀世音得大勢菩薩授記經

觀世音菩薩授記經一卷 宋曇無竭譯

右宋元嘉年中幽州黃龍沙門曇無竭

於楊都譯見王宗僧祐等錄

上六經十卷同帙

海龍王經一部四卷 或三卷 第二譯 兩本闕一 六十五紙 凡二十品

佛說海龍王經卷第一 大乘藏

行品第一 分別品第二

六度品第三 無盡藏品第四

佛說海龍王經卷第二

總持品第五 總持身品第六

總持門狀品第七 分別名品第八

授決品第九

佛說海龍王經卷第三

請佛品第十　　十德六度品第十一

燕居阿須倫受決品第十二

無焚龍王受決品第十三

女寶錦受決品第十四　天帝釋品第十五

佛說海龍王經卷第四

金翅鳥品第十六　舍利品第十七

法供養品第十八　空淨品第十九

屬累受持品第二十

右西晉太康六年七月十日沙門竺法護譯見聶道眞等錄清信士聶承遠筆受

首楞嚴三昧經一部三卷（或云首楞嚴經　第九譯　八闕　五十五紙　僧祐錄云新首楞嚴經　後秦羅什共僧肇等於長安逍遙園譯）

佛說首楞嚴三昧經卷上

佛說首楞嚴三昧經卷中

佛說首楞嚴三昧經卷下

右後秦弘始年中三藏鳩摩羅什於常安逍遙園譯見僧祐錄僧叡僧肇等筆受

觀普賢菩薩行法經一卷（下注云出深功德經中　亦云普賢觀經　十六紙　第三譯　二闕　或無行法字）

佛說觀普賢菩薩行法經一卷

右宋元嘉年罽賓沙門曇摩蜜多於楊都譯見僧祐錄

觀藥王藥上菩薩經一卷（二十二紙　第三譯　闕一　或加二字）

觀藥王藥上二菩薩經一卷

右宋元嘉元年天竺沙門畺良耶舍於鍾山道林寺譯見道慧宋齊錄沙門僧含筆受

不思議光菩薩所說經一卷（古紙　一名無思議光孩童菩薩經　第二譯　闕一　或加問字）

不思議光菩薩所說經一卷（一名無思議光孩童菩薩經）

右後秦弘始年中三藏鳩摩羅什於逍遙園譯見費長房錄僧肇道常等筆受

上五經十卷同帙

十住斷結經一部十卷（或十一卷　二百九十二紙　一云十地斷結經　凡三十三品　一名十千日光三昧定　第二譯　闕一　或十四卷　一云寂勝問菩薩十住除垢斷結經）

寂勝問菩薩十住除垢斷結經（一名十千日光三昧定）

十住斷結經卷第一

道引品第一　留化品第二

空觀品第三　色入品第四

十住斷結經卷第二

了空品第五　根門品第六

廣受品第七

十住斷結經卷第三

童眞品第八　定意品第九

十住斷結經卷第四

菩薩成道品第十　滅心品第十一

十住斷結經卷第五

神足品第十二　恭信品第十三

勇猛品第十四

十住斷結經卷第六

碎身品第十五　身入品第十六

辯才品第十七　權智品第十八

十住斷結經卷第七

化衆生品第十九　三道滅度品第二十

乘無相品第二十一

十住斷結經卷第八

等慈品第二十二　法界品第二十三

十住斷結經卷第九

道智品第二十四　身口意品第二十五

十住斷結經卷第十

夢中成道品第二十六

菩薩證品第二十七　解慧品第二十八

三毒品第二十九　閉泥洹品第三十

四梵堂品第三十一　梵叉請品第三十二

梵天囑累品第三十三

右後秦涼州沙門竺佛念於長安譯見僧叡二秦錄等

諸佛要集經一部二卷 四十八紙 亦云要集經 天竺曰佛陀僧祇提 第二譯 二本闕一譯

諸佛要集經卷上 晉世竺法護譯

諸佛要集經卷下 晉世竺法護譯

右西晉沙門竺法護譯見僧祐録

清信士聶承遠筆受

未曾有因緣經一部二卷 一名未有經 或無因緣字 四十七紙 第二譯 兩本闕一

佛說未曾有因緣經上 齊沙門曇景譯

佛說未曾有因緣經下

右南齊沙門曇景於楊都譯見始興録

上三經十四卷二帙 上七 下七

菩薩瓔珞經一部十二卷 或十四卷 或十六卷 或十三卷 或二十卷 第二譯 兩本闕一 三百八十七紙 一名現在報 凡四十四品

菩薩瓔珞經卷第一

菩薩瓔珞經普稱品第一

菩薩瓔珞識定品第二

菩薩瓔珞莊嚴道樹品第三

菩薩瓔珞經卷第二

菩薩瓔珞龍王洛太子品第四

菩薩瓔珞法門品第五

菩薩瓔珞卷第三

菩薩瓔珞識界品第六

菩薩瓔珞諸佛勸助品第七

菩薩瓔珞如來品第八

菩薩瓔珞卷第四

菩薩瓔珞音響品第九

菩薩瓔珞因緣品第十

菩薩瓔珞心品第十一

菩薩瓔珞四聖諦品第十二

菩薩瓔珞成道品第十三

菩薩瓔珞生佛品第十四

菩薩瓔珞本末品第十五

菩薩瓔珞經卷第五

菩薩瓔珞經非有識非無識品第十六

菩薩瓔珞無量品第十七

菩薩瓔珞經卷第六

菩薩瓔珞隨行品第十八

菩薩瓔珞經卷第七

菩薩瓔珞光明品第十九

菩薩瓔珞無想品第二十

菩薩瓔珞無識品第二十一

菩薩瓔珞受迦葉勸行品第二十二

菩薩瓔珞有行無行品第二十三 第十卷四品之餘

菩薩瓔珞經卷第八

菩薩瓔珞有受品第二十四

菩薩瓔珞無著品第二十五

菩薩瓔珞淨智除垢品第二十六

菩薩瓔珞無斷品第二十七

菩薩瓔珞賢聖集品第二十八

菩薩瓔珞經卷第九

菩薩瓔珞三道三乘品第二十九

菩薩瓔珞供養舍利品第三十

菩薩瓔珞譬喻品第三十一

菩薩瓔珞經卷第十

菩薩瓔珞三世法相品第三十二

菩薩瓔珞清淨品第三十三

菩薩瓔珞釋提桓因問品第三十四

菩薩瓔珞本末品第三十五

菩薩瓔珞經卷第十一

菩薩瓔珞經聞法品第三十六

菩薩瓔珞淨居天品第三十七

菩薩瓔珞經卷第十二

菩薩瓔珞十方法界品第三十八

菩薩瓔珞十智品第三十九

菩薩瓔珞應時品第四十

菩薩瓔珞十不思議品第四十一

菩薩瓔珞無我品第四十二

菩薩瓔珞等乘品第四十三

菩薩瓔珞三界品第四十四

右前秦建元十二年七月涼州沙門
竺佛念於長安譯見僧叡二秦錄
等開元錄云隨人附後秦錄

超日明三昧經一部二卷 或一名超日明經 或二卷 五十六紙 第二譯 兩本闕一

佛說超日明三昧經卷上 晉太始年聶承遠譯

佛說超日明三昧經卷下 晉太始年聶承遠譯

右西晉惠帝代清信士聶承遠譯見
高僧傳及僧祐錄

上二經十四卷二帙 上七卷 下七卷

賢劫經一部十三卷 或十卷 或七卷 二百二十四紙 亦名颰陀劫三昧 晉日賢劫定意經 第一譯 二本闕一 凡二十四品 或八卷

賢劫經卷第一 颰陀劫三昧晉日賢劫定意

問三昧品第一　行品第二

賢劫經卷第二

四事品第三　法師品第四

法供養品第五　諸度無極品第六

賢劫經卷第三

習行品第七　無際品第八

賢劫經卷第四　無際品之下

聞持品第九

賢劫經卷第五

神通品第十　三十二相品第十一

賢劫經卷第六　三十二相品之下

順時品第十二　三十七品第十三

賢劫經卷第七　三十七品之下

寂然度無極品第十四

賢劫經卷第八

寂然度無極品之下　十種力品第十五

四無所畏品第十六　十八不共品第十七

賢劫經卷第九　十八不共品之下

方便品第十八　八等品第十九

賢劫經卷第十　千佛名號品第二十

千佛興立品第二十一

賢劫經卷第十一　千佛興立品之二

賢劫經卷第十二　千佛興立品之三

千佛發意品第二十二

賢劫經卷第十三　千佛發意品之下

歎古品第二十三　囑累品第二十四

右西晉元康元年七月二十一日沙
門竺法護譯見聶道真等錄趙
文龍筆受

大唐開元釋教廣品歷章第十二

趙城縣廣勝寺

大唐開元釋教廣品歷章第十三　變

京兆華嚴寺沙門釋　玄逸　纂

大乘經單譯有三十六部　無合　計一百七十八卷　一十八帙

大法炬陀羅尼經二十卷　二帙　蒲州三百九十八紙

大威德陀羅尼經二十卷　二帙　蒲州三百六十八紙

佛名經十二卷　或十三卷　或八卷　蒲州二百五十三紙

三劫三千佛名經三卷　莊嚴劫上賢劫中星宿劫下　蒲州五十九紙

五千五百佛名經八卷　蒲州一百三十一紙

不思議功德諸佛所護念經二卷　或直云不思議功德經　或四卷　蒲州三十七紙

華手經十三卷　一名攝諸善根經　亦名攝諸福德經　或十卷或十二卷　蒲州二百三十九紙

大方等陀羅尼經四卷　蒲州六十三紙

僧伽吒經四卷　蒲州五十一紙

力莊嚴三昧經三卷　蒲州三十八紙

大方廣圓覺修多羅了義經一卷　蒲州二十四紙

觀佛三昧海經十卷　或云觀佛三昧經　或八卷　一帙　蒲州一百五十六紙

大方便佛報恩經七卷　蒲州一百二十六紙

菩薩本行經三卷　蒲州四十七紙

法集經六卷　或七卷或八卷　蒲州一百二十七紙

觀察諸法行經四卷　蒲州六十三紙

菩薩處胎經五卷　蒲州一百二十五紙

弘道廣顯三昧經四卷　一名阿耨達龍王所問決諸狐疑清淨品

施燈功德經一卷　一名然燈經　或二卷　蒲州一十五紙

央掘摩羅經四卷　蒲州七十八紙

無所有菩薩經四卷　蒲州六十二紙

明度五十校計經二卷　或無明度字　或無五十字　蒲州四十紙

中陰經二卷　蒲州二十八紙

大法鼓經二卷　蒲州三十一紙

文殊師利問經二卷　亦云文殊問經　蒲州五十二紙

月上女經二卷　蒲州二十九紙

大方廣如來祕密藏經二卷　蒲州二十四紙

大乘密嚴經三卷　蒲州五十六紙

占察善惡業報經二卷　亦名大乘實義經　亦名占察　亦名地藏菩薩經　出根聚經　蒲州二十八紙

蓮華面經二卷　蒲州二十三紙

文殊師利問菩薩署經一卷　亦云文殊問署經　蒲州二十紙

大乘造像功德經一卷　或二卷　蒲州二十一紙

廣大寶樓閣善住祕密陀羅尼經三卷　蒲州四十一紙

一字佛頂輪王經五卷　亦云五佛頂經　或四卷　蒲州一百二十紙

大陀羅尼末法中一字心呪經一卷　蒲州一十四紙

大佛頂如來密因修證了義諸菩薩萬行首楞嚴經十卷　一帙　蒲州一百四十三紙

大法炬陀羅尼經一部二十卷 三百四十四紙 二帙 凡五十二品

大法炬陀羅尼經卷第一 隋三藏闍那崛多等譯

大法炬陀羅尼經緣起品第一

大法炬陀羅尼經伏魔品第二

大法炬陀羅尼經卷第二

大法炬陀羅尼經授魔記品第三

大法炬陀羅尼經三乘行品第四

大法炬陀羅尼經問法性品第五

大法炬陀羅尼經菩薩行品第六

大法炬陀羅尼經卷第三

大法炬陀羅尼經菩薩行品之餘

大法炬陀羅尼經相好品第七

大法炬陀羅尼經卷第四

大法炬陀羅尼經相好品之餘

大法炬陀羅尼經四念處品第八

大法炬陀羅尼經卷第五

大法炬陀羅尼經四聖諦品第九

大法炬陀羅尼經忍校量品第十

大法炬陀羅尼經三乘教品第十一

大法炬陀羅尼經卷第六

大法炬陀羅尼經三法藏品第十二

大法炬陀羅尼經法師相品第十三

大法炬陀羅尼經謗法果報品第十四

大法炬陀羅尼經勸受持品第十五

大法炬陀羅尼經智成就品第十六

大法炬陀羅尼經忍成就品第十七

大法炬陀羅尼經證涅槃品第十八

大法炬陀羅尼經卷第八

大法炬陀羅尼經證涅槃品之餘

大法炬陀羅尼經勸證品第十九

大法炬陀羅尼經卷第九

大法炬陀羅尼經勸證品之餘

大法炬陀羅尼經法師行相品第二十

大法炬陀羅尼經卷第十

大法炬陀羅尼經遮謗品第二十一

大法炬陀羅尼經持經功德品第二十二

大法炬陀羅尼經為他悔過品第二十三

大法炬陀羅尼經六度品第二十四

大法炬陀羅尼經卷第十一

大法炬陀羅尼經六度品之餘

大法炬陀羅尼經求證品第二十五

大法炬陀羅尼經菩薩證三昧品第二十六

大法炬陀羅尼經召諸菩薩品第二十七

大法炬陀羅尼經卷第十二

大法炬陀羅尼經問等覺品第二十八

大法炬陀羅尼經三昧因品第二十九

大法炬陀羅尼經卷第十三

大法炬陀羅尼經供養法師品第三十

大法炬陀羅尼經卷第十四

大法炬陀羅尼經入海神變品第三十一

大法炬陀羅尼經佛昇須彌山頂品第三十二

大法炬陀羅尼經卷第十五

大法炬陀羅尼經天伏阿修羅品第三十三

大法炬陀羅尼經阿修羅本業品第三十四

大法炬陀羅尼經雜類本業品第三十五

大法炬陀羅尼經說無相品第三十六

大法炬陀羅尼經勸修行品第三十七

大法炬陀羅尼經三字門品第三十八

大法炬陀羅尼經將護法師品第三十九

大法炬陀羅尼經放光佛本事品第四十

大法炬陀羅尼經教證法品第四十一

大法炬陀羅尼經卷第十七

大法炬陀羅尼經說無住品第四十二

大法炬陀羅尼經說聽功德品第四十三

大法炬陀羅尼經諸菩薩證相品第四十四

大法炬陀羅尼經卷第十八

大法炬陀羅尼經如化品第四十五

歷章第十三　第六張　安

大法炬陀羅尼經緣生法品第四十六
大法炬陀羅尼經卷第十九
大法炬陀羅尼經信解品第四十七
大法炬陀羅尼經離疑品第四十八
大法炬陀羅尼經辯田讚施品第四十九
大法炬陀羅尼經卷第二十
大法炬陀羅尼經付菩薩品第五十
大法炬陀羅尼經付天帝釋品第五十一
大法炬陀羅尼經法師印護品第五十二
右隋開皇十二年四月天竺三藏
闍那崛多等於長安大興善寺譯
至十四年六月訖見費長房錄
沙門道邃等筆受
大威德陀羅尼經一部二十卷　三百十七紙　二帙
大威德陀羅尼經卷第一
大威德陀羅尼經卷第二
大威德陀羅尼經卷第三
大威德陀羅尼經卷第四
大威德陀羅尼經卷第五
大威德陀羅尼經卷第六
大威德陀羅尼經卷第七
大威德陀羅尼經卷第八
大威德陀羅尼經卷第九

歷章第十三　第七張　櫻

大威德陀羅尼經卷第十
大威德陀羅尼經卷第十一
大威德陀羅尼經卷第十二
大威德陀羅尼經卷第十三
大威德陀羅尼經卷第十四
大威德陀羅尼經卷第十五
大威德陀羅尼經卷第十六
大威德陀羅尼經卷第十七
大威德陀羅尼經卷第十八
大威德陀羅尼經卷第十九
大威德陀羅尼經卷第二十
右隋開皇十五年七月天竺三藏
闍那崛多等於長安大興善寺譯
至十六年十二月訖見費長房錄
沙門僧琨等筆受
佛名經一部十二卷　或十三卷　二百八十七紙　或分為二十卷
佛說佛名經卷第一
佛說佛名經卷第二
佛說佛名經卷第三
佛說佛名經卷第四
佛說佛名經卷第五
佛說佛名經卷第六
佛說佛名經卷第七

歷章第十三　第八張

佛說佛名經卷第八
佛說佛名經卷第九
佛說佛名經卷第十
佛說佛名經卷第十一
佛說佛名經卷第十二
右後魏正光年天竺沙門菩提留
支於洛陽胡相國第譯見續高僧
傳　侍中崔光等筆受
三劫三千佛名經二部三卷　六十八紙　莊嚴劫卷上　星宿劫卷下　賢劫卷中　或同一卷
過去莊嚴劫千佛名經卷上　亦名集諸佛大功德山
現在賢劫千佛名經卷中　亦名集諸佛大功德山
未來星宿劫千佛名經卷下　亦名集諸佛大功德山
右梁代失譯見開元錄
上二經十五卷二帙　上七帙下八帙
五千五百佛名經一部八卷　一百五十二紙
五千五百佛名神呪除鄣滅罪經卷第一　隋開皇年崛多笈多等於大興善寺譯
五千五百佛名經卷第二
五千五百佛名經卷第三
五千五百佛名經卷第四
五千五百佛名經卷第五
五千五百佛名經卷第六

五千五百佛名經卷第七

五千五百佛名經卷第八

右隋開皇十三年八月闍那崛多

等於大興善寺譯至十四年九月

訖見費長房錄　沙門僧曇等筆受

不思議功德經一部二卷　或四卷四十三紙或直云不思議功德經亦云[illegible]

佛說不思議功德諸佛所護念經卷上　出衆經

佛說不思議功德諸佛所護念經卷下　出衆經

右曹魏代譯失三藏名見僧祐失

譯錄　上二經十卷同帙

華手經一部十三卷　一名攝諸善根經　或十一卷　或十卷　亦名攝諸福德經　或十二卷二百六十六紙　凡三十五品　或十四卷　一帙

佛說攝諸福德經亦名華手經卷第一

後秦弘始年羅什於長安逍遙園譯

序品第一　神力品第二

網明品第三　如相品第四

華手經卷第二　後秦羅什長安譯

不信品第五　念處品第六

發心即轉法輪品第七

現變品第八　如來力品第九

華手經卷第三　後秦羅什長安譯

功德品第十　發心品第十一

無憂品第十二

華手經卷第四　後秦羅什長安譯

中說品第十三　總相品第十四

華手經卷第五　後秦羅什長安譯

上清淨品第十五

華手經卷第六　後秦羅什長安譯

散華品第十六　衆相品第十七

華手經卷第七　後秦羅什長安譯

諸方品第十八　三昧品第十九

華手經卷第八　後秦羅什長安譯

求法品第二十　歎德品第二十一

華手經卷第九　後秦羅什長安譯

驗行品第二十二　得念品第二十三

華手經卷第十　後秦羅什長安譯

正見品第二十四　歎教品第二十五

毀壞品第二十六

華手經卷第十一　後秦羅什長安譯

衆雜品第二十七　衆妙品第二十八

逆順品第二十九　不退轉品第三十

華手經卷第十二　後秦羅什長安譯

為法品第三十一　歎會品第三十二

上堅德品第三十三

華手經卷第十三　後秦羅什長安譯

法門品第三十四　囑累品第三十五

右後秦弘始八年沙門鳩摩羅什

於常安譯見二秦錄沙門僧叡

僧肇道常等筆受

大方等陀羅尼經一部四卷　一名檀持陀羅尼經　一名方等檀持陀羅尼經　一名陀羅尼經　或無大字　凡有五分品　七十三紙

大方等陀羅尼經卷第一　北涼世法衆等於高昌郡譯

大方等陀羅尼經初分品第一

大方等陀羅尼經卷第二

大方等陀羅尼經初分品下

大方等陀羅尼經授記分品第二

大方等陀羅尼經卷第三

大方等陀羅尼經授記分品下

大方等陀羅尼經夢行分品第三

是名初日行分陀羅尼經，

是名摩訶袒持陀羅尼經行分第二

是名摩訶袒持陀羅尼經行分第三

是名摩訶袒持陀羅尼經行分第四

是名摩訶袒持陀羅尼經行分第五

是名摩訶袒持陀羅尼經行分第六

是名摩訶袒持陀羅尼經行分第七

大方等陀羅尼經卷第四

大方等陀羅尼經護戒分品第四

大方等陀羅尼經非思議進華分品第五

聖字第十二 第十三張 騰

右北凉高昌沙門釋法衆永安年
中於張掖爲河西王沮渠蒙遜譯
見竺道祖晉世雜録等
僧伽吒經一部四卷 五十九紙
僧伽吒經卷第一 南天竺國使主大婆羅門子月婆首那譯
僧伽吒經卷第二
僧伽吒經卷第三
僧伽吒經卷第四
右後魏元象元年優禪尼國王子
月婆首那於鄴都司徒公孫騰第
譯見續高僧傳
力莊嚴三昧經一部三卷 四十四紙
力莊嚴三昧經卷上 三藏法師那連提耶舍譯
力莊嚴三昧經卷中 三藏法師那連提耶舍譯
力莊嚴三昧經卷下 三藏法師那連提耶舍譯
右隋開皇五年十月天竺三藏那
連耶舍於大興善寺譯見費長房
録學士費長房筆受
大方廣圓覺修多羅了義經一卷 二十七紙
大方廣圓覺修多羅了義經一卷 罽賓沙門佛陀多羅譯
右大唐罽賓沙門佛陀多羅於東
都譯見開元録
上四經十二卷同帙

聖字第十三 第十三張 騰

觀佛三昧經一部十卷 或八卷一名觀佛三昧海經或無海字見長房錄 一帙 一百八十六紙
佛說觀佛三昧海經卷第一 宋永初年佛陀跋陀揚州譯
六譬品第一 序觀地品第二
觀相品第三
佛說觀佛三昧海經卷第二
觀相品之二
佛說觀佛三昧海經卷第三
觀相品之三
佛說觀佛三昧海經卷第四
觀相品之四
佛說觀佛三昧海經卷第五
觀佛心品第四
佛說觀佛三昧海經卷第六
觀四無量品第五 觀四威儀品第六
佛說觀佛三昧海經卷第七
觀四威儀品之三
佛說觀佛三昧海經卷第八
觀馬王藏品第七
佛說觀佛三昧海經卷第九
本行品第八 觀像品第九
佛說觀佛三昧海經卷第十
念七佛品第十 念十方佛品第十一
佛品第十二

聖字第十四張 騰

右東晉天竺沙門佛陀跋陀羅於
揚都譯見竺道祖晉世雜録或云
宋代出沙門法業等筆受
大方便報恩經一部七卷 一百三十七紙 凡有九品
大方便佛報恩經卷第一
序品第一 孝養品第二
大方便佛報恩經卷第二
對治品第三 發菩提心品第四
大方便佛報恩經卷第三 論品第五
大方便佛報恩經卷第四 惡友品第六
大方便佛報恩經卷第五 慈品第七
大方便佛報恩經卷第六 憂波離品第八
大方便佛報恩經卷第七 親近品第九
右漢代失譯見僧祐失譯録
菩薩本行經一部三卷 五十五紙
佛說菩薩本行經卷上
佛說菩薩本行經卷中
佛說菩薩本行經卷下
右東晉失譯見開元録
上二經十卷同帙
法集經一部六卷 或七卷或八卷 一百四十六紙
法集經卷第一 後魏世菩提留支譯
法集經卷第二 法集經卷第三

歷字第十三　　第十五張　　終五

法集經卷第四　　法集經卷第五

法集經卷第六

右後魏延昌四年天竺沙門菩提

流支於洛陽譯見法上錄僧朗筆受

觀察諸法行經一部四卷　七十三紙　凡二品

觀察諸法行經卷第一　隋開皇年闍那崛多於大興善寺譯

觀無邊善方便行品第一

觀察諸法行經卷第二

觀察諸法行經卷第三

觀察諸法行經卷第四　授記品第二

右隋開皇十五年四月二十四日闍

那崛多等於大興善寺譯至五月二

十五日訖見費長房錄　時學士費長房筆受

上二經十卷同帙

菩薩處胎經一部五卷　一百三十六紙　亦云八卷或五卷　凡有三十八品

菩薩從兜術天降神母胎說廣普經卷

第一

菩薩處胎經天宮品第一

菩薩處胎經遊步品第二

菩薩處胎經聖諦品第三

菩薩處胎經佛樹品第四

菩薩處胎經卷第二

菩薩處胎經三世等品第五

歷字第十三　　第十六張　　六

菩薩處胎經想無想品第六

菩薩處胎經不住品第七

菩薩處胎經八種身品第八

菩薩處胎經舍身舍利品第九

菩薩處胎經常無常品第十

菩薩處胎經卷第三

菩薩處胎經隨喜品第十一

菩薩處胎經五道尋識品第十二

菩薩處胎經諸佛行齊無差別品

第十三

菩薩處胎經行定不定品第十四

菩薩處胎經八六道眾生品第十五

菩薩處胎經轉法輪品第十六

菩薩處胎經五神通品第十七

菩薩處胎經卷第四

菩薩處胎經識住處品第十八

菩薩處胎經善權品第十九

菩薩處胎經無明品第二十

菩薩處胎經苦行品第二十一

菩薩處胎經四道和合品第二十二

菩薩處胎經意品第二十三

菩薩處胎經定意品第二十四

菩薩處胎經光影品第二十五

歷字第十三　　第十七張　　終

菩薩處胎經破邪見品第二十六

菩薩處胎經文殊身變化品第二十七

菩薩處胎經八賢聖齊品第二十八

菩薩處胎經卷第五

菩薩處胎經五樂品第二十九

菩薩處胎經緊陀羅品第三十

菩薩處胎經香音神品第三十一

菩薩處胎經地神品第三十二

菩薩處胎經人品第三十三

菩薩處胎經行品第三十四

菩薩處胎經法住品第三十五

菩薩處胎經復本形品第三十六

菩薩處胎經起塔品第三十七

菩薩處胎經出經品第三十八

右後秦涼州沙門竺佛念於常安

譯見僧叡二秦錄

弘道廣顯三昧經一部四卷　一名阿耨達龍王經　或云阿耨達經　凡十二品　六十三紙　一名入金剛問定意經　或無三昧字

佛說弘道廣顯三昧經卷第一　一名阿耨達龍王所問決諸狐疑清淨法門經　一名入諸佛境界權持淨定意經

得普智心品第一　晉永嘉年竺法護譯

清淨道品第二　道無習品第三

佛說弘道廣顯三昧經卷第二

請如來品第四　無欲行品第五
信值法品第六　轉法輪品第七
決諸疑難品第八
佛說弘道廣顯三昧經卷第四
不起法忍品第九　衆要法品第十
受封拜品第十一　囑累藏品第十二
右西晉永嘉二年三月沙門竺法
護譯見聶道眞等錄清信士聶
承遠筆受
然燈經一卷 一名施燈功德經　十七紙
佛說施燈功德經一卷　齊世耶舍譯
右北齊天保九年天竺沙門那連
提耶舍於鄴都天平寺譯見費
長房錄
上三經十卷同帙
央崛魔羅經一部四卷　九十紙
央崛魔羅經卷第一 宋元嘉年求那跋陀羅於楊都譯
央崛魔羅經卷第二 宋元嘉年求那跋陀羅於楊都譯
央崛魔羅經卷第三 宋元嘉年求那跋陀羅於楊都譯
央崛魔羅經卷第四 宋元嘉年求那跋陀羅於楊都譯
右宋文帝元嘉年天竺三藏求那
跋陀羅於楊州道場寺譯見道祖錄

僧祐等錄　弟子法勇傳語 慧觀等筆受
無所有菩薩經一部四卷　七十二紙
無所有菩薩經卷第一 隋開皇年闍那崛多及笈多等於興善寺譯
無所有菩薩經卷第二 隋開皇年崛多笈多等於興善寺譯
無所有菩薩經卷第三 隋開皇年崛多笈多等於興善寺譯
無所有菩薩經卷第四 隋開皇年崛多笈多等於興善寺譯
右隋開皇十年闍那崛多等於
大興善寺譯見內典錄
明度五十校計經一部二卷 一名五十校計經 或無明度字 或無五十字　四十六紙
佛說明度經五十校計卷上 後漢安世高譯
佛說明度經五十校計卷下
右後漢元嘉元年安息國沙門安
世高譯見朱士行漢錄
上三經十卷同帙
中陰經一部二卷　三十三紙　凡十二品
中陰經卷第一
中陰經如來五弘誓入中陰教化品第一
中陰經妙覺如來將諸菩薩入中陰
教化品第二
中陰經妙覺如來入中陰分身品第三
中陰經賢護菩薩問事品第四
中陰經道樹品第五

中陰經卷下
中陰經神足品第六
中陰經破愛網品第七
中陰經三世平等品第八
中陰經無生滅品第九
中陰經空無形教化品第十
中陰經有色無色品第十一
中陰經歡喜品第十二
右後秦涼州沙門竺佛念於常安
譯見僧叡二秦等錄
大法鼓經一部二卷　三十六紙
大法鼓經卷上　大法鼓經卷下
右宋天竺三藏求那跋陀羅於揚
都東安寺譯見道慧僧祐等錄
寶雲傳語　慧歡筆受
文殊師利問經一部二卷 五十九紙 亦云文殊問經 凡十七品 或三卷
文殊師利問經卷上
序品第一　菩薩戒品第二
不可思議品第三　無我品第四
涅槃品第五　般若波羅蜜品第六
有餘氣品第七　來去品第八
中道品第九　世間戒品第十
出世間戒品第十一　上出世間戒品第十二

菩薩受戒品第十三　字母品第十四

文殊師利問經卷下　分別部品第十五

雜問品第十六　囑累品第十七

右梁天監十七年扶南沙門僧伽

婆羅於占雲館譯光宅寺沙門法

雲詳定見費長房錄　袁曇允筆受

月上女經一部二卷　四十三張

月上女經卷上　三藏法師闍那崛多譯

月上女經卷下　三藏法師闍那崛多譯

右隋開皇十一年四月沙門闍

那崛多譯六月訖見費長房錄

沙門彥琮製序　學士劉憑筆受

大方廣如來秘密藏經一部二卷　三十八紙

大方廣如來秘密藏經卷上

大方廣如來秘密藏經卷下

右三秦失譯見開元錄

上五經十卷同帙

大乘密嚴經一部三卷　六十四紙　凡有八品

皇太后御製

大乘密嚴經卷上　（中天竺國沙門地婆訶羅奉 詔譯）

大乘密嚴經密嚴會品第一

大乘密嚴經妙身生品第二

大乘密嚴經卷中　（中天竺國沙門地婆訶羅奉 詔譯）

大乘密嚴經妙身生品之餘

大乘密嚴經胎生品第三

大乘密嚴經顯示自作品第四

大乘密嚴經分別觀行品第五

大乘密嚴經阿賴耶建立品第六

大乘密嚴經卷下　（中天竺國沙門地婆訶羅奉 詔譯）

大乘密嚴經自識境界品第七

大乘密嚴經阿賴耶微密品第八

右大唐天竺三藏地婆訶羅譯見

大周錄

占察經一部二卷　（亦云大乘實義經 亦名地藏菩薩業報經 出六根聚經 三十二紙）

佛說占察善惡業報經卷上

佛說占察善惡業報經卷下

右外國沙門菩提登譯莫知年代

費長房等錄編隋錄中

蓮華面經一部二卷　二十七紙

蓮華面經卷上　三藏法師那連提耶舍譯

蓮華面經卷下　三藏法師那連提耶舍譯

右隋開皇四年三月沙門那連提

耶舍於大興善寺譯見費長房錄

沙門慧獻筆受

文殊師利問菩薩署經一卷　（一名問署經 亦云文殊問署經）

文殊師利問菩薩署經一卷　（後漢月支國三藏支婁迦讖譯）

右後漢桓靈帝代月氏國沙門

支婁迦讖譯見僧祐錄　河南清

信士孟福張蓮等筆受

大乘造像功德經一部二卷　（或一卷 二十四紙）

佛說大乘造像功德經卷上　（三藏法師提雲般若等奉 制譯）

佛說大乘造像功德經卷下　（三藏法師提雲般若等奉 制譯）

右大周天授二年于闐沙門提雲

般若於東都大周東寺譯見大

周錄　沙門慧一等筆受

上五經十卷同帙

廣大寶樓閣善住秘密陀羅尼經一

部三卷　四十八紙　凡十品

廣大寶樓閣善住秘密陀羅尼經卷第一

三藏菩提流志奉 詔譯

序品第一　根本咒品第二

心隨心咒品第三

廣大寶樓閣善住秘密陀羅尼經卷中

三藏菩提流志奉 詔譯

持心咒品第四　隨心咒法品第五

雜咒品第六　結壇場法品第七

畫像品第八　護摩品第九

廣大寶樓閣善住秘密陀羅尼經卷下

三藏菩薩留志奉 詔譯

印法品第十

右大唐神龍二年九月十五日天竺三藏菩提流志於西崇福寺譯畢東天竺伊舍羅譯語見開元錄　沙門雲觀筆受

五佛頂經一部四卷 八十紙 亦名一字佛頂輪王經五卷 凡十品 印有五十五

五佛頂三昧陀羅尼經卷第一

序品第一　入三摩地加持顯德品第二

一字頂王畫像法品第三

五頂王三摩地神變加持化像品第四

五佛頂三昧陀羅尼經卷第二

五頂王行相三昧耶品第五

五頂王儀法祕密品第六

五頂王成就法品第七

五佛頂三昧陀羅尼經卷第三

五頂王密印品第八

如來種族印

觀世音菩薩種族印之二

金剛種族印祝之三

輪王印之四　高頂王印之五

白傘蓋頂王印祝之六

光聚頂印之七 一名金輪印祝

是一法印亦名頂輪王壇輪結作法印之八

次勝頂王印之九

準前頂王印同即是轉法輪印之十

如來雹摧煩惱印之十一

如來心印之十二　一切王使伎印之十三

如來錫杖印之十四　如來鉢印之十五

如來相好印之十六　次如來眼印之十七

次如來眉間印之十八

次如來口印之十九

難勝奮怒王印之二十

次如來翔印之二十一

次如來臍印之二十二

次如來甲印之二十三

次如來鬘髻之二十四

次如來牙印之二十五

次如來耳印之二十六

次如來授記印之二十七

次如來髆印之二十八

次如來妳印之二十九

次如來髓印之三十

次如來臥具印之三十一

次如來乘印之三十二

次如來頭印之三十三

次如來助印之三十四

次如來見印之三十五

次如來光焰印之三十六

次如來光昭印之三十七

次如來脣印之三十八

次如來舌印之三十九

次如來三摩地印之四十

次如來金剛光焰印之四十一

次如來小腹印之四十二

次如來脊印之四十三

次如來腔印之四十四

次如來大慈印之四十五

次如來無垢印之四十六

次如來甘露印之四十七

次如來大師子吼印之四十八

次如來相字印之四十九

次如來洛訖瑟弭吉祥印之五十

次如來般若波羅蜜印之五十一

次如來大悲印之五十二

次如來大膝印之五十三

次如來脚踝印之五十四

次如來脚印之五十五

五佛頂三昧陀羅尼經卷第四

五頂王修證悉地品第九

五頂王普通成就法護摩品第十

右大唐景龍三年夏南天竺國三藏菩提流志於西崇福寺譯其年冬功畢弟子般若丘多度語見開元錄

大陀羅尼末法中一字心呪經一卷 十六紙

大陀羅尼末法中一字心呪經 大唐三藏寶思惟長壽年於佛授記寺譯

右大唐神龍元年北天竺迦溼密羅三藏法師寶思惟於東大福先寺翻經院譯見開元錄 直中書李無諂筆受

上三經八卷同帙

大佛頂如來密因修證了義諸菩薩萬行首楞嚴經十卷 一百六十八紙 一帙

大佛頂如來密因修證了義諸菩薩萬行首楞嚴經第一 一名中印度那蘭陀大道場經於灌頂部錄出別行

大佛頂如來密因修證了義諸菩薩萬行首楞嚴經第二 一名中印度那蘭陀大道場經於灌頂部錄出別行

大佛頂如來密因修證了義諸菩薩萬行首楞嚴經第三 一名中印度那蘭陀大道場經於灌頂部錄出別行

大佛頂如來密因修證了義諸菩薩萬行首楞嚴經第四 一名中印度那蘭陀大道場經於灌頂部錄出別行

大佛頂如來密因修證了義諸菩薩萬行首楞嚴經第五 一名中印度那蘭陀大道場經於灌頂部錄出別行

大佛頂如來密因修證了義諸菩薩萬行首楞嚴經第六 一名中印度那蘭陀大道場經於灌頂部錄出別行

大佛頂如來密因修證了義諸菩薩萬行首楞嚴經第七 一名中印度那蘭陀大道場經於灌頂部錄出別行

大佛頂如來密因修證了義諸菩薩萬行首楞嚴經第八 一名中印度那蘭陀大道場經於灌頂部錄出別行

大佛頂如來密因修證了義諸菩薩萬行首楞嚴經第九 一名中印度那蘭陀大道場經於灌頂部錄出別行

大佛頂如來密因修證了義諸菩薩萬行首楞嚴經第十 一名中印度那蘭陀大道場經於灌頂部錄出別行

右大唐神龍元年五月二十三日天竺沙門般剌蜜帝於廣州制旨寺譯烏萇國沙門彌伽釋迦譯語沙門懷迪證譯見開元錄 菩薩戒弟子清信士房融筆受

大唐釋教廣品歷章卷第十三

新編入録　纓

大唐開元釋教廣品歷章卷第十四

京地華嚴寺沙門釋　玄逸　集

大乘經單譯有九十六部　數有一百一十三卷六帙合七十八小經爲二十四軸折當五十八卷

大毗盧遮那成佛神變加持經七卷　亦名毗盧遮那成佛經　供祕一百五十二紙　蒲州一百三十五紙

蘇婆呼童子經三卷　亦云蘇婆呼請問經　或云蘇婆呼律　或云蘇磨呼　或二卷　蒲州四十一紙

蘇悉地羯羅經一卷　周書大吉祥一切法成就一切諸祝決初譯　蒲州二十六紙

蘇悉地羯羅經一卷　或三卷　蒲州三十一紙

牟梨曼陀羅祝經一卷　或無經字　蒲州三十三紙

金剛頂瑜伽中略出念誦法四卷　亦云經　蒲州八十紙

七佛所說神祝經四卷　初卷云七佛十菩薩說大陀羅尼神祝經　蒲州七十三紙

大吉義神祝經二卷　或四卷　蒲州三十九紙

文殊師利寶藏陀羅尼經一卷　或加止雨字　蒲州二十三紙

金剛光焰陀羅尼經一卷　或加止風雨字　蒲州二十三紙

阿吒婆拘鬼神大將上佛陀羅尼經一卷　亦云阿吒婆拘祝經　蒲州五紙

大七寶陀羅尼經一卷　蒲州四紙

阿彌陀鼓音聲王陀羅尼經一卷　蒲州四紙

大普賢陀羅尼經一卷　蒲州三紙

六字大陀羅尼祝經一卷　蒲州二紙

摩尼羅亶經一卷　亦云摩尼羅亶神祝　蒲州四紙

玄師颰陀所說神祝經一卷　録云幻師無所說字　蒲州二紙

安宅神祝經一卷　亦云安宅祝法　蒲州四紙

護諸童子陀羅尼祝經一卷　亦名護諸童子請求男女陀羅尼經　蒲州四紙

六門陀羅尼經一卷　蒲州二紙

諸佛心陀羅尼經一卷　蒲州三紙

拔濟苦難陀羅尼經一卷　蒲州二紙

清淨觀音普賢陀羅尼經一卷　蒲州五紙

八名普密陀羅尼經一卷　此有一譜本應須審之　蒲州五紙

持世陀羅尼經一卷　蒲州四紙

隨求即得大自在陀羅尼神祝經一卷　亦云隨求所得經　蒲州十四紙

百千印陀羅尼經一卷　蒲州二紙

智炬陀羅尼經一卷　蒲州四紙

諸佛集會陀羅尼經一卷　蒲州四紙

救面燃餓鬼陀羅尼神祝經一卷　亦云施餓鬼食經　後書有施水祝　蒲州十四紙

一切功德莊嚴王經一卷　蒲州十四紙

拔除罪鄣祝王經一卷　蒲州三紙

莊嚴王陀羅尼經一卷　蒲州四紙

香王菩薩陀羅尼祝經一卷　蒲州二紙

善夜經一卷　蒲州三紙

虛空藏菩薩能滿諸願最勝心陀羅尼所求聞持法一卷 亦云虛空藏菩薩求聞持法經　蒲州四紙

金剛頂經曼殊室利菩薩無字心陀羅尼品一卷　蒲州十二紙

佛地經一卷　蒲州十三紙

佛承般涅槃略說教誡經一卷 亦云佛臨般涅槃略說教誡經 亦名遺教經　蒲州六紙

觀自在如意輪菩薩瑜伽法要一卷　蒲州九紙

出生菩提心經一卷　蒲州十一紙

文殊師利般涅槃經一卷　蒲州四紙

佛印三昧經一卷　蒲州三紙

異出菩薩本起經一卷 或無起字　蒲州十一紙

賢首經一卷 一名賢首夫人經　蒲州三紙

千佛因緣經一卷　蒲州十八紙

月明菩薩經一卷 或加三昧字 與月明童子經別本同異　蒲州三紙

心明經一卷 一名心明女梵志婦飯汁施經　蒲州三紙

滅十方冥經一卷 或云十方滅冥經　蒲州六紙

鹿母經一卷 別有鹿子經一卷與此全同　蒲州三紙

魔逆經一卷　蒲州十九紙

堅固女經一卷 一名牢固女經　蒲州六紙

德光太子經一卷 一名賴吒和羅所問光德太子經　蒲州十九紙

大意經一卷　蒲州五紙

商主天子所問經一卷 或加所問字　蒲州十七紙

諸法寂上經一卷 或加王字　蒲州十二紙

師子莊嚴王菩薩請問經一卷　蒲州五紙

離垢慧菩薩所問禮佛法經一卷 一名八吉祥茶羅經　蒲州六紙

佛臨涅槃記法住經一卷 或加般字　蒲州五紙

受持七佛名號所生功德經一卷　蒲州四紙

寂照神變三摩地經一卷　蒲州十二紙

差摩婆帝授記經一卷　蒲州四紙

不增不減經一卷 或云二卷者誤　蒲州七紙

造塔功德經一卷　蒲州二紙

右繞佛塔功德經一卷　蒲州三紙

大乘四法經一卷 于闐三藏實叉難陀譯　蒲州八紙

大乘流轉諸有經一卷　蒲州三紙

有德女所問大乘經 錄有一本可八九紙文錯不堪　蒲州四紙

妙色王因緣經一卷　蒲州四紙

佛爲海龍王說法印經一卷　蒲州一紙

般泥洹後灌臘經一卷 一名四輩灌臘經 亦直云灌臘經　蒲州二紙

師子素馱娑王斷肉經一卷　蒲州四紙

八部佛名經一卷 亦云八佛經　蒲州三紙

菩薩內習六波羅蜜經一卷 或云內六波羅蜜經安公云出方等部　蒲州三紙

菩薩投身餓虎起塔因緣經一卷 僧祐錄云以

金剛三昧本性清淨不壞不滅經一卷 亦名金剛清淨經　蒲州八紙

師子月佛本生經一卷　蒲州七紙

長者法志妻經一卷　蒲州三紙

薩羅國經一卷 或云薩羅國王經　蒲州四紙

十吉祥經一卷　蒲州二紙

長者女菴提遮師子吼了義經一卷　蒲州六紙

一切智光明仙人慈心因緣不食肉經一卷　蒲州五紙

金剛三昧經二卷 或一卷　蒲州二十七紙

法滅盡經一卷　蒲州三紙

甚深大迴向經一卷　蒲州四紙

天王太子辟羅經一卷 亦云太子辟羅經 或無天王字　蒲州二紙

優婆夷淨行法門經二卷 亦直云淨行經或無經字　蒲州三十二紙

八大人覺經一卷　蒲州一紙

三品弟子經一卷 亦云弟子學有三輩經　蒲州三紙

四輩經一卷 或云四輩弟子經或云四輩學經　蒲州三紙

當來變經一卷 或云當來變識經　蒲州二紙

過去佛分衛經一卷 或云過世佛分衛經　蒲州二紙

十二頭陀經一卷 一名沙門頭陀經　蒲州五紙

樹提伽經一卷　蒲州三紙

長壽王經一卷　蒲州六紙

法常住經一卷　蒲州二紙

歷章第十四　第六張　綠　日

大毗盧遮那成佛神變加持經一部七卷　一百五十二紙　凡二十六品有敘　或十卷　亦云毗盧遮那成佛經

大毗盧遮那成佛神變加持經卷第一

入眞言門住心品第一

入漫荼羅具緣眞言品第二

大毗盧遮那成佛神變加持經卷第二

入漫荼羅具緣眞言品第二之餘

息障品第三　普通眞言藏品第四

大毗盧遮那成佛神變加持經卷第三

世間成就品第五　悉地出現品第六

成就悉地品第七

轉字輪漫荼羅行品第八

大毗盧遮那成佛神變加持經卷第四

密印品第九

字輪品第十　祕密漫荼羅品第十一

大毗盧遮那成佛神變加持經卷第五

入祕密漫荼羅法品第十二

入祕密漫荼羅位品第十三

祕密八印品第十四　持明禁戒品第十五

阿闍梨眞實智品第十六

布字品第十七

大毗盧遮那成佛神變加持經卷第六

受方便學處品第十八

歷章第十四　第七張　綠　日

說百字生品第十九

百字果相應品第二十

百字位成品第二十一

百字成就持誦品第二十二

百字眞言法品第二十三

說菩提性品第二十四

三昧耶品第二十五

說如來品第二十六

出世護摩法品第二十七

說本尊三昧品第二十八

說無相三昧品第二十九

世出世持誦品第三十

囑累品第三十一

大毗盧遮那經供養次第法卷第七

眞言行學處品第一

增益守護清淨行品第二

供養儀式品第三　持誦法則品第四

眞言事業品第五

右大唐開元十三年中天竺國三藏輸波迦羅唐言善無畏於東都大福先寺譯沙門寶月譯語見開元錄沙門一行筆受

蘇摩呼童子經一部二卷　四十九紙　帝字

歷章第十四　第八張　或云蘇婆呼律或二卷　凡有十二分　綠　日

蘇摩呼童子請問經卷上

蘇摩呼童子請問經伴侶分第一

蘇摩呼童子請問分別處所分第二

蘇摩呼童子請問除障分第三

蘇摩呼童子請問分別金剛杵分第四

蘇摩呼童子請問經卷中

蘇摩呼童子請問分別成就相分第五

蘇摩呼童子漸近悉地持誦相分第六

蘇摩呼童子請問分占夢成就相分第七

蘇摩呼童子請問下鉢私那分第八

蘇摩呼童子請問分別遮難分第九

蘇摩呼童子請問卷下

蘇摩呼童子請問分別護摩分第十

蘇摩呼童子請問分別聖道分第十一

蘇摩呼童子請問分別諸部分第十二

右大唐開元十三年中天竺國三藏輸波迦羅於東都大福先寺譯沙門寶月譯語見開元錄沙門一行筆受

蘇悉地羯羅經一卷　周錄云大吉祥一切法成就一切諸祝決初譯三十一紙

蘇悉地羯羅一卷　初譯周云大吉祥一切法成就一切祝決或加王字

此中佛菩薩金剛祝法善須分別知之

歷章第十四　第九張　創　主

右大周聖曆元年八月北天竺烏萇國大德沙門尸利末多與京寶德寺沙門慧月於東都佛授記寺譯見廣品歷章沙門釋玄逸慧仙等

創筆

上三經十卷同帙

蘇悉地羯囉經一部三卷　周言大吉祥一切法成就一切呪決知譯　九十二紙

蘇悉地羯囉經卷上　二藏幷題下合云善無畏三藏譯　卷第一　凡二十四紙

蘇悉地羯囉經請問品第一

蘇悉地羯囉經分別阿闍梨品第二

蘇悉地羯囉經分別持誦眞言相品第三

蘇悉地羯囉經分別同伴相品第四

蘇悉地羯囉經擇處品第五

蘇悉地羯囉經持眞言法品第六

蘇悉地羯囉經供養花品第七

蘇悉地羯囉經塗香藥品第八

蘇悉地羯囉經分別燒香品第九

蘇悉地羯囉經燃燈法品第十

蘇悉地羯囉經獻食品第十一

蘇悉地羯囉經卷中

蘇悉地羯囉經分別悉地時分品第十二

蘇悉地羯囉經圓備成就品第十三

蘇悉地羯囉經奉請成就品第十四

歷章第十四　第十張　潤　陳術

蘇悉地羯囉經補闕少法品第十五

蘇悉地羯囉經被偷成物却徵法品第十六

蘇悉地羯囉經成就具支法品第十七

蘇悉地羯囉經卷下

蘇悉地羯囉經分別成就品第十八

蘇悉地羯囉經奉請品第十九

蘇悉地羯囉經增威品第二十

蘇悉地羯囉經供養品第二十

蘇悉地羯囉經祈請品第二十一

蘇悉地羯囉經本尊灌頂品第二十二

蘇悉地羯囉經受眞言品第二十三

蘇悉地羯囉經滿足眞言品第二十四

蘇悉地羯囉經增力品第二十五

蘇悉地羯囉經護魔品第二十六

蘇悉地羯囉經備物品第二十七

蘇悉地羯囉經成諸物相品第二十八

蘇悉地羯囉經取物品第二十九

蘇悉地羯囉經淨物品第三十

蘇悉地羯囉經物量品第三十一

蘇悉地羯囉經灌頂壇品第三十二

蘇悉地羯囉經光物品第三十三

右大唐開元十四年中天竺三藏輸波迦羅於東都大福先寺譯沙

歷章第十四　第十一張　縷　主

門寶月譯語見開元錄沙門一行

筆受

牟梨曼陀羅祝經一卷　或無經字　三十九紙

牟梨曼陀羅祝經

右梁代失譯見開無錄

金剛頂瑜伽經一部四卷　或云一百二十紙凡八件共三十二智　或云金剛頂瑜伽中略出念誦法

金剛頂瑜伽中略出念誦經卷第一

此是金剛薩埵三摩地一切如來菩提心智　第一

此是不空王大菩薩三摩耶一切如來鉤召智　第二

此是金剛弓大菩薩三摩地奉事一切如來智　第三

此是金剛踊躍摩訶薩三摩耶一切如來作善哉智　第四

此是寶生如來部金剛藏大菩薩三摩地一切如來灌頂寶智第一

此是金剛光明大菩薩三摩地一切如來圓光第二

此是金剛幢菩薩三摩地一切如來檀波羅蜜智第三

此是金剛愛摩訶菩提薩埵一切如來微笑希有智第四

金剛頂瑜伽中略出念誦經卷第二
此是蓮華部金剛眼大菩薩三摩耶一
切如來觀察智第一
此是金剛覺摩訶薩提薩埵三摩地
如一切如來智慧第二
此是金剛道場摩訶菩提薩埵幾發
心能轉一切如來法輪智第三
此是蓮華部金剛語言摩訶菩提薩埵
三摩地一切如來離語言戲論智第四
羯磨部中金剛毗首羯磨大菩薩三摩
地一切如來所作事業智第一
金剛夫大菩薩三摩地一切如來慈護
甲冑智第二
此是金剛暴惡大菩薩三摩地一切
如來大方便智第三
金剛拳大菩薩三摩地縛一切如來
身口意智第四
如來部中金剛波羅蜜一切如來金剛
三摩耶智第一
如來部中寶波羅蜜一切如來金剛
寶灌頂三摩耶智第二
如來部中法波羅蜜三摩耶所生加
持金剛三摩耶智第三

一切如來三摩耶羯磨波羅蜜一切如
來作佛事業智第四
一切如來喜受密供養菩薩三摩地
一切如來安樂悅意智第一
一切如來寶鬘灌頂供養一切如來覺
分智第二
一切如來歌詠供養菩薩三摩地一切
如來偈頌三摩耶智第三
一切如來舞供養一切如來無上供
養羯磨智第四
一切如來香供養能令滋茂菩薩三
摩地所生金剛攝智第一
一切如來金剛花供養菩薩三摩地一
切如來寶莊嚴具供養三摩耶智第二
一切如來燈光明供養莊嚴菩薩三摩
地一名如來光明徧法界智第三
一切如來塗香供養三摩耶菩薩三
摩地是一切如來戒三摩地慧解脫
知見香等智第四
一切如來鉤菩薩三摩地一切如來三
摩耶鉤召智第一
一切如來金剛羂索大菩薩三摩地
引入一切如來智第二

一切如來三摩耶鉤鎖摩訶菩提薩
埵三摩地一切如來三摩耶縛智第三
一切如來攝入摩訶菩提薩埵三摩耶所
生金剛三摩地名如來金剛攝入智第四
金剛頂瑜伽中略出念誦經卷第三
金剛頂瑜伽中略出念誦經卷第四
右大唐開元十一年南天竺國三藏
金剛智於京資聖寺譯東天竺伊舍
羅譯語見開元錄嵩岳沙門溫古
筆受
上三經　卷同帙
七佛神祝經一部四卷　八十六紙　宋本　祝卷云七佛十一菩薩說大陀羅尼神祝經　亦云七佛所說神祝經
七佛十一菩薩說大陀羅尼神祝經廣
濟諸衆生卷第一
七佛文殊師利菩薩所說神祝經卷第二
七佛所說神祝經卷第三
七佛所說神祝經卷第四
右東晉失譯見開元錄
大吉義祝經一部二卷　或四卷　四十六紙　或加神字
大吉義神祝經卷上
大吉義神祝經卷下
右後魏太和三年沙門曇曜於北臺

麗本第十四　第十五張　婁

石窟通樂寺與天竺沙門共譯見法
上錄

文殊師利寶藏陀羅尼經一卷　二十七紙
右大唐景龍四年南天竺國三藏菩
提流志於西崇福寺譯弟子般若
丘多度語見開元錄

金剛光焰陀羅尼經一卷　二十四紙
金剛光焰止風雨陀羅尼經
東方止雨真言　南方止雨真言
西方止雨真言　北方止雨真言
十方止雨真言　東方止風真言
南方止風真言　西方止風真言
北方止風真言　禁樂毒龍真言
欽光真言　諸災害真言
根本心真言　賧電真言
金剛雹錐焰真言
右大唐景龍四年南天竺國三藏菩
提流志於西崇福寺譯弟子般若
丘多度語見開元錄

阿吒婆拘祝經一卷　六紙
阿吒婆拘鬼神大將上佛陀羅尼經
右梁代失譯見開元錄
上三經同卷

麗本第十四　第十六張　溪

大七寶陀羅尼經一卷　一紙
佛說大七寶陀羅尼經一卷
右梁代失譯見開元錄

阿彌陀鼓音聲陀羅尼經一卷　或有王字　四紙
阿彌陀鼓音聲王陀羅尼經
右梁代失譯見開元錄

大普賢陀羅尼經一卷　三紙
佛說大普賢陀羅尼經一卷
右梁代失譯見開元錄

六字大陀羅尼祝經一卷　或無祝字　二紙
六字大陀羅尼祝經一卷
右梁代失譯見開元錄
上四經同卷

摩尼羅亶經一卷　亦名摩尼羅亶神祝經　三紙
佛說摩尼羅亶經一卷　東晉竺曇無蘭譯
右東晉武帝代太元年中西域沙門
竺曇無蘭於楊都謝鎮西寺譯見
費長房錄

玄師颰陀所說神祝經一卷　右錄云幻王跋陀經　或作跋字　二紙　亦云波陀　錄云幻師　無所說字
佛說玄師颰陀所說神祝經
右東晉孝武帝代太元年中西域
沙門曇無蘭譯見費長房錄

安宅神呪經　四紙　或無神字　第十七張
安宅神呪經一卷
右後漢失譯見僧祐失譯錄

護諸童子呪經　五紙
佛說護諸童子請求男女陀羅尼
呪經一卷
右後魏天竺三藏菩提留支在洛
陽及鄴都譯見費長房錄
上四經同卷

六門陀羅尼經一卷　二紙
佛說六門陀羅尼經　三藏法師玄奘奉　詔譯
右大唐貞觀十九年七月十四日三
藏法師玄奘於京弘福寺翻經院
譯見內典錄沙門辯機筆受

諸佛心陀羅尼經　三紙
諸佛心陀羅尼經一卷　三藏法師玄奘奉　詔譯
右大唐永徽元年九月二十六日三
藏法師玄奘於大慈恩寺翻經院
譯見內典錄沙門大乘雲筆受

拔濟苦難陀羅尼經　二紙
拔濟苦難陀羅尼經卷　三藏法師玄奘奉　詔譯
右大唐永徽五年九月十日三藏法
師玄奘於大慈恩寺翻經院譯見

歷章卷第十四　第十八　侵　卜

內典錄沙門大乘光筆受

清淨觀世音普賢陀羅尼經 五紙 此經有一部 本廣須尋史

清淨觀世音菩薩普賢陀羅尼經一卷

次說入壇受持法

右大唐永徽四年總持寺沙門智

通於總持寺譯見大周錄

八名普密陀羅尼經 六紙

八名普密陀羅尼經一卷 三藏法師玄奘奉詔譯

大唐三藏聖教序　御製

右大唐永徽五年九月二十七日三藏

法師玄奘於大慈恩寺翻經院譯見

內典錄沙門大乘雲筆受

持世陀羅尼經 四紙

持世陀羅尼經一卷

右大唐永徽五年十月十日三藏法

師玄奘於大慈恩寺翻經院譯見內

典錄沙門神察筆受

上六經同卷

右十九經十卷同帙

隨求所得大自在陀羅尼經一卷 十六紙 或加神呪字或云野得

隨求所得大自在陀羅尼經

右大周長壽二年天竺三藏寶思

惟於東都天宮寺譯見大周錄李無

歷章卷第十四　第十九張　緩　十

諂筆受

百千印陀羅尼經一卷 二紙

百千印陀羅尼經

右大周于闐國三藏實叉難陀譯

見開元錄

智炬陀羅尼經一卷 四紙

智炬陀羅尼經 三藏法師提雲般若奉制譯

右大周天授二年于闐三藏提雲

般若於大周東寺譯見大周錄沙

門處一等筆受

諸佛集會陀羅尼經一卷 四紙

諸佛集會陀羅尼經 三藏法師提雲般若等奉制譯

右大周天授二年于闐三藏提雲

般若於大周東寺譯見大周錄沙

門處一等筆受

救面燃餓鬼陀羅尼祝經一卷

祝經 四紙 後秦有施水祝經云甘露陀羅尼祝

佛說救面然餓鬼陀羅尼神祝經 于闐三藏實叉難陀譯

右大周于闐國三藏實叉難陀譯

見開元錄菩薩甘露陀羅尼祝同

上四經同卷

一切功德莊嚴王經一卷 十六紙

佛說一切功德莊嚴王經一卷 三藏法師義淨奉制譯

歷章第十四　第二十　綏

右大唐神龍元年七月十五日三藏

法師義淨於東都大福先寺譯見

開元錄沙門玄傘筆受

拔除罪障祝王經一卷 三紙

佛說拔除罪障祝王經 三藏法師義淨奉制譯

右大唐景龍四年四月十二日三藏法師

義淨於大福先寺翻經院譯見開元錄

莊嚴王陀羅尼經一卷 或無祝字 四紙

佛說莊嚴王陀羅尼祝經 三藏法師義淨奉制譯

右大周大足元年九月二十三日三藏法

師義淨於東都大福先寺譯見開元錄

香王菩薩陀羅尼祝經一卷 二紙

香王菩薩陀羅尼祝經 三藏法師沙門義淨譯

右大唐神龍元年三藏義淨於東都

大福先寺譯見開元錄

善夜經一卷 四紙

佛說善夜經 三藏法師義淨奉制譯

右大周大足元年九月二十三日三藏法

師義淨於東都大福先寺譯見開

元錄

虛空藏菩薩求聞持法經一卷 五紙

虛空藏菩薩能滿諸願最勝心陀羅

尼所聞持法 出金剛頂經成就一切義品

右大唐中天竺三藏輸波迦羅
唐言善無畏開元五年於西明
寺菩提院譯沙門悉逞譯語見
開元錄沙門無著筆受
上五經同卷
金剛頂經曼殊室利菩薩五字心陀羅尼品一卷
金剛頂經曼殊室利菩薩五字心陀羅尼品一
右大唐開元十八年南天竺國三
藏金剛智於長安大薦福寺譯
沙門智藏譯語見開元錄
佛地經 有論釋一卷 十五紙
大唐三藏聖教序 太宗文皇帝御製
皇帝述三藏聖教序記 在春宮日製
佛地經一卷
右大唐貞觀十九年七月十五日三
藏法師玄奘於京弘福寺譯見內
典錄沙門辯機筆受
佛垂般涅槃略說教誡經 一名遺教經 亦云佛臨般 有釋論一卷 七紙 或無垂字
佛臨般涅槃略說教誡經一卷
右後秦三藏羅什於常安譯見
僧祐錄僧叡僧肇道恒等筆受
上三經同卷

觀自在如意輪菩薩瑜伽法要一卷 九紙
觀自在如意輪菩薩瑜伽法要
右大唐開元十八年南天竺國
三藏金剛智於京大薦福寺譯
見開元錄沙門智藏譯語
出生菩提心經 十二紙
出生菩提心經一卷
右隋開皇十五年十月沙門闍
那崛多等於大興善寺譯見費
長房錄學士劉憑等筆受
文殊師利般涅槃經 五紙
文殊師利般涅槃經一卷
右西晉淸信士聶道眞譯見費
長房錄
上三經同卷
佛印三昧經 三紙
佛說佛印三昧經一卷
右後漢安息國沙門安世高譯
見費長房錄
異出菩薩本起經 或無起字 十二紙
異出菩薩本起經一卷
右西晉淸信士聶道眞譯見費
長房錄

賢首經 三紙 一名賢首夫人經
佛說賢首經一卷
右西秦太初年沙門聖堅譯見始興錄
上三經同卷
千佛因緣經一卷 二十一紙
千佛因緣經一卷
右後秦弘始年三藏羅什譯見
法上錄僧叡僧肇道恒等筆受
月明童子經 或云月明菩薩經或加三昧字
亦名月明童男經單譯 三紙
佛說月明菩薩經一卷
右吳代優婆塞支謙譯見僧祐錄
心明經 四紙 一名心明女梵志婦飯汁施經
佛說心明經一卷
右西晉沙門竺法護譯見僧祐錄
清信士聶承遠筆受
滅十方冥經 初出 或無滅字 或云十方滅冥經 七紙
佛說滅十方冥經
右西晉代光熙元年八月十四日沙門竺法
護譯見聶道眞等錄淸信士聶承遠筆受
鹿母經 四紙
佛說鹿母經
右西晉沙門竺法護譯見僧祐錄清

歷章第十四　第二十四張　朝　天

信士聶承遠筆受
上四經同卷
魔逆經一卷 初出 二十二紙
佛說魔逆經
右西晉太康十年十二月二日月氏
沙門竺法護於洛陽城西白馬寺
譯見經後記及僧祐録清信士聶
道真筆受
上二十六經十卷同帙
女經一卷 六紙
佛說堅固女經
右隋開皇三年十二月沙門那連提
耶舍大興善寺譯見費長房録
沙門惠獻筆受
德光太子經 一名須賴問德光太子經一名賴吒和羅所問德光太子經 二十二紙
德光太子經 一名賴吒問德光太子經 晉太始年竺法護譯
右西晉太始六年九月三十日沙門
竺法護譯見竺道祖等録清信士
聶承遠筆受
意經一卷 六紙
大意經
右宋文帝代天竺沙門求那跋陀
羅於楊都譯見費長房録

歷章第十四　第二十五張　嬰

上三經同卷
商主天子所問經一卷 或無所問字 十九紙
商主天子所問經
右隋開皇十五年八月闍那崛多
等於大興善寺譯九月訖見費長
房録學士費長房等筆受
諸法最上王經一卷 二十六紙
諸法最上王經
右隋開皇十五年五月闍那崛多
等於京大興善寺譯至七月訖見
費長房録沙門明芬等筆受
八曼荼羅經一卷 一名師子莊嚴王菩薩所問經 五紙
師子莊嚴王菩薩請問經序 一名八曼荼羅
經 終南山豐德寺律師道宣製序
右大唐龍朔三年天竺三藏那提於
京大慈恩寺譯沙門道宣綴文并
製序見入周録 及經序記
離垢慧菩薩所問禮佛經一卷 七紙 或下加法字
離垢慧菩薩所問禮佛經序 終南山釋氏道宣製
離垢慧菩薩所問禮佛經 大唐三藏那提譯
右大唐龍朔三年天竺三藏那提於
大慈恩寺譯沙門道宣綴文并製
序見經序記及大周録

歷章第十四　第二十六張　嬰

上二經同卷
佛臨涅槃記法住經一卷 或加般字 五紙
佛臨涅槃記法住經
右大唐永徽三年四月四日三藏法師
玄奘於大慈恩寺翻經院譯見翻
經圖沙門大乘光筆受
受持七佛名號所生功德經一卷 五紙
受持七佛名號所生功德經 三藏法師玄奘奉 詔譯
右大唐永徽二年正月九日三藏法
師玄奘於大慈恩寺翻經院譯見
內典録沙門大乘光筆受
上二經同卷
寂照神變三摩地經一卷 十五紙
寂照神變三摩地經 三藏法師玄奘奉 詔譯
右大唐龍朔三年十二月二十九日三
藏法師玄奘於玉華宮玉華殿譯
見翻經圖沙門大乘光筆受
差摩婆帝授記經一卷 四紙
差摩婆帝授記經
右後魏正光元年天竺沙門菩提
留支於洛陽譯見費長房録
不增不減經一卷 或二卷者 誤 七紙
不增不減經 後魏代留支譯

右後魏正光年天竺沙門菩提留
支於洛陽譯見費長房錄
上二經同卷
造塔功德經一卷 二紙
造塔功德經 中天竺三藏法師地婆訶羅唐言日照譯
右大唐永隆元年中天竺三藏地
婆訶羅於東都太原寺譯見大周錄
右繞佛塔功德經一卷 [illegible]
右繞佛塔功德經 大周于闐三藏實叉難陀譯
右大周于闐三藏實叉難陀譯見開元錄
大乘四法經一卷 十紙
大乘四法經 于闐國三藏法師實叉難陀奉制譯
右大周于闐國三藏實叉難陀譯
見開元錄
上三經同卷
大乘流轉諸有經一卷 三紙
大乘流轉諸有經 三藏法師義淨奉製譯
右大周大足元年九月二十三日三藏法
師義淨於東都大福先寺譯見開元錄
有德女所問大乘經一卷 四紙
有德女所問大乘經
右大周長壽二年天竺三藏菩提留
支於大周東寺譯見大周錄

歷章第十四 第三十八張 積十

妙色王因緣經一卷 五紙
大周新翻三藏聖教序 御製
妙色王因緣經 三藏法師義淨奉制譯
右大周大足元年九月二十三日三藏
沙門義淨於東都大福先寺譯見
開元錄
佛為海龍王說法印經一卷 一紙
佛為海龍王說法印經 三藏法師義淨奉制譯
右大唐景雲二年閏六月二十三日三藏法
師義淨於大薦福寺翻經院譯見開元錄
沙門玄傘等筆受
上四經同卷
灌臘經一卷 一名般泥洹後灌臘經 一名四輩灌臘經 二紙
灌臘經
右西晉沙門竺法護譯見費長房
錄清信士聶承遠筆受
師子素馱娑王斷宍經一卷 四紙
師子素馱娑王斷宍經 大唐至相寺沙門智嚴譯
右大唐開元九年至相寺沙門智嚴
於奉恩寺譯見開元錄
八部佛名經一卷 亦云八佛經 三紙
佛說八部佛名經
右元魏興和四年婆羅門瞿曇般若

歷章第十四 第三十九張 積十

留支於鄴都金華寺譯見費長
房錄沙門曇林筆受
菩薩內習六波羅蜜經 或無習字 安公云出方等部 三紙
佛說菩薩內習六波羅蜜經
右後漢靈帝中平五年臨淮沙門
嚴佛調於洛陽譯見費長房錄
上四經同卷
菩薩投身餓虎起塔因緣經一卷
上二十三經十卷同帙
菩薩投身餓虎起塔因緣經 僧祐錄云以身施餓虎經 十三紙
右北涼高昌沙門釋法盛譯見開元
錄及經後記
金剛三昧本性清淨不壞不滅經 一名金剛清淨經 八紙
金剛三昧本性清淨不壞不滅經
右經費長房等錄云吳支謙後漢
失譯復載並非開元錄中以為失源
附三秦錄
師子月佛本生經一卷 八紙
佛說師子月佛本生經
右經費長房錄云西晉竺法護譯
開元錄云尋其文句非護所翻今為
失源附三秦錄

上二經同卷

長者法志妻經　四紙

長者法志妻經

右僧祐錄云安公涼土異經開元

錄中編北涼末

薩羅國王經

佛說薩羅國王經

右經開元錄云羅什譯尋其文句

似晉魏代譯今爲失源附東晉末

十吉祥經　二紙

佛說十吉祥經

右三秦失譯見開元錄

上三卷同卷

長者女菴提遮師子乳了義經　七紙

佛說長者女菴提遮師子乳了義經

右梁代失譯見開元錄

一切智光明仙人慈心不食肉經　或加因緣字或無明字　五紙

切智光明仙人慈心因緣不食肉經

右三秦失譯見開元錄

上二經同卷

金剛三昧經一部二卷　或一卷　三十二紙　凡八品

金剛三昧經卷上

金剛三昧經序品第一

金剛三昧經無相法品第二

金剛三昧經無生行品第三

金剛三昧經本覺利品第四

金剛三昧經入實際品第五

金剛三昧經卷下

金剛三昧經眞性空品第六

金剛三昧經如來藏品第七

金剛三昧經揔持品第八

右經僧祐錄云安公涼土異見費長房錄

法滅盡經　或云法沒盡經又云空寂菩薩所問經與吳代支謙出者三紙

佛說法滅盡經

右僧祐錄中失譯經開元錄中編於宋末

甚深大迴向經一卷　二紙

佛說甚深大迴向經

右僧祐錄中失譯經開元錄中編於宋末

太子譬羅經　或云天王太子譬羅經　二紙

佛說天王太子譬羅經

右僧祐錄云安公關中異經開元錄

中附於秦末

上三經同卷

優婆夷淨行經一部二卷　亦名淨行經或無經字　三十六紙　凡三品

優婆夷淨行經卷上

優婆夷淨行法門修行品第一

優婆夷淨行法門修學品第二

優婆夷淨行經卷下

優婆夷淨行法門修學品之餘

優婆夷淨行法門瑞應品第三

右僧祐錄云安公涼土異經開元

錄中編北涼末

八大人覺經

八大人覺經

右後漢代安息國沙門安世高譯

見寶唱錄

三品弟子經一卷　一名弟子學有三輩經　三紙　或無有字

佛說三品弟子經　吳黃武年支謙譯

右吳代支謙譯見費長房錄

四輩經一卷　或云四輩學經　或云四輩弟子經　三紙

佛說四輩經　西晉代竺法護譯

右西晉竺法護譯見法上錄

當來變經　或云當來變滅識經　三紙

佛說當來變經　西晉代竺法護譯

右西晉沙門竺法護譯見聶道眞

等錄

上四經同卷

過去佛分衞經一卷　二紙　或云過世

歷章 第十四　第三十三張　經字号

佛説過去佛分衛經　西晉代竺法護譯

右西晉沙門竺法護譯見僧祐録

十二頭陀經　一名沙門頭陀經　六紙

佛説十二頭陀經

右宋文帝代天竺沙門求那跋陀羅於楊都凡官寺譯見費長房録

樹提伽經　卷　三紙

佛説樹提伽經　宋文帝代求那跋陀羅譯

右宋文帝代元嘉年天竺三藏求那跋陀羅楊都譯見費長房録

上三經同卷

長壽王經一卷　七紙

佛説長壽王經

右僧祐録云安公失譯經開元録中附西晉末

法常住經一卷　二紙

佛説法常住經

右僧祐録云安公失譯經開元録中附西晉末

上二經同卷

上三十二經十二卷同帙

大唐開元釋教廣品歷章卷第十四

趙城縣廣勝寺

上闕四行

此卷後半大

部 無合 計一百五

菩薩地持經十卷 或無經字 菩薩戒經又名菩薩地經或八卷

菩薩善戒經九卷 一名菩薩地或十卷

淨業障經一卷

優婆塞戒經七卷 或五卷或六卷或十卷 在家菩薩戒

梵網經二卷

受十善戒經一卷

菩薩瓔珞本業經二卷 或直云瓔珞本業經

佛藏經四卷 或一名選擇諸法經 或二卷 或三卷

菩薩戒本一卷 曇無讖譯

菩薩戒本一卷 玄奘譯

菩薩戒羯磨文一卷

菩薩善戒經一卷 優波離問菩薩受戒法

菩薩內戒經一卷

優婆塞五戒威儀經一卷

文殊師利淨律經一卷 或直名淨律經

清淨毗尼方廣經一卷

伏城二一[illegible]
蒲州一百八十紙
洪城十七紙
蒲州一十五紙
洪城一百五十一紙
蒲州一百三十二紙
洪城四十紙
蒲州三十六紙
洪城十九紙
蒲州一十六紙

洪城四十五紙
蒲州三十九紙
洪城七十八紙
蒲州七十紙
洪城一十一紙
蒲州一十一紙
洪城二十五紙
蒲州一十八紙
洪城六紙
蒲州五紙
洪城一十七紙
蒲州一十五紙
洪城二十八紙
蒲州一十八紙
洪城一十七紙
蒲州一十五紙
洪城一十五紙
蒲州一十三紙
洪城二十紙
蒲州一十七紙

寂調音所問經一卷 一名如來所說清淨調伏經
洪城二十一紙
蒲州一十八紙

大乘三聚懺悔經一卷
洪城一十五紙
蒲州一十三紙

菩薩五法懺悔文一卷

菩薩藏經一卷 亦名菩薩五法懺悔經
洪城[illegible]
蒲州[illegible]

三曼陀颰陀羅菩薩經一卷
洪城一十二
蒲州一十

菩薩受齋經一卷
洪城八紙
蒲州七紙

文殊悔過經一卷 一名文殊五體悔過經
洪城二紙
蒲州二紙

洪城二十四紙
蒲州二十一紙

舍利弗悔過經一卷 亦直名悔過經
洪城六紙
蒲州五紙

十善業道經一卷
洪城七紙
蒲州六紙

法律三昧經一卷 亦直云法律經
洪城八紙
蒲州七紙

大乘釋經論之一

此卷大乘釋經論有二十一部一百五十五卷 十五 帙

大智度論一百卷 或云大智度經論 亦云摩訶般若釋論 或一百一十卷 或七十卷 十帙
洪城二千四百一十六紙
蒲州二千八十五紙

十地經論十二卷 或十五卷 一帙
洪城二百八十二紙
蒲州二百四十六紙

彌勒菩薩所問經論五卷

大乘寶積經論四卷 或六卷 或七卷 或十卷
洪城一百三十六紙
蒲州一百二十八紙
洪城九十八紙
蒲州八十四紙

寶髻菩薩四法經論一卷 題云寶髻經四法優波提舍
洪城十四紙
蒲州一十二紙

佛地經論七卷 供城百五十紙 蒲州百二十七紙

金剛般若論二卷 無著菩薩造 供城五十紙 蒲州四十二紙

能斷金剛般若波羅蜜多經論頌一卷 亦云能斷金剛論頌 供城四紙 蒲州四紙

金剛般若波羅蜜經論三卷 天親菩薩造 供城五十二紙 蒲州四十八紙

能斷金剛般若波羅蜜多經論釋三卷 亦云能斷金剛論釋 供城三十八紙 蒲州三十三紙

金剛般若波羅蜜經破取著不壞假名論二卷 亦云功德施論 供城四十紙 蒲州三十三紙

文殊師利菩薩問菩提經論二卷 亦云文殊問菩提經論一名伽耶山頂經論 供城三十三紙 蒲州三十紙

妙法蓮華經論一卷 題云妙法蓮華經優波提舍 供城二十九紙 蒲州二十五紙

法華經論二卷 初有歸信頌者是或兩卷題云妙法蓮華經優波提舍 供城三十四紙 蒲州三十紙

勝思惟梵天所問經論四卷 或三卷 供城六十九紙 蒲州五十九紙

涅槃論一卷 或云大般涅槃經論 供城一十二紙 蒲州一十紙

涅槃本有今無偈論一卷 亦直云本有今無論 供城七紙 蒲州六紙

遺教經論一卷 供城八紙 蒲州七紙

無量壽經論一卷 題云無量壽經優波提舍願生偈 供城三十紙 蒲州二十六紙

三具足經論一卷 題云三具足經優波提舍經 供城二十紙 蒲州一十八紙

轉法輪經論一卷 題云轉法輪經優波提舍 供城十一紙 蒲州一十紙

菩薩地持經一部十卷 或八卷或九卷云論亦或無經字或云持地論或云菩薩地經 或名菩薩戒經 凡三件共二百一十五紙 二十七品一帙

菩薩地持經初卷第一 北涼沙門曇無讖譯

方便處種性品第一

方便處發菩提心品第二

二一自他利品第三

中闕十三行

方便處戒品之餘

菩薩地持經卷第六

方便處忍品第十一

方便處精進品第十二

方便處禪品第十三

方便處慧品第十四

菩薩地持經卷第七

方便處四攝品第十五

方便處供養習近無量品第十六

菩薩地持經卷第八

方便處菩提分品第十七

方便處菩薩功德品第十八

菩薩地持經卷第九

次法方便處菩薩相品第一

次法方便處翼品第二

次法方便處淨心品第三

次法方便處住品第四

菩薩地持經卷第十

畢竟方便處生品第一

畢竟方便處攝品第二

畢竟方便處地品第三

畢竟方便處行品第四

畢竟方便處建立品第五

右北涼玄始年天竺沙門曇無讖於姑臧譯見竺道祖河西錄 沙門慧嵩筆受

菩薩善戒經一部十卷 或八卷或九卷或無經字或名菩薩善戒論 一帙 亦云菩薩戒經 亦云論 二百紙 凡三件 共三十品

歷章第十五　第六張

菩薩善戒經卷第一　一名菩薩地　宋元嘉公求那跋摩等於揚州譯

序品第一

菩薩地善行性品第二

菩薩地發菩提心品第三

菩薩善戒經卷第二

菩薩地利益內外品第四

菩薩地真實義品第五

菩薩善戒經卷第三

菩薩地不可思議品第六

菩薩地行調伏品第七

菩薩地菩提品第八

菩薩善戒經卷第四

菩薩地菩提力性品第九

菩薩地施品第十

菩薩善戒經卷第五

菩薩地戒品第十一

菩薩地忍品第十二

菩薩地精進品第十三

菩薩善戒經卷第六

菩薩地禪品第十四

菩薩地慧品第十五

菩薩地軟語品第十六

菩薩地供養三寶品第十七

歷章第十五　第七張

菩薩善戒經卷第七

菩薩地三十七助道品第十八

菩薩地助菩提數法餘品第十九

菩薩善戒經卷第八

菩薩地功德品第二十

如法住菩薩相品第一

如法住禪品第二

如法住定心品第三

菩薩善戒經卷第九

如法住生菩提地品第四

如法住菩薩畢竟地生品第一

如法住菩薩畢竟地攝取品第二

菩薩善戒經卷第十

如法住菩薩畢竟地品第三

如法住菩薩畢竟地行品第四

如法住菩薩畢竟地三十二相八
十種好品第五

如法住菩薩畢竟地住品第六

右宋元嘉八年罽賓三藏求
那跋摩等於揚都祇洹寺
譯見道祖錄　沙門慧義等筆受　出十卷本　竝從單

淨業障經一卷　卷者或成十卷具如開元釋教錄中述　十七紙　單本

歷章第十五　第八張

佛說淨業障經一卷

右三帙失譯見開元錄

優婆塞戒經一部六卷　或七或十或如淨行子　或五卷是在家菩薩　北涼世曇無讖共慧嵩等譯　或一百五十一紙單本或無經字凡二十八品

優婆塞戒經集會品第一

優婆塞戒經發菩提心品第二

優婆塞戒經悲品第三

優婆塞戒經解脫品第四

優婆塞戒經三種菩提品第五

優婆塞戒經修三十二相業品第六

優婆塞戒經發願品第七

優婆塞戒經卷第二

優婆塞戒經名義菩薩品第八

優婆塞戒經義菩薩心堅固品第九

優婆塞戒經自利利他品第十

優婆塞戒經自他莊嚴品第十一

優婆塞戒經二莊嚴品第十二

優婆塞戒經攝取品第十三

優婆塞戒經卷第三

優婆塞戒經受戒品第十四

優婆塞戒經淨戒品第十五

優婆塞戒經息惡品第十六

優婆塞戒經供養三寶品第十七

優婆塞戒經六波羅蜜品第十八
優婆塞戒經卷第四
優婆塞戒經雜品第十九
優婆塞戒經卷第五
優婆塞戒經淨三歸品第二十
優婆塞戒經八戒齋品第二十一
優婆塞戒經五戒品第二十二
優婆塞戒經尸波羅蜜品第二十三
優婆塞戒經業品第二十四
優婆塞戒經卷第六
優婆塞戒經業品之餘
優婆塞戒經羼提波羅蜜品第二十五
優婆塞戒毗梨波羅蜜品第二十六
優婆塞戒禪波羅蜜品第二十七
優婆塞戒般若波羅蜜品第二十八
右北涼玄始十五年四月二十三日天竺沙門曇無讖於閑豫宮譯至七月二十三日訖見經後記及僧祐錄　沙門道養筆受
梵網經一部二卷　四十紙　第二譯　前本闕
梵網經序
梵網經盧舍那佛說菩薩心地品第十上卷

梵網經盧舍那佛說菩薩心地品第十下卷
右後秦弘始八年三藏羅什於草堂寺譯見經前序
僧肇筆受
受十善戒經一卷　十九紙　凡二品　單本
受十善戒經
十善戒十施報品第二
右後漢失譯見僧祐失譯錄
上四經十卷同帙
菩薩瓔珞本業經一部二卷　四十五紙　第一譯　或無菩薩字　或云瓔珞本業　三譯二闕　凡八品　開元錄新編為大乘律
菩薩瓔珞本業經卷上
集衆品第一　賢聖名字品第二
賢聖學觀品第三
菩薩瓔珞本業經卷下
釋義品第四　佛母品第五
因果品第六　大衆受學品第七
集散品第八
右後秦涼州沙門竺佛念於常安譯見費長房錄
佛藏經一部四卷　或三卷　亦云選擇諸法經　或二卷　七十八紙　單譯　凡十品
佛說佛藏經卷第一

諸法實相品第一　一名選擇諸法　後秦羅什於常安譯
念佛品第二　念法品第三
念僧品第四
佛說佛藏經卷第二
淨戒品第五
佛說佛藏經卷第三
淨法品第六　往古品第七
淨見品第八
佛說佛藏經卷第四　淨見品下
了戒品第九　囑累品第十
右後秦弘始七年六月十二日三藏羅什譯見二秦等錄
僧叡僧肇道恆等筆受
菩薩戒本一卷　出地持戒品中　第二譯　十二紙　慈氏菩薩說
菩薩戒本經一卷
右北涼玄始年天竺三藏曇無讖於姑臧譯見僧祐錄
菩薩戒本一卷　二十五紙　出瑜伽論本地分中菩薩地　第三譯　前後二譯一譯闕本有序
菩薩戒本一卷　彌勒菩薩說
大唐三藏聖教序　御製
皇太子臣治述聖記
菩薩戒本　彌勒菩薩說　沙門玄奘奉詔譯　靖邁制後序
右大唐貞觀二十三年七月二十一

日三藏法師玄奘於大慈恩寺翻
經院譯見內典錄
沙門大乘光筆受
菩薩羯磨一卷 彌勒菩薩說 單譯 凡有三羯磨 五紙 淨識製後序
菩薩戒羯磨文 彌勒菩薩說 沙門玄奘奉詔譯
受戒羯磨第一　懺罪羯磨第二
得捨差別第三
右大唐貞觀二十三年七月十五日
三藏法師玄奘於大慈恩寺翻經
院譯見內典錄 沙門大乘光筆受
菩薩善戒經一卷 十七紙 單譯
菩薩善戒一卷 優婆離問菩薩受戒法
右宋元嘉八年罽賓三藏求那跋摩
於祇洹寺譯見寶唱錄 沙門慧義筆受
上六經十卷同帙
菩薩內戒經一卷 二十一紙 單譯
菩薩內戒經一卷
右宋文帝代罽賓沙門求那跋摩
譯見法上錄
優婆塞五戒威儀經一卷 十七紙 單本 凡有三礼文及捨法戒
優婆塞五戒威儀經一卷
三禮文　捨法戒
右宋元嘉八年罽賓沙門求那跋

摩於祇桓寺譯見寶唱錄
文殊師利淨律經一卷 一名淨律經 第一譯 凡四品 十五紙
佛說文殊師利淨律經一卷 晉世竺法護譯
真諦品第一　聖諦品第二
解律品第三　道門品第四
右西晉月支沙門竺法護太康十年
四月八日於洛陽白馬寺譯先過西
域寂志誦出經本後尚有數品其人
恐但宣憶者見竺道祖等錄 聶道真筆受
清淨毗尼方廣經一卷 二十紙 第二譯
清淨毗尼方廣經一卷
右後秦羅什譯見法上錄
僧叡僧肇道恒等筆受
寂調音所問經一卷 二十二紙 第四譯
寂調音所問經一卷 一名如來所說清淨調伏經
右宋代沙門法海譯見始興錄及法
上錄
大乘三聚懺經一卷 十五紙 或加悔字 單本 或加法字或云三聚懺悔法
大乘三聚懺經一卷 隋開皇十年闍那崛多及笈多等於大興善寺譯
右隋開皇十年闍那崛多等於大
興善寺譯見內典錄
菩薩五法懺悔文一卷 二紙 或無文字 或云菩薩五法懺悔經 單本
菩薩五法懺悔經一卷

右梁代失譯見開元錄
上二經同卷
菩薩藏經 十三紙 單本
菩薩藏經
右梁扶南沙門僧伽婆羅譯見
費長房錄
三曼陀颰陀羅菩薩經 八紙 單譯 凡五品
三曼陀颰陀羅菩薩經
悔過品第二　願樂品第三
請勸品第四　譬稱品第五
右西晉代清信士聶道真譯見
費長房錄
菩薩受齋經 三紙 第二譯 三譯闕二
菩薩受齋經　齋日數
右西晉代清信士聶道真譯見費長
房錄
上三經同卷
文殊師利悔過經一卷 一名文殊五體悔過經 二十四紙 第一譯 兩本 闕一 或云文殊悔過經 或加師利字
文殊師利悔過經一卷
右西晉竺法護譯見僧祐錄
清信士聶承遠筆受
舍利弗悔過經 亦云悔過經 三譯 兩闕 五紙

十五

舍利弗悔過經

右後漢代安息國沙門安世高

譯見費長房録

十善業道經 七紙 單本

十善業道經 三藏沙門于闐國實叉難陀譯

右大周于闐三藏實叉難陀譯見

開元録

法律三昧經 一紙 一云法律經 第二譯 兩本闕一

法律三昧經

右吳代支謙譯見費長房録

上三經同卷

上十四經十卷同帙

大智度論一百卷 或云大智度經論亦云摩訶般若釋論 畢譯十帙或一百一十卷 或七十卷 二千四百二十六紙 凡八十九品

摩訶般若波羅蜜經卷第一 釋論[illegible]龍樹菩薩造

序品第一

摩訶般若波羅蜜經卷第二

釋論初品中如是我聞一時第二

釋初品中總說如是我聞一時第三

摩訶般若波羅蜜經卷第三

釋論初品中婆伽婆義第四

摩訶般若波羅蜜經卷第四

釋論初品中王舍城第五

十六

釋初品中共摩訶比丘僧第六

釋比丘尼優婆塞優婆夷三衆

摩訶般若波羅蜜經卷第五

釋初品中菩薩品第七

摩訶般若波羅蜜經卷第六 下至第七紙[illegible]釋

釋論初品摩訶薩埵義

釋初品中菩薩功德

摩訶般若波羅蜜經卷第七

釋初品中十喻品第八

摩訶般若波羅蜜經卷第八

釋初品 釋初品中佛世界願

摩訶般若波羅蜜經卷第九

釋初品中放光義

摩訶般若波羅蜜經卷第十

釋初品中放光

摩訶般若波羅蜜經十方諸菩薩

來品第十一

摩訶般若波羅蜜經卷第十一

釋初品中放光之餘

摩訶般若波羅蜜經卷第十二

釋論初品中舍利弗因緣

摩訶般若波羅蜜經釋論初品中

檀波羅蜜上

十七

釋論初品中讚檀波羅蜜品

釋論初品中檀相

釋初品中檀波羅蜜法施

摩訶般若波羅蜜經卷第十四

釋初品中檀波羅蜜

摩訶般若波羅蜜經卷第十五

釋論初品中讚持戒

釋論初品中戒相

摩訶般若波羅蜜經卷第十六

釋論初品中戒相之餘

釋論初品中尸波羅蜜

摩訶般若波羅蜜經卷第十七

釋論初品讚羼提波羅蜜

釋論初品中法忍

摩訶般若波羅蜜經卷第十八

釋論初品中讚毗梨耶波羅蜜品

第十六

釋論初品中毗梨耶波羅蜜相

摩訶般若波羅蜜經卷第十九

釋論初品中禪波羅蜜義

摩訶般若波羅蜜經卷第二十

釋論初品中般若波羅蜜義品第

十八

般若相品第三十
摩訶般若波羅蜜經卷第三十一
釋初品中三十七品
摩訶般若波羅蜜經卷第二十二
釋三十七品之二釋論
摩訶般若波羅蜜釋初品中[illegible]
昧品第三十二
摩訶般若波羅蜜經卷第二十三
釋初品中三三昧門中四無量
摩訶般若波羅蜜經卷第二十四
釋初品中八背捨義第三十三 釋論
摩訶般若波羅蜜經卷第二十五
釋初品中念僧釋論
摩訶般若波羅蜜經卷第二十六
釋初品中十想譯論
摩訶般若波羅蜜釋初品中十一智
摩訶般若波羅蜜經卷第二十七
菩薩欲徧知佛十力釋論
摩訶般若波羅蜜經卷第二十八
釋菩薩四無所畏釋論
摩訶般若波羅蜜經卷第二十九
釋初品十八不共法釋論
摩訶般若波羅蜜經卷第三十

釋初品中大慈大悲第三十六 釋論
摩訶般若波羅蜜經卷第三十一
釋菩薩欲住六神通
摩訶般若波羅蜜經卷第三十二
釋菩薩隨喜
摩訶般若波羅蜜經卷第三十三
釋初品中善根供養
摩訶般若波羅蜜經卷第三十四
釋初品中諸佛稱讚其名
摩訶般若波羅蜜經卷第三十五
釋初品中十八空之二
摩訶般若波羅蜜經卷第三十六
釋菩薩四緣
摩訶般若波羅蜜經卷第三十七
釋初品中到彼岸義
摩訶般若波羅蜜經卷第三十八
釋初品中信持
摩訶般若波羅蜜經卷第三十九
報應品第二釋論
摩訶般若波羅蜜卷第四十
習相應品第三釋論
摩訶般若波羅蜜經卷第四十一
習相應品餘釋論

摩訶般若波羅蜜經卷第四十二
習相應品餘釋論
摩訶般若波羅蜜經卷第四十三
往生品第四釋論
摩訶般若波羅蜜經卷第四十四
往生品餘釋論
摩訶般若波羅蜜經卷第四十五
往生品餘釋論
摩訶般若波羅蜜經歎度品第五
摩訶般若波羅蜜經卷第四十六
舌相受記品第六釋論
摩訶般若波羅蜜經無名字品第七
摩訶般若波羅蜜經勸學品第八
摩訶般若波羅蜜經卷第四十七
集散不住品第九釋論
摩訶般若波羅蜜經卷第四十八
相行品第十釋論
摩訶般若波羅蜜經卷第四十九
幻人無作品第十一釋論
摩訶般若波羅蜜經句義無礙
品第十二
摩訶般若波羅蜜經卷第五十
摩訶薩品第十三釋論

摩訶般若波羅蜜斷見品第十四
摩訶般若波羅蜜大莊嚴品第十五
摩訶般若波羅蜜經卷第五十一
乘乘第十五釋論
摩訶般若波羅蜜無作莊嚴品第十六
摩訶般若波羅蜜摩訶衍品第十七
摩訶般若波羅蜜經卷第五十二
摩訶衍品之二釋論
摩訶般若波羅蜜經卷第五十三
法聚品第十八釋論
摩訶般若波羅蜜經卷第五十四
發趣品第十九釋論
摩訶般若波羅蜜經卷第五十五
發趣品之餘釋論
摩訶般若波羅蜜出到品第二十
摩訶般若波羅蜜經卷第五十六
歎衍品第二十一釋論
摩訶般若波羅蜜含受品第二十二
摩訶般若波羅蜜經卷第五十七
會宗品第二十三釋論

摩訶般若波羅蜜　品第二十四
摩訶般若波羅蜜經卷第五十八
無生品第二十五釋論
摩訶般若波羅蜜經卷第五十九
天主品第二十六釋論
摩訶般若波羅蜜經卷第六十
如幻品第二十七釋論
摩訶般若波羅蜜雨法雨品第二十八
摩訶般若波羅蜜經卷第六十一
受持品第二十九釋論
摩訶般若波羅蜜經具足功德品第三十
摩訶般若波羅蜜經卷第六十二
挍寶塔品第三十一
摩訶般若波羅蜜經述成品第三十二
摩訶般若波羅蜜經勸受持品第三十三
摩訶般若波羅蜜經卷第六十三
現驗品第三十四釋論
摩訶般若波羅蜜經稱譽品第三十五

摩訶般若波羅蜜經卷第六十四
挍舍利品第三十六釋論
摩訶般若波羅蜜經卷第六十五
挍法施法品第三十七釋論
摩訶般若波羅蜜經隨喜品第三十八
摩訶般若波羅蜜經卷第六十六
隨喜品之餘釋論
摩訶般若波羅蜜經卷第六十七
照明品第三十九釋論
摩訶般若波羅蜜經信謗品第四十
摩訶般若波羅蜜經卷第六十八
信謗品餘釋論
摩訶般若波羅蜜經歎淨品第四十一
摩訶般若波羅蜜經卷第六十九
實相品第四十二釋論
摩訶般若波羅蜜經卷第七十
肯波羅蜜品第四十三
摩訶般若波羅蜜經歎信行品第四十四
摩訶般若波羅蜜經卷第七十一

歷章第十五　第二十四張
摩訶般若波羅蜜經卷第七十二
歎信行品餘釋論
摩訶般若波羅蜜經卷第七十二
覺魔品第四十五釋論
摩訶般若波羅蜜經兩不和合品
第四十六
摩訶般若波羅蜜經卷第七十三
兩不和合品餘釋論
摩訶般若波羅蜜經佛母品第四
十七
摩訶般若波羅蜜經卷第七十四
問相品第四十八釋論
摩訶般若波羅蜜經大事興品第
四十九
摩訶般若波羅蜜經卷第七十五
譬喻品第五十釋論
摩訶般若波羅蜜經知識教發心
品第五十一
摩訶般若波羅蜜經驗知品第五
十二
摩訶般若波羅蜜經卷第七十六
大如品第五十三釋論
摩訶般若波羅蜜經卷第七十七
阿鞞跋致品第五十四

歷章第十五　第二十五張
摩訶般若波羅蜜經轉不退輪品
第五十五
摩訶般若波羅蜜經卷第七十八
燈炷品第五十六釋論
摩訶般若波羅蜜經卷第七十九
夢入三昧品第五十七
摩訶般若波羅蜜經殑伽提婆品
第五十八
摩訶般若波羅蜜經空中不證品
第五十九
摩訶般若波羅蜜經卷第八十
夢中不證品第六十釋論
摩訶般若波羅蜜經卷第八十一
同學品第六十一釋論
摩訶般若波羅蜜經論等學品第
六十二
摩訶般若波羅蜜經論願樂品第
六十三
摩訶般若波羅蜜經論稱揚品第
六十四
摩訶般若波羅蜜經卷第八十二
稱揚品餘釋論
摩訶般若波羅蜜經中囑累品

歷章第十五　第二十六張
第六十五
摩訶般若波羅蜜經無盡品第六
十六
摩訶般若波羅蜜經卷第八十三
六度相攝品第六十七釋論
摩訶般若波羅蜜經卷第八十四
大方便品第六十八釋論
摩訶般若波羅蜜經卷第八十五
大方便品之餘釋論
摩訶般若波羅蜜經三慧品第六
十九
摩訶般若波羅蜜經卷第八十六
三慧品餘釋論
摩訶般若波羅蜜經論道樹品第
七十
摩訶般若波羅蜜經卷第八十七
菩薩行品第七十一
摩訶般若波羅蜜經善根方便品第
七十二
摩訶般若波羅蜜經徧學品第七十三
摩訶般若波羅蜜經卷第八十八
順忍品第七十四釋論
摩訶般若波羅蜜經卷第八十九

一心具萬行品第七十五
摩訶般若波羅蜜經六喻品第七
十六
摩訶般若波羅蜜卷第九十
四攝品第七十七釋論
摩訶般若波羅蜜經卷第九十一
四攝品第七十七餘釋論
摩訶般若波羅蜜經善遠品第七
十八
摩訶般若波羅蜜經卷第九十二
實際品第七十九釋論
摩訶般若波羅蜜經卷第九十三
成就衆生品第八十釋論
摩訶般若波羅蜜經卷第九十四
淨佛國土品第八十一釋論
摩訶般若波羅蜜經卷第九十五
畢定品第八十二釋論
摩訶般若波羅蜜經四諦品第八
十三
摩訶般若波羅蜜經卷第九十六
法性非作品第八十四
摩訶般若波羅蜜經平等品第八十五
摩訶般若波羅蜜經如化品第八十六

摩訶般若波羅蜜經卷第九十七
薩陀波崙菩薩品第八十七釋論
摩訶般若波羅蜜經卷第九十八
薩陀波崙菩薩品餘釋論
摩訶般若波羅蜜經卷第九十九
曇無竭菩薩品第八十八釋論
摩訶般若波羅蜜經卷第一百
曇無竭菩薩品餘釋論
摩訶般若波羅蜜經囑累品第八十九
右後秦弘始四年夏三藏鳩摩
羅什於常安逍遥園譯至七年
十二月二十七日訖見僧祐二秦
録等　僧叡僧肇道常等筆受
十地經論一部十二卷 二百八十二紙　或十五卷　一帙單本　凡有十地
十地論序　侍中崔光作
十地經論卷第一　初歡喜地第一
十地經論卷第二　初歡喜地之二
十地經論卷第三　初歡喜地之三
十地經論卷第四　離垢地第二
十地經論卷第五　明地第三
十地經論卷第六　燄地第四
十地經論卷第七　難勝地第五
十地經論卷第八　現前地第六

十地經論卷第九　遠行地第七
十地經論卷第十　不動地第八
十地經論卷第十一　善慧地第九
十地經論卷第十二　法雲地第十
右後魏宣武帝永平九年四月天竺
三藏菩提留支於洛陽太極紫高
譯初宣武親自筆受後付沙門僧
辯筆訖盡論文至四年夏首畢見
崔光論序
彌勒菩薩問經論一部六卷 一百四十六紙　或十卷　或五卷　單譯　或七卷
彌勒菩薩所問經論卷第一 後魏代菩提留支譯
彌勒菩薩摩訶薩所問經論卷第一
彌勒菩薩所問經論卷第二 後魏代菩提留支譯
彌勒菩薩所問經論卷第三 後魏代菩提留支譯
彌勒菩薩所問經論卷第四 後魏代菩提留支譯
彌勒菩薩所問經論卷第五 後魏代菩提留支譯
彌勒菩薩所問經論卷第六 後魏代菩提留支譯
右後魏天竺三藏菩提留支於洛
陽趙欣宅譯見費長房録
寶積經論一部四卷 或六卷　第一譯　九十八紙　兩本一闕
大乘寶積經論卷第一
大乘寶積經論卷第二
大乘寶積經論卷第三

第二十張　綏

大乘寶積經論卷第四
右元魏三藏菩提留支於洛陽譯
見費長房錄
寶髻菩薩四法經論一卷 十四紙 天親菩薩造 單本
寶髻經四法優波提舍翻譯之記一卷
寶髻經四法優波提舍
右元魏興和三年九月一日天竺三
藏毗目智仙等於鄴城金華寺譯
出經序記 沙門曇林筆受
上三論十一卷同帙
佛地經論一部七卷 一百三十四紙 親光等菩薩造 釋佛地經 單本
佛地經論卷第一 唐永徽年玄奘奉 詔譯
佛地經論卷第二 唐永徽年玄奘奉 詔譯
佛地經論卷第三 唐永徽年玄奘奉 詔譯
佛地經論卷第四 唐永徽年玄奘奉 詔譯
佛地經論卷第五 唐永徽年玄奘奉 詔譯
佛地經論卷第六 唐永徽年玄奘奉 詔譯
佛地經論卷第七 唐永徽年玄奘奉 詔譯
巳上佛地經論七 卷三
右大唐貞觀二十三年十月三日三
藏法師玄奘於大慈恩寺翻經院譯
至十一月二十四日畢 見内典錄
沙門大乘光等筆受

三十一

金剛般若論一部三卷 或二卷 無著菩薩造 五十張 單本
金剛般若波羅蜜經論卷上 無著菩薩
隋大業年三藏笈多譯
金剛般若波羅蜜經論卷中 無著菩薩
隋大業年三藏笈多譯
金剛般若波羅蜜經論卷下 無著菩薩
隋大業年三藏笈多譯
右隋大業年天竺三藏達摩笈
多於東都上林園譯見内典錄
沙門彥琮行矩等筆受
能斷金剛般若經論頌一 無著造 四紙 亦云能斷金剛論頌
能斷金剛般若波羅蜜多經論頌
無著菩薩造 三藏法師義淨奉 制譯
右大唐景雲二年三藏法師義
淨於大薦福寺翻經院譯見開
元錄沙門玄傘智積等筆受
上三論十一卷同帙
金剛般若波羅蜜經論一部三卷 天親菩薩造 第一譯
金剛般若波羅蜜經論卷上
後魏代三藏菩提留支譯 天親菩薩造
金剛般若波羅蜜經論卷中
後魏代三藏菩提留支譯 天親菩薩造
金剛般若波羅蜜經論卷下

三十二

後魏代三藏菩提留支譯 天親菩薩造
右後魏永平二年三藏菩提留支
於胡相國宅第一譯見費長房
錄僧朗筆受
能斷金剛般若經論釋一部三卷 無著菩薩造 三十八紙 第二譯 亦云能斷金剛論釋 并略明讀述九喻
能斷金剛般若波羅蜜多經論釋卷上
能斷金剛般若波羅蜜多經論釋卷中
無著菩薩造頌 世親菩薩釋 三藏法師義淨奉 制譯
能斷金剛般若波羅蜜多經論釋卷下
無著菩薩造頌 世親菩薩釋 三藏法師義淨奉 制譯
右大唐景雲二年三藏法師義淨
於大薦福寺翻經院譯見開元錄
沙門玄傘等筆受
金剛般若論一部二卷 四十紙 單本 功德施菩薩造 一名功德施論
大唐後三藏聖教序　皇太后御製
金剛般若波羅蜜經破取著不壞假
名論卷上
功德施菩薩造 唐永淳年中天竺國沙門地婆訶羅奉 敕譯
金剛般若波羅蜜經破取著不壞假
名論卷下
功德施菩薩造 唐永淳年中天竺國沙門地婆訶羅奉 敕譯
右大唐永淳二年九月十五日中天

三十三

竺三藏地婆訶羅於西京太
原寺歸寧院譯見大周錄
文殊問菩提心經論一部二卷 一名伽耶山頂經論
三十三紙 單本 婆藪槃豆菩薩造 凡有大分
文殊師利菩薩問菩提經卷上
菩薩行差別分　次說三昧分
觀清淨分　次顯說分
次說菩薩功德勢力分
文殊師利菩薩問菩提經論卷下
次說菩薩行差別分
右後魏天平二年三藏菩提留支
於鄴城般周寺譯見費長房錄
僧辯道湛筆受
妙法蓮華經論一卷 二十九紙 婆藪槃豆造
妙法蓮華經優婆提舍 大乘論師婆藪槃豆釋
妙法蓮華經論序品第一 天親菩薩造
方便品第二
右後魏宣武帝正始五年中天
竺國三藏勒那摩提於洛陽譯
見費長房錄
沙門僧朗侍中崔光等筆受
上五論十一卷同帙
法華經論一部二卷 初有歸敬頌昔是或一卷 第一譯 題云妙法

蓮華經優婆提舍 三十四紙 凡三品
妙法蓮華經憂波提舍卷上 大乘論師
婆藪槃豆釋 後魏北天竺三藏菩提留支共沙門曇林等譯
妙法蓮華經序品第一 方便品第二
妙法蓮華憂波提舍卷下 大乘論師
婆藪槃豆釋 後魏北天竺三藏菩提留支共沙門曇林等譯
方便品之餘　譬喻品第二
右後魏天竺三藏菩提留支譯見
續高僧傳沙門曇林筆受
勝思惟梵天所問經論一部三卷
或四卷 六十九紙 釋勝思惟經單本
勝思惟梵天所問經論卷上
天親菩薩造 沙門統大乘論師菩提留支翻
勝思惟梵天所問經論卷中
勝思惟梵天所問經論卷下
右後魏普泰元年三藏菩提留
支於洛陽元礎湯宅譯見續高僧
傳僧辯僧朗等筆受
大般涅槃經論一卷 或直云涅槃論 第一譯 或無 經中從本闕十二紙
大般涅槃論 婆藪槃豆菩薩造 達摩菩提譯
右達摩菩提譯不知年月且編翻
代見內典錄
大般涅槃經本有今無偈論一卷 或無大

單譯釋經偈一頌
大般涅槃經本有今無偈論
涅槃經三世義 陳世真諦三藏於廣州譯
右梁太清四年天竺沙門真諦
譯見費長房錄
遺教經論一卷 釋遺經 單本 三十紙
遺教經論一卷 陳天竺三藏真諦譯
右陳代天竺三藏真諦譯見費長房
無量壽經一論一卷 八紙 單本 婆藪槃豆造
提云無量壽經優婆提舍願生偈
無量壽優婆提 優波提舍願生偈 婆藪槃豆菩薩造
右後魏永安年三藏菩提留支於
洛陽永寧寺譯見費長房錄僧辯
等筆受
三具足論一卷 二十紙 單本 天親菩薩造
三具足經憂波提舍翻譯之記
三具足經憂波提舍
右元魏興和三年九月十三日天竺
三藏毗目智仙等於鄴城金華寺譯
見經序記沙門曇林筆受
轉法輪經論一卷 十一紙 天親菩薩造 單本
轉法輪經論憂波提舍翻譯之記
轉法輪經論憂波提舍一卷

壯三百第十五　麗第二十六　藏

右元魏興和三年八月十一日天竺三藏毗目智仙等於鄴城金華寺譯見經序記

沙門曇林筆受開府三司高仲密流通

上八論十一卷同帙　已上釋經論　已下集義論

趙城縣廣勝寺

本地分中三摩呬多地第六之一
瑜伽師地論卷第十二 彌勒菩薩說 沙門玄奘奉詔譯
本地分中三摩呬多地第六之二
瑜伽師地論卷第十三 彌勒菩薩說 沙門玄奘奉詔譯
本地分中三摩呬多地第六之三
本地分中非三摩呬多地第七
本地分中有心無心二地第八第九二地
本地分中聞所成地第十之一
瑜伽師地論卷第十四 彌勒菩薩說 沙門玄奘奉詔譯
本地分中聞所成地第十之二
瑜伽師地論卷第十五 彌勒菩薩說 沙門玄奘奉詔譯
本地分中聞所成地第十之三
瑜伽師地論卷第十六 彌勒菩薩說 沙門玄奘奉詔譯
本地分中思所成地第十一之一
瑜伽師地論卷第十七 彌勒菩薩說 沙門玄奘奉詔譯
本地分中思所成地第十一之二
瑜伽師地論卷第十八 彌勒菩薩說 沙門玄奘奉詔譯
本地分中思所成地第十一之三
瑜伽師地論卷第十九 彌勒菩薩說 沙門玄奘奉詔譯
本地分中思所成地第十一之四
瑜伽師地論卷第二十 彌勒菩薩說 沙門玄奘奉詔譯
本地分中修所成地第十二
瑜伽師地論卷第二十一 彌勒菩薩說 沙門玄奘奉詔譯

本地分中聲聞地第十三初瑜伽處
種姓地第一
本地分中聲聞第十三初瑜伽處之
地第二
瑜伽師地論卷第二十二 彌勒菩薩說 沙門玄奘奉詔譯
本地分中聲聞地第十三初瑜伽處出
離地第三之一
瑜伽師地論卷第二十三 彌勒菩薩說 沙門玄奘奉詔譯
本地分中聲聞地第十三初瑜伽處出
離地第三之二
瑜伽師地論卷第二十四 彌勒菩薩說 沙門玄奘奉詔譯
本地分中聲聞地第十三初瑜伽處出
離地第三之三
瑜伽師地論卷第二十五 彌勒菩薩說 沙門玄奘奉詔譯
本地分中聲聞地第十三初瑜伽處出
離地第三之四
瑜伽師地論第二十六 彌勒菩薩說 沙門玄奘奉詔譯
本地分中聲聞地第十三第二瑜伽
處之一
瑜伽師地論卷第二十七 彌勒菩薩說 沙門玄奘奉詔譯
本地分中聲聞地第十三第二瑜伽
處之二
瑜伽師地論卷第二十八 彌勒菩薩說 沙門玄奘奉詔譯

本地分中聲聞地第十三第二瑜伽處
之三
瑜伽師地論卷第二十九 彌勒菩薩說 沙門玄奘奉 詔譯
本地分中聲聞地第十三第二瑜伽處之四
瑜伽師地論卷第三十 彌勒菩薩說 沙門玄奘奉 詔譯
本地分中聲聞地第十三第三瑜伽處之一
瑜伽師地論卷第三十一 彌勒菩薩說 沙門玄奘奉 詔譯
本地分中聲聞地第十三第三瑜伽處之二
瑜伽師地論卷第三十二 彌勒菩薩說 沙門玄奘奉 詔譯
本地分中聲聞地第十三第三瑜伽處之三
瑜伽師地論卷第三十三 彌勒菩薩說 沙門玄奘奉 詔譯
本地分中聲聞地第十三第四瑜伽處之一
瑜伽師地論卷第三十四 彌勒菩薩說 沙門玄奘奉 詔譯
本地分中聲聞地第十三第四瑜伽處之二
本地分中獨覺地第十四
瑜伽師地論卷第三十五 彌勒菩薩說 沙門玄奘奉 詔譯
本地分中菩薩地第十五初持瑜伽處
種姓品第一
本地分中菩薩地第十五初持瑜伽處
發心品第二
本地分中菩薩地第十五初持瑜伽處
自他利品第三之一
瑜伽師地論卷第三十六 彌勒菩薩說 沙門玄奘奉 詔譯

本地分中菩薩地第十五初持瑜伽處
自他利品第三之二
本地分中菩薩地第十五初持瑜伽處
真實義品第四
瑜伽師地論卷第三十七 彌勒菩薩說 沙門玄奘奉 詔譯
本地分中菩薩地第十五初持瑜伽處
威力品第五
本地分中菩薩地第十五初持瑜伽處
成熟品第六
瑜伽師地論卷第三十八 彌勒菩薩說 沙門玄奘奉 詔譯
本地分中菩薩地第十五初持瑜伽處
菩提品第七
本地分中菩薩地第十五初持瑜伽處
力種姓品第八
瑜伽師地論卷第三十九 彌勒菩薩說 沙門玄奘奉 詔譯
本地分中菩薩地第十五初持瑜伽處
施品第九
瑜伽師地論卷第四十 彌勒菩薩說 沙門玄奘奉 詔譯
本地分中菩薩地第十五初持瑜伽處
戒品第十之一
瑜伽師地論卷第四十一 彌勒菩薩說 沙門玄奘奉 詔譯
本地分中菩薩地第十五初持瑜伽處
戒品第十之二

瑜伽師地論卷第四十二 彌勒菩薩說 沙門玄奘奉 詔譯
本地分中菩薩地第十五初持瑜伽處
戒品第十之三
本地分中菩薩地第十五初持瑜伽處
忍品第十一
本地分中菩薩第十五初瑜伽處精
進品第十二
瑜伽師地論卷第四十三 彌勒菩薩說 沙門玄奘奉 詔譯
本地分中菩薩地第十五初持瑜伽處
靜慮品第十三
本地分中菩薩地第十五初持瑜伽處
慧品第十四
本地分中菩薩地第十五初持瑜伽處
攝事品第十五
瑜伽師地論卷第四十四 彌勒菩薩說 沙門玄奘奉 詔譯
本地分中菩薩第十五初持瑜伽處供
養親近無量品第十六
本地分中菩薩地第十五初持瑜伽處
菩提分品第十七之一
瑜伽師地論卷第四十五 彌勒菩薩說 沙門玄奘奉 詔譯
本地分中菩薩地第十五初持瑜伽處
菩提分品第十七之二
瑜伽師地論卷第四十六 彌勒菩薩說 沙門玄奘奉 詔譯

嬰華第十六 第八張

本地分中菩薩地第十五初持瑜伽處
菩提分品第十七之三
本地分中菩薩地第十五初持瑜伽處
菩薩功德品第十八
瑜伽師地論卷第四十七 彌勒菩薩說 沙門玄奘奉 詔譯
本地分中菩薩地第十五第二持隨法
瑜伽處菩薩相品第一
本地分中菩薩地第十五第二持隨
法瑜伽處分品第二
本地分中菩薩地第十五第二持隨
瑜伽處增上意樂品第三
本地分中菩薩地第十五第二持隨法
瑜伽處住品第四之一
瑜伽師地論卷第四十八 彌勒菩薩說 沙門玄奘奉 詔譯
本地分中菩薩地第十五第二持隨
法瑜伽處住品第四之二
本地分中菩薩地第十五第三持究
竟瑜伽處生品第一
本地分中菩薩第十五第三持究竟
瑜伽處攝受品第二
瑜伽師地論卷第四十九 彌勒菩薩說 沙門玄奘奉 詔譯
本地分中菩薩地第十五第三持究
竟瑜伽處地品第三

嬰華第十六 中 第九張

本地分中菩薩地第十五第三持究竟
瑜伽處行品第四
本地分中菩薩地第十五第三持究竟
瑜伽處建立品第五之一
瑜伽師地論卷第五十 彌勒菩薩說 沙門玄奘奉 詔譯
瑜伽處建立品第五之二
本地分中菩薩地第十五第四持次
第瑜伽處本地分中有餘依
地第十六
本地分無餘依地第十七
瑜伽師地論卷第五十一 彌勒菩薩說 沙門玄奘奉 詔譯
攝決擇分中五識身相應地意地之一
瑜伽師地論卷第五十二 彌勒菩薩說 沙門玄奘奉 詔譯
攝決擇分中五識身相應地意地之二
瑜伽師地論卷第五十三 彌勒菩薩說 沙門玄奘奉 詔譯
攝決擇分中五識身相應地意地之三
瑜伽師地論卷第五十四 彌勒菩薩說 沙門玄奘奉 詔譯
攝決擇分中五識身相應地意地之四
瑜伽師地論卷第五十五 彌勒菩薩說 沙門玄奘奉 詔譯
攝決擇分中五識身相應地意地之五
瑜伽師地論卷第五十六 彌勒菩薩說 沙門玄奘奉 詔譯
攝決擇分中五識身相應地意地之六

嬰華第十六 第十張 下

瑜伽師地論卷第五十七 彌勒菩薩說 沙門玄奘奉 詔譯
攝決擇分中五識身相應地意地之七
瑜伽師地論卷第五十八 彌勒菩薩說 沙門玄奘奉 詔譯
攝決擇分中有尋有伺等三地之一
瑜伽師地論卷第五十九 彌勒菩薩說 沙門玄奘奉 詔譯
攝決擇分中有尋有伺等三地之二
瑜伽師地論卷第六十 彌勒菩薩說 沙門玄奘奉 詔譯
攝決擇分中有尋有伺等三地之三
瑜伽師地論卷第六十一 彌勒菩薩說 沙門玄奘奉 詔譯
攝決擇分中有尋有伺等三地之四
瑜伽師地論卷第六十二 彌勒菩薩說 沙門玄奘奉 詔譯
攝決擇分中三摩呬多地之一
瑜伽師地論卷第六十三 彌勒菩薩說 沙門玄奘奉 詔譯
攝決擇分中之摩呬多地之二
瑜伽師地論卷第六十四 彌勒菩薩說 沙門玄奘奉 詔譯
攝決擇分中非三摩呬多地
攝決擇分中聞所成慧地
瑜伽師地論卷第六十五 彌勒菩薩說 沙門玄奘奉 詔譯
攝決擇分中思所成慧地之一
瑜伽師地論卷第六十六 彌勒菩薩說 沙門玄奘奉 詔譯
攝決擇分中思所成慧地之二
瑜伽師地論卷第六十七 彌勒菩薩說 沙門玄奘奉 詔譯
攝決擇分中修所成慧地

歷章第十六　第十張　綴

攝決擇分中聲聞地之一

瑜伽師地論卷第六十八　彌勒菩薩說　沙門玄奘奉　詔譯

攝決擇分中聲聞地之二

瑜伽師地論卷第六十九　彌勒菩薩說　沙門玄奘奉　詔譯

攝決擇分中聲聞地之三

瑜伽師地論卷第七十　彌勒菩薩說　沙門玄奘奉　詔譯

攝決擇分中聲聞地之四

瑜伽師地論卷第七十一　彌勒菩薩說　沙門玄奘奉　詔譯

攝決擇分中聲聞地之五

瑜伽師地論卷第七十二　彌勒菩薩說　沙門玄奘奉　詔譯

攝決擇分中菩薩地之一

瑜伽師地論卷第七十三　彌勒菩薩說　沙門玄奘奉　詔譯

攝決擇分中菩薩地之二

瑜伽師地論卷第七十四　彌勒菩薩說　沙門玄奘奉　詔譯

攝決擇分中菩薩地之三

瑜伽師地論卷第七十五　彌勒菩薩說　沙門玄奘奉　詔譯

攝決擇分中菩薩地之四

瑜伽師地論卷第七十六　彌勒菩薩說　沙門玄奘奉　詔譯

攝決擇分中菩薩地之五

瑜伽師地論卷第七十七　彌勒菩薩說　沙門玄奘奉　詔譯

攝決擇分中菩薩地之六

瑜伽師地論卷第七十八　彌勒菩薩說　沙門玄奘奉　詔譯

攝決擇分中菩薩地之七

歷章第十六　第十二張　綴

瑜伽師地論卷第七十九　彌勒菩薩說　沙門玄奘奉　詔譯

攝決擇分中菩薩地之八

瑜伽師地論卷第八十　彌勒菩薩說　沙門玄奘奉　詔譯

攝決擇分中菩薩地之九

攝決擇分中有餘依及無餘依二地

瑜伽師地論卷第八十一　彌勒菩薩說　沙門玄奘奉　詔譯

攝釋分之上

瑜伽師地論卷第八十二　彌勒菩薩說　沙門玄奘奉　詔譯

攝釋分之下

瑜伽師地論卷第八十三　彌勒菩薩說　沙門玄奘奉　詔譯

攝異門分之上

瑜伽師地論卷第八十四　彌勒菩薩說　沙門玄奘奉　詔譯

攝異門分之下

瑜伽師地論卷第八十五　彌勒菩薩說　沙門玄奘奉　詔譯

攝事分中契經事行擇攝第一之一

瑜伽師地論卷第八十六　彌勒菩薩說　沙門玄奘奉　詔譯

攝事分中契經事行擇攝第一之二

瑜伽師地論卷第八十七　彌勒菩薩說　沙門玄奘奉　詔譯

攝事分中契經事行擇攝第一之三

瑜伽師地論卷第八十八　彌勒菩薩說　沙門玄奘奉　詔譯

攝事分中契經事行擇攝第一之四

瑜伽師地論卷第八十九　彌勒菩薩說　沙門玄奘奉　詔譯

攝事分中契經事處擇攝第二之一

歷章第十六　第十三張　綴

瑜伽師地論卷第九十　彌勒菩薩說　沙門玄奘奉　詔譯

攝事分中契經事處擇攝第二之二

瑜伽師地論卷第九十一　彌勒菩薩說　沙門玄奘奉　詔譯

攝事分中契經事處擇攝第二之三

瑜伽師地論卷第九十二　彌勒菩薩說　沙門玄奘奉　詔譯

攝事分中契經事處擇攝第二之四

瑜伽師地論卷第九十三　彌勒菩薩說　沙門玄奘奉　詔譯

攝事分中契經緣起食諦界擇攝第

三之一

瑜伽師地論卷第九十四　彌勒菩薩說　沙門玄奘奉　詔譯

攝事分中契經事緣起食諦界擇攝

第三之二

瑜伽師地論卷第九十五　彌勒菩薩說　沙門玄奘奉　詔譯

攝事分中契經事緣起食諦界擇攝

第三之三

瑜伽師地論卷第九十六　彌勒菩薩說　沙門玄奘奉　詔譯

攝事分中契經事緣起食諦界擇

攝第三之四

瑜伽師地論卷第九十七　彌勒菩薩說　沙門玄奘奉　詔譯

攝事分中契經事菩提分法擇攝第

四之一

瑜伽師地論卷第九十八　彌勒菩薩說　沙門玄奘奉　詔譯

攝事分中契經事菩提分法擇攝第

歷章第十六　第十四　纓　大

四之二

瑜伽師地論卷第九十九 彌勒菩薩說 沙門玄奘奉 詔譯

攝事分中調伏事揔擇之一

瑜伽師地論卷第一百 彌勒菩薩說 沙門玄奘奉 詔譯

攝事分中調伏事揔擇攝之二

攝事分中本母事序辯攝

右大唐貞觀二十年五月十五日三藏法師玄奘於弘福寺翻經院譯至二十二年五月十五日功畢見內典錄沙門靈會明濬等筆受中書令許

信宗為後序

顯揚聖教論一部二十卷 二百八十二紙 無著菩薩造 二帙 單本 凡有十一品

大唐三藏聖教序　御製

皇太子臣治述　聖記

顯揚聖教論卷第一　攝事品第一

顯揚聖教論卷第二　攝事品第一之二

顯揚聖教論卷第三　攝事品第一之三

顯揚聖教論卷第四　攝事品第一之四

顯揚聖教論卷第五　攝淨義品第二

顯揚聖教論卷第六　攝淨義品第二之二

顯揚聖教論卷第七　攝淨義品第二之三

顯揚聖教論卷第八　攝淨義品第二之四

顯揚聖教論卷第九　攝淨義品第二之五

歷章第十六　第十五張

顯揚聖教論卷第十　攝淨義品第二之六

顯揚聖教論卷第十一　攝淨義品第二之七

顯揚聖教論卷第十二　攝淨義品第二之八

顯揚聖教論卷第十三　攝淨義品第二之九

顯揚聖教論卷第十四　成善巧品第三

成無常品第四

顯揚聖教論卷第十五　成苦品第五

成空品第六

顯揚聖教論卷第十六　無性品第七

成現觀品第八

顯揚聖教論卷第十七

成現觀品第八之餘　成瑜伽品第九

成不思議品第十　攝勝決擇品第十一

顯揚聖教論卷第十八

攝勝決擇品第十一之二

顯揚聖教論卷第十九

攝勝決擇品第十一之三

顯揚聖教論卷第二十

攝勝決擇品第十一之四

右大唐貞觀十九年十月一日三藏法師玄奘於弘福寺翻經院譯至二十年正月十五日功畢見內典錄沙門智證等筆受高陽公許信

宗奉敕監譯

瑜伽師地論釋一卷 最勝子等菩薩造 單本有序三十一紙

大唐三藏聖教序　太宗文皇帝製

大唐皇帝述　聖記在春宮日記製

瑜伽師地論釋一卷

本地分中五識相應地之一

右大唐永徽元年二月一日三藏法師玄奘於大慈恩寺翻經院譯見翻經圖沙門大乘暉筆受

顯揚聖教論頌一卷 單本 無著菩薩造 凡十一品 一十六紙

大唐三藏聖教序　太宗文皇帝製

大唐皇帝述　聖記 在春宮日製

顯揚聖教論頌一卷　攝事品第一

攝淨義品第二　成善巧品第三

成無常品第四　成苦品第五

成空品第六　成無性品第七

成現觀品第八　成瑜伽品第九

成不思議品第十　攝勝決擇品第十一

右大唐貞觀十九年六月十日三藏法師玄奘於弘福寺翻經院譯見內典錄沙門辯機筆受

王法理論一卷 彌勒菩薩造 單本二十四紙

大唐三藏聖教序　文皇帝御製

述聖記　今上在東宮日製

王法正理論一卷

佛經序　皇后御製

右大唐貞觀二十三年七月十八日三藏法師玄奘於大慈恩寺翻經院譯見內典錄沙門大乘林筆受

阿毗達磨集論一部七卷 無著菩薩造 麗本 凡八品 一百十七紙

大唐三藏聖教序　御製

皇太子臣治述　聖記

大乘阿毗達磨集論卷第一

本事分品中三法品第一

大乘阿毗達磨集論卷第二

本事分中三法品第一之二

大乘阿毗達磨集論卷第三

本事分中三法品第一之三

本事分中攝品第二

本事分中相應品第三

本事分中成就品第四

決擇分中諦品第一

大乘阿毗達磨集論卷第四

決擇分中諦品第一之二

大乘阿毗達磨集論卷第五

決擇分中諦品第一之三

大乘阿毗達磨集論卷第六

決擇分中法品第二　決擇分中得品第三

大乘阿毗達磨集論卷第七

決擇分中得品第三之二

決擇分中論議品第四

右大唐永徽三年正月十六日三藏法師玄奘於大慈恩寺翻經院譯至三月二十八日畢見內典錄沙門大乘光大乘雲等筆受

上四論十卷同帙

阿毗達磨雜集論一部十六卷 安慧造 宋本 有上集論 凡二分 有八品 二百九十二紙

大唐三藏聖教序　御製

皇太子臣治述　聖記

大乘阿毗達磨雜集論卷第一

本事分中三法品第一

大乘阿毗達磨雜集論卷第二

本事分中三法品第一之二

大乘阿毗達磨雜集論卷第三

本事分中三法品第一之三

大乘阿毗達磨雜集論卷第四

本事分中三法品第一之四

大乘阿毗達磨雜集論卷第五

本事分中三法品第一

本事分中攝品第二

本事分中相應品第三

本事分中成就品第四

大乘阿毗達磨雜集論卷第六

決擇分中諦品第一之一

大乘阿毗達磨雜集論卷第七

決擇分中諦品第一之二

大乘阿毗達磨雜集論卷第八

決擇分中諦品第一之三

大乘阿毗達磨雜集論卷第九

決擇分中諦品第一之四

大乘阿毗達磨雜集論卷第十

決擇分中諦品第一之五

大乘阿毗達磨雜集論卷第十一

決擇分中法品第二之一

大乘阿毗達磨雜集論卷第十二

決擇分中法品第二之二

大乘阿毗達磨雜集論卷第十三

決擇分中得品第三之一

大乘阿毗達磨雜集論卷第十四

決擇分中得品第三之二

大乘阿毗達磨雜集論卷第十五

歷章第十六　第二十張　塲字号

決擇分中論品第四之一

大乘阿毗達磨雜集論卷第十六

決擇分中論品第四之二

右大唐貞觀二十年正月十七日三藏法師玄奘於弘福寺翻經院譯至其年閏三月二十九日功畢見内典録

沙門玄賾等筆受

中論一部四卷　或八卷　一百一十紙　畢本龍樹菩薩造　亦云中觀論　梵志青目釋　凡二十七品

中論序　釋僧叡作

中論卷第一　有二十八偈　龍樹菩薩造　後秦代羅什譯

中論觀因緣品第一

中論觀去來品第二　二十五偈

中論觀六情品第三　八偈

中論觀五陰品第四　九偈

中論觀六種品第五　八偈

中論觀染著者品第六　十偈

中論觀三相品第七　三十五偈

中論觀作作者品第八　十二偈

中論卷第二

中論觀本住品第九　十二偈

中論觀然可然品第十　十六偈

中論觀本際品第十一　八偈

中論觀苦品第十二　十偈

歷章第十六　第二十一張　塲字号

中論觀行品第十三　十九偈

中論觀合品第十四　八偈

中論觀有無品第十五　十一偈

中論卷第三

中論觀縛解品第十六

中論觀業品第十七

中論觀破法品第十八

中論觀時品第十九

中論觀因果品第二十

中論觀成壞品第二十一

中論卷第四

中論觀如來品第二十二　十六偈

中論觀顛倒品第二十三

中論觀四諦品第二十四

中論觀涅槃品第二十五　二十四偈

中論觀十二因緣品第二十六

中論觀邪見品第二十七

右後秦弘始十一年三藏鳩摩羅什於常安大寺譯見僧叡二秦録僧肇道常等筆受

上二論二十卷二帙　上十　下十

般若燈論一部一十五卷　或十三卷　二百九十二紙　龍樹菩薩本分別明菩薩釋　或云根本燈論釋　凡二十七品

歷章第十六　第二十三張　塲字号

般若燈論序

般若燈論釋卷第一　觀緣品第一

般若燈論釋卷第二　觀緣品之二

般若燈論釋卷第三　觀去來品第二

般若燈論釋卷第四　觀六根品第三

觀五陰品第四　觀六界品第五

般若燈論釋卷第五　觀染染者品第六

觀有為相品第七

般若燈論釋卷第六　觀作者業品第八

觀取者品第九

般若燈論釋卷第七　觀薪火品第十

觀生死品第十一

般若燈論釋卷第八　觀苦品第十二

觀行品第十三　觀合品第十四

般若燈論釋卷第九　有無品第十五

觀縛解品第十六

般若燈論釋卷第十　觀業品第十七

般若燈論釋卷第十一　觀法品第十八

觀時品第十九

般若燈論釋卷第十二

觀因果和合品第二十　觀成壞品第二十一

般若燈論釋卷第十三　觀如來品第二十二

般若燈論釋卷第十四

觀顛倒品第二十三　觀聖諦品第二十四
般若燈論釋卷第十五
觀涅槃品第二十五
觀世諦緣起品第二十六
觀邪見品第二十七
右大唐貞觀四年六月天竺三藏波
羅頗蜜多羅於勝光寺譯至六年
十月十七日功畢見內典錄沙門法
琳惠明惠睦惠淨等筆受
十二門論一卷　二十八紙　單本　龍樹菩薩造　凡十二門
十二門論序　釋僧叡
十二門論品目　後秦弘始年羅什共僧叡等長安譯
十二門論觀因緣門第一　龍樹菩薩造
觀有果無果門第二　觀緣門第三
觀相門第四　觀有相無相門第五
觀一異門第六　觀有無門第七
觀性門第八　觀因果門第九
觀作者門第十　觀三時門第十一
觀生門第十二
右後秦弘始十一年三藏鳩摩羅
什於大興善寺譯見僧祐等錄
十八空論一卷　二十三紙　單譯
十八空論一卷　亦十六亦十八亦廿　陳代真諦譯

右陳代三藏真諦譯見費長房錄
百論一部二卷　提婆菩薩造　婆藪開士釋　四十八紙　單本　凡十品
百論序　釋僧肇作
百論卷上　捨罪福品第一
破神品第二　破一品第三
破異品第四　破情品第五
百論卷下
破塵品第六　破因中有果品第七
破因無果品第八　破常品第九
破空品第十
右後秦弘始六年三藏鳩摩羅什於
常安譯見僧叡二秦錄
廣百論本一卷　九紙　單本　聖天菩薩造　凡八品　有序三紙
廣百論本一卷　三藏法師玄奘奉詔譯
破常品第一　破我品第二
破時品第三　破見品第四
破根境品第五　破邊執品第六
破有為相品第七　教誡弟子品第八
右大唐永徽元年六月十日三藏法
師玄奘於大慈恩寺翻經院譯
沙門大乘諶筆受見內典錄
上五論二十卷二帙　上十下十
廣百論一部十卷　二百二十三紙　聖天菩薩本　單本　一帙　或無釋論字

法菩薩釋　一名大乘廣百論釋　凡八品
大唐三藏聖教序　御製
皇太子臣治述　聖記
廣百論釋論卷第一　聖天菩薩本　護法菩薩釋
破常品第一　三藏法師玄奘奉制譯
廣百論釋論卷第二　聖天菩薩本　護法菩薩釋
破常品第一之餘　三藏法師玄奘奉制譯
廣百論釋破我品第二
廣百論釋論卷第三　聖天菩薩本　護法菩薩釋
破我品第二之餘　三藏法師玄奘奉制譯
廣百論釋論卷第四　聖天菩薩本　護法菩薩釋
破時品第三　三藏法師玄奘奉制譯
廣百論釋論卷第五　聖天菩薩本　護法菩薩釋
破時品第三之餘　三藏法師玄奘奉制譯
廣百論釋論卷第六　聖天菩薩本　護法菩薩釋
破見品第四　三藏法師玄奘奉詔譯
廣百論釋論卷第七　聖天菩薩本護法菩薩釋
破根境品第五　三藏法師玄奘奉制譯
廣百論釋論卷第八　聖天菩薩本　護法菩薩釋
破邊執品第六　三藏法師玄奘奉制譯
廣百論釋論卷第九　聖天菩薩本　護法菩薩釋
破有為相品第七　三藏法師玄奘奉詔譯
廣百論釋論卷第十　聖天菩薩本　護法菩薩釋

教誡弟子品第八 三藏法師玄奘奉 制譯
右大唐永徽元年六月二十七日三藏法師玄奘於大慈恩寺翻經院譯至十二月二十三日功畢見內典錄沙門信明筆受

十住毗婆沙論一部十五卷 或十四卷 龍樹菩薩造 三百二十一紙 或無論字 單本 或十二卷 或三十五品
十住毗婆沙論卷第一 龍樹菩薩造 後秦世羅什譯
序品第一　入初地品第二
十住毗婆沙論卷第二　地相品第三
淨地品第四　釋願品第五
十住毗婆沙論卷第三　釋願品之餘
發菩提心品第六　調伏心品第七
十住毗婆沙論卷第四　阿惟越致相品第八
易行品第九
十住毗婆沙論卷第五　除業品第十
分別功德品第十一　分別布施品第十二
十住毗婆沙論卷第六　分別布施品之餘
分別法施品第十三　歸命相品第十四
五戒品第十五
十住毗婆沙論卷第七　知家過患品第十六
入寺品第十七
十住毗婆沙論卷第八　共行品第十八

四法品第十九　念佛品第二十
十住毗婆沙論卷第九
四十不共法品第二十一
四十不共法中難一切智人品第二十二
十住毗婆沙論卷第十
四十不共法中善知不定品第二十三
讚偈品第二十四
十住毗婆沙論卷第十一
助念佛三昧品第二十五
譬喻品第二十六
十住毗婆沙論卷第十二
十住毗婆沙略行品第二十七
分別二地業道品第二十八
十住毗婆沙論卷第十三
分別聲聞辟支佛品第二十九
大乘品第三十
十住毗婆沙論卷第十四
護戒品第三十一　解頭陀品第三十二
十住毗婆沙論卷第十五
解頭陀品之餘　助尸羅果品第三十三
讚戒品第三十四　戒報品第三十五
右後秦三藏鳩摩羅什於常安逍遙園譯見費長房錄

菩提資粮論一部六卷 聖者龍樹本 與十八紙 比丘自在譯
菩提資粮論卷第一
菩提資粮論卷第二
菩提資粮論卷第三
菩提資粮論卷第四
菩提資粮論卷第五
菩提資粮論卷第六
右隋大業年天竺三藏達摩笈多於東都上林園譯見內典錄沙門彥琮行炬等筆受

大乘莊嚴論一部十三卷 或十五卷 二百三十八紙 無著菩薩造
上二論二十一卷二帙 上十卷 下十一卷
大乘莊嚴經論序 太子右庶子安平男臣李百藥奉 敕撰 單本 或加經字 凡二十四品 一帙
大乘莊嚴經論卷第一
大乘莊嚴經論緣起品第一
大乘莊嚴經論成宗品第二
大乘莊嚴經論歸依品第三
大乘莊嚴經論種性品第四
大乘莊嚴經論卷第二
大乘莊嚴經論發心品第五
大乘莊嚴經論二利品第六
大乘莊嚴經論真實品第七

歷章第十六　第二十九張　綏

大乘莊嚴經論神通品第八
大乘莊嚴經論成熟品第九
大乘莊嚴經論卷第三
大乘莊嚴經論菩提品第十
大乘莊嚴經論卷第四
大乘莊嚴經論明信品第十一
大乘莊嚴經論述求品第十二
大乘莊嚴經論述品之二
大乘莊嚴經論卷第五
大乘莊嚴經論卷第六
大乘莊嚴經論弘法品第十三
大乘莊嚴經論隨修品第十四
大乘莊嚴經論卷第七
大乘莊嚴經論教授品第十五
大乘莊嚴經論業伴品第十六
大乘莊嚴經論度攝品第十七
大乘莊嚴經論卷第八
大乘莊嚴經論度攝品之二
大乘莊嚴經論卷第九
大乘莊嚴經論供養品第十八
大乘莊嚴經論親近品第十九
大乘莊嚴經論梵住品第二十
大乘莊嚴經論卷第十

歷章第十六　第三十張　綏

大乘莊嚴經論覺分品第二十一
大乘莊嚴經論卷第十一
大乘莊嚴經論覺分品之二
大乘莊嚴經論卷第十二
大乘莊嚴經論功德品第二十二
大乘莊嚴經論卷第十三
大乘莊嚴經論行住品第二十三
大乘莊嚴經論信佛品第二十四
右大唐貞觀四年夏天竺三藏波
羅蜜多羅於勝光寺譯至七年春
訖見內典錄沙門法琳惠淨等筆受

大唐開元釋教廣品歷章卷第十六

趙城縣廣勝寺

大唐開元釋教廣品歷章卷第十七　纓　新編入録

京兆華嚴寺沙門釋　玄逸　撰

大乘集義論有五十九部 散有一百十六卷十品帙合 以論為五輪 計一百三十七卷

大莊嚴論經十五卷 或無經字 或十卷　供城二百二十四紙　蒲州二百九紙

順中論二卷 題云順中論義入大般若波羅蜜經初品法門　供城三十六紙　蒲州三十二紙

攝大乘論三卷 眞諦譯　供城六十八紙　蒲州五十九紙

攝大乘論二卷 佛陀扇多譯　供城五十三紙　蒲州四十四紙

攝大乘論本三卷 玄奘譯　供城六十八紙　蒲州六十一紙

攝大乘論釋十五卷 世親釋眞諦譯 或十二卷　供城四百二紙　蒲州三百二十七紙

攝大乘論釋十卷 世親釋笈多譯 一帙　供城一百八十二紙　蒲州一百五十六紙

[illegible]論釋十卷 世親釋玄奘譯 一帙　供城二百四紙　蒲州一百十六紙

無性釋玄奘 帙　供城二百五十二紙　蒲州二百十六紙

[illegible]三卷　供城一百六紙　蒲州八十三紙

辯中邊論頌一卷　供城六十一紙　蒲州五十三紙

中邊分別論二卷 或三卷　供城九紙　蒲州五紙

辯中邊論三卷　供城四十五紙　蒲州三十八紙

究竟一乘寶性論四卷 亦云寶性分別七乘增上論 或三卷 或五卷　供城四十四紙　蒲州三十九紙

業成就論一卷　供城九十七紙　蒲州八十紙

大乘成業論一卷　供城十四紙　蒲州一十二紙

因明正理門論本一卷 玄奘譯　供城二十二紙　蒲州一十七紙

因明正理門論一卷 義淨譯　供城十七紙　蒲州一十五紙

供城一十八紙　蒲州一十六紙

經音第十七　第二張　纓

因明入正理論一卷 玄奘譯　供城六紙　蒲州六紙

轉識論一卷　供城三紙　蒲州二紙

唯識三十論一卷　供城二紙　蒲州二紙

顯識論一卷 題云顯識品 從無相論出　供城二十一紙　蒲州一十九紙

唯識論一卷 一名破色心 初云唯識無境界論 或云唯識無境界論　供城二十一紙　蒲州一十九紙

唯識論一卷 初云修道不共他　供城一十一紙　蒲州一十紙

唯識二十論一卷　供城一十一紙　蒲州一十紙

成唯識寶生論五卷 一名二十唯識順釋論　供城七十五紙　蒲州六十五紙

成唯識論十卷 一帙　供城二百一紙　蒲州一百七十五紙

大丈夫論二卷　供城四十紙　蒲州三十四紙

入大乘論二卷　供城四十八紙　蒲州四十一紙

掌珍論二卷　供城三十九紙　蒲州三十三紙

大乘五蘊論一卷 世親造玄奘譯　供城九紙　蒲州八紙

大乘廣五蘊論一卷 與前論異本 或無廣字 安慧造 日照譯　供城十八紙　蒲州十三紙

寶行王正論一卷　供城二十二紙　蒲州一十九紙

大乘起信論一卷 眞諦譯　供城二十九紙　蒲州二十五紙

大乘起信論二卷 實叉難陀譯　供城二十八紙　蒲州二十四紙

發菩提心論二卷 或云發菩提心經　供城三十一紙　蒲州二十八紙

三無性論二卷 題云三無性論品 出無相論 或一卷　供城四十一紙　蒲州四十五紙

方便心論一卷 或二卷 凡四品　供城一十九紙　蒲州一十七紙

如實論一卷 題云如實論反質難品　供城二十七紙　蒲州二十三紙

無相思塵論一卷　供城三紙　蒲州三紙

觀所緣緣論一卷　供城三紙　蒲州三紙

觀所緣論釋一卷　供城十九紙　蒲州十三紙
迴諍論一卷　供城二十九紙　蒲州二十五紙
緣生論一卷　供城十二紙　蒲州十四紙
十二因緣論一卷　供城四紙　蒲州四紙
一輸盧迦論一卷　供城四紙　蒲州三紙
大乘百法明門論一卷　題云大乘百法明門論本事分中略錄名數　供城二紙　蒲州二紙
取因假設論一卷　供城十紙　蒲州九紙
百字論一卷　供城九紙　蒲州八紙
掌中論一卷　供城三紙　蒲州三紙
解捲論一卷　供城三紙　蒲州三紙
觀揔相論頌一卷　供城一紙　蒲州一紙
止觀門論頌一卷　供城四紙　蒲州四紙

手杖論一卷　供城七紙　蒲州七紙
六門教授決定論一卷　供城十紙　蒲州九紙
大乘法界無差別論一卷　供城七紙　蒲州六紙
破外道小乘四宗論一卷　供城七紙　蒲州六紙
破外道小乘涅槃論一卷　供城六紙　蒲州五紙
大莊嚴論一部十卷　或十五卷　馬鳴菩薩造　二百二十四紙　單本　或加經字　嚴一帙
大莊嚴論經卷第一
大莊嚴論經卷第二
大莊嚴論經卷第三
大莊嚴論經卷第四
大莊嚴論經卷第五

大莊嚴論經卷第六
大莊嚴論經卷第七
大莊嚴論經卷第八
大莊嚴論經卷第九
大莊嚴論經卷第十
大莊嚴論經卷第十一
大莊嚴論經卷第十二
大莊嚴論經卷第十三
大莊嚴論經卷第十四
大莊嚴論經卷第十五
右後秦三藏鳩摩羅什譯見費長房錄
順中論一部二卷　三十六紙　單本　龍勝菩薩造　此云龍樹者月合一相未是全當中天音　那伽夷離淳那　題云順中論義入大般若波羅蜜經初品法門翻譯之記
順中論義入大般若波羅蜜經初品法門
翻譯之記上
順中論義入大般若波羅蜜經初品法卷第一
順中論義入大般若波羅蜜經品法門卷第二
右元魏代武定元年八月十日優婆塞
瞿曇般若流支於鄴城尚書令儀同
高公第譯見經前序記沙門曇林筆受
攝大乘本論一部三卷　真諦譯　六十八紙　第三譯　凡有藤　相無著菩薩造　或無本字
攝大乘論本序　陳世真諦於廣州譯
攝大乘論卷上

攝大乘論依止勝相中衆名品第一
攝大乘論依止勝相中相品第二
攝大乘論依止勝相中引證品第三
攝大乘論依止勝相中差別品第四
攝大乘論應知勝相第二
攝大乘論卷中
攝大乘論本應知勝相之二
攝大乘論應知入勝相第三
攝大乘論入因果勝相第四
攝大乘論卷下
攝大乘論本入因果修差別勝相第五
攝大乘論依戒學勝相第六
攝大乘論依心學勝相第七
攝大乘論依慧學勝相第八
攝大乘論學果寂滅勝相第九
攝大乘論智差別勝相第十
右陳天嘉四年三藏真諦於廣州制
旨寺譯見費長房錄沙門惠愷筆受
攝大乘論一部二卷　或有本字　五十三紙　第一譯　無著菩薩造
攝大乘論本卷上　阿僧伽作　後魏世佛陀扇多譯
攝大乘論本卷下　後魏世佛陀扇多譯
右後魏普泰元年北天竺三藏佛陀
扇多於洛陽譯見費長房錄

歷十第十化一　第六張　變

攝大乘論一部三卷　六十八紙 無著菩薩造 或加本字 第三譯 九十一分
攝大乘論本無著釋卷第一　無著菩薩造
大唐三藏聖教序　御製
皇太子目治述　聖記
攝大乘論本摠摽綱要分第一　無著菩薩造
三藏法師玄奘奉　詔譯
攝大乘論本所知依分第二
攝大乘論本無著釋卷第二　無著菩薩造 三藏法師玄奘奉詔譯
所知相分第三
攝大乘論本入所知相分第四
攝大乘論本彼入因果分第五
攝大乘論本無著釋卷第三　無著菩薩造
三藏法師玄奘奉　詔譯
彼修差別分第六
攝大乘論本增上戒學分第七
攝大乘論本增上心學分第八
攝大乘論本增上慧學分第九
攝大乘論本果斷分第十
攝大乘論本彼果智分第十一
石大唐貞觀二十二年閏十二月二十
六日三藏玄奘於北闕內紫微殿右
弘法院譯至二十三年六月十七日於
大慈恩寺翻經院功畢見內典錄

王

歷十第十七　第七張　設

沙門大乘巍等筆受
與上四論十卷同帙
攝大乘論釋一部十五卷　四百二紙 或十二卷 十勝相 世親釋 第一譯 二帙 上十下八 或無聖章
攝大乘論序卷第一
攝大乘論釋論應知依止勝相衆名品第一
無等聖教章第一　十義次第章第二
衆名章第三
攝大乘論卷第二
應知依止勝相衆名品之二
相章第一　勲習章第二　不一異章第三
更互爲因果章第四　因果別不別章第五
緣生章第六　四緣章第七
攝大乘論釋論卷第三
應知依止勝相引證品第二
煩惱不淨章第一　業不淨章第二
生不淨章第三　世間淨章第四
出世間淨章第五
攝大乘論釋論卷第四
應知依止勝相引證品中順道理章第六
差別品第四　言說章第一　我見章第二
有分章第三　引生章第四　果報章第五
緣相章第六　相類章第七
攝大乘論釋論卷第五

口

第八張　也

應知勝相章第三
相章第一　差別章第二　分別章第三
攝大乘論釋論卷第六
應知勝相中分別章之三
顯了意依章第四
攝大乘論釋論卷第七
應知入勝相章第四
正入相章第一　能入人章第二
入境界章第三　入位章第四
入方便道章第五　入資粮章第六
攝大乘論釋論卷第八
應知入勝相中入資粮果章第七
二智用章第八　二智依止章第九
二智差別章第十
攝大乘論釋論卷第九
入因果勝相第四　因果位章第一
成立六數章第二　相章第三
次第章第四　立名章第五
修習章第六　差別章第七
攝章第八　對治章第九
功德章第十　互顯章第十一
攝大乘論釋論卷第十
入因果修差別相第五　對治章第一

歷章第十七 第九張 貸字号

攝大乘論釋論卷第十一
立名章第一 得相章第三 修習章第四
入因果修差別之二修時章第五
依戒學勝相第六 依心學勝相第七
攝大乘論釋論卷第十二
依慧學差別勝相第八
攝大乘論釋論卷第十三
釋學果寂滅勝相第九
攝大乘論釋論卷第十四
智差別勝相第十
智差別勝相之二
攝大乘論釋論卷第十五
智差別勝相之三
右陳天加四年三藏眞諦於廣州制旨
寺譯見費長房録沙門慧愷等筆受
攝大乘論一部十卷 一百八十二紙第二譯 世親菩薩譯
當一帙 或加釋字凡八勝諸 三十六章 十三勝相
攝大乘論釋論應知依止勝相勝語第
一 隨大業年笈多譯
無等聖教章第一 十義次第章第二
衆名章第三
攝大乘論釋論應知依止勝相勝語卷
第二 隨大業年笈多譯

歷章第十七 第十張 漢 平

相章第四 熏習章第五
不一不異章第六 更互爲因果章第七
因果別不別章第八 緣生章第九
四緣章第十 煩惱染章第十一
業染章第十二 生染章第十三
攝大乘論釋論應知依止勝相勝語卷
第三 隨大業年笈多譯
世間淨章第十四 出世淨章第十五
順道理章第十六 差別章第十七
攝大乘論釋論應知勝相勝語卷第四 隨大業年笈多譯
相章第一 差別章第二 分別章第三
攝大乘論釋論應知勝相勝語卷第五 隨大業年笈多譯
四意四合義章第四
攝大乘論釋論入應知勝相勝語第三卷
第六 隨大業年笈多譯
攝大乘論釋論入因果勝相勝語第四卷
第七 隨大業年笈多譯
因果位章第一 成立六數章第二
相章第三 次第章第四
立名章第五 修習章第六
差別章第七 攝章第八
對治章第九 功德章第十
互顯章第十一

歷章 第十七第十一張 貸 平

修差別勝相勝語第五
對治章第一 立名章第二 得相章第三
修相章第四 修時章第五
攝大乘論釋論增上戒學勝相勝語第
六卷第八 隨大業年笈多譯
增上心學勝相勝語第七
增上慧學勝相勝語第八
攝大乘論釋論依慧學勝相勝語之餘
卷第九 隨大業年笈多譯
寂滅勝相第九 智勝相第十
攝大乘論釋論智勝相之餘卷第十
隨大業年笈多譯
右隋大業年天竺三藏達摩笈多於
東都上林園譯見內典録沙門彥琮行
矩等筆受
攝大乘論釋一部十卷 世親菩薩釋 二百四紙 凡十一分第三譯 一帙
大唐三藏聖教序 御製
皇太子目治述 聖記
攝大乘論釋卷第一 世親菩薩造 沙門玄奘奉 詔譯
攝大乘論釋總標綱要分第一
攝大乘論釋所知依分第二之一
攝大乘論釋卷第二 世親菩薩造 沙門玄奘奉 詔譯
攝大乘論釋所知依分第二之二

歷五第十七　第十三張　轂字号也

攝大乘論釋卷第三 世親菩薩造沙門玄奘奉詔譯

攝大乘論釋所知依分第二之三

攝大乘論釋所知相分第三

攝大乘論釋卷第四 世親菩薩造沙門玄奘奉詔譯

攝大乘論釋卷第五 世親菩薩造沙門玄奘奉詔譯

攝大乘論釋所知相分第三之餘

攝大乘論釋卷第六 世親菩薩造沙門玄奘奉詔譯

攝大乘論釋入所知相分第四

攝大乘論釋卷第七 世親菩薩造沙門玄奘奉詔譯

攝大乘論釋彼入因果分第五

攝大乘論釋彼修差別分第六

攝大乘論釋卷第八 世親菩薩造沙門玄奘奉詔譯

攝大乘論釋增上戒學分第七

攝大乘論釋增上心學分第八

攝大乘論釋增上慧學分第九

攝大乘論釋卷第九 世親菩薩造沙門玄奘奉詔譯

攝大乘論釋增上慧學分第九之餘

攝大乘論釋果斷分第十

攝大乘論釋彼果智分第十一

攝大乘論釋卷第十 世親菩薩造沙門玄奘奉詔譯

攝大乘論釋果智分第十一之餘

右大唐貞觀二十二年十二月八日三藏
法師玄奘於北闕內紫微殿右弘法院

歷五第十七　第十三張　纓字号也

譯至二十三年六月十七日於大慈恩
寺翻經院功畢見內典錄沙門大乘
巍等筆受

攝大乘論一部十卷 無性釋 二百五十六紙 或如釋半帙 單本 凡十一分

大唐三藏聖教序 太宗文皇帝製

皇太子臣治述 聖記

攝大乘論釋卷第一 無性菩薩造 三藏法師玄奘奉詔譯

總標綱要分第一 所知依分第二之一

攝大乘論釋卷第二 無性菩薩造 三藏法師玄奘奉詔譯

所知依分第二之二

攝大乘論釋卷第三 無性菩薩造 三藏法師玄奘奉詔譯

所知依分第二之三

攝大乘論釋卷第四 無性菩薩造 三藏法師玄奘奉詔譯

所知相分第三之一

攝大乘論釋卷第五 無性菩薩造 三藏法師玄奘奉詔譯

所知相分第三之二

攝大乘論釋卷第六 無性菩薩造 三藏法師玄奘奉詔譯

入所知相分第四

攝大乘論釋卷第七 無性菩薩造 三藏法師玄奘奉詔譯

入因果分第五 彼因修差別分第六

增上戒學分第七

攝大乘論釋卷第八 無性菩薩造 三藏法師玄奘奉詔譯

一慧學分第九

歷五第十七　第十四張

攝大乘論釋卷第九 無性菩薩造 三藏法師玄奘奉詔譯

彼乘斷分第十 彼果智分第十一

攝大乘論釋卷第十 無性菩薩造 三藏法師玄奘奉詔譯

右大唐貞觀二十一年三月一日三藏法
師玄奘於弘福寺翻經院譯至二十三
年六月十七日於大慈恩寺翻經院
功畢見內典錄沙門大乘巍大乘林等
筆受

佛性論一部四卷 一百六紙 單本 天親菩薩造 凡三卷五分十六品

佛性論卷第一 天親菩薩造 真諦三藏法師翻

佛性論第一緣起分

佛性論破執分第二破小乘執品第一

佛性論破執分破外道品第二

佛性論破執分破大乘見品第三

佛性論卷第二

佛性論第三顯體分三因品第一

佛性論顯體分三性品第二

佛性論顯體分如來藏品第三

佛性論辯相分第四自體相品第一

佛性論相分明因品第二

佛性論相分顯果品第三

佛性論相分事能品第四

佛性論卷第三

佛性論相分揔攝品第五
佛性論相分別品第六
佛性論相分階位品第七
佛性論相分徧滿品第八
佛性論卷第四
佛性論相分無變異品第九
佛性論相分無差別品第十
右陳代優禪尼國沙門眞諦譯見
費長房錄
決定藏論一部三卷　六十三紙　單本　凡一品
決定藏論卷上　心地品第一
決定藏論卷中　心地品之二
決定藏論卷下　心地品之三
右梁代天竺三藏眞諦譯見開元錄
辯中邊論頌一卷　九紙　彌勒菩薩造　單本　凡七品
辯中邊論頌一卷　太宗皇帝製
天唐三藏聖教序
大唐皇帝述　聖記　在春宮日製
辯中邊論頌　彌勒菩薩說　三藏法師玄奘奉　制譯
辯相品第一　辯障品第二
辯眞實品第三　辯修對治第四
辯修分位第五　辯得果品第六
辯無上乘品第七

右大唐龍朔元年五月一日三藏法
師玄奘於玉華寺嘉壽殿譯見內
典錄沙門大乘基筆受
中邊分別論一部二卷　四十五紙　婆藪盤豆造　第一譯或三卷　凡七品
中邊分別論卷上　眞諦三藏譯
相品第一　障品第二　眞實品第三
中邊分別論卷下　眞諦三藏譯
對治修住品第四　修住品第五
得果品第六　無上乘品第七
右陳代三藏眞諦於臨川郡譯見費
長房錄
上四論十卷同帙
辯中邊論一部三卷　四十四紙　世親菩薩造　第二譯　凡七品
大唐三藏聖教序　太宗文皇帝製　皇太子治述聖記
辯中邊論卷第一　世親菩薩造
辯相品第一　辯障品第二
辯中邊論卷第二　世親菩薩造
辯眞實品第三　辯修對治品第四
辯修分位品第五
辯中邊論卷第三　世親菩薩造
辯得果品第六　辯無上乘品第七
右大唐龍朔元年五月十日三藏法師
玄奘於玉華宮寺嘉壽殿譯丕三

十日功畢見內典錄沙門大乘基筆受
究竟一乘寶性論一部五卷　或四卷或三卷　亦云寶性分別七乘增上論　亦云無本字　九十七紙　第三譯　兩本闕一　凡十二品
究竟一乘寶性論卷第一　後魏三藏勒那摩提譯
究竟一乘寶性論本教化品第一
究竟一乘寶性論本佛寶品第二
究竟一乘寶性論本法寶品第三
究竟一乘寶性論本僧寶品第四
究竟一乘寶性論本一切衆生有如
來藏品第五
究竟一乘寶性論本無量煩惱所纏品
第六
究竟一乘寶性論本爲何義說法品
第七
究竟一乘寶性論本身轉清淨成菩
提品第八
究竟一乘寶性論本如來功德品第九
究竟一乘寶性論本自然不休息佛
業品第十
究竟一乘寶性論本挍量信功德品
第十一
究竟一乘寶性論卷第二
究竟一乘寶性論佛寶品第二

究竟一乘寶性論法寶品第三
究竟一乘寶性論僧寶品第四
究竟一乘寶性論三寶品之二
究竟一乘寶性論卷第三
究竟一乘寶性論一切衆生有如來藏品
第五
究竟一乘寶性論卷第四
究竟一乘寶性論一切衆生有如來藏
品之二
究竟一乘寶性論一切衆生有如來
藏品之三
究竟一乘寶性論無量煩惱所纏
品第六
究竟一乘寶性論卷第五
究竟一乘寶性論為何義說品第七
究竟一乘寶性論身轉清淨成菩
提品第八
究竟一乘寶性論如來功德品第九
究竟一乘寶性論自然不休息佛
業品第十
究竟一乘寶性論校量信功德品第十一
右後魏天竺沙門勒那摩提於洛
陽趙欣宅譯見寶唱録

業成就論一卷 天親菩薩造 十四紙 第一譯
業成就論翻譯之記
業成就論一
右元魏興和三年七月二十五日烏長國
三藏毗目智仙等於鄴城内金華寺
譯見經序記沙門曇林創筆驃騎
大將軍高仲密護法
成業論一卷 世親菩薩造 二十二紙 第二譯 或加大乘字
大乘成業論一卷 世親菩薩造 沙門玄奘奉 詔譯
大唐三藏聖教序 御製
皇太子臣治述 聖記
右大唐永徽二年閏九月五日三藏
法師玄奘於大慈恩寺翻經院譯
見内典録沙門大乘光筆受
因明正理門論一卷 大域龍菩薩造 十七紙 單本或字
因明正理門論本一卷 陳那菩薩造 貞觀廿三年玄奘譯
右大唐貞觀二十三年十二月二十五日
三藏法師玄奘於大慈恩寺翻經院
譯見内典録沙門知仁筆受
上五論十一卷同帙
因明正理門論一卷 大域龍菩薩造 第二譯 十八紙
因明正理門論一卷 三藏法師義淨奉制譯
右大唐景雲二年三藏法師義淨

於大薦福寺翻經院譯見開元録沙
門玄傘智積等筆受
因明入正理論一卷 商羯羅主菩薩造 大紙 單本
因明入正理論一卷 商羯羅主菩薩造 三藏法師玄奘奉詔譯
右大唐貞觀二十一年八月六日三
藏法師玄奘於弘福寺翻經院譯
見内典録沙門明濬筆受
轉識論一卷 三紙 單本 却出顯識論
轉識論一卷 陳代真諦譯
右陳天竺三藏真諦譯見論題亦
見開元録
唯識三十論一卷 世親菩薩造 二紙 單本
唯識三十論 世親菩薩造 三藏法師玄奘奉制譯
右大唐貞觀二十二年五月二十九日
三藏法師玄奘於弘福寺翻經院譯
見内典録沙門大乘光筆受
上三論同卷
顯識論一卷 二十一紙 内題云顯識品從無相論出 單本 或二卷
顯識品一卷 從無相論出 陳代真諦三藏譯
轉識品
右陳代三藏真諦譯見論題亦見
開元録
唯識論一卷 初云唯識無境界 一名破色心 第一譯 二十一紙 天親菩薩造

唯識論一卷 一名破色心論 天親菩薩造 瞿曇留支譯

右後魏瞿曇般若留支於鄴城金
華寺譯見費長房錄沙門曇林僧
昉等筆受

唯識論一卷 初云修道不共他 天親菩薩造 土紙 第二譯與元魏留支譯者小異或加大乘字

大乘唯識論一卷 天親菩薩造

右陳代優禪尼國沙門真諦於臨川
郡譯見費長房錄

唯識二十論一卷 世親菩薩造 土紙 第三譯

唯識二十論 世親菩薩造 三藏法師玄奘奉 制譯

唯識二十論後序 沙門靖邁製

右大唐龍朔元年六月一日三藏法
師玄奘於玉華寺慶福殿譯見翻
經圖沙門大乘基筆受

成唯識寶生論一部五卷 亦云二十唯識順釋論 五十五紙 護法菩薩造

大唐龍興三藏聖教序
應天神龍皇帝御製

成唯識寶生論卷第一 一名二十唯識順釋論
護法菩薩造 三藏法師義淨奉 制

成唯識寶生論卷第二 一名二十唯識順 論
護法菩薩造 三藏法師義淨奉 制譯

成唯識寶生論卷第三 一名二十唯識順釋論
護法菩薩造 三藏法師義淨奉 制譯

成唯識寶生論卷第四 一名二十唯識順釋論
護法菩薩造 三藏法師義淨奉 制譯

成唯識寶生論卷第五 一名二十唯識順釋論
護法菩薩造 三藏法師義淨奉 制譯

右大唐景龍四年四月十五日三藏
法師義淨於大薦福寺翻經院譯
見開元錄沙門玄傘智積等筆受

上九論十一卷同帙

成唯識論一部十卷 護法等菩薩造 二百一紙 單本 釋上三十論 或加等 一帙

成唯識論卷第一 成唯識論卷第二
成唯識論卷第三 成唯識論卷第四
成唯識論卷第五 成唯識論卷第六
成唯識論卷第七 成唯識論卷第八
成唯識論卷第九 成唯識論卷第十

右大唐顯慶四年閏十月三藏法師
玄奘於玉華寺雲光殿譯見內典
錄沙門大乘基筆受

大丈夫論一部二卷 提婆菩薩造 四十紙 單本 凡二十九品 北涼世道泰譯

大丈夫論卷第一 施勝品第一
施勝味品第二 施主體品第三
施主乞者憎長品第四 勝解脫品第五
施主增長品第六 恭信乞者品第七

施慳品第八 施財物品第九
捨一切品第十 捨陰受陰品第十一
捨身命品第十二 現悲品第十三
法施品第十四

大丈夫論卷下 發菩提心品第十五
功德勝品第十六 勝解脫品第十七
饒益他品第十八 勝施他苦品第十九
愛悲品第二十 覺寤傳丈夫品第二十一
大丈夫品第二十二 說悲品第二十三
施悲淨品第二十四 愛悲勝品第二十五
智悲解脫品第二十六 發願品第二十七
等同發願品第二十八 勝發願品第二十九

右北涼沙門釋道泰譯見翻經圖

入大乘論二卷 堅意菩薩造 四十八紙 單本

入大乘論卷上 堅意菩薩造

入大乘論卷下

識論空品第二 順修諸行品第三

右北涼沙門釋道泰譯見內典錄

掌珍論一部二卷 清辯菩薩造 三十九紙 單本 或加大乘字

大乘掌珍論卷上

大乘掌珍論卷下

右大唐貞觀二十三年九月八日三藏
法師玄奘於大慈恩寺翻經院譯至

十三日功畢見內典錄沙門大乘暉筆受

大乘五蘊論一卷 九紙 世親菩薩造 初譯 本闕

大乘五蘊論一卷

右大唐貞觀二十一年二月二十四日三藏法師玄奘於弘福寺翻經院譯見內典錄沙門大乘光等筆受

大乘廣五蘊論一卷 十八紙 日照譯 安慧菩薩造 單本 與前論本異本 承前廣字

大乘廣五蘊論

右大唐垂拱元年六月二十五日中天竺國三藏地婆訶羅於西京西太原寺歸寧院譯見大周錄

寶行王正論一卷 二十二紙 單本 凡五品

寶行王正論安樂解脫品第一

寶行王正論雜品第二

寶行王正論菩提資糧品第三

寶行王正論正教王品第四

寶行王正論出家正行品第五

右陳代優禪尼國三藏真諦譯見費長房錄

大乘起信論一卷 第一譯 二十七紙 馬鳴菩薩造 真諦三藏譯

起信論序 沙門智愷作

大乘起信論一卷 馬鳴菩薩造 梁代真諦譯

右梁承聖三年九月十日優禪尼國

三藏真諦於衡州始興郡建興寺譯見論序沙門智愷筆受

上七論十卷同帙

大乘起信論一部二卷 馬鳴菩薩造 第二譯

大乘起信論卷上 大乘起信論卷下

實叉難陀譯 二十八紙

右大唐天后代于闐三藏實叉難陀於神都佛授記寺譯見開元錄沙門波崙玄軌等筆受沙門法藏證譯

發菩提心論一部二卷 天親菩薩造 單本 三十紙 承如字 凡十二品

發菩提心論卷上

發菩提心論勸發品第一

發菩提心論發心品第二

發菩提心論願誓品第三

發菩提心論檀那波羅蜜品第四

發菩提心論尸羅波羅蜜品第五

發菩提心論羼提波羅蜜品第六

發菩提心論毗梨耶波羅蜜品第七

發菩提心論卷下

禪那波羅蜜品第八

發菩提心論般若波羅蜜品第九

發菩提心論如實法門品第十

發菩提心論空無相品第十一

發菩提心論功德持品第十二

右後秦弘始四年中三藏鳩摩羅什譯見李廓錄

三無性論一部二卷 或一卷 四十二紙 單本 出無相論 題云三無性論品 出無相論陳代真諦三藏於廣州制旨寺翻譯

三無性論品卷上

三無性論品之餘卷下

右陳代沙門真諦於廣州制止寺譯見費長房錄

方便心論一卷 十九紙 第二譯 凡四品或二卷 兩譯一闕 龍樹菩薩造

方便心論明造論品第一 後魏延興年吉迦夜與曇曜譯

方便心論明負處品第二

方便心論明辯正論品第三

方便心論明相應品第四

右後魏西域沙門吉迦夜與曇曜於洛陽譯見費長房錄

如實論一卷 二十七紙 單本 題云如實論 反質難品 天親造

如實論反質難品中無道理難品第一

如實論反質難品中道理難品第二

如實論反質難品中墮負處品第三

右梁代太清四年代優禪尼國沙門真諦見費長房錄

思塵論一卷 三紙 第一譯 一名無相思塵論

思塵論一卷 梁代真諦譯

右陳代優禪尼國沙門眞諦譯見
靖邁譯經圖
觀所緣緣論一卷 三紙 陳那菩薩造 第二譯 單本
觀所緣緣論一卷
右大唐顯慶二年十二月二十九日三
藏法師玄奘於東都大内麗日殿
譯見内典録沙門大乘光筆受
上二論同卷
觀所緣論釋一卷 護法菩薩造 單本 十九紙
大唐龍興三藏聖教序 御製
觀所緣論釋
右大唐景龍四年四月十五日三藏法
師義淨於大薦福寺翻經院譯見
開元録
上八論十卷同帙
迴諍論一卷 二十九紙 單本 見偈釋二分
迴諍論翻譯之記 龍樹菩薩造
迴諍論偈初分第一 迴諍論偈上分第二
迴諍論釋初分第三 迴諍論釋上分第四
右元魏興和三年三月二十日天竺三藏
毗目智仙等於鄴城内金華寺譯見
論序記沙門曇林創筆驃騎大將軍
高仲密啓請譯

緣生論一卷 十二紙 鬱楞伽造 單本
緣生論一卷
緣生三十論我當隨順次第解釋
右隋大業十 年三藏達摩笈多
於東都洛濱上林園譯見内典録
十二因緣論 四紙 淨意菩薩造 後魏菩提留支譯
十二因緣論
右後魏三藏菩提留支譯見長房録
壹輸盧迦論 四紙 單本 亦云一書盧迦 亦名壹輸盧迦論
壹輸盧迦論 龍樹菩薩造 後魏 代瞿曇留支譯
右後魏瞿曇般若留支於鄴城金
華寺譯見譯費長房録
百法明門論 二紙 世親菩薩造 單本 或加大乘字 本事分中略録名數
大乘百法明門論 本事分中略録名數 三藏法師玄奘奉 詔譯
右大唐貞觀二十二年十一月十七日
三藏法師玄奘於北闕弘法院譯見
内典録沙門玄忠筆受
上三論同卷
取因假設論一卷 陳那菩薩造 單本 十紙
取因假設論一卷 陳那菩薩造
右大唐天后長安三年十月四日三
藏法師義淨於長安西明寺譯見
開元録沙門慧表筆受

百字論一卷 九紙 單本
百字論一卷 後魏代菩提留支譯
右後魏三藏菩提留支譯見費長房
録
解卷論一卷 三紙 第一譯 或作解捲論
解捲論品 陳世眞諦譯
右陳代三藏眞諦譯見靜邁譯經圖
掌中論一卷 陳那菩薩造 第二譯 三紙
掌中論一卷 陳那菩薩造 三藏法師義淨奉制譯
右大唐天后長安二年十月四日三藏
法師義淨於長安西明寺譯見開元録
觀總相論頌一卷 陳那菩薩造 單本 一紙
觀總相論頌一卷 陳那菩薩造 三藏法師義淨奉 制譯
右大唐景雲二年三藏法師義淨於
大薦福寺翻經院譯見開元録沙門
智積等筆受
止觀門論頌一卷 世親菩薩造 單本 四紙
止觀門論頌一卷 三藏法師義淨奉 制譯
右大唐景雲二年三藏法師義淨於
大薦福寺翻經院譯見開元録沙門
玄傘筆受
上四論同卷
手杖論一卷

手杖論一卷　七紙

右大唐景雲二年三藏法師義淨於大薦福寺翻經院譯見開元錄沙門玄傘等筆受

六門教授公定論一卷　無著菩薩本　單本十一紙

世親菩薩釋

六門教授習定論一卷　無著本　世尊釋　三藏法師義淨奉　詔譯

六門教授禪觀論三十七四池并釋了

右大唐天后長安三年十月四日三藏法師義淨於長安西明寺譯見開元錄

大乘法界無差別論一卷　七紙　堅慧菩薩造　單本

大乘法界無差別論一卷　堅慧菩薩造

周天授二年三藏提雲般若等奉制譯

右大唐天后天授二年正月十四日于闐三藏提雲般若於大周東寺譯見大周錄沙門處一等筆受

破外道四宗論一卷　提婆菩薩造　單本

一名破外道小乘四宗論　七紙　或無小乘字

提婆菩薩破楞伽經中外道小乘四宗論一卷　後魏代菩提留支譯

右後魏三藏菩提留支譯出費長房錄

上二論同卷

破外道涅槃論一卷　六紙　提婆菩薩造　單本

提婆菩薩釋楞伽經中外道小乘涅槃論　後魏代菩提留支譯

右後魏三藏菩提留支譯見費長房錄

上十六論十卷同悏

大唐釋教廣品歷章藉卷第十七

趙城縣廣勝寺

縵　新編入錄

大唐開元釋教廣品歷章卷第十八

京地華嚴寺沙門釋　玄逸　集

且小乘經律論都三百三十部　撒有一千七百六十二卷一百六　十六帙合二百二卷爲五十四軸　折有一千六百一十四卷

小乘經重單合譯且有一十八部　撒有二百四十四卷　二十四帙合二小經爲一軸　折計二百四十三卷

長阿含經二十二卷　二帙　洪城四百九十九紙　蒲州四百二十一紙

中阿含經六十卷　或五十八卷　六帙　洪城一千三百十九紙　蒲州一千一百四十六紙

增壹阿含經五十一卷　或五十卷或四十二卷或三十三卷或二十六卷　五帙　洪城九百三十七紙　蒲州八百二十紙

雜阿含經五十卷　五帙　洪城一千二百十三紙　蒲州一千六十九紙

別譯雜阿含經二十卷　二帙　洪城三百七十一紙　蒲州三百九紙

佛般泥洹經二卷　或直云泥洹經　洪城五十四紙　蒲州四十七紙

大般涅槃經三卷　或二卷　洪城五十六紙　蒲州五十一紙

般泥洹經二卷　或直云泥洹經亦云般泥洹經　諸藏中一卷者唯是上卷欠下卷　洪城五十四紙　蒲州四十五紙

人本欲生經一卷　洪城一十七紙　蒲州一十五紙

迦尸羅越六向拜經一卷　或云尸迦羅越六方禮經　洪城四紙　蒲州四紙

梵志阿颰經一卷　一名阿颰摩納經　安公録直云阿拔經　解梵志阿颰經　洪城一十五紙　蒲州一十四紙

梵網六十二見經一卷　一名梵網經　洪城二十十紙　蒲州二十一紙

寂志果經一卷　洪城一十九紙　蒲州一十六紙

起世經十卷　一帙　洪城一百九十七紙　蒲州一百六十七紙

起世因本經十卷　恐二本相濫題下別云起世本經　一帙諸藏多景[illegible]本此本稍殊　洪城一百九十八紙　蒲州一百七十紙

樓炭經六卷　或云大樓炭經　或五卷或八卷　洪城一百一十八紙　蒲州一百三紙

長阿含十報法經二卷　亦名多增道章經　或直云十報經　洪城三十一紙　蒲州二十七紙

中本起經二卷　或云太子中本起經　洪城五十五紙　蒲州四十七紙

長阿含經一部二十二卷　二帙四百九十九紙　單重合譯五百十三紙　又四分十二品　有四十一經

佛說長阿含經卷第一

長阿含第一分初大本經第一

佛說長阿含經卷第二

長阿含第一分游行經第二初

佛說長阿含經卷第三

長阿含游行經第二

佛說長阿含經卷第四

長阿含游行經第二後

佛說長阿含經卷第五

長阿含第一分典尊經第三

長阿含第一分闍尼沙經第四

佛說長阿含經卷第六

長阿含第二分初小緣經第一

長阿含第二分轉輪聖王修行經第二

佛說長阿含經卷第七

長阿含第二分蔽宿經第三

佛說長阿含經卷第八

長阿含第二分阤那經第四

長阿含第二分衆集經第五

佛說長阿含經卷第九

長阿含第二分分十上經第六
長阿含第二分增一經第七
佛說長阿含經卷第十
長阿含第二分三聚經第八
長阿含第二分大緣方便經第九
長阿含第二分釋提桓因問經第十
佛說長阿含經卷第十一
長阿含第二分阿㝹夷經第十一
長阿含第二分善生經第十二
佛說長阿含經卷第十二
長阿含第二分清淨經第十三
長阿含第二分自歡喜經第十四
長阿含第二分大會經第十五
佛說長阿含經卷第十三
長阿含第三分阿摩晝經第一
佛說長阿含經卷第十四
長阿含第三分梵動經第二
佛說長阿含經卷第十五
長阿含第三分種德經第三
長阿含第三分究羅檀頭經第四
佛說長阿含經卷第十六
長阿含第三分堅固經第五
長阿含第三分裸形梵志經第六

長阿含第三分三明經第七
佛說長阿含經卷第十七
長阿含第三分沙門果經第八
長阿含第三分布吒婆樓經第九
長阿含第三分露遮經第十
佛說長阿含經卷第十八
長阿含第四分世記經閻浮提洲品第一
長阿含第四分世記經鬱單曰品第二
長阿含第四分世記經轉輪聖王品第三
佛說長阿含經卷第十九
長阿含第四分世記經地獄品第四
長阿含第四分世記經龍鳥品第二
佛說長阿含經卷第二十
長阿含第四分世記經阿須倫品第六
長阿含第四分世記經四天王品第七
長阿含第四分世記經忉利天品第八
佛說長阿含經卷第二十一
長阿含第四分世記經三災品第九
長阿含第四分世記經戰鬬品第十
佛說長阿含經卷第二十二
長阿含第四分世記經三中劫品第十一
長阿含第四分世記經世本緣品第十二
右後秦弘始十四年罽賓三藏佛陀耶舍於常安譯至十五年訖佛念傳譯見僧叡二秦等錄道含筆受

中阿鋡經一部六十卷 或三十八卷又三品二十九經又十九品七件 五誦第二譯 六十小譯初記都計二百二十二經
佛說中阿含經一卷
中阿含七法品第一 右十經 初一日誦 有五品半合有六十四經
中阿含七法品善法經第一
中阿含七法品晝度樹經第二 初一日誦
中阿含七法品城喻經第三 初一日誦
中阿含七法品水喻經第四 初一日誦
中阿含七法品木積喻經第五 初一日誦
佛說中阿含經卷第二
中阿含七法品善人往經第六 初一日誦
中阿含七法品世間福經第七 初一日誦
中阿含七法品七日經第八 初一日誦
中阿含七法品七車經第九 初一日誦
中阿含七法品漏盡經第十 初一日誦
佛說中阿含經卷第三
中阿含業相應品第二 初一日誦
中阿含業相應品鹽喻經第一
中阿含業相應品和破經第二 初一日誦
中阿含業相應品度經第三 初一日誦
中阿含業相應品羅云經第四 初一日誦
中阿含業相應品思經第五 初一日誦

中阿含業相應品伽藍經第六　初一日誦
中阿含業相應品加彌尼經第七 智暑　初一日誦
佛說中阿含經卷第四
中阿含業相應品師子經第八　初一日誦
中阿含業相應品尼揵經第九　初一日誦
中阿含業相應品彼羅牢經第十　初一日誦
中阿含經舍梨子相應品第三 有十一經　初一日誦
佛說中阿含經卷第五
中阿含舍梨子相應品等心經第一
中阿含舍梨子相應品成就戒經第二　初一日誦
中阿含舍梨子相應品智經第三　初一日誦
中阿含舍梨子相應品師子吼經第四　初一日誦
中阿含舍梨子相應品水喻經第五　初一日誦
佛說中阿含經卷第六
中阿含舍梨子相應品瞿尼師經第六　初一日誦
中阿含舍梨子相應品梵志陀然經第七　初一日誦
中阿含舍梨子相應品教化病經第八　初一日誦
佛說中阿含經卷第七
中阿含舍梨子相應品大拘絺羅經第九　初一日誦
中阿含舍梨子相應品象跡喻經第十　初一日誦
中阿含舍梨子相應品分別聖諦經第十一　初一日誦
佛說中阿含經卷第八

中阿含未曾有法品第四　初一日誦
中阿含未曾有法品未曾有法經第一
中阿含未曾有法品侍者經第二　初一日誦
中阿含未曾有法品薄拘羅經第三　初一日誦
中阿含未曾有法品阿脩羅經第四　初一日誦
佛說中阿含經卷第九
中阿含未曾有法品地動經第五　初一日誦
中阿含未曾有法品瞻波經第六　初一日誦
中阿含未曾有法品郁伽長者經第七　初一日誦
中阿含未曾有法品郁伽長者經第八　初一日誦
中阿含未曾有法品手長者經第九　初一日誦
中阿含未曾有法品手長者經第十　初一日誦
佛說中阿含經卷第十
中阿含習相應品第五　初一日誦
中阿含習相應品何義經第一
中阿含習相應品不思經第二　初一日誦
中阿含習相應品念經第三　初一日誦
中阿含習相應品慚愧經第四　初一日誦
中阿含習相應品慚愧經第五　初一日誦
中阿含習相應品戒經第六　初一日誦
中阿含習相應品戒經第七　初一日誦
中阿含習相應品恭敬經第八　初一日誦
中阿含習相應品恭敬經第九　初一日誦

中阿含習相應品本際經第十　初一日誦
中阿含習相應品食經第十一　初一日誦
中阿含習相應品食經第十二　初一日誦
中阿含習相應品盡智經第十三　初一日誦
中阿含習相應品涅槃經第十四　初一日誦
中阿含習相應品彌醯經第十五　初一日誦
中阿含習相應品即為比丘說經第十六　初一日誦
佛說中阿含經卷第十一 有七經王相應品下有十四經分後七經屬第二誦
中阿含王相應品第六　初一日誦
中阿含王相應品七寶經第一
中阿含王相應品三十二相經第二　初一日誦
中阿含王相應品四洲經第三　初一日誦
中阿含王相應品牛糞喻經第四　初一日誦
中阿含王相應品頻鞞娑羅王迎佛經
第五　初一日誦
佛說中阿含經卷第十二
中阿含王相應品鞞婆陵耆經第六　初一日誦
中阿含王相應品天使經第七　初一日誦
佛說中阿含經卷第十三
中阿含王相應品第一 有七經　第二一日誦
名小土城 有四品半合五十二經
中阿含王相應品烏鳥喻經第一
中阿含王相應品說本經第二　第二小土城誦

歷章第十八 第九張

佛說中阿含經卷第十四
中阿含王相應品大天㮈林經第三 第二小土城誦
中阿含王相應品大善見王經第四 第二小土城誦
佛說中阿含經卷第十五
中阿含王相應品世諦經第五 第二小土城誦
中阿含王相應品轉輪王經第六 第二小土城誦
佛說中阿含經卷第十六
中阿含王相應品蜱肆經第七
佛說中阿含經卷第十七
中阿含長壽王品第二 有十五經 第二小土城誦
中阿含長壽王品中長壽王本起經第一
佛說中阿含經卷第十八
中阿含長壽王品天經第二 第二小土城誦
中阿含長壽王品八念經第三 第二小土城誦
中阿含長壽王品淨不動道經第四 第二小土城誦
中阿含長壽王品郁伽支羅經第五 第二小土城誦
中阿含長壽王品娑雞帝三族姓子經第六 第二小土城誦
佛說中阿含經卷第十九
中阿含長壽王品梵天請佛經第七 第二小土城誦
中阿含長壽王品有勝天經第八 第二小土城誦
中阿含長壽王品加絺那經第九 第二小土城誦
佛說中阿含經卷第二十
中阿含長壽王品念身經第十 第二小土城誦

歷章第十八 第十張

中阿含長壽王品支離彌梨經第十一 第二小土城誦
中阿含長壽王品長老上尊睡眠經第十二 第二小土城誦
佛說中阿含經卷第二十一
中阿含長壽王品無刺經第十三 第二小土城誦
中阿含長壽王品中真人經第十四 第二小土城誦
中阿含長壽王品中說處經第十五 第二小土城誦
佛說中阿含經卷第二十二
中阿含穢品第三 有十經 第二小土城誦
中阿含穢品穢經第一
中阿含穢品中求法經第二 第二小土城誦
佛說中阿含經卷第二十三
中阿含穢品比丘請經第三 第二小土城誦
中阿含穢品知法經第四 第二小土城誦
中阿含穢品周那問見經第五 第二小土城誦
中阿含穢品中青白蓮華喻經第六 第二小土城誦
中阿含穢品中水淨梵志經第七 第二小土城誦
中阿含穢品中黑比丘經第八 第二小土城誦
中阿含穢品中住法經第九 第二小土城誦
中阿含穢品中無經第十 第二小土城誦
佛說中阿含經卷第二十四
中阿含因品第四 第二小土城誦
中阿含因品大因緣第一
中阿含因品念處經第二 第二小土城誦

歷章第十八 第十一張

佛說中阿含經卷第二十五
中阿含因品苦陰經第三 第二小土城誦
中阿含因品苦陰經第四 第二小土城誦
中阿含因品增上心經第五 第二小土城誦
中阿含因品念經第六 第二小土城誦
佛說中阿含經卷第二十六
中阿含因品師子吼經第七 第二小土城誦
中阿含因品優曇婆羅經第八 第二小土城誦
中阿含因品願經第九 第二小土城誦
中阿含因品想經第十 第二小土城誦
佛說中阿含經卷第二十七
中阿含林品第五
中阿含林品林經第一 第二小土城誦
中阿含林品林經第二 第二小土城誦
中阿含林品自觀心經第三 第二小土城誦
中阿含林品自觀心經第四 第二小土城誦
中阿含林品達梵行經第五 第二小土城誦
中阿含林品阿奴波經第六 第二小土城誦
佛說中阿含經卷第二十八
中阿含林品諸法本經第七 第二小土城誦
中阿含林品優陀羅經第八 第二小土城誦
中阿含林品蜜丸喻經第九 第二小土城誦
中阿含林品瞿曇彌經第十 第二小土城誦

佛說中阿含經卷第二十九
中阿含大品第一 有二十五經 第三一日誦名
念 有一品半合 有三十五經
中阿含大品柔軟經第一 第三念誦
中阿含大品龍象經第二 第三念誦
中阿含大品說處經第三 第三念誦
中阿含大品說無常經第四 第三念誦
中阿含大品請請經第五 上二請字音慈井反 第三念誦
中阿含大品瞻波經第六 第三念誦
中阿含大品沙門二十億經第七 第三念誦
中阿含大品八難經第八 第三念誦
中阿含大品貧窮經第九 第三念誦
佛說中阿含經卷第三十
中阿含大品行欲經第十 第三念誦
中阿含大品福田經第十一 第三念誦
中阿含大品優婆塞經第十二 第三念誦
中阿含大品寃家經第十三 第三念誦
中阿含大品教曇彌經第十四 第三念誦
中阿含大品降魔經第十五 第三念誦
佛說中阿含經卷第三十一
中阿含大品賴吒和羅經第十六 第三念誦
佛說中阿含經卷第三十二
中阿含大品優婆離經第十七 第三念誦

佛說中阿含經卷第三十三
中阿含大品釋問經第十八 第三念誦
中阿含大品善生經第十九 第三念誦
佛說中阿含經卷第三十四
中阿含大品商人求財經第二十 第三念誦
中阿含大品世間經第二十一 第三念誦
中阿含大品福經第二十二 第三念誦
中阿含大品息止道經第二十三 第三念誦
中阿含大品至邊經第二十四 第三念誦
中阿含大品喻經第二十五 第三念誦
佛說中阿含經卷第三十五
中阿含梵志品第二 有二十經 第三念誦
中阿含梵志品雨勢經第一
中阿含梵志品傷歌邏經第二 第三念誦
中阿含梵志品算數目揵連經第三 第三念誦
佛說中阿含經卷第三十六
中阿含梵志品瞿默目揵連經第四 第三念誦
中阿含梵志品象跡喻經第五 第三念誦
中阿含梵志品聞德經第六 第三念誦
中阿含梵志品何苦經第七 第三念誦
佛說中阿含經卷第三十七
中阿含梵志品何欲經第八 第三念誦
中阿含梵志品欝瘦歌邏經第九 第三念誦

中阿含梵志品阿攝和經第十 第三念誦
佛說中阿含經卷第三十八
中阿含梵志品第一 有十經 第四一日誦名
分別 第二品半合 有四十五經
中阿含梵志品鸚鵡經第一 第三念誦
中阿含梵志品鬚閑提經第二
佛說中阿含經卷第三十九
中阿含梵志品婆羅婆堂經第三 第四分別誦
中阿含梵志品中須達哆經第四 第四分別誦
中阿含梵志品梵波羅延經第五 第四分別誦
佛說中阿含經卷第四十
中阿含梵志品黃蘆園經第六 第四分別誦
中阿含梵志品頭那經第七 第四分別誦
中阿含梵志品阿伽羅訶那經第八 第四分別誦
中阿含梵志品阿蘭那經第九 第四分別誦
佛說中阿含經卷第四十一
中阿含梵志品梵摩經第十 第四分別誦
佛說中阿含經卷第四十二
中阿含根本分別品第二 有十經 第四分別誦
中阿含根本分別品分別六界經第一
中阿含根本分別品分別六處經第二 第四分別誦
中阿含根本分別品分別觀法經第三 第四分別誦
佛說中阿含經卷第四十三

景第六　第十五張

中阿含根本分別品溫泉林天經第十　第四分別誦

中阿含根本分別品釋中禪室尊經

第五　第四分別誦

中阿含根本分別品阿難說經第六　第四分別誦

中阿含根本分別品意行經第七　第四分別誦

中阿含根本分別品拘樓瘦無諍經第

八　第四分別誦

佛說中阿含經卷第四十四

中阿含根本分別品鸚鵡經第九　第四分別誦

中阿含根本分別品大業經第十　第四分別誦

佛說中阿含經卷第四十五

中阿含心品第三 有十經　第四分別誦

中阿含心品心經第一

中阿含心品浮彌經第二　第四分別誦

中阿含心品受法經第三　第四分別誦

中阿含心品受法經第四　第四分別誦

佛說中阿含經卷第四十六

中阿含心品行禪經第五　第四分別誦

中阿含心品說經第六　第四分別誦

佛說中阿含經卷第四十七

中阿含心品獵師經第七　第四分別誦

中阿含心品五支物主經第八　第四分別誦

中阿含心品瞿曇彌經第九　第四分別誦

磨第六　第十六張

中阿含心品多界經第十　第四分別誦

佛說中阿含經卷第四十八

中阿含雙品第四 有五經雙品本有十經分後五經屬第五誦故曰雙品　第四分別誦

中阿含雙品馬邑經第一

中阿含雙品馬邑經第二　第四分別誦

中阿含雙品牛角娑羅林經第三　第四分別誦

中阿含雙品牛角娑羅林經第四　第四分別誦

中阿含雙品求解經第五　第四分別誦

佛說中阿含經卷第四十九

中阿含雙品第一 有五經　第五一日誦 有三品半合有三十六經

中阿含雙品說智經第一

中阿含雙品阿夷那經第二　第五後誦

中阿含雙品聖道經第三　第五後誦

中阿含雙品小空經第四　第五後誦

中阿含雙品大空經第五　第五後誦

佛說中阿含經卷第五十

中阿含大品第二 有十經　第五後誦

中阿含大品加樓烏陀夷經第一

中阿含大品牟犁破群那經第二　第五後誦

佛說中阿含經卷第五十一

中阿含大品跋陀和利經第三　第五後誦

中阿含大品阿濕貝經第四　第五後誦

佛說中阿含經卷第五十二

歷第十八　第十七張

中阿含大品周那經第五　第五後誦

中阿含大品優波離經第六　第五後誦

中阿含大品調御地經第七　第五後誦

佛說中阿含經卷第五十三

中阿含大品癡慧地經第八　第五後誦

佛說中阿含經卷第五十四

中阿含大品阿梨吒經第九　第五後誦

中阿含大品荼帝經第十　第五後誦

佛說中阿含經卷第五十五

中阿含晡利多品第三 有十經　第五後誦

中阿含晡利多品持齋經第一

中阿含晡利多品晡利多經第二　第五後誦

佛說中阿含經卷第五十六

中阿含晡利多品羅摩經第三　第五後誦

中阿含晡利多品五下分結經第四　第五後誦

中阿含晡利多品心穢經第五　第五後誦

佛說中阿含經卷第五十七

中阿含晡利多品箭手經第六　第五後誦

中阿含晡利多品箭毛經第七　第五後誦

中阿含晡利多品鞞摩那修經第八　第五後誦

佛說中阿含經卷第五十八

中阿含晡利多品法樂比丘尼經第九　第五後誦

中阿含晡利多品大拘絺羅經第十　第五後誦

佛說中阿含經卷第五十九
中阿含例品第四 有十一經　第五後誦
中阿含例品一切智經第一　第五後誦
中阿含例品法莊嚴經第二　第五後誦
中阿含例品鞞訶提經第三　第五後誦
中阿含例品第一得經第四　第五後誦
佛說中阿含經卷第六十
中阿含例品愛生經第五　第五後誦
中阿含例品八城經第六　第五後誦
中阿含例品阿那律陀經第七　第五後誦
中阿含例品阿那律陀經第八　第五後誦
中阿含例品見經第九　第五後誦
中阿含例品箭喻經第十　第五後誦
中阿含例品經第十一　第五後誦
後出中阿含經記
右東晉安帝隆安元年十一月十日罽賓沙門瞿曇僧伽提婆於揚都東亭寺譯至二年六月二十五日訖見經後記及生道祖録沙門道慈等筆受
增壹阿含經一部五十一卷 或五十卷 或四十二卷 或六十卷 第二譯 兩譯 闕初 五帙 九百三十七紙 凡五十二品
增壹阿含經卷第一
增壹阿含經序品第一

增壹阿含經十念品第二
增壹阿含經卷第二
增壹阿含經廣演品第三
增壹阿含經卷第三
增壹阿含經弟子品第四
增壹阿含經比丘尼品第五
增壹阿含經清信士品第六
增壹阿含經清信女品第七
增壹阿含經阿須倫品第八
增壹阿含經卷第四
增壹阿含經一子品第九
增壹阿含經護心品第十
增壹阿含經卷第五
增壹阿含經不還品第十一
增壹阿含經一入道品第十二
增壹阿含經卷第六
增壹阿含經利養品第十三
增壹阿含經卷第七
增壹阿含經五戒品第十四
增壹阿含經有無品第十五
增壹阿含經火滅品第十六
增壹阿含經安般品第十七
增壹阿含經卷第八

增壹阿含經安般品第十七之餘
增壹阿含經卷第九
增壹阿含經慚愧品第十八
增壹阿含經卷第十
增壹阿含經勸請品第十九
增壹阿含經卷第十一
增壹阿含經善知識品第二十
增壹阿含經三寶品第二十一
增壹阿含經三供養品第二十二
增壹阿含經卷第十三
增壹阿含經地主品第二十三
增壹阿含經卷第十四
增壹阿含經高幢品第二十四
增壹阿含經卷第十五
增壹阿含經高幢品第二十四之二
增壹阿含經卷第十六
增壹阿含經高幢品第二十四之三
增壹阿含經卷第十七
增壹阿含經四諦品第二十五
增壹阿含經卷第十八
增壹阿含經四意斷品第二十六
增壹阿含經卷第十九
增壹阿含經四意斷品第二十六之餘

歷本第十八　第二十一張　錢

增壹阿含經等趣四諦品第二十七
增壹阿含經聲聞品第二十八
增壹阿含經卷第二十一
增壹阿含經苦樂品第二十九
增壹阿含經卷第二十二
增壹阿含經須陀品第三十
增壹阿含經卷第二十三
增壹阿含經增上品第三十一
增壹阿含經卷第二十四
增壹阿含經善聚品第三　十二
增壹阿含經卷第二十五
增壹阿含經五王品第三十三
增壹阿含經卷第二十六
增壹阿含經等見品第三十四
增壹阿含經卷第二十七
增壹阿含經邪聚品第三十五
增壹阿含經卷第二十八
增壹阿含經聽法品第三十六
增壹阿含經卷第二十九
增壹阿含經六重品第二十七
增壹阿含經卷第三十
增壹阿含經六重品第三十七之餘

歷本第十八　第二十二張　錢

增壹阿含經卷第三十一
增壹阿含經力品第三十八
增壹阿含經卷第三十二
增壹阿含經力品第三十八之餘
增壹阿含經卷第三十三
增壹阿含經等法品第三十九
增壹阿含經卷第三十四
增壹阿含經七日品第四十
增壹阿含經卷第三十五
增壹阿含經七日品第四十之餘
增壹阿含經莫畏品第四十一
增壹阿含經卷第三十六
增壹阿含經八難品第四十二
增壹阿含經卷第三十七
增壹阿含經八難品第四十二之餘
增壹阿含經卷第三十八
增壹阿含經馬血天子品第四十三
增壹阿含經卷第三十九
增壹阿含經馬血天子品第四十三之餘
增壹阿含經卷第四十
增壹阿含經九衆生居品第四十四
增壹阿含經卷第四十一
增壹阿含經馬王品第四十五

歷本第十八　第二十三張　錢

增壹阿含經卷第四十二
增壹阿含經結禁品第四十六
增壹阿含經卷第四十三
增壹阿含經善惡品第四十七
增壹阿含經卷第四十四
增壹阿含經十不善品第四十八
增壹阿含經卷第四十五
增壹阿含經十不善品第四十八之餘
增壹阿含經卷第四十六
增壹阿含經放牛品第四十九第四分別誦
增壹阿含經卷第四十七
增壹阿含經放牛品第四十九之餘
增壹阿含經卷第四十八
增壹阿含經禮三寶品第五十
增壹阿含經卷第四十九
增壹阿含經非常品第五十一
增壹阿含經卷第五十
增壹阿含經大愛道般涅槃品第五十二
增壹阿含經卷第五十一
增壹阿含經大愛道般涅槃分品第
五十二之餘
右東晉隆安元年正月罽賓沙門瞿曇
僧伽提婆於楊都譯見算道祖錄及寶

唱録

雜阿含經一部五十卷　一千三百二十六紙　五帙　凡四品　單重合譯

雜阿含經卷第一　宋世求那跋陀羅譯

雜阿含經卷第二　雜阿含經卷第三

雜阿含經卷第四　雜阿含經卷第五

雜阿含經卷第六　雜阿含經卷第七

雜阿含經卷第八

第二誦六入處品第二

雜阿含經卷第九　雜阿含經卷第十

雜阿含經卷第十一　宋世求那跋陀羅譯

雜阿含經卷第十二　雜阿含經卷第十三

雜阿含經卷第十四　雜阿含經卷第十五

雜阿含經卷第十六　雜因誦第三品

雜阿含經卷第十七　雜阿含經卷第十八

弟子所說誦第四品

雜阿含經卷第十九　雜阿含經卷第二十

雜阿含經卷第二十一　宋代求那跋陀羅譯

雜阿含經卷第二十二　雜阿含經卷第二十三

雜阿含經卷第二十四　雜阿含經卷第二十五

雜阿含經卷第二十六　雜阿含經卷第二十七

雜阿含經卷第二十八　雜阿含經卷第二十九

雜阿含經卷第三十

雜阿含經卷第三十一　宋代求那跋陀羅譯

雜阿含經卷第三十二　雜阿含經卷第三十三

雜阿含經卷第三十四　雜阿含經卷第三十五

雜阿含經卷第三十六　雜阿含經卷第三十七

雜阿含經卷第三十八　雜阿含經卷第三十九

雜阿含經卷第四十

雜阿含經卷第四十一　宋代求那跋陀羅譯

雜阿含經卷第四十二　雜阿含經卷第四十三

雜阿含經卷第四十四　雜阿含經卷第四十五

雜阿含經卷第四十六　雜阿含經卷第四十七

雜阿含經卷第四十八　雜阿含經卷第四十九

雜阿含經卷第五十

右宋文帝元嘉年中天竺三藏求那跋陀羅於揚都瓦官寺譯見道惠宋齊錄

別譯雜阿含經一部二十卷　三百七十一紙　二帙

雜阿含經初誦卷第一　別譯

雜阿含經初誦卷第二　別譯

雜阿含經初誦卷第三　別譯

雜阿含經初誦卷第四　別譯

雜阿含經初誦卷第五　別譯

雜阿含經卷第六　別譯

雜阿含經卷第七　別譯

雜阿含經卷第八　別譯

雜阿含經卷第九　別譯

雜阿含經卷第十　別譯

雜阿含經卷第十一　別譯

雜阿含經卷第十二　別譯

雜阿含經卷第十三　別譯

雜阿含經卷第十四　別譯

雜阿含經卷第十五　別譯

雜阿含經卷第十六　別譯

雜阿含經卷第十七　別譯

雜阿含經卷第十八　別譯

雜阿含經卷第十九　別譯

雜阿含經卷第二十　別譯

右三秦失譯見開元錄

佛般泥洹經一部二卷　五十四紙　或直云泥洹經

大般泥洹經卷上　大般泥洹經卷下

右西晉惠帝代河內沙門白法祖譯見費長房錄

大般涅槃經一部二卷　是遊行經　五十六紙　或三卷

大般涅槃經上　大般涅槃經下

右東晉平陽沙門釋法顯於揚都道場寺譯見開元錄

般泥洹經一部二卷　是遊行經　亦云大般泥洹經或無般字　五十四紙　諸藏中一卷

般泥洹經上　惟是上卷又下卷也　般泥洹經下

右一經開元錄云其經失譯莫知年代今附東晉末冀免遺漏焉

本欲生經一卷　十七紙

人本欲生經一卷　後漢桓帝安世高譯

右後漢桓帝永壽二年安息國沙門安世高譯見朱士行漢錄及僧祐錄

迦羅尸越六向拜經　亦名大向拜經　一名大六向拜　一名威花長者六拜經　四紙　或云尸迦羅越六方禮經題云迦羅越六向禮經

迦羅越六向禮經

右後漢安息國沙門安世高譯見費長房錄

梵志阿䟦經　一名阿䟦摩納經　一名佛開解阿䟦梵志經　安公錄直云阿䟦經　十五紙

佛說梵志阿䟦經

右吳月氏優婆塞支謙譯見費長房錄

已上二經同卷

梵網六十二見經一卷　一名梵網經　二十四紙　凡一品

佛說梵網六十二見經一卷

見誤殺父品第三十八

右吳代月氏優婆塞支謙譯見費長房錄

寂志果經一卷　十九紙

寂志果經一卷　東晉孝武帝代竺曇無蘭譯

右東晉孝武帝代西域沙門竺曇無

蘭於楊都謝鎮西寺譯見費長房錄

上八經十卷同帙

起世經一部十卷　一百九十五紙　凡十二品　一帙

起世經卷第一　南天竺三藏闍那崛多等譯

閻浮洲品第一　鬱單越洲品第二

起世經卷第二　鬱單越洲品第二之餘

轉輪王品第三　地獄品第四

起世經卷第三　地獄品第四之二

起世經卷第四　地獄品第四之三

起世經卷第五

諸龍金翅鳥品第五　阿脩羅品第六

起世經卷第六　阿脩羅品第六之餘

四天王品第七　三十三天品第八

起世經卷第七　三十三天品第八之二

起世經卷第八　三十三天品第八之三

鬪戰品第九

起世經卷第九　劫住品第十

世住品第十一　最勝品第十二

起世經卷第十　最勝品第十二之餘

右隋開皇年天竺三藏闍那崛多等於大興善寺譯見經題上及開元錄

起世因本經一部十卷　已上二本相涉題下別云起世因本經　一帙　諸藏多是此本稱　一百九十八紙　凡十二品　一帙　隋天竺三藏達摩笈多譯

起世因本經卷第一

閻浮洲品第一　鬱多羅究留洲品第二

起世因本經卷第二　鬱多羅究留洲品下

轉輪王品第三　阿毗脂地獄品第四

起世因本經卷第三　阿毗脂地獄品中

起世因本經卷第四　阿毗脂地獄品下

起世因本經卷第五　諸龍金翅鳥品第五

阿脩羅品第六

起世因本經卷第六　阿脩羅品下

四天王品第七　三十三天品第八

起世因本經卷第七　三十三天品中

起世因本經卷第八　三十三天品下

鬪戰品第九

起世因本經卷第九　劫住品第十

住世品第十一　最勝品第十二

起世因本經卷第十　最勝品下

右隋大業年天竺三藏達摩笈多於東都翻經館譯見內典錄沙門彥琮行矩等筆受

樓炭經一部六卷　或五卷或八卷　一百六八紙　凡十三品　譯　或云大樓炭經

佛說樓炭經卷第一　閻浮利品第一

鬱單日品第二　轉輪王品第三

泥黎品第四

歷章第十八　第三十一張

佛說樓炭經卷第二　阿須輪品第五
龍鳥品第六　高善士品第七
佛說樓炭經卷第三　四天王品第八
忉利天品第九
佛說樓炭經卷第四　忉利天品之餘
佛說樓炭經卷第五　戰鬪品第十
三小劫品第十一　災變品第十二
佛說樓炭經卷第六　天地成品第十三
右西晉沙門釋法立於惠帝代共法炬於洛陽譯見費長房錄
長阿含十報法經一部二卷亦名多增道章經或云十報經三十一紙
長阿含十報法經上　後漢安世高譯
長阿含十報法經下
右後漢安息國沙門安世高譯見僧祐錄
中本起經一部二卷或云太子中本起經五十五紙或無中字目長阿含經凡十五品
佛說中本起經卷上
中本起經轉法輪品第一
中本起經現變化品第二
中本起經化迦葉品第三
中本起經度瓶沙王品第四
中本起經舍利弗大目連來學品第五
中本起經還本國品第六

歷章第十八　第三十二張

佛說中本起經卷下
中本起經須達品第七
中本起經誘客普品第八
中本起摩訶比耶瞿彌來作比丘尼品第九
中本起經無常品第十
中本起經自愛品第十一
中本起經大迦葉始來學品第十二
中本起經度奈女品第十三
中本起經尼揵問疑品第十四
中本起經佛食麥品第十五
右後漢建安十二年西域沙門曇果譯康孟詳度語見始興錄
上三經十卷同帙

大唐開元釋教廣品歷章卷第十八

趙城縣廣勝寺

第二張

受歲經一卷 供城四紙 蒲州四紙
苦陰經一卷 供城六紙 蒲州五紙
釋摩男本經一卷 一名五陰因事經 供城五紙 蒲州四紙
樂想經一卷 供城三紙 蒲州二紙
苦陰因事經一卷 供城六紙 蒲州六紙
漏分布經一卷 供城八紙 蒲州七紙
梵志計水淨經一卷 供城二紙 蒲州二紙
諸法本經一卷 供城一紙 蒲州一紙
阿耨風經一卷 晉言俠決 供城七紙 蒲州六紙
瞿曇彌記果經一卷 供城八紙 蒲州七紙
睒婆比丘經一卷 或云瞻波 供城八紙 蒲州七紙
善生子經一卷 供城四紙 蒲州三紙
伏淫經一卷 供城三紙 蒲州三紙
魔嬈亂經一卷 一名魔王入目連蘭腹經 供城九紙 蒲州八紙
弊魔試目連經一卷 供城六紙 蒲州五紙
數經一卷 供城六紙 蒲州四紙
賴吒和羅經一卷 一名羅漢賴吒和羅經 供城十三紙 蒲州十一紙
三歸五戒慈心厭離功德經一卷 供城一紙 蒲州一紙
梵志頞羅延問種尊經一卷 或云頞波羅延 供城八紙 蒲州七紙
須達經一卷 亦名長者須達經 或名須達長者經 供城四紙 蒲州四紙
佛為黃竹園老婆羅門說學經一卷 供城四紙 蒲州四紙
梵摩喻經一卷 供城十紙 蒲州九紙
尊上經一卷 供城四紙 蒲州四紙

第三張

意經一卷 供城三紙 蒲州三紙
鸚鵡經一卷 亦名兜調經 或作兇者誤也 供城十紙 蒲州九紙
兜調經一卷 供城四紙 蒲州四紙
應法經一卷 供城四紙 蒲州四紙
泥犁經一卷 或云中阿含泥犁經 供城十四紙 蒲州十二紙
優波夷墮舍迦經一卷 供城五紙 蒲州四紙
齋經一卷 一名持齋經 供城五紙 蒲州四紙
鞞摩肅經一卷 供城四紙 蒲州四紙
婆羅門子命終愛念不離經一卷 供城四紙 蒲州四紙
十支居士八城人經一卷 亦直云十支經 供城三紙 蒲州三紙
邪見經一卷 供城二紙 蒲州二紙
箭喻經一卷 供城四紙 蒲州四紙
普法義經一卷 一名具法行經 亦名普義經 供城十紙 蒲州九紙
廣義法門經一卷 供城十紙 蒲州九紙
誡德香經一卷 或云戒德經 供城二紙 蒲州二紙
四人出現世間經一卷 供城四紙 蒲州四紙
波斯匿王太后崩塵土坌身經一卷 供城四紙 蒲州三紙
須摩提女經一卷 供城八紙 蒲州六紙
婆羅門避死經一卷 供城一紙 蒲州一紙
食施獲五福報經一卷 一名施色力經 供城二紙 蒲州二紙
頻毗娑羅王詣佛供養經一卷 一名福德經 亦名[illegible] 供城五紙 蒲州五紙
長者子六過出家經一卷 供城三紙 蒲州三紙
鴦崛摩經一卷 一名指髻經 或有作鴦 供城六紙 蒲州六紙

鴦崛髻經一卷 供城七紙 蒲州六紙
力士移山經一卷 亦直云移山經 供城六紙 蒲州六紙
四未曾有法經一卷 亦云四未有經或無法字 供城二紙 蒲州二紙
舍利弗摩目揵連遊四衢經一卷 供城四紙 蒲州三紙
七佛父母姓字經一卷 或云七佛姓字經 供城五紙 蒲州四紙
放牛經一卷 亦云牧牛經 供城五紙 蒲州四紙
緣起經一卷 亦云十二緣起經 供城三紙 蒲州三紙
十一想思念如來經一卷 或云十二思惟經 或云念如來經 供城二紙 蒲州一紙
四泥犁經一卷 或云四大泥犁經 供城二紙 蒲州二紙
阿那邠邸化七子經一卷 供城五紙 蒲州四紙
大愛道般泥洹經一卷 或作泥洹 供城八紙 蒲州七紙
佛母般泥洹經一卷 或作泥洹 供城五紙 蒲州五紙
國王不梨先尼十夢經一卷 供城五紙 蒲州四紙
五蘊皆空經一卷 供城一紙 蒲州一紙
舍衛國王夢見十事經一卷 或直云十夢經或云舍衛國王十夢經或云波斯匿王十夢經 供城五紙 蒲州四紙
阿難同學經一卷 供城四紙 蒲州三紙
七處三觀經一卷 或二卷積骨經在中 供城十九紙 蒲州十七紙
聖法印經一卷 亦直云聖印經亦云慧印經天竺名阿遮曇摩文圖 供城二紙 蒲州二紙
雜阿含經一卷 供城二十四紙 蒲州二十一紙
不自守意經一卷 或云自守亦不自守經或云不自守經 供城一紙 蒲州一紙
滿願子經一卷 供城三紙 蒲州二紙
轉法輪經一卷 或云法輪轉經 京中諸藏並是轉法輪論非是本經 應須簡擇

三轉法輪經一卷 供城三紙 蒲州二紙
八正道經一卷 供城六紙 蒲州五紙
難提釋經一卷 供城三紙 蒲州三紙
馬有三相經一卷 亦云善馬有三相經 供城五紙 蒲州四紙
馬有八態譬人經一卷 一名馬有八弊惡態經 亦直云馬有八態經 供城一紙 蒲州一紙
相應相可經一卷 供城二紙 蒲州一紙
五陰譬喻經一卷 供城二紙 蒲州二紙
水沫所漂經一卷 一名河中大聚沫經 一名聚沫譬 供城三紙 蒲州二紙
治禪病祕要經一卷 或云治禪病祕要法 無經字或云二卷或云禪要祕密治病經 供城二紙 蒲州二紙
摩鄧女經一卷 一名阿難為蠱道女惑經 供城三十二紙 蒲州二十八紙
摩鄧女解形中六事經一卷 供城三紙 蒲州三紙
摩登伽經三卷 或二卷 供城三紙 蒲州二紙
舍頭諫經一卷 題云舍頭諫晉曰太子二十八宿經一名虎耳經 供城三十九紙 蒲州三十四紙
雜藏經一卷 供城三十一紙 蒲州二十六紙
鬼問目連經一卷 供城十一紙 蒲州九紙
餓鬼報應經一卷 一名目連說地獄餓鬼因緣經 供城四紙 蒲州四紙
阿難問事佛吉凶經一卷 或名阿難問事經 亦云事佛吉凶經 供城六紙 蒲州五紙
阿難分別經一卷 或直云分別經 供城六紙 蒲州五紙
慢法經一卷 供城二紙 蒲州二紙
玉邪經一卷 一名長者詣佛說子婦無敬經 供城五紙 蒲州五紙

五母子經一卷 供城二紙 蒲州二紙
沙彌羅經一卷 供城二紙 蒲州二紙
玉耶女經一卷 供城五紙 蒲州三紙
阿遬達經一卷 供城三紙 蒲州二紙
修行本起經二卷 一名宿行本起經 供城三十六紙 蒲州三十紙
太子瑞應本起經二卷 亦云太子本起瑞應經亦直云瑞應本起經 供城一百二十一紙 蒲州九十五紙
過去現在因果經四卷 供城四紙 蒲州三紙
法海經一卷 供城三紙 蒲州三紙
海八德經一卷 供城七紙 蒲州七紙
四十二章經一卷 供城七紙 蒲州七紙
柰女耆域因緣經一卷 或云柰女耆域經或直云柰女經亦云柰女耆婆經 供城二十一紙 蒲州一十七紙
龍王兄弟經一卷 一名難龍王經亦名降龍王經 供城三紙 蒲州二紙
罪業應報教化地獄經一卷 或云地獄報應經 供城七紙 蒲州六紙
長者音悅經一卷 或云長者音悅不蘭迦葉經亦直云音悅經 供城六紙 蒲州五紙
禪祕要經三卷 或云禪祕要法無經字或四卷 供城九十六紙 蒲州八十四紙
越難經一卷 一名難越長者經 供城二紙 蒲州二紙
七女經一卷 一名七女本經 供城七紙 蒲州六紙
八師經一卷 供城四紙 蒲州四紙
所欲致患經一卷 供城六紙 蒲州六紙
阿闍世王問五逆經一卷 供城五紙 蒲州五紙
堅意經一卷 一名堅心正意經 一名堅心經 供城二紙 蒲州二紙
五苦章句經一卷 一名諸天五苦經 一名五道章句經

歷章第九　第七張

貧窮老公經一卷 一名貧老經 一名淨除罪蓋娛樂佛法經　洪城十五紙 十二紙 二紙

淨飯王涅槃經一卷 或加般字　蒲州三紙

進學經一卷 或云勸進學道經　洪城七紙 蒲州七紙 洪城一紙 蒲州一紙

得道梯橙錫杖經一卷 題云得道梯橙錫杖品第十二 亦直云錫杖經　洪城四紙 蒲州三紙

蓱沙王五願經一卷 一名弗沙迦王經 或作洴字　洪城八紙 蒲州七紙

三摩竭經一卷 一名難國王經 一名須摩提女經 一名恭敬和難王經　洪城九紙 蒲州八紙

瑠璃王經一卷 或作流離　蒲州洪城八紙

生經五卷 或四卷　洪城蒲州七紙 洪城一百三十四紙 蒲州一百九紙

義足經二卷　洪城四十八紙 蒲州四十紙

七知經一卷 或名七智經　洪城二紙 蒲州二紙

七知經

右吳月支優婆塞支謙譯見費長房錄

鹹水喻經一卷 或云鹹水譬喻經　洪城二紙 蒲州二紙

鹹水喻經一卷

右僧祐錄云安公錄中失譯經今開元錄編西晉末

一切流攝守因經 或直云流攝經 或云一切流攝經 或加經字 吳錄云流攝守因經 一名受因經 五紙

佛說一切流攝守因經 後漢安世高譯

右後漢安息國沙門安世高譯見

歷章第十九　第八張　續字號

朱士行漢錄等

已上三經同卷

四諦經 十紙

四諦經

右後漢桓帝代沙門安世高於洛陽譯見僧祐錄

琥伽喻經 長房錄云琥伽喻經 四紙 或無喻字

佛說琥伽喻經一卷 西晉惠帝竺法炬譯

右西晉代沙門釋法炬於洛陽譯見費長房錄

已上二經同卷

本相倚致經 吳錄云大相倚致經 或作猗字 三紙

本相倚致經

右後漢代沙門安世高譯見朱士行漢錄等錄

緣本致經一卷 三紙

緣本致經一卷

右東晉失譯見開元錄

頂生王故事經一卷 七紙

頂生王故事經一卷

右西晉惠帝代沙門釋法炬譯見費長房錄

文陀竭王經一卷 四紙

歷章第十九　第九張

佛說文陀竭王經一卷

右北涼天竺三藏曇無讖於姑臧譯見費長房錄

已上四經同卷

古來世時經一卷 六紙

佛說古來世時經一卷

右東晉失譯見開元錄

閻羅王五天使者經一卷 四紙

閻羅王五天使者經一卷

右宋孝武帝大明元年沙門慧簡於鹿野寺譯見費長房錄

鐵城泥犁經一卷 六紙

佛說鐵城泥犁經 東晉西域沙門竺曇無蘭譯

右東晉孝武帝代西域沙門竺曇無蘭於楊都謝鎮西寺譯見費長房錄

離睡經一卷 二紙

佛說離睡經一卷 西晉沙門竺法護譯

右西晉沙門竺法護譯見費長房錄

已上四經同卷

阿那律八念經一卷 一名禪行斂意經 或直云八念經 舊錄云禪行檢意經 五紙

阿那律八念經一卷

歷章第十九　第十張　緻

右漢靈帝中平二年西域沙門支
曜於洛陽譯見舊錄

是法非法經　五紙　出中阿含

是法非法經一卷

右後漢沙門安世高譯見朱士行
漢錄等

求欲經一卷　十二紙

佛說求欲經一卷

右西晉代沙門釋法炬於洛陽譯見
費長房錄

上上經同卷

受歲經　四紙

佛說受歲經一卷　西晉竺法護譯

右西晉竺法護譯見費長房錄

苦陰經　六紙

佛說苦陰經

右後漢失譯見費長房錄

釋摩男本經　一名五陰因事經　四字經　或無本字　五紙

佛說釋摩男本經

右吳月氏優婆塞支謙譯見生
道祖吳錄

上三經同卷

樂想經　二紙

歷章第十九　第十一張　經　安

佛說樂想經一卷　西晉三藏竺法護譯

右西晉三藏竺法護譯見費長房錄

苦陰因事經　六紙

佛說苦陰因事經一卷　西晉沙門法炬譯

右西晉沙門釋法炬譯見費長房
錄

漏分布經　八紙

漏分布經　後漢安世高譯

右後漢桓帝時沙門安世高於洛
陽譯見朱士行漢錄等

梵志計水淨經　二紙

佛說梵志計水淨經

右東晉失譯見開元錄

上四經同卷

諸法本經　一紙

諸法本經

右吳支謙譯見長房錄

阿耨風經　晉言極火　七紙

佛說阿耨風經一卷　東晉西域沙門竺曇無蘭譯

右東晉孝武帝代西域沙門竺曇
無蘭於楊都謝鎮西寺譯見費
長房錄

瞿曇彌記果經　八紙

歷章第十九　第十二張

瞿曇彌記果經

右宋孝武帝大明元年沙門惠
蘭於鹿野寺譯見費長房錄

善生子經　六紙

佛說善生子經一卷　西晉沙門支法度譯

右西晉惠帝永寧元年沙門支
法度譯見支敏度等錄

上四經同卷

瞻婆比丘經　或云瞻波　四紙

瞻婆比丘經

右西晉代沙門釋法炬譯見費長
房錄

伏淫經　三紙

佛說伏淫經　西晉沙門法炬譯

右西晉沙門釋法炬譯見費長房錄

魔嬈亂經　一名魔王入目連蘭腹經　九紙

魔嬈亂經一卷

右後漢失譯見費長房錄

弊魔試目連經一卷　六紙

弊魔試目連經一卷

右吳月氏優婆塞支謙譯房云見
舊錄

數經一卷　六紙

歷章第十九　第十三張　紹

佛說數經一卷　西晉沙門釋法炬譯

右西晉沙門釋法炬譯見費長房録

已上五經同卷

賴吒和羅經一卷　一名羅漢賴吒和羅經　第三譯　與支譯小異　十二紙

賴吒和羅經一卷

右吴支謙譯見僧祐録

三歸五戒慈心猒離功德經一卷　一紙

三歸五戒慈心猒離功德經一卷

右東晉失譯見開元録

梵志頞羅延問種尊經一卷　八紙　亦云頞波羅延經

佛說梵志頞波羅延問種尊經一卷

東晉西域沙門竺曇無蘭譯

右東晉孝武帝代西域沙門竺曇無

蘭於楊都謝鎮西寺譯見費長房録

上三經同卷

上三十五經十卷同帙

須達經一卷　一名長者須達經　四紙　或名須達長者經

須達經一卷

右南齊永明十年天竺沙門求那毗地

於楊都毗耶離寺譯見費長房録

佛爲黄竹園老婆羅門說學經一卷　四紙　與舊蘆園經同本異譯

佛爲黄竹園老婆羅門說學經一卷

歷章第十九　第十四張　緣天

右僧祐録中失譯經開元録中附於宋末

梵摩喻經一卷　十紙　或作渝字

梵摩喻經一卷

右吴支謙譯見竺道祖吴録

尊上經　四紙

佛說尊上經一卷　西晉竺法護譯

右西晉沙門竺法護譯見費長房録

已上四經同卷

意經一卷　三紙

佛說意經一卷　西晉三藏竺法護譯

右西晉三藏竺法護譯見費長房録

鸚鵡經一卷　十紙

鸚鵡經一卷

右宋文帝代天竺沙門求那跋陀羅

於楊都譯見費長房録

兜調經一卷　四紙

佛說兜調經一卷

右僧祐録云安公録中失譯經開元

録中編西晉末

應法經一卷　四紙

佛說應法經一卷　西晉三藏竺法護譯

右西晉沙門竺法護譯見費長房録

泥犁經一卷　東晉孝武帝代竺曇無蘭譯

歷章第十九　第十五張　緣

右東晉孝武帝代西域沙門竺曇無

蘭於楊都謝鎮西寺譯見費長房録

已上五經同卷

優波夷墮舍迦經一卷　四紙　或云優波夷墮舍經

優波夷墮舍迦經一卷

右僧祐録中失譯經開元録中附於

宋末

齋經一卷　一名持齋經　五紙

齋經一卷

右吴支謙譯見僧祐録

鞞摩肅經一卷　四紙

佛說鞞摩肅經一卷　宋求那跋陀羅譯

右宋沙門求那跋陀羅於楊都譯見

費長房録

婆羅門子命終愛念不離經一卷　四紙

佛說婆羅門子命終愛念不離經一卷

後漢安息沙門安世高譯

右後漢安息國沙門安世高譯見

費長房録

十支居士八城人經一卷　三紙　亦直云十支經

佛說十支居士八城人經一卷　後漢代安世高譯

右後漢沙門安世高譯見費長房録

邪見經一卷　二紙

佛說邪見經一卷 西晉沙門竺法護譯
右僧祐錄中失譯經開元錄中附於
宋末
已上六經同卷
箭喻經一卷 四紙
佛說箭喻經一卷
右東晉失譯見開元錄
普法義經一卷 亦名普義經 一名具法行經 第一譯 十紙
佛說普法義經一卷
右後漢元嘉二年安息國三藏安
世高譯見朱士行漢錄等
廣義法門經一卷 十紙 第三譯 三譯一闕
佛說廣義法門經一卷
右陳天嘉四年十一月十日優禪尼
國沙門眞諦於廣州制旨寺譯見費
長房錄
已上三經同卷
誡德香經一卷 或云戒德經 一紙
戒德香經一卷
右東晉孝武帝代竺曇無蘭於楊
都謝鎭西寺譯見費長房錄
四人出現世間經一卷 一紙
佛說四人出現世間經一卷 宋天竺沙門求那跋陀羅譯

右宋元嘉年天竺沙門求那跋陀羅
於楊都譯見費長房錄
波斯匿王太后崩塵土坌身經一卷 四紙
一名波斯匿王喪祖母命終經
波斯匿王太后崩塵土坌身經一卷
右西晉沙門釋法炬譯見費長房錄
須摩提女經一卷 八紙
佛說須摩提經一卷
右吳月氏優婆塞支謙譯見費長房錄
婆羅門避死經一卷 一紙
佛說婆羅門避死經一卷 後漢安息沙門安世高譯
右後漢安息國沙門安世高譯見
費長房錄
食施獲五福報經一卷 一名施色力經 一名福德經 失譯 二紙
施食獲五福報經一卷
右東晉失譯見開元錄
已上五經同卷
頻毗娑羅王詣佛供養經一卷 亦云頻婆 五紙
頻毗娑羅王詣佛供養經一卷
右西晉惠帝代釋法炬譯見費長房
錄
長者子六過出家經一卷 三紙
長者子六過出家經一卷

右宋孝武帝代沙門釋惠蘭於鹿
野寺譯見費長房錄
鴦崛魔經一卷 或作摩字 一名指髻經 或云指鬘 六紙
佛說鴦崛摩經一卷 西晉三藏竺法護譯
右西晉三藏竺法護譯見費長房錄
已上四經同卷
鴦崛髻經 七紙 與法護指髻同本異譯 第二譯
鴦崛髻經一卷
右晉惠帝代釋法炬於洛陽譯見
費長房錄
力士移山經一卷 亦直云移山經 六紙
力士移山經一卷
右西晉三藏竺法護譯見僧祐錄
四未曾有法經一卷 亦云四未有經 或無法字 二紙
四未曾有法經一卷
右西晉三藏竺法護譯見費長房錄
舍利弗摩目揵連游四衢經一卷 一名舍利弗目連游諸國經 四紙
舍利弗目連游四衢經一卷
右後漢獻帝代外國沙門康孟詳
於洛陽譯見別錄亦見費長房錄
已上四經同卷
七佛父母姓字經一卷 或云七佛姓字經 一名婦人無延請佛經 五紙

七佛父母姓字經一卷
右曹魏代譯失譯人名見費長房錄
放牛經一卷 亦云牧牛經 五紙
放牛經一卷
右後秦三藏鳩摩羅什於常安逍遙園譯見費長房錄
緣起經 亦云十二緣起經 二紙
十二緣起經一卷
右龍朔元年七月九日三藏法師玄奘於玉華宮寺八桂亭譯見翻經圖沙門神皎筆受
十一想念如來經一卷 或云十一思惟念如來經 二紙
佛說十一想念如來行 宋沙門求那跋陀羅譯
右宋文帝元嘉年中沙門求那跋陀羅於楊都譯見費長房錄
已上四經同卷
四泥犁經 或云四大泥犁經 二紙
佛說四泥犁經一卷 西晉沙門竺曇無蘭等譯
右東晉孝武帝代西域沙門竺曇無蘭於楊都謝鎮西寺譯見費長房錄
阿那邠邸化七子經一卷・五紙
阿那邠邸化七子經一卷
右後漢代安世高譯見費長房錄
大愛道般泥洹經一卷 或作涅槃字 八紙
右西晉惠帝代河內沙門白法祖譯見費長房錄
已上三經同卷
佛母般泥洹經 五紙
佛母般泥洹經一卷 宋沙門惠簡譯
右宋孝武帝代大明元年沙門惠簡於鹿野寺譯見費長房錄
國王不梨先尼十夢經 或作先泥 一名國王十夢經 五紙
佛說國王不梨先尼十夢經一卷
右東晉孝武帝代竺曇無蘭於楊都謝鎮西寺譯見費長房錄
已上二經同卷
五蘊皆空經一卷 一紙
五蘊皆空經一卷 三藏法師義淨奉制譯
右大唐景龍四年三藏法師義淨於大薦福寺翻經院譯見開元錄
沙門智積等筆受
舍衛國王夢見十事經 或直云十夢經 舊錄云舍衛國王十夢經 或云波斯匿王十夢經 五紙
右僧祐錄云安公失譯經開元錄中編西晉末
上四經同卷
阿難同學經 四紙 出增壹阿含經
阿難同學經一卷
右後漢代安世高譯見費長房錄
聖法印經 亦直云聖印經 亦云慧印經 二紙
佛說聖法印經 天竺名阿遮曇摩文圖 西晉代元康年竺法護譯
右西晉元康四年十二月五日沙門竺法護於酒泉郡譯見聶道真等錄竺法首筆受
不自守意經 或云自守亦不自守經 或云不自守經 一名自守意經 一紙
佛說不自守意經一卷
右吳支謙譯見費長房錄
滿願子經 三紙
佛說滿願子經一卷 右東晉失譯見開元錄
上四經同卷
七處三觀經 或二卷 十九紙 內有積骨經同在中
佛說七處三觀經一卷
佛說積骨經同卷
右後漢元嘉元年安世高譯見朱士行漢錄等
雜阿含經一卷 二十一紙
雜阿含經一卷
右魏吳失譯見費長房錄

轉法輪經一卷 或云法輪轉經 三紙 京中諸藏是論非經
佛說轉法輪經
右後漢沙門安世高譯見僧祐録
三轉法輪經一卷 大紙 有聖教序
大唐龍興三藏聖教序 御製
佛說三轉法輪經一卷 三藏法師義淨奉制譯
右大唐景龍四年三藏法師義淨
於大薦福寺翻經院譯見開元録
沙門玄傘等筆受
八正道經 二紙
佛說八正道經一卷
右後漢代安世高譯見朱士行漢録等
難提釋經
難提釋經一卷 五紙 西晉惠帝代法炬法立譯
右西晉惠帝代釋法炬譯見費長
房録
上四經同卷
馬有三相經一卷 亦云善馬有三相經 一紙
説馬有三相經一卷
右後漢中平二年西域沙門支曜
於洛陽譯費長房録云見吴録
馬有八態譬人經一卷 一名馬有八弊惡態經 亦直云馬有八態經 一紙

佛說馬有八態譬人經一卷
右後漢中平二年西域沙門支曜
於洛陽譯費長房録云見吴録
相應相可經一卷 二紙
佛說相應相可經一卷 西晉沙門法炬譯
右西晉沙門釋法炬譯見費長房録
五陰譬喻經 三紙 或云五陰喻經
五陰譬喻經一卷 安世高譯
右後漢代安世高譯見朱士行漢
録等
水沫所漂經 一名河中大聚沫經 一名聚沫譬經 三紙
佛說水沫所漂經一卷 晉沙門竺曇無蘭譯
右東晉孝武帝代沙門竺曇無
蘭於楊都謝鎮西寺譯見費長
房録
已上五經同卷
治禪病祕要經一卷 或云治禪病祕要法無經字 五十三紙或云禪要祕密治病經或二卷凡治十二種人聖境界有後序
治禪病祕要法一卷 或二卷
擁蘇觀柔軟四大漸入聖分念炎境界
治噎法　治行者貪婬患法
治利養瘡法　治犯戒法
治禪病祕要法

治樂音樂法　治好歌唄偈讚法
治水大猛盛因是得下法
治因火大頭痛眼痛耳聾法
治入地三昧見不祥事驚怖失心法
治風大法
右宋孝建二年九月八日居士沮渠
京聲於竹園寺譯其月二十五日訖
見僧祐等録
上二十七經七卷同帙
摩鄧女經一卷 一名阿難為蠱道女惑經 亦云摩鄧女經 第一譯 三紙
摩登女經一卷
右後漢代安世高譯見費長房録
摩鄧女解形中六事經 三紙 第五譯
摩登女解形中六事經一卷 或云登
右東晉失譯見開元録
已上二經同卷
摩登伽經一部三卷 或二卷 三十九紙 第四譯 凡七品
摩登伽經卷上
摩登伽經度性女品第一
摩登伽經明往緣品第二
摩登伽經卷中
摩登伽經示眞實品第三
摩登伽經衆問品第四

摩登伽經說星圖品第五
摩登伽經觀災祥品第六
摩登伽經卷下
摩登伽經觀災祥品之餘
摩登伽經明時分別品第七
右吴天竺沙門竺律炎以孫權黄
龍二年於楊都共支謙譯見法上録
舍頭諫經 題云舍頭諫晋日太子二十八宿經 一名虎耳經 亦云虎耳意經 與摩登伽經同本異出與漢世高出者少異 三十一紙
舍頭諫經一卷 晋日二十八宿
右西晋竺法護譯見釋道安録
雜藏經 十紙 與鬼問目連餓鬼報應目連説地獄餓鬼緣等四本同體異名别譯見寶唱録
佛説雜藏經 東晋沙門法顯譯
右東晋平陽沙門釋法顯於楊都
譯見寶唱録
鬼問目連經 四紙 第一譯
佛説鬼問目連經一卷 後漢代安世高譯
右後漢代安世高譯見開元録
已上二經同卷
餓鬼報應經 一名目連説地獄餓鬼因緣經 二紙 第三譯
餓鬼報應出雜藏經一卷
右東晋失譯見開元録
阿難問事佛吉凶經一卷 僧祐録云阿難問事經亦云事佛吉凶經第一譯六紙

阿難問事佛吉凶經一卷
右後漢代安世高譯見費長房録
阿難分別經一卷 或直名分別經 六紙
阿難分別經一卷
右西秦乞伏代釋聖堅譯見法上録
慯法經一卷 二紙
佛説慯法經一卷 西晋沙門法炬譯
右西晋惠帝代沙門釋法炬譯見
費長房録
已上四經同卷
玉耶經一卷 一名長者詣佛説子婦無信經 一名七婦經 第二譯 五紙
玉耶經一卷
右東晋孝武帝代竺曇無蘭於揚
都謝鎮頭西寺譯見費長房録
五母子經一卷 二紙 第一譯
五母子經一卷
右吴代支謙譯見費長房録
沙彌羅經一卷 二紙 第二譯
沙彌羅經一卷
右三秦失譯僧祐録云安公開中
異經見費長房録
玉耶女經 五紙 第一譯 或無女字
玉耶女經一卷

右僧祐録安公録中失譯經開元
録中編西晋代
阿遬達經 三紙 第三譯
阿遬達經
右宋文帝代求那跋陀羅譯見費
長房録
已上五經同卷
修行本起經一部二卷 第三譯 一名宿行本起經 三十六紙 凡四品
佛説修行本起經卷上 後漢竺大力譯
修行本起經現變品第一
修行本起經誡藝品第二
佛説修行本起經卷下
修行本起經遊觀品第三
修行本起經出家品第四
右後漢西域沙門竺大力以獻帝建
安二年三月於洛陽譯見始興録
上十六經十卷同帙
太子本起瑞應經一部二卷 亦云太子瑞應本起經 亦云中本起經 五十六紙 亦云瑞應本起經 第四譯
佛説太子本起瑞應經上
佛説太子本起瑞應經下
右吴黄武年月氏優婆塞支謙譯
魏河東王植詳定見始興録

陳郡謝鏻吳郡張銑等筆受
過去現在因果經一部四卷 第六譯 一百一下 一紙 或五卷 宋世元嘉年求那跋陀羅譯
過去現在因果經卷第一
過去現在因果經卷第二
過去現在因果經卷第三
過去現在因果經卷第四
右宋元嘉年求那跋陀羅於荆州
辛寺譯見始興録等
法海經一卷
佛說法海經一卷 第二譯 四紙
右西晉惠帝代釋法炬譯見費長房録
海八德經 出法上録 第三譯 三紙
佛說海八德經一卷
右後秦三藏鳩摩羅什譯見法上録
四十二章經一卷 七紙 兩本闕一 舊録云孝明皇帝四十二章
四十二章經一卷
右後漢明帝永平十年天竺沙門迦
葉摩騰共竺法蘭於洛陽白馬寺
譯見舊録及朱士行漢録等此經
是漢地經法之祖也
巳上三經同卷
柰女耆域經一卷 或云柰女耆域因緣經 或有云柰女經 第一譯 十五紙
佛說柰女耆域經一卷

右後漢代安息國三藏安世高譯
見内典録
龍王兄弟經 一名難龍王經 亦名降龍王經 三紙 第一譯 兩譯一闕
佛說龍王兄弟經一卷 吳黃武年支謙譯
右吳支謙譯見費長房録
罪業應報教化地獄經 或云地獄報應經 第一譯 兩本一闕 七紙
佛說罪業報應教化地獄經
右後漢代安世高譯見費長房録
上二經同卷
長者音悅經一卷 或云長者音悅不蘭迦葉經 第一譯 兩本 闕一 亦云音悅經
長者音悅經一卷
右吳優婆塞支謙譯見費長房録
上九經十卷同帙
禪祕要經一部三卷 三譯一闕 第二譯 九十六紙 或云禪祕法經字 或四卷 或五卷
禪祕要經卷上 後秦三藏鳩摩羅什譯
禪祕要經卷中
禪祕要經卷下
右姚秦三藏鳩摩羅什於常安逍
遥園譯見費長房録
越難經 寶唱録云日難長者經 第一譯 三譯二闕 一名難經 二紙
佛說越難經一卷
右西晉清信士聶承遠譯見費長房録
七女經 一名七女本經 七紙

七女經一卷 吳黃武支謙譯
右吳支謙譯見僧祐録
八師經一卷 四紙 第一譯 兩譯闕一
佛說八師經一卷 吳黃武支謙譯
右吳支謙譯見竺道祖吳録等
所欲致患經一卷 第一譯 六紙 二本 闕一
佛說所欲致患經一卷
右西晉太安三年正月三藏竺法護
譯見聶道真等録
阿闍世王問五逆經 兩本闕一 第二譯 五紙
阿闍世王問五逆經一卷 西晉沙門法炬譯
右西晉惠帝代沙門釋法炬譯見
費長房録
上五經同卷
堅意經一卷 一名堅心正意經 第一譯 二本闕一 一名堅心經 二紙
佛說堅意經一卷 後漢代安世高譯
右後漢代安世高譯見費長房録
五苦章句經 一名諸天五苦經 一名道本章句經 一名淨除罪蓋娛樂佛法經 十七紙 第一譯 闕二兩譯
五苦章句經 一名諸天五苦經
右東晉孝武帝代沙門竺曇無蘭
於楊都謝鎮西寺譯見費長房録
上二經同卷
貧窮老公經一卷 一名貧老經 第二譯 兩譯闕一 三紙

佛說貧窮老公經一卷

右宋孝武帝代大明元年沙門慧簡於鹿野寺譯見費長房錄

淨飯王涅槃經 或加般字 第二譯 七紙 兩譯闕一

佛說淨飯王般涅槃經

右宋居士沮渠京聲於揚都譯見費長房錄

進學經 或云勸進學道經 第二譯 三本闕二 一紙

佛說進學經一卷 宋居士沮渠京聲譯

右宋居士沮渠京聲於揚都譯見費長房錄

得道梯隥錫杖經 題云得道梯隥經錫杖品第十二亦直云錫杖經 四紙

錫杖經一卷

右東晉失譯見開元錄

上四經同卷

瓶沙王五願經 一名弗沙迦王經 或作蓱字 第一譯 三譯二闕 八紙

蓱沙王五願經

右吳月氏優婆塞支謙譯見費長房錄

三摩竭經 一名難國王經 一名恕和檀王經 九紙

三摩竭經一卷 吳世竺律炎譯

右吳代天竺沙門竺律炎於揚都譯見始興錄

琉璃王經 八紙 第二譯 兩譯闕一

琉璃王經一卷 晉代竺法護別譯

右西晉竺法護譯見僧祐錄

已上三經同卷

上十五經七卷同帙

生經一部五卷 或四卷 寶唱云齋生 一百二十四紙 第一譯 兩譯闕一 凡有五十五經 西晉竺法護譯

生經卷第一

佛說那賴經第一

佛說分衛比丘經第二

佛說和難經第三

佛說耶業自活經第四

佛說是我所經第五

佛說野雞經第六

佛說前世諍女經第七

佛說墮珠著海中經第八

佛說梅闍摩暴志謗佛經第九

佛說鼈獼猴經第十

佛說五仙人經第十一

佛說舅甥經第十二

生經卷第二 西晉世竺法護譯

佛說閑居經第十三

佛說舍利弗般泥洹經第十四

佛說子命過經第十五

佛說比丘各言志經第十六

佛說迦旃延說無常經第十七

佛說和利長者問事經第十八

佛說心惣持經第十九

佛說護諸比丘祝經第二十

佛說吉祥祝經第二十一

佛說惣持經第二十二

生經卷第三 西晉竺法護譯

佛說所欣釋經第二十三

佛說國王五人經第二十四

佛說蠱狐烏經第二十五

佛說比丘疾病經第二十六

佛說審裸形子經第二十七

佛說腹使經第二十八

佛說第子過命經第二十九

生經卷第四 西晉竺法護譯

佛說水牛經第三十

佛說菀王經第三十一

佛說無懼經第三十二

佛說五百幼童經第三十三

佛說毒草經第三十四

佛說鼈喻經第三十五

佛說菩薩曾爲鼈王經第三十六

佛說毒喻經第三十七
佛說誨子經第三十八
佛說負為牛者經第三十九
佛說光華梵志經第四十
佛說變悔喻經第四十一
佛說馬喻經第四十二
佛說比丘尼現變經第四十三
佛說孤獨經第四十四
佛說梵志經第四十五
生經卷第五　西晉竺法護譯
佛說君臣經第四十六
佛說沙竭國烏王經第四十七
佛說鼈猴經第四十八
佛說草驢駝經第四十九
佛說雜讚經第五十
佛說孔雀經第五十一
佛說仙人撥劫經第五十二
佛說清信士阿夷扇持父子經第五十三
佛說夫婦經第五十四
佛說譬喻經第五十五
右西晉竺法護見聶道真錄　五十二紙　第一譯　兩譯　闕一
義足經一部二　或云八雙　十六章卷　吳黃武年支謙譯
佛說義足經卷上　八雙　十六章卷

䅋貪第一卷　優塡王第二卷
須陀利第三卷　摩竭梵志第四卷
鏡面王第五卷　老少俱死第六卷
彌勒難第七卷　戒辭梵志第八卷
摩因提梵志第九卷　異學角飛第十卷
佛說義足經卷下
猛觀梵志第十一卷　法觀梵志第十二卷
兜勒梵志第十三卷
蓮華色比丘尼第十四卷
子父共會第十五卷　惟樓勒太子第十六卷
右吳支謙譯見竺道祖吳錄
上二經七卷同帙

大唐開元釋教廣品歷章錄第十九

趙城縣廣勝寺

新編入錄

大唐開元釋教廣品歷章卷第二十　纓

京兆華嚴寺沙門釋玄逸撰

小乘經單譯有八十七部　數二百二十一卷十七帙合七十四小經為二十軸　計一百六十八卷

正法念處經七十卷　七帙　供城一千四百一十三紙　蒲州一千二百五紙

佛本行集經六十卷　六帙　供城一千八五紙　蒲州八百七十七紙

本事經七卷　供城一百一十八紙　蒲州九十五紙

興起行經二卷　亦名嚴誡宿緣經　供城三十六紙　蒲州三十一紙

業報差別經一卷　供城一十八紙　蒲州一十五紙

大安般守意經二卷　亦直云大安般經或無大字安公云小安般經或一卷　供城三十四紙　蒲州三十紙

陰持入經二卷　或云除持入誤也或一卷亦云陰持入經　供城二十二紙　蒲州二十紙

處處經一卷　供城一十七紙　蒲州一十五紙

罵意經一卷　供城十七紙　蒲州十五紙

分別善惡所起經一卷　供城十八紙　蒲州十五紙

出家緣經一卷　一名出家因緣經　供城二紙　蒲州二紙

阿含正行經一卷　一名正意經　供城四紙　蒲州四紙

十八泥犁經一卷　或云十八地獄經　供城七紙　蒲州六紙

法受塵經一卷　供城一紙　蒲州一紙

禪行法想經一卷　供城一紙　蒲州一紙

揵陀國王經一卷　或無國字　供州二紙　蒲州二紙

長者子懊惱三處經一卷　一名長者子懊惱經亦云三處惱經　供城三紙　蒲州三紙

須摩提長者經一卷　一名會諸佛前亦名如來所說示現衆生　供城九紙　蒲州八紙

八關齋經一卷　供城二紙　蒲州二紙

纓第二十　第二張

阿鳩留經一卷　供城四紙　蒲州四紙

孝子經一卷　亦云孝子報恩經　供城二紙　蒲州二紙

阿難四事經一卷　供城四紙　蒲州四紙

未生怨經一卷　供城四紙　蒲州四紙

四願經一卷　供城三紙　蒲州三紙

五百弟子自說本緣經一卷　或云佛五百弟子自說本起經亦云五百弟子自說本末經亦云五百弟子本起經　供城二十四紙　蒲州二十一紙

黑氏梵志經一卷　供城三紙　蒲州三紙

猘狗經一卷　祐云與猘狗同　供城二紙　蒲州二紙

分別經一卷　供城六紙　蒲州五紙

羅云忍辱經一卷　或直云忍辱經　供城四紙　蒲州三紙

大迦葉本經一卷　或無大字　供城六紙　蒲州五紙

四自侵經一卷　供城五紙　蒲州五紙

沙曷比丘功德經一卷　供城三紙　蒲州三紙

佛為年少比丘說正事經一卷　供城二紙　蒲州二紙

時非時經一卷　或直云時經　供城三紙　蒲州二紙

自受經一卷　或云自受不自受經　供城五紙　蒲州五紙

中心經一卷　亦云中心正行經或云大忠心經亦云小忠心經　供城六紙　蒲州五紙

見正經一卷　一名生死變識經　供城九紙　蒲州八紙

阿難七夢經一卷　亦直云七夢經　供城二紙　蒲州二紙

大魚事經一卷　供城二紙　蒲州二紙

呵鵰阿那含經一卷　一名荷鵰或作苛字　供城二紙　蒲州二紙

燈指因緣經一卷　供城十一紙　蒲州九紙

歷章第二十　第三張

十二品生死經一卷　供城一紙　蒲州一紙

婦人遇辜經一卷一名婦遇對經　供城二紙　蒲州二紙

四天王經一卷　供城二紙　蒲州三紙

摩訶迦葉度貧母經一卷　供城五紙　蒲州四紙

五無返復經一卷一名五無返復大義經或作　供城三紙　蒲州二紙

罪福報應經一卷一名輪轉五道罪福報應經亦云輪轉五道經　供城四紙　蒲州四紙

佛大僧大經一卷　供城八紙　蒲州七紙

摩達國王經一卷或云摩達國王經　供城二紙　蒲州二紙

耶祇經一卷　供城三紙　蒲州二紙

末羅王經一卷　供城二紙　蒲州二紙

旃陀越國王經一卷或無國王字　供城三紙　蒲州三紙

五恐怖世經一卷或云五恐怖經　供城三紙　蒲州三紙

弟子死復生經一卷或云死亡更生經　供城七紙　蒲州六紙

懈怠耕者經一卷或云懈怠耕兒經　供城二紙　蒲州二紙

辯意長者子經一卷或云長者辯意經或加所問字　供城十紙　蒲州九紙

無垢優婆夷問經一卷　供城三紙　蒲州三紙

賢者五福經一卷　供城二紙　蒲州二紙

天請問經一卷　供城二紙　蒲州二紙

僧護經一卷或云僧護因緣經　供城二十三紙　蒲州二十紙

無上處經一卷　供城一紙　蒲州一紙

護淨經一卷　供城二紙　蒲州二紙

木槵子經一卷或作患字或作槵子　供城二紙　蒲州二紙

歷章第二十　第四張

盧志長者因緣經一卷　供城十二紙　蒲州十一紙

五王經一卷　供城五紙　蒲州五紙

出家功德經一卷非是賢愚中者出者　供城六紙　蒲州五紙

栴檀樹經一卷　供城三紙　蒲州三紙

頞多和多耆經一卷　供城二紙　蒲州二紙

普達王經一卷　供城四紙　蒲州四紙

佛滅度後棺斂葬送經一卷亦名比丘師經亦名佛滅度後棺斂葬送經　供城四紙　蒲州三紙

梵摩難國王經一卷　供城二紙　蒲州二紙

鬼子母經一卷　供城四紙　蒲州四紙

父母恩難報經一卷亦云勤報　供城一紙　蒲州一紙

孫多耶致經一卷或云梵志孫多耶致經　供城三紙　蒲州三紙

新歲經一卷　供城七紙　蒲州六紙

群牛譬經一卷　供城二紙　蒲州二紙

九橫經一卷　供城二紙　蒲州二紙

禪行三十七經一卷或云禪行三十七品　供城三紙　蒲州三紙

比丘避女惡名欲自殺一卷　供城一紙　蒲州一紙

比丘聽施經一卷一名聽施比丘經　供城四紙　蒲州三紙

身觀經一卷　供城三紙　蒲州二紙

無常經一卷亦名三啓經　供城三紙　蒲州三紙

八無暇有暇經一卷或云有暇無暇經　供城五紙　蒲州五紙

長爪梵志請問經一卷　供城三紙　蒲州三紙

譬喻經一卷　供城二紙　蒲州六紙

略教誡經一卷　供城二紙　蒲州二紙

歷章第二十　第五張

療痔病經一卷亦云療痔病經　供城二紙　蒲州二紙

正法念處經一部七十卷　一千四百一十三紙七袟　凡有七品從天品中第四卷已下別列三十二天及夜摩天

正法念處經序

正法念處經卷第一　十善業道品第一

正法念處經卷第二　十善業道品之二

正法念處經卷第三　生死品第二

正法念處經卷第四　生死品之二

正法念處經卷第五　生死品之三

正法念處經卷第六　地獄品第三

正法念處經卷第七　地獄品之二

正法念處經卷第八　地獄品之三

正法念處經卷第九　地獄品之四

正法念處經卷第十　地獄品之五

正法念處經卷第十一　地獄品之六

正法念處經卷第十二　地獄品之七

正法念處經卷第十三　地獄品之八

正法念處經卷第十四　地獄品之九

正法念處經卷第十五　地獄品之十

正法念處經卷第十六　餓鬼品第四

正法念處經卷第十七　餓鬼品之二

正法念處經卷第十八　畜生品第五

正法念處經卷第十九　畜生品之二

正法念處經卷第二十　畜生品之三
正法念處經卷第二十一　畜生品之四
正法念處經卷第二十二　觀天品第六
正法念處經卷第二十三　觀天品之二
正法念處經卷第二十四　觀天品之三
正法念處經卷第二十五　觀天品之四
天品之四三十三天初　觀天品第四之四
正法念處經卷第二十六　觀天品之五
天品之五三十三天之二　觀天品之六
正法念處經卷第二十七　觀天品之七
天品之六三十三天之三　觀天品之八
正法念處經卷第二十八　觀天品之九
天品之七三十三天之四　觀天品之十
正法念處經卷第二十九　觀天品之十一
天品之八三十三天之五　觀天品之十二
正法念處經卷第三十　觀天品之十三
天品之九三十三天之六　觀天品之十四
正法念處經卷第三十一　觀天品之十五
天品之十三十三天之七　觀天品之十六
正法念處經卷第三十二　觀天品之十七
天品之十一三十三天之八　觀天品之十八
正法念處經卷第三十三　觀天品之十九
天品之十二三十三天之九　觀天品之二十

正法念處經卷第三十四　觀天品之二十一
天品之十三三十三天之十　觀天品之二十二
正法念處經卷第三十五　觀天品之二十三
天品之十四三十三天之十一　觀天品之二十四
正法念處經卷第三十六　觀天品之二十五
天品之十五夜摩天之初　觀天品之二十六
正法念處經卷第三十七　觀天品之二十七
天品之十六夜摩天之二　觀天品之二十八
正法念處經卷第三十八　觀天品之二十九
天品之十七夜摩天之三　觀天品之三十
正法念處經卷第三十九　觀天品之三十一
天品之十八夜摩天之四　觀天品之三十二
正法念處經卷第四十　觀天品之三十三
天品之十九夜摩天之五　觀天品之三十四
正法念處經卷第四十一　觀天品之三十五
天品之二十夜摩天之六　觀天品之三十六
正法念處經卷第四十二　觀天品之三十七
天品之二十一夜摩天之七　觀天品之三十八
正法念處經卷第四十三　觀天品之三十九
天品之二十二夜摩天之八　品之四十
正法念處經卷第四十四　品之四十一
天品之二十三夜摩天之九　品之四十二
正法念處經卷第四十五　品之四十三

天品之二十四夜摩天之十　觀天品之四十四
正法念處經卷第四十六　觀天品之四十五
天品之二十五夜摩天之十一　觀天品之四十六
正法念處經卷第四十七　觀天品之四十七
天品之二十六夜摩天之十二　觀天品之四十八
正法念處經卷第四十八　觀天品之四十九
天品之二十七夜摩天之十三　觀天品之五十
正法念處經卷第四十九　觀天品之五十一
天品之二十八夜摩天之十四　觀天品之五十二
正法念處經卷第五十　觀天品之五十三
天品之二十九夜摩天之十五　觀天品之五十四
正法念處經卷第五十一　觀天品之五十五
天品之三十夜摩天之十六　觀天品之五十六
正法念處經卷第五十二　觀天品之五十七
天品之三十一夜摩天之十七　觀天品之五十八
正法念處經卷第五十三　觀天品之五十九
天品之三十二夜摩天之十八　觀天品之六十
正法念處經卷第五十四　觀天品之六十一
天品之三十三夜摩天之十九　觀天品之六十二
正法念處經卷第五十五　觀天品之六十三
天品之三十四夜摩天之二十　觀天品之六十四
正法念處經卷第五十六　觀天品之六十五
天品之三十五夜摩天之二十一　觀天品之六十六

正法念處經卷第五十七　觀天品之六十七
天品之三十六夜摩天之二十二　觀天品之六十八
正法念處經卷第五十八　觀天品之六十九
天品之三十七夜摩天之二十三　觀天品之七十
正法念處經卷第五十九　觀天品之七十一
天品之三十八夜摩天之二十四　觀天品之七十二
正法念處經卷第六十　觀天品之七十三
天品之三十九夜摩天之二十五　觀天品之七十四
正法念處經卷第六十一　觀天品之七十五
天品之四十夜摩天之二十六　觀天品之七十六
正法念處經卷第六十二　觀天品之七十七
天品之四十一夜摩天之二十七　觀天品之七十八
正法念處經卷第六十三　觀天品之七十九
天品之四十二夜摩天之二十八　觀天品之八十
正法念處經卷第六十四　身念處品第七
正法念處經卷第六十五　身念處品之二
正法念處經卷第六十六　身念處品之三
正法念處經卷第六十七　身念處品之四
正法念處經卷第六十八　身念處品之五
正法念處經卷第六十九　身念處品之六
正法念處經卷第七十　身念處品之七
右後魏興和元年婆羅門瞿曇般
若留支於鄴城大丞相高澄第譯見

貴長房録沙門曇林僧昉等筆受
佛本行集經一部六十卷　一千五紙　凡六十一品　六帙　三藏法師闍那崛多譯
佛本行集經卷第一　發心供養品第一
佛本行集經卷第二　發心供養品中
佛本行集經卷第三　發心供養品下
受決定記品第二
佛本行集經卷第四　受決定記品下
賢劫王種品第三
佛本行集經卷第五　賢劫王種品下
上託兜率品第四
佛本行集經卷第六　上託兜率品下
佛本行集經卷第七　俯降王宮品第五
樹下誕生品第六
佛本行集經卷第八　樹下誕生品下
從園還城品第七
佛本行集經卷第九　從園還城品下
相師占看品第八
佛本行集經卷第十　相師占看品下
私陁問瑞品第九
佛本行集經卷第十一　姨母養育品第十
習學技藝品第十一
佛本行集經卷第十二　遊戲觀矚品第十二
角術爭婚品第十三

佛本行集經卷第十三　角術爭婚品下
常飾納妃品第十四
佛本行集經卷第十四　常飾納妃品下
空聲勸厭品第十五
出逢老人品第十六
佛本行集經卷第十五　淨飯王夢品第十七
道見病人品第十八　路逢死尸品第十九
耶輸陁羅夢品第二十
佛本行集經卷第十六　耶輸陁羅夢品下
捨宮出家品第二十一
佛本行集經卷第十七　捨宮出家品下
剃髮染衣品第二十二
佛本行集經卷第十八　剃髮染衣品下
車匿等還品第二十三
佛本行集經卷第十九　車匿等還品中
佛本行集經卷第二十　車匿等還品下
觀諸異道品第二十四　王使往還品第二十五
佛本行集經卷第二十一　王使往還品下
問阿羅邏第二十六
佛本行集經卷第二十二　問阿羅邏品下
答羅摩子品第二十七　勸受世利品第二十八
佛本行集經卷第二十三　勸受世利品下
佛本行集經卷第二十四　勸受世利品下

歷字第十　第十二張　刁製

精進苦行品第二十九
佛本行集經卷第二十五　精進苦行品下
向菩提樹品第三十
佛本行集經卷第二十六　向菩提樹品中
佛本行集經卷第二十七　向菩提樹品下
魔怖菩薩品第三十一
佛本行集經卷第二十八　魔怖菩薩品中
佛本行集經卷第二十九　魔怖菩薩品下
菩薩降魔品第三十二
佛本行集經卷第三十　菩薩降魔品下
成無上道品第三十三
佛本行集經卷第三十一　昔與魔競品第三十四
二商奉食品第三十五
佛本行集經卷第三十二　二商奉食品下
梵天勸請品第三十六
佛本行集經卷第三十三　梵天勸請品下
轉妙法輪品第三十七
佛本行集經卷第三十四　轉妙法輪品下
耶輸陀因緣品第三十八
佛本行集經卷第三十五　耶輸陀因緣品下
佛本行集經卷第三十六
耶輸陀宿緣品第三十九
佛本行集經卷第三十七

歷字第十　第十三張

富樓那出家品第四十
那羅陀出家品第四十一
佛本行集經卷第三十八
那羅陀出家品下
婆毗耶出家品第四十二
佛本行集經卷第三十九
婆毗耶出家品下
教化兵將品第四十三
佛本行集經卷第四十　教化兵將品下
迦葉三兄弟品第四十四
佛本行集經卷第四十一
迦葉三兄弟品中
佛本行集經卷第四十二
迦葉三兄弟品下
優波斯那品第四十五
佛本行集經卷第四十三　優波斯那品下
佛本行集經卷第四十四
布施竹園品第四十六
佛本行集經卷第四十五　布施竹園品下
大迦葉因緣品第四十七
佛本行集經卷第四十六
大迦葉因緣品中
佛本行集經卷第四十七

歷字第十　第十四張　　大

大迦葉因緣品下
跋陀羅夫婦因緣品第四十八
舍利目連因緣品第四十九
佛本行集經卷第四十八
舍利目連因緣品下
佛本行集經卷第四十九
五百比丘因緣品第五十
斷不信人行品第五十一
説法儀式品第五十二
佛本行集經卷第五十　説法儀式品下
比丘違欽品第五十三
尸棄佛本生地品第五十四
佛本行集經卷第五十一
尸棄佛本生地品下
佛本行集經卷第五十二
優陀夷品第五十五
佛本行集經卷第五十三
優陀夷因緣品下
優波離品第五十六
佛本行集經卷第五十四　優波離品中
佛本行集經卷第五十五
優波離因緣品下
羅睺羅因緣品第五十七

佛本行集經卷第五十六　羅睺羅品下

難陀出家因縁品第五十八

佛本行集經卷第五十七　難陀因縁品下

婆提唎迦等因縁品第五十九

佛本行集經卷第五十八

婆提唎迦等因縁品中

佛本行集經卷第五十九

婆提唎迦等因縁品下

摩尼婁陀品第六十

佛本行集經卷第六十　摩尼婁陀品下

阿難因縁品第六十一

右隋開皇七年七月天竺三藏闍那崛多於京師興善寺譯見費長房録沙門僧曇學士費長房劉馮等筆受

本事經一部七卷　一百十紙　凡有三品

本事經卷第一　一法品第一

本事經卷第二　一法品第一之二

本事經卷第三　二法品第二

本事經卷第四　二法品第二之二

本事經卷第五　二法品第二之三

本事經卷第六　三法品第三

本事經卷第七　三法品第三之二

右永徽元年九月十日三藏法師玄奘於大慈恩寺翻經院譯至其年十一月八日功畢見內典録沙門靜邁神昉等筆受

興起行經一部二卷　一名十縁經 三十六紙 亦名嚴誡宿縁經 題云出雜藏 凡有十縁

佛說興起行經卷上　一名嚴誡宿縁經 出雜藏

孫陀利宿縁經第一

奢彌跋宿縁第二　頭痛宿縁第三

骨節煩疼因縁經第四

背痛宿縁經第五　木槍刺脚宿縁經第六

佛說興起行經卷下

地婆達兜擲石縁經第七

婆羅門女旃沙謗佛縁經第八

食馬麥宿縁經第九　苦行宿縁經第十

右後漢獻帝外國沙門康孟詳譯見吳録亦見費長房録

業報差別經一卷　十四紙 或加首迦長者字 兩譯闕一

佛說業報差別經一卷　洋川郡守瞿曇法智譯

右隋開皇二年三月洋川郡守瞿曇法智譯見費長房録釋智鉉筆受

上三經十卷同帙

大安般守意經一卷　亦直云大安般經 或無大字

佛說大安般守意經一卷　安公云小安般經 或二卷 二十七紙 并有序 [illegible]三十紙　後漢安世高於洛陽白馬寺譯

右後漢代安世高譯見朱士行漢録等

陰持入經一卷　或二卷 亦云陰持入 注云陰字誤也 二十二紙

陰持入經一卷　後漢安世高譯

右後漢代安世高譯見朱士行漢録等

䞣䞣經一卷　十七紙

佛說䞣䞣經一卷

右後漢代安世高譯見費長房録

罵意經一卷　十七紙

佛說罵意經一卷　後漢安息沙門安世高譯

右後漢代安息國沙門安世高譯見費長房録

分別善惡所起經一卷　十八紙

佛說分別善惡所起經一卷

右後漢代安世高譯見費長房録

出家經　一名出家因縁經　一紙

佛說出家經一卷　後漢代安世高譯

右後漢代安世高譯見費長房録

阿含正行經一卷　一名正意經　四紙

阿含正行經一卷　後漢代安世高譯

右後漢代安世高譯見費長房録

十八泥犁經一卷　或云十八地獄經　七紙

十八泥梨經
右後漢代安世高譯見費長房錄
法受塵經　一紙
佛說法受塵經　後漢代安世高譯
右後漢代安世高譯見僧祐錄
禪行法想經　一紙
禪行法想經
右後漢代安世高譯見僧祐寶唱二錄
已上五經同卷
揵陀國王經一卷　或無國字　二紙
揵陀國王經　後漢代安世高譯
右後漢代安高譯見費長房錄
長者子懊惱三處經　一名長者子懊惱經亦云三處惱經　三紙
長者子懊惱三處經
右後漢代安世高譯見費長房錄
須摩提長者經一卷　一名會諸佛前亦名如來所說現衆生　九紙
佛說須摩提長者經一卷　一名會諸佛前
右吳月氏優婆塞支謙譯見費長
房錄
已上三經同卷
八關齋經一卷　一名八法善宿經　二紙　或無關字
佛說八齋經一卷
右宋居士沮渠京聲於揚都譯見
費長房錄
阿鳩留經一卷　四紙
佛說阿鳩經一卷
右僧祐錄云安公古典經開元錄
中附於漢末
孝子經一卷　亦云孝子報恩經　二紙
佛說孝子經一卷
右僧祐錄云安夫譯經開元錄中
編西晉代
阿難四事經一卷　四紙
阿難四事經一卷　吳黃武年支謙譯
右吳支謙譯見僧祐錄
未生怨經一卷　四紙
佛說未生怨經一卷
右吳支謙譯見費長房錄
四願經一卷　三紙
四願經一卷　吳黃武年支謙譯
右吳支謙譯見竺道祖吳錄
上六經同卷
上十九經八卷同帙
五百弟子自說本起經一卷　或云佛五百弟子自說本起經亦云五百弟子本起經　二十四紙　亦云五百弟子自說本末經　凡有三十品　或加偈字
五百弟子自說本起經一卷　西晉太康年竺法護譯

大迦葉品第一　十九偈
舍利弗品第二　十偈
摩訶目揵連品第三　十五偈
輪提陀品第四　淨除　十七偈
須曼品第五　善念　十四偈
輪論品第六　朋聽　十一偈
凡耆品第七　取善　八偈
賓頭盧品第八　乞聞門　十一偈
貨竭品第九　善來　二十二偈
難陀品第十　伏樂　十二偈
夜邪品第十一　名聞　二十六偈
尸利羅品第十二　二十偈
薄拘盧品第十三　青雉　十二偈
摩呵醧品第十四　大長　十二偈
優為迦葉品第十五　八偈
迦邪品第十六　捉取　十五偈
樹提衢品第十七　三十偈
賴吒和羅品第十八　二十六偈
貨提品第十九　二十七偈
禪承迦葉品第二十　十一偈
朱利槃特品第二十一　八偈
醍醐施品第二十二　二十七偈
阿那律品第二十三　無慌　九偈

彌迦弗品第二十四　蔗子　十四偈

羅雲品第二十五　十偈

難提品第二十六　十偈

颰提品第二十七　九偈

羅鯸颰提品第二十八　十四偈

摩頭惒律致品第二十九　十一偈

世尊品第三十　三十七偈

右西晉太安二年五月沙門竺法

護譯見聶道眞等

黒氏梵志經一卷　三紙

黒氏梵志經一卷

右吴支謙譯費長房云見別録

猘狗經一卷

佛說猘狗經一卷　僧祐云與獮狗同　二紙　吴支謙譯

右吴月氏優婆塞支謙譯見費長房録

分別經一卷　僧祐云與阿難分別經等同本者非也　六紙

佛說分別經一卷　西晉竺法護譯

右西晉竺法護譯於江左譯見費

長房録

羅云忍辱經一卷　或直云忍辱經　四紙

佛說羅云忍辱經一卷　西晉惠帝代竺法炬譯

右西晉惠帝代釋法炬於洛陽譯

見費長房録

大迦葉本經一卷　或無大字　六紙

佛說大迦葉本經一卷　西晉代竺法護譯

右西晉竺法護譯見僧祐録

四自侵經一卷　五紙

四自侵經一卷　西晉代竺法護譯

右西晉竺法護譯見僧祐録

上六經同卷

沙曷比丘功德經一卷　二紙

佛說沙曷比丘功德經一卷　西晉惠帝代竺法炬譯

右西晉惠帝代釋法炬於洛陽譯

費長房云見舊録

佛爲年少比丘說正事經一卷　二紙

佛爲年少比丘說正事經　西晉惠帝代法炬等譯

右西晉惠帝代沙門釋法炬於洛陽

譯見費長房録

時非時經一卷　一名時經　三紙　者非　見有三分　竺法炬譯

佛說時非時經

冬初

春初

夏初

右外國沙門若羅嚴譯見經後記

既莫知帝代難可編記開元録中

附西晉録舊云法炬譯者非也

自愛經一卷　或云自愛不自愛經　五紙

自愛經一卷

右東晉孝武帝代竺曇無蘭於楊

都謝鎮西寺譯見費長房録

已上四經同卷

中心經一卷　亦云中心正行經　或云大忠心經　亦云小忠心經　六張

佛說中心經

右東晉孝武帝代西域沙門竺曇無

蘭於楊都謝鎮頭西寺譯見費長房録

見正經一卷　一名生死變識經　九紙

見正經一卷　東晉孝武帝代竺曇無蘭譯

右東晉孝武帝代竺曇無蘭於楊

都謝鎮西寺譯見費長房録

上二經同卷

阿難七夢經一卷　亦直云七夢經　二紙　一名阿難八夢經　或無八字

阿難七夢經　東晉孝武帝代竺曇無蘭譯

右東晉孝武帝代沙門竺曇無蘭

楊都謝鎮西寺譯見費長房録

大魚事經一卷　二紙

佛說大魚事經一卷　東晉孝武帝代竺曇無蘭譯

右東晉孝武帝代竺曇無蘭於楊

都謝鎮西寺譯見費長房録

呵鵰阿那含經一卷　一名苛鵰阿那含經　或作苛字　一名阿鵰阿那含　二紙

歷章第二十　第二十四張　劒

佛說呵鵰阿那含經　東晉孝武帝代竺曇無蘭譯
右東晉孝武帝代沙門竺曇無蘭於揚都謝鎮西寺譯見費長房錄
燈指因緣經一卷　十二紙
燈指因緣經　後秦弘始年羅什譯
右後秦沙門鳩摩羅什於常安逍遥園譯見李廓錄
已上四經同卷
十二品生死經一卷　一紙
十二品生死經
右宋文帝代求那跋陀羅於揚都譯見費長房錄
婦人遇辜經一卷　一名婦遇對經　二紙
佛說婦人遇辜經　西秦聖堅譯
右西秦釋聖堅譯見始興錄
四天王經一卷　三紙
佛說四天王經　宋元嘉年代沙門智嚴譯
右宋元嘉四年涼州沙門智嚴寶雲於揚州枳園寺譯見僧祐錄
摩訶迦葉度貧母經一卷　五紙
佛說摩訶迦葉度貧母經　宋文帝代求那跋陀羅譯
右宋文帝代求那跋陀羅於揚都譯

歷章第二十　第二十五張

見費長房錄
上四經同卷
五無返復經一卷　一名五返復大義經　或作附字　三紙
佛說五無返復經
右宋居士沮渠京聲於揚都譯見費長房錄
罪福報應經一卷　一名輪轉五道罪福報應經　亦云輪轉五道經　亦云五道輪轉經　一名分別經　四紙
佛說罪福報應經
右宋文帝代求那跋陀羅譯見費長房錄
佛大僧大經一卷　八紙
佛說佛大僧大經　宋孝帝代沮渠京聲譯
右宋居士沮渠京聲於揚都譯見費長房錄
已上三經同卷
摩達國王經一卷　二紙
佛說摩達國王經　宋孝武帝代沮渠京聲譯
右宋居士沮渠京聲於揚都譯見費長房錄
耶祇經一卷
佛說耶祇經　宋孝武代沮渠京聲譯
右宋居士沮渠京聲於揚都譯見

歷章第二十　第二十六張　紙

費長房錄
末羅王經一卷二紙
佛說末羅王經　宋孝武帝代沮渠京聲譯
右宋居士沮渠京聲於揚都譯見費長房錄
旃陀越國王經一卷　或無國王字　三紙
佛說旃陀越國王經
右宋孝武帝代居士沮渠京聲於揚都譯見費長房錄
已上四經同卷
五恐怖世經一卷　或無世字　二紙
五恐怖世經　宋孝武帝代沮渠京聲譯
右宋孝武帝代沮渠京聲於揚都譯見費長房錄
弟子無復生經一卷　或云死已更生經　七紙
弟子死復生經
右宋居士沮渠京聲見費長房錄
懈怠耕者經一卷　或云懈怠耕兒經　三紙　或云耕兒
佛說懈怠耕者經　宋孝武帝惠簡譯
右宋孝武帝代大明元年沙門惠簡於鹿野寺譯見費長房錄
已上三經同卷
辯意長者子經一卷　或云長者辯意經　十紙　或加所問字

說辯意長者子所問經 後魏世法場譯
右後魏進武帝時沙門法場於洛
陽譯見法上録
無垢優婆夷問經一卷 三紙
無垢優婆夷問經 東魏興和年代瞿曇般若留支譯
右東魏興和四年瞿曇般若留支
於鄴都譯見費長房録
已上二經同卷
上三十三經十卷同帙
賢者五福經一卷 二紙 或加德字
佛說賢者五福德經
右西晉惠帝代河内沙門白法祖譯
見費長房録
天請問經一卷 二紙
天請問經
右貞觀二十二年三月二十日三藏法
師玄奘於弘福寺翻經院譯見内
典録沙門辯機筆受
僧護經一卷 或云僧護因緣經亦云因緣僧護經 十三紙
佛說因緣僧護經一卷
右東晉失譯見開元録
已上二經同卷
無上處經一卷 一紙

佛說無上處經
右東晉失譯見開元録
護淨經一卷 二紙
佛說護淨經
右東晉失譯見開元録
木槵子經一卷 或作患字 二紙 或作經字
佛說木槵子經
右東晉失譯見開元録
已上三經同卷
盧志長者經一卷 十二紙 或加因緣字
盧志長者因緣經一卷
右東晉失譯見開元録
五王經一卷 五紙
佛說五王經
右東失譯見開元録
出家功德經一卷 此本佛在毗舍離國為毗耶離王子聞曇摩那說兼言勇軍說不知譯人 六紙
佛說出家功德經
右三秦失譯見開元録
栴檀樹經一卷 三紙
佛說栴檀樹經
已上二經同卷
右僧祐録云安公古典經開元録中
附於漢末

頞多和多耆經 二紙
佛說頞多和多耆經
右僧祐録云安公失譯經開元録
中編西晉代
普達王經 四紙
佛說普達王經
右僧祐録云安公失譯經開元録
中附西晉代
佛滅度後棺斂葬送經 一名比丘師經亦名師比丘經 四紙
佛滅度棺斂葬送經
右僧祐録云安公失譯經開元録中
附西晉代
已上四經同卷
梵摩難國王經 二紙
佛說梵摩難國王經
右僧祐録云安公失譯經開元録中
附西晉代
鬼子母經 四紙
佛說鬼子母經
右僧祐録云安公失譯經開元録中
附西晉代
父母恩難報經 亦云勤報 一紙
佛說父母恩難報經 後漢安世高譯

右後漢安息國沙門安世高譯見
費長房錄
孫多耶致經一卷 或云梵志孫多耶致經 三紙
孫多耶致經
右吳支謙譯見費長房錄
已上四經同卷
新歲經一卷 四紙
佛說新歲經
右東晉孝武帝代竺曇無蘭於楊
都謝鎮西寺譯見費長房錄
羣牛譬經一卷 二紙
羣牛譬經 西晉代法炬等譯
右西晉惠帝代釋法炬於洛陽
譯見費長房錄
九横經一卷 二紙
佛說九横經 後漢代安世高譯
右後漢代安世高譯見費長房錄
禪行三十七品經一卷 或無品字 三紙
佛說禪行三十七品 出增一阿含 後漢代安世高譯
右後漢代安世高譯見寶唱錄
已上四經同卷
比丘避女惡名欲自殺經一卷 一紙
比丘避女惡名欲自殺經

右西晉惠帝代釋法炬譯見費長房
錄
比丘聽施經一卷 亦名聽施比丘經 四紙
比丘聽施經
右東晉孝武帝代竺曇無蘭於
楊都謝鎮西寺譯見費長房錄
身觀經一卷 二紙
身觀經 西晉竺法護譯
右西晉竺法護譯見費長房錄
無常經一卷 亦名三啓經 三紙
佛說無常經 亦名三啓經 三藏法師義淨奉制譯
右大唐大后大足元年九月二十三日
三藏法師義淨於東都大福先寺
譯見開元錄
八有暇無暇經 五紙
大唐龍興三藏聖教序 御製
佛說八無暇有暇經 三藏法師義淨奉制譯
右大唐天后大足元年九月二十三
日三藏法師義淨於東都大福先
寺譯見開元錄
已上五經同卷
長爪梵志請問經一卷 三紙
長爪梵志請問經 三藏法師義淨奉制譯

右大唐天后久視元年十二月二十
三日三藏法師義淨於東都大福先
寺譯見開元錄
譬喻經一卷 一紙
佛說譬喻經 三藏法師義淨奉制譯
右大唐景龍四年三藏法師義淨
於大薦福寺翻經院譯見開元錄
沙門玄傘等筆受
略教誡經一卷 二紙
略教誡經
右大唐景雲二年閏六月二十三日
三藏法師義淨於大薦福寺翻經
院譯見開元錄沙門智勝等筆受
療痔病經一卷 亦云療痔病經 二紙
療痔病
右大唐景龍四年三藏法師義淨於大
薦福寺翻經院譯沙門玄傘等筆受
上四經同卷
上三十經十卷同帙
廣品歷章卷第二十

大唐正元續開元釋教録卷上 帖四

甲戌歲西明寺翻經臨壇沙門圓照撰上

四朝應制所翻經論及念誦法并修
跡記碑表録集等總三百一十二卷
并目録三百一十五卷
一百六十二卷經論及念誦法
六十四卷經論疏義
八十六卷正元新集古今制令碑表記録
并目八十九卷
一百六十二卷經論及念誦法
玄宗朝金剛智三藏贈開府儀同三司
大威力烏樞瑟摩明王經三卷 或二卷　四十六紙
穢跡金剛說神通大滿陀羅尼法術靈
要門一卷　四紙
穢跡金剛禁百變法一卷　三紙
右件三部共四卷並北天竺國三藏
沙門阿質達霰唐言無能勝將翻譯
謚大弘教三藏和上所翻譯經已入日
者總一部四卷所謂
金剛頂瑜伽中略出念誦法四卷 亦云經　八十一紙
右已編入開元釋教録不入今計中
玄宗朝所翻經遺漏未入古今録者總
五部六卷 此不開列

大唐正元續開元録卷上　第二　忻一

普徧智藏般若波羅蜜多心經一卷　二紙
右開元二十六年東天竺國三藏
沙門法月譯沙門利言譯梵語筆
受今見在光宅寺翰林待詔其
經本或有寄入般若經部龍字
號帙中
金剛頂經瑜伽修習毗盧遮那三摩地法
一卷　十一紙
千手千眼觀世音菩薩大身呪本一卷　二紙
千手千眼觀自在菩薩廣大圓滿無礙大悲
心陀羅尼呪本一卷　三紙
不動使者陀羅尼秘密法一卷　十二紙
右四部共四卷南天竺國三藏
沙門跋折羅菩提 唐言金剛智 譯沙門
智藏筆受智藏後從號改名阿
目佉跋折羅 唐言不空金剛 或單名不空
共有智藏筆受者並編入大曆
目中金剛智三藏開元二十九
年八月十五日卒於東都廣福
寺廣如行記及塔銘中明矣
右已上八部共九卷同為一帙
代宗朝大曆中特進試鴻臚卿大廣
智不空三藏奏

玄宗 肅宗 今上以來三朝所翻經

揔七十七部共一百卷并都目一卷

金剛頂瑜伽眞實大教王經三卷 四十三紙

金剛頂瑜伽般若理趣經一卷 八紙

觀自在菩薩授記經一卷 十二紙

瑜伽念珠經一卷 二紙

奇特佛頂經三卷 六十八紙

觀自在菩薩最勝心明王經一卷 二十二紙

右六部共十卷同第一帙

金剛頂瑜伽文殊師利菩薩經一卷 二紙

阿唎多羅阿嚕力經一卷 二十一紙

普賢行願讚一卷 五紙

地藏菩薩問法身讚一卷 五紙

出生無邊門經一卷 十紙

大吉祥天女經一卷 七紙

底哩三昧耶經一卷 十四紙

十一面觀自在菩薩經三卷 二十四紙

右八部共十卷同第二帙

吉祥天女十二名號經一卷 二紙

金剛頂瑜伽十八會指歸一卷 九紙

金剛頂瑜伽三十七尊分別聖位法門一卷 三紙

菩提場所說一字頂輪王經五卷 七十八紙

寶篋經一卷 六紙

金剛壽命陀羅尼經一卷 二紙

右六部共十卷同第三帙

大孔雀明王經三卷 五十紙

大雲輪請雨經二卷 二十四紙

雨寶陀羅尼經一卷 五紙

穰麌梨童女經一卷 四紙

稻芉喻經一卷 八紙

大寶廣博樓閣經三卷 四十五紙

右六部共十一卷同第四帙

菩提場莊嚴經一卷 二十二紙

除一切疾病陀羅尼經一卷 一紙

能淨一切眼陀羅尼經一卷 二紙

施焰口餓鬼陀羅尼經一卷 四紙

三十五佛名經一卷 二紙

八大菩薩曼荼羅經一卷 三紙

葉衣觀自在菩薩陀羅尼經一卷 八紙

訶利帝母經一卷 二紙

毗沙門天王經一卷 四紙

觀自在菩薩說普賢陀羅尼經一卷 七紙

右十部共十卷同第五帙

文殊問字母品經一卷 文殊問經字母品第十四 三紙

金剛頂蓮華部心念誦法一卷 二十三紙

金剛頂瑜伽千手千眼觀自在念誦法一卷 二十八紙

無量壽如來念誦儀軌一卷 十二紙

阿閦如來念誦法一卷 十紙

佛頂尊勝念誦法一卷 八紙

金剛頂勝初瑜伽普賢菩薩念誦法一卷 十二紙

金剛王菩薩念誦法一卷 十二紙

普賢金剛薩埵念誦法一卷 十二紙

金剛頂瑜伽五秘密修行儀軌一卷 十二紙

右十部共十卷同第六帙

金剛壽命念誦法一卷 三紙

一字頂輪王瑜伽經一卷 六紙

字佛頂輪王念誦儀軌一卷 十二紙

仁王般若念誦法一卷 七紙

如意輪念誦法一卷 八紙

大虛空藏菩薩念誦法一卷 五紙

瑜伽蓮華部念誦法一卷 七紙

聖觀自在菩薩心眞言觀行儀軌一卷 六紙

觀自在多羅瑜伽念誦法一卷 十三紙

甘露軍吒利瑜伽念誦法一卷 十八紙

右十部共十卷同第七帙

華嚴入法界品四十二字觀門一卷 六紙

文殊讚法身禮一卷 三紙

受菩提心戒儀一卷 三紙

金剛頂瑜伽三十七尊禮一卷 四紙

般若理趣經釋二卷 三十二紙
大曼荼羅十七尊釋一卷 三紙
金剛頂瑜伽護摩儀一卷 八紙
都部陀羅尼目一卷 四紙
大乘緣生論一卷 十紙
七俱胝佛母陀羅尼經一卷 十九紙
右十部共十卷同第八帙
大虛空藏菩薩所問經八卷 一百七紙
右一部共八卷同第九帙
仁王經二卷 并序 御製 三十五紙
密嚴經三卷 并序 御製 五十一紙
仁王念誦儀軌一卷 十九紙
仁王經疏三卷 此疏題入在下記帙中計
右特進試鴻臚卿三藏沙門大廣智不空奏爰自幼年承事先師大弘教三藏和尚二十有四載稟受瑜伽法門後遊五天尋求所未授者并諸經論更重參習凡得梵本瑜伽眞言經論五百餘部奉為
國家詳譯聖言廣崇福祐天寶五載卻至上都奉
玄宗皇帝恩命於内建立灌頂

道場所賫梵經盡許翻譯及
肅宗皇帝配天繼聖特奉
綸旨於内道場建立護摩及灌頂法又為國譯經助宣
皇化累奉二聖恩勅先代三藏所有梵文並使搜訪其中有脩索脫落便令修補其有未經翻者續譯奏聞伏惟 陛下纘承
皇運大庇含靈廣闢福田重明日月恩波遠被法雨分流四海宅心萬方欣戴是知佛之付囑允在聖君不空叨承渥澤榮幸實深切自思之知何報國先奉
先皇聖制令闡微言又承
陛下恩命恭遵遺旨并遣翻譯利濟群生雖復四時精懇未酬萬一是以區區於日夕詳譯眞言及大乘經典冀効涓微上資
皇道其所譯金剛頂瑜伽法門是成佛速疾之路其修行者必能頓超凡境達于彼岸餘部眞言諸佛方便其徒不一所譯諸大乘經典皆是上資

邦國息滅災危星辰不愆風雨順叙仰恃佛力輔成國家謹纘集前後所翻譯訖者自開元至今大曆六年凡一百一卷七十七部并目一卷及題筆受僧俗名字繕寫已訖幸因降誕之辰謹具進奉庶得眞言福祐長護
聖躬大乘威力永康國界未翻梵本經中但有護持於國福潤生靈者續譯奏聞不勝虔誠之至勅旨依奏仍宜付中外並編入一切經目錄

大曆七年正月十六日
司徒兼中書令臣子儀宣
中書侍郎平章事臣元載奉
中書舍人 行
勅旨如右牒到奉行 大曆七年正月十日
侍中 門下侍郎平章事王縉 給事中
祠部 牒大廣智不空三藏
牒奉 勅如右牒至准 勅故牒
大曆七年二月九日令史皇甫全牒
主事劉意
判員外郎王逵

昔去大曆六年十月十二日特進試
鴻臚卿三藏沙門大廣智不空上表
至其月二十二日中使李憲誠奉宣
勅旨賜不空三藏錦綵綃等共八百
疋同飜經十大德各賜綵三十疋時
入德明日謝聞沙門潛真等言伏奉
今月二十二日中使李憲誠至奉宣
聖旨飜經十大德各賜綵三十疋者
潛真聞垂教者法王王三界而示跡
行教者人主主四海而流傳非法王
無以開四句之文非人主無以闡一
乘之理伏惟
寶應元聖文武皇帝陛下道合天地
恩加草木轉輪馭極灌頂揖尊運慈
悲方便之門當付囑弘宣之位然所
譯仁王虛空藏密嚴等八十部經者
並圓音至教實界真詮無去無來即身
為常住之身不滅不生諸佛是自心
之佛指虛空為庫藏現色相而莊嚴
演瑜伽之無窮知真言而不竭自非
十行兼美定慧俱融安能發揚幽微
弘宣秘奧大廣智不空三藏和尚言
善兩方行過三密得淨滿如來加持

之力奉寶應明主弘護之緣由是理
義昭彰文句炳煥潛真等靈山細塵
祇樹小葉識知荒鄙學藝庸淺幸蒙
天眷濫在飜經承聖力而俯被得讚
潤而修畢雖曰愚瞽猶知慶慰況上
契天慈許宣中外仍錫縑綵以光愚
拙凡在法門不勝慶幸無任戴荷殊
常之至謹附中使李憲誠奉表陳謝
以聞謹言

大曆六年十月二十三日飜經大德大興善
寺上座沙門潛真等上表

寶應元聖文武皇帝批曰
師等道行精深智識弘遠三乘奧旨
千葉遺編飜譯流行利濟家國溥申
錫命頻至謝恩時大曆六年十月十
二日上表陳請入目時
寶應元聖文武皇帝省表具悉宣付
如前而荅表曰
和尚夙事先朝弘闡妙教演茲貝葉
廣示迷津朕嗣纘丕圖恭承睿旨
和尚再加詳譯今卷軸續畢永濟生
靈深可喜歎其所譯經宜宣付中外
入一切經目錄時大廣智不空三藏

既荷墨制又宣付流行踊躍屏營陳
表奉謝文曰沙門不空言中使李憲
誠奉宣
聖旨送新飜經目錄　勅一道荅進
經表　勅一道特令中外施行仍入
一切經目錄捧戴忻躍喜荷無任誠
懽誠悚再歎再愧伏惟
陛下承法王之付囑滿人心之志願
持普賢之密印行　天子之正教浹
辰之際朗慧日於八方在於須臾注
洪澤於萬物斯乃普天幸甚而況在
不空者焉然不空所飜聖典四十餘年
三朝已來贊修功德志在宣傳上資
王室下潤生靈豈意夙心一朝願滿
聖恩廣大累劫難酬況更特許飜譯
所是未飜梵本倍增悲喜敢罄竭心
力承奉
聖旨續譯進奉不勝懽悚懷恩之至
謹因中使李憲誠奉表以聞沙門不
空誠喜誠愧謹言

大曆七年正月二十七日特進試鴻臚卿
三藏沙門大廣智不空上表

寶應元聖文武皇帝批曰

和尚久證菩提入佛知見所飜經論
皆洞精微受命施行式傳慧照頒示
寰㝢廣濟含靈未先慈航煩至陳謝
也旣表謝訖又奉綸言飜譯大聖文
殊佛刹精勤不息卷軸又成陳表進上
大聖文殊師利菩薩佛刹功德莊嚴
經一部三卷　　　　五十一紙
右不空先奉　綸旨令譯此經
天恩曲臨並已成辯參校唐梵
譯定言音年月覶所筆受證義
僧俗之名咸題卷中文殊事跡
緣起根由始于發心至成正覺
莊嚴淨土此經具載諸佛理體
菩薩行門法界有情無生實相
分明表示功德廣大餘經罕𣷹
願此勝因上資
聖祚伏乞宣示寰宇以及　生靈
特望
天恩所是新置文殊院大寺七
僧小寺三僧於文殊院中長時
爲國講宣誦習有闕續塡是使
法燈繼明不絶靈神庶類孰不
懽心幸因輪王降誕之辰天人

喜賀同歡之日冀茲景福上益
壽山願以法流添於聖海謹隨
狀陳進以聞知
天恩允許請降　墨勅依
大曆八年十月十三日特進試鴻
臚卿三藏沙門大廣智不空上表
其月日也三藏和尚在内道場
勅賜三藏和尚錦綵綃等共七百疋
同飜譯經大德潛眞等十人各賜錦
綵三十疋充䞋
成就妙法蓮華經王瑜伽觀智儀軌
一卷　　　　　　　二十五紙
右通前仁王密嚴等經總五部
共十卷同第十帙
新飜譯仁王護國經者昔永泰元年
狀請也仁王經望依梵夾再譯舊文
右興善寺三藏沙門不空奏伏
以如來妙旨恵洽生靈仁王寶
經義崇護國前代所譯理未融
通潤色微言事歸　明聖伏惟
寶應元聖文武皇帝陛下眷文
啓運濬哲乘時弘闡眞言宣揚
像教皇風遠振佛日再明每爲

黎元俾開講誦其仁王經望依
梵夾再譯舊文貝葉之言永無
漏略金口所説更益詳明仍請
僧懷感飛錫子鄰建宗歸性義
嵩道液良賁潛眞應眞慧靈法
崇超悟慧靜圓寂道休等於内
道場共飜譯福資聖代澤及含
靈冠盗永清寰區允穆傳之曠
劫救護實深
中書門下　　　牒祠部
牒奉　勅宜依牒至准　勅故牒
永泰元年四月二日牒
中書侍郎同平章事杜鴻漸
中書侍郎同平章事元載
黄門侍郎同平章事王縉
檢校侍中李使
檢校右僕射平章事使
檢校左僕射平章事使
中書令郭子儀使
尚書祠部
仁王經望依梵夾再譯舊文興
善寺沙門不空
牒奉中書門下　勅牒如右牒至准

勑故牒

永泰元年四月四日令史張濟牒

主事楊獻

郎中崔滌

恩日頒下爰命京城義學大德良賁等翰林學士常袞等於大明宮南桃園詳譯仁王幷校定密嚴等經至四月十五日譯畢進上聖慈製序題在經初披閱内宮未宣中外時京城大德翹想甘露如渴思漿録表上陳乃爲詞曰沙門乘如等言乘如聞日月行於六合求照者昆蟲雨露垂於九霄希潤者草木所謂覆載不間亭育無私則蚊蚋可逸於長風蛙蠅可游於滄海者也伏惟

寶應元聖文武皇帝陛下慶承塵劫信植河沙威懾魔界聲流佛剎以實位之重崇寶偈之微以

金輪之尊勝金口之教百王千帝曷可同年而語哉乘如等幸逢昌運叨寓玄門常思諷誦以答

皇澤伏承頃有恩旨請不空三藏及義學沙門等再譯仁王般若波羅蜜

多經教理兼著性相周圓緘在龍宮未須鹿苑僧等昧死敢以請聞伏願

天慈示之法寶兼欲依經請百法師置百高座同宣句味共殄妖氛愚誠則然裁惟　聖旨無任懇疑翹渴之至謹詣右銀臺門奉表陳請以聞輕冒

天威伏深戰越謹言

永泰元年八月八日大安國寺上座臨壇大德沙門乘如等上表

寶應元聖文武皇帝批荅曰

仁王眞經理精義遠化流賢劫福利蒼生師等咸願敷陳助寧國土所請開講者依

時有恩旨取二十三日於資聖西明兩寺共置百座請百法師講仁王經及百大德轉密嚴等香華飲食鼓樂弦歌並出有司不得闕乏時屬秋雨霖霪不休所司奏聞請更延日奉進旨兩寺百座先令二十三日迎經爲霖雨宜改至二十六日迎經開講其諸司供料著人計會准改日造

永泰元年八月二十二日左監門衛將軍知省事劉淸潭宣

改期甫至天雨未晴

恩旨又延九月一日也兩街大德嚴絜幡華幢蓋寶車太常音樂梨園伎内及兩教坊詣銀臺門百戲繁奏時觀軍容使兼處置神策軍兵馬事開府儀同三司兼左監門衛大將軍知内侍省事内飛龍廄弓箭等使上柱國馮翊郡開國公魚朝恩與六軍使陳天龍衆八部鬼神護送新經出於大内其經適出彩雲浮空郁郁紛紛昭彰現瑞洎乎巳午兩寺開經萬姓歡心祥雲方隱緇徒膽仰獲慶非常三藏不空上表賀曰沙門不空言不空道乏前脩學虧曩哲猥承綸詔翻譯眞經若履春氷猶臨泉谷伏惟陛下撥開慧日布蔭慈雲睿思風飛龍章玉潤躬爲序述昭煥大千流法雨於九天樹勝幢於百座威儀容止若釋迦之下鷲峯士庶駢闐猶波斯之詣王舍慶雲呈瑞喜氣浮空足表太階之平自叶無疆之祐不勝戴荷之至謹奉表陳賀以聞沙門不空誠懽誠喜謹言

永泰元年九月二日大興善寺
三藏沙門不空上表
寶應元聖文武皇帝荅曰
和上遠自蓮宮親緘貝葉敷演玄教利濟蒼生飜譯既成天人合會朗三秋之霽景開五色之祥雲闡揚真乘符契妙理須因指喻早結師資覩此感通彌深頂敬
時左右六軍使覩此慶雲亦陳表奉賀詞曰
臣仙智等言昨日迎新譯仁王護國般若波羅蜜多經伏有慶雲應現瑞呈五色彩散一天抱慧日而逾鮮譯祥風而表聖伏惟
陛下以大道賴物以至德臨邦精誠感神靈應斯降臣等職忝侍衛久沐淳風親覩禎祥無任慶幸謹詣右銀臺門奉表陳賀以聞臣仙智等誠惶誠恐頓首頓首謹言
永泰元年九月二日特進右龍武軍大將軍知軍事上柱國徐國公臣劉仙智等上表
寶應元聖文武皇帝荅曰
不二之門早傳秘藏重宣其義庶廣其言將敷貝葉之文用啟蓮宮之會天浮瑞色日麗慶雲現以神通彰其瑞應和平之兆慶慰同懷所賀知從是初日至白月終兩上講經二時行道飲食茶藥並出有司六律五聲晝夜不絕至十六日西明散齋鼓樂弦歌百戲彌日西明講終陳表奉賀詞曰
西明寺上座沙門懷感等言特奉
恩命令開百座講仁王護國般若經以今日經周設齋慶畢凡是生靈不勝抃躍伏惟
陛下再造天地明齊日月垂衣之暇重譯真經聖心佛心同歸一理唐言梵語不隔殊方貫華之偈備闡傳燈之偈可覩金繩之界彌勒下生玉京之中輪王出現秋天麗景稼穡將成彩雲浮空祆氣必盡吾君至聖佛力至慈法潤恒沙天下幸甚懷感等忝棲祇樹喜躍無涯稽首焚香何階上荅其功德數別狀封進謹奉表陳謝以聞誠歡誠喜謹言
永泰元年九月十五日西明寺
上座沙門懷感等表進
寶應元聖文武皇帝荅曰
師等演暢真經弘宣妙旨用滋仁壽拯護生靈法會既終當同慶也
特僕固懷恩背逆天恩遠自靈武合聚蕃醜馮陵涇陽西明百座大德法師同赴資聖奉　勅應先西明寺百座法師大德並赴資聖寺佛殿爲國傳經行道其資聖寺百座法師良賁等五十座依前講說仁王般若護國密嚴等經普及蒼生其京城諸寺觀僧道等並二時於當處轉經行道仍令三綱差了事僧專知撿校務在精修不得疎怠李元琮賈明觀等專知勾當
永泰元年九月十七日高品李
希逸宣
令時兩街大德百座法師准勅咸皆萃資聖寺二時講唱兩上轉經行道午時及與日暮供設音樂無易於初夜後悉集大講堂內舉衆齊聲稱念摩訶般若波羅蜜多爲國爲家願無憂懼京城寺觀轉念亦然時制使開

內河中副元帥司徒兼中書令上柱國汾陽郡王郭子儀杖節出師親總戎律發干
帝里洎彼涇陽仰恃天威賴茲經力兩軍交對列陣相望鉦鼓發聲劒戟如雪時汾陽王單騎直出挺立軍前感激一言懷恩屏退西戎北狄各自相攻決旬之間王國大定是知仁王護國般若眞經聖心佛心子育萬姓其義一也然後收軍整律振旅還京親對天顏特蒙賜賚　勑賚聖寺百座道場取閏十月二十二日設無遮齋以成慶散是日也寺南門外陳布道場盡正一坊東西街內帟幕雲在幡華麗天尊容煥然光照人里飯僧既畢六樂爭陳百戲充盈歌吹盡日京城大德各賜三千不空三藏賜九百疋絹帛綿綵以充數焉侍者小僧各五十疋又特降恩旨賜資聖講堂名爲永泰善法之堂此即萬古千秋法門故事也自蕃戎入境夜集僧徒共念摩訶般若波羅蜜多於此堂內未盈累月果得清平此乃聖力經威

感斯福應斷經百座賜賚珍財自佛法東流莫上於茲日也至十一月一日恩旨莽臻　勑不空三藏和上故金剛三藏天資秀異氣稟冲和識洞四生心依六度爰自西域杖錫東來以梵行周身慈心濟物覺華外照智炬內明汲引羣迷證通圓寂密傳法印示隱涅槃衣鉢空存音徽長往教龍垂後禮有飾終宜旌美名俾叶榮贈可贈開府儀同三司仍賜號大弘教三藏同日又降　鴻恩再及
勑不空三藏蓮宮耀種香界導師性表眞如學精秘藏承紺園之妙旨開示四依譯金口之微言津梁六趣身持梵夾遠涉流沙傳燈益明甘露潛潤散慈雲於火宅揚慧日於幽塗頃者躬問勝因弘旨方便永決疑網滋予智牙雖出塵之心齊謝於名位而褒崇之典式旌於賢哲俾應嘉命用叶朝章可特進試鴻臚卿仍賜號大廣智不空三藏伏以毋以子貴俗禮恒規師因弟榮釋門罕有恭受榮命喜懼感懷捧戴屏營陳表謝曰

三藏沙門不空言奉今月一日制錫故大和尚金剛三藏可賜開府儀同三司仍贈號大弘教三藏不空特進試鴻臚卿仍賜號大廣智不空三藏一雨自天潤流根葉圓毫發艷照及幽明捧戴彷徨悲喜交集不空誠懽誠喜以悽以懼不空聞七號者表德之殊九卿者象河之重位故大和尚道洽傳燈誠以軟其遺烈不空法門漸紹構虛並荷於鴻私猶燕石之混光同齊竽之濫吹榮兼存歿寵及師資祗奉兢兢瞻言靦恧況出家落彩本忘榮辱潔誠報　國僧者通規陛下廣運金輪曲收瓦礫引安禪於中禁旌褒崇之殊禮雖負山無力而踐跡近賓謝高謝之法流玷少欲之清躅是以面奏三讓言煩九重冀寢鑒於懇誠豈確然之不拔羊車稚子慚廣智以茫然庚苑甲材愧鴻臚而甚矣無任感戴之至奉表陳謝以聞沙門不空誠懽誠喜謹言
　永泰元年十一月五日特進試鴻臚卿大廣智不空三藏大興

善寺沙門不空表進
寶應元聖文武皇帝荅曰
和尚道袐雙林功超正覺遠從天竺
來布眞言頃得歸依親承付屬褒崇
之典禮秩攸先俾增印綬之榮式重
師資之敬兼申寵贈庶表追榮也
自譯仁王眞經洎請編入目錄爰進
文殊佛刹功德莊嚴經逮于薨年凡
經如是
金剛頂勝初瑜伽經中略出大樂金
剛薩埵念誦儀一卷　十一紙
大樂金剛薩埵修行成就儀軌一卷　十五紙
大藥叉女歡喜母并愛子成就法一卷　十三紙
普徧光明大隨求陀羅尼經二卷　三十二紙
金剛頂超勝三界經說文殊五字眞言
勝相一卷　三紙
五字陀羅尼頌一卷　八紙
聖閻曼德迦威怒王立成大神驗念誦
法一卷　十八紙
文殊師利菩薩根本大教王金翅鳥王
品一卷　十一紙
不空羂索毗盧遮那佛大灌頂光眞
言一卷　二紙

右九部共十卷經法同第十一帙
聖迦抳忿怒金剛童子菩薩成就儀軌
經三卷　四十八紙
大威怒烏芻澁摩儀軌一卷　十紙
佛說摩利支天經一卷　四紙
金剛頂經一字頂輪王瑜伽一切時處念
誦成佛儀軌一卷　八紙
佛爲優塡王說王法政論經一卷　九紙
大方廣如來藏經二卷　十八紙
佛說一髻尊陀羅尼經一卷　十四紙
速疾立驗摩醯首羅天說迦婁羅阿
尾奢法一卷　六紙
右八部經法共十卷同第十二帙
大日經略攝念誦隨行法一卷 亦名五支略念誦要行法　二紙
大毗盧遮那成佛神變加持經略示七支念
誦隨行法一卷　三紙
木槵經一卷　一紙
金剛頂瑜伽文殊師利菩薩儀軌供養
法一品一卷 亦名文殊五字念誦并梵字　七紙
曼殊室利童子菩薩五字瑜伽法一卷 并梵字　二紙
金剛頂降三世大儀軌一卷 亦名觀自在心眞言一切如來蓮華大曼荼羅品　四紙
文殊師利菩薩及諸仙所說吉凶時日善惡
宿曜經二卷 上卷前譯下卷後譯有字　共四十紙

金剛頂經觀自在王如來修行法一卷　六紙
金剛頂瑜伽中發阿耨多羅三藐三菩提
心論一卷 亦名瑜伽總持教門說菩提
心觀行修持義　十紙
右九部經論法共十卷同第十三帙
瑜伽金剛頂經釋字母品一卷　二紙
修習般若波羅蜜菩薩觀行念誦儀
軌一卷　七紙
仁王般若陀羅尼釋一卷　七紙
觀自在大悲成就瑜伽蓮華部念誦法
門一卷 亦名觀自在大悲成就瑜伽　十二紙
大孔雀明王畫像壇場儀軌一卷　四紙餘
金剛手光明灌頂經最勝立印聖無動尊
大威怒王念誦儀軌法品一卷　十一紙
末利支提婆華鬘經一卷　十一紙
大聖天歡喜雙身毗那夜迦法一卷　三紙
觀自在菩薩如意輪瑜伽一卷　九紙
金輪王佛頂略念誦法一卷　三紙
金剛瑜伽降三世成就極深密門一卷　三紙
右十一部經法共十一卷同第十四帙
大廣智不空三藏和尚本諱智藏號
不空金剛梵云阿目佉跋折羅本西
域人也昔事大弘教金剛智三藏和

尚真受真言二十四年極我請益大師歿後還詣五天梵本瑜伽備皆披閱周遊徧覽旋赴　帝京或化河西或居嶺表或居關內或處　王宮飜譯真經不遑寢食屬天寶末載胡馬入關至德二年尅復　京洛和尚親承聖旨為灌頂師　妃主降階六宮羅拜三朝寵遇恒建道場詳考幽微卷不釋手內官譯者隨竟上聞或已宣行或留　中禁其已得者具錄如前其未獲者一心求訪耳　和尚精勤不怠多歷歲時洎大曆九年示有微疾制使勞問天降名醫針藥相仍曉夕繼至疾將未損寢極不安　天慈曲臨錫以官封　勅大道之行同合於異相王者至理總歸於正法方化城之齊致何儒釋之殊途故前代帝王罔不崇奉法教弘闡與時偕行特進試鴻臚卿大興善寺三藏沙門大廣智不空我之宗師人之舟楫超詣三學坐離於見取修持萬行常示於化滅執律捨縛護戒為儀繼明善教之志來受人王之請朕往在先朝早聞道要及當付囑常所歸依每執經內殿開法前席漸几同膠序之禮順風比崆峒之問而妙音圓演密行內持待扣如說自涯皆晤滌除昏妄調伏魔冤天人洗心於度門龍鬼受職於神印固以氣消災厲福致吉祥實惟弘我之多寧止利吾之美胥有命秩用申優禮而得師為盛味道滋深思復強名載明前志夫妙果有莊嚴之十內品有果地之殊本乎尚德敬順時典可開府儀同三司仍封肅國公食邑三千戶餘如故

大曆九年六月十一日

三藏和尚再蒙恩寵官封增新然氣力轉微無由謁見至十五日修表上辭其文曰沙門不空言不空幼事先師已過二紀早承天澤三十餘年滴瑜伽之法門奉　累聖之恩盼自從陛下臨御殊私轉深賜　黃閣以宴居降紫微而問道積恩重疊日月相繼雖復精懇豈酬萬一而露電難駐柳易衰一從伏枕自春徂夏陛下深賜存問卅三中使名醫相望道路但以膏肓之病雖針藥而難生生滅之質寧愍惜而可固忽從昨夜已來頓覺氣力彌惙身非己有瞬息掩遷心神浸微違謝　聖朝不任戀慕不空今者年過中壽未為夭逝但以往時越度南海周遊五天尋其未聞習其未解所得金剛頂瑜伽十萬頌諸部真言及經論等五十餘萬頌冀總飜譯少答國恩何夙願之未終忽生涯之已盡此不空所以為恨也伏惟　陛下降諸佛之慈惠下從人之所願不空先進大聖文殊佛刹經聖情尋許頒示中外伏願哀愍念臨終之一言冀福　皇家滋吉祥之萬劫實為僧人生死榮幸五鈷金剛鈴杵先師所傳并銀盤子菩提子及水精念珠并合子並謹隨表進奉臨紙涕泣悲涙交流永離　聖代不勝戀慕之至謹附監使李憲誠奉表陳辭以聞沙門不空誠悲誠戀謹言

大曆九年六月十五日開府儀同三司肅國公三藏沙門大廣智不空上表

寶應元聖文武皇帝荅曰
和尚行登十地來自五天敷演瑜伽
宣流梵夾周遊萬里踐歷　三朝光
譯聖言親承師受當下武之興運繼
前薪之火傳而弘菩薩心為衆生病
彌留有問震悼增深宜依所請也
介時開府儀同三司試鴻臚卿肅國
公大廣智不空三藏和尚上表陳情
聖恩垂弟墨制旋降所請皆依和尚
情禮獲申一心觀行右脅累足怡然
而薨弟子擗踊中使奏聞　聖上震
悼殊深輟朝三日爰降中使諭于僧
藍宣慰衆徒乃錫賻贈絹三百疋布
三百端白米粳米各五車白麵亦介
柴十車油七碩炭三車並如京宣索
如無准無奏來當別支送至其月二十
八日　勑內侍韋守宗送絹七百五
十二疋充先師造靈塔直洎十月五
日追贈司空聖勝殊深又錫謚號
勑寂滅為樂所以歸於真付囑有緣
所以尊其稱偕其故事其或強名故
開府儀同三司試鴻臚卿肅國公大
興善寺三藏大廣智不空德咸道高

朕所師仰心密法印行超度門精微
有說廣大無相一雨之潤溥洽於羣
生百燈所傳徧明於正覺傍達義趣
博通儒玄聖人之情合若符契朕傾
風前席積有歲年慈航不留梁木其
壞徽音永閟震悼殊深論道之官追
嚴師禮仍加謚號用副名實可贈司
空仍謚大辯正廣智不空三藏和上
洎六日癸卯陳設葬儀遷神城南荼
毗供養皇帝遣內給事劉仙鶴以香
荼之奠敬祭故大辯正廣智三藏和
上之靈惟靈智識明晤天姿聰達夙
殖梵行生知勝因挺秀五天周遊萬
里心蘊海藏音通華夷貝葉傳經瑜
伽演教孕剎兆庶出入三朝道在不
言理均無迹涅槃常寂至聖同歸焚
香澡身與化而盡朕頃承了義禮具
師資永訣之辰彼深震悼香荼之奠
有靈照之是日也宰臣中貴神策六
軍御史大夫京兆大尹尚書僕射侍
郎列卿諸衛將軍各申奠祭其餘緇
素不可具陳七日平晨又陳表謝草
土沙門惠朗等言昨六日先師荼毗

之夕　聖慈哀悼追贈司空仍謚號
大辯正廣智不空三藏和尚照宣國
禮寵光神道三公之贈有越舊章和
上之稱先經未載是知高天之澤浸
江海而無涯幽途之靈蒙日月而下
照凡日弟子數千衆人悲感　聖恩
無任戴荷謹附中使李憲誠奉表陳
謝以聞沙門惠朗等誠惶誠愧謹言
　大曆九年七月七日大興善寺
　草土沙門惠朗等表上
寶應元聖文武皇帝批曰
和尚發迹五天周遊萬里宣演正法
拯晤生靈涅槃歸常孝行崇謚禮經
斯在煩以謝恩同日又奉　勑語僧
惠朗等專知撿校院事兼及教授後
學一尊一契有次第者聞奏其日又奉
勑語僧惠勝和尚在日阿師子偏得
意旨今聞於塔所焚香久守護先於
和尚邊受得普賢念誦法與朕同尊
努力進修三年滿後即來對朕與商
量本尊法所請住依是時也火滅已
後收得遺身髏頂等中皆有舍利光
相瑩淨映若瑠璃具以上聞聖情哀

悼內宮豬首置在道場至十五日又
勑勾當京城諸寺觀修功德使開府
儀同三司右龍武軍大將軍知軍事
上柱國涼國公李元琮故大辯正廣
智不空三藏和尚塔所修造宜令且
停別擇好地起修洎八月二十八日又
勑語元琮故辯正三藏荼毗得舍利
令於當寺院造舍利塔至造塔畢建
立豐碑銀青光祿大夫御史大夫上
柱國馮翊縣開國公嚴郢撰文銀青
光祿大夫彭王傅上柱國會稽郡開
國公徐浩書字論曰自古高僧碩德
寵遇殊恩生時則榮殁則已矣今大
辯正三藏和尚則不如是生承
恩渥歷事三朝授以列卿品加特進
及臥疾也勞問相仍中使名醫晨夕
相繼特加開府封肅國公洎乎薨焉
上爲震悼輟朝三日錫賻增優授以
司空諡大辯正仍號和尚先古未聞
城外荼毗寺中起塔不日不月悉成
就焉兼樹豐碑紀其德行冠絕古今
首出僧倫丞相作文王傅書字斯乃
萬代不朽也比之所述略舉大綱若

欲具知備如贈司空大辯正廣智三
藏表制集中廣說
今上聖神文武皇帝朝所翻經
大乘理趣六波羅蜜多經十卷 一百六十紙
大華嚴長者問佛那羅延力經一卷 二紙
般若波羅蜜多心經一卷 二紙
右三部經共十二卷同一帙
般若三藏續翻譯經圖紀曰昔秦主
姚興氏有道理樹生於廟庭龜茲羅
什戭西涼而入貢今我 皇眷哲合
蔓瓜生於 御苑罽賓龍像汎南海
以來朝手持梵經六波羅蜜大臣聞
奏 帝僉共言
制委有司精選碩德就西明寺譯訖
奏聞者即般若三藏法師其人矣法
師梵名般刺若（唐言智慧）北天竺境迦畢
試國人也（古罽賓者訛略）姓喬答摩氏（言瞿曇者訛略不正）
穎悟天假七歲發心違侍二親歸依
三寶時依大德名調伏軍誦四阿含
滿十萬頌阿毗達摩二萬頌餘又乃
隨師詣迦溼蜜至年二十具足律儀
誦薩婆多近四萬頌及俱舍論頌三
萬八千并大婆沙兼得其義七年此

國學習小乘至二十三詣中天竺那
爛陀寺受學大乘唯識瑜伽中邊等
論及聲明論與金剛經因明醫明王
律論等並依智護進友智友三大論
師時乃遊從雙林八塔往來瞻禮一
十八年時聞南天尚持明藏遂便往
詣諮稟未聞有灌頂師厥名法稱授
瑜伽教入曼荼羅三密護身五部契
印如是承奉住經一年誦滿三千五
百餘頌嘗聞支那大國文殊在中東
赴大唐誓傳佛教迄海東邁駕險乘
航垂至廣州風飄卻返至執師子國
之東隅又集資糧堅修舡舶備歷南
海路七國中二十二年垂至廣府風
吹舶破平沒數船始從五更洎乎日
出或漂或溺賴遇順風所持資財梵
夾經論遺此厄難不知所之及至海
壖已在岸上於白沙內大竹筒中宛
若有神歎未曾有是知大乘理趣六
波羅蜜經與
大唐國中根緣熟矣東行半月方達
廣州洎建中三年屆于上國矣至正
元二祀訪見鄉親神策正將羅好心

即般若三藏舅氏之子也悲喜相慰
將至家中用展覲親近留供養既信
重三寶請譯　佛經乃與大秦寺波
斯僧景淨依胡本六波羅蜜譯成七
卷時爲般若不閑胡語復未解唐言
景淨不識梵文復未明釋教雖稱傳
譯未獲半珠圖竊虛名匪爲福利錄
表聞奏意望流行
聖上睿哲文明允恭釋典察其所譯
理昧詞疎且夫釋氏伽藍大秦僧寺
居止既別行法全乖景淨應傳彌尸
訶教沙門釋子弘闡佛經欲使教法
區分人無濫涉正邪異類涇渭殊流
若網在綱有條不紊天人收仰四衆
知歸分命有司乃下　制曰
中書門下　牒王希遷
牒奉　勑釋教深微道俗虔敬皆因
梵本法被中華宜令王希遷與所司
精選有道行僧就西明寺重更飜譯
訖聞奏牒至准勑故牒
正元四年四月十九日牒
次牒祠部准　勑亦然轉牒京城諸
寺大德罽賓三藏沙門般若宣釋梵

本翰林待詔光宅寺沙門利言譯梵語
西明寺沙門圓照筆受資聖寺沙門
道液西明寺沙門良秀莊嚴寺沙門
圓照並潤文慈恩寺沙門應眞醴泉
寺沙門超悟光宅寺沙門道岸西明
寺沙門㬜空並同證義自六月八日
欲掬經題勑街西功德使兼勾當右
神策軍使書慕使元從興元元從鎮軍
大將軍行右監門衛將軍知內侍省
事上柱國太原縣開國伯王希遷親
奉綸旨與奉天定難功臣驃騎大將
軍行右神策軍大將軍知軍事檢校
工部尚書兼御史大夫上柱國武都
郡王孟涉寶應功臣元從驃騎大將
軍行右神策軍大將軍知軍事兼御
史中丞上柱國靜戎郡王食實封五
千戶馬有麟等送梵本經六律五聲
八音合韻四部雲集歌唄交諠簫韶
沸天鼓鍾震地發彼禁闈出芳林門
車騎滿於天衢士女溢於閭里入西
明寺飜譯眞經同日恩賜錢一百千
文茶三十串香一大合以充譯經院
供養開題名曰大乘理趣六波羅蜜

多經也自後日來月往兩上飜經十
月中旬譯文周畢至十一月十五日
繕寫復終二十八日大設威儀綵車
音樂入於光範肅光順門修表上聞
奏進新經入其文十卷品十亦然勑
旨再三往來勞問仍於神策以設齋
餐賜般若法師絹一百匹一副冬衣
餘之十人各五十匹衣一副檢校二
人各三十匹衣一副以充儭焉三藏
法師般若捧戴惶懼乃於此時陳表
謝曰　沙門般若言伏以生自罽賓
十四離鄉南遊天竺聞所未悟二十
餘年巡禮　聖蹤雙林八塔大小乘
學誓報四恩遠慕支那聿來瞻禮自
持梵夾經典中國未傳每思上達無
由進獻昨因表兄右神策大將新平
郡王羅好心身參　戎衛遂與奏聞
得徹　聖聰實爲多幸陛下崇敬信
受大乘命以緇徒許令飜譯微僧至
願斯以爲終誓奉精修上資
皇祚謹詣光順門奉表陳謝以聞沙
門僧般若誠惶誠恐謹言
正元四年十一月二十八日罽

賓國沙門般若上表
聖神文武皇帝批曰　師夙諳證源
早覩祕藏周遊西土歷訪大乘得心
地之遺言是如來之妙行期於宣布
以廣玄門遠貢眞文來傳中夏經途
萬里先達京師載揚羅什之風重繼
摩騰之跡眷言精懇朕甚嘉焉委命
道流俾加飜譯庶兹上法永以流行
省視表章煩有陳謝冋日請譯經施
主三藏表兄右神策馬軍大將奉天
定難功臣開府儀同三司檢校太子
詹事上柱國新平郡王臣羅好心上
表謝曰臣好心言表弟罽賓國沙門
僧般若先進大乘理趣梵夾六波羅
蜜經伏奉今年四月十九日勑宜令
王希遷精選有道行僧於西明寺飜
譯令經帙已終者臣好心誠歡誠喜
頓首頓首臣聞周星隱耀漢夢馳光
始知靈瑞感人必委明王而導化是
以再敷龍樹重闡眞宗伏惟
皇帝陛下澤覃中外　恩被生靈聲
敎遠通無爲而理微臣表弟十四離
鄉志慕緇流跡現僧侶昨所進經本

稽梵夾大乘理趣曰六波羅蜜經
陛下信崇特令翻譯功勤靡輟今帙
告終特賜幡華又令重進微僧爲幸
驚寵伏深臣家本西蕃得居中國名
忝　戎禁榮及私門父子相歡實慚
天地僧人何德更蒙委曲洪私願奉
修持福資　皇祚臣之多幸誓死答
恩戴喜戴歡無任抃躍之至謹詣
光順門奉表陳謝以聞臣好心誠惶
誠恐頓首頓首謹言　聖神文武皇
帝批曰　卿之表弟早悟大乘遠自
西方來遊上國宣六根之奧義演雙
樹之微言念以精誠所宜欽重是令
飜譯俾可流行卿夙茂忠勤職司禁
衞省覽表疏具見乃懷所謝知洎十
二月二日將軍王希遷宣奉
勑醴泉寺僧思惟院宜與罽賓國進
梵本六波羅蜜經僧般若安置又至
二十三日勑右神策軍判官內謁者
監馮國淸宣送賜罽賓國僧般若院
八尺牀三張各夾帖及席褥官絁褥
白氈皆自副手巾二枚銅水瓶一鐵
鍋二枚三斗釜一口白瓷椀十枚茶

餅一枚蒲團一枚新茶二十斤幷茶
碾子一副又於進經日奉　恩旨令
再譯六波羅蜜經中眞言契印法門
唐梵相對進來者至五年二月四日
繕寫畢功與沙門良秀等進上
恩勑賜茶三十斤又譯六波羅蜜經
了日又譯大華嚴長者問佛那羅延
力經一卷強一紙訖其年十二月十
五日校寫終畢未獲進上今隨目錄
進奉至五年四月六日　御製六波
羅蜜經序成題之經首　勑下千福
及章敬寺各賜經一本轉讀流行是
時章敬千福惟雅智柔修表謝聞
皇帝批曰　此經出代以來未傳中
夏頃因梵本至自西方詳考宗源克
符覺義遂令翻譯俾可流行師等虔
奉法門住持斯久令加繕寫錫在伽
藍庶此眞文據之不朽省覽章表煩
有謝　恩洎六年六月二十二日沙
門般若進當院菴羅果二百五十顆
奉　勑賜絹十四至七月十五日又
賜絹五十四冬衣五副仍勑般若元
往北天竺迦溼蜜國使至十七日又

賜春衣一副幷弟子二人各絹三十四冬衣四副二十二日於右銀臺門引般若入於三殿對見受中書門下勑牒二十四日進發宿長樂驛二十五日又　勑罽賓國進梵夾六波羅蜜沙門般若宜賜名般若三藏仍賜紫衣二十七日續使送此告牒幷雜藥物十斤至宜領取師等好去明辰又發路取廻鶻北庭鎮西大食天竺時般若三藏法師行年五十七矣又三藏法師奉　制前千福寺大德智柔請更重譯般若心經及奉使西蕃不遑進奉至八月十一日牒表上聞序分流通此經具足文曰　沙門智柔言伏以聖智宏深藉弘演而彌廣眞源妙極假言象而方傳斯經乃衆聖師宗羣經本母曩者沙門玄奘已譯流行雖義滿無遺然文虧首從昨遇罽賓國僧般若親覩梵文因請傳通重加賛翼始知鷲巖精舍實啓金言誦者除疑眞風更遠伏惟陛下親承　佛囑善無不從道洽生靈人無不化智柔不揆庸淺輙獻愚誠冀補皇風願賓　聖壽伏乞俯垂天鑒覽此金文如或可從請頒宣中外則一切迷生沙門幸甚不任墾竭丹誠之至謹附表陳進以聞沙門智柔誠惶誠恐死罪謹言　聖神文武皇帝荅曰　般若心經大乘祕旨頃者玄奘翻譯字義已周其於首從或未詳備近因罽賓僧般若來至中華傳此遺文足相翼賛師所陳請深爲允愜今依來奏用廣眞經　時般若三藏奉承王命出使北天路取太原途經振武入遊廻鶻也沙場異域跋歷山川暑往寒來奉忠奉法向二周載旋于太原即正元八年三月也自月八日公牒而行四月上旬還上都也勑使勞問賜紫袈裟宜歸醴泉舊院安置此之所述略舉其由委細而知廣如般若三藏續譯圖紀　論曰自佛法東流高僧繼踵共推翻譯功業最高其文義解条玄傳揚疏記令般若三藏即其人焉所謂尋師印度學究五明遠涉滄波流通三藏東西南北非類於弥瓜豈唯釋氏之眞僧抑亦應聘之高士也

大唐正元續開元釋教録卷上

大唐正元續開元釋教録卷上

校勘記

一　底本，金藏廣勝寺本。

一　一八三頁中一行「正元」，石、麗作「貞元」，下同。卷中、卷下同。

一　一八三頁中二行「沙門圓照撰上」，麗作「沙門圓照集上」。卷中、卷下同。

一　一八三頁中四行「總三百一十二卷」，麗作「惣三百四十三卷」。

一　一八三頁中五行「并目録三百一十五卷」，麗作「並目録三百四十五卷」。

一八三頁中六行「一百六十二卷經論」，麗作「一百九十三卷經論」。

一八三頁中八行末字「録」，麗無。

一八三頁中九行夾註右「并目」，石作「並目録」。

一八三頁中一二行至一七行「大威力……譯」，石、麗置於末行「五部六卷」後。

一八三頁中一二行夾註「或二卷」，麗無。又「四十六紙」，麗作「三十五紙」。

一八三頁中一四行「四紙」，麗作「五紙」。

一八三頁中一五行「金剛禁」，麗作「金剛法禁」。

一八三頁中一六行「四卷」，麗作「五卷」。

一八三頁中一七行第一三字「⿰酉飛」，麗無。

一八三頁中末行夾註「此不開列」，石、麗無。

一八三頁下一行「一卷」，石無。

一八三頁下八行「十一紙」，石、麗作「一十五紙」。

一八三頁下一二行「十二紙」，石、麗作「一十一紙」。

一八三頁下一四行「跋折囉」，麗作「跋日囉」。

一八三頁下二一行「共九卷同爲一帙」，麗作「共同爲一帙十卷」。

一八四頁上二行「一百卷」，麗作「一百一卷」。

一八四頁上五行及本頁下四行「十二紙」，麗作「十三紙」。

一八四頁上八行「最勝心明王經」，石、麗作「最勝明王心經」。

一八四頁上九行「十卷」，麗作「十一卷」。

一八四頁上一六行「三昧邪經」，麗作「三昧耶經」。

一八四頁中四行「大雲輪請雨經」，石、麗作「大雲請雨經」。

一八四頁中四行「二十四紙」，石、麗作「十四紙」。

一八四頁中一七行「二紙」，石、麗作「三紙」。

一八四頁中二一行夾註右「經内」，麗無。

一八四頁中二二行「二十三紙」，石、麗作「三十三紙」。

一八四頁下六行「十二紙」，石作「一十紙」。

一八四頁下一一行「字佛」，石、麗作「一字佛」。

一八四頁下一二行「七紙」，麗作「十五紙」。

一八五頁上一行「二卷」，石作「一卷」。

一八五頁上七行「十卷」，麗作「十一卷」。

一八五頁中六行末字「絛」，石、麗作「縚」。

一八五頁中一一行「欣戴」，石、麗作「興戴」。

一八五頁中一七行「區於」，麗作「區區於」。

一　一八五頁下二行「謹纘」，石作「謹纂」；麗作「纂」。

一　一八五頁下六行「幸因」，石、麗作「謹因」。

一　一八五頁下一六行末字「行」，石、麗作「奉」。

一　一八五頁下末行首字「判」，麗作「判官」。

一　一八六頁上六行「入德」，石、麗作「大德」。

一　一八六頁上一八行第一三字「自」，石作「息」。

一　一八六頁中一〇行「醱經」，石、麗作「醱譯經」。

一　一八六頁中一八行「而答表曰」，石、麗作「爲重師資而得表曰」。

一　一八六頁中二二行「喜歎」，石作「嘉歎」。

一　一八六頁下七行首字「懽」，麗作「懼」。

一　一八六頁下一〇行「頃剋」，麗作「頃刻」。

一　一八六頁下二一行「二十七日」，石作「二十日」。

一　一八七頁上一〇行「譯定」，石、麗作「詳定」。

一　一八七頁上一五行「罕濤」，石、麗作「罕儔」。

一　一八七頁上一七行「以及」，石、麗作「以福」。

一　一八七頁中三行第六字「知」，麗作「如」。

一　一八七頁下四行「子彝」，麗作「子鄰」。

一　一八七頁下五行首字「嵩」，麗作「崇」。

一　一八七頁下末行末字「准」，麗作「唯」。

一　一八八頁上五行「恩曰」，石、麗作「恩旨」。

一　一八八頁上一四行「蛙蝿」，石作「蛙蠅」。

一　一八八頁中五行「慊疑」，石作「慊款」。

一　一八八頁中六行「奉泰」，石、麗作「奉表」。

一　一八八頁中一一行「義遠」，麗作「義邃」。

一　一八八頁中一九行首字「旨」，石、麗作「止」。

一　一八八頁下二行第七字「一」，石、麗作「一日」。

一　一八八頁下一一行「現瑞」，麗作「異瑞」。

一　一八八頁下一二行「緇徒」，石、麗作「緇素」。

一　一八八頁下一三行「賀曰」，石、麗作「謝曰」。

一　一八八頁下一九行首字「若」，石、麗作「宛」。

一　一八九頁上一三行末字「譯」，石、麗作「順」。

一　一八九頁上一七行「禩祥」，石、麗作「禎祥」。

一　一八九頁中四行第一三字「知」，石、麗作「知俯」。

一八九頁下一四行「不得」，石、麗作「不在」。

一八九頁下末行末字「開」，石、麗作「關」。

一九〇頁上一四行「帟幕雲在」，石、麗作「弈幕雲布」。

一九〇頁上一七行「三千」，麗作「三十」。

一九〇頁上一八行「綿綵」，石作「錦綵」。

一九〇頁下四行「賜號」，麗作「贈號」。

一九〇頁下七行「七號」，石、麗作「十號」。

一九〇頁下九行末字「漸」，石、麗作「慚」。

一九〇頁下一一行「齊芋」，石、麗作「齊竽」。

一九〇頁下一二行「兢兢」，石、麗作「兢驚」。

一九〇頁下一四行「安禪」，麗作「安憚」。

一九〇頁下一九行第二字「以」，石、麗作「而」。

一九〇頁下二〇行「奉表」，麗作「謹奉表」。

一九〇頁下二一行「誠喜」，麗作「誠恐」。

一九一頁上三行「遠從」，石作「爰從」。

一九一頁上五行「禮袟」，麗作「禮秩」。

一九一頁上九行「如是」，石、麗作「如後」。

一九一頁上一一行「念誦儀」，麗作「念誦儀軌」。

一九一頁上一九行「十八紙」，石、麗作「八紙」。

一九一頁上二一行「十一紙」，麗作「一紙」。

一九一頁中四行「儀軌」，石、麗作「成就儀軌」。

一九一頁中六行至次行首字「瑜伽一切時處念誦」，石、麗無。

一九一頁中九行「二卷」，石作「一卷」。

一九一頁中一四行「二紙」，石作「三紙」。

一九一頁中一八行至一九行「金剛頂……一卷」及夾註「亦名……并梵字」，石、麗作「文殊五字念誦法一卷」並夾註「經內(經內，麗無)題云金剛頂經瑜伽文殊師利菩薩儀軌供養法一品」。

一九一頁中一九行與二〇行之間，石有「并梵字十四紙」；麗有「并有梵字十四紙」各一行。

一九一頁中二〇行「二紙」，麗作「一紙」。

一九一頁中末行夾註左「有字」，石、麗作「有序」。

一九一頁下四行「十紙」，石、麗作「七紙」。

一九一頁下八行首字「軌」，石、麗無。

一九一頁下一〇行至一一行「觀

自在……一卷」，石、麗作「成就大悲觀自在蓮花部瑜伽念誦法門一卷」。

一九一頁下一六行「雙手」，石、麗作「雙身」。

一九一頁下一九行「金剛」，麗作「金剛頂」。

一九二頁上一行「樞衣」，石作「摳衣」。

一九二頁上一八行首字「罔」，石、麗作「冈」。

一九二頁上二〇行「超詣」，麗作「超悟」。

一九二頁中九行「之十」，石、麗作「之土」。

一九二頁中一八行「恩盼」，石、麗作「恩盻」。

一九二頁中二二行「伏枕」，石、麗作「伏枕」。下同。

一九二頁下二行「之質」，麗作「之資」。又「可固」，石作「易固」；麗作「能固」。

一九二頁下四行「掩遷」，石作「掩掩」；麗作「奄奄」。

一九二頁下七行「所得」，麗作「所待」。

一九二頁下一四行第三字「一」，石無。

一九二頁下一六行第一二字「及」，麗無。

一九二頁下一八行「永離」，石、麗作「永辭」。

一九三頁上二一行「修其」，石、麗作「循其」。

一九三頁中一四行「華夷」，麗作「華戎」。

一九三頁下三行第一三字「章」，麗無。

一九三頁下七行「無住」，石、麗作「無任」。

一九三頁下一三行「拯晤」，石作「拯晤」；麗作「拯悟」。

一九三頁下二一行「住依」，麗作「任依」。

一九三頁下二二行「遺身」，石、麗作「遺身」。

一九三頁下末行首字「相」，麗作「明」。

一九四頁上六行「三十八日」，石、麗作「二十八日」。

一九四頁上七行「辨正」，麗作「大辨正」。

一九四頁上八行「至造塔畢」，麗作「三造塔畢」。

一九四頁上一三行「龍遇」，石、麗作「寵遇」。

一九四頁上末行「大綱」，石作「綱痛」。

一九四頁中九行「姚興氏」，麗作「姚氏」。

一九四頁中一一行「龍像」，石作「龍象」。

一九四頁中二二行末字「三」，石、麗作「二」。

一九四頁中末行「兼得」，石、麗作「兼受」。

一　一九四頁下三行末字「王」，石、麗作「工」。
一　一九四頁下一二行「返至」，麗作「至」。
一　一九四頁下一三行「舩舶」，麗作「航舶」。
一　一九四頁下一五行第一三字「乎」，麗作「平」。
一　一九四頁下末行「正將」，石、麗作「十將」。
一　一九五頁上二行「近留」，麗作「遂留」。
一　一九五頁上末行「宣釋」，石作「宣譯」。
一　一九五頁中一六行末字至次行首二字「五千户」，石、麗作「五十户」。
一　一九五頁下五行末字「勑」，石作「賜」。
一　一九五頁下六行「神策」，石、麗作「禁」。
一　一九五頁下一六行「大將」，石、麗作「十將」，下同。
一　一九五頁下一八行「聖聰」，麗作「聖聽」。
一　一九六頁上六行「先達」，石、麗作「克達」。
一　一九六頁中一行「蜜經」，石、麗無。
一　一九六頁中四行第七字「本」，石、麗無。
一　一九六頁中一三行「念以」，麗作「今以」。
一　一九六頁中二二行「白襪氈自副手巾」，麗作「白褌氈白副手巾」。
一　一九六頁下二行末字「合」，石、麗作「令」。
一　一九六頁下一〇行「五年四月六日」，石、麗作「五月四日」。
一　一九六頁下一五行「頃因」，麗作「湏因」。
一　一九六頁下一九行「二十二日」，麗作「二十三日」。
一　一九六頁下二二行末字「元」，石、麗作「充」。
一　一九七頁上一三行「牒表」，石、麗作「隨表」。
一　一九七頁上二〇行「重加」，石、麗作「重賀」。
一　一九七頁中七行「翻譯」，石、麗作「所翻」。
一　一九七頁中一二行「跋歷」，麗作「踐歷」。
一　一九七頁中一四行「三月」，麗作「二月」。
一　一九七頁中一九行「功業」，石、麗作「初業」。
一　一九七頁下一行「高士」，麗作「上士」。

大唐正元續開元釋教録卷中　世

甲戌歲西明寺翻經臨壇沙門圓照撰

四朝應制所翻經論及念誦法并修疏記碑表錄集等總三百一十二卷

并目錄三百一十五卷

一百六十二卷經論及念誦法

六十四卷經律疏義

八十六卷正元新集古今制令碑表記錄并目八十九卷

六十四卷經律疏義

代宗朝

新再譯仁王護國般若波羅蜜多經疏三卷

右青龍寺翻經講論大德沙門良賁奉　詔修述疏云此經凡有四譯第一晉太始三年月支三藏法護譯爲一卷名仁王般若第二後秦弘始三年三藏法師鳩摩羅什秦云童壽於長安西明閣逍遥園譯爲兩卷名仁王護國般若波羅蜜第三梁承聖三年西天竺優禪尼國三藏波羅末陀梁云真諦於洪府寶因寺譯爲一卷名仁王般若并疏六卷然則晉本初翻方言尚隔梁朝所譯隱而不行秦時所翻流傳宇内自古高德疏義寔繁百座相仍崇護國矣粤惟巨唐肅宗皇帝重昌堯化革弊救焚至憂黎元澡心齋戒請南天竺執師子國灌頂三藏名阿目佉唐言不空翻傳衆經以安社稷兹願未滿　仙駕歸天我今寶應皇帝再造乾坤禮樂惟新明白四達恭嗣先訓思累請焉永泰元年歲在乙巳詔譯斯經仍勑觀軍容使開府魚朝恩兼統其事於南桃園翻譯起自月朔終乎月望於承明殿灌頂道場御執舊經對讀新本　詔曰新經舊經理甚符順所譯新本文義稍圓斯則金言冥契於聖心佛日再生於鳳沼翻傳先後其在兹歟三藏言善兩方敎傳三密龍宫演奥遂旨闡天佛日再中真風永扇良賁學謝先哲有

珐清流叨接翻傳譯膺筆受幸
揚天闕覲奉德音令於大明宫
南桃園修疏贊演宸光曲照不
蓉避席竊玄珠於貝葉但益慙
惶捧白璧於丹墀寧勝報効仰酬
皇澤俯課忠勤既竭愚誠庶昭
玄造矣

法師諱良賁俗姓郭氏陝府虞邑人
也幼踐緇門尋師訪道外博經史儒
墨九流内習佛經五乘八藏若性若
相教義周圓奉
詔飜經兼修疏義裁成三卷京邑傳
通時永泰二年繕寫云畢修表進上
請以流行詞曰沙門良賁言伏奉今
年二月十一日
恩命令在内於南桃園修撰新譯仁
王般若經疏微僧寡學懼不稱
旨洗心滌慮扣寂求音發明起自於
天言加被仰憑於佛力咸約經論演
暢真乘亦猶集群玉於崑山納太川
於滇海火生於木與七耀而俱明識
轉於如體一相而等照成道者法也
載法者經也釋經者疏也廣度群有

同於大通是菩提心如陛下意謹以
今月八日繕寫畢功文過萬言部有
三卷施行竊慙於愚見裁成冀荅於
聖恩并陀羅尼念誦儀軌一卷承明
殿講密嚴經對
御記一卷今並同進輕塵
玄鑒祇畏無任謹奉表陳進以聞沙
門良賁誠懽誠懼謹言

永泰二年十一月八日奉詔内
修撰疏沙門良賁上表

寶應元聖文武皇帝荅曰
法師智炬高明詞鋒迥秀覩憑梵夾
弘闡微言幽賾真宗演成章疏開如
來之秘藏示群有之迷津貫玉聯珠
鈎深致遠再三披閱頗謂釋詳傳之
招提永為法寶也
是日通墨詔褒美新疏流通光庇釋
門勸勵後學洎章敬寺梵宇初成執
疏伏膺常數百衆雖紙貴如玉無以
加焉或在安國伽藍敷揚亦尒皆官
給飲食以供聽徒數年之間歸者如
市至大曆七祀正月十六日不空三
藏奏請入目録

勅旨依奏仍宜付中外並編入一切
經目録如上卷中説法師昔大曆六
年徙居集州敎授傳經不遑寧止至
十二年三月十日春秋六十一僧夏
二十九微疾不興而卒於彼遺身還
京上都城東置墳塔矣即十三年歲
也其表中云陀羅尼念誦儀軌一卷
承明殿講密嚴經對御記一卷昔修
撰訖隨表上聞留在紫宸未宣中外
訪本不獲故闕列名如或得之請書
於左

大集大虚空藏菩薩所問經疏四卷
上都大興善寺飜經講論大德沙門
潛真述疏云一述古者按晉世雜録
及開元釋教録云一西秦沙門聖堅
或云法堅或云堅公譯一本名方等
王虚空藏經或加云所問經或云勸
發菩薩莊嚴菩提經二北涼曇無讖
三藏譯方等大集經六十卷與漢支
讖及姚秦羅什出者並同此即大集
經之一分也以理義幽妙故别譯流
行耳二明今者即我巨唐大曆年中
所譯者也元平本起者有前鄭坊節

度兼御史中丞鄭國公杜冕施俸一萬千為　國請譯諸大乘經詔可共奏因請大興善寺大廣智三藏諱阿目佉唐云不空譯比經等數十部並奏　詔入藏流傳中外然三藏和尚學藝崇深神儀秀逸瑜伽三密獨步南天專精一乘共推東夏曉二方之世論尤善聲明達五部之眞言妙窮法印故此所譯善得其眞然比經是法性大乘文理昭顯傳譯雖久世未受持若明珠繫於衣中金寶隱於室內能發揮者其惟大師歟潛眞幸忝齡傳兼陪潤色因蒙驅策脩疏讚揚竊思愚陋之深有慙先哲既獲仁人之用無恥後賢敢竭鄙誠以陳疏拙耳復有尚書比部員外郎李端述疏序曰昔如來以甚深妙道度難化衆生開無量法門說無邊法教俾夫順其機之所悟於是乎住持隨其性之所安於是乎迴向其趣也或異其歸也則同故雖三藏之派別有以見其還源矣雖五乘之脩分有以見其返本矣夫諸法相者無非空也去來今世本空也至於通宗理契皆空也或以種種經法種種譬喻而必以虛空立義乃會於如如則知是經者諸佛之蘊邪若然貪者之得寶藏渴者之過流泉斯所謂盈其願矣斯所謂得其求矣矧夫明月之珎乎矧乎甘露之味乎

寶應元聖文武皇帝撫運賢劫大興佛事大廣智三藏不空金剛者得念總持惟深實相徧遊印度堅載求法之誠不遠中華廣哉傳法之志獲是梵本重茲翻譯聖言猶其詳備矣勝義猶其圓通矣興善寺上座大德潛眞學則該通才稱辯博善說法要尤精空門傳譯之初也親奉詔言闡揚之文也特承付囑以言詮理得理然後忘言因法證空空明然後捨法法苟漸也言其已乎於是暢其宗宣其義搜其機要會其旨歸編而為疏凡有四卷蓋所以開後來之學成無上之因豈徒名數篇章而已

法師諱潛眞俗姓王氏字義璋太原華族代為夏州朔方縣崇道鄉里人也烈考珎師即公之中子也年在學數業尚典墳兼好佛經誦持無替甫及弱冠有制度人法師志業素高以經應選即

玄宗皇帝開元二十六年正月八日制至九月二十四日度訖挾名聞奏任本州靈覺寺洎乎明年受具足戒自後聽習經論詳考宗源暑往寒來卷不釋手鑽經著述逮乎終年又撰大聖文殊師利菩薩佛刹功德莊嚴經疏三卷上都大興善寺翻經講論大德沙門潛眞述疏云此經凡有三譯一西晉太熙元年竺法護譯名文殊師利佛土嚴淨經兩卷亦名嚴淨佛土經文勢多古語簡理幽二者

皇唐天后久視元年庚子歲于闐三藏實叉難陀唐云學喜於京清禪寺譯名文殊師利授記經三卷玄軌法師筆受復禮法師潤文文勢頌於華嚴梵旨近於巧略曉中對會兼約此經三者

今聖唐大曆六年所譯者也伏惟

寶應元聖文武皇帝陛下天授帝纂

人歸寶圖德厚乾坤明齊日月仁超
引物夷狄仰德而輸誠慈惠法門正
教承風而演化頃者有前鄜坊節度
兼御史中丞杜冕奏施一萬千爲國
請譯諸大乘經
明詔下於祇園梵旨開於貝葉因請
大興善寺大廣智三藏諱阿目佉唐
云不空譯此經等數十部仍有
明詔天下梵宇各置大聖文殊菩薩
像以旌　聖功也又
詔以文殊師利菩薩爲上座皆大廣
智三藏之故也然三藏和上學究瑜
伽解窮法印身口意業秘密修持戒
定慧學顯通唐梵文字聲韻具知傳
譯此經善符
聖旨文質兼備粲然可觀潛眞識智
愚陋學藝膚淺幸陪清衆謬在譏傳
虛空藏經課虛潤色兼蒙驅策述疏讚
揚雖文義荒蕪已傳京邑今之所作
蓋有由焉有金閣寺大德道超禪師
學盡法源行契心本親覩靈境密承
聖慈故久在清涼屢興淨業仍於金
閣現瓟建窣堵波尋覩法緣來謁京

國以此經爲本事以大聖爲本師顯揚
聖德無過此者乃稽首三藏和尚誓
傳大聖法門不以潛眞庸虛轉祈和
尚邀令述作和尚不念前之鄙陋又
令讚釋此經竊恐難契眞詮敢不盡
其愚訥時大曆八年癸丑之歲冬十
有一月也法師學通內外性相圓明
考覈幽玄精研教理探賾今古比校
親疎分別異同歸於一義辯猶泉涌
思入虛凝直筆而書記於絕唱結成
三卷以作准繩現在未來永無疑網
也又述
發菩提心義一卷
發菩提心戒一卷（并三聚淨戒及十善法戒）共十三紙
右並灌頂經大德潛眞親奉三藏
和上示以祕教入曼荼羅登灌
頂壇受成佛印仰諮密要爰集
斯文庶永流行傳通不絕
右通仁王經疏五部一十二
卷疏義共同第一帙
論曰法師開元二十六年十九出家
洎乎明年登壇具戒博考經論閒內
河東代曆

四朝弘宣妙旨綱紀興善保壽伽藍
粹勸京都僧尼二衆春秋七十一僧
夏四十九以正元四年龍集戊辰五
月十四日遺誡門人二十一日時右
脅累足枕手帖然稱念彌陀卒于大
興善寺本院傳法之堂矣
僉定四分律疏十卷
謹案四分律者梵云曇無德秦言法
藏姚秦弘始五年壬寅之歲有罽賓
三藏佛陀耶舍秦言覺明誦出梵文
竺佛念筆受成四十五卷至十二年
歲次戊申支法領又從西國將梵本
來於長安中寺重校勘至十四年辛
亥譯畢沙門慧辯筆受成六十一
卷今合爲六十卷後有道覆律師製
疏六卷北齊惠光律師造疏一百二
十紙次有道雲律師修疏九卷次有
道暉律師撰疏七卷洎隨朝法願律
師裁疏十卷
我大唐龍興平一區宇四方無事三
寶增明有智首律師述疏二十一卷
次有惠滿律師造疏二十卷事各一
時流通絕矣初

高祖神堯皇帝武德元年歲在戊寅
有相州日光寺法礪律師製䟽至九
年景戌成就總分十卷宗依成實論
今稱舊䟽是也洎
高宗天皇大帝咸亨元年歲在庚午
有西太原寺今稱西崇福寺也懷素
律師俗姓范氏撰開四分律宗記十
卷宗依根本說一切有部大毗婆沙
論俱舍論等今稱新䟽是也至
代宗睿文孝武皇帝受佛付囑欽尚
釋門信重大乘尊崇密教見兩䟽傳
授學者如林執見相朋數興違諍
聖慈愍念務息諍源使水乳無乖一
味和合洎大曆十三年歲在戊午十
一月二十七日乃遣中使内給事李
憲誠宣　勑語勾當京城諸寺觀修
功德使鎮軍大將軍右龍武軍將軍
知軍事兼試光祿卿上柱國彭城縣
開國伯劉崇訓四分律舊䟽新䟽宜
令臨壇大德如淨等即於安國寺律
院僉定一本流行是日也使司録
勑傳牒兩街臨壇大德一十四人二
十九日平明盡集安國至三十日門

司趙鳳詮宣送食料　牒奉
勑語尚食局索壹阡貳伯陸拾人齋
食并果子解齋粥一事已上自副即
於安國寺供僧惠徹如淨勝行等壹
拾肆人併壹供送充九十日齋食用
謹牒又至十二月一日内給事李憲
誠宣奉　勑茶貳拾伍串藤紙壹阡
張筆伍拾管墨伍挺充大德如淨等
僉定律䟽用敬問諸大德等各得好
在否同日又命内給事李憲誠宣奉
勑語安國寺三綱僉定律䟽院一切
僧俗輒不得入如違録名奏來時天
長寺臨壇大德曇邃淨住寺崇叡西
明寺道邃安國寺寶意西明寺興此
安國寺神朗崇福寺超證安國寺智
釗薦福寺如淨青龍寺惟幹章敬寺
希照安國寺超濟保壽寺惠徹西明
寺圓照等既奉　恩旨悚懼誠深進
退屏營陳表謝曰大安國寺僉定四
分律䟽道場沙門曇邃等言伏奉中
使李憲誠宣
進上賜食料香茶及紙筆墨等充僉
定律䟽食用者曇邃等早承聖澤叨

寓釋門不能修六和之宗乖於一味
之旨自天有命令使會同又賜珍饌
榮加紙墨微僧何幸　天澤累霑捧
日無階荷戴何極伏願天威遠被俾
契戒宗用此微誠上資　聖祚無任
悚懼之至謹附中使李憲誠奉表陳
謝以聞沙門曇邃等誠惶誠恐謹言
寶應元聖文武皇帝荅曰
師等道著依經功超自覺承雪宮之
旨奥爲火宅之舟航四分律儀一乘
扃鍵須歸總會永息多門爰命有司
俾供資費馬鳴之製佇見裁成所謝
知同日京城釋門三學百大德等陳
表謝曰京城釋門衆大安國寺上座
沙門法鑾等言法鑾聞四河入海無
復餘名兩䟽各陳須歸一實伏惟
寶應元聖文武皇帝陛下光啓法炬
廣闡玄關降　九重非常之詔彌以
所用使四分戒實之宗和而無諍仍
令就大安國寺修撰伏奉
聖恩賜香茶食料紙筆用光法侶寵
錫自天戴荷無地令會同一䟽刊削
繁蕪失鵝蜂之相厄俾漁人之罔措

聖情若此雨施雲行恒沙釋子離我
相於法空千葉華王更新生於覺蘂
無住慶賀之至謹附中使李憲誠奉
表陳謝以聞沙門法鑒誠歡誠躍謹言
寶應元聖文武皇帝批曰
師等宗師梵行領袖王城道祕眞玄
功深戒律四分疏義匪異源流一貫
成章佇資編緝有司供備誠謂典常
也所謝知是時也將欲僉定共議司
存一十四人各知分位衆差大薦福
寺大德如淨筆削潤色僉定保壽寺
惠徹同筆削潤色僉定西明寺圓照
筆受正字僉定安國寺寶意筆受纂
文僉定沙門超濟筆受證義僉定淨
住寺崇叡西明寺道遂興泚天長寺
曇邃崇福寺超證安國寺神朗智劍
青龍寺惟幹章敬寺希照並同證義
僉定共議篇題名曰
勑僉定四分律疏卷第一卷内但名
四分律疏卷第一京城臨壇大德奉
詔定以此爲題也其日品官楊崇一
宣奉　勑語興唐温國兩寺三綱即
與淨土禪院撿校僧等嚴飾道場冷

道行僧伍拾肆人起今月一日轉經
禮懺六時行道至來年二月一日散
設其齋糧香油茶藥一事已上令所
司祇供宜各精誠間師等好在否同
日右銀臺門司趙夏日宣㫖奉
勑語尚食局索陸拾肆人齋食果蔬
并粥米生料一事已上自副即與大
濟師計會供送興唐温國兩寺淨土
院每日各依恒起今月二日供至來
年二月二日停謹㫖是日也僉定四
分律疏大德十四人
恩命分赴兩寺道場奉爲
國家轉經行道其月五日品官楊崇
一宣奉　勑語温國寺撿校大德飛
錫專知念誦大德曇邃等好在否撿
校有勞也宜加精誠轉念行道普爲
蒼生至十四年正月二十五日品官
楊崇一又宣奉　勑語温國寺撿校
臨壇大德曇邃飛錫等好在否撿校
有勞其轉經及眞操律師誦經道場
宜延至二月十日散設齋至二十八
日中使内給事李憲誠宣奉
勑語温國寺轉念道場四分律臨壇

大德等釋門三學以心印相傳無上
菩提戒學以爲根本道場畢日即宜
赴大安國寺製造疏成之後大道流
行至二月八日品官楊崇一宣奉
勑語大温國寺撿校道場大德曇邃
飛錫等其道場宜取十日散設千僧
齋至十日散設天使行香大德五十
四人各絹三匹充䞋也道場既畢慶
設復終大德相催陳表謝曰沙門飛
錫等言飛錫聞金輪騰翥以十善化
人大聖用心以蒼生爲念伏惟
陛下洞入微妙明德惟馨宣
詔命於祇園徵龍象於温國隨年五
十四轉經千萬偈作禮金殿清齋玉
堂或升座諷甘露之文或旋遶動蓮
華之步大濟禪師每覩法會執鑪虔
懇僧等沐浴　聖化奉荅
皇恩更蒙　天慈寵光法侶
御香玉帛戔戔列於梵宮寶饌金錢
雰雰下於淨土無任戴荷殊常之至
謹附中使楊崇一奉表陳謝以聞沙
門飛錫等誠歡誠慶謹言
寶應元聖文武皇帝荅曰　師等跡

託緇流修行妙教所錫齋嚫用廣勝
因所謝知是日僉定四分律疏大德
等既奉　恩命各於齋後赴集安國
道場大德曇邃一人違限不至見到
大德狀上使司至二十二日
勑勾當京城諸寺觀修功德使牒律
大德崇叡等大安國寺奉　勑僉定
律疏院牒得臨壇大德崇叡等狀稱
奉正月二十八日中使李憲誠宣
勑令道場畢日即宜赴大安國寺製
造者十四人中崇叡等一十三人當
日並到唯天長寺大德曇邃至今不
來都未製造日月延遲雖先已狀申仍
未赴集恐上下推責遲申者得曇邃
狀忽然患心痛者曇邃律師既患其
見到大德崇叡律師一十三人等即准
勑修撰僉定訖上者故牒
大曆十四年二月二十二日牒
判官前壽州長史劉涉
使鎮軍大將軍行右龍武軍將軍劉
崇訓尒時諸大德先奉　天恩又承
使牒一心精懷探討律文二時焚香
兩上修撰新章有理義准新章舊疏
理長義依舊疏兩疏有據二義雙全
兩疏無憑別依經律研精覃思博考
毗尼日來月往不遑寧止至五月十
六日聖躬不豫　勑下京城百寺開
講至二十一日其疏修撰功將欲半
寶應元聖文武皇帝奄弃萬國緇素
攀號遏密八音如喪考妣至二十三日
儲后欽承
遺制即大寶位至二十四日有
勑語崇訓為先聖所開百座及修諸
功德宜一切依前檢校勾當至閏五
月二十五日勾當京城寺觀修功德
使劉崇訓奉表上聞請停京城修功
德使　上覽所奏將為至公尋於是
時乃宣墨制曰卿侍衛禁軍爪牙
重寄勤于夙夜職在徼巡釋教修行
與軍務全異天下寺觀雖在省司亦
有府縣監臨不宜別為使目覽卿陳
奏深謂至公所請停京城修功德使
者宜依應緣使下職掌等並停是日
宣付所司日勑旨內外功德使宜並
停自此僧尼悉屬祠部僉定律疏事
亦同歸省司催驅得憑聞奏至大曆
十五年歲次庚申正月一日奉冊令
上聖神文武皇帝尊號改為建中元
年至五月十六日已卯修草本畢洎
六月甲午朔又與諸大德起初撿勘
至十五日戊申令沙門圓照起首依
國子學大曆新定字樣御寫進本每
紙二十四行每行二十五字至七月
癸亥朔二十八日庚寅初校草本訖
至十月辛卯朔三日癸巳繕寫進本
畢分成十卷用紙五百六十六張計
文叄拾叄萬壹伯肆言又至十一月
辛酉朔七日丁卯復與諸大德起首
再三刊定對草本進本副本撿勘至
二十七日僉定訖至十二月辛卯朔
十二日隨狀送上祠部大安國寺奉
勑僉定四分律疏院
請進新僉定四分律疏本十卷
右如淨等伏奉大曆十三年十
一月二十七日
勑四分律舊疏新疏令僉定一本流
行者但如淨等德業無取輪捅常才
濫蒙　先朝揀㮣刪定執筆覃思一
文三覆俾晝作夜以月繼時自去年

二月二十二日起首至今建中元年
五月十六日畢功共諸大德再三挍
勘繕寫云畢據先兩本疏分新舊今合
成一家袓其關節勒成五百六十六
紙分爲十卷上副代宗同文之
詔中撫律藏滅諍之理下成後學兼
功之益實冀永爲楷揩謹連元勑日
如前請乞奏聞伏聽
進旨是日員外郎房由判具舊疏新
疏意狀過者至建中二年正月十三
日狀上祠部大安國寺奉　勑僉定
四分律疏院請進新僉定四分律疏
本十卷 五百六十六紙成一部 釋四分律一部六十卷
右奉制具舊疏新疏意過者伏以
釋教持護事在律儀本文難明以
疏解義今如淨惠徹等商量若舊
疏理長義依舊疏新章有理義准
新章兩疏有文雙全兩義謹錄狀
上請處分時祠部表奏制下流行
新定四分律疏拾卷
右祠部奏得安國寺僧如淨等
狀稱去大曆十三年十二月二
十七日內給事李憲誠宣口勑

令於當寺律院僉定前件律疏
令修定已畢請聞奏者伏以釋
教精微言說罕究舊疏兩本文
字已多今之所修又相沿習既
准　勑所撰須有指揮伏請許
以並行任其學者所好
勑旨宜付所司
建中二年二月二十二日
太尉兼中書令尚父汾陽郡王 假
中書侍郎同平章事臣楊炎 宣
銀青光祿大夫行中書舍人兼禮部侍郎
史館修撰上柱國臣于邵 奉行
奉
勑旨如右牒到奉行
建中二年二月二十五日
侍中闕
門下侍郎同平章事臣盧杞
給事中臣班宏
二月二十五日時都事
直官權判兵部員外郎盧端
祠部　牒安國寺僉定律疏院
僉定筆削潤色安國寺臨壇大德如淨
同僉定筆削潤色保壽寺主臨壇大德惠徹

同僉定筆受正字西明寺臨壇大德圓照
同僉定筆受兼文安國寺臨壇大德寶意
同僉定筆受證義安國寺臨壇大德超濟
同僉定證義淨住寺臨壇大德崇叡
同僉定證義西明寺臨壇大德道邃
同僉定證義西明寺臨壇大德興泚
同僉定證義章敬寺臨壇大德普震 替實際死闕
同僉定證義崇福寺臨壇大德超證
同僉定證義安國寺臨壇大德智劍
同僉定證義青龍寺臨壇大德惟幹
同僉定證義安國寺臨壇大德藏用 替常濟死闕
同僉定證義安國寺臨壇大德勝行 替神皎死闕
牒奉　勑如右者得前件臨壇大德
如淨等狀所僉定律疏奉　勑律疏
三本許以並行任其學者所好謹具
僉定律疏大德名如前伏望准
勑牒律院庶光後葉者謹檢勑文
者准狀牒僉定律疏院者牒至准
勑故牒
建中二年二月二十六日令史申屠琮牒
主事李￼
員外郎房田
大乘理趣六波羅蜜多經疏十卷

唐正元五年歲在己巳七月一日西明寺主沙門良秀等言去年十一月二十八日右街功德使王希遷奉宣進旨令良秀等修撰新翻譯大乘理趣六波羅蜜經疏者良秀等聞至道同源聖人一貫大雄示相演妙音於獨園 寶位分身澍 湛恩於雙闕開佛日於聖日降 絲綸於法輪所以弘化慈航致仁壽域不然豈撰眞符而契合應休運以感通良秀等伏以此經如來之密印群生之度門得白馬之寶函啓青龍之秘藏是第一義諦理去筌蹄於最後乘說無分別加以 天文煥發 睿思照回眞如邦心巳闡微於釋氏般若製序諒讚文於 代宗慈雲溥潤於大根滋露垂陰於貝葉良秀等抃惟末學性異生知謬寄討論伏增殞越上承嚴旨徒側管以窺天虔奉本師懼外堂而鼓瑟所修撰六波羅蜜經疏一部十卷謹附右街功德使王希遷隨表奉進伏乞 聖慈許令同修疏義沙門談延於當寺講演及流布中外

所集落落眞言示丹青於新學明明像教流粉澤於將來良秀等誠兢誠懇載惶載惕謹言當是時也

上覽表辛兼修疏義乃 勑內給事毛珙琦宣慰日奉 勑造疏僧良秀談延道弘等宜共賜絹玖拾疋至宜領取比修疏義甚大勤勞也秋熱敬問師等各得平安好在廣如續譯經圖紀下卷中說

大乘理趣六波羅蜜多經疏十卷

右今年四月十五日少監馬欽溆奉宣 進旨令超悟於千福寺講新譯大乘理趣六波羅蜜多經兼令修疏者伏以

聖言玄遠至道弘深鬱而未明多歷年代陛下至德廣被感而遂應豈如來秘印俟元聖而方傳將天人合符偶 威時而同化微僧何幸獲奉嘉言謹詳具宗因參考句義各爲科例分別條流共爲十卷超悟年將朽邁學義荒蕪雖刺血粉身喜於講授而負山酌海懼不堪任謹詣

右銀臺門奉進以聞輕黷

聖聰伏深戰越謹進

正元五年七月十五日醴泉

寺沙門超悟等狀進

聖神文武皇帝批曰

大乘眞經旨趣微妙師夙推上智深達教源飜譯就功宗因乃立是有章疏用廣筌蹄欲使後學知歸衆生易度餘炎未退修著當勤載省科條兼詳體要發揮旣備嘉歎良深是日內府局令馮幼昇奉宣 勑旨語超悟師等自夏徂秋所修義疏甚大勤勞也秋熱師等好在否同日少監馬欽溆奉宣 勑旨修疏僧超悟宜賜絹五十疋衣一副同修疏僧少良齊運各賜絹二十疋仍令大盈庫分付是日也僧等修表陳謝上聞沙門超悟言超悟伏以今日奉進六波羅蜜多經疏中使馮幼昇奉宣 進旨賜超悟絹五十疋僧衣一副少良等各賜絹二十疋捧戴兢惕誠躍誠歡超悟聞過深道淺有識知慙賞重効微無顏以措伏惟 陛下道邁釋典理達色空以

大唐貞元續開元釋教錄卷中　第十七　卌

微僧忝跡釋流早事經論勤修義疏
演此妙音徒肆探賾之勤豈測精玄
之旨　聖恩曲被賜賚荐臻幾乎纖
細出於御府霈然渥澤榮此緇門恩
當一時名茂千古循涯揣分上荅無
階冀崇講習之功願助山河之福無
任感戴之至謹附中使馮幼昇奉表
陳謝以聞沙門超悟誠惶誠恐謹言
又於是日修表上聞請置新經院額
并請抽僧講習住持有闕續塡望爲
恒式　聖恩允許所請皆依至十九
日中書門下須宣制日醴泉寺西北
角本住院一所請爲國置六波羅蜜
經院兼請抽僧七人常令講習
右沙門超悟奏伏奉去年四月
十九日詔令與僧般若等詳譯
此經又續奉進旨於千福寺講
讃兼修義疏今已繕寫奉進訖
伏以經義精深必資開示學徒
聽習須有指歸今請置六波羅
蜜經院仍抽有義行僧七人常
令講誦有闕續塡乞賜名額庶
得弘宣眷旨演暢眞宗如聖恩

大唐貞元續開元釋教錄卷中　第十八　卌二

允許請宣付所司
勑旨依奏
正元五年七月十九日
太尉兼中書令 日晟
中書侍郎同平章事 臣 實參 宣
中書舍人行 奉
奉
勑旨如右牒到奉行
正元五年七月一十日
司徒兼侍中馬燧
門下侍郎同平章事董晉
給事中鄭雲逵
祠部牒 田
醴泉寺大德超悟法師
牒奉中書門下　勑如右牒至准
勑故牒
正元五年七月二十八日令史趙業牒
主事張曇
主客員外郎裴佶
箋云又進狀曰翰林使內給事張孝
順奉宣　勑旨語大德超悟法師所
請院額至今月二十三日於右銀臺
門迎候至是日也鼓鼙纔發陳列威

大唐貞元續開元釋教錄卷中　第十九　卌

嚴飾寶車幡華法事綵車音樂詣銀
臺門鼓響連天笙簫合韻御牒內出
遥望子亭中使內給事張孝順奉宣
勑旨語大德超悟法師所請額者以
六波羅蜜經院爲名至宜領取僧等
瞻仰作禮歡喜徧身頂戴還於寶車
安置於是教坊使內常侍李嘉興命
簫韶內教陳六樂以導前法事威儀
繼八音而列次伏覩
御札題額乾象垂形虎踞龍蹲虵驚
鳳舞翔鳥瑞鵲無以等其神戲海群
鴻不足方其聖萬姓瞻睹五衆爭馳
車馬駢闐觀斯勝美兩兩相謂慶此
嘉祥咸言善哉我皇至聖欽崇佛教
雅尚釋門去歲翻經今年製疏特賜
名額垂範千齡刻石有窮斯跡無盡
出於廣孝巡遶　皇城巳午之閒至
醴泉寺尒乃僧尼畢萃供設無遮食
訖簫韶歡娛竟日僧等得未曾有渥
澤荐臻捧戴屏營又陳表謝曰沙門
超悟言伏見今月二十三日中使張
孝順奉
宣進旨賜超悟所居院御書院額爲

六波羅蜜經院特迴宸眷載錫嘉名捧荷殊私誠歡誠喜伏以此經久秘曠代未傳大道將興膺期而啓陛下聖心懸解巳彦真宗　著藻彰施更揮仙翰瑞鵠徘徊於金牓翔烏照曜於蓮宮誠天人之所護持亦帝王之所宗極微僧何幸屢荷天休唯以佛乘上延聖曆不勝感戴之至謹詣右銀臺門奉表陳謝以聞沙門超悟誠惶誠恐謹言

正元五年七月二十四日醴泉寺沙門超悟表

大乘理趣六波羅蜜多經疏十卷 各分上下以爲二十卷

大乘理趣六波羅蜜多經疏義例訣一卷

大乘理趣六波羅蜜多經疏義目一卷

沙門智通等言伏奉四月十五日少監馬欽溆特宣聖旨令僧道岸智通修新譯大乘理趣六波羅蜜經疏義進來者智通聞聖人隱跡有跡所以明功至道忘言立言所以垂教言之不惑三極寧聞於兩致跡之不殊萬緣同歸於一貫伏惟

皇帝陛下執大象以膺曆數乘飛龍以統乾元闡天衢以啓時法日御而垂化是用因時演教順化行政使儒釋交備内外兼崇合寓化源大拯旼庶苟有叶於皇極事無滯於嚮方大矣哉天下慶幸智通等誠懽誠喜載欣載躍智通等識謝時賢學慚緇侶竊陪師訓謬齒討論媿無入室之能多謝專門之奥不謂　皇恩降鑒言課虛無承命之時怳然自失含毫之際惚介何施砥鈆錫而難工扣寂寞而無得伏賴譯經首序　叡藻裁成按編簡以闡微摭梵言而窮奥暢大乘之妙旨廣解脫之真宗琛若珪璋明同日月智通等所以童蒙都發迷誤潛祛得奉　恩私勒成疏義然以力微易屈智劣難周徒用管窺豈窮於廣大亦同蠡挹莫究於津涯無酬寵待之　恩更成殘陋之罪智通等誠惶誠恐死罪死罪謹隨表奉進智通等伏以義文浩博塵黷　天聰經疏交參昧諸始學輒循往轍式備成文謹述疏義例訣目録各一卷隨疏二十卷

以聞伏增戰越沙門智通等誠惶誠恐載兢載懼謹言

正元五年九月八日章敬寺奉詔修疏沙門智通等上表

同修疏沙門道岸

介時進疏入内　上覽表章僧等瞻望闕庭屏營悚懼至十六日天澤下露錫賚繽紛乃頒　詔曰　勑絹玖拾匹宜賜章敬寺修疏僧智通等至宜領取比修撰疏多勞也秋冷敬問師等各得平安好

正元五年九月十六日特進左監門衛大將軍竇文場宣

是日也既蒙錫賚慰及殷勤悚戴慚惶修表陳謝因請准例置院抽僧求真傳燈福資聖壽文曰沙門智通等言伏奉今日左街功德使竇文場宣聖恩賜智通等絹玖拾匹者智通等捧跪慚惶仰戴惕懍顧茲淺陋降殊賚於　高天豈彼微功荷謙緗於王府智通等誠惶誠恐誠喜誠懼伏惟皇帝陛下作人父母同佛知見務弘

至化允叶大猷虔崇不二之門以弼
無爲之理既用飜經演布又令修蹤
發明懸智炬以擊蒙假慈航而利涉
是謂光揚覺路導達迷津溥天率土感
冝感戴智通等敢不秪稟睿謀昭宣
法要幸叨　宸曉蹤彼新經庶得上奉
皇猷永傳佛印無任歡慶抃躍之至
伏以聖教發揮要當弘益既成蹤義
亦在敷揚准醴泉寺飜經造疏沙門
超悟置院傳經例伏望
天慈許以一寺一院充大乘理趣經
院乞賜題額仍擇有道行僧七人同
崇講誦有闕續塡庶保無疆之福上資
聖壽五言之教下拯群迷謹附左街
功德使竇文場奉表陳謝申請以聞
沙門智通等誠惶誠恐載兢載懼謹言
正元五年九月十六日章敬寺奉
詔修蹤沙門智通等表上
論曰自佛日西遷法輪東轉捐軀奉
法飜譯殊高其次義解鉤深探賾索
隱今賁眞淨迺等即其人焉賁眞淨
迺往代飜經聲高
帝里秀悟今朝傳譯異域欽風皆述

蹤弘揚文詞婉麗性相偕美千古彌
芳豈謂藤風交侵巳從物化通上人
外博九流内窮八藏別承　恩旨翼
賛新經義等連環文同貫玉探幽折
理覃思研精可謂五百年中之閒生
矣八十六卷正元新集古今制令碑
表記錄高宗置京師西明寺制令集
二卷
碑記附見
右沙門圓照謹依
元勑本次集出之
京師西明寺錄三卷
釋氏道宣感通記一卷
關中創立戒壇圖經一卷
右終南山故大德西明寺上座
沙門釋氏道宣律師修述共
三部五卷未入一切經藏今請
編入目錄
中宗
睿宗
玄宗
釋氏系錄一卷
右諡大慧禪師沙門一行開元

中奉　勑修撰巳編入史總有四條一
綱維塔寺二說法旨歸三坐禪修證
四三衣於中齋法附見然未入一切
經藏今請編入目錄
故金剛智三藏行記一卷
右灌頂第子正議大夫行中
書舍人侍皇太子諸王文章
集賢院學士呂向敬師三藏
因而紀之今請編入目錄
東京大廣福寺金剛三藏塔銘并序
右混倫翁撰并書消
先朝贈開府儀同三司謚大
弘教三藏如前卷及後大廣
智三藏本集中廣說
大唐安國大法師釋利涉紀傳十卷
右巳上七部共十卷同爲第一帙
右左監門衛率府錄事參軍趙
克勛字傑修請編入目錄
右一部十卷同第二帙
景雲先天開元天寶誥制集三卷 碑表狀附見
右沙門圓照謹依年代次而述之
肅宗制旨碑表集一卷
代宗制旨碑表集一卷

贈司空大辯正廣智不空三藏碑表集七卷

右四部共十二卷同為第三帙

大唐載修隋故傳法高僧德行禪師塔碑表集五卷

飜經臨壇大德西明安國兩寺上座乘如集三卷

右二部八卷並於佛法弘護義深事出一時利益永代或錄表上達或制下施行主聖臣忠臣持像教圓照不揆庸陋輒叙徽猷謹依年辰及以月日洎予朝代次而述之

今上

修撰僉定四分律疏制表集一卷

般若三藏續古今飜譯經圖紀二卷

右四部共十一卷同為第四帙

大乘理趣六波羅蜜多經音義二卷

三教法王存殁年代本記三卷（上卷佛　中卷道　下卷儒　或分三）

飜經大德翰林待　詔光宅寺沙門利言集二卷

飜經大德西明寺上座賜紫沙門良秀集一卷

右四部共九卷同為第五帙

僧寶道具讚六十首一卷

右朝散大夫守太子詹事賜紫金魚袋致仕魯國郗昂字高卿撰文出中集第二十一卷時為退朝多暇德殿西廊下有章敬寺禪行大德道澄莊嚴寺大慧總持寺藏山及三教談論大德談延等一十一人奉對殿下心地法門義已微僧圓照面奉　令旨問律家判方

判方等道場欲受近圓沙彌懺悔滅罪辯瑞相記一卷

釋氏五部律飜譯年代傳授人記一卷

右去四月十九日

皇帝降誕之辰在內道場東面及前一日退食之餘在麟來詣僧房與大安國寺超濟律師同是鄉人示斯述作兼題院讚以示將來

載修釋迦牟尼佛法王本記一卷

大聖釋迦牟尼佛現八相身利益天人成正覺記一卷

等沙門戒相及五部律文句多少并福田袈裟法服之衣羯磨所以令修集進來者伏以識性駑鈍學業荒蕪濫跡緇流四十二夏或臨壇講律或製疏飜經殊未能精通有所尅獲伏惟殿下自天降生受佛付囑朝覲之暇遊心釋門問五部律儀判方等戒相羯磨授法持護之由將欲延正法壽命趣無上菩提崇天人善因證無為解脫謹依經律論修成三卷隨啓上聞輕冐威嚴伏希詳覽謹啓

正元九年八月二十三日臨壇飜經西明寺沙門圓照上啓

新修大莊嚴寺本師釋迦牟尼佛牙寶塔記三卷

聖朝無憂王寺大聖釋迦牟尼佛真身舍利塔記三卷

右佛法性身湛然常住為化六趣示說三身於化身中八

相成道現有圓寂全身碎身
導引四生廣興利益伏見大
莊嚴寺佛牙及無憂王寺眞
身舍利者即大聖釋迦牟尼
佛全軀碎質也年逾千祀堅潤
殊常緇素虔恭往來瞻禮光化
異相難以備陳伏惟
陛下受佛付囑弘獎釋門欽奉
眞乘特崇寶塔高標輪奐
光映古今微僧不才謹述其記
庶傳盛跡垂訓千秋具錄根由
各撰三卷并釋經圖記二卷並
已成就伏願上資聖壽永福無
疆四海長清萬方一德謹隨狀
陳進以聞輕冒
天威伏聽
聖旨沙門圓照誠惶誠恐謹進
正元十年四月十九日西明寺
飜經臨壇沙門圓照狀進
右七部十七卷同第六帙
唐朝傳法三學大德碑記集十五卷
建中興元正元制旨釋門表奏集二卷
御題章敬寺詩太子百寮奉和詩集三卷

大唐正元續開元釋教錄三卷上卷編經中卷表記集下卷入藏錄
右四部共二十三卷分爲第七第
八帙
右正元新集總二十九部
除目錄共八十六卷或
先朝制旨或
今上洪恩皆獎勸釋門使
脩梵行福利家國普及有
情伏以開元十八年歲在
庚午沙門智昇修撰釋教
錄洎今甲戌又經六十五
年中間三藏飜經藏內並
無收管恐年代浸遠人疑
偽經又
先聖大曆七年許編入錄
制文如上宣示流行圓照
素無藝能不揆愚拙謹隨
聞見勵已書之錄成三卷
伏冀
聖祚遐長福延萬葉文武
百辟盡孝盡忠三寶永興
遠安邇肅如
聖恩允許伏乞宣布流行

輕冒
天威伏深戰越謹進
正元十年十二月二十五日
飜經臨壇西明寺沙門圓
照狀進

大唐正元續開元釋教錄卷中

大唐正元續開元釋教録卷中

校勘記

一　底本，金藏廣勝寺本。

一　二〇三頁中二行「圓照撰」，石作「圓照撰上」。

一　二〇三頁中四行「一十二」，麗作「四十二」。

一　二〇三頁中五行「一十五」，麗作「四十五」。

一　二〇三頁中六行「六十二」，麗作「九十三」。

一　二〇四頁上五行「寧勝」，石、麗作「寧昇」。

一　二〇四頁上二二行「於如體一相」，麗作「於體與一相」。

一　二〇四頁中三行「施行」，麗作「流施」。

一　二〇四頁中一五行「釋詳」，石、麗作「精詳」。

一　二〇四頁中末行末字「録」，石、麗無。

一　二〇四頁下六行末字「歲」，麗無。

一　二〇四頁下一七行首字「王」，石、麗作「主」。

一　二〇五頁上一行「施俸」，石、麗作「奏施封」。

一　二〇五頁上一〇行「比經」，石、麗作「此經」。

一　二〇五頁上一四行「之深」，石、麗無。

一　二〇五頁上一五行「獲仁人之用無耻」，石、麗作「因人之無耻」。

一　二〇五頁上二〇行「其趣」，石作「甚趣」。

一　二〇五頁中七行「甘靈」，石作「甘露」。

一　二〇五頁下一行「烈考」，麗作「列考」。

一　二〇五頁下五行「二十六年」，麗作「二十年」。

一　二〇五頁下一七行「學喜」，麗作「喜學」。

一　二〇五頁下一九行「澗文」，石、麗作「澗色」。又「穎於」，麗作「類於」。

一　二〇六頁上四行第九字「施」，石、麗作「施封」。

一　二〇六頁上六行「梵旨」，石、麗作「梵音」。

一　二〇六頁上一四行「顯通」，石、麗作「明顯通達」。

一　二〇六頁上一九行「所作」，麗作「所撰」。

一　二〇六頁下五行「枕手帖然」，麗作「枕手怗然」。

一　二〇六頁下一一行「十二年」，石、麗作「十一年」。

一　二〇六頁下一八行「隨朝」，石、麗作「隋朝」。

一　二〇七頁上五行「歲在」，石作「歲次」。

一　二〇七頁上一二行「相朋」，石作「朋流」。

一　二〇七頁中二行第五字「局」，石

作「扃」。下同。

一　二〇七頁中四行「勝行」，石、麗無。

一　二〇七頁中五行「併壹」，石、麗作「壹併」。

一　二〇七頁中一四行「興泚」，石、麗作「興玼」。下同。

一　二〇七頁中二二行「進上」，石、麗作「進止」。

一　二〇八頁上三行「無住」，石、麗作「無任」。

一　二〇八頁上一八行「名曰」，石、麗作「名目」。

一　二〇八頁中四行「在否」，石、麗作「在」。

一　二〇八頁中八行第七字「興」，石作「與」。

一　二〇八頁中二〇行「真操」，石、麗作「貞操」。

一　二〇八頁下三行「大道」，石、麗作「十道」。

一　二〇八頁下一八行「天慈」，石作「恩慈」。

一　二〇八頁下末行末字至次頁上一行首字「跡託」，石、麗作「託跡」。

一　二〇九頁上一四行第一〇字「申」，石作「由」。

一　二〇九頁中四行「不豫」，石、麗作「不愈」。

一　二〇九頁中一五行第三字「宣」，石無。

一　二〇九頁中末行「得憑」，石、麗作「待憑」。

一　二一〇頁上七行「勑曰」，石、麗作「勑白」。

一　二一〇頁上九行「進旨」，麗作「進止」。以下時有出現。

一　二一〇頁上一四行「意過者」，石、麗作「意狀過者」。

一　二一〇頁上一九行第二字「請」，麗作「伏請」。

一　二一〇頁中五行「指揮」，石、麗作「指麾」。

一　二一〇頁中末行首字「同」，麗無。

一　二一〇頁中末行「保壽主」，石、麗作「保壽寺」。

一　二一〇頁下一七行「撿効」，石、麗作「檢校」。

一　二一〇頁下二二行「房田」，石、麗作「房由」。

一　二一一頁上一行「已巳」，石作「已己」。

一　二一一頁上一六行「代宗」，石、麗作「太宗」。

一　二一一頁上一七行「湛露」，麗作「甘露」。

一　二一一頁上末行「談延」，石、麗作「談筵」。下同。

一　二一一頁中一一行末二字至次行首字「馬欽淑」，石、麗作「馬欽漵」。下同。

一　二一一頁中一八行「合符偶」，麗作「而合符偶」。

一　二一一頁中一九行末字至次行首

字「具宗」，石作「其宗」；麗作「真宗」。

一　二一二頁中六行末字「行」，石、麗無。

一　二一二頁中九行「一十日」，石、麗作「二十日」。

一　二一二頁中一九行「負外郎」，石、麗作「負外郎判」。

一　二一二頁中末行末字「威」，麗作「威儀」。

一　二一二頁下一一行「翔烏」，麗作「祥烏」。

一　二一三頁上一行首字「六」，石無。

一　二一三頁上五行「翔烏」，石作「祥烏」。

一　二一三頁中一一行「惚尒」，石、麗作「腴尒」。

一　二一三頁中一二行第一三字「按」，石、麗作「搜」。

一　二一三頁中二一行末字「交」，石作「文」。

一　二一三頁下一一行末字「好」，麗作「好在否」。

一　二一三頁下一二行第一二字「左」，石作「右」。

一　二一三頁下二〇行「懦慄」，石、麗作「惴慄」。

一　二一四頁上一一行「一寺」，石作「一等」。

一　二一四頁上二〇行「鉤深」，石、麗作「鉤深致遠」。

一　二一四頁上二一行第六字「迺」，石、麗無。

一　二一四頁中二行第四字「藤」，麗作「藤」。

一　二一四頁下三行「三衣」，石、麗作「三法服衣」。

一　二一五頁上三行「載修」，石、麗作「再修」。又「德行」，石作「信行」。

一　二一五頁上七行「二部八卷」，石、麗作「五部一十七卷」。

一　二一五頁上二〇行夾註左「或分三」，石、麗作「或分五」。

一　二一五頁上二一行「二卷」，麗作「一卷」。

一　二一五頁上二二行「一卷」，石、麗作「二卷」。

一　二一五頁中一行「具讃」，麗作「唄讃」。又「一卷」，石無。

一　二一五頁中三行末字「郝」，石、麗作「郝」。

一　二一五頁中六行至一一行「德殿……判方」與一八行至末行「來詣僧房……正覺記一卷」，石、麗互置。

一　二一五頁中二一行「載修」，石作「再修」。

一　二一五頁下一行「沙門」，石、麗作「沙弥」。

一　二一六頁上一二行「釋經」，石、麗作「譯經」。

一　二一六頁上一七行「謹准」，石、麗作「謹進」。

一　二一六頁中七行「洪恩」，石、麗作

一 二一六頁中一〇行第八字「撰」，石、麗作「湛恩」。

一 二一六頁中二〇行「聖祚」，石作「聖祀」。

一 二一六頁中二一行「百辟」，麗作「百寮」。

趙城縣廣勝寺

大唐正元續開元釋教録卷下

開元釋教廣品歷章一部三十卷三帙

右上一部乃開元末京師華嚴寺沙門玄逸所撰在智昇釋教録後以昇録述年代序譯人彈是非編次第即可觀矣然有所短是以逸録次興此歷章乃補其不足各於卷內排品目序篇章或有差舛於斯自顯矣得之兼濟失之兩傷若以貞元諸藏此部排在開元釋教録後今既依沙門圓照續開元釋教録排經用號故此合在續録之前其製録沙門行状如廣品歷章卷首自序云尒

大唐正元續開元釋教録三卷 上卷綱經　中卷疏記　下卷入藏　即此卷是

甲戌歲西明寺翻經臨壇沙門圓照　集二

四朝應制所翻經論及念誦法并修跡記碑表録集等總三百十一卷

二百四十二卷經論及念誦法

六十四卷經律疏義

八十六卷正元新集古今制詔碑表記録

後二件尋本未獲故不入今計部帙數中

金剛頂瑜伽中略出念誦法四卷亦六經　八十紙

右上一部乃　玄宗朝金剛智三藏所譯洎代宗追贈開府儀同三司謚大弘教三藏其經已編入開元録中故此不載時代相次恐成誤收故略序尒

金剛恐怖集會方廣軌儀觀自在菩薩三世最勝心明王經一卷　二十二紙

右上一部乃　玄宗朝已有翻譯繕寫流行然未見於開元録中收附今詳下文不空譯中有觀自在菩薩三世最勝心明王經一卷亦二十二紙名題小注中亦云金剛恐怖集會方廣軌儀名即全半有殊文乃上下無別既下有本恐成重雜故此序尒續録不至分明辯矣

下有三計列經卷部時代別矣

一計一十卷　玄宗朝後遺漏今始入録

一計一百四十卷　代宗朝奏入新編録

一計九十卷德宗朝續翻入錄

總有二百四十二卷　并續錄三卷

見行入藏如左

大烏樞瑟摩明王經三卷或二卷　四十六紙

穢跡金剛說神通大滿陀羅尼法術靈要門一卷　四紙

穢跡金剛禁百變法一卷　三紙

右已上三部共五卷北天竺國三藏阿質達霰唐言無能勝將所翻

普遍智藏般若波羅蜜多心經一卷　六紙

右上一部東天竺沙門達摩戰濕羅唐言法月所譯

金剛頂經瑜伽修習毗盧遮那三摩地法一卷　十二紙

千手千眼觀世音菩薩大身呪本一卷　二紙

千手千眼觀世音菩薩廣大圓滿無礙大悲心陀羅尼呪本一卷　三紙

不動使者陀羅尼祕法一卷　十二紙

右上四部四卷南天竺國三藏沙門金剛智所譯

右已上八部十卷同第一帙

右上八部十卷並開元錄中遺漏未編入古今錄中故此收尓

代宗大曆七年特進試鴻臚卿

大興善寺大廣智不空奏　玄宗

肅宗　今上三朝已來所翻譯

經論總七十六部共一百四十一卷

并都目一卷具列如右

金剛頂瑜伽眞實大敎王經三卷 經內題云金剛頂一切如來眞實攝大乘現證大敎王經　四十三紙

金剛頂瑜伽般若理趣經一卷 經內題云大樂金剛不空眞實三摩耶經般若波羅蜜多理趣品　八紙

觀自在菩薩授記經一卷 經內題云佛說大方廣曼殊室利經觀自在菩薩授記品第三十一　十二紙

瑜伽念珠經一卷 經內題云金剛頂瑜伽念珠經於十萬廣頌中略出　二紙

奇特佛頂經三卷 經內題云一字奇特佛頂經現威德品　六十八紙

觀自在菩薩最勝明王心經一卷 經內題云金剛恐怖集會方廣軌儀觀自在菩薩三世最勝心王經序品第一　二十二紙

右六部共十卷經同第一帙

金剛頂瑜伽文殊師利菩薩經一卷 經內題云法一品亦名五字呪法　二紙

阿唎多羅阿嚕力經一卷 經內題云阿唎多羅陀羅尼阿嚕力品第十四　二十一紙

普賢行願讚一卷　五紙

地藏菩薩問法身讚一卷 經內題云大集經地藏菩薩請問法身讚　五紙

出生無邊門經一卷 經內題云出生無邊門陀羅尼經　十紙

大吉祥天女經一卷 經內題云佛說大吉祥天女十二契一百八名無垢大乘經　七紙

底哩三昧耶一卷 經內題云底哩三昧耶不動使者念誦法　十四紙

十一面觀自在菩薩經三卷 經內題云十一面觀自在菩薩心密言儀軌經　二十四紙

右八部經法共十卷同第二帙

吉祥天女十二名號經一卷　二紙

金剛頂瑜伽十八會指歸一卷 經內略無十八會字　九紙

金剛頂瑜伽三十七尊分別聖位法門一卷 經中并序云修證法門序　十三紙

菩提場所說一字頂輪王經五卷　七十八紙

寶篋經一卷 經內題云一切如來心祕密全身舍利寶篋印陀羅尼經　六紙

金剛壽命陀羅尼經一卷 經內題云一切如來金剛壽命陀羅尼經　二紙

右六部經共十卷同第三帙

大孔雀明王經三卷 經內題云佛母大孔雀明王經初有啓請法在上卷經前　五十紙

大雲輪請雨經二卷 經內題云大雲輪請雨經　二十四紙

雨寶陀羅尼經一卷 經內題中加佛說兩字　五紙

犢慶棃童女經一卷 經內題中亦加佛說字　四紙

稻䔖喻經一卷 經內題云慈氏菩薩所說大乘緣生稻䔖喻經　八紙

大寶廣博樓閣經三卷 經內題云大寶廣博樓閣善住祕密陀羅尼經　四十五紙

右六部經一十一卷同第四帙

菩提場莊嚴經一卷 經內題云菩提場莊嚴陀羅尼經　二十三紙

除一切疾病陀羅尼經一卷　一紙

能淨一切眼陀羅尼經一卷 經內題云能淨一切眼疾病陀羅尼經　二紙

大唐正元續開元釋教錄卷下　第六　壯字

施焰口餓鬼陀羅尼經一卷　經內題云佛說救拔焰口餓鬼陀羅尼經　四紙

三十五佛名經一卷　經內題云佛說三十五佛名禮懺文出烏波離所問經　二紙

八大菩薩曼荼羅經一卷　三紙

葉衣觀自在菩薩陀羅尼經一卷　經內題無陀羅尼字　[illegible]紙

訶利帝母經一卷　經內題云訶利帝母真言法　三紙

毗沙門天王經一卷　四紙

觀自在菩薩說普賢陀羅尼經一卷　七紙

右十部共十卷同第五袟

文殊問字母品經一卷　三紙

金剛頂蓮華部心念誦法一卷　經內題云念誦儀軌　二十三紙

金剛頂瑜伽千手千眼觀自在念誦法一卷　或二卷經內題云菩薩修行儀軌　二十八紙

無量壽如來念誦儀軌一卷　經內云修觀行供養儀軌　十一紙

阿閦如來念誦法一卷　經內題云念誦供養法　十紙

佛頂尊勝念誦法一卷　經內云佛頂尊勝陀羅尼念誦儀軌　八紙

金剛頂勝初瑜伽普賢菩薩念誦法一卷　十一紙

金剛王菩薩念誦法一卷　經內云秘密念誦儀軌　十三紙

普賢金剛薩埵念誦法一卷　經內云瑜伽念誦儀軌　十三紙

金剛頂瑜伽五秘密修行儀軌一卷　經內云金剛薩埵五秘密修行念誦儀軌　十二紙

右十部儀法共十卷同第六袟

金剛壽命念誦法一卷　經內云陀羅尼念誦法　三紙

一字頂輪王瑜伽經一卷　經內題云瑜伽[illegible]訖羅真言安怛陀那儀則一字頂輪王瑜伽經　六紙

大唐正元續開元釋教錄卷下　第七　壯字

一字佛頂輪王念誦儀軌一卷　經內無一字佛字　十二紙

仁王般若念誦法一卷　七紙

如意輪念誦法一卷　經內云觀自在如意輪菩薩念誦法　六紙

大虛空藏菩薩念誦法一卷　五紙

瑜伽蓮華部念誦法一卷　七紙

聖觀自在菩薩心真言觀行儀軌一卷　經內云瑜伽觀行儀軌　六紙

觀自在多羅瑜伽念誦法一卷　經內云金剛頂經多羅菩薩念誦法　十三紙

甘露軍吒利瑜伽念誦法一卷　經內云甘露軍吒利菩薩供養念誦成就儀軌　十八紙

右十部經法共十卷同第七袟

華嚴入法界品四十二字觀門一卷　經內題云大方廣佛華嚴經　六紙

文殊讚法身禮一卷　經內題云大聖文殊師利菩薩讚佛法身禮并序　三紙

受菩提心戒儀一卷　經內題云最上乘教受戒懺悔文普賢瑜伽阿闍梨集　三紙

金剛頂瑜伽三十七尊禮一卷　經內題云金剛頂經金剛界大道場毗盧遮那如來自受用身內證智眷屬法身異名佛最上乘三摩地禮懺文　四紙

般若理趣經釋二卷　經內題云大樂金剛不空真實三昧耶經般若波羅蜜多理趣釋　三十二紙

大曼荼羅十七尊釋一卷　經內題云般若波羅蜜多理趣經大樂不空三昧耶真實金剛菩薩等一十七聖大曼荼羅義述　三紙

大唐正元續開元釋教錄卷下　第八　壯字

金剛頂瑜伽護摩儀一卷　八紙

都部陀羅尼目一卷　經內題云陀羅尼門諸部要目　四紙

大乘緣生論一卷　經內題云聖者鬱楞迦造　十紙

七俱胝佛母陀羅尼經一卷　經內題云七俱胝佛母所說准提陀羅尼經　十九紙

右十部經論法共十一卷同第八袟

大虛空藏菩薩所問經八卷　或云大集　一百七紙

右一部經八卷同第九袟

仁王經二卷　經內題云仁王護國般若波羅蜜多經并御製序　三十五紙

密嚴經三卷　經內題云大乘密嚴經并御製序　五十一紙

仁王念誦儀軌一卷　經內題云仁王護國般若波羅蜜多經陀羅尼念誦儀軌　十九紙

右已上經等並出大曆七年正月六日

代宗勑下流行目中宜編入一切經

目錄次後續譯進上具件如後

大聖文殊師利菩薩佛剎功德莊嚴經三卷　五十一紙

成就妙法蓮華經王瑜伽觀智儀軌一卷　二十五紙

右通前仁王等經總五部共十卷同第十袟

金剛頂勝初瑜伽經中略出大樂金剛薩埵念誦儀一卷　十一紙

大樂金剛薩埵修行成就儀軌一卷　出吉祥勝初教王瑜伽經　十五紙

大藥叉女歡喜母并愛子成就法一卷　亦名訶利底母法　十一紙

普徧光明大隨求陀羅尼經二卷　經內題云普徧光明清淨熾盛如意寶印心無能勝大明王大隨求陀羅尼經　三十一紙

金剛頂超勝三界說文殊五字真言勝相一卷　三紙

五字陀羅尼頌一卷　八紙

聖閻曼德迦威怒王立成大神驗念誦法一卷　七紙

文殊師利菩薩根本大教王經金翅鳥王品一卷　十紙

不空羂索毗盧遮那佛大灌頂光真言一卷出不空羂索經第二十八　二紙

右九部經法共十卷同第十一帙

聖迦抳忿怒金剛童子菩薩成就儀軌經三卷　四十八紙

大威怒烏芻澀摩儀軌一卷　十紙

佛說摩利支天經一卷　四紙

金剛頂經一字頂輪王瑜伽一切時處念誦成佛儀軌一卷　八紙

佛為優填王說王法政論經一卷　九紙

大方廣如來藏經一卷　十八紙

佛說一髻尊陀羅尼經一卷　十四紙

速疾立驗魔醯首羅天說迦婁羅阿尾奢法一卷　六紙

右八部經法共十卷同第十二帙

大日經略攝念誦隨行法一卷亦名五支略念誦要行法　二紙

大毗盧遮那成佛神變加持經略示七支念誦隨行法一卷　三紙

木槵經一卷　一紙

金剛頂瑜伽文殊師利菩薩儀軌供養法一品亦名文殊五字念誦并梵字　七紙

曼殊室利童子菩薩五字瑜伽法一卷并梵字　二紙

金剛頂降三世大儀軌一卷經內題云金剛頂降三世大儀軌法王教中觀自在菩薩心真言一切如來蓮華大曼荼羅品　四紙

文殊師利菩薩及諸仙所說吉凶時日善惡宿曜經二卷　上下卷共四十紙

金剛頂經觀自在王如來修行法一卷　六紙

金剛頂瑜伽中發阿耨多羅三藐三菩提心論一卷亦名瑜伽總持教門說菩提心觀行修持義　七紙

瑜伽金剛頂經釋字母品一卷　二紙

右九部經論法共十卷同第十三帙

修習般若波羅蜜菩薩觀行念誦儀軌一卷　七紙

仁王般若陀羅尼釋一卷　七紙

觀自在大悲成就瑜伽蓮華部念誦法門一卷亦名成就大悲觀自在　十二紙

佛說大孔雀明王畫像壇場儀軌一卷　四紙

金剛手光明灌頂經最勝立印聖無動尊大威怒王念誦儀軌法品一卷　十一紙

末利支提婆華鬘經一卷　十一紙

大聖天歡喜雙身毗那夜迦法一卷　三紙

觀自在菩薩如意輪瑜伽一卷　九紙

金輪王佛頂要略念誦法一卷　三紙

金剛瑜伽降三世成就極深密門一卷　三紙

右十一部經法共十一卷同第十四帙

德宗朝貞元四年歲次戊辰所翻經

總玖拾壹卷如左

大乘理趣六波羅蜜多經十卷　一百六十紙

大華嚴長者問佛那羅延力經一卷　二紙

般若波羅蜜多心經一卷　二紙

右上三部乃罽賓國沙門般若共沙門利言等奉　詔譯

右三部經共十二卷同一帙

新譯大方廣佛華嚴經一部四十卷　六百三十紙

右上一部四十卷四帙

罽賓國三藏沙門般若與沙門利言等譯

十力經一卷　三紙

迴向輪經一卷　四紙

十地經一部九卷　一百三十紙

右上三部一十一卷同一帙于闐三藏沙門尸羅達摩共安西三藏勿提犀魚等於北庭譯

守護國界陀羅尼經一部十卷　一百五十五紙

右上一部十卷罽賓國三藏沙門般若共牟尼室利三藏等譯　一帙

本生心地觀經一部八卷　一百五十紙

右上一部罽賓國三藏沙門般若共利言等譯　一帙

千鉢文殊經一部十卷　一百七十紙

右上一部十卷三藏沙門不空共弟子同譯　一帙

六十四卷經律疏義

代宗朝

新翻譯仁王護國般若波羅蜜多經疏三卷

右翻經大德青龍寺沙門良賁奉

勅撰

大集大虛空藏菩薩所問經疏四卷

大聖文殊師利菩薩佛刹功德莊嚴經疏三卷
發菩提心義一卷　六紙
發菩提心戒一卷（并三聚淨戒及十善法戒）　共十三紙
右四部共九卷並翻經講論大德大興
善寺沙門潛眞奉　勅撰
右通仁王經疏共一十二卷同第一帙
僉定四分律疏十卷
右京城臨壇大德如淨惠徹等一十
四人奉　代宗大曆十三年十月二
十七日
勅於大安國寺戒律院僉定至
今上建中二年二月十二日修撰訖
進上
制下流行
右律疏一部十卷　第五帙
大乘理趣六波羅蜜多經疏十卷
右翻經大德西明寺沙門良秀等奉
勅撰
右經疏一部十卷第三帙
又大乘理趣六波羅蜜多經疏十卷
右翻經大德醴泉寺沙門超悟等奉
勅撰
右經疏一部十卷同第四帙

又大乘理趣六波羅蜜多經疏十卷（或八卷二十上下）
大乘理趣六波羅蜜多經疏鈔決一卷
大乘理趣六波羅蜜多經疏義目一卷
右翻經大德光宅寺沙門道岸華嚴
寺大德沙門智通等奉
勅撰
右經疏一部均成二十卷并鈔決
義目共二十二卷分為第五第
六帙
八十六卷正元新集古今制令
碑表記錄　肅宗
置京師西明寺制令集二卷（附寺碑）
右沙門圓照譔依　元勅（今本集出）
京師西明寺錄三卷
釋氏道宣感通記一卷
關中創立戒壇圖經一卷
右終南山故大德西明寺上座釋氏
道宣律師修述共三部五卷未入一
切經藏今請編入目錄
肅宗
玄宗
釋氏系錄一卷
右諡大慧禪師沙門一行開元年奉

勅修撰已編入史總有四條一綱繼華
寺二說法指歸三坐禪修證四三法
服衣於中齋法附
故金剛智三藏行記一卷
右灌頂弟子正議大夫行中書舍
人侍　皇太子諸王文章集賢院
學士呂向紀
東京大廣福寺故金剛三藏塔銘一卷
右混倫翁撰并書已上六部共八
卷同第一帙
大唐安國大法師釋利涉紀傳十卷
右左監門衞率府錄事參軍趙元勛
字懷修述　右為一部同第二帙
先天開元天寶誥制集三卷（附碑表本見）
右沙門圓照譔依年代次而述之
肅宗制旨碑表集一卷
代宗制旨碑表集一卷
贈司空諡大辯正廣智不空三藏碑表集七卷
右二部共十一卷同為第三帙
大唐再修隋故傳法高僧信行禪師塔（碑表集五卷）
翻經臨壇大德西明安國兩寺上座乘如集
狀集三卷
今上搭釋僉定四分律疏
制旨集一卷

般若三藏續古今翻譯經圖紀二卷

右四部共十一卷同爲第四帙

大乘理趣六波羅蜜多經音義二卷

三教法王存殁年代本記三卷上卷佛中卷道下卷儒儒中全

翻經大德翰林待詔光宅寺沙門利言集二卷

翻經大德西明寺上座賜紫沙門良秀集二卷

右四部共九卷同爲第五帙

僧寶道唄讚六十首一卷超濟院讚附見

右朝散大夫守太子詹事賜紫金魚袋致仕魯國都昂字高卿撰

再修釋迦牟尼佛法王本記一卷

大聖釋迦牟尼佛現八相身利益天人成正覺記一卷

判方等道場欲受近圓沙弥懺悔滅罪辯出相記一卷

釋氏五部律翻譯年代傳授人記一卷

新修大莊嚴寺本師釋迦牟尼佛牙寶塔記一卷

聖朝無憂王寺大聖釋迦牟尼佛真身舍利塔記三卷

右七部共十一卷同爲第六帙

唐朝傳法三學大德沙門碑記集十五卷

建中興元正元制旨釋門表集二卷

御題章敬寺太子百寮奉和詩集三卷

大唐正元續開元釋教錄三卷

上卷翻經　中卷蹟記　下卷入藏

右四部共二十三卷分成第七第八帙

大唐正元續開元釋教錄卷下

貞元十二年譯十四年上不在此收

通前般若三藏所譯共七十卷都收貞元藏大錄

通前二十三帙

右沙門圓照啓去年四月

皇帝降誕日面奉令旨許修撰上件釋教錄比爲繕寫挍勘未周不獲啓上伏以開元十八年歲在庚午西崇福寺沙門智昇修開元釋教錄二十卷洎去年甲戌又經六十五年中間三藏翻經藏內無漏收曾恐年代寖遠人疑僞經先聖大曆七年許編入錄制文具如上卷今宣示中外流行又修經律疏義已制流傳又貞元新集者共有八十六卷或

先皇制旨或今上湛恩留睠勸釋勵已書之錄成三卷并問佛那羅延力經等三經十二卷伏冀上資聖祚寶曆遐長殿下諸王福延万葉文武百辟盡孝盡忠三寶永興遐安迩肅如或上聞聖慈允許伏乞宣布天下流行輕冒威嚴伏希詳覽謹奉啓

貞元十一年四月二十四日

翻經臨壇西明寺沙門圓照

啓上

大唐正元續開元釋教録卷下

校勘記

一　底本，金藏廣勝寺本。二二〇頁中一行至一四行原版殘，以房山雲居寺石經本抄補。

一　二二一頁中一行至一四行「大唐……自序云尔」，麗無。

一　二二一頁中一五行「續開元釋教録三卷」，麗作「續開元釋教録卷下」。

一　二二一頁中一六行夾註「上卷翻經中卷疏記下卷入藏即此卷是」，麗作「入藏録」。

一　二二一頁中一七行「圓照集上」，石作「圓照撰上」。

一　二二一頁中一八行第八字「論」，石無。

一　二二一頁中二〇行「十一卷」，石作「九十二卷」；麗作「四十五卷」，並有夾註「分成三十帙」。

一　二二一頁中二一行「二百四十二卷」，麗作「一百九十三卷」。

一　二二一頁中末行「八十六卷」，麗作「八十八卷」。

一　二二一頁下二行至三行「後二件……數中」，麗作「一百九十三卷經論及念誦法玄宗朝金剛智三藏洎代宗朝贈開府儀同三司謚大弘教三藏和尚上所翻譯經已入目者惣一部四卷」並有夾註「不入今計中」。

一　二二一頁下五行至九行「右上一部……故略序尔」，麗作「右已編入開元釋教録不入今計數中玄宗朝所翻經遺漏未及入古今録者惣五部六卷」。

一　二二一頁下一〇行「軌儀」，麗作「儀軌」。下同。

一　二二一頁下一〇行至次行小字「觀自在菩薩三世最勝心明王經一卷」，麗作正文。其下，麗有夾註「在不空三藏所譯經第一袠收」。

一　二二一頁下一二行至次頁上三行「右上……如左」，麗無。

一　二二二頁上四行「大烏樞瑟摩明王經三卷或二卷四十六紙」，麗作「大威力烏樞瑟摩明王經二卷或三卷三十五紙」。

一　二二二頁上五行小字「術靈要門一卷」，麗作正文。又「四紙」，麗作「五紙」。

一　二二二頁上六行「金剛禁」，麗作「金剛法禁」。

一　二二二頁上七行至次行首二字「右已上三部共五卷北天竺國三藏」，麗作「右件三部共四卷並北天竺國三藏沙門」。

一　二二二頁上八行「所飜」，麗作「翻譯」。

一　二二二頁上一〇行至一一行「右上……所譯」，麗作「右東天竺國三藏沙門法月翻譯」並有夾註「梵云達摩戰遲羅」。

一　二二二頁上一二行「十二紙」，麗作「十五紙」。

一　二二二頁上一四行「觀世音」，麗作「觀自在」。又小字「廣大圓滿無礙大悲心陀羅尼呪本一卷」，麗作正文。

一　二二二頁上一五行「祕法」，麗作「祕密法」。又「十二紙」，麗作「十一紙」。

一　二二二頁上一六行「右上四部四卷」，麗作「右件四部共四卷」。

一　二二二頁上一七行「金剛智」下麗有夾註「跋折羅菩提」。又「所譯」，麗作「翻譯」。

一　二二二頁上一八行「八部十卷同第一袟」，麗作「八部共九卷同爲一袠或十卷」。

一　二二二頁上二一行「代宗」，麗作「代宗朝」。

一　二二二頁上二二行「不空」，麗作「不空三藏」。

一　二二二頁中一行「七十六部」，麗作「七十七部」。

一　二二二頁中二行末字「右」，石作「左」。

一　二二二頁中八行夾註左「三十一」，石作「三十」。

一　二二二頁中一二行夾註左「王經」，麗作「明王經」。

一　二二二頁中一三行「十卷」，麗作「十一卷」。

一　二二二頁中一五行「二紙」，石、麗作「十二紙」。

一　二二二頁下一四行第三字「輪」，石無。又夾註左第二字「輪」，麗無。

一　二二二頁下一六行夾註右「中亦」，麗無。

一　二二二頁下一九行夾註「陀羅尼經」，麗作「陀羅尼」。

一　二二二頁下二〇行「六部經一十一卷」，麗作「六部經共一十一卷」。

一　二二二頁下二一行「二十二紙」，麗作「三十二紙」。

一　二二二頁下末行夾註右「經内題云」，石作「經題内云」。

一　二二三頁上五行夾註左「眞言法」，麗作「言法」。

一　二二三頁上一〇行夾註右「經内題云」，石、麗作「經内云」。一四行同。

一　二二三頁上一二行夾註右「經内題云」，石作「經内題」；麗作「經内云」。

一　二二三頁上一六行「十二紙」，麗作「十三紙」。

一　二二三頁上末行夾註右「經内題云」，石作「經内云」。本頁中二二行同。

一　二二三頁中二行夾註「經内無佛字」，石作「經内云中無佛字」；麗作「經内題中無佛字」。

一　二二三頁中三行「七紙」，麗作「十五紙」。

一　二二三頁中一一行夾註右「經内云」，麗作「經内題云」。

一　二二三頁中一九行夾註右首字「比」，石、麗無。

一　二二三頁中二一行「三十二紙」，

石作「二十二紙」。

一　二二三頁中末行夾註左第二字「等」，石無。又第六字「聖」，石、麗無。

一　二二三頁下一行「金剛頂瑜伽護摩儀一卷」下，麗有夾註「經内云儀軌」。

一　二二三頁下三行夾註右「經内」，麗作「論内」。

一　二二三頁下四行夾註右末字「佛」，麗作「佛母」。

一　二二三頁下七行「八卷」，麗作「共八卷」。

一　二二三頁下一三行「目録」下，麗有夾註「准元奏狀一百一卷勑下欠二卷具定得九十八卷於中三卷是仁王疏今移在下疏目中見定得九十七卷」。

一　二二三頁下一六行夾註左「第十袟」，麗作「第十帙」。

一　二二三頁下二一行夾註右「印心」，石、麗作「寶印心」。又「三十二紙」，石作「二十二紙」。

一　二二三頁下末行「五字陀羅尼頌一卷」下，石、麗有夾註「并梵字」。

一　二二四頁上五行小字「菩薩成就儀軌經三卷」，石、麗作正文「菩薩成就儀軌經一卷」。

一　二二四頁上一二行小字「説迦婁羅阿尾奢法一卷」，麗作正文「説迦婁羅阿尾奢法一卷」。

一　二二四頁上一七行小字右「儀軌供養法一品」，麗作正文。又「七紙」，麗作「二十四紙」。

一　二二四頁上二〇行小字左末字「品」，麗無。

一　二二四頁上二一行小字左「二卷」，石作「一卷」。又「上下卷共」，石作「下卷共」，麗無。

一　二二四頁上末行小字右「發阿耨多羅三藐三菩提心論一卷」，石、麗作正文（其中「心」字，石無）；又「亦名」，麗作「亦云」。

一　二二四頁中五行小字「念誦法門一卷」，麗作正文。

一　二二四頁中七行「四紙」，石、麗作「四紙餘」。

一　二二四頁中八行小字左第八字「品」，石無。

一　二二四頁中一一行「如意輪」，石、麗作「如意輪」。

一　二二四頁中一二行「佛頂要略」，麗作「佛頂略」。又「三紙」，麗作「二紙」。

一　二二四頁中一四行「右十一……十四帙」後，麗有「今朝所翻經」一行。

一　二二四頁中一五行「德宗朝」，麗作「聖神文武皇帝」。

一　二二四頁中一五行末三字至次行末字「所翻經總玖拾壹卷如左」；麗作「勑罽賓國三藏沙門般若與沙門利言等譯」。

一　二二四頁中一八行「長者問」，麗作「長者問佛」。

一　二二四頁中二〇行至二一行「右

上三部乃罽賓國沙門般若與沙門利言等奉詔譯」，麗無。

一　二二四頁中二二行「右三部……一帙」，麗作「右件三部十二卷同第十五袠」。

一　二二四頁中末行至本頁下二行「新譯……等譯」，麗作「新譯大方廣佛花嚴經四十卷罽賓國沙門般若奉詔譯右一部四十卷四帙六百一十二紙」，並置於二二六頁中一行後。

一　二二四頁下三行「十力經一卷」下，麗有譯者「安西三藏勿提提犀魚譯」並夾註「於安西譯」。

一　二二四頁下五行「一部」，麗無。

一　二二四頁下六至八行「右上……北庭譯」，麗作「于闐三藏尸羅達磨於北庭譯右三經十一卷同第十八帙」。

一　二二四頁下七行「勿提犀魚」，石作「勿提提犀魚」。

一　二二四頁下九行「守護國界陀羅尼經一部十卷」，麗作「守護國界主陀羅尼經十卷般若共牟尼室利譯」。

一　二二四頁下一〇行至一一行「右上一部十卷……共譯一帙」，麗作「右一部十卷同第十六袠」並有夾註「貞元六年」。

一　二二四頁下一二行「一百五十紙」，麗作「并三藏般若譯」。

一　二二四頁下一三至一四行「右上……一帙」，麗作「右一部八卷同第十七袠」並有夾註「貞元六年」。

一　二二四頁下一五行「千鉢文殊經一部十卷」，麗作「千臂千鉢曼殊室利經十卷」。又「一百七十紙」，麗無。

一　二二四頁下一六行至一七行「右上……一帙」，麗作「大唐贈開府儀同三司謚大弘教三藏金剛智於長安薦福寺譯右一部十卷同第十九帙共一百二十二部二百一卷計二十帙」。

一　二二四頁下二〇行「新截譯」，石、麗作「新再譯」。

一　二二五頁上一二行「二十二日」，麗作「十三日」。

一　二二五頁中一〇行「八十六卷」，麗作「八十八卷」。

一　二二五頁下九行至一〇行「六部共八卷同第一帙」，石、麗作「七部十卷同爲第一帙」。

一　二二五頁下一三行「僎修」，麗作「撰修」。

一　二二五頁下一八行「廣智」，麗作「大廣智」。

一　二二五頁下一九行「二部」，麗作「四部」。

一　二二六頁上四行夾註左「儒中分王」，石作「儒中分三」；麗作「分三」。

一　二二六頁上七行「共九卷」，麗作「共十一卷」。

一　二二六頁中卷末經名前，麗有大段文字，今據麗藏本附於卷後，即本頁中三行至下末行「貞元十二年譯……啓上」。

穢跡金剛禁百變法經一卷

北天竺國三藏沙門阿質達霰唐言無能勝將譯　磀

尒時金剛復白佛言世尊若有善男子善女人持我此咒無効驗者無有是處欲令山摧者取白芥子三升上好安悉香於山中疑有寶取鑌鐵刀一枚晝四方爲界耳淨巾一枚香爐一枚燒安悉香先咒一千八遍取白芥子四散及至七遍作是法其山自摧若有寶之處其藏神捨寶而出任意用之若欲令海竭者先咒一千八遍以金銅作一龍形擲於海中即時海竭若欲令江河逆流者取安悉香作一烏形無問大小擲水中咒一百八遍登時逆流令依舊者咒一淨石擲之水中其水如故若有雷電霹靂毒龍卒風惡雨者即作止雷電印以左手中指無名指小指並屈掌中頭指以大母指捻頭指中節上誦咒咒之以印遥指雷雹之處自止若欲令一切思神自來歸伏爲給使者取水三斗盛銅器中以淨灰圍之即作敎攝録印以二無名指並屈掌中令背相倚二中指頭相捻二頭指及小指各如開花以大母指捻中節䵺咒一百八遍其世界内所有諸惡鬼並來雲集自現其身捨毒惡心任行人駈使若禁山者所至之山誦咒百遍大叫三聲即作禁山印以右手無名指屈於掌中直竪中頭大母等指並直竪向上印之七遍即却行七步後七印山其山中即一切鳥狩並移出山若作此印咒七遍以印向空中印三七度其空中㙒塵不過若欲令人不語者書前人姓名向口中含口其人口不能言𫅝出即語得若誦一切諸咒先須作壇若誦我此咒者即勿須作壇但剋一跋折金剛撎杵於佛塔中或於靜室中用香泥塗地隨其大小著種種香花供養安杵壇中咒一百八遍其杵即自動或變作種種異物亦勿怪之更誦咒一百八遍其杵自去地三尺以來或五六七尺乃至一丈以來持法之人即須歸依懺悔發願我於彼中即現真身隨行人

意所願樂者並皆速得如意我即與授菩提之記即得身心解脫先須誦十万遍滿然後作法若課未充不得効驗

印法第二

印　此印方一寸八分刻之咒一千遍日白膠香度之赴印日勿令人見用印印心得心智自然智宿命智持印百日即得住種種大法門

印　方一寸二分咒六百遍以安悉香度之帶行令一切人愛樂得大自在永離衆苦

印　方一寸五分刻之咒六百遍以白膠香度之用印印脚便得飛騰虚空所向自在

印　方一寸八分尅之用白膠香度之咒七千遍用印印足可日行三百万里無人得見

印 伏連書心上即差大吉急急如律令

印 心痛書之立即除差大吉利急急如律令先咒七遍

穢跡金剛禁百變法經一卷

[illegible]金剛[illegible]法經 [illegible]

丙午歲高麗國大藏都監奉
勑雕造

印法第二

此印方一寸八分 封之咒一千遍 用白膠香度之 封印日勿令人見 用印印心 得心智自然智宿命智 持印百日 即得任種種大法門也

方一寸二分 咒六百遍 以安息香度之 帶行 令一切人愛樂大自在 求離衆苦

清一 七

方一寸五分 封之咒六百遍 以白膠香度之 用印印脚 便得飛騰 空所向自在

方一寸八分 封之用白膠香度之 咒七千遍 用印印之 可日行二百萬里 無人得見

神變延命法

伏連書心上即瘥大吉急急如律令

鬼病朱書呑之

心爲書之立即除瘥大吉利急急如律令 先咒七遍 精魅鬼病之人朱書呑之 七枚立瘥 大神驗

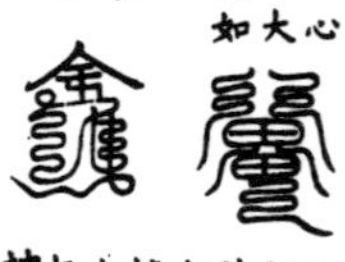

若依法之人取白檀綾二丈一尺七寸 白練裹之 置於地輪世界 令人延年得七十歲 若無人進者 即安自宅中庭 掘地七尺埋之 亦得 又得聰明多智辯才無礙

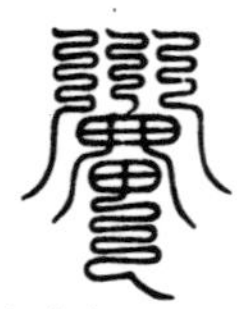

此七道亦能治萬病 呑之 亦令人長壽 益智大神驗

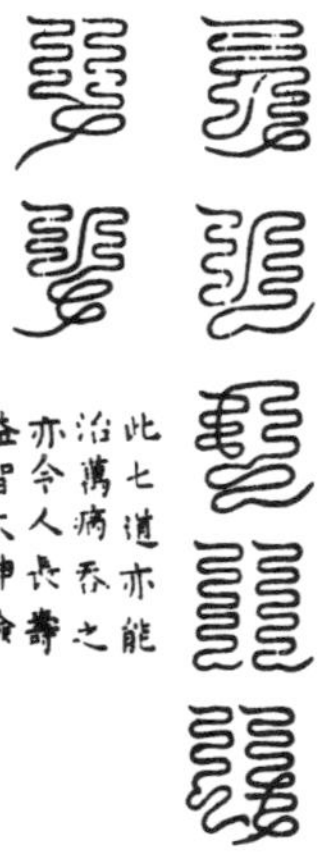

此上七道用朱書紙上 呑之千枚 令人延年 即得與天地齊壽 不得令人見之

此上七道若有人患一切病 以此符書之 皆得除瘥 若人書符呑之者 延年益智大驗効矣

清一 八

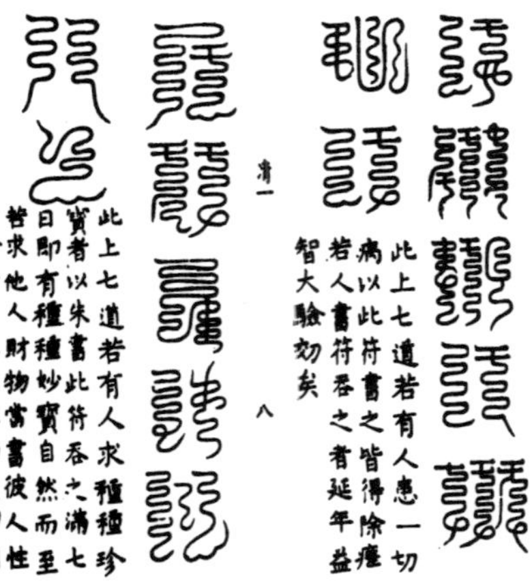

此上七道若有人求種種珍寶者 以朱書此符呑之 滿七日 即有種種妙寶自然而至 若求他人財物 當書彼人姓名於符下 其人立即送物到

此上三符朱書牀四脚上常有八大金剛衛護悉不暫捨惟須嚴淨勿令汗染之物入房切須慎之

有大火災起者書符擲一枚呪一百八遍向火中須臾災自滅

有大惡風起者書此符呪一百八遍即向風中即止

有大水起者書此符擲於水中立即斷流水不溺人

有大雨者書此符呪一百八遍向雨擲之其雨立即自定之

矣

此符朱書呑三枚及可與他人此符即有驗効若不爾者用諸符無驗

爾時穢跡金剛說此符已大衆同聲讚言善哉大力士汝能說是大妙之法令諸衆生皆得解脫爾時金剛頃白諸大衆當知我於汝等此法若流行之處我等大天常當護此行法之人助令成就是時金剛復作是言若有衆生行此法者我即往彼現其人前所求願者我亦施與令彼得種種變現種種神通所作無礙常須念我本師釋迦牟尼佛我即常隨逐之令一切法皆助成就爾時金剛說此法已大衆倍加悲喜及諸天龍大鬼神等各

奉聖言禮足而去

穢跡金剛法禁百變法門經

古經本呪四十三字唐太宗朝人多持誦感驗非一除去十字今就錄出速獲靈應無過是呪

唵咈咶　啒嘾摩訶般囉(二合)很那嘚　吻汁吻醯(摩)(尼)微咭微　摩那棲(唵)(斫)(急)(那)烏深暮　啒嘾吽吽(吽)泮泮泮(泮)(泮)娑訶

真覺禪師所傳神呪與今經呪同但梵音賖切字語少異

唵咈咶窋嘾　摩訶般那很那詡　吻泮吻尾劫尾　摩那棲　烏湓謨　窋嘾吽吽吽癹癹癹　莎訶

穢跡金剛禁百變法經一卷

校勘記

一　底本，麗藏本。

一　二三一頁上一行經名，磧、南、徑、清作「穢跡金剛法禁百變法門經」。卷末經名同。

一　二三一頁上二行譯者，磧、南、徑、清作「三藏沙門阿質達霰譯」。

一　二三一頁上六行第一〇字「寶」，磧、南、徑、清作「寶處」。又第一二字「鑌」，磧、南、徑、清作「賓」。

一　二三一頁上七行第八字「耳」，磧、南、徑、清作「取」。

一　二三一頁上九行第五字「及」，磧、南、徑、清作「乃」。

一　二三一頁上一七行「雷電」，磧、南、徑、清作「雷雹」。

一　二三一頁上末行「三斗」，磧、南、徑、清作「三升」。

一　二三一頁中一行首字「教」，磧、南、徑、清作「都」。

一　二三一頁中三行第一〇字「捻」，磧、南、徑、清作「捻頭指」。

一　二三一頁中七行「業山」，磧、南、徑、清無。

一　二三一頁中九行第四字「上」，磧、南、徑、清作「山」。

一　二三一頁中一〇行第二字「印」，磧、南、徑、清作「即」。

一　二三一頁中一二行第一〇字「過」，磧、南、徑、清作「遇」。

一　二三一頁中一三行第一三字「口」，磧、南、徑、清作「之」。

一　二三一頁中二一行第三字「去」，磧、南作「土」。

一　二三一頁下五行至次頁上四行經文「印法第二……七遍」，磧、南、徑、清內容多於麗藏本，且繪有各種印符。茲據明永樂北藏本附後。

一　二三一頁下七行第四字「日」，磧、南、徑、清作「用」。

一　二三一頁下一〇行第六字「住」，磧、南、徑、清作「任」。

一　二三一頁下一四行第四字「得」，磧、徑無。

一　二三一頁下一八行第六字「㡯」，磧、南、徑、清無。

一　二三一頁下二二行首字「足」，清作「之」。

一　二三一頁下末行後，磧、南、徑、清有「神變延命法」一行

一　二三二頁上三行第三字「痛」，南、徑、清作「爲」。

穢跡金剛說神通大滿陀羅尼法術靈要門卷　磻

北天竺國三藏沙門阿質達霰唐言無能勝　譯

如是我聞一時佛在拘尸那國力士生處跋提河邊娑羅雙樹間尒時如來臨入涅槃是時有無量百千萬衆天龍八部人非人等啼泣向佛四面哽咽悲惱而住

尒時復有諸天大衆釋提桓因等皆來供養唯有蠡髻梵王將諸天女依於四面圍遶而坐前後天女千萬億衆共相娛樂聞如來入般涅槃而不來覲省時諸大衆為言今日如來臨般涅槃是彼梵王何不來耶其王必有我慢之心而不來至此我等徒衆駈使小咒仙往彼令取作是語已策百千衆咒仙到於彼處乃見種種不淨而為城塹其仙見已各犯咒而死時諸大衆怪未曾有復策無量金剛亦令持咒而去乃至七日無人取得大衆見是事倍復悲哀

尒時大衆同聲而說偈言

苦哉大聖尊　入真何太速　諸天猶决定　天人追嘆得　痛哉天中天　入真如火滅

時諸大衆說此偈已倍復哽咽悲啼嗥哭是時如來愍諸大衆即以大遍知神力隨左心化出不壞金剛即於衆中從座而起白大衆言我有大神咒能取彼梵王作是語已即於大衆之中顯大神通變此三千大千世界六返震動天宮龍宮諸鬼神宮皆悉崩摧即自騰身至梵王所以指指之其彼醜穢物變為大地

尒時金剛至彼報言汝大愚癡我如來欲入涅槃汝何不去即以金剛不壞之力微以指之梵王發心至如來所

尒時大衆讚言大力士汝能有是神力取彼梵王來至於此時金剛即報言若有世間衆生被諸天惡魔一切外道所惱亂者但誦我咒十萬遍我自現身令一切有情隨意滿足永離貧窮常令安樂其咒如是先發此大願南無我本師釋迦牟尼佛於如來滅後受持此咒誓度群生令佛法不滅久住於世說是願已即說大圓滿

陀羅尼神咒穢跡真言曰

唵咈咶啒嗶摩訶鉢囉(二合二)哏那㖿(三音)吻汁吻(四音)微咭微摩那栖(六音)嗚深慕(七吉)淈嗶吽吽泮泮泮娑訶

時彼金剛說此咒已復作是言我於如來滅後常誦此咒若有衆生請願受持此咒者我當為給使者令所求如願我今於如來前說此神咒唯願如來於真中照知我等世尊若有衆生多被諸惡鬼神之所惱亂此咒者皆不能為害永離苦難世尊若有善男子善女人欲救療萬病者誦上咒四十萬遍見有病者治之有驗無問淨與不淨隨意駈使我當隨從滿一切願若欲令枯樹生枝葉者取白膠香一大兩塗樹心楊枝咒樹一百遍日三時至滿三日即生花果若欲令枯泉出水者淨灰圍之即井華水三斗置泉水中於寅時咒一百八遍水如車輪涌出若欲令枯山生草木取鑌鐵刀一口於四方圍山咒三千遍七日滿則生若欲令野獸歸伏者取安悉香燒向有獸住處咒一千遍其

獸至夜間並集持法人門首歸降如人間六畜相似隨意駈使永不相捨若令夜叉自來歸降者取桃枝十莖齊截取水一石煎取五斗滓桃柳枝出以丁香三六兩乳頭香三大兩白膠香三大兩後和柳水煎取五斗即置一破盆中取一桃枝長三尺攪水誦咒一百遍一切夜叉羅刹皆來現共行法人語請求與人先為侍者若令諸惡鬼神毒虵蝎猛獸等毒以藏者取淨灰圍所居穴孔並自出來當微出聲咒之一百遍其虵等一切蟲獸各藏毒心不敢傷人速得解脫若令惡狗不傷人者取食一摶咒七遍與食永不傷人復不出聲若令惡人來降伏者書前人姓名置咒人脚下咒之百遍心念彼人其人立至降伏捨怨憎之心若欲人相憎者書彼二人名字於自足下咒二百一十八遍其人等便相離背不相愛敬若有相憎人令相愛敬者即書取彼名姓於自足下咒一百八遍其人便相愛重永不相捨若有未安樂之人令安樂

者取前人名字書足下咒三百遍當為彼人發大誓願我於彼時即自送辯才無滯隨行者意所須之者並悉施與若持咒人求種種珍寶摩尼如意珠等者但至心誦咒自限多少我即自送滿其所願若欲治人病者作頓病印先以左手頭指中指押索文印咒之一百遍以印頓病人七下立差若病人臨欲死者先於禁五路印然後治之即不死印目如是先准印以無名指屈向掌中竪小指咒之百遍其患速除

若治邪病者但於病患人頭邊燒安悉香誦之咒立除之若蟲毒病者書患人名字紙上咒之即差治精魅病者亦如法若治伏連病者書患人姓名及作病鬼姓名埋患人床下咒之其鬼遠奉名字自出現身便令彼鬼看三世之事一一具說向人其病速差若有患時氣病者咒師見之即差若欲令行病鬼王不入界者於十齋日誦我此咒一千八遍能除萬里病患

穢跡金剛說神通大滿陀羅尼法術靈要門一卷

丙午歲高麗國大藏都監奉
勅雕造

穢跡金剛説神通大滿陀羅尼法術靈要門一卷

校勘記

一　底本，麗藏本。

一　二三五頁上一行經名及卷末經名「一卷」，磧、南、徑、清作「經」。

一　二三五頁上二行譯者，磧、南、徑、清作「北天竺國三藏沙門無能勝譯」。

一　二三五頁上五行第六字「是」，磧、南、徑、清無。

一　二三五頁上一〇行末字「億」，磧、南、徑、清無。

一　二三五頁上一一行第九字「入」，磧、南、徑、清無。

一　二三五頁上一九行第二字「令」，磧、南、徑、清無。

一　二三五頁上二〇行第五字「事」，磧、南、徑、清作「事已」。

一　二三五頁中六行第四字「彼」，磧、南、徑、清無。

一　二三五頁中七行首字「之」，磧、南、徑、清無。

一　二三五頁中八行第一一字「神」，磧、南、徑、清無。

一　二三五頁中九行「崩摧」，磧、南、徑、清作「摧崩」。

一　二三五頁中一〇行第三字「醜」，磧、南、徑、清作「種種」。

一　二三五頁中一二行第一〇字「即」，磧、南、徑、清作「耶」。

一　二三五頁下一行末字「曰」，磧、南、徑、清無。

一　二三五頁下六行「請願」，磧、南、徑、清作「情願」。

一　二三五頁下九行第四字「真」，磧、南、徑、清作「真際」。

一　二三五頁下一〇行第一二字「此」，磧、南、徑、清作「誦此」。

一　二三五頁下一二行「誦上」，磧、南、徑、清作「先持此神」。

一　二三五頁下一八行第一〇字「即」，磧、南、徑、清作「取」。

一　二三五頁下一九行首字「斗」，磧、南、徑、清作「升」。下至次頁上六行第一三字同。又末字「水」，磧、南、徑、清無。

一　二三五頁下二一行首字「鑌」，磧、南、徑、清作「賓」。

一　二三六頁上三行「若令」，磧、南、徑、清作「若欲令」，一五行同。又第一二字「枝」，磧、南、徑、清作「柳枝」。

一　二三六頁上四行「一石」，磧、南、徑、清作「一碩」。

一　二三六頁上九行第一〇字「先」，磧、南、徑、清作「充」。

一　二三六頁上一一行第一〇字「並」，磧、南、徑、清作「普」。

一　二三六頁上一二行末字「蠱」，磧、南、徑、清作「蟲」。

一　二三六頁上一四行第三字「狗」，磧、南、徑、清作「鬼」。

一　二三六頁上一八行「若欲」，磧、南、徑、清作「若欲令」。

一　二三六頁中八行首字「印」，磧、南、徑、清作「即」。

一　二三六頁中一〇行第九字「目」，磧、南、徑、清作「自」。又第一二字「先」，磧、南、徑、清作「先以」。

一　二三六頁中一四行「若蟲毒病者」，磧、南、徑、清作「若治蠱毒病」。

一　二三六頁中一五行第一一字「治」，磧、南、徑、清作「若治」。

一　二三六頁中一六行第三字「如」，磧、南、徑、清作「如上」。

一　二三六頁中一八行第三字「遠」，磧、南、徑、清作「速」。

一　二三六頁中二〇行第三字「有」，磧、南、徑、清作「有人」。

一　二三六頁中二二行末字「病」，磧、南、徑、清作「衰」。

趙城縣廣勝寺

金剛恐怖集會方廣軌儀觀自在菩薩三世最勝心明王
威力烏樞瑟摩明王經卷上

北天竺國三藏阿質達霰譯　禄

敬禮一切佛復次諸菩薩尒時會中無量俱胝明仙之所圍遶摩醯首羅天王大部多主從座而起頭面著地前禮金剛手菩薩摩訶薩足作是言菩薩惟願演說大威力者不空無礙教令諸無比力勇健者金剛菩薩所愛樂者諸天阿修羅梵王帝釋所歸仰者夜叉羅刹毗多拏布單那所怖畏者降怨敵者辦諸事者曼荼羅法所祕密者時彼衆會同讃摩醯首羅言善哉作意善哉善哉大部多主爲我等類決定勸請尒時金剛手菩薩遶迊抽擲金剛杵已便下金剛莊嚴蓮華之座顧彼衆會即入怖畏金剛大忿怒徧喜三摩地然後無量百千俱胝所爲報障有皆大振懾悉見其身爲烏樞瑟摩所押伏命將欲盡如遇劫燒其意迷悶俱發聲言惟願哀憐施之無畏尒時金剛手菩薩摩訶薩從三摩地安詳而起告徒衆言大威

德者大光明者大忿怒者如法所言如是薄伽梵大威德者大忿怒者大光明者尒時薄伽梵金剛手菩薩摩訶薩如師子顧作此瞻視唱如是言大部多主我今說烏樞瑟摩祕密曼荼羅法若覩聞者一切事業皆悉成就不有非時夭横但諸惡事皆不及身毗那夜迦伺不得便一切衆生之所愛敬一切怨敵常皆遠離一切密言皆得成驗諸金剛法任運當成一切不祥即得解脫一切吉慶常當加護若持此明滿十千徧即同登壇具足灌頂如遇明師之所傳授又復當陳烏樞瑟摩曼荼羅相先應具受三歸八戒發菩提心慈惠悲愍其立壇地應當擇處若於山間或在庄居或於曠野或在寒林或在淨室或河岸側或獨樹下或閑宅祠宇如法治地建曼荼羅三肘四肘或復八肘亦十六肘若降伏法三肘三角若寂災法四肘或八肘若增益法及爲國王十六肘作用黑月八日或黑月十四日以心密言加持清水用灑其地又以紫

檀摩一圓壇布以稈草上散赤迦囉尾囉華以塗香衆華散於壇上加持佉馱囉撅一百八徧釘入大壇四角及中成結地界乃作根本徧擲印誦密言七徧取紫擅徧塗地以五色線拼爲界道四角四門運以黃赤緑黑乃於壇心畫佛佛左傍畫金剛手菩薩持杵有諸使者及金剛鉤明蛇捺杵瞻仰菩薩次左烏樞瑟摩明王持青難拏（唐言棒）以夜叉及阿修羅衆并訶利帝母及其愛子等爲侍從皆瞻仰明王於東北角大自在天王執三鈷叉并妃東方天帝釋執金剛杵東南隅火天執縲戾棒南方閻羅王執那拏西南隅寧帝執劒西方水天執赤索西北方風天執緋幡北方毗沙門執伽那三面畫毗舍蛇衆東門內畫三鈷叉守護以新餅皆滿盛淨水及寶物五穀等以綵色纏項取一口餅置佛前安紫擅杵於口上餘餅皆以赤華或草木枝塞口四角四門各置一餅佛前置兩股衣服充供養金剛聖衆乃至天等亦用衣服每像前

置飲食香華壇外非梵界道（壇外正方遺灰）其餅先加持一千八徧乃置之請諸尊依法引弟子誦金剛三昧邪密言纔令弟子耳聞散華所至彼尊有緣如法灌頂若登此壇即同入一切曼荼羅訖一切天魔毗那夜迦皆悉順伏命終生阿拏迦縛典宮（毗沙門天王宮）復次重說無上秘密曼荼羅以黑月八日或十四日可稱讚地而建立之四肘四門布以五色或塼炭末於中畫佛次右觀自在菩薩次右馬頭明王大忿怒形佛左金剛手菩薩次左大威力烏樞瑟麼明王大忿怒形佛前摩麼雞金剛部母四角置一餅佛前一餅以不截綵覆之名勝餅外壇東北隅大自在天王執三鈷叉并妃於餘隅畫半杵或杵印以香華飲食供養如法引弟子灌頂所用物充以心密言加持復次契相根本徧擲印先正立極力引左足傾地向左亞身右手握大指成拳申臂令竪左手爲拳約著心舒頭指如針眉間擊厥目當專注此徧擲印乃能怖畏諸部難者阿修羅門

所有關鍵亦能摧破大忿怒印並使手中名小指等互以面相著其大指捻其三指甲便相握成拳舒頭指各如針此契能作一切事業縛撲請召辟除卒忤又令遠離能殺枯瘁護身普焰印手背相著指頭垂下名下合掌乃深交諸指二小指如針大開掌二大指互捻頭指甲側此契能成一切事業

杵印雙手內相叉爲拳舒左中及頭指右中頭指亦然二中指相合微屈頭指各近中指傍大指相並押無名側

打車棒印右手握大指成拳

剪刀印結次前印舒頭中指如剪刀鈷徐動之

大牆院印結前棒印極開二頭指頂

印結次前大牆院屈右頭入掌如餘指

頭印如大牆院屈左頭指入之

甲印准牆院屈二頭指相拄如環此印有大威力能作一切事業

復次畫像法用緤絰方兩肘依口酬價乃以牛糞摩壇竪緤於內以赤華飲食供養因食良工圖如來像坐師

子座手作說法相（以左手大指頭指相捻並舒中名小三指右手亦然及以右手仰掌横約著心以右手臉著左手名小指等頭以掌向外散其三指也）如來左畫金剛手菩薩右手執杵左作問法相（著其五指微屈之如仰擲形引手向前掌向如來也）次左畫大威力烏蒭瑟麼明王大忿怒形目赤色通身黷黑色舉體焰起而有四臂右上手執劒次下羂索左上打車棒下三鈷叉器仗上並焰起如來右金剛部母麼麼雞多髮美皃通身黷色蹣跪合掌恭敬白佛部母右行者蹣跪兩手執香爐供養其緤勿經打汙無毛髮者勿用皁色及有命之色其畫匠每日受三歸八戒長齋具大善心新衣清潔（行者亦尒勿離其傍速成爲上）（復有畫像亦准此也）

復次於此像前面東誦根本密言乞食禁語兀如枯木當印制底如是相續滿六十萬遍即登山建立前祕密曼荼羅持劒作大壇用阿伽嚧（沈香也）充紫礦金華和白檀香燒之晝夜成持明仙之首得一切悉地有大威力壽齊日月命終生阿拏迦嚩典宮若置訶哩多攞（雌黄）或安善那（眼藥）或麼曩始攞（雄黄）或棒准前作火壇功力同劒若食乞食於一月内無間念誦取白月十五日畢其日布像數阿說佗葉（廣有之）於像前加持三金（金鐵亦銅）娜拏七遍置上加持之焰起劫壽有大威力一切阿修羅一切夜叉羅刹鬼神諸天皆大順伏若三金娜拏一月内加持之日滿准前加持焰起持之劫壽身等大威力明王

若人以三金杵代娜拏焰起身同金剛手菩薩若以三金輪代杵焰起身如日輝成明仙中輪王

若又絶食三日黑月八日布羊躑躅葉蒿塔葉是於像前補沙鐵鈎長八指於葉上右手而加持焰起執之洞視土地位同帝釋遊戲三十三天天龍鬼神欽伏

若絶食一日黑月八日或十四日布阿說佗樹七葉於像前置雄黄於上加持焰起塗之持明仙煙隱暖熱善行

若於山頂誦十萬遍天大威力烏蒭瑟麼明王現甚可怖畏執心勿懼云須何作白言薄伽梵成就一切事但乞一願持明仙或降阿修羅或召諸天皆悉隨意

若於吉祥門首布像誦三十萬遍訖阿修羅女自出迎之可將五百人同入彼輩作障身便乾枯

復次畫像法取兩肘緤畫大威力烏蒭瑟麼明王身赤色怒形猶牙露出密目（如猩眼即是）髮黄色上衝左持杵右娜拏行者食不淨食與不淨像前誦三十萬遍所作皆辦

若於吉祥門首面北布像行者面南苦練薪作大壇進毒藥末芥子已血滿一千八修羅女子身如火燒獻長生及黠化藥不受藥者諸女携手同入其宮先有明者我當王彼不畏娜羅延業轉壽多劫尊貴快樂身有光明種種神變命終生天

若於吉祥門首布像作火壇燒緤華子一千八滿三日乃結根本徧擲印彼門即開無障而入

若有龍水岸布像作火壇燒鹽滿一千八龍出受命隨意驅使

若先絶食三日置像審銘柴（唐云苟杞）作

火壇芥子油和芥子燒滿一千八能召一切人天

若以鹽成悉底哩置像作火壇片片割進火中日三時令盡滿七日稱名百由旬內至

若以諸天空祠廟中布像阿詵佗薪作火壇苦楝葉和芥子油進其中一千八徧日三時經七日即有天神來現云作何事隨意驅使

若先絕食三日以黑月八日或十四日於大自在天王前石陵伽南以右手捻上加持須臾有大聲者三天王現受驅使不現彼身乾枯若准前先三日絕食黑月八日或十四日布像作火壇進羊躑躅華一千八徧又執其華加持一徧擲打夜叉女膝即相敬若要長生藥眼藥金銀寶玉等悉皆從命若以佉馱羅木作三鈷叉絕食三日以日月蝕時寒林中布像以香華飲食廣以供養右手持叉加持之叉焰起止後於夜分竪叉於地七寶堂宇現是人前天女繽紛充滿其處云欲何所作歌舞音樂種種驅使將曉去又如故

若取一屍無瘢痕者洗浴之置大河側首東仰臥日正午四面各令一丈夫執刀而立行者屍心上坐取雄黃內屍口中加持之藥若變熱一切貴敬煙生隱光升空

若絕食三日黑月八日或十四日布像廣陳供養以阿摳迦木合盛素嚕(二合)但(引)戰曩藥(此是藥名帶赤黑色重比金出天竺未塗日中仰視日能奪其光見日中有者爲真耳)置像前加持之熱貴敬煙生遁形焰起持明仙身光如日圓滿可愛壽七千歲

若絕食三日黑月十四日寒林中取無瘢痕屍以香湯洗浴之以頭向東臥著香華供養行者躶形被髮屍心上坐取白淨髑髏滿盛白色芥子置屍口上加持之芥子盡隱執髑髏騰隱自在爲一切騰空隱者之首

復次不擇淨穢食與不食先誦三十萬徧又以應肘量鑠(一肘或二肘或三肘或四五等肘後言應肘量准此)畫大威力烏蒭瑟摩明王作大怒形左持杵右娜拏左視龍爲瓔珞(龍作此形)明王左畫大寒林及行者於

明王右畫山座以赤華飲食供養黑月八日於制帝布像廣設供養作大壇以烏曇波羅充薪進赤色未開華滿一千八其日三時即成驗能作一切事法人天貴敬

若眼藥法取尾避多迦木(此云梨勒木)合子盛素嚕(二合)但(引)戰曩月蝕置像前加持之得熱煙焰生三種驗功力同前

若取犬舌以三金鍱裹月蝕時加持煙生口含藏形

若口含縛極(菖蒲根也)持密言取三種成驗熱得一切總持不忘煙生藏形焰起作持明仙若於山頂誦九十萬徧爲持明王

若乞食禁語誦四十萬徧絕食一日黑月十四日於制帝前布像廣設此供養并作火壇進安悉香丸一千八其日三時作小持明王

若食乞食安悉香伴紫鑛汁進火中滿十萬徧見用

若取麼戶保怛哩迦(唐云天門冬根)進火中一千八徧迦那至

若水中立至臍誦十萬徧一切伏藏

盡現能闔枷鎖上業輪起死人勝寬藏
若月蝕牛糞作壇布像以赤銅柈盛
赤胭牛酥置中加持執食之總持不
忘煙生長生焰起藏形
若以烏曇䟦羅薪作火壇芥子黃芥
子麼沙天竺云毒藥以血和之進火中
一千八伏藏自現結根本徧擲印叉
執佉羅木杵向前降之寶物湧出
若絕食於恒河側誦三十萬阿修羅
門關若稱吽字降山山碎禁諸江海
能令枯竭
若絕食於寒林中誦四十萬徧梵羅
剎及諸鬼神作美皃而現受命若驅
使遝違稱吽字打地一下彼當殞絕
稱莎䜃賀再生大自在天王廟中絕
食誦十萬徧大自在天王現以香華
供養問訃從天王乞其一切道術如
意成驗若於大自在天王妃前絕食
誦十萬徧妃現隨心乞願不現彼死
或乾枯
若依前法誦密言欲令梵天夜摩兜
率及天帝釋等一切天王現並得如意
若取一屍稱吽字以足加屍首令聲

足齊下屍當起大叫持劒斷其首成
黃金不者屍叫告之有捨覩嚕其甲
持始羅來如意
若以補沙鐵作劒月蝕時加持焰起
持之身同大自在天王
若補沙鐵作斧月蝕時加持焰起持
之爲毗舍者王
若補沙鐵作刀子月蝕加持焰起持
之爲明仙王功用最勝壽命尤多
若以蟻墳土塑成形行者以足加心
上作壇白芥子毒藥及血置於左手
中以右手捻燒經七日日一千八王
賓敬族亦介
若食乞食誦四十萬徧制帝前布像
供養以蜜栗䜃薪作火壇并取其果
進一萬顆爲持明王天龍順伏
若加持華或果七徧贈人貴敬
若一日不食黑月八日布像阿詵佗
薪作火壇進黑油麻一千八王臣貴敬
若三日絕食進酥蜜酪白芥子於
火中一日三時二千八滿七日爲持
明王
若鍊酥滿一千八經三日王貴敬

若取含多華唐云迴香華酪蜜酥相和進火
中一千八滿七日即得金錢一百
若燒粳米乳粥一千八日三滿月五
穀盈溢用之不竭
若紫檀糅和酥內華於中進火一百
八徧日三滿七日迦那至
若從黑月一日起布像遏伽薪作大
壇烏麻油和酥迦瞻摩樹華一內一
燒一千八滿七日後金錢八文
若乳和蜜相加以青蓮華一兩一燒
滿三十萬伏藏盡現
若召人大寒林中布像香華供養紫
檀末成彼形佉䭾木作火壇男從右
女從左足起一割一燒令盡百由旬
外一月而至
若大寒林中布像紫檀摩壇水和王
蹤下土一把塑成形從右足割進火
中令盡敬重若寒林中布像香華飲
食供養進虞麼娑於火中滿一千八
貴敬
若進阿底目迦多華於火中十萬徧
貴敬
若大寒林中尾避多迦木作火壇進

麽訶麽婆晝夜一切毗舍遮衆梵羅
刹等敬重若捨覩嚕令梵羅刹爲病
若悉馱薪作火壇初生犢子糞和紫
檀抹作丸進之日三時時一千八滿二
十七日得牛千頭
若截白檀香内杉木脂進火中日三
時時一千八滿二十一日得大庄五所
若截杉木進摩呫羅火中一千八滿
七日得金錢一千文
若食麨及水布像供養坐吉祥十五
日念誦勿間絶食三日黑月十四日
布像供養以白芥子油然燈乃截黑
阿迦嚧唐云沉香進鉢羅奢薪火中一千
八像形動或目動或作吽聲若形動
爲持明輪王
若名香和牛酥進火中一千八得羣
牛牛不走失疫病
若酥蜜相和又内炒稻穀華於中進
遏迦火中滿十萬五穀盈溢
若取紅蓮華進河中流入海者滿六
箇月次絶食三日白月八日布像供
養烏麻油和名香截紫檀木抄進火
中晝夜大吉祥天現以白檀閼伽供

養天云須何願白言持明輪王天從
行者口入無礙即得如意無有天龍
見神爲怨敵者
若酥蜜酪相和一内名華進遏伽火
中一千八妻妾貞潔
若黑月八日酥蜜相和内炒稻華於
中進火中一千八日三時滿七日得
千戸大庄
若供養像黄芥子和鬱金進縛叱薪
火中一日三時時一千八滿七日國
王貴敬
若供養像阿底目迦多薪作火壇進
其華於中滿十萬大臣貴敬
若供養像進夜合華於火中一千八
妃貴敬
若取衆名香蜜和作迦那形充七日
割進火中日一千八貴敬
若海鹽和芥子油燒日三時時一千
八經一月族姓人貴敬
若寒林中坐髑髏上寒林薪作火壇
進血於中晝夜荼吉現以血充閼伽
供養之云有何事隨意乞大願天神
貴仰

若大寒林中黑月十四日取躶形屍
内進火中從日入至夜半梵羅刹作
忿怒形而爲奉教後日得衣兩事金
錢一百文
若取寒林華鬘進火中一千八首陀
貴敬
若以蠟作毗舍遮形割進火中毗舍
遮衆現爲奉教後日得衣服
若截阿樞迦無憂也抄愔愚多油進火
中經一月爲持明王
若進薰陸香於阿樞迦火中日二時
時一千八經一月得大庄
若以飲食香華供養像以其華一誦
一散像前滿一百萬徧爲持明王
若取摩勤迦華飲食供養散其華十
萬見用
若常持念此密言者無衆諸衰難
若酥烏麻油一日三時時一千八進
火中經七日得大庄
若加持佉馱羅撅一百八釘入怨人
家内彼善心相向
若龍華鬘進佉馱火中日一千八經
一月迦那至

若酥蜜相和一內迴香華進阿波末哩迦（唐云牛膝）火中滿十萬家內七寶自涌

若酥蜜酪和阿波末哩迦子進屈䌨迦薪火中滿十萬王貴敬

若黑月一日阿樞迦樹下庚體迦末敷華一內酥蜜酪中進火中滿十萬得金錢一千文

若制底前布像供養進俱羅叱迦華於佉馱羅火中滿七日大威力烏芻瑟麽現滿願若進阿杜華於佉馱羅炭火中一千八七日伏藏現

若進阿伽悉地華於苦練火中一千八經七日得金錢一文

若以內摩勒地華酥蜜酪中進瞻蔔迦火中經一年共誦一十萬得金錢十萬文

若以泥塑䌨羅四紫檀供養持密言晝夜彼當長喘與行者黃金一斤

若流入海河立其水至膝用阿迦羅充燒香以名華一動進水中滿十萬爲大持明王人天歸命

若截阿伦樹枝一內酥蜜酪中燒之十萬徧爲小持明王

若胡麻酥蜜酪相和進火中滿十萬見用若截松木進火中十萬徧見用

若酥蜜相和截蜜栗䌨樹根一內一進火中滿十萬大富

若黑月八日供養像華和鬱金華進火中一日三時時一千八滿七日大富

若有龍水邊白月五日布像供養龍腦香龍華顆和進火中滿十萬其龍貴敬得寶珠十萬顆

若黑月八日大自在天王廟中一內阿底目迦多華於酥蜜酪中進火中一日三時一千八滿七日得大庄五所長壽

若進訥䌨草（骨路也）若進火中滿十萬

若進屈野迦欲敷華於審銘火中滿十萬王女敬重

若粳米和烏油麻相進脂俱叱火中一千八鐃奴婢

烏樞瑟麽明王經卷上

金剛恐怖集會方廣軌儀觀自在菩薩三世最勝心明王大威力烏樞瑟摩明王經卷上

校勘記

一 底本，金藏廣勝寺本。

一 二三九頁中一、二行經名，石、麗作「大威力烏樞瑟摩明王經卷上」。

一 二三九頁中三行「北天竺國」，石、麗作「大唐北天竺國」。

一 二三九頁中九行第二字「諸」，石作「者」。又末字「愛」，石作「受」。

一 二三九頁中一四行首二字「善哉」，麗作「善哉善哉」。

一 二三九頁中一九行第一〇字「懾」，磧、南作「攝」。

一 二三九頁下一行第一二字「法」，石、麗作「汝」。

一 二三九頁下二〇行「三角」，麗作「三角作」。

一 二三九頁下二〇行「寂災」，石作「息災」。

一 二四〇頁上二行首字「尾」，石、麗作「尼」。

一 二四〇頁上六行首字「拼」，徑、清作「絣」。

一 二四〇頁上九行第七字「左」，石、麗作「右」。

一 二四〇頁上一三行首字「鈷」，石、徑、清、麗作「股」。下同。

一 二四〇頁上一五行第五字「隅」，石無；麗作「方」。

一 二四〇頁上一八行第三字「鈷」，磧、南作「股」。下同。

一 二四〇頁上一九行第一一字「項」，石、磧、普、南、徑、清作「頂」。

一 二四〇頁上二一行第五字「草」，石、麗作「菓」。

一 二四〇頁上末行末字「前」，石、磧、普、南、徑、清、麗作「皆」。

一 二四〇頁中一行「非梵」，石、麗作「道梵行」。又夾註「正方」，徑作「方正」。

一 二四〇頁中二行第三字「加」，磧、普、南、徑無。

一 二四〇頁中一〇行第一一字「畫」，磧、普作「晝」。

一 二四〇頁下一行末字「隻」，石、磧、普、南、徑、清、麗作「雙」。

一 二四〇頁下三行末字「各」，石、麗作「合」。

一 二四〇頁下一三行第二字「車」，磧、普、南作「畢」。

一 二四〇頁下二一行第七字「緤」，麗作「氎」。

一 二四〇頁下末行第六字「食」，麗作「食食」。

一 二四一頁上二行夾註右第六字「右」，石、麗作「左」。又左末字「也」，石無。

一 二四一頁上四行夾註右首字「著」，石、麗作「並」。

一 二四一頁上八行第一三字「焰」，石作「焰灼」。

一 二四一頁上九行第三字「右」，磧作「石」。

一 二四一頁上二〇行第二字「紫」，石、麗作「柴」。又「畫夜」，石、磧、普、南、徑、清、麗作「晝夜」。

一 二四一頁中二行第三字「食」，麗無。

一 二四一頁中五行第四字「持」，石、麗作「持持」。

一 二四一頁下六行第一〇字「畫」，石、磧、普、南、徑、清作「晝」；麗作「彩畫」。

一 二四一頁下九行「淨食」，石、麗作「食淨」。又「不淨」，磧、普、南、徑、清作「痞」；麗作「否」。

一 二四一頁下一二行「苦練」，徑、清作「苦楝」，次頁上七行同。又「大壇」，徑、清、麗作「火壇」。

一 二四一頁下一六行第四字「轉」，石、麗作「輪」。

一 二四二頁中六行第二字「生」，石、麗無。

一 二四二頁中九行夾註左「未塗」，磧、普、南、徑、清作「末塗」。

一　二四二頁中一四行第二字「瘂」，石、磧、普、南、徑、清、麗作「瘂」。

一　二四二頁下五行末字「敬」，磧、普、南、徑、清無。

一　二四三頁上三行「赤胭」，石、麗作「赤烟」。

一　二四三頁上六行首字「子」，磧、普、南、徑、清作「中」。

一　二四三頁上一四行第一三字「殞」，磧、普作「殯」。

一　二四三頁中一〇行「塑成」，石作「素成」；麗作「塐成」。本頁下一七行同。

一　二四三頁中一四行第一〇字「制」，麗作「一制」。

一　二四三頁中一九行「油麻」，石作「胡麻」。

一　二四三頁中末行第二字「鍊」，石、麗作「燒」。

一　二四三頁下五行「粖和」，石作「粖加」；麗作「末加」。

一　二四三頁下九行第八字「後」，石、麗作「得」。

一　二四三頁下一〇行「相加」，石、麗作「相和」。又「蓮華一兩」，石、麗作「蓮菓一內」。

一　二四三頁下一三行第二字「末」，徑、清作「粖」。又「佉馱」，石、麗作「佉馱囉」。

一　二四三頁下二一行「十萬」，磧、普、徑作「千萬」。

一　二四四頁上一行「麼婆晝夜」，石、磧、普、南、徑、清、麗作「麼娑晝夜」。

一　二四四頁上二行第九字「令」，石、麗作「今」。

一　二四四頁上一〇行「吉祥」，石、麗作「吉祥草」。

一　二四四頁上一一行第五字「問」，磧、徑作「問」。

一　二四四頁上一七行首字「牛」，石、麗作「羊」。

一　二四四頁下二行首字「內」，麗作「肉」。

一　二四四頁下九行正文第六字「抄」，磧、普、南、徑、清作「梢」。

一　二四四頁下一一行「二時」，石、磧、普、南、徑、清、麗作「三時」。

一　二四四頁下一三行第五字「香」，石、麗無。

一　二四四頁下一五行「摩勤迦」，石、磧、普、南、徑、清、麗作「摩勒迦」。

一　二四四頁下一九行第三字「經」，麗作「滿」。又末字「莊」，磧、普、南、徑、清作「疾」。

一　二四四頁下二〇行第七字「擫」，石、麗作「木擫」。

一　二四五頁上三行第九字「哩」，石、麗無。

一　二四五頁上五行「迦末」，石、磧、普、南、徑、清作「迦末」；麗作「迦木」。

一　二四五頁上一二行第一〇字「練」，徑、清作「楝」。

一　二四五頁上一八行「一斤」，石、麗作「千斤」。

一　二四五頁上二〇行第八字「動」，石、麗作「熏」。

一　二四五頁上二二行「阿佗」，石、麗作「阿説他」。

一　二四五頁中一行「胡麻」，磧、普、南、徑、清、麗作「油麻」。

一　二四五頁中二行第一三字「見」，徑無。

一　二四五頁中一二行首字「一」，麗無。又第四字「時」，石、麗作「時時」。又第七字「八」，磧作「遍」。

一　二四五頁中末行經名，石無（未分卷）；南、麗作「大威力烏樞瑟摩明王經卷上」；徑、清作「金剛恐怖集會方廣軌儀觀自在菩薩三世最勝心明王大威力烏樞瑟摩明王經卷上」。

威力烏樞瑟摩明王經卷中　廾

北天竺國三藏阿質達霰

若粳米和牛酥進火中十萬徧生有相之子若松木脂和酥進火中十萬徧增七寶財若以飲食香華供養像像前地上畫人或王行者心上坐誦十萬徧彼并族貴敬

若白芥子鬱金華和進迦赦惹火中日三時時一千八滿七日王族貴敬

若麼沙末芥子油和塑爲囉惹形從初夜割進鉢囉奢薪火中令盡彼貴敬

若烏麻油粳米和黄叉以烏麻油和進火中日三時時一千八滿七日首陀貴敬

若烏麻祖進火中一千八迦那貴敬

若粳米粉成捨覩嚕取脂俱吒枝爲搬加持一千八徧銜口不能語

若寒林炭畫梵羅剎誦一萬令捨覩嚕麼囉寧若解彼呪法者以香華飲食供養像像面向北入對之芥子毒藥血和進味達迦多薪火中一千八彼當失驗

復次羯磨壇先對像面東念誦畢便作此壇於大河海側或大麦林中或高山上如法摩地訖准前畫院開一門正方八肘當中畫大威力烏芻瑟麼明王於右畫惹耬多者哩寧明王怒形斜目又於左畫阿吒吒僧伽明王入門門右角内畫大自在天王并妃又於門左角内畫那羅延天王四臂皆執器仗又於北方畫伽那一角内金剛杵西方赤索一角阿跛邏攞龍王印畫一小階階上畫一龍頭蛇出項以來南方一口黑色劒壇内諸尊並坐以心密言加持灰於壇外正方作梵界道以飲食香華供養凡入壇物皆以心密言加持之取雄黄以石研成粉牛乳和爲丸五布阿説佗葉於壇中以藥丸置上行者以忿怒形加持之焰起取一丸施與諸天以一丸施與先成持明者以一丸施給侍者餘丸研塗額上候及心成天明仙身生瓔珞其鬘右旋宛轉紺色異常皃同諸天壽一千歲若煙生王諸隱形仙若熱能令一切衆生喜見柔伏供給財寶壽年百歲若三

相不現塗額衆人貴敬
若以𤚩黃或牛黃代雄黃亦得驗
若黃丹和巳身血置淨髑髏中安前
壇上加持焰起取少塗額王一切天
仙餘相准前
若沐浴衣遝結𡱝囉細曩櫟薰香壇
中坐持明身上焰或起煙生勳等功
力准前
若取紅蓮顆龍華顆末之酥蜜和之
金椀盛置壇中加持之焰起藥成甘
露服之成自在天身壽遠劫不復飢
渴煙生藏形熱總持不忘壽千歲無
病一切衆生貴敬
若月蝕時立壇赤銅椀盛羖羊乳加
持之焰起服之王一切天仙壽如日
月焰不起壽一百歲得大勝利
若補沙鐵作三鈷乂或佉䭾囉木長
十二指作行者澡浴徧體塗灰禁語
加持乂三十萬候月蝕以置壇中加
持焰起持乂身成大自在天王面有
三目威力亦等煙生之王諸隱形仙
勳有大威力
若補沙鐵作杵長十六指以紫檀徧

塗之黑月八日或十四日月蝕時立
前壇於道路取少淨草布中置杵於
草上取黃牛酥一加持一澆杵上滿
一千八諸鬼神及毗那夜迦并阿吒
吒呵僧見勿畏結那拏印持明彼皆
退散然執之加持焰起持之得帝釋
位具足千目王三十三天阿脩羅衆
皆來頂禮納其女子力伏魔王煙生
王隱形仙勳壽百年天龍順伏若作
三金輪大寒林中立前壇准前置輪
澆酥一千八壇中右手執輪加持焰
起成諸仙輪王威力倍勝首羅及帝
釋神仙歸仰命終生阿拏迦䴏典宮
若佉䭾羅木作劍以三金鑠裹三處
山頂布前壇以右手持之加持之加
持令劍作青色便住立其地先布少
淨灰以劍頭當灰中拄之一切隱身
諸仙並現作禮旋遶而去取其灰少
少分布與人彼得灰者皆成天仙
若佉䭾羅木作伽那以赤華鬘掛於
伽那上准前置執加持焰起成毗沙
門天王大力夜叉之主無量鬼神而
爲給侍便往阿拏䴏典宮壽一大劫

若素嚕(二合)但(引)戰曩末以麼囉(二合)領
銘(二合華及藥掌中和牂佉乾和擣津又泮滿一千徧)和之(又擣爲牂)以金
椀盛之又以金椀蓋之准前澆蘇滿
千乃置椀於掌中加持焰起牂塗目
中飛騰自在諸天圍遶給侍壽遠劫
復次阿毗遮嚕迦法大寒林中立壇
以心密言加持巳血一徧灑其地候
乾又灑清水又以寒林灰塗之寒林
灰界壇院三角三肘開北門門外畫
羅刹鬘上豎怒形以人骨莊嚴之右
手掌一髑髏盛血作向口飲勢壇心
畫娜拏印焰起三角各畫佉吒望伽
及毗舍遮衆以大肉祀羅刹毗舍遮
前置酒行者舉形被鬘以頭中名三
指塗己血於額兩肩心喉大怒心左
遶壇行一帀立稱烏蒭瑟麼名更灑
巳血於壇以赤華鬘遶壇院一帀粳
米飯和血置髑髏中安壇中人骨和
鬘爲焚香又一髑髏滿盛血赤華鬘
纏之又以三髑髏壇前支纏華者煎
之行者蹲踞坐持人脛骨攪血仍咬
牙嚙齒大怒形持密言血中焰起有
無量聲喧空必不損人愼勿怖其阿

吒吒訶僧及諸鬼神身皆焰起以捶
種惡形來現去須何願隨意乞之若
國家有大陣敵或惡人毀除三寶令
擊之皆大喪敗
若不擇時日依前作三角壇唯除華
鬘髑髏并支者以建吒迦唐云棘也薪作
火壇髑髏粖毒藥粖和血進火中一
千八捨覩嚕摩囉寧
復次寒林衣應肘量者寒林中或路
上作壇以血灑之壇北布之以巳血
畫之髮上豎怒形四臂一手掌髑髏
第二手娜拏第三手人頭第四手杵
衣虎皮褌黑月八日大寒林中布像
以黑飲食赤華供養行者蹲踞坐以
灰畫捨覩嚕血和芥子置一髑髏中
行者於捨覩嚕上蹲踞坐以建吒迦
薪棘也作火壇進血芥子於中爇夜非
友麼囉寧三夜作一家七夜作七族
一月夜尾囉也
若墓田或殯宮布之蹲踞坐進鹽和
血於建吒迦火中一千八摩囉寧
若布像像前以灰或炭或稻糠灰畫
彼形心上坐進血和灰於寒林殘薪

火中盡夜家摩囉寧慈七夜
若寒林中布像取其炭粖和水作捨
覩嚕佉馱羅木橛長兩揸塗血於釘
華佗哩娜乃坐橛上持明一千八日
三時滿三日摩囉寧
若行者內衣於血中披之水立至齊
持明血乾披亦然
若寒林中布像犬肉芥子油和進火
中一千八經十五日摩囉寧
復次扇底迦壇於淨室或河岸作方
四肘准前壇㨾圖之當中畫金剛部
母右畫金剛拳明妃左畫金剛鎖明
妃部母前一角內大威力烏蒭瑟麼
明王一角內金剛手菩薩四角內及
壇心皆布阿樞迦葉葉上各安一水
缾以香華飲食供養用鉢羅奢薪作
火壇進酥彌麼難明滿一千八又進
牛乳每徧稱烏蒭瑟麼莎嚩訶一千
八官事散病愈矣
若准前七日作國內疫差若壇前油
麻油酪蜜酥和進前薪火中日一千
八七日病差事散
若依前立壇布像取像內牛乳中出

之又布進牛酪於前薪火中一千八
缾盛少香水加持七徧將缾就彼病
人處以灑彼面云願汝即差其缾滿
盛清水置壇中持一千八令浴之差矣
若烏曇跋羅木作匙先三誦三業酥
乃進阿誐佗薪火中次一誦一進稱
彼病者名一千八差矣
若加持粳米飯和乳與食經七日差矣
若依前布壇像截烏曇跋羅枝一內
乳進審銘薪火中一千八經七日彼差
若布像取油麻油酥蜜酪和進審銘
薪火中一日一千八經七日摩囉寧
若進乳於審銘薪火中滿萬摩囉寧
若內像於乳或酥布之進乳審銘火
中又加持香水灑彼面差
若酥煎美餅及酪蜜酥乳等供養像
以粳米飯和酪或酥乳蜜和進阿誐
佗火中日三時時一千八滿七日致富
若佛殿或神廟中依前供養像進龍
腦香於穀木火中日三時時一百八
滿七日七寶六畜增長
復次以白檀香木剋本尊長六指行
者頂戴水中立至項盡日持齋言家

内行疫鬼死三日作城内疫差鬼去
七日作境内差鬼去
若以阿說他木與前壇像作座以牛
糞於路上作壇安像供養然牛酥燈
像面向西行者面東坐草團上捧白
檀香水以奉請密言加持七徧迎本
尊降入像中惹底華（一名蘇末那）一内乳中
進火中盡夜當疰内疫差七徧作國
内差
復次以鬱金畫本尊行者受八戒持
齋頂戴像設幡華燒香供養引之右
遶疰一帀疫差
復次按俱咤木或阿說他木剋本尊
於四衢路以香華飲食供養人缺并
骨粖之進按俱咤火中日三時時一
百八徧當疰疫差
復次補沙宿直日（唐云鬼宿）飲食香華供養
阿說佗樹因取其北引根牛五淨和
少清水持差草揩洗之或鬼宿直日
市紫檀木依前洗之日日初摩一方
壇置木及所剋像刀斧等於中以根
本密言加持紫檀木香水七徧洗之
行者八戒十善壇西進酥於火中七

徧結根本及娜拏印令匝於壇中速
剋本尊左手持杵右執娜拏怒形左
視如立勢如立根本印行者在側持
明勿絕令日月畢以檀香水浴之以
飲食香華供養以彩色嚴之像額間
點赤或黃至來月一日開目立壇以
飲食安悉香華供養三寶其日於壇
像前起首持明十萬乃候月蝕立壇
布像像面西飲食紫檀香華供養之
燒安息香娜拏印加持之印焰起入
行者頂持明王有聲見用若海或河
側供養本像作佛手一搩量（佛手一搩今人之三搩以二尺四寸准也）制帝十萬誦密言三十萬徧乃
以黑月八日或十四日供養加持焰
起爲明王
復次黑月八日依儀供養按俱吒樹
取其根本尊右手舒五指以掌拓心
左手持杵左足踏毗那夜迦右足踏
娜拏令娜拏一頭押毗那夜迦取按
俱咤華和芥子油進按俱咤火中晝
夜令滿一萬徧夜半作大聲現候至
午佉馱羅木和芥子油中進按俱咤
火中一千八滿七日毗那夜迦死若

進乳於火中一千八寂灾
若以蟻壙土作毗那夜迦形應肘量
大寒林中立壇置形於佉馱羅木長
十指和毒藥及血進佉馱羅木火中
滿萬徧夜半形作大聲得其悉地後
作毗那夜迦法皆成就不被惱亂
復次於應肘量𦆵上畫大威力明王
左上手掌髑髏下手竪頭指擬勢右
上手持娜拏下手杵像前畫一毗那
夜迦蹲跪合掌左足下踏一毗那夜
迦立壇布像以赤華飲食紫檀香供
養取一内進苦練火當乃諸惡鬼神
以種種形見作吒訶吒訶聲愼勿懼
毗那夜迦啓言有何事喚我勿與語
得毗那夜迦悉地後無畏難若被毗
那夜迦作障難者像前誦一千八難
止若水立至項結娜拏印誦一千八
彼衆退散
若取五穀及新果并名香置一缾中
滿盛清水以菴羅葉塞口牛糞摩
壇置缾於中加持一百八徧若毗
那夜迦爲病或遭鬼魅或年十六已
下人諸鬼神所中者浴著婦人過月

不生浴之即產薄福之人浴之罪滅
致富
若加持菖蒲根一千八口含訴訟得理
若進阿鉢羅指多華火中滿一萬辟兵
若誦密言七徧以項上少鬚作一結
辟兵
若童女合䋲華作七結繫臂不爲諸
毒所中若鬼魅所中加持水灑其面
結娜拏印持明差矣
若治毒加持清水灑彼面若未差或
加持苦練葉七徧掃彼身差
若爲諸龍所傷者加持清水一百八
令服之差
若惡瘡丁瘡加持土七徧和水塗之差
若遇怨敵結娜拏印誦明一百八彼
發善心相向若止惡官亦介
若爲人抵犯者結娜拏印彼不能語
若恒憶念此密言者本尊隨逐衆魔
不近止盜賊水火辟五兵延年
若欲先加持之七徧服之辟衆毒
若人患心狂或爲人厭令介者結娜
拏印彼耳邊誦七徧差
若瘵前狂病以二瓦拢相合結娜拏

印彼耳邊誦七徧撲破其拢差
若瘵痃癖加持烏麻油七徧塗腹差
若加持淨水散於十方一誦一結䋲
線滿七繫臂自護護他
若自經織但誦之解矣
若加持右大拇指七徧以其印額誦
一徧次右肩次左肩次心次喉成護
身辟師子虎狼及諸怖畏
若晨朝沐浴心華供養本尊誦一百
八辟兵災橫見歡喜
若有官事或怖畏依前供養持明止矣
若國家大兵敵者布像內阿波末哩迦
（牛膝）子酥蜜酪中進阿波末哩迦薪火中
滿萬敵退
若瘵藥毒牛糞作壇布像截佉馱羅
木二十一枚加持七徧點芥子油進
火中
若中鬼魅加持一缾清水一百八令
浴差
若被禁繫持密言枷鎖解脫
若瘵癩加持紫檀香一千八塗之差
若菖蒲根䊀和蜜加持一千八服之
瘵冷癥

若患瘧加持恒山華一千八令項戴差
若患癲癇或及惡風者進蔞華於佉
馱羅木火中一千八差
若令童子沐浴塗紫檀香衣以新衣
瓔珞牛糞塗壇徧散赤華令頭戴赤
色華鬘加持赤華七徧令捧而掩目
焚安悉香結娜拏印加持本尊降問事
若步多鬼中者索囉娑藥和香燒結
娜拏印加持彼被縛赦之差
若芥子䊀壕彼形割進火中令形支
七日摩囉寧
若寒林灰於髑髏上畫彼人寒林柴
火炙之持明如火七日內摩羅寧諸
術不解
若寒林炭和水壕彼形或以其炭畫
之以釘釘口加持二十一徧或一百
八不能語
若依前壕畫口上燒苦練火心上坐
毒藥血鹽芥子和進火中一百八同前
若准前壕畫頭上坐心上燒火摩囉寧
若依前壕畫釘心脚上坐澆水於釘
上滿一百八水病摩囉寧若去釘加
持乳一百八與之浴復

若加持素尾爛戰(此藥青色似鐵生)粖一百八
塗目見者貴敬
若加持清水一百八洗面謁王貴敬
若加持清水一百八洗面訴訟得理
若蛇皮進苦練根火中或佉馱羅木
火中日三時亦一千八滿七日摩囉寧
若於淨室或四衢路中或寒林中日
午截鵄翅進摩訶迦羅火中一千八
如鵄飛若進乳於火中一千八復
敕惹火中一千八滿七日
若離合三日絕食午時進蚍助骨於
若已血毒藥夜半進寒林薪火中一
千八經七夜摩囉寧
若誦部母密言進酥火中一千八又誦
根本密言進牛乳於火中一千八復
若先三日不食大自在天王廟中(有名)
(相處)布像先廣設供養便眠夢本尊告
言其處有伏藏可取之
若黑月八日夜半淨室或寒林中血
和毒藥一內摩吐囉子進摩咄囉火
中一千八滿七夜烏曇娜曩若進酥
於火中一千八
復次像前先誦十萬徧三日勿食第

四日二時入水中立至咽結娜拏印
或打車捧印或杵印或羂索印或劍
印持明至夜半出於岸側以莽度迦
薪(唐云甘草)充火壇先火壇先以莽度迦
木刻其印一內木印於酥蜜中燒之
至止後以印印山山碎印海海竭
若蚍咬印之彼求哀赦之差
若印人彼被縛
若印枷鎖即解脫
若印毒藥服之無苦
若欲作一法以印助之速驗
若惡人相向作瞋心印之彼吐血或
失心
若患鬼魅及風癎加持黃芥子七徧
打面差
若進虎爪火中七徧不被虎傷
若加持苦練根一千八繫臂無一切畏
若加持摩訶迦羅根一千八置門頰
上一切鬼病不入
若加持頂上少髮作一結一切處無
怖畏若絕食一日黑月八日或十四
日剃底立壇安像供養於金剛部母
前燒安悉香誦一千八便敷草眠吉

凶具告
復次止雨以紫檀作壇布像香華飲
食供養持明止矣
若惡雨雹雷雹結杵或娜拏印持明
止矣
若祈雨黑月十四日大河側以蟻墳
土埲龍龍葉芥子油和徧傳之以足
加龍首結娜拏印加持之晝日止雨足
若以牛皮白月五日寒林炭粖和水
傅皮白上作龍前一日三時時一千
八進苦練葉於火中經七日雨足
若前法不驗者寒林中以其炭畫作
四肘方壇開南門於中畫大威力明
王前畫三五頭龍龍皆首北次南畫
一池池中青蓮華次池南又三五箇
龍龍亦首北四角內各畫一池池內
青蓮華并三兩箇龍門內畫一龍七
首首北以毒藥粖和血內餜華子於
中進火中滿一千八諸龍以蚍形而
現死轉于地語令急下雨加持水七
徧灑龍赦去雨足
若誦金剛部母密言一千八白月七
日於制帝布根本像以飲食香華供

養芥子和酥進火中一千八畢障清淨
若以鐵處土和水成彼形行者每小
遺其上一遺加持一百八滿七日彼
貧賤若勃哩孕迦華摩勒迦粖及清
水置餅中勃哩孕迦葉塞口加持一
千八令浴復
若加持華或菓一千八贈人貴敬
復丈應肘量繅畫夜叉女勿用膠美
白艷色瓔珞璫釧天衣嚴飾右手施
願左手執阿樞迦葉布此像於阿樞
迦樹下面北立壇以慈底華或勃哩
孕迦華并飲食供養心密言加持香
燒之行者面南草團或華葉上坐加
持阿樞迦華一徧擲像上滿七日以
第七日夜半於像前一內阿樞迦華
酥蜜酪中進阿樞迦火中一千八現
獻紫檀閼伽如願（毋打額妨妹 力食要打心）
若一日不食黑月八日或十四日午
時寒林中芥子粖成彼呪師所尊形
徧塗毒藥於刀子刃持一千八徧稱
彼尊名困截形為兩段彼失驗
若准前成形加持乳一千八浴之如故
若寒林中以生酥成彼尊形加持五

釘各一百八稱彼尊名於額及兩肩
喉心各釘一釘彼失驗去釘如故
若瓦梡中以寒林炭畫彼形尊形又
以一瓦梡蓋之取黑羊毛線纏梡加
持一千八徧彼呪師身如被縛失驗
若有諸呪師能為大神通者寒林中
寒林炭和毒藥粖之進其薪火中一
千八徧稱彼名失驗
若誦金剛部母密言進酥於火中一
百八稱彼名如故
若先三日不食寒林中或淨室或四
衢中紫檀香青木香粖和水捺迦那
以寒林炭和毒藥充火炙形加持一
百八相親彼被障患癩依前加持水
餅令浴差
若旗幡上寫密言持之入陣辟兵
若以樺皮寫密言置髻中入陣刀箭
及身猶如散華有何患也
若紫礦粖和水一內勃羅得迦子於
中進竹火中一千八諸呪師欽伏
若以人骨代勃羅得迦繅准前行者
身安寧若紙或樹皮寫密言頭戴辟兵
若加持土塊一百八擲於水中然涉

之水性之屬不能傷人
若加持繅華線一百八次誦一結滿
七繫臂路行辟劫盜
若以木刻金剛杵一千八先一日不
食進火中令盡一切金剛部法成驗
若霹靂木刻作三鈷杵有大雪雷雹
降右手持杵降山或佗境雲等移往
其處
若以摩咄羅莖刻杵立壇置中人鬼
供養之取一樹果一千八顆以其樹
充薪進果令盡知瑟吒
若以貓糞代進摩咄羅華於莨菪火
中一千八白縣風
若鹵土酪和置鎗用摩娜薪火煑之
去鎗進粥於鎗下火中一千八留殘
粥後取少分和食與之同前

大威力烏蒭瑟摩明王經卷中

威力烏樞瑟摩明王經卷中

校勘記

一　底本，金藏廣勝寺本。

一　二四九頁中一行經名，石無（未分卷）；磧、普、南、徑、清作「金剛恐怖集會方廣軌儀觀自在菩薩三世最勝心明王大威力烏樞瑟摩明王經卷中」；麗作「大威力烏樞瑟摩明王經卷中」。

一　二四九頁中二行譯者，石無（未分卷）；磧、普、南、徑、清、麗作「北天竺國（「國」字，麗無）三藏阿質達霰譯」。

一　二四九頁中六行第一一字「心」，石、麗作「形心」。

一　二四九頁中八行第一二字「惹」，麗作「若」。

一　二四九頁中一〇行第九字「塑」，石作「素」；麗作「塐」。又第一二字「惹」，石、麗無。

一　二四九頁中一二行第三、四字「麻油」，石、麗作「油麻」。

一　二四九頁中一八行第五字「晝」，麗作「盡」。

一　二四九頁下五行第七字「惹」，麗作「若」。

一　二四九頁下六行第五字「又」，麗作「右」。

一　二四九頁下一一行夾註左第三字「豫」，石、普、南作「濛」；磧、徑、清、麗作「蒙」。

一　二五〇頁上一〇行第九字「之」，麗無。

一　二五〇頁上一六行末字「利」，石、麗無。

一　二五〇頁上一七行第七字「鈷」，石、磧、普、南、徑、清、麗作「股」。

一　二五〇頁中八行第一二字「王」，磧、普作「三」。

一　二五〇頁中一〇行第四字「大」，磧、普、南、徑、清作「天」。又第七字「中」，磧、普、南、徑、清作「木」。

一　二五〇頁中二〇行第四字「羅」，磧、普、南、徑、清作「阿」。又第一〇字「赤」，麗作「赤色」。

一　二五〇頁下五行第五字「在」，磧、普、徑、清作「住」。

一　二五〇頁下一三行「大肉」，石、麗作「犬肉」。

一　二五〇頁下一四行第一三字「名」，麗作「無名」。

一　二五〇頁下一七行第六字「赤」，石、麗無。

一　二五一頁上七行首字「火」，磧、普、南、徑、清作「大」。

一　二五一頁上一七行夾註「棘也」，徑、清無。又正文「盡夜」，石、磧、普、南、徑、清、麗作「晝夜」。

一　二五一頁上一八行首字「友」，磧、普、南、徑、清作「反」。

一　二五一頁中一行「盡夜」，石、麗作「晝夜」。又第八字「寧」，徑無。

一　二五一頁中一〇行至一一行「方四」，徑作「四方」。

一　二五一頁中二〇行末字「油」，石

作「胡」。

一二五一頁中二一行第九字「薪」，石、麗無。

一二五二頁上八行「晝夜」，石作「晝夜」。又「七徧」，麗作「七夜」。

一二五二頁上一八行第五字「因」，石、麗作「用」。

一二五二頁上一九行第五字「莁」，麗作「莖」。

一二五二頁上二〇行「日日」，磧、普、徑、清作「日月」。

一二五二頁中二行末字「左」，石、麗作「右」。

一二五二頁中四行第五字「日」，石、麗作「白」。

一二五二頁中一〇行「娜拏」，石、麗作「結娜拏」。

一二五二頁中一一行第一二字「海」，石、麗無。

一二五二頁中一二行第一〇字「圻」，麗作「磔」。本行及次行夾註同。

一二五二頁中一三行夾註左第二字「寸」，磧、普、南作「曰」；徑、清作「爲」。

一二五二頁下九行第七字「手」，麗作「手執」。

一二五二頁下一〇行第七字「左」，石作「右」。

一二五二頁下末行第一〇字「著」，石、徑、清、麗作「差」。

一二五三頁上一〇行「若未」，石、麗無。

一二五三頁上一五行第九字「誦」，石無。

一二五三頁上二〇行第二字「欲」，石、麗作「欲食」。

一二五三頁上二二行末字「差」，石、麗無。

一二五三頁中三行末字「緤」，麗作「練」。

一二五三頁中九行第六字「心」，石、磧、麗作「以」。

一二五三頁中一六行第五字「牧」，石作「枝」；磧、南、徑、清、麗作「枚」。

一二五三頁中一九行第二字「差」，磧、南作「差布」。

一二五三頁下一〇行第五字「埭」，石、麗作「塑」。下同。

一二五三頁下一三行第九字「曰」，磧、普、南、徑、清作「百」。

一二五四頁上一行夾註左首字「似」，磧、普、南、徑、清作「以」。

一二五四頁上一〇行第一二字「助」，磧、徑、清、麗作「肋」。

一二五四頁上一一行首字「赦」，石、麗作「迦赦」。

一二五四頁上一七行正文第三字「先」，磧、普、南、徑、清作「華」。

一二五四頁上一八行「言其」，石作「語其」；麗作「諸某」。

一二五四頁上二〇行第七字「吐」，石、麗作「咄」。

一二五四頁上二二行末字「八」，石、磧、麗作「八復」。

一二五四頁中三行第三字「明」，麗作「明王」。

一 二五四頁中四行「先火壇」，石、麗無。又正文第一一字「度」，磧作「受」。

一 二五四頁中九行第五字「即」，石、麗作「即得」。

一 二五四頁中一一行第四字「一」，石、麗作「一切」。

一 二五四頁中二〇行「少髮」，石作「少髻」。

一 二五四頁中末行第一三字「眼」，麗作「根」。

一 二五四頁下七行第一一字「傅」，徑、麗作「傳」。一〇行首字同。

一 二五四頁下八行「晝日」，石、磧、普、南、徑、清、麗作「盡日」。

一 二五四頁下一〇行第六字「龍」，石、麗作「龍籠」。

一 二五五頁上六行第三字「令」，麗作「今」。

一 二五五頁上九行第二字「艴」，麗作「淨」。又第六字「墻」，磧、南、徑作「鐺」。

一 二五五頁上一四行「七日」，磧、普、南、徑作「十日」。

一 二五五頁上一六行第八字「迦」，麗無。

一 二五五頁上一七行夾註右首字「母」，磧、普、南、徑、清作「夫」。又夾註左第二字「候」，石、磧、普、南、徑、清、麗作「喉」。

一 二五五頁上二〇行第九字「持」，石、麗作「加持」。

一 二五五頁上二一行第四字「困」，石、麗作「因」。

一 二五五頁上二二行第一二字「浴」，麗作「俗」。

一 二五五頁中五行「一千」，石作「一百」。

一 二五五頁中一四行第六字「被」，石、麗無。

一 二五五頁下六行第八字「鉆」，石、磧、普、南、徑、清、麗作「股」。

一 二五五頁下八行「其處」，普作「具處」。

一 二五五頁下九行第八字「杵」，磧、普、南、徑、清作「格」。

一 二五五頁下一三行「白顯風」，石、麗作「去白佃風」。

一 二五五頁下一四行第七字「鎗」，磧、普、南、徑、清作「鐺」，一五行第二字及第六字同。又第一〇字「娜」，石、麗作「娜那」。

一 二五五頁下末行經名，石作「大威力烏樞瑟摩明王經卷上」；徑、清作「金剛恐怖集會方廣軌儀觀自在菩薩三世最勝心明王大威力烏樞瑟摩明王經卷中」。

大威力烏樞瑟摩明王經卷下　磧

大唐北天竺國三藏阿質達霰譯

心密言事法

復次求心密言成驗法行者不拘淨穢食與不食持滿十萬當得悉地

若取線一加持一結一千八遍戴之目護護他若加持黃芥子或灰或水散十方辟魔若加持頂上髮作髻所至之處皆獲勝利若加持衣角七遍作一結訴訟得理

若遭囚閉枷鎖心誦眞言即得解脫

若良田土及灰以蜜和之加持塗一切瘡生肌

若梵羅刹中人至困者結心印持明者

若旃陁羅家灰滿威鉢中毒藥末和水加持灑灰上置地加持之旋轉捕盗

若黑月八日魚肉及血杞摩藍首羅右邊夜叉面執人骨橛加持一千八遍稱彼名擣紅藍花汁塗橛用釘入地烏蹉娜囊

若加持鵄脛骨一百八遍釘彼門下如鵄飛若絶食三日黑月八日或十四日寒林中以其灰布彼形佉馱羅木橛五枚各加持一百八遍釘額喉心及兩肩摩囉寧不者以一橛釘支節少沙

若離合黑月八日日方午或夜半進寒林灰於苦楝樹皮火中一千八遍

若夜半蛇脫皮鼠狼肉一內芥子油中進摩阿迦羅火中經七夜尾娜未沙曩

若離合進俱奢得鷄果於勃羅得迦火中一日三時時一千八遍至滿七日

若寒林中或淨室中進勃羅得迦果於氷拏迦火中一千八遍辟大力鬼神

若勃羅得迦子青木香和油麻油進勃羅得迦火中一千八遍至滿七日矩魃吒加持紫檀香一千八遍塗之復

若灰塩毒藥末和進火中一千八遍瘂辟

烏樞瑟摩明王經卷下　第二張　漆

若一日不食黑月八日寒林灰和魚膽作人形割進佉馱羅火中夜半起貴敬

若三日不食黑月十四日寒林立壇以香赤花赤飲食供養以已血於髑髏上畫迦那寒林炭火炙之勿加持一千八遍自至

若夜半進稻穀末於火中一千八遍烏柘吒曩

若寒林中花鬘蛇皮和進火中一千八遍入縛羅

若進胡椒於火中一千八遍悉多哩貴敬

若微赧迦及摩那果內芥子油中黑月八日寒林中進其火中日以三時時一千八遍至滿七日彼即貴敬

若夜半被踐苦楝紫芥子和牛尿進火中一千八遍三遍烏柘吒曩

若黑月八日寒林灰塑人形本尊前割進佉馱羅火中即至加持果七遍贈之轉貴敬矣

若麼沙已血和塩進經用齒木火中一千八遍囉拏貴敬

若每晨誦一千八遍常得安寧

若芥子塩血和進經用齒木火中一千

烏樞瑟摩明王經卷下　第三張　漆

八遍囉拏貴敬
若午時薰胡翅和芥子油進若練木火中一千八遍烏拓吒囊
若寒林中禁語誦十萬遍訖三日不食白月八日或九日以人左肋骨用紅藍花汁畫彼形寒林火炙之加持彼自空而来
若淨室或寒林已指甲虵皮薰胡毛和作香燒供養瑳吒寫誦經七日烏拓吒囊
若水中立至膝或胷一內薰胡毛於人腷中日時三千八遍經一七日烏柘吒囊
若芥子脂遍已身塗之以芥子末找取成彼形寒林中割進其火中經一七日矩瑟吒若鉢羅奢子及麼娜子和進火中一百八遍矩瑟吒
若得恭羅葉餺囉伽得餺稱及出嚕瑟劍（蘇合香也）為末和芥子油進火中一千八遍令衆人貴敬
若於寒林中以紫檀作壇供養行者坐髑髏上犬肉和芥子油進寒林火中一千八遍毗舍遮衆見隱及長生藥一切所索

若寒林灰和犬脂成形一髑髏中著犬脂置形頭上行者坐髑髏上進屍散於火中一千八遍摩羅寧
若一切大怖畏遍身憶念此密言止之若日誦一千八遍者辟官事及大力鬼神虎狼師子若路行日誦一百八遍免刼盜若遭官事誦一万遍枷鎖解脫長吏相容若被囚禁但誦此密言即得解脫
若疫病以粳米飯和酥進火中一千八遍止
若加持牛黃一千八遍塗額見者貴敬
若進安悉香火中十萬遍羅剎貴敬所求皆遂
若安悉香和松膠進火中十万遍大聖金剛手菩薩隨心所願
若紅蓮花鬚青木香酥蜜和於獨樹下進火中滿十萬遍大威力明王現其人前隨心滿願
若寒林中犬骨和犬脂進火中一千八遍摩羅寧
若鵄翅薰胡翅和進火中一千八遍尾娜末沙囊

若摩怛曩子和虵脂進火中一千八遍烏蹉娜囊
若供養本尊黃芥子和烏油麻進火中一日三時時一千八遍經一七日即貴敬
若塩和芥子進火中日三時時一千八遍經一七日國王貴敬
若髑髏末和寒林灰作形割進火中入餺囉若髑髏末薰胡毛和進火中每日一千八遍經一七日尾娜末沙囊
若髑髏末欝金香和芥子油進火中一千八遍入餺囉
若鵄肉和雌黃進火中一千八遍烏蹉娜囊
若內鉢囉奢子於滿拏迦脂進火中一千八遍矩瑟姹
若獨樹下進迴香花於烏曇鉢囉火中十万遍得金錢一千文
若以葱虗花准前燒為持明王
若燒草麻子一千八遍囉拏貴敬
若審鉻花和酥蜜酪進火中一千八遍當家疫散

若勃哩孕迦花和酥蜜進火中一千
八遍當家夜散
若鹹杉木進火中成扇底迦
若進迦羅尾花於大河水中滿十万
遍候月蝕時布像以飲食迦羅尾花
供養又進其花於水中月復止其夜
勿睡至曉後
有蛇傷縱已終者但加持之再生益
壽若令其蛇轉傷人不得
若月蝕時於本尊前加持麼沙令焰
起若人中毒以麼沙於病者前捍三
兩遍病差延年若鬼瘧時氣等依前
捍麼沙差
若取衆名花和清水置瓶中加持一
千八遍浴之增福破魔護身毗那夜
迦為障者差若以紫檀香塗壇加持
童子本尊降問事若白芥子以身血
相和進火中一日三時時別一千八
遍稱彼名貴敬
若以壇作彼形後右脚捻進火中一
日三時時一千一百八遍滿一七日
王者貴敬
若但稱彼名一日三時時一千八遍

滿一七日欲召帝釋猶尚得至
若盥和巳身血進火中一日三時時
一千八遍遍稱彼名滿一七日貴敬
若進油麻於火中一日三時時一千
八遍遍稱彼名滿一七日貴敬
尒時薄伽梵金剛手菩薩摩訶薩告
諸衆言我此廣大壇法三世諸佛皆
所傳說我今復陳此法能利益人天
及諸有情若登其壇皆成大驗不擇
時日任建立之
尒時天龍八部人及非人咸皆歎言
此壇功力量等虛空難可籌量無以
比喻唯願慈悲為我等說
尒時薄伽梵知衆樂聞告言欲立此
壇其阿闍梨相身須清潔柔和質直
具忍辱行深信大乘及陁羅尼戒珠
無缺聰明利智起慈悲心仍好供養
乃於山林或大海側或泉或河大池
等側牛欄獨樹或寒林制帝及花林
中若在城隍近東南角或西北隅如
是等處取便而作以牛五淨和灑其
地或甲香水又以牛尿和糞摩之其
壇四肘或八十四或二十肘作四門

西門北門是往來道階高四指四角
內畫金剛杵皆焰起壇中首東畫佛
當結跏趺處蓮花座兩肩及光皆有
焰起左手大指頭拍把少袈裟餘三
指微拳其掌向外以手近腸右手揚
掌佛右畫六力烏蒭瑟麼明王四臂
右手佛下手執揶拏左上手並舒五
指側手近額微低其頭作礼佛勢不
手赤索目赤色次右金剛手菩薩大
右素婆明王於菩薩左阿蜜哩多軍
荼利明王次金剛鈎明妃次金剛鏁
明妃於素婆明王左磨麼鷄於金剛
手後畫明王等心心即半月也所謂
計里吉攞明王娜羅尾拏明王囉迦
當伽明王縛日囉尾娜羅明王縛日囉
曾娜羅明王波羅摩緻哩乃耶明王摩
訶戰拏舍者明王佛左觀自在菩薩
次右波拏囉縛細寧次後多羅及毗
俱胝明妃菩薩左馬頭王大怒形次
左大吉祥天女次左摩訶濕吠帝遠
佛住畫諸大菩薩西門裏左右各畫
一忿怒南邊者一手執打車棒北邊
者一手杵一手揶拏東門內北邊青

金剛一手竪擬之南邊阿吒吒訶索笑勢南門內東邊慈憫多者嚕西邊彼娜寧佉闍彼北門內東邊訥默囉沙西邊訥慈度此門內並是忿怒者外壇東北角伊舍那天王以伽那衆圍遶東方日月天及提頭賴吒并帝釋等東南隅火天以苦行仙圍遶南方閻羅王及那羅延西南隅寧李帝羅刹圍遶西方龍王以諸龍衆圍遶西北隅風天以風天衆圍遶北方毗沙門天王以藥叉衆圍遶於佛前置灌頂瓶阿闍梨洗手訖三度抄水向口又以名香塗手結請佛印并密言又請諸尊以飲食香花供養寧李帝通用麼娑壇西以乳木作火壇阿闍梨先請火天於火爐中安置訖乃以穌蜜酪和油麻一加持一進火中供養二十一遍或一百八遍心念火天於火壇側東南方坐乃請佛於火爐中坐進准前物二十一遍或一百八遍次請佛却歸本位佛部畢次供養蓮花部衆一一請尊次金剛部一一請尊次大自在天王次一一諸天依次而請燒准

前物而供養之又請火天就爐供養乃請火天歸其本位其行者當先洗沐衣新淨衣受戒懺悔發菩提心以帛掩目阿闍梨加持香水灑行者頂引入西門令結金剛三昧耶印置花於印上阿闍梨誦金剛三昧耶密言七遍令行者耳聞便使散花花所至處阿闍梨告言者其尊汝與彼尊有緣阿闍梨准法為請行者本尊就火爐令行者在阿闍梨右跪坐執其手令以右手進酥等於火中七遍充供養阿闍梨奉送本尊歸本位以行者擬授密言加持灌頂瓶一百八遍令行者結本尊印印頂口誦密言阿闍梨與灌頂告言灌頂已畢各依本法而作事業乃示之種種印契及諸法要阿闍梨乃讚歎諸佛菩薩功德又以飲食香花供養諸尊發願懺悔次依前先請火天燒准前物供養次供養佛部二聖衆次蓮花部次金剛部次諸天乃奉送佛部次蓮花部次金剛部次諸天阿闍梨舉燭引諸行者照壇

內示佛菩薩及天等位乃復掃之凡作壇日未出前畢住若登此壇即如入一切灌頂壇訖同功罪滅福生辟諸業輪降伏人天所作皆驗

時薄伽梵說此大威力明尾曩多鉢壇已一切大衆咸共讚言善哉善哉威德無過饒益我等故令說斯要

復次薄伽梵金剛手說大威力密言相大威力根本密言曰

唵一吽吽吽二頗吒半音下同頗吒頗吒三鄔佉囉二合弍攞播寧四吽吽吽五頗吒頗吒頗吒六摱䭾寧囉曩二合娜七吽吽吽八頗吒頗吒頗吒九沙嚩引二合訶十

心密言曰

唵一吽二頗吒吒字半音與頗字合呼諸准此頗吒頗吒吒半音三鄔佉囉二合弍攞播寧四吽吽吽五頗吒頗吒頗吒吒半音呼字六唵七優瑟寧囉曩二合娜八吽吽吽九頗吒吒半音下同頗吒頗吒十唵唵唵十一摩訶麼攞十二娑嚩引二合訶引十三

此密言凡五唵七吽九頗吒梵文十七字娑嚩訶不入數

復陳敎法能作一切事以三金作蓮花往山頂加持三十万遍當得悉地手持其悉地蓮花身成大威力若作輪戓杵或三股叉或加那准前加持七十万遍能遊四天下加持一百万遍遊三十三天二百万遍成持明輪王夜摩兜率及與諸天皆大順伏能作一切事法有大威力

復次畫像市絲勿經截割者不用皮膝於中畫像佛處師子座手說法相其右金剛手左持杵右問法相通身青色佛左威力一手執拂其次施願次下畫行者右執香鑪左持花籠瞻仰大威力於此像前每日誦二十一遍經六箇月遂成先行悉地所願皆遂

復次薄伽梵金剛手無比勇健力密言相所謂頭頂甲冑頂髻坐等奉請密言曰

歸命三寶及金剛手

唵一縛日羅二合俱路二合馱二摩訶戰拏三訶曩娜訶跛者四尾馱望二合娑也五瞻係曳二合吒六薄伽嚩引七訶曩訶曩八娜訶娜訶九跛者跛者十尾馱望二合娑也十一芘嚩乃殿反娜羅十二合布介多十三薩嚩引多麼合耳多十四薩嚩引多麼合惹十五蘇上嚕蘇上嚕十六矩嚕矩嚕十七母嚕母嚕十八屈嚩屈嚩十九摩訶屈嚩摩訶屈嚩二十矩曩知矩曩知二十一曩知曩知二十二賜你賜你二十三吉你吉你二十四佉佉二十五佉去奚佉去奚二十六區上囉區上囉二十七覩吒覩吒二十八訶曩訶曩二十九步多畝帝三十阿蘇上囉補囉三十一尾馱望二合娑曩迦囉三十二烏樞瑟麽二合俱路二合馱三十三摩訶麽攞三十四馱麽馱麽三十五迦羅迦羅三十六矩嚕矩嚕三十七𤙖頗吒三十八蘇上嚕蘇嚕三十九𤙖頗吒四十訶曩訶曩四十一𤙖頗吒四十二娜訶娜訶四十三𤙖頗吒四十四跛者跛者四十五𤙖頗吒四十六纈哩二合四十七𤙖𤙖𤙖四十八頗吒四十九娑嚩二合訶引五十

心密言曰　歸命畢

唵一嚩日羅二合俱路二合馱二摩訶麼攞三訶曩娜訶跛者四尾馱望二合娑也五烏樞瑟麽二合俱路二合馱六吽七頗吒八

甲冑密言曰

唵一薩望伽歸二摩訶帝歸三嚩曝二合舍寧四嚩囉羅二合播舍五麼那鉢尾馳六薩縛弩瑟鯠七二合娑擔二合娑擔八二合娑也娑也九𤙖十頗吒十一

器仗密言曰

唵一蘇上嚕蘇上嚕二烏樞瑟麽二合俱路二合馱三訶曩訶曩四吽五頗吒六

頂髻密言曰

唵一始哩始囉二摩里寧三始你四始你始你五始你六𤙖七頗吒

頂密言曰

唵一入嚩二合攞二入嚩二合攞三薩嚩努瑟鯠四二合娑擔二合欣也五娑擔二合娑也六努囉枯攞七努瑟鯠八二合寧嚩囉也九囉訖叉二合囉訖叉一二合滿一引十馭嚩二合訶十二

坐密言曰　歸命畢
唵一娜難上多尾惹也二摩訶戰拏
三餅四頗吒五
心中心根本明曰
唵一駐日囉二合俱路合馱　摩訶摩攞
三訶曩娜訶跛者四尾馱望二合娑也
五二合尾馱望二合娑也六二合惹智攞濫
薹娜囉七烏樞瑟麽二合俱路二合馱八
餅九頗吒十唵十一地理迦迦字平音以上三字
合吽之十二
復次薄加梵無量廣大力難踰越契
相薄伽梵根本印先以手背相著乃
交指小指及大指自相合如針大開
掌根本印二大指雙招之奉送印改
請印大指向外彈剪刀印先並二手
屈小指以大指押甲上如環乃二環
乃相拘握之頭中指並舒右中指押
左頭指側如剪刀股形徐動其股右
轉三遍并誦密言成結界若左轉三
匝成解界用大心真言
制止印右手作拳直竪大指若有忿
怒者誦密言以印降之彼被制止用

大心真言
棒印二手各以大指押中名小甲成
環二環極力相握舒頭指如針用大
心真言
頭印次前棒印舒二頭指屈中節乃
以頭相拄
頂印如前頭印舒開二頭指用大心
真言
甲印准前頂印各屈頭指用印五處
即同被甲
鞴院印次前甲印舒二頭指即同以
鞴院繞鉤印次前鞴院印各屈二頭
指如鉤徐招之此印能呼召二足四
類用大心真言
驚怖印如鉤印乃舒左中指一切鬼
魅悉皆驚恐用大心真言
頂髻印次前驚怖印二頭指相交入掌
二中指微屈第一節頭相拄此印持
誦時用之能除難調伏者用心中心
真言
普焰印外交指以小指相合如針微
屈大指各捻頭指甲側微舉餘指如
焰形

杵印雙手內相交為拳舒左中指右
頭指如針用大心真言
打車棒印右手握大指為拳徐步右
轉以左足頓地向左並身忿怒顧視
一切卒忤退散阿修羅關鍵開闢用
大心真言
重杵印外交指合掌頭名指各為股
散舒大小指如五股重杵形置頂即
同灌頂亦令貴敬亦能攝召亦可舉
印於頂以水灌之能滿一切欲用大
心真言
羂索印右手作拳以大指與頭指相
捻如環以左手握右腕
鉞斧印舒二手五指覆左掌仰右掌
以右小指拘左小指其無名中指
亦然乃轉腕向合拳左大指入右虎
口中以右大指押左大指側正立以
右足頓地向右並身辟一切卒忤開
阿脩羅開鍵
復次畫像法用應肘量絲畫大威力
明王通身黑色焰起忿怒形左目碧
色錢黃色上竪交下脣狗牙上出衣

虎皮裩蚰為瓔珞四臂左上手持杵下羂索右上手並屈豎頭指擬勢下手施願眉間顰蹙其目可怖置傑黑月八日或十四日以赤花飲食供養置雄黃等藥加持取三種驗功力同前

若於山頂布像誦十万遍後有業輪稱吽字止矣關鑰開解摧山竭海

若於吉祥門首布像芥子和巳血進火中一千八遍脩羅女出執行者入其宮

若以牛五淨洗麼沙月蝕勿看月口含持明復止麼沙生牙後以擲人相敬不生牙擲人尾娜末沙囊

若黑狗舌擣安悉香和丸以三金鍱裹之勃羅得迦木(火漆此漆通)合子盛之黑月八日或十四日持金剛像前加持一千八遍藥有佉吒聲後口含藏形壽千歲

若油麻素悉多哩形從左足割進火中令盡貴敬

若塩為彼形從右脚割進火中貴敬

烏樞瑟摩明王經卷下　第十九張　陳

若加持花或果或香贈人貴敬

若加持眼藥一千八遍塗目見者貴敬

若進遏伽花於火中一千八遍日三時滿七日能召夜叉女

復次素嚕明王密言門及諸法要密言曰

曩慕囉　怛曩(二合)怛羅(二合)夜也(一)曩慕室戰(二合)拏嚩日羅(二合)播拏曳(二)摩訶藥乞叉(二合)細曩(引)敗多(上)曳(三)唵(四)素(素音下同)婆(上)(五)你素婆(上)(六)佉哩(二合)恨拏(二合)(七)吽(八)佉哩(二合)恨拏(引二合)播也(九)吽(十)阿曩也(十一)轂(十二)薄議鑁(十三)尾你也(二合)還惹(十四)吽(十五)頗吒(十六)娑嚩(二合)訶(引)(十七)

若人於此密言求成驗者依求大威力明悉地法用功當獲成驗

若人為鬼神所忤行者到彼當即自差

若加持灰黃芥子或倩水二十一遍可以護身若取十一塊土各加持二十一遍擲十方餘一成護身路行作此法者盗賊不劫

烏樞瑟摩明王經卷下　第二十張　李

若加持綵線作結滿二十一帶之護身小男女為鬼魅所中作此法者

若七色種子名香和水盛瓶中加持一百八遍浴之增福眾人樂見

若療鬼魅立方壇以香水灑之燒安悉香坐病人加持之又加持水七遍灑彼面彼大叫彼撲如不語又灑之語矣如誰即蟻墳土塑病者形加持七遍以杵擊形首實說若言不捨此人即小五金之類和作刀子從形脚段段割令盡空中血下鬼死病差或進塩於火中一百八遍稱病者名鬼死病差或苦練木截進火中一百八遍鬼死病愈或芥子油和芥子進火中一百八遍鬼族滅

若七色種子和進火中每日三時滿二十五遍加那貴敬

若加持迦羅尾苙七遍擊伏藏七下寶自湧出

若人門上骨或泥作杵以辟惡及業輪者准前苙擊之杵成微塵

若一切怖畏遍身誦一千八遍止矣

烏樞瑟摩明王經卷下　第二十一張

若遏伽花和酥蜜酪進火中每日三時時一百八遍土及大臣貴敬

若進苦練葉於火中一百八遍尾娜末沙曩

若油麻稻穀花酥蜜酪和進火中一百八遍貴敬

若除油麻餘依前一切迦那見者貴敬

若大敵來伐此國者阿嚕奚得迦枝截內酥蜜酪中進火中一千八遍兵敵退散若一一依前稱已名夜半起論訟得理

若進麼蹉於火中一百八遍尾娜末沙曩

若進鼠狼薰胡毛於火中一百八遍離合

若進猴毛於稻穀稽火中一百八遍家鬪

若鵄毛野猪或鹿毛和進火中一百八遍美女失容

若三日不食步多木合子盛白芥子寒林中掌而加持芥子湧出土落地者不湧出別貯之後以湧者擲打人纏撲以不湧者擊之如故

若進阿羅嚕迦花或灰於火中一百八遍摩羅草若童子合縷線一加持一結一百八結縛彼咒師悉地

若依前線作十一結又一加持稱彼名一截滿十一段彼七生不成悉地

若一日不食旋覆花鉤迦花白胡椒和末之制帝前加持二十一遍和蜜服之得大聰明利智

若先亡日不食於制帝供養乃淨室中獨坐誦一百遍先亡來現如生

若三日不食於制帝布金剛手像誦一百八遍夜靜草上首東而睡金剛手見種種身滿願衆人貴敬

若加持菖蒲根二十一遍口含論訟得理若迦羅尾羅末數花和酥蜜酪進火中每日三時時一百八遍經七日得好婿

若安悉香和酥蜜酪進火中一百八遍當來飲食穀麥無竭

若大河中立水至胸進花於火中象其花色得求一事

若欲知三世未然心念而睡本尊夢

若孕過月加持水一百八遍令服產矣

若蟻墳土塑杵摩訶麼娑二十一齋齊一加持燒薰杵烏蹉娜曩以炒稻穀花酥蜜酪和進火中一百八遍復

若進寒林灰於火中稱毗那夜迦名一百八遍夜迦死

若截審銘枝進火中一百八遍增福得財

若截勃羅得迦枝進火中一百八遍大富

若惠熱進紅蓮花鬚於火中一百八遍差

若龍作病以龍花鬚進火中一百八遍差

若有咒師被奪却悉地者畫被奪於金剛手像前室中以香花供養一日夜得本驗

若加持花一百八遍依前供養同上

若遭霜雹雨雪心念此齋言止矣

若加持索嚕(二合)但(引)戰囊末一百八遍塗目中隱

若月蝕加持酥或銅或雄黃復止又

加持一百八遍貯之櫝含即至

若酥蜜酪油麻油相和内惹感花進火中每日三時持一百八遍滿七日人天夜叉或阿脩羅女呼名即至

若三金杵於山頂加持三十万遍持之大威力若六十万遍遊四天下一百万遍遊於諸天二百万遍為持明輪王六百万遍進本奪宮

若誦此密言作諸家事法皆驗

復次以應肘量絲畫佛像觀師子座手作説法相以觀自在及金剛手為侍者金剛手通身青色右持杵左作問法相對此像前每日三時時誦二十一遍滿六箇月得成就

復次烏芻瑟麼明王教法不拘淨穢恒示忿怒相誦滿三十万遍得驗

若進炒稻穀花於火中一千八遍王及大臣貴敬

若進芥子於羅惹火中（唐云皂莢）一千八遍彼人貴敬

若將師足下土左手持進火中一千八遍大將大師并軍人貴敬

若塩塑彼形左手持刀割進火中一千八遍人天貴敬

若粳米末撚彼形割一百八段進火中一切迦那貴敬

若胡椒華茇末進寒林火或梅陁羅家火中一千八遍囉拏貴敬

若進婦人萎花鬘火中一千八遍一切迦那貴敬

若加持牛黄或雄黄一千八遍塗身惡人貴敬入陣辟兵

若劍帝前置素嚕但戰曩或牛黄於阿說他葉上加持一千八遍塗目中見者貴敬所至勝利

若大麦龍花鬚和進火中一千八遍丈夫貴敬

復次不拘淨穢誦三十万烏油麻和酥進火中一千八遍得驗

若塩塑彼形從右足割進火中令盡丈夫貴敬

若芥子和其油進火中一千八遍國王大臣貴敬

若加持花果或香七遍贈人貴敬

若加持眼藥塗之見者貴敬

若進苦練葉於火中一千八遍烏柘吒曩

若進油麻於火中一千八遍尾娜末沙曩若寒林灰伴水進火中一千八遍烏蹉娜曩

若截俱吒迦和油進火中一千八遍烏蹉娜曩

若水濕衣披之而日中立持密言衣乾步沙曩

若自在天王廟中以手覆石陵加持明摩羅寧

若於聖金剛手菩薩前持密言仍禪指勿絶摩囉寧

若怨敵相向先誦密言乃稱吽或頗吒彼失心或碎首

若芥子毒藥及血進火中一千八遍烏柘吒曩或尾娜末沙曩或烏蹉曩或小曩或摩羅寧

若安悉香末和黑狗舌為丸三金鉢裹勒羅得迦木柴木是合子盛之黑月八日或十四日金剛像前加持一千

八遍藥有佉吒佉吒聲口含藏形壽千歲
若於山頂誦十万遍復有一切抳鑠及業輪但稱斛或頗吒皆開止之亦摧山裂地竭海
若吉祥門首已身血芥子和進火中一千八遍阿脩羅女出執行者手同入其宮
若加持素嚕但戰曩一千八遍置瓦梡中以一瓦梡蓋之進酥於梡上月
復止塗目藏形壽千歲
若誦一万遍彼如瞿僕欲令摩囉寧亦隨意
復次密言曰
曩慕囉怛曩二合二怛囉二合二夜也一唵二䞘日囉二合二俱路二合二馱三摩訶麽攞四訶曩娜訶跛者五尾馱望二合二娑也六烏苫瑟麽二合二俱路二合二馱七斛八頗吒半音九娑䞘二合二訶十之
復次畫像法用應肘量絲畫大威力明王通身黑色露出狗牙鬚黃上衝忿怒拳身焰起左持杵右擲拳黑月

八日或十四日布像以赤花赤食飲供養加持雄黃新絲拔神線天竺淨行以線僧環合為繩麁如三指名神線結縷之或木𣏐杵輪鉞斧劍等類若焰起成就持明仙煙生藏形變熱當善行
復次大威力明王守護密言曰
曩慕囉怛曩二合怛囉二合夜也一曩慕室戰二合拏䞘囉二合二播拏喬二摩訶藥乞叉二合細曩引跛多上喬三怛你也二合他四引唵五䞘日囉二合俱路二合馱六摩訶麽攞七訶曩娜訶跛者麽他八尾吉羅拏尾馱望二合娑也九烏苫瑟麽二合俱路二合馱十斛十一斛十二斛十三頗吒十四頗吒十五頗吒十六娑䞘二合訶十七
若以淨器盛牛乳加持一花一擲於中滿二十一遍成驗
復次觀門法以指拄額想
唵字在中作赤色次拄心
吽字在中作青色後拄足
發吒字在中作潔白色想已身同本尊誦守護密言二十一遍隨意至處為界成護持魔衆不近欲眠為之夢

想清淨此三字觀門亦通諸金剛部念誦時用

大威力烏樞瑟摩明王經卷下

乙巳歲高麗國大藏都監奉勑雕造

大威力烏樞瑟摩明王經卷下

校勘記

一　底本，麗藏本。

一　二五九頁上一行經名，磧、普、南、徑、清作「金剛恐怖集會方廣軌儀觀自在菩薩三世最勝心明王大威力烏樞瑟摩明王經卷下」。卷末經名，徑、清同。

一　二五九頁上二行譯者，磧、普、南、徑、清作「北天竺國三藏阿質達霰譯」。

一　二五九頁上三行「心密言事法」，石、磧、普、南、徑、清作「大威力烏芻(「芻」，南、徑、清作「樞」)瑟麽明王經心密言事法」。

一　二五九頁上八行第一三字「髻」，磧、普、南、徑、清作「結」。

一　二五九頁上一一行「心誦眞言」，磧、普、南、徑、清作「誦心密言」。

一　二五九頁中九行「苦練」，石、磧、普、南、徑、清作「苦楝」。下同。

一　二五九頁中一一行「阿迦羅」，石、磧、普、南、徑、清作「訶迦羅」。

一　二五九頁中一七行第二字「氷」，磧、普、南、徑、清作「水」。又第四字「迦」，石作「囉迦」。

一　二五九頁中末行「痃辟」，磧、普、南、徑、清作「痃癖」。

一　二五九頁下五行「飲食」，石作「食飲」。

一　二五九頁下一〇行第二字「寒」，磧、普、南、徑、清無。

一　二五九頁下一七行「三遍」，石作「三夜」。

一　二六〇頁上二行第一二字「苦」，徑無。

一　二六〇頁上四行第一一字「訖」，石無。

一　二六〇頁上一二行「中日」，石作「日中」。又「三千」，磧、普、南、徑、清作「二千」。

一　二六〇頁上一四行末字「拭」，石、磧、普、南、徑、清作「拭」。

一　二六〇頁上二二行「犬肉」，磧、普、南、徑作「大肉」。

一　二六〇頁中九行末字「脱」，磧、普、南、徑、清無。

一　二六〇頁中一八行第九字「大」，普、南、徑、清作「天」。

一　二六〇頁下九行第三字「囉」，磧、普、南作「嚩」。

一　二六〇頁下一八行「迴香」，磧、普、南、徑、清作「茴香」。

一　二六一頁上三行「杉木」，磧、普、南、徑、清作「於木」。

一　二六一頁上八行「再生」，磧、普、南、徑、清作「再三」。

一　二六一頁上九行「不得」，磧、普、南、徑、清作「亦得」。

一　二六一頁上一九行首字「遍」，磧、普、南、徑、清作「徧徧」。

一　二六一頁上二〇行第一〇字「稔」，石、磧、普、南、徑作「捻」。

一　二六一頁上末行「時時」，磧、普、南、徑、清作「時」。

一 二六一頁中三行「遍遍」，經作「偏」。
一 二六一頁中四行「油麻」，石作「胡麻」。下同。
一 二六一頁中八行末字「天」，磧、普作「大」。
一 二六一頁中一〇行第三字「任」，磧、普、南、徑、清作「無」。
一 二六一頁下一行「道階」，磧、普、南、徑、清作「首階」。
一 二六一頁下七行第三字「佛」，石、磧、普、南、徑、清作「拂」。
一 二六一頁下八行末字「不」，石、磧、普、南、徑、清作「下」。
一 二六一頁下二一行第二字「住」，石作「任」。
一 二六一頁下二二行第一〇字「打」，石、磧、普、南、徑、清作「杵」。
一 二六二頁上一行「吒吒」，磧、普、南、徑、清作「吒」。
一 二六二頁上二行「南門」，磧、普、南、徑、清作「西門」。
一 二六二頁上四行「此門」，石作「北門」。
一 二六二頁上五行第三字「北」，磧、普、南、徑、清無。
一 二六二頁上六行至七行「東南隅」，磧、普、南、徑、清無。
一 二六二頁上九行「龍王」，石作「龍主」。
一 二六二頁上二二行首字「一」，石、磧、普、南、徑、清作「一一」。
一 二六二頁上末行第七字「諸」，磧、普、南、徑、清作「請」。本頁中末行第二字，磧、普、南同。
一 二六二頁中九行第六字「法」，磧、普、南、徑、清無。
一 二六二頁中一三行第四字「加」，磧、普、南、徑、清無。
一 二六二頁下七行第五字「鐃」，徑作「鐃鐃」。
一 二六二頁下二二行第九字「九」，磧、普、南、徑、清作「八」。
一 二六二頁下末行首字「七」，磧、普、南、徑、清作「七七」。又第三字「妥」，石作「馺」。
一 二六三頁上一〇行首字「滕」，石、磧、普、南、徑、清作「膠」。
一 二六三頁上一五行第一〇字「悉」，磧、普、南、徑、清作「當悉」。
一 二六四頁上一四行第九字「拈」，磧、普、南、徑、清作「指」。
一 二六四頁上一七行「拘握」，石作「鈎握」；磧、普、南、徑、清作「勾屈」。
一 二六四頁上一八行第八字「股」，磧、普、南作「鈷」。
一 二六四頁中三行第五字「力」，磧、普、南、徑、清無。
一 二六四頁中一〇行第四字「甲」，徑作「田」。
一 二六四頁中一九行第六字「除」，石、磧、普、南、徑、清作「斷除」。
一 二六四頁下三行第七字「掘」，石、磧、普、南、徑、清作「握」。
一 二六四頁下五行末字「用」，徑無。
一 二六四頁下一二行「大指」，磧、普、南、徑、清作「十指」。

一　二六四頁下一五行第五字「拘」，經、清作「句」。又第一三字「指」，石、磧、普、南、經、清作「指頭」。
一　二六四頁下一七行第一三字「立」，磧、普、南、經、清作「六」。
一　二六五頁上一四行第九字「未」，石作「末」。
一　二六五頁上一六行夾註左末字「通」，經作「道」。
一　二六五頁中六行第四字「皤」，經、清作「婆」。
一　二六五頁下九行第七字「誑」，石、磧、普、經作「誑」。
一　二六五頁下末行「一千八」，磧、普、經、清作「一十八」。
一　二六六頁上一五行第二字「進」，普、南、經、清作「准」。
一　二六六頁上一八行第二字「闕」，經作「蹋」。
一　二六六頁上一九行第一二字「中」，磧、普、南無。
一　二六六頁上二〇行「失容」，磧、普、南、經、清作「失交」。
一　二六六頁上二二行第一二字「土」，石、磧、普、南、經、清作「上」。
一　二六六頁中六行第七字「段」，經作「故」。
一　二六六頁中七行「旋覆」，磧、普、南、經作「覆旋」。
一　二六六頁中末行末字「夢」，石、磧、普、南、經、清作「夢中爲說」。
一　二六六頁下四行第一三字「炒」，磧、普、南作「粆」。
一　二六六頁下八行第一三字「增」，磧、普、南、經、清無。
一　二六六頁下一四行「龍花鬚」，磧、普、南、經、清作「龍鬚花」。
一　二六六頁下一六行第一一字「盡」，磧、普、南、經、清作「書」。
一　二六七頁上二行第三字「蜜」，磧、普、南、經、清無。又第八字「相」，經無。又第一一字「惹」，磧、普、南、經作「若」。
一　二六七頁上八行末字「宮」，經作「言」。
一　二六七頁上一二行第一三字「左」，磧、普、南、經、清無。
一　二六七頁上二一行第一二字「中」，石、磧、普、南無。
一　二六七頁上末行「大師」，石無；磧、普、南、經、清作「大帥」。
一　二六七頁下一〇行第二字「步」，石、磧、普、南、經、清作「止少」。
一　二六七頁下一三行末字「禪」，石、磧、普、南、經、清作「彈」。
一　二六七頁下一五行「密言」，石作「真言」。
一　二六七頁下一九行第二字「小」，石、經、清作「少」；磧、普、南作「少沙」。
一　二六七頁下二一行第六字「柒」，磧、普、南、經作「漆」。
一　二六八頁上四行第三字「輪」，磧、普、南、經、清無。又第一二字「止」，磧、普、南、經、清作「上」。
一　二六八頁上一四行末字「曰」，磧、普、經無。

一　二六八頁中一七行第八字「拄」，石作「跓」。下同。

一　二六八頁中一八行、一九行及二〇行梵文，石、磧、普、南、徑、清無。

一　二六八頁中一九行「後拄足」，磧、普、南、徑、清作「拄後足」。

一　二六八頁下一行「三字」，磧、普作「三宇」。

普遍智藏般若波羅蜜多心經　磻

摩竭提國三藏沙門　法月　重譯

如是我聞一時佛在王舍大城靈鷲山中與大比丘衆滿百千人菩薩摩訶薩七万七千人俱其名曰觀世音菩薩文殊師利菩薩弥勒菩薩等以為上首皆得三昧捴持住不思議解脫

介時觀自在菩薩摩訶薩在彼敷坐於其衆中即從座起詣世尊所面向合掌曲躬恭敬瞻仰尊顔而白佛言世尊我欲於此會中說諸菩薩普遍智藏般若波羅蜜多心唯願世尊聽我所說為諸菩薩宣秘法要介時世尊以妙梵音告觀自在菩薩摩訶薩言善哉善哉具大悲者聽汝所說與諸衆生作大光明於是觀自在菩薩摩訶薩蒙佛聽許佛所護念入於慧光三昧正受入此定已以三昧力行深般若波羅蜜多時照見五蘊自性皆空彼了知五蘊自性皆空從彼三昧安詳而起即告慧命舍利弗言善男子菩薩有般若波羅蜜多心名普遍智藏汝今諦聽善思念之吾當為汝分別解說作是語已慧命舍利弗白觀自在菩薩摩訶薩言唯大淨者願為說之今正是時於斯告舍利弗諸菩薩摩訶薩應如是學色性是空空性是色色不異空空不異色色即是空空即是色受想行識亦復如是識性是空空性是識識不異空空不異識識即是空空即是識舍利子是諸法空相不生不滅不垢不淨不增不減是故空中無色無受想行識無眼耳鼻舌身意無色聲香味觸法無眼界乃至無意識界無無明亦無無明盡乃至無老死亦無老死盡無苦集滅道無智亦無得以無所得故菩提薩埵依般若波羅蜜多故心無罣礙無罣礙故無有恐怖遠離顛倒夢想究竟涅槃三世諸佛依般若波羅蜜多故得阿耨多羅三藐三菩提故知般若波羅蜜多是大神咒是大明咒是無上咒是無等等咒能除一切苦真實不虛故說般若波羅蜜多咒

普遍智藏般若心經　第二張　磻

即說咒曰

揭諦揭諦　波羅揭諦　波羅僧揭諦

菩提沙婆訶

佛說是經已諸比丘及菩薩衆一切世間天人阿脩羅乾闥婆等聞佛所說皆大歡喜信受奉行

普遍智藏般若波羅蜜多心經

丙午歲高麗國大藏都監奉

勅雕造

普遍智藏般若心經　第三張　磻

校勘記

普遍智藏般若波羅蜜多心經

一　底本，麗藏本。

一　二七三頁上一行經名，石作「普遍智藏般若波羅蜜多心經一卷」。卷末經名同。

一　二七三頁上一〇行「面向」，石作「而向」。

一　二七三頁中五行第一一字「告」，石作「言」。

新得貞元錄大小乘經等序　磻

朝散大夫行尚書駕部員外郎知制誥雲騎尉賜紫金魚袋臣喬匡舜奉　勅撰

皇帝嗣位之四載也品物收叙兆人又寧洽比交修遠方來格武功既備文理斯盛遺編墜簡諏訪殆盡粤有僧恒安者學空於佛立操孫篤念真如之言必憑祖述而經藏之餘多所刓缺且挽焚秦政猶存上古之書宅壞魯恭頗得先師之籍豈伊聖教而可絶乎慨然永懷思補其闕名監勝境其往若歸北登五臺西涉閑隴口誦手寫靡不詼綜果得新譯貞元錄藏大小乘經律論目錄兼一切經條品次錄等共一百三十二部計三百四十三卷跋履艱險躬自賫荷臻于闕下悉以聞

天帝用嘉之俾實僧府匪因白馬而目多云集不涉流沙而梵夾斯致雖釋子之勤愿寔聖明之照感也車書之混肇於茲矣其貞元錄藏經者即我德宗神武孝文皇帝貞元甲戌歲勅梵僧阿質達霰等七人所同翻譯也夫慈氏之道其法無二蓋賢者識其大不賢者識其小辟如一雨洒地厥潤無差而卉物有甘苦之異一日照天厥明無殊而群動有晝夜之别甚深之典由斯而盛滿半之義昭然可觀言為心花不花而實者未之有也經為教本不本而生者亦未之有也夫浅宗盲數演衆妙遠離三界居未乾坤之前解脫諸苦出有生滅之外悟之者得之於剎那迷之者失之於沙劫無邊無量不動不染既有復有已空更空諦信則是性畢能迴向則凡物皆福在在處處罔弗瞻仰各各種種俱獲利益實衆生之針砭大世之孫綸也竅蹄求兔何兔可求捨筏濟水何水可濟去聖逾遠微言斯在弘道君子執無斁哉時保大丙午歲冬十月序

金剛頂經瑜伽修習毗盧遮那三摩地法

大唐贈開府儀同三司諡大弘教三藏沙門金剛智奉　詔譯

歸命毗盧遮那佛　身口意業遍虛空
演說如來三密門　金剛一乘甚深教
我依瑜伽最勝法　開示如實修行趣
為令衆生顯真實　頓證無上正等覺
弟子堅固菩提心　從師已受灌頂位
妙修定慧恒觀察　深入業用善巧門
導諸有情勝菩提　以四攝法而攝取
無猒大悲未嘗捨　見行小善便稱美
無住檀施等虛空　能以慧光破愚瞑
有所樂求恒不逆　發言先笑令心喜
能於妙法無染中　善用般若斷諸使
無上法輪恒不退　四辯演說無所畏
諸佛衆生事業中　恒被大誓慈甲冑
摧敗魔羅勝軍衆　堅持諸佛所秘門
有具如斯衆德者　方堪印可為傳授
先佛聖仙所遊處　種種勝地或山間
建立精室布輪壇　香泥塗拭為尊位
燈明閼伽皆布列　妙花散地以莊嚴
為令衆生器世間　統一淨妙為佛土
以此自他清淨句　應理思惟密稱誦

真言曰

唵一　薩縛二合　婆嚩下同　戍陀二　薩婆達摩三　薩嚩二合　婆嚩下同二合　戍度𤚥

次應運心遍法界　塵剎佛海滿虛空
吽字種子加三業　結金剛起遍警覺

檀慧鉤結金剛拳　進力二度合三拳
真言曰
唵一 麽折路二合下同 底瑟姹二合
由此真言印加持　諸佛不貪寂靜樂
悉從定起赴集會　觀察行人同攝受
次結金剛持大印　一一想禮如來足
禪慧檀智反相叉　右膝著地置頂上
真言曰
唵一 麽折羅二合下同 勿反 歛一
纔結金剛持印已　一切正覺皆隨順
歸命十方諸佛前　禮事供養皆圓滿
為欲承事諸如來　捨身奉獻阿閦佛
全身委地以心礼　金剛合掌舒頂上
真言曰
唵一 薩婆怛他引下同 蘖多引下同 布儞
波薩他二合 娜野引 阿怛麽二合下同 南三
涅哩二合 夜多夜弭四 薩婆怛他蘖多
麽折羅薩怛嚩二合下同 五 阿地瑟姹二合
薩嚩二合下同 鈝
由此真言身印故　即得圓滿菩提心
次應敬禮寶生尊　為奉灌頂供養故
金剛合掌下當心　以額著地為奉獻
真言曰

唵一 薩婆怛他蘖多二 布惹引 毗曬
迦耶三引 怛麽南二合 涅哩夜多夜弭四
薩婆怛他蘖多五 麽折羅羅怛那二合引
毗詵遮六 薩嚩二合 鈝
由獻此身妙請故　不久當為三界主
為求供養轉法輪　次應敬禮無量壽
金剛合掌置頂上　以口著地奉其身
真言曰
唵一 薩婆怛他蘖多二 布惹鉢囉二合
下同 靺嘌多那夜引 怛麽南三 涅哩夜
多夜弭四 薩婆怛他蘖多五 麽折羅
達摩六 鉢囉靺嘌多二合 夜鈝
由獻此身誠請故　當同救世轉法輪
復當敬禮不空尊　為求供養羯磨故
金剛合掌當心上　用頂著地而奉獻
真言曰
唵一 薩婆怛他蘖多二 布惹羯麽抳阿
怛麽二合 南三 涅哩夜多夜弭四 薩婆怛
他蘖多五 麽折羅羯麽抳句嚧二合 鈝
由是獻身方便故　便能示現種種身
及以己身佛海前　合掌胡跪懺諸咎
無始輪迴諸有中　身口意業所生罪
如佛菩薩所懺悔　我今陳懺亦如是

又應深發歡喜心　隨喜一切福智聚
諸佛菩薩行願中　金剛三業所生福
緣覺聲聞及有情　所集善根盡隨喜
復觀諸佛坐道樹　已身各請轉法輪
一切世燈坐道場　覺眼開敷照三有
我今胡跪先勸請　轉於無上妙法輪
又皆勸請諸世尊　不般涅槃恒住世
所有如來三界主　臨般無餘涅槃者
我皆勸請恒久住　不捨悲願救世間
懺悔隨喜勸請福　願我不失菩提心
諸佛菩薩妙衆中　常為善友不厭捨
離於八難生無難　宿命住智相嚴身
遠離愚迷具悲智　悉能滿足波羅蜜
富樂豐饒生勝族　眷屬廣多恒熾盛
四無礙辯十自在　六通諸禪悉圓滿
如金剛幢及普賢　願讚迴向亦如是
行者次修三摩地　跏坐端身入正受
四無量心遍法界　修習運用如法教
即入普賢三昧耶　體同薩埵金剛故
定慧和合金剛縛　忍願二度建如幢
纔誦本誓印真言　身處月輪同薩埵
真言曰
唵一 三磨耶二 薩怛梵三合下同

次結極喜三昧印　以此悅樂契諸聖
忍願入於滿月掌　禪智檀慧俱申並
真言曰
唵一三磨耶斛二引蘇囉多薩怛梵三合
由此妙印及真言　一切聖衆皆歡喜
次當開心入佛智　怛囉吒字想乳上
掣金剛縛當心前　二字轉樞如啓扇
真言曰
唵一麼折囉滿䭾二怛囉二合吒
八葉白蓮一肘開　炳現阿字素光色
禪智俱入金剛縛　召入如來寂靜智
真言曰
唵一麼折囉二微舍惡
次結如來堅固拳　進力屈拄禪智背
以此妙印相應故　即得堅持諸佛智
真言曰
唵一麼折囉二母瑟知二合鍐
次以威怒降三世　淨除內外所生障
二羽交辟金剛拳　檀慧相鉤竪進力
行者想身發威焰　八辟四面竪利牙
震吼吽字如雷音　頂上右旋成結界
真言曰
唵一孫蘇甚反下同婆你遜婆你吽二仡里

二合訶拏仡里訶拏吽三仡里訶拏阿
播耶吽四阿難耶斛五薄伽梵麼折
囉吽發吒六
次結蓮花三昧耶　為令成就三摩地
定慧二羽金剛縛　檀慧禪智和合竪
由此真言密印故　修行三昧速現前
真言曰
唵一麼折囉鉢娜麼二合三昧耶薩
怛梵三合
行者欲入金剛定　先住妙觀察智印
定慧二羽仰相叉　進禪力智各相拄
以此妙印修等引　即得如來不動智
行者次應修阿娑頗那伽三昧端身
正坐身勿動搖舌拄上腭止出入息
令其微細諦觀諸法皆由自心一切
煩惱及隨煩惱蘊界入等皆如幻焰
健闥婆城如旋火輪如空谷響如是
觀已不見身心住於寂滅無相平等
以為究竟真實之智爾時即觀空中
無數諸佛猶如大地滿中胡麻皆舒
金色臂彈指而警作是告言善男子
汝所證處一道清淨未證金剛瑜伽
三昧薩婆若智勿為知足應滿足普

賢成最正覺
行者聞警已　定中普禮足　唯願諸如來
示我所行處　諸佛同音言　汝應觀自心
既聞是說已　如教觀自心　久住諦觀察
不見自心相　復想禮佛足　白言最勝尊
我不見自心　此心為何相　諸佛咸告言
心相難測量　授與心真言　如理諦觀心
唵一質多鉢囉二合底二微鄧迦嚕弥
三
令須便見心　圓滿如淨月　復作是思惟
是心為何物　煩惱習種子　善惡皆由心
心為阿賴耶　修淨以為因　六度熏習故
彼心為大心　藏識本非染　清淨無瑕穢
長時積福智　喻若淨滿月　無體亦無事
即說亦非月　由具福智故　自心如滿月
踊躍心歡喜　復白諸世尊　我已見自心
清淨如滿月　離諸煩惱垢　能執所執等
諸佛皆告言　汝心本如是　為客塵所翳
菩提心為淨　汝觀淨月輪　得證菩提心
授此心真言　密誦而觀照
唵一菩提質多二母怛跛二合娜夜弥
能令心月輪　圓滿益明顯　諸佛復告言
菩提為堅固　善住堅固故　復授心真言

唵一底瑟姹二合麽折囉二
汝於淨月輪　觀五智金剛　令普周法界
唯一大金剛　應當知自身　即為金剛界
唵一麽折囉引怛麽句含二
自身為金剛　堅實無傾壞　復白諸佛言
我為金剛身　時彼諸如來　便勅行者言
觀身為佛形　復授此真言
唵一曳他二薩婆怛他蘖多三薩怛
他含
以證心清淨　自見身為佛　衆相皆圓備
即證薩婆若　定中遍禮佛　願加持堅固
一切諸佛聞　金剛界言已　盡入金剛中
便說金剛心
唵一薩婆怛他蘖多二引鼻三菩提三
涅里荼麽折囉底瑟姹四
諸佛大名稱　纔說是明已　等覺金剛界
便證真實智　時彼諸如來　加持堅固已
還從金剛出　普住於虛空　行者作是念
已證金剛定　便具薩婆若　我成正等覺
為令證入佛地故　當結金剛三昧耶
十度圓滿外相叉　忍願如幢苗正直
印心及額喉與頂　各誦一遍以加持
真言曰

唵一麽折囉薩怛嚩二引地瑟姹二合薩
嚩二合鉿
則想虛空諸如來　持虛空寶灌我頂
定慧和合金剛縛　進力禪智如寶形
以印額上加持已　五佛智冠在其頂
便分智拳頂後繞　當知已繫離垢繒
真言曰
唵一麽折囉囉旦娜二合阿避詵者
鉿三薩婆畝捺囉二合迷四涅里二合值
句嚧五縛囉迦縛制六那鉿
行者復應作是思惟我今已成正覺
當於一切衆生興大慈心於無盡生
死中恒被大誓莊嚴甲冑為欲淨佛
國土成就衆生歷事一切諸如來等
悉令一切衆生坐菩提樹降伏天魔
成最正覺故應被三世如來慈悲甲
冑
智拳繫鬘頂後已　便復前垂節進力
唵砧二度相縈遶　不絕綵光如甲
心背齊要胷兩膝上　喉頂額前及頸後
悉以進力三旋繞　散掌前下垂天衣
則能普護諸衆生　一切天魔不能壞
真言曰

唵一麽折囉迦嚩制二麽折嚕二合句嚧
三麽折囉麽折囉囉含四
次應結被歡喜印　定慧二羽三相拍
由以拍印加持故　一切聖衆皆歡喜
真言曰
唵一麽折囉都使斛二
行者次應以成所作智三摩地想於
已身前觀無盡乳海出生大蓮花王
金剛為莖量周法界上想七寶珎妙
樓閣天如意寶以為莊飾花雲香海
妓樂歌讚於寶樓中師子座上淨滿
月中現妙白蓮花觀鉿字門放大光明
普照法界為毗盧遮那如來身色如
滿月首戴五如來冠垂紗縠天衣瓔珞
嚴身光明普照無量無數大菩薩衆前
後圍遶以為眷屬行者為欲令一切
如來成集會故次以金剛王菩薩三
摩地召集諸聖
定慧二羽金剛拳　交辟抱胷屈進力
彈指發聲遍世界　諦觀佛海普雲集
真言曰
唵一麽折囉二三摩惹三弱四
次結金剛鉤大印　一切如來鉤召智

定慧和合外相叉　進度如鉤獨三屈
真言曰
唵一 訶夜係弱二
次結金剛索大印　引入尊身於智體
前印禪度入定拳　力智相捻如環勢
真言曰
唵一 訶係吽吽二
次結金剛鉤鎖印　能令本尊堅固住
禪智進力相句結　是名金剛能止印
真言曰
唵一 係薩怖二合 吒鈴
次結金剛妙磬印　能令諸聖皆歡喜
禪智屈入金剛縛　是名金剛歡喜印
真言曰
唵一 健吒惡惡
次入平等性智定　捧持閼伽衆香水
想浴諸聖無垢身　當得灌頂法雲地
真言曰
唵一 麽折路娜議吽二
次以金剛法歌詠　讚揚如來諸福智
諦觀相好運清音　以契如如真性理
真言曰
唵一 麽折囉二 薩怛嚩二合 僧蘖囉二合 訶三

毗盧遮那三摩地法　第十三張

麽折囉囉怛娜二合 麽努怛𡃤二合 麽折
囉達摩議也奈六 麽折囉 羯麽七 羯
路婆縛
次結金剛嬉戲印　成就如來內眷屬
定慧和合金剛縛　禪智二度當心竪
真言曰
唵一 麽訶囉底
由以嬉戲供養故　不久當證金剛定
次結金剛花鬘印　觀妙鬘雲盈法界
不改前印捧而前　想奉尊頂鬘用嚴首
真言曰
唵一 路波戊鞞
由結金剛鬘供養　當授灌頂法王位
次結金剛歌詠印　以妙音聲讚佛智
前印從臍至口散　演妙樂音娛聖會
真言曰
唵一 秫嚧二合 怛囉二合 爍溪
由以金剛歌供養　不久當具如來辯
次結金剛舞妙印　觀妙妓雲普供養
定慧當心各旋舞　金剛合掌置頂上
真言曰
唵一 薩婆補而曳二合
由以妙舞供養故　當得如來意生身

毗盧遮那三摩地法　第十四張

次結梵金外供養　以此普熏佛海會
和合金剛不散掌　想妙香雲周法界
真言曰
唵一 鉢囉二合 訶羅二合 你你
由以焚香供養故　即得如來無礙智
次結金剛散花印　以此莊嚴諸世界
縛印上散如獻花　芬馥花雲遍法界
真言曰
唵一 頗攞議彌二
由結金剛花供養　速證如來四八相
次以金剛燈明印　普照佛會令光顯
禪智前逼金剛縛　摩尼燈光照法界
真言曰
唵一 蘇底惹訖哩二合
以此金剛燈供養　速具如來淨五眼
次結金剛塗香印　以用供養諸佛會
散金剛縛如塗香　香氣周流十方界
真言曰
唵一 蘇巘盪凝以斫反
由以金剛塗香印　得具五分法身智
如是廣作佛事已　次應諦心為念誦
先當一緣觀本尊　四明引入於己體
知身與尊無有二　色相威儀皆與等

毗盧遮那三摩地法　第十五張

衆會眷屬自圍遶　住於圓寂大鏡智
定慧二羽金剛縛　忍願如刀進力附
先誦金剛百字明　為令加持不傾動
真言曰
唵一麽折囉薩怛縛二合三麽耶麽拏播
攞耶二麽折囉薩怛嚩底尾三努播
底瑟姹四涅里二合住反茶讓弭婆嚩五
素都使踰二合下同弭婆嚩六阿努路訖
都二合弭婆嚩七素補使踰弭婆嚩八
薩婆悉地弥鉢囉二合也瑳九薩婆羯
麽素遮弭十止多室利二合藥句嚧一十
吽二十呵呵呵呵斛引三十薄伽梵薩婆
怛他蘖多麽折囉麽彌悶遮四十麽折
哩婆嚩五十摩訶三麽耶薩怛嚩二合六十惡
引
由以摩訶衍那百字真言加持故設
犯五無間罪謗一切諸佛及方廣經
修真言者以本尊堅住已身故現世
所求一切悉地所謂最勝悉地金剛
薩埵悉地乃至如來最勝悉地不改
金剛界大印便誦本尊根本明真言曰
唵一麽折囉馱都二鋡
定慧二羽捧珠鬘　加本真言七遍已
捧至頂上復當心　堅住等引而念誦
舌端微動脣齒合　送順循身觀相好
四時勤修不令間　千百為限復過是
一切神通及福智　現世同於遍照尊
行者念誦分限畢已捧珠頂上勤發
大願然後結三摩地印入法界體性
三昧修習五字旋陁羅尼
諸法本不生　自性離言說　清淨無垢染
因業等虛空　旋復諦思惟　字字悟真實
初後雖差別　所證皆歸一　不捨是三昧
兼住無緣悲　普願諸有情　如我無有異
行者從三昧出已即結根本印誦本
明七遍復以八大供養供養諸佛以
妙音詞稱揚讚歎獻閼伽水以降三
世印左旋解界即結金剛解脫印奉
送諸聖各還本土印者結前三昧耶
印忍願承華至頂上散真言曰
唵一訖里二合姤嚩八薩埵薩怛嚩二合
嘌訖二二合悉地捺多曳他努誐三引蘖
塳特鍐二合毋馱尾灑焰補娜囉引誐
麽那引也都四唵麽折囉薩怛嚩二合五
㮈
作是法已重以三昧耶印誦加持明
以印四處然後灌頂被金剛甲冑依
前四礼礼四方佛懺悔發願等然後依
閑靜處嚴以香花住本尊三摩地讀
誦方廣大乘經典隨意經行
若有衆生遇此教　晝夜四時精進修
現世證得歡喜地　後十六生成正覺

金剛頂經瑜伽修習毗盧遮那三摩地法

丙午歲高麗國大藏都監奉
勑雕造

金剛頂經瑜伽修習毗盧遮那三摩地法

校勘記

一 底本，麗藏本。

一 二七四頁上一行至本頁中二〇行序文，石、磧、普、南、徑、清無。

一 二七四頁中二一行「三摩地法」，石作「三摩地法一卷」。

一 二七四頁中二二行譯者，石作「大唐南天竺國三藏金剛智譯」；磧、普、南作「南天竺國三藏金剛智譯」；徑、清作「唐南天竺國三藏金剛智譯」。

一 二七四頁中末行「三密門」，石作「三秘門」。

一 二七四頁下二行末字「覺」，石、磧、普、南、徑、清作「故」。

一 二七四頁下七行末字「瞑」，磧、南、徑、清作「暝」。

一 二七四頁下一四行末字「聞」，石、磧、普、南、徑、清作「門」。

一 二七四頁下一五行「塗拭」，石作「塗飾」；磧、普、南作「塗城」。

一 二七五頁上四行「真言」，磧、普、南、徑、清作「真語」。

一 二七五頁中二〇行第九字「能」，普作「非」。

一 二七五頁下一一行「善支」，石、磧、普、南、徑、清作「善友」。

一 二七五頁下二〇行末字「憧」，石、磧、普、南、徑、清作「幢」。

一 二七六頁上六行「乳上」，清作「孔上」。

一 二七六頁上一〇行第七字「開」，石作「閒」。又第一二字「素」，磧、南、徑、清作「索」。

一 二七六頁中二二行「瑜伽」，石作「喻定」。

一 二七六頁下三行「行處」，磧、南、徑、清作「住處」。

一 二七六頁下一一行第一四字「由」，石作「自」。

一 二七六頁下一四行末字「事」，磧作「跡」。

一 二七六頁下末行第九字「固」，石作「牢」。

一 二七七頁中一一行「今已成正覺」，石作「今念已成等正覺」。

一 二七七頁中一八行第四字「鬘」，磧、普、南、徑、清作「鬘」。

一 二七七頁中一九行「緑光」，磧、普、南、徑、清作「緣光」。

一 二七七頁中二一行「天衣」，磧、普、南作「天主」。

一 二七七頁下四行「指印」，石、磧、普、南、徑、清作「拍印」。

一 二七七頁下一二行第七字「花」，磧、普、南、徑、清無。

一 二七七頁下一四行首字「滿」，石、磧、普、南、徑、清無。又第五字「五」，石、磧、普、南、徑、清無。

一 二七七頁下一九行「抱胷」，磧、南、徑、清作「拘胷」。

一 二七八頁上四行「引入」，磧、普、南作「引大」。

一 二七八頁上九行「句結」，石、磧、

一　二七八頁上二一行第三字「相」，資、磧、普、南、徑、清作「鈎結」。

一　二七八頁下二行第五字「不」，石、普作「想」。

一　二七九頁上二〇行「乃至如來最勝悉地」，石作「下」。

一　二七九頁上二一行「真言曰」，磧、普、南、徑、清無。

一　二七九頁上末行「加本」，石、南、徑、清作「如本」；磧作「如今」。

一　二七九頁中二行「脩身」，石、磧、普、南、徑、清作「修身」。

一　二七九頁中一七行末字「曰」，石無。

一　二七九頁下七行第四字「經」，磧、普、南、徑、清無。又「三摩地法」，石作「三摩地法一卷」。

千手千眼觀世音菩薩大身咒本（出六悲經中卷） 唵

大唐贈開府儀同三司諡大弘教三藏沙門金剛智奉　詔譯

曩慕薩麼(合二)惹耶(一)那謨囉怛娜(合二)哆囉(合二)夜耶(二)娜莫阿弭馱皤耶怛他誐多耶囉賀䢵三藐三勃馱耶那莫阿(引)𠜎夜嚩路枳帝溼嚩(合二)囉耶母地薩怛嚩(合二)耶莽賀薩怛嚩(合二)耶莽賀迦嚕聹迦耶娜麽莽賀些他摩跛囉(合二)鉢多耶母地薩怛嚩(合二)耶莽賀些怛嚩(合二)耶莽賀迦嚕聹迦耶那謨薄(上)誐嚩帝尾補攞尾莽那素鉢囉(合二)底瑟耻(合二)多僧(去)企夜(合二)素𠜎耶舍多娑訶薩囉阿䢵𠜎迦鉢囉(合二)娑嚩婆悉哆慕嘌帶曳(合二)莽賀麽捉莽矩吒軍荼囉陁哩伲薄誐嚩帝鉢納麽播拏曳薩嚩路迦(引)播耶舍摩那耶尾尾陁(上)皤野𦾔住三摩鞞舍尾瑟吒(合二)薩嚩薩怛嚩(合二)跛哩慕者那耶怛你也(合二)他唵勃嚕部嚩莽賀路迦羯囉拏怛麽悉底弭囉鉢吒囉尾娜舍那迦囉耶邏我你吠(合二)灑慕賀惹(引)攞奢麽迦奢

些(二)迦路叉迦薩嚩(引)跛耶稱住訥誐底鉢囉(合二)舍麽那迦囉耶薩麽怛他誐哆些摩滿馱那羯囉薩嚩薩怛嚩舍(引)鉢𠜎布路迦薩麽薩怛嚩(合二)三摩始嚩些羯囉伊醯曳醯莽賀母地些怛嚩(合二)嚩囉娜鉢納摩路迦粽(合二)步多莽賀迦嚕聹迦惹吒莽矩吒攞紇嘌多始囉徙摩捉羯曩迦囉若多嚩嚩介囉吠女哩耶攞紇嘌多舍利囉阿弭跢婆介那迦麽攞攞紇嘌多鉢囉(合二)嚩囉那囉那(引)哩莽賀惹那舍多娑訶薩囉阿尾攞使多迦耶莽賀母地些怛嚩(合二)尾馱麽尾馱麽尾馱舍耶尾馱舍耶莽賀演怛囉(合二)訖䗍奢迦嚩(引)吒娑末馱僧娑囉遮囉迦鉢囉(合二)莽他那(合二)布嚧沙鉢納摩(合二)布嚧沙那誐(合二)布嚧沙娑誐囉昧囉惹昧囉惹素誐多鉢哩勿哩多馱摩馱摩娑摩娑摩度嚕度嚕鉢囉(合二)舍薩耶鉢囉(合二)舍薩耶祁哩祇哩婢哩婢哩只哩只哩祖嚕祖嚕母嚕母嚕母庾丹庾閉者閉者路叉路叉麽麽(名稱)薩麽些怛嚩(引)喃者薩婆曳弊(畝藥反)

千手千眼觀世音咒本一卷　第二張

度那度那尾度那尾度那度嚕度嚕伽耶伽耶伽耶馱耶馱耶賀娑賀娑鉢囉賀娑鉢囉賀娑羯粽奢嚩(引)些耶麽麽寫(名稱)荷囉荷囉僧荷囉僧荷囉度嚕致度嚕致莽賀昂拏攞抧囉拏舍哆鉢囉(合二)細迦嚩婆娑尾沙那捨麽迦莽賀母地薩怛嚩(合二)嚩囉娜娑嚩(合二)賀(引)

千手千眼觀世音菩薩大身咒本

丙午歲高麗國大藏都監奉
勅雕造

千手千眼觀世音咒本卷　第三張

千手千眼觀世音菩薩大身咒本

校勘記

一　底本，麗藏本。此經其他諸校本不錄，故無校。

千手千眼觀自在菩薩廣大圓滿無礙大悲心陀羅尼咒本一卷

大唐贈開府儀同三司諡大弘教三藏沙門金剛智奉　詔譯

唵

曩謨囉引怛曩二合怛囉二合夜耶一曩
莫阿引哩夜二合嚩路枳諦濕嚩二合囉
引耶二冒毛上音地薩多嚩下同二合耶
三吽浮聲賀薩多嚩上同耶四吽浮聲
賀迦去嚕聹卷舌迦引耶五薩摩上
滿陀上曩上七泚娜曩迦囉引耶八薩
摩上婆嚩九娑毋浮聲捺嘮二合酢灑
拏卷舌迦囉耶十薩摩上弥夜二合地
十跛囉二合捨莽浮聲曩迦囉引耶十二
薩誐底多庾二合跛捺囉二合嚩十三尾那
捨曩浮聲迦囉引耶十四薩摩上娑曳
數十五怛囉二合拏迦囉引耶十六彈思每
二合曩莽思吉哩二合多嚩二合伊去那摩
阿哩夜十七嚩路枳帝濕嚩二合囉嚩
使單你羅建姹閉十八曩引莽纈哩二合
娜耶十九摩物刺二合彈以使夜二合剡二十
薩末引他些馱建二十一戍畔阿介
延二十二薩摩部跢南二十三娑嚩末識尾
戍馱劒二十四怛你也二合他二十五唵二十

六阿引路計阿引路迦莽底二十七路
迦引底訖闡二合諦引儗賀鞢阿哩夜二十
八嚩路枳諦濕嚩二合囉二十九吽浮聲
賀冒地薩多嚩二合三十冒地薩多嚩二合嚩
三十一吽浮聲賀冒地薩多嚩二合三十二冒地薩多嚩二合嚩
三十三儗吽浮聲賀比哩也冒地薩多嚩二合
四十 吽浮聲賀迦引嚕聹卷舌迦十三 吽
賀囉吽浮聲囉纈哩二合娜延三十五
囉嚩合二阿哩耶三十六嚩路枳諦濕嚩二合囉
三十七吽浮聲多囉二合賀質多嚩浮聲囉三十八麼
賀迦嚕聹卷舌迦四十矩嚕矩嚕羯滿
些大耶些大耶四十一尾你延二合
四十二娑嚩二合儗𤚥娑多嚩闡四十三迦滿識莽
四十四尾捍識莽尾識莽悉陀上諭𪫧
四十五濕嚩二合囉二合五四十杜嚕杜嚕尾演底
六十四莽賀尾演底四十七馱囉馱囉達
𡃢卬涅𡃢二合三濕嚩二合羅八四十左攞左攞
尾莽浮聲邏莽羅九四十阿哩夜二合五十
嚩路枳帝濕嚩二合羅去十五一介曩訖哩
二合使拏二合五十二惹吒引莽浮聲矩吒
三五十嚩覽摩跛羅二合覽摩尾覽摩十五
四十莽浮聲賀徙陀上尾你夜二合馱囉

五十五鉢羅麼攞莽賀鉢囉六十五麼
賀左囉八十五訖哩二合史拏二合物栗二合拏
你嚟伽九十五訖哩二合史拏二合跛乞灑二合
二合恨茹去跢囊浮聲十六儗跛娜莽二合
賀徙多二十一合六十左羅左羅聹舍左隸
濕嚩合二囉十二六十訖哩二合史拏二合薩囉
跛訖哩合一彈也介論合二跛尾多三六十
翳儗芀莽浮聲賀嚩羅賀毋浮聲佉
六十四怛哩二合補囉娜賀寧濕嚩二合羅
十六曩羅也拏嚩路跛六十六嚩羅末
識阿上剎儗聹羅建姹儗麼賀迦去
羅六十七賀羅賀羅八十六尾沙上怩介
跢路迦寫九十六囉去識尾沙上尾曩
引捨曩十七那昧二合沙上尾沙上尾曩
捨曩一十七慕賀尾沙上尾曩引捨曩
七十二戶嚕戶嚕莽羅戶嚕賀隸三十七
莽賀跛那莽二合曩引婆四十七薩羅薩
囉五十七徙哩徙哩六十七蘇嚕蘇嚕七十七
母嚕母嚕八十七母地也二合母地也
九十七冒大也二合冒大也八十二合
弭帝一八十你羅建姹翳醯芀摩莽
思體二合多徙應二合賀毋佉八十二賀

大悲心陀羅尼一卷　第二張　伏

娑賀娑八十三悶左悶左八十四莽賀乞去乞上賀珊八十五翳醯芳抱莽賀悉陀上諭詣逕嚩二合羅八十六娑挐娑挐嚩引濟八十七些大耶些大耶尾你延二合八十八徙莽羅徙莽羅八十九瞎娑誐滿單路枳多尾路枳單路計九十逕嚩二合闍去怛他上誐單九十一娜娜引醯名娜哩捨二合曩九十二迦莽寫那哩二合捨難九十三跛羅二合紇邏二合娜耶莽曩莎賀九十四悉馱也莎賀九十五莽賀悉馱也莎賀九十六莽賀悉馱也莎賀九十七悉馱諭詣逕嚩二合邏耶莎賀九十八你羅建姹耶莎賀九十九嚩囉引賀母佉去耶莎賀一百莽賀娜邏徙應二合賀母佉耶莎賀一百一悉馱尾你夜二合達邏耶莎賀一百二跛娜莽二合賀薩路二合耶莎賀一百三訖哩二合史挐二合薩波訖哩二合藐也佘諭二合跛尾跢耶莎賀一百四莽賀攞矩乞陀上邏去耶莎賀一百五斫羯囉去庾馱耶莎賀一百六勝佉去摒那你冒馱曩去耶莎賀一百七摩莽忽建二合陀上朱沙上思體二合一百多訖哩二合史挐二合佘曩去耶莎賀一百

大悲心陀羅尼一卷　第四張　除

七弭夜二合佉囉二合折莽你嚩娑曩去耶莎賀路計逕嚩二合羅去耶莎賀一百十薩摩上悉萬逕嚩二合囉耶莎賀一百一十一曩莫娑誐嚩諦阿引哩夜二合嚩路枳諦逕嚩二合囉去耶冒地薩怛嚩二合耶莽賀薩怛嚩二合耶莽賀迦去嚕二合尼迦耶一百一十二悉殿二合覩名滿多羅二合跛娜耶莎賀一百一十三

千手千眼觀自在菩薩廣大圓滿無礙大悲心陀羅尼咒一卷

丙午歲高麗國大藏都監奉
勅雕造

大悲心陀羅尼一卷　第五張　除

千手千眼觀自在菩薩廣大圓滿無礙大悲心陀羅尼咒本一卷

校勘記

一　底本，麗藏本。

一　二八四頁中一〇行「一卷」，石無。

不動使者陀羅尼秘密法

京大薦福寺三藏沙門金剛菩提奉　詔譯

如是無量力不動聖者毗盧遮那使者心一切利益成就法欲受持者先當行四種精進行自約身心令念不散一志堅固速得證驗令滿所願云何四種行自約一者斷食二者服氣三者食菜四者節食隨力所辦自約身已專誦根本陀羅尼滿一洛叉乃至三洛叉已即一日一夜水亦不食廣大供養莊嚴道場於畫像前燒苦練木如大拇指長十二指兩頭搵酥每誦呪一徧燒一枝滿一千八枝燒了小小世間事便得滿願

復次誦數滿已入江海大河深至項處面向東立每日念誦數滿三洛叉已心中所愛福田皆得滿願其水當令無蛟龍惡獸之處恐呪功未成為佗物所損耳當須結界若常加功持誦不動使者現身力能縛一切鬼神亦能摧折一切樹木亦令空中飛鳥隨念而墜亦能乾竭龍湫若論議及對外道惡人皆能降伏

復次先候月欲蝕時令誦呪滿數先蝕一日一夜不食取新牛糞未落地者作方壇二肘未落地者有二種義一者以器物承取莫令至地二者亦落地時塵土未汙即略取上分不著地者將以泥壇泥壇訖以種種好華散以供養取大般若經安置中心著取同色老犢子牸牛乳作酪旋以取酥一兩熟銅椀盛以可里羅木作篦攪酥從月初蝕即念誦乃至見三種相所謂煖烟焰等得煖相者服之差一切疾病得烟相者將以塗巳身可以隱蔽不令惡人所得見也得火焰相者服之通神身能飛行所謂身通也老犢牛乳者犢生經年已上犢大如母而猶食乳者其犢毛色須與母同如是牛乳堪作酥用

復次行人誦一洛叉已即往深山高頂之上斷穀不食更誦一洛叉心心相續更莫異緣天之伏藏自然出現凡伏藏者有天有神有人人所埋藏者為人伏藏鬼神所守名曰神藏亦名地藏諸天守護者為天伏藏天藏

尚能得見況地伏藏及人藏乎應作福事隨意受用

復次依護摩法杓子盛牛乳一呪一燒如是滿一千徧能除國中大疫癘也護摩法者掘地作爐著火令熾杓子法者以堅木剋之頭如杓可受雞子黃已下乳其柄端直長二尺許別以淨器盛乳以此杓子酌而呪之西國疫癘或一家一病遞相染著著皆死盡今吳蜀嶺南亦有此事是法能制

復次取百草華和酥酪蜜一呪一燒所求衣服如此華色皆得稱意若求緋者當燒赤華餘皆准此雖不思議神力滿行人願自可量分約事而求則無後患若過分妄取神亦慢人雖得不貴若燒蜜遍嚩一洛义一一呪燒得國中第一官位度所能作者求之必遂蜜遍嚩外國果子也

復次燒畢養魚華得一切人愛樂燒松木以三物黙燒誦十萬徧得無量眷屬松木長七寸大如指擘之燒大麥呪之得大丈夫富貴自在大麥瑪麥也有皮者是也

畫像法摧伏第一

若欲作法應對像前心有所像神應像感於好絹上畫不動使者著赤色衣斜帔青襌子亦赤色左邊一髻下垂至耳左眼微斜看左手把羂索右手把劒直竪劒首如蓮華葉狀劒鞘寶鈿於寶石上坐曲眉瞋目身赤黃色忿狀令一切眾生皆怕懼相畫此像已於河海岸邊清淨蘭若或淨屋之中行者亦清淨身著赤色衣心想自身皆作赤色不得散亂黙然乞食誦念五洛义滿已取豇豆箕五十對之一萬莖三物黙燒於此像前至心燒誦不動使者即自現身令行人見見已得如來三摩地心與諸菩薩常得一處

復次於此像前每日三時念誦本呪經六箇月隨力供養華香飲食求種種願皆得滿足若有兵賊來者行人手執一幢誦一千徧立著來處彼寇賊等自然退走怕懼而散若損國損佛法怨家惡人以鹽土相和作其像心上題其姓名形長一肘誦呪呪之一徧割取一段燒之乃至燒盡彼人若不降伏必死又取曷陀羅莱燒呪一呪一稱惡人名字燒之滿一千徧前人必定失心取牛乳燒一千徧還令復本若燒鹽稱名一呪一燒滿一千徧千里內彼人皆至若燒安悉香三時常不斷絕得國中上品位右已前法皆於此畫像下用之成就也

又畫像法第二

先於中心畫釋迦牟尼佛右邊畫曼殊室利童子菩薩形狀左邊畫執金剛菩薩作美笑狀右手把金剛杵座下畫不動使者寶瓔珞莊嚴於畫像前念誦五洛义訖種種使役取蓮華十萬莖以酥蜜酪三物相和黙一華上誦呪一徧即燒之如是燒華令盡是時蓮華吉祥天即現自身問行人言所願何事隨汝所求皆得滿足又取蘇末那華一洛义一呪一燒乃至燒盡即得夜义女來現身任種種驅使若有人欲經恐怖來求助者取屍陀林中灰呪七徧與之令其護身即得安樂若取牛黃像前呪七偏清水

和於額上一點之令一切人見者歡喜降伏一切毗那夜迦若蛇蝎等毒以淨土作泥呪七徧點瘡痛之處應時即差

別畫使者法第三

若欲得見不動使者乃至種種千事萬事人間之事皆可稱心者當畫不動使者身赤黃色上衣斜帔青色下裳赤色左邊一髻黑雲色童子相貌右手執金剛杵左手執羂索口兩邊微出少牙怒眼赤色火焰中坐石山上於此畫像前種種結印念誦皆得成熟放光隱形縛一切鬼神皆得成就假令無畫像但清淨處或寺中得一閒淨房無人鬧即得念誦一切世間鬼神病瘧等誦七徧或至二十一徧無不即差於此畫像前淨泥地燒安悉香取一明鏡當心安之口加念誦令一小兒女子等看鏡中問其所見即皆言說所求願事須叟龍神但得名字立童男女清淨者誦呪呪之其神等入此童子心中便共行者語三世之事所問皆荅若欲得矜羯羅成就者月生一日起首早起清淨畫像前散華檀香粖泥地作壇呪一百八徧日午黃昏各誦一百八徧若多誦不絕最好餘時不能誦呪但向道場中坐一心正念至時而誦亦得至十五日滿即造種種飲食供養畫像前方一肘作坑深一搩手指燒遏伽木若無用苦練木亦得取白芥子一㪷五升從黃昏起首誦取杏仁許芥子呪一徧了即投火中燒之其芥子以酥和之令濕如此燒呪至半夜後矜羯羅即現形云須作何驅使行人報云須矜羯羅令日已後有事須問常相隨逐更莫東西矜者問事也羯羅者驅使也若不現者心決定念誦不動使者必須得見莫生狐疑直至平明無不來者現已種種驅使處分皆得乃至洗手或用柳枝令取皆得欲得上天入山亦扶行人將去

欲得見欲界上天女等令將來相見亦得何況人間取人及物乃至種種飲食此神作小童子形有兩種一名矜羯邏恭敬小心者是一名制吒迦難共語惡性者是猶如人間惡性在下雖受驅使常多過失也若無事時向道且去還來莫向道無事好去若向道無事好去即便長去更不來矣第一須記不得遲延西國有僧驅使多年一朝誤遣遂不復來乃涕哭悔恨不復更至

若欲使古力迦龍王者於壁上畫一劒以古力迦龍王繞此劒上龍形如蛇劒中書此阿字心中亦自觀此劒及字了了分明心念不動使者誦一百八徧一日三時滿六箇月多誦益好若月滿已後古力迦龍王自現其形作人形狀常相隨逐任所驅使不動使者根本陀羅尼曰

那謨三滿多嚩曰囉(二合)赧(一)尾迦吒微吃哩多羯邏(二)摩訶閉𭅋多(三)蜜瑟宅(二合上)契註(如古反)叱瑟吒(二合)訶囉(四)按怛囉摩囉達羅(五)折覩噜木佉(六)濕嚩(二合)囉那囉迦迦比噜禮持嚩計舍吽(引七)跛折羅(二合)跛折路(二合)薩羅吽泮娑嚩(二合引)訶(引八)

持此呪者於六月中每日三時誦念

不動使者陀羅尼秘密法　第九張　科

不絕每日清淨飲食每欲食時先出一分安淨器中呪二十一徧待身食了將此器食寫著淨處月滿已後不動使者滿種種願三時者早時午時黄昏時別一百八徧此名受時根本呪法後更有心呪出含

此不動使者毗盧遮那佛之化身一持之後生生加護若求無上出世菩提者當清淨梵行一心精進當得種種不思議三昧不思議境界不思議神通不思議辯才不思議力用如是之事證者乃知不可具說若世間之人世習未斷雖千度觸犯種種世業使者皆許其懺悔不即捨離

結界護身法

先作海螺印

以左手中指已下三指握右手中指已下三指各以當手大拇指捻無名指相捉訖直竪右手頭指屈左手頭指捻右手頭指第二節文安口上誦根本呪七徧於頂上右旋三帀隨心遠近結界即成無能犯者

次作甲印合二手以二頭指二無名指

不動使者陀羅尼秘密法　第十張　標

入掌內相叉直竪二大拇指二中指二小指相令如三鈷金剛杵形名爲甲印誦根本呪七徧已先安額上次右肩次左肩次心上次喉上五處印之以護身欲坐念誦皆先作此護身法欲出行去亦宜作之

次作劒印

以左手大拇指捻無名指小指頭直申頭指及中指爲劒鞘又以右手大指捻無名指小指甲上直申中指頭指爲劒內左手掌中名劒印安心上令中指頭直竪誦不動使者辟一切惡毒呪呪七徧訖移安頂上呪曰

唵引阿者羅迦那步陀制吒迦一上吽
吽二可係許伊反可係三一譚上蘖哩醯
四摩訶哩毗沙瀰蘇息反多惡紇哩鴉烏鵐反泮五

若有人服毒欲死作此印呪七徧即可若欲結界辟鬼神閞惡雲等即安左膝上如拔刀劒狀用力拔之於頂上右旋三帀隨意遠近以劒坒安眉閒少時而止一切無敢犯者若欲念誦先作此印然後闘手取珠依常念誦

不動使者陀羅尼秘密法　第十一張

次作無畏清淨印

以右手大指上節捻頭指甲上餘三指並直申呪七徧所欲供養香華等令清淨者並以此印三指點清水灑之即淨若有恐懼之人來求依護者衣下結此印捅前人名字七徧呪訖前人即不復怖名無畏清淨印

次誦不動迎請呪

那麽三曼多跛日羅二合喃　阿哩夜二合褲折羅二合　摩訶俱路陀二　阿蘖瑳阿蘖瑳三　緊之羅斯四　鄧迦哩蠅俱盧那摩莎訶五

用前劒印安頂上左手中指頭三屈三徧誦呪招召之即來赴也

次作索印

以右手大拇指捻中指已下三指甲直竪頭指以左手中指已下三指握右手頭指屈左手頭指押左手大拇指甲上誦索呪曰

那摩三曼多末賓忱栗反羅喃一　阿播捨判者那吽泮二

呪七徧已用伏一切鬼神令一千二千里追人及天龍八部等用此印呪

次作師子奮迅印
如前甲印申二頭指開直竪之身立
如金剛勢以印或左或右摩之怒曰
瞋意吽聲誦師子呪曰
那摩三曼多末塞羅喃一唵阿者攞
迦那戰拏娑馱耶吽泮二
誦七徧能降伏一切惡魔等以印摩
惡雲雨應時皆散已解印
若惡風雨不止者取棘鍼和白芥子
燒呪一百八徧更誦根本呪一百八
徧非但風雨散止其龍神等却來擁
護行者
次作根本心中呪印先結眼印以右
手無名指小指握大拇指頭直申頭
指中指於額上兩眉間垂頭指中指
向下漸向鼻隊引之向上名不動使
者天眼印誦心中呪呪之
唵質路　古賽平噃耶莎訶一
作瞋怒意吽字作聲誦稱怨家名字
有鬼神捉彼人心令其降伏若常依
此誦不斷絕必得眼通見三千大千
世界及三界中事如對目前等無有異
次作根本心印

兩手合掌便內相叉令十指頭並入
掌中訖直申二頭指頭相拄二大拇
指勾取二無名指甲名根本印誦心
呪曰
曩莫三滿多䌫日羅二合喃一怛羅二合引
吒二半音　阿目伽戰拏摩訶嚧灑拏三
娑頗二合引　吒耶吽四　怛羅二合　麼耶怛羅
二合　摩耶吽五怛羅二合　吒半音　撼鋡六
每日自食先出種種飲食一分於一
盞中著待食了誦呪七徧呪之寫淨
處著日別如此所去處常得擁護送後
復有一字呪曰
那摩三滿多末竇羅喃一鵮胡海反二
用前根本印呪之常誦結印不斷絕
亦常不離左右也
不動寶山印
兩手十指向內相叉急握成拳名不
動寶山印
頭印
右手大拇指屈入掌中四指握為拳
頂上安之名頭印
一髻印
即此頭印上申頭指中指相並安左頰

上便引向下耳前下名使者一髻印
口印
二手相並以二小指相叉屈二無名
指握小指第二節以二大拇指捻無
名指甲二中指頭相拄二頭指屈捻
二中指背第三節從掌向上數第三
也安此印口上名口印
心印
即依口印屈二頭指入二大拇指根
安心上如獨鈷金剛杵形名曰心印
火焰印
右手大拇指押小指甲上左手握大
拇指作拳申頭指內右手掌中從右
邊遶頭上過向左猶如旋背光勢名
曰火焰印也
遶火印
並二手各握大拇指為拳屈二頭指入
大指根內拳相向並之能除一切火難
已前法印每念誦時依次用之口誦
呪不停但持根本呪有功已後餘呪
印但誦結即用有驗更亦不須受持
總攝慈救不動呪曰
曩莫三滿多䌫日羅合二喃一戰拏摩

訶(引)路灑(二合)娑登(二合)吒耶吽(三)怛羅(二合)吒(半音四)憾鋡(五)

此呪出毗盧遮那經能攝諸印法作前法了即誦此呪一七徧已心念不動尊亦作前劍印印額左右肩心上及喉上五處誦此呪呪一百八徧當自想身如俱摩羅狀然後彈指而散

復次有法於屍陀林中取死人衣裳畫不動使者取行人已身上血開解之畫像向西行者向東對此像念誦每日三時沐浴著濕衣裳默然念一洛叉滿已至月二十三日饌一切鬼神飲食法取種種米種種豆胡麻等並相和作飯於八方散之自身一日一夜不食覓一死人具足相貌者洗之令淨著衣裳置畫像前仰臥脚向西燒香自身護身結四面界說行人坐死人心上念誦一萬徧滿已死人即動不須怕懼但堅坐著急念誦待死人口中出蓮華出取華執之即變身化如十五六童子相貌乘空而去乃至梵天上無處不至自在遊行也此别行法若有凶宅恐懼之處或有官事逼惱者當一心誦根本呪亦可書呪釘於庭中令入地中萬嫉不敢動作亦可釘此慈救呪上好但淨室中結界護身繫心不動使者專念不絕多誦彌佳乃至十洛叉每食出一分食供養不動使者自想心念勤勤莫開斷此最根本速得感驗功益自知莫向人說一洛叉十萬徧也不動使者法略要盡此下信受奉行

憂丘滿願法(右下偈文亦是和上譯出並同時)

若有善男女人比丘比丘尼等或有尼難或求官爵或見貴人或有請覓者當合五香燒之誦念令滿十萬徧不得開斷若日促須願則多人同念令速得共滿前數亦得滿願呪曰

迴光菩薩　迴喜菩薩　阿耨大天
志德菩薩　憂丘婆丘　清淨比丘
惟願某甲(若自身求當自稱姓名為人求者前人姓名)
官事得了　死事即休　諸天菩薩
外國羅漢　救濟某甲　過度災難

(假令宋官者當於在前惟願某甲下云得某某官宿殃永滅障難皆休又於此救護某甲過災度難下云所求某官得稱願)

惟願慈悲滿弟子願持法先誦令熟念之口不出聲滿十萬徧數訖即獲所願若求速効行住不得開斷事大者衆誦行出即不須燒香若在家坐念必須燒五香也安悉香零陵香霍香沈香熏陸香若無沈香以白檀代之亦得必不得闕安悉香及零陵霍香也

不動使者陀羅尼秘密法

不動使者陀羅尼秘密法

校勘記

一　底本，金藏廣勝寺本。

一　二八五頁中一行「秘密法」，石、麗作「秘密法一卷」。

一　二八五頁中二行譯者，石作「唐京大薦福寺三藏沙門金剛菩提奉詔譯」；徑、清作「唐三藏沙門金剛菩提奉詔譯」；麗作「大唐贈開府儀同三司謚大弘教三藏沙門金剛智奉詔譯」。

一　二八五頁中一一行至一二行「苦練木」，磧、普、南、徑、清作「苦楝木」。下同。

一　二八五頁中一五行末字「項」，石作「頂」。

一　二八五頁中一九行第五字「耳」，磧、普、南、徑、清作「則」。又第一一字「常」，磧、普、南、徑、清作「當」。

一　二八五頁下二行末字「地」，石無。

一　二八五頁下一四行首字「相」，石無。

一　二八五頁下一七行第七字「作」，石、麗作「任」。

一　二八五頁下二二行第三字「人」，麗作「人大」。

一　二八六頁上一五行「過分」，麗作「非分」。

一　二八六頁中八行「帕懼」，石、磧、普、南、徑、清、麗作「怕懼」。下同。

一　二八六頁中一二行「誦念」，麗作「念誦」。

一　二八六頁中一三行第七字「點」，石、麗作「默」。

一　二八六頁下一〇行「右邊」，麗作「左邊」。

一　二八六頁下二一行第六字「經」，磧、普、南、徑、清作「結」。

一　二八七頁上七行「萬事」，麗無。

一　二八七頁上一三行「成熟」，石、麗作「成就」。

一　二八七頁中七行「堞手指」，石作「坼手指」；麗作「搩指」。

一　二八七頁中九行首字「斗」，磧、普、南、徑、清、麗作「升」。

一　二八七頁中一三行「今日」，磧、普、南、徑作「本日」。

一　二八七頁下一〇行「劍中」，麗作「中劍」。

一　二八七頁下一五行「陀羅尼」，麗作「咒」。

一　二八八頁上五行第五字「別」，石無。又「受時」，石、麗作「受持」。

一　二八八頁上一三行「世業」，麗作「重業」。

一　二八八頁上一九行「相提」，石、磧、普、南、徑、清、麗作「相捉」。

一　二八八頁中二行「相令」，石、磧、普、南、徑、清、麗作「相合」。又「三鈷」，石、徑、清作「三股」。

一　二八八頁中二二行首字「鬧」，磧、南作「門」。

一　二八八頁下五行「依護」，磧、普、南作「依設」。

一　二八九頁上三行第一一字「摩」，

石作「魔」。又末字「曰」，石、磧、普、南、徑、清、麗作「目」。

一 二八九頁上七行末字「摩」，石作「魔」。

一 二八九頁上八行第七字「散」，石作「散散」。

一 二八九頁上二〇行首字「有」，石、磧、普、南、徑、清、麗作「大」。

一 二八九頁中三行第二字「勾」，麗作「拘」。

一 二八九頁中九行「一分」，磧、南、徑、清作「二分」。

一 二八九頁中末行末字「額」，石、磧、普、南、徑、清、麗作「頂」。

一 二八九頁下四行第七字「即」，石、磧、普、南、徑、清、麗作「節」。下同。

一 二八九頁下七行首字「也」，麗無。

一 二八九頁下八行「心印」，石、麗作「次作心印」。

一 二八九頁下一〇行第六字「鈷」，石、磧、普、南、徑、清作「股」。

一 二八九頁下一一行「火焰印」，麗作「次作火焰印」。

一 二八九頁下一五行第二字「火」，麗作「水」。

一 二八九頁下一九行末字「誦」，磧、普、南作「說」。

一 二九〇頁上一一行第一一字「默」，徑作「點」。

一 二九〇頁上一三行第三字「食」，石作「食食」。又「胡麻」，磧、普、南、徑、清、麗作「油麻」。

一 二九〇頁上一七行「結四面界」，石、麗作「四面結界」。

一 二九〇頁上末行「凶宅」，麗作「凶險」。

一 二九〇頁中八行第六字「一」，麗作「又一」。

一 二九〇頁中九行「畫此」，石、麗作「盡此」；磧、普、南、徑、清作「畫此」。

一 二九〇頁中一〇行夾註左第四字「並」，石、麗無。

一 二九〇頁中一八行夾註右第四字「求」，石、麗作「求事」。又左「前人」，石、麗作「稱前人」。

一 二九〇頁中二〇行「過度災難」，石、麗作「過災度難」。

一 二九〇頁中二一行夾註右「在前」，磧、普、南、徑、清作「佛前」。又左「某某」，石、麗作「某」。

一 二九〇頁下五行「霍香」，石、麗作「藿香」，下同。

一 二九〇頁下末行「祕密法」，石、磧、普、麗作「祕密法一卷」。

金剛頂瑜伽念珠經 於十万廣頌中略出　伊

開府儀同三司特進試鴻臚卿肅國公食邑三千戶賜紫贈司空諡大鑒正號大廣智大興善寺三藏沙門不空奉詔譯

爾時毗盧遮那世尊告金剛手言善哉善哉為諸修真言行菩薩者說諸儀軌則衆愍未來諸有情等說念珠功德勝利由聞如是妙意趣故速證悉地時金剛薩埵菩薩白佛言唯然世尊我今為說之爾時金剛薩埵菩薩而說偈言

珠表菩薩之勝果　於中間絕為斷漏
繩線貫串表觀音　母珠以表無量壽
慎莫驀過越法罪　皆由念珠積功德
車渠念珠一倍福　木槵念珠兩倍福
以鐵為珠三倍福　熟銅作珠四倍福
水精真珠及諸寶　此等念珠百倍福
千倍功德帝釋子　金剛子珠俱胝福
蓮子念珠千俱胝　菩提子珠無數福
佛部念誦菩提子　金剛部法金剛子
寶部念誦以諸寶　蓮花部珠用蓮子
羯磨部中為念珠　衆珠間雜應貫串
念珠分別有四種　上品最勝及中下
一千八十以為上　一百八珠為最勝
五十四珠以為中　二十七珠為下類
二手持珠當心上　靜慮離念心專注
本尊瑜伽心一境　皆得成就理事法
設安頂髻或挂身　或安頸上及安髆
所說言論成念誦　以此念誦淨三業
由安頂髻淨無間　由帶頸上淨四重
手持臂上除衆罪　能令行人速清淨
若修真言陀羅尼　念諸如來菩薩名
當獲無量勝功德　所求勝願皆成就

加持念珠貫串之法一如蘇悉地經說其瑜伽經但說其功能理趣不說相應知

金剛頂瑜伽念珠經

丙午歲高麗國大藏都監奉
勑雕造

瑜伽念珠經　第一張　伊

金剛頂瑜伽念珠經
校勘記

一　底本，麗藏本。
一　二九三頁上一行經名，石作「金剛頂瑜伽念珠經一卷」。卷末經名同。
一　二九三頁上二至三行譯者，石作「特進試鴻臚卿大興善寺三藏沙門不空奉詔譯」；磧、南作「大興善寺三藏沙門大廣智不空奉詔譯」；徑、清作「唐三藏沙門大廣智不空奉詔譯」。
一　二九三頁上一一行第一一字「絕」，磧、南、徑、清作「滿」。
一　二九三頁上一四行第五字「一」，磧、南作「二」。
一　二九三頁中六行第一二字「及」，徑、清作「或」。

新得貞元錄大小乘經等序　伊

朝散大夫尚書禮部員外郎知制誥雲騎尉賜紫金魚袋臣喬匡舜奉　勅撰

皇帝嗣位之四載也品物攸叙兆人乂寧洽此文修遠方來格武功既備文理斯盛遺編墜簡搜訪殆盡學有僧恒安者學空於佛立操彌篤念真如之言必憑祖述而湮滅之餘多所殘缺且焚秦政猶存上古之書宅壞魯恭頗得先師之籍豈伊聖教而可絕乎慨然永懷思補其闕名藍勝境其往若歸北登五臺西涉隴口誦手寫靡不詳綜果得新譯貞元錄藏大小乘經律論目錄兼一切經源品次錄等共一百三十二部計三百四十三卷跋履艱險躬自肩荷臻于闕下悉以聞天帝用嘉之俾實僧府匪因白馬而貝多云集不涉流沙而梵夾斯致雖釋子之勤愿寔聖明之昭感也車書之混壹於茲矣其貞元錄藏經者即我德宗神武孝文皇帝貞元甲戌歲勅梵僧阿質達霰等七人所同翻譯也夫慈氏之道其法無二蓋賢者識其大不賢者識其小辟如一雨洒地厥潤無差而卉物有甘苦之異一日照天厥明無殊而群動有晝夜之別甚深之典由斯而盛滿半之義昭然可覩言為心花不花而實者未之有也經為教本不本而生者亦未之有也決洩宗旨敷演衆妙遠離三界居末乾坤之前解脫諸苦出有生滅之外悟之者得之於剎那迷之者失之於沙劫無邊無量不動不染既有復有已空更空諦信則是性畢能迴向則凡物皆福在在處處同弗瞻仰各各種種俱獲利益實衆生之針砭大世之彌綸也廢蹄求免何免可求捨筏濟水何水可濟去聖逾遠微言斯在弘道君子孰無欽哉時保大丙午歲冬十月序

金剛頂真實大教王經序　第二張　伊

金剛頂一切如來真實攝大乘現證大教王經卷上

開府儀同三司特進試鴻臚卿肅國公食邑三千戶賜紫贈司空謚大鑒正號大廣智大興善寺三藏沙門不空奉　詔譯

金剛界大曼荼羅廣大儀軌品之一

如是我聞一時婆伽梵成就一切如來金剛加持殊勝三昧耶智得一切如來寶冠三界法王灌頂證一切如來一切智智瑜伽自在能作一切如來一切印平等種種事業於無盡無餘一切有情界一切意願作業皆悉成就大悲毗盧遮那常恒住三世一切身口心金剛如來一切如來遊戲處住阿迦尼吒天王宮中大摩尼殿種種間錯鈴鐸繒幡微風搖激珠鬘瓔珞半滿月等而為莊嚴與九十俱胝菩薩衆俱所謂金剛手菩薩摩訶薩聖觀自在菩薩摩訶薩曼殊室利童真菩薩摩訶薩虛空藏菩薩摩訶薩金剛拳菩薩摩訶薩纔發心轉法輪菩薩摩訶薩虛空庫菩薩摩訶薩摧一切魔力菩薩摩訶薩如是等菩薩摩訶薩而為上首與恒河沙等數如來猶如胡麻示現滿於閻浮提於阿迦尼吒天亦復

金剛頂真實大教王經卷上　第三張　伊

如是彼無量數如来身從一一身現
無量阿僧祇佛刹於彼佛刹還説此
法理趣時婆伽梵大毗盧遮那如来
常住一切虚空一切如来身口心金
剛一切如来平相涉入一切金剛界
覺悟智薩埵一切虚空界微塵金剛
加持所生智藏一切如来無邊故大
金剛智灌頂寶一切虚空舒遍真如
智為現證三菩提一切如来自身性
清淨故自性清淨一切法遍一切虚
空能現一切色智盡無餘調伏有情
界行最勝　一切如来不空作教令
故一切平等無上巧智一切如来大
菩提堅固薩埵一切如来鈎召三昧
耶一切如来隨染智自在一切如来
善哉一切如来灌頂寶一切如来日
輪圓光一切如来思惟王摩尼寶幢
一切如来大笑一切如来大清淨法
一切如来般若智一切如来輪一切
如来秘密語一切如来不空種種事
業一切如来大精進妙堅固甲冑一切
如来遍守護金剛藥叉一切如来身

口心金剛印智
普賢妙不空　摩羅極喜王　空藏大妙光
寶幢大微笑　能觀大自在　最殊一切壇
無言種種業　精進怒堅持　金剛鈎箭喜
寶日幢惜笑　蓮劍妙輪語　羯磨甲怖持
無始無終寂　暴怒大安忍　藥叉羅刹勇
威猛大富貴　郞摩天世主　毗紐勝大寂
世護虚空地　三世及三界　大種善人益
諸設縛祖父　流轉涅槃常　正流轉大覺
覺清淨大乘　三有常恒者　降三世貪樂
主宰諸能調　堅主妙地勝　智彼岸理趣
解脱覺有情　行一切如来　覺利益佛心
諸菩提無上　遍照最勝王　自然總持念
大薩埵大印　等持佛作業　一切佛為身
薩埵常益覺　大根本大黒　大染欲大樂
大方便大勝　諸勝宫自在
婆伽梵大菩提心普賢大菩薩住一
切如来心時一切如来滿此佛世界
猶如胡麻
尒時一切如来雲集於一切義成就
菩薩摩訶薩坐菩提場往詣示現受
用身咸作是言善男子云何證無上
正等菩提不知一切如来真實忍諸

苦行時一切義成就菩薩摩訶薩由
一切如来警覺即從阿娑頗娜伽三
摩地起禮一切如来白言世尊如来
教示我云何修行云何是真實如是
説已一切如来異口同音告彼菩薩
言善男子當住觀察自心三摩地以
自性成就真言自恣而誦
唵質多鉢羅二合底丁以反微騰迦嚕弭
時菩薩白一切如来言世尊如来我
遍知已我見自心形如月輪一切如
来咸告言善男子心自性光明猶如遍
修功用隨作隨獲亦如素衣染色隨
染隨成時一切如来為令自性光明
心智豐盛故復勅彼菩薩言
唵菩提質多畝怛波娜夜弭
以此性成就真言令發菩提心時彼
菩薩復從一切如来承旨發菩提心
已作是言如彼月輪形我亦如是月輪
形見一切如来告言汝已發一切如
来普賢心獲得齊等金剛堅固善住此
一切如来普賢發心於自心月輪思
惟金剛形以此真言
唵底瑟姹二合嚩日羅二合

菩薩白言世尊如来我見月輪中金剛一切如来咸告言令堅固一切如来普賢心金剛以此真言

唵縛日囉(二合)恒麽(二合)句唅

所有遍滿一切虚空界一切如来身口心金剛界以一切如来加持悉入於薩埵金剛則一切如来於一切義成就菩薩摩訶薩以金剛名号金剛界金剛界灌頂時金剛界菩薩摩訶薩白彼一切如来言世尊如来我見一切如来為自身一切如来復告言是故摩訶薩一切薩埵金剛具一切形成就觀自身佛形以此自性成就真言随意而誦

唵也他薩婆怛他誐多薩怛(二合)他唅

作是言已金剛界菩薩摩訶薩現證自身如来盡禮一切如来已自言唯願世尊諸如来加持於我令此現證菩提堅固作是語已一切如来入金剛界如来彼薩埵金剛中時世尊金剛界如来當彼刹那頃現證等覺一切如来平等智入一切如来平等智三昧耶證一切如来法平等智自性清淨則成一切如来平

等自性光明智藏如来應供正遍知時一切如来復從一切如来薩埵金剛出以虚空藏大摩尼寶灌頂發生觀自在法智安立一切如来毗首羯磨由此往詣須弥盧頂金剛摩尼寶峯樓閣至已金剛界如来以一切如来加持於一切如来師子座一切面安立時不動如来寶生如来觀自在王如来不空成就如来一切如来以一切如来加持自身婆伽梵釋迦牟尼如来一切平等善通達故一切方平等觀察四方而坐

尒時世尊毗盧遮那如来不久現證等覺一切如来普賢心獲得一切如来虚空發生大摩尼寶灌頂得一切如来觀自在法智彼岸一切如来毗首羯磨不空無礙教圓滿事業圓滿意樂一切如来性於自身加持即入一切如来普賢摩訶菩提薩埵三昧耶出生薩埵加持金剛三摩地一切如来大乘現證三昧耶名一切如来心從自心出

縛日囉(二合)薩怛縛(二合下同)

纔出一切如来心即彼婆伽梵普賢為衆多月輪普淨一切有情大菩提心於諸佛所周圍而住從彼衆多月輪出一切如来智金剛即入婆伽梵毗盧遮那如来心由普賢堅牢故從金剛薩埵三摩地由一切如来加持合為一體量盡虚空遍滿成五峯光明一切如来身口心出生金剛形從一切如来心出住佛掌中復從金剛出金剛形種種色相舒遍照曜一切世界從彼金剛光明門出一切世界微塵等如来身遍周法界究竟一切虚空遍一切世界雲海遍證一切如来平等智神通發一切如来大菩提心成辦普賢種種行承事一切如来往詣大菩提場摧諸魔軍證成一切如来平等大菩提轉正法輪乃至拔濟一切利益安樂盡無餘有情界成就一切如来智冣勝神境通悉地等示現一切如来神通遊戲普賢故金剛薩埵三摩地妙堅牢故聚為一體生普賢摩訶菩提薩埵身住世尊毗盧遮那佛心而說嗢陁南

奇哉我普賢　堅薩埵自然　從堅固無身
獲得薩埵身
時普賢大菩提薩埵身從世尊心下一切如來前依月輪而住復請教令時婆伽梵入一切如來智三昧耶名金剛三摩地受用一切如來戒定慧解脫解脫知見轉正法輪利益有情大方便力精進大智三昧耶無盡無餘拔濟有情界一切主宰安樂悅意故乃至得一切如來平等智神境通無上大乘見證最勝悉地果故一切如來成就金剛授與彼普賢摩訶菩提薩埵一切如來轉輪王灌頂以一切佛身寶冠繒綵灌已授與雙手則一切如來以金剛名号金剛手金剛手灌頂時金剛手菩薩摩訶薩左慢右僑弄跋折羅則彼金剛安自心持增進勢說此嗢陁南
此是一切佛　成金剛無上　授與我手掌
金剛加金剛
尒時世尊復入不空王大菩薩三昧耶所生薩埵加持名金剛三摩地名一切如來鉤召三昧耶一切如來心

從自心出
縛日囉二合　邏引惹
從一切如來心纔出已則彼婆伽梵金剛手為一切如來大鉤出已入世尊毗盧遮那心聚為一體生金剛大鉤形住佛掌中從金剛大鉤形出現一切世界微塵等如來身召請一切如來等作一切佛神通遊戲妙不空王故金剛薩埵三摩地極堅牢故聚為一體生不空王大菩薩身住毗盧遮那佛心說此嗢陁南
奇哉不空王　金剛所生鉤　由遍一切佛
為成就鉤召
時不空王大菩薩身從佛心下依一切如來右月輪而住復請教令時婆伽梵入一切如來鉤召三昧耶名金剛三摩地受一切如來鉤召三昧耶盡無餘有情界一切鉤召一切安樂悅意故乃至一切如來集會加持最勝悉地故則彼金剛鉤授與不空王大菩薩雙手一切如來以金剛名号金剛鉤召金剛鉤召灌頂時金剛鉤召菩薩摩訶薩以金剛鉤鉤召一切如來說此嗢陁南

此是一切佛　無上金剛智　成諸佛利益
最上能鉤召
尒時婆伽梵復入摩羅大菩薩三昧耶出生薩埵加持名金剛三摩地一切如來隨染三昧耶名一切如來心從自心出
縛日囉二合　邏誐
從一切如來心纔出已即彼婆伽梵持金剛為一切如來花器仗出已入世尊毗盧遮那佛心聚為一體生大金剛箭形住佛掌中從彼金剛箭形出一切世界微塵等如來身作一切如來隨染等作一切佛神通遊戲極慾故金剛薩埵三摩地極堅牢故聚為一體生摩羅大菩薩身住世尊毗盧遮那佛心說此嗢陁南
奇哉自性淨　隨染欲自然　離欲清淨故
以染而調伏
時彼摩羅大菩薩身從世尊心下依一切如來左月輪而住復請教令時世尊入一切如來隨染加持名金剛三摩地受一切如來能煞三昧耶盡

無餘有情界隨一切安樂悅意故乃至得一切如来摩羅葉㝡勝悉地果故則彼金剛箭授與摩羅大菩薩雙手則一切如来以金剛名号金剛弓金剛弓灌頂時金剛弓菩薩摩訶薩以金剛箭煞一切如来說此嗢陁南

此是一切佛　染智無瑕穢　以染害猒離
能施諸安樂

尒時婆伽梵復入極喜王大菩薩三昧耶所生薩埵加持名金剛三摩地一切如来極喜三昧耶名一切如来心從自心出

縛日羅二合娑度

從一切如来心纔出已則彼婆伽梵持金剛一切如来善哉相入世尊毗盧遮那佛心聚為一體生大歡喜形住佛掌中從彼歡喜形出一切世界微塵等如来身作一切如来善哉相作一切佛神通遊戲極喜故金剛薩埵三摩地極堅牢故聚為一體生歡喜王大菩薩身住世尊毗盧遮那佛心說此嗢陁南

奇哉我善哉　諸一切勝智　所離分別者
能生究竟喜

時歡喜王大菩薩身從世尊心下依一切如来後月輪而住復請教令持世尊入一切如来等喜加持名金剛三摩地已受一切如来等喜一切安樂悅意故乃至得一切如来無等喜一切安樂悅意故乃至得一切如来無上喜味㝡勝悉地果故則彼金剛喜授彼歡喜王大菩薩摩訶薩雙手則一切如来以金剛名号金剛喜金剛喜灌頂時金剛喜菩薩摩訶薩以金剛喜善哉相歡悅一切如来說此嗢陁南

此是一切佛　能轉善哉相　作諸喜金剛
妙喜令增長

大菩提心一切如来鈎召三昧耶一切如来隨染智大歡喜

如是一切如来大三昧耶薩埵

尒時婆伽梵復入虛空藏大菩薩三昧耶所生寶加持名金剛三摩地一切如来灌頂三昧耶名一切如来心從自心出

縛日羅二合囉怛那二合

從一切如来心纔出已一切虛空平等性智善通達故金剛薩埵三摩地極堅牢故聚為一體則彼婆伽梵持金剛為一切虛空光明出已以一切虛空光明照耀一切有情界成一切虛空界以一切如来加持一切虛空界入世尊毗盧遮那佛心善修習故金剛薩埵三摩地一切虛空界胎藏所成一切世界遍滿等量出生大金剛寶形住佛掌中從彼金剛寶形出一切世界微塵等如来身出生已作一切如来灌頂等於一切世界作一切如来神通遊戲虛空界胎藏妙出生故金剛薩埵三摩地極堅牢故聚為一體生虛空藏大菩薩身住世尊毗盧遮那佛心說此嗢陁南

奇哉妙灌頂　無上金剛寶　由佛無所著
名為三界主

時彼虛空藏大菩薩身從世尊心下依一切如来前月輪而住復請教令時世尊入一切如来大摩尼寶名金剛三摩地受一切如来圓滿意樂三

昧耶盡無餘有情界獲一切義利受一切安樂悅意故乃至得一切如來利益最勝悉地故受彼金剛摩尼與彼虛空藏大菩薩摩訶薩金剛寶轉輪王授與金剛寶形灌頂安於雙手則一切如來以金剛名号金剛藏金剛藏灌頂時金剛藏菩薩摩訶薩以金剛摩尼安自灌頂處說此嗢陁南

此是一切佛　灌頂有情界　授與我手掌
寶安於寶中

尒時婆伽梵復入大威光大菩薩三昧耶出生寶加持名金剛三摩地一切如來光三昧耶名一切如來心從自心出

縛日囉二合帝惹

從一切如來心纔出已即彼婆伽梵金剛手為衆多大日輪出已入世尊毗盧遮那佛心聚為一體生大金剛日形住佛掌中從彼金剛日輪出一切世界微塵等如來身放一切如來光明等作一切佛神通遊戲極大威光故金剛薩埵三摩地極堅牢故聚為一

體生大威光菩薩摩訶薩身住世尊毗盧遮那佛心說此嗢陁南

奇哉無比光　照耀有情界　能淨清淨者
諸佛救世者

時彼無垢大威光菩薩身從世尊心下住一切如來右月輪而住復請教令時世尊入一切如來圓光加持名金剛三摩地受一切如來光三昧耶盡無餘有情界無比光一切安樂悅意故乃至得一切如來自光明最勝悉地故金剛日授與大威光菩薩摩訶薩雙手則一切如來以金剛名号金剛光金剛光灌頂時金剛光菩薩摩訶薩以彼金剛日照曜一切如來說此嗢陁南

此是一切佛　能壞無智暗　設微塵數日
此光超於彼

尒時婆伽梵復入寶幢大菩薩三昧耶出生寶加持名金剛三摩地一切如來滿意願三昧耶名一切如來心從自心出

縛日囉二合計都

從一切如來心纔出已即彼婆伽梵

持金剛為種種色幢幡莊嚴形出已入世尊毗盧遮那佛心聚為一體生金剛幢形住佛掌中從彼金剛幢形出一切世界微塵等如來身建一切如來寶幢等作一切佛神通遊戲大寶幢故金剛薩埵三摩地極堅牢故聚為一體生寶幢大菩薩身住世尊毗盧遮那佛心說此嗢陁南

奇哉無比幢　一切益成就　一切意滿者
令滿一切願

時彼寶幢大菩薩身從世尊心下住一切如來左月輪而住復請教令時世尊入一切如來建立加持名金剛三摩地受一切如來思惟王摩尼幢能建三昧耶盡無餘有情界令一切意願圓滿一切安樂悅意故乃至得一切如來大利益最勝悉地果故則彼金剛幢授彼寶幢菩薩摩訶薩雙手則一切如來以金剛名号金剛幢金剛幢灌頂時彼金剛幢菩薩摩訶薩以金剛幢安立一切如來於檀波羅蜜說此嗢陁南

此是一切佛　能滿諸意願　名思惟寶幢

是種度理趣

尒時婆伽梵復入常喜悦大菩薩三昧耶出生寶加持名金剛三摩地一切如来喜悦三昧耶名一切如来心從自心出

䮧日囉二合賀娑

從一切如来心纔出已即彼婆伽梵持金剛為一切如来微笑出已入世尊毗盧遮那佛心聚為一體生金剛笑形住佛掌中從彼金剛笑形出一切世界微塵等如来身作一切如来奇特等作一切佛神通遊戲常喜悦根故金剛薩埵三摩地極堅牢故聚為一體生常喜悦根大菩薩身住世尊毗盧遮那佛心説此嗢陁南

奇哉我大笑　諸勝大奇特　安立佛利益
常住妙等引

時彼常喜悦根大菩薩身從世尊心下依一切如来後月輪而住復請敎令時世尊入一切如来奇特名金剛三摩地受一切如来出現三昧耶盡無餘有情界一切根無上安樂悦意故乃至得一切如来根清淨智神意

通果故則彼金剛微笑授與彼常喜悦根大菩薩摩訶薩雙手則一切如来以金剛名号金剛喜金剛喜灌頂時金剛喜菩薩摩訶薩以金剛微笑悦一切如来説此嗢陁南

此是一切佛　奇哉示出現　能作大喜悦
他師不能知

大灌頂　尋圓光　有情大利
太笑

如是一切如来大灌頂薩埵

尒時婆伽梵復入觀自在大菩薩三昧耶出生法加持名金剛三摩地一切如来法三昧耶名一切如来心從自心出

䮧日囉二合達摩

從一切如来心纔出已即彼婆伽梵持金剛自性清淨一切法平等智普通達故金剛薩埵三摩地為正法光明出已以彼正法光明照耀一切世界成為法界盡法界入世尊毗盧遮那佛心聚為一體量遍虛空法界生大蓮花形住佛掌中從彼金剛蓮花形出一切世界微塵等如来身一切

如来三摩地智神境通等作一切神通遊戲於一切世界妙觀自在故金剛薩埵三摩地極堅牢故聚為一體生觀自在大菩薩身住世尊毗盧遮那佛心説此嗢陁南

奇哉我勝義　本清淨自然　諸法如筏喻
清淨而可得

時彼觀自在大菩薩身從世尊心下依一切如来前月輪而住復請敎令時世尊入一切如来三摩地智三昧耶出生名金剛三摩地能淨一切如来盡無餘有情界我清淨一切安樂悦意故乃至得一切如来法智神境通果故則彼金剛蓮花授與觀自在菩薩摩訶薩正法轉輪王授與一切如来法身灌頂灌於雙手則一切如来以金剛名号金剛眼金剛眼灌頂時金剛眼菩薩摩訶薩則彼金剛蓮花如開敷蓮花勢觀察貪染清淨無染着自性觀已説此嗢陁南

此是一切佛　覺悟欲眞實　授與我手掌
法安立於法

尒時婆伽梵復入曼殊室利大菩薩

三昧耶出生法加持名金剛三摩地
一切如來大智慧三昧耶名一切如
來心從自心出
縛日囉二合底乞灑拏三合
從一切如來心纔出已即彼婆伽梵
持金剛為衆多慧劍出已入世尊毗
盧遮那佛心聚為一體生金剛劍形
住佛掌中則從彼金剛劍形出一切
世界微塵等如來身一切如來智慧
等作一切佛神通遊戲妙吉祥故金
剛薩埵三摩地極堅牢故聚為一體
生曼殊室利大菩薩身住世尊毗盧
遮那佛心說此嗢陁南
奇哉一切佛　我名微妙音　由慧無色故
音聲而可得
時彼曼殊室利大菩薩身從世尊心
下依一切如來右月輪而住復請教
令時世尊入一切如來智慧三昧耶
名金剛三摩地斷一切如來結使三
昧耶盡無餘有情界斷一切苦受一
切安樂悅意故乃至得一切如來隨
順音聲慧圓滿成就故則彼金剛
劍授與曼殊室利大菩薩摩訶
薩雙手則一切如來以金剛名号

金剛慧金剛慧灌頂時金剛慧菩薩
摩訶薩以金剛劍揮斫說此嗢陁南
此是一切佛　智慧度理趣　能斷諸怨敵
除諸罪最勝
尒時婆伽梵復入纔發心轉法輪菩
薩摩訶薩三昧耶出生法加持名金
剛三摩地一切如來輪三昧耶名一
切如來心從自心出
縛日羅二合係都
從一切如來心纔出已即彼婆伽梵
持金剛成金剛界大曼荼羅為一切
如來大曼荼羅出已入世尊毗盧遮
那佛心聚為一體生金剛輪形住佛
掌中從彼金剛輪形出一切世界微
塵等如來身纔發心轉法輪故金剛
薩埵三摩地極堅牢故聚為一體生
纔發心轉法輪菩薩摩訶薩身住世
尊毗盧遮那佛心說此嗢陁南
奇哉金剛輪　我金剛勝持　由纔發心故
能轉妙法輪
時彼纔發心轉法輪大菩薩身從世
尊心下依一切如來左月輪而住復
請教令時世尊入一切如來輪名金

剛三摩地一切如來大曼荼羅三昧
耶盡無餘有情界令入得不退轉法輪
受一切安樂悅意故乃至轉一切如
來正法輪最勝悉地故則彼金剛輪
授與纔發心轉法輪大菩薩摩訶薩
雙手則一切如來以金剛名号金剛
場金剛場灌頂時彼金剛場菩薩摩
訶薩以彼金剛輪令一切如來安立
不退輪說此嗢陁南
此是一切佛　能淨一切法　是則不退輪
亦名菩提場
尒時婆伽梵復入無言大菩薩摩訶
薩三昧耶出生法加持名金剛三摩
地一切如來念誦三昧耶名一切如
來心從自心出
縛日羅二合婆沙
從一切如來心纔出已即彼婆伽梵
金剛手為一切如來法文字出已入
世尊毗盧遮那佛心聚為一體生金
剛念誦形住佛掌中從彼金剛念誦
形出一切世界微塵等如來身一切
如來法性等作一切佛神通遊戲妙
語言故金剛薩埵三摩地極堅牢故

聚為一體生無言大菩薩身住世尊
毗盧遮那佛心説此唱陁南
奇哉自然密　我名秘密語　所説微妙法
遠離諸戲論
時彼無言大菩薩身從世尊心下住
一切如來後月輪而住復請教令時
世尊入一切如來秘密語名金剛三
摩地一切如來語智三昧耶盡無餘
有情界令語成就受一切安樂悦意
故乃至得一切如來語秘密體性最
勝悉地故則彼金剛念誦授與無言
大菩薩摩訶薩雙手則一切如來以
金剛名号金剛語金剛語灌頂時金
剛語菩薩摩訶薩以彼金剛念誦共
一切如來談論説此唱陁南
此是一切佛　名金剛念誦　於一切如來
真言速成就
金剛法智性一切如來智慧大輪轉
智一切如來語輪轉戲論智此是一切
如來大智薩埵
金剛頂一切如來真實攝大乘現證大教王經卷上
丙午歲高麗國大藏都監奉
勅雕造

金剛頂真實大教王經卷上　第廿五張

金剛頂一切如來真實攝大乘現證大教王經卷上

校勘記

一　底本，麗藏本。
一　二九四頁上一行至本頁中末行序文，諸本無。
一　二九四頁下一行經名，[石]作「金剛頂一切如來真實攝大乘現證大教王經卷第一」。卷末經名同。
一　二九四頁下二、三行譯者，[石]作「特進試鴻臚卿大興善寺三藏沙門不空奉詔譯」；[磧]、[普]、[南]作「特進試鴻臚卿大興善寺三藏沙門大廣智不空奉詔譯」；[徑]、[清]作「唐特進試鴻臚卿三藏沙門大廣智不空奉詔譯」。卷中、卷下同。
一　二九四頁下九行至一〇行「有情界」，[石]、[磧]、[普]、[南]、[徑]、[清]作「衆生界」。
一　二九五頁中二行第一一字「空」，[石]、[磧]、[普]、[南]、[徑]、[清]作「虚」。
一　二九五頁中六行末字「勇」，[石]、[磧]、[普]、[南]、[徑]、[清]作「曼」。
一　二九五頁中九行末字「覺」，[石]、[磧]、[普]、[南]、[徑]、[清]作「火」。
一　二九五頁下二行第一〇字「婆」，[石]、[磧]、[普]、[南]、[徑]、[清]作「娑」。
一　二九五頁下四行「如是」，[石]作「如來」。
一　二九五頁下一八行第一三字「是」，[磧]無。
一　二九六頁上三行「金剛」，[石]、[磧]、[普]、[南]、[徑]、[清]作「金剛心」。
一　二九六頁上一三行「自身」，[石]作「自在身」。
一　二九六頁中一二行首字「平」，[磧]、[普]、[南]、[徑]、[清]無。又末字「坐」，[石]、[磧]、[普]、[南]、[徑]、[清]作「住」。
一　二九六頁下一四行第二字「神」，[石]、[磧]、[普]、[南]、[徑]、[清]作「神境」。
一　二九七頁上一一行第一一字「果」，[石]作「界」。
一　二九七頁上一四行第八字「灌」，

一 石、磧、普、南、徑、清作「灌頂」。
一 二九七頁上二〇行第三字「加」，磧、普作「伽」。
一 二九七頁中末行第一一字「鈎」，磧、普、南、徑、清無。
一 二九七頁下二行首字「此」，磧、普、南、徑、清作「非」。
一 二九七頁下六行第九字「名」，石作「出生」。
一 二九七頁下七行「心出」，普作「出心」。
一 二九八頁上一行第六字「隨」，磧、普、南、徑、清作「隨染」。
一 二九八頁上一六行「一切」，磧、普、南、徑、清作「爲一切」。
一 二九八頁中五行「世尊」，石作「世界」。
一 二九八頁中六行第一〇字至七行第一二字「等……無」，石、磧、普、南、徑、清作「極喜智金剛三昧耶盡無餘有情界受一切」。
一 二九八頁中一二行第一四字「以」，
一 磧、普、南、徑、清作「歡」。
一 二九九頁上五行第一〇字「形」，磧、普、南、徑、清作「牙」。
一 二九九頁上七行第二至四字「金剛藏」，徑無。
一 二九九頁中一六行第一一字「設」，磧、普、南作「過」。
一 二九九頁中末行第一一字「彼」，石、磧、普、南、徑、清作「從」。
一 三〇〇頁上一〇行第八字「彼」，磧、普、南、徑、清無。
一 三〇〇頁上一九行至二〇行「後月輪而住復請教令時世尊入一切如來」，石無。
一 三〇〇頁上二〇行「奇特」，石、磧、普、南、徑、清作「奇特加持」。
一 三〇〇頁上末行末字「意」，石、磧、普、南、徑、清作「境」。
一 三〇〇頁下一行「一切」，磧、普、南、徑、清作「一切佛」。
一 三〇〇頁下六行第六字「本」，石作「大」。
一 三〇一頁中四行首字「除」，磧、普、南、徑、清作「罪」。
一 三〇一頁中一〇行第一〇字「即」，磧、普、南、徑、清無。
一 三〇一頁下九行第三字「輪」，石、磧、普、南、徑、清作「轉」。
一 三〇一頁下一〇行末字「輪」，磧、普、南、徑、清作「轉」。
一 三〇一頁下一三行「加持」，石作「如持」。
一 三〇二頁上七行至八行「秘密……語智」，石、磧、南、徑、清無。

金剛頂一切如來真實攝大乘現證大教王經卷中　伊

開府儀同三司特進試鴻臚卿肅國公食邑三千戶賜紫

贈司空謚大鑒正號大廣智大興善寺三藏沙門不空奉　詔譯

大曼荼羅廣大儀軌品之二

爾時婆伽梵復入一切如來毗首羯磨大菩薩三昧耶出生羯磨加持名金剛三摩地一切如來羯摩三昧耶名一切如來心從自心出

嚩日羅二合羯磨

從一切如來心纔出已一切如來羯磨平等智善通達故金剛薩埵三摩地即從婆伽梵持金剛為一切如來羯磨光明出已以彼一切如來羯磨光明照耀一切有情界為一切如來羯磨界其盡一切如來羯磨界入世尊毗盧遮那佛心聚為一體量遍一切虛空界則一切如來羯磨界故生羯磨金剛形住佛掌中則從羯磨金剛形出一切世界微塵等如來身於一切世界一切如來羯磨等作一切佛神通遊戲作一切如來無邊事業故金剛薩埵三摩地極堅牢故聚為一體生一切如來毗首羯磨大菩薩摩訶薩身住世尊毗盧遮那佛心說此嗢陁南

奇哉佛不空　我一切業多　無功作佛益
能轉金剛業

爾時毗首羯磨大菩薩身從世尊心下依一切如來前月輪而住復請教令時世尊入一切如來不空金剛三昧耶名金剛三摩地轉一切供養等無量不空一切業軌儀廣大三昧耶盡無餘有情界作一切悉地受一切安樂悅意故乃至成就一切如來金剛羯磨性智神境通果故則彼羯磨金剛授與一切如來金剛羯磨大菩薩為一切如來羯磨轉輪王以一切如來灌頂授與雙手則一切如來以金剛名號金剛毗首金剛毗首灌頂時彼金剛毗首菩薩摩訶薩則安立羯磨金剛於自心令安一切如來羯磨平等處說此嗢陁南

此是一切佛　作種種勝業　授與我掌中
以業安於業

爾時婆伽梵復入難敵精進大菩薩

摩訶薩三昧耶出生羯磨加持名金剛三摩地一切如來守護三昧耶名一切如來心從自心出

嚩日羅二合囉乞沙二合

從一切如來心纔出已即彼婆伽梵金剛手為衆多堅固甲冑出已入世尊毗盧遮那佛心聚為一體生大金剛甲冑形住佛掌中從彼金剛甲冑形出一切世界微塵等如來身一切如來守護儀軌廣大事業等作一切佛神通遊戲難敵精進故金剛薩埵三摩地極堅牢故聚為一體生難敵精進大菩薩身住世尊毗盧遮那佛心說此嗢陁南

奇哉精進甲　我同堅固者　由堅固無身
作金剛勝身

時彼難敵精進大菩薩身從世尊心下依一切如來右月輪而住復請教令時世尊入一切如來堅固名金剛三摩地一切如來精進波羅蜜三昧耶救護盡無餘有情界受一切安樂悅意故乃至得一切如來金剛身成就果故則金剛甲冑授與難敵精進大菩

薩雙手則一切如來以金剛名号金剛慈友金剛慈友灌頂時彼金剛慈友菩薩摩訶薩以金剛甲冑被一切如來說此嗢陁南

最勝慈甲冑　堅精進大護
此是一切佛
名為大慈友

尒時婆伽梵復入摧一切魔大菩薩摩訶薩三昧耶出生羯磨加持名金剛三摩地一切如來方便三昧耶名一切如來心從自心出

縛日羅合二藥乞灑二合

從一切如來心纔出已即彼婆伽梵持金剛為衆多大牙器仗出已入世尊毗盧遮那佛心聚為一體生金剛牙形住佛掌中從彼金剛牙形出一切世界微塵等如來身作一切降伏暴怒等為一切佛神通遊戲一切摧善摧伏故金剛薩埵三摩地極堅牢故聚為一體生摧一切魔大菩薩身住世尊毗盧遮那佛心說此嗢陁南

奇哉大方便　諸佛之悲愍　由有形寂靜
示作暴怒形

時彼摧一切魔大菩薩身從世尊心

下依一切如來左月輪而住復請教令時世尊入一切如來極怒金剛三摩地一切如來調伏難調盡無餘有情界施無畏受一切安樂悅意故乃至得一切如來大方便智神境通最勝悉地果故則彼金剛牙器仗授與彼摧一切魔大菩薩雙手則一切如來以金剛名号金剛暴怒金剛暴怒灌頂時彼金剛暴怒菩薩摩訶薩以彼金剛牙器仗安自口中恐怖一切如來說此嗢陁南

此是一切佛　調伏諸難調　金剛牙器仗
方便悲愍者

尒時婆伽梵復入一切如來拳大菩薩摩訶薩三昧耶出生羯磨加持名金剛三摩地一切如來身口心金剛縛三昧耶名一切如來心從自心出

縛日羅合二散地

從一切如來心纔出已即彼婆伽梵持金剛為一切如來一切印縛出已入世尊毗盧遮那佛心聚為一體生金剛縛形住佛掌中從彼金剛縛形出一切世界微塵等如來身出已於一

切世界一切如來印縛智等作一切佛神通遊戲一切如來拳善縛故金剛薩埵三摩地極堅牢故聚為一。體生一切如來拳大菩薩身住世尊毗盧遮那佛心說此嗢陁南

奇哉妙堅縛　我堅三昧耶　成諸意樂故
解脫者為縛

時彼一切如來拳大菩薩身從世尊心下依一切如來後月輪而住復請教令時世尊入一切如來三昧耶名金剛三摩地一切如來印三昧耶盡無餘有情界令一切如來聖天現驗一切悉地愛一切安樂悅意故乃至得一切如來一切智智印主宰最勝悉地果故則彼金剛縛授與一切如來金剛拳大菩薩摩訶薩雙手則彼一切如來以金剛名号金剛拳金剛拳灌頂時彼金剛拳菩薩摩訶薩以彼金剛縛縛一切如來說此嗢陁南

此是一切佛　印縛大堅固　速成諸印故
不越三昧耶

一切如來供養廣大儀軌業一切如來大精進妙堅固甲冑一切如來大

方便一切如來一切印縛智如是一切如來大羯磨薩埵

尒時不動如來成就世尊毗盧遮那一切如來智已即一切如來智故入金剛波羅蜜三昧耶所生金剛加持名金剛三摩地一切如來金剛三昧耶名一切如來印從自心出

薩怛縛縛日離

從一切如來心纔出已出金剛光明從彼金剛光明門即彼婆伽梵持金剛為一切世界微塵等如來身印一切如來智復聚為一體等一切世界量生大金剛形依世尊毗盧遮那佛前月輪而住說此嗢拕南

奇哉一切佛　薩埵金剛堅　由堅無身故

獲得金剛身

尒時世尊寶生如來印世尊毗盧遮那一切如來智故入寶波羅蜜三昧耶所生寶金剛加持名金剛三摩地金剛三昧耶名自印從自心出

囉怛那縛日離 二合

從一切如來心纔出寶光明從彼寶光明即彼婆伽梵持金剛為一切世

界微塵等如來身印一切如來智復聚為一體等一切世界量生大金剛寶形依世尊毗盧遮那佛右月輪而住說此嗢拕南

奇哉一切佛　我名寶金剛　於一切印衆

堅灌頂理趣

尒時世尊觀自在王如來印世尊毗盧遮那一切如來智故入法波羅蜜三昧耶所生金剛加持名金剛三摩地法三昧耶名自印從自心出

達摩縛日離 二合

從一切如來心纔出已出蓮花光明從彼蓮花光明即彼婆伽梵持金剛為一切世界微塵等如來身印一切如來智復聚為一體等一切世界量生大金剛蓮花形依世尊毗盧遮那佛後月輪而住說此嗢拕南

奇哉一切佛　法金剛我淨　由自性清淨

令貪染無垢

尒時世尊不空成就如來印毗盧遮那一切如來智故入一切波羅蜜三昧耶所生金剛加持名金剛三摩地一切三昧耶名自印從自心出

羯磨縛日離 二合

從一切如來心纔出已出一切羯磨光明從彼一切如來羯磨光明即彼婆伽梵持金剛為一切世界微塵等如來身遍印一切如來智復聚為一體等一切世界量面向一切處生大羯磨金剛形依世尊毗盧遮那佛左月輪而住說此嗢拕南

奇哉一切佛　我名業金剛　由一成一切

佛界善作業

一切如來智三昧耶大灌頂金剛法性一切供養如是一切如來大婆羅蜜

尒時世尊毗盧遮那佛復入一切如來適悅供養三昧耶所生名金剛三摩地一切如來族大天女從自心出

縛日羅 二合 邏西

從一切如來心纔出已出金剛印從彼金剛印門則彼婆伽梵持金剛為一切世界微塵等如來身復聚為一體為金剛嬉戲大天女如金剛薩埵一切身性種種形色威儀一切莊嚴具攝一切如來族金剛薩埵女

依世尊不動如来曼荼羅左邊月輪而住說此嗢陁南

奇哉無有比　諸佛中供養　由貪染供養　能轉諸供養

尒時世尊毗盧遮那復入一切如来寶鬘灌頂三昧耶所生名金剛三摩地一切如来族大天女從自心出

𧙃日羅(二合)摩犁

從一切如来心纔出已出大寶印從彼大寶印則彼婆伽梵持金剛為一切世界微塵等如来身復聚為一體為金剛鬘大天女依世尊寶生如来曼荼羅左邊月輪而住說此嗢陁南

奇哉我無比　稱為寶供養　於三界王勝　敎勤受供養

尒時世尊毗盧遮那復入一切如来歌詠供養三昧耶所生名金剛三摩地一切如来族大天女從自心出

𧙃日羅(二合)霓(長呼以反)帝

從一切如来心纔出已出一切如来法印從彼一切如来法印彼婆伽梵持金剛為一切世界微塵等如来身復聚為一體為金剛歌詠大天女依

世尊觀自在王如来左邊月輪而住說此嗢陁南

奇哉成歌詠　我供諸見者　由此供養故　諸法如響應

尒時世尊毗盧遮那復入一切如来儛供養所生名金剛三摩地一切如来族大天女從自心出

𧙃日羅(二合)你哩(二合)帝曳

從一切如来心纔出已出一切如来儛廣大儀從彼出一切如来儛供養儀則彼婆伽梵持金剛為一切世界微塵等如来身復聚為一體為金剛儛大天女依世尊不空成就如来左邊月輪而住說此嗢陁南

奇哉廣供養　作諸供養故　由金剛儛儀　安立佛供養

一切如来無上安樂悅意三昧耶一切如来鬘一切如来諷詠一切如来無上作供養業如是一切如来祕密供養

尒時世尊不動如來奉咨毗盧遮那如来供養故入一切如来能悅澤三昧耶所生名金剛三摩地一切如来

婢使從自心出

𧙃日羅(二合)杜閉

從一切如来心纔出已則彼婆伽梵持金剛為種種儀燒香供養雲嚴飾舒遍一切金剛界出已從彼燒香供養雲海出一切世界微塵等如来身復聚為一體為金剛燒香天女身依世尊金剛摩尼寶峯樓閣隅左邊月輪而住說此嗢陁南

奇哉大供養　悅澤具端嚴　由薩埵遍入　速疾證菩提

尒時世尊寶生如来奉咨毗盧遮那如来供養故入寶莊嚴供養三昧耶所生名金剛三摩地一切如来承旨大天女從自心出

𧙃日囉(二合)補澁閉(二合)

從一切如来心纔出已即彼婆伽梵持金剛為一切花供養嚴飾舒遍一切虛空界出已從彼一切花供養嚴飾出一切世界微塵等如来身出已復聚為一體為金剛花天女形依如来金剛摩尼寶峯樓閣隅左邊月輪而住說此嗢陁南

奇哉花供養　能作諸莊嚴　由如來寶性
速疾獲供養
尒時世尊觀自在王如來奉荅世尊
毗盧遮那供養故入一切如來光明
供養三昧耶所生名金剛三摩地一
切如來女使從自心出
縛日羅二合路計
從一切如來心纔出已即彼婆伽梵
持金剛出一切光明界供養嚴飾舒
遍盡法界從彼一切光明界莊嚴具出
一切世界微塵等如來身出已復聚
為一體為金剛光明天女身依世尊
金剛摩尼寶峯樓閣隅左邊月輪而
住說此嗢陁南
奇哉我廣大　供養燈端嚴　由速具光明
獲一切佛眼
尒時世尊不空成就如來奉荅毗盧
遮那如來供養故入一切如來塗香
供養三昧耶所生名金剛三摩地一
切如來婢使從自心出
縛日羅二合巘題
從一切如來心纔出已則彼婆伽梵
持金剛出一切塗香供養嚴飾舒遍

一切法界從彼一切塗香供養嚴飾
出一切世界微塵等如來身出已復
聚為一體為金剛塗香天女身依世
尊金剛摩尼寶峯樓閣隅左邊月輪
而住說此嗢陁南
奇哉香供養　我微妙悅意　由如來香故
授與一切身
一切如來智遍入大菩提支分三昧耶
一切如來光明戒定慧解脫解脫知見
塗香如是一切如來受教令女
尒時世尊毗盧遮那如來復入一切
如來三昧耶鉤三昧耶所生薩埵名
金剛三摩地一切如來一切印眾主
從自心出
縛日羅二合矩賖
從一切如來心纔出已則彼婆伽梵
持金剛出一切如來一切印眾從彼
一切如來一切印眾出一切世界微
塵等如來身復聚為一體為金剛鉤大
菩薩身依世尊金剛摩尼寶峯樓閣
金剛門中月輪而住鉤召一切如來
三昧耶說此嗢陁南
奇哉一切佛　鉤揩我堅固　由我遍鉤召

集諸曼荼羅
尒時世尊復入一切如來三昧耶引
入摩訶薩埵三昧耶所生名金剛三
摩地一切如來印入承旨從自心出
縛日羅二合播賖
從一切如來心纔出已則彼婆伽梵
持金剛出一切如來三昧耶引入印
眾從彼一切如來三昧耶引入印眾
出一切世界微塵等如來身復聚為
一體為金剛索大菩薩身依世尊金剛
摩尼寶峯樓閣寶門間月輪而住引
入一切如來說此嗢陁南
奇哉一切佛　我堅金剛索　設入諸微塵
我復引入此
尒時世尊復入一切如來三昧耶鎖
大薩埵三昧耶所生名金剛三摩地
一切如來三昧耶縛一切如來使從
自心出
縛日羅二合薩普二合吒
從一切如來心纔出已則彼婆伽梵
持金剛出一切如來三昧耶縛為印
眾從彼一切如來三昧耶縛印眾出
已出一切世界微塵等如來身復聚

為一體為金剛鎖大菩薩身依世尊
金剛摩尼寶峯樓閣法門中月輪而
住說此嗢陀南
奇哉一切佛　大堅金剛鎖　令諸縛脫者
有情利故縛
尒時世尊復入一切如來遍入大菩
薩三昧耶所生名金剛三摩地一切
如來一切印僮僕從自心出
縛日羅二合吠舍
從一切如來心纔出已則彼婆伽梵持
金剛為一切如來印主出已從彼一切
如來印主出一切世界微塵等如來
身復聚為一體為金剛遍入大菩薩
身依世尊金剛摩尼寶峯樓閣趣摩
門中月輪而住說此嗢陀南
奇哉一切佛　我堅金剛入　為一切主宰
亦即為僮僕
一切如來三昧耶鉤召引入縛調伏
如是一切如來教令
尒時世尊為一切如來召集故作金
剛彈指相說此一切如來召集加持
心
縛日羅二合三摩惹

金剛頂大教王經卷中　第[illegible]張　伊

由刹那攞縛須臾須一切如來彈指
相警覺已遍一切世界聖海中一切
世界微塵等如來并菩薩集會曼荼
羅集已往詣金剛摩尼寶峯樓閣世
尊毗盧遮那如來至已說禮一切如
來足心
唵薩嚩二合怛他蘖多播那滿娜曩
喃迦嚕弭
由此性成就真言隨意念誦禮一切
如來已說此嗢陀南
奇哉大普賢　菩薩之威儀　是如來輪壇
影現於如來
時十方一切世界集會如來說已由一
切如來加持一切菩薩集會曼荼羅
入毗盧遮那佛心從彼一切如來心
各各自菩薩眾曼荼羅出已依世尊毗
盧遮那佛金剛摩尼寶峯樓閣周圍
作壇三摩地而住說此嗢陀南
奇哉一切佛　廣大無始生　由一切塵數
猶得佛一性
尒時婆伽梵一切如來復作集會令
金剛界大曼荼羅加持故得盡無餘
有情界拔濟一切利益安樂故乃至

金剛頂大教王經卷中　第[illegible]張　伊

一切如來平等智神境通三菩提寂
勝成就故奉請婆伽梵一切如來主
宰金剛薩埵無始無終大持金剛以
此一百八讚而請
金剛勇大心　金剛諸如來　普賢金剛初
我礼金剛手　金剛王妙覺　金剛鉤如來
不空王金剛　我禮金剛召　金剛欲大樂
金剛箭能伏　魔欲大金剛　我禮金剛弓
金剛善薩埵　金剛戲大適　歎喜王金剛
我禮金剛喜　金剛寶金剛　金剛空大寶
寶藏金剛峯　我禮金剛藏　金剛威大光
金剛日佛光　金剛光大威　我禮金剛光
金剛幢善利　金剛幡妙喜　寶幢大金剛
我禮金剛刹　金剛笑大笑　金剛笑大奇
愛喜金剛勝　我禮金剛愛　金剛法善利
金剛蓮妙淨　世貴金剛眼　我禮金剛眼
金剛利大乘　金剛劍仗器　妙吉金剛深
我禮金剛慧　金剛因大場　金剛輪理趣
能轉金剛起　我禮金剛場　金剛說妙明
金剛誦妙成　無言金剛成　我禮金剛語
金剛業教令　金剛廣不空　業金剛遍行
我禮金剛巧　金剛護大勇　金剛甲大堅
難敵妙精進　我禮金剛勤　金剛盡方便

金剛頂大教王經卷中　第[illegible]張　伊

金剛牙大怖　摧魔金剛峻　我禮金剛忿
金剛令威猛　金剛能縛解　金剛拳勝誓
我禮金剛拳　若有持此名　百八名稱讚
金剛名灌頂　彼亦獲如是　若有以此名
讚大持金剛　正意歌詠者　彼如持金剛
我等以此名　一百八名讚　願大乘現證
遍流大理趣　我等讚法身　願說最勝儀
一切佛大輪　勝大曼荼羅
爾時婆伽梵大持金剛聞一切如來
請語入一切如來三昧耶所生加持
金剛三摩地說金剛界大曼荼羅
次當我遍說　勝大曼荼羅　由如金剛界
名為金剛界　如教應安坐　於曼荼羅中
大薩埵大印　思惟應加持　住印則當起
顧視於諸方　倨傲而按行　誦金剛薩埵
以新線善合　應量以端嚴　以線智應抨
隨力曼荼羅　四方應四門　四剎而嚴飾
四線而交絡　繒綵鈴莊嚴　隅分一切處
門戶於合處　鈿飾金剛寶　應抨外輪壇
彼中如輪形　應入於中宮　金剛線遍抨
八柱而莊嚴　於金剛勝柱　應飾五輪壇
曼荼羅於中　安立佛形像　佛一切周匝
曼荼羅於中　四勝三昧耶　次第四圓畫

金剛頂大教王經卷中　第十九張　伊

金剛進而步　於四曼荼羅　阿閦毗等四
安立一切佛　應作不動壇　剋身金剛持等
金剛藏等滿　寶生曼荼羅　金剛眼淨業
無量壽輪壇　應畫不空成　金剛巧等壇
安立於輪隅　應畫金剛女　外壇於隅角
應畫佛供養　門中一切處　守護門四眾
安立於外壇　應畫摩訶薩　印勝三昧耶
結印如儀則　金剛師入已　摧印而遍入
此諸遍入心
弱惡　請勅如本教　自身加持等
作已稱自名　應以金剛成　薩埵金剛鉤
金剛師則結　召集作彈指　應請一切佛
剎那頃諸佛　并金剛薩埵　應滿一切壇
集會曼荼羅　則速結大印　觀金剛薩埵
一遍稱百八　由結集則喜　如來皆堅固
金剛薩自成　慈友而安住　諸門一切處
鉤等所作事　以大羯磨印　安住三昧耶
以印三昧耶　薩埵金剛等　應成大薩埵
誦弱吽鑁斛　則不等一切　召集大薩埵
鉤召引入已　縛已令調伏　則以密供養
令喜大威德　應自有情利　應作一切成
如是諸壇中　金剛師事業

金剛頂一切如來眞實攝大乘現證大教王經卷中

金剛頂大教王經卷中　第二十張　伊

丙午歲高麗國大藏都監奉
勅雕造

金剛頂大教王經卷中　第二十一張　伊

金剛頂一切如來真實攝大乘現證大教王經卷中

校勘記

一　底本，麗藏本。

一　三〇四頁上一行經名，石作「金剛頂一切如來真實攝大乘現證大教王經卷第二」。卷末經名同。

一　三〇四頁上一二行第三字「從」，磧、普、南、徑、清作「彼」。

一　三〇四頁中四行第二字「哉」，石、磧、普、南、徑、清作「諸」。又第一〇字「多」，石作「名」。

一　三〇四頁中二一行「授與」，石、磧、普、南、徑、清作「授於」。

一　三〇四頁下一五行第七字「同」，石、磧、普、南、徑作「固」。

一　三〇五頁上一三行「大牙」，石作「犬牙」。

一　三〇五頁上一八行第四字「故」，磧、普、南、徑、清作「如」。

一　三〇五頁上二二行第三字「暴」，磧、普、南、徑、清作「異」。

一　三〇五頁中一五行第九字「生」，石無。

一　三〇五頁下一〇行第三字「時」，磧、普、南、徑、清無。

一　三〇五頁下末行第五字「妙」，石、磧、普、南、徑、清無。

一　三〇六頁上二二行第七字「纔」，磧、普、南、石無。又第八字「出」，磧、普、南、徑、清作「出已出」。

一　三〇六頁中一行第八字「印」，石作「即」。

一　三〇六頁中三行第一〇字「佛」，磧、普、南、徑、清無。

一　三〇六頁下三行末字「彼」，磧、普、南、徑、清作「從」。

一　三〇六頁下九行第七字「名」，磧、普、南、徑作「多」。

一　三〇七頁上三行「奇哉無有比」，石作「奇無比我有」。

一　三〇七頁上六行第二字「髮」，磧、普、南、徑、清作「髻」。

一　三〇七頁上二一行第一一字「彼」，磧、普、南、徑、清作「則彼」。

一　三〇七頁中三行「供養」，石、磧、普、南、徑、清作「供喜」。

一　三〇七頁中一七行末字「耶」，磧、普、徑、清作「耶故」。

一　三〇七頁中二二行「悅澤」，徑作「悅懌」。本頁下一〇行，南、徑、清同。

一　三〇七頁下一行首字「姘」，磧、普、南、徑、清作「如婢」。

一　三〇七頁下四行第一一字「雲」，磧、普、南、徑、清作「雲海」。

一　三〇八頁中六行「奇哉」，磧、普、南、徑、清作「奇塗」。

一　三〇八頁中一〇行末字「女」，磧、普、南、徑、清作「安」。

一　三〇八頁中一三行末字「主」，磧、南、徑、清作「生」。

一　三〇八頁下八行首字「衆」，磧、普、南、徑、清作「主」。

一　三〇九頁上一一行第一二字「從」，

經無。

一三〇九頁中一行「彈指」，石、磧、普、南、徑、清作「如彈指頃」。

一三〇九頁中二行「警覺」，磧、南、徑、清作「驚覺」。

一三〇九頁中五行「説礼」，磧、普、南、徑、清作「頂礼」。

一三〇九頁下一一行第五字「峯」，石、磧、普、南、徑、清作「豐」。

一三〇九頁下一七行「大乘」，磧、普、南、徑、清作「大樂」。又「仗器」，石、磧、普、南、徑、清作「大器」。

一三一〇頁上四行「亦獲」，徑作「亦復」。

一三一〇頁上七行第八字「讃」，磧、普、南、徑作「請」。又「汝尊」，磧作「世尊」。

一三一〇頁上一〇行首字「請」，磧作「讃」。

一三一〇頁上一六行末字「衶」，石作「抨」；磧、普、南作「持」；徑、清作「絣」。

一三一〇頁上一九行第一二字「衶」，石作「抨」；磧、普、南、徑、清作「拼」。下同。

一三一〇頁上二一行第一三字「五」，石作「立」。

一三一〇頁中三行末字「業」，磧、普、南、徑、清作「等」。

一三一〇頁中一〇行梵文及「嗯」字，磧、普、南、徑、清無。

一三一〇頁中一一行第五字「名」，石作「在」。

一三一〇頁中一九行第七字「不」，石、磧、普、南、徑、清作「佛」。

金剛頂一切如來真實攝大乘現證大教王經卷下　伊
開府儀同三司特進試鴻臚卿肅國公食邑三千戶賜紫贈司空
謚大鑒正號大廣智大興善寺三藏沙門　不空奉　詔譯
大曼荼羅廣大儀軌品之三
次當廣說金剛弟子入金剛大曼荼
羅儀軌於中我先說令入盡無餘有
情界拔濟利益安樂最勝悉地因果
故入此大曼荼羅是器非器不應簡
擇何以故世尊或有有情作大罪者
彼入此金剛界大曼荼羅見已入已
離一切惡趣世尊或有有情諸利飲
食貪欲染著憎惡三昧耶為先行等
如是等類隨意愛樂入已則得滿一
切意願世尊或有有情愛樂歌儛嬉
戲飲食翫具由不曉悟一切如來大
乘現證法性故入餘天族曼荼羅於
滿一切意願攝受無上能生愛樂歡
喜一切如來族曼荼羅禁戒怖畏不
入為彼入惡趣壇路門應入此金剛
界大曼荼羅為令一切適悅最勝悉
地安樂悅意受用故能轉一切惡趣
現前道故世尊復有住正法有情為

一切衆生求一切如來戒定慧最勝
悉地方便佛菩提故久修禪定解脫
地等勞倦彼等入此大金剛界大曼
荼羅纔入已一切如來果尚不難何
況餘悉地類次當且先以四禮禮一切
如來金身舒辟金剛合掌以心臆著
地禮東方真言曰
唵薩嚩怛他蘗多布儒(閉口呼)跛薩他
(三合)那耶怛麽(二合)南你㗚(二合)耶多
夜弥薩嚩怛他蘗多嚩日囉(二合)薩怛
嚩(二合)地瑟姹(二合)薩嚩𤚥
即前金剛合掌住心以額禮南方真
言曰
唵薩婆怛他蘗多布惹(引)毗曬迦耶
怛麽(二合)南涅哩(二合)夜多夜弥薩嚩怛他
蘗多嚩日囉(二合)囉怛那(二合)毗詵遮𤚥
即前金剛合掌安於頂以口著地禮
西方真言曰
唵薩婆怛他蘗多布惹鉢囉(二合)韈㗚
(二合)多那夜怛麽南涅哩夜多夜弭薩
婆怛他蘗多嚩日囉達摩鉢囉韈㗚
多(二合)夜𤚥
即前金剛合掌當心以頂著地禮北
方真言曰

金剛頂大教王經卷下　第二張　伊

唵薩婆怛他蘗多布惹羯磨𡫸(輕呼)阿
怛麽南涅哩夜多夜弭薩婆怛他蘗
多嚩日囉羯磨句嚕𤚥
則以緋繒角絡披以緋帛覆面令弟
子結薩埵金剛印以此心
三摩耶薩怛鑁(二合)
則以二中指令持花鬘以此心真言
令入三摩耶吽　入已作是言
阿你也(二合)薩怛鑁(二合)薩婆怛他
蘗多句梨鉢囉(二合)尾瑟吒(二合)薩多(二合)
娜悍諦嚩日囉抧若(二合)那母怛跛(二合)
那以使也(二合)須曳那抧娘(二合)泥那
怛鑁薩婆怛他蘗多悉地囉避跛囉
(二合)鉢旦(二合)斯金(吉淫反)布那囉惹
悉馱藥囉惹娜遮怛嚩耶涅哩瑟吒
摩訶曼荼羅寫也(二合)嚩鞨多(二合)尾闍
(二合)摩提三摩逾尾也(二合)剃你渧(丁異反)
金剛阿闍梨自應結薩埵金剛印及
安弟子頂作是言此是三昧耶金剛
摧汝頂不應說加持誓水一遍令弟
子飲誓水真言曰
嚩日囉薩埵　薩嚩延諦你耶(二合)紇
剃(二合)那曳涉摩嚩悉體(汀以反)哆捏(尼逸反)

金剛頂大教王經卷下　第三張　伊

避你也二合 薩怛乞叉二合 喃夜耶你
也二合 你設嚕二合 耶你難那去 闍
縛日路二合 娜迦婀
則告弟子自今已後汝觀娑跢我如金
剛手我所應言汝當如是作汝不應輕
慢於我勿令汝招灾禍死已當墮地
獄作如是語已唯願一切如來加持
願金剛薩埵遍入金剛阿闍梨應結
薩埵金剛印作是言
阿術怛三摩欲開口 縛日囕二合 縛日
囉薩怛縛弭底丁以反 薩蜜哩二合 觥
阿尾捨野都諦曳縛二合 縛日囉枳
孃那摩拏怛囕縛日囉引吽奢噁
則結忿怒拳摧薩埵金剛印隨意金
剛語誦大乘現證百字真言則阿尾
捨纔阿尾捨已則發生微妙智由此
知他心悟他心於一切事知三世其
心則得堅固於一切如來教中悉除
一切苦惱離一切諸惡趣於一切有
情無沮壞一切如來加持一切悉地
現前得未曾有生喜悅安樂悅意由
此安樂等或成就三摩地或陁羅尼
門或一切意願皆得滿足乃至成就

一切如來體性則結彼印以解於弟
子心誦此心真言
底瑟姹二合 縛日囉俚哩獨吽娑縛捨
濕縛二合 都吽娑縛紇剝娜闍吽地底
瑟姹薩縛悉朕亭滿反上 遮吽鉢囉二合 也
車吽呵呵呵呵斛引
則以其花鬘令弟子擲於大曼荼羅
以此心真言曰
鉢羅底車縛日羅斛引
隨花落處則彼尊成就則取彼花鬘
繫弟子頭上以此心真言
唵鉢囉底仡哩紇拏怛縛弭鉿
薩怛縛摩訶麼攞
由此則大薩埵攝受速得成就成入
已則解面以此心真言
唵縛日囉薩埵薩縛延帝你耶二合
灼乞嗤二合 娜伽姹拏怛鉢二合 囉烏
那伽咤野底丁以反 薩縛乞嗤縛日囉
二合 灼乞嗤囉拏多鹽
則誦見真言
係縛日囉波捨
則令弟子次第而視大曼荼羅纔見
已一切如來加持護念則金剛薩埵

住彼弟子心則見種種光相遊戲神
通由見曼荼羅由如來加持故或見
娑伽梵大持金剛示現本形或見如
來從此已後一切義利一切意所樂
事一切悉地乃至獲得持金剛及如
來示大曼荼羅已則以金剛加持香
水瓶灌弟子頂以此心真言
縛日囉毗詵遮
則隨以一印繫鬘以自標幟安於二
手掌中誦心真言曰
阿你也二合 毗色羯多二合 薩怛縛
二合 麼斯没代縛日囉毗篩羯哆伊
難帝薩縛勃馱怛鍐二合 吃哩紇拏二合
縛日囉薦悉馱曳唵縛日囉地彼底
怛縛吞麼毗詵遮弥底瑟姹二合 縛日
囉三摩耶薩怛鍐二合
則以金剛名灌以此心真言
唵縛日囉薩怛縛二合 怛麼叱詵遮弭
縛日囉那摩毗篩羯哆縛日囉二合 麼
麼金剛某甲若與弟子受名号應加係
用呼之已廣說入一切曼荼羅儀則問
弟子言汝愛樂出生悉地智耶神通悉
地智耶持明悉地智耶乃至一切如來

智最勝悉地智耶隨彼所樂應說之
則教義利悉地成辦印智
金剛形住藏　當於心中觀　觀已於住地
則當見伏藏　金剛形觀已　空中而遍觀
若見隨隨處　彼則是伏藏　金剛形於舌
智者應是觀　自言此處有　語已成真實
金剛形一切　應當觀自身　遍入落於彼
其處是伏藏
彼等心真言
嚩日囉你地囉怛娜你地達摩你地
羯摩你地
次應教金剛悉地成辦印智
金剛入生已　水成金剛形　由觀速成就
於水上遊行　復生金剛入　身色如自形
修習於如是　自然如佛形　遍入於自身
自身觀如空　隨樂修習已　則得安達怛
金剛入自身　觀自如金剛　乃至踊上昇
則得虛空行
如是等真言曰
嚩日囉惹攞嚩日囉嚕波嚩日囉迦
奢嚩日囉麽鉿
次則教金剛持明悉地成辦印智
應觀月形像　上踊於虛空　手拏於金剛

得金剛持明　昇於月輪上　應觀金剛寶
淨身者隨欲　刹那成騰空　昇於月輪已
手持金剛蓮　應觀金剛眼　則得持明位
住於月輪中　應觀業金剛　速獲金剛巧
則得諸持明
如是等心真言曰
嚩日囉達攞囉怛娜達攞播娜磨達
攞羯磨達攞
次則教一切如來最勝悉地成辦印智
住諸金剛定　思於虛空界　隨樂金剛身
刹那成騰空　住諸淨等持　修習於最勝
獲得五神通　速疾智成就　觀金剛薩埵
遍於一切空　速念堅固已　則為持金剛
一切成佛形　觀想於虛空　由諸佛等持
則得成正覺
如是等真言曰
嚩日囉嚩日囉述䭾述䭾薩怛嚩薩
怛嚩没䭾没䭾
如上是一切悉地智成辦
次當令弟子持秘密堪忍法初旦誦
誓心真言曰
唵嚩日囉薩怛嚩(二合)薩嚩延帝你耶
(二合)紇刹那曳(平)薩摩嚩薩體(汀以反)哆

捏(尼逸反)避你也(二合)怛乞叉(二合)南夜耶
你也(二合)你没嚕(二合)耶你難那(去)
闍
則告如是言汝不應越此誓心真言
勿令汝招災禍夭壽以此身墮地獄
則應教秘密印智
生金剛入已等引而手拍微細金剛
掌山石尚散壞次是金剛拍印
入金剛儀已金剛縛掌擊
以微細掌法　山石尚遍入　以如上入儀
金剛縛舒展　勝拍應等摧　刹那壞百族
微細遍入儀　諸指以等引　金剛縛而解
能奪勝諸苦
次當說秘密成就於婆伽入身女人
或丈夫一切想入已彼身令遍舒如
是等心真言曰
嚩日囉嚩苦嚩日囉尾捨嚩日囉訶
那嚩日囉訶囉
即應授與心真言已教自本尊四智
印以此儀則告弟子言汝慎於餘人
未知此印一切不應指示何以故彼有
情不見大曼荼羅輒結彼等皆不成
就則生疑惑招災禍速死墮於無間

大地獄　墮於惡趣
次當說一切　如來菩薩成就大印智
從心智應發　應觀金剛日　觀自為佛形
應誦金剛界　由此纔成就　攝智壽力等
得一切遍行　佛體尚不難
此是一切　如來現證菩提印
次當說結　金剛薩埵成就大印
信微指擲杵　奉持金剛慢　身口心金剛
成金剛薩埵　由此遍行印　諸欲生安樂
速壽力勝色　如金剛薩埵　以三金剛儀
如畫頂修習　標幟印相應　成就大薩埵
我今說諸教　能成及所成　成就若大業
我今次第說　若日先依時　及自加持等
作已成如初　然後應隨意
次當廣說大印成就儀則
遍入金剛已　大印如儀則　身前應當結
思惟大薩埵　見彼智薩埵　應觀於自身
鉤召引入縛　令喜作成就
如是密真言曰
縛日囉薩怛嚩二合　惡
此是金剛遍入心
縛日囉薩怛嚩　涅哩二合　舍野
此是大薩埵觀念心

弱吽鑁斛引
此是大薩埵鉤召引入縛令喜心
誦三昧耶薩怛鑁二合　遍入於背後而月輪
於中應觀而薩埵　我三昧耶薩怛鑁二合
隨彼薩埵印　修習觀自身　金剛語以成
能成就諸印　誦弱吽鑁斛　身中入諸佛
應作善思惟　令大印成就　我今說事業
金剛業無上　由觀佛成就　速獲佛自性
成薩埵金剛　為諸佛主宰　由結寶金剛
為諸寶主宰　成就法金剛　則能持佛法
由業金剛印　則為金剛業　成金剛薩埵
由結薩埵印　能召持金剛　金剛召相應
金剛染大印　能染一切佛　令喜一切佛
由金剛善哉　奉獻佛灌頂　由寶三印儀則
速為金剛光　由金剛光儀　持習金剛幢
則滿一切願　由金剛笑儀　共諸佛戲笑
持金剛法已　由金剛法儀　得諸佛勝慧
由金剛利儀　持習金剛輪　則能轉法輪
成就佛語言　由金剛語儀　速獲金剛業
由作金剛業　擐服金剛甲　獲得金剛身
成金剛藥叉　如金剛藥叉　一切印成就
由結金剛拳　以金剛嬉戲　獲大金剛悅

由結金剛鬘　從佛獲灌頂　金剛歌相應
獲得金剛歌　由結金剛舞　則供養諸佛
悅澤皆一切　由金剛燒香　金剛花相應
令敬諸群品　由金剛燈印　供養於獲眼
能除一切苦　由金剛香儀　由金剛鉤召
能作諸勝業　能一切引入　由金剛索儀
金剛鎖相應　堪任一切縛　由金剛入儀
能成諸遍入
次當說一切如來金剛三昧耶智印
堅固結合掌　諸指平交結　名為金剛掌
極結金剛縛　諸三昧耶印　皆生金剛縛
我今說結儀　金剛縛無上　堅薩埵金剛
中指豎如牙　大中如寶形　中指而又屈
彩指如蓮葉　中指於交合　頭指附中指
名為第五佛
我今遍說如來族三昧耶勝印
由結作成就　二手如月形　中指如金剛
餘指不回著　金剛薩埵印　頭鉤勝指交
由如彈指勢　金剛薩埵四　此為眾印等
寶金剛頭指　面合而又屈　中無名小指
舒展從當心　無名指如幢　及與小指合
復住於笑處　則名彼等印　豎霑二大指
頭指屈如蓮　則彼金剛劍　中合屈上節

則彼齊無名　小指交如輪　則解大指縛
舒展從口起　小大指面合　集會業金剛
則彼齊頭指　住心而舒展　曲頭指如牙
小指亦復然　大指小指間　頭指屈其上
於心齊大指　展臂名為鬘　勝掌從口散
作舞頂上合　金剛縛下施　自掌而上獻
齊頭指相逼　舒展如塗勢　由一頭指屈
二頭指結縛　大頭端如鎖　如金剛拳合
我今說能成　金剛成寂勝　自印住於心
薩埵金剛定　次說作事業　金剛業無上
金剛界等印　由集會如來　壇師於弟子
刹那成加持　結薩埵金剛　則成持金剛
纔結金剛鉤　能召一切佛　欲金剛儀故
尚染等覺者　由金剛歡喜　善哉聲皆喜
由結寶金剛　從佛獲灌頂　由結金剛日
如佛得圓光　持金剛幢已　則滿一切願
金剛笑儀故　共諸佛等笑　持法金剛印
等同法金剛　遍持金剛劍　得慧救世者
持習金剛輪　則能轉法輪　由金剛語故
金剛語成就　遍持業金剛　等同金剛業
堅作金剛護　成身如金剛　金剛牙勝印
能摧諸惡魔　堅結金剛拳　順伏請契印
由戲得喜悅　由鬘得莊嚴　由語語威肅

得供由舞故　焚香滋澤世　由花色端嚴
由燈世清淨　由香獲妙香　金剛鉤召得
金剛索得入　金剛鏁能縛　金剛鈴遍入
我今說法印
(唵)縛日羅惹南通佛　能作堅固金剛界
次復我今當遍說　法印勝契如本儀
誦三昧耶薩怛鑁(二合)　一切印契為主宰
誦阿娜耶薩縛已　即能鉤召一切佛
阿斛(引)蘇佉稱誦已　染愛一切諸佛等
娑度娑度語是已　皆以善哉令歡喜
蘇摩訶怛鑁(二合)誦已　則獲一切佛灌頂
(唵)褒你庾(二合)多語已　則獲正法威德光
誦遏他鉢囉(二合)波底(丁以反)　能滿一切殊勝願
呵呵吽發作是笑　獲得如來微妙笑
薩縛迦哩是誦已　能淨非法皆清淨
薅佉(掣之曳反)那誦持已　能斷一切苦受業
勃馱冐地是言已　於曼荼羅為主宰
鉢囉底攝娜誦已　共預諸佛談語論
蘇縛始怛鑁(二合)誦已　遍行一切而自在
尒(尼遮反)婆(去)也怛鋑(二合)語已　刹那則得無所畏
誦捨怛嚕(二合)薄乞叉　能噉一切惡敵者
薩縛悉地是誦已　獲得一切妙悉地
摩訶囉底得適悅　(唵)波輸陛亦復然

室曾怛羅爍法得樂　薩婆布誑言得供養
鉢囉訶羅你你悅　頗攞戰彌獲得果
素帝惹佗哩得光　素獻蕩凝得妙香
阿夜四弱成鉤召　阿四吽吽能引入
係薩普吒鑁大得　健吒惡惡令震動
我今說法印成就　令清淨於舌觀金剛
能作諸事業　次說羯磨印　應結金剛拳
等引而兩分　成二金剛印　次則說結縛
持作金剛拍　右手安於左　此印名覺勝
能與佛菩提　不動佛觸地　寶生施願印
無量壽勝定　不空施無畏　次今當遍說
羯磨印次第　金剛薩埵等　能轉金剛業
左慢右抽擲　安住持鉤勢　相應如射法
善哉於心住　灌頂二金剛　於心示日形
右肘住左拳　二掌及於口　左蓮右開勢
左心鉤殺害　旋轉如火輪　金剛二口散
金剛舞旋轉　兩頰住於頂　甲胄小指平
二拳而相合　應以金剛鬘　頂禮意戰棟
歡鬘口下寫　旋轉金剛舞　以金剛拳儀
應獻焚香等　一切佛供養　分別供養印
小指平相鉤　頭指如上鉤　如索二如鏁
手背而相逼　我今說成就　金剛業作等
應羯磨金剛　於心而修習　次說羯磨印

金剛業種種　由結智拳故　能遍入佛智
由結阿閦印　獲得無傾動　由結寶生印
能攝受於他　由結法輪印　則能轉法輪
由無畏勝速　施有情無畏　堅作金剛縛
金剛薩埵樂　由金剛鉤召　剎那集諸佛
金剛箭令染　尚能金剛妻　金剛喜諸佛
咸施善哉聲　結大金剛寶　從師受灌頂
遍持金剛日　得如金剛日　堅金剛幢幡
則得雨寶雨　遍持金剛笑　速佛平等笑
遍持金剛花　則見金剛法　堅結金剛劍
能斷一切苦　遍持金剛輪　能轉於法輪
所有諸佛語　成以金剛語　金剛儛供養
尚令佛順伏　由被金剛甲　獲金剛堅實
遍持金剛牙　尚能壞金剛　金剛拳能奪
獲得印成就　金剛喜得悅　金剛鬘妙色
金剛謌妙語　金剛儛令順　以香意悅澤
以花奉一切　燈供大熾盛　金剛香妙香
金剛鉤能召　金剛索能引　金剛鎖令縛
金剛磬令動

我今廣說一切印都結儀則

先當金剛縛推拍自心誦心真言曰

縛日囉滿䭾怛囉吒

則一切印縛於自身口心金剛得自

在即結金剛遍入三昧耶印誦此心真言

惡

則成遍阿尾捨如親友加持則三昧耶印想念大薩埵誦此心金剛真言

摩訶三昧耶薩怛無(无毛反)唅

由此真言一切印皆得成就此是一切印成就廣儀則我說都廣儀則初結自印結已自印薩埵觀自身以此心真言

三摩庾唅

則自印薩埵觀自身已以此真言加持

三麽耶薩怛鑁(二合)地瑟姹(二合)薩縛(二合)䋮

則然後應成就此是成就儀則

次說初欲求義利成就以此真言

遏他悉地

由此真言隨意得金剛成就

次說金剛悉地成就以此心真言

縛日囉悉地

次說持明成就以此心真言

縛日囉尾你耶(二合)達囉

由此隨意即得持明成就欲求最勝成就以自印真言當求成就

我今說一切都自身口心金剛中令作如金剛儀軌若印加持緩慢若意欲解則以此心真言令作堅固真言曰

唵縛日囉薩怛縛三摩耶麽努波(引)攞耶縛日囉薩怛縛怛尾怒波底瑟姹捏哩濁寐婆縛蘇覩使庾寐婆縛阿努囉羯都寐婆縛蘇布使庾寐婆縛薩縛悉朕寐鉢囉也車薩縛羯摩素者寐質多室哩藥矩嚕吽呵呵呵呵斛(引)婆誐梵薩縛怛他孽多縛日囉摩弭悶遮縛日哩婆縛摩訶三摩耶薩怛縛噁(引)

由此真言設作無間罪謗一切如來及方廣大乘正法一切悉作尚得成就一切如來印者由金剛薩埵堅固體故現生速疾隨樂得一切最勝成就乃至獲得如來最勝悉地娑伽梵一切如來金剛薩埵作如是說

我今都說一切印解脫儀則

從彼彼出生　所有一切印　於彼彼當解

由此真言心
䌫日囉穆
從自心起金剛寶印安於灌頂處以
勝指自灌頂分手經頭繫鬘次結甲
冑以此心真言
唵䌫日囉囉怛那毗詵者鈴薩䌫母
捺囉二合吽捺哩二合捧矩嚕䌫羅
迦䌫制那鍐
被甲已以脅掌拍令歡喜以此心
真言
䌫日囉覩使耶二合斛引
由此心真言　解縛得歡喜　獲得金剛體
如金剛薩埵
一遍誦金剛薩埵　隨意愛樂住安樂
纔誦皆得速成就　如金剛手之所說
婆伽梵普賢作如是說
金剛薩埵等薩埵　一切成就作事業
隨意念誦於此中　於諸事業皆成就
真言心印及諸明　隨樂修習諸理趣
於教所說及自作　皆得成就遍一切
次說四種秘密供養應作以此金剛
歌詠真言
唵䌫日囉二合薩怛䌫僧蘖囉賀䌫

日囉囉怛那摩努怛覽䌫日囉達摩
誐耶奈引䌫日囉羯摩迦嚕婆䌫
於曼荼羅中以此金剛讚詠而歌以
金剛舞以二手掌及供養花等作供
養於外曼荼羅金剛香等供養已安
於本處一切隨力而供養啓白一切如
來隨意香等供養已入曼荼羅者
隨力已獻大曼荼羅一切滋味飲食
安樂等一切資具令充足受用應受
與一切如來成就金剛禁戒
此是一切佛體性　住於金剛薩埵手
汝今應當而受持　金剛薩埵堅固禁
唵薩䌫怛他蘖多悉地䌫日囉三
摩耶底瑟姹二合翳沙怛鍐二合䌫
囉夜弭䌫日囉二合薩怛䌫二合呬
呬呬呬吽
則各各復告言勿得說於餘人則誦
誓心真言先已入者啓白一切如來
結薩埵金剛印從下向上解以此真
言心
唵引吃哩二合都䌫薩嚩薩怛䌫二合喇
他二合悉地捺多也他努誐蘖他
車馱梵二合勃馱微灑閻補那囉誐

㦽那也都䌫日囉二合薩怛䌫二合穆
如是於一切曼荼羅三昧耶勝印而
作解

金剛頂一切如來真實攝大乘現證大教王經卷下

丙午歲高麗國大藏都監奉
勅雕造

金剛頂一切如來真實攝大乘現證大教
王經卷下
校勘記

一　底本，麗藏本。
一　三一三頁上一行經名，石作「金剛頂一切如來真實攝大乘現證大教王經卷第三」。卷末經名同。
一　三一三頁中三行第九字「大」，石、磧、普、南、徑、清無。
一　三一三頁中四行「一切」，石、磧、普、南、徑、清作「以一切」。
一　三一三頁中六行「金身」，磧、普、南、徑、清作「全身」。
一　三一三頁中一七行「於頂」，磧、普作「於頭」。
一　三一四頁上七行第三字「如」，石、磧、普、南、徑無。
一　三一四頁上一九行第八字「諸」，磧、普、南、徑、清無。
一　三一四頁中八行末字「日」，石、磧、普、南、徑、清無。次頁中二一行末字同。
一　三一四頁中一一行「弟子」，石、磧、普、南、徑、清作「彼弟子」。
一　三一四頁下一〇行末字「曰」，磧、普、南、徑、清無。
一　三一四頁下二〇行第一〇字「受」，磧、普、南、徑、清作「授」。
一　三一五頁上三行「於住地」，石、磧、普、南、徑、清作「住於地」。
一　三一五頁上一七行「自身」，石、磧、普、南、徑、清作「自己」。
一　三一五頁中四行「速獲」，石作「速得」。
一　三一五頁中六行第四字「心」，石、磧、普、南、徑、清無。
一　三一五頁中二〇行「初旦」，石作「初且」。
一　三一五頁下七行第一〇字及八行第一一字「拍」，石、磧、普、南、徑、清作「指」。
一　三一五頁下一二行「微細」，石作「細微」。又第一四字「而」，磧、普、南、徑、清作「爲」。
一　三一五頁下一四行「入身」，磧、普、南、徑、清作「身入」。
一　三一五頁下二一行「此印一切」，磧、普、南、徑、清作「此一印」。
一　三一六頁上一一行第二字「盡」，石、磧、普、南、徑、清作「盡」。
一　三一六頁上一六行「應當」，石、磧、普、南、徑、清作「當應」。
一　三一六頁中一七行第五字「已」，磧、普、南、徑、清作「尸」。
一　三一六頁下三行「悅澤」，徑作「悅懌」。
一　三一六頁下一二行第八字「縛」，磧、普、南、徑、清作「結」。
一　三一六頁下一三行第三字「堅」，磧、普、南、徑、清作「堅」。
一　三一六頁下一四行「移指如蓮葉」，磧、普、南、徑、清作「餘指如蓮蘂」。
一　三一七頁上三行第一一字「曲」，石作「由」。
一　三一七頁上二二行第一三字「請」，

磧、普、南、徑、清作「諸」。

一　三一七頁上末行「由語」，石作「由詞」。

一　三一七頁中一〇行「語是」，石、磧、普、南、徑、清作「是語」。

一　三一七頁中一七行首字「勅」，石作「伏」。

一　三一七頁中一八行第九字「預」，磧、南、徑、清作「頂」。

一　三一七頁下五行「大得」，磧、普、南、徑、清作「大將」。

一　三一七頁下九行第五字「拍」，磧、普、南、徑、清作「指」。

一　三一七頁下一〇行第二字「與」，石、磧、普、南、清作「興」。

一　三一七頁下一五行第八字「及」，磧、普、南、徑、清作「反」。又第一一字「左」，磧、普、南、徑、清作「右」。

一　三一七頁下一六行第三字「釖」，磧、普、南、徑、清作「劒」。

一　三一七頁下一七行末字「乎」，石、磧、普、南、徑、清作「牙」。

一　三一七頁下一八行「金剛鬘」，石作「金剛慢」。

一　三一七頁下二一行「上鉤」，磧、普、南、徑、清作「大鉤」。

一　三一八頁上五行第一三字「集」，磧、普、南、徑、清作「進」。

一　三一八頁上八行第一一字「竪」，石、磧、普、南、徑、清作「堅」。

一　三一八頁上一三行第七字「拔」，磧、普、南、徑、清作「持」。

一　三一八頁上一六行第三字「謌」，磧、普、南、徑、清作「語」。又「悦澤」，徑作「悦懌」。

一　三一八頁上二一行第七字「拍」，徑作「抽」。

一　三一八頁下六行「曰」，石、磧、普、南、徑、清無。

一　三一八頁下二二行第七字「印」，石無。

一　三一九頁上一行「真言心」，徑、清作「心真言」。

一　三一九頁上一八行第一二字「皆」，

徑、清作「速」。

一　三一九頁中七行「已已」，磧、南、徑、清作「已」。

一　三一九頁中二〇行第二字「心」，石、磧、普、南、徑、清作「曰」。

大樂金剛不空真實三麼耶經　伊

開府儀同三司特進試鴻臚卿肅國公食邑三千戶賜紫贈司空諡

大鑒正號大廣智大興善寺三藏沙門　不空奉　詔譯

般若波羅蜜多理趣品

如是我聞一時薄伽梵成就殊勝一切如來金剛加持三麼耶智已得一切如來灌頂寶冠為三界主已證一切如來一切智智瑜伽自在能作一切如來一切印平等種種事業於無盡無餘一切衆生界一切意願作業皆悉圓滿常恒三世一切時身語意業金剛大毗盧遮那如來在於欲界他化自在天王宮中一切如來常所遊處吉祥稱歎大摩尼殿種種間錯鈴鐸繒幡微風搖擊珠鬘瓔珞半滿月等而為莊嚴與八十俱胝菩薩衆俱所謂金剛手菩薩摩訶薩觀自在菩薩摩訶薩虛空藏菩薩摩訶薩金剛拳菩薩摩訶薩文殊師利菩薩摩訶薩纔發心轉法輪菩薩摩訶薩虛空庫菩薩摩訶薩摧一切魔菩薩摩訶薩與如是等大菩薩衆恭敬圍遶而為說法初中後善文義巧妙純一圓滿清淨潔白說一切法清淨句門所謂妙適清淨句是菩薩位欲箭清淨句是菩薩位觸清淨句是菩薩位愛縛清淨句是菩薩位一切自在主清淨句是菩薩位見清淨句是菩薩位適悅清淨句是菩薩位愛清淨句是菩薩位慢清淨句是菩薩位莊嚴清淨句是菩薩位意滋澤清淨句是菩薩位光明清淨句是菩薩位身樂清淨句是菩薩位色清淨句是菩薩位聲清淨句是菩薩位香清淨句是菩薩位味清淨句是菩薩位何以故一切法自性清淨故般若波羅蜜多清淨金剛手若有聞此清淨出生句般若理趣乃至菩提道場一切蓋障及煩惱障法障業障設廣積集必不墮於地獄等趣設作重罪銷滅不難若能受持日日讀誦作意思惟即於現生證一切法平等金剛三摩地於一切法皆得自在受於無量適悅歡喜以十六大菩薩生獲得如來及執金剛位時薄伽梵一切如來大乘現證三

麼耶一切曼荼羅持金剛勝薩埵於三界中調伏無餘一切義成就金剛手菩薩摩訶薩為欲顯明此義故熙怡微笑左手作金剛慢印右手抽擲本初大金剛作勇進勢說大樂金剛不空三麼耶心

吽引

爾時薄伽梵毗盧遮那如來復說此一切如來寂靜法性現等覺出生般若理趣所謂金剛平等現等覺以大菩提金剛堅固故義平等現等覺以大菩提一義利故法平等現等覺以大菩提自性清淨故一切業平等現等覺以大菩提一切分別無分別性故金剛手若有聞此四出生法讀誦受持設使現行無量重罪必能超越一切惡趣乃至當坐菩提道場速能尅證無上正覺時薄伽梵如是說已欲重顯明此義故熙怡微笑持智拳印說一切法自性平等心

惡引重

時調伏難調釋迦牟尼如來復說一切法平等最勝出生般若理趣所謂

欲無戲論性故瞋無戲論性瞋無戲論性故癡無戲論性癡無戲論性故一切法無戲論性一切法無戲論性故應知般若波羅蜜多無戲論性金剛手若有聞此理趣受持讀誦設害三界一切有情不墮惡趣為調伏故疾證無上正等菩提時金剛手大菩薩欲重顯明此義故持降三世印以蓮花面微笑而怒顰眉猛視利牙出現住降伏立相說此金剛

吽迦囉心吽 短

時薄伽梵得自性清淨法性如來復說一切法平等觀自在智印出生般若理趣所謂世間一切欲清淨故即一切瞋清淨世間一切垢清淨故即一切罪清淨世間一切法清淨故即一切有情清淨世間一切智智清淨故即般若波羅蜜多清淨金剛手若有聞此理趣受持讀誦作意思惟設住諸欲猶如蓮花不為客塵諸垢所染疾證無上正等菩提

時薄伽梵觀自在大菩薩欲重顯明此義故熈怡微笑作開敷蓮花勢觀欲

不染說一切群生種種色心

紇刹 二合 引入

時薄伽梵一切三界主如來復說一切如來灌頂智藏般若理趣所謂以灌頂施故能得三界法王位義利施故得一切意願滿足以法施故得圓滿一切法資生施故得身口意一切安樂時虛空藏大菩薩欲重顯明此義故熈怡微笑以金剛寶鬘自繫其首說一切灌頂三麼耶寶心

怛覽 二合 引

時薄伽梵得一切如來智印如來復說一切如來智印如持般若理趣所謂持一切如來身印即為一切如來身持一切如來語印即得一切如來法持一切如來心印即證一切如來三摩地持一切如來金剛印即成就一切如來身口意業最勝悉地金剛手若有聞此理趣受持讀誦作意思惟得一切自在一切智智一切事業一切成就得一切身口意金剛性一切悉地疾證無上正等菩提時薄伽梵為欲顯明此義故熈怡微笑持金

剛拳大三麼耶印說此一切堅固金剛印悉地三麼耶自真心

惡

時薄伽梵一切無戲論如來復說轉字輪般若理趣所謂諸法空與無自性相應故諸法無相與無相性相應故諸法無願與無願相應故諸法光明般若波羅蜜多清淨故時文殊師利童真欲重顯明此義故熈怡微笑以自劍揮斫一切如來已說此般若波羅蜜多最勝心

唵

時薄伽梵一切如來入輪如來復說入大輪般若理趣所謂入金剛平等則入一切如來法輪入義平等則入大菩薩輪入一切法平等則入妙法輪入一切業平等則入一切事業輪時纔發心轉法輪大菩薩欲重顯明此義故熈怡微笑轉金剛輪說一切金剛三麼耶心

吽

時薄伽梵一切如來種種供養藏廣大儀式如來復說一切供養最勝出

生般若理趣所謂發菩提心則為於諸如來廣大供養救濟一切衆生則為於諸如來廣大供養受持妙典則為於諸如來廣大供養於般若波羅蜜多受持讀誦自書教他書思惟修習種種供養則為於諸如來廣大供養時虛空庫大菩薩欲重顯明此義故凞怡微笑說此一切事業不空三麽耶一切金剛心

唵

時薄伽梵能調持智拳如来復說一切調伏智藏般若理趣所謂一切有情平等故忿怒平等一切有情調伏故忿怒調伏一切有情法性故忿怒法性一切有情金剛性故忿怒金剛性何以故一切有情調伏則為菩提時摧一切魔大菩薩欲重顯明此義故凞怡微笑以金剛藥叉形持金剛牙恐怖一切如来已說金剛忿怒大笑心

郝

時薄伽梵一切平等建立如来復說一切法三麽耶㝡勝出生般若理趣

所謂一切平等性故般若波羅蜜多平等性一切義利性故般若波羅蜜多義利性一切法性故般若波羅蜜多法性一切事業性故般若波羅蜜多事業性應知時金剛手入一切如來菩薩三麽耶加持三摩地說一切不空三麽耶心

吽

時薄伽梵如来復說一切有情加持般若理趣所謂一切有情如来藏以普賢菩薩一切我故一切有情金剛藏以金剛藏灌頂故一切有情妙法藏能轉一切語言故一切有情羯磨藏能作所作性相應故時外金剛部欲重顯明此義故作歡喜聲說金剛自在自真實心

怛㘑二合

尒時諸母女天頂礼佛足獻鉤召攝入能殺能成三麽耶真實心

毗欲二合

尒時末度迦羅天三兄弟等䚶礼佛足獻自心

娑縛二合

尒時四姉妹女天獻自心

時薄伽梵無量無邊究竟如来為欲加持此教令究竟圓滿故復說平等金剛出生般若理趣所謂般若波羅蜜多無量故一切如来無量般若波羅蜜多無邊故一切如来無邊一切法一性故般若波羅蜜多一性一切法究竟故般若波羅蜜多究竟金剛手若有聞此理趣受持讀誦思惟其義彼於佛菩薩行皆得究竟

時薄伽梵毗盧遮那得一切秘密法性無戲論如来復說㝡勝無初中後大樂金剛不空三昧耶金剛法性般若理趣所謂菩薩摩訶薩大欲㝡勝成就故得大樂㝡勝成就菩薩摩訶薩大樂㝡勝成就故則得一切如来大菩提㝡勝成就菩薩摩訶薩得一切如来大菩提㝡勝成就故則得一切如来摧大力魔㝡勝成就菩薩摩訶薩得一切如来摧大力魔㝡勝成就故則得遍三界自在主成就菩薩摩訶薩得遍三界自在主成就故則得淨除無餘界一切有情住著流轉以大

精進常處生死救攝一切利益安樂
最勝究竟皆悉成就何以故
菩薩勝慧者乃至盡生死　恒作衆生利
而不趣涅槃　般若及方便　智度所加持
諸法及諸有　一切皆清淨　欲等調世間
令得淨除故　有頂及惡趣　調伏盡諸有
如蓮體本淨　不為垢所染　諸欲性亦然
不染利群生　大欲得清淨　大安樂富饒
三界得自在　能作堅固利
金剛手若有聞此本初般若理趣日
日晨朝或誦或聽彼獲一切安樂悅
意大樂金剛不空三昧耶究竟悉地
現世獲得一切法自在悅樂以十六
大菩薩生得於如來執金剛位
吽
尒時一切如來及持金剛菩薩摩訶
薩等皆來集會欲令此法不空無礙
速成就故咸共稱讚金剛手言
善哉善哉大薩埵　善哉善哉大安樂
善哉善哉摩訶衍　善哉善哉大智慧
善能演說此法教　金剛修多羅加持
持此最勝教王者　一切諸魔不能壞
得佛菩薩最勝位　於諸悉地得不久

大樂金剛不空眞實三麽耶經　第十張　洪

一切如來及菩薩　共作如是勝說已
為令持者速成就　皆大歡喜信受行

大樂金剛不空眞實三麽耶經

丙午歲高麗國大藏都監奉
勅雕造

大樂金剛三麽耶經　第十一張

大樂金剛不空真實三麼耶經

校勘記

一　底本，麗藏本。
一　三二二頁上一行經名，石作「大樂金剛不空真實三麼耶經般若波羅蜜多理趣品」；磧、南、徑、清作「大樂金剛不空真實三麼耶般若波羅蜜多理趣經」。卷末經名同。
一　三二二頁上二至三行譯者，石作「大興善寺三藏沙門大廣智不空奉詔譯」；磧、南作「三藏沙門大廣智不空奉詔譯」；徑、清作「唐三藏沙門大廣智不空奉詔譯」。
一　三二二頁上四行品名，石、磧、南、徑、清無。
一　三二二頁上一五行第九字「鬘」，南作「髮」。
一　三二三頁下二行「真心」，磧、南、徑、清作「真實心」。
一　三二三頁下五行首字「字」，石作「自」。
一　三二四頁上一五行第一〇字「故」，磧、南、徑、清無。
一　三二四頁下一一行「秘蜜」，石作「秘密」。
一　三二五頁上二二行「諸魔」，徑、清作「金剛」。
一　三二五頁上末行第一二字「得」，石、磧、南、徑、清作「當」。
一　三二五頁中二行第五字「速」，磧、徑、清作「趣」。

佛說大方廣曼殊室利經 伊

開府儀同三司特進試鴻臚卿肅國公食邑三千戶賜紫贈司空謚大鑒正號大廣智大興善寺三藏沙門不空 奉 詔譯

觀自在菩薩授記品

介時世尊復遍觀察淨居天宫告觀自在菩薩摩訶薩言善哉善哉善男子汝能愍念多衆生故住陁羅尼彩而為衆生演說安立勸進隨喜解其理趣為修行者開示法要及諸護摩善巧方便能獲無上正等菩提及獲二乘人天之果以清淨身能為衆生作諸佛事示現佛身安立寂靜無住涅槃若有衆生應以摩醯首羅身得度者即現摩醯首羅身為彼衆生演陁羅尼秘密之法乃至應以帝釋之身迦樓羅身緊那羅身摩㬋羅伽悉地明仙日月星宿童男童女種種之身乃至異類二足四足多足無足有情無情三界之身而得度者即皆現之而為演說以是義故名觀自在

介時世尊復讚觀自在菩薩摩訶薩言善哉善哉善男子汝能如是善巧方便利益有情現種種身開示演說甚為希有是真清淨菩提薩埵汝於來世阿僧祇世界微塵數劫於平等光明普照世界當得作佛号日平等光明普照如來應供正遍知明行足善逝世間解無上士調御丈夫天人師佛世尊令彼衆生住於無畏無諸勢惱無有變易究竟寂滅然後方般大般涅槃

介時世尊授觀自在菩薩摩訶薩記已淨居諸天及會無量菩薩摩訶薩衆以佛神力承普光明遍照之光普照十方無量世界而皆大明其中衆生遇斯光者悉獲善利離諸苦惱悉發無上菩提之心一切大衆思念佛身各於本座寂然而住雨衆天華清凉香風普散大會

介時大衆於虛空中各見無量觀自在菩薩摩訶薩十方刹土靡不周遍時諸大衆同稱是言南無佛陁此是世尊威神之力一切衆會見此神變心得歡喜離諸疑惑

介時觀自在菩薩摩訶薩從座而起繞佛三帀頭面作禮瞻仰如來目不暫瞬熙怡微笑手持白拂誠心而住時他方世界一切諸佛各雨種種雜色華雲其華雲中有天妙衣花鬘金索瓔珞幢幡苑迦足網嚴飾之具滿虛空中弥覆佛上又出妙聲讚言善哉善哉如來今日為觀自在菩薩摩訶薩作法輪王摩訶灌頂

無量莊嚴具　及與妙音聲　過人天所讚
如是皆來現　十方諸如來　一切菩薩衆
六欲及色界　并無垢淨居　彼佛子灌頂
如是皆雲集　俱胝魔羅衆　及多類衆生
皆持妙供具　來獻佛菩薩　同願於未來
皆如觀自在

介時觀自在菩薩摩訶薩頂禮尊足讚如來已還就本座作如是言此陁羅尼過去諸佛毗婆尸等及我世尊釋迦如來所共宣說隨喜印可及於未來弥勒世尊阿僧祇等一切諸佛亦當宣說作是語已入於普光明多羅三昧以三昧力從其面輪右目瞳中放大光明隨光流出現妙女形住於殊勝妙色三昧無價雜寶而為嚴

身如融真金映琉璃寶所謂成就世出世間密言之要能息衆生種種苦惱亦能喜悅一切衆生遍入諸佛法界自性由如虛空平等住故普告衆生作如是言誰在變苦誰在流溺生死海中我今揞度作是語已遍遊無量無邊世界還至佛所右遶三帀頭面作禮觀自在菩薩摩訶薩足合掌恭敬持青蓮華瞻仰菩薩受教而住思念如來自在神力以清凉光普照衆生猶如世間清涼月輪能除熱惱一切幽暝無不照了復過於是含嬉微笑憐愍衆生猶如慈母以慈悲光普照佛剎諸天光明皆悉不現

尒時觀自在　吉祥清淨者　作禮世尊已
偈作如是說　我於俱胝劫　演說是多羅
理趣及密言　時節與方位　如是過去佛
亦皆廣宣說　如虛空無邊　無能限量者
我今於少分　隨事而演說　若人妙修行
勝願悉成就　十方與壽命　無不獲如意
若有諸衆生　現未人天果　受持是妙法
隨說而修習　無量俱胝劫　受上妙快樂
若欲求十地　滿足菩薩位　難勝與不動

善慧及法雲　受持多羅尊　俱胝與三億
隨其根利鈍　或十六洛叉　如是妙修行
必獲如上事　若欲見觀音　吉祥清淨者
誦七洛叉數　獲見無有疑　若求見勢至
無垢摩訶薩　誦滿俱胝遍　聖者必現前
若於三時中　寂靜心無染　一心常念誦
速疾滿六度　具足如來藏　涅槃及實際
光明不壞身　無等等三昧　坐於金剛座
轉無上法輪　開人天之眼　修行多羅故
如上皆圓滿　欲悟陁羅尼　儀軌諸方便
了義及修多　甚深之理趣　及息三有苦
當誦洛叉遍　若欲求梵天　及與天帝釋
轉輪人天主　誦滿洛叉遍　若欲遊蜜山
及與沃提夜　須弥及鐵圍　薩醞與妙寄
摩賴妙幢山　吉祥及阿部　涅部剌羅娑
只怛俱吒等　妙色與間錯　清淨及尸利
如是仙聖宅　皆誦洛叉遍　藥叉乾闥婆
羅剎龍宮等　乃至天宮殿　隨意皆能往
問決諸疑惑　隨事皆曉了　欲求如上願
應誦洛叉遍　欲入修羅宮　緊那羅所住
呼召藥叉女　及持明仙女　龍王緊那樂
應念皆來至　遊戲恣娛樂　及求延壽命
不死甘露藥　豐財及僕使　一切五欲樂

應誦洛叉遍　若我及如來　於俱胝數劫
演說其功德　猶尚不能盡　持此多羅者
應受人天供　多羅大悲者　一切之慈母
天人及藥叉　無一非子者　故号世間母
及與出世間　觀音大勢至　金剛與普賢
文殊須菩提　慈氏與香象　月光無盡意
離垢虛空藏　妙眼及大慧　維摩等菩薩
皆是多羅子　亦是波若母　三世諸如來
一切摩訶薩　無一非子者　皆稱是我母
慈育諸有情　安載如大地

尒時觀自在說是偈已即為多羅菩薩說陁羅尼曰

娜莫囉怛娜[二合]怛囉[二合]夜耶娜莫阿利耶縛嚕吉帝濕縛[二合]囉耶冒地薩埵耶摩訶薩埵耶摩訶迦路尼迦耶怛姪他唵多利咄多剃咄剃莎縛[二合]訶

時觀自在菩薩說陁羅尼已以多羅菩薩威神力故一切世界所有衆生離諸苦惱皆獲安樂悉發無上菩提之心悉與法界體性相應入於出生無邊門藏一切衆會心生奇特歎未曾有

觀自在多羅菩薩經曼茶羅品第二

尒時觀自在菩薩摩訶薩告多羅菩

薩言若女人為欲成就一切種智及
欲滿足世間勝願應當修習如是秘
要其曼荼羅一如今日釋迦如來在
淨居天宮與諸菩薩集會之位其修
行者先應擇地或於山峯或於河岸
或近大海花菓泉池寂靜之處離諸
危難及簒戾車怨賊毒蟲旃陁羅等
雜穢之處量取四肘或八肘乃至十
六肘掘深一肘去諸骨髮灰炭荊棘
不淨之物取河岸土及諸淨土先以
五淨灑已即誦本尊陁羅尼一百八
遍加持其土用填其地清淨修築極
令平整取黃牛糞不墮地者亦誦陁羅
尼而加持已然後塗地於神通月及吉
宿日或正月十五日二月八日十五日
等從夜起首以青蓮華印加持壇地取
五色綵線拼其界道以五色粉撚畫
為之或七寶粉隨力而辦和諸香末
誦陁羅尼四方三院先於中胎畫釋
迦牟尼佛坐寶師子座作說法相右
邊應畫觀自在菩薩坐蓮華上瞻仰
合掌持白蓮花身白紅色嚴飾瓔珞
首戴寶冠左絡白神索左邊畫金剛
藏菩薩左手持金剛杵身淺綠色次

後應畫八大菩薩所謂弥勒菩薩大勢
至菩薩曼殊室利菩薩地藏菩薩虛空
庫菩薩除蓋障菩薩陁彼翁菩薩虛
空藏菩薩於金剛藏菩薩下復畫降三
世明王菩薩作忿怒形及畫月黶忿
怒菩薩作拨掌摧伏諸魔勢近觀自
在菩薩畫毗俱胝白衣觀世音馬頭
明王各如本色近馬頭菩薩畫大吉
祥觀世音大白觀世音月觀世音豐
財觀世音名稱觀世音於釋迦如來
師子座下畫蓮華池於其池中有妙
寶蓮華作赤光色如紅頗梨放大光
明其蓮華中坐多羅菩薩左手持青
蓮華右手仰安齊上如坐禪勢眼亦
如是嚴飾瓔珞披紗縠朝霞衣怡然
而住其壇四門幢幡華蓋欄楯陛楯
難提商佉諸天音樂讃詠聖衆壇東
面畫阿迦尼吒天衆少光天子無熱
天子北邊畫妙見天子善現天子其
門兩邊畫梵天梵輔天光音天大梵天
四方各畫二天皆戴寶冠披赤色衣或
黃或白身無瓔珞坐禪而住各以右
手安於頂上作敬禮相外院門側畫

訖理瑟拏槃哥魔王瓔珞莊嚴少年
之貌次畫化樂天及兜率夜摩帝釋
天子等近門而住次畫四天王天迦
樓羅天伊舍那鬼神主及畫毗紐天
持輪而住次畫半支迦大藥叉將次
畫深婆羅大藥叉及滿賢寶賢藥叉
王等及畫訶利底大藥叉女日月星
宿四姊妹訖底迦童子并二龍王難
陁跋難陁等如是聖衆皆須一心迎
請以心發遣取白花置遏伽鉢中供
養一切諸佛菩薩緣覺聲聞一切呪
仙出世出世間皆須觀畫心供養以白
檀龍腦欝金而為香水散灑聖衆復
以此香為末燒之當白是言唯願諸
佛諸大菩薩一切聖者與我悉地令
我速出生死淤泥三稱是已隨力所
辦而為供養心常繫請世出世間一
切呪天願加持我一一各結其本印
而相應之以八新瓶盛滿香水并置
一切種子及七寶金銀并諸藥草阿
摩羅樹枝并楊柳衣合松柏等葉以
不截繒綵繫瓶口上四瓶置內四角
四瓶置外四角又安八瓶第一一瓶

供養色界阿迦尼吒天衆第二一瓶供養淨居天衆第三一瓶供養欲界天衆第四一瓶供養諸藥叉天女及持明呪仙第五一瓶供養諸佛世尊第六一瓶供養菩薩聲聞緣覺第七一瓶於多羅前而為供養第八一瓶供養一切衆生如是一切六瓶皆須一一如法布置於壇四面各然酥燈塗香燒香花鬘餅饌一一皆如曼殊室利曼荼羅法皆以本尊陀羅尼加持諸供養物於壇西南角去四五肘應作護摩軍吒其爐方四角或一肘二肘深可半肘爐中作蓮華形其爐穿造如擇地法取新鑽淨火以乳木作柴取一切草花及五種子和酥蜜酪先以酥三杓供養火天燒之次蜜酪各三杓然後以五種子三置火中陀羅尼曰

唵阿拔傢莎嚩二合訶

誦此密言而加持之復取白檀鬱金龍腦香等相和香水盛以瓦木金銀熟銅新淨之器右遶安之請火天已

取花香誦根本陀羅尼擲燒供養火天右手取香水右旋灑火及用本法先自護身大結青蓮花印想多羅菩薩誦一千八遍取諸白花置遏伽水想念本尊捧而供養先傾三滴又取白檀鬱金龍腦和酥蜜酪并取有乳木柴無節端直十二指截一千八段一誦一擲爐中燒已多羅菩薩即現其身告行者言汝求何願一切施與縱修行者有積業重障亦現警誡或放光明或聞雷震鍾磬等聲或於空中無雲而雨或香花清涼妙風觸行者身遇斯瑞已生大慶悅諸天人衆見修行者心生歡喜應知多羅菩薩不久滿願晉阿闍梨為作此者發遣聖衆獻遏伽已即於道場如常誦念一千八遍圍遶三帀隨意經行每日三時或一七日二七日乃至三七日來自本願念誦念誦已即取多羅菩薩本尊前瓶供養之水結青蓮華印灌修行者頂其灌頂處去壇八肘晝一蓮花而灌頂已圍遶三帀重獻遏

伽誦諸讚歎結本尊印上置白蓮散於壇上以為供養然後如常將發遣壇中花粉置清淨流水之中不應履踐曼荼羅處復用瞿摩塗之供養飲食當施衆僧及諸貧者曾入曼荼羅修行之人不應食此亦不得食茄子蘿蔔蓮花根莖亦不得踐履窣堵波影及阿闍梨父母之影清淨比丘修行人影乃至七佛菩提樹影並不應履

觀自在多羅菩薩經畫像品

尒時釋迦牟尼佛又復觀察淨居天宮告觀自在菩薩摩訶薩言汝今大應為多羅菩薩說畫像法時觀自在菩薩摩訶薩承佛聖旨從坐而起礼佛雙足復遍觀察淨居天宮而勑天龍夜叉健闥婆阿蘇羅迦樓羅緊那羅摩呼羅伽及一切世界持明呪仙作是誓言汝等應當聽受憶本三昧耶勿生疑惑若當來世有修行者應當擁護若起異心執金剛大藥叉將以金剛火焰折摧碎汝頂命終之後墮在泥犁於無量劫受大苦惱

尒時菩薩告揩巳訖告多羅菩薩言若
未来世諸修行者至求圓滿增上悉
地當依我教如法畫像取新白氎及
諸絹素不截幅者組織清淨無諸毛
髮花及彩色必須新潔取第一畫工
及發菩提心身器全者受八關戒或
八肘四肘乃至一肘先於中台畫釋
迦世尊坐於衆寶師子之坐處淨居
天宮身色如金作說法相左畫曼殊
室利童子嚴飾瓔珞微作赤色著青
色裙被輕縠衣絡以神索右手執白
拂左手持青蓮華莖瞻仰而住右畫
觀自在菩薩身淺紅色髮戴寶冠化佛
帶白神索於蓮華上跏趺而坐左手執
蓮花右手於頂上作散花勢種種瓔珞
莊嚴其身作微笑貌巳次復應畫多羅
菩薩無價雜寶而為莊嚴身殊黃色如
盛年形作慈念微笑觀行者貌向觀自
在曲躬而住左手持青蓮花右作執吉
祥果勢於觀自在菩薩下應畫行者
捧香鑪作頂禮勢於座右邊畫一金
鉢盛熟阿摩羅果下方畫少光天子
無熱天子善見天子作聽法相上方

右邊畫阿迦尼吒天子左邊畫善現天
子右手散花左手作敬禮相上畫寶
蓋諸天妓樂四邊空處悉畫龍花若
修行者至誠供養頂禮一拜滅除億
劫生死之罪

觀自在多羅菩薩第二畫像品

尒時觀自在菩薩摩訶薩復告多羅
菩薩言若修行人復欲成就第二畫
像法者先於中台畫無量壽佛倚菩
提樹左邊畫離垢菩薩白色種種莊
嚴衣紗縠衣手持白拂側顧向佛右
邊畫四辟觀自在菩薩右第一手作
無畏印以中指大指捻數珠展手作
摩頂勢第二手作執杖形左第一手
持紅蓮華第二手執軍持觀自在菩
薩右邊畫多羅菩薩妙寶莊嚴身綵
黃色合掌捧青蓮花半跏而坐作恭
敬曲躬之相離垢菩薩下畫三目四
手毗俱胝菩薩身著素衣左第一手
執蓮花第二手執軍持右第一手作
無畏印第二手執數珠多羅菩薩下
畫一髻羅剎眼赤黑色擔肚垂下紬
為瓔珞狗牙上出著虎皮裙蟒地絛

髮右手把鉞斧左手持虵羂索以血
塗身二手合掌攢眉怒目作恐怖相
爪甲鐵利交絡象皮毗俱胝下畫四
辟馬頭菩薩二手結根本印右手持
鉞斧左手執蓮花丁字而立作忿怒
相像下畫難陁跋難陁龍王左手捧
蓮花莖右手作敬礼相池下畫地天
捧寶絛跏跪瞻仰四方四隅畫八方神
上畫日月諸天妓樂五色雲中灑甘
雨勢觀自在菩薩下畫行者著白衣
執香鑪跏跪瞻仰

若修行人於月八日或十五日或神
通月或順吉宿應食乳粥花果等食
或唯食香依先持誦法三時澡浴不
應睡眠常坐茅草身衣白服數限欲
終三日不食無限念誦對此像前於
壇四角置香水瓶中插夜合柳等諸
香樹葉亦置七寶及五穀種以不
截綵於瓶上行者坐左邊葉上置曼
殊般若散花經上八方置八淨器亦
盛香水又置八瓶乳然百盞酥燈種
種飲食盛以新器置壇四角燒沉水
香燒乳木火取沉香十二指截一百

八殷榅蘇合油一誦一燒滿一百八遍觀自在菩薩大悲聖者從東方來手持一杖身衣白服妙寶瓔珞以為莊嚴以黑鹿皮作右膊文珞駮戴寶冠現行者前放大光明普照地獄畜生餓鬼苦惱衆生遇斯光已身安快樂發菩提心行者見已散諸華香五體投地至誠歸命持遏伽水以獻菩薩時觀自在大悲聖者告行者言善哉行者汝等何願一切施與得亦可已所求心欲無不成就或飛騰虛空或安怛陁那或聞持延壽或根不具亦得圓滿或求伏藏入修羅窟亦得隨入觀自在宮如是等一切上願世出世間無不成就復誦此密言發遣聖者陁羅尼曰

娜慕囉怛那二合怛羅二合夜耶那莫阿唎耶嚩魯吉帝濕嚩二合羅耶菩地薩埵耶摩訶薩埵耶唎唎唎蘇路蘇路薩嚩薩埵迦路尼迦薩蹉蕐蹉耶阿唎耶嚩魯吉帝濕嚩二合囉也他三麼耶菊努薩麼二合囉薩嚩二合訶

行者捧諸香華誦此真言七遍加持已

大方廣曼殊室利經　第十六張

散菩薩足下則成發遣一髮羅剎陁羅尼曰

娜慕囉怛那二合怛羅二合夜耶娜莫阿唎耶嚩魯吉帝　濕嚩二合囉耶冒地薩埵耶摩訶薩埵耶　娜慕嚩迦惹乜耶麼訶囉乞灑二合斯阿夜囉麼麼摩訶囉乞灑二合斯麼麼母迦薩嚩迦唎也扼迦路唎怛姪他阿難帝薩嚩二合訶惹夜也娑嚩二合訶薩嚩微近娜尾那夜建咯乞叉二合咯乞叉二合娑嚩二合訶

此陁羅尼能令用功少成就疾亦是多羅菩薩使者故諸修行人應當誦念

佛說大方廣曼殊室利經

丙午歲高麗國大藏都監奉
勅雕造

大方廣曼殊室利經　第十七張

佛說大方廣曼殊室利經

校勘記

一　底本，麗藏本。

一　三二六頁上一行經名下，石有品名「觀自在菩薩授記品第三十一」；磧、南、徑、清有夾註「觀自在多羅菩薩儀軌經」。

一　三二六頁上二、三行譯者，石作「特進試鴻臚卿大興善寺三藏沙門不空奉詔譯」；磧、南作「三藏沙門大廣智不空奉詔譯」；徑、清作「唐特進試鴻臚卿三藏沙門大廣智不空奉詔譯」。

一　三二六頁上四行品名，石、磧、南無；徑、清作「受記品第一」。

一　三二六頁上八行首字「而」，石作「向」。

一　三二六頁中一一行首字「已」，磧、南、徑、清無。

一　三二六頁下四行「其華雲」，磧、南、徑、清無。

一　三二六頁下一三行第一一字「同」，石作「固」。
一　三二七頁上五行第一一字「在」，石、磧、南、徑、清作「有」。
一　三二七頁上八行第一二字「足」，石無。
一　三二七頁上一二行第一四字「嬉」，磧、南、徑、清作「喜」。
一　三二七頁中一四行第三字「泜」，石作「泯」。
一　三二七頁中一五行「罽羅娑」，石作「罽羅婆」。
一　三二七頁中一六行「清淨」，石、磧、南、徑、清作「清涼」。
一　三二七頁中二一行末字「藥」，石、磧、南、徑、清作「梨」。
一　三二七頁下一〇行第七字「戴」，磧、南作「戴」。
一　三二七頁下二三行「觀自在多羅菩薩經」，徑、清無。
一　三二八頁上九行末字「棘」，石作「剌」。

一　三二八頁上一〇行第七字「岸」，磧、南、徑、清作「灰」。
一　三二八頁上一二行第一二字「修」，石、磧、南、徑、清作「隱」。
一　三二八頁上一七行第二字「色」，石、磧、南、徑、清無。
一　三二八頁上一九行「中胎」，磧、南、徑、清作「中台」。
一　三二八頁上末行「左手」，磧、南、徑、清作「右手」。
一　三二八頁中一行第五字「大」，石無。
一　三二八頁中六行第五字「按」，石作「按」。
一　三二八頁中九行第六字「白」，磧、南、徑、清作「曰」。
一　三二八頁中一六行第一三字「陛」，石作「階」。
一　三二八頁中一八行首字「面」，磧、南作「西」。
一　三二八頁中二〇行第四字「畫」，徑、清無。

一　三二八頁中二一行「二天」，磧、南作「一天」。
一　三二八頁中二二行至末行「右手安於」，磧、南、徑、清作「左手安」。
一　三二八頁中末行末字「盡」，石、磧、南、徑、清作「畫」。
一　三二八頁下六行「寶賢」，石、磧、南、徑、清作「報賢」。
一　三二九頁上六行第八字「爲」，徑、清作「作」。
一　三二九頁上七行第一〇字「切」，磧、南、徑、清作「十」。
一　三二九頁上一二行「單吒」，磧、南作「單吒」。
一　三二九頁中二行第七字「右」，石無。又第一一字「及」，石無。
一　三二九頁中一五行「不夕」，磧、南、徑、清作「不久」。
一　三二九頁中一八行第四字「一」，磧、南、徑、清無。又第七字「二」，磧、南作「三」。又第一二字「三」，磧、南、徑、清作「七」。

一　三二九頁中二〇行第一三字「華」，磧、南、徑、清無。

一　三二九頁下三行「花粉」，磧、南、徑、清作「蓮粉」。又末字至四行首字「履踐」，磧、南、徑、清作「踐履」。

一　三二九頁下五行第二字「當」，磧、南、徑、清作「應」。

一　三二九頁下九行第一三字「並」，石作「亦」。

一　三二九頁下一一行「觀自在多羅菩薩經」，徑、清無。

一　三二九頁下一八行第一一字「持」，磧、南、徑、清無。

一　三二九頁下一九行第一一字「憶」，石、磧、南、徑、清作「憶念」。

一　三二九頁下末行第四字「在」，磧、南、徑、清無。

一　三三〇頁上一二行第八字「茎」，磧、南作「坐」。

一　三三〇頁上一五行「散花」，磧、南、徑、清作「敬禮」。

一　三三〇頁上二一行第一三字「一」，磧、南作「二」。

一　三三〇頁中三行首字「蓋」，磧、南、徑、清作「善」。

一　三三〇頁中四行「一拜」，磧、南、徑、清作「一禮」。

一　三三〇頁中六行品名，徑、清無。

一　三三〇頁中一三行「大指」，石無。

一　三三〇頁中一七行第三字「合」，磧、南、徑、清無。

一　三三〇頁中二二行第一〇字「擔」，徑、清作「襜」。

一　三三〇頁中末行「狗手」，磧、南、徑、清作「狗牙」。

一　三三〇頁下二行末字「相」，磧、南作「想」。

一　三三〇頁下七行第一〇字「池」，徑、清作「地」。

一　三三〇頁下一八行「七寶」，磧、南、徑、清作「七珍」。

一　三三〇頁下一九行第三字「於」，磧、南、徑、清作「覆於」。

一　三三一頁上三行第三字「一」，磧、南、徑、清無。

一　三三一頁上四行「交珞」，石、磧、南、徑、清作「交絡」。

一　三三一頁上五行末字至六行首字「畜生」，石無。

一　三三一頁上一三行「修羅」，磧、南、徑作「修多羅」。

一　三三一頁中二行第三字「曰」，磧、南、徑、清無。

一　三三一頁中末行經名，石作「觀自在多羅菩薩儀軌經一卷」；磧、南作「觀自在多羅菩薩儀軌經」；徑、清作「佛說大方廣曼殊室利經觀自在多羅菩薩儀軌經」。

一字奇特佛頂經卷上　伊

開府儀同三司特進試鴻臚卿肅國公食邑三千戶賜紫贈司空
謚大廣智大興善寺三藏沙門不空奉　詔譯

現威德品第一

如是我聞一時婆伽梵住三十三天以如來加持無量福出生普遍光樓閣大福俱胝莊嚴大福佛資糧普遍無量稱讚無數功德聚無量金剛堅固不壞愛清淨佛世界莊嚴一切摩尼寶王莊飾開敷莊嚴圓淨於智愛樂無垢光明熾盛摩尼寶善莊嚴乃至世界三摩地圓清淨一切法理趣說清淨無量色廣博摩尼寶海開錯示現於無盡如來三摩地清淨無盡摩尼寶王變化開錯花旋流摩尼樹枝莊嚴善巧方便示現佛智一切花香摩尼寶光明交絡普遍熾盛佛加持所現遊戲神通普遍光於大樓閣一切摩尼廣博旋轉十方所觀察吠瑠璃等種種寶莊嚴無量寶王階道交絡圓遶種種摩尼真珠垂作端嚴竪蓋幢幡珠網寶網覆以寶帳龍堅旃檀塗飾自在王鈿飾摩尼寶網弥覆龍勝建立地徹嚴智普遍光明摩尼寶柱寶網交絡師子蘂摩尼寶王娑羅樹弥覆師子幢勝摩尼寶門剎惚妙莊嚴相映不壞曼陁羅花摩訶曼陁羅花曼殊沙花摩訶曼殊沙花盧遮花摩訶盧遮花輪花大輪花蘇摩那花鞞師迦花多羅那花末羅花瞿達羅花蘇件地花陁弩色迦利花天蘇摩那花烏波羅花蓮花俱勿頭花白蓮花大花以散坐無染智嚴藏師子座妙清淨慧無二現行說無相法住佛住得一切佛平等無礙通達不退轉法無奪境界不思議清淨得三世平等遍一切世界身無能觀頂相於一切法無礙智成就一切行慧無惑覺智無分別身無二慧住最勝到彼岸如來無壞智解脫智究竟證得平等無中邊盡虛空遍法界無功用智獲得一切佛事未來際一切無數劫轉不退輪加持住菩提場摧魔證正等覺轉法輪現無著智嚴藏一切相圓俗所加無壞無依善能頓現廣於十方一切世界住兜率天宮現歿生出家苦行加行往菩提場摧魔

現證菩提轉法輪般涅槃住法隱法與四万比丘八万四千菩薩皆從十方世界來集皆住一生補處得灌頂位出生無量三摩地解脫住金剛寂勝三摩地得蓮花最勝三摩地及得金剛喻三摩地遊戲幢勝嚴具一切佛法皆得現前住功德藏莊嚴三摩地善趣菩提場安住入佛境界得說無盡陁羅尼莊嚴一切魔境界最勝色相得無盡句說不空劫受記能摧他教恐衆建立名稱十方稱讚出生無量檀戒忍進禪慧方便一切佛讚歎稱揚無數那庚多百千俱胝劫圓滿作業遠離甚深難測緣生法入顯邊常斷見能施一切有情煩惱病遍知隨應法藥善遍清淨端嚴無垢意樂以勇猛堅固金剛不壞慈善於一切有情能攝受告教以平等慧無量功德智盡虛空際住十力陁羅尼辯才理趣所謂觀自在菩薩摩訶薩宮觀自在菩薩得大勢菩薩勝慧菩薩金剛慧菩薩師子慧菩薩師子勇健步菩薩金剛勇健步菩薩金剛將菩薩金

剛幢菩薩無動步勇健菩薩清淨眼菩薩三世步勇健菩薩蓮花嚴菩薩蓮花眼菩薩寶嚴菩薩金剛手菩薩虛空無垢菩薩妙臂菩薩妙慧菩薩大慧菩薩寶藏菩薩寶幢菩薩寶印手菩薩嚴王影像菩薩功德王影像菩薩嚴王菩薩電光莊嚴菩薩虛空庫藏菩薩摧疑惑菩薩雲音菩薩清淨慧菩薩雷音菩薩曼殊室利童眞菩薩及慈氏菩薩為上首與一切賢刧菩薩摩訶薩俱復有妙界分天子勝魔天子功德嚴天子勝天子寂調自在天子勝慧天子善思惟天子如是等大威德天子與二万天子俱皆發菩提心種植善根復有四天王天衆天天帝釋商主天摩醯首羅天梵王娑訶世界主魔天子復有大聲聞衆所謂舍利子大目揵連迦旃延子富樓那實頭盧憍梵波提尊宿塔像迦葉波大迦葉波伽耶迦葉波羅睺羅如是等為上首

復有五千大藥叉將所謂滿賢藥叉將珠賢藥叉將娑上婆去羅水帝藥

叉將那訶羅藥叉將般志迦藥叉將并訶哩底母五百子以為眷屬一切山及大河王金翅為上首有無量百千迦樓羅王及與樹緊那羅王有無量緊那羅以為眷屬及與群生主那羅延天伊舍那鬼生無量百千眷屬及與婆蘇吉龍王蓮花龍王大蓮花龍王娑伽羅龍王為上首無量百千龍王以為眷屬及餘天龍藥叉迦樓羅緊那羅摩睺羅伽人非人等俱

尒時世尊與無量百千衆前後圍遶說如来真言行發起坐大嚴師子座乳如師子光耀如日照曜如月遍照如帝釋熾盛如炬光如梵王高踊如須弥大於海佛頂真言行次第而說

尒時世尊告菩薩等言善男子有一切如来一切三摩地最勝三摩地王由住此三摩地一字輪王佛頂汝當諦聽善聽極善聽慇懃作意受持由受持故菩薩不退轉於無上正等菩提時一切大菩薩合掌白佛言唯願世尊說大明王一字尒時世尊入一切最勝三摩地王說此明王

南莫三滿多勃馱南步林吽三合

纔說此明王三千大千世界為光明網普遍照耀如恒河沙世界照曜一切彼世界震動一切彼世界一切如来入一切三摩地最勝三摩地王亦說此大明王說時一切處皆得聞此三千大千世界六種震動東踊西沒南涌北沒上涌下沒震動大震動一切天從座而到如来前乃至阿迦尼吒天衆彼等悉皆思念如来所有三千大千世界中有情地獄傍生焰摩界由照觸佛頂王光故除一切苦受彼時有情離瞋恚手觀如父母想所有彼中生有情手作如是見於三千大千世界中輪圍山大輪圍山及餘黑山由此明王佛頂光明照曜故下至無間大地獄上至阿迦尼吒天等所有日月大神通大威德大自在皆映蔽不能照耀無有一處而不光明遍照如是以世尊神通行作神通癲狂者得念音者得視瘂者得言跛者能行聾者得聞裸者得衣所思求者皆得飲食及資緣具受苦者得

安樂乃至懷胎者產生之時皆得安隱尒時彼等菩薩往詣世尊皆生奇特作是言世尊不思議奇特大奇特此佛頂王世尊作如是見此三千大千世界寶網遍覆於上虛空雨天妙花天妙花雲末香雲旃檀雲衣服塗香雲花鬘雲天妙花鬘雲一切菩薩一切天龍藥叉乾闥婆阿脩羅迦樓羅緊那羅摩睺羅伽等以天妙花而散佛上又雨繒衣寶蓋幢幡天妙音樂於空中而奏從彼音樂出如是聲音哉世尊佛頂設住十地菩薩不能瞻覩所有一切有情求得安樂得念佛三摩地彼時釋提桓因一切盡欲界天子俱往詣世尊白佛言世尊若有持此大明王我等所有一切天見彼皆起分半座與坐時世尊告天帝釋言天帝法尒成就頂輪者天帝釋等諸天見者必分座天帝無有有情界攝見成就頂輪者而不與半座除得地位菩薩住不思議解脫得三摩地者及緣覺離欲聲聞天帝法尒或有餘見成就頂輪從座不起者彼頭破百分

時天帝釋作是言世尊我加護持明者若脩此明王若讀若供養若書寫經卷乃至受持彼不墮惡趣令彼得正念世尊讚歎天帝釋如是如是天帝若有成就此明王者讀誦者心不隨惡趣得宿命智不諂曲無離間語不矯不異心具善巧方便天帝釋持頂輪者墮惡趣無有是處常生婆羅門剎利大主族端正具色相好成就文筆論工巧不慳悋得聞持不忘父母不離法尒佛頂威德不思議無比量佛頂族不思議時彼一切天衆菩薩皆生奇特其有供養無量佛得至彼人手一切天世攝受若至彼人手無沮壞若得此者成就不思議功德

一字奇特佛頂經印契品第二

尒時金剛手菩薩無量俱胝持明衆圍遶往詣世尊頭面禮足白佛言世尊大有持明者於佛教真言行脩行彼不具方便不善知儀則為彼有情利益由此方便速得成就唯願世尊演說佛頂真言教佛告執金剛持明者先當受三歸發菩提心清淨澡浴

大悲慜念一切有情於寂靜處應結契印親承稟而受若異此結者諸魅及毗那夜迦而作障難死墮地獄不灌頂者不發菩提心者彼人前不應結此等印先應結三部心印四指手內結合其二輪並豎前附著指是名一切如來心印

即前印左輪屈入掌中右輪如前豎是名蓮花部心

即前蓮花部心印右輪屈入掌中左輪依前豎是名金剛部心印二手豎乎文諸頂虛心合掌如花在掌中是普通一切佛頂印金剛藏先當結一切世間出世間真言上上一切佛頂主轉輪王印相

二手內相叉作拳豎二光屈上節二輪並豎二蓋屈兩節相柱於二輪上此是輪王根本印一切印中最殊勝

即前根本印右蓋於右光後直豎令不著是名項印

即前根本印二蓋各於光後直豎令不相著是名頭印

即前根本印二蓋各屈柱二光背是

甲曾印即前根本印屈二蓋二節皆相遍二輪平竪附二蓋是增印持明者由結此印設頂行等不能附近何況餘作障毗那夜迦等

即前根本印二蓋屈拄二光第三節是名輪王心印與眞言相應能作一切事業

即前根本印屈二蓋附於二光第三節上是名輪王心中心印

即前根本印屈右蓋於右光後向身三招是迎請印由此印請一切眞言聖天及召持金剛何況餘菩薩等左蓋向外三擲是奉送印即前根本印二蓋屈相拄附二光二輪各各竪附蓋側是閼伽印先於掌中安花然後結此印初迎請及奉送各用此印奉獻閼伽即前根本印二輪各屈入掌中即成方隅界即前印二輪並竪微不著蓋目上瞻視而結是名上方印即前印二輪並竪更乎左右動招是名攉諸關鍵印

即前根本印左右蓋輪各相拄如環各依光而住是名縛一切有情及俱

摩羅天梵天大自在天那羅延天等縛已句召令順伏印蓋輪解即成解脫

即前根本印欲得斷壞他眞言以二輪甲恰二蓋甲側一切眞言明成斷壞

即前根本印右蓋屈倚右光下節即是塗香印

即前根本印屈左蓋屈倚左光下節即是花印

即前根本印二蓋各屈倚二光下節是燒香印

即前根本印屈二蓋一節各附於二輪側是名獻食印

即前根本印屈二蓋兩節令背不相著並竪二輪以捻蓋側是名燈印修行者以此等印念誦時結用

即前根本印二蓋甲拄二輪甲上是名能縛一切難調鬼魅起屍荼吉尼及水行者縛其口卻結如根本印成解

結根本印即以花菓安於印中念誦與人即得敬愛

即前根本印屈二蓋一節相遍以二

輪並壓以忿怒誦根本眞言能禁止象馬車輪即此印乘爲結遍擲能禁止他敵

結根本印入軍陣能禁一切刀兵所不能害結根本印忿怒擲於池井衆一切龍宮火焰熾然殺害一切那伽擲於空中一切持明仙乹闥婆緊那羅能殺害

尒時世尊復告金剛手菩薩言此大曼荼羅名持三昧耶能摧一切天龍藥叉乹闥婆阿修羅迦樓羅緊那羅摩睺羅伽人非人等一切菩薩不能違越調伏一切難調伏有情能壞一切眞言明勾召一切菩薩一切佛稱讚稱譽歡喜大師千匝繞結設住十地菩薩皆欲消融驚駭何況餘梵天等是故善男子我爲汝及覩自在菩薩大師子吼善男子此一字轉輪王眞言從無量如來受得轉爲他說一切天衆生奇特善男子此不思議一字輪王一切如來說善男子我過去世阿僧祇劫當彼之時有佛名轉輪聖王如來應供正遍知以三摩地住

轉輪王形善男子我於彼時曾為長
者於彼如来所承事供養諸佛設食
金剛手時彼如来說此一字輪王真言
我於彼時捨家趣於非家以大精進
求成就不捨此身得成持明轉輪聖
王得神通遊於阿迦尼吒天善男子我
成就無量百千俱胝有情安立於無
上正等菩提調伏無量百千難調有
情次第皆得成等正覺善男子當知
此不思議輪王佛頂大威德大精進
勇健百劫不能具說我今少分說於
後五濁世應廣顯揚宣布於堅固有
情淨信大乘者其人則持一切如来
秘密善男子此一字輪王一切如来
秘密一切如来堅實一切如来最勝
一切如来加持三摩地為真實一切
三摩地上上等同如来最勝三摩地
令一切菩薩生奇特三摩地顯示一
切如来令諸菩薩不能思惟挍量善
男子我略說如来自住此真言形善
男子我於中說一切印加持大輪王
廣大擲印相
並兩脚立以左脚大指壓右脚大指

二手從右膝左右旋轉如金剛儛漸
上至乳又於兩頬旋轉至頂上結根
本印即住尾捨佉立
繞擲梵天俱魔天　帝釋摩醯首羅天
那羅延天及大衆　龍藥叉衆及脩羅
羅刹毗那夜迦等　一切隨族及鬼衆
迷亂悶絕生恐怖　所有住者天羅刹
住於地下鬼神類　繞結此印皆馳散
行者應起悲愍心　息灾念誦除苦惱
誦心真言結心印　淨心彼等得安樂
如是金剛手擲印有二種所謂共不
共此是不共印我今次說共印
平脚立舉右足如儛勢旋轉結根本印
安於頂上此名害印於天魔障難處
應用繞結此印一切諸魔十方馳散
金剛手此名共印（夫結擲印依事法无支成身想自身如一字輪王七珠圍遶光明棒杂難可瞻睹左手拄右跨右手持輪左右阿哩茶鉢羅紇哆哩茶捷步怒目左右顧觀如師子王奮迅然後住擲印結印安於頂即想十二輪金輪隨魔所在方而擲共印式畫拔魔形以印向之而擲後應起蘇心作自灾法誦佛母真言或誦心真言息灾護摩或作彼形用半乳誦佛母真言以灌沐之令彼安樂不然累知作障道因緣）
尒時金剛手菩薩白佛言願世尊說
易方便世尊或有有情下劣精進無勤

勇世尊彼不能修最勝成就是故為
彼有情住大乘者說作業易方便世
尊由如来加持力故於五濁末時由
此大明王以少方便治一切毒
佛告執金剛即前根本印二風竪合
如針以發動毒
即前印以二蓋相拄向下屈搖動召
迷悶毒然開二蓋便成發遣毒令散
即前根本印開竪二勝是令語印
即前根本印並竪二輪不著蓋頂令
阿尾捨手搖動令倒手相繫令語安
相纏令儛各擲散令無毒善男子此
明王能作一切事業其於鬼魅等亦
如是作
尒時金剛手秘密主白佛言云何持
明者結印當於何處
佛告持金剛彼應淨澡浴於閑靜隱
密有舍利處對像前應結若異此結
即被傷損成就時結過擲印於大魔
大障難處用天脩羅鬪戰及調伏難
調伏有情若餘處用傷損有情
一字奇特佛頂經曼荼羅儀軌品第三
尒時觀自在菩薩摩訶薩以佛威神

之力從座而起偏袒右肩右膝著地於世尊前合掌禮已而白佛言我請世尊說眞言不思議世尊諸佛世尊明王佛頂不思議設住十地菩薩不能瞻覩何況餘釋梵護世天等今請世尊應供正遍知唯願說三昧耶曼荼羅過去先佛世尊已說由入此曼荼羅即成入一切曼荼羅於此灌頂於一切曼荼羅得灌頂於此得印可於一切曼荼羅得印可於此得入超越一切魔道由見此得解脫一切魔道由入此得不退轉於此得灌頂於一切眞言印自在由入此持金剛攝受得離一切罪由入此能堪任一切事業由入此安樂易方便能成大明王離一切障難由入此或善男子或善女人成就無量功德世尊我曾為人修此一字明轉輪王得無量菩薩三摩地得不思議如來加持世尊我曾憶念超恒河沙數劫當彼時有佛名寶髻如來應供正遍知世界名妙慧我當彼之時貧匱以賣柴方便活命我聞寶髻如來應供正遍知彼成就無

量功德於如來前發願如來皆令成就我於彼時在家作是思惟我今請寶髻如來設飯食早起賣柴營辦食飲往詣世尊請佛飯食如來受請我於佛世尊發廣大淨信奉獻食禮佛已作是願言一切衆生勿令貧匱彼如來知我信心猛利清淨謂我言善男子持此一字佛頂輪王廣為我說本教福利則彼世尊為我說我歡喜奉行我以大精進勤勇以此身得大明王得無礙嚴三摩地世尊由此三摩地成就無量百千持明於無上正等菩提世尊我當知此如來佛頂不思議如是佛三十二大人相中佛頂為最勝如是一切眞言中此佛頂眞言為最勝如是世尊天中佛為無上大師如是佛頂輪王一切眞言中明王如是廣大唯願世尊如來應供正遍知為我說曼荼羅

尒時世尊告觀自在菩薩摩訶薩言汝大悲者大菩提薩埵於有情大悲體生無量大悲有情利益故大薩埵汝應諦聽我略說曼荼羅一切曼荼

羅中王一切天龍藥叉乾闥婆阿修羅迦樓羅緊那羅摩睺羅伽於集會中一切佛菩薩所遊戲金剛手大菩薩輪王三昧耶所加持為諸菩薩三昧耶利益故由持誦此輪王善男子如來於有情作利益捨末後身得安樂無沮壞得大曼荼羅佛頂輪王修行者一切意願豈足善男子先應阿闍梨於大菩提心堅固於大願決定常念誦平等戒梵行者具大悲知恩多聞報恩者護戒禁者應畫輪王曼荼羅異此而教畫者墮於惡趣彼應先淨其地多有花菓處於山頂金剛座轉法輪等處勝上成就應畫於東北微下處其地平正不鹹鹵無棘刺骨毛髮爪甲處離瓦石髑髏沙礫黑泥處若土色好及無如上穢惡當掘出土却用塡築如地已堅土有餘即是上處堪為成就如土不足此處不堪當改覓勝處驗地已於如是相良地於廣大悅意端嚴樹莊嚴處具如是功德處應畫曼荼羅令童女合白綵縷作五色拼線或用藕絲不斷續無

結類者或用野麻或用牧牛繩應用拼地初起首拼線用心眞言一百八遍令護摩心眞言曰

南麽三漫多勃馱南阿鉢囉(二合)底呵多捨娑那南唵怛他蘖覩瑟尼(二合)沙阿那縛盧枳多没馱尼斫羯囉(二合)韈嘌底(二合)吽惹嚩(二合)羅惹縛(二合)羅馱迦馱迦度那徽度那怛囉娑野麽囉逾跢囉耶訶那訶那伴惹伴惹暗惡偏偏鉢羅(二合)企尼君吒哩尼阿鉢囉(二合)介多薩怛囉(二合)馱哩尼吽發娑縛(二合)訶

此名輪王心於曼荼羅中以壇中先所置香花加持一百八遍於壇中獻閼伽已然後拼一切色皆用心眞言加持應畫先白次赤次黃次緑次黑如是等粉或用珊瑚金摩尼眞珠吠瑠璃等應錯為末或用粳米粉種種染為色和香如是名色次第若不得如上色取赤土黃土緑土等用護自身護曼荼羅處護弟子皆用心眞言一切應作誦持明王心眞言應拼曼荼羅用隨心加持香水散灑壇上隨心眞言曰

南莫三滿多勃馱南阿鉢囉(二合)底呵多舍娑那南唵阿鉢囉(二合)介多特(地翼反)

此名輪王隨心以此眞言一切方處塗香花燒香飲食閼伽等一一加持而獻則展線從伊舍那方起首於中央安羯剌䑛盛水諸種子及藥盛滿以繒繫項於四隅展線各兩道拼若線斷若亂若結用酥以六字辯事眞言護摩一百八遍眞言曰

南莫三曼多勃馱南阿鉢囉(二合)底呵多舍娑那南唵吒嚧唵(二合)滿馱娑縛(二合)訶

誦一百八遍則得息灾若拼不直即身乖和若線亂即迷惑執線之時不應趣若趣即身疾病是故漬線之時須良久令粉汁潤徹即拼道麁細得勻四角稱不太麁不太細令與壇相稱應釿之如是等線四方四門其中央安佛頂輪王或以佛印佛左右安煩惱電法輪又畫光聚高二佛頂王亦右左安及白傘蓋佛頂勝三佛頂佛眼佛毫相爍乞底(丁孝反)牙應安佛慈火福德明及威德明寂勝及商羯梨三

部母明阿難須菩提鉢及錫杖等於佛右左次第而畫外四門左右各應畫佛使者西門中畫無能勝並於門界道中畫難陁烏波難陁二龍王四門畫持蓮花持金剛應佛右左畫摩醯首羅并妻俱尾羅天持持於一切處門兩邊應置第三院應取第二院之半於第三院中畫梵王及諸天迦樓羅護世等及餘天隨意而畫彼三部本族眷屬亦應畫一切皆依無能勝壇儀軌(金剛起中說)畫壇已應取新瓶底不黑者令應量取阿摩羅梢葉插其中又取俱緣菓安於瓶口上(此土無隨時取花菓枝葉相兼端正者)瓶中置諸寶及諸種子并香水令滿以細繒帛繫其項安於壇四角及中央門皆立刹柱以時花為鬘莊嚴并懸幢幡應置香爐燒沉水香檀香即阿闍梨於壇側應作護摩以根本眞言用酥護摩一百八遍然後迎請以明王頭頂甲冑自加持身於一切有情起大悲心復發菩提心取金銀或瓦器盛諸種子及花香水令滿右膝著地結根本印應請明王用

心眞言依次第應請天龍藥叉等(即)
以明王心加持中瓶一百八遍然後
取菩提樹木(此土用柏木)然火和三甜用頭
王眞言護摩一百八遍即一一眞言
各護摩一百八遍頂眞言曰
南莫三陽多勃馱南阿鉢羅(二合)底訶
多舍娑那南唵斫羯羅(二合)薛嘌底(二合)
唵吽
頭眞言曰
唵斫羯羅(二合)薛嘌底(二合)吽發娑縛(二合)
訶(歸命同上)
結下上方界眞言曰
唵微枳羅拏微特防(去二合)娑尼迦比羅
貳嚩(二合)哩尼怛囉(二合)娑耶嚩日羅(引二合)
吠賒薩帝娑(引)羅特嚩(二合)能上瑟吒
羅(二合)囉乞沙(二合)鈴發(歸命同頂眞言)
甲冑眞言(歸命准前)
唵斫羯囉(二合)薛嘌底(二合)鉢囉(二合)賒弭
多囉捺囉(二合引)囉捺囉(引二合)娑(去)薩嚤(二合)
車盧瑟尼(二合)沙囉乞沙(二合)囉乞
沙(二合)鈴吽發娑縛(二合)訶
擿眞言(歸命准前)
嘌(引)莫磴

如是如前說印隨事業應用之一切
眞言天明用根本眞言安立則於世
尊聖衆作食飲隨力供養禮一切佛
菩薩五輪著地以香泥塗手結大三
昧耶印示之二手虛心合掌諸度各
微屈如芙蓉名如來族三昧耶印然
後一一誦一百八遍心眞言亦誦旋
遶曼荼羅啓白聖衆我所不應作而
作所有過犯儀軌加減唯願聖衆捨
過如是第二第三亦如是說弟子已
受戒者於眞言法生淨信者已發菩
提心者於三寶淨信者弟子有如是
德者應令入入者限七八若欲入曼
荼羅淨澡浴遍身塗香令設擔若越
三昧耶或有愚癡者墮於無間地獄
汝等善男子應常護持三昧耶如是
為弟子告三昧耶以繒帛覆面結三
昧耶印令稱心眞言令擲花所於彼
上花落即定其部族如是(引)弟子已
一一為弟子誦根本眞言以酥護摩
一百八遍如是作已應告三昧耶汝
等於眞言行當勤修於大乘不應生
疑惑一切天不應輕賤佛教中不應

疑惑弟子等於阿闍梨殊勝捨施供
養捨已身應受轉輪王佛頂阿闍梨
於彼無悋心悲愍心印契及眞言應
教授即從此已後成就者一切天龍
藥叉乾闥婆阿脩羅迦樓羅緊那羅
摩睺羅伽等及一切有情不能惱害
於一切眞言成就必能堪任得不退
轉入一切菩薩位一切天不能沮壞
則成入一切世間出世間曼荼羅三
昧耶一切天皆知如是善男子成就
菩提者則得悉地持金剛之所加持
隨行安樂我略說此儀則次第應作
一切曼荼羅王一字頂輪王所稱說
介時曼殊室利童眞菩薩白佛言世
尊云何為阿闍梨云何灌頂時世尊
讚歎善哉善哉妙聲善哉妙音若有
欲受灌頂者於阿闍梨比前兩倍應
施應施𩋶䌥應施金銀熟銅器滿盛
諸種子及藥香水則阿闍梨對曼荼
羅前四方塗作曼荼羅以白粉三肘
量盡蓮花於上安師子座受灌頂者
坐已持蓋及佛誦吉慶聲讚揚取中
瓶加持一百八遍令弟子結佛頂印

安於頭上阿闍梨自令弟子灌頂吹螺擊鼓作諸音聲如國王受灌頂阿闍梨應以右手執弟子手引入曼荼羅於一切佛菩薩奉獻弟子令弟子於佛菩薩請印可阿闍梨為弟子告諸佛作如是言世尊此弟子我灌頂已此善男子從今已往以無希望悲愍心哀愍一切有情應盡一切世間出世間曼荼羅如說應作如是一切曼荼羅儀軌應加行如是灌頂者即為阿闍梨入一切菩提道如是於菩薩行行時得無量功德果報

一字奇特佛頂經先行品第四

尒時金剛手秘密主菩薩摩訶薩從座而起偏袒右肩合掌禮佛白佛言世尊印可我於一切真言得灌頂於一切如來持秘密世尊於菩薩大集會為修真言行者及為我及一切有情哀愍利益一切大衆惟願說佛頂轉輪王教方便或有當來後世人利益安樂故時世尊告金剛手秘密主言善哉善哉秘密主汝能如是利益作如是問汝應諦聽我今說秘密主

此無障礙如來頂一切明真言王三昧耶隨入儀軌灌頂儀已說我今譬喻秘密主如如來於天世有情勝為上上善男子此轉輪王佛頂一切真言中為最勝一切真言王中為上上如是先事儀軌即成成就儀先當說畫像儀由纔見此像修一切真言於一切教成就堪任由纔見此解脫一切罪一切世間出世間真言皆得流通由纔見此持金剛攝受由纔見此遠離一切障毗那夜迦由纔見此十八大數三安樂易得成就由纔見此一切天龍藥叉乾闥婆迦樓羅緊那羅摩睺羅伽人非人等咸禮敬乃至略說善男子由纔見此一切世間出世間一切明教中所說句義皆得成就見一切世間出世間真言明上上此佛頂一切佛頂中為主宰我今說畫像童女撚線不割截如勇士交易織師受齋戒應織綵幀方三肘先以五淨洗後以楨檀香水洗於壁塗香張所畫像綵面向東對前安執底不黑者盛滿香水及一切寶藥廣大供養於一切佛菩薩三

時燒沉水香其畫師淨信三寶不信餘天者極嚴毅受八戒敷茅寢息身著白衣三時澡浴三時換衣如是畫人不放逸者應畫聖者從大海踊起須彌盧山王四寶所成於上坐白蓮花身白金色正受一切三摩地最勝王三摩地結跏趺坐從一切身遍滿出輪熾盛光明於上應畫山峯其峯以種種寶成持誦者在佛右邊本色形持香爐觀如來面右膝著地下應畫蓮花池從佛頂出光明其光青黃赤白則此像安於寂靜處不急躁聖默節食依真言契經毗尼等不應放逸於一切受苦有情生悲愍心以智眼善攝諸根心不散動意常等引遠離一切愆過及為遮諸障難不應食魚肉等不異作意淨信三寶現前敬信矜愍一切有情於成就發大菩提願意三時澡浴著新淨衣閑靜無人於大河或山身口心不疲倦一切時於佛世尊作廣大供養於圓月晝夜不食從白月一日起首或食菜或食穬麥或乞食或飲水或食粆誦八洛

又作先事法若欲成就安善那勇士交易買搖尾蘭安善那一兩令婆羅門童女以五淨洗面向北研以右指撚為丸（用雨水和燃時以蠟塗指百帖以竹膜撚之作丸若丸有指文即不成就）作四丸以蓮花葉盛覆之陰乾然後安佛前依護摩儀軌然柴作一千三波多作巳即於有舍利塔或於像前廣大供養燒波羅奢木八日護摩塗一小曼荼羅四方安護於第二重曼荼羅以白芥子警覺於第三重曼荼羅有伴無伴廣大供養真言作加護面向東敷茅坐於三菩提葉上安藥器以四菩提葉覆以右手按藥器念誦乃至煖煙焰若初位成就用點眼持誦者所見人及彼人見持誦者皆得敬愛第二位成就力敵千爲行如風壽命五百年竊十分之一諸持明不敢陵突第三位成就身如初日暉寶莊嚴壽命中劫餘類持明仙不敢輕慢倨傲於輪王起七風而行如是素路旦善那雌黄雄黄等三種成就所獲悉地皆同又法若欲成就金剛杵取霹靂木十六指作金剛杵圓月內三日三夜不食於佛菩薩作廣大供養具杵獻佛種種食飲供養佛然後將金剛杵往於奢摩奢那取東流河兩邊土和以五淨一肘量作窣堵波對前依儀軌供養取奢摩奢那灰於塔前作金剛杵形安金剛杵於上以手按上念誦乃至乞食時澡浴取彼杵入乞食得巳分食供養佛然後自食護身或有伴或無伴二手按其杵上念誦乃至三種成就初位成就見彼及彼見持金剛杵者皆得敬愛第二位成就如牛埃塵高飛騰而行力敵九千爲奔走如風竊六分之一所求自在能鉤召身有光燿得大威德第三位成就身如初日暉壽命一萬歲倨傲於輪王持金剛杵遊行如是蓮花輪三戟叉鉞斧等所求悉地成就皆同

又法欲成就指先作先事法取不淨睟𤘽子頭指如前法作窣堵波就於奢摩奢那廣大供養敷茅面向東坐其指獻佛巳以手按之乃至放光燈焰增盛則如意結護盡一夜念誦乃至晨朝用其指招則敬愛

又法三日三夜不食念誦對佛前作曼荼羅然酥燈供養燒數茅而坐取子母同色牛乳盛以瓦器加持一千八遍以灰結壇界晨朝澡浴誦真言抨乳取生酥佛前廣供養燒酥燈誦真言用前所抨之酥作人形像安於七枚菩提葉上對像前加持念誦乃至微動取此酥所觸皆得敬愛

又法用前法取龍花蘂末作人形取杏乞器安之加持一百八遍所觸所思皆得敬愛

又法用前法燒牛膝苗莖護摩所求財利皆得

又法於牛欄中對佛像前作一窣堵波高一肘依法供養燒安悉香護摩十萬遍得一千牛

又法用前法取白膠香和酥護摩十萬遍得十二菆勝村

又法用前法取蓮花塗檀香一千枚獻佛即得城邑主

又法用前法燒安悉香以十萬瞻蔔花獻佛得金一千兩

又法取有藥花十萬獻佛得白綵一十張如是一切花隨色得綵
又法取奢摩奢那灰於滿月晝夜不食取無名指嚕地囉和作彼人形左脚踏念誦一千遍并種族皆得敬愛
又法欲求婚取稻花和酥蜜酪護摩一千八遍稱其女名念誦即隨所願如不隨彼必終又法粳米粉作人形以苦油於當心盛滿以鐵籤剌以芥子油塗取賒摩賒那火炙之念誦一千八遍一日間即令男女敬愛二日毗舍王三日沙門婆羅門皆敬愛
我今說未成就事業取牛黃加持七遍洗面若見者皆敬愛若用點額若見彼人及彼見者皆得敬愛於賊中作意念誦皆得解脫若彼人作法損壞自持真言者用粳米稻穀白俱那衞花白芥子作本尊形以左手按上念誦一千遍一切真言即不損壞若欲除寒熱病取山耳花加持一百八遍燒設鬼瘧亦得除差
又法佉陁羅木護摩一百八遍除一切鬼魅又加持灰七遍遮他真言誦

一字奇特佛頂經卷上　第三十一張　伊

一遍以水灑即解
又蚰咬人畫蚰形把刀誦一遍割一下其所咬人蚰即來以其刀左旋即成發遣并歸命誦真言加二吽字即禁止蚰并歸命加吽字誦真言即成解加二發吒誦真言以左大指畫地所咬人蚰即來去發吒字誦二十一遍以手觸額其所彼齧人即起加持二十一遍以水灑頭上如輪旋轉兼發吒誦二十一遍取水當鼻加持散四方即往於本居取水依前加持覆擲於地復來
又以俱那衞枝并發吒字誦打地鬼魅作聲并歸命誦右手觸即得除愈
又除歸命誦二十一遍用摩奴沙骨作橛稱彼人名隨地釘之其摩奴沙即病鬼魅壞乱以髮作繩繫其橛誦一遍拔之即得如故又去發吒字取安悉香作丸燒念誦一百八遍稱彼名或囉惹類即成鈎召燒白膠香誦二十一遍即得解
又一字佛頂輪王真言兼發吒字書於絹素又樺皮上安於幢上兩軍即

一字奇特佛頂經卷上　第三十二張　伊

以禁止於他即以此幢引前即其軍皆逼惱不安掬水誦七遍散四方幢却引來即得安隱
又欲除箭取油加持二十一遍塗上箭即出又除發吒字難產婦人加持水或油與飲及塗即易產
又加持土塊一遍畫彼人形安於口上即禁其讒說及論議得勝欲解弁發吒字加持薑石安於上即解
又加持白芥子一百八遍即成鈎召以掬水加持七遍散之即成發遣此一字佛頂輪王無障㝵依一切教相應作法
又法作先事法於河岸或一樹或山間或池側或有助伴或無助伴乞食寂默慈心相應三時說罪意當勇健無怯弱心常樂捨施自作灌頂作加護被甲結方隅壇界以真言水灑衣塗香花鬘燒香飲食燈明真言迎請奉送等一切時作誦十萬遍則終竟作先事之後若忿怒視他彼皆癲癎所持則得狂亂身不自在若復念誦瞻視則身上瘡疱被燒則至死此是無礙

一字奇特佛頂經卷　第三十三張

或以右脚頭指捺地而誦則剎那須從空雨火一切處大燒然起慈心念誦則解如是忿怒誦摧他軍能生一切病令驅擯殺害枯竭迷亂狂惑癲癇魅瘧所持支分斷及逼惱若如此誦一切不空皆得成就若起淨意慈心誦即皆得止息

又法若欲成就者於神通月分於河交會處作緣生胎藏窣堵波於塔前安像或飲水食麨過伽木搵酥燒護摩十萬遍即地動盡於其地主內或流星或隱自在雲雨得大伏藏見光明意樂轉依壽命一劫一切有情不能沮壞為大明王一切方熾盛若見勇志者作不應少慧無悲者作不應雜識不積集貧賴者作不應輕毀尊師厭惡語欺誑散動心及不見曼荼羅者多營作務者希望作事者作若有離如是惡者如是功德不久當成就若異如前作者則癲狂不成就

又法若欲麼囉諺毀菩薩藏及發菩提心加行謗佛教者於像前或人髑

一字奇特佛頂經卷上 第十四張 切

髏前以人髑髏末作彼人形面向北於賒摩賒那或於河或於池乞食寂默忿怒其形以左脚踏以小指剋誦七日日三時即被大瘧所持遍身瘡疱至死受疼痛即見吃哩多如大指節熾盛火燄如金光明聚以指期剋作欲吞勢遍諸方以聲告某甲使我求為令害汝作如是語時彼見已即吐血而死若於佛法生淨信則息忿怒若息忿怒生慈心即持明者急速以香水灌沐佛像念誦起慈心須臾頃以水灑其疼痛燒然皆得止息復得如故善男子菩薩以方便於損三寶者應作

又法作先事法思惟利益一切有情離著無怖畏不怯弱勇健不下劣心持八戒得灌頂者知三昧耶常修念如來并菩薩聲聞說罪隨喜者安像於賒摩賒那身著赤衣以賒摩賒那花莊嚴身及頭及食賒摩賒那食住念無限念誦不失念護方隅甲冑牆等儀軌如是念誦初七日見恐怖惡形乎鑁熾然堅竪或一足兩足三足

一字奇特佛頂經卷上 第十五張 切

兩辟三辟四辟或八辟或兩頭三頭四頭則持明者忿怒誦其時如大風吹大雲即四方馳散即起慈心第二七日即有女人現悅意端正瓔珞嚴身示現可愛色見已念誦起慈心作不淨觀即滅不現第三七日即見毗那夜迦惡形羅剎作寂靜來來已作是言我作何為修行者作是言為奉教則為使者所使令皆依教成辦其魔若作忿怒心觀修行者則滅壞失作先事者於河或蓮花池或一樹或大花園而作

一字奇特佛頂經卷上

丙午歲高麗國大藏都監奉

勅雕造

一字奇特佛頂經卷上 第十六張 切

一字奇特佛頂經卷上

校勘記

一 底本，麗藏本。

一 三三四頁上一行「卷上」，石作「卷一」。

一 三三四頁上二、三行譯者，石作「特進試鴻臚卿大興善寺三藏沙門不空奉詔譯」；磧、南作「特進試鴻臚卿大興善寺三藏沙門大廣智不空奉詔譯」；徑、清作「唐特進試鴻臚卿三藏沙門大廣智不空奉詔譯」。以下各卷同。

一 三三四頁上一五行第一三字「尼」，磧、南、徑、清無。

一 三三四頁上二一行第三字「圍」，磧、南、徑、清無。

一 三三四頁上二三行第七字「王」，南、徑、清作「玉」。

一 三三四頁中一二行末字「得」，石無。

一 三三四頁中一四行第七字「礙」，石、磧、南、徑、清作「疑」。

一 三三四頁中一八行第八字「事」，石無。

一 三三四頁中一九行第六字「輪」，石作「轉」。

一 三三四頁中二〇行第二字「正」，石、磧、南、徑、清無。

一 三三四頁中二一行「所加」，磧、南、徑、清作「所知」。

一 三三四頁下一六行第五字「遍」，石、磧、南、徑、清作「徧淨」。

一 三三四頁下一八行第五字「告」，磧、南、徑、清作「苦」。

一 三三五頁上一行末字「眼」，南、徑、清作「明」。

一 三三五頁中六行第八字「生」，石、磧、南、徑、清作「主」。

一 三三五頁中九行第七字「及」，磧、南、徑、清無。

一 三三五頁中一四行第九字「光」，磧、南、徑、清作「光耀」。

一 三三五頁中一九行第五字「極」，磧、南、徑、清無。

一 三三五頁下二行第一二字「爲」，磧、南、徑、清作「無量」。

一 三三五頁下六行「皆得」，磧、南、徑、清作「皆能」。

一 三三五頁下八行第二字及第六字「涌」，石、磧、南、徑、清作「踊」。

一 三三五頁下九行第四字「座」，南、徑、清作「空」。

一 三三五頁下二一行「得言」，石、磧、徑作「能言」。

一 三三五頁下末行「飲食」，石、磧、南、徑、清作「食飲衣食」。

一 三三六頁上一行「安樂」，磧、南、徑、清作「安隱」。

一 三三六頁上一〇行第六字「寶」，磧、南、徑、清無。

一 三三六頁中二行「若讀」，磧、南、徑、清作「若讀誦」。

一 三三六頁中五行「讀誦」，磧、南、徑、清作「讚誦」。

一 三三六頁中一一行「不離」，石、磧、

南、經、清作「不離」。

一　三三六頁中一三行第七字「有」，石、磧、南、經、清作「有情」。

一　三三六頁中一六行品名上經名「一字奇特佛頂經」，經、清無。以下各品例同。

一　三三七頁上一九行第三字「蓋」，石無。

一　三三七頁中四行第一〇字「他」，磧、南、經、清作「地」。

一　三三七頁中五行第三字「恰」，磧、南、經、清作「掐」。

一　三三七頁中六行末字「即」，磧、南、經、清無。

一　三三七頁中一九行第一三字「印」，磧、南、經、清作「即」。

一　三三七頁中二一行第五字「即」，石、磧、南、經、清無。

一　三三七頁中末行第一二字「遍」，石、磧、南、經、清作「逼」。又末字「二」，經、清作「三」。

一　三三七頁下一行第八字「根」，磧、南、經、清無。

一　三三七頁下一四行「勾召」，經作「鉤召」。

一　三三八頁上七行「成就」，石、磧、南、經、清作「成熟」。次頁中一二行同。

一　三三八頁上一〇行第一二字「大」，磧、經作「天」。

一　三三八頁中五行「循羅」，磧、南、經、清作「脩羅」。

一　三三八頁中一三行「右足」，石作「右脚」。

一　三三八頁中一四行「天魔」，石、磧、南、經、清作「大魔」。又「障難」，磧、南、經、清作「陣難」。

一　三三八頁中一七行夾註右首字「如」，石無。又第四字「輪」，經作「輸」，又左第七字「右」，石、磧、南、經、清作「左」。

一　三三八頁中二一行夾註左第三字「彼」，磧、南、經、清無。

一　三三八頁下五行第一三字「竪」，石無。

一　三三八頁下九行末字「印」，磧、南、經、清無。

一　三三八頁下一一行「繫令」，經作「擊令」。

一　三三九頁上二行第四字「前」，石、磧、南、經、清無。

一　三三九頁中一行第四字「於」，石、磧、南、經、清作「所於」。

一　三三九頁中四行第七字「佛」，磧、南、經、清無。

一　三三九頁中一六行第九字「天」，石、磧、南、經、清作「天世」。

一　三三九頁下五行「輪王」，石、磧、南、經、清作「轉輪王」。

一　三三九頁下九行「菩提」，石作「菩薩」。

一　三三九頁下一六行第八字「彊」，石、南、經、清作「礓」。

一　三三九頁下一八行第八字「地」，石作「土」。

一　三三九頁下末行第五字「拼」，磧、

一　三四〇頁上三行首字「令」，石作「抨」；徑、清作「絣」。下同。

一　三四〇頁上一七行「朱粉」，石、磧、南、徑、清作「米粉」。

一　三四〇頁中一三行至次行「即身乖和」，磧、南、徑、清作「即多乖儀」。

一　三四〇頁中一六行第一〇字「抨」，石作「拼」。

一　三四〇頁中一七行第四字「棳」，磧、南作「栓」。

一　三四〇頁中二〇行「二佛」，磧、南、徑、清作「二佛印佛印佛」。

一　三四〇頁中末行首字「火」，石、磧、南、徑、清作「大」。

一　三四〇頁下六行「持持」，石、磧、南、徑、清作「捧持」。

一　三四〇頁下一一行夾註右第三字「起」，徑、清作「契」。

一　三四〇頁下一二行第一二字「梢」，磧、南、徑、清作「稍」。

一　三四〇頁下一三行第六字「緣」，磧、南、徑、清作「綠」。

一　三四一頁上一行第八字「請」，資、普作「諸」。

一　三四一頁上三行末字「頭」，磧、南、徑、清作「明」。

一　三四一頁上九行末字「曰」下，磧、南、徑、清有小字「歸命准前」。一二行末字同。

一　三四一頁上一二行第三字「上」，石無。

一　三四一頁下一四行「童真」，磧、南、徑、清無。

一　三四一頁下一八行第五字「絲」，磧、南、徑、清作「髮」。下同。

一　三四一頁下二二行第六字「佛」，磧、南、徑、清作「拂」。

一　三四二頁上七行第二字「此」，石作「於」。

一　三四二頁上八行「應盡」，磧、南、徑、清作「應晝」。

一　三四二頁中一四行「咸禮」，磧、南、徑、清作「成禮」。

一　三四二頁中二〇行第一三字「栴」，磧、南、徑、清無。

一　三四二頁中二一行第七字「振」，石作「釘」；徑、清作「張」。

一　三四三頁上三行第一一字「研」，磧、南、徑、清作「斫」。

一　三四三頁上四行夾註左首字「帖」，磧、南、徑、清作「怙」。又第五字「撚」，石、磧、南、徑、清作「然撚」。

一　三四三頁上一〇行「警覺」，磧、南、徑、清作「驚覺」。

一　三四三頁上一二行第一二字「三」，石無。

一　三四三頁上一三行第四字「藥」，石作「樂」。

一　三四三頁上二〇行第一二字「起」，磧、南、徑、清作「超」。

一　三四三頁中八行第四字「取」，磧、南、徑、清作「掫」。

一　三四三頁中一一行「初位」，磧、南、徑、清作「初作」。

一　三四三頁中一九行第七字「先」，

磧、南、經、清作「光」。又「事法」，磧、南、經、清作「事法事法」。

一　三四三頁中二〇行首字「脺」，石、磧、南、經、清作「晬」。

一　三四三頁中末行第五字「如」，石、磧、南、經、清作「加」。

一　三四三頁下三行第九字「燒」，磧、南、經、清作「燒香」。

一　三四三頁下一八行「白滕香」，石、磧、南、經、清作「白膠香」。

一　三四三頁下二二行第一一字「十」，磧、南、經、清作「千」。次頁上二行首字同。

一　三四四頁上三行「晝夜」，磧、南、經作「盡夜」。

一　三四四頁上八行第五字「必」，磧、南、經、清作「必不」。

一　三四四頁上二二行第二字「法」，石、磧、南、經、清作「娩」。

一　三四四頁中四行第六字「命」，磧、南、經、清無。

一　三四四頁下六行第二字「或」，經無。

一　三四四頁下九行第六字「薑」，石、經作「礓」。

一　三四四頁下一八行第八字「界」，石作「戒」。

一　三四四頁下末行第五字「疤」，石、磧、南、經、清作「疱」。

一　三四五頁上一一行「十萬」，磧、南、經、清作「千萬」。又「地主」，磧、南、經、清作「地主」。

一　三四五頁上一八行第五字「誑」，石、磧、清作「誑」。

一　三四五頁上二一行第七字「則」，石無。

一　三四五頁中一〇行第二字「息」，磧、南、經、清作「自」。又「急達」，石、磧、南、經、清作「急速」。

一　三四五頁下一行「兩辟」，磧、南、經、清作「或兩辟」。

一　三四五頁下一〇行末字「失」，磧、南、經、清作「夫」。

一　三四五頁下末行經名，石作一一字奇特佛頂經卷第一」。

一字奇特佛頂經卷中　伊

開府儀同三司特進試鴻臚卿肅國公食邑三千戶賜紫贈司空謚大鑒正號大廣智大興善寺三藏沙門不空奉詔譯

成就毗那夜迦品第五

於屏處安佛像於一切有情起悲愍心取神通月三時澡浴三時換衣時別誦一千八遍乃至月圓滿其終日晝夜不食作一僧伽梨衣以新帛淨洗妙染善縫應量以一切香塗以香塈塗一壇安袈裟於壇中然酥燈一千八盞於一切佛菩薩全身作禮作是言我行菩薩行發如是心結跏趺坐以左手按袈裟念誦了至得飛騰虛空身如初日暉禮一切佛菩薩稱一字頂輪王名纔稱名得無超勝力往詣於金剛手菩薩一切天龍藥叉軋闥婆阿修羅迦樓羅緊那羅摩睺羅伽等皆作禮作是言我等作何為若披僧伽梨衣彼等倒於地復以心令起

又法作先事法於山及池側或餘處或食菜麥或食乳或乞食禮佛說罪作隨喜功德誦二十洛叉所為所作皆得成就

又法欲令禁止殺害令彼皆睡禁器仗畫四印曼荼羅或畫蓮花廣大曼荼羅隨力供養飲食於一髻羅刹尊處對門作青幡其幡作三股金剛杵形於幡上以自鷹地羅畫三股金剛杵於中書一字頂輪真言并畫輪王形狀繫於竹竿於竿下取髑髏末作壇如金剛杵形於中作護摩爐爐四邊獨股金剛杵相連圍遶以遏伽木然火用摩奴沙骨及嚕地囉并毒藥相和加持一遍一燒乃至一百八遍對軍陣前即彼軍衆如盲迷乱一切器仗彼手而落並皆禁止

又法欲令他軍墮落令豎人五支取血於爐於護摩瞬目須彼軍皆得墮落則隨意縛若欲令息定取酥蜜和龍花護摩即得安樂

又法欲摧他敵念誦令他近來既近或作前曼荼羅及彼幡於彼軍前繫體散髮結被甲及牆印三時各誦一百八遍燒摩奴沙肉及嚕地羅和毒藥

護摩行者夜眠牛皮或隨意眠如是作已設令彼事俱摩羅天梵天摩醯首羅及帝釋加護彼等者於七日中彼定更互相成鬪諍馳走心生苦惱彼互不相見乃至十五日中間彼等被禁止無有餘殘能動者不依儀軌忿怒對軍陣前隨意作法或依餘教作護摩皆得成就

又法取生牛酥作摩尼形對像前以妙香花散壇上以三菩提菜安酥珠念誦乃至暖取珠不著齒吞之纔食已心所思惟皆一切發生力敵千丈夫隨欲現身受命一劫纔稱吽字山峯城邑天廟皆得摧壞隨所有物護摩百由旬內稱彼人名及囉惹悉底利皆得鉤

又法驗知伏藏取牛黃酥虵脂牛脂雄黃過迦皮作燭於近伏藏處一肘量地然其燭加持二十一遍旋其燭其焰隨大小其藏亦如是若有障難亦以此眞言遮制

又法於清閑處阿蘭若於窣堵波前安佛像三時澡浴三時換衣三時別

誦一千八遍從日初分起首乃至月
圓其日晝夜不食以蘇末那花於像
上作帳以種種塗香花鬘燒香供養
然酥燈一百八盞及種種飲食獻佛
結跏趺坐有助伴及無伴起大慈心
具大精進念誦乃至相見雲聲道場
中幡鬘等動燈焰增盛從佛像出光
像動若見如是相一切所欲成皆得
成就
次說最勝成就入大阿蘭若或於大
河岸作無畏於彼安佛像常定意食
根菓等誦二十一洛叉遍念誦已周
隨力作供養於荷葉上牛黃作三波
多護摩已結跏趺坐安於二手掌中
念誦乃至三相現若暖轉輪聖王尚
作敬愛何恐餘有情壽千年若烟安
達馱那成就中為王最勝日行千里
復來於一切成就中安達馱那心念
生一切飲食作一切神變於帝釋邊
安達馱那何恐餘有情身有光耀壽
命千俱胝歲若焰繞塗身自然紺青
琉璃環髮身如初日色二八六相難瞎
覩調伏難調者隨意欲現身意迅疾一

切天梵天等不能沮壞無疑周圍一
由旬身光照耀得神通境智壽命一
大劫無量百千持明以為眷屬有大
威德於天阿脩羅鬪戰得無能勝往
於帝釋帝釋與半座菩薩與位齊等
承事無量諸佛心不於欲傾倒無量
佛世界乃至隨次第得菩薩地
又法復說餘最勝成就法作先事法
已見曼荼羅從師得灌頂持八戒成就
三歸菩提心作成就於虛空室或山曠
野或牛欄其處有種種土水離臭穢爛
涅於他前成就處深掘齊膝去瓦礫炭
石等以一字頂輪心真言加持水於
彼等處灑則取餘香土填滿其處作
緣起藏窣堵波安像於彼前夜澡浴
著新淨衣以塗香花燒香作啓請一
切辟除等用一字輪心誦三十洛叉
滿已用三鐵作金剛杵其匠令受八
戒作千三波多護摩已於黑月八日
十四日取白芥子盛滿於瓦椀安於
彼上坐茅草作供養儀軌一切意樂
飲食皆奉獻以手按金剛杵念誦乃
至光焰繞光已并眷屬陵虛色相如

金剛手能調伏難調有情一切成就
中為最勝一切天龍藥叉等作禮不
避道得映徹身超過十佛剎土遊無
量世界與千眷屬壽命大劫命終生
於金剛手宮
又法為病者加持水七遍送與彼飲
即得除差若患魅白芥子護摩其魅
等皆馳散
又法於海岸邊安本尊像依儀軌誦
一洛叉娑伽羅龍王令入自宮於中求
如意寶得隨欲變現身自恣而行
又法安本尊像於阿脩羅窟誦一洛
叉阿脩羅女出現引行者令入入已
求阿脩羅長年藥皆得或住於彼
又法於一窣堵波乞食作先事法誦
十万遍終畢於黑月八日晝夜不食
隨力供養飲食念誦乃至自影隱得
無超勝力壽命一万歲若初不成就
復作先事法後當求成就至第八遍
設作無間罪者亦得成就
又法以赤鬘者赤衣手持佉吒網迦
於賒摩賒那取七蟻封如來肘量作
窣堵波安緣起偈對前飲乳食麦或

乞食於塔前寢息誦一洛叉於彼見種種惡狀恐怖不應怖畏於黑月十四日晝夜不食於窣堵波廣大供養一切鬼神皆施之食佉乞網迦以香花燒香供養被甲冑結墻等界結跏趺坐念誦乃至從佉乞網迦出光明即佉乞網迦成就即持之於賢衆得歡愛彼等皆遵奉其佉乞網迦於餘處衣無人處卓著地自然成百柱宮殿一切寶莊嚴天女承事丈夫承盲一千眷屬隨一切愛樂壽命五千歲拔劫即不現

又法補沙鐵作輪量小拆刃令利十二輻作先事法於河岸山頂有舍利塔處安本尊像隨大第如前供養青香等供養輪施與諸鬼神食結加趺坐二手持輪從黃昏起首念誦乃至相現有香風起空中聞呵呵吉哩吉哩聲一切山皆震動一切海激動不應怖畏復更念誦為一光聚圍遶持誦者彼持輪瞬目即到阿迦尼吒天與菩薩齊等住一大劫於中劫見佛出世即從此後次第超菩薩地身壞生於

持金剛宮殿若於無舍利塔處誦一字頂輪真言者及不清淨處不降雨何以故王難起非處念誦故身患有大災難

又法說劍成就補沙鐵作劍諸根不闕匠作一肘量無伴堅固勇志或有伴已作先事法上於山頂作繚起藏窣堵波作廣大供發一切有情利益菩提心對塔前作發露等隨喜一切德坐團茅薦以右手持劍從黃昏起首乃至明相出時則相現手戰動光如流星乃至一千道彼光照耀持明者彼時大持明王皆來灌頂彼行者弁眷屬並凌虛剎那頃遊於界無礙行於五由旬內照耀

又法說賢瓶成就由菩薩成就此能息一切有情飢渴苦惱於有舍利塔乞食極嚴潔安本尊像寂默敷茅而寢依持明經說禁忌善巧一年念誦於白黑月分三日三夜不食於像作廣大供養取不黑底迦攞賒盛一切種子諸寶藥等對像前結跏趺坐以右手按瓶口念誦乃至於中一切物隱復

念誦乃至一切物復現彼瓶羯拏羯拏作聲當知即成就即於此瓶所思惟象馬車乘真多摩尼寶及諸物悉底利等則於瓶中出生隨意施與一切有情

又法其處有藥叉女現驗處作先事法已於彼處念誦塗小曼荼羅以佉陀羅木然火三夜以白芥子護摩一千八遍藥叉女即來隨意告彼與我長年藥得藥服已壽命一劫若不來取白芥子和自嚧地羅燒一千遍作呵呵聲即來先不應作若作彼即損壞

又法飲乳食麦於有舍利塔安本尊像一年念誦於一黑月分八日則於佛世尊供養飲食依儀軌奉獻對像前然火燒尼瞿陀樹木三甜燒一千八遍俱尾羅藥叉皆來不應怖畏先所置香水獻遏伽彼藥叉等言尊者有何事喚我等即告彼與我作為奉教作是已隱而不現即得藥叉衆成就所樂求皆與求天妙長年藥皆得給百千眷屬具六味飲食所思所求

皆得

又法欲令梵王毗紐摩醯首羅敬愛者於黑月分對本尊像前用無煙炭以安悉香丸三時和酥護摩一千遍中夜皆來隨欲請及求長年藥所求皆得

又法令羅惹敬愛於本尊像前乳木然火白芥子和三甜護摩一千八遍七日三時四洲主尚能來敬愛

又法欲羅惹類愛敬遏伽木然火七日三時用赤芥子護摩

又法令一切鬼神敬愛塩和盧地羅護摩即得

又法其處有梵羅剎及餘類鬼神住處至於彼住禁戒誦十万遍即得大伏藏或能令他駈擯

又法不簡日宿亦不齋戒先作先事法取不壞㲉嘌多摩奴沙淨洗浴莊嚴於駼摩駼那中安摩奴沙頭向東行人面向之而坐以佉陀羅橛繫縛之施一切鬼神食四方著護持劍行者坐摩奴沙心上取鐵末加持投其口中乃至出舌速持利刀截取成青

蓮花色劍由持此劍并眷屬處虛一切持明無能沮壞於一切持明中為王壽命大劫身壞生天

計羅峯悅意　𩨕峯具端嚴　金峯於頂處
成就人所居　彌盧之大峯　青赤蓮妙處
頻陁山適悅　金剛帝寶巖　團會山悅意
摩賴仙山處　及於大帝山　雪山與香醉
如是悅意處　閑靜豈安樂　持明女與俱
樂天女歌詠　同天女遊戲　寂靜受娛樂
遊行持明者　如帝釋舍支　無人能敵對
彼得無礙趣　一切處流轉　如是具功德
持明常遊行

若修真言明若不成就共此一字頂輪相和誦對佛像前供養於佛念誦則於像前寢息於夢中見真言增減令真言无感對像前然乳木紫用酥護摩一千八遍其本尊即成就此法第七番應用不然即壞

又法欲作阿毗遮嚕往於駼摩駼那以駼摩駼那紫木然火以燒屍灰護摩一千八遍帝釋尚從自處移轉

又法欲令囉惹類麼羅著濕衣以腳踏陵上戰誦一字頂輪乃至衣乾如

是彼冤家身即乾枯

又法取薑石一一加持對城及村邑前住擲七夜過七夜為大塵梨復令息災對像前乳護摩一千八遍以香水加持一百八遍於彼城及村邑聚落四方灑即得止息

又法若有損壞三寶者令彼調伏住善巧方便為彼往於駼摩駼那以尸灰作彼人形行人裸體散髮依阿毗遮嚕迦儀誦一字頂輪一千八遍彼則被梵羅剎所持除自身餘持誦者不能解此是菩薩巧方便菩薩種性者應作

又法取旃陁羅家火往於駼摩駼那取其中木然火取苦𦬸子稱彼人名或思憶護摩一千八遍則彼大瘧所持欲令解對像前浴佛像誦真言取浴像水灑彼身上

又法欲令摧滅取摩奴沙骨八指作橛加持一千八遍釘冤家門閫下一切財物皆盡除橛即解

又法於駼摩駼那燒紫鉚和嚕地囉護摩一千八遍彼即止息

又法若欲自他灌頂取四不黑底瓶取河流水滿盛一切寶及香并種子等安其中加持一千八遍令弟子或辔事者令灌自頂一切災障鬪諍言訟一切障難皆得解脫

又法於有舍利窣堵波前安本尊像飲乳麦隨力供養誦眞言三洛叉即能破迷亂癡等事

又法三時說罪隨喜勸請發願樂作或飲水食耖於大河水至臍誦三洛又欲令敬愛隱身成就雄黃雌黃等事皆能成就

又法三夜不食於䭾摩䭾那南邊而住獨巳無侶誦一洛叉則於一切事皆得堪任

又法若有難調惡龍壞佛法損害有情欲令調伏三夜不食於龍處取白芥子和毒及曾地羅護摩其龍從池中出七日中間所作皆成所求皆得若不出念誦至二洛叉或三洛叉彼龍即死龍池中聞臭爛氣

又法加持左脚七遍以忿怒踏地誦一字頂輪并加吽字誦則禁止象馬

車步兵等

又法令怨家麽羅往於䭾摩䭾那取䭾摩䭾那灰忿怒作彼人形加持利刀從脚段段截於䭾摩䭾那火護摩於第七日其命不存

又法若於軍陣於王宮或言訟處誦時得勝

又法油麻護摩男女敬愛

又法加持右手頭指七遍或羅惹類或餘人擬皆得敬愛即以此指象水牛彼等皆能禁止

又法欲自巳成就入䭾摩䭾那中貢莽娑用一字頂輪護身七遍加持召龍底利及持明底利亦用此眞言鈎召

又法取霹靂木十二指作金剛杵於䭾摩䭾那中念誦三洛叉阿修羅門關鍵內外開摧

又法一字頂輪眞言加吽字能禁止他軍未成就忿怒誦亦能禁止他軍若成就樹令倒能損一切明眞言并吽字誦於䭾摩䭾那中得加護

又法補沙鐵匠受八戒者作金剛杵

於䭾摩䭾那受八戒心不散動作先事法手持金剛杵誦十洛叉於黑月十四日中夜時一切香花燒香飲食燈明作儀軌供養於佛左手持金剛杵結跏趺坐念誦於晨朝時其杵千光晃耀由持此杵即得成就纔發心并眷屬凌虛能持罰一切持明威光無能與等帝釋與半座為大持明王住一大劫持金剛杵隨意遊行

又法瘧四日一發等并蠱毒等加持即得除遣

又法於䭾摩䭾那作奢覩嚕形以左脚踏心以右手頭指擬并吽字誦一字頂輪一千遍即彼刹那頃滅壞亦以此眞言却能令止息

又法取䭾摩䭾那灰作奢覩嚕形以佉陁羅橛誦眞言當頂釘之應時滅壞

又法取白芥子於䭾摩䭾那加持十万遍能摧倒一切關鍵店鏁等

又法於䭾摩䭾那八日取不壞損沒嘌多補嚕沙依法洗浴莊嚴四方一切鬼神食坐於心上於彼口中以白

芥子一誦一擲乃至大舌出以刹刀截即為劍由持此劍一切持明中為王無比超勝力隨意於此世界遊行

又法於有舍利窣堵波香等及飲食供養於滿月對於像前燒沉水香晝夜念誦即於晨朝請僧次應供養於彼大衆乞悉地則以此儀軌結加趺坐念誦即得成就不思議王長壽聞持皆得成就

又法作先事法於舍利窣堵波於清淨處於滿月晝夜不食發慇重心取不墮地瞿摩夷塗壇取八瓶滿盛水及諸種子諸藥等種種花鬘繫頸以種種燒香薰陸沉水檀香等和所盛水捨自身奉獻於一切佛菩薩結跏趺坐念誦乃至從頂出光明右旋遶持誦者即隱入行者身即得身成就即其身光明刹那須即得環珓二八年狀五神通威光如融金照耀弁眷屬凌虛一切天龍藥叉乾闥婆迦樓羅緊那羅成就摩睺羅伽皆禮敬刹那臘縛須臾須遊無量佛世界為梵行欲心不須動所去處於彼彼帝釋

與半座威德無比於超思議佛世界見無量佛從彼所聽聞法皆得勝解如是次第修菩薩行時於菩薩行得入調伏善巧方便行不從彼三摩地力損減隨意住乃至受生

又法入水念誦一洛叉作是功已被瘧所持欲令解脫酥蜜相和護摩即得除愈若作息災加薩縛(二合)訶字

又法於靜處安本尊像以一千俱那衛花擲像上稱彼名一誦一擲為彼弁種族皆得敬愛

又法若息障難者濕衣忿怒念誦油麻白芥子和酥燒一百八遍三日日三時一切魔障皆得除滅

又法上山頂飲乳以一切香作十二指或六指金剛杵左手持念誦乃至暖烟光若烟安怛馱那成就中為王若暖持金剛杵所見彼皆敬愛若光即得持明仙

又法取素路多惹那先以千三波多護摩至太陽蝕時加持一百八遍安於口中念誦乃至太陽復令波羅門女研加持一千八遍用點眼即得安

怛馱那一切安怛馱那成就者無能自隱

又法求語成就作先事法於清淨處安本尊像於一切天龍藥叉等次第施食於像前作護摩爐青蓮花和三甜護摩十万遍即成就右遶本尊像對像前念誦於餘日隨力設僧乞成就從此已後所欲求一切以語皆得順從

又法安悉香作丸三時護摩各一百八遍意所樂皆得圓滿鬼魅所加持呪線繫

又法油麻白芥子和酥七日對像前護摩所求皆得

又法令女男敬愛蠟作彼人形作時誦一字頂輪以苦油滿其肚以七摩那刻七關節處刻佉陁羅火上炙加持一百八遍七夜即得所求

又法令他駈擯赤芥子擣作末作彼人從右脚截於佉陁羅炭火中誦真言護摩七日即得如願

又法令自身息災於有舍利塔安本尊像香花等供養取新瓶盛滿香水

弁一切藥及諸寶等加持一百八遍以不截線繫瓶項灌沐自身離一切罪一切障難

又法加持青木香一百八遍口中含共人語皆得敬愛於官府論理皆得語勝

又法取黃花於佉陁羅火護摩一千花得金千兩

又法以塩作他形於佉陁羅火加持一千遍護摩所求彼人皆得敬愛秘密主如是等一切世間出世間輪王佛頂皆能作

天龍藥叉王 餓鬼惡羅刹 及餘諸部多
見持誦銷融 皆息諸天法 蠱毒部多那
常在行人手 彼罪不可得 一切求成就
相應者當得 教至彼人手 速疾作諸利

爾時金剛手秘密主白佛言彼有情以大福攝受此教當得至彼人手世尊我亦攝受彼有情令此教入彼人手於一切有情界此明王作一切事業能滅一切怖畏常作加護財穀增長壽無病八萬鬼魅族皆得除息一切作壓蠱法者非時而死毒火過止

一切有情利益能除一切病得斷一切執曜勤勇師子爲矜愍一切有情故作如是說時世尊告金剛手秘密主言我今說功能令除一切罪除一切病汝當諦聽金剛手患一切鬼魅加持五色線繫手護身以灰加持結方隅界加持水一切瘧皆以線加持而繫自他令除一切罪白芥子和酥護摩令增命故以俱蘇摩花加持供養佛世尊又法以蘇摩那花加持一百八遍擲於空中即得天晴無雲

又法加持水所爲彼人稱其名而飲令彼得敬愛

又法以俱那衞枝加持七遍若雹下向之而打其雹即移惡雲亦用此法

又法結方隅界用佉陁羅橛以水或白芥子縛毗那夜迦

又法一切病加持五色線令帶即差

一切鬼魅一切病護摩即止加持花菓與彼人得敬愛

又法食飲加持所與人皆得敬愛

又法作鐵橛加持一切怖畏一切障難皆得加護天及鬼神羅刹橛故不

得附近違越於一切怖畏得加護一由旬結界

又法欲禁毒加持線七遍繫於亂木一切毒皆消所有毒以土或白芥子或水加持用之皆得除差一切病五色線加持一百八遍繫病者即得除差燒沉水香或薰陸香能除一切瘧一切怖畏處誦此明王皆得無畏

又法加持茅拂除一切毒於囚繫處誦從縛得解脫患瘧者加持線繫膊即差

又法護自已身以心誦牛畜等疫加持黑線結繫頸即差

又法被以惡法印者加持白線七遍結繫身上即除

又法結方隅界以白芥子

又法患風魅加持油與飲即差

又法患眼加持水與洗即差

又法藥叉所持加持水散灑即得解脫

又法餓鬼所持及癲癇加持線與繫得愈

又法遮止龍用俱那衞枝破諸印以灰遮賊加持土塊七遍擲四方

又法所欲求清淨澡浴著新淨衣對像前一日一夜不食燒薰陸香誦眞言一百八遍便像前寢息夢中說善惡所求皆示
又法欲止霖雨入水念誦一切皆止求雨亦入水念誦隨意多小
又法欲求食於初日分於村邑對城門住加持蘇摩那花一百八遍向城門擲然後入城得不求食皆豐足
又法嬰孩為魅所持以樺皮上書一字頂輪眞言繫項下即愈
又法常念誦一切人皆得敬愛
又法入王宮加持水一百八遍用塗面囉惹并輔佐皆敬愛
又法衣花香纓絡等加持或與彼或自著皆得敬愛
又法諸飲食加持一百八遍稱彼人名思念而食即得敬愛
又法癰疽等加持泥七遍塗之即愈
我略說所作皆得成就
世尊於彼時告金剛手秘密主言善男子如是一字輪王能作一切事業一切佛所說無礙敎令無量那由他百

千俱胝佛所說我今亦說我今說福利秘密主汝諦聽諦聽一切佛所說一切菩薩隨喜秘密主若有此大明王輪王佛頂若能受持讀誦若聞演說乃至書寫經卷供養念誦彼必不墮惡趣不為餓鬼藥叉不貧匱不為一切罪一切有情皆得敬愛一切皆得隨順所生處皆得宿命一切鬼魅不著身所謂天魅或龍魅或嬰孩魅羅刹魅或緊那羅魅或摩睺羅伽魅或補怛那魅或羯吒補怛那魅或畝舍遮魅或迦樓羅魅或阿修羅魅或諸母天魅或鳩槃荼魅刀杖不著身不被毒火水所中一切他敵飢儉曠野如是處必不生一切毒瘡腫蠱魅起屍作法不祥皆得解脫一切天龍藥叉阿修羅迦樓羅緊那羅摩睺羅伽皆禮敬善男子我今略說所有一切災難彼一切皆不能為害何以故佛境界無量佛所行境無量佛世尊無量三摩地遊戲秘密主此一切賢劫中如來說過去未來現在佛說我今亦說恒河沙數同名如來說皆隨喜若有善男子善女人於後世後

時比丘比丘尼優婆塞優婆夷淨澡浴對佛前作供養誦持此明王眞言若成就聞如是福利生淨信當生天趣得天大威德若生人中為王得宿命智於此生中念誦離一切疾病若成就者此人身已未後身入菩薩境界遊無量佛世界如一切如來遊戲

一字奇特佛頂經說法品第六

尒時寂靜慧菩薩摩訶薩金剛手菩薩之弟從彼大衆集會起合掌禮佛為供養世尊故從自頸脫無價大眞珠鬘以右手持獻於世尊說報荅妙故說此伽他而讚於佛

頂禮於三界　諸有情悅意　佛此最寂勝
現語得榮盛　所有佛住法　調御彼說法
所生等覺者　世尊得菩提　轉妙法輪者
過往圓修者　諸佛皆此坐　世間無比人
於彼彼地所　皆成如金剛　現對於世尊
得見為吉祥　過去為吉祥　誰復聞妙法
先是又吉祥　彼吉祥亦然　彼聞敎不壞
智慧者正住　於彼常天想　亦觀父母想
親敎姉妹想　皆見無畏者　先修順敎令
於刁羅最勝　由彼於法王　依附得供養

如末利花鬘　風吹香悅意　雜油麻成油
其香亦芬馥　汝尊色無比　群品難筭量
甚深及威德　名色及神通　令所於此地
我觀高廣想　云何於女男　讚揚少功德
若令所聞者　聞法復生信　若能捨施者
於世尊教中　若趣於非家　於釋王教中
我於彼一切　憐愍親族想　如空中蚊蚋
如大海牛跡　如是佛功德　所讚如蓰言
如我於天主　讚揚功德者　或佛聲功德
隨力我讚歎　恭敬持供養　珠鬘無價寶
以此勝善根　有情皆如佛

時寂靜慧菩薩摩訶薩以伽他讚揚世尊已白佛言菩薩幾法成就修此佛頂輪王一切如來三摩地熾盛

尒時世尊以伽他答寂靜慧菩薩摩訶薩

若有慈心清淨心　不麁柔軟具念者
護禁正直修梵行　彼人成就此明王
所有離罪不為惡　增長常寂離嗔恚
如是之人成明王　嫌恨於他及調戲
如是於他常不作　不窺於他之長短
如是之人成明王　若於佛法功德具
常作恭敬而供養　於他不打及不毀
彼皆成就此明王　無悋嫉妬及無慢

於他不作不饒益　於他不作實過患
如是成就真言王

善男子我承事六十俱胝佛供養於彼俱胝佛不修梵行求法勤修行從彼受大明王廣流布由彼善根則得廣大功德威德如是善男子一切如來不思議三摩地殊勝是故菩薩護身口意修持一字輪王如是如是善男子如來於一切有情真言形為善友寂靜慧作是言世尊善男子善女人恭敬如善友想應習大明王應承事供養何以故寂靜慧若於善知識親近修習得成善法聞善妙法以善意樂則得善加行以善業趣於善得善助伴不為罪業作善加行趣於善已承事善助伴不為惡業既不為惡於他護他意圓滿善提道住道堪任有大力於住惡道有情作義利是故寂靜慧親近善友一切功德皆得圓滿皆稱讚時寂靜慧菩薩摩訶薩白佛言世尊菩薩摩訶薩幾法成就疾證無上正等菩提得甚深法忍佛告寂靜慧菩薩摩訶薩有四法成就疾

證無上正等菩提得甚深法忍何者四法入緣生法智入無衆生無人無壽者於空法性決定勝解境界遠離斷常二見如是四法前際清淨後際不來三世平等以見在智如是四法又有四法佛性應觀佛色性說猒僧如來以慧眼則慧眼清淨如是四法又有四圓滿波羅蜜不捨四攝法以善巧方便無人決定故發生大悲清淨慧如是四法菩薩摩訶薩成就速證無上正等菩提於甚深法得忍世尊於此說四法時無量菩薩得無生法忍無量天龍藥叉乾闥婆阿修羅迦樓羅緊那羅摩睺羅伽發無上正等菩提心

尒時世尊說此伽他

如是法理趣　正等覺所說　由修此真言
一切為如來　若樂度生死　若欲斷諸結
為一切依止　久修於此行　令起殊勝想
我趣於端嚴　思惟轉此言　常修平等行
不作不等行　則成菩薩位

一字奇特佛頂經卷中

丙午歲高麗國大藏都監奉
勅雕造

一字奇特佛頂經卷中

校勘記

一　底本，麗藏本。
一　三五〇頁上一行「卷中」，石作「卷二」。
一　三五〇頁上一一行第一〇字「全」，石作「令」。
一　三五〇頁上一三行「左手」，磧、南、徑、清作「右手」。
一　三五〇頁上末行第六字「食」，石、磧、南、徑、清作「飲」。
一　三五〇頁中六行「三股」，磧、南、徑、清作「三檝」。
一　三五〇頁中七行「三股」，磧、南作「三鈷」。
一　三五〇頁中八行第一三字「盡」，磧、南作「書」。
一　三五〇頁中一六行「五支」，磧、南作「五肢」。
一　三五〇頁中一七行第四字「於」，磧、南、徑、清作「作於」。
一　三五〇頁中末行末字「藥」，磧、南、徑、清無。
一　三五〇頁下二行第三字「設」，磧、南、徑、清作「護」。
一　三五〇頁下一三行「受命」，磧、南、徑、清作「壽命」。
一　三五〇頁下末行第一二、一三字「三時」，石作「三時時」；磧、南、徑、清作「時時」。
一　三五一頁上一行「日初」，石作「白」。
一　三五一頁上一六行「千年」，磧、南、徑、清作「千歲」。
一　三五一頁中一七行「一字輪」，磧、南、徑、清作「一字頂輪」。
一　三五一頁下一三行「令入」，磧、南、徑、清作「命入」。
一　三五二頁上末行第七字「超」，磧、南、徑、清作「起」。
一　三五二頁中八行「供發」，磧作「供養」。
一　三五二頁中一〇行首字「德」，磧、南、徑、清作「功德」。
一　三五二頁下一五行「一年」，磧、南、徑、清作「一千」。
一　三五三頁中二一行「一千八遍」，石作「一千遍」。
一　三五三頁下二行「薑石」，石、徑、清作「礓石」。
一　三五三頁下四行「護麼」，石、磧、南、徑作「護摩」。
一　三五四頁上八行第二字「破」，磧、南、徑、清作「令彼」。
一　三五四頁上一八行「芥子」，磧、南、徑、清作「氎子」。
一　三五四頁中九行「囉惹」，磧、南、徑、清作「囉惹囉惹」。
一　三五四頁下二〇行第一〇字「店」，石、磧、南、徑、清作「居」。
一　三五四頁下二一行「八日」，南、徑、清作「八百」。
一　三五四頁下二二行首字「嘌」，石、磧、南、徑、清作「嘌」。
一　三五四頁下末行第五字「坐」，磧、

南、徑、清作「生」。

一 三五五頁上一行第九字「大」，磧、南、徑、清作「待」。

一 三五五頁上一八行「二八」，磧、南、徑、清作「二十」。

一 三五五頁中五行第八字「至」，磧、南、徑、清無。

一 三五五頁中九行末字「那」，磧、南、徑、清作「胝」。

一 三五五頁中一二行第七字「着」，磧、南、徑、清作「者」。

一 三五五頁中一七行第四字「若」，磧、南、徑、清無。

一 三五五頁中末行第二字「研」，磧、南、徑、清作「斫」。

一 三五五頁下一行首字「怛」，石無。

一 三五五頁下二行首字「自」，磧、南、徑、清作「息」。

一 三五五頁下一三行「七日」，磧、徑、清作「一日」。

一 三五五頁下二〇行首字「人」，磧、南、徑、清作「人形」。又「炭火」，磧、南、徑、清作「炭灰」。

一 三五六頁上一〇行第八字「彼」，磧、南、徑、清無。

一 三五六頁上一六行第一一字「速」，磧、南、徑、清作「造」。

一 三五六頁上末行第三字「壓」，磧、南、徑、清作「厭」。

一 三五六頁中一九行第三字「鬼」，石無。

一 三五七頁上八行第九字「一」，磧、南、徑、清無。

一 三五七頁中一八行第一〇字「今」，石、磧、南、徑、清無。

一 三五七頁下六行「末後」，石作「末世」。

一 三五七頁下八行「一字奇特佛頂經」，徑、清無。

一 三五七頁下一八行第四字「地」，石作「他」。

一 三五七頁下二二行「先修」，石、磧、南、徑、清作「先作」。

一 三五八頁上三行第一一字「令」，磧、南、徑、清作「今」。

一 三五八頁上五行「若今」，磧、南、徑、清作「若令」。

一 三五八頁中八行「一字輪王」，石作「此一字頂輪王」；磧、南、徑、清作「此一字轉輪王」。又「如是如是」，石、磧、南、徑、清作「如是」。

一 三五八頁下一〇行「四法」，磧、南、徑、清無。

一 三五八頁下末行「卷中」，石作「卷第二」。

一

一字奇特佛頂經卷下　伊

開府儀同三司特進試鴻臚卿肅國公食邑三千戶賜紫贈司空謚大鑒正號大廣智大興善寺三藏沙門　不空奉　詔譯

調伏一切障毗那夜迦天王品第七下

尒時曼殊室利童眞菩薩摩訶薩於世尊說法知究竟已合掌親近世尊頭面禮足右遶三匝退坐一面曼殊室利童眞菩薩白佛言世尊如是有情生於四生長養無始生死於六道世尊此有情聚有情海有情增減盡不可得云何世尊如來三摩地應見色相加持如世尊說持此眞言王菩薩摩訶薩得不退轉乃至次第證無上正等菩提世尊云何入法門理趣云何安立法功德云何三摩地法界大威德為廣博攝示現

尒時世尊微笑作是言善哉善哉曼殊室利復言善哉曼殊室利汝問如來如是義多人利益安樂矜愍世間天人法尒時佛世尊作微笑從口出種種色光所謂青黃赤白紫頗胝銀色照無量世界乃至梵世暎蔽日月光復來入佛口中尒時曼殊室利童眞菩薩摩訶薩知相者知相已以此義以伽他讚揚世尊

妙見能現色相者　八十隨形端嚴者
尋光妙光圓滿光　如是為我說笑因
忍辱十力持進者　精進高踊無傾動
眼目愛樂見四諦　為我說此微笑因
梵王天衆及一切　頭面頂禮於如來
瞻仰恭敬而觀察　為我說此微笑因
如山善行行妙行　定慧踊起智光明
解脫堅力眞實見　為我說此微笑因
金剛身性堅難壞　那羅延志人中勝
梵音妙音文殊音　為我說此微笑因
獲得光明離幽暗　普見眼目平等住
功德殊勝得堅勇　為我說此微笑因
汝尊已轉勝法輪　以佛頂聲於人天
并龍藥叉及一切　為我說此微笑因

尒時頂行持童子形垂髻為上首百千障者圍遶以佛威神威怒加持從座而起偏袒右肩於世尊合掌作禮已白佛言世尊我一切障者毗那夜迦中主世尊一切障者導奉我一切障者屬於我觀彼一切障毗那夜迦

告言汝等障毗那夜迦諦聽於一切世界作障者於成就人不饒益者罪忿怒惡鬼魅等世尊從今已後成就頂輪者此大忿怒眞言晨朝若誦一七遍世尊我等於彼一切作障毗那夜迦令遠離若作成就不令起魔障不令身心散動世尊若以此大忿怒眞言常作加護者彼持明成就明王者我等作加護遮刑罰為作息災作吉祥作一切利益世尊從今已後於頂輪教王勤行者修眞言者不應起障心若此如來變化大忿怒王必壞汝等若懐念者汝等以此加護汝等從今已後彼修眞言行者於眞言行儀軌所說食蜜油麻葱蒜薤蘿蔔餘豉吒等眞言行中所遮修輪王佛頂眞言成就者若食汝不應執過不應惱害不應奪悉地不應令心散動以我教令修佛頂眞言者不應起惡心汝等見彼修行者應起慈心勿令汝等移動本處若違我語於彼起異心者不得住於阿吒迦嚩底王宮金剛手秘密主宮違越我教令我當擯罸及

餘所有天龍藥叉乾闥婆阿修羅迦
摟羅緊那羅摩睺羅伽一切餓鬼毗
舍遮起屍作鄔毗那夜迦羯吒布單
那拏吉尼等不應於餘輪王佛頂眞
言者起惡心令心散動及彼等誓從
若作障難我以金剛杵碎彼頂我語
誠實時彼一切障將主所謂金剛莊
嚴金剛索金剛塵金剛鉞斧金剛極
笑金剛成莊嚴金剛頂金剛毗那夜
迦能斷如是及餘大障毗那夜迦將
主從座而起至頂行所到已以一音
聲作是言如所教令我我等一切悉
皆作從今已後不違越汝尊教令若
違越者頭破百分時頂行告彼大障
毗那夜迦等作障將主我今說成就
佛頂眞言王成就者所有不饒益心
者令百段速疾馳散所有天世毗那
夜迦無能作障作如是語已於彼一
切大作障將主上首等於一切世界
作障者奪悉地者攪擾成就者我說
自已眞言
那謨囉怛那二合怛囉二合夜耶那
謨室戰拏嚩日囉二合波拏上曳摩

訶藥乞叉二合細那波多曳唵吽發
吽吽發發娑嚩二合訶
復次頂行說自眞言時一切彼金剛
莊嚴等大障毗那夜迦皆戰掉驚怖
悶絕秘密主加持子故時頂行於大
障毗那夜迦以指端擬彼等纔說此
眞言一切皆起作如是言我及大障
主如來以此眞言形住輪王眞言殊
勝三摩地從今已後起惡心修輪王
眞言道昇進者我之眞言日憶念者
汝等於彼成就者不應起障難心我
等於彼作擁護由我加護不有障難
親近大障將主我略說不應作障難
若有作者我以自杵摧汝等頂
尒時釋迦牟尼如來作如是加持由
加持故金剛手秘密主從座而起白
佛言世尊我說佛頂眞言者及修餘
眞言者大明王如來族蓮花族及我
族作先事法者此大忿怒甘露軍荼
利成三昧耶故成就佛頂輪王者灌
頂故狂心有情為令不狂故畫此曼
荼羅於河岸邊或餘淨處其地如先
所說輪王曼荼羅儀則應絣四肘曼

荼羅四門以五色畫曼荼羅中央畫
佛世尊坐蓮花從頂出光左右畫八
毗那夜迦衆皆坐蓮花彼等名所謂
金剛莊嚴金剛塵金剛索金剛鉞斧
金剛極笑金剛成莊嚴金剛頂金剛
毗那夜迦能斷皆如本形請佛以本
眞言餘皆以此眞言
娜謨囉怛那二合怛羅二合一夜耶娜謨室
戰二合拏嚩日囉二合波拏上曳摩
訶藥乞叉二合細那波多曳那莫室
戰二合拏嚩日羅二合句嚕馱耶唵
虎嚕虎嚕底瑟姹二合底瑟姹二合
滿馱滿馱訶那訶那阿蜜㗚二合帝
吽發娑嚩二合訶
以此大忿怒王眞言加持迦羅奢供
養種種飲食懸蓋幢幡然酥燈以此
眞言應作一切加護師應與灌頂於
聖捨施殊勝物如先所說壇儀軌令
入作灌頂已一切天龍藥叉乾闥婆
阿修羅迦樓羅緊那羅毗舍遮等不
為障難地下阿修羅女持明天及餘
皆隨順一切毗那夜迦族見持明者
皆馳散從此已後諸毒癲癇蠱毒皆不

得便一切明眞言聖衆皆隨順此中繞灌頂持明者所發起成就一切皆獲得彼有情果報所得聖甘露軍荼利法灌頂如不淨信者矯誑者於師長不恭敬者不應令入灌頂令淨信者求囉惹愛敬者求上上成就由七歯灌頂其人所有殊勝寶物施於聖衆及師彼人福勝七輪王遇此曼荼羅由入此得灌頂一心住禁具精進不觖著具戒令師歡喜彼一切悉皆獲得無礙

尒時觀自在菩薩摩訶薩以佛威神之力從座而起偏袒右肩右膝著地於蓮花臺於世尊合掌禮已白佛言世尊修佛頂眞言王者我說護持令一切作福報故一切惡眦那夜迦等令作慈心我族中堅實從我蓮花生大眞言王我今說佛言汝今說之為利益有情大悲一切增益作成就故汝自已蓮花所生大忿怒王應當說之修佛頂眞言者利益安樂天人故時觀自在菩薩摩訶薩并得大勢菩薩右遶釋迦牟尼佛七匝入蓮花火

警覺名大菩薩三摩地說此大眞言

娜謨囉怛那二合怛囉二合夜耶娜莫阿哩野二合嚩盧吉帝濕嚩二合囉耶冒地薩怛嚩二合耶摩訶薩怛嚩二合耶摩訶冒地薩怛嚩二合奴枳娘二合多引耶度那度那馱囉馱囉冒地薩怛嚩二合鉢囉二合底半寧娜呵娜呵跛遮跛遮阿羯哩灑二合沙耶阿羯哩灑二合沙耶吽發

大菩薩繞說忿怒王眞言摩醯首羅帝釋焰摩水天俱尾羅那羅延等及迦樓羅緊那羅摩睺羅伽一切集會及餘天類母天部多障毗那夜迦等皆從座起於佛世尊歸依唯願世尊救濟我唯願善逝救濟我世尊以大菩薩光明逼惱我等皆失自神通

尒時釋迦牟尼佛以彈指令觀自在菩薩摩訶薩起即剎那頃觀自在菩薩摩訶薩從彼菩薩三摩地不瞬目觀佛觀已告彼一切摩醯首羅帝釋梵王天等言若有善男子善女人修此輪王佛頂若持此經早起散花作曼荼羅以塗香花等以淨信讀於菩薩

眞言行行汝等人者於成就者一切天王一切阿修羅王一切龍王一切迦樓羅王一切乾闥婆王一切摩睺羅伽王一切毗舍遮鬼神王等皆於成就輪王佛頂者作擁護當修之時汝當供養等物於彼人起障難若修輪王佛頂眞言者我從蓮花所生忿怒王若常誦者我自當於彼作加護何以故如來即此輪王形住是故善男子如是修輪王佛頂眞言者住十地菩薩尚作加護如是汝等天王亦於彼勤修菩薩行并營從眷屬觀如佛想彼天等咸作是言大菩薩從今已後修此輪王佛頂眞言者若稱汝尊眞言此法教若讀若淨信於彼皆作擁護令彼有威力念力精進慧力三摩地力得果報由汝尊眞言作警覺我等皆作以佛加持乃至作一切利益皆奉教

一字奇特佛頂經最勝成就品第八

尒時釋迦牟尼如來復告金剛手秘密主言復大秘密主我今說輪王佛頂成就業汝諦聽眷屬眞言心及

隨心一切成就事業依根本眞言儀軌已作先事法於牛欄成就者以手按所成就物

牛黃或雌黃　或復一切寶　鬼神敬愛故
智者誦百八　勝儀清淨者　矜愍諸有情
一心者決定　其物得光明　若暖得空行
煙成爲最勝　光秉空吉祥　彼時得輪王
由煙得隱身　暖相成敬愛　所成就等物
成就皆無礙　礼敬大制底　及作窣堵波
少福者成就　決定不應惑　曼荼羅灌頂
慇懃應當入　彼見曼荼羅　慇懃受灌頂
過現二罪滅　厄怖及諸魅　若作諸天等
鉤召諸八類　應供養佛像　後應以蓮花
乳糜及酥蜜　千數應護摩　誦終天赴召
帝釋及舍支　何恐王類等　應作鉤召事
所有天妙事　及諸人間事　能作一切事
由誦頂輪王　諸毒暴惡形　諸魅峻威力
諸疾難療者　善作諸事業　定意誦千八
若作諸小事　於諸降伏事　相應諸事業
赤白芥油麻　毒苦楝大指　一切應護摩
爲令護彼生　大菩提妙樹　吉祥下天處
及轉法輪處　示現神通處　靈鷲烏吠舍離
并藍毗尼林　拘尸城等處　速疾現成就

乃至佛眞言　一切成無疑　於彼無障難
無有魔惱害　是故於彼處　說速疾成就
及餘寂靜處　於山峯大河　悅意池恒河
於彼殊勝處　如是所說處　安像不亂意
從師得灌頂　然後作成就　先行知儀軌
應作如是事　七月大勤勇　心及隨心明
以甲慇懃護　當於神通分　慇懃作念誦
滿月起成就　供養於佛像　應供三白食
獻於一切佛　菩薩及聲聞　隨力及緣覺
應獻金剛手　飲食等供養

即坐茅薦或結跏趺坐一心獻自身於佛菩薩燒沉水香供養於佛施與一切鬼神食及餓鬼毗舍遮等即結大忿怒無能勝印於諸障難者眞言相應擲一切障者皆壞散由此印相應以二羽互交二蓋面相合各屈上節右壓左以二輪各壓餘三指甲

夫結此印先觀自身爲無能勝忿怒王加持作恐怖形狗牙上出種種頭眼光熾盛種種龍以爲纓絡身高八万四千由旬無量臂持種種器仗光明如劫盡時照曜兩脣頻戰掉觀已應以本印加持自身五處結印當心

想印爲金剛罥索右足或餘嚩多哩荼立隨魔所在方而打即一切障皆退散

名忿怒王印　能壞一切障　如帝釋成就
大夫那羅延　及餘大威德　速疾壞諸天
如是印大力　相應不久壞　無有諸有情
所得衆生界　以此印速疾　得調伏無疑
能除一切毒　纔念除諸魔　暴惡諸有情
及諸惡龍等　諸魔大障主　速疾皆滅除
作諸事無疑

如是此大印無能勝大忿怒王於佛頂教修行者一切大障處應用成辦一切事業即持明者對像前然蘇燈一千八盞有助伴爲有情利益起大悲結輪王根本印念誦乃至中夜即相現即持眞言者應知我決定成就像動成地動即取先所致香花等供養佛菩薩及像及一切金剛部香花獻已於金剛手燒沉水香獻以頂輪王根本眞言復結印結跏趺坐專注一意念誦乃至明相時於中間即見佛世尊即得五神通得地大菩薩知一切有情語言威儀得神境通乃至

身上出水身下出火等往詣於帝釋成就者所見彼見成就者共彼淩虛無量持明圍遶所樂去處皆隨即至無量復來獲得菩薩行威德無比一身為多身多身為一身作百千無量變化石壁及水來去無礙隨意所樂住世如是等由見如來得百千功德得聞持陁羅尼刼壞時移餘世界

介時釋迦牟尼如來觀金剛手秘密主說大成就先所說處作先事法於清淨處安本尊像於神通分滿月有助伴或無助伴堅固勤勇一日一夜對像前廣大供養獻三白食外施諸鬼神有轉輪王曼荼羅阿闍梨畫曼荼羅或從師得印可者自應畫無過於曼荼羅中張像作護結方隅界如先所說真言一切印契皆用結加趺坐本尊以本真言迎請以一切白花及有香花應供養一切佛菩薩聲聞緣覺隨有飲食等供養則定意觀金剛手而作大供養金剛鉤金剛拳菩薩慇懃供養餘金剛部智者以花供養即結跏趺坐對佛前以無煙火燒

沉水香一千八遍誦而護摩即現障難種種惡形以忿怒王印打當即馳散四方

真言印相應　當擲於四方　設令是王天
及現是帝釋　世間欲自在　魔王大波旬
或自頂行尊　忿怒王當壞　印真言威力

介時釋迦牟尼如來說此伽他

大自在天王　或梵那羅延　日天或火天
水月天焰魔　住於曠野者　叉王俱尾羅
印真言如教　剎那即滅壞

即成就者一切皆以大忿怒王無能勝令息隨方所來障難先加持白芥子等令助伴擲散或自擲先別置花香一一加持擲散頂輪王心作念觀金剛手秘密主令警覺加持故即魔障皆息從佛頂王出光明照耀三千大千世界映蔽一切天宮為警覺金剛手故光明警覺滋澤照耀身從自宮無量百千持明明王尊上首金剛將蘇摩呼頂行與持明無量勝慧女使者上首明王妃俱無量大菩薩前後圍遶無量使者女使者制吒制奉教及女奉教無數俱胝千印契俱胝輪王

為受與成就者願故來由先本願故佛世尊不空言故秘密主來時於其中間一切三千大千世界六種振動一切天龍藥叉乹闥婆迦樓羅緊那羅等種種色類於金剛手作供養一切地獄有情剎那須臾得安樂當彼之時無有一有情互相害者一切世間出世間修真言明者以菩薩加持皆得成就則行者先所置香水閼伽金剛手摩行者頂讚言善哉善哉大薩埵善哉大丈夫如是菩薩皆讚歎由金剛手纔摩頂故一切天龍藥叉等及淨居天雨花於上虛空皆奏音樂一切草樹及山等皆向金剛手菩薩低靡無有一有情能損壞者則金剛手秘密主能調無量難調有情以大菩薩慈加持行者受與金剛杵大薩埵此金剛杵為令調伏難調伏有情獲得菩薩地故以慈加持三摩地金剛善男子以此汝作有情利益於佛世尊持金拂於佛世尊護持教令於菩薩行慇懃作秘密主如是語已須臾隱不現剎那其行者如金剛

手難睹與眷屬乃至見人及人見彼皆騰空遍滿光明諸天讚揚雨花所樂有情共騰空得為菩薩得神通調伏難調無能對敵為大持明轉輪王隨意住世與百千眷屬騰空往無量世界見彼佛聞法皆得勝解知一切遊戲神通與大菩薩住乃至往極樂世界見無量壽如來及見曼殊室利菩薩及餘菩薩共俱以大人相莊嚴頭為頂髻以種種眞言教作衆生利益我略說乃至次第坐菩提場證無上正等菩提如是一切最勝成就不受灌頂者不應與惡人及不發菩提心者彌戾車不積集資糧者於和尚阿闍梨毀謗者如說修行者一切皆得成就

一字奇特佛頂經菩薩藏品第九

尒時釋迦牟尼如來入攝一切佛頂能摧一切魔三摩地由佛纔入此三摩地於彼時此三千大千世界六種震動出無邊光明以彼光明照曜乃至十方無量世界皆一切周遍以大光明照曜於東方金剛幢如來為上首恒河沙數等如來如是西方無量

壽如來為上首如是一切攝入佛頂王由入能摧一切魔三摩地故如是北方光明王如來為上首如是南方帝釋幢如來為上首如是上方勝鬪戰如來為上首如是下方寶蓮花山王如來為上首如是十方一切如來皆入頂輪王眞言彼等皆入能摧一切魔三摩地彼一切世界所有魔宮皆如一火聚所有魔界衆天子號叫驚怖遍身汗流皆失自神通一切菩薩為供養釋迦牟尼佛故上從虛空雨花或雨劫樹覆雨蓮花牛頭栴檀衣繒雲等所有地獄傍生餓鬼等趣所生有情彼一切皆剎那頃得最勝安樂離一切苦逼

尒時釋迦牟尼如來從彼三摩地起告金剛手秘密主言金剛手汝今受此大忿怒王一切如來所說為成就頂輪王眞言者令作加護如是一切世界中一切如來皆從彼三摩地起各各於世界中為彼菩薩說尒時金剛手秘密主遶釋迦牟尼如來應供正遍知百千迊還坐於寶蓮花座不

瞬目觀察而住觀已白世尊言世尊惟願說大忿怒王為我成就故成就修頂輪王眞言菩薩摩訶薩故時釋迦牟尼如來以自意樂如鼓音顯暢如海聲如大雷震甚深善妙種種廣美如迦羅頻伽聲健妙警告無邊世界以如來吼滿一切意願令一切菩薩歡悅世尊釋迦牟尼如來平等住三千大千世界說無能勝大忿怒王

南謨三滿多沒馱南阿鉢羅二合底訶多舍娑那南唵吽尒拏哩致叱泮吽發娑縛二合訶

金剛手此名無能勝大忿怒能摧一切障毗那夜迦能超一切魔道能調一切惡障毗那夜迦天龍藥叉乾闥婆阿修羅迦樓羅摩睺羅伽等無量百千俱胝佛所說能斷一切世間出世間忿怒眞言能作利益修一切佛頂眞言者能摧無量百千俱胝魔能讓修輪王眞言者一切時調伏一切魔障攝入頂輪王三摩地時世尊說是大忿怒王時剎那頃字句言說間以佛威神力於此集會曼荼羅出大

恐怖師子吼現暴怒形世尊釋迦牟尼佛為哀愍調伏難調有情故作如來事故變化大忿怒利益勤修頂輪眞言行菩薩摩訶薩故示現薩婆若故吼大師子吼如來加持如是形像恐怖形狗牙上出種種頭眼光熾盛種種龍以為瓔珞身高八万四千由旬無量臂持種種器仗光明如刧盡時照耀兩脣頰戰掉一切星耀天龍藥叉乹闥婆阿修羅等皆摧伏於一切三千大千世界以威光映蔽除佛光明及住不思議解脫三摩地菩薩餘光悉不照耀何以故加持故時大忿怒王右遶釋迦牟尼佛白世尊言大精進示教令我作何為依如來教住佛告大忿怒汝往於行一切佛菩薩加行者作利益安樂令獲得不退轉菩薩地故令入一切如來教安立如來教故為修一切佛菩薩行入大乘調伏惡有情暴怒難調罪心者壞佛法難調障毗那夜迦以如是身形令受三歸依故令一切難調於無上正等菩提發心故於一切世界作佛事當成衆生利益安樂得無上解脫道故時大忿怒王為衆生利益故變化大忿怒王此三千大千世界以吽聲遍滿一切如來所說成就眞言作一切佛菩薩行以一切如來加持復說此眞言

娜謨三漫多勃馱南阿鉢羅二合底呵多舍娑那南唵吽尒拏哩致上吒吽吽發娑嚩二合訶

彼時如來以得勝三摩地忿怒於成就眞言句時見一切大地如刧燒時一切三千大千世界震極震遍震動極動遍動如是此世界六種震動一切天龍藥叉乹闥婆阿修羅迦樓羅緊那羅等魔宮皆震動熾然遍光明一切天失自神通皆戰掉一切難調毗那夜迦等悲惱以光明逼皆歸依佛法僧皆作如是言世尊從今已後我等咸作一切有情利益一切障毗那夜迦及餘大威德難調鬼魅等往詣世尊頭面禮足以一音聲作是言世尊所有於後末時欲成就此頂輪王眞言者若誦我等與成就尒時世尊為彼障毗那夜迦讚歎善哉善哉大障毗那夜迦善說此語如來皆隨喜時彼一切障毗那夜迦以一音作是言世尊為彼善男子勤修頂輪真言者作加護加其念力尒時天帝釋頭面禮足白佛言世尊我從多如來聞眞言行所說世尊若復得入轉輪王三摩地變化於此頂輪王三摩地得無疑有情積集無量善根世尊若有修佛頂眞言行得入若受持讀誦廣為他說世尊我等為彼善男子作承事并諸眷從時四大天王并眷屬白佛言所於村邑聚落王城成就此佛頂輪王若念誦所在處流行世尊我并眷屬軍營從五由旬作加護世尊若成就念誦明王我等四天王并眷屬往於彼供侍彼行者所修輪王眞言者一切障毗那夜迦求便者不得其便時世尊告金剛手言秘密主汝說自眞言為修頂輪王眞言者壞障故守護息災吉祥故時金剛手得世尊教令以佛威神力說自心四字眞言明王

娜謨三漫多勃馱南阿鉢羅二合底

呵多舍娑那南縛日囉二合吽𤚥二合
時金剛手說大明王眞言時此三千
大千世界六種震動十方於空中毗
那夜迦作阿呵聲時金剛手作如是
言世尊若有成就輪王佛頂眞言善
男子善女人比丘比丘尼發菩提心
三時誦我眞言一遍一切障毗那夜
迦不得附近我為彼持明持金剛杵
作加護一切時與成就彼行者眞言
明尒時世尊告金剛手言秘密主若
受持此輪王佛頂大明王一切如來
三昧最勝若讀若為他廣說顯示為
多有情長夜作利益安樂為證如來
智故修行若有善男子善女人若成
就若讀若供養若常念誦其人不久
速證無上正等菩提
尒時世尊告上首普賢菩薩等善男
子此阿僧祇俱胝劫積集正等菩提
我隨喜於如是法要佛加持攝受如
來涅槃後末時於贍部洲積集善根
有情書寫經卷經於手者若復善男
子善女人天龍藥叉王大羅刹王積
集善根獲得無上正等菩提隱身於
衆生作加護時普賢等上首菩薩白
佛言世尊奇哉此法教世尊我等為
彼勤修頂輪善男子善女人此如來
無數百千那由他劫所積集無上菩
提我等護持於如是類若受持若讀
誦乃至書寫經卷我等加彼念力由
此念力聞如是類法教若聞圓證當
受持讀誦書寫尒時世尊告天衆言
天子於此法教流轉方所汝等應作
轉法輪想如是善男子正法若供養
當知如供養於我何以故天子法身
者是如來身若供養法即為供養如
來尒時世尊而說伽他

持戒住蘭若　城邑及聚落　若欲上成就
不誇不矯誑　常作於利益

尒時世尊告曼殊室利菩薩童子如
是修佛頂眞言菩薩摩訶薩獲得如
是法修眞言行滿一切菩薩法童子
我略說得無量菩薩神通法於此復
說佛頂眞言行善巧法時無量百千
菩薩於世尊種種金銀眞珠瓔珞從
自頸脫為供養法故捨施供養尒時
世尊告一切衆會作是言若有成就
此明王於彼菩薩行從此捨終乃至
坐菩提場不墮惡趣不生下族不弊
惡不短壽壽命長遠善成就有情成
就佛剎不迷惑菩提心所生之處憶
宿命得聞持不忘無盡集會常樂寂
靜成就大辯自在大福妙色不闕減
語威肅令人樂聞善承事一切如來
善滿諸波羅蜜善友之所攝受遠離
惡友天龍藥叉部多魅毋天毗舍遮
那羅摩睺羅伽等無能沮壞離一切
疾病不非時夭死一切明皆得成就
一切所發起皆善能作以善妙方便
能成就一切事業善男子我略說成
就頂輪眞言者獲得無量功德福利
一切世間書論工巧皆能知乃至坐
菩提場世尊說是經已彼大菩薩摩
訶薩及聲聞一切天龍藥叉乾闥婆
阿修羅緊那羅摩睺羅伽人非人等
彼一切集會聞佛所說皆大歡喜信
受奉持

一字奇特佛頂經卷下

丙午歲高麗國大藏都監奉
勑雕造

一字奇特佛頂經卷下

校勘記

一　底本，麗藏本。
一　三六一頁上一行「卷下」，石作「卷三」。又「卷下」下、徑、清有夾註「念誦儀軌附」。
一　三六一頁上四行末字「下」，石、磧、南、徑、清無。
一　三六一頁上一二行「加持」，磧、南、徑、清作「好特」。
一　三六一頁上二〇行第五字「時」，石、磧、南、徑、清作「若」。
一　三六一頁上二一行「頗肱」，南、徑、清作「玻瓈」。
一　三六一頁中一六行「汝尊」，磧、南、徑、清作「世尊」。
一　三六一頁中二二行第一〇字「導」，石、磧、南、徑、清作「遵」。
一　三六一頁下四行末字「一」，石、磧、南、徑、清無。
一　三六一頁下二〇行「勿今」，磧、南、徑、清作「勿令」。
一　三六二頁上一二行第九字「我」，磧、南、徑、清無。
一　三六三頁上一一行「無礙」，磧、南、徑、清作「無疑」。
一　三六三頁上一四行首字「於」，南作「從」。又「世尊」，磧、南、徑、清作「世尊前」。
一　三六三頁上末行末字「火」，磧、南、徑、清作「大」。
一　三六三頁下二〇行品名上經名「一字奇特佛頂經」，徑、清無。下品例同。
一　三六四頁上二行第一一字「就」，磧、南、徑、清無。
一　三六四頁上四行第五字「黄」，徑作「雄」。
一　三六四頁上五行第三字「誦」，磧、南、徑、清作「調」。
一　三六四頁上七行第七字「乘」，磧、南、徑、清作「垂」。
一　三六四頁上一三行第六字「應」，石、磧、南、徑、清作「廣」。
一　三六四頁上二一行第三字「護」，石、磧、南、徑、清作「摧」。
一　三六四頁中一八行第八字「身」，磧、南、徑、清無。
一　三六四頁下一行「餘嚩」，石作「餘喇」；磧、南、徑、清作「鉢喇」。
一　三六四頁下五行「丈夫」，石、磧、南、徑、清作「大天」。
一　三六四頁下八行第二字「除」，石、磧、南、徑、清作「降」。
一　三六四頁下九行第一〇字「主」，磧、南、徑、清作「王」。
一　三六四頁下一六行「應知」，磧、南、徑、清作「應如」。
一　三六四頁下一七行第三字「成」，石、磧、南、徑、清作「或」。
一　三六五頁上二二行第六字「餘」，石、磧、南、徑、清無。
一　三六五頁中一行第三字「香」，石、磧、南、徑、清作「香末」。
一　三六五頁中五行「魔王」，徑作「魔

天」。

一 三六五頁中一三行第六字「散」，磧、南、徑、清無。

一 三六五頁中二二行第一一字「制」，石、磧、南、徑、清作「制知」。

一 三六五頁下一行及一七行「受與」，磧、南、徑、清作「授與」。

一 三六五頁下六行「頃須臾」，石、磧、南、徑、清作「須臾頃」。

一 三六五頁下七行末字「切」，石無。

一 三六五頁下一五行第三字「伍」，石、磧、南、徑、清作「位」。

一 三六六頁上一一行第七字「坐」，磧、普、徑、清作「生」。

一 三六六頁上一三行末字「弭」，磧、南、徑、清作「彌」。

一 三六六頁中六行第二、三字「如來」，石、磧無。又末二字「如來」，石、磧、南、徑、清作「如來一切如來」。

一 三六六頁中一七行第一三字「今」，磧、南、徑、清作「令」。

一 三六六頁下三行首字「修」，石、磧、南、徑、清作「佛」。

一 三六六頁下五行第六字「雷」，磧、南、徑、清作「雲」。

一 三六六頁下一六行「迦樓羅」，磧、南、徑、清作「迦樓羅緊那羅」。

一 三六六頁下一九行第四字「者」，石、磧、南、徑、清無。

一 三六六頁下二〇行「輪王」，磧、南、徑、清作「頂輪王」。

一 三六六頁下二二行末字「閒」，磧、南、徑、清作「聞」。

一 三六七頁上九行第一一字「星」，磧、南、徑、清作「晃」。

一 三六七頁上二一行第五字「障」，磧、南、徑、清作「境」。

一 三六七頁中二行第五字「忿」，磧、南、徑、清無。

一 三六七頁中一五行第九字「熾」，石、磧、南、徑、清無。

一 三六八頁上四行第五字「阿」，石、磧、南、徑、清作「吽」。

一 三六八頁上一七行首字「尒」，磧、南、徑、清作「於」。

一 三六八頁中九行第四字「此」，磧、南、徑、清無。

一 三六八頁中一二行第一〇字「即」，石作「師」。

一 三六八頁下三行「成就」，石、磧、南、徑、清作「成熟」。

一 三六八頁下六行「不闕」，石、磧、南作「不關」。

一 三六八頁下卷末經名，磧作「一字佛頂經卷下」。

金剛恐怖集會方廣軌儀觀自在菩薩三世最勝心明王經　伊

開府儀同三司特進試鴻臚卿肅國公食邑三千戶賜紫贈司空謚大鑒正號大廣智大興善寺三藏沙門　不空奉　詔譯

序品第一

如是我聞一時佛在寶峯大山寶閣錯峯宮殿之中其處百千寶蓋種種行樹悅意香花布散嚴飾諸大阿羅漢大目乹連舍利弗阿難等千二百五十人前後圍繞復與無量菩薩金剛手菩薩曼殊室利菩薩寶幢菩薩等為上首俱復有毗沙門滿賢半旨迦梵王帝釋那羅延天龍藥叉羅刹必哩多比舍遮緊那羅摩呼羅伽等百千眷屬周帀而住恭敬供養

尒時如來坐於雜寶間錯大師子座為觀自在菩薩等說菩提薩埵行門法要

時觀自在菩薩摩訶薩大悲者遶佛三帀偏袒右肩右膝著地合掌恭敬而白佛言世尊我由一法生愛樂歡喜大悲勤勇心生利益安樂加護有情所謂自心明王之王名三世最勝我今欲說是法佛言摩訶薩埵汝今說之時觀自在菩薩承佛教旨即說自心真言曰

曩謨囉怛曩二合怛囉二合夜也一曩莫婀引哩夜二合嚩路枳帝濕嚩二合囉引也二冒地薩怛嚩引二合也三摩訶引薩怛嚩二合引也摩訶迦引嚕抳迦引也四怛你也二合他引五跛納麽二合播捉六娑囉七曀係曳二合呬八娑誐鍐九曩莫引哩夜二合嚩路枳帝濕嚩二合囉婀引嚕力

復說頭真言曰

曩謨囉怛曩二合怛囉二合夜也一曩莫婀引哩夜二合嚩路枳帝濕嚩二合囉引也二唵惡引

頂真言曰

唵惡引吽

眼真言曰

唵惡引入嚩二合攞

心真言曰

唵惡引發吒半音

甲冑真言曰

唵惡引滿馱

劍真言曰

唵惡引怛囉二合引娑

排真言曰

唵惡引尾塞普二合囉

箭真言曰

唵惡引賀曩

絹真言曰

唵惡引娜賀

牆真言曰

唵惡引捺囉二合乞叉二合

最上心真言曰

唵惡引紇哩二合娜庚引路囉

警覺心真言曰

唵惡引紇哩二合娜庚一祖引娜南

心發生真言曰

唵惡引紇哩二合娜庚納婆二合嚩入

輪真言曰

唵惡引鉢囉二合塞頗二合囉

觀自在菩薩繞說三世勝等大心真言三千大千世界六種震動諸天從空雨微妙花一切寒氷地獄皆得溫適乃至阿毗地獄諸熱地獄皆得清涼光明照曜上至阿迦尼吒天在於

空中百千音樂不鼓自鳴天龍藥叉緊那羅等咸皆讚歎如来及觀自在菩薩諸魔障者毗那也迦等戰掉蹄哭諸天同音以伽陁讚揚曰

善哉善哉大悲身　善哉利益拔苦者
善哉善哉大薩埵　善哉成就一切義

尒時觀自在菩薩說是明王已白佛言世尊此心真言能息諸疾患能成就一切義利能調伏能增益能利樂能安住無相三昧能令行於空義能開伏藏能除一切蠱毒蜘蛛蚰蜒等毒令一切有情敬念能令已死者更生能護師子虎狼熊羆賊難能破魘禱咒詛能成就如意珠賢瓶雨寶輪劒神線蓮花𧄼澡罐念珠能竭大海江河能成辦天諸飲食能示現諸天宮殿悉其受用能震動須弥山王能招召一切樹木但心欲作隨意皆成我往昔寶𧄼寶幢弥勒刼中已說之法及未說者皆能成辦

成就事品第二

尒時觀自在菩薩白佛言世尊若有善男子善女人若持若誦此心真言

雖未加功於一切怖畏之中即能衛護一切疾病皆不著身所出言詞令人信受令一切衆生皆生敬念一切天及鬼神藥叉羅刹必里多毗舍遮乹闥婆摩呼囉伽等不敢侵犯終無非命夭壽等事不隨諸惡道中一切時倉庫盈溢得大惣持能除一切疾病命終之後當生有佛國土成就色相我先所說馬頭觀自在法門皆以此真言成就世尊修行者欲得悉地先以五淨淨其身蘊及塗飾處所從師口授真言法則且對佛像唯食於乳以香花燈𧄼飲食供養乃至七日無限念誦從此之後當畫本尊方圓一肘離諸毛髮畫人應受八戒新器調色勿用皮膠中畫阿弥陁如来坐白蓮花右手住於施願右畫觀自在菩薩身相白色虎皮為裙白頗黎寶以為瓔條以黑鹿皮角絡而披住白蓮花左手持白蓮花右手施願無瓔珞臂釧左畫金剛手菩薩身赤白色著種種寶瓔珞手持白拂作拂如来勢佛菩薩等皆顧視行人行人於佛

下畫右膝著地手執香鑪瞻仰聖者像成已若是在家行人具持八戒三時澡浴三時換衣應著清淨白衣從月一日起首以白花供養佛像於像前以香泥作一千窣堵波於此窣堵波前作先行成就法若誦一洛叉一切天梵王摩醯首羅那羅延俱摩羅七母天及迦樓羅等皆大踊躍則當入一切曼荼羅三昧耶一切真言皆得成就誦二洛叉毗沙門王等一切藥叉皆大歡喜誦三洛叉一切金剛部中真言皆得成就誦四洛叉一切如来部族真言皆得成就行者先承事法已對於像前誦一洛叉第二於山間誦二洛叉第三河岸邊誦三洛叉第四於窣堵波前誦四洛叉已即受八戒三日對於像前無限念誦然後三日三夜不食設廣大供養取蓮花搵三甜燒滿一千即從畫像佛身之中當出光明繞於行人其光便入觀自在頂道場燈焰熾盛增長於虛空中聞諸音樂地便震動四方明顯行人當知真言悉地即於此時求三

種願所謂持明仙無相三昧斫羯羅靺栗底惹等若得持明仙願為明仙中輪惹身相美白賤紺青色便成二八童子之形瞬目之間能往百千由旬還來本處壽五百千歲命終生安樂國若得無相願一切無相三昧人中為首意有所往能疾一千由旬後歸常所若得第三願成威德自在壽五千歲

又欲成就蓮花以紫檀刻十蓮花縱廣六指日月蝕時於七重白蓮花上置之安於像前如法念誦至三相現得燦相為斫羯羅羅惹力如千為壽百千歲煙相得無相三昧於一切無相中成鉢囉惹於他財六分之中得然用一分不成盜罪壽千歲焰相便證空義為持明仙鉢囉惹身如二八童子賤紺青色力如六千為身光威德如百千日壽千劫命終生極樂世界如是等澡罐神線念珠仙杖花鬘輪劍棒沒邏尼鐃鈸斧槊牛黃衣雌黃革屣印契金剛杵佛頂鉢盂袈裟伏突之類皆如成就蓮花得三種悉地

成就如意寶品第三

欲成就如意寶誦心真言五洛叉即為先行成就然後取一頗梨寶如前成就蓮花儀軌於日月蝕時安於一蓮花上念誦乃至焰現已後心有所求皆得滿之

又蓮花揾三甜護十夜兩金

又欲成就賢瓶如前法成之

又法欲得藥叉敬伏蘇末那花揾三甜護十万即現其身是麼底哩也

又法一切病者若見若觸此行人皆得除愈

又欲除頭痛想已身為我以手摩彼頭自患自摩乃至眼耳心腦等痛法亦如是又有患服藥加持七遍服之即愈

又嬰兒為鬼魅所中加持俱那衛花二十一遍散卧處即安

又人癲以吉里麼羅長十指截兩頭揾三甜護七日取是灰和水遍塗彼身即愈七日揔萬遍燒方段木皆練亦得

又欲曩吠悉底利縛施迦囉拏以沉水香揾三甜護十万遍即來與為兄弟日送五百兩金錢師云木四指截

又於我像前一誦一獻白蓮花至十萬枚一切病除

又欲藥叉悉底利如前長四指截白檀木乃至十万即七箇來圍遶行人作是言欲我何所為若以子事日供千人食

又欲天悉底利縛試迦囉拏安悉香揾三甜護十万即來子事之日供天食天衣服

又蓮花揾三甜護三十万一切伏藏皆現得已給施一切衆生

療一切病品第四

先像前持一洛叉然取蓮花揾三甜護一万遍次白芥子和三甜護十万遍一切疾患乃至決定業病皆除

又鬼魅所持者以四瓶盛滿香水各加持万遍從頂淋之便用澡浴即除

又寒熱一日二日乃至四日等病鹽和三甜護万遍然取此灰加持七遍點病人額上即愈但一切病皆如是作

又若有鬼魅乃至比舍遮荼吉尼等所持者心誦顧視即除

又加持右頭指百八遍揮被鬼魅所

持者便說所緣心所欲皆能令作
又欲問三世事取童男或童女依法澡浴塗一小壇遍彼身以白檀龍腦香塗之以末利花為鬘繫於頭上誦真言一百八遍即去地一肘說所問事（廣州有此花香白而甘白色香甘或錄錢蘇末那華代之亦得）
又欲我夢中說三世事蓮花搵三甜護十万遍又有為魅所齧乃至諸病魅病等隨行人心所欲加持皆除

一切有情敬念品第五

像前誦三洛叉成先行法然以香泥作窣堵波十万區於前以蘇末那花搵三甜護万遍即得悉地已後一切時誦念便得豐饒
又欲囉惹敬愛安悉香搵三甜護万遍即兼諸眷屬如僮僕敬事
又令宰官如上迴香子搵三甜護万遍
又令一聚落有情如上安悉香迴香子相和護一洛叉隨意
由彼青蓮花搵三甜護十万遍一城所敬愛
由彼青蓮花護万遍一切城邑歡喜

由塗眼故見皆悅百八加持安善那
由百八加牛黃故點額所向皆敬愛
由誦真言二十一加持菖蒲青木香論議諍訟獲勝教命言辞人皆信受
由加衣饍食藥等隨所與人皆悅喜
由加安善那洛叉一切伏藏塗眼見
猿猴師子虎狼熊羆鼠狼野猫虵鼠等結索七結加持故如是恐怖皆遠離

義利成就品第六

誦四洛叉即先行成就方以白色香花搵三甜護洛叉即得悉地
由沉香或龍腦香護洛叉日獲千金錢
由欝金香護行人便得無盡衣
大麥油麻菉豆稻和護万遍得無盡食
由阿失䮩嚕麽十萬護得阿失䮩群
牛乳洛叉得群遇引
凡所欲物護彼類求男女以油麻護求大聰明菖蒲護杉木護金百叵攞如上三皆洛叉數
千手千眼中有法皆以此明成就之

成就軌儀品第七

像前誦五洛叉即成先行
沉香然火白蓮護洛叉多聞天王現眷屬同至行人前至於財寶皆豐足
蓮子搵三甜護三洛叉吉祥天現為作豐饒吉祥事杉木搵三甜護三洛叉一切藥叉現白言今欲我何所隨行人求無不得
龍花蘂搵三甜護三洛叉龍來伏從
青蓮花搵三甜護三洛叉現金剛藏明仙無相與輪惹此三及餘求皆得
蓮花搵彼三甜護梵天像前三洛叉梵王現與上三願摩訶迦羅天像前蘇末那搵三甜護三洛叉已現為使方為成辦於一切（大黑天也披象皮橫把一槍一頭穿人頭一頭穿羊）但於一切天像前以彼所敬愛之花護洛叉皆來為使者

普通成就品第八

介時觀自在菩薩白佛言世尊我今說此明王諸族甚深微細軌儀法則行人應先於一切有情起大悲心孝順父母尊長愍念苦趣衆生淨信於三寶樂供養諸佛遠離飲酒放逸婬

慾殺生妄語等事成此眞言應當如
是先於白月五日加持五淨百八遍
飲之每一飲得半月清淨(五淨牛糞及尿各少分和酥乳酪銀銅器隨取一盛之加持白月五日者月生五日也)
加持五淨眞言曰
怛侄也(二合)他(引)唵(一)也秫第(二)娑
嚩(引二合)賀(歸命同多引心眞言)
即於好宿蓮子百八枚於精室中面
東坐一一蓮子加持七遍穿之加持
眞言曰
唵(一)阿没哩(二合)薰誐冥(二)室利(二合)
莽(引)里伱(三)娑嚩(二合)賀(歸命如加五淨)
加持已每至念誦時常先二手捧珠
加持七遍眞言曰
唵(一)素(上)麽底室㗚(二合)曳(二)娑嚩
(二合)賀
念誦畢又如此加持然安置之念誦
室遍以赤土泥飾行人每於便廁處
憶念織身眞言曰
唵(一)嚩日囉(二合)俱路(二合)馱(二)摩賀摩攞
賀曩娜賀(三)跛左末他尾枳囉拏
(四)尾特縫(二合)娑也惹致攞藍謨娜
路㲉澀麽俱路(二合)馱吽發吒

此眞言於穢所成護便廁畢即以甲
胄眞言被甲眞言曰
唵(一)度比度比迦(引)也度比鉢羅(二合)
入嚩(二合)里伱娑嚩(二合)賀
又以軍吒利眞言淨內外諸障眞
言曰
曩謨囉怛曩(二合)怛羅(二合)夜
也(一)曩莽室戰(二合)拏嚩日囉(二合)
播拏曳(二)摩賀藥乞叉(二合)細曩
(引)跛多曳(三)曩謨嚩日囉(二合)俱
路(二合)馱也伱底也(二合)鉢羅(二合)
入嚩(二合)里多(四)俱路(二合)馱(引)踰
(引)薩羅(二合)能(去)瑟吒路(三合)得
迦(二合)吒韋羅嚩(引)也阿斯母娑攞
跛羅輸播捨賀娑路(二合)也唵阿
没哩(二合)多軍拏里佉佉(引)呬佉
(引)呬底瑟吒(二合)滿馱滿馱賀曩賀
曩娜荷娜跛左跛左蘖惹蘖惹
尾塞怖(二合)吒也尾塞怖(二合)吒也
薩嚩尾近曩(二合)尾曩(引)也建摩
賀誐拏跛底戴(引)尾旦(引)跢迦囉
(引)也娑嚩(二合)賀
誦已即加持土洗淨加持眞言曰

唵嚩日囉(二合)馱囉吽
洗淨已然於河津或浴室中如法
澡浴訖以三掬水獻本尊獻水眞
言曰
唵枳里枳里吽泮吒
次結頂髮眞言曰
唵素悉地迦囉囉乞叉(二合)囉乞叉
(二合)鈴娑嚩(二合)賀
出浴所已洗手漱口灑諸身分眞
言曰
唵(一)秫噌(二合)底娑没哩(三合)底(二)
娑囉娑嚩(二合)底馱(引)囉抳吽鶴
如前品所說心及諸器仗眞言應分
明觀於我身即先誦蓮花部三昧耶
眞言曰
唵曩莫薩嚩怛他(引)誐哆(引)喃(引)
跛納謨納婆嚩(引)也娑嚩(二合)賀
又說觀自在菩薩念珠眞言曰
唵(一)鉢羅(二合)塞普(二合)囉訖哩
(二合)播覽嚩曩滿怛囉(引二合)怛磨
(二合)迦吽發吒
又說觀自在菩薩杖眞言曰
唵娜難(引)多難(上)拏吽發吒

又說觀自在菩薩澡鑵真言曰
唵一薩嚩薩怛嚩二合引没哩二合多
二鉢羅二合娜姤鑀迦羅也三娑嚩
二合賀
又說馬頭觀自在菩薩真言
唵一阿没哩二合都納婆一合嚩吽
發吒
又說白衣觀自在菩薩真言曰
唵一迦致知曳反下同尾迦致迦吒孕二合
迦致二娑嚩引二合賀
又說名稱慧觀自在菩薩真言曰
唵姤吠扇引底迦哩吽迦羅致上准也
勢也戍麼底娑嚩二合賀
又說月身觀自在菩薩真言曰
唵賛捺羅二合賛捺羅二合麼底素
麼底悉哩三合曳具抳具抳攞攞攞攞
布帝布多寧悉弟悉馱跛羅引訖羅
二合冥娑嚩二合引賀阿弭多引婆
素多娑嚩二合賀薩吠衫引阿引哩
夜二合嚩路枳帝濕嚩二合羅娑嚩
二合賀引
又說勇健觀自在菩薩真言曰
唵一尾囉尾囉麼底二素麼底三捺

捨也悉弟四娑去引馱也五唵六賀
儞謨荷儞淰婆儞塞擔二合婆儞七
娑嚩二合賀
即以下真言結本三昧耶契真言
曰師云以不聖者
唵一商迦𭘦三麼曳二捺莫曳二合
薩嚩三麼夜拏鉢羅二合尾瑟致二合
娑嚩二合賀
誦訖即隨意誦心真言已然往於精
室在路中間不應瞋怒一心念佛及
觀本尊每日三時浴皆應如是別換
衣勿為爭論至精室門更當洗足誦
辯才天女真言以加持水漱口散灑
然入於中又結甘露軍吒利契兼誦
真言即以兩手掬水又誦辟除毗那
夜迦真言散灑十方真言曰
唵吽荷曩度曩麼他尾特特縫二合
娑度娑羅也吽發吒
次作地界結護真言曰
唵枳里枳里嚩日羅二合嚩日哩二合
勃引滿馱滿馱吽發
又金剛橛真言曰
唵嚩日羅二合枳引攞吽發

以此真言淨地及攝受地
次悅喜聖者真言曰
唵嚩日羅二合枳里枳里吽發
又以白衣觀自在菩薩真言加持神
線臂釧等真言
曩謨羅怛曩二合怛羅二合夜也
曩莫阿引哩夜二合嚩路吉帝濕
嚩二合囉引也冒地薩怛嚩引二合也
摩賀薩怛嚩引也摩賀迦引嚕抳
迦引也一切觀音真言同此歸命怛儞也他引唵
捺捨曩引毗焰二合嚩引室羅二合
嚩拏娑麼二合囉抳曳二合曩嚩引
寫引摩哈薩嚩薩怛嚩引二合南薩
嚩尾夜地止枳怛娑二合腳怛儞也二合
迦致知曳反餘准此尾迦致迦吒孕二合迦致尾
迦致娑誐嚩底尾惹曳娑
嚩賀
迎請真言曰即取初者是未加娑嚩二合賀
次獻遏迦真言曰
曀呬婆誐鍐儞呬遏鉗左三鉢羅二合
底引砌南布淰引再嚩鉢羅二合斯
那冥娑嚩二合賀
迎請真言曰

娑縛二合誐擔娑誐挽無滿反寧四鉢羅二合
娑引那引那引寫多引弭荷仡哩二合荷
拏二合布惹引麼娑麼多入鉢囉二合
娑引難左地夜矩嚕娑縛二合賀
請已獻本三昧印與心供養塗香等
塗香眞言曰
伊冥嬔鐸引輸婆你尾琰引二合輸左
藥輸左庚曩藥麽庚引你吠弥姤薄
底夜二合鉢羅二合底引仡哩二合
呬也二合鉢羅二合四那冥三阿引
下同賀羅阿賀羅四薩縛尾你夜二合
馱囉布尒帝五娑縛二合賀
獻花眞言曰
伊冥蘇末曩素你尾藥引輸左庚引
曩藥摩庚引你吠你姤薄底夜二
合鉢羅底仡哩二合呬也二合鉢羅二
合四那冥阿引賀羅阿引賀羅薩
縛尾你也二合馱羅布尒帝娑縛賀
獻燒香眞言曰
阿衍縛曩娑跛二合底羅素你尾
褕二合嬔馱引柱引度引跛烏多
鉿麽夜你吠你姤薄底夜鉢羅二合
底仡哩一合呬也二合鉢羅二合呬那冥

二合阿引賀羅阿引賀羅薩縛尾你夜
二合馱羅布尒帝娑縛賀
獻飲食諸藥物菸菓等眞言曰
奧沙地引曩引羅素呬也二合你
也二合贍沙满怛羅引二合始怒荷微
冀二合麽夜你吠你姤薄底夜二合
粖里體沙鉢羅二合仡哩呬也二合
擔引阿引賀羅阿賀羅薩縛尾你夜
二合馱羅布尒帝娑縛二合賀
獻燈眞言曰
蹈乞蒭二合伽曩二合室左二合多
暮尾馱麽諾輸薄麽藥你吠你姤
薄底夜二合你引報焰鉢羅二合底
仡哩二合呬也二合擔引阿引路迦也
阿引路迦也薩縛尾你夜二合馱羅
布尒帝娑縛二合賀
若無如上香花食等即結契誦下眞
言便成廣大供養眞言曰
曩莫三引曼多沒馱南唵薩縛他引
欠嗢誐帝娑頗二合羅呬引鉿誐誐
曩劔娑縛賀
次誦讚雲海眞言曰
曩莫薩縛沒馱冐地薩怛縛引南

引薩縛怛囉二合僧思孕反句蘇弭
多引毗欏囉引始你曩謨塞覩二合
帝娑縛二合賀
行人應去本尊四肘坐以茅草先觀
已身為軍荼利金剛然觀想本尊即
以種種讚歎讚揚佛及我次金剛手
菩薩發露懺悔次取念珠以前眞言
加持捧而加持即一心觀我心心相
續或觀眞言文字輪環行列隨文字息增
敬降懷等變色之隨意念誦限數畢已其眞
言即誦部母眞言獻授之師云想從自口出入
部母口中作金色發願云聖者授此眞言加護勿令功用散失一切得
妙即又加持念珠安置本所次應護
摩為令本尊熾盛威力故精室門外
應作軍荼四方為之中作蓮花安悉
香和酥或迴香子和三甜
護摩請火天眞言曰
曀係曳二合呬摩賀步多泥縛哩史
二合儞尾二合惹沙路麽仡哩二合
呬引怛縛二合引戶底麽引賀羅麽
塞泯二合塞呬姤娑縛阿訖曩二合
曳娑縛二合賀
火天入軍荼已獻滿三杓酥即火威

德熾威獻眞言曰

唵阿引訖曩二合曳賀尾也二合迦尾也二合縛引賀曩引也你引比也二合跋娑縛二合引賀

行人應於茅團上作吉祥坐師云豎兩膝以右腳加左腳之面東或北爐四向敷茅安如器及灑散鑪上與火天本尊漱口護摩事物應燒獻之具置之坐右過等二器置於坐左散灑洗漱已即以三七大杓爍酥獻火天眞言曰

唵阿訖曩二合曳娑縛二合引賀

獻已又三灑水又與火天漱口應以文殊師利眞言灑漱口水眞言曰

唵縛羅娜縛日囉二合曇師云旋遶是漱口直灑淨火是即以本心眞言用迴香子和三甜護摩一千八遍復三灑散又以火天眞言三投酥然誦發遣眞言曰

布介姤四磨夜薄乞叉也引三合葉綣阿儗你二合娑縛二合娑縛南補曩囉比夜二合誐麼曩引曳娑縛二合賀

次以香花燈明飲食獻本尊已而奉送之然出道場印搭及讀誦大乘經

供養苾蒭等塗拭曼荼羅每日三時作斯業犢麦菜乳以為常食夜寢茅薦眞言加持用欝金色或紅色線一誦一結至百八結持以繫齊眞言曰

唵路乞儈二合引矩嚕儗抳娑縛二合賀

結已又誦部母眞言加持七遍繫之然隨意寢息若近悉地本尊攝受即夢善相所謂見廣大僧衆或見女人著諸纓珞或見林木花菓茂盛或見象馬牛及犎牛或得念珠花鬘澡罐白花及化花供養粳米雌雄黃等或見我於餘部所說吉夢當知此相去成就近即應加行倍復精進若失成就夢旃陁羅比舍遮鬼惡形狀者或見人身著垢弊衣或見眞言文句闕少或見不具足人若有如是之夢應誦部母眞言一百八遍一切不祥之事皆得消滅不久當得悉地如此經中所說成就之法除行婬慾及損害衆生之人餘皆決定悉地依此儀軌法則犯五無間者尚得成就況修行菩薩行人

成就心眞言品第九

我又說儀軌先行成就法誦此眞言一一字滿一洛叉師云三十五萬然後畫像應令童女於清淨處織氎絹等以帛覆口三時洗浴身著白衣供給織者飲食等人亦須清淨織以白線機杼應新諸難調伏信根不具足人是惡流輩皆勿令見於織處布散時花轉讀大集經令會畫人當受八戒緣像所幣一依所索勿與畫者有爭競心其絹氎等香水浸漬藍青雌黃及與紫鑛此中彩色是等皆除白色應用白檀烏始羅龍腦香等黃色應用苜蓿香薩計抳耶百合代龍等赤色應用欝金香紫檀等黑色應用多迦羅花青蓮花酥合香等身分及乳皆不應用畫者護持禁戒常思六念先中央畫菩提樹下畫阿弥陁如來坐師子座座以二蓮承身金色右手施無畏佛左聖得大勢至菩薩佛右聖觀自在菩薩右手住安慰即以風空頭相捻豎餘指作引手勢左手持蓮花身如秋菊色白也觀自在下畫多羅菩薩上畫四淨居天子

作音樂供養應盡梵天手持曼陁羅
花盡已安精室中依法供養即於像
前以蓮花揾三甜護一洛叉然作一
切事業結根本印誦心眞言入城邑
聚落一切見者深生貴重於像前供
養蓮花一洛叉於前一誦一置 即見一切
伏藏欲掘取寶物結白衣觀自在根
本印誦心眞言一切伏藏自然放光
恣意受用
又山中採長年藥結一切驚怖諸鬼
神印即禁一切藥露誦心眞言必得
延年藥法成就
由馬頭印故應時山在空
由月身印故彼河等半流
由袈裟印故而河水竭涸
由六臂觀自在印阿修羅門開
由十二臂印降伏捨觀嚕
由千臂印故攝彼羅惹
由四面觀音印而隨順宰官
由白衣母印鉤召悉底剌
由護摩塩故那戦皆敬伏一切鬼魅
病見觸皆自除心已上並誦眞言 世尊此心
眞言猶如意珠一切眞言明王中尊

隨意所念皆得成就
尒時觀自在菩薩復白佛言世尊我
今説寂勝明王印契相
内縛火如針風各屈火前如環根本印
身眞言曰
唵跛納麼帝黐二合路枳也二合尾訖
蘭二合帝娑誐縛底吽吽發吒
由結此印離諸罪
如前根本印力召是為請進屈申拳
迎請用初眞言曰
唵紇剌入
由結此印警覺心眞言即為應驗
如前申二風搏著二火背是頭印眞
言曰
唵悪引
如頭移力度申搏忍度背是頂印眞
言曰
唵悪引吽
如頭移二風首相拄如環是眼印眞
言曰
唵悪入縛二合攞
如眼風申開是甲印眞言曰
唵唲滿馱
如甲隱二風是劒印眞言曰

唵唲怛囉引索
禪拳空押風是排印眞言曰
唵唲尾塞普二合囉
智羽如常拳空火各申直是箭印眞
言曰
唵唲荷諾
十度内相叉如網上右旋是上方網
界眞言曰
唵唲那疃
内縛出二風申開上右旋是牆印眞
言曰
唵唲捺囉二合乞叉鉢囉二合迦囉
如牆屈二風首相拄如環是寂勝心
印眞言曰
唵唲引紇哩二合那庚多羅
不易申合風是警覺心印眞言曰
唵唲紇哩那庚祖那南
不易以二風屈中節相跓是心發生
印眞言曰
唵唲紇哩那吏引納婆二合縛入
十度外相叉輪形磔開掌是輪印眞
言曰
唵唲鉢囉塞普二合羅

世尊如上等印三世勝明王之王自支分生兼真言加持已支分即行人與我無異（師云如心即安心上餘例可知）世尊行人每日三時為除衆罪故結十波羅蜜契結是等契各誦本心真言一遍則百千生所有諸罪悉滅況現生罪而不滅耶次即說十波羅蜜印相

智掌仰申垂空捻水度甲是檀波羅蜜印真言曰

唵波誐嚩底難（上引）曩（引）地跛帝吽尾徙呾惹布羅也麼（引）南娑嚩（二合）訶

由此印故一切怖畏之中皆得加護檀波羅蜜圓滿

內縛空如針是戒波羅蜜印真言曰

唵施羅䭾（引）囉（引）抳婆誐嚩底吽䪻

由此印設令破戒者即成具戒清淨之人

如戒風申合風空相去離是羼提波羅蜜印真言曰

唵婆誐嚩底迦乞羼（二合）（引）底哩吽發

由此印故一切怖畏之中無有能損

害即得忍辱波羅蜜圓滿

如忍風開直是精進波羅蜜印真言曰

唵尾哩也（二合）迦哩吽尾（引）哩曳（二合）尾（引）哩曳（二合）娑嚩（二合）賀

由此印故得精進波羅蜜圓滿

結蓮花坐已（結跏也）禪仰舒跏上智亦介

加禪是禪波羅蜜印真言曰

唵婆誐嚩帝薩嚩播跛賀哩摩賀奈帝曳吽吽䪻發

由此印故能除一切罪得禪波羅蜜圓滿

二羽背相著二火反相鉤二風申如針是慈無量心印真言曰

唵昧底禮（二合）昧怛羅（二合）只帝娑嚩（二合）賀

由此印故慈無量心圓滿

智住施無畏是悲無量心印真言曰

唵迦嚕抳曳（二合）加嚕抳曳（二合）唵荷荷叁

由此印故悲無量心圓滿

地水內縛之餘六申合蔟是喜無量

心印真言曰

唵毋你毋你帝吽荷荷吽弱

由此印故喜無量心圓滿

空地如連鎖內縛風如針是捨無量心印真言曰

唵驗（引）驗（引）娑嚩怛嚩（引）曩莫鍐唵吽發

由此印故捨無量心圓滿

如捨火申之微開屈二風首相柱如環是智波羅蜜印真言曰

唵麽麽訖穰（二合）（引）曩加哩吽娑嚩（二合）賀

由此印故智波羅蜜圓滿

內縛風如針是一切波羅蜜心印真言曰

唵吽紇利（二合）吽䪻

世尊由結此十波羅蜜印當得十地滿足行者每晨朝結之一切宿業罪障皆得消滅一切衆生見行人者深生恭敬之心（如上心印於十二背觀音法中廣說）

復白佛言世尊我今說普通蓮花部中印虛空合掌已散開水火風是蓮花部真言曰

唵曩莫薩縛怛他引誐多引南引
跛納謨納娑縛引也娑縛二合賀
智羽揚掌巳空捻於水甲是念珠印
眞言如上准畫呼
鉢囉塞普二合羅
禪拳直竪空是觀自在杖印
禪拳竪空火是觀自在澡罐印
內縛竪二空稍屈其上節是馬頭印
上三印眞言如前說
內縛風申合二空亦並竪是第二心印
不易第二心
風相跓如環是白衣觀自在印眞
言曰
唵迦致尾迦致迦吒嚀迦致娑縛三合賀
內縛千眼印
世尊如是等印成辦一切義利我於
別法之中亦已宣說亦能成就千手
千眼法門
又白佛言世尊修行者成就眞言法
為除諸障及加護本明故應於精室
壁上畫一方曼荼羅所畫之人受八
齋戒調諸彩色勿用皮膠於中畫一

百葉開敷蓮花具足胎蘂於胎中位
書此眞言眞言曰
唵跛納謨納娑縛引也娑縛二合賀
於花右邊畫念珠左邊澡罐花之上
方畫神線下方畫杖以香花供養於
此壇前結一切印由作如是法故一
切事業一切契印皆得成就世尊我
說此大力大勇健之法若欲具說經
無量劫亦不可盡是法往昔金剛藏
菩薩已曾宣說我部族眞言金剛部
族眞言皆依此法而得悉地所有世
天梵王那羅延大自在俱摩羅天母
衆天金翅鳥諸鬼神等眞言亦依此
法而得悉地由對此繞誦則成入一切
曼荼羅一切衆生皆當敬念一切五
無間罪皆得消滅臨命終時觀自在
菩薩即當現身前而為說法命終之
後生兜率天宮不墮於三惡道或有
衆生不信三寶多諸慳悋暫聞此經
乃至讀誦彼等不久亦當成就況於
三寶淨信之人尒時如來讚觀自在
菩薩言
善哉善哉大薩埵　大悲住大薩埵位

汝今說大眞言王　利樂淨信衆生故
觀自在菩薩說此經已諸大菩薩及
阿羅漢諸天龍藥叉緊那羅摩呼羅
伽等皆大歡喜信受奉行

金剛恐怖集會方廣軌儀觀自在菩薩三世最勝心明王經卷

丙午歲高麗國大藏都監奉
勅雕造

金剛恐怖集會方廣軌儀觀自在菩薩三世最勝心明王經

校勘記

一　底本，麗藏本。

一　三七一頁上三至四行譯者，石作「特進試鴻臚卿大興善寺三藏沙門不空奉詔譯」；磧、普、南作「大興善寺三藏沙門大廣智不空奉詔譯」；徑、清作「唐三藏沙門大廣智不空奉詔譯」。

一　三七一頁中三行首字「自」，磧、普、南、徑、清無。

一　三七二頁上五行「大悲身」，磧、普、南、徑、清作「大慈悲」。

一　三七二頁上一三行末字「壓」，石、磧、普、南、徑、清作「厭」。

一　三七二頁上一四行第一二字「雨」，南作「雨」。

一　三七二頁上一六行「天諸」，清作「諸天」。

一　三七二頁中六行第八字「隨」，石作「墮」。

一　三七二頁中一二行第二字「口」，磧、普作「曰」；南、徑、清作「白」。

一　三七二頁中一九行「黑鹿皮」，磧、普、南、徑、清作「墨皮」。

一　三七二頁下二行末字「三」，磧、南、徑、清作「二」。

一　三七三頁上二行首字「靺」，石、磧、普、南、徑、清作「韈」。又第四字「惹」，磧、普、南、徑、清作「囉惹」。又第一〇字「仙」，磧、普、南、徑、清無。

一　三七三頁上三行第六字「白」，磧、普、南、徑、清作「貌」。

一　三七三頁中三行「頗梨」，石、磧、普、南、徑、清作「紅玻瓈」。

一　三七三頁中六行末字「之」，石、磧、普、南、徑、清作「足」。

一　三七三頁中七行「十夜」，磧、普、南、徑、清作「七夜」。

一　三七三頁中二〇行夾註「苦練」，磧、普、南、徑、清作「苦楝」。

一　三七三頁中末行夾註第三字「木」，徑、清作「水」。

一　三七三頁下四行「七箇」，清作「十箇」。

一　三七三頁下一六行第一一字「滿」，磧、普、南、徑無。

一　三七四頁上一行第三字「便」，石、磧、普、南、徑、清作「便縛」。

一　三七四頁上二行第七字「取」，石作「所取」。

一　三七四頁上五行第二字「一」，磧、普、南、徑、清無。

一　三七四頁上六行夾註右「白色香甘」，磧、普、南、徑、清作「色香甘華」。

一　三七四頁上一四行第二字「誦」，磧、普、南、徑、清作「護」。

一　三七四頁上一七行「迴香」，磧、普、南、徑、清作「茴香」。下同。

一　三七四頁上二一行第一二字「遍」，磧、普、南、徑、清無。

一　三七四頁中四行第九字「言」，磧、

普、南、徑、清無。

一 三七四頁中一三行第七字「香」，資、普、南、徑、清無。

一 三七四頁中一五行首字「大」，資、普、南、徑、清作「二」。又「油麻」，石作「胡麻」，下同。

一 三七四頁下六行第八字「木」，資、普、南、徑、清無。

一 三七四頁下一五行首字「方」，資、普、南、徑、清作「者」。

一 三七四頁下二一行「大悲」，資、普、南、徑、清作「大慈」。

一 三七四頁下二二行末字「於」，資、普、南、徑、清作「敬於」。

一 三七五頁上一三行第九字「常」，石作「當」。

一 三七五頁下三行第九字「本」，資、普、南、徑、清無。

一 三七五頁下六行第四字「髮」，資、普、南、徑、清作「髻」。

一 三七六頁中一二行第一一字「當」，資、普、南、徑、清無。

一 三七六頁下五行「真言」，石、資、普、南、徑、清作「真言曰」。

一 三七六頁下一八行全文「迎……賀」，石無。

一 三七六頁下末行「迎請真言曰」，資、普、南、徑、清無。

一 三七七頁下九行夾註左「隨息」，石作「隨意」。

一 三七七頁下一〇行夾註右「懷等」，資、普、南、徑、清作「壞」。

一 三七七頁下一三行夾註右首字「妙」，資、普、南、徑、清作「便」。

一 三七七頁下末行末字「威」，資、普、南、徑、清作「盛」。

一 三七八頁上五行夾註左首字「雨」，石、資、普、南、徑、清作「兩」。

一 三七八頁上八行首字「如」，石、資、普、南、徑、清作「伽」。

一 三七八頁中一二行第四字「化」，資、普、南、徑、清作「代」。

一 三七八頁中二二行第八字「尚」，資、普、南、徑、清作「向」。

一 三七八頁下九行「經令會」，資、普、南、徑、清作「會經」。

一 三七八頁下一九行第二字「座」，資、普、南、徑、清無。

一 三七九頁上一一行第八字「露」，資、普、南、徑、清作「靈」。

一 三七九頁上一四行「半流」，資、普、南、徑、清作「逆流」。

一 三七九頁中一〇行首字「迎」，石、資、普、南、徑、清作「送」。

一 三七九頁下二行「排印」，石作「牌印」。

一 三八〇頁上一行第一三字「王」，資、普、南、徑、清作「主」。

一 三八〇頁上三行夾註右第五字「即」，資、普、南、徑、清作「印」。

一 三八〇頁下二〇行第三字「敬」，石、資、普、南、徑、清作「愛」。

一 三八一頁上三行第一〇字「甲」，資、普、南、徑、清作「申」。

一 三八一頁上四行夾註第三字「准」，資、普、南、徑、清作「唯」。

一　三八一頁上八行末字「印」，磧、普、南、徑、清無。

一　三八一頁上一二行第三字「跓」，石作「拄」。

一　三八一頁中四行「左邊」，磧、普、南、徑、清作「左畫」。

一　三八一頁下三行第四字「諸」，石作「信」；磧、普、南、徑、清作「僧」。

一　三八一頁下末行「一卷」，磧、普、南、徑、清無。

佛説出生無邊門陀羅尼經

開府儀同三司特進試鴻臚卿肅國公食邑三千戶賜紫贈司空謚大鑒正號大廣智大興善寺三藏沙門不空奉　詔譯

如是我聞一時薄伽梵住毗舍離大林重樓閣與大苾芻衆八千人俱衆多菩薩摩訶薩

尒時世尊以念具慧知我棄捨壽行卻後三月當般涅槃時世尊即命具壽大目揵連往大千世界徧告諸苾芻咸皆集會於大林重樓閣大目揵連白佛言唯然奉教即刹那頃以自神足力到須彌頂以大音聲宣告大千世界

汝等咸聽此世界　其中有情佛弟子
大師今當降法雨　願樂聽者咸來集

尒時即四萬苾芻皆來集會於大林重樓閣是諸苾芻既見世尊頂禮佛足卻坐一面

尒時舍利弗承佛威力作是念我當應作如是色類神通現行由此神通現行作已乃至三千大千世界中住者或聲聞乘者緣覺乘者大乘者我皆令集會於大林重樓閣時舍利弗即作如是神通現行由此神通現行

佛説出生陀羅尼經　第二張

乃至三千大千世界中住者或聲聞乘者緣覺乘者大乘者悉皆來集會於大林重樓閣彼等皆來見世尊已頭面禮足遶佛三帀退坐一面

尒時世尊即告諸大菩薩摩訶薩所謂不空見菩薩文殊師利童真菩薩滅惡趣菩薩斷憂暗菩薩除一切蓋障菩薩網光菩薩滅一切境界慧菩薩觀自在菩薩不疲倦意菩薩香象菩薩勇猛菩薩虛空庫菩薩無量光菩薩月光菩薩智幢菩薩賢護菩薩海慧菩薩無盡慧菩薩金剛藏菩薩虛空藏菩薩普賢菩薩辯積菩薩慈氏菩薩汝等可往十方恒河沙數佛國土召集末後身菩薩一生補處菩薩不退轉菩薩得無生法忍菩薩或信解菩薩彼等皆令集會於大林重樓閣即時彼諸菩薩承佛聖旨聞已唯然世尊即於刹那頃作如是神通境界由此神通境界於大林重樓閣不可說不可說百千俱胝那庾多住末後身菩薩皆來集會復有九十俱胝百千那庾多一生補處菩薩皆來

集會復有三十俱胝百千那庾多得無生法忍菩薩皆來集會復有八俱胝那庾多百千或信解菩薩如是等菩薩皆來集會彼等來見世尊已頭面禮足遶佛三帀退坐一面

時舍利弗見大菩薩集會即作是念我當於如來應供正徧知問如是義利由聞如是隨應義理記別於菩薩摩訶薩斷一切疑速得無礙辯才智慧於殑伽沙數佛土於諸如來聽聞法要聞已悉皆受持乃至得無上菩提於其中間所聞法要念持不忘菩薩有四清淨行法何謂四法有情清淨法清淨願清淨佛土莊嚴功德清淨得彼法已有四種悅意法身悅意語悅意心悅意生悅意得彼法已能入四陀羅尼門云何為四所謂入出生無盡陀羅尼門入衆生根善巧陀羅尼門入業報善巧無為陀羅尼門入甚深法忍陀羅尼門

時舍利弗如是義理如前所說決定思惟廣為世尊宣說惟願世尊所說義理法要於諸菩薩修行得清淨惟願世尊敷演說之如是說已告舍利弗言善哉善哉舍利弗汝能愍念多人安樂哀愍為多人利樂人天汝能問如是義汝當善聽極善聽思惟繫念吾當為說舍利弗從佛聞已唯然世尊願為宣說時世尊告舍利弗菩薩摩訶薩於諸一切法不取不著應當受持此真言陀羅尼句

怛你也(二合)佗阿寧(尼經反)(一)阿嚛(二)麼嚛(三)目嚛(四)三曼多目嚛(五)素迷(六)娑底(丁以反)也羅迷(七)帰底欲訖任(二合)(八)你嚕訖諦(二合)(九)你寧訖底(二合)(十)鉢羅(二合)陛(十一)呬黎(十二)呬里迦謄鞞(二合)(十三)迦謄(二合)波私婆(引)黎(十四)婆羅嚩底(二合)(十五)呬黎(十六)呬黎(十七)呬黎(十八)呬黎(十九)呬黎(二十)呬黎(二十一)呬里黎(二十二)摩訶呬呬黎讚姊(二十三)遮嚩泥(二十四)折羅(引)遮羅泥(二十五)阿折黎(二十六)麼折黎(二十七)阿難帝(二十八)阿難多孽底(二十九)阿羅儜(三十)涅麼泥(三十一)涅嚩波泥(三十二)涅鞞怛儜(三十三)涅彈帝(三十四)達麼馱黎(三十五)你(引)可黎(三十六)涅寧(逸反)可黎(三十七)微麼黎(三十八)尸羅尾戍馱寧(三十九)鉢羅(二合)訖哩(二合)底你(引)波寧(四十)皤(去)嚩尾皤嚩寧(四十一)阿僧蜆(四十二)阿僧俄尾阿黎(四十三)那迷(四十四)微麼黎(四十五)微麼羅鉢羅(二合)鞞(四十六)僧迦哩濺(二合)你(四十七)地黎(四十八)地地黎(四十九)摩訶地地黎(五十)也世(五十一)也式嚩底(五十二)者黎(五十三)阿者黎(五十四)麼者黎(五十五)三麼者黎(五十六)涅哩(二合)荼(上)散地(五十七)蘇悉體(聽以反)黎(五十八)阿僧蜆(五十九)阿僧誐微訶黎阿僧誐涅哩(二合)呵(引)黎(六十)你(引)可羅微麼黎(六十一)你呵羅戍馱泥(六十二)涅哩(二合)荼蘇迷(六十三)悉體(二合)黎(六十四)娑佗(二合)迷(六十五)迷佗(二合)麼鞞底(六十六)摩訶鉢羅(二合)鞞(六十七)三曼多鉢羅(二合)陛(六十八)微補羅羅鉢羅(二合)陛(六十九)微補羅羅濕迷(七十)三曼多目嚛(七十一)薩嚩怛羅(二合)(引)努孽任(七十二)阿那砌泥(七十三)馱羅捉(七十四)達磨你馱那愚(牛句反)怛黎(二合)(七十五)三曼多皤捺黎(二合)(七十六)薩嚩怛佗蘖多地瑟咤(二合)那地瑟耻(二合)諦(七十七)娑嚩(二合)(引)訶(引)(七十八)

說是陀羅尼已告舍利弗當受持此陀羅尼時菩薩摩訶薩不思惟有為無為法無所得不誹謗不棄捨不執

受不關發彼所得於斷於修不生增益不作不非作不現行不見法合不見法散不見法生不見過去法滅不見未來現在法增減不施設於法有益無益但應念佛三摩地修習之時無色非無色無相非無相無隨形好非無隨形好無識非無識無煩惱非無煩惱無戒非無戒無三摩地非無三摩地無慧非無慧無解脫非無解脫無解脫知見非無解脫知見非生非無生非族姓非不族姓非眷屬非無眷屬非住非無住非得非無得非現證非無現證非煩惱盡非無煩惱盡非蘊界處非無蘊界處非智非無智非說法非無說法非自清淨非他清淨非有情清淨非無有情清淨非自利非他利非法非調伏非身清淨非語清淨非意清淨非行清淨非前際行清淨非後際行清淨非現世行清淨非自形非他形舍利弗此之菩薩入一切法無言說念佛三昧一切法平等得名無畏陀羅尼住持勝義得名決定一切意樂圓滿三摩地一切善根智慧積集不由他力法藏族姓隨形相好名不被他勢厚陀羅尼最勝希求善巧亦名超一切魔業陀羅尼舍利弗若菩薩得此出生無邊門陀羅尼義得不退轉速疾證無上正等菩提何以故於此一切佛法功德之藏決定亦於是一切菩薩行差別由無相陀羅尼獲得尒時世尊說伽他曰

不求於空法　不戲論菩提　不傾動法界
則得陀羅尼　應當讀此經　無盡陀羅尼
由是智成就　從此證菩提　持此陀羅尼
菩薩得無畏　於諸十方佛　得聞殊勝法
能知勝妙法　諸義文相應　由如日光耀
得句義亦然　獲得殊勝法　廣大陀羅尼
一切皆現前　由持此經故　若有諸有情
住劫問難者　悉皆斷彼疑　智慧皆無盡
法王之長子　得近勝菩提　委寄佛法藏
由愛此經故　有情皆愛樂　諸佛亦憐愍
名聞徧世間　由持陀羅尼　八十俱胝佛
臨命終時現　由手接彼人　由持陀羅尼
千俱胝劫中　先作衆罪業　一月皆清淨
由持陀羅尼　菩薩福德聚　俱胝劫積集
一月超於彼　由持陀羅尼　三界諸有情
假使盡爲魔　不能爲障難　由持此經故
念行及智慧　得殊勝聞持　常轉於舌端
乃至證菩提　如說於此經　決定得總持
如來於此說　於中得菩提　由聞此總持
然燈授我記　剎那見諸佛　數如殑伽沙
若欲知諸佛　悉皆所說法　應當習此經
悉皆疾獲得　佛剎爲清淨　聲聞得成就
光相皆清淨　此經皆能作　應爲不放逸
七日當思惟　八十俱胝佛　授與陀羅尼
思惟勿應思　不思慎莫思　所思勿應思
則得陀羅尼　猶如入大海　不求諸財寶
得此陀羅尼　不求餘安樂　得近於正覺
是故汝當習　獲得寂靜句　即得三菩提

尒時世尊復告舍利弗菩薩有四法成就得此陀羅尼何者爲四所謂不著貪欲於諸有情不生嫉妬一切自已財物捨施心無追悔晝夜愛法與法自娛舍利弗菩薩摩訶薩由成就四法得陀羅尼

尒時世尊復說伽他曰

應棄梟獵欲　弊惡魔之境　由此爲地獄
亦爲惡趣因　於他勿嫉妬　爲親名利故
遊自視衆生　得大威妙色　衆生所諍訟

積聚爲根本　是故應棄貪　捨貪得總持
晝夜常求法　一心求菩提　陀羅尼現前
由習如是經

復次舍利弗菩薩摩訶薩成就四法得陀羅尼云何爲四所謂習阿蘭若極無諍處住深法忍厚力不著利養恭敬名聞於諸所愛物捨施而不顧戀乃至於身命舍利弗由成就此四法即得陀羅尼

尒時世尊復說伽他曰

應住蘭若佛稱讚　住彼勿應輕佗人
當樂甚深之法忍　精勤由如救頭然
勿於利養生貪著　由此因緣成矯行
精麤知足猶如鳥　得爲人身作果實
奇哉善說如來法　棄捨宅舍多苦本
應當清淨身口意　深生恭敬於佛法
貪利之人無念慧　無信無戒無恩法
菩提遥遠如空地　是故遠離貪愛心

復次舍利弗菩薩摩訶薩成就四法得此陀羅尼云何爲四所謂入八字義何者爲八謂　跛字者勝義隨入一切法無我　攞字者相隨形好無相隨形好故隨入一切如來法身

薜字者愚夫法聖人法隨入無二　惹字者生老死非生老死去不去隨入無生無滅　迦字者業異熟隨入非業異熟　馱字者陀羅尼法要空無相無願隨入法界　捨字者奢摩佗毗鉢舍那非奢摩佗毗鉢舍那一切法隨入真如　乞灑(二合)字者一切法刹那無盡無壞無身本寂故隨入一切法涅槃如是八字義應當隨入此是入初義於此陀羅尼法要善應書寫當受持之即隨入第二義於此陀羅尼法要半月半月當讀勤加修習繫念則隨入第三義於此陀羅尼法要修習菩薩摩訶薩應當勸發慰喻讚歎一切衆生令修學此陀羅尼則隨入第四義舍利弗菩薩摩訶薩由四法成就得是陀羅尼

尒時世尊復說伽他曰

思惟八字義　書寫持此經　半月當讀習
亦勸佗有情　近善提廣慧　現見一切佛
所住十方界　從彼學生信

舍利弗菩薩摩訶薩修習此陀羅尼者得四種功德何者爲四所謂十方一切諸佛如來咸皆攝受無諸魔障業障速得遠離獲得無礙辯才舍利弗菩薩摩訶薩由習此陀羅尼得四種功德

尒時世尊復說伽他曰

諸佛皆攝受　魔衆不得便　業障速遠離
得無礙辯才

舍利弗古往過去無數過無數廣大高遠無量劫是時有佛名寶吉祥威光王劫如來應供正徧知出興於世明行足善逝世間解無上士調御大夫天人師佛世尊復次舍利弗彼寶吉祥威光王劫如來般涅槃時有人王名持光轉輪聖王具七寶彼王有子號不思議功德寶吉祥年始十六從彼佛聞此出生無邊門陀羅尼法要纔聞是陀羅尼精勤而住七萬歲未曾睡不貪王位及身命財七萬歲一向宴默胷不著地於九萬俱胝佛所聽聞正法聞已悉皆總持即承事彼寶吉祥威光王劫如來應供正徧知即於彼佛所而得出家卻後九萬歲成就此出生無邊門陀羅尼既成

就已廣爲一切有情而敷演卽於一生中八萬俱胝那庾多衆生建立無上正等菩提得不退地舍利弗於彼會中有長者子名曰月幢從法師處蔫聞此出生無邊門陀羅尼門已深生隨喜由隨喜善根於九萬俱胝佛所聽聞正法聞已悉皆總持則爲得勝陀羅尼者最勝端嚴語者最勝不斷辯才者彼等衆多佛於三劫中恭敬承事卽後三劫證無上正等菩提舍利弗或有猶豫生疑異慧者當彼異時其月幢長者子不應如是見何以故其然燈佛彼時爲月幢長者子舍利弗或有猶豫生疑異慧者當彼異時其不思議功德寶吉祥法師者不應如是見何以故其無量壽如來彼時爲不思議功德寶吉祥法師舍利弗我等賢劫中菩薩摩訶薩聞此經已深生隨喜由隨喜善根棄背四十俱胝劫流轉生死於九萬俱胝佛所聽聞正法咸皆得爲勝陀羅尼者最勝端嚴語者最勝不斷辯才者是故舍利弗欲求速疾無上正等菩提者菩薩摩訶薩於此法乃至作隨喜修習何以故則彼菩薩得不退轉地承事法師於無上菩提爲因何況書寫受持讀誦正念思惟爲佗人說此福德聚唯除如來一切有情不知其量不可知不可思尒時世尊復說伽佗曰

聞此經已生隨喜　書寫受持及讀誦
一切衆生不能測　福德流注生不絕
一切生中見諸佛　獲得淨信不思議
解了深經及理趣　速疾覺悟勝菩提
彼不壞失三摩地　不失神通陀羅尼
不失色財及見佛　乃至未證無上覺
我念古往於前生　爲長者子聞總持
親覲諸佛如恒沙　隨喜覺悟大菩提
然燈昔爲長者子　無邊光明於前生
佛無量壽爲法師　我等賢劫皆隨喜
樂欲速疾證菩提　欲得速疾摧諸魔
願樂百福相莊嚴　由此加行得不難
若世界如殑伽沙　悉皆捨施滿七寶
書持從所生福德　譬喻捨施彼不及
是故聞已專精勤　智慧菩薩受持此
書寫總持思惟者　我說菩提得不難

復次舍利弗於此出生無邊門陀羅尼加行菩薩摩訶薩有八大藥叉住雪山中皆來增加修行者身威力晝夜加持擁護何者爲八所謂初名式囉藥叉(唐言勇猛)次名涅哩(二合)荼藥叉(唐言堅固)三名鉢囉(二合)部藥叉(唐言主宰)四名那羅延末羅(二合)藥叉(唐言那羅延力)五名左哩怛囉(二合)末底藥叉(唐言行慧)六名訥達沙藥叉(唐言難摧)七名迦拏囉藥叉(唐言[illegible])八名蘇摩呼藥叉(唐言妙臂)彼等悉皆來時修行者應當澡浴著新淨衣應習經行不惜身命應起大慈心普徧一切衆生應當誦念此陀羅尼彼八大藥叉速疾示其行者諸門有八大菩薩生欲界天彼等亦來加持攝受何者爲八所謂徧照明菩薩慧光菩薩日光菩薩警覺菩薩滿一切意樂菩薩星宿王菩薩行慧菩薩彼八菩薩摩訶薩得陀羅尼住加行修習陀羅尼加行菩薩住實期信知恩報恩愛樂佛法住深法忍修陀羅尼習經行者菩薩摩訶薩於財於法應習平等性乃至捨施微少尚習平等何況於多世尊

說是陀羅尼時三十殑伽沙數那庾多百千俱胝菩薩由得此出生無邊門陀羅尼於無上正等菩提得不退轉百六十頻婆羅人天先所未發阿耨多羅三藐三菩提發無上菩提心尒時舍利弗白佛言世尊云何名此經我當受持佛告舍利弗是故此經名出生無邊門汝當受持亦名決定得薩婆若智汝當受持亦名決定出生菩薩汝當受持亦名摧壞魔衆汝當受持佛說是經已具壽舍利弗與大菩薩天人阿修羅乾闥婆等皆大歡喜信受奉行

出生無邊門陀羅尼經

佛說出生無邊門陀羅尼經

校勘記

一　底本，金藏廣勝寺本。三八五頁中二至五行原版殘，以麗藏本補。

一　三八五頁中一行經名，石作「佛說出生無邊門陀羅尼經一卷」；麗作「出生無邊門陁羅尼經」。卷末經名同。

一　三八五頁中二、三行譯者，石作「特進試鴻臚卿大興善寺三藏沙門大廣智不空奉詔譯」；磧、普、南、作「三藏沙門大廣智不空譯」；徑、清作「唐三藏沙門大廣智不空譯」。

一　三八五頁中一二行末字至一三行首字「大千」，石作「本乘」。

一　三八五頁中一六行「四萬」，石、麗作「四方」。

一　三八五頁下一四行末字「佛」，石無。

一　三八五頁下末行末字「來」，石作「來集會復有三那庾多百千不退轉菩薩皆來」。

一　三八六頁上一行「集會」，麗作「集會復有三那庾多百千不退轉菩薩皆來集會」。

一　三八六頁上八行首字「利」，麗作「理」。又「記別」，徑、清作「記莂」。

一　三八六頁上一三行末字「情」，石無。

一　三八六頁中三行第六字「爲」，石、麗作「謂」。

一　三八六頁中四行第一一字「聽」，石無。

一　三八七頁中三行「希求」，麗作「魔求」。

一　三八七頁中三行第六字「亦」，石無。

一　三八七頁中五行第一〇字「證」，石、麗作「證得」。

一　三八七頁中二〇行「由手」，石、磧、普、南、徑、清、麗作「申手」。又「陀羅尼」，石作「此經故」。

一　三八七頁下三行「於此經」，石作

「此經義」。

一　三八七頁下末行「妙色」，磧、普、南、徑、清作「妙力」。

一　三八八頁上二二行第六字「攞」，磧、普、南、徑、清作「囉」。

一　三八八頁上末行第六字「隨」，石無。

一　三八八頁中一行「無二」，石、麗作「無二無别」。

一　三八八頁中一一行第五字「即」，石無。

一　三八八頁中一六行第一三字「由」，石、麗作「由此」。次頁上六行第四字同。

一　三八八頁中二〇行「菩提」，石作「菩薩」。

一　三八八頁下一四行第九字「具」，石、麗作「具足」。

一　三八八頁下一八行第三字「睡」，石、磧、普、南、徑、清、麗作「睡眠」。

一　三八九頁上一行「敷演」，石、麗作「敷演之」。

一　三八九頁上五行第一二字「門」，石作「聞」。

一　三八九頁下四行末字「戊」，磧、普、南、徑、清、麗作「戍」。

一　三八九頁下一〇行末字「時」，磧、普、南、徑、清作「增益」。

一　三八九頁下一一行「修行者」，磧、普、南、徑、清作「修行者威力」。

一　三八九頁下一六行「徧照明菩薩」，石、麗作「徧照菩薩照明菩薩」。

一　三八九頁下二二行「於財」，石無。

一　三九〇頁上五行第九字「發」，磧、普、南、徑、清作「今皆發」。

一　三九〇頁上卷末經名，徑、清作「佛説出生無邊門陁羅尼經」。

金剛頂經瑜伽文殊師利菩薩法一品 亦名五字咒法 丹

開府儀同三司特進試鴻臚卿肅國公食邑三千戶賜紫贈司空謚大鑒正號大廣智大興善寺三藏沙門 不空奉 詔譯

尒時文殊師利菩薩在毗盧遮那大會中從座而起頂禮佛足白佛言世尊我今說本五字陁羅尼若有善男子善女人纔誦一遍者一切如來所說法義修多羅藏讀誦受持等彼功德毗盧遮那佛告文殊師利言隨意說之尒時文殊師利即說明曰

阿囉跛者曩

纔說此陁羅尼一切如來所說法攝入五字陁羅尼中能令衆生般若波羅蜜多成就我今當說曼荼羅法或十四日十五日選擇極清淨處作曼荼羅以瞿摩夷塗地復以白檀香泥塗之隨意大小於曼荼羅中畫文殊師利五髻童子形狀身如欝金色種種瓔珞莊嚴其身右手把金剛劒左手把梵夾坐於月輪中於月輪四面周旋書五字陁羅尼阿闍梨對於此壇結金剛劒印念誦時文殊師利加持此阿闍梨即得無量辯才仍為現身一一解釋此陁羅尼甚深義理時阿闍梨即當禮拜出道場外為弟子受菩薩戒即以緋帛覆眼引入壇場門外而立時阿闍梨告弟子言汝今獲一切如來般若波羅蜜自今已後不應向人而說此明勿令破汝三摩耶法此陁羅尼極應秘密阿囉跛者曩者是滿一切願義何以故

阿字者樂欲菩提義囉字者染著不捨衆生義跛字者第一義諦義者字者妙行義曩字者無自性義樂欲菩提不捨衆生深入第一義諦中行修習諸法無有自性若如是修滿一切願此諸願中證如來位及執金剛不求當得

我今又說契印曼荼羅壇中畫金剛劒四面各於本方畫八供養契及四攝契對於此壇念誦不久即得成就

我今又說三摩耶曼荼羅壇中書五字及八供養四攝種子字對此壇念誦而作是言

阿字門者諸法本不生日日念誦不

久一切罪障消滅速得成就

我今又說羯磨曼荼羅壇中安般若波羅蜜經卷日日讀誦念誦以種種供養而供養之不久即當成就

我今當說畫像法或白氎絹素等中畫文殊師利菩薩坐月輪中輪內周旋書五字四面畫八供養及四攝如大壇法對此像前如法念誦而作是言諸法自性成就念誦數滿五十万遍即獲無盡辯才如文殊師利菩薩等無有異飛騰虛空所求世間出世間事悉得成就

又念誦數滿一俱胝離諸苦惱滿二俱胝遍五無間等一切罪障永盡無餘三俱胝遍證悟一切諸三昧門四俱胝遍獲大聞持五俱胝遍成阿耨多羅三藐三菩提

又法於舍利塔四面周旋右轉書五字陁羅尼遶塔行道念誦勿令斷絕滿五落叉遍

尒時如來及文殊師利執金剛等於虛空中而現其身仍為說法

金剛頂經瑜伽文殊師利菩薩儀軌

供養法一品

歸命盡虛空妙吉祥　我依瑜伽說念誦
身口意業金剛合　如來甚深三密門
行者應發菩提心　從師應受金剛戒
不顧身命起慈悲　方可堪入解脫輪
應從師受三摩耶　契印密語如經說
敬同闍梨如佛想　於同學所殷重心
或於山間阿蘭若　流泉浴池悅意樹
山峯石窟迴樹邊　建立壇場如本法
莊嚴精室置本尊　隨力供養一心住
遍觀十方諸佛海　供養禮諸如來足
為成三業金剛故　當於二手舌心中
應想五智金剛杵　由此加持皆悉地
次應結契名警覺　二手皆作金剛拳
檀慧相鉤豎進力　二度側拄成警覺

警覺真言曰

唵嚩日囉二合底瑟姹二合

敬禮東方阿閦尊　捨身求請不退轉
全身著地以心禮　金剛合掌置頂上

捨身求請加持真言曰

唵薩嚩怛他蘗多一布引儒跛娑他
引二合曩引那引夜怛麼引二合南二涅哩
夜引二合多夜弭三薩嚩怛他引蘗多
四嚩日囉二合薩埵嚩二合地瑟姹二合娑

金剛頂文殊師利經　第四張　尹

嚩二合給字心想青色吽

次當敬禮寶生尊　捨身求請灌頂位
金剛合掌當於心　以額著地虔誠禮

捨身求請灌頂真言曰

唵薩嚩怛他蘗多布惹毗曬迦引耶
引怛麼二合南涅哩夜二合多夜弭薩嚩
怛他引蘗多嚩日囉二合囉怛那二合毗
詵左給額想黃色

次禮觀自在王尊　捨身求請三摩地
金剛合掌置頂上　以口著地虔誠禮

捨身求請三昧真言曰

唵薩嚩怛他引蘗多布惹鉢囉二合靺
多曩耶引怛麼二合南涅哩夜二合多夜弭
薩嚩怛他引蘗多嚩日囉二合達磨鉢
囉二合靺多野給口想赤

次禮不空成就尊　捨身求請善巧智
金剛合掌安於心　以頂著地就首禮

捨身求請方便真言曰

唵薩嚩怛他蘗多布惹羯磨抳阿怛
麼二合南涅哩夜二合多夜弭薩嚩怛他
蘗多嚩日囉二合羯磨句嚕給頂想綠

次復敬禮十方佛　想身遍在諸佛前

金剛頂文殊師利經　第五張　尹

觀想五輪著地禮　當結金剛三麼耶

遍禮十方真言曰

唵薩嚩怛他引蘗多迦耶弭嚩引訖質
二合多嚩日囉二合鉢囉二合努枳嚩日囉
二合滿娜南迦嚕弭唵嚩日囉二合勿微吉反

次誦成就妙真言　所有眾生求勝事
願諸如來悉加持　速令成就無上道

成熟一切眾生真言曰

唵薩嚩怛他引去蘗多飾佉鑠當含反薩
嚩薩怛嚩二合南薩嚩悉馱藥三鉢眼
捺怛他引蘗多室者二合地底丁反以瑟
姹二合擔

次當結跏端身坐　淨除三業令清淨
諸法本性清淨故　令我此身淨無垢

淨三業真言曰

唵娑嚩二合婆引嚩秫馱入聲引薩嚩
達磨引娑嚩二合婆嚩秫度入聲唅

次金剛合掌十度初分交誦此真言
曰

唵嚩日囉引二合惹里

深交諸度拳已成金剛縛誦此真言
曰

唵嚩日囉二合滿馱

金剛頂文殊師利經　第六張　尹

次當開心入佛智　當於二乳想兩字
怛囉吒字皆白色　其字想為二戶扇
二手當結金剛縛　三拍當心開門戶
開心真言曰
唵嚩日囉二合滿馱怛囉二合吒半音
當觀妙蓮阿字門　以印召入於心殿
定慧為月金剛縛　禪智在掌想字入
金剛入字真言曰
唵嚩日囉二合吠舍惡
次當結閉心戶印　如前入印之幖幟
進力屈在禪智上　即得堅固不退轉
金剛拳真言曰
唵嚩日囉二合母瑟知二合鋡
次結文殊三麼耶　十度相叉成滿月
直申忍願金剛劍　想身同等妙吉祥
三麼耶真言曰
唵嚩日囉二合底丁以反引乞叉儜二合三麼
耶娑怛鑁二合
次當結喜三昧印　定慧為月堅固縛
忍辱願度中交合　檀慧禪智竪相著
真言曰
唵三麼耶穀引蘇囉多娑怛鑁三合
次結金剛降三世　想身同彼無差別

止觀二羽金剛拳　檀慧相鉤竪進力
左轉辟除右結界　悲心示現威怒形
降三世真言曰
唵遜婆儞遜婆儞去吽短仡哩二合疊拏二
合吃哩二合疊拏二合吽短仡哩二合疊拏
二合跛耶吽短阿曩耶斛引婆誐鑁縛
日囉二合吽短泮吒半音
次結蓮花三麼耶　為令觀行成就故
十度相叉作為月　禪智檀慧竪相著
真言曰
唵嚩日囉二合跛娜麼二合三麼耶娑
怛鑁三合
行者應修阿薩頗那伽法修此法者
不動支節止出入息令其微細勿使
散亂即應觀於虛空一切諸佛由如胡
麻遍滿十方以金剛彈指告行者言
善男子汝觀本心行者聞已即想自
身禮諸佛足稽首諦觀本心白諸佛
言心相無體云何修證
諸佛告行者言善男子汝觀心中月輪
如在輕霧即誦瑩徹菩提真言
諦觀心月真言曰
唵質多鉢囉二合底丁以反吠鄧迦嚕弥

行者應了了諦觀不久當見清淨菩
提心離諸塵垢淨如滿月即誦菩提
心真言曰
唵冐地質多母怛跛二合引那夜引弥
想菩提月中有曇字如金色輝曜如
日放大光明便即變成般若波羅蜜
劍離諸分别能斷煩惱想為智劍真
言曰
唵底瑟姹二合渴誐
想其智劍漸漸增大遍周法界真言曰
唵娑頗二合囉渴誐
想其智劍漸漸收攝等自身量真言
曰
唵僧賀囉渴誐
為令智劍堅固不散復誦真言曰
唵涅哩二合荼底瑟姹二合渴誐
想空中如來盡入智劍同為一體作
是思惟如彼諸佛體性我亦同然真
言曰
唵三麼喻引含摩訶引三摩喻引含
薩嚩怛他蘖多鼻二去冐引地渴誐
怛麼二合句引含
想其智劍漸漸變成文殊師利童真

菩薩具大威德身者種種瓔珞頂想
五髻右手持智劒左手執青蓮花花
上有般若波羅蜜經夾身色如欝金
心誦阿囉跛者曩一遍
次結金剛智劒印　止觀相叉作滿月
忍願皆竪如劒形　印心及額咽頂上
即成護身堅本尊
眞言曰
唵嚩日囉二合底乞叉拏二合地瑟
姹二合娑嚩二合給
次當灌頂結寶印　二手相叉作為月
進力反屈如寶形　禪智二度下相捻
置於額上分兩邊　便結智拳如繫帛
兩手向前徐徐散　當知巳繫無垢繒
眞言曰
唵嚩日囉二合囉怛曩二合毘隸鼻
嚫計囉鼻詵者娑嚩二合給薩嚩母
捺囉二合寘涅哩二合雉句嚕嚩囉
迦嚩制娜鍐
次結寶劒自灌頂　二手合掌屈進力
禪智皆屈入掌中　置於額上分兩邊
灌頂眞言曰
唵囉怛曩二合俱舍佉哩耶三合吽引

次復結於甲冑印　二手皆作金剛拳
置於心前竪進力　左右二度想唵砧
想流清光為緑色　心前三轉遶背後
復至齊下及兩膝　又轉至齊遶腰後
從背到心轉兩膊　從膊至咽向頸後
復從頸後至額前　從額至腦結智拳
徐徐散下如垂帶　上觀旋轉如舞勢
二手相叉成滿月
甲冑眞言曰
唵嚩日囉二合迦嚩左嚩日梨二合
句嚕嚩日囉二合嚩日囉二合娜含
次陳金剛拍掌儀　二羽齊拍一相拍
由陳拍印眞言弁　能令聖衆發歡喜
速獲本尊堅固體
歡喜眞言曰
唵嚩日囉二合底引乞叉拏三合覩
使野二合斛引
次當行者座前觀　八葉蓮花具鬚蘂
上觀師子妙高座　座上復有七寶樓
中想七寶蓮花王　上想曇字具威光
遍照法界靡不周　其字變為金剛利
了了諦觀如本形　召請菩薩入想身
二手作月進如鉤　想身同於彼菩薩

金剛鉤菩薩眞言曰
唵阿夜引呬弱
次當結索入尊身　結月禪押智入掌
由此密印加持故　變為一體無有差
金剛索眞言曰
唵阿呬吽吽
次當鏁印令堅固　作月四度猶如環
由此秘印威力故　悉令堅固而不變
金剛鏁眞言曰
唵係娑普二合吒鍐
次結鈴印令歡喜　禪智入掌如鈴鐸
令尊及衆皆歡喜　加持令速妙成就
金剛鈴眞言曰
唵健吒嘌嘌
行者次當兩手捧　遏伽想洗金剛利
菩薩及諸眷屬足　或以百字眞言加
持遏伽而獻遏伽眞言曰
唵嚩日盧二合娜迦吽引
次結曼殊羯磨印　二羽皆作金剛拳
禪羽置於自心上　右手猶如執劒勢
由此羯磨妙印力　身獲如尊等無異
羯磨眞言曰
唵嚩日囉二合底乞叉拏三合曇

次結金剛利劍印　結月忍願申如劍
由此金剛利妙印　當獲般若甚深智
金剛利眞言曰
唵[illegible]佉洲娜
次復當結内供養　結月當心竪禪智
由結金剛嬉戲印　速滿檀那波羅蜜
金剛嬉戲眞言曰
唵摩訶囉底
次結金剛鬘供養　依前嬉戲直申臂
由結此印加持故　當滿淨戒波羅蜜
金剛鬘眞言曰
唵嚕跛戍引鞞
次結金剛歌詠印　鬘至齊口垂下散
由結金剛歌密印　速獲安忍波羅蜜
金剛歌眞言曰
唵戍嚕二合怛囉二合捺𡁠
次結金剛舞供養　二手拳旋如舞勢
由結舞印加持故　速滿精進波羅蜜
金剛舞印眞言曰
唵薩縛布尒
次結金剛外供養　二手作月向下散
由結燒香印力故　當證靜慮波羅蜜
金剛燒香眞言曰

唵鉢羅二合賀攞二合你引寧上
次結金剛散花印　結月向上如散花
由此散花印加持　速證般若波羅蜜
金剛散花眞言曰
唵頗攞引誐銘
次結金剛燈明印　作月禪智頭相着
由結金剛燈明印　當得方便波羅蜜
金剛燈明眞言曰
唵蘇帝惹引葉哩二合
次結金剛塗香印　月當胷散如塗香
由結塗香印加持　速滿誓願波羅蜜
金剛塗香眞言曰
唵蘇健蕩倪倪以苦反
行者次應誦一百八名讚供養本尊
又結金剛利劍印於心上誦百字眞
言加持自身假使過去世中造種種
惡業五無間等一切罪障由此百字
眞言加持故一切罪障悉皆消滅見
身獲得首楞嚴三昧若心散乱數誦
此明或一七三七乃至七七一百八
遍心離攀緣速得三摩地
百字眞言
唵渴誐薩怛縛二合一三麽耶麽努播

引攞耶二二合渴誐薩怛縛三二合底吠二合
怒跛底瑟姹四二合涅哩二合住荼護反銘
婆去縛五素覩使揄二合銘婆去縛六阿
上拏囉訖覩二合銘婆去縛七素布使
揄二合引銘婆去縛八薩縛悉朕提欽反
銘鉢囉二合也瑳九薩縛羯磨素者銘
十質多失𠼐二合藥句嚕一十吽引訶訶
訶訶斛引婆誐鑁二十薩縛怛他蘖多
三十渴誐麽銘門上者四十渴倪倪以婆反
縛五十摩訶三摩耶薩怛縛二合惡引六十
不散前印諦觀前有本尊及想自身
如本尊無異了了諦觀即誦五字陁
羅尼或以金剛語誦或分明蓮花語誦
或誦七遍三七遍以印於頂上解散次
即把念珠當心念誦不緩不急或一
百八遍或一千乃至一万遍念誦數
畢二手捧珠安於頂上然後置本處
若三摩地念誦者當心觀大圓鏡智
中布五字門了了諦觀隨義相應心
與般若波羅蜜合此名三摩地念誦
若身疲懈即結本尊劍印誦五字陁
羅尼七遍復以八大供養供養諸佛
以妙音辞稱揚讚歎獻閼伽水以降

三世印左旋解界即結金剛利劒印
奉送諸聖各還本宮眞言曰
唵訖哩二合觀引縛無莫反一薩縛薩怛縛二合囉他二合悉地捺多三引也他引努誐四引上蘗緖持挽二合没馱尾灑焰五布曩囉引誐六麼曩引也都七唵渴誐薩怛縛二合目八

作此法已重以三麼耶印誦加持明以印四處然後灌頂被金剛甲冑依前四禮禮四方佛懺悔發願等然後依閑靜處嚴以香花住本尊三摩地讀誦方廣一切大乘經典大般若大品乃至文殊般若等隨意經行

若有智者依此法　晝夜四時精進修
見世證得歡喜地　後十六生成正覺

文殊師利忿怒陀羅尼
唵縛日囉二合底乞叉拏三合倶嚕二合馱瞋那瞋那吽引泮吒

用此眞言護身辟除結界淨諸香花及一切供具等並得

當願衆生遇此教　曼殊常為善知識
速證般若善巧智　疾成無上兩足尊

五字陀羅尼

金剛頂文殊師利經　第十六張　弔

阿羅跛者曩唵縛日囉二合底乞叉拏三合唵縛佉泚去娜唵渴誐蘗囉二合欠平唵渴誐薩怛縛二合

金剛頂經瑜伽文殊師利菩薩法一品

丙午歲高麗國大藏都監奉
勑雕造

金剛頂文殊師利經　第七張　弔

金剛頂經瑜伽文殊師利菩薩法一品

校勘記

一　底本，麗藏本。

一　三九二頁上二、三行譯者，石作「特進試鴻臚卿大興善寺三藏沙門不空奉詔譯」；磧、南作「特進試鴻臚卿大興善寺三藏沙門大廣智不空奉詔譯」；徑、清作「唐特進試鴻臚卿三藏沙門大廣智不空奉詔譯」。

一　三九二頁上一〇行第八字「利」，石無。又末字「日」，石作「呪」。

一　三九二頁上一三行「令衆生」，石、磧、南、清作「令利益衆生」；徑作「令利益衆生」。

一　三九二頁上一八行「五髻」，磧、南、徑、清無。

一　三九二頁中三行第一〇字「受」，磧、南、徑、清作「授」。

一　三九二頁中一〇行「深著」，磧、南、徑、清作「染著」。

一　三九二頁中一三行「深入」，磧、清作「染」；南、徑作「染入」。

一　三九二頁中一七行第五字「契」，石、磧、南、徑、清作「契經」。

一　三九二頁中一九行「即得」，石、磧、南、徑、清作「即當」。

一　三九二頁下六行首字「盡」，磧作「書」。

一　二九二頁下一三行第九字「離」，磧、南、徑、清作「偏離」。

一　三九二頁下二二行與末行之間，磧、南、徑、清有卷末經名「金剛頂經瑜伽文殊師利菩薩法一品」。

一　三九二頁下末行至卷末「金剛頂經……菩薩法一品」及經文，磧、南、徑、清經名作「金剛頂瑜伽經文殊師利菩薩儀軌供養法」，經文內容基本相同，故在此處進行校對。

一　三九二頁下末行至次頁上一行「金剛頂經……一品」，磧、南、徑、清作「金剛頂瑜伽經文殊師利菩薩儀軌供養法」。

一　三九三頁上一行與二行之間，徑、清有譯者「唐北天竺三藏沙門大廣智不空奉詔譯」。

一　三九三頁上一三行「由此」，磧、南作「猶如」。又第一二字「皆」，磧、南、徑、清作「階」。

一　三九三頁上一五行末字「悟」，石作「晤」。

一　三九三頁下八行「成熟」，石、磧、南、徑、清作「成就」。

一　三九三頁下一八行首字「次」，磧、南、徑、清作「次結」。

一　三九四頁上一行「當於二乳想兩字」，石、磧、南、徑、清作「當於兩乳想二字」。

一　三九四頁上三行「門户」，石、磧、南、徑、清作「户門」。

一　三九四頁上一〇行「幖幟」，石、磧、南、徑、清作「標幟」。

一　三九四頁上一五行第七字「劒」，石作「釼」。

一　三九四頁上一九行「次當結喜」，石、磧、南、徑、清作「次結極喜」。

一　三九四頁中二二行末字「曰」，磧、南無。

一　三九五頁上四行「阿囉跋」，磧、南、徑、清作「阿羅跋」。

一　三九五頁上七行第五字「竪」，磧、南、徑、清作「竪」。

一　三九五頁上一三行第三字「額」，磧、南、徑、清作「頂」。

一　三九五頁中三行「緑色」，磧、南、徑作「緣色」。

一　三九五頁中七行「上觀」，石、磧、南、徑、清作「止觀」。

一　三九五頁中一二行第一二字「一」，石、磧、南、徑、清作「三」。

一　三九五頁下一行末字「曰」，南無。

一　三九五頁下二〇行第一三字「劒」，磧、南、徑、清作「鉤」。

一　三九六頁上五行至九行「結月……供養」，磧、南、徑、清無。

一　三九六頁上一八行第七字「故」，石、磧、南、徑、清作「力」。

一　三九六頁中一二行末字「曰」，石無。

一　三九六頁中一七行第一〇字「障」，磧、南、徑、清無。

一　三九六頁中二二行「真言」，徑作「真言曰」。

一　三九六頁下一九行「隨義」，磧、南、徑、清作「隨意」。

一　三九六頁下二〇行第一三字「念」，磧、南、徑、清作「合」。

一　三九七頁上九行第二字「印」，磧、南、徑、清作「自」。

一　三九七頁上一四行「四時」，磧、南、徑、清作「六時」。

一　三九七頁中卷末經名，石作「金剛頂經文殊師利菩薩法一品」；磧、南、徑、清作「金剛頂瑜伽經文殊師利菩薩儀軌供養法」。

阿唎多羅陀羅尼阿嚕力經 尹

開府儀同三司特進試鴻臚卿肅國公食邑三千戶賜紫贈司空謚大鑒正號大廣智大興善寺三藏沙門不空奉　詔譯

如是我聞一時婆伽梵在悉羅跋城給孤獨園與無量菩薩衆俱尒時觀自在菩薩於大衆中從座而起正衣服已偏袒右肩右膝著地合掌恭敬頂禮佛足而白佛言世尊我今欲說能成一切三世勝法唯願世尊慈悲聽許尒時世尊讚言善哉善哉摩訶薩埵為大利益一切有情故欲說如是秘密法藏我今聽許任為廣說尒時觀自在菩薩即說真言曰

唵阿嚕力迦半音娑嚩二合引訶引

尒時觀自在菩薩說此真言已而白佛言世尊此真言是一切蓮花部心我今說是悉地法則若每日晨朝於我像前作曼荼羅散種種花誦八千遍復不與人語更誦多少漸為强記若依此法能滿六月即大聡明凡所聞言皆領不忘若清淨洗浴而於佛前造三圓壇一佛二法第三為僧各作如法供養花香若手執香鑪燒香獻已誦滿八千遍應墮地獄四重五逆一切重罪無不消滅必不疑也若滿六月每時誦一千五百遍所求悉地皆得成就

又法淨洗浴已坐三稜草座誦三十五万遍一切悉地無有不獲仍離自身一切病必無橫疾若於觀自在菩薩前連誦一万所求善願皆得成就

又法白月八日或十五日清淨洗浴誦八千遍能離一切世界橫難及諸魔障皆悉消滅

又從白月一日至十五日日受八戒日誦一万遍能離一切毗那野迦所障礙難

又正月一日起首至十五日於佛前淨治曼荼羅以香花供養誦滿三万五千遍能得悉地一切所求

又於晨朝香湯洗浴誦三千五百遍能令一切人所敬愛凡所求事皆得隨意

又先於佛前誦一万遍然從一日起首乃至十四日誦十万遍遠離一切

惡障難事

又若有善男女等於佛前及觀自在等諸菩薩前作曼荼羅以塗香燒香花燈供養誦三千五百遍捨身必生觀自在菩薩足下

又先造十万塔於一一塔前誦一万遍如法供養者所求悉地皆得捨身已任意往生極樂世界

又以蠟封泥作十万小塔一一塔前誦三千五百遍所求悉地最上最勝心所念處皆得其人先造四重五逆大罪依此無不滅命終任意往生極樂國土

又以前泥於佛前作曼荼羅燒沉水香別取好花每一誦一擲佛足日三時乃至七日能滅一切決定墮地獄罪仍獲一切所求悉地

又不問日月好惡但取中夜香湯洗浴著新淨衣誦三千五百遍一切惡夢悉得消滅心所求事夢中皆說一一分明必不錯謬

又於我前作曼荼羅如牛皮法大小如牛皮或方或圓二肘三肘作之然牛酥

燈八盞每一万遍乃至一月每日如前
不與人語一月已即讀佛大乘經得成
不忘極大聡明仍見觀自在恒聞說法
又欲得見觀自在菩薩者於舍利塔
中誦三十五万遍然作大供養然牛
酥燈坐三稜草一夜誦眞言乃至中
夜聖者即現其身行人見已即從座
起供養恭敬尒時菩薩即為說法得
聞法已此人常不離聖者得不退菩
薩地乃至成佛
又於直向海泉水岸聚沙造一俱胝塔
毎塔前誦一洛叉有難消滅重罪應
墮地獄悉滅無餘仍見聖者命終生
極樂國土速得成佛
又每日造一百塔乃至六月日日持
誦者於其國土一切灾難消滅
又若造俱胝塔誦一俱胝遍即見觀
自在聽聞說法此人隨所行處有人
見者即得解脫一切苦海
又不語造衆多塔誦三十五万遍即
得悉地隨所言說恒為法音無不稱
意
又每日造三千五百塔一一塔前各

誦七遍以此功德迴施一切受苦有
情如是願言應墮惡道受苦業者皆
悉消滅如是此人凡所見者如僕隷
恭敬命終生安樂國
又於塔中限十五日無數遍誦以此
功德迴施一切衆生者此人所求大
願皆得成就
又先受八戒不語誦一俱胝得禪定
悉地
又法於聖者足前誦一切悉地皆
得
又恒起悲心以檀香磨塗一圓壇如
荷葉乃至一落叉一一壇前誦三千
五百遍如是已讀大乘經即得聡明
智慧心所欲誦多少皆得自在
又不語於本尊前誦三十五万遍即
得聡明寂上寂勝
又不語起大慈悲食大麦食或唯食
菜或乞飯食字別誦十五万遍心所
求願皆得成就唯除婬慾若如法供
養聖者已含香誦一万遍隨所行處
見聞皆喜
又早起淨浴著新淨衣誦千遍者忽

有飢儉無飯食時此人在處恒為豊足
又半夜晨朝掬水散身隨分誦多少得
離一切怖畏
又加持齒木千遍然嚼用即得辯才
令一切人敬愛
又加持好花先自嗅隨與前人悉珎
敬隨意
又能端坐誦隨分多少常得安樂
又於寢處端坐誦八千遍隨求何事
所願皆得唯除色欲
又凡誦八千遍能護自他
又取未墮地瞿摩夷和水作泥於佛
法僧及本尊前磨作壇以有香氣之
花散上然牛酥燈面東坐誦一万遍已
便於其處三稜草上眠心所求事皆具
說之一不謬忘
又白月一日如前取瞿摩夷作壇以
有香之花散上然三盞燈誦三千五
百遍明早得四箇迦利沙半那
又於舍利塔中或佛前以檀香末磨
作四小壇各置酥燈誦三千五百遍
隨為何人除厄難及惡事皆得消滅
又承取瞿摩夷先和水塗地即為佛

法僧及本尊以白檀香水作四小圓壇於上散花日誦一万乃至七日已即得種種衣服

又以香花供養本尊然四盞酥燈誦万遍第二十一日如上

又於直入海河泉水岸上面西安本尊像以瞿摩夷塗地供養香花行人面東誦三十五万遍從此已後此國土風雨順時五穀熟成更誦一万遍燒涅摩落花於此境界悪猛風雨停息（歎殘花也）

又隨在何國忽起厄難將本尊於城門前如法安置禮拜供養種種香花飲食灾厄即息

又以獻聖者殘花加持八千遍覆蓋於彼極患壯熱病人頭上及以和酥燒熏其病者即猛熱即得除愈

又於像前然酥燈加持八千遍取其燈煙點於眼中能除一切眼病

又於國內忽然起死灾於諸城門中門門盡我像奉獻水中所生諸花即於半夜取杉迷夜樹葉（以犐杷代）揾酥護摩乃至十五日一切死災停息

又若種種毒虫灾起先於本尊前如法供養往好泉水無舃鳥汙處入水及齊取左置蘇末那花一千葉每花加持一遍一投泉中乃至花盡一切毒虫災滅

又若起半夜誦万遍必無悪夢

又於午時入向海泉水中誦万遍一切悪夢消滅

又加持手掌八百遍以摩熱病者身卧於淨處即愈

我今說畫像之法取淨氎未曾割截童女織者取上中畫阿弥陀如来長六拃手住說法印於蓮花臺結加趺坐身純金色作白焰光佛右畫觀自在菩薩左畫大勢至菩薩皆純金色作白焰光二菩薩右手各執白拂左手各執蓮花大勢至身梢小於觀自在皆種種寶莊嚴其身著寶瓔珞手釧皆衣白衣髮並上結不得披下於日在之右畫聖者半拏羅婆悉你菩薩（白衣觀自在母也）髮亦上結寶冠種種寶衣以為莊嚴著白色衣天衣為黑左手持棒或持羂索右手執於般若梵

夾於大勢至近下應畫行人手執花冠或紅蓮青蓮瞻佛尊顏佛座正下為蓮花池中畫寶蓮蓮之右廂畫難陁龍王左畫跋難陁龍王皆立而半身出水各出一手捧佛座託蓮花面皃忻悅以寶嚴身身作赤色池之左右各為天女身服寶衣二手執花仰奉如來佛後應畫如意寶樹樹上挂種種寶衣及諸珎寶乃至音樂作僊歌鳥當於樹上畫諸天等以手散花雨於佛上畫像畢於淨處面西安置每受八戒於一切有情起大慈悲猛發菩提心至誠供養每於佛前自作小塔亦讀般若經或白月八日或十四日布施衆僧隨力多少如不能辦乃至極少一外麨許於此像前塗香末香燒香種種飲食如法供養及獻花燈幡蓋音樂自常心念阿弥陁佛誦其眞言三十五万遍即得悉地已後任運心念皆成

我今復說刻像法取一白檀木中央刻阿弥陁佛右觀自在左大勢至各執白拂衣裳瓔珞等並如法唯除池

等於此像前造護摩鑪鑪中先下五穀及五寶以阿説他木然火以酥蜜乳酪及種種花相和安金銀及銅器中誦三千五百遍便作護摩從白月一日起首乃至七日毎日如是作三千五百遍護摩者隨求何事必稱本願而得悉地已後任所作法皆得自在

又以苾婆木然火粳米三甜護摩二十五百遍羅闍以下悦順

又如上以波羅娑木然火粳米酪護摩二千五百遍國内敬重隨口即順財寶任求

又以阿拔剌末迦木(牛膝也)然火油麻三甜護摩一切輸馱羅深敬順

又以阿輸迦木(無憂木也)如上用三甜護摩乃至七日羅惹隨意

又以羅闍伐剌(二合)枳沙(二合此云王樹即婆羅門皂莢也)如上用阿輸伐馱(以夜合代)木三甜護摩七日亦如前

又以乳汁木如上亦以是木護摩至二十一日一切重病皆遠離於一生中更不復發

又以波羅奢木如上用五穀及蕪護摩乃至三月五穀豐熟足(已上皆二千五百遍也)

又以烏曇跋羅木如上用大麥酥日三時護摩三千五百乃至一月得上乳牛

又波羅奢木如上用赤大豆煮為羹白粳米酥蜜日三時護摩三千五百遍得財寶庫盈所用無盡

又伽陁羅木如上用尾𧐐麼果護摩日三千五百遍乃至七日得蕕伐剌(二合)那千兩

又波羅賒木如上用亦以是木三甜護摩三千五百遍隨所念人應時而至珎重供養

又烏曇跋羅如上以粳米飯酥護摩三千五百即財寶五穀隨意無窮

又波羅賒木如上以黃米黍穀油麻大麥及酥護摩三千五百羅惹隨意所求皆得

又以乳木如上粳米酥護摩三千五百即得辯才無礙人中獨勝

又阿摩羅如上以阿輸鉢多(二合)三甜護摩乃至七日日八千遍隨念即至

如僕隸見主

又波羅賒木如上以大麥三甜護摩日三千五百乃至三七日隨念多少人如前

又以上木如上以粳米飯三甜日護摩三千五百乃至一月即婆羅門隨念而至不違所使

又阿波末剌迦木如上以油麻大麥和酥護摩三千五百乃至三七日得一切刹底利貴人來珎敬如意(已上牛膝)

又伽陁羅木如上以黃黍米油麻和酥護摩三千五百毗舍等種性人如前

又烏曇波羅木如上大麥三甜准上數得輸多羅性人如前

又阿輸迦木如上以波羅賒木三甜准上數乃至七日羅惹珎敬隨意

又婆羅門皂莢木如上以波羅賒木揾三甜准上數乃至七日王子等隨念至而珎敬

又阿輸伐馱木如上油麻粳米和酥酪准上五穀任意無窮

又閇弥木(以苜蓿代)如上准用阿輸伐馱木(夜合代之)准上乃至二十一日遠離一

切攘災重病
又波羅賖木如上油麻和酥准上乃
至三月得五穀無量
又娑羅賖木如上以粳米赤小豆羹
黃黍米穀大麥三甜相和日時准上
得珎寶無數無盡
又波勒乞沙木如上以波羅賖木和
三甜准上不至三七日得衣裳隨意
無盡
又苾剁二合波木如上以迴香菜和粳
米三甜日三時准上乃至一月得莊
田五所
又迦剁二合尼迦羅木牡丹之代如上甘多
二合那安二合藥和酥日三時准上乃至
一月無量蕪扶羅那
又以波羅賖木如上以伽陁羅木和
蜜酪准上乃至三七日得名馬任乘
又阿輸伐馱木如上以波羅賖木和
二甜日三時時別准上乃至一月得富
貴果
又波羅賖木如上以三甜和安悉香准
上乃至三七日得莊田
又苾利娑木如上以白芥子和酥日

三時准上凡三七日即得身與門徒
遠離重病
又微那地迦多迦木如上以迴香草
和酥蜜准上時數凡七日離一切惡
障難消滅
又波勒乞沙木如上以烏曇波羅木
菓子和三甜日三時准上凡一月得
名莊一百八所
又波羅賖木如上以蓮花子和三甜
日三時准上隨所求皆如意
又杉摩二合也木如上以波羅娑果子
和三甜日三時准上凡一月隨所求
願皆悉圓滿
又秣多木如上以石榴菓子日三時
和三甜准上凡一月得二十所田園
又悉利娑三合也夜木如上以櫝子羹
日三時准上凡一月得一百上好牛
又遏迦木如上以種種穀三甜日三
時准上凡一月隨所求事皆得如意
但言准上即每日三千五百遍有用三時即時別三十五百遍
我今更説別畫像法令童女受八戒
織氎廣狹大小或二三肘去毛髮護
淨香熏更作種種香水淨洗之取家

上畫人先受八戒畫時以帛掩口鼻
勿令氣觸正中畫阿弥陁如來或坐蓮
臺或師子座結跏而坐作説法印右
自在左勢至執拂嚴身等如上像法
但佛及菩薩等上各畫白傘蓋以種
種寶網莊嚴於蓋正上畫作明仙持
諸寶花散而供養花下如雨脚亦作
種種音樂奉獻畫訖安於舍利塔内
或於舍利瓶前半夜晨朝如法持誦
足滿俱胝遍即得悉地於眞言王家
上斫訖羅底羅惹
又波羅賖木然火以輸悉波羅二合拏
藥和三甜護摩二千五百乃至七日
囉惹巳下珎敬
又阿師伐多二合木如上沉香三甜日
時准上凡一月貴人自來珎敬
又遏迦木如上以白檀木折切三指
時數准上凡一月羅惹珎敬
又伽陁羅木如上以眞酥合香准上
時數月大官如上
又伐利二合馱木如上安悉香和熏陸
以三甜准上時數月諸近臣敬順所
求皆得

又波羅賒木如上以蓮花三甜護摩一万得大官職
又伽陁羅木如上以安悉香為丸如山棗許大和三甜護摩三洛叉半得寂大官職
又迦利二合毗羅木如上以三甜二洛叉半亦然如上
又於本尊前不與人語誦一俱胝即如上
又於此像前然千盞燈用千蓮花千拘勿駄花更取水中生花隨得一類五百莖已上是三色花各加持八百遍供養其像畢即得如上
又於像前每日誦二千五百如是滿六月如上寂尊
又阿利二合迦木然火以荷葉搵三甜日三時各二千五百凡六月如上
又波羅賒木如上青蓮花和三甜日二千五百凡三月得輔相之位
又阿輸迦木如上以万蓮万遍護摩獲寂大官位
又袜馱木如上以瞿摩夷和三甜日二千五百如上

又紫檀木如上以迦二合毗羅花和三甜日如上數凡一月即得阿地底羯囉訶不發
又波羅賒木如上以闍智婆末二合那花日三時如上數一月已即應迦利迦二合羯羅二合訶不發
又伽陁羅木如上用摩哩二合迦花日三時如上數月布羅羯囉訶不得發
又袜馱木如上用波踃羅二合花和三甜如上時數月即伐利訶悉伐底羯囉訶不得發
又阿伐哩二合摩哩二合迦木如上用由底迦二合花三甜如上時數月即輸迦囉二合羯羅訶不得發
又波勒乞沙木如上用多迦羅二合花三甜日如上數凡三七日一切羯羅訶一切拏吒娑二合多羅皆不得發
尒時觀自在菩薩重白佛言我今更說別畫像法取無毛髮不割截白氎治護如前畫人受八戒中央觀自在菩薩左手執紅蓮花右手直下與餓鬼水縣上結身著白衣如前珎寶瓔珞莊嚴天衣為黑於蓮花上結跏趺坐

左廂畫大勢至菩薩右廂畫普賢菩薩各執白拂畫已於舍利塔内安置面應向西隨得香花任為大小供養中間不斷誦一俱胝行人所有橫死及惡障難皆除或為現說辟除之法
又此像前用闍智婆末二合那花各加持一遍供養已便於像前卧三稜草上即於夢中見聖者一切所求一切行事一一具說
又用一俱胝迦利二合毗羅如法供養得大官位隨所顯分有大威力梵本不云誦真言維上法各一遍應不失
又以闍智婆末那花一俱胝供養得見聖者聽聞說法仍離諸尅所害之難凡一切毒皆不著身命終生極樂國土
又於三七日用勿利二合迦花二十五莖供養及用拘勿陁花二千五百供養即獲上將位
又以餘地迦花万枚菓乃至七日得大官位親附國王
又用屈利二合跛迦花二千五百菓如是三七日得寂上職命

又日用二千五百茱萸迦花供養如是一月亦如上又得主情

茱供養其像於攝勝所必勝

又至初夜分於像前取瓦坏碗滿盛種種穀用闍智娑末那花覆蓋之加持二千五百遍如是三時謂初中後夜至平明時淨漱口已先加持楊枝八千遍然嚼嚼已取坏碗中穀口含即得辯才一切論議之處皆勝

又於像前以瓦坏碗滿盛胡椒於初夜中加持八千遍至平明時以香水洗其椒更加持一千即含之隨所言語一切人皆敬不敢違

又法於此像前瓦坏碗盛牛黃取有香氣花蓋之至夜分加持一千遍至明時先洗漱取淨水加持八百以洗牛黃點自額上一切人見敬發善心

又於像前以瓦坏碗盛娑多(二合)布娑婆叉伐剌(二合)孕迦以有香之花蓋之於夜三時各加持二千五百遍平明取塗身上所至之處皆得發善忽有嗔人見即歡喜

又像前用那迦(二合)計薩(二合 龍花蘂中有)及昌蒲根伐剌(二合)孕迦悉剌(二合)弊娑多迦(二合)多揭巳上五味相和盛碗中以有香之花蓋之至夜分中加持二千五百遍至平明時別遣童女純著白衣於淨滑石上研其藥即取塗身自上及下見行人者如前

又於像前取欝金沉香白檀香龍腦四物和置瓦坏碗中以闍智娑末那花蓋之至夜分中加持二千五百遍至平明取塗身上即准前

又像前以嘻剌(二合)馱囉(二合 金根)欝又摩拏多(二合)室羅(雌黃也)牛黃三物安碗中至夜分中加持二千五百平明取點額上見皆敬愛

我今更說別畫像法取不割截無毛髮氎如前治淨或木板平淨治於中央畫觀自在菩薩坐蓮花臺以七寶嚴身或衣纈衣或白衣左邊畫作羂索及畫怛跢迦悉(二合)地右邊畫作須彌盧山山根畫大海水遶之菩薩上畫作彩雲雲中畫諸仙天雨種種花而以供養畫巳於直入海石泉岸上

面向西安之如前誦一俱胝即得一切明仙中羅惹若更誦三俱胝即成一切明仙中斫羯囉囉惹

又於前但誦三洛叉半得成尊位誦一洛叉得大將位

又於前日日誦二千五百每日得四枚迦利娑半那

又於前白月十二日或十三日受八戒齋誦万遍得近習大官

又十字街中然四盞燈以乳酪飲食供養誦二千五百遍巳即於比近樹下寢夜夢中有藥叉女來白言尊者有何要事遣我何所作行人應報言作母或姊妹等是女即隨處分

又先受八戒於阿師伐(二合)馱樹下張像誦三洛叉半然獻香花乳酪粳米飯菓子等布列訖作無限念誦不得停歇

尒時有藥叉鬼如一婆羅門來白行人言令遣我欲作何事行人報言為我使者即奉受使從此巳後每於日西來取進止即應令作事業若行人不如法者反為所嗔乃至致損如不

伏㲉分者即為降伏法凡役使者以
降伏法使之
又張像安於毗梨勒樹下於前用葱
滓猫兒糞糠油麻黑豆黃炒末已上五
物和燒誦万遍即一鬼來行人不得
驚怖向云汝為我使者縱令作一切
難事苦事必不敢違
又張像於阿修羅窟門前如法誦一
俱胝即阿修羅女出請行人入入已
於阿修羅王中得自在位壽一劫見
慈氏下生
我今更說刻雕像法或用金銀或用
香木已六指量刻觀自在像左手執
蓮花右手施無畏刻畢安舍利塔中
於前先持二洛叉半然取阿輸迦樹
枝作小筐子取麼那多二合悉羅二合及
取素伐利二合盞你二合隨得一色安筐
子中於像前如法供養結界護身作
無限念誦乃至筐子中出聲出聲已
即其藥點於眼中即身淨壽一劫於
諸明仙中得囉若自在
又先覓黃牛有犢子者取此牛酥亦
取其乳於銅器中盛用嚧利二合多囉

安闍都摩那多二合尸羅及用金末鍮
石末銅末六物相和擣篩使丸之於
銅器中盛加持是藥乃至火出即出
一丸安口中便身淨吐出乃見壽万
年一切事皆得自在唯除婬慾命終
生極樂國土
又以金銀或好鐵如法作刀或輪或瓔
珞等寶具或復作鉾以是物等置阿
師伐馱樹葉上作無限念誦乃至其
物動搖見動已手執之即成明仙壽
命一劫即見聖者於彼聞法已便得
解脫
又以牛黃安闍那二合共多利二合嚕訶
相和為丸口含於像前無限念誦乃
至像眼睛動搖即得人中自在眼亦
明淨
又先於像前誦三洛叉供養十万花
蓮花然更誦一俱胝即於念誦處眠
夢中得見阿彌陀佛及菩薩衆聽說
法音得不退地菩薩位我今更說捏
塑像法以淨黃泥作觀自在像或一
肘二肘像法如前於像前作圓鑪鑪
前以種種香作小圓壇子取末陁地羅

摩夷作彼人形持利刀割此彙人一
片一投火中護摩乃至形盡如是日
三時至一月隨念何人即得弥敬如
僕隷見主
又以一切諸香作人形然阿輸迦木
火男從右脚女從左脚以利刀片片割
護摩如上時日一切人見聞者皆得
如意
又以黃黍米糠作人形用波羅多迦
木然火割護摩日時月如上即一切
鬼神隨得應念弥重供養仍與一切
財寶五穀等所索不違
又以油麻滓作人形然婆羅門皂莢
木火餘如上三七日已一切囉乞沙
二合娑隨念弥重
又粳米作形然袪馱木餘如上三七
日准前
又生酥作形然阿師伐木餘如上一
月已一切准前
又以粳米飯和酥作形然波羅賒木
如上一月已一切天准前
又酪和飯作人形然阿輸迦木如上一
月一切迦嚕拏如上

又黃黍穀和作人形然伽陁羅木如
上一月一切亂閻如上
又豌豆酪蜜和作人形然杉摩夜木
如上一月摩醯首羅并眷屬如上
又油麻滓或油麻和喬麥麵作人形
一如上一切猛惡損害鬼神等皆降伏
不違教命我今更說餘法於舍利塔
誦二千五百得成伐嚕二合尸婆如上
所說法者皆得具作成也
又但心誦不出音能滅一切前身中
所作一切惡業罪障出聲誦滅現在
一切罪障即見好相
又入直入海泉水中至臍下誦二洛叉
半即聖者現說一切功德諸善法門
又如上以闍智素勿利二合那花二十
五万莖一誦一投泉中即聖者為說
滅諸罪障法門
又以日日供養聖者心念二十一遍
一切罪障悉滅無餘
又心念誦觀想心作塔形乃至八百
此人命終生極樂國土
又造一肘塔塔前誦八百一切罪障
消滅命終如上

阿唎多羅陁羅尼阿嚕力經　第十五張　弟

又食前食後若坐若卧若行若住但
心念誦即得菩薩不退地位臨終親
見聖者
又若不能造塔但心念塔於前各誦
万遍已亦以心念種種供養者一切
應墮地獄重罪悉滅無餘
又若為利益一切眾生故念誦一切
善法隨身而集
我今更說餘法若於塔前或於山頭
大設供養於觀自在菩薩前自受八戒
食大麥飯及乳食誦三洛叉半即成
浮利婆二合尸婆法
又正月一日或二月十五日受八戒
供養聖者誦八千即悉地後所作事皆
得自在
又若正月一日供養聖者燒沉香以有
香之花八千莖每莖一誦一投打菩
薩心上乃至花盡一夜念誦得見聖
者若不得見即得五百兩素伐羅那
又以牛酥八千遍護摩七日巴羅惹弥
敬又摩那羅樹枝作小筐子以種種寶
莊嚴其筐以婆羅門皁莢木然火取
摩羅那木八百遍護摩隨莫何人無問

阿唎多羅陁羅尼阿嚕力經　第十六張　兵

遠近即到
又以阿輸迦木長六指作骨撾子上
山頂契大麥乳食加持三洛叉然自
白月十五日三日不食以阿輸伐多樹
葉蓋骨撾子更誦多少乃至其處有
一仙女來已行人即起問訊便乞所
願或作姉妹母妻等是仙女必不敢
違常為供承十二人分及與金釧仞
延命千歲
又月蝕之時用上牛酥盛於淨器取
阿輸波多樹葉蓋之加持不絕比至
月生如故已現三種相所謂沸煙火
焰若沸服之壽五百歲日行五百里
於不現形仙中為尊若煙出服之即
隱形去地二十四指日行千由旬壽
千歲火出而服得大神力朋仙壽三劫
又以紅蓮花和三甜護摩一万從此
火中吉祥天現妹妙殊特手執蓮花
隨所求願即與或與為母姉妹等事
亦與金釧
又受八戒用大麥食及和乳契坐三
稜草席誦八千遍一切飢渴之苦皆
消滅

阿唎多羅陁羅尼阿嚕力經　第十七張

又入水至𪗋誦一俱胝能見地中一切伏藏亦開一切阿修羅門能破一切日月宮殿任為降伏或任追召一切那識亦能令死活一切諸毒無不消滅亦能作扇底迦亦能取伏藏亦能攝取一切衆生亦能令本無男女者而有男女

又誦八百遍能護已身摘勝之處而不墮負

又於王宮之內如上護身一切怨家惡人所皆摧勝

又塔前誦六洛叉然以不割截白氎蓋覆像作無限不間誦比至氎上火出已行人得將三千人乘空能作種種不思議事

我今更說別法准前像上加持摩訶梲門(二合)馱像作白檀色弥寶瓔珞種種如法莊嚴其幾上結不得披下天衣白色畫已設大供養如法誦三洛又得悉地

我今更說別事法先受八戒於淨處或泉水邊造一舍利塔中安十二日漆偈晨造一塔持誦八千日中亦然

日暮亦然得一切明仙中輪王恒與聖者同住亦向西方見阿弥陁佛延壽一劫無量明仙前後圍遶大梵天王自來供養隨意自在

又阿伐利(二合)末羅(二合)迦木然火亦以此木和三甜護摩八千即與眷屬隨意弥敬

又阿娑安(二合)戰那藥摩那多(二合)悉羅藥及取自身血女人身血波利(二合)多泥利(二合)摩羅花已上藥皆等分擣篩為末三日不食入直入海泉水中至𪗋立手執上藥作無間斷念誦比至火焰出此藥一切天龍藥叉羅乞娑娑等八部鬼神皆來使喚亦能令誑亦能得一切眞言悉地及諸刀仗器具皆令誑惑乃至過去未來披誑何況現在

又獻聖者萎蓮花和已血及上酥先像前作小壇子設大供養取遏迦木然火用其藥護摩如是三度隨念何人任意所使如僕人見主仍得一百錠金必不敢違

又任然雜木柴以墓中土護摩隨念何人稱其名為之八千遍即得隨意

敬重

又以赤芥子油并取芥根莖及花和自身血用遏迦木然火護摩其藥隨念何人稱其名如上若加持其七遍其人火急即至

又先受八戒誦八千遍已令好手畫人亦受八戒先教持誦阿唎多羅眞言盡作弊羅娑像像前安四枚阿悉伐(二合)多樹葉取為牙及號豆

又以摩那悉羅藥或取三兩或取八兩已上三味安前葉上

又用三葉蓋其藥或用八日十五日或月蝕時加持其藥中無間念誦比現三相隨得上中下悉地

我今更別說法先受八戒以為乞食日時香湯洗浴著新淨衣發大菩提心斷除貪愛於一切有情起慈悲心或於塔中或於佛前誦三洛叉然淨氎上畫觀自在菩薩手執蓮花於蓮花上立應為黑色以寶莊嚴髮髻向上以細白氎博著二肩畫已安舍利塔中三日不食像前設大供養用體悉(二合)多木和酥蜜護摩二万四千即

像放光或地動或聞鼓聲或燈焰漸長或花動若見如是相即知以悉地能滅一切諸惡已蒙本尊恒為護身所求大願皆得自在此人所在見者愛敬

又以阿師伐合二馱樹菜著蘇嚕合二馱安闍那於像前加持不間息比現三相得三悉地

又日三時香湯洗浴及換淨衣乞食而食如法供養誦三洛叉然或二十三日或二十九日以烏油麻和三甜護摩八千得一千迦利沙半那

又口含昌蒲根無限念誦比現三相得三悉地煖聦明煙隱身火乘空大第應知

又以紫檀木長六指或十二指作齒木先持三洛叉即白月十五日像前無間念誦比三相現得三悉地

又正月一日受八戒日三洗浴誦一洛叉然盡阿剎馱羅像色如檀木坐蓮花以種種寶莊嚴髮髻冠左手執蓮花右手把菓者白天衣戴花冠以慈悲顏看行者盡已安舍利塔中以白

阿剎多羅阿嚕力經　第三二張　孝

蓮花護摩一洛叉即得一切明仙中王常與聖者同住亦能遊行極樂世界亦能降伏大梵天王從座而下亦得為四天下主隨所念至皆得自在亦得親見一切諸佛延壽一劫

又欲得速悉地乞食日時洗浴香湯如法洗已誦五十洛叉必得悉地心所求事皆得圓滿

又以白牙作筒子以金莊其表於內盛摩那多合二悉羅雄黃藥安像前無限念誦加持此藥筒子比現三相得三悉地

又先像前誦十六洛叉即安像舍利塔中以白氎覆作無間誦比像火然得將千餘人乘空

又不語於像前坐三稜草誦十六洛

又白月取烏曇婆羅木護摩八千能療一切病無不愈

又入水至齊誦一洛叉能見一切地中伏藏能破一切阿修羅宮能縛一切火神能結界能召諸龍能令已死者更生亦能作舍安合二馱亦能作烏闍阿合二多那合二陁也亦能攝嘆亦能令

阿剎多羅阿嚕力經　第三二張　孝

諸毒消除凡毒惡有情皆得降伏亦能與彼生男女加持八千一切戰陣皆勝亦能令外賊降伏

又以多剎合二路訶合三金銀銅即長六指許作蓮花日三時香湯洗浴不與一切人語於塔中誦五洛叉然供養三日不食持其蓮花無間斷誦比花火然得將三千人乘空得往生極樂國土與一切聖者等一切菩薩同住

又食大麥食日三浴三換衣誦一俱胝得心中悉地

又盡觀自在像如前法右廂加畫阿剎多黎菩薩立於蓮花臺上身色如檀木以寶莊嚴髮向上結戴蓮花冠者白天衣合掌恭敬作禮自在狀盡已設大供養誦三洛叉得心中一切悉地

命時觀自在菩薩摩訶薩說此微妙祕密甚深法已於是會中大菩薩眾天龍八部一切金剛聞是法已皆大歡喜禮佛而退

阿剎多羅阿嚕力經

丙午歲高麗國大藏都監奉

勑雕造

阿剎多羅阿嚕力經　第二十三張　孝

阿唎多羅陀羅尼阿嚕力經

校勘記

一　底本，麗藏本。

一　四〇〇頁上一行經名，石作「阿唎多羅陀羅尼阿嚕力品第十四」；磧作「阿唎多羅陁羅尼阿嚕力品」。

一　四〇〇頁上二、三行譯者，石作「特進試鴻臚卿大興善寺三藏沙門不空奉詔譯」；磧、南、徑作「特進試鴻臚卿大興善寺三藏大廣智不空奉詔譯」；清作「唐特進試鴻臚卿三藏沙門大廣智不空奉詔譯」。

一　四〇〇頁中四行第五字「時」，磧、南、徑、清無。

一　四〇〇頁中一三行第二字「從」，石作「法」。又第一一字「日」，磧、南、徑、清無。

一　四〇〇頁中一四行第四字「遍」，磧、南、徑、清無。

一　四〇〇頁中一八行「能得悉地」，石作「能成就」。

一　四〇〇頁下一行「難事」，磧、南、徑、清無。

一　四〇〇頁下二行「男女」，石作「男子」。

一　四〇〇頁下二二行至末行夾註「法師云大小如牛皮」，磧、南、徑、清無。

一　四〇一頁上五行「三十五万」，石、磧、南、徑、清作「二十五萬」。

一　四〇一頁上九行第一三字「退」，石作「起」。

一　四〇一頁上一二行「一洛叉」，磧、南、徑、清作「多少」。又第一〇字「消」，磧、南、徑、清無。

一　四〇一頁上一四行「速得」，磧、南、徑、清作「乃至」。

一　四〇一頁中八行「禪定」，磧、南、徑、清作「禪地」。

一　四〇一頁中一〇行首字「又」，磧、南、徑、清作「又如」。

一　四〇一頁中一八行「大麥食」，磧、南、徑、清作「大麥飯」。

一　四〇一頁中一九行「飯食」，磧、南、徑、清作「飲食」。又「字別」，磧、南、徑、清作「了別」。

一　四〇一頁下五行「敬愛」，石、磧、南、徑、清作「敬念」。

一　四〇一頁下一四行第八字「面」，磧、南、徑、清無。

一　四〇二頁上九行「熟成」，磧、南、徑、清作「成熟」。

一　四〇二頁上一〇行「惡猛」，石作「猛惡」。

一　四〇二頁上一五行第一三字「覆」，磧、南、徑、清無。

一　四〇二頁上一六行第四字「患」，磧、南、徑、清無。又「上及」，磧、南、徑、清作「亦」。

一　四〇二頁上一七行首字「燒」，磧、南、徑、清無。

一　四〇二頁上一八行首字「又」，磧作「人」。本頁中七行首字同。

一　四〇二頁上二〇行末字至次行首二字「中門門」，磧、南、徑、清作

「門中」。

一　四〇二頁上二二行夾註「狗杞」，徑作「枸杞」。

一　四〇二頁中二行「烏汙處」，磧、南、徑、清作「阿處」。

一　四〇二頁中六行首字「又」，石作「又法」。又第六字「誦」，石作「誦滿」。

一　四〇二頁中一一行第六字「之」，石無。

一　四〇二頁中一三行「六坼手」，石、磧、南、徑、清作「六礫手」。又第四字「住」，磧、南、徑、清作「作」。

一　四〇二頁中一七行第一〇字「梢」，石、磧、南、徑、清作「稍」。

一　四〇二頁中一九行末字「於」，石無。

一　四〇二頁中二〇行「日在」，石、磧、南、徑、清作「自在」。

一　四〇二頁中二一行「寶冠」，磧作「寶此」。

一　四〇二頁下九行末字「鳥」，磧、南、徑、清作「鳴」。

一　四〇二頁下一〇行第一四字「於」，磧、南、清無。

一　四〇二頁下一六行第四字「鈔」，磧、南、徑、清作「炒」。

一　四〇三頁上四行第三字「三」，石、磧、南、徑、清作「二」。五行末字同。

一　四〇三頁上一九行「以夜合代木」，磧、南、徑、清作「木以夜合代」。

一　四〇三頁中二行夾註「皆二千五百遍」，磧、南、徑、清作「皆日二千五百遍」。

一　四〇三頁中三行「烏曇」，磧、南、徑、清作「烏曇」。一五行同。

一　四〇三頁中八行首字「遍」，磧、南、徑、清無。

一　四〇三頁中一〇行首字「日」，磧、南、徑、清無。又第六字「遍」，磧、南、徑、清無。

一　四〇三頁中一一行「千兩」，磧、南、徑作「千雨」。

一　四〇三頁中一二行第八字「用」，石、磧、南、徑、清無。

一　四〇三頁中一三行第七字「遍」，磧、南、徑、清無。又第八字「隨」，石無。

一　四〇三頁中一七行「米黍」，磧、南、徑、清作「黍米」。

一　四〇三頁中一九行「皆得」，磧、南、徑、清無。次頁下末行同。

一　四〇三頁下一二行「毗舍等」，磧、南、徑、清作「毗舍」。

一　四〇三頁下一八行首字「搵」，磧、南、徑、清作「和」。

一　四〇三頁下末行首字「木」，石無。又夾註「夜合代之」，磧、南、徑作「夜合代」；清作「以夜合代」。

一　四〇四頁上六行「無盡」，石作「無量」。

一　四〇四頁上八行「不至」，石、磧、南、徑、清作「乃至」。

一　四〇四頁上一〇行「迴香菜」，磧、南、徑、清作「茴香葉」。

一　四〇四頁上一二行「五所」，清作「三所」。

一　四〇四頁上一三行夾註「牡丹代之」，磧、南、徑、清作「牡丹代」。

一　四〇四頁上一七行「任乘」，磧、南、徑、清無。

一　四〇四頁上一九行「二甜」，石、磧、南、徑、清作「三甜」。

一　四〇四頁上二〇行末字「果」，石作「果報」。

一　四〇四頁中三行「迴香草」，磧、南、徑、清作「茴香草」。

一　四〇四頁中一七行「一百上好牛」，磧、南、徑、清作「百上牛」。

一　四〇四頁中一八行「三甜」，磧、南、徑、清作「和三甜」。

一　四〇四頁中二〇行夾註右第六字「每」，磧、南、徑、清無。

一　四〇四頁中二一行「童女」，磧、南、徑、清作「童子」。

一　四〇四頁下二行第三字「氣」，磧、南、徑、清無。

一　四〇四頁下三行第一二字「法」，石作「法相」。

一　四〇四頁下六行第三字「絅」，石作「鈿」。

一　四〇四頁下七行第九字「下」，磧、南、徑、清無。又「雨脚」，磧、南、徑、清作「兩足」。

一　四〇四頁下一〇行第二字「滿」，磧、南、徑、清無。

一　四〇四頁下一一行第五字「底」，磧、南、徑、清無。

一　四〇五頁上二行末字「軄」，磧、南、徑、清無。

一　四〇五頁上四行「許大」，磧、南、徑、清無。

一　四〇五頁上五行「官軄」，磧、南、徑、清作「如上」。

一　四〇五頁上一四行第一一字「百」，磧、普、徑、清作「百徧」。次頁上一七行第一一字同。

一　四〇五頁上二〇行「護摩」，磧、南、徑、清無。

一　四〇五頁中一行夾註「二合」，石、磧、南、徑、清無。

一　四〇五頁中二行第一〇字「得」，磧、南、徑、清無。

一　四〇五頁中四行「婆末」，石、磧、南、徑、清作「娑末」。

一　四〇五頁中八行第一三字「得」，石無。

一　四〇五頁中一九行第一三字「白」，磧、南、徑無。

一　四〇五頁中末行第六字「黑」，磧、南、徑、清作「異」。

一　四〇五頁下一一行第五字「隨」，磧、南、徑、清無。又夾註左首字「云」，磧、南、徑、清無。

一　四〇五頁下一二行夾註左「不失」，磧、南、徑、清作「不失也」。

一　四〇六頁上五行第一一字「坏」，石作「坯」；磧、南、徑、清作「杯」。下同。

一　四〇六頁上七行第一一字「謂」，磧、徑、清作「誦」。

一　四〇六頁上一二行「八千遍」，石作「八千五百遍」；磧、南、徑、清作「八千」。又第八字「至」，石無。

一　四〇六頁上一六行第一一字「一」，磧、南、徑、清無。

一　四〇六頁上末行首字「嗔」，石作「其」。

一　四〇六頁中四行第一一字「加」，石無。

一　四〇六頁中八行第一二字「香」，石無。

一　四〇六頁中一三行夾註「雌黄也」，及正文「牛黄」，石無。

一　四〇六頁中一五行第二字「上」，磧、南、徑、清無。次頁上四行第一四字同。

一　四〇六頁中二二行第五字「雲」，石無。

一　四〇六頁中末行「石泉」，磧、南、徑、清作「名泉」。

一　四〇六頁下八行第八字「日」，磧、南、徑、清無。

一　四〇六頁下一九行第六字「鬼」，石作「兒」。

一　四〇六頁下二二行「事業」，石作「是業」。

一　四〇七頁上六行第三字「向」，石作「向渠」。

一　四〇七頁上二一行「囉若」，石、磧、南、徑、清作「囉惹」。

一　四〇七頁上二二行「牘子」，石、磧、南、徑、清作「犢子」。

一　四〇七頁中一行「都摩」，石、磧、南、徑、清作「那摩」。

一　四〇七頁中五行第九字「唯」，磧、南、徑、清無。

一　四〇七頁中二一行第一三字「或」，磧、南、徑、清作「若」。

一　四〇七頁中末行第一一字「取」，磧、南、徑、清無。

一　四〇七頁下一行末字「一」，石無。

一　四〇七頁下一六行「作形」，磧、南、徑、清作「作人形」。一八行、二〇行同。

一　四〇八頁上二行「乹闥」，磧、南、徑、清作「乾闥婆」。

一　四〇八頁上四行「如上一月」，南、徑、清作「如一一月」。

一　四〇八頁上五行「喬麥麵」，石作「蕎麵」。

一　四〇八頁上六行第一〇字「鬼」，磧、南、徑、清無。

一　四〇八頁上八行第五字「百」，磧、南、徑、清作「百徧」。二〇行末字、二二行第一〇字同。

一　四〇八頁上一三行第二字「入」，磧、南、徑、清無。

一　四〇八頁中一〇行第一一字「前」，磧、南、徑、清無。

一　四〇八頁中一四行「八千」，磧、南、徑、清作「八千徧」。

一　四〇八頁中一九行「五百兩」，石作「五兩」。

一　四〇八頁中二〇行「囉惹」，磧、南、徑、清無。

一　四〇八頁中末行末字「問」，磧、南、

徑、清無。

一　四〇八頁下二行「骨撾子」，磧、南、
徑、清作「骨擿子」。五行同。

一　四〇八頁下八行第一三字「釘」，
石作「鋋」。二〇行末字同。

一　四〇八頁下一〇行第七字「上」，
石無。

一　四〇八頁下一六行第一一字「朋」，
石、磧、南、徑、清作「明」。

一　四〇八頁下一八行「姝妙」，石無。

一　四〇八頁下二二行第一二字「之」，
石、南、徑、清作「乏」。

一　四〇九頁上一七行「梲門」，石、磧、
南、徑、清作「稅閉」。

一　四〇九頁上二一行第一二字「於」，
石、磧、南、徑、清作「或於」。

一　四〇九頁上二二行第五字「造」，
石無。

一　四〇九頁中一行「日暮亦然」，磧、
南、徑、清無。

一　四〇九頁中九行至一〇行「多泥
利」及夾註「二合」，磧、南、徑、清
無。

一　四〇九頁中一一行第五字「入」，
磧、南、徑、清無。

一　四〇九頁中一九行第一一字「隨」，
石無。

一　四〇九頁中二〇行末字「錠」，磧、
南、徑、清作「鋌」。

一　四〇九頁下六行末字「盡」，石、磧、
南、徑、清作「畫」。

一　四〇九頁下八行「羅娑」，石作「羅
婆」。

一　四〇九頁下九行正文第二字「多」，
磧、南、徑、清無。

一　四〇九頁下一〇行「摩那」，磧、南、
徑、清作「摩那多」。

一　四〇九頁下一二行第七字「藥」，
石作「上」。

一　四〇九頁下一七行第六字「於」，
石無。

一　四一〇頁上三行「護身」，磧、南、
徑、清作「護持」。

一　四一〇頁上七行第一〇字「闇」，
清作「聞」。

一　四一〇頁上一一行第一二字「和」，
石作「油」。

一　四一〇頁上一四行第五字「煖」，
石無。

一　四一〇頁上二一行「髮髻冠」，磧、
南、徑、清作「髮上結」。

一　四一〇頁上二二行第二字「花」，
磧、南、徑、清無。

一　四一〇頁中八行第五字「得」，磧、
徑、清無。

一　四一〇頁中九行第一〇字「莊」，
磧、南、徑、清作「裝」。

一　四一〇頁中一〇行夾註「雄黃」，
石作「二合」。

一　四一〇頁中一六行「三稜草」，磧、
南、徑、清作「三稜草」。

一　四一〇頁中一七行「白月」，石作
「然白月」。

一　四一〇頁中末行「陁也」，磧、南、
徑、清無。

一　四一〇頁下一三行第九字「花」，

磧、南、徑、清無。

一四一〇頁下卷末經名，石作「觀自在多利心成就法」；徑、清作「阿唎多羅陀羅尼阿嚕力經」。

百千頌大集經地藏菩薩請問法身讚

開府儀同三司特進試鴻臚卿肅國公食邑三千戶賜紫贈司空謚大鑒正號大廣智大興善寺三藏沙門不空奉　詔譯

歸命禮法身　住於諸有情　彼由不遍知
輪迴於三有　其性即生死　淨時亦復然
清淨是涅槃　亦即是法身　譬如乳相雜
醍醐不可得　如煩惱相雜　法界不可見
譬如淨乳已　酥精妙無垢　如淨其煩惱
法界極清淨　如燈在其瓶　光耀無所有
如在煩惱瓶　法界不照耀　彼彼令一邊
其瓶若得穴　由彼彼一邊　光明而外出
以三摩地杵　破壞煩惱瓶　遍滿於虛空
普遍光照耀　法界亦不生　亦不曾壞滅
一切時不染　初中常無垢　譬如吠琉璃
常時極光明　石藏以覆蔽　彼光不照耀
如是煩惱覆　法界妙清淨　不照於生死
於涅槃光明　有性若有功　則見於真金
無性若有功　困而無所獲　如糠覆其上
不名為粳米　煩惱覆其上　亦不名為佛
若得離於糠　顯現於粳米　遠離於煩惱
法身得顯現　世間作譬喻　芭蕉無堅實
而有真實果　食味如甘露　如無實生死
流轉煩惱海　其果即佛體　甘露施有施
如是於諸種　相似生其果　無種亦無果
智者必不信　種子則其性　諸法之所依
次第若能淨　獲得成佛位　日月常無垢
以五種覆蔽　雲霧與煙等　羅睺手及塵
如是心光明　覆蔽以五垢　貪愛瞋恚眠
掉舉與疑惑　如火洗其衣　種種垢不淨
若擲於火中　燒垢不燒衣　空類諸契經
所有如來說　一切斷煩惱　不曾壞其性
譬如地下水　常住而清淨　智隱於煩惱
清淨亦復然　法界亦非我　非女亦非男
遠離一切執　云何分別我　諸法無所著
女男不可得　貪盲調伏故　示現男女相
無常苦空性　心淨處有三　最勝心淨處
諸法無自性　如胞胎孕者　有之而不現
如煩惱所覆　法實不可見　分別有四種
所生大造者　分別我我所　名想及境界
一切佛大願　無所有無相　自覺相應故
諸佛常法性　如言兔有角　分別而非有
如是一切法　分別不可得　分析如微塵
分別不可得　如初後亦介　智云何分別
如是和合生　和合亦滅壞　一法自不生
云何愚分別　兔牛二角喻　此名徧計相
依住於中道　如善逝法性　如月及星宿
現於清水器　影像而顯現　如是圓成相

百千頌大集經請問法身讚　第一張　冒

初中亦為善　常恒不欺誑　彼無五種我
云何我分別　譬如熱時水　故名為熱水
是則共冷時　則名為冷水　覆蔽煩惱網
是則名為心　若離其煩惱　則名為等覺
眼識緣於色　影像極清淨　不生亦不滅
法界如是知　耳識緣於聲　清淨識三種
以自分別聞　法界無形相　鼻依香而覩
無色亦無形　鼻識是亦如　法界應分別
舌界自性空　味界性遠離　無依亦無識
法界自性故　清淨身自性　所觸和合相
遠離於所緣　我說為法界　諸法意為最
離能所分別　法界無自性　法界而分別
能見聞而觸　是味及所觸　瑜伽法是知
如是圓成相　眼耳及與鼻　舌身及末那
六處皆清淨　如是彼之相　心見有二種
世間出世間　我執為流轉　自覺是亦如
無盡是涅槃　若盡貪及癡　覺彼是佛體
有情歸依處　一切於此身　有智及無智
繫縛自分別　由悟得解脫　菩提不遠近
不來亦不去　壞滅及顯現　於此煩惱網
說於眾契經　住於自思惟　照以智慧燈
即得最勝寂　菩提不遠想　亦無隣近想
是六境影像　皆由如是知　如水與乳合

同在於一器　鵝飲盡其乳　其水如常在
如是煩惱雜　智在於一器　瑜伽者飲智
棄捨於煩惱　如是我我執　乃至所取執
若見二無我　有種而滅壞　是佛般涅槃
常恒淨無垢　愚夫二分別　無二瑜伽句
種種難行施　以戒攝有情　一切損忍辱
界增此為三　於諸法精進　靜慮心加行
常習於智慧　復得菩提增　方便共為慧
以願皆清淨　以力妙堅智　界增為四種
不應禮菩薩　此為甚惡說　不親於菩薩
不生其法身　憎於甘蔗種　欲食於石蜜
若壞甘蔗種　無由石蜜生　若護甘蔗種
三種而可得　糖半糖石蜜　於中必得生
若護菩提心　三種而可得　羅漢緣覺佛
於中必得生　如護於稻芽　農夫必當護
如初勝解行　如來必作護　如黑十五日
而見月輪形　如是勝解行　影現佛形相
如是初月輪　剎那剎那增　如是入地者
念念見增益　如白十五日　月輪得圓滿
如是究竟地　法身而得生　勝解彼堅固
常當於佛法　能發如是心　得為不退轉
染依得轉依　得受為淨依　由分得覺悟
名為極喜地　常時於染汙　欲等種種垢

無垢得清淨　名為離垢地　滅壞煩惱網
照曜得離垢　無量之暗瞑　離名發光地
清淨常光明　遠離世吉祥　周遍智慧焰
名為焰慧地　一切明工伎　種種靜慮飾
難勝於煩惱　得勝難勝地　於三種菩提
攝受令成就　生滅於甚深　名為現前地
遊戲於光網　徧以帝釋嚴　超越欲暴流
名為遠行地　一切佛加持　預入於智海
自在無功用　不動於魔使　於諸無礙解
瑜伽到彼岸　於說法談論　名為善慧地
身以智所成　如虛空無垢　諸佛皆所持
普徧如法雲　佛法之所依　行果皆所持
所依皆得轉　故名為法身　離不思議熏
及離流轉習　汝不思思者　云何而得知
超過諸語境　一切根非境　意識所取者
如所有我禮　次第而積集　佛子大名稱
皆以法灌頂　微細見法性　亦時洗濯心
超度生死海　彼以大蓮華　安立為大座
無量寶莖光　寶光明為臺　無量億蓮華
普徧為眷屬　先以十種力　以無畏四種
餘佛不共法　大自在而坐　一切善皆集
福智以資糧　圓月在星宿　徧滿而圍遶
則以佛日手　以寶光無垢　灌頂於長子

普徧皆令灌　彼住大瑜伽　皆見以天眼
無明攪擾世　惡習苦怖畏　狀如金光色
從彼瑜伽光　彼無知所覆　得開無明門
以福智感招　彼獲無執受　隨緣而圓寂
心得皆變化　諸法無自性　自性於境界
菩薩王妙見　法身妙無垢　皆以無垢身
安住於智海　即作衆生利　如巧摩尼珠
一切瑜伽者　大瑜伽自在　佛影皆變化
徧滿而流出　或有八臂者　三目熾盛身
彼皆瑜伽王　普徧而流出　皆以慈悲手
勝喜執持弓　射以般若箭　皆斷細無明
以大力昇進　執持智慧棒　一切無明葬
普徧皆碎壞　强力諸有情　金剛熾盛身
調伏有情故　則爲金剛手　自爲作業者
示現種種果　教誡如教理　變爲平等王
飢渴猛熾身　能施諸飲食　常忠諸來者
則爲善毉王　魔王於營從　魔女於莊嚴
菩薩作親友　能施菩提場　猶如日月形
彼光皆悅意　流出如電光　照曜俱胝剎
由以一燈故　徧滿皆得然　若一燈滅盡
一切皆隨盡　如是異熟佛　示現種種光
一化現涅槃　餘佛示歸寂　一亦無滅度
日光豈作暗　常現於出沒　示現剎土海

於無智暗世　能淨智慧眼　往於俱胝剎
矜愍化有情　彼皆不疲倦　由被大慈甲
一切於神足　瑜伽皆彼岸　皆觀時非時
令彼得流轉　則强於諂曲　暫時而棄捨
無量調有情　頓作令清淨　無量佛變化
頓時得暫變　於三界海中　而擲調伏網
舒展妙法網　普徧令成熟　則以調伏網
普徧令成熟　普徧令拔出　於中漂流者
則如千有情　普徧令度已　度已令覺悟
妙法不生疑　世尊汝法鈴　普徧令得聞
由此振聲故　除落煩惱塵　增上無明人
令淨於一時　以日光明威　破壞衆翳瞙
隨從暗煩惱　及餘罪身者　令彼作利益
積漸令清淨　彼彼人現化　安住如水月
煩惱攪擾心　不見於如來　如餓鬼於海
普徧見枯竭　如是少福者　無佛作分別
有情少福者　如來云何作　如於生盲手
安以最勝寶　云何而能見　無上之法身
俱胝日光形　光網以圍遶　諸天以少善
不能而得見　上次於大天　云何而得見
彼色不能見　諸仙離煩惱　大修羅梵等
云何餘少慧　然以佛威力　清淨自心故
能見如是類　獲得一切威　有情福端嚴

佛住彼人前　光明照曜身　三十二勝相
彼如是大天　當見如大海　不經於多時
即得智如海　世尊被色身　安住於多劫
能調可調利　趣於戒種類　廣壽大瑜伽
少壽何因故　多人俱胝餘　示現增減壽
無量俱胝劫　以命命增長　因緣皆無盡
獲得無盡果
若有相應顯此理　唯身以慧作分折
彼人生於淨蓮華　聞法所說無量壽

百千頌大集經地藏菩薩請問法身讚

百千頌大集經地藏菩薩請問法身讚

校勘記

一 底本，金藏廣勝寺本。四一七頁中原版殘，以麗藏本换。

一 四一七頁中二、三行譯者，石作「特進試鴻臚卿大興善寺三藏沙門不空奉詔譯」；磧、南作「特進試鴻臚卿大興善寺三藏沙門大廣智不空奉詔譯」；徑、清作「唐特進試鴻臚卿三藏沙門大廣智不空奉詔譯」。

一 四一七頁中一三行「不曾」，徑作「不增」。

一 四一七頁中二二行第三字「貞」，徑、清作「真」。

一 四一七頁下一三行「孕者」，麗作「孕子」。

一 四一八頁上六行「法界如是知」，麗作「法界無形相」。

一 四一八頁上末行「六境」，徑、清作「六種」。

一 四一八頁中一一行第六字「憎」，麗作「增」。

一 四一八頁中一六行「如黑」，麗作「如白」。

一 四一八頁中末行「種種」，磧、南、徑、清作「相種」。

一 四一八頁下四行「静慮」，徑、清作「淨慮」。

一 四一八頁下一四行「汝不」，石、麗作「如汝」。

一 四一八頁下一六行第五字「禮」，石、麗作「體」。

一 四一八頁下一九行「寶葉」，南作「寶華」。

一 四一九頁上二行第五字「世」，徑、清作「出」。

一 四一九頁上四行第一〇字「受」，石、麗作「定」。

一 四一九頁上一〇行「慈悲手」，磧、南、徑、清作「慈悲法」。

一 四一九頁上一二行「智慧捧」，石、磧、南、徑、清、麗作「智慧棒」。

一 四一九頁上一五行「教誡」，磧作「教誠」。

一 四一九頁上一八行末字「形」，石作「王」。

一 四一九頁上二〇行第二字「以」，石作「如」。又「偏滿」，磧、南、徑、清、麗作「遍照」。

一 四一九頁上末行「刹土」，徑作「刹上」。

一 四一九頁中二行「化有情」，徑、清作「諸有情」。

一 四一九頁中四行「則强於諂曲」，石、麗作「剛强於諂曲」。

一 四一九頁中七行「妙法網」，磧作「如法網」。

一 四一九頁中八行「舉出」，磧、南作「舉悟」。

一 四一九頁中一〇行「汝法鈴」，石作「如法鈴」；徑、麗作「妙法鈴」。

一 四一九頁中一一行第二字「此」，石作「如」。又第一〇字「塵」，石作「度」。

一　四一九頁中一二行「翳瞙」，麗作「翳瞙」。

一　四一九頁中一三行第七字「餘」，石作「除」。

一　四一九頁中一九行「日光形」，石、麗作「日光身」。

一　四一九頁下二行「大天」，麗作「丈夫」。

一　四一九頁下八行末字「折」，石、磧、南、徑、清、麗作「析」。

趙城縣廣勝寺

普賢菩薩行願讚 本十二頌別四句每句七字除頌日共計有一千七百三十六字 富

特進試鴻臚卿大興善寺三藏沙門大廣智不空奉 詔譯

所有十方世界中　一切三世人師子
我今禮彼盡無餘　皆以清淨身口意
身如刹土微塵數　一切如來我悉禮
皆以心意對諸佛　以此普賢行願力
於一塵端如塵佛　諸佛佛子坐其中
如是法界盡無餘　我信諸佛悉充滿
於彼無盡功德海　以諸音聲功德海
闡揚如來功德時　我常讚歎諸善逝
以勝華鬘及塗香　及以伎樂勝傘蓋
一切嚴具皆殊勝　我悉供養諸如來
以勝衣服及諸香　末香積聚如須彌
殊勝燈明及燒香　我悉供養諸如來
所有無上廣供養　我悉勝解諸如來
以普賢行勝解力　我禮供養諸如來
我曾所作衆罪業　皆由貪欲瞋恚癡
由身口意亦如是　我皆陳說於一切
所有十方羣生福　有學無學辟支佛
及諸佛子諸如來　我皆隨喜咸一切
所有十方世間燈　以證菩提得無染
我皆勸請諸世尊　轉於無上妙法輪
所有欲現涅槃者　我皆於彼合掌請

普賢菩薩行願讚 富

惟願久住刹塵劫　爲諸羣生利安樂
禮拜供養及陳罪　隨喜功德及勸請
我所積集諸功德　悉皆迴向於菩提
於諸如來我修學　圓滿普賢行願時
願我供養過去佛　所有現住十方世
所有未來速願成　意願圓滿證菩提
所有十方諸刹土　願皆廣大咸清淨
諸佛咸詣覺樹王　諸佛子等皆充滿
所有十方諸衆生　願皆安樂無衆患
一切羣生獲法利　願得隨順如意心
我當菩提修行時　於諸趣中憶宿命
若諸生中爲生滅　我皆常當爲出家
戒行無垢恒清淨　常行無缺無孔隙
天語龍語夜叉語　鳩槃茶語及人語
所有一切羣生語　皆以諸音而說法
妙波羅蜜常加行　不於菩提心生迷
所有衆罪及障礙　悉皆滅盡無有餘
於業煩惱及魔境　世間道中得解脫
猶如蓮華不著水　亦如日月不著空
諸惡趣苦願寂靜　一切羣生令安樂
於諸羣生行利益　乃至十方諸刹土
常行隨順諸衆生　菩提妙行令圓滿
普賢行願我修習　我於未來劫修行

所有共我同行者　共彼常得成聚會
於身口業及意業　同一行願而修習
所有善友益我者　為我示現普賢行
共彼常得而聚會　於彼皆得無猒心
常得面見諸如來　與諸佛子共圍遶
於彼皆興廣供養　皆於未來劫無倦
常持諸佛微妙法　皆令光顯菩提行
咸皆清淨普賢行　皆於未來劫修行
於諸有中流轉時　福德智慧得無盡
般若方便定解脫　獲得無盡功德藏
如一塵端如塵刹　彼中佛刹不思議
佛及佛子坐其中　常見菩提勝妙行
如是無盡一切方　於一毛端三世量
佛海及與刹土海　我入修行諸劫海
於一音聲功德海　一切如來清淨聲
一切羣生意樂音　常皆得入佛辯才
於彼無盡音聲中　一切三世諸如來
當轉理趣妙輪時　以我慧力普能入
以一刹那諸未來　我入未來一切劫
三世所有無量劫　刹那能入俱胝劫
所有三世人師子　以一刹那我咸見
於彼境界常得入　如幻解脫行威力
所有三世妙嚴刹　能現出生一塵端

如是無盡諸方所　能入諸佛嚴刹土
所有未來世間燈　彼皆覺悟轉法輪
示現涅槃究竟寂　我皆往詣於世尊
以神足力普迅疾　以乘威力普徧門
以行威力等功德　以慈威力普徧行
以福威力普端嚴　以智威力無著行
般若方便等持力　菩提威力皆積集
皆於業力而清淨　我今摧滅煩惱力
悉能降伏魔羅力　圓滿普賢一切力
普令清淨刹土海　普能解脫眾生海
悉能觀察諸法海　及以德源於智海
普令行海咸清淨　又令願海咸圓滿
諸佛海會咸供養　普賢行劫無疲倦
所有三世諸如來　菩提行願眾差別
願我圓滿悉無餘　以普賢行悟菩提
諸佛如來有長子　彼名號曰普賢尊
皆以彼慧同妙行　迴向一切諸善根
身口意業願清淨　諸行清淨刹土淨
如彼智慧普賢名　願我於今盡同彼
普賢行願普端嚴　我行曼殊室利行
於諸未來劫無倦　一切圓滿作無餘
所修勝行無能量　所有功德不可量
無量修行而住已　盡知一切彼神通

乃至虛空得究竟　眾生無餘究竟然
及業煩惱乃至盡　乃至我願亦皆盡
若有十方無邊刹　以寶莊嚴施諸佛
天妙人民勝安樂　如刹微塵劫捨施
若人於此勝願王　一聞能生勝解心
於勝菩提求渴仰　獲得殊勝前福聚
彼得遠離諸惡趣　彼皆遠離諸惡友
速疾得見無量壽　唯憶普賢勝行願
得大利益勝壽命　善來為此人生命
如彼普賢大菩薩　彼人不久當獲得
所作罪業五無間　由無智慧而所作
彼誦普賢行願時　速疾銷滅得無餘
智慧容色及相好　族姓品類得成就
於魔外道得難摧　常於三界得供養
速疾往詣菩提樹　到彼坐已利有情
覺悟菩提轉法輪　摧伏摩羅幷營從
若有持此普賢願　讀誦受持及演說
如來具知得果報　得勝菩提勿生疑
如妙吉祥勇猛智　亦如普賢如是智
我當習學於彼時　一切善根悉迴向
一切三世諸如來　以此迴向殊勝願
我皆一切諸善根　悉已迴向普賢行
當於臨終捨壽時　一切業障皆得轉

覩覲得見無量光　速往彼剎極樂界
得到於彼此勝願　悉皆現前得具足
我當圓滿皆無餘　衆生利益於世間
於彼佛會甚端嚴　生於殊勝蓮華中
於彼獲得授記別　親對無量光如來
於彼獲得授記已　變化俱胝無量種
廣作有情諸利樂　十方世界以慧力
若人誦持普賢願　所有善根而積集
以一刹那得如願　以此羣生獲勝願
我獲得此普賢行　殊勝無量福德聚
所有羣生溺惡習　皆往無量光佛宮

普賢菩薩行願讚

八大菩薩讚 出八大菩薩曼荼羅經末

圓寂宮城門　能摧戶扇者　諸佛法受用
救世我頂禮　自手流清水　能除餓鬼渴
三界如意樹　頂禮蓮花手　大慈水為心
能息瞋恚火　頂禮慈氏尊　能斷欲弓弦
虛空藏妙慧　虛空寂靜尊　生死流解脫
頂禮佛心子　無邊有情惑　能息無益心
普賢我頂禮　善逝上首子　塵勞盡僮僕
超勝魔羅軍　頂禮金剛手　能說一切明
頂禮妙吉祥　持妙童子形　舒遍智慧燈
擴奪三界明　一切除蓋障　是故我頂禮
無盡智慧尊　能生無竭辯　如地諸有情
所依一不斷　堅慧悲愍藏　地藏我頂礼
此眞善逝子　讚揚所獲福　以此諸有情
如彼成讚器

速疾滿普賢行願陀羅尼曰

曩麼悉底哩也(四合)地尾(二合)迦(引)南(一)怛佗(引)孽跢南(二)唵(三引)阿(引)戍嚩囉尾擬你娑嚩(二合)訶(四引)

每日誦普賢菩薩行願讚後即誦此眞言纔誦一徧普賢行願悉皆圓滿修三摩地人速得三昧現前福德智慧二種莊嚴獲堅固法速疾成就

普賢菩薩行願讚

校勘記

一　底本，金藏廣勝寺本。

一　四二二頁中一行夾註「六十二頌……一千七百三十六字」，石、麗無。又夾註右第四字「頌」，磧、南、徑、清作「頌頌」。

一　四二二頁中二行譯者，石作「大唐西域三藏阿目佉金剛菩提不空譯」；徑、清作「唐特進試鴻臚卿三藏沙門大廣智不空奉詔譯」；麗作「開府儀同三司特進試鴻臚卿肅國公食邑三千戶賜紫贈司空謚大鑒正號大廣智大興善寺三藏沙門不空奉詔譯」。

一　四二二頁中一〇行「闡揚」，石、磧、南、徑、清、麗作「闡揚」。

一　四二二頁中一五行「供養」，麗作「大供」。

一　四二二頁中一七行第二字「曾」，石作「悉」。

一　四二二頁中二二行第二字「皆」，麗作「今」。

一　四二二頁下一二行「諸生中」，磧、南、徑、清作「諸衆生」。

一　四二二頁下一六行第九字「於」，南作「以」。

一　四二三頁上一行「常得感」，磧、南、徑、清作「感得常」。

一　四二三頁上一三行「無盡」，麗作「無量」。

一　四二三頁上末行第七字「刹」，石作「察」。

一　四二三頁中八行第九字「令」，徑、麗作「今」。

一　四二三頁中一一行「法海」，磧作「刹海」。又第一〇字「德」，石作「得」。

一　四二三頁中二二行第二字「修」，麗作「須」。

一　四二三頁下六行第五字「求」，磧、南、徑、清作「生」。

一　四二四頁上五行「授記別」，石、南、徑、清、麗作「受記莂」；磧作「授記莂」。

一　四二四頁上六行「授記」，石、麗作「受記」。

一　四二四頁上八行第四字「持」，石作「於」。

一　四二四頁上一二行卷末經名，石作「普賢菩薩行願讚一卷」。又卷末經名前，麗有大段五言讚，茲據麗藏本附於卷後，即本頁上一三行至本頁中五行「八大菩薩讚……如彼成讚器」。又卷末經名後，磧、南、徑、清有一段呪語及經文，茲據磧砂藏本附録卷尾，即本頁中六行至末行「速疾滿普賢行願陀羅尼曰……速疾成就」，並校以南、徑、清。

一　四二四頁中一一行第一二字「修」，徑、清無。

大吉祥天女十二契一百八名無垢大乘經　尹

開府儀同三司特進試鴻臚卿肅國公食邑三千戶賜紫贈司空謚大鑒正號大廣智大興善寺三藏沙門　不空奉　詔譯

如是我聞一時薄伽梵住安樂世界與大菩薩眾所謂觀自在菩薩得大勢菩薩除一切蓋障菩薩地藏菩薩普光菩薩虛空藏菩薩金剛手菩薩除一切怖畏菩薩持一切清淨吉祥菩薩持一切福相菩薩持日月三世菩薩文殊師利菩薩如是等菩薩摩訶薩而為上首尒時觀自在菩薩摩訶薩往詣世尊所頭面禮足退坐一面時大吉祥天女亦往諸佛所頭面禮足圍遶無量百千匝及禮一切安樂世界所住菩薩退坐一面

尒時世尊見吉祥天女有無量百千福莊嚴俱胝如來圍遶一切釋梵護世讚揚稱歎以大梵音告觀自在菩薩摩訶薩言觀自在菩薩若有國王王子比丘比丘尼優婆塞優婆夷婆羅門刹利毗舍首陁若受持大吉祥天女十二契一百八名無垢讚歎其王刹利國界所有衆生一切怖畏逼惱並皆消除一切怨賊人非人怖亦不為害一切財穀皆悉豐饒吉祥天女於彼王刹利宅中常所居止時彼菩薩摩訶薩說如是言善哉善哉世尊妙說此語若有持吉祥天女名号彼獲如是福利時無畏觀自在菩薩摩訶薩即白佛言世尊吉祥天女曾於何處種植善根佛言彼於恒河沙如來應供正遍知處種植善根無畏觀自在菩薩我念過去世於寶生世界寶花功德海吠琉璃金山金光明吉祥如來應供正遍知出興於世大吉祥天女於彼種植善根及餘多如來所由稱如是如來名号此大吉祥天女作成就善根此諸如來常隨逐大吉祥天女能脫一切罪除滅一切煩惱令一切身作無垢召集增益一切財穀能除貧窮能攝召一切天龍藥叉羅刹乾闥婆阿脩羅迦樓羅緊那羅摩睺羅伽能息一切逼惱諍訟鬪戰能成辦六波羅蜜所謂

南無吉祥蜜如來

南無恒河一切津口吉慶吉祥如來
南無栴檀花威星光吉祥如來
南無普遍照曜勝鬪戰吉祥如來
南無功德海照曜曼荼羅吉祥如來
南無法神通幢進吉祥如來
南無曜寂靜香照曜吉祥如來
南無衆生意樂寂靜身吉祥如來
南無願海吉祥如來
南無妙遍稱讚名号吉祥如來
南無不退輪寶處吉祥如來
南無日輪照曜踴起吉祥如來
南無無數精進妙住吉祥如來
南無無量善住吉祥如來
南無音聲支分吉祥如來
南無般若燈無數光幢吉祥如來
南無那羅延禁戒甲胄吉祥如來
南無梵吉祥如來
南無摩醯首羅吉祥如來
南無日月吉祥如來
南無甚深法光王吉祥如來
南無虛空燈現喜吉祥如來
南無日光幢吉祥如來
南無香燈吉祥如來

南無海藏生吉祥如來
南無變化雲妙聲吉祥如來
南無一切照曜嚴吉祥如來
南無樹王增長吉祥如來
南無寶焰山吉祥如來
南無智焰海吉祥如來
南無大願進吉祥如來
南無大雲吉祥如來
南無念幢王吉祥如來
南無帝幢幡王吉祥如來
南無鈎召一切財穀吉祥如來
南無鈎召寂靜吉祥如來
南無鈎召吉慶吉祥如來

如是如來名号若有恭敬受持讀誦者彼善男子善女人得發生甚多福聚一切如來授記大吉祥天女汝當於吉祥寶莊嚴世界成等正覺号吉祥摩尼寶生如來應供正遍知其世界種種天寶以為莊嚴於彼世界唯此如來作光明彼菩薩衆於彼佛世界中自然光明壽命無量從空演出佛法僧音聲所有菩薩於彼佛世界生者一切皆蓮花臺化生云何十二

契一百八名無垢讚歎無畏觀自在汝今諦聽所謂

一切如來灌頂一一切如來母二一切天母三一切如來吉祥四一切菩薩吉祥五一切賢聖聲聞緣覺吉祥六梵毗紐摩醯首羅吉祥七一切天上首吉祥八一切處到吉祥九一切天龍藥叉羅刹乾闥婆阿修羅迦樓羅緊那羅摩睺羅伽吉祥十一切持金剛手持金剛吉祥十一四五讓世吉祥十二八曜二十八宿吉祥十三唵娑尾怛哩十四駄怛哩摩多十五十四明吉祥十六吉祥鬼母十七勝十八寂勝十九恒河二十一切津二十一一切吉慶二十二無垢吉祥二十三一切除罪二十四無逸二十五十月吉祥二十六日吉祥二十七一切曜吉祥二十八乘師子二十九百千俱胝頻婆羅蓮花莊嚴三十蓮花三十一大蓮花三十二蓮花座三十三蓮花藏三十四持蓮花三十五具蓮花三十六無量寶光明三十七施財三十八白三十九大白蓮花四十白辟四十一持一切吉慶四十二莊嚴一切福身四十三調柔者四十四百千辟四十五百千眼四十六百千頭四十七持種種間錯摩尼冠四十八妙色四十九種種

色五十名稱五十一極名稱五十二寂靜五十三貳母多五十四清淨髮五十五月光五十六日光五十七作端嚴五十八一切有情對面吉祥五十九聖者六十依花六十一花自在六十二一切須弥山王吉祥六十三一切江河吉祥六十四一切海水吉祥六十五一切津口吉祥六十六一切藥草樹財穀吉祥六十七施金六十八施飲食六十九色清淨身七十色者七十一一切如來自在者七十二一切天衆對面吉祥七十三焰摩水天俱尾羅嚩平娑嚩上首吉祥七十四與者七十五食者七十六威光七十七具威光七十八豐饒七十九榮盛八十增長八十一高遷八十二法吉祥八十三依春八十四俱牟陁藏八十五慈悲者八十六依丈夫身八十七一切清淨吉慶手八十八除一切不吉祥者八十九鈎召一切福吉祥九十一切地王吉祥九十一一切持明吉祥九十二一切鬼藥叉羅刹餓鬼毗舍遮鳩槃茶摩睺羅伽吉祥九十三一切天宮諸天吉祥九十四一切念誦護摩吉祥九十五曜極喜九十六福德遊戲九十七一切仙清淨吉祥九十八一切吉祥九十九一切宮殿尊勝吉祥一百一切緊那羅吉祥一百一一切日勝吉祥一百二無罪處流者一百三音樂一百四適悅者一百五俱尾羅一百六愛

者一百七法王吉祥一百八如上一百八名眞言曰
唵微路迦上耶多羅耶一慕者耶薩
嚩耨契毗藥二合薩嚩補尼耶二合三
婆去囉那摩上目企平俱嚕四婆嚩
二合訶引唵凝上戕薩嚩底丁以反嘌他
二合目企平婆嚩訶唵婆尾怛哩婆
嚩訶薩嚩苿戕攞馱哩尼婆嚩訶
避咄吠二合那薩嚩諾曷沙二合怛囉
二合蘖囉二合訶戕拏地毋嘌伭三合帶
曳二合婆婆訶没囉二合晗摩二合耶婆
嚩訶尾瑟努二合微開口呼婆嚩訶嚕捺
囉二合耶婆嚩訶尾濕嚩目佉耶婆嚩訶
唵伲里二合伲伲里二合伲一薩嚩迦哩
耶二僧婆達伲三悉伲悉伲四伲伲
伲伲五阿洛乞灑弭四合咩那舍耶六
阿嚩訶泥微七室哩二合微室羅末拏
耶八婆嚩訶蘖鞞二合嘌拏二合馱那馱伲
耶二合羯哩瑟尼婆嚩訶薩嚩布尼耶
二合羯哩瑟尼婆嚩訶室哩泥去嚩多
婆嚩訶薩嚩引洛乞瑟弥四合鉢囉二合
羯哩瑟尼婆嚩訶薩嚩播波奢末尼
奢末尼婆嚩訶薩嚩怛伲蘖多引毗
色羯他曳婆嚩訶薩嚩泥鞞多引鉢

大吉祥天女經　第七張　尹

羅二合目佉室哩曳婆嚩訶阿欲重呼摩
上羅鞞哩拏二合迦羅曳婆嚩訶薩嚩
波尾怛囉苿薩羅訶薩多曳婆嚩訶
僧及平息之筫嚩上四伲曳二合婆嚩訶波
上娜三步多婆嚩訶薩嚩吉哩爹一
迦區開口重呼嘌娜尾娜尸尼上曳二合婆
嚩訶

無畏觀自在菩薩此大吉祥眞言及以一百八名号能除一切煩惱能摧一切罪能鉤召一切福能除一切不祥能鉤召一切福德若有人受持讀誦及諸如來名号者彼當早起於一切佛燒香及花供養爲吉祥天女應燒檀香應讀此經其人不久獲得一切吉祥一切安樂喜悅一切天擁護一切事業悉得成就佛説是經已觀自在菩薩摩訶薩及大吉祥天女一切大衆聞佛所説皆大歡喜信受奉行

大吉祥天女十二契一百八名無垢大乘經

丙午歲高麗國大藏都監奉
勑雕造

大吉祥天女經　第八張　尹

唵一怛伱也他二合伲尾路引迦野路囉野二謨
引者野三薩嚩耨契毗藥四二合薩嚩補尼野
五二合楷素感反婆去囉曩引麼引目契矩嚕婆
嚩引二合訶引七唵八凝戕引九魚迦反薩嚩底丁逸反十
佗目企婆嚩引二合訶十一唵十二婆引尾底哩
二合婆嚩二合訶引十三薩嚩嚕戕攞十四馱引哩
捉婆嚩二合訶十五者咄吠娜十六薩嚩諾乞叉二合
怛囉二合十七蘖囉二合訶戕拏引地慕帶曳二合婆
嚩引二合訶十八没囉二合紇麼二合野婆嚩引二合訶
十九尾瑟努二合吠婆嚩二合訶二十嚕捺羅二合野婆
嚩引二合訶二十一尾濕嚩二合目佉野引婆嚩二合
引訶二十二唵二十三凝里二合寧上凝里二合寧二十
四薩嚩迦引哩也二合僧婆引馱寧二十五私
寧下同反私寧二十六上寧寧寧寧二十七阿攞乞
史弭二合茗曩引捨野二十八阿引嚩訶泥尾室
唎二合二十九吠室囉二合麼拏引野婆嚩引二合訶
三十引蘇上戕拏馱上曩三十一馱引寧夜二合羯
灑捉婆嚩引二合訶引三十二薩嚩補尼夜二合羯灑
捉婆嚩引二合訶引三十三室唎二合泥上嚩跢羯灑
捉薩嚩引二合訶引三十四薩嚩播引跛三十五曩捨
寧上薩嚩引二合訶引三十六薩嚩播引攞乞史弭三合
三十七引鉢囉二合捨麼寧上婆嚩引二合訶引三十八薩
嚩怛他引誐跢毗色訖帝二合野引婆嚩引二合訶三
十九薩嚩泥嚩跛毗色訖二合帝二合野引婆嚩引二合訶引四十
薩嚩泥嚩跛毗色路引鉢囉二合目佉四十一室哩二合曳
引婆嚩引二合訶引四十二阿欲麼攞四十三戕拏二合迦
囉引曳二合婆嚩引二合訶引四十四薩嚩跛尾怛囉
四十五二合薔識攞訶婆跛二合曳引婆嚩引二合訶

(引四十六)僧(息孕反)賀嚩(引)四奈曳娑嚩(引二合)訶(引四十七)跛納麽(二合)三步路(引)曳娑嚩(引二合)訶(引四十八)薩嚩訖哩(二合)丁也(二合四十九)迦屜(引)娜(五十)尾曩(引)施奈曳娑嚩(引二合)訶(引五十一)

大吉祥天女十二契一百八名無垢大乘經

校勘記

一　底本，麗藏本。

一　四二六頁上一行經名，石作「佛說大吉祥天女十二契一百八名無垢大乘經一卷」；磧、南、徑、清作「佛說大吉祥天女十二契一百八名無垢大乘經」。

一　四二六頁上二、三行譯者，石作「特進試鴻臚卿大興善寺三藏沙門大廣智不空奉詔譯」；磧、南作「師子國三藏廣智不空譯」；徑、清作「唐三藏沙門大廣智不空譯」。

一　四二六頁上一一行第三字「觀」，石作「聖觀」。

一　四二六頁上一三行「往諸」，石、磧、南、徑、清作「往詣」。

一　四二六頁上一三行至一四行「圍遶無量百千匝」，石、磧、南、徑、清作「無量百千匝圍繞」。

一　四二六頁中二行第二字「並」，石作「普」。又「消除」，磧、南、徑、清作「息除」。

一　四二六頁中七行「無畏」，石無。

一　四二六頁中八行第一四字「曾」，磧、南、徑、清無。

一　四二六頁中一〇行第四字「正」，石作「正等」。

一　四二六頁中一五行「如來」，石作「如是」。

一　四二六頁中一七行「天女」，磧、南、徑、清作「天女作成就善根此諸如來常隨逐大吉祥天女」。

一　四二六頁中末行「南無」，石、磧、南、徑、清作「曩謨」，下同。又本行後，磧、南、徑、清有「曩謨寶華功德海吠瑠璃金山光明吉祥如來」一行。

一　四二六頁下二行第六字「威」，磧、南、徑、清作「威德」。

一　四二六頁下五行至六行，石無。

一　四二六頁下八行「願海」，磧、南、徑、清作「願海光」。

一　四二七頁上三行第七字「嚴」，磧、南、徑、清作「莊嚴」。

一　四二七頁上五行第五字「山」，石、磧、南、徑作「山王」。

一　四二七頁上七行第五字「進」，磧、南、徑、清作「精進」。

一　四二七頁上一四行「讀誦」，磧、南、徑作「讚誦」。

一　四二七頁上二二行第四字「音」，石無。又「音聲」，磧、南、徑、清作「聲音」。

一　四二七頁中一二行「娑尾」，磧、南、徑、清作「娑尼」。又小字「去十五」，石、磧、南、徑、清作「十五」。

一　四二七頁中二〇行「蓮花」，磧、南、徑、清無。

一　四二七頁下一四行「不吉祥者」，石作「不祥」；磧、南、徑作「不祥者」。

一　四二七頁下末行正文首字「者」，石作「者吉祥」。又「音樂」，磧、南、徑、清作「意樂」。

一　四二八頁上二行至本頁中七行呪語，磧、南、徑、清與之大異，茲據磧砂藏本附載於卷末。

一　四二八頁中一六行「悉得」，石、磧、南、徑、清作「悉皆」。

一　四二八頁中一七行「摩訶薩」，石無。

一　四二八頁中卷末經名前，磧、南、徑、清有七言偈十六句「天阿蘇羅藥叉等來聽法者應至心擁護佛法使長存各各勤行世尊教諸有聽徒來至此或在地上或居空常於人世起慈心晝夜自身依法住願諸世界常安隱無邊福智益群生所有罪障並消除遠離衆苦歸圓寂恒用戒香塗瑩體常持定服以資身菩提妙華徧莊嚴隨所住處常安樂」。

一　四二八頁中末行卷末經名，石作「大吉祥天女十二契一百八名無垢大乘經一卷」；徑、清作「佛説大吉祥天女十二契一百八名無垢大乘經」。

底哩三昧邪不動尊威怒王使者念誦法 一

特進試鴻臚卿大興善寺三藏沙門大廣智不空奉 詔譯

尒時釋迦牟尼佛告執金剛菩薩言我今爲汝說無量力神通無動使者甚能利益成就一切事業先洗心防患除諸亂想制心一處先頂禮一切諸佛菩薩懺悔等令三業清淨然後作一切事業若忘念闕法師即犯三昧邪應每日三時誦此明即滅前所犯諸罪障明曰

曩莫薩底哩耶四合一 地尾二合 迦南一 薩㗚怛他引 蘖多喃二 唵三 微囉南四 摩訶斫羯囉二合 嚩日哩二合 薩多薩多五 娑囉帝娑囉帝六 怛囉二合 怛囉二合 異尾異七 陀摩你八 三畔闍你九 多囉摩底十 悉馱蘗谿二合 野十 怛覽二合 娑婆嚩引二合 訶引十二

若欲便易去當誦次明七徧以杵印護身五處額兩肩心喉頂上散之明曰

唵一 阿者邏迦曩二 戰拏娑馱耶吽泮吒半音三

便易了當洗淨出已洗手漱口即往精舍准前禮佛懺悔已然以清淨心合掌以二大指按於額上定意誦三昧邪明曰

曩莫薩嚩母地薩怛嚩二合 南一 曩莫蘇悉悌娑達你二 阿蘗谿迦嚕娇二 嚩囉祢多異阿嚩曳四 阿底莽谿五 曩莽素覩二合 娑囉莽悉悌馱耶六 計鼻喻二合 莽賀訖哩二合 閉弊娑嚩引一合 訶引七

次以安穩明印護身二小指內相叉於大指虎口中出並竪二中指二無名指於中指背以二頭指各握無名指竪二大指捻中指即成明曰

曩莫三滿多沒馱南一 唵二 賀囉賀囉三 莽賀弥你多吽泮吒半音四

行者次應淨其業障洗除身心無始垢穢使得清淨洗有二種一內二外內爲於諸有情上起慈悲喜捨四無量心清淨無我等觀外者即以水洗令得清淨即結三昧邪印誦三昧明次即以杵印明除其垢穢以右手捻頭指甲上餘三指散竪如金剛杵明曰

唵一 阿者羅二 迦曩戰荼娑馱野吽泮吒半音三

次說加持水土令清淨用先洗脊已

下及浴衣并洗手漱口等其印先合
掌屈二大指入掌中攪水右轉即土
等亦尒明曰
曩莫三滿多嚩羅合二𧹞一去聲怛囉合二吒
二阿毋伽戰拏摩賀嚕沙上拏三娑
頗合二吒野四吽吽五怛羅合二婆野怛
囉合二婆野六吽 怛囉合二吒七唅八𤚥九
內外洗已身心清淨行者次應結界
即以右手中已下三指握大指爲拳
直竪頭指以印右轉即成結界左轉
成解界亦成辟除便成十方界明曰
唵一吽二摩賀四摩畔馱你三滿馱滿
馱四嚩日𭉭合二嚩日唎合二尼五吽泮
吒六半音
次結被甲印先合掌各屈頭指無名
指入掌中即磔開竪大小中指等如
三鈷金剛杵是名無能勝金剛甲印
明曰
唵一吽二嚩日羅合二摩臾三嚩日羅
合二迦嚩制斛四引嚩日囉合二吽泮吒半音五
以印印五處成被甲已然後隨意洗
浴訖次作灌頂印以左右無名指小
指相叉入掌中便結爲拳二中指直

竪頭相拄二頭指各押中指甲二大
指亦各捻無名指即成灌頂印明曰
曩莫悉底哩合三野地吠合二薩多引南
一薩嚩怛他引蘖多南二紇唎合二三沒
馱曩避也合二囉濕弥合二鼻曬罰四鼻
詵者 怛毋合二努怫皤嚩邏嚩底五末
囉合二者鵌婆嚩引合二訶引六
次又以甲印護身洗浴著衣時誦此
明曰
唵一吽二娑多合二吒野三娑四吽四
洛乞叉合二𤚥泮吒五半音
次結金剛座印以此印明加持住處
便成不可壞金剛地印於此地想有
金剛座其印平舒兩手仰掌向上以
右手押左手誦此明曰
唵一吽二嚩日羅二合娑引你鍐三吽
泮吒四半音
即以如來所生印於此金剛座布列
安置諸佛聖衆以印加持其印仰左
右手指內相叉結爲拳散竪二小指
誦此明曰
曩莫薩嚩没馱毋地薩怛嚩合二南一
阿引莽邏尾迦囉合二多二帝尒弥阿

羅迦娑嚩二合引訶三引
布置聖衆已即用如來所生印想關
伽奉獻諸佛菩薩及佛頂等若能常
作此法供養念誦速得成就復觀不
動尊住於本位中用前灌頂明印奉
獻即誦本明三七徧已頂禮諸聖衆
即應用前結界印左轉解所結界又
結三昧耶印已即當定意起往精舍
如常禮懺至道場已取杵印身五處
除垢如前結界加持本尊然後安坐
又以如來所生印獻閼伽誦本尊明
三七徧如前灌頂法供養本尊即安
坐自定身心然後結牆等界
先結牆界其印側二手竪二小指側
相拄屈二無名指中指入掌中曲二
頭指於中指側如鉤二大指屈押頭
指下節以印頂上右三轉即成不可
壞金剛牆明曰
唵一吽二嚩日囉二曼茶鵌三滿馱滿
馱四吽泮吒五半音
次結金剛網印先合掌屈二頭指二
無名指內相叉右押左二大指二中
指二小指各頭拄磔開即成以印於

頂上右三轉便成金剛網明曰
唵一吽二嚩日囉二合薩囉二合步嚩祢
慕三吽泮吒四半音
次結金剛火燄界此火燄光明以印
加持威德於金剛牆外四面上下成
大火聚光明一切障不敢前進其印
二手相背十指相叉如火燄明曰
唵一吽二嚩日囉二合惹嚩二合[illegible]三吽
泮吒四半音
結界畢已應加持飲食香華燈明等
供養其印合掌十指各微屈令甲相
拄以此印置所供養食等上觸之誦
明七徧供養已即能速滿一切成就
復應以此明印定心坐想於世界中
所有水陸所生諸雜華及諸上妙華
果樹并諸山大海中珍寶摩尼異香
等如雲集來爲供養即誦妙伽他加
持定中爲供養伽他曰
以我福德力　諸佛加持力　願此香華雲
徧滿諸佛刹　供養一切佛　及諸大菩薩
復應更思惟　陳其五供養　令福德增長
滿足悉地願　能成佛菩提　先說塗香明
供養佛功德　能除行者身　惡業熱煩惱

業淨證菩提
明曰
曩摩悉底哩二合野那嚩二合蘖多南一薩
嚩怛他引蘖多南二阿三莽彥引度怛
誐三蘇彥引䭾嚩底四娑頗二合囉呬𤚥
五誐誐南莽引吽六曩曳泥去尾薩嚩
遏陀二合娑䭾弥娑嚩二合引訶七引
次說華供養　福資於行者　三世諸垢穢
悉淨無有餘　佛果當剋證　皆由此福業
明曰
曩摩悉底哩三合野娜嚩二合蘖多引南一
薩嚩怛他引蘖多南二阿引嚩路枳多
二合莽賀布瑟波二合嚩磨娑嚩二合引訶三引
次說焚香福　能使此加持　業障煩惱盡
行者修福業　遠聞佗方佛　悉來共加持
法身香氣雲　徧滿十方界　供養佛菩薩
明曰
曩摩悉底哩三合娜嚩二合蘖多引南一薩
嚩怛他引蘖多南二唵三阿蘖哩二合始弃
始弃四度弃始弃度弃始弃娑嚩二合引
訶五引
次說飲食明　供養佛功德　能使於行者
速證三脫門　永離三苦縛　常資於慧命

圓滿證三身
明曰
曩摩悉底哩　野娜嚩二合蘖多引南一
薩嚩怛他引蘖多引南二唵三嚩鄰曩䭾思
四莽　賀嚩里　娑嚩二合引訶五引
次說燈供養　功德力莊嚴　能令於行者
念誦速成就　如意菩提果　光明徧法界
能破三界中　一切諸衆生　無明業煩惱
明曰
曩摩悉底哩三合野娜嚩二合蘖多引南一
薩嚩怛他引蘖多引南二阿藍帝三
嚩藍帝四你馳儞底始弃　娑嚩二合引
訶五引
上說五供養　塗華焚食燈　其明各八徧
能令供養物　如雲徧法界　復應更加持
令此供養具　以明加威力　能成眞實物
供養諸聖衆　散施諸有情　皆得實受用
誦此明八徧　以此加持力　滿檀波羅蜜
明曰
曩莫薩嚩沒䭾冐地薩　怛嚩二合南一
薩嚩佗烏那二合誐帝娑頗二合囉呬𤚥二
誐誐　曩劍娑嚩二合引訶三引
復應更思惟　發於眞實願　即作如是言

底哩三昧耶使者念誦法 第九 冨

以我修行福　令此諸妙供　徧至十方界
一切聖衆前　願受此微供　誦明加持之
便成真實福
明曰
曩摩薩嚩沒馱冐地薩怛嚩二合南一薩
嚩怛囉合二僧句素弥多鼻慈囉始吹二
曩麼素覩合二帝娑嚩二合引訶三引
三應更結不動尊根本印即誦本明
三徧能令聖者歡喜加持速得願滿
尒時行者復應更當諦心思惟外財
所捨恐是輕微今應更當捨自內財
所有身命供養諸佛菩薩聖衆即應
發願作如是言伏願諸聖衆與我作
大護加持常攝受如是三白請聖衆
進願悔即懺諸罪
無始十惡業　願皆盡銷滅　復應更迴向
今我所修善　念誦諸功德　迴與諸有情
迴向菩提果　誦此明加持　令願不虛發
其明誦八徧
明曰
曩摩薩嚩沒馱冐地薩怛嚩二合南一曩
謨素覩合二帝莽賀嚩囉一合二薩嚩四蹬
迦囉三底瑟佗二合薩嚟誐合二囉麼合二

底哩三昧耶使者念誦法 第十 冨

怛囉二合四薩嚟誐合二救達麼拏莽地瑟
佗合二野娑嚩二合引訶五引
次應更當結前灌頂印誦明自灌頂
已次結虛空眼印護自身及護本尊
其印虛心合掌屈二頭指頭至中指
第一節二大指並竪即成誦此明曰
曩摩悉底哩合三野娜嚩合二努孽帝䭾
一薩嚩怛佗引孽多䭾二唵三誐誐
曩者你四誐誐曩三麼薩嚩覩嚕合二
誐多底五娑囉三婆吠入嚩合二囉六
曩謨阿伽南娑嚩二合引訶七引
誦明結印護身訖即仰開此印向上
如捧狀便成捧念珠印即誦此明用
加持念誦速成就明曰
曩謨嚩日囉合一自契一薩嚩怛佗引孽
帝毗庾二二合婆誐鑁特嚩合二毗藥三二合怛
你也合二佗四引嬌剎五彥馱剎六戰荼
里七麼蹬祇八賓引誐里九怛佗引
孽多微戍合二使多荼底十吽十一入嚩
合二里多帝逝二十伊能迦囉餤句嚕合二
娑嚩二合引訶三引十
次結法界生印自加持令諸障不生
其印以左右頭指二無名指屈入於

底哩三昧耶使者念誦法 第十一 冨

掌中面相鉤竪二大指二中指二小
指頭拄開以印按左脟次右至頂
上散每按處誦此明一徧明曰
曩莫薩嚩沒馱冐地薩怛嚩二合南一阿
二引薩嚩佗薩嚩怛囉合二路計娑嚩二合
訶三引
次即更當結前虛空眼印誦明七徧
亦名密心誦已即當諦觀諸佛菩薩歷然滿
空本尊聖衆親對在已目前安心定
意兩手執持念珠當心徐徐念誦乃
至疲極徧數任意每日三時念誦不
令間斷徧數至極下少不得下於一
百八徧念誦數訖已即誦虛空眼明
加持結護念珠置於本處次即卻結
掫印誦百字明加持自身令速成就
明曰
唵一阿三麼三麼二三曼多覩娜多去
怛嚩必底合二舍薩你三賀囉賀囉四
娑麼合囉拏娑麼合二囉拏五微誐多
沒馱達麼帝六娑囉娑囉七三麼嚩
囉八苛囉苛囉九怛囉合二野怛囉合二
野十伽那伽那十一摩賀末攞略乞义
二合你十二入嚩合二囉入嚩合二囉十三那娑伽

嚩娑嚩二合引訶引十四
誦百字加持已復當想前所觀本尊
諸佛聖衆歷然攝受於我在已目前
即應更陳前諸種種廣大供養定中
所見一切聖衆供養畢已復應更當
至心迴向發願作如是言
願我所修行　一切諸善業　念誦加持力
迴施諸有情　出離三界苦　速證於菩提
迴向發願已　即應結前印
所結諸界印左轉即便解已復結前
灌頂印竪二小指頭相拄即誦燈餤
如來明以印左轉之一切諸聖衆各
歸本淨土明曰
曩莫悉底哩三合野娜嚩一合努誐多南
二唵二紇哩一合三
次結前三昧邪頂禮諸聖衆起出於
道場轉誦摩訶衍華嚴等經典任意
自經行
行者若自喫飲食及諸藥物當即以
此明加持食誦明八徧然後取喫障
者不能為害明曰
曩麼薩嚩沒馱冐地薩怛嚩二合南引一唵
二嚩引三藍娜泥帝儞弃利儞娑嚩二合引

訶引四
行者若能常行供養應每自喫飲食
茶藥等皆留少殘置一別器中即結
聖者本劍印加持食上誦明七徧送
置淨處至心供養之其印右手作金
剛拳直並申中頭二指大指無名指
甲側加持上明曰
曩莫三滿多嚩日囉二合拏一去怛囉二合
吒二阿目伽戰拏三摩訶嚕殺拏四
娑頗二合吒野五吽六怛囉二合麼野怛
囉二合麼野七吽怛囉二合吒八唅九唅十
所用飲食供養聖者此尊本願大悲
捨身奉侍一切持誦者身如奴僕現
無一目相受此殘食供養行者若每
食之時心不忘者我當晝夜常隨擁
護不令諸魔毗那夜迦作諸障難令
不隨意速滿成就行者若夜分寢息
時即當先結淨室莊嚴印先彎左手
背持按心上後彎右手於左手上掌
相合舉印置頂上便分開二手順身
下摩當誦此明曰
曩麼悉底哩三合野娜嚩二合努誐多南
一薩嚩怛佗引孽多南二摩賀三麼

引野二孽帝三麼孽囉二合麼麼佗孽
囉唅二合麼怛囉二合路計達麼䭾怛嚩二合五
店多僧伽諦沙嚩二合引訶引六
淨加持已即合掌長舒兩辟於頂上
向東方面著地亦舒二足至心作禮
禮時觀想一切諸佛菩薩各在本刹
作是念言我今捨此身為奴僕供養
奉侍一切佛惟願攝受哀愍於我為
我作最上成就如是三白已然後隨
意寢息常念明相作速起意又不動
尊法品云佛言不動使者能利益成
就一切事業行者若欲修行作諸法
者先行誦十萬徧已即於月八日或
十五日一日一夜大作供養於像前
以苦練一千八枚和酥燒一誦取一
枚燒滿一千八徧已後所作法皆得
成就行者所有言說人皆敬重無敢
違者若欲縛撲問事藥使崩摧任意
皆應又於月蝕日取未著地牛糞塗
曼荼羅隨其大小於其壇上散種種
雜華壇中置大般若經夾取紙色犢
子母牛酥一兩置熟銅椀中取佉陀
羅木如齒木大長十二指攪之於道

場前加持念誦不限徧數令三相現
蝕畢即止
又於山峯上塗壇斷食念誦滿十萬
徧即見地中一切諸伏藏
又法取乳續續投火中護摩念誦滿
一千徧能除疫病又取俱蘇草和酥
乳蜜等投火中燒十萬徧能除大疫病
又法取蓮華和酥酪蜜投火中燒誦
十萬徧蓮華吉祥天女等能與滿願
又臨河海口入水至胷誦三十萬徧
得尾沙耶
又取雜華擲火中燒隨華色得衣燒
五穀子得穀米隨意受用又取尾邏
嚩(二合)木擲火中燒念誦十萬徧即得
囉闍王愛敬又取必哩商隅木擲火
中燒能令一切人敬愛燒齒木即得
無量僕從燒木麥即為長者已上念
誦各滿十萬徧
次說畫不動尊像法取好淨疊畫不
動尊著赤土色裙左垂辮髮髮眼斜
視左手執劒右手執索坐寶蓮華瞋
眉面瞋相作降三世狀如是畫已將
此像於河海岸上如法塗壇安像行

者亦著赤色衣心不涂著寂靜安心
乞食為活即於像前念誦五十萬徧
已即於夜中取詹木一萬段一誦一
擲火中燒之滿已即不動尊自現其
身滿行者願所作皆得成就行者自
身為如來使者證三摩地共諸菩薩
同位
又欲得降伏一切惡人者取尸陀林
帛畫不動尊以自已血淡作像色像
置西向行者東面坐念誦每日三時
洗浴著濕衣於像前誦滿十萬徧已
即一切所作皆隨成就仍每日施一
切鬼神食
又法黑月八日夜於寒林中取毋那
摩奴沙坐其上念誦滿一萬徧彼摩
奴沙即動耳必不得怕彼便開口出
大開敷蓮華即便把取能令已身如
十六童子髮如連環外空遊於梵天
得大明王主又於像前每日三時念
誦隨力供養燒沈水香如是供養滿
於六月至心不斷即得尾沙耶至
又法欲令他軍陣破散者加持自軍
旌一千徧執出在軍前彼軍陣破散

退走
又法欲禁他軍陣衆令不動者於自
旌上畫不動尊四面四臂身作黃色
上下出牙作大忿怒瞋怖畏狀徧身
火光作呑兵勢行者以旌示彼軍衆
復想聖者以羂索縛彼兵衆即彼軍
衆盡不能動又法欲令他軍衆自鬭
諍退散者取老鵶鵶梟鴿毛誦明加
持擲火中燒滿一千徧彼軍衆即自
相鬭諍
又法欲令捨覩嚕死亡者取稻糠誦
明加持擲火中燒又想彼捨覩嚕被
使者以索縛將向南方閻苦吐血而
死彼等族類皆不得痊一無存在又
法欲令他軍主死亡者取鹽土蠟苦
練葉和擣為泥作彼形狀置於地上
誦明加持斫斷彼即死
又法欲令他軍貧窮絕粮者取稻穀
加持彼即貧矣又法欲令他軍降伏
來者即結不動尊眼印作瞋怒聲稱
吽字想聖者使諸鬼神捉縛將來彼
即自降又法欲令大人愛樂者以鹽
作彼形狀段段斷之念誦滿七日彼

即愛樂又取俱蘇摩華燒誦明十萬
徧得藥叉女來於三事中所求皆得
又取曼陀羅華稱彼人名加持即令
荒亂又取鹽加持燒即得天女來所
使隨意又加持安悉香燒即得王臣
憶念又說畫像法中畫釋迦牟尼佛
左畫曼殊童子右畫執金剛菩薩作
微笑面手執金剛杵於執金剛下畫
不動尊種種莊嚴即於像前誦五十
萬徧然後作一切事業皆得隨意
又法取燒屍灰誦明七徧與彼人即
得愛樂又法取牛黃加持七徧點已
額上能令衆人所見皆生敬重毗那
夜迦不能損害職感成就又於已身
上布明梵字彼羅刹衆諸作障者百
由旬內皆悉退散
又法若人被蛇咬經六月不差誦明
加持於其辟上畫劒契立差又法畫
律迦大蛇纏劒上劒圍遶畫火燄誦
明加持滿一千徧以示病者即自下
語若誦加持病者一百八徧即常蒙
聖者擁護若每日加持殘食置淨處
供養使者常如願

又法若惡風雨行者瞋怒心大聲稱
吽字惡雲退散又取棘刺和羅視迦
油加持擲火中燒能止大雨亦令行
者成大結護亦成就一切事業
又法畫不動尊著赤土色衣左垂辮
髮眼斜視童子形右手執金剛杵當
心左手執寶棒眼微赤坐蓮華上瞋
怒相徧身火燄於像前結所愛樂印
念誦一切皆得成就依前念誦求空
隱形一切愛樂事皆隨意成就若無
畫像獨處閑靜或於寺中或在山窟
離雜內處求一切事法皆亦成就
又法加持瘧病令自縛下語又加持
鏡於中聖者現問事皆語又取一童
子或童女令淨洗浴著鮮淨衣置道
場中召請聖者入道場加被此童子
問一切事皆得
又法若欲成就緊迦囉法者於白月
一日日中時於像前著種種香華供
養不歇誦明一百八徧想念壇中一
切諸佛菩薩攝受每日如是念誦滿
一月又取苦楝木燒香又取遏迦木
以酥塗上和白芥子加持擲火中燒

從戌至子乃至寅時緊迦囉即來語
行者言使我作何事行者攝受已後
常隨行者意所使隨順供給所須飲
食齒木淨水等常在左右乃至使往
上天取天女亦即將來
又更說根本印明等其根本印以二
中指內相叉爲鉤二頭指側相拄二
大指各捻自無名指甲上明曰
曩麼三曼多嚩曪二合一弩去吽二尾吉
哩二合多尾迦囉三麼賀畢鉢二合多尾
瑟侘二合契怒四始瑟侘二合賀囉槃怛
囉二合麼囉馱囉五者咄囉目佉入嚩
二合邏那比路囉隨計舍吽六嚩囉二合引
薩囉二合吽泮吒半音七
次說心印以二小指二無名指內相
叉二中指竪頭相拄二頭指於中指後
曲如鉤二大指並捻中指中節明曰
曩摩三曼多嚩囉二合弩一怛囉二合吒
二阿毋伽戰拏摩賀嚕殺拏三娑頗
二合吒野四吽怛囉二合麼野怛囉二合麼
野五吽怛囉二合吒半音六唅七鋡八
次說劒印左手大指捻無名指小指
甲直頭中二指右手頭中二指入左

掌中握以為拳右無名小二指大指捻其甲上又云左頭指屈捻大指如環明曰

唵一婀者邏二迦拏沒馱制吒迦三吽吽四佉呬佉呬五伊能魚哩二合呬𤙖六賀剌尾沙素鉢多二合惡七紇哩二合賀八泮吒半音九阿哩野二合者邏阿薩車緊旨囉夜思十伊引能迦引哩野二合句嚕曩麼娑嚩引二合訶一引十

次說金剛杵印以右手大指捻頭指甲如環散開餘三指亦名成就一切事業印明曰

曩莫三曼多嚩曰囉引二合拏一唵二娜者邏迦引拏者嚕婆引馱野吽泮吒半音三

次說寶山印以兩手十指內相叉合結為拳次說頭印左手以四指握大指為拳置頭上次說垂辮髮髻印以二無名指內相叉竪二中指頭側合二頭指各捻中指甲上二大指入無名指小指間甲相背合二小指合而竪以印置頭左角上即成又用此印翻頭向內倒垂置額上便成聖者眼印

次說口印以二小指內相交以二無名指握之二中指側相拄二頭指各捻中指甲二大指向外並直竪置口上

次說甲印合掌二頭指二無名指背相著二大指二中指二小指合而磔開

次說師子奮迅印先合以無名二指屈入掌中背相著二頭指於中指後屈如鉤二大指二小指各並直向外申即起作頻申舞勢遶壇行道次說火燄印左手大指屈押中指餘三指直竪頭拄右掌心右手五指散開

次說制火燄印二手各為拳二大指於頭指間出頭拳相合次說商佉印以二小指內相交二中指二無名指頭相拄左頭指直申附中指背右頭指屈捻中指上節二大指各捻無名指從寶山以下諸印取本部中所變樂明加持用之必驗成就

次說索印二手各作金剛拳各竪頭指右頭指內入左掌中握之竪印當心誦加持明曰

曩麼三曼多嚩囉引二合拏一阿波舍伴闍曩吽泮吒二半音

底哩三昧耶不動尊威怒王使者念誦法

底哩三昧耶不動尊威怒王使者念誦法

校勘記

一　底本，金藏廣勝寺本。此經，房山石經本大異，今作爲別本，載於卷後。

一　四三一頁中一行經名，麗作「底哩三昧耶不動尊威怒王使者念誦法一卷」。卷末經名同。

一　四三一頁中二行譯者，磧、南作「三藏沙門大廣智不空譯」；徑、清作「唐三藏沙門大廣智不空譯」；麗作「開府儀同三司特進試鴻臚卿肅國公食邑三千户賜紫贈司空謚大鑒正號大廣智大興善寺三藏沙門不空奉詔譯」。

一　四三一頁中八行「忘念」，磧、普、南、徑、清、麗作「妄念」。
一　四三一頁中九行第七字「誦」，磧作「誹」。
一　四三一頁中末行第一一字「以」，麗無。本頁下一九行第一一字同。
一　四三一頁下一一行第六字「捻」，麗無。
一　四三二頁上二行「攪水」，麗作「攪水」。
一　四三二頁上一一行「便成十方界明曰」，麗作「明曰便成十方界」。
一　四三二頁上一七行「三鈷」，麗作「三股」。
一　四三二頁中一三行第九字「印」，麗作「即」。
一　四三二頁下二行第六字「即」，麗無。
一　四三三頁上一行第四字「三」，麗無。
一　四三三頁上四行第一一字「光」，麗無。
一　四三三頁上七行第七字「相」，麗無。
一　四三三頁上一二行首字「拄」，麗作「指」。
一　四三三頁上二二行第一一字「先」，南、徑作「見」。
一　四三三頁中一五行「佗方佛」，麗作「他方便」。
一　四三四頁下一行末字至次行首字「小指」，麗作「相」。
一　四三四頁下一〇行第一一字「徐」，麗無。
一　四三五頁上四行「定中」，麗作「空中」。
一　四三五頁上九行「即應結前印」，麗作「即應結前」。
一　四三五頁上一七行「轉誦」，麗作「轉讀」。
一　四三五頁上一九行「飲食」，麗作「飯食」。
一　四三五頁中二行「常行」，麗作「常修行」。又「每自喫飲食」，麗作「每日喫飯食」。
一　四三五頁中六行第六字「中」，麗無。
一　四三五頁中一四行第三字「目」，磧作「自」。
一　四三五頁中一九行「左手」，麗作「右手」。
一　四三五頁下八行末字至次行首字「爲我」，麗無。
一　四三五頁下一三行第三字「行」，麗作「行法」。
一　四三五頁下一五行「苦練」，磧、普、南、徑、清作「苦楝」。下同。
一　四三五頁下二二行「一兩」，麗作「一匝」。
一　四三六頁上一行「加持」，麗作「如持」。
一　四三六頁上七行「十萬徧」，磧、普、南、徑、清作「誦十萬徧」。
一　四三六頁上一五行「商隅」，磧、普、南、徑、清作「商隅」。
一　四三六頁上一七行「木麥」，麗作

「大参」。

一　四三六頁上一九行第九字「取」，麗作「以」。

一　四三六頁中三行「詹木」，麗作「詹末」。

一　四三六頁中三行末字至次行首字「一擲」，麗作「一擲一擲」。

一　四三六頁中一一行「濕衣」，磧、普、南、徑、清作「淨衣」。

一　四三六頁中一四行「母那」，麗作「母耶」。

一　四三六頁中二二行「加持」，清作「如持」。

一　四三六頁中末行「一千偏」，麗作「一十偏」。

一　四三六頁下五行「呑兵」，麗作「天兵」。

一　四三六頁下二二行第九字「人」，麗無。又末字「鹽」，麗作「七鹽」。

一　四三六頁下末行「形狀」，徑作「行狀」。

一　四三七頁上一七行第七字「咬」，徑、清、麗作「蛟」。

一　四三七頁中一行「風雨」，麗作「雨雨」。

一　四三七頁中二行「棘刺」，徑、清作「荆刺」。

一　四三七頁中一六行第一〇字「加」，磧、普、南、徑、清、麗作「加持」。

一　四三七頁中二二行第八字「燒」，麗無。

一　四三七頁下一行第二字「式」，磧、普、南、徑、清、麗作「戎」。

一　四三七頁下一六行末字「後」，麗作「復」。

一　四三七頁下二二行「劎印」，磧、普、南、徑、清、麗作「劍印」。

一　四三八頁上一八行第一二字「髻」，麗作「髮」。

一　四三八頁上二二行「左角上」，麗作「在角上」。

一　四三八頁中四行「合掌」，麗作「合印合掌」。

一　四三八頁中九行「舞勢」，麗作「無熱」。

一　四三八頁中一〇行「左手」，麗作「右手」。

底哩三昧耶不動使者念誦品一卷　相

特進試鴻臚卿大興善寺三藏沙門大廣智不空奉　詔譯

介時釋迦牟尼佛告執金剛菩薩言我今為汝說無量力神通無動使者甚能利益成就一切事業先洗心防患除諸亂想制心一處先頂礼一切諸　佛菩薩懺悔竿令三業清淨然後作一切事業忘念閑法即犯三昧耶每日三時誦此明令滅罪明曰

娜麼薩底哩耶(合四)地尾迦南薩羅婆(合二)怛他蘗多南瞻尾羅而尾羅吶摩訶跋嚩(合二)薩多薩多婆羅帝婆羅帝怛羅異怛羅異尾隨摩你三畔闍你多羅麼底悉馱蘗鑠野怛咯焰婆嚩(合二)訶

若欲便易當誦下明七遍以杵印護身五處額兩肩心喉頂上散之明曰

唵阿者邏迦孥戰荼婆馱耶吽泮吒

洗淨已洗手漱口即往精舍准前礼懺礼懺已以清淨心合掌以二大指按額上定意誦三昧耶明曰

曩莽薩羅麼(合二)母地薩怛嚩(合二)南(引)曩莽蘇悉悌婆達你阿蘗嚕迦嚕妳嚩羅你多異阿皤曳阿底莽餘曩莽素覩(合二)波羅莽悉悌馱野計鼻喻(合二)莽賀訖哩(合二)閉弊(二合)婆嚩(合二)訶

次以安穩明印護身二小指內相叉於大指虎口中出並竪二中指二無名指於中指背相交以二頭指各握無名指竪　二大指捻

底哩三昧耶不動使者念誦品　二　相

中指節即是明曰

曩莽三曼多敎馱(難)喃賀羅賀羅莽賀弥你多吽泮吒　此法中有二種洗浴一內二外內者於衆生上起慈悲喜捨心清淨無我外者以水洗浴或河中先結三昧耶印誦三昧耶明即以杵印明瀉垢以右手大指捻頭指甲上餘三指散竪如金剛杵明曰

唵阿者邏迦(引)孥戰荼婆馱野吽泮吒

以此明能令身心清淨方始結界即以右手中指已下三指握大指為拳直竪頭指以印右轉即成結界左轉即成解界亦名辟除明曰

唵唅吽(合二)莽賀(四)莽畔馱你滿馱滿馱跋鑠(合二)跋莿(合二)尼吽泮吒

以此明印結十方界即以杵印淨土　次說淨水印即合掌屈二大指入掌中明曰

曩莽三曼多嚩囉(合二)孥怛羅(合二)吒阿母伽戰荼莽賀嚕沙(上)孥婆頗吒野吽怛羅婆野怛羅婆野吽怛羅(合二)吒浮滿(與下根本心同)

以此明印攪水其淨即取其土用洗腰已下及浴衣洗手漱口訖即結甲印合掌各屈頭指無名指入掌中即搩開竪大小中指筝如三股金剛杵此名無能勝金剛甲印明曰

唵唅吽(合二)嚩囉(合二)莽曳嚩囉(合二)迦嚩制護(引)嚩囉(合二)吽泮吒

以此明印印於五處如前即成著金剛甲已然後隨意洗浴

底哩三昧耶不動使者念誦品　三　相

次作灌頂印

左右無名指小指相叉入掌中便結為拳二中指直竪頭相拄二頭指各押中指甲上二大指各捻無名指甲上明曰

曩莽悉底哩野(合四)地吠(合二)蘗多(引)南薩羅麼(合二)怛他(引)蘗多南紇㗚(合二)敎馱曩避比也(合二)羅濕弥夜(合二)鼻矖蜀鼻訖者怛母(引)努悌皤嚩邏嚩底(丁反)末囉(合二)者䭾婆嚩(二合)賀(引)

次以甲印明護身洗浴著衣誦此明曰

唵唅吽(合二)婆叵(合二)吒野婆(四)吽羅乞叉(合二)鈴泮吒　次結金剛座印

平舒二手仰掌向上右手在上左手在下誦此明曰唵唅吽(合二)跋曩(合二)婆(引)你鑁吽吽吒

以此明印加持住處得為金剛不壞地即於此地上想有金剛座便以如來所生印安置請佛菩薩衆於金剛座上其印法仰左右手指內向相叉便結為拳散竪二小指即是誦此明曰　曩莽薩囉麼(合二)敎馱母地薩怛嚩(合二)南(引)阿莽羅尼迦囉(合二)多帝二你阿囉逝娑嚩(合二)賀(引)

便以如來所生印想為遏伽奉獻諸佛菩薩衆及佛頂常作此法供養速得成就復觀不動尊住其本位用前灌頂明印奉獻即誦本尊明三七遍又頂礼諸佛菩薩

次以結界明印左轉解所結界

次結三昧耶印已即當定意往精舍如

底哩三昧耶不動使者念誦品　四　相
常札懺即結三昧耶印　次以杵印瀉垢如
前結界加持尊座以如來所生印獻過伽誦
本尊明三七遍　如前灌頂法供養本尊
次結金剛牆印　即側竪二小指二中指
相拄屈二無名指中節入掌中曲二頭指於側
中指側如鉤二大指屈押頭指下節明曰
唵唵吽跋囉合二曩荼鑁滿馱滿馱吽泮吒
次結金剛網印　合掌屈二頭指二無名指
向內相叉仍右　押左二大指二中指
二小指各竪頭相拄撥開明曰
唵唵吽跋囉合二蘖囉合二步嚩袮慕吽泮吒
以印於頂上右旋　三轉結成金剛結網
次結金剛火燄印　以二手相背十指相叉
如火燄明曰
唵唵吽跋囉合二什嚩合二攞吽泮吒
以此火燄印於金剛牆外用　次結滿足印
即合掌十指各微屈令甲相拄以此印明加
持香花燈明飲食等八遍已一一觸之明曰
曩恭悉底哩野合四那嚩合二蘖多南薩囉麽合二
怛他引蘖多南暗尾多哩恭賀嚩囉合二娑哆
娑哆娑怛鑁合二安怛鑁合二娑嚩合二賀引
復以此明印想水陸珎寶及寶山等海中寶
摩尼香花樹等悉皆無主所攝以我福德力
諸佛加持力願此香花雲遍滿諸佛剎供養
一切諸佛菩薩　塗香明曰
曩恭悉底哩野合四那嚩合二蘖哆喃薩羅麽怛
他引戦多南合二阿三恭斉引度怛謎蘇斉引

底哩三昧耶不動使者念誦品　五　相
馱嚩底娑頗合二囉吽鈴伽伽南恭引呼曩
曳泥去尾薩囉麽二合引過他合二娑馱你娑嚩
合二賀引　花明歸命如前已下三道同
阿引嚩路枳多合二恭賀布瑟波合二嚩底娑嚩
合二賀引　香明
唵阿蘖哩合二阿蘖哩合二始弃始弃度恭始
弃度恭始弃娑嚩合二賀引　飲食明
唵阿囉波阿囉波迦囉迦囉嚩里嚩里嚩隣
去嚩隣去曩馱思恭賀嚩里娑嚩合二賀引
燈明　阿藍帝竹嚩合二藍帝你比也合二儞底
始弃娑嚩合二賀引
已上明等各誦八遍供養已復誦加持供養
明八遍明曰　曩恭薩嚩勃駄母地薩怛
嚩合二南薩囉麽合二他引烏那合二戦帝娑破合二
囉呬鉿戦戦曩劍娑嚩合二賀引
以此明力故能得真實供養一切諸佛菩
薩次應讚歎復作是願以我福力令此供
養遍滿一切諸佛菩薩即誦此加持明曰
曩恭薩囉麽合二教馱母地薩怛嚩合二南薩囉
麽合二僧句素弥多鼻若囉始吠曩恭素觀合二囉
帝娑嚩合二賀引
復誦不動尊根本明印三遍能令聖者歡喜
速得滿願
尒時行者應作是念我今捨身供養諸佛菩
薩唯願一切諸佛菩薩與我乙其作大加持常
攝受故如是三白求請加持已即懺悔一切

底哩三昧耶不動使者念誦品　六　相
罪障發願等復作是願我今所有一切善業
與衆生　共迴向菩提誦此加持明八遍
明曰　曩恭薩囉麽合二教馱母地薩怛嚩合二囉合二薩囉
南曩慕素覩合二帝恭賀嚩合二薩羅
麽合二四蹬迦羅底瑟侘合二薩　羅麽合二怛羅
合二薩栗謎合二山去達囉麽合二弩恭地瑟侘合二
野娑嚩合二賀引
次結前灌頂印自灌頂　次結虛空眼印護
身及本尊印印法合掌屈二頭指中節並竪
二大指誦此明曰
曩恭悉底哩野合四那嚩合二弩蘖帝嚩反呲藥薩
囉麽合二怛他引蘖帝嚩唵戦戦曩者你戦
戦曩三恭薩囉麽合二覩嚕戦多底娑羅三婆
吠什嚩合二攞曩慕阿伽南娑嚩合二賀
誦此明以印護身　即分此印為二便成捻
珠印誦此明曰
曩慕跋囉合二目契薩囉麽合二怛他引蘖帝呲
庾合二薄戦鍐特嚩合二嚩怛你也合二他矯去剁
斉去馱剁戦荼里麽蹬祇寶引戦里怛他戦逝
多吠曳合二使多恭底吽什嚩合二里多帝
伊能迦羅讚句嚕合二娑嚩合二賀引
次結法生印左右頭指二無名指各屈中節
於掌內直申面相鉤合竪二大指二中指二
小指頭相拄撥開掌以印按左髀右髀於頂
上散之當按之時一一誦此明
曩莫薩羅麽合二教馱母地薩怛嚩合二南阿引
薩羅麽合二他薩羅麽合二怛羅合二路計

底哩三昧耶不動使者念誦品　七　相

娑嚩二合賀引

次結前虛空眼明亦名部母明當誦七遍即觀諸佛在已目前即念誦乃至疲極遍數任意每日三時念誦時別取少一百八遍念誦了以虛空眼明加持結護數珠　次結根本印誦此百字明加持已身明曰

暗阿三麽三麽三曼多覩那多去哆嚩必底二合舍薩你賀囉賀囉娑末二合囉拏娑末二合囉拏尾戰多教馱達　麽帝娑羅娑羅三麽嚩囉荷囉荷囉怛囉二合野怛囉二合野伽那伽那恭賀嚩攞囉乞义二合你什嚩二合邏什嚩二合邏那娑伽𡃤娑嚩二合賀引

加持已復觀一切諸佛菩薩在於已前攝受如前種種廣大供養復作是念願以此功德普及於一　切我等與衆生皆共成佛道

作是法已即解前所結大界及牆界以灌頂印竪二小指頭相拄即是當誦燈焰如來解界明以印左轉即成解界明曰

曩莫悉底哩野四合那嚩二合努戰多南唵紇哩二合

次結前三昧耶印礼一切諸佛菩薩已即起讀花嚴經

若喫一切飲食當誦此明八遍加持食上然後喫食明曰

曩恭薩囉麽二合教馱母地薩怛嚩二合南唵嚩引藍那提帝樹恭利你娑嚩二合賀引

取　一段殘食以無動尊大忿怒心明誦十

底哩三昧耶不動使者念誦品　八　相

遍加持段食置一淨處供養本尊明曰

曩恭三曼多跋囉二合拏怛囉二合吒阿慕伽戰荼麽賀嚕沙拏娑叵二合吒野吽怛羅二合麽野怛囉二合麽野吽怛囉二合吒汗鋡

每日如是供養不闕常得本尊擁護諸魔莫能為害施食已如常礼懺若夜分欲消息時即結光莊嚴印先彎左手背持按心上即彎右手於左手上相合舉印置頂上便開二手順身摩下當誦此明

曩恭悉底哩野四合那嚩二合努戰多南薩囉麽二合怛他引戰多南麽賀三恭野蘖底蘖帝三恭引帝三恭薩囉麽二合他薩囉麽二合怛囉二合路計達恭馱怛嚩二合店多僧伽帝娑嚩二合賀引

作前法已應如過去然燈佛礼拜法合掌長舒兩辟於頂上向東方合面著地亦長舒二足如是礼時觀念一切諸佛菩薩各在本刹復作是念我今捨身為僕供養一切諸佛唯願攝受與我作寂上成就哀愍我故如是三白已後隨意寢息心念明相作速起想不動

尊事法品

佛言不動使者能利益成就一切事業行者欲行法時所是諸飲食等先誦十万遍已於月八日或十五日一日一夜大作供養於像前苦練木和酥燒一誦一燒滿一千八遍作此法已然後所求法事皆得成就其所出言

底哩三昧耶不動使者念誦品　九　相

無有違者須縛撲榮枯崩摧任意及問事又於月蝕夜取未著地牛糞塗曼荼羅種種香花散於壇上置大般若經於經前取純色犢子牸牛酥一兩置熟銅椀中取佉陀羅木為　齒木攪之誦不限遍數令三種成就

又　取山峯上不喫食誦十万遍即見一切伏　藏坤向不　又用乳作火法誦一千八遍淤火燒能除瘦病

又俱蔓草和酥乳蜜等淤火中燒誦十万遍能除大瘦病

又取蓮花和酥酪蜜誦淤火中燒誦十万遍蓮花吉祥天常與已願

又臨河海口入水至胷誦三十万遍得尾沙耶取花擲火中燒隨花色得衣燒穀米得穀米又取尾邏嚩二合木燒誦十万遍即得囉闍又取必哩養隅木燒誦能令一切人愛念燒栢木誦明即得無量僕從燒大麦誦其言即得為長者　畫像法

畫不動尊者著赤土色裙衣左垂辮髮眼斜視手執羂索坐寶蓮花蹙眉嗔面作降三世狀如是畫已於流河海岸上如法安像行者亦著赤色衣心無染著寂靜乞食為活於像前加持五十万遍已即於夜中以鬱木燒火一誦一擲火中燒一万遍即見不動尊現前自身為如來使者得三摩地共菩薩同位

又取屍陁林帛畫不動尊以已血淡作色像

底哩三昧耶不動使者念誦品　十　相

西向行者東面念誦每日三時洗浴著濕衣像前誦十万遍已施一切鬼神食

又於黑月八日夜取摩奴沙尸坐其上誦一万遍已彼屍即動耳必莫怕彼口見出大開敷蓮花即須把取令已身如十六童子鬚如連環遊梵天得大明王主

又於像前每日三時念誦隨力供養燒沉水香如是滿六月日即得尾沙耶至

又加持旌一千遍執於彼陣前破他陣也欲禁他軍令不得動者於旌上畫不動尊身黃色四面上下出牙四臂作大怖畏嗔怒狀遍身火焰作吞他兵勢行者以旌示彼又想聖者以羂索縛彼兵衆即不能動

若欲令他相闘取老鵶鵄鵶梟鵄誦明燒即相闘

若欲令捨覩嚕終者誦明取稻糠燒當時想使者以索縛捨覩嚕將向南方閻苦吐血彼等族類皆不得存

欲令捨覩嚕終者取壚土蠟苦練葉和擣為泥作彼形狀置地上斫段段則終矣

若為捨覩嚕加持稻穀彼即貧窮

若欲令大人愛樂者以壚作彼形狀段段之誦七日彼即愛樂

取俱蘇摩花燒誦十万遍得藥叉女來於三事中所求皆遂

又加持鼻陁羅花稱彼人名即令擴亂加持壚燒即得天女來所使隨意

底哩三昧耶不動使者念誦品　十一　相

加持安悉香燒得羅闍　又畫法

畫釋迦牟尼佛像畫曼殊童子像畫執金剛菩薩像作微笑面手執金剛杵於執金剛下畫不動尊即種種莊嚴即於彼前誦五十万遍然後作一切事皆得隨意

若欲令他兵降伏者結不動尊眼印嗔怒稱吽字已想令魍魎捉彼乃降

取尸陁林灰誦七遍與彼人即得愛樂

取牛黃加持七遍點已額上能令衆人所見愛樂毗那夜迦不能損害殲滅成就

又於已身布真言梵字彼羅剎衆百由旬内皆悉退散

又被虵咬經六月不差加持之即差於壁上畫鋼契又畫句律迦大虵纏鋼上其鋼周圍有火焰誦千遍以示病者病者即自下語加持病者一百八遍病者常蒙聖者擁護每日加持殘食置於淨處供養使者常得如願行者嗔怒結心印稱吽字一切惡雲退散取棘剌和羅視迦油加持燒能止大雨能令行者成大結護亦能成就千種事業

又畫不動尊著赤土色衣左垂辮髮眼斜視童子形手執金剛杵及寶捧眼微赤座上瞋怒遍身火焰於像前結所愛樂印一切皆得成就依前作所樂騰空隱形及愛樂法縱無畫像獨處閑靜或寺中或山窟中離雜鬧處

底哩三昧耶不動使者念誦　十二　相

求一切事法皆得成就　加持虛者自縛下語加持鏡亦得像現問事皆語

取一童子或一童女置場中召神下壇中問一切事皆得

若欲成就緊迦羅法於月生一日日中時像前著種種香花供養不歇誦一百遍想念壇中一切諸佛菩薩每日念誦滿一月如法供養取苦練木燒火遏迦木上塗酥取白芥子加持擲火中從戍至子乃至寅時緊迦羅即來語行者言使我作何事行者攝受已後常隨行者所使皆隨順乃至使往天上取天女亦即將來所須飲食齒木水等皆得給待

次說根本印明曰

曩莽三曼多跛囉(二合)拏吽尾吉剌(二合)多尾迦羅(引)麼賀必餘多尾瑟佗(二合)契努尼(古反)齒瑟佗(二合)賀羅按多羅(二合)莽羅馱羅者咄羅(二合)母佉什嚩(二合)遏那迦比路羅墮計舍吽跛囉(二合)葉羅(二合)吽泮吒

次結根本印

以二中指已下向内相叉便為鈎二頭指側相拄二大指各捻自無名指甲上即是

次結寶山印

以十指向内相叉合結為拳即是

右手四指握大指為拳置頭上名為頭印

二無名指二小指向内相叉便結為拳竪二中指頭側相拄二頭指各捻中指甲上二大

底哩三昧耶不動使者念誦品　十三　相

指屈上分入無名小指間甲相背合即是以印置頭左角上名左髆印即以此印翻頭向内到盘置額上名為聖者眼印二小指向内相义以二無名指屈搵之二中指側拄二頭指各捻中指甲上置口上名聖者口印次結心印以二小指二無名指向内相义為拳二中指竪頭相拄二頭指於中指背後曲為鈎二大指並捻中指中節即是

次結甲印　合掌屈無名指頭指背相著二大指二中指二小指合面擽開

次結師子奮迅印　即五鈷印唯無名指背合即是作頻申舞勢遶壇行道

次結火焰印

右手大指屈上節押中指已下甲直竪頭指拄右掌心右手散開五指　次結制火焰印

二手各為拳各以二大指頭於頭指間出頭二拳相合即是　次結商佉印

以二大指各捻無名小指兩相穿即竪二中指頭相拄左頭指直附中指背右頭指屈捻中指上節即是　次結鉤印

左手大指捻無名小指甲上直舒頭中二指右手亦然以右手頭中二指入左手中握取為拳屈頭指捻大指如環是也　次結金剛杵印

以右手大指横捻頭指甲上如環散開三指名為成辦一切事業印

底哩三昧耶不動使者念誦品　十四　相

結鉤印誦此明能成就一切事業明曰

唵阿者邏迦拏勃馱制吒迦吽吽佉吅佉吅伊能魚哩二合吅鉿賀剕尾沙素鉢多二合悉紇哩二合賀泮吒阿哩野二合引者邏阿引蘖車緊言羅夜思伊引能迦引哩野二合句嚕二合曩莽娑嚩二合賀引

次結索印　誦此明能成就種種事明曰

曩莽三曼多跋囉二合拏阿引波舍伴闍曩吽泮吒　次結金剛杵印

誦此明能成辦一切事業明曰

曩莽三曼多跋囉二合拏唵阿者邏迦引拏者嚕娑引馱野吽泮吒

次以此明真言摶食供養本尊常蒙歡喜擁護行者所求皆得終不空過明此根本心明

曩莽三曼多上跋囉二合拏怛囉二合引吒阿慕伽戰荼莽賀嚕沙上拏娑叵吒野吽怛囉二合麽野怛囉二合麽野吽怛囉二合吒悍湧

底哩三昧耶不動使者念誦品一卷　相

十一面觀自在菩薩心密言儀軌經卷上　尹

開府儀同三司特進試鴻臚卿肅國公食邑三千戶賜紫贈司空諡
大鑒正號大廣智大興善寺三藏沙門　不空奉　詔譯

如是我聞一時薄伽梵住補陀落山大聖觀自在宮殿中其山無量娑羅多摩羅瞻蔔無憂阿底目多迦種種花樹莊嚴與大苾芻衆八千人俱復有九十九俱胝那庾多百千菩薩俱無量百千淨居天衆自在大自在梵王天子而為上首前後圍遶而為說法時觀自在菩薩與無量持明仙圍遶往詣世尊所至佛所已頭面禮足右遶世尊三匝退坐一面白佛言世尊我有心密語名十一面十一俱胝如來同共宣說我今說之利益安樂一切有情能除一切疾病止諸不吉祥惡夢及制非命不淨信者令淨信能除一切障尾那夜迦心所希望皆稱遂故我不見於天世魔世梵世及沙門婆羅門衆以此心密語加護救濟攝授息災吉祥免治罰離刀杖毒藥故若有能違越者無有是處唯除宿業不決定心受持此密語一切如來稱讚護念一切如來隨喜世尊我念過去殑伽沙等數劫過後有如來名百蓮花眼髻無障礙無染力光王如來我於尒時為大仙人從彼如來受此心密語纔受得已十方一切如來現前得見一切如來故便獲得無生法忍此密語有如是大功德藏若有善男子善女人以淨信心殷重心憶念作意現世得十種勝利何等為十一者離諸疾病二者如來攝受三者任運獲得金銀財寶諸穀米等四者一切怨敵不能沮壞五者國王王子在於王宮先言慰問六者不被毒藥蠱毒寒熱等病皆不著身七者一切刀杖所不能害八者水不能溺九者火不能燒十者不非命中夭又獲四種功德一者臨命終時得見如來二者不生惡趣三者不非命終四者從此世界得生極樂國土世尊我念過去十殑伽沙劫過後有佛名曼陀羅香如來我於是時為長者從彼如來受此心密言超四十万劫生死弃捨

我由此密言晝夜念誦作意得一切佛住大悲智藏菩薩解脫法門所有繫縛臨當刑戮水火風賊蠱毒厭禱人非人等種種苦難由此我於一切有情能作歸依救護安慰洲渚室宅勝趣以此密言力收攝一切暴惡藥叉羅刹等先令發起慈心哀愍然後安置立於阿耨多羅三藐三菩提世尊我此密言有如是大威德由誦一遍滅除四重皆得清淨及犯五無間罪蠲除悉皆無餘何況諸罪而不除滅彼人獲得一切無量俱胝那庾多佛積集善根若聞此心密言若誦若持一切意願皆得滿足若族姓男族姓女苾芻苾芻尼近仕男近仕女婆羅門刹利毗舍首陀及餘類於白月十四日或十五日為我不食一日一夜清齋念誦超四万劫生死一切有情纔稱念我名超稱百千俱胝那庾多如來名号皆得不退轉離一切病患免一切夭死災橫遠離身口意不善行若能依教相應作意觀行佛菩提如在掌中時婆伽梵讚觀自在菩薩言

善哉善哉佛子汝於一切有情起大悲愍汝能以此方便安立一切有情於無上正等菩提我以授記深生隨喜汝當說之

尒時觀自在菩薩摩訶薩從坐而起整理衣服偏袒右肩頂禮佛足說自根本密言曰

曩謨囉怛曩二合怛囉二合夜引也曩莫阿引哩夜二合枳穰二合曩娑引誐囉吠嚕者曩尾喻二合訶囉惹引也怛他引下同蘖多引夜囉訶二合帝三藐三沒䭾引也曩莫薩嚩怛他蘖帝毗庾二合囉訶二合毗薬二合三藐三沒䭾引毗薬二合曩莫阿引哩夜二合嚩路枳帝濕嚩二合囉也冒地薩怛嚩二合引下同也摩訶薩怛嚩二合也摩訶迦嚕抳迦引下也怛你也二合他引下同娜囉娜囉地哩地哩度嚕度嚕壹知陟奚反下同嚩知者隸者隸鉢囉二合者隸矩蘓銘矩蘓摩嚩綠壹里弭里止里止致惹引羅麼跛曩也跛羅麼秫䭾薩怛嚩二合摩訶迦引嚕尼迦娑嚩二合下同引訶引下同

次說澡浴灌灑淨衣密言

曩謨囉怛曩二合怛囉二合夜引也曩莫阿引哩夜二合嚩路枳帝濕嚩二合囉也冒地薩怛嚩二合也摩訶薩怛嚩二合也摩訶迦嚕抳迦引也怛你也二合他訶訶訶訶壹里弭里止里尾里企隸徙隸娑嚩二合訶

以此密言加持水沐浴灌灑潔身淨服等應誦七遍

時觀自在菩薩復說獻焚香密言曰

怛你也二合他柱陟古反下同嚕柱嚕訶訶訶訶娑嚩二合訶引

以此密言加持香燒奉獻

時觀自在大菩薩復說獻花密言曰

怛你也二合引他悉哩悉哩地哩地哩弭哩弭哩地哩娑嚩二合引訶引

以此密言加持花及燈奉獻當誦七遍

時觀自在菩薩復說奉獻飲食密言曰

怛你也二合他娑引下同縒娑縒悉哩悉哩素嚕素嚕娑嚩二合引訶引

以此密言加持飲食等奉獻當誦二十一遍

復次觀自在菩薩說護摩密言曰

怛你也二合他訶徙麼達徙者隸虎嚕虎嚕祖嚕祖嚕蘓上嚕蘓上嚕母嚕母嚕娑嚩二合訶引

以此密言加持惹庄木燃火以惹庄木榅酥蜜酪榅兩頭擲火中燒晝夜不食二十一遍投火供養然後求成就事

時觀自在菩薩復說結方隅界密言曰

怛你也二合他伊里弭里止里弭里底里呬里娑嚩二合訶引

以此密言加持水白芥子或灰應用結界當誦七徧

時觀自在菩薩復說奉送聖衆還宮密言曰

怛你也二合他弭致覩致止致蘖瑳蘖瑳婆誐挽引曩哩夜二合嚩路枳帝濕嚩二合囉娑嚩二合娑引嚩南娑嚩二合訶引

誦此密言想奉送聖者歸本宮殿

我今說念誦福利先不修持能成一切事業若有人患寒熱病若一日一

發或二日三日四日一發若著鬼神弥怛拏毗舍遮癲癇瘰癧白癩及蠱毒毒蟲等加持土芥子和白檀香一七遍塗即愈一切業障皆得清淨若患耶風加持油塗即愈若患耳痛以青木香油和樺皮煎滴耳中其痛即止亦能治半頭痛一切病患處纔誦加持無不除愈纔誦即成就若欲成就者以堅好無隙白檀香彫觀自在菩薩身長一尺三寸作十一面四臂右邊第一手把念珠第二手施無畏左第一手持蓮花第二手執君持其十一面當前三面作寂靜相左三面威怒相右三面利牙出現相後有一面作笑怒容頂上一面作如來相頭冠中各有化佛觀自在菩薩身種種瓔珞莊嚴像成已於有佛舍利處安置持誦者身著淨衣若在家者持八戒三時供養無限數念誦從白月一日乃至八日後於淨處置此觀自在菩薩形像面西契乳或穬麥燒沉香蘸合檀香酪力乃至十三日其日食三白食廣大供養取菩提樹木燃火更別取菩提

樹木長十指截以蘸合香油搵兩頭一千八徧投護摩爐中地即震動其像亦動聞從像最上面口中出聲讚修行者言善哉善哉佛子汝能勤苦求願我皆令汝意願滿足賜汝成就騰空隱形持明仙轉輪法王乃至與我無異汝必現獲如是等成就

復次第二儀則從白月十五日於舍利塔中安像晝夜不食以一百八枚惹底花（蘇末那花廣府有）誦密言一遍一擲擊像即於像當前面出大乳聲行者不應怖畏則大地震動念誦不應間斷即求請願言願我能與一切無主無依衆生作大依怙能滿一切有情一切意願皆令滿足得無障礙

復次密言者於月蝕時取酥一兩置於銀器對像誦密言七徧自喫及與他一切疾病皆得除愈況能從初蝕乃至月復盈滿念誦不獲悉地

復次密言者先澡浴清淨潔服取雄黃或牛黃對像前誦心密言一千八遍三種相現然後點額得三種成就隨其功効上中下等若以和水灌沐

其身除一切障難遠離一切惡夢不祥獲得吉祥榮盛一切疾疫皆得除愈

復次法以香花奉獻聖觀自在取烟脂加持一百八遍塗左徵忿怒面額降伏一切他敵軍陣

復次法若人疫牛疫及餘畜疫對觀自在菩薩取苦練木搵芥子油應作護摩以緋縷右搓作綫（麤細如銅著）為兩條誦一遍作一結乃至七結繫於患者頸下或頭髻則疫病除息解脫

復次法被拏枳儞等諸魅所持者取白綫如前加持繫於寂靜面經宿然後取結二十一結誦密言一遍一結繫病者頸下即得除愈

復次法若有他敵及疾疫災禍不令入國界欲結方隅界者燒薰陸香作護摩取五色綫加持繫於寂靜面即成堅固大威德方隅界

復次密言者欲共怨敵異論欲得勝者應供養觀自在菩薩以縛捨迦木燒芸薹子加持白綫一百八遍繫於忿怒面一切鬪諍言訟皆悉得勝除

息若繫於寂靜面能除一切障難
復次以衆香和水浴觀自在菩薩又
加持澡浴觀自在水一百八遍浴毗那
夜迦像一切障難皆悉殄滅

十一面觀自在菩薩心密言儀軌經卷上

丙午歲高麗國大藏都監奉
勅雕造

十一面觀自在菩薩經卷上　第十張　于

十一面觀自在菩薩心密言儀軌經卷上
校勘記

一　底本，麗藏本。

一　四四六頁上一行經名，磧、南、徑、清作「十一面觀自在菩薩心密言念誦儀軌經卷上」。卷末經名同。

一　四四六頁上二行、三行譯者，石、磧、南作「特進試鴻臚卿大興善寺三藏沙門大廣智不空奉詔譯」；徑、清作「唐特進試鴻臚卿大興善寺三藏沙門大廣智不空奉詔譯」。卷中、卷下同。

一　四四六頁上二一行「攝授」，磧、南、徑、清作「攝受」。

一　四四六頁中一二行第一一字「米」，石無。

一　四四六頁中一五行第六字「病」，磧、南、徑、清作「疾」。

一　四四六頁下一五行「近仕男近仕女」，石作「近侍男近侍女」；磧、南、徑、清作「近事男近事女」。

一　四四七頁上七行末字「曰」，磧、南、徑、清無。

一　四四七頁下六行第二字「榅」，磧、南、徑、清作「榲」。下同。

一　四四八頁上一〇行「十一面」，石、磧、南、徑、清作「十一頭」。

一　四四八頁上一二行「君持」，徑、清作「軍持」。

一　四四八頁中一〇行夾註右「蘓末那花」，石作「蘓末那花」。又夾註左「廣府有」，磧作「廣府有之」。

一　四四八頁中一九行第九字「不」，磧、南、徑、清作「無不」。

一　四四八頁下四行末字至次行首字「烟脂」，磧、南、徑、清作「燕支」。

一　四四八頁下八行「苦練木」，磧、南、徑、清作「苦楝木」。

一　四四八頁下九行「銅著」，磧、南、徑、清作「銅箸」。

一　四四八頁下二二行「芸薹子」，石、磧、南、徑、清作「芸臺子」。

一　四四九頁上一行第二字「若」，磧、

南、徑、清作「苦」。

一　四四九頁上三行第三字「澡」，磧、南、徑、清無。

趙城縣廣勝寺

十一面觀自在菩薩心密言念誦儀軌經卷中

開府儀同三司特進試鴻臚卿肅國公食邑三千戶賜紫贈司空謚大鑒正號大廣智大興善寺三藏沙門不空奉　詔譯

此儀軌通蓮花部一切尊念誦

我今說修行儀軌通一切觀自在法

結護迎請供養等修行者先應澡浴潔身淨服於清淨處對尊像當結本部三摩耶印二手合蓮花掌散餘六指如開敷蓮花觀自在蓮花部三摩耶密言曰

唵鉢納謨二合納婆二合縛引也娑縛二合訶引

次應加持水澡浴或於河池或於浴室加持水密言曰

曩謨囉怛曩二合怛囉二合夜也曩莫阿引哩夜二合下同縛路枳帝濕縛二合下同囉也冐地薩怛縛二合也摩訶薩怛縛二合下同也摩訶迦嚕抳迦引也怛儞也二合他唵三摩曳掃銘曳二合扇帝難去帝薩縛三麼夜努鉢囉二合下同毘瑟致二合下同怒囉引努倪婆縛二合訶引

然後入池或取水澡浴結蓮花部辦事濕縛縛訶印二手右押左內相叉作拳中指相合微屈初節屈二頭指附中指上節勿著如金剛形密言曰

曩謨摩訶室哩二合夜曳二合唵錄計曳二合三麼曳掃去銘曳二合悉地悉地娑引馱也始吠帝商羯哩始鑁銘阿引縛訶也薩縛引囉他二合娑馱你娑縛二合訶引

以此印護身辟除毗那夜迦及香華飲食等除穢令光顯

次結甘露軍荼利印密言相應澡浴時應用思惟以二小指內相叉雙屈無名指押叉間竪合中指屈二頭指附中指上節背不著如金剛大指並竪博中指側密言曰

曩謨囉怛曩二怛囉二合夜引也曩麼室戰二合下同拏縛囉二合播拏曳摩訶藥乞叉二合細曩引跛多曳曩謨嚩日囉二合俱路二合馱引也唵虎嚕虎嚕底瑟咤二合底瑟咤二合滿馱滿馱訶曩訶曩阿密哩二合帝吽癹

次結加持土印右手四指握大指為拳以印按土上其土分作三分澡浴以此密言加持密言曰

唵步引入嚩二合攞吽

入一切觸穢加護自身用觸身忿怒

烏蒭沙摩印以右手作拳翹大指印
五處所謂額兩肩心喉各誦一徧頂
上散密言曰
唵俱嚕二合馱曩吽弱
洗手漱口已訖應作案淨印仰右手掌
屈無名指在掌中大指頭指根相著以
此印承水三歃兩度拭脣次印二目
兩鼻兩耳兩肩心齊灑兩足又取水
灑身密言曰
唵跓跓鎍矩嚕矩嚕娑嚩二合引訶引
則於浴室或河池側分土等作三聚
用一聚洗從脚至膂第二聚從膂至
項第三聚從項至頭澡浴已了則運
想佛法僧及本尊觀自在菩薩以印
掬水運心沐浴聖衆仰二手掌以中
指已下六指背合頭指甲二頭指欲
相拄二大指附頭指側此印通一切
觀自在菩薩澡浴密言曰
曩謨囉怛曩二合怛囉二合夜引也曩莫
阿引哩也二合嚩路枳帝濕嚩二合囉也
冒地薩怛嚩二合引也摩訶薩怛嚩合
也怛你也二合佗惹鎍麽訶惹鎍娑囉
波底娑嚩二合訶引

次結閼伽印仰二手掌二大指各捻
頭指掬水獻閼伽密言曰
唵帝囉鎍没馱娑嚩二合引訶引
然後以印掬水自灌頂觀想觀自在
菩薩持甘露賢瓶身出光明衆聖圍
遶諸天奏妙音樂想觀自在菩薩以
甘露灌注密言者身軍荼利印二頭
指各拄中指上節背二大指附頭指
側密言曰
曩謨摩訶室哩二合夜曳二合唵訶囉訶
囉摩訶尾你曳二合度那度那播跛麽
跛曩也咄瑟訖哩二合擔覩嚕覩嚕尾
特維二合娑野攞乞蔽三合你比也二合引也
你比帝訶曩訶曩尾覲曩尾曩引也
建麽佗攞具麽佗攞具薩嚩迦里迦
魯數跛多引半引曩室哩二合曳秫陛
秫朋去霓秫上婆慈曩你止理弭哩
抳鑠枳曳二合若曩你戍馱也娑嚩二合
訶引
澡浴既了則取淨衣以此如來衣密言
加持所著衣服皆成如來衣密言曰
唵囉乞叉二合囉乞叉二合薩嚩没馱引
地瑟恥二合多引苔㭊二合止引嚩囉娑嚩

二合引訶引
當誦七徧著衣已從澡浴處出住淨
室時離貪瞋癡不顧視穢惡雜物旃
陀羅等弊惡人當觀自身胷臆間有
滿月輪即此月輪是自性光明所放
菩提心圓滿潔白如淨月輪又於月
輪面觀紇唎引二合字如紅頗黎色放
光照曜十方世界於光明中自身成
觀自在菩薩等無差別左手金剛拳
置左胯持蓮華右手當自心如開敷
蓮華勢觀一切法自性清淨不染諸
煩惱塵垢猶若蓮華身背圓光冠有
無量壽如來身被衆寶瓔珞步跣八
葉蓮華至於精室門外灌灑如前則
應加持頂以右手作拳以大指頭指
相捻即印頂誦多羅菩薩心密言曰
唵矩嚕矩鎍娑嚩二合引訶引
則入淨室心念一切賢聖慇懃五體
投地作禮右膝著地徧觀十方一切
如來諸大菩薩一切賢聖如對目前
發露懺悔隨喜勸請發願迴向無上
菩提則結跏趺坐即結本部三麽耶
亦通諸觀自在菩薩念誦先應用多羅菩薩護身

毗俱胝菩薩亦殊勝或誦餘四明王
威德者亦通聖多羅菩薩印契者二
手內相叉作拳竪合頭指如未敷青
蓮華密言曰(歸命同上加持六密言)
唵多(引)鉢咄多(引)鉢咄鉢娑嚩(二合)
訶(引)
次說毗俱胝菩薩印如上多羅印少
彎屈青蓮葉密言曰(歸命如上)
唵娑羅娑羅惹曳娑嚩(二合引)訶(引)
次說四明王印即以二手內相叉印
項頂密言曰
唵婆嚩阿(引)塞普(二合)囉
惡(引)
又平二手掌掩自口口印密言曰
大結蓮華印如上開敷蓮華印置於
齊齊印密言曰
唵跛娜謨(二合)跛娜謨(二合)摩訶跛娜謨
(二合)鉾納麼(二合)馱邏薩囉(二合)播抳誐多
(引)也娑嚩(二合引)訶(引)
次結馬頭明王印先金剛合掌竪合
二中指以二頭指各鉤無名指頭頭
指各押中指上節小指並竪入掌中
二大指並竪與小指聚密言曰

唵阿蜜哩(二合)妬納婆(二合)無納婆(二合)嚩
吽發
以此印密言辟除已次結地界及曼
荼羅界以二大指相鉤散開竪諸指
揚掌如鷹翅結方隅界密言曰
曩謨囉怛曩(二合)怛囉(二合)夜(引)也曩謨
枳穰(二合引)曩娑(引)誐囉吠路左曩尾揄
(二合下同入)賀囉惹也怛他蘗多(引)夜囉賀(二合下同)
帝三藐三沒馱(引)也曩莫薩嚩怛他
(引)誐帝毗揄(二合下同)囉賀(二合)毗藥(二合下同)三藐
三沒第毗藥(二合)曩莫阿哩夜(二合)嚩路
枳帝濕嚩(二合)囉也冒地薩怛嚩(二合)也
摩訶薩怛嚩(二合)也摩訶迦嚕抳迦野
怛你也(二合)佗伊里弭里企里彌里毗
里毗里娑嚩(二合)訶(引)
以此密言加持香水誦一遍結方隅
界次結曼荼羅界以二手內相叉開
掌竪合頭指二大指極下垂相合密
言曰
阿(引)路力
以此印密言結曼荼羅界應同又結
辟除用密言曰
唵介介介南(引)誐哩(二合)娑也陛你

寧娑嚩(二合)訶(引)
次說淨空界密言曰
唵鉾納冥(二合下同)你婆誐嚩底慕賀也慕
賀也惹薩慕賀你娑嚩(二合引)訶(引)
以此密言加持香鑪向上旋轉誦七
徧先辦閼伽器商佉或金銀熟銅及
淨葉瓦與木器等稱讚如是類閼伽
器中盛滿香水及華隨求四種事并
置四色華安於壇前當觀曼荼羅為
大乳海誦此密言曰
唵尾麼路捺地吽
以二手內相叉仰掌旋轉即成甘露
大海復於大海中觀蘇彌盧山其山
四寶所成無量衆寶間錯莊嚴以二
手內相叉作拳誦此密言曰
唵阿者攞吽
結此印誦密言思惟從大海中出生
寶山已復於山上想寶樓閣其殿無
量衆寶所成處處懸列珠鬘瓔珞鈴
鐸繒幡微風搖激出和雅音間錯幢
旛摩尼半滿月等而校飾之復有無
量諸供養具徧滿樓中於其殿內觀
大曼荼羅作是觀時以十指右押左

初分相交誦後普供養密言即送七寶車輅送往聖者所其印以二手內相叉仰掌竪二頭指側相拄大指各附頭指側密言曰

唵覩嚕覩嚕吽

次結軍荼利印印相如前說密言曰

唵阿蜜哩二合帝吽發

行者觀想軍荼利金剛駕御七寶車輅至於極樂世界想請無量壽如來昇七寶車中央無量壽如來坐左大勢至右邊觀自在想阿彌陀佛前本尊坐則結奉請印二手內相叉作拳左大指入掌右大指竪屈向身招來去奉送向外撥用蓮華部觀自在菩薩心密言曰歸命同前自在密言

怛你也合一他唵鉢娜麽二合鉢納麽二合鉢納麽二合播捉娑羅娑羅嚧係曳二合四娑誐㘕阿引哩也合一嚩路枳帝濕嚩二合羅嚧迦引那捨目佉奉引縛賀也此加句者請觀自在隨稱彼名阿引路力

則誦自本所尊密言獻閼伽先想淨室寶樓閣奉請聖衆入中然後獻座以前蓮華印諸指微相近密言曰

唵鉢納麽二合尾羅也娑嚩二合訶引

次誦此偈敬謝聖衆伽陀曰

娑嚩二合誐捨娑誐挽寧四鉢羅二合娑那去那去寫多引弭訶仡哩二合訶拏布惹麽娑麽二合多引入鉢羅娑引難者地夜矩嚕

此須同真言應誦三徧或七徧應結部尊印警覺以密言相應誦三徧則成加護本尊部尊印密言先已說馬頭觀自在是也次結部母白衣觀自在菩薩印印相如多羅菩薩圓屈頭指結此印亦護本尊亦護自身念誦速疾成就密言曰

唵濕吠二合帝惹致你半拏羅嚩引悉你惹吒引麽矩吒馱引哩捉娑嚩二合訶引

則結牆界印二手內相叉竪合二頭指微屈密言曰

紇利二合引度矩度矩鉢羅二合吉引羅拏二合嚩囉二合俱致羅句致入嚩二合下同攞嚩囉嚩囉二合馱囉吽發

下方界先已說用之則結大界印徧結護次應奉獻香等彼印結上方界

此結大護二手內相叉並竪中指如針頭指各附中指上節下不著二大指各附頭指側密言曰

曩謨娑誐嚩帝阿鉢羅二合底訶姤瑟膩合二沙引也唵商羯絲摩訶三麼焰娑嚩二合訶引

由此大三麽邪護故辟近頂輪王尚不能侵凌況諸魔等又以二手內相叉竪合二頭指二大指極下垂相合結上方界密言曰

唵佘佘佘能引誐茲嘍合一娑也陛你寧娑嚩二合訶引

次說塗香以青木香兩分多誐羅等分比哩孕愚四分蘇合香八分細擣篩和水再研通一切蓮華部塗香通四種法華燒香飲食燈明差別隨類應知獻時各以密言加持隨所求事心請如上五種供養二手捧當置於額各以供養印而奉獻普通供養印二手合掌諸指初分互相交二頭指各安中指上節誦真言五遍密言曰

曩莫薩嚩沒馱引冒地薩怛嚩二合南引薩嚩免那誐下二合同帝娑頗二合

羅係絡誐誐曩劒娑嚩引二合訶引
則誦祕密讚王訶詠讚嘆本尊讚曰
唵鉢納麼二合羅誐涅寧逸反歷攬迦引
麼羅誐毋苔絡二合盧迦曩他滿馱銘引
薩嚩秫馱悉地者
誦讚歎已隨意發廣大願發露懺悔
發菩提心先誦大部母然後誦部尊
由誦部母及部尊加護則一切罪障
皆得銷滅智者誦七徧或三七徧若
見不祥惡夢誦一百八徧則得除殄
加持辟劍及第鏁皆用部母密言如
上所說部尊密言曰
嚩日哩二合阿引路力
蓮華部念珠用蓮華子或摩尼寶童
女縒線以此密言穿貫密言曰
唵阿蜜哩二合一黨誐寘室哩二合曳室利
二合摩引里你娑嚩二合引訶引
次結十一面觀自在根本印以二手
右押左外相叉合掌以印置頂上即
成本尊身誦根本密言七徧然後取
念珠念誦欲念誦取珠蟠安手中便
芙蓉合掌當心誦加持珠密言又便
頂戴密言曰

唵嚩蘇麼底室哩二合曳娑嚩引二合訶引
以二手聚五指捻珠是名念珠印以
此印念誦不緩不急乃至不疲懈念
誦時心不異緣觀念本尊坐茅薦或
瑜伽牀子以密言文字實理相應或
千或百數限畢已又芙蓉合掌頂戴
念珠瞻觀本尊慇懃心禮復陳供養
讚歎並如前法奉獻閼伽即結阿三
莾擬你印解方隅界以二手內相叉
二中小指並竪合以二頭指各安中
指甲密言曰
唵紇判二合阿三莾擬你引吽
即以此印護身又結本部三摩邪印
禮佛迴向等已方出道場於一淨處
讀轉摩訶般若波羅蜜積集福聚迴
向無上菩提隨意經行復結無能勝
印一切時處加護二手內相叉作拳
竪合二中指名無能勝印密言曰
曩莫薩嚩沒馱南唵虎魯虎魯贊拏
里莾引蹬擬娑嚩二合訶引
修行者每朝嚼齒木洗漱已誦密淨
灌灑以右手掬水誦此密言七徧加
飲或六月先行成就法所有觸穢不

祥業障皆得清淨密言曰
唵秫第訥輸馱曩也娑嚩二合引訶引

十一面觀自在菩薩心密言念誦儀軌經卷中

十一面觀自在菩薩心念誦儀軌經卷中

校勘記

一 底本，金藏廣勝寺本。四五一頁中至頁下前五行原版殘，以麗藏本換。

一 四五一頁中一行經名，石、磧、南、徑、清作「十一面觀自在菩薩心密言念誦儀軌經卷中」。

一 四五一頁中二二行第四字「嚩」，石、磧、南、徑、清無。

一 四五一頁下一二行第二字「博」，磧、南、徑、清作「搏」。

一 四五二頁上二行「兩肩」，石、麗作「右左肩」。

一 四五二頁上七行第三字「承」，石作「盛」。

一 四五二頁上一六行首字「指」，石無。又第六字「背」，南作「皆」。又第八字「頭」，石作「顯」。

一 四五二頁上一七行「附頭指」，麗無。

一 四五二頁中一行第九字「掌」，石無。

一 四五二頁中八行第三字「拄」，麗作「住」。

一 四五二頁下五行末字「成」，磧、徑、清作「或」。

一 四五二頁下一八行「淨室」，石、麗作「精室」。

一 四五三頁中一九行末字「曰」，磧、南無。

一 四五三頁下九行第五字「安」，麗無。

一 四五三頁下一八行第三字「已」，石無。

一 四五四頁上一五行第四字「曰」，石無。又夾註左「自在」，麗作「觀自在」。

一 四五四頁下二行第一〇字「下」，石無。

一 四五五頁上七行「大部」，麗作「本部」。

一 四五五頁上一一行第六字「第」，石、磧、南、徑、清、麗作「茅」。

一 四五五頁上一五行第二字「縒」，石、麗作「搓」。

一 四五五頁中二一行「潔淨」，石、麗作「結淨」。

一 四五五頁中末行第二字「或」，石作「成」。

一 四五五頁下卷末經名，石、麗作「十一面觀自在菩薩念誦儀軌經卷中」。

十一面觀自在菩薩心密言念誦儀軌經卷下　尹

開府儀同三司特進試鴻臚卿肅國公食邑三千户賜紫贈司空
諡大鑒正號大廣智大興善寺三藏沙門　不空奉　詔譯

我今說成就處依教擇得地吉日吉
宿吉曜淨其地離諸過患晨朝歡喜
心攝授地作辟除法應作是言所有
於此地方障礙者應遠離午時面南
應作辟除法燃佉陁羅木以芥子油
投白芥子護摩用甘露軍荼利金剛
心密言曰
唵阿引蜜哩二合帝吽發
復以溼嚩嚩訶密言加持水七遍灑
地夜應作息災護摩面北用心中心
密言一百八徧及用溼嚩嚩訶密言
以右手按地誦淨地密言一百八徧
密言曰
唵步引欠平
取地隨意大小或九肘或十三肘或十
肘深掘齊膝除其地中過患平治地
分為九分於中央置七寶五穀藥等
好時日以印密言加持則應結十方
界二手内相叉二大指頭指小指各
申相合旋轉十方密言曰
唵入嚩二合里多路者你吽
以佉陁羅木作橛加持一百八徧釘
四角佉陁羅木橛密言曰
唵虎嚕唵虎嚕吽泮
以波羅捨木燃火以本尊密言和三
甜護摩一百八徧則於道場中全身舍
利塔東面安本尊像像面向西應習
先行法念誦以了欲出道場加持處
所以右手作金剛拳竪頭指旋轉十
方則成堅固精室

護摩儀軌品

我今說護摩　密言諸儀則　普通令歡喜
去念誦處所　不近亦不遠　對彼道場前
護摩如契經　先應獻部尊　次供養本尊
供養火天已　然後依所求　息災作圓爐
增益應為方　降伏應三角　敬愛如蓮葉
爐中應安置　輪金剛獨鈷　第四金剛鉤
次第而建立

觀自在菩薩通增益法護摩之時迎
觀自在大勢至義成就大威德者安
置於爐東邊并持明仙一切藥叉及
吉祥天應置爐南邊又於爐北邊安

佛并諸不退轉菩薩梵王并訶利底
母求增益成就者應當供養次應迎
觀自在密言曰
唵吠那勿微一反　娑嚩引二合訶
次大勢至密言曰
唵底瑟咤二合底瑟咤二合下同摩訶娑
他引二合　麼吠誐三麼也麼努娑麼二合
羅吽泮娑縛二合訶引
次義成就密言曰
唵悉鞞悉鞞娑引馱也娑嚩引二合訶引
持明仙密言曰
唵訖哩二合下同拏尾訖哩二合拏尾訖哩
二合尼多引也娑嚩引二合訶
藥叉衆密言曰
藥乞叉多入
一切吉祥心密言曰
曩謨摩訶室哩二合夜引也唵止哩弭
哩膩曳娑嚩引二合訶
梵王密言曰
唵鉢納麼二合喻前曩曳娑嚩引二合訶引
一切佛菩薩密言曰
曩莫薩嚩沒馱冐地薩怛嚩引二合南
引阿引尾引囉吽欠平

西邊應置白衣觀自在密言曰
唵溼吠二合帝溼吠二合帝半拏囉嚩引
悉你娑嚩引二合訶引
訶剌底毋密言曰
唵努努摩引里迦四帝娑嚩引二合訶引
如上建立名為增益儀軌
息災面向北南邊應置猜西安嚩素枳
北置金剛印爐東邊應置三戟叉大印
各以本密言呼召及發遣
召三戟叉密言各以大指押小指甲
散餘三指如叉便相合之
曩謨囉怛曩二合怛羅二合夜也曩莫室
戰合二拏嚩日囉二合播拏曳摩訶藥乞
义合二細曩跛多曳噎係曳四摩訶藥
乞义二合噜捺囉下同娑孕羯羅三麽
焰鉢囉二合底播引攞也阿引孽縒嚕
捺羅合二麽麽曼拏禮嚩日囉二合三麽
也麽努播攞也伊只枳弭里枳弭里
娑嚩引二合訶
發遣密言曰
孽縒孽縒嚕捺羅二合娑嚩二合娑嚩
合二南補曩囉誐哉曩引夜引囉他合二
悉馱曳止里枳娑嚩引二合訶
召嚩蘓枳龍王密言曰

如常拳大指頭指相捻如環
嚩引蘓枳曩引誐囉惹嚩日囉合二三
麽也麽努娑麽合二囉阿引孽縒荅多
嚩引嚕迦引娑也避多麽曼荼覽見勢
典虎魯虎魯阿引孽縒娑嚩合二引訶引
發遣密言曰
孽縒孽縒娑嚩引二合娑嚩南曩引誐
囉惹枳孕合二迦哩麽麽迦引麽引婆
密哩合二藥觀娑嚩引二合訶引
請金剛杵密言二手內相义竪二中
指相合竪二大指二小指屈二頭指
各附二中指背不相著
阿演嚩日囉合二麽訶具囉薩嚩咄瑟
吒合二娑夜跛赦阿嚩地也合二薩嚩泥
嚩引南引嚩日囉合二訶娑多合二婆孕
羯囉阿引孽縒施佗嚐合二麽麽迦引
哩焰娑密哩合二藥觀印搭囉合二娑訶
合二娑囉引一合乞义合二觀魯觀魯阿引
孽縒娑嚩引二合訶引
發遣金剛杵密言曰
孽嚩孽縒娑嚩合二娑嚩南嚩日囉
合二訶娑多合二摩訶麽囉阿鉢囉合二地
哩合二沙夜合二阿素上嚐覽孽薩嚩引曩

尾近曩合二觀娑那引娑嚩引跛羅介
你娑嚩引二合訶引
請梵天密言二手虛心合掌開屈頭
中名等六指如蓮葉
比多引摩訶嚩覽劍麽攞嚩曩你嚩
引從阿孽縒嚩日囉合二曼拏攞三麽
也麽努播攞也鉢納弭合二你那鉢納
麽合二嚩悉你合一娑嚩引二合訶
次用請毗紐天密言加持茅為環安
爐右發遣時應解請毗紐天密言二
手反相义二大指頭相拄安右掌中
吠微反愛溼嚩合二泥嚩摩賀鉢囉合二訖
穰合二摩訶尾哩也合二跛囉訖囉合二麽
阿孽縒孽嚕拏拏吽引嚕嚕四也合二斫訖
鞣合二拏三麽也曼拏覽三麽也麽努
播攞也娑嚩引二合訶引
行者坐爇右邊應置護摩支分酪酥
香花等一切器中滿置種子應安右
邊以此水天密言加持水散灑密言曰
阿演嚩嚕拏烏合二曩引誐跛哩嚩引
路曩引誐麽攞三麽你庾合二底入真
你你引反引寧信者也娑吠合二底薩嚩烏
那迦目佉引尾近曩合二莽引婆挽觀

次取茅草密言曰
伊寞矩鑠引你尾夜二合室者二合布多
引室者二合没囉二合紇犇二合跛尾底𥟖
二合拏没馱達磨僧伽囉多引北哩體
丁叉二合以尾散惹引多蘗娑引犇引尾延
南二合扇引跢阿尾近南二合君入挽覩
娑縛二合訶引
順數吉祥茅　東方為先首　南西宬後北
當以梢壓根　勿以根壓梢　散布諸名花
遍嚴於茅上　方用畎俱胝
印密言加持曰
曩莫薩縛怛他蘗帝畎庚二合囉賀二合
畎藥二合三藐三没第畎藥二合唵娑也
曩引捨你怛囉二合娑你怛囉二合細怛
囉二合娑也畎唱二合矩致吠多致吠多
致壓吠二合帝惹致你二合娑縛二合訶引
印如前說以辦事密言灑火應燃木
依教然火密言曰
唵入縛二合攞吽
或用涇嵂二合嵂訶密言
灑火或用軍荼利依護摩儀則於中
應用涇嵂嵂訶及軍荼利印密言先
以說以本明密言加持花觀想投於

爐中如教應思惟先投三莖木先應
請火天以本印然後作護摩以右手
作施無畏微屈頭指招召大指屈右
掌中密言曰
三滿多入縛二合引攞摩訶入縛二合
攞阿引你底也二合三麼鉢囉二合娑娑
惹引多吠那迦比羅慕引囉多曳阿
蘗繞曷拏覽没度步佉者囉三娑縛
二合引訶引
請已先以大杓三沃火然後旋灑與
火天漱口夫灑淨則應以小杓供養
本尊次以木兩頭搵酥投火中獻次
油麻大酪乳蜜等以後隨意及諸香
藥應燒此中以油麻粳米和酥燒為
勝如上衆緣不具但燒酥密言後安
娑縛訶亦得一切成就護摩已了火
以水滿灑令聖衆漱口為令聖衆歡
喜故用本部心加持閼伽而獻之定
心合掌慇重心求悉地以閼伽奉送
依法灑以水火用辦事密言所有護
摩殘物隨意樂供養外諸天以前請
火天印頭大指相捻發遣火天密
言曰

蘗繞入縛二合攞娑那嘮捺囉二合阿
鉢囉二合地唱二合史也二合蓊羅蓊羅薩
跢娑縛娑縛南入縛二合引攞三犇扇
引井娑縛底娑那引底你抳抳嘮
你哩二合抳娑縛二合引訶引
獻閼伽奉送聖衆以前大護印密言
左旋解界及寶輅印密言奉送聖衆
我今次第說　護摩焰色相　密語者由知
速疾獲悉地　如虹霓白色　珊瑚光莊嚴
右旋妙滋潤　煥爛若虹霓　映赤火瑠璃
如護摩杓形　三叉拌吉子　商佉蓮拂形
幢蓋羯羅捨　娑縛悉底迦　其聲如笛鼓
妙香極悅意　若見如是焰　無垢離諸障
行者應慇重　應當求成就　焰若一峯勝
二峯為中相　三峯下成就　求成者應察
文說不成相　弊惡障蔽飾　左旋極臭氣
屍臭驢鳴聲　數吐焰斷絕　煙聚令怖聲
糞器形乾澀　焰散皺掠形　若見護摩相
智者應審知　密言者速疾　辦事軍荼利
以水散應灑　能除不吉祥　是故一切時
應用甘露尊
爾時觀自在菩薩摩訶薩說此法已
一切大衆咸共讚言善哉善哉大士

乃能為欲利益安樂諸有情故說此密語我等隨喜亦願受持尒時大衆歡喜踊躍遶佛三匝作禮而去

十一面觀自在菩薩秘密心經建立道場儀軌卷下

丙午歲高麗國大藏都監奉勑雕造

十一面觀自在菩薩經卷下　第十張　丹

十一面觀自在菩薩祕密心經建立道場儀軌卷下

校勘記

一　底本，麗藏本。

一　四五七頁上一行經名，磧、南、徑、清作「十一面觀自在菩薩心密言念誦儀軌經卷下」。卷末經名同。

一　四五七頁上二、三行譯者，石作「特進試鴻臚卿大興善寺三藏沙門大廣智不空奉詔譯」。

一　四五七頁上六行「攝授」，磧、南、徑、清作「攝受」。

一　四五七頁上一三行「面北」，磧、南、徑、清作「面向北」。

一　四五七頁上一八行第一〇字「或」，石、磧、南、徑、清無。又第一四字「或」，石無。

一　四五七頁中六行「波羅」，石、磧、南、徑、清作「彼囉」。

一　四五七頁中七行第三字「摩」，磧、南、徑、清無。

一　四五七頁中一八行「獨鈷」，磧、南、徑、清作「獨股」。

一　四五八頁上末行末字「日」，磧、南、徑、清作「印」。

一　四五八頁中一行「如環」，磧、南、徑、清作「如環密言曰」。

一　四五九頁上二二行第二字「用」，磧、南、徑、清無。

一　四五九頁中一三行「油麻」，石作「胡麻」。次行同。

一　四五九頁中一六行末字「火」，石作「大」。

一　四五九頁下一一行「商佉」，石、磧、南、徑、清作「商佉」。

一　四五九頁下一八行「乾溼」，石、磧、南、徑、清作「乾澀」。又第八字「蚳」，石作「舐」。

一切如來心秘密全身舍利寶篋印陀羅尼經　車

二三三二　大興善寺三藏沙門大廣智不空奉　詔譯

如是我聞一時薄伽梵在摩伽陀國無垢園寶光明池中與大菩薩衆及大聲聞僧天龍藥叉健闥婆阿蘇羅迦樓羅緊那羅摩睺羅伽人非人等無量百千衆俱前後圍遶尒時衆中有一大婆羅門名無垢妙光多聞聰慧人所樂見常奉十善於三寶所決定信向善心殷重智慧微細常欲令一切衆生相應善利大富豐饒資具圓滿時彼婆羅門無垢妙光從座而起往詣佛所遶佛七帀以衆香華奉獻世尊無價妙衣瓔珞珠鬘持覆佛上頂禮雙足卻住一面作是請言惟願世尊與諸大衆明日晨朝至我宅中受我供養尒時世尊默然許之時婆羅門知佛受請遽還所住即於是夜廣辦餚饍百味飲食張施殿宇種種莊嚴至明旦已與諸眷屬持衆香華及諸伎樂至如來所白言時至願赴我請今正是時願垂聽許尒時世尊安慰彼婆羅門無垢妙光言已顧視大衆告言汝等皆應往彼婆羅門家爲欲令彼獲大利故於時世尊即從座起纔起座已從佛身出種種光明間錯妙色照觸十方悉皆警覺一切如來既警覺已然後取道時婆羅門以恭敬心持以香華與諸眷屬及天龍八部釋梵護世先行治道奉引如來尒時世尊前路不遠中至一園名日豐財於彼園中有古朽塔摧壞崩倒荊棘所沒榛草充徧覆諸礓礫狀若土堆尒時世尊逕往塔所時塔上放大光明赫然熾盛於土聚中出善哉聲讚言善哉善哉釋迦牟尼如來今日所行極善境界又言汝婆羅門汝於今日獲大善利尒時世尊禮彼朽塔右遶三帀脫身上衣用覆其上汍然垂淚涕血交流泣已微笑當尒之時十方諸佛皆同觀視亦皆泣淚俱放光明來照是塔是時大衆集會皆同怪異驚怖而住尒時金剛手菩薩亦皆流淚威䛇熾盛執杵旋轉往詣佛所白言世尊此何因緣現是光相何於如來眼流淚如是此是佛之

大瑞光相現前惟願如來於此大衆解釋我疑時薄伽梵告金剛手此大全身舍利聚如來塔一切如來俱胝如胡麻心陀羅尼印法要今在其中金剛手有此法要在是中故塔即爲如胡麻俱胝百千如來之身亦是如胡麻百千俱胝如來全身舍利聚乃至八萬四千法蘊亦住其中即九十九百千俱胝如來頂相在其中是塔一切如來之所授記若是塔所在之處有大功勲具大威德能滿一切吉慶尒時大衆聞佛是說遠塵離垢及隨煩惱得法眼淨其中即有得須陀洹果者得斯陀含果者得阿那含果者得阿羅漢果者或有得辟支佛道者或有入菩薩位者或有得阿鞞跋致者或有得菩提授記者或有得初地二地乃至十地者或有滿足六波羅蜜者其婆羅門遠塵離垢得五神通尒時金剛手菩薩見此奇特希有之事白佛言世尊甚奇特希有但聞此事尚獲如是殊勝功德何况於此法要種植善根獲大福聚佛言諦聽金剛手若有善男子善女人比丘比丘尼優婆塞優婆夷書寫此經典者即爲書寫彼九十九百千俱胝如胡麻如來所說經典即於彼九十九百千俱胝如胡麻如來種植善根即爲彼等如來護念攝受若人讀誦即爲讀誦過去一切諸佛所說經典若受持此經即彼九十九百千俱胝如胡麻如來應正等覺彼一一如來一一方所遙加攝護晝夜現身若人供養此經以香華塗香華鬘衣服嚴具而供養者即於彼十方九十九百千俱胝如來之前成天妙華香衣服嚴具七寶所成積如須彌而爲供養種植善根亦復如是尒時天龍八部人非人等見聞是已各懷希奇互相謂言奇哉威德是朽土聚以如來神力所加持故有是神變金剛手白佛言世尊何因緣故是七寶塔現爲土聚佛告金剛手此非土聚乃七寶所成大寶塔耳復次金剛手由諸衆生業果故隱非如來全身而可毀壞豈有如來金剛藏身而可壞也但以衆生業果因緣示現隱耳復次金剛手後世末法逼迫時多有衆生習行非法應墮地獄不求佛法僧不種植善根爲是因緣好法當隱唯除此塔以一切如來神力所持以是事故我今流淚彼諸如來亦以是事悉皆流淚尒時金剛手菩薩白佛言世尊若有人書寫此經安置塔中獲幾所福佛告金剛手若人書寫此經置塔中者是塔即爲一切如來金剛藏窣堵波亦爲一切如來陀羅尼心秘密加持窣堵波即爲九十九百千俱胝如胡麻如來窣堵波亦爲一切如來佛頂佛眼窣堵波即爲一切如來神力所護若於佛形像中安置及於一切窣堵波中安置此經者其像即爲七寶所成其窣堵波亦爲七寶傘蓋珠網露盤交結德字鈴鐸純爲七寶一切如來於此法要加其威力以誠實言本誓加持若有情能於此塔種植善根必定於阿耨多羅三藐三菩提不退轉乃至應墮阿鼻地獄者若於此塔一禮拜一圍遶必得解脫皆得不退轉

於阿耨多羅三藐三菩提塔及形像所在之處一切如來神力所護其處不爲寒風雷雹霹靂所害又復不爲毒蛇毒蟲毒獸所傷不爲惡星怪鳥鸚鵡鸜鵒蟲鼠虎狼蜂蠆之所傷害亦無藥叉羅剎部多比舍遮癲癎之怖亦不爲一切寒熱諸病癧瘻癰毒瘡癬疥癩所染若人暫見是塔一切皆除其處亦無人馬牛疫童子童女疫亦不爲非命所夭亦不爲刀杖水火所傷亦不爲他敵所侵飢饉所逼厭魅呪詛不能得便四大天王與諸眷屬晝夜衛護二十八部大藥叉將及日月幢雲彗星晝夜護持一切龍王加其精氣順時降雨一切諸天與忉利天三時下來亦爲供養禮拜塔故一切諸仙三時來集讚詠旋遶釋提桓因與諸天女晝夜三時來下供養其處即爲一切如來護念加持若人作塔或土石木金銀赤銅書此法要安置其中纔安置已其塔即爲七寶所成上下階陛露槃傘蓋鈴鐸網綴純爲七寶其塔四方如來形相亦復如是則一切如來神力所持其七寶塔大全身舍利藏高至阿迦尼吒天宮一切諸天守衛供養金剛手白佛言世尊何因緣故此法如是殊勝功德佛告金剛手以此寶篋陀羅尼威神力故金剛手言惟願如來哀愍我等說是陀羅尼佛言諦聽金剛手此是未來現在及已般涅槃者全身舍利皆在寶篋陀羅尼中是諸如來所有三身亦在是中尒時世尊即說陀羅尼曰

娜莫悉怛哩也(四合)地尾(二合)迦南(一)薩婆怛他(引)蘖多南(二)唵(三)部尾婆嚩娜嚩曩(四)嚩者曩(五)者者嚩(六知皆反)祖嚕祖嚕馱囉(七)薩嚩怛他蘖多(八)馱(引)都馱曩鉢娜銘(二合)娑嚩底(九)慧也嚩鉢(十)畝祖鉢薩麼(二合)囉(十一)怛他蘖多達摩所訖囉(二合)(十二)鉢囉(二合)韈嘌哆(二合)娜嚩曩(二合)(十三)冐地滿拏(十四)楞迦(引)囉(引)(十四)楞訖哩(二合)諦(十五)薩嚩怛他(引)蘖多(引)地瑟耻(二合下同)諦(十六)冐馱野冐馱野(十七)冐地冐地(十八)沒䮧沒䮧(十九)參冐馱你參冐馱野(二十)者攞者攞(二十一)者攞覩(二十二)薩嚩(引)嚩囉拏你(二十三)薩嚩播(引)波尾蘖諦(二十四)戶嚕戶嚕(二十五)薩嚩戍迦弭蘖帝(二十六)薩嚩怛他蘖多(二十七)紇哩(二合)那野嚩日哩(二合)抳(二十八)參婆囉參婆囉(二十九)薩嚩怛他蘖多(三十)麌呬野(二合)馱囉抳畝涅隸(三十一)沒悌蘇沒悌(三十二)薩嚩怛他蘖多(引)地瑟耻多(三十三)馱覩蘖陛娑嚩(二合)訶(三十四)參摩耶(引)地瑟耻(二合)帝娑嚩(二合)訶(三十五)薩嚩怛他蘖多紇哩(二合)那野馱覩畝捺囉(二合)娑嚩(二合)訶(三十六)蘇鉢囉(二合)底瑟耻(二合)多蘖覩(二合)閉怛他蘖多(引)地瑟耻(二合)帝戶嚕戶嚕吽吽娑嚩(二合)訶(三十七)唵薩嚩怛他蘖多(三十八)鄔瑟抳(二合)沙馱都畝捺囉(二合)尼薩嚩怛他蘖單娑(引)馱都尾部使多(引)地瑟耻(二合)帝(三十九)吽吽娑嚩(二合)訶(四十)

尒時世尊說是陀羅尼時從朽塔中有七寶窣堵波自然涌出高廣嚴飾莊嚴微妙放大光明時彼十方九十九百千俱胝那庾多如來皆來稱讚釋迦牟尼佛各作是言善哉善哉釋

一切如來心全身陀羅尼經　第六張　中

迦。如來能說如是廣大法要安置如是法藏於閻浮提令諸衆生受樂安隱若有善男子善女人安此法要安置此陀羅尼於塔像中者我等十方諸佛隨其方處恒常隨逐於一切時以神通力及誓願力加持護念尒時世尊說此大全身舍利寶篋印陀羅尼廣作佛事已然後往彼婆羅門家受諸供養令無數天人獲大福利已卻還所住尒時大衆比丘比丘尼優婆塞優婆夷天龍夜叉揵闥婆阿脩羅迦樓羅緊那羅摩睺羅伽人非人等皆大歡喜信受奉行

一切如來心祕密全身舍利寶篋印陀羅尼經

一切如來心祕密全身舍利寶篋印陀羅尼經

校勘記

一　底本，金藏廣勝寺本。

一　四六一頁中一行經名前，石有「雨寶陁羅尼授菩提心戒儀」一行。

一　四六一頁中一行經名，石作「佛說一切如來祕密全身舍利寶篋印尼陀羅尼經一卷」。

一　四六一頁中二行譯者，石作「大興善寺三藏沙門不空奉詔譯」；磧、南作「三藏沙門大廣智不空譯」；徑、清作「唐三藏沙門大廣智不空譯」；麗作「開府儀同三司特進試鴻臚卿肅國公食邑三千户賜紫贈司空謚大鑒正號大廣智大興善寺三藏沙門不空奉詔譯」。

一　四六一頁中一二行第四字「彼」，石無。

一　四六一頁中末行第一一字「言」，石、麗無。

一　四六一頁下六行第六字「以」，石、麗作「妙」。

一　四六一頁下八行第一一字「至」，石、麗作「止」。

一　四六一頁下一一行「塔上」，石、麗作「朽塔上」。

一　四六一頁下一七行「涕血」，石作「涕泗」；磧、普、南、徑、清、麗作「涕洒」。

一　四六一頁下二二行「白言」，石作「白佛言」。又第八字「此」，麗作「以」。

一　四六一頁下末行第二字「何」，石、麗作「何故」。

一　四六二頁上二行第五字「時」，石作「是」。

一　四六二頁上四行第一一字至五行第一一字「今……故」，石作「在是中故是」。又五行第一二字「塔」，麗作「是塔」。

一　四六二頁上八行第一二字「即」，麗作「即是」。

一　四六二頁上一五行第八字「有」，石無。一七行第一一字同。

一　四六二頁上一七行第四字「得」，石作「於」。又「授記」，石作「得受記」。

一　四六二頁上二〇行第一〇字至二一行第一二字「奇……但」，石作「大神變奇特事已白佛言世尊」。

一　四六二頁上二二行首字「事」，石作「法要」。

一　四六二頁上二二行末字至二三行首字「法要」，石無。

一　四六二頁中八行「即彼」，石、麗作「即彼十方」。

一　四六二頁中九行「一一如來」，麗作「一一切如來」。

一　四六二頁中一一行「以香華」，麗作「以花香」。

一　四六二頁中一三行第九字「香」，石、麗作「妙香」。

一　四六二頁中一六行第七字「懷」，石作「壞」。

一　四六二頁中一八行「金剛手」，石、普、徑、麗作「時金剛手」。

一　四六二頁中二〇行第八字「乃」，石作「乃是」。

一　四六二頁下二行第四字「時」，磧、普、南、徑、清作「爾時」。又「非法」，石作「罪法」。

一　四六二頁下四行第三字「好」，石、麗作「妙」。

一　四六二頁下五行「所持」，石、麗作「所持故」。

一　四六二頁下九行「若人」，石作「若有人」。

一　四六二頁下一三行第五字「爲」，石作「是」。

一　四六二頁下二一行「不退轉」，石、普、麗作「得不退轉」。

一　四六二頁下二二行第三字「應」，石無。又第九字「者」，麗無。又第一〇字「若」，石無。

一　四六三頁上三行「寒風」，石、普、徑、麗作「惡風」。又「雷雹」，石作「雷電」。

一　四六三頁上四行「毒蠱」，普、徑、麗作「毒蟲」。

一　四六三頁上五行「鼠狼鼬」，石作「狼蛇蚖鼬」；普、徑、麗作「虎狼」。

一　四六三頁上一一行第一〇字「役」，石、普、徑、麗作「侵」。

一　四六三頁上一二行「呪禱」，麗作「呪詛」。

一　四六三頁上一四行「憧雲彗星」，石作「幢星」。又「憧雲」，磧、普、南、徑、清作「幢雲」；麗作「衛暈」。

一　四六三頁上末行「形相」，麗作「形像」。

一　四六三頁中三行「金剛手」，石作「金剛手菩薩」。

一　四六三頁中八行「此是」，石、麗作「此是一切如來」。

一　四六三頁中一〇行「是中」，石作「其中」。

一　四六三頁下二〇行「涌出」，石作「踊出」。

一　四六三頁下二一行第九字「時」，石無。

一　四六四頁上二行「受樂」，石、麗作「利樂」。

一　四六四頁上三行第一〇字「安」，石作「依」。

一　四六四頁上末行經名，石作「佛説寶篋陁羅尼經一卷」。

佛説一切如來金剛壽命陀羅尼經　車

南天竺國三藏金剛智共沙門智藏譯　詔譯

如是我聞一時佛住殑伽河側與諸比丘及大菩薩無量天人大衆俱尒時世尊告毗沙門等四天王言有四種法甚可怖畏若男若女童男童女一切有情無能免者所謂生老病死於中一法最爲逼惱難可對治所謂死怖我愍是故説對治法尒時四天王白佛言世尊我於今日爲獲大利惟願世尊爲衆生故宣説是法尒時世尊面向東方彈指召集一切如來作是誓言所有十方一切如來應正等覺爲衆生故證菩提者咸皆助我令我以一切如來威神力故悉令如是一切衆生轉非命業使增壽命我昔未爲衆生轉此法輪於今方轉能令衆生壽命色力皆得成就無夭死怖如是南西北方四維上下召集誓告亦復如是尒時十方盡佛眼所到若干世界一切如來皆悉赴集徧滿虚空數如微塵

尒時一切諸佛爲加持故異口同音

即説一切如來金剛壽命陀羅尼曰

怛你也他一者犁二者攞引者犁三尾娜胝薩嚩二合薩底二合楷四斫訖浪二合藥悑五鉢囉二合舍滿都六薩嚩路引誐薩嚩薩怛嚩二合喃七阿娜穌知解反八俱娜穌九摩賀娜穌十者穌者穌係麼澆哩十一係麼你鑁尼十二係麼尸棄十三矯囉微十四矯囉謎十五係俱囉微十六俱囉犁十七俱麼底十八微捨麼抳麼抳十九式式毗引嚩二十阿者犁二十一彌者犁二十二麼尾覽麼二十三戶磬戶磬二十四唵嚩囉二合諭曬其甲薩嚩二合賀引二十五

尒時十方佛所一切執金剛菩薩異口同音亦説延命陀羅尼曰

吽吽尸棄薩嚩二合賀一引

如是一切如來及十方執金剛菩薩説是陀羅尼已隱而不現

尒時毗沙門天王白佛言我以佛神力爲一切衆生加持護念除非命故説陀羅尼曰

始尾二合帝一始尾二合怛犁二栗利三

尒時毗樓勒叉天王又白佛言我以佛神力故爲多衆生除夭命故説陀

羅尼曰

摩蹬覓摩蹬倪尼一輸摩輸誅二

尒時提頭賴吒天王亦白佛言我亦為諸衆生除死怖故說陀羅尼曰

者體者體一者羅哩三

尒時毗樓博义天王亦白佛言我亦以佛神力故令一切衆生除非命故說陀羅尼曰

末瞈一薄薄薄薄二

佛告四天王言若有讀誦此經日日受持乃至一徧當應敬彼善男子善女人應如佛想終不墮三惡道定增壽命若人每日為一切衆生轉誦此經終無夭死短命之怖亦無惡夢魘魅呪詛惡形羅刹鬼神之怖亦不為水火兵毒之所傷害一切諸佛菩薩攝受護念其人亦為佛所護持尒時世尊說是經已毗沙門天王等一切大衆皆大歡喜信受奉行

一切如來金剛壽命陀羅尼經

佛說一切如來金剛壽命陀羅尼經

校勘記

一　底本，金藏廣勝寺本。

一　四六七頁中一行經名，石作「佛說一切如來金剛壽命陀羅尼經一卷」，卷末經名同。

一　四六七頁中二行譯者，石作「特進試鴻臚卿大興善寺三藏沙門大廣智不空奉詔譯」，徑、清作「唐南天竺國三藏金剛智共沙門智藏奉詔譯」；麗作「開府儀同三司特進試鴻臚卿肅國公食邑三千户賜紫贈司空謚大鑒正號大廣智大興善寺三藏沙門不空奉詔譯」。

一　四六七頁中三行第八字「住」，麗作「在」。

一　四六七頁中一五行「如是」，石、麗無。

一　四六七頁下一八行「我以」，石、麗作「我亦以」。二二行同。

一　四六七頁下一九行末字「故」，石無。

一　四六七頁下二〇行「陀羅尼曰」，麗作「陀羅尼」。下同。

一　四六七頁下末行第四字「故」，石、麗無。

一　四六八頁上一一行第八字「應」，石、麗無。

一　四六八頁上一三行「轉誦」，石、麗作「轉讀」。

一　四六八頁上一四行末字「魔」，石作「檿」。

一　四六八頁上一七行「攝受」，石作「授記」。

一　四六八頁上一八行第一一字「王」，石無。

一　四六八頁上卷末經名，磧、徑、清、麗作「佛說一切如來金剛壽命陀羅尼經」。

趙城縣廣勝寺

佛說大吉祥天女十二名號經

大興善寺三藏沙門大廣智不空奉 詔譯

如是我聞一時薄伽梵住極樂世界與無量大菩薩衆前後圍遶而為說法尒時觀自在菩薩摩訶薩大吉祥天女菩薩摩訶薩等皆從座起詣世尊所頭面禮足各坐一面

尒時世尊為欲利益薄福貧窮諸有情故告觀自在菩薩言善男子若有苾蒭苾蒭尼近事男近事女諸有情類知此大吉祥天女十二名號能受持讀誦修習供養為他宣說能除一切貧窮業障獲大富貴豐饒財寶

尒時會中天龍八部異口同音咸作是言如世尊說真實不虛我等願聞十二名號惟願世尊大悲演說

佛言汝當善聽今為汝說所謂

吉慶　吉祥蓮華　嚴飾　具財

白色　大名稱　蓮華眼　大光曜

施食者　施飲者　寶光　大吉祥

是為十二名號汝當受持我今復說大吉祥陀羅尼曰

怛你也(二合)他(去引一)室哩(二合)捉室哩(二合)捉(三)薩嚩迦(引)哩野(二合)娑(去引)馱顊(三)悉顊悉顊(四)顊顊顊顊(五)阿(上)洛乞史(二合)茗(三)曩(引)捨野娑嚩(二合引)賀(引六)

尒時世尊說是陀羅尼已告觀自在菩薩言此大吉祥陀羅尼及十二名號能除貧窮一切不祥所有願求皆得圓滿若能晝夜三時讀誦此經每時三徧或常受持不間作饒益心隨力虔誠供養大吉祥天女菩薩速獲一切財寶豐饒吉祥安樂時觀自在菩薩摩訶薩及諸大衆天龍八部從佛聞說十二名號及陀羅尼歎未曾有皆大歡喜信受奉行

佛說大吉祥天女十二名號經

佛說大吉祥天女十二名號經

校勘記

一　底本，金藏廣勝寺本。此經，石經本、麗藏本經文大異，今作爲別本，載於卷後。

一　四六九頁中二行譯者，磧、南作「三藏沙門大廣智不空譯」；徑、清作「唐三藏沙門大廣智不空譯」。

一　四六九頁下八行「三偏」，磧、普、南、徑、清作「三徧」。

一　四六九頁下一二行「未曾」，徑作「末曾」。

佛說大吉祥天女十二名号經一卷

特進試鴻臚卿大興善寺三藏沙門大廣智不空奉　詔譯

如是我聞一時薄伽梵住極樂世界尒時觀自在菩薩摩訶薩往詣世尊所頭面禮足退坐一面時大吉祥天女菩薩摩訶薩亦往佛所稽首禮足退坐一面

尒時世尊見吉祥天女告觀自在菩薩摩訶薩言若有苾蒭苾蒭尼近侍男近侍女或諸餘類有情知吉祥天女十二名号若受持讀誦修習為他宣說能除貧窮獲得豐饒富貴則於會衆中一切天龍八部咸作是言如世尊所說决定不異十二名者所謂

吉慶一吉祥二蓮花嚴飾三具財四白色五大名稱六蓮花眼七大光曜八施食者九施飲者十寶光十一大吉祥二十如上十二名号陁羅尼曰

怛你也(二合)他(一)室哩(二合)抳室哩(二合)抳(二)薩嚩迦(引)哩也(二合)娑(引)馱你(三)悉你悉你(四)你你你你(五)阿(上)洛乞瑟弭(四合)茗曩捨也(六)娑嚩(二合引)賀(引)

佛告觀自在菩薩摩訶薩此大吉祥陁羅尼及十二名号能除貧窮一切不吉祥若能每日晝夜三時讀誦此經三遍速獲一切富饒吉祥時觀自在菩薩及諸大衆從佛聞說是經已皆大歡喜信受奉行

佛說大吉祥天女十二名号經一卷

佛說大吉祥天女十二名号經　佐

開府儀同三司特進試鴻臚卿肅國公食邑三千戶賜紫贈
司空謚大鑒正號大廣智大興善寺三藏沙門不空奉　詔譯

如是我聞一時薄伽梵在安樂世界尒時觀自在菩薩來詣佛所頭面禮佛足退坐一面尒時大吉祥天女菩薩摩訶薩亦往佛所稽首佛足退坐一面

尒時世尊為欲利益薄福貧窮諸有情故見吉祥天女告觀自在菩薩言若有苾蒭苾蒭尼近事男近事女及彼一切有情之類知此大吉祥天女十二名号受持讀誦修習供養為他宣說能除一切貧窮業障獲得豐饒財寶富貴尒時會中一切天龍八部異口同音咸作是言世尊所說真實不虛我等願聞十二名号唯願世尊大悲演說佛言汝當善聽今為汝說

所謂

吉慶　吉祥　蓮花　嚴飾　具財

白色　大名稱　大光曜　施食者

施飲者　寶光　大吉

是十二名号汝當受持我今復說是吉祥言曰

怛你也二合他　室哩二合　抳　室哩二合　抳二薩縛迦哩野娑馱顊　悉顊悉顊顊顊顊顊阿落乞史茗　婁捨野　娑嚩二合引訶

尒時世尊說是陁羅尼已告觀自在菩薩言此大吉祥陁羅尼及十二名号能除貧窮一切不祥所有願求皆得圓滿若能晝夜三時讀誦此經每時三遍或常受持不間作饒益心隨力虔誠供養大吉祥天女菩薩速獲一切財寶豐樂吉祥時觀自在菩薩及諸大衆天龍八部從佛聞說十二名号及真言歎未曾有皆大歡喜信受奉行

佛說大吉祥天女十二名号經

佛說大吉祥天女十二名号經　第二張　佐

趙城縣廣勝寺

金剛頂瑜伽經十八會指歸　卓一

大興善寺三藏沙門大廣智不空奉　詔譯

金剛頂經瑜伽有十萬偈十八會初會名一切如來眞實攝教王有四大品一名金剛界二名降三世三名徧調伏四名一切義成就表四智印於初品中有六曼荼羅所謂金剛界大曼荼羅并說毗盧遮那佛受用身以五相現成等正覺（五相者所謂通達本心修菩提心成金剛心證金剛身佛身圓滿此則五智通達）成佛後以金剛三摩地現發生三十七智廣說曼荼羅儀則爲弟子受速證菩薩地佛地法

第二說陀羅尼曼荼羅具三十七此中聖衆皆住波羅蜜形廣說入曼荼羅儀軌爲弟子受四種眼說敬愛鉤召降伏息災等儀軌

第三說微細金剛曼荼羅亦具三十七聖衆於金剛杵中畫各持定印廣說入曼荼羅儀軌爲弟子令心堪任令心調柔令心自在說微細金剛三摩地修四靜慮法修四無量心及三解脫門

第四說一切如來廣大供養羯磨曼

荼羅亦具三十七彼中聖衆各持本標幟供養而住廣說入曼荼羅法弟子說受十六大供養法

第五說四印曼荼羅法弟子受四種速成就以此曼荼羅求悉地成就像如上四曼荼羅中所求悉地於此像前求成就

第六說一印曼荼羅若持毗盧遮那眞言及金剛薩埵菩薩具十七尊餘皆具十三亦說入曼荼羅儀與弟子受先行法修集本尊三摩地

次說降三世大品有六曼荼羅如來成等正覺已於須彌盧頂轉金剛界輪已與諸菩薩名號受職已摩醯首羅等剛彊難化不可以寂靜法而受化盡虛空徧法界一切如來異口同音請以一百八名讚禮金剛薩埵如是諸天不可以寂靜法而受化一切如來請以即入忿怒金剛三摩地現大威德身以種種方便調伏乃至至死摩醯首羅死已自見於下方過六十二恒河沙世界名灰莊嚴彼世界中成等正覺名爲怖畏自在王如來

執金剛菩薩以脚按上誦金剛壽命
真言復得蘇既受化已金剛薩埵則
說大曼荼羅引入諸天受金剛名號
諸天有五類
居上界天王摩醯首羅等無量諸天
及后
第二遊虛空諸天日天子等無量諸
天及后
第三居虛空天魔王等無量諸天及后
第四地居天主藏天等無量諸天及后
第五地下縛羅呬天等無量諸天及后
悉皆引已入教諸天建立諸曼荼羅
汝等赴會所求一切悉皆與成辦此
等皆是外金剛部
第一說曼荼羅儀則皆具三十七說
降伏法及修神通法
第二說祕密曼荼羅具三十七說引
弟子儀此中諸音聲及金剛歌舞
第三說曼荼羅具三十七說引入弟
子儀此中說以慈悲喜捨作阿毗遮
嚕迦法微細金剛調心軌儀
第四說羯磨曼荼羅具三十七說入
曼荼羅儀令弟子學護摩儀軌於無

量佛菩薩所成廣大供養速得悉地
現前說二十五種護摩爐隨類所求法
第五說四印曼荼羅具二十一成就
諸藥法等已上四曼荼羅中成就法
於此曼荼羅中成就法於此曼荼羅
像前求
第六說一印曼荼羅具十七說引入
弟子及先行法次爲外金剛部衆說
四種曼荼羅各說本真言本印契獻
佛佛爲說教物大曼荼羅具三十七
說引入弟子儀說爲弟子使役金剛
部軌則此中說大佛頂及光聚佛頂
真言及契亦通一字頂輪法
次說第二教物三昧耶曼荼羅彼諸
天后等各獻本真言佛爲說曼荼羅
具三十七說爲弟子說修藥叉女法
廣說諸儀軌
次第三說教物法曼荼羅諸天說真
言獻佛佛爲彼等說曼荼羅具三十
七說引入弟子儀爲弟子說諸天之
法法印由此印不違越本誓
次第四說教物羯磨曼荼羅具三十
七說引入弟子儀彼等諸天各說本

真言佛爲說曼荼羅說諸天舞儀說
成就諸事業速疾法次說徧調伏大
品有六種曼荼羅
第一大曼荼羅具三十七皆觀自在
菩薩變現說引入弟子儀此中說十
六種成就速疾神通三摩地儀
第二說三昧耶曼荼羅具三十七皆
觀自在菩薩變現說引入弟子儀此
中說鉤召敬愛十六種三摩地
第三說法曼荼羅具三十七皆觀自
在菩薩變現說引入弟子儀此中說
修心及求智慧辯才法十六種
第四說羯磨曼荼羅具三十七皆觀
自在菩薩變現說引弟子儀此中說
蓮華部供養儀及轉罪障報障蓋纏
業障法
第五說蓮華部四印曼荼羅具二十
一皆觀自在菩薩變現說引入弟子
儀此中說成就先行法及成就先行
如上四種曼荼羅法
第六說蓮華部印一印曼荼羅具十
三皆觀自在菩薩變現說引入弟子
儀此中說修本尊法通修世間出世

開法
次說一切義成就大品中有六曼荼羅
第一大曼荼羅具三十七此中說引
入弟子儀由入此曼荼羅除貧匱業
說求豐財求佛菩薩位及世間榮位
第二祕密三昧耶曼荼羅具三十七
此中說引入弟子儀說求伏藏法速
滿檀波羅蜜福德聚法
第三法曼荼羅具三十七此中說引
入弟子儀說實部中修三摩地法令
心安住令心堪任令心調柔令心自
在見虛空藏菩薩
第四羯磨曼荼羅具三十七此中說
引入弟子儀說加持掘伏藏事業法
幷說寶部中廣大供養諸佛儀
第五四印曼荼羅具二十一說引入
弟子儀說修先行法及說修四曼荼
羅中悉地法
第六一印曼荼羅具十三說引入弟
子儀說修一尊法及修諸藥等三摩
地皆是則彼婆伽梵執金剛虛空藏
變化次都說如前一一曼荼羅中秘
密助成方便散誦次後示釋迦牟尼

佛降於閻浮提變化身八相成道皆
是普賢菩薩幻化一切如來還以一
百八名讚揚金剛薩埵如是第一會
次說第二會名一切如來秘密王瑜
伽於色究竟天說具四大品廣說微
細實相理及廣說降摩醯首羅天以
偈與金剛菩薩酬苔
次說第三會名一切教集瑜伽於法
界宮殿說一切如來異口同音問金
剛薩埵菩薩一百八問金剛薩埵菩
薩一一苔此經中說大曼荼羅五部
一一部中五曼荼羅各具三十七都
成一大曼荼羅一一尊各各說四印
所謂大印三昧耶印法印羯磨印各
說成就法此經中說一百二十五種
護摩爐一一爐所求各異
次說第四會名降三世金剛瑜伽於
須彌盧頂說金剛藏等八大菩薩一
一尊各說四種曼荼羅初會說降伏
摩醯首羅及說天人曼荼羅受職受
名號四種曼荼羅所謂大曼荼羅三
昧耶曼荼羅法曼荼羅羯磨曼荼羅
及一切尊說引入弟子儀及成就法

後都說尊三昧耶結印次第及說秘
密禁戒及秘密修行
第五會名世間出世間金剛瑜伽於
波羅奈國空界中略說五佛曼荼羅
及諸菩薩諸外金剛部曼荼羅一一
曼荼羅具四種各說引入弟子儀乃
求悉地法
第六會名大安樂不空三昧耶眞實
瑜伽於他化自在天宮說此經中說
普賢菩薩曼荼羅次說毗盧遮那曼
茶羅次後說金剛藏等至金剛拳菩
薩及外金剛部說般若理趣一一尊
具說四種曼荼羅各說引入弟子儀
授理趣般若波羅蜜法及授四種印
法品中各說求世間出世間悉地法
第七會名普賢瑜伽於普賢菩薩宮
殿中說普賢菩薩等至金剛拳菩薩
及外金剛部一一尊各說四種曼荼
羅說引入弟子儀說受四種印修世
間出世間悉地此經中說修行人無
時無方不依世間禁戒以菩提心爲
先無爲戒爲本
第八會名勝初瑜伽於普賢宮殿說

普賢菩薩等至外金剛部各各說四種曼茶羅說實相理及分別諸曼茶羅儀則稍廣於第七會說大略同

第九會名一切佛集會拏吉尼戒網瑜伽於真言宮殿此中說立自身為本尊瑜伽訶身外主形像瑜伽者廣說實相理并說五部根源并說瑜伽法具九味所謂華麗（金剛薩埵）勇健（毗盧遮那）大悲（持金剛）喜笑（觀自在）瞋怒（金剛光）恐怖（降三世）猒患（釋迦牟尼佛）奇特（金剛笑）寂靜（瑜伽中毗盧遮那）說普賢菩薩等至金剛拳各說四種曼茶羅及引入弟子儀及授四種印并說五部中歌讚舞儀

第十會名大三昧耶瑜伽於法界宮殿說普賢菩薩等至金剛拳十六大菩薩各各說四種曼茶羅說引入弟子儀授四種印法此中說偈云

愚童覆無智　不知此理趣　餘處而求佛
不悟此處有　十方世界中　餘處不可得
心自為等覺　餘處不說佛

第十一會名大乘現證瑜伽於阿迦尼吒天說毗盧遮那佛等金剛至毗首羯磨菩薩及八大供養四攝出生

同真實攝瑜伽一一尊具四種曼茶羅四種印廣說實相理心建立曼茶羅儀則

第十二會名三昧耶最勝瑜伽於空界菩提場說毗盧遮那等四部中上首菩薩金剛拳等第八菩薩及外金剛部各各說四種曼茶羅四印等此經中於自身上建立曼茶羅說自身本尊瑜伽廣說阿字門通達於染淨有為無為無礙

第十三會名大三昧耶真實瑜伽於金剛界曼茶羅道場說十方一切佛異口同音請金剛薩埵惟願說三昧耶真實教法我等先已受說惟願金剛薩埵為諸菩薩說既請已說普賢菩薩十七字真言說適悅不空曼茶羅具十七亦說四種曼茶羅說一百八道契說通求世間出世間悉地隨此諸菩薩及外金剛部各各說本曼茶羅本真言本印契竟普賢菩薩說祕密中曼茶羅十七尊支分各復入本尊身共成五尊同居一蓮華臺說一字真言從眼口及一切支分變異

即成印但住大印結羯磨印不待先行不藉結護加持亦不假迎請宿世罪障不能凌逼亦不障礙速疾成就

第十四會名如來三昧耶真實瑜伽此經中普賢菩薩十六大菩薩四攝成一身說四種曼茶羅四印廣說五部互圓融如來部即金剛蓮華部即寶部互相涉入法界即真如般若即實際於假施設有異於本即一體普賢後諸菩薩及外金剛部各各說本真言本曼茶羅本印契

第十五會名祕密集會瑜伽於祕密處說所謂喻師婆伽處說號般若波羅蜜宮此中說教法壇印契真言住禁戒以如世間貪染相應語會中除蓋障菩薩等從座而起禮佛白言世尊大人不應出麤言雜染相應語佛汝等清淨相應語有何相狀我之此語加持文字應化緣方便引入佛道亦無相狀成大利益汝等不應生疑從此廣說實相三摩地諸菩薩各各說四種曼茶羅四印

第十六會名無二平等瑜伽於法界

宮說毗盧遮那佛及諸菩薩并外金剛部等各四種曼荼羅具四印此中說生死涅槃世間出世間自他平等無二種心舉自聲香味觸雜染思慮住亂心無二同眞如法界皆成一切佛身

第十七會名如虛空瑜伽住實際宮殿說毗盧遮那佛普賢菩薩及外金剛部一一說四種曼荼羅具四種印此中修行者與一一尊相應皆量同虛空法身相應利一切萬物法體光明量同虛空無來無去此經中說虛空三摩地相應法

第十八會名金剛寶冠瑜伽於第四靜慮天金剛薩埵菩薩佛爲大梵天娑訶世界主說五部瑜伽曼荼羅引入弟子儀具三十七亦說四種曼荼羅具四印下至外金剛部爲弟子授學心念誦於月輪上有旋列眞言字住心於一一字實相理相應周而復始亦通成就世間出世間悉地不假持珠徧數以爲劑限但證理門心不散動住本尊瑜伽爲限微細說不成就

二十種相及說隣近悉地多種相瑜伽教十八會或四千頌或五千頌或七千頌都成十萬頌具五部四種曼荼羅四印具三十七尊一一部具三十七乃至一尊成三十七亦具四曼荼羅四印互相涉入如帝釋網珠光明交映展轉無限修行者善達此瑜伽中大意如徧照佛一一身分一一毛孔一一相一一隨形好一一福德資糧一一智慧資糧住於果位演說瑜伽二乘不共佛法說曼荼羅三昧耶法門事業量同虛空諸者如上所說各各分劑各不雜亂圓證四身所謂自性身受用身變化身等流身是能作頓利樂一切有情諸菩薩聲聞緣覺及諸外道名瑜伽金剛乘教法

金剛頂瑜伽十八會指歸

丁

金剛頂瑜伽經十八會指歸

校勘記

一　底本，金藏廣勝寺本。

一　四七三頁中一行經名，石、麗作「金剛頂經瑜伽十八會指歸一卷」。

一　四七三頁中二行譯者，石作「京大興善寺三藏沙門大廣智不空奉詔譯」；磧作「三藏沙門大廣智不空譯」；南作「唐三藏沙門大廣智不空譯」；徑、清作「唐特進試鴻臚卿三藏沙門大廣智不空奉詔譯」；麗作「開府儀同三司特進試鴻臚卿肅國公食邑三千戶賜紫贈司空謚大鑒正號大廣智大興善寺三藏沙門不空奉詔譯」。

一　四七三頁中一〇行夾註左「則五智通達」，石作「亦名五智」。

一　四七三頁中一三行「佛地」，磧、普、南、徑、清無。

一　四七三頁下二行末字至次行首字「弟子」，石、麗作「爲弟子」。

一　四七三頁下三行末字「法」下，石、麗有「說四種秘密供養法」。八字。

一　四七三頁下五行「速成就」，石、麗作「速成就法」。

一　四七三頁下一一行第五字「法」，石無。

一　四七三頁下一四行「輪巳」，徑作「轉巳」。

一　四七三頁下一八行「一切」，石、麗作「時金剛手菩薩受一切」。

一　四七三頁下一九行「忿怒」，石、麗作「悲怒」。

一　四七三頁下二〇行末字至次行首字「至死」，石、麗作「命終」。

一　四七四頁上一行「按上」，麗作「按之」。

一　四七四頁上五行「居上界」，磧、普、南、徑、清作「第一居上界」。

一　四七四頁上一一行「地下」，石、麗作「地下天」。

一　四七四頁上一二行「巳入」，石、麗作「入巳」。

一　四七四頁上一三行第九字「悉」，石、麗作「悉地」。

一　四七四頁上一四行第四字「外」，石無。

一　四七四頁上一五行「曼荼羅」，石、麗作「大曼荼羅」。

一　四七四頁上一九行第三字「說」，石、麗作「說法」。

一　四七四頁上二一行「軌儀」，麗作「儀軌」。

一　四七四頁中五行第六字至末字「中……羅」，石無。

一　四七四頁中一一行「金剛」，石、麗作「外金剛」。

一　四七四頁中二一行第二字「法」，石、麗無。

一　四七四頁下一四行第八字「引」，麗作「引入」。

一　四七四頁下二一行「蓮花部印」，石、麗作「蓮花部中」。

一　四七五頁上八行末字「法」，石無。

一　四七五頁上一二行「菩薩」，麗作「菩薩法」。

一　四七五頁上一三行「第四」，石作「法第四」。

一　四七五頁上一七行第六字「先」，石無。又第一一字「修」，麗無。

一　四七五頁中四行「秘密王」，磧、普、南、徑作「秘密主」。

一　四七五頁中六行「摩醯首羅天」，石、麗作「摩醯首羅摩醯首羅天」。

一　四七五頁中八行第二字「說」，石無。

一　四七五頁中一〇行「菩薩」，石無。

一　四七五頁中一五行「二十五」，磧、普、南、徑、清作「三十五」。

一　四七五頁中一八行「須彌盧頂」，石作「須彌頂」。

一　四七五頁中二〇行「說天人」，石、麗作「諸天入」。

一　四七五頁中末行「一切」，石、麗作「一一」。

一　四七五頁下一行第四字「經」，石、麗作「諸」；磧、普、南、徑、清無。

一　四七五頁下一四行「波羅密法」，磧、普、南、徑、清作「波羅密多」；麗作「波羅密多法」。

一　四七五頁下一七行「此經中説」，麗作「此經中説」，磧、普、南、徑、清無。

一　四七六頁上五行「宫殿」，石、麗作「宫殿説」。

一　四七六頁上六行第八字「主」，磧、普、南、徑、清作「至」。

一　四七六頁上一〇行夾註左第三字「佛」，石無。

一　四七六頁上一七行第三字「授」，石作「受」。

一　四七六頁上二二行「金剛至」，石、麗作「至金剛」。

一　四七六頁中六行第八字「第」，石無。

一　四七六頁中七行末字「此」，石、麗作「八此」。

一　四七六頁中一五行「既授」，磧、普、南、徑、清作「得」。

一　四七六頁中一六行「適悦」，磧、普、南、徑、清、麗作「適悦」。

一　四七六頁中二〇行「印契」，石、麗作「契印」。

一　四七六頁中二二行「五尊」，石作「五身」。

一　四七六頁下一三行第六字「師」，磧、普、南、徑、清無。

一　四七六頁下一五行「以如」，石、麗作「似如」。

一　四七七頁上二行「四種」，石、麗作「説四種」。

一　四七七頁上四行「自聲」，石、麗作「目聲」；徑作「自身」。

一　四七七頁上一一行「利一切」，石、麗作「離一切」。

一　四七七頁上一五行「佛爲大梵天」，石作「請佛爲大梵天」；徑作「佛爲梵大天」；麗作「諸佛爲大梵天」。

一　四七七頁上一九行「有旋」，石、麗作「右旋」。

一　四七七頁上二〇行「住心」，石、麗作「注心」。又「周而」，磧、普、南、徑作「用而」。

一　四七七頁上末行「微細」，石、麗作「此經微細」。

一　四七七頁中一一行「二乘」，南、徑、清作「三乘」。

一　四七七頁中一三行第五字「各」，徑作「各各」。

一　四七七頁中一五行「作頓」，石、麗作「頓作」。

一　四七七頁中卷末經名，石同卷首；徑作「金剛頂瑜伽經十八會指歸」；麗作「金剛頂瑜伽指歸一卷」。

趙城縣廣勝寺

菩提場所說一字頂輪王經卷第一　車

特進試鴻臚卿大興善寺三藏沙門大廣智不空奉　詔譯

菩提場所說一字頂輪王經序品第一

如是我聞一時薄伽梵住菩提樹下與大菩薩衆所謂金剛幢菩薩摩訶薩觀自在菩薩摩訶薩得大勢至菩薩摩訶薩金剛手祕密主菩薩摩訶薩寂靜慧菩薩摩訶薩金剛慧菩薩摩訶薩堅固慧菩薩摩訶薩虛空無垢菩薩摩訶薩無垢慧菩薩摩訶薩普賢菩薩摩訶薩無盡意菩薩摩訶薩虛空庫菩薩摩訶薩超三界菩薩摩訶薩持無能勝菩薩摩訶薩持世間菩薩摩訶薩天冠菩薩摩訶薩文殊師利童眞菩薩摩訶薩月光童眞菩薩摩訶薩不思議慧菩薩摩訶薩虛空藏菩薩摩訶薩除一切蓋障菩薩摩訶薩大精進菩薩摩訶薩慈氏菩薩摩訶薩寶髻菩薩摩訶薩寶手菩薩摩訶薩妙臂菩薩摩訶薩如是等菩薩摩訶薩而爲上首

復與大苾芻衆所謂具壽舍利子具壽迦葉波具壽那提迦葉波具壽大

迦葉波具壽伽邪迦葉波具壽目揵連具壽大目揵連具壽滿慈子具壽難陀具壽烏波難陀具壽賢善具壽阿泥樓馱具壽迦旃延子具壽俱郝羅具壽驕梵波提具壽大驕梵波提具壽孫陀羅具壽大孫陀羅具壽須菩提具壽耆宿驕陳如具壽制底象具壽羅睺羅如是等大阿羅漢而爲上首

復與無量諸天及諸天子所謂帝釋梵王大梵王夜摩天水天俱尾羅天善界天子他化自在天乃至光音淨居天衆如是等大威德天子而爲上首

復有無量阿蘇羅無量蘖路茶無量緊那羅無量羅刹娑無量比舍遮無量母天衆無量部多衆那羅延天伊舍那天與無量部多衆圍遶難提自在爲上首也自在天爲上首

與無量虐鬼衆圍遶撃枳你畋鈿天亦與無量虐鬼衆圍遶於彼衆會天及天子阿蘇羅阿蘇羅子如是一切天龍藥叉乾闥婆阿蘇羅緊那羅摩睺羅伽羅刹衆等

復有持明成就者所謂輪成就者劒成就者金剛杵成就者蓮華成就者鉞斧成就者如來部明成就者蓮華部明成就者金剛部明成就者盧陀羅天成就者毗鈕天成就者毋天衆成就者摩睺羅伽成就者蘗路荼成就者龍成就者拏枳你成就者藥叉成就者摩尼跋捺羅成就者俱尾羅成就者水天成就者梵王成就者如是無量持明成就者爲上首各與百千眷屬俱

復有日月天子爲上首與無量百千宿曜圍遶以爲眷屬俱

復有無量如來族　華族金剛族無量明王使者女使者衆金剛毗那夜迦盡無餘世間出世間衆一切山河池園菀街道四衢林神樹神江神城郭神村神屍林神烏娑跛羅迦神惡夢神地底神宮殿神如是等上首乃至於此三千大千世界中天龍藥叉羅刹娑乹闥婆阿蘇羅蘗路荼緊那羅摩呼羅伽及諸母天瘧大虐毗那夜迦餓鬼大餓鬼必舍遮藥乂羅刹娑等大威德者各與大威德眷屬俱皆於菩提場而住於五百由旬內大集會衆以佛威神加持互不相逼惱

於是世尊住於如來莊嚴吉祥摩尼寶藏大寶樓閣告慈氏等上首菩薩言善男子此菩提場莊嚴樹我所坐處我於此坐已摧四魔證成無上佛智汝等咸應坐於是處一切智佛智皆得生出世尊說是語已默然而住

尒時金剛手祕密主菩薩以佛威神及本願力從座而起偏袒右肩右膝著地合掌向佛世尊作禮白佛言世尊我問世尊如來應正等覺修佛頂眞言異方便一切如來所說眞言明教加行修習曼荼羅印契安布異成就事業一字轉輪王佛頂入於大三摩地印曼荼羅成就處軌則念誦印安布最勝事業祕密畫像法止魔息災增益調伏法如是一切如來部眞實一切世間出世間明眞言最勝不被佗陵突無盡衆生界菩薩眞言行成就由此一切有情獲得安樂由此佛頂輪王於贍部洲衆生修一切如來眞言者作大佛事故由此世界贍部洲衆生獲一切安樂能堪任成就故一切天一切天族一切藥叉一切藥叉族一切緊那羅一切摩呼羅伽一切龍一切龍族一切天龍藥叉乹闥婆阿蘇羅蘗路荼緊那羅摩呼羅伽人一切世間出世間印眞言作利益故成就故不令欺陵令安尊位故一切有情修佛頂眞言者除一切苦惱令我眞言族成就故觀自在等大菩薩眞言行光顯故一切如來說印曼荼羅法要成就故無量如來所說眞言印曼荼羅難成就者令易成故理趣法句法要唯願如來應正等覺說啓白是已

尒時世尊告金剛手祕密主言善哉善哉祕密主汝爲一切衆生利益安樂輪王佛頂成就眞言行精進勤住持者一切如來所說眞言汝能問如來如是事是故金剛手我爲汝說先佛已說未來當說尒時釋迦牟尼如來以佛眼觀一切世界觀已爲未來有情本願福力加持觀已告一切菩

薩大衆言善男子汝等憶念一切如
來所説輪王一字入一切法三摩地
作不思議奇特神變於一切世界作
大佛事一切三摩地中最勝句咸皆
作意時一切菩薩咸皆憶念一切佛
頂輪王大真言王及三摩地句唯除
秘密主觀自在大菩薩由如來加持故
時世尊坐大菩提樹下於大福生地
如來入佛遊戲三摩地時一切如來
悉皆同入是三摩地世尊彼時憶念
攝受一切衆生界無量恒河沙數俱
胝劫積集施戒忍進等波羅蜜無量
難行苦行從大丈夫相出光明所謂
從頂從白毫相從眉從眼從鼻從耳
從脣從頭從頸從髆從手從臍輪
從二乳從二乳間從項從二髀從二
膝從二脛從二踝如是從坐處從二
足如來法輪印處如是真多摩尼寶
處如來鑠訖底三昧處錫杖印處從
如是一切如來心印處從無能勝忿
怒轉輪王入三摩地無能勝印處如
是一切如來大慈處大悲處一切如
來三摩地處如是從無畏處從記別

處如是一切如來明真言處放光於
一一光明無量光明以為眷屬從佛
頂出無量百千光明種種色類青黄
赤白紫色照無量佛剎照此三千大
千世界一切地獄傍生悉除息塵翳
息一切苦建立一切真言行於諸菩
薩作一切義利成就大福莊嚴一切
安樂易成就於剎那頃作一切義利
成就已於恒河沙數佛世界魔宮殿
咸令萎顇映蔽一切魔光乃至有頂
下至無間大地獄邊際一切處照曜
光耀警覺一切有情復來旋遶世尊
三匝已各各沒入本處

菩提場所説一字頂輪王經示現真言大威德品第二

尒時釋迦牟尼如來從彼三摩地起
以佛眼觀一切佛剎彼一切天集會
如師子奮迅而顧視告金剛手秘密
主言金剛手汝今諦聽一字佛頂大
明王及四大佛頂及毫相等作大利
益成就者明妃如來手如來鉢如來
脣如來口法輪等大明王所有一切
衆生界於一切有情勤修佛頂真言
行菩薩等及一切有情菩薩乘受持

者苾蒭苾蒭尼鄔波塞迦鄔波斯迦
不被一切天世間沮壞獲得不退轉
一切皆獲安樂一切處一切苦惱悉
皆除滅一切皆悉起大慈行同一味
相不被火燒不被水溺不被刀傷不被
毒中不被蚰蠱不被一切難一切如
來所説大真言明王受持菩薩及餘
淨信大乘菩薩乘有情從此一切如
來三摩地出生大真言受持者及餘
大明王受持者應以牛黄於樺皮上
寫此陀羅尼安頭髻中若是苾蒭苾
蒭尼寫此陀羅尼繫在袈裟中若鄔
波塞迦鄔波斯迦繫在手臂或在頸
下若國王帶不被他敵之所侵擾晝
夜卧安覺安大威德賢聖諸天而常
擁護如是及餘有情若能持此者勤
修真言行者一切處獲得無礙一切
人見悉皆歡喜遠離一切苦得一切
安樂一切人天供養恭敬一切天龍
乾闥婆阿蘇羅蘖路荼緊那羅摩呼
羅伽餓鬼必舍遮一切難調障毗那
夜迦不敢逼近離惡趣怖秘密主此
大明王及明妃真言句一切有情類

修菩薩行者及修佛頂眞言者以此作息災吉祥事惡星凌逼皆得息滅作一切衆生義利鉤召一切天龍藥义祕密主我略說爲修佛頂眞言者速疾得悉地令作一切事業世尊說是已告金剛手此一切如來所說大眞言王大佛頂白傘蓋佛頂高佛頂勝佛頂光聚佛頂如是大佛頂眞言王入一切如來三摩地勤勇力等敵皆殊勝三摩地成就一字頂輪王佛眼毫相大慈大悲佛手并無能勝如來手如來鉢如來袈裟如來法輪并明妃等說從大悲譬迦大人相師子吼流出一切菩薩不能摧壞一切佛加持共隨喜大慧照曜幽暗者令作光明以甚深智作無塵垢令作吉祥吉祥一切世間中最勝尊貴作最勝無塵無垢四無所畏令作端嚴甚令作廣大無量殊勝智令作堅固勇猛金剛鉤鏁身令作十力令作大威德令拂除愚暗令作一切佛智令作大護一切菩薩功德藏能令一切智智能令寂靜可令作無礙勇猛威德令

作最勝慧難調衆生種性令生慈心能作一切如來熾盛三摩地大眞言明王一字佛頂輪王而說眞言曰

曩莫三滿多沒䭾喃引一唵引二步嚕二合引三

釋迦牟尼佛世尊纔說是眞言譬如贍部洲大風吹一切樹林叢林藥草藥及華菓悉皆振動如是纔說是輪王一字眞言三千大千世界六種振動須弥盧山亦皆大動大海騰沸及恒河沙數世界悉皆振動山谷及海猶如草葉一切山林河海皆悉振動一切魔宮如一熾盛火聚以佛威神加持力故悉皆恐怖魔衆諸天皆自不安歸依於佛世尊於一切世界中那洛迦趣有情悉皆獲得安樂尒時世尊作如是神力加持爲令顯現輪王佛頂故自身作轉輪王形功德相莊嚴七寶成就一切光明熾盛晃曜照曜以無量莊嚴間錯嚴飾大輪王師子座而坐熾盛照曜一切圓光如輪周帀形成一聚光无有一有情有情衆當彼之際而敢不瞬目瞻睹彼所有慈氏等大菩薩彼皆剎那頃亦不能不

瞬目而睇視尒時觀自在菩薩金剛手祕密主菩薩以佛神力閉絕踰地剎那頃呼律閉則彼大威德摩醯首羅天帝釋天毗紐天夜摩天水天俱尾羅天風天蘖路荼緊那羅摩呼羅伽等一切器仗悉皆墮落摩醯首羅三戟叉墮落帝釋金剛杵墮落毗紐天輪俱尾羅棒水天羂索如是一切大威德天一切器仗墮落於地精氣威力神通皆奪由轉輪大眞言明王加持故一切菩薩憶念菩提遊戲三摩地一切天龍藥叉乾闥婆阿蘇羅蘖路荼緊那羅摩呼羅伽等皆歸依佛世尊悉皆戰掉如芭蕉葉身毛悚竪不能堪忍觀大輪王眞言色形尒時世尊隱大輪王色形剎那頃說此一切如來所說大明妃能息一切難調有情能成就一切佛頂輪王能息一切鬪諍言訟一切如來部眞言毋一切菩薩毋觀自在菩薩金剛手祕密主爲令起故說此佛眼一切佛所說能成就一切義利速疾成就輪王佛頂故說眞言曰

曩莫薩嚩怛佗蘗底瓢(一)囉曷(二合)毗藥(二合二)三藐三没第毗藥(二合三)唵(引四)嚕嚕塞普(二合)嚕(五)入嚩(二合)攞(六)底瑟姹(二合七)悉馱魯(八)左你入薩嚩囉佗(二合)娑但你(九)娑嚩(引二合)訶(十引)

說是佛眼陀羅尼已觀自在菩薩金剛手祕密主等悉皆而起乃至所有一切天等衆會各各復得本神通各還執本器仗皆歸依佛世尊心大歡喜瞻視觀察如來各作是讚言嗚呼奇哉觀自在菩薩金剛手祕密主白釋迦牟尼應正等覺言世尊是何奇特世尊曾所未見如來持此頂輪王形光明衆是何希奇佛言善男子持頂輪王色形三摩地一切諸佛世尊佛遊戲神通善男子如於大曼荼羅集會汝等作眞言身變化住不思議顯示大威德如是如是如來轉輪王眞言色形身住而顯示善男子此佛頂轉輪王一切如來眞言身住最勝三摩地一切諸大菩薩及一切眞言明王明妃一切諸天無能違越善男子有此眞言轉輪王佛頂若有人誦持處五由旬內一切明世間出世間不流通不成就汝等所說淸淨眞言所加持眞言不成就亦不往亦不現威德若纔憶念此眞言一切世間出世間眞言悉皆成就汝等所說加持眞言身一切不可成就不現應驗者以此眞言應成就之五由旬內地方天龍藥叉乾闥婆阿蘇羅蘗路荼迦婁羅緊那羅摩呼羅伽菩薩住眞言身者於處不堪忍住不遊行不成就不與現驗不與悉地何以故由住此佛頂輪王三摩地無能欺凌除佛眼眞言三昧耶用此眞言七徧誦之則其身寂靜若不然者其威德無能堪忍其餘眞言者必須初後誦此佛眼眞言十地菩薩尚不能堪忍此輪王威德何況餘天王小類有情

尒時世尊顯佛頂威德故欲現佛傘蓋威德故一切佛傘蓋加持故是時住白傘蓋佛頂王身如傘蓋形若此三千大千世界無一有情而作質礙白傘蓋形悉皆覆於佛頂其傘蓋頂當於如來頂中觀自在菩薩金剛手祕密主菩薩問佛世尊世尊此是何傘蓋色形蓋覆三千大千世界而住住於世尊頂上不見其邊際不可得以觀察瞻覩不可往其邊際佛言仁者此名白傘蓋佛頂王無量如來所共宣說一切如來無量色寶普徧音聲一切眞多摩尼寶間錯寶珠網普徧現前不思議莊嚴而作影現是諸佛世尊傘蓋一切如來之傘蓋成佛頂王傘蓋作一切有情速疾成就是一切諸佛傘蓋名爲白傘蓋大威德菩薩不得邊際於千俱胝劫度量亦不得其邊際亦不能見邊際時世尊釋迦牟尼觀佛頂王以自神通威力加持住眞言身形而說眞言曰

曩莫三滿多没馱南(引一)唵(引二)怛佗蘗覩瑟抳(引二合)沙(三)阿娜嚩路吉多(四)母嘌馱(二合五)唵(引六)摩摩摩摩吽匿(你乞反七)

當彼之時此三千大千世界皆動搖震尒時世尊告諸菩薩言諸菩薩此白傘蓋佛頂眞言能成就一切眞言能鉤召是大明王不空無礙勇猛

尒時世尊顯揚佛頂王威德故作一

切有情利益故能息除一切災禍逼迫能斷壞世間出世間真言以此真言句作加持無量菩薩稱讚無量俱胝佛說此佛頂王光聚令現大威德故是輪王佛頂之威光金剛句而說真言曰

曩莫三滿多沒馱南一引唵二引怛佗蘗覩瑟抳引二合沙三阿那嚩路枳帝四母嘌馱二合五帝儞囉始六吽七入嚩一合攞入嚩二合攞八馱迦馱迦九娜囉娜囉十尾娜囉尾娜囉十一瞋那瞋那十二頻娜頻那十三吽吽泮吒泮吒十四娑嚩二合引訶引十五

說此真言已三千大千世界如寶焰燈形無量閒錯照曜為蓮華色帝青寶葉為焰晃曜而現一切虛空際一切寶聚為寶帳閒錯鈴鐸一切莊嚴光聚變化力為門界道種種令普徧佛威德示現徧覆虛空界加持而住令一切菩薩作歡喜一切獲得安樂從佛頂出光明一切世間出世間真言明咸皆斷壞令破奪其加持令不成就何以故大威光藏故

尒時世尊告金剛手祕密主言祕密主此一切如來光明照曜光聚佛頂由此光明照曜三千大千世界下至無間地獄邊際乃至有頂照曜一切魔宮悉皆萎悴於虛空際作照曜金剛手此佛頂王能斷一切真言纔誦此真言修行者隨意世間出世間真言令斷令破令壞唯除輪王佛頂白傘蓋主佛頂高佛頂勝佛頂佛眼五字如來心除此餘一切世間出世間真言明斷壞令打令伏令縛攝修行者若纔稱名纔誦隨意難調鬼魅令壞令打令馳走令挫辱金剛手此光聚佛頂不應非處誦持應於有舍利處誦持賢聖諸尊所攝授處何以故此威德光聚佛頂等同輪王威德故若不尒者即被傷損即聖眾不降臨諸魔得先便當知於清淨處及有舍利處聖人得道處以三昧耶加持復以輪王三昧耶佛眼加持若異此者即被傷損雖久修行亦不成就此光聚大真言王於修餘真言者不得輒誦何以故彼真言王威德損故當知於閑靜密處或於河側或於池邊或於海岸或於山間或於窟或於聖人作制底處其修行者獲大威德具力具大精進具念具慧等同餘部得悉地者威光威德猶如輪王真言成就祕密主此明王能生不思議威德祕密主此是如來威如來光如來加持一切諸佛之光明威德光明體光明性與一切有情威德能生威光性金剛手能斷一切真言能調難調者能壞佗真言威此是大威德大神通能成辦一切事

尒時世尊復觀無盡法界知已眾生利益故能令如來力三摩地等流一切菩薩無邊力勇猛故說一切佛所加持修一切真言與安樂故真言曰

曩莫三滿多沒馱南一引唵二引入嚩二合攞入嚩二合攞三你比也二合你庾二合二那蘗二合都瑟尼二合沙四度那度那吽三引

尒時一切世界悉皆振動一切天龍藥叉乾闥婆阿蘇羅蘗路荼緊那羅摩呼羅伽迷悶癡亂皆失神通難調者被燒吒那夜迦出呵呵聲尒時世

尊告祕密主言祕密主此名高佛頂王一切如來三摩地力勇猛大精進大力若有善男子善女人修習輪王佛頂者及餘淨信者所往處鬭戰論理諍訟一切處若誦所去處悉皆得勝或餘有大國王淨信佛法者用牛黃於樺皮上或素上書此眞言繫旗纛上或於頸下則往佗敵若見則便破敗佗軍消融互不相救何以故以如來神力加持故或餘鵠波塞迦鵠波斯迦於頭上帶持彼人吉祥吉祥清淨威德吉慶威光威力不被佗淩蔑獲得吉祥辯才祕密主我略說菩薩持此者獲得無量力勇健獲如來加持一切魔無能沮壞一切諸天不敢逼近修此大眞言者無有與等威力皆得成就若成就等同轉輪王眞言何以故一切如來神力所加持三摩地力故是爲高頂王

尒時世尊釋迦牟尼如來現神通威德故一切罪息滅故一切惡趣摧壞故一切那洛迦苦息除故現不思議行神通故現一切如來神通威德積集故此佛頂眞言王一切佛之所宣說眞言曰

曩謨三滿多沒馱南一引唵二引入嚩二合攞三惹庾引瑟尼二合沙四入嚩二合攞五滿馱娜麼滿馱娜麼六瞥嚕二合麼瞥嚕二合麼瞥嚕二合麼七郝賀吽引入

繞說是眞言此世界及一切佛刹六種震動無有一有情受飢渴苦以一切佛威德力現大威德故一切地獄中一切飢渴悉皆止息一切有情悉令獲得飲食恒河沙數等如來同共宣說爲大怖畏有情作利益故示現大神通金剛手有此佛頂王所流布處一切魔不得其便何況修行者若有善男子善女人若能常億念此眞言王復能持誦彼獲得不思議神通成就具大精進神通圓滿一切諸天禮敬彼人不久獲不思議功德若有成就眞言王者或有大乘淨信者或修習輪王佛頂者彼獲得不思議神通相應於一切有情中爲最勝不應疑惑獲佛神通所求欲願獲得無礙一切神通平等眞實無畏一切時等同諸佛金剛手若修勝佛頂眞言者不久神通自在成就於刹那頃諸難調有情見者悉皆馳走所有魔衆諸天見彼皆失神通而悉馳走若有修習此眞言成就者與轉輪王眞言成就等無有異於地獄中亦作神通爲處地獄有情作利益故如是一切有情息除飢苦我略說少分佛頂王三摩地神通威盛無量無邊一劫不能說其福利功德我少分說世尊所說

尒時世尊告一切菩薩衆善男子佛頂王等住一切如來三摩地眞言身者千俱知劫不能盡說其功德矜愍一切有情故而說少分是佛頂王族稱揚不思議功德千俱知劫若如來說無能盡其邊際如來親自佛頂眞言王輪王大威德若千佛於俱知劫讚歎亦不能盡其邊際若有善男子善女人若以飲食衣服湯藥種種眞具供養百佛若有人誦此輪王受持福聚無能與等即說伽陀曰

若復習修行　最勝眞言王　則成爲菩提

獲地位不疑　爲不生不滅　持此佛頂者
無有等威德　不思議色力　三世無與等
衆生界畏生　成就佛頂人　無有等同者
若帝釋自身　或餘威德天　一切世界中
欲界大力者　見修頂輪人　若不起承迎
頭破作七分　猶如蘭香梢　自在及帝釋
水天俱尾羅　藥叉大威德　奪彼光萎悴
千光而熾威　照曜於諸天

若有大丈夫成就大眞言王若讀若誦若受持乃至書寫經卷或書於樺皮或帶持或供養或塗壇或香泥塗地散華燒香抹香以經卷置於壇中而作供養此法要受持讀誦爲他演說觀其衆生根性勝劣而爲宣說勸修菩薩行者殷勤而敷演畢獲得如來熾威三摩地淨信究竟大乘堅固者應授與之如來言教可爲敷演而爲說之不應慳悋常得宿命智不墮於惡趣超千劫生死流轉證無上正等覺一切天龍常當擁護言音威肅令人樂聞一切有情愛樂隣愍安樂捨壽不爲諸魔之所侵擾若有善男子善女人大有情堅固入大乘由滿願故修如來族眞言是人具福大威德賢聖所攝受不歸依餘類唯歸趣佛菩薩超越一切魔道意趣諸根不缺者身色光潤黃白生於勝族清淨處生於吉宿大勤勇身相圓滿不太肥不太瘦亦不乾悴爪如赤銅踝骨平滿身形長大肌膚潔白不太圓欒齒不疎黑眼目不睞亦不黃綠不赤癩不貪涂不被毗那夜迦所持身相應頭圓平滿筋脉平正我今略說其相生於大族大福大威德有情說此法要是善男子善女人若得此佛頂眞言必當成就爲彼有情而敷演之而當敬礼愼勿不與必當與之若得此佛頂眞言必當成就若人得此堅固有情輪王佛頂必當成就此甚深法要餘世界中甚難得聞此由如來加持於餘多世界中得聞若有人一經於耳根應知皆是轉輪王三摩地之所加持應如是知若有人得此如來族法要修行者得至於手中皆是如來加持何以故皆是如來不思議眞言三摩地頂輪眞言身之所建立此一切眞言中取大眞言句頂王三摩地不思議法要應當知是故彼有情必當求如來眞言成就若此法要書寫經卷或誦所在之處無量人天世間皆作供養獲得此三摩地熾威法句彼人無增上瞋恚之心

菩提場所說一字頂輪王經卷第一

此經此卷國本有三處文義斷絶第七幅八九行云大福莊嚴一切安使之下王身如傘蓋等第十三幅十九行云神通熾威無量使之下樂易成就等第二十幅八行云白傘佛頂使之下無邊一劫不能說等今按丹本則國本錯將白傘蓋佛頂下之王身如傘蓋至乃神通熾威無量等凡一百四十九行之文進而安于一切安下之却將一切安下之樂易成就至乃白傘蓋佛頂等凡一百五十行之文退而安于神通熾威無量下之致使如是三節文斷今依丹本進退正之

菩提場所説一字頂輪王經卷第一

校勘記

一　底本，金藏廣勝寺本。

一　四八〇頁中一行「卷第一」，石作「序品第一卷一」。

一　四八〇頁中二行譯者，徑、清作「唐特進試鴻臚卿三藏沙門大廣智不空奉詔譯」；麗作「開府儀同三司特進試鴻臚卿肅國公食邑三千户賜紫贈司空謚大鑒正號大廣智大興善寺三藏沙門不空奉詔譯」。卷第三至卷第五同。

一　四八〇頁中三行品名，石無。

一　四八〇頁中三行「菩提場所説一字頂輪王經」，徑、清、麗無。

一　四八〇頁中九行第五字「固」，石無。

一　四八〇頁中一一行「無盡意」，石、麗作「無盡慧」。

一　四八〇頁中一六行第五字至一七行第七字「不……薩」，石無。

一　四八〇頁中一七行第一一字「蓋」，石作「業」。

一　四八〇頁中一八行「精進」，石作「集」。又第五字「精」，麗無。

一　四八〇頁下一行「伽邪」，磧、南、徑、清作「伽耶」。

一　四八〇頁下一八行「也自在天」，石、磧、南、徑、清、麗作「大自在天」。

一　四八一頁上一四行「華族」，石、磧、南、徑、清、麗作「蓮華族」。

一　四八一頁上一七行「衔道」，磧、南、徑、清作「街道」。

一　四八一頁上二二行第一〇字「瘧」，石作「虐」。

一　四八一頁中六行第八字「場」，石無。

一　四八一頁中九行第七字「説」，石作「告」。

一　四八一頁中一五行第一三字「異」，磧、南、徑、清作「易」。

一　四八一頁中末行「贍部洲」，石、磧、南、徑、清、麗作「贍部洲」。

一　四八一頁下一八行第一二字「進」，麗無。

一　四八二頁上一二行首字「胝」，石作「知」。下同。

一　四八二頁中一二行「警覺」，磧、徑作「驚覺」。

一　四八二頁中一四行「菩提場所説一字頂輪王經」，徑、清無。

一　四八二頁中一五行第一〇字「彼」，麗無。

一　四八二頁中一七行第八字「視」，石作「礼」。

一　四八二頁下五行「水溺」，石、麗作「水漂」。

一　四八二頁下一一行「頭髻」，磧、南、徑、清作「髻頭」。

一　四八三頁上一五行「大慧照曜幽暗」，石作「大悲照耀憂暗」。

一　四八三頁上一七行「吉祥」，麗無。

一　四八三頁中八行第一二字「振」，石作「震」。下同。

一　四八三頁下二行「神力」，石、磧、南、徑、清、麗作「威力」。
一　四八三頁下四行第七字「釖」，石作「紐」。七行末字同。
一　四八三頁下一六行「刹那項」，石作「刹那須」；磧、南、徑、清、麗作「刹那頃」。
一　四八三頁下一八行「佛頂」，石作「佛頂頂」。
一　四八四頁上八行「各各」，石作「各」。
一　四八四頁中一行「五由旬」，麗作「五百由旬」。七行同。
一　四八四頁中五行第四字「悉」，麗作「悉地」。
一　四八四頁中二〇行「若此」，石、麗作「蓋此」。
一　四八四頁中末行首字「當」，石無。同行末字「手」，石無。
一　四八四頁下一行「世尊世尊」，石作「世尊」。
一　四八四頁下七行第一三字「綱」，石、磧、南、徑、清、麗作「網」。
一　四八四頁下一二行「不得」，麗作「不得其」。
一　四八五頁上一八行「變化力」，麗作「从變化力」。
一　四八五頁上二二行第三字「咸」，石、麗作「威」。
一　四八五頁中五行第六字「悴」，石作「萃」。
一　四八五頁中一一行第一二字「攝」，麗作「令攝」。
一　四八五頁中一五行「攝授」，石、徑、麗作「攝受」。
一　四八五頁中一八行第四字「先」，石、麗無。
一　四八五頁中一九行第八字「以」，石、麗作「先以」。
一　四八五頁中末行第八字「王」，石、麗作「主」。
一　四八五頁下一六行「眞言曰」，麗作「說眞言曰」。
一　四八六頁上一一行第一一、一二字「吉祥」，麗無。
一　四八六頁上一四行第一〇字「獲」，石、麗作「獲得」。
一　四八六頁中一〇行「威德力」，麗作「威神力」。
一　四八六頁中一七行第九字「得」，石無。
一　四八六頁中末行「無礙」，石、磧、南、徑、清作「無疑」。
一　四八六頁下一四行「俱知」，磧、南、徑、清、麗作「俱胝」。一六行、一八行同。
一　四八七頁上二行「三世」，清作「王世」。
一　四八七頁上三行「衆生界異生」，石、麗作「衆生身界異」。
一　四八七頁上七行末字「悴」，石作「萃」。本頁中六行第八字同。
一　四八七頁上一一行「或帶持或供養」，麗作「帶持」。
一　四八七頁上一五行第一一字「畢」，石作「必」。

一　四八七頁中七行「團欒」，石作「團圝」。

一　四八七頁中一五行「若人」，麗作「若有人」。

一　四八七頁中一九行「轉輪王」，徑作「輪輪王」；石、麗作「輪王」。

一　四八七頁下四行「或誦」，磧、南、徑、清作「成誦」。

一　四八七頁下六行「之心」，磧、南、徑、清無。

一　四八七頁下七行「卷第一」，石作「第一」。

一　四八七頁下七行卷末經名後，麗有跋文，玆據麗藏本附載於后，即本版八行至末行「此經……正之」。

菩提場所說一字頂輪王經卷第二　佐

開府儀同三司特進試鴻臚卿肅國公食邑三千戶賜紫
贈司空謚大鑒正號大廣智大興善寺三藏沙門不空奉　詔譯

畫像儀軌品第三

尒時釋迦牟尼佛以佛眼觀一切衆生界告金剛手祕密主言祕密主為有情利益故我今說大明王儀軌一切佛所說一切世間出世間真言明像中上上佛頂輪王本身形狀能滅一切罪令一切有情得大涅槃以殊勝三摩地佛色身變化而現我今說世尊佛頂輪王畫像法修行者先應入曼荼羅從師受得印契儀軌曾入佛頂輪王壇或無能勝忿怒壇或勝佛頂壇見三三昧耶得受灌頂得阿闍梨印可無上涅槃道入修行當依儀軌應作先行先行已然後畫像令婆羅門童女大族姓生者受與齋戒純縷令織依教織絲或依餘教或如來部所說長六肘橫四肘若不辦五肘亦得或緣畫像要買物者勇士不應酬價其絲織已以香水洗之擇去毛髮其畫像應用佛神通三長齋月白分取具諸根畫匠淨信三寶者先令澡浴清淨著新淨衣授與八戒然後令畫應擇端嚴順吉祥宿曜時日或於山間或叢林或於牛欄或於佛堂精室或聖賢得道處離晃穢有垂水地處置幢應畫先於中畫佛世尊坐師子座其座種種寶莊嚴作說法相普遍熾光如輪圓遶從頂流出種種光明佛具大丈夫相倚菩提樹其菩提樹有種種葉如真多摩尼樹或於枝繫繒綵或繫吠琉璃寶或繫葉或繫鈴鐸或繫天妙菓或垂雲降雨或種種花菓或菩提樹牙或真珠吠琉璃車渠瑪瑙玉皆畫於上或樹上有吉祥鳥衆坐於枝間或作種種葉雲雷降雨枝葉相交作如是大菩提樹世尊兩肩後倚著其樹佛右邊轉輪大王如輪王形坐白蓮花作觀佛勢其身金色周遍光明七寶成就唯輪寶以光圓遶在蓮花上釋迦牟尼佛復觀頂輪王於佛左邊不遠畫白傘蓋頂王如大王形其身金色

一字頂輪王經卷二　第二張　佐

坐在蓮花上手持蓮花目觀輪王去白傘蓋頂王不遠畫高頂王形如大王坐白蓮花上手持俱緣果瞻睹輪王去頂輪王不遠不近畫光聚頂王坐白蓮花上種種光明圓遶在熾盛光明中坐身作金色手持真多摩尼寶於光聚佛頂王下畫持誦者胡跪而坐瞻仰頂輪王輪王舒手作施願印顧視持誦者近光聚頂王圓光不相掩應畫勝佛頂身形金色左手持寶右手施願目觀輪王如是等悉皆是佛頂王各各形如大王各有熾盛光焰悉皆金色坐白蓮花上佛右邊應畫普賢菩薩手持白聲拂佛左邊畫慈氏菩薩手執白拂此二菩薩比佛身量稍小佛前應畫聖觀自在菩薩金剛手祕密主菩薩各坐寶蓮花上皆悉合掌作礼佛勢近普賢菩薩應畫文殊師利童真菩薩無垢慧菩薩寂靜慧菩薩無盡慧菩薩虛空藏菩薩虛空無垢菩薩大慧菩薩如是等大菩薩次第而畫各各合掌坐蓮花上作礼佛勢已次漸小身形寂靜

一字頂輪王經卷第二　第三張　佐

皆作金色種種莊嚴以綃縠為裙衣次慈氏菩薩不遠不近應畫佛眼明妃形如女天坐寶蓮花種種莊嚴身如金色目觀衆會著輕縠衣角絡而披右手持如意寶左手施願圓光周遍熾盛光明身儀寂靜去佛眼聖尊不遠應畫佛毫相尊如女天形有何差別右手持蓮花左手施願目觀輪王近佛眼尊下應畫孫那剎大明妃形如天女種種瓔珞莊嚴其身青色手執蓮花坐於寶山觀佛世尊近金剛手畢須畫甘露軍吒利近彼尊畫金剛軍蘇摩呼俱行此三聖者各持童子形種種瓔珞莊嚴其身皆目瞻輪王作驚竦勢於觀自在菩薩右邊畫賀耶仡哩二合嚩大明王身如火色作忿怒形鼻如猿猴以虵莊嚴瓔珞辟彼應畫蓮花孫那利四臂右第一手劍髆劍頭繫蓮花髩作瞻睹輪王勢近持羂索左第一手持鉞斧右第二手施願左第二手持菓坐於蓮花又近輪王佛頂畫無能勝忿怒王身白色四面四臂顰眉面嗔怒虎皮為裙蠎

虵為耳璫得叉迦龍王以為鬠絛婆蘇抧龍王以為神線角絡披虵肚身形短以毒虵莊嚴髩冠咬下脣遍身火爛熾盛光明圓光右第一手持金剛杵第二手作期剋勢左第一手持三戟叉第二手鉞斧正面作阿吒吒賀娑笑聲勢從口出火焰種種色相右邊面瞻觀輪王左邊面觀持誦者頭上面觀一切衆會住於寶蓮花上無能勝忿怒王應如是畫於彼尊下畫地天身白色以二手捧寶花籠子二膝跪地近地天畫尼連禪河神黲黑色如龍女形七頭合掌作禮佛勢近尼連禪河神乎相近畫嚩里迦大龍王母止鄰陁龍王此二龍王曾見無量諸佛皆七頭合掌跪地近地天畫阿難陁龍王無熱惱龍王娑竭羅龍王持蓮花髩曲躬合掌大慧菩薩右邊畫白衣觀自在以蓮花髩莊嚴其身以寶繒角絡披右手把真多摩尼寶第二手施願此菩薩是蓮花族母應於蓮花上坐近佛毫相應畫摩莫枳菩薩淡紫青

色種種瓔珞莊嚴坐於蓮花身儀寂靜住般若波羅蜜自性右手持梵夾左手持真多摩尼作施願勢是一切佛菩薩之母大聖般若波羅蜜多住摩莫枳形則此尊是金剛族母稍似童女形不太高顏熈怡令悅意應作如是相畫此尊眷屬金剛鉤金剛拳金剛鬘此等皆是大明妃以為眷屬各住本形近白衣觀自在下應畫多羅尊種種嚴具莊嚴著輕縠衣其形不太麁不太細中庸形右手持青蓮左手施願坐蓮花上作淺綠色近於彼尊畫毗俱胝身白色三目四臂右第一手持杖左第一手持瓶右第二手持念珠左第二手持蓮花身儀寂靜於像二角作鼓音樂天子於佛上畫淨居天子在雲中湧出散花供養各依方面畫護世四王東方畫持國天王南方夜摩天西方水天北方俱尾羅天各隨方四邊畫如是四隅東北方伊舍那東南方火天西南方羅剎主西北方風天各依本形畫近忿怒無能勝王下畫持誦人如本形跪地手持

香爐瞻仰輪王金剛手此輪王佛頂大畫像儀軌無量佛宣說纔見一切罪悉皆消滅金剛手若得圓具依法畫纔見衆生滅除五無間罪遠離一切罪若見此微妙像一切如來之所說其人現世有報今世及他世俱胝刧作一切罪由見此像悉皆消滅由見此最勝像一切悉地皆得現前一切如來大明真言任運得成就隨意念誦成辦一切事諸餘部中真言難成者對此像前決定得成

介時世尊告金剛手秘密主言秘密主汝今復聽說白傘蓋頂王畫像能成辦一切事業利益一切於生死流轉怖畏有情故恒河沙數俱胝佛同共宣說先當如輪王儀則所說織可方三肘不應截屈不得用皮膠和色畫人與授八戒於絲中央應畫佛形黄白色坐師子座具諸相好佛左畫金剛手菩薩左手持白拂右手持金剛杵金剛手左邊畫淨居天子衆著天衣裙於佛前應畫佛頂王身金色如鑄金像具諸相好手持蓮花佛下

畫持誦者手持香爐於像四邊應畫種種花金剛手此白傘蓋佛頂王畫像法先佛所說

介時世尊復告金剛手言金剛手諦聽諦聽極善聽作意吾當為汝說光聚佛頂王畫像軌則於一切世間出世間真言明教法上上頂王光聚依輪王儀軌香水洗絲三肘或一肘彩中不應用皮膠受八戒畫匠令畫應畫佛坐於白蓮花上作說法相諸相具足於像上應畫山峯像下應畫蓮花池從佛頂出種種光明佛下右邊畫持誦者䠒跪持香爐畫彼本形秘密主此光聚佛頂王儀軌一切如來之所宣說為令調伏諸有情故此光聚佛頂王成辦一切事業最勝畫像法

介時釋迦牟尼佛復告秘密主言秘密主我今說高佛頂王畫像法依輪王儀軌於三肘或一肘新絲上擇去毛髮受齋戒畫匠令畫應畫佛世尊坐七寶蓮花上結跏趺坐諸相具足右手施願左手在臍下仰掌從佛頂出種種光明於像上兩角各畫淨居

天子佛右邊畫持誦者瞻仰如來秘密主此是高佛頂王畫像法一切佛之所說一切佛所稱讃矜愍一切有情故說

介時釋迦牟尼復告金剛手秘密主言秘密主我今說勝佛頂王畫像儀軌先佛所稱讃依輪王佛頂儀軌作絲或三肘或一肘離毛髮受齋戒畫匠令畫應畫佛形作金色相坐師子座持說印具大丈夫相從佛頂流出種種光明像下畫持誦者如本形䠒跪坐手執香爐瞻仰如來金剛手此勝佛頂王畫像儀軌一切如來宣說金剛手如來世尊及大威德菩薩無量種色身隨意而畫或絲或素或於板上或牆或壁亦無過失或使畫匠或復自畫或巧畫匠隨自意形狀而畫之或畫菩薩形或畫真言聖天乃至於經夾上畫或樺皮上畫或畫最勝像或一搩量或一小搩量或一大指量或隨意樂處應畫亦無過失介時世尊說伽他曰

隨意樂而畫　慧者起悲心　利益諸有情

我成就思惟　亦不為僁過　攝受有情故
是故當愍懃　常懷悲愍心　恒行於捨施
及護持淨戒　忍辱及精進　禪定與般若
常應而修習　彼悉地不難　若無有畫像
當住菩提心　及持於大印　獲最上成就

菩提場所說一字頂輪王經行品第四

尒時金剛手秘密主白佛言世尊唯願世尊為勤修求成就者略說修習佛頂王真言行威德功能熾盛方便於衆生世尊求悉地者由住如来佛頂王真言明一切真言悉皆速疾令得成就佛言善哉善哉秘密主汝能問如是義秘密主汝今諦聽我為汝說一切佛所說行行方便法句伽他極微妙此法眼無量佛已修習為利益成就故尒時釋迦牟尼佛觀一切大衆以梵音聲說此法理趣伽他一切法眼中最勝伽他曰

無量菩提行自在　多種百苦逼惱者
見諸有情多逼惱　釋師子尊而演說
愛樂此法修行人　成佛當受天人供
由修一法成大覺　成真言王衆所讚
彼人不久佛菩提　廣度無量諸群品

空閑大制底　流泉及河側　迥樹或巖窟
衆花及山間　獨居堅固心　菩提心相應
勝解於大乘　清淨勤修行　及與身口意
食飲四儀中　行者常謹結　真言者勝趣
解三摩地明　出生獲悉地　成真言或明
隨意而修行　常著三種衣　善伴堅禁者
彼悉地不難　彼人定獲得　先應禮諸佛
智者應堅固　真言者無伴　勤求利有情
彼成就不難　現不思議色　現世得成就
勤求悉地者　常應作制底　勤護摩念誦
即於此現生　速疾得成就　謹慎而巧妙
勇健勤堅固　大益真實心　此人堪稱讚
諸根皆圓備　智慧常質直　能忍於飢渴
是人可稱讚　勤求成就者　若得是法要
彼當不久時　獲最勝悉地

金剛手我滅度後末法之時愚癡塢波塞迦塢波斯迦披袈裟者愚丈夫作種種無益言說貪著滋味懈怠嬾墮如斯小人不深知如来三摩地力無所畏於廣大大乘理趣壞乱勇猛精進者於菩薩善巧律儀行不得灌頂者不淨信諸佛菩薩廣大三摩地不得成就則生誇毀我及菩薩作如

是言此非佛說是魔所說毀辱於菩薩若住大乘善男子善女人勤求成就真言行者調弄損害作不饒益事由此因緣積集無量罪障是故金剛手善男子善女人欲行菩薩行者應生淨信堅固決定於菩提心以廣大願常書寫大乘經典讀誦受持為他敷演說伽他曰

依簡寶大經　修行我稱讚　由此加行故
本尊速現前　以何成真言　慇懃成自身
以施戒忍辱　勤定智慧得　專注一心故
速疾成本尊

菩提場所說一字頂輪王經儀軌品第五

尒時金剛手復白佛言世尊云何修佛頂真言行者住清淨軌則作本尊觀行唯願世尊說以一支速疾成就佛頂等悉地佛言是故持金剛諦聽衆生利益故小衆生緩慢精進者差別而說一切真言教中三時住清淨軌則不放逸常住觀佛三摩地不應以散動心觀不以貪染擾乱其心應一心觀佛常以慈三摩地遍緣十方一切有情三時澡浴洗濯手足依法

澡灑勇健智慧者不應放逸損害生
命換內衣已以此真言護身真言曰
唵麼麼吽匿 作翼反
若用土不應用和蚤土智者應用清
淨香土不太黑不太黃不太赤如是
土通一切成就法若調伏法用黑土
赤土亦得若作增益應用黃土消滅
災禍及諸罪障應用白土若求羅惹
應用不白不黑土若求敬愛法應用
赤黃土如是智者依教用土以此真
言先加持土然後應用土真言曰
唵娜囉吽 引
以此土真言　通諸成就用　以此河真言
加持於河水
唵入縛 二合 攞吽 引
此明加持河　一切處通用　分土為三聚
置於清淨處　其地離沸蠻　鼻攝之地處
女人聚聚處　小兒戲劇處　諸畜踐河處
衆生攢聚處　行者於是處　不應而澡浴
陁近及險阻　及與鼻攝水　智者應遠離
當別求勝河　澄潔清流水　遠離泥滓穢
於其河岸側　種種樹莊嚴　於彼當澡浴
其水深潤渭　常於如是處　水中諸鳥戲

諸花悉莊嚴　行者應彼浴　復以此真言
加持於淨土
真言曰
唵鉢囉 二合 入嚩 二合 攞吽 引
即應自擐甲大指置於心真言誦七遍
甲冑真言曰
唵入嚩 二合 攞帝惹吽 引
以心甲冑明　修行者應用　悉皆於遍身
即成大加護
擐身甲真言曰
唵入嚩 二合 攞跛跛囉羯羅 二合 麼
吽 引
此名身甲冑　智者常應作　即應入於水
自要或至臂　毗那夜迦障　水中諸惡蟲
由此加持故　不能為損害
真言曰
唵乞籠 二合 滿馱娑嚩 二合 訶 引
此辦事真言　一切佛頂心　由憶念此故
水居諸障者　所有欲損害　悉令禁其口
以此護其土　分土作三分　以用為洗淨
從腳至膝脛　以土揩令淨　離惡氣滓穢
諸佛說為淨　次用第二分　從要至於頸
第三洗上分　以土應洗之　離虫然可用

先置第三土　復更慇懃洗　以辦事真言
行者加持水　三誦灑於頂　沉靜而寂默
澡洗潔淨已　輒不與人語　復以辦事明
行者自加持　以無能勝護　及以佛毫相
擁護佛頂明　普加護稱讚　以佛眼真言
惟通佛部用　紋正諸佛頂　成就鼻荼羅
當結方隅界　并護於助伴　許用摧毀頂
及成辦一切　無虫水澡灑　此明誦一遍
清淨真言曰
曩謨薩嚩 二 沒馱 冐地薩怛嚩 二
合 南奄忒 入 殿努忒 引 馱曩耶娑
嚩 二合 訶 引
此澡灑真言　通用如來部　即往念誦室
住定不放逸　當於身前觀　三尺之量地
悲愍心相應　兼與慧而俱　當往念誦室
應著清淨衣　奴俱羅蓊麼　及與野麻衣
智者應念誦　依於教儀軌　應誦淨真言
次用辦事明　加持茅薦座　敷置於像前
應念誦本尊　次應迎聖衆　真言印相應
數觀本尊像　即結蓮花印　以座而奉獻
諸佛持吉祥　佛足標幟生　諸菩薩蓮座
是座皆稱讚　真言修行者　不應坐高床
而觀本尊像　次應持念珠
穿珠真言曰

唵阿納部合二諦微惹曳悉地悉馱
囉揥二合娑嚩二合訶引
菩提子念珠 決定得成就 上中下悉地
通諸真言用 金銀等作珠 增益應用之
清淨頗胝迦 一切義成就 童子線應穿
皆依是儀軌 當用自密語 以此作加持
加持珠真言曰
曩謨薄誐嚩底丁以反引 悉地娑馱也
娑馱也悉馱囉揥二合娑嚩二合
引訶引
當以此真言 加持於念珠 應誦於七遍
持於二掌中 坐於茅薦上 求成一切義
吉祥菩提樹 白檀及天木 如是等樹類
念珠增益勝 念誦護摩時 應用如是珠
佉陁羅木樹 末度俱那衛 用此木為珠
而作調伏法 亦用此樹木 而作於床坐
若木不能得 取葉離諸垢 坐臥而藉之
及灌頂處坐 燒瞿摩夷灰 灌水用洗淨
密綃為漫羅 當觀濾濾水 依法持密言
若不得成就 應用頂輪王 加持必成就
復用心隨心 相共而和誦 若如是不成
用佛眼真言 相和而誦之 世尊佛眼明
一切佛所說 先佛亦稱讚 我今而宣說

求成佛頂者 應當而誦持 與彼相和誦
不久疾成就 設作五無間 不久亦得成
若無有畫像 運心作觀行 諸佛所稱讚
即結禮佛掌 觀行誦此明
真言曰
曩謨囉怛曩二合怛囉二合夜引
也阿左羅扈嚟娑嚩二合訶引
則結大印想於彼印上以無量寶所成
山於山上想七寶所成蓮花其花無
量千万葉其胎廣博大莖於彼上有
樓閣於樓閣中想世尊坐如真言身
形如所畫像說世尊安隱結跏趺坐
作說法印具大人相莊嚴其身遍周
圓光應如是觀餘亦如上所畫像觀
在於樓閣中閣上有相輪摽心中想
無量真珠寶網遍覆乃至隨意而觀
一由旬或百由旬乃至千由旬量
應觀行隨自意觀之乃至有頂專
注一心智者不應放逸心繫於本尊
諸佛加持力作是思惟求成就者作
如是觀行以無垢海真言加持大海
真言曰
唵 尾麼盧捺地吔

以山真言加持於山真言曰
唵阿左攞吽
以蓮花真言加持蓮花真言曰
唵吽迦麼攞娑嚩二合訶引
一切寶樓閣真言加持樓閣真言曰
曩謨薩嚩怛他引蘖跢南薩嚩他
欠平搵諾二合蘖帝薩頗二合囉瞎𠜂
誐誐曩劍娑嚩二合訶引
次應請佛世尊以自真言應想世尊
如從忉利天下降閻浮至於道場即
獻閼伽作是頌言
以自神通往 待我作供養
然後以六字佛頂結上方界即想如
來澡浴及自本尊三部部主或依自
教及諸尊獻塗香花衣服嚴具飲食
香水若無如上所說供具應心中觀
想而獻如是供養儀軌已即說罪隨
喜勸請迴向發願悉皆應作即安心
於鼻端一心念誦乃至不疲倦所念
誦遍數而獻復獻塗香花燒香飲食
燈明等供養獻閼伽而觀想東門奉
送世尊則禮一切佛菩薩禮已而起
如是三時應作為無像故說是儀軌

菩提場所說一字頂輪王經分別祕密相品第六

介時釋迦牟尼佛復告金剛手祕密主言汝聽金剛手此佛頂王真言成就修行一切如來之所說成就佛頂故以不壞伽他句行教金剛手略說一切如來所說成就次第說伽他曰

屍冢集聖衆　令獲威靈處　於宅及天室
空室與窟中　迴樹或屍林　樹林於山谷
成就或念誦　心在於本尊　不清淨令淨
不清淨遍淨　於清淨成就　以二成二種
是名成就者　一切修悉地　於食應節量
不飽亦不飢　食飲應等量　甘甜及酸酯
應捨如是貪　貪偃之有情　於味生貪著
由貪念護摩　不生於一心　初夜讀正典
中夜然寢息　於淨茅薦上　作護依儀軌
皆與印相應　寢卧如師子　如師子驍勇
東方及南方　枕手而眠卧　息增於護摩
若有東南方　左安於右上　足手亦如是
累足然後寢　少分令端嚴　頭若向西方
面觀於南方　寢時應護身　與降伏相應
若上白檀樹　吉祥尼俱陁　優曇鉢等樹
夢上此等樹　是為成就相　鴈及迦陵伽
鸑鷟與白鶴　孔雀等吉鳥　夢乘此等鳥

一字頂輪王經卷第二　第十九張　佐

若見如是相　不久當悉地　若夢見於血
此亦成就相　若於夢中見　幢幡等交雜
或登於高樓　若屐及遊行　是則成就相
或夢乘舟舡　或執箏箜篌　或見塔婆蒭
如是等善夢　悉皆成就相　若於夢中見
猶及旃陁羅　水蛭油塗身　此皆不吉祥
駝驢及車乘　若見及觸彼　必壞於成就
如是等夢相　善及不善相　應知此二夢
知已求成就　應作護摩法　燒粳米油麻
得脫諸魔障　即見於本尊　當得而警覺
聖者現是言　當往於某處　至彼燒酥蜜
則現於實事　去食盡是實　於道亦為實
若疑於本尊　當寢於夢中　願尊示我身
而現丈夫身　若見於女人　能生貪染心
應為不放逸　欲眠時加持　念誦不應思
過去之財寶　未來亦不應　慎勿起思惟
不成念誦儀　若心而散動　觀真言義理
住定而念誦　心若緣貪染　應作不淨觀
若心起嗔恚　即與慈相應　於愚念緣生
數數若心起　在於顛倒中　即專注一心
住於本尊觀　若未入輪壇　獻諸香花等
為諸魔食啖　由不依儀軌　及不廣善解
遠離阿闍梨　諸魔隨行者　如影而隨形

一字頂輪王經卷第二　第二十張　佐

念誦功被奪　諸魔鬼食香等　念誦及護摩
本尊不受得　此真言主宰　成就頂真言
當用作加持　護摩頂行等　不能為障礙
成就頂輪王　是故作加護　一切成就處
應誦無能勝　作自身加持　菩薩種真言
輪王之眷屬
用彼作加護　成就真言時　念誦護摩等
先應作護身　若離護身法　悉地必不成
遊空大藥叉　成就鬼羅剎　遊行破壞故
令彼心疑惑　尾臘縛之花　遏迦度度羅
悉皆不應用　一切佛頂部　稱讚闍提花
青蓮俱勿頭　蓮花庾體他花　及餘種種花
極香陸地花　當知佛頂明　一切時供養
修行者不成　二三度作法　乃至於七遍
次第作成就　當於入海河　而作印塔法
或一二三四　隨力而作之　念誦并作塔
恭敬而讚歎　讀誦於妙典　數數疲乏時
塔滿三洛叉　先罪悉消滅　用以極香花
燒香及塗香　供養窣堵波　於一一塔前
用真言加持　一一窣堵波　應誦千八遍
真言若不成　由罪覆心故　應作一肘量
一千窣堵波　設造五無間　決定得成就
由念誦滅罪　何況作制底　當於入海河
獻蓮花十方　獻限介所數　速疾得成就

一字頂輪王經卷第二　第二十一張　尘

於彼入海河　何況過此量　遲速得成就
皆由自己身　成就於真言　由彼福無福
若福德強盛　當於不久時　速疾得悉地
無福德之人　應作窣堵波　悉地念誦本
是故以精進　成就得牢固　真言在經書
不能除衆毒　見如是道理　勤功念誦勝
常為父母師　受苦諸有情　一分而念誦
為彼皆迴向　為滅諸障難　應作常禮佛
由禮佛念誦　速疾得成就　説禮佛果報
無量福德聚　當知是歸命　數數勤敬禮
常恒獲悉地　不然末法時　真言不成就
是故我釋迦　説威德弟子　末世得解脱
是故離疑心　發勤大精進　修持諸悉地
不久得成就　增勝福德人　速疾得悉地
多分無福人　遲晚乃得成　若悲智相應
獲殊勝悉地　不以假琉璃　與紅頗梨等
是佛頂真言　力用不思議　乞得食令淨
應獻於本尊　分作為三分　慇念有情故
先應取一分　當供養本尊　又取於一分
施諸外來客　餘一應自食　所獻本尊食
贖取而受用　若無有外客　轉施諸禽獸
自己分之食　盡不應施他　恐損壞身故
減少分應施　面南應食之　是則調伏法
不應面西食　當作調伏事　北東許息增

成就佛頂等　成寂東為異　應作悲愍心
三時應思惟　誰在於苦惱　我今盡拔濟
大悲心相應　出家及在家　持杖并梵志
皆懷悲愍意　念誦者遊行　無侶常謹慎
是故常敬禮　諸佛之塔廟　難成之真言
一切時等持　常修三摩地　是人得自在
種種調伏者　示現種種色　是故常應作
念誦及護摩　塗地并灑淨　作淨如先説
後應作護身　灰芥結方隅　以辦事真言
或用摧壞頂　加持縷綖橛　應釘於四角
護已應供養　智者即啓請　一切諸聖衆
念誦護摩處　安置於座上　應作成就因
瞿摩土相和　智者用作壇　於此壇輪中
説供養為儀　先為如來勝　依儀軌而獻
次則輪王頂　其次諸佛頂　次第而供養
次及觀自在　自族并眷屬　及與金剛手
所獻同佛頂　所獻香花等　亦同於部類
如是為三部　而作供養儀　以此常警覺
及一切世天　愚癡作是言　一切真言人
悉皆是妄作　若不説儀軌　則隨於毀謗
油麻白芥子　而作於護摩　能成敬愛事
燒油麻粳米　獲得於增益　毒藥羅蔗製
相和而護摩　壞亂佛教者　悉皆令除滅

屋曬縛樹木　無憂及白檀　波羅奢菩提
及以白膠木　增益諸護摩　用如是等木
尼瞿陀優曇　阿説他乳木　活兒子等木
若作息灾法　用為護摩柴　佉陀羅木槵
及迦羅迦木　迦羅尾羅木　如是等諸木
調伏相憎用　面應向南坐　稱吽字而燒
意思而口稱　應作調伏法　面對於北方
於真言句中　加娑縛訶誦　即成於息灾
諸佛頂應修　面向東而坐　護摩作增益
結跏為息灾　吉祥坐增益　蹲踞作調伏
除害故護摩　名為調伏事　遮止諸障故
名為於息灾　成就隨意故　是名為增益
如是一切處　善思而修行　憎嫉佛教者
令其遠離故　是名相憎法　清淨持誦者
不應長爪髮　在家淨行人　髮長不為過
護摩念誦時　皆有所妨礙　貪臯椋洗功
虛過於時分　供養聖衆時　甲中停垢膩
頭髮生蟣虱　能生諸罪愆　不觀日出時
不觀日蝕時　亦不觀月蝕　不輕毀師尊
供養聖衆時　不觀安樂事　亦不觀鬪諍
是故修行者　常與定相應　於飢儉國土
及於鬪戰處　國主不和順　不應求悉地
聖衆被罰處　藥叉鬼神處　龍神雜亂處

屍林穢汙處　弥紋車居處　多饒蚤虱處
或於亢旱處　如彼諸難處　不應求成就
不調倡女處　多饒惡風處　如是等之處
不獲於悉地　是處若吉祥　念誦作護摩
聖衆皆喜悅　如人食好食　心意得適悅
此中護摩勝　成辦諸事業　若王相不具
不堪紹王位　隨力分應作　念誦及護摩
下劣修行者　果報亦下劣　若乞毒刀杖
不應而施與　唯除敬愛法　為護命難故
為除憂惱故　除如是因緣　悉皆不應與
清淨修行者　或誤觸不淨　則應而澡浴
心誦結印契　如是貪染類　應思淨真言
誦明結印契　悉皆得清淨　諸穢之鬼神
起屍及藥叉　及羅刹成就　上中作法處
智者不應疑　沉沒殊勝河　澡浴正法水
以慧而思惟　念誦悉皆作　不應破結跏
於事皆相違　若破結跏坐　即應起澡浴
或以心澡浴　悉皆得成就

菩提場所說一字頂輪王經卷第二

丙午歲高麗國大藏都監奉
勅雕造

一字頂輪王經卷第二　第二十五張　恒

菩提場所說一字頂輪王經卷第二

校勘記

一　底本，麗藏本。
一　四九一頁上二、三行譯者，石作「特進試鴻臚卿大興善寺三藏沙門大廣智不空奉詔譯」；磧、南作「三藏沙門大廣智不空譯」；徑、清作「唐特進試鴻臚卿三藏沙門大廣智不空奉詔譯」。
一　四九一頁上四行品名，磧、南作「菩提場所說一字頂輪王經畫像儀軌品第三」。
一　四九一頁上七行「令說」，石、磧、南、徑、清作「今說」。
一　四九一頁上八行「真言」，磧作「其言」。
一　四九一頁上一八行「受與」，磧、南、徑、清作「授與」。
一　四九一頁上一九行首字「縒」，石作「搓」。又第八字「綵」，磧、南、徑、清作「氎」。下同。
一　四九一頁中五行「山間」，磧、南、徑、清作「此間」。又「或巖窟」，磧、南、徑、清作「或於巖窟」。
一　四九一頁中九行「燗光」，磧、南、徑、清作「爛光」。
一　四九一頁中一三行「垂雲」，磧、徑作「乘雲」。
一　四九一頁中一四行「種種」，磧、南、徑、清作「種種葉」。又「樹牙」，石作「牙」。
一　四九一頁中一七行「雲雹」，磧、南、徑、清作「雲雷」。
一　四九一頁下一四行第一二字「佛」，石無。
一　四九二頁上一行「綃穀」，石、磧、南、徑、清作「絹穀」。
一　四九二頁上八行第四字「手」，磧、南、徑、清無。本頁下一一行第一〇字同。
一　四九二頁上一三行「頂行此三聖者」，磧、南、徑、清作「須行此三聖行」。

一 四九二頁上一五行第四字「竦」，石作「悚」。

一 四九二頁下二〇行末字「方」，石無。

一 四九二頁下二一行「羅刹主」，磧、南、徑、清作「羅刹王」。

一 四九三頁上六行「有報」，石、磧、南、徑、清作「有幸」。

一 四九三頁上一八行「授入」，石作「受八」。

一 四九三頁上二〇行「左手」，磧、南、徑、清作「右手」。又「右手」，磧、南、徑、清作「左手」。

一 四九三頁中二〇行「畫匠」，徑作「畫像」。

一 四九三頁下五行「金剛手」，磧、南、徑、清無。

一 四九三頁下一〇行第三字「説」，磧、南、徑、清作「説法」。

一 四九三頁下一七行「巧畫匠」，磧、南、徑、清作「工匠畫」。

一 四九三頁下一九行第八字「樺」，石作「樺木」。

一 四九四頁上五行「菩提心」，徑作「菩薩心」。

一 四九四頁上六行品名上經名「菩提場所説一字頂輪王經」，徑、清無。以下各品例同。

一 四九四頁上六行「王經」，石作「行」。

一 四九四頁上九行「功能」，磧、南、徑、清作「功德」。

一 四九四頁上一四行第七字「行」，磧、南、徑、清無。

一 四九四頁上一四行「行行」，石作「行説行」。

一 四九四頁中四行「謹結」，磧、南、徑、清作「謹誦」。

一 四九四頁中六行「三種」，磧、南、徑、清作「二種」。

一 四九四頁中一三行第五字「倫」，石作「滿」。

一 四九四頁下六行「菩提心」，磧、南、徑、清作「菩薩心」。

一 四九四頁下八行首字「敷」，磧、南、徑、清無。

一 四九四頁下一九行「真言教」，石作「真教」。

一 四九五頁上一三行「以此河真言」，磧作「以此言真先」。

一 四九五頁上一八行第九字「劇」，石作「伎」。又「踐河」，磧、南、徑、清作「踐踏」。

一 四九五頁上二〇行「阨迮」，石作「隘窄」。

一 四九五頁中一〇行首字「擐」，石、磧、南、徑、清作「披」。

一 四九六頁上五行末字「穿」，磧作「安」。

一 四九六頁上一三行「天木」，磧、南、徑、清作「天水」。

一 四九六頁上一五行「末度」，磧、南、徑、清作「未度」。

一 四九六頁中一〇行「千万」，石、磧、南、徑、清作「百千」。

一 四九六頁中一五行「輪撐」，磧、南、

徑、清作「輪棖」。

一四九六頁下二二行「禮已」，磧、南、徑、清作「禮足」。

一四九七頁上七行「天室」，磧、南、徑、清作「天堂」。

一四九七頁上一〇行第二字「清」，石、磧、南、徑、清作「淨」，第七字同。又「以二」，南、徑、清作「以一」。

一四九七頁上一三行第一二字「味」，磧、南、徑、清作「未」。

一四九七頁上一九行「端嚴」，石作「嚴麗」。

一四九七頁上二二行第一一字「鴈」，磧、南、徑、清作「應」。

一四九七頁中九行「油麻」，石作「胡麻」。下同。

一四九七頁中一〇行第一四字「警」，石作「驚」。次頁中一八行第一四字同。

一四九七頁下三行「護摩」，磧、徑作「諸魔」。

一四九七頁下四行「輪王」，石作「真言」。

一四九七頁下一〇行「度度囉」，磧、南、徑、清作「度摩囉」。

一四九七頁下二三行「入海」，磧、南、徑、清作「大海」。

一四九七頁下末行「十万」，石作「十方」。

一四九八頁上八行第六字「爲」，磧、南、徑、清作「應」。

一四九八頁上一二行「我釋迦」，石作「釋迦尊」。

一四九八頁中一四行「說供養爲儀」，磧、南、徑、清作「說爲供養儀」。

一四九八頁中二二行「粳未」，石、磧、南、徑、清作「粳米」。

一四九八頁下三行首字「尼」，石作「尾」。又「乳木」，磧、南、徑、清作「亂木」。

一四九八頁下一一行「除害」，磧、南、徑、清作「降怨」。

一四九八頁下一九行第九字「月」，石作「日」。

一四九九頁上一七行「跏坐」，磧、南、徑、清作「趺坐」。

一四九九頁上一八行「澡浴」，磧、南、徑、清作「澡洗」。

一四九九頁上末行「卷第二」，石作「第二」。

趙城縣廣勝寺

菩提場所説一字頂輪王經卷第三

特進試鴻臚卿大興善寺三藏沙門大廣智不空奉　詔譯

菩提場所説一字頂輪王經末法成就品第七

介時世尊復大爲利益說此事業成就說伽他曰

當於未來世　劣慧之有情　爲彼作利益
說此小悉地　若具於儀則　決定而成就
不擇時宿曜　不擇念誦處　應當請本尊
而求諸悉地　及鉤召於佗　或取於六分
應如是加持　及說念誦相　當於念誦時
若闕加護故　奪人精氣鬼　盜竊成就物
并筝枳宴等　盜不思議物　當於念誦時
一切悉皆作　失物得無疑　取末壞攝縛
殊勝自終者　剖割其莽娑　和調菩樹等
除藥筋及骨　眞言者依法　即應施八方
先定屍林處　彼住鬼羅刹　眞言者於彼
以稱華護摩　即速現神驗　四衢及樹下
山間大怖處　高聲而唱言　屍林賀莽娑
鬼衆大歡喜　所求皆與之　成就隱形法
眼具及眼藥　雄黃等悉與　成就佛頂者

介時釋迦牟尼佛觀未來有情說速疾成就法復說伽他曰

即取彼攝縛　如前不壞者　成就迷怛羅
迴樹大河側　於屍林求成　清淨而洗塗
香華以嚴飾　及餘眞言明　或以輪王頂
而用作加護　求成如是事　若不如是者
魔損害不疑　即應依儀軌　善伴驍勇者
行者坐心上　結拳打彼額　應誦眞言王
無間而多誦　彼踊躍而起　名拳起屍法
當入於水中　日出乃至夜　結拳誦眞言
成安怛但那　應取人莽娑　割截而護摩
依儀作成就　慧者不放逸　莽娑爲怛羅
所求皆悉地　此諸佛所說
貪著於女人　貪染之有情　戒品無所堪
如是之有情　歸依於三寶　六念以成器
應作如是思　隨力而修行　修行者應當
勤修菩提心　設離彼修習　任運得成就
行者而不應　食於青黑物　於食生厭離
不坐臥高牀　不應鼓頰食　亦不博喫食
所食量多少　大如孔雀卵　住威儀而食
如是等威儀　修行者應食　寂默而念誦
當住於語默　若住於修行　應住於身默
而作於護摩　應住於一默　悉地即成佛
若不如是默　眞言不成就　於眞言修行
寂默而迎請　當誦眞言明　不共佗同食
乃至於親族　不應與同食　衣服及臥具

鍮銅熟銅器　以灰醋物洗　洗已而食用
水中作念誦　皆說諸儀則　不應與他人
而共同寢処　雜居生於過　貪染等攝受
調弄戲笑等　由此生於過　吉日齋戒処
須臾取時分　應作諸成就　自身及為他
咸皆於日宿　年月期限等　善惡諸悉地
行者次第修　於三神通分　此中成就勝
於此勝悉地　成就佛頂法　於二分八日
十四十五日　應如是節　尤加而供養
以童女線縷　復用香水洗　住戒而造作
應作最勝像　用以白㲲等　更洗令清淨
而不應截屑　然後而加持　午時應修持
具戒令其淨　使匠者令畫　然後修真言
吉日宿齋戒　應成最勝像　如是板等上
畫得亦稱讚　普通所先說　佛頂等勝像
當離毛髮過　於縑或於板　坐於師子座
而畫其本形　應用殊勝色　而以香膠和
支分皆圓具　其香離甲膠　用水應淨濾
知已無過失　智者應畫像　當於像中央
畫佛師子座　皆以相莊嚴　熾威之光明
從頂而流出　法輪之大印　應畫於佛前
應畫如是佛　金色而晃曜　右畫觀自在
虎皮以為裙　應畫忿怒形　持拂并念珠

頂髻無量壽　肅然具三目　著蓮華色衣
慈念諸有情　左邊金剛手　身色如青蓮
應畫忿怒形　以忿怒眷屬　持明大女使
金剛寶藥羅　金剛笑師子　金剛拳聖者
甘露軍吒利　近身而應畫　難調令調伏
執持金剛拂　馬頭尊明王　意樂成就尊
白衣尊多羅　毗俱知徧照　如是之聖衆
持蓮左邊安　一切皆應畫　如彼本形狀
廣大畫像儀　如大曼荼羅　略示畫像法
如來之所說　於佛世尊所　兩邊應當畫
無能勝大慈　毫相并佛眼　此等本形畫
金色初日暉　皆坐於蓮華　彼住真言身
此勝微妙像　諸頂成就中　以善軌則修
應畫如是像　善閑教法者　清淨畫匠人
犛牛毛作筆　應取吉祥樹　用此木為橛
是像依法畫　應坐於茅薦　當畫此佛像
得此普通像　一切皆成就　乃於過去時
是妙音童真　無比威德者　身中出光明
猶如大聚光　種種寂意樂　照曜於三有
如是種之光　妙音身中出　是時獲三地
五通大威德　則成為菩薩　作有情利益
佛頂不思議　自身是如來　三摩地形相
示現於衆生　變化於三有　一切佛形相

以定現輪王　說大真言王　能作衆生利
猶如如意寶
尒時世尊告曼殊室利童真菩薩言汝曼殊室利童真利益有情拔大甲胄以善巧方便調伏有情種種變化色身佛菩薩緣覺聲聞攝受有情而為說法令其覺悟時曼殊室利童真菩薩白佛言世尊以幾所名號佛頂真言三摩地行差別世尊於世界轉佛言所謂名俱摩羅名印捺囉帝名鑠羯囉名壞宮名梵王名毗鈕名大自在名自然名劫比羅名部丹多名牟尼名底哩佗名羯囉沙名地名部彌名持寶名彌也（二合）沙女名一切去名一切処面名濕縛名寂靜名涅槃名已化名變化名難摧名天名阿蘇羅名主名尊名主宰名最勝名引導名調伏者名福名吉祥名一切義成就名世尊名商羯羅名作寂名空名勝義名不實名威名稱名與者名悲者名慧名三摩地名慈名水天名師子名犛牛名天名龍名藥叉名仙名大仙名作者名流出者名世主名

𠺕摩質多羅名三目名千眼名清淨名威靈名三摩地名三摩地出生名三摩地生名才士名羅慧名丈夫師子名丈夫主名勝義名勝義實名謚名謚實名三界主名世尊名無主名主名眼名寶名夢蓮華名光名火名鬼主名離欲名寂靜欲名遠離欲名遠離過名壞過名盡過名摧過名健軍主名大王名護世名持地名翳羅棘多名香象名白蓮華名說空名現空名現悲名現道名有名不有名分別名無分別名離分別名壞分別名護世名善國名共許名夜摩名施財名縛嚕拏名俱尾羅名持國名善現名蘇彌盧名金剛名如金剛名天妙名天妙趣名勇猛名大勇猛名能生名大能生名常名無常名常無常名轉輪王眞言名大眞言名大藥名論師名大論師名勝名無上名白名說白名丈夫名說丈夫名娑竭羅名大娑竭羅名海名大海名烏娜地名月名日名囉摩名洛乞义麽拏名想莊嚴名雲名大雲名聚名大聚名不相似

名羅佉名軍名大軍名羣名大羣名人主名大人主名水藏名大水藏名龍象名師子駛勇名奇特名希有名大希有名財名大財名具財名大財寶名阿羅漢害煩惱名幻化者名持幻化名變化名作變化名具義名能鬬戰名非異名不異名命名非命名山名大山名難壞名安樂慈住名神通名具力名具慧名不相似光又曼殊師利童子於我作如是知名不滅不生名眞如名眞性名實際名實性名衆法名法界名涅槃名實名無二名有相名紇名意成又曼殊室利童子於此娑訶世界知我名如來名佛名大師人天作如是知我名離欲童眞於此世界調伏有情行意趣中成熟五阿僧祇百千爲愚夫聲聞示現名作如是言說知我尒所名號調伏成熟衆生故於諸契經中說如是童眞於恒河沙數佛世界中以種種名號有情知我童子隨調伏成熟有情如來說法如來無所分別無功用無量種眞言色身事相而轉尒時世尊

復告曼殊室利菩薩言而說伽佗日

白分善時日　於端嚴宿曜　澡洗著淨衣
齋戒住儀軌　八日十三日　十四十五日
或用於五日　依儀軌而作　護摩及供養
應施於八方　於如是等日　發意而供養
諸佛及緣覺　大威德聲聞　觀自在菩薩
金剛手大力　常憶念此等　修行者發意
供養如是等　菩薩威德者　聖天悉歡喜
明天威德者　於此修行人　悉皆而歡喜
行者於世天　供養不應禮　一切諸眞言
威力不思議　新産及死家　殘食及祭食
月經女作食　及以彼家食　旃陀羅家食
梟獵陳宿食　再經於烝煑　如上所說食
行者不應食　及獻聖衆食　亦不應食敢
如是等之家　悉不往飲食　及不往止宿
破壞悉地故　修行者當應　三時歸三寶
應發菩提心　而作三種淨　身淨及語淨
意淨第三種　常觀於六念　如是常修行
日日受八戒　常住於律儀　應作如是言
阿闍梨存念　稱名我某甲　始從於今日
至明日出時　而於其中間　不斷一切命
不盜他財物　梵行不婬慾　不作於欺誑
不歌舞作樂　不香鬘塗彩　不飲酒放逸

不應非時食　不臥高大牀　如羅漢已持
我今亦如是

尒時釋迦牟尼世尊觀察金剛手菩薩說輪王佛頂世間出世間上上真言明教應三肘或兩肘隨意大小應作取細縷去毛髮者以香湯令淨洗安於東面於吉日宿直如先所說說畫像法畫人應授與八支戒其畫人諸根圓具成就十善業道者於彩色中不應用皮膠畫佛形像身如金色作說法印於白蓮華上結跏趺坐如來遍身光明熾盛從光中出衆多輪從頂出光明皆後上應畫山峯於下右邊應畫持誦者如本形持香爐瞻仰世尊勢祕密主此是輪王佛最勝畫像法一切如來之所略說為令念有情故說尒時世尊說伽陀曰

若見此佛像　一切佛所說　略說微妙像
能滅諸罪業　一切諸功德　悉皆到彼岸
諸天龍供養　若見此勝像　是人天供養
現世得成就　由此真言力　由見此像故
此則多佛說　悉皆而稱讚　為彼成就故
決定獲悉地　功德皆增長　由見此像故
諸罪悉皆滅　此像為最勝　獲四如意足
功德如大海　獲得勝智慧　由修輪王明
得清淨無垢　智慧皆殊勝　成佛兩足尊
人天咸供養　由持此真言　轉輪殊勝主
是人清淨者　修真言行者　此是諸佛體
威德無與等　不思議最勝　天龍及藥叉
羅刹與步多　必舍遮起屍　是等威德者
見修頂輪王　成就持明者　悉皆而消融
帝釋大威德　若見成就者　分座而同坐
及餘威德天　三界無有比　與悉地者等
若見彼不起　頭破作七分　設於俱知劫
世尊若自說　功德無有盡　頂王不思議
若人修此者　彼成就最勝　得為忉利王
彼人終不死　無量俱知衆　圍遶住餘刹
變身如佛形　化諸有情類　變身金剛手
利樂諸有情　化作天帝釋　或現於梵王
調伏諸有情　變現為帝釋　有大威神通
拔濟諸惡趣　地獄夜摩界　餓鬼及傍生
於城邑聚落　曠野及山林　變化諸資具
飲食妙臥具　慈念諸有情　悉皆而給施
我略說頂輪　修行持明者　獲得五神通
則成大菩薩　人中最勝尊

菩提場所說一字頂輪王經密印品第八

尒時釋迦牟尼佛告一切菩薩衆善男子汝等應受一切如來出生大三摩地無比力起勝一切如來住真言身一切如來族真實大印真言無比威光神通流出無邊奇特現威神能生一切菩薩能摧一切俱知魔攝伏一切菩薩令難調之人起於慈心善男子能成辦一切事業我今說大印尒時金剛手白佛言世尊世尊惟願說從一切如來支分出生大印真言為衆生利益故作易方便成就佛言汝當諦聽我為汝說我今分別解說二手內相叉作拳竪二大指此是一切如來心印即此印屈左大指入掌是為持蓮華者印即前印屈右大指入掌左大指直竪是持金剛者印真言曰

曩莫薩嚩沒馱冐地薩怛嚩(二合)南(引)(一)阿(引)尾羅吽欠(二)

此是一切如來心印真言祕密主此名大勤勇心真言一切如來真實法能解脫地獄傍生夜摩惡趣能令一切有情作如來事攝召一切菩薩金剛手我略說能召梵王帝釋夜摩水

天俱尾羅等住十地菩薩大自在者
尚能請召何況餘類如前二手作拳
舒二中指豎相合屈上第三節屈二
頭指互安於二大指甲上此名輪王
根本大印
恒河沙數量　如來之所說　未來佛當說
此大輪王印　此印名大印　說爲輪王頂
此明即是佛　利益有情故　智者成就人
若結此印處　諸惡魔障等　是處不敢住
祕密主此輪王根本印一切如來之
所宜說於百俱知劫不能盡說其福
利設於千恒河沙數劫亦不能說其功
能福利讚揚威德尒時如來說伽陀曰
智者若受持　大威德菩薩　俱知魔羅衆
常不被沮壞　乃至百劫中　不墮於惡趣
若持輪王印　并誦是真言　由受持之福
如來大師說　於百俱知劫　不能而讚歎
若有持此明　持戒精進者　應修此真言
輪王大力者　彼人不失慧　及不失正念
於千俱知劫　未甞有忘失
金剛手此大印無比量力威德准前
根本印二中指直竪合是則高頂王
印以此於佛頂族中爲灌頂印

以二手虛心合掌屈二無名指入於
掌中以二大指面捏二無名指甲上屈
二頭指相拄令圓如傘蓋形此名白傘
蓋頂王印准前印舒二頭指則是光
聚頂王印准前印以二頭指各安中
指第三節是勝頂王印是則吉祥法
輪大印名十二行相法輪印一切佛
之所說能壞一切煩惱若見此印如
親見如來即此印以二頭指捻二中
指背即名煩惱壞印亦名如來結跏印
金剛手此等五大印如來族中名轉
輪王大印祕密主此輪王大印等煩
惱壞法輪光聚頂勝頂高頂并白傘
蓋頂如是等印悉皆最輪王印
以二手虛心合掌雙屈二大指掌中
此印名如來心印亦名如來大勇猛印
以此印真言　七徧加持心　先世流轉中
所作一切罪　悉皆得除滅　即頂上解散
通一切成就
以此加持自身即成一切如來之所
加持身真言曰
曩莫三滿多沒馱南一引唵虞耶㖃二
尾嚟娑嚩二合引訶引

此大真言同五字真言修行以此護
身常應加持於心兼用五字獲大威
德力
以二手虛心合掌十指互相交令虛
其掌此名一切辦事佛頂印真言曰
曩莫三滿多沒馱南一引唵二引乇嚕二合三
滿馱娑嚩二合引訶四引
金剛手此一切辦事真言於佛頂教
中此是一切佛頂心於一切事業處
當用修行者以此應護身
以右手握大拇指作拳以左手執握
袈裟角此名錫杖印真言曰
曩莫三滿多沒馱南一引唵二引度那三引
尒多羅拏吽四引
此是錫杖明　能制難調者　護身故應用
常於成就處　應用錫杖印　印真言相應
先以左手仰掌安於臍下以右手覆
左手上右手小指與左手大指互相
加其掌令虛名如來鉢印
當於恐怖處　飢渴障難時　應誦是真言
諸苦悉無有
真言曰
唵一引盧迦播攞引地瑟恥二合多馱囉

二馱引囉也三摩訶引努婆去嚩沒
馱跛　怛囉二合娑嚩引二合訶引三
持真言大力　諸佛所加持　一切諸衆生
由念除飢渴　險道曠野中　修行者憶念
當加於自身　真言印相應
以二手內相交仰掌二頭指側相拄
二大指各捻頭指下節倒安眉間名
如來毫相印真言曰
曩莫薩嚩怛佗引去蘖帝數一囉囉曷
二合毗藥二合二三藐三沒第毗藥二合三係
係四滿馱滿馱五底瑟姹二合底瑟姹
二合六馱引囉也馱引囉也七你論馱你
論度引囉拏二合八麼尼娑嚩二合引訶引九
此是毫相印　能具大人相　能與諸悉地
是印大威德　若人持此印　毫相威德者
彼皆得成就　由結誦此明
用前印加持於頭則成頭印加持於
鼻則成鼻印如來鼻真言曰
曩莫三滿多沒馱南一引唵引二哩尼三
吽引泮娑嚩二合引訶引三
行者加自鼻　彼終無鼻疾　於百俱知劫
彼終不患鼻
二手密合掌屈二頭指各安中指背

上大指屈入掌名為佛眼印
一切佛頂中　應用此大印　最勝滅諸罪
決定得成就　修輪王佛頂　若常結此印
清淨而受持　不久疾成就　一切佛頂法
設積百劫福　若得此印契　誦佛眼真言
其福與彼等　此佛眼印明　能成一切業
即說真言曰
曩莫薩嚩怛他蘖帝數一囉曷二毗
藥二合二三藐三沒第毗藥二合三唵引四嚕嚕
塞普二合嚕五入嚩二合攞底瑟姹二合六悉
馱魯左你七薩嚩囉佗二合娑但你娑
嚩二合引訶引八
介時世尊告金剛手菩薩言金剛手
此佛眼大明妃我從十俱知如來所
受得此陀羅尼金剛手由憶念此明
一切真言聖天現其修行者前於一
切真言教法悉皆成就由誦持此真
言一切金剛族悉皆成就是故金剛
手修佛頂真言者先常誦此明妃三
徧或七徧或二十一徧金剛手此佛
眼大明妃我今釋迦牟尼說為利益
諸有情故金剛手此陀羅尼暴惡瞋
怒有情前應誦皆得歡喜難調暴惡

鬼魅降伏皆歡喜於一切鬬諍言訟
鬬戰皆得寂靜祕密主若修行佛頂
真言者不得成就彼應以此大明妃
真言相和誦之決定有大應驗速疾
成就若未經一二三期限不得和誦
乃至第四徧求悉地不得成就然後
加此大明妃真言和誦當速疾現驗
得成就初一二三四所不應加若加
之則損持明者則用前印以二頭指
各捻中指背是如來眉印一切如來
說我今演說
設有訖哩二合底迦　及攝薩蘇天　祕密大威德
及慾天子等　并及持鬘天　如是諸天類
若見是印契　怖畏而馳走　何況地居者
真言曰
曩莫三滿多沒馱南一引唵引二紇哩二合引三
吽引四
即以前眉印開豎二大指如口形相
去中指兩稍奕常結此口印置於自口
上真言曰
曩莫三滿多沒馱南一引枳哩枳哩二
此明大威德　速疾作諸業　若常加持口
修行成就人　彼人語無礙　盡於三界中

彼人常言音　顯現美妙音　不患口疾病
無量俱知劫　自在毗鈕天　不伏人教令
當於是人所　出言皆順伏　天龍犍達王
及餘大威德　悉皆得調伏　何況諸凡愚
以右膝著地竪左膝左手引向後作
搭勢以右手當心爲拳竪頭指作期
剋勢凌身向前名爲無能勝大印
能摧一切魔　能除諸魔障　大力欲自在
世間魔軍主　波旬第二名　亦名欲自在
世天大威德　若欲作障難　無量俱知魔
於彼而共住　當於尼連河　無量俱知魔
現種種形狀　魔軍恐怖形　我證無上智
世間中最勝　梵魔及沙門　世中無所得
當於晨朝時　得證無上句　爲壞彼魔故
持種種形者　當時我宣說　此明大威力
變現天女形　於大師前住　摧壞暴惡魔
持無量種形　此中說真言
曩莫三滿多沒馱南一引唵二引戶嚕戶
嚕三戰拏里摩鐙倪反以娑嚩二合訶四引
復次祕密主　無能勝大明　等正覺佛說
行者護身故　一切時應護　於大障礙處
鬼魅惡形怖　成就佛頂者　大力能加護
常加持己身　常得大加護

先端身結跏作勇健坐以左手仰掌
安臍下結跏上舒右手竪掌向外以
大指捻無名指甲上頭指屈在中指
背令不相著名如來鑠訖底二合印
若結此印者　不尊其威力　今世及佗世
智者結此印　獲得如來力　若誦此真言
諸佛皆加持
真言曰
曩莫三滿多沒馱南一引唵二引尾惹曳
麼訶鑠訖底二合訥馱哩吽泮吒四屋
惹以佗泮吒五薜識努泮娑嚩二合引
訶六引
三時若憶持　修持輪王頂　速疾得悉地
三界中無礙
准如前印右手覆在左手上相去一
攞奕聞名如來齋印
此諸佛大力　若能常憶念　共明而相應
腹中食不消　懶惰於禪定　若患於寒熱
小腹及兩脇　頭痛及諸疾　除多種逼惱
常護身無疾
即說成就真言曰
曩莫三滿多沒馱南一引唵二引質置質
置娑縛二合引訶三引

是諸如來齋　是則真言印　今現種種色
甚怡奇特事　示現諸神通　種種無有盡

菩提場所說一字頂輪王經卷第三

菩提場所説一字頂輪王經卷第三

校勘記

一　底本，金藏廣勝寺本。

一　五〇二頁中一行「卷第三」，石作「末法成就品第七」。

一　五〇二頁中二行譯者，磧、南作「三藏沙門大廣智不空譯」。卷第四、五同。

一　五〇二頁中三行品名，石無。

一　五〇二頁中三行品名上經名「菩提場所説一字頂輪王經」，徑、清、麗無。下品徑、清例同。

一　五〇二頁中九行末字「分」，石作「故」。

一　五〇二頁中一一行第五字「故」，麗作「法」。

一　五〇二頁中一四行「剖劄」，石、麗作「劄劄」。

一　五〇二頁下七行第八字「乃」，石作「及」。

一　五〇二頁下一六行第一三字「愽」，麗作「[口尃]」。

一　五〇二頁下一八行第四字「威」，石作「戒」。

一　五〇二頁下一九行「語默」，石、麗作「木默」。又「若住」，麗作「并住」。

一　五〇三頁上一〇行第四字「縒」，石作「槎」。

一　五〇三頁上一六行第七字「緤」，磧、南、徑、清、麗作「氎」。下同。

一　五〇三頁上末行第八字「忿」，石作「盆」。

一　五〇三頁中七行「俱知」，磧、南、徑、清作「俱胝」。

一　五〇三頁中一一行「等本」，石作「本等」。

一　五〇三頁中一五行首字「[牜夆]」，石作「峯」。

一　五〇三頁下一行第七字「大」，磧、徑、清作「天」。

一　五〇三頁下一二行「自然」，麗作「自在」。

一　五〇三頁下一四行「沙女」，麗作「娑」。

一　五〇三頁下一七行第二、三字「名主」，清作「名王」。

一　五〇四頁上四行第一一字「實」，磧、南、徑、清、麗作「寶」。五行第二字同。

一　五〇四頁上九行末字「棘」，石、麗作「靺」。

一　五〇四頁上一〇行第六字「白」，石作「百」。

一　五〇四頁中三行「希濉」，磧、南、徑、清、麗作「熙怡」。四行同。

一　五〇四頁中一三行第八字「又」，麗無。

一　五〇四頁中一四行「娑訶」，麗作「娑河」。

一　五〇四頁中二二行「無功」，磧、南、徑、清、麗作「無功德」。

一　五〇四頁下一七行「菩提」，石作「菩薩」。

一　五〇四頁下一九行「常住」，石、磧、

南、徑、清、麗作「當住」。

一　五〇五頁上七行末字「説」，石、麗無。

一　五〇五頁上末行第三字「獲」，磧作「復」。

一　五〇五頁中四行「殊勝主」，麗作「殊勝王」。

一　五〇五頁中一一行「俱知」，石作「俱胑」；磧、南、徑、清、麗作「俱胝」。下同。

一　五〇五頁中一三行「切利王」，石作「刹利王」。

一　五〇五頁中一七行「變現」，徑作「變化」。

一　五〇五頁下五行第一三字「神」，石、麗作「神力」。

一　五〇六頁上一六行末字「福」，石作「法」。

一　五〇六頁中一四行第九字「最」，磧、南、徑、清、麗作「是」。

一　五〇六頁中一五行「掌中」，石、麗作「入掌中」。

一　五〇六頁下一一行末字「握」，麗無。

一　五〇七頁中一五行首字「受」，石作「授」。

一　五〇七頁中一九行「先常誦」，石作「先當誦」；麗作「先當誦持」。

一　五〇七頁下二行「寂静」，徑作「寂就」。

一　五〇七頁下一〇行「各苾」，磧作「各秘」；石、徑、清、麗作「各祕」。

一　五〇八頁上二行第九字「鈕」，石作「紐」。

一　五〇八頁上六行首字「搭」，石、麗作「荅」。

一　五〇八頁下一一行第一一字「今」，麗作「令」。

一　五〇八頁下末行「卷第三」，石作「第三」。

趙城縣廣勝寺

菩提場所說一字頂輪王經卷第四　車

特進試鴻臚卿大興善寺三藏沙門大廣智不空奉　詔譯

菩提場所說一字頂輪王經密印真
言品之餘

以右手握大指作拳加持五處名如
來甲印

一切佛頂中　是即大威德　若離於甲印
行者不堅固　如人而裸體　亦如舍無人
如國無帝王　如林無青草　如食無鹹鹽
如池無有水　梵志無韋陁　如火祭無蘇
如車無轄者　如是修行者　若闕甲冑印
為諸魔得便　悉皆不成就　謹慎結甲冑
諸魔不凌逼　速疾得悉地

真言曰

曩莫三滿多沒馱南引一唵引二部引入嚩二合攞吽引三

修行者以此　常如持自身　譬如王在陣
被甲而驍勇　如是修行者　被甲猶如王
三時應護身　成一切事

如前甲印舒中指則名　如來頂髻大
印能作一切事真言曰

曩莫三滿多沒馱南引一阿俱嚕二合吒半音呼之上下皆同二

准前頂髻印中指卻合直竪頭指置

菩提場所說一字頂輪王經卷四　第張　車　柯二

於左右耳是如來耳印

若常加於耳　印真言相應　彼人無耳病
乃至一百劫

真言曰

曩莫三滿多沒馱南引一斛引迦半音呼之二

若有修行者　具儀修輪王　彼人獲天耳
言音得最勝

以左手如前甲印竪臂向身是如來
牙大印安於自口傍牙處

佛牙大威德　印真言相應　修行者成就

真言曰

唵引一怛佗蘖多能瑟吒囉二三合吽引
泮娑嚩引二合訶引三

准前甲印虛中指屈臂垂拳向下
名為授記印

成辦一切事　由結此印故　所有過去佛
未來諸如來　皆悉與授記　是故修行者
常結如是印　獲得大威力　於彼佛菩提
常獲於授記　彼常修持者　當應不放逸
結此授記印

真言曰

曩莫三滿多沒馱南引一唵引二吽引三持鑁二合

大威德成就　惡人不沮壞　具一切吉祥
戒軌則精進　具念大勤勇　一切所生處
堅禁具尸羅
准前甲冑印微縮頭指在掌豎臂向
上是如來臍印有大威力真言曰
曩莫三滿多沒馱南一引畔惹阿四二
泮吒娑嚩二合引訶三引
即前印安於二乳間名如來妳印真
言曰
曩莫三滿多沒馱南一引蓬精音反識枳
禮二合模二
右手以大指押中無名小指甲上直
豎頭指引臂高豎是如來幢印真言曰
曩莫三滿多沒馱南一引羯吒半音呼二
印以前幢印垂臂向下是如來臥印
真言曰
曩莫三滿多沒馱南一引阿俱嚕二合吒
二半音
准前印以臂橫於胸是如來行印真
言曰
曩莫三滿多沒馱南一引吽引誐夢上
唵二引
以此印安於頭中是如來頭鉤印真

言曰
唵一引毋囉馱二合曩你娑嚩二合引訶二引
以右手大指捻無名小指甲上直豎
中指頭指是如來脅印真言曰
曩莫三滿多沒馱南一引唵二引吽引郄三
以右手大指押頭指小指甲上中指
無名指直豎是如來眼印真言曰
曩莫三滿多沒馱南一引唵二引缽羅合二
悉地羯槃娑嚩二合引訶三引
即前眼印微屈中指無名指是如來
光網印真言曰
曩莫三滿多沒馱南一引唵二引入嚩合二
里足娑嚩二合引訶三引
以右手大指押頭指甲餘三指豎微
屈是如來光焰印真言曰
曩莫三滿多沒馱南一引唵二引吽引吽
二引麼麼泮吒娑嚩二合引訶四引
准前光焰印甲中指令微屈小指無
名准前是如來脣印真言曰
曩莫三滿多沒馱南一引阿阿二嚩嚩
三憾四
以右手大拇指屈入掌中餘四指並
展仰掌向前名為如來舌相印真言曰

曩莫三滿多沒馱南一引唵二引曩囉昱畔
惹三吽引泮吒娑嚩二合引訶四引
以左右二手仰掌以右手押左手上
安齊下是如來三摩地印真言曰
曩莫三滿多沒馱南一引唵二引阿底舍
也尾羯囉合二彌娑嚩二合引訶三引
准前定印安於當心是一切如來過
去未來現在金剛焰心印真言曰
曩莫三滿多沒馱南一引吽二引入嚩合二攞
嚩日囉合二緊吒鄰二合二祖四
金剛手此名金剛焰一切如來三摩地
明王無能違越一切天龍藥叉乾闥
婆得地位菩薩亦無能違越何況餘有
情大威德者
以左手展覆於齊下展一右手仰押
左手並名如來馬陰藏密印真言曰
曩莫三滿多沒馱南一引唵努吒努吒二娑
普合二吒娑普合二吒三尾捺囉合二跛你四
缽囉合二末娜你五親娜你六頻娜你七吽
引泮吒娑嚩二合引訶八
以右手作拳令甲不現唯出中指甲
令現名如來坐處印真言曰
曩莫三滿多沒馱南一引繼迦喋二曩迦

喍三 嚩馱枳怛嚧四二合 娜囉麼㞏覩㞏
娑嚩二合引 訶五引
准此前印露出頭指甲藏中指甲是
名如來臍印真言曰
曩莫三滿多沒馱南一引 唵二引 都佗左
娑嚩二合引 訶三引
准此前印藏頭指甲露出無名指甲
是名佛慈三摩地印
能生大慈心　住慈定行者　護持彼人故
是故如來說　此大真言王　慈念諸有情
師子賊怖等　鬪諍逼迫中　鬪戰於大怖
應誦佛慈明
真言曰
曩莫三滿多沒馱南摩訶每底哩耶二合一
尾賀哩南一沒馱每底喻引二合 曩麼
寫銘二 三母怛波二合 寧娑耶曩難三
迦攞奚尾葉囉二合 奚制嚩四 捨咄嚕二合
難者波囉慈屯五 也耶摩囉末藍二合
婆藥喃六 娑賽你也二合 麼囉嚩賀喃
七 多娜二合 枳攞帶多二合 以使也二合 銘八
尾淰薩嚩囉佗二合 娑地劍九 也娜麼二合
末藍二合 薩嚩沒馱喃十 囉呂二合 單引
者比也娜麼末藍二合十一 薩達麼寫者跡

逝曩十二 薩鑁那勢銘播引 波劍十三 怛
你也二合 佗引 俱蘇䫂你十四 俱蘇䫂你十五
益俱哩十六 菩俱哩十七 摩喇制波囉曩十八
捨嚩哩二 囉乞灑二合 囉乞灑二合 賂二十 俱
摩哩二十 室哩二合 摩哩寧二十 娑嚩二合引 訶四引
此是佛慈印　是諸佛自體　若能常憶念
行者作善業　一切難調者　欲害作障難
疾起於慈心　遊此明威力
即用前印隱頭中無名三指甲露出
小指甲是如來無垢印真言曰
曩莫三滿多沒馱南一引 吽二引 母引 嚕馱
寧戶三 魯四 吽引 泮吒娑嚩引二合 訶五引
行者喫食時　以此明加持　先誦然後食
身淨大力盛　諸罪悉皆淨　獲得而无疑
於食時所有　所起諸障難　悉皆而遣除
以佛無垢印
准此前印隱其小指甲露出大指甲
名爲如來甘露印
由結此印故能獲明解脫
如來甘露真言曰
曩莫三滿多沒馱南一引 唵二引 印儗寧
部多寧娑嚩二合引 訶三引
以二手各以大拇指入掌緊握作拳

以二拳相合名如來師子吼印
種種奇特事　意求而皆作　由持頂輪王
能成辨一切
真言曰
曩莫三滿多沒馱南一引 唵二 劫比羅慈
置羅三 吽四引 泮吒娑嚩二合引 訶五引
以二手虛心合掌十指右押左互相
交名爲吉祥印
如來吉祥印能成大人相
名娑嚩二合 娑底二合 迦
真言曰
曩莫三滿多沒馱南一引 慈轉上聲重呼二
即以此前印　悉開於十指　小指大指合
餘指皆微屈　是印如蓮華　名爲蓮華印
如來吉慶印　獲福德義利　獲王福及餘
地居有情福　成得大吉祥　行者不應疑
真言曰
曩莫三滿多沒馱南一引 唵二引 蘇末囉二合
憾𠸪三二合 囉乞瑟銘二合 娑嚩二合引 訶四引
成就福不虛　獲大王福德
准前印如未敷蓮華應結於當心名般
若波羅蜜印
此明大威德　是一切佛母　常說諸佛道

過現及未來　一切諸佛母　是印大威力
眞言曰
曩莫三滿多沒馱南一引唵二引輸嚕底三
娑蜜哩二合底四尾惹曳五娑嚩二合引訶六引
金剛手此般若波羅蜜明過去未來
現在一切佛菩薩辟支聲聞一切悉
皆修般若波羅蜜得成佛世尊皆從
般若波羅蜜生皆修習般若波羅蜜
悉皆證得大菩提
准此前印雙屈大指入掌是如來大
悲印眞言曰
曩莫三滿多沒馱南一引唵二引怛擄二
儗寧娑嚩二合引訶三引
即以前印各屈大指入掌各令拄著
小指根下是名如來膝印眞言曰
曩莫三滿多沒馱南一引唵二引娜部二合引
儗寧鉢囉二合捨跛路二合娑嚩二合引訶三引
准前膝印以二大指各拄死名指根
是名如來踝印眞言曰
曩莫三滿多沒馱南一引阿二怛嚓二合怛
嚓二合三嗢怛嚓二合四嚩日囉二合毋乞史二合
呈娑嚩二合引訶五引
准前踝印以二大指拄中指根下是

如來足印眞言曰
曩莫三滿多沒馱南一引唵二引嚩曩羅二合商
俱擺部史帝三娜囉入嚩二合擺吽引
娑嚩二合引訶四引
尒時世尊告金剛手秘密主言金剛
手此等大印一切如來從身分流出
大丈夫相莊嚴善男子是印等一切
如來所說一一印百千俱知印以爲
眷屬皆從如來支分生於後末法劣
慧小有情不能盡知其福利說伽陀曰
若成此明王　爲彼利益故　我今而略說
汝當應受持　令得廣流布　是印名大印
有大威神力　令末法有情　修持善品故
若善男女等　常能結此印　加持於自身
成就大眞言　輪王佛頂等　彼獲無量福
而得百千種　一切罪皆滅　一切佛菩薩
憐愍皆愛念　常得宿命智　諸根皆圓具
心亦不誤失　一切諸佛等　悉皆而攝受
壽命得長遠　遠離諸疾病　令作衆生明
拔濟諸惡趣　聰慧具精進　威德常勤勇
當生於勝族　具諸巧伎藝　能療諸疾病
我今而略說　一切佛加持　即成大丈夫
若常持大印　常當於自身　稱名而受持

遠離諸障難　諸罪皆消滅　諸佛頂皆成
證得如來身
金剛手此一切如來族眞實大印皆
印相法利益佛頂部有情我今釋迦
牟尼宣說
菩提場所說一字頂輪王經諸成就法品第九
尒時釋迦牟尼佛觀察大衆爲未來
世有情告金剛手秘密主言秘密主
當來後世懶惰懈怠不精進於善法
無餘暇有情貪愛染著不能於廣大
願而求成就慇念利益彼有情故或
婆羅門生於勝族或刹利族姓者有
清信及發菩提心者愛樂修眞言行
者利益如是等有情我爲略說眞言
明王佛頂轉輪王功德能摧一切天
龍藥叉阿蘇羅調伏有情亦能令死
令枯令驅擯令憎惡令禁止令壞令
摧一切佛菩薩之所稱讚大威德神
力令作無比等三摩地修行令超越
一切魔道示現天中天佛色形像於
無量劫不能說此大教王無量百俱
知劫不能盡其功德邊際我今少分
而說金剛手聽善聽極善聽極善作

爾時如來說伽陀曰

我說異方便　一切佛所說　利益諸有情
於百多無量　是諸如來所　亦作如是說

若有人纔誦此真言王難一切佛畏若能常持誦一切諸魔悉皆遠離一切罪一切惡作皆得消滅如上所說畫像隨於一像前三時澡浴三時換衣三時以儀軌相應誦二十五落叉遍遍數然後從白月一日起首日誦一千八遍乃至月圓滿取蘇摩那華結以為帳以檀香塗三肘曼荼羅以種種塗香華燒香飲食用蘇以為燈然一千八盞當昳舍佉白分月圓滿日結金剛跏念誦乃至現四種相所謂雲雷聲道場中幡華動佛像出光明佛像動搖見如是相於中所成就物則得成就

若誦俱知遍則成先行誦二俱知遍成大先行誦三俱知遍能成辦一切事誦四俱知遍一切龍藥叉乾闥婆阿蘇羅蘖路荼緊那羅摩呼囉伽等皆得攝伏成大悉地

於恒河側或於海岸作如來一磔量

窣堵波於一一窣堵波前以香華而供養誦七俱知遍則末後塔放光放光已其光入行者身隱沒即於剎那頃於一切世界無有一有情藥叉等與彼等者

帝釋尚速來　梵天與眷屬　及樂變化天
及餘化自在　淨居究竟天　并大威德者
剎那而集來　於彼成就人　所有諸天龍
化彼令調伏　彼天剎那頃　悉雨種種華
方至無間獄　悉皆得清涼

尒時修行者剎那頃如來制底放光後自身成大威德成大神通於天中成德光明如融金色顏皃二八童子相一切如來之所攝受得大智慧隨意身通如意迅疾如風身光映奪諸餘天衆若有見彼成就者或成就者見彼人悉皆共彼騰空作大持明仙王以無量百千持明為眷屬遊歷無量世界以身光照曜一切成就者纔思惟一切悉皆成辦所至帝釋處帝釋分與半座無有與彼等顏皃勇健智慧威德無有等同者以此因緣獲得菩薩善巧方便調伏有情獲得善

巧住於無量大劫見無量佛出現於世於中佛是言

彼大不思議　人天皆供養
獲得身精進　智慧亦復然　神通救有情
等同佛輪王　修持勝真言　諸貪悉除滅
獲得人中尊

祕密主此修行方便有如來名寶火曾為人身時及寶幢如來光明自在王如來如是等無量如來皆得成就觀自在菩薩不動步超越菩薩曼殊室利菩薩如是等無量大菩薩為人身時獲得成就求大菩提者祕密主如汝為人身時曾修此佛眼大明以難行苦行以大精進獲得成就愍念世間故金剛幢如來出興於世正法末時大怖畏時如是此真言王於無上菩提堅固決定者得成就

我今又說餘成就事業隨取一像前誦十落叉遍念誦然時於滿月一日一夜不食以白芥子置於水中誦一千八遍散灑十方則成結曼荼羅界於像前種種食飲廣大供養於荷葉上置牛黃或雄黃結跏趺坐護身加持藥念誦乃至三相成就若暖相現

一切衆生皆得調伏歸敬煙相現安怛但那成就若光相現取身上塗身如初日暉年二八相髮拳旋如盠紺青色無量持明仙圍遶即成大持明仙住壽一大劫

神通月白分三時澡洗三時換衣依儀軌三時發露懺悔隨喜勸請發願迴向時別誦一千八徧乃至月圓滿夜一日一夜不食則取迦蘭眯奈耶所說應量修造鉢袈裟錫杖隨取一事一千三波多護摩於像前廣大種種供養取所成就物置於壇中護其物念誦乃至出光若是袈裟及僧伽梨衣即披鉢及錫杖即手持便即飛騰虛空成持明仙遊往餘佛刹土能作大變化住壽一大劫

又以如來磔量造窣堵波十萬取一劒無瑕翳者隨取一像前於神通月白分於八日或十四日作三波多護摩加持劒於像前廣大供養坐於茆薦其劒以右手而持念誦乃至空中出聲作是言成就矣然後其像放光其光照曜行者然後鼓明即阿蘇羅女來圍遶修行者以爲眷屬即飛騰虛空成大持明王仙能現種種形狀往來自在能觀餘世界無礙住壽大劫

又於高山頂上安佛像奧根莖果誦二十一萬徧然後以補沙鐵爲輪或鉢置娑應使諸報圓具匠造造已則往於阿蘇羅宮於宮門安置佛像并助伴對像前之時燒佉陀羅木以然火坐茆薦上以右手持輪芥子油和木摟葉護摩十萬徧一切阿蘇羅關鍵破壞又誦十萬徧護摩即阿蘇羅宮中火然熾盛第三誦十萬一切阿蘇羅女出窟外祈求修行者勤勇丈夫使我等何爲入此宮中受用微妙欲樂并諸助伴同入餘不入三昧耶壇者莫令入忽然輒入彼此損害而死是故彼人不知三昧耶入於宮中求成就劒成就輪或餘成就物彼得是物爲大阿蘇羅持明仙王所有阿蘇羅宮中成就物爲主其持明仙無量阿蘇羅女以爲眷屬遊歷此世界成大阿蘇羅身管屬一切阿蘇羅得大阿蘇羅王禮敬彼能化大阿蘇羅種種身住壽一大劫所隨入者皆壽一劫其成就人纔憶念誦輪王真言其那羅延輪破壞欲得其輪如故隨意得成

於迦葉波佛等學教法時名持輪明王得輪成就持輪而出以此因緣名持輪明王今現在於世間深生淨信爲佛優婆塞迦介時世尊說伽他曰

又說餘成就　先佛之所說　我於往昔時
曾作於商估　勤苦大精進　作微妙成就
我今而宣說　我名爲路摩　成就中爲王
我昔本生時　爲諸苾芻說　愍念有情故

又如前軌儀於大河岸側或於大海邊作一千八窣堵波如來一磔量大對此塔前於一一塔前以香華供養誦真言十萬三千徧

當作塔之時　吉相而得現　補沙鐵作輪
令端嚴匠造　緣利無瑕纇　六輻短磔量
置於五淨中　三波多護摩　神通月白分
善伴戒行者　應修如劒法　乃至出光焰
吉祥持明者　即成諸嚴具　大身遊自在
威德具神足　善伴大丈夫　遊歷諸世界
大力住一劫　作衆生導師

又說大成就法應作先行法於大河
側或海岸置佛像對前誦俱知偏然
後作十萬六千窣堵波則入成就復
說伽他曰
不擇日及宿　亦不限齋戒　取不壞擯嚩
成就迷怛囉　淨洗而嚴飾　華冠及衣服
依儀求悉地　彼擯嚩即起　無怖依儀軌
善伴極作意　應問善不善　長年伏水鉢
貴位隱形法　一切諸方便　所問皆指示
念誦極功夫　輪王大力明　則爲奉教使
能與諸悉地　奉教既成已　獲得諸悉地
常在於左右　大力而遊行　或於彼口中
當置細鐵末　則便吐其舌　漸長如青蓮
以利刀而割　修行者慇懃　則成劍持明
身色初日暉　則往須彌峯　并伴大力者
天衆悉皆怖　驚懾心忙然　圍遶作眷屬
帝釋與半座　如大威德耳　六十千俱知
而爲作眷屬　於彼衆爲主　彼皆大驍勇
大威大熾盛　大眷屬奇特　如是等之類
威德諸天子　行處常圍遶　威力如大王
則往於千剎　以大神通力　則動千彌盧
及動俱知山　并千贍部洲　及動百天宮
一切令動搖　以光悉照曜　於諸地獄中

以大神通力　施與諸飲食　獲得微妙智
威德如天王　嚴身具吉祥　天女皆圍遶
微妙身大威　身色如青蓮　剎那悉遊歷
無量諸世界　當住一千劫　常供養諸佛
劫火不能燒　并諸大眷屬　則往餘世界
如是等種種　以功德莊嚴　彼則成菩薩
救濟諸有情　又持誦之人　倍加而念誦
應作窣堵波　十万有六千　准如來肘量
於擯嚩口中　應置細賓鐵　無間而念誦
當即於舌上　現真多摩尼　熾盛大威德
殷勤作加護　則取奇特寶　由得此寶故
則成寶持明　自在爲大王　執劍持明仙
常衛護彼人　又於口中置　乳糜應和蜜
欲起而吐出　行者不雜亂　受取置瓦器
或銀熟銅器　共伴而加護　與伴而食之
則成大威德　住壽一大劫　則成持明仙
或手安於口　行者而念誦　從口出香象
行者應作拳　如前求成就　若得暖相現
以拳擬諸人　有情及無情　悉皆得愛敬
以拳不應疑　或應是口中　若得見於火
是彼修行者　名爲拳持明
次說大成就　則往蓮花池　應作先行法
佛像懸於壁　行者不亂心　爲大福故修

心懷常捨施　蓮華搵酪蜜　及與搵蘇等
護摩五洛叉　是像眼手動　當知得成就
即作爲邑主　遠離一切事　護摩十萬遍
則爲大福人　護二十一萬　爲諸地羅惹
說正法度人　常樂而捨施　倍加而持誦
輪王大威德　成辦一切業　決定勿生疑
我今而略說　輪王成就法　古往已成就
一切諸佛子　聖曼殊室利　得大勢菩薩
虛空庫菩薩　我亦持此明　得離生死怖
得過於善友　獲得諸成就　此中作是說
佛頂勝真言　當來成就者　所有三界中
成就頂真言　無有得過者　先說成就法
無有與彼等　遍色相威力　如佛於世間
如來勝經中　所有諸印契　授與於世尊
爲成真言王　是印無與等　大力大威德
所說成就法　希有大奇特　所有十自在
十力子所說　若與此相應　能壞於帝釋
何況餘有情　爲彼難調伏　而作種種法
如是等種類　如來況成就　以此教王儀
修習求悉地　不成者令成　何況求成就
以此教王中　攝入一切法　諸佛法眼中
說爲最殊勝
介時世尊釋迦牟尼如來復觀一切

大衆以伽他句告金剛手言

先佛諸仙寶髻說　於是契經盡警覺
娜羅彌等攝識羅　凍識摩蹬伽之明
少分盡彼境界教　此非正教三昧耶
我爲染衣而宣說　於彼愚昧及多聞
慳悋瞋恚種種類　於諸真言諸教法
邪見不平諸有情　世間出世之人故
多分於共世間者　聰哲匱財之人類
末法作障求覺道　是故相應三昧耶
加行修習求成就　尚於蔓中無塵染
先知真言三昧耶　曼荼羅法等差別
然後真言律儀中　身口意因而相應
設說祕密真言教　仍假瑜伽觀行成
應是佛頂常修習　真言教法成就中
真言諸鑛地中財　所有諸地之方所
諸餘所有占筭論　王法理論及書畫
醫方工巧如是等　一切皆是世尊說
調伏有情而示現　諸佛此中作是說
悉地三種而分別　本來清淨真言法
獲得儀軌與印契　誰於一切起憎嫉
真言句義悉皆無　憎嫉咸招諸障難
著於文字心猶豫　彼作真言多分別
著於真言緣枝葉　不應與彼惡律儀

於旃陀羅不應說　彼等之人不成就
授與惡人惡律儀　法則不成壞已身
是故於彼慎莫說　纏染貪慾必不成
彼常怨違不得成　於事忽速無審慮
云何成就救有情　住阿蘭若及山藪
五塵交雜必不成　當住淨合心流散
彼等行者必不成　是故心應而制伏
三種謗毀如來說　求法佗世之有情
住法之人理相應　心作三種謗毀者
世間悉無作是說　自性而去亦不去
自性若成真言王　一切悉皆何不成
是故世間有二論　精進共同由福因
是故不應而誹謗　世間有無作是思
聖天種種設軌則　住世愍念有情故
無知性劣過所染　我說獲得下悉地
一切諸天應供養　不應致禮我先說
是故不應而毀謗　亦不應起於譏嫌
無量劫中不能說　真言最勝無比行
我說三部儀次第　所說教中多種類
應作次第而修行　真言教心輪王法

菩提場所說一字頂輪王經世成就品第十

介時釋迦牟尼如來入一切真言教照曜入不思議佛境界力遊戲三摩

地由入是三摩地恒河沙數佛世界諸佛菩薩亦入是三摩地介時金剛手見釋迦牟尼如來應等正覺入是三摩地遶佛七帀於佛前持金剛杵不瞬目觀佛世尊介時世尊從三摩地而起及彼一切佛亦從定出介時釋迦牟尼佛從定起已告金剛手祕密主言汝祕密主汝聽此大教一切如來之所宣說五佛頂王普通而說能作大奇特微妙略說不廣弁真言若有成就修行者彼人次第如教而得成就世尊作是說金剛手先應一切佛頂王普通真言句殊勝三摩地說真言身我說奉請真言曰

曩謨薄誐嚩覩瑟尼二合沙也一翳醯呬薄誐挽二達磨囉惹三鉢囉合底掣磨磨囉伽二合口嚩馱五補瀣波二合六度波七末鄰左鈴者馱八囉乞灑二合引九鉢囉二合底賀多十摩囉波羅二合訖囉二合麼也十娑嚩二合引訶引十二

此是普通迎請真言於閼伽中應置白華而迎請次香等真言曰

曩謨薄誐嚩覩瑟尼二合沙也一伊給

二㗚淡三蒲谿甘補甘反二合四度甘准上五末臨
六你半者七鉢囉合二底車八賀囉賀
囉九薩嚩没䭾十地瑟耻合二諦十一達
磨囉引惹十二鉢囉合二底賀多也十三娑
嚩二合引訶引十四

迎請火天真言曰

曩謨娑誐嚩引覩瑟尼合二沙也一辟醯四
帝儒摩里寧引銀曩合二曳娑嚩二合引訶二引

若發遣火天加也呬也呬句

辦事真言曰

曩謨薄誐嚩覩瑟尼合二沙也一唵吒
嚕合二滿䭾二娑嚩二合引訶引三

此真言作一切事業時應用護身是天真言作大義利亦名一切佛頂心真言

摧壞真言曰

曩謨薄誐嚩覩瑟尼合二沙也一唵引二
微抧囉拏合度曩度曩度三引入

此名摧壞大明王佛頂真言為除一切毗那也迦若被侵惱時以此真言加持水灌頂亦用護身結方隅界一切事業處應用

摧毀佛頂真言曰

曩謨薄誐嚩覩瑟尼合二沙也一薩嚩尾
近曩合二尾特網合二娑曩迦囉也二吒
嚕合二吒也三娑嚩二合引訶引四

以此真言難調惡人能作治罰救護助伴守方隅者以如是等大真言於輪王曼荼羅修真言行大威德者作一切事業修行者先應作是思惟我今淨此念誦室白芥子和護摩灰以摧碎佛頂加持一百八徧或以辦事佛頂應加持念誦室散灰及芥子即成淨室即以此真言於淨缾中盛水加持一百八徧散灑四方或以白真言心或以隨心加持即成攝受處所以摧壞佛頂真言加持四枚佉陀羅木橛一百八徧於淨室中四方釘之即成結曼荼羅界

無能勝佛頂真言

曩謨薄誐嚩覩瑟尼合二沙也　薩嚩怛
囉二合波囉引介多也二唵三引耆麼也耆
麼也四扇引諦五難引諦六達麼囉
惹婆史諦七摩訶尾你也八二合薩嚩囉
佗合二娑馱寧娑嚩二合引訶引九

以賢缾盛香水加持一百八徧持誦

者用自灌頂離一切毗那也迦障

此是無能勝　佛頂大真言　能息諸障礙
常作於息災　能除諸惡夢

我今說一切頂王普通功能修行法少分而說若纔憶念成自身護持誦三徧結頂髻以灰或白芥子加持七徧置於頭上成大加護加持縷二十一徧結二十一結繫於臂上一切災禍寒熱病等悉皆消滅若住著麼奢那誦一百八徧於一切怖畏處得加護隨意應作賀易摩訶莽娑

又以蘇護摩一切處一切災悉得消滅取伏藏時以蘇護摩一百八徧難一切障難能護助伴或取白芥子護摩一百八徧一切諸障悉皆息除定知有伏藏處以乳護摩一百八徧恣意取用無有障難

又於阿蘇羅窟門誦三十萬徧一切關鍵悉皆破壞

或芥子和嚕地囉塩株誦一千八徧護摩二十一日日三時窟中一切宮殿悉熾然火燒阿蘇羅女被燒出窟門請行者入窟授與囉娑藥長年藥

諸成就等物或結輪王佛頂即擲於
彼前即彼倒地
又麨麥飲乳誦三十萬徧得長年藥
又月蝕時勿觀月加持乳一百八徧成
大長年藥
又於山頂乞食誦三十萬徧數滿
已三日三夜不食燒胡麻酪酥蜜相
和然阿濕嚩(二合)他木以爲護摩從晨
朝起首乃至盡夜作護摩則得羅惹
又於山頂作緣生法身塔或作舍利
塔於舍利塔前取百千蓮華每一華
誦一徧一獻塔則得摩訶滿拏里主
若不成就得大邑主或鄉黨主
又法取蓮華塗白檀香入大河水至
齊每誦一徧加持蓮華獻獻已擲於
水中乃至百千數獲得大伏藏若捨
施無有盡竭
又欲得敬愛成就者白芥子和胡麻
油三時護摩滿一七日則得羅惹及
大小王皆得敬愛
又欲令婆羅敬愛取白華護摩赤華
刹利黃華吠舍黑華輸陀羅以益寡
婦人以麼沙(小豆)或油麻一切童女

取羯囉尾囉末數華七日日三時護
摩一切人得敬愛
又糠和尾沙和苦練葉作護摩成驅
逐設咄嚕
又以芥子護摩摧設咄嚕
又以屍林灰護摩令殞
又以芥子油護摩一切部多鬼敬愛
又以鬱金護摩一切必舍支敬愛
又結印誦真言加泮字能除鬼魅
又以覩羅斯葉燒鬼魅現下語
又真言中加弱字令中毒者迷悶卻
得蘇
又真言句中加匿(女異反)字毒不行
又真言句中加莫字制毒蛇
又屍麼舍那炭畫作圓壇召毒蛇及
鬼魅來能禁止
又真言句中加摩摩能禁口
又真言句中加息字禁惡星
又真言句中加吒字摧利牙者加速
字令擯支分加底瑟姹(二合)底瑟姹(二合)
縛鬼魅加羯吒羯吒即被縛加咯乞
沙(二合)咯乞沙(二合)即令護持加滿馱滿
馱或加論馱論禁喉

又日蝕時或月蝕時孔雀尾對於像
前供養誦真言加持孔雀尾念誦乃
至日月復此孔雀尾以手把揮攞能
現種種幻化被毒中者令蘇能成辦
種種事業
又塩和油麻護摩令設咄嚕患鬼魅
及虐又以瞿摩夷揑彼人形以刀斷
其支彼即隨所斷處便損
又燒一切種子一切花一切菓一切
種樹膠令所求種種財寶皆得
又燒油麻護摩所求財寶皆得
又燒屈屢草護摩令得增壽
又護摩粳米則得兒
又燒鹽一切人皆得敬愛
又護摩蘇得威德
又護摩乳得息災
又護摩酪得增益
又七日三時和蘇護摩一切物獲大
悉地我說大成就法如前先行法於
山頂有舍利塔前誦卅万遍然後對
像前以稻穀花和酪蘇蜜護摩一千
遍則成先行法此先行法通一切求
成就用

又入於大林不食誦百千徧徧數滿
已則結其頭髻即隱形解其髻即現
又上於山頂面向日常食乳麵麥誦
十萬徧滿已則得隱形
又法以左手作拳誦十萬徧末後則
得安怛但那
又當月蝕時取劫波羅以摩努沙肢
作筭搵摩努沙脂燒以薰劫波羅中
刮取黑粖加持一百八徧取點眼得
安怛但那
又取摩努沙心和牛黄作丸以三金
裹或黑月分或白分加持念誦藥有
聲置於口中安怛但那
又取牛黄加持塗身得持明成就亦
得最上成就
又日月蝕時取黄牛酥置於熟銅器
中以熟銅筯攪念誦取三相現若沸
眼得聞持不忘煙得安怛但那焰飛騰
虛空如是雄黄黄丹成就餘物等皆
現三種相成就
又蘇路丹惹那一千三波多護摩或
於黑白分求成就若煙安怛但那
又劍輪像仗黑度皮一切成就物皆
三波多護摩依教畫像前或無像或
有舍利塔前離無益談話處於河山
寂靜處應修三種成就於一切成就中
得為最勝成就
又取不壞𪗋嚩先興澡浴嚴飾以佉
羅槭釘繫於白黑二月隨取一分應
用黑月吉日并有助伴善作護身坐
彼胷上迷怛羅口中寫乳糜不閒斷
念誦即其迷怛羅欲起即吐以熟銅
器承取便食自身得成就
又取金粖置迷怛羅口中即吐出嚴
具即得持明仙若以鐵粖置彼口中
即吐出銅
若置白芥子彼口中吐出嚴具
若置胡麻彼口中即吐出本真言教
經夾皆得持明成就飛騰虛空
又以手按彼迷怛羅口念誦加持乃
至三相現動即語意所求事皆說授
與長年藥若起即成使者其持明者
欲所去處乘彼肩上隨意而往得持
明仙尒時世尊復告金剛手菩薩祕
密主言
祕密主汝聽　不廣而略說　普通修一切
佛頂等成就　貧少獲大利　諸佛之所說
此中作是言　羯你迦囉華　及取蓮華蘂
蘇嚕丹惹那　三金而裹之　應作此丸藥
當於日月蝕　得三種成就　煖煙焰次第
煖必獲敬愛　煙當而隱形　焰相成騰空
吉祥大持明　如雷振作聲　幡華而動搖
應知成就相　及佛像動搖　若見不吉祥
不應求成就　獻塗香華等　歎歎應當作
息災護摩法　乃至於七返　然後作勝法
應作窣堵波　福加求成就　鴉鵰及烏鳴
應觀成不成　然後求成就　念誦以為先
并歸命獲果　作福為有情　真言必成就
為少福愚夫　多分為是人　為此增加福
成佛悲為本　利益諸世間　故說真言教
天王帝釋等　及餘大威德　繞誦於彼勝
及居在王宮　由信獲應驗　成就者當獲
端嚴而常作　清淨修行者　不應強多事
由此心雜亂　如世間之人　少慧無方便
於諸合鍊道　關鏁不和合　諸藥及水銀
由倒壞不成　三種微細故　施功不獲益
若取於伏藏　必有王怖畏　占相必生疑
微細生猶豫　豎術果增長　攝受長年藥
由持真言故　悉皆而獲得　長年等果報

如是諸伎術　過患有無量　以此無所獲
不獲最勝福　彼亦不獲福　猶此心住著
真言以爲首　必獲大福德　菩提最勝果
聞思及修行　獲得最勝果　是處諸賢聖
恒常而往來　是故與瑜伽　成就本所尊
仍於最勝集　我已曾廣說　是今所說者
亦廣亦復略

菩提場所說一字頂輪王經卷第四

菩提場所說一字頂輪王經卷第四

校勘記

一　底本，金藏廣勝寺本。

一　五一一頁中一行「卷第四」，石作「印真言品之餘卷四」。

一　五一一頁中三、四行品名，石無；徑、清作「密印品第八之餘」；麗作「密印品之餘」。

一　五一一頁中八行「行者」，磧、南、徑、清作「得者」。

一　五一一頁中九行第五字「王」，石作「主」。

一　五一一頁下一九行「得者」，麗作「行者」。

一　五一一頁下二一行「真言曰」，麗無。

一　五一二頁上一行「大威德成就」，石、麗作「大威成就故」。

一　五一二頁中一八行第六字「甲」，石、磧、南、徑、清、麗作「申」。

一　五一二頁下一六行「手輩」，南、徑、清、麗作「手背」。

一　五一三頁中八行第六字「遊」，磧、南、徑、清、麗作「由」。

一　五一三頁中九行第八字「無」，石、麗無。

一　五一三頁中一四行「无疑」，石、麗作「无礙」。

一　五一四頁上七行第二字「修」，徑作「從」。

一　五一四頁上八行「生皆」，徑作「修習」。

一　五一四頁上九行首字「悉」，石無。同行「大菩提」，徑作「大菩薩身」。

一　五一四頁上一〇行末三字至次行首二字「如來大悲印」，徑作「名大慈悲印」。

一　五一四頁上末行末字「是」，石、磧、南、徑、清、麗作「名」。

一　五一四頁中八行「俱知」，石作「俱胝」；磧、南、徑、清、麗作「俱胝」。下同。

一　五一四頁中一九行「疾病」，石作

「病疾」。

一　五一四頁下六行品名，經、清作「諸成就法品第九」。

一　五一四頁下一一行首字「願」，石、麗作「成就」。

一　五一四頁下一三行首字「清」，石、麗作「淨」。

一　五一四頁下一五行「功德」，石、麗作「功能」。

一　五一五頁中一〇行「方至」，磧、南、經、清、麗作「乃至」。

一　五一五頁下二行「是言」，麗作「出現」。

一　五一六頁上二行第二字「但」，麗無。

一　五一六頁上九行「則取」，磧、南、經、清作「別取」。

一　五一六頁上一八行「無瘕」，磧、南、經、清、麗作「無瑕」。

一　五一六頁中七行「官門」，磧、南、經、清、麗作「宮門」。

一　五一六頁中一二行「十萬」，麗作「十萬遍」。

一　五一六頁下五行第七字「學」，麗作「覺」。

一　五一六頁下七行第五字「今」，麗作「令」。

一　五一六頁下一一行「路摩」，磧、南、經、清作「護摩」。

一　五一六頁下二二行「神足」，麗作「神通」。

一　五一七頁上六行「永服」，磧、南、經、清、麗作「衣服」。

一　五一七頁上一三行「鐵末」，磧、經、麗作「鐵末」。

一　五一七頁上一六行「忙然」，石作「怖」。

一　五一七頁中一行末字「智」，石作「音」。

一　五一七頁中二行第七字「身」，石作「具」。

一　五一七頁中九行第一〇字「粖」，石作「末」。

一　五一七頁中一五行「加護」，麗作「加持」。

一　五一七頁中一七行「香象」，石、磧、麗作「香篆」。

一　五一七頁中二〇行「應疑」，石、麗作「應擬」。

一　五一八頁上一行第四字「伽」，磧無。

一　五一八頁上八行第四字「北」，磧、南、經、清、麗作「此」。

一　五一八頁上九行「三昧邪」，磧、南、經、清作「三昧聖」。

一　五一八頁上一〇行「無塵染」，麗作「無愛染」。

一　五一八頁上二〇行「儀軌」，石作「律儀」。

一　五一八頁上二一行「感招」，磧、南、經、清作「咸招」。

一　五一八頁中二行首字「授」，石作「受」。

一　五一八頁中二一行品名，經、清作「世成就品第十」。

一　五一九頁上一四行首字「天」，石、

磧、南、徑、清、麗作「大」。

一 五一九頁中一三行第一二字「受」，石作「授」。

一 五一九頁下四行「功能」，石、麗作「功德」。

一 五一九頁下九行末字「夤」，石、麗無。

一 五一九頁下一四行「助伴」，徑、清作「時伴」。

一 五一九頁下末行「囉娑藥」，磧、南、徑、清作「囉安藥」。

一 五二〇頁上一行「佛頂即」，石、磧、南、徑、清、麗作「佛頂印」。

一 五二〇頁上七行「胡麻」，磧、南、徑、清、麗作「油麻」。下同。

一 五二〇頁上九行「晝夜」，石、麗作「晝夜」。

一 五二〇頁上二一行「婆羅」，石、麗作「婆羅門」。

一 五二〇頁中一七行「摩摩」，磧、麗作「摩字」。

一 五二〇頁下七行第八字「捏」，石作「担」。

一 五二〇頁下二〇行末字「對」，石無。

一 五二一頁上七行「月蝕」，麗作「日蝕」。

一 五二一頁上八行第二字「篆」，磧、南、徑、清作「幕」；麗作「筭」。

一 五二一頁上一四行「持明」，清作「時門」。

一 五二一頁上一七行末字「沸」，石作「佛」。

一 五二一頁上一八行首字「服」，石、麗作「眼」。

一 五二一頁中一〇行第二字「承」，石作「盛」。

一 五二一頁中一一行第一〇字「中」，石無。

一 五二一頁中一四行「吐出」，石、麗作「即吐出」。

一 五二一頁中一五行第八字「即」，石、麗無。

一 五二一頁中一八行「語意」，麗作「諸意」。

一 五二一頁下一〇行「烏鳴」，徑、清作「烏鳴」。

一 五二一頁下一三行「愚夫」，磧作「愚人」。

一 五二一頁下一六行第一四字「當」，石作「常」。

一 五二一頁下二〇行「三種」，磧作「二種」。

菩提場所說一字頂輪王經卷第五　車

特進試鴻臚卿大興善寺三藏沙門大廣智不空奉　詔譯

菩提場所說一字頂輪王經無能勝加持品第十一

爾時世尊觀金剛手祕密主復以伽陀而告之曰

當於未來世　有情多精進　我後瞋恚癡
無數俱胝劫　不能依儀軌　修習真言行
是持誦之人　護摩所加持　諸魔衆惑亂
若無是思惟　以明護成就　虛受諸勤苦
常作是思惟　愚夫常是說　為息彼障故
亦除諸魔難　今說此大明　先佛之所說
利益諸有情　是無能勝明　若人常憶念
隨時住等引　於諸魔障者　衆皆得除滅
即說真言句　爾時金剛手　祕密藥叉王
心生大歡喜　頂禮於世尊　大覺智莊嚴
此大無能勝　是明我願聽

爾時世尊即說大無能勝陀羅尼曰

曩謨囉怛曩(二合)怛囉(二合)夜(引)也(一)曩莫薩嚩没馱冒地薩怛吠(二合)毗藥(二合)怛你也(二合)他(去引三)爾寧爾寧(四)爾曩嚩黎(五)怛佗(去)蘖多婆賀某低(六)薩嚩没馱頞曬尼諦(七)阿目佉(八)阿鉢囉(二合)底(丁以反)寶低(九)阿波囉爾諦(十)尾囉爾尾誐

多婆(去)曳(十一)尼摩黎(十二)你捺囉(二合)婆囉(二合)吠娑嚩底曳(十三)迦爾黎郗以諦(十四)攞羅地試諦薩丁也(二合)寧囉俱黎(十五)摩囉嚩攞尼那設寧(十六)舍怛地(二合)母寧悉諦(二合)悉婆嚩路曩(十七)尼哩曳(二合)婆寧路乞灑(二合)路乞灑(二合)摩摩(十八)薩跛哩嚩覽(去)(十九)薩嚩多(入)薩嚩迦覽(二十)囉惹主嚕謨迦度哩也(二合)設寧(二十一)尾寧僧賀那也(二合)佗囉(二合)娑哩薩哩(二合)跛(二十二)祢嚩度達曩曩誐藥乞灑(二合)囉刹娑那麼哩(二合)(二十三)比舍左步多阿鉢娑麼(二合)囉(二十四)布單曩(二十五)羯吒布單曩(二十六)迦匿(去)嚟那(二合)(二十七)塢娑多(二合)囉迦(二十八)謎怛羅訖哩(二合)丁也(二合)(二十九)曷賀摩摩滿怛囉(二合)(三十)度誐相嚟拏(二合)(三十一)度誐拏拘你度(二合)(三十二)烏相賀囉(三十三)薩嚩婆也訥瑟跓(二合)(三十四)鉢捺囉(二合)冒鉢薩但波也細默(三十五)曩謨窣覩(二合)娑謎嚩底(三十六)烏捺羅阜爾拏(三十七)你哩你哩(三十八)羅怛那(二合)俱攞娑摩失哩(二合)諦(三十九)弭里弭里(四十)阿迦捨默覩廢左黎(四十一)企里企里(四十二)薩嚩怛他蘖多哩也(二合)室囉(二合)迦標迦囉步爾(四十三)泥尾捺(四十四)尾摩也(二合)哩也(二合)

没囉二合 惑麼二合四十四 怛他蘖多努蘖諦四十五
尾濕嚩二合進底也二合四十六 嚩囉皮羅訖羅二合誐
四十七 曩謨娑誐嚩底波囉尒諦四十八 咯乞
灑二合 咯乞灑二合 麼麼四十九 薩嚩訥瑟跓
鉢捺囉二合 吠無計反 波也細毗藥二合五十 娑
嚩二合引 訶引五十一

說是陁羅尼　世間悉皆聞　是大無能勝
能壞一切魔　能增勤勇力　則住三昧形
名爲無能勝　說彼大心明　大力極勇猛
不易於前明　是心世尊說

眞言曰

曩莫毗路喃三藐三没馱俱致喃一引 薩
失囉二合 嚩迦僧伽喃二引 薩嚩謎囉娑世
底路喃三引 尾波尸曩薩諦二合 惹娑轂
左始企曩四 薩怛二合 佗尾濕嚩二合 步八五 鉢
囉二合 枳孃二合 也制鍛訖囉二合 俱孫那
嚩餘曩左羯諾迦牟尼七 始乞灑
二合 也迦捨跛寫八 侯囉比舍枳也二合
僧賀寫九 弭里曳二合 拏塞嚩二合 娑底
二合 娑嚩覩十 摩摩薩嚩薩怛嚩二合 難
者一十 薩嚩娑庚鉢捺囉二合 吠閉上 毗藥二合十二
怛你也二合 佗引十三 惹曳十四 尾惹曳十五 惹演底
十六 尾惹演底十七 阿尔單惹曳十八 惹演底

十九 阿尔諦二十 阿鉢囉二合 尒諦二十一 摩囉
枳孃二合 鉢囉二合 末娜寧曳 娑嚩二合 訶引二十二

說此心眞言　應等正覺說
七佛之世尊　顯揚諸功德　即說是大明
利益修行者　普徧諸世界　六種而振動
一切魔宮殿　悉皆大振動

金剛手此眞言句一切諸佛所說利益衆生故祕密主或持誦輪王眞言者或持餘眞言者以此眞言加持結縷或結髮角或結頂髮或撢皮上書帶頸臂彼人速疾易得成就本尊速現其前念誦時若能憶持金剛手我不見天世魔世沙門婆羅門衆中若此眞言加護若藏者若淨者前若人若非人或魔子或必舍遮或毗那也迦或藥叉或鳩槃荼或羅刹娑或餘類有情欲來障難作是思惟於阿吒迦嚩底下以反王宮不得入若有違越此明清淨修行者彼悉皆違逆金剛種族及自種族并親族朋友不容住於彼金剛手此明眞言有大威力於一切事業應作加護應供正遍知印可一切諸菩薩印可

菩提場所說一字頂輪王經諸佛法品第十二

尒時世尊知無盡法界已除遣一切諸障復告金剛手菩薩言金剛手若善男子善女人苾芻苾芻尼若欲修習佛頂不思議印三摩地彼苾芻住苾芻律儀聚戒而護持苾芻尼住苾芻尼律儀鄔波塞迦住鄔婆塞迦律儀鄔波斯迦住鄔波斯迦律儀若是彼善男子修眞言行者彼先應入曼荼羅受三歸依發菩提心應成就十善業道如說修眞言行極善作意親近承事善友常修六念應觀法界如虛空自性應善修習入般若波羅蜜境界此於觀行不欺誑不放逸善應隨三世佛菩薩行行住於阿蘭若不顧戀一切身命三時善應受三歸菩提心律儀戒所聞甚深佛法憶持修行善修四攝於如來窣覩波前常塗曼荼羅於眞言儀軌常精勤作窣覩波身口意精修行不怒不躁不掉舉口不多語不雜亂語不欺誑他於諸有情常行恭敬愛樂心善知如來密意之

菩提場所說一字頂輪王經卷第五　第六　車　福賀了

說我略說修行者常懷勇猛大精進意安立一切有情於佛菩薩道若修佛頂王真言行者若修餘真言行者應如所說功德善應修行成就如方廣經典所說真言行應當修習各住自律儀善應護持復告金剛手如說修佛頂真言行者已得成就身如初出日輪真金瓔珞臂釧作閻浮檀金色一切嚴具莊嚴其身著天妙衣具諸相好縱廣周徧身相奇特百千光明莊嚴圓光一尋超過日輪映奪一切色身

復次金剛手成就持明仙纔見令一切衆生喜悅猶如如意樹令滿一切所求復次金剛手成就輪王佛頂菩薩至於地獄雨種種天妙飲食亦能滿一切衆生所須有所希望者皆得滿足我略說彼有大威德金剛手成就輪王真言者皆滿一切有情意樂由心起念則令滿足彼得輪王成就之人住十地菩薩不敢違越其教令金剛手此一字輪王真言一切真言中為王大明王主若修行滅除一切

菩提場所說一字頂輪王經卷第五　第七張　車

業障亦滅除一切惡趣之業得成此真言一切神通悉皆現前纔瞬目頃往於色究竟天一切佛菩薩緣覺聲聞稱讚歎喜得一切菩薩行於餘世界自在遊行於一切有情隨其意趣種種音聲而為說法乃至我略說於無量無邊世界有情希奇行色最勝廣大獲得成就尒時如來說伽他曰

種種鬪戰空自在　如我實性而照曜
若青蓮華在池開　彼勝驍勇威光色
彼人悉皆超世間　此紐真言不可及

尒時世尊復告金剛手祕密主復說伽他曰

略說普通法　祕密地居人　明者先行後
指示相最勝　地方說三種　卑濕及乾燥
并以於高原　於明天所居　名曰為勝地
中方說三種　求成就之地　皆通於三種
智者應觀察　淨不淨兩并　天妙復三種
於此一一中　各分為三種　河池海山王
稱最勝成就　淨不淨德俱　名中成就處
若是屍林地　是名不淨處　此教一切處
成就處三種　惡王賊飢儉　是處不應居
行者有障難　彼地不應住　極集熱雨處

菩提場所說一字頂輪王經卷第五　第八　車　幸

於此教悉制　三時應念誦　長養安樂故
應攝三種時

菩提場所說一字頂輪王經護摩品第十三

復告金剛手　遠離於祕密　成就不可得
於此經教中　成就故說密　護摩爐差別
應祕密而作　悉災等三種　一處不應作
若一處護摩　護摩爐必誤　若於調伏爐
不應作悉災　如器中有毒　盛乳必當壞
審觀三種事　故說三種爐　餘教亦說三
爐作是分別　於此應用之　是故不相違
用屈屢草牙　許用於牛酥　優曇鉢天木
及以於乳木　并用欝金香　三時作護摩
為求息災故　復得種種利　若被竊藥物
應用黑胡麻　和蜜常用之　及波羅奢木
及與天木等　應用白芥子　護摩而稱讚
於諸三種法　而用蘇護摩

尒時世尊釋迦牟尼復告金剛手祕密主言於此中修行教王為有情利益故復說伽他曰

說是真言明　種種大威德　修習佛頂王
種種真言明　無量大奇特　并佛眼等明
成就諸義利　及與印契等　我先已宣說
普通真言王　為求成就者　獲得果報故

我今說印契　爲求悉地故　一類說多種
次第我今說　普通佛頂印
以二手內相叉作拳竪二中指相合屈上節普通一切佛頂印能成就一切義利
由見此印契　如親覩諸佛　難調諸藥叉
龍阿蘇羅衆　一切諸羅刹　由此印威德
悉融而驚怖　此是大眞言　一切佛頂心
曩莫三滿多没馱南一引唵二引吒嚕二合三滿馱四娑嚩二合引訶五引
復說伽他曰　若得此印契　能獲諸安樂
國王等世間　於彼常利益　欲求法利益
決定而獲得　若得此印契　諸苦悉消滅
由此一切佛頂根本印作一切事業修行者護諸根者以此根本印用中指端來往即名迎請印一切普通先所說以各自眞言用結此根本印通一切處用塗香華燒香飲食燈明等以此印用之即用前印二中指峯如環狀是迎火天印眞言如先已說若發遣火天時以印向外擲即成發遣火天印又即此印准前辨事佛頂印以右中指頭屈上節拄左中指面上節是摧壞頂印
能作奇特事　能作一切事　護身結界處
應當而受用　又移左中指　屈上節承拄
右中指上節　是摧毀頂印
頂印眞言如先已說
此名摧毀頂　能調難調者　在於大障難
以此應護身
准前普通印屈右中指第三節拄左中指第一節文
能淨處所故　用此摧毀頂　若求成就時
結此護處所　移左指如前　以此印護處
是諸佛頂心　應用摧毀頂　用以自灌頂
以此印常用　若人得此印　能淨念誦室
常於澡洗時　修行者應用　彼人無諸障
誦是眞言故　次第而用之　本部三昧耶
常用如此印　修習眞言者
彼人無諸魔　於此佛頂教佛作如是說即前印二中指手背上相押如環
此無能勝頂　能滅一切罪　眞言已先說
能除諸惡夢　能成吉祥事　應用此大印
當欲寢臥時　自身若常誦　能滅種種障
我今而略說　廣說有無量　於此我略說
爲修佛頂者　共佛眼眞言　而誦求悉地
一切諸會中　我昔已先說　一切如來及菩薩
修諸眞言說解脫　增加精進及大力
得諸安樂獲義利　悉除一切諸疑惑
有情利益勤修習　諦聽我爲汝宣說
是故金剛祕密主　此是祕密修明者
我已略說義相應　油麻及蘇乳相和
三昧護摩以天木　當說成就眞言主
以此歡喜眞言王　三種相資而演說
成就念誦及護摩　念誦修行說三種
於此一一修行中　以此希望增益事
身口及意次第說　天上遊空及地居
復說三種應當知　爲修三種之種類
爲彼求成有三種　并與求法而念誦
成就求欲及求財　爲求一切成就故
隨其悉地發勤勇　正見大悲求成就
善應依法作制底　現世獲得勝安樂
彼人成就亦不難　古昔多人得成就
作世必獲於解脫　我曾修此佛頂王
由修頂王大奇特　介時世尊釋迦牟尼如來以佛眼觀無量無邊世界復告金剛手言說伽他曰
諸教中已說　律儀與軌則　能作及所作

菩提場一字頂輪王經卷五　第十六張　來子

於此教法中　應當而修行　以彼聖甘露
軍荼利明王　通修於三部　我說儀軌法
常當而修行　由彼真言威　一切障悉除
明王經所說　忿怒王印契　彼中諸儀軌
悉皆此中用　不應食蒜葫　羅蔔及蔔子
不以油塗身　亦不應食油　所有不淨物
餘穀中所制　一切不應食　求悉地行者
常求淨身故　以無能勝明　應用於五淨
半月半月用　所餘諸教說　悉皆而修行
於此我略說　諸餘經教中　於此不廣說
一切諸如來　說真言法性　諸佛及菩薩
曾修亦曾說　住彼真言形　遊行於世間
廣作諸義利　爲彼劣慧者　盡說其威德
我今少分說　稱讚其功德　而於百劫中
不能說輪王　奇特之法性　此功德無盡
無盡無所得　若得此教王　彼人同如來
亦同於菩薩　天蘇囉禮敬　心得不退轉
常恒獲如是　先世所積集　菩提之資糧
皆由祕密主　大威神之力　常知彼有情
常得清淨身　若得此教全　悉皆得一切
證成兩足尊

佛說是經已，金剛手祕密主諸大菩薩等苾蒭及一切世間天龍藥叉乾闥婆等聞佛所說歡喜奉行

菩提場一字頂輪王經卷第五　第十七張　來子

菩提場所說一字頂輪王經卷第五

菩提場所說一字頂輪王經卷第五

校勘記

一　底本，金藏廣勝寺本。

一　五二五頁中一行「卷第五」，石作「無能勝加持品第十一五卷」。

一　五二五頁中三行品名，石無；徑、清、麗作「無能勝加持品第十一」。

一　五二五頁中九行第八字「護」，麗作「獲」。同行第一一字「虛」，石作「處」。

一　五二五頁中一四行末字「王」，石、麗作「主」。

一　五二六頁中九行第七字「主」，磧作「王」。次頁下一八行第二字同。

一　五二六頁下二行品名，徑、清作「證學法品第十二」。

一　五二六頁下一五行「此於」，石、麗作「於此」。

一　五二六頁下一七行第一一字「受」，石作「授」。

一　五二六頁下二〇行「精勤」，麗作

「精進」。

一　五二七頁中四行「歎喜」，麗作「歡喜」。

一　五二七頁中九行第九字「我」，石、磧、南、徑、清、麗作「栽」。

一　五二七頁中一一行「超世間」，徑作「起世間」；石、麗作「超世明」。

一　五二七頁中一八行第九字「雨」，石、磧、南、徑、清、麗作「兩」。

一　五二七頁下三行品名，徑、清作「護摩品第十三」。

一　五二七頁下六行「悉災」，石、徑、麗作「息災」。八行同。

一　五二七頁下一一行第五字「牙」，石作「芽」。

一　五二七頁下一四行「胡麻」，磧、南、徑、清、麗作「油麻」。

一　五二八頁上一三行「印契」，石作「契印」。

一　五二八頁上末行第九字「柱」，麗作「跓」。本頁中三行末字同。

一　五二八頁上末行「柱蹙」，石作「拄剋」。

一　五二八頁中三行第四字「受」，石作「授」。又「蹙柱」，石作「剋拄」。

一　五二八頁中四行「中指」，麗作「中指面」。

一　五二八頁中五行「頂印」，石、麗無。

一　五二八頁中一四行首字「常」，石作「當」。

一　五二八頁中一八行「手背」，石、麗作「於手背」。

一　五二八頁下七行「三昧」，麗作「三時」。

一　五二八頁下一五行末字「故」，磧作「法」。

一　五二八頁下一六行第五字「作」，石作「依」。

一　五二九頁上六行末字「物」，麗作「食」。

一　五二九頁上一八行第三字「獲」，石作「懷」。

一　五二九頁上一九行「常知」，麗作「當知」。

一　五二九頁上二〇行第一〇字「全」，南、徑、清、麗作「王」。

略述金剛頂瑜伽分別聖位修證法門序　佐

夫真言陀羅尼宗者是一切如來秘奧之教自覺聖智頓證法門亦是菩薩具受淨戒無量威儀入一切如來海會壇受菩薩職位超過三界受佛教勅三摩地門具足因緣頓集功德廣大智慧於無上菩提皆不退轉離諸天魔一切煩惱及諸罪障念念消融證佛四種身謂自性身受用身變化身等流身滿足五智三十七等不共佛法然如來變化身於閻浮提摩竭陀國菩提場中成等正覺為地前菩薩聲聞緣覺凡夫說三乘教法或依他意趣說或自意趣說種種根器種種方便如法修行得人天果報或得三乘解脫果或進或退於無上菩提三無數大劫修行勤苦方得成佛王宮生雙林滅遺身舍利起塔供養感受人天勝妙果報及涅槃因不同報身毗盧遮那於色界頂第四禪阿迦尼吒天宮雲集盡虛空遍法界一切諸佛十地滿足諸大菩薩證明警覺身心頓證無上菩提自受用佛從心流出無量菩薩皆同一性謂金剛性對遍照如來受灌頂職位彼等菩薩各說三密門以獻毗盧遮那佛及一切如來便請加持教勅毗盧遮那佛言汝等將來於無量世界為最上乘者令得現生世出世間悉地成就彼諸菩薩受如來勅已頂禮佛足圍遶毗盧遮那佛已各還本方本位成為五輪本願標幟若見若聞若入輪壇能斷有情五趣輪轉生死業障於五解脫輪中從一佛至一佛供養承事皆令獲得無上菩提成決定性猶如金剛不可沮壞此即毗盧遮那聖衆集會便為現證窣堵波塔一一菩薩一一金剛各住本三昧住自解脫皆住大悲願力廣利有情若見若聞悉證三昧功德智慧頓集成就矣

略述金剛頂瑜伽分別聖位修證法門

開府儀同三司特進試鴻臚卿肅國公食邑三千戶賜紫贈司空謚大鑒正號大廣智大興善寺三藏沙門不空奉詔譯

介時金剛界毗盧遮那佛在色界頂阿迦尼吒天宮初受用身成等正覺證得一切如來平等智即入一切如來金剛平等智印三昧耶即證一切如來法平等自性光明智藏成等正覺已一切如來從薩埵金剛出虛空藏大摩尼寶以灌其頂令發生觀自在法王智安立一切如來毗首羯磨善巧智令往詣須弥山頂金剛摩尼寶峯樓閣集聖衆已於是毗盧遮那佛加持一切如來施設四方坐師子座時不動如來寶生如來觀自在王如來不空成就如來復加持毗盧遮那佛然受用身有二種一自受用二他受用毗盧遮那佛於內心證得自受用四智大圓鏡智平等性智妙觀察智成所作智外令十地滿足菩薩他受用故從四智中流出四佛各住本方坐本座毗盧遮那佛於內心證得五峯金剛菩提心三摩地智自受用故從五峯金剛菩提心三摩地智中流出金剛光明遍照十方世界淨一切衆生大菩提心還來收一體為令一切菩薩受用三摩地智故成金剛波羅蜜形住毗盧遮那如來前月輪

毗盧遮那佛於内心證得虛空寶大摩尼功德三摩地智自受用故從虛空寶大摩尼功德三摩地智流出虛空寶光明遍照十方世界令一切衆生功德圓滿還来収一體為令一切菩薩受用三摩地智故成金剛寶波羅蜜形住毗盧遮那如来右邊月輪

毗盧遮那佛於内心證得羯磨金剛大精進三摩地智自受用故從羯磨金剛大精進三摩地智流出羯磨光明遍照十方世界令一切衆生除一切懈怠成大精進還来収一體為令一切菩薩受用三摩地智故成羯磨波羅蜜形住毗盧遮那如来左邊月輪

毗盧遮那佛於内心證得大蓮花智慧三摩地智自受用故從大蓮花智慧三摩地智流出蓮花光明遍照十方世界淨一切衆生客塵煩惱還来収一體為令一切菩薩受用三摩地智故成法波羅蜜形住毗盧遮那如来後邊月輪

毗盧遮那佛於内心證得金剛薩埵勇猛菩提心三摩地智自受用故從金剛薩埵勇猛菩提心三摩地智流出五

峯金剛光明遍照十方世界令一切衆生頓證普賢行還来収一體為令一切菩薩受用三摩地智故成金剛薩埵菩薩形住阿閦如来前月輪

毗盧遮那佛於内心證得金剛鉤四攝三摩地智自受用故從金剛鉤四攝三摩地智流出金剛光明遍照十方世界以四攝法攝一切衆生安於無上菩提還来収一體為令一切菩薩受用三摩地智故成金剛王菩薩形住阿閦如来右邊月輪

毗盧遮那佛於内心證得金剛愛大悲箭三摩地智自受用故從金剛愛大悲箭三摩地智流出金剛箭光明遍照十方世界射害一切衆生於無上菩提猒離心者還来収一體為令一切菩薩受用三摩地智故成金剛愛菩薩形住阿閦如来左邊月輪

毗盧遮那佛於内心證得金剛善哉歡喜王勇躍三摩地智自受用故從金剛善哉歡喜勇躍三摩地智流出金剛善哉印光明遍照十方世界照一切衆生憂慼於普賢行生劣意者令得身心

以勇躍智還来収一體為令一切菩薩受用三摩地智故成金剛善哉菩薩形住阿閦如来後月輪

毗盧遮那佛於内心證得金剛寶灌頂三摩地智自受用故從金剛寶灌頂三摩地智流出金剛寶光明遍照十方世界灌灑一切衆生頂獲得菩薩不退轉職位還来収一體為令一切菩薩受用三摩地智故成金剛寶菩薩形住寶生如来前月輪

毗盧遮那佛於内心證得金剛威光三摩地智自受用故從金剛威光三摩地智流出金剛日光明遍照十方世界破一切衆生無明愚暗發大智光還来収一體為令一切菩薩受用三摩地智故成金剛威光菩薩形住寶生如来右邊月輪

毗盧遮那佛於内心證得金剛寶幢三摩地智自受用故從金剛寶幢三摩地智流出金剛幢光明遍照十方世界滿一切衆生意願還来収一體為令一切菩薩受用三摩地智故成金剛幢菩薩形住寶生如来左邊

月輪
毗盧遮那佛於內心證得金剛笑印
授記三摩地智自受用故從金剛笑印
授記三摩地智流出金剛笑印光明遍
照十方世界不定性眾生授與平等無
上菩提記還來收一體為令一切菩
薩受用三摩地智故成金剛笑菩薩
形住寶生如來後邊月輪
毗盧遮那佛於內心證得金剛法清淨
無染三摩地智自受用故從金剛法清
淨無染三摩地智流出金剛法光明遍
照十方世界淨除一切眾生五欲身
心清淨猶如蓮花不染塵垢還來收
一體為令一切菩薩受用三摩地智
故成金剛法菩薩形住觀自在王如
來前月輪
毗盧遮那佛於內心證得金剛利劍
般若波羅蜜三摩地智自受用故從金
剛利劍波羅蜜三摩地智流出金剛利
劍光明遍照十方世界斷一切眾生
結使罪障諸苦惱還來收一體為令一
切菩薩受用三摩地智故成金剛劍
菩薩形住觀自在王如來右邊月輪

毗盧遮那佛於內心證得金剛因轉
法輪三摩地智自受用故從金剛因轉
法輪三摩地智流出金剛輪光明遍
照十方世界以四攝攝一切眾生安
於無上菩提還來收一體為令一切
菩薩受用三摩地智故成金剛因菩
薩形住觀自在王如來左邊月輪
毗盧遮那佛於內心證得金剛密語
離言說三摩地智自受用故從金剛密
語離言說三摩地智流出金剛舌相光
明遍照十方世界能除一切眾生
惡慧令得四無㝵解樂說辯才還來收
一體為令一切菩薩受用三摩地智
故成金剛語菩薩形住觀自在王如
來後邊月輪
毗盧遮那佛於內心證得金剛業虛
空庫藏三摩地智自受用故從金剛業
虛空庫藏三摩地智流出金剛業光明
遍照十方世界令一切眾生於一切
如來諸菩薩所成廣大供養還來收
一體為令一切菩薩受用三摩地智
故成金剛業菩薩形住不空成就如來
前月輪

毗盧遮那佛於內心證得金剛護大慈
莊嚴甲冑三摩地智自受用故從金剛
護大慈莊嚴甲冑三摩地智流出金剛
甲冑光明遍照十方世界能除暴惡害
於眾生速獲大慈心還來收一體為令
一切菩薩受用三摩地智故成金剛護
菩薩形住不空成就如來右邊月輪
毗盧遮那佛於內心證得金剛藥叉
方便恐怖三摩地智自受用故從金剛
藥叉方便恐怖三摩地智流出金剛牙
光明遍照十方世界降伏剛強難化眾
生安置於菩提道還來收一體為令
一切菩薩受用三摩地智故成金剛
藥叉菩薩形住不空成就如來左邊
月輪
毗盧遮那佛於內心證得金剛拳印
威靈感應三摩地智自受用故從金剛
拳威靈感應三摩地智流出金剛拳光
明遍照十方世界令一切眾生除其
業障速獲世出世間悉地圓滿還來
收一體為令一切菩薩受用三摩地
智故成金剛拳菩薩形住不空成就
如來後邊月輪

毗盧遮那佛於内心證得金剛嬉戲法樂幖幟三摩地智自受用故從金剛嬉戲法樂幖幟三摩地智流出金剛嬉戲幖幟光明遍照十方世界供養一切如来及破凡夫貪染世樂獲得嬉戲法園安樂還来收一體為令一切菩薩受用三摩地智故成金剛嬉戲天女形菩薩住毗盧遮那如来東南隅月輪

毗盧遮那佛於内心證得金剛花鬘菩提分法三摩地智自受用故從金剛花鬘菩提分法三摩地智流出金剛花鬘光明遍照十方世界供養一切如来除諸衆生醜陋之形獲得三十二相八十種随形好身還来收一體為令一切菩薩受用三摩地智故成金剛花鬘天女形菩薩住毗盧遮那佛西南隅月輪

毗盧遮那佛於内心證得金剛歌詠淨妙法音三摩地智自受用故從金剛歌詠淨妙法輪三摩地智流出金剛歌光明遍照十方世界供養一切如来能令衆生破除語業戲論獲得六十四種梵

音具足還来收一體為令一切菩薩受用三摩地智故成金剛歌詠天女形菩薩住毗盧遮那佛西北隅月輪

毗盧遮那佛於内心證得金剛法舞神通遊戲三摩地智自受用故從金剛法舞神通遊戲三摩地智流出金剛舞光明遍照十方世界供養一切如来及破一切衆生無智無明獲得六通自在遊戲還来收一體為令一切菩薩受用三摩地智故成金剛法舞天女形菩薩住毗盧遮那佛東北隅月輪

毗盧遮那佛於内心證得金剛焚香雲海三摩地智自受用故從金剛焚香雲海三摩地智流出金剛焚香光明遍照十方世界供養一切如来及破除一切衆生臭穢煩惱獲得適悦無㝵智香還来收一體為令一切菩薩受用三摩地智故成金剛焚香侍女菩薩形住東南角金剛寶樓閣

毗盧遮那佛於内心證得金剛覺花雲海三摩地智自受用故從金剛覺花雲海三摩地智流出金剛覺花光明遍照十方世界供養一切如来及破

一切衆生迷惑開敷心花證無染智還来收一體為令一切菩薩受用三摩地智故成金剛覺花侍女菩薩形住西南角金剛寶樓閣

毗盧遮那佛於内心證得金剛燈明雲海三摩地智自受用故從金剛燈明雲海三摩地智流出金剛燈明光明遍照十方世界供養一切如来及破一切衆生無明住地獲得如来五眼清淨還来收一體為令一切菩薩受用三摩地智故成金剛燈明侍女菩薩形住西北角金剛寶樓閣

毗盧遮那佛於内心證得金剛塗香雲海三摩地智自受用故從金剛塗香雲海三摩地智流出金剛塗香光明遍照十方世界供養一切如来及破一切衆生身口意業非律儀過獲得五分無漏法身還来收一體為令一切菩薩受用三摩地智故成金剛塗香侍女菩薩形住東北角金剛寶樓閣

毗盧遮那佛於内心證得請召金剛鉤三摩地智自受用故從請召金剛鉤

三摩地智流出金剛鉤光明遍照十方世界請召一切如來金剛界道場及拔一切衆生惡趣安於無住涅槃之城還來收一體爲令一切菩薩受用三摩地智故成守菩提心戶金剛鉤菩薩形住東門月輪

毗盧遮那佛於內心證得金剛引入方便羂索三摩地智自受用故從引入方便羂索三摩地智流出金剛羂索光明遍照十方世界引入一切如來聖衆及羂索一切衆生沉於二乘實際三摩地淤泥安置覺王法界宮殿還來收一體爲令一切菩薩受用三摩地智故成衛護功德戶金剛羂索菩薩形住南門月輪

毗盧遮那佛於內心證得堅固金剛鏁械三摩地智自受用故從堅固金剛鏁械三摩地智流出金剛鏁械光明遍照十方世界令已入一切如來聖衆金剛界道場以大悲指繫縛而住及摧一切衆生外道諸見住無上菩提不退堅固無畏大城還來收一體爲令一切菩薩受用三摩地智故成金剛

鏁械菩薩形守智慧戶住西門月輪

毗盧遮那佛於內心證得般若波羅蜜金剛鈴三摩地智自受用故從般若波羅蜜金剛鈴三摩地智流出金剛鈴光明遍照十方世界歡喜一切如來海會聖衆住金剛界道場者及破一切衆生二乘異見安置般若波羅蜜宮還來收一體爲令一切菩薩受用三摩地智故成金剛鈴菩薩形守精進戶住北門月輪

若依次第說前後有差據報身佛頓證身口意三種淨業遍周法界於一一法門一一理趣一一毛孔身分相好盡虛空界不相障㝵各居本位以成遍照光明毗盧遮那自受用身他受用身若依二乘次第而說若不具修三十七菩提分法證得道果無有是處若證自受用身佛必須三十七三摩地智以成佛果梵本入楞伽偈頌品云自性及受用變化幷等流佛德三十六皆同自性身并法界身摠成三十七也

最初於無上乘發菩提心由阿閦佛

加持故證得圓滿菩提心由證菩提外感空中寶生佛灌頂受三界法王位由觀自在王佛加持語輪能說無量修多羅法門由不空成就佛加持於諸佛事及有情事所行利樂皆悉成就由金剛波羅蜜加持故證得圓滿周法界遍虛空大圓鏡智由寶波羅蜜加持故於無邊衆生世間及無邊器世間證得平等性智由法波羅蜜加持故於無量三昧陁羅尼門諸解脫法得妙觀察智由羯磨波羅蜜加持故於無量安立雜染世界清淨世界證得成所作智由金剛薩埵菩薩加持故剎那猛利心頓證無上菩提由金剛王菩薩加持故於諸有情利樂門中被具四攝法門由金剛愛菩薩加持故於無邊有情無緣大悲曾無間斷由金剛善哉菩薩加持故於諸善法竭仰無猒見微少善便爲稱美由金剛寶菩薩加持故證無染智猶如虛空廣大圓滿由金剛光明菩薩加持故證得慧光喻若日輪無不照曜由金剛幢菩薩加持故能滿有情世出世間所有希願如

真多摩尼寳幢心無分别皆令滿足由金剛笑菩薩加持故一切有情若見若聞心生踊躍於法决定受法利樂由金剛法菩薩加持故證得法本性清淨悉能演説微妙法門知一切法皆如筏喻由金剛利菩薩加持故以般若波羅蜜劒能斷自他無量雜染結使諸苦由金剛因菩薩加持故於無量諸佛世界請一切如來轉妙法輪由金剛語菩薩加持故以六十四種法音遍至十方隨衆生類皆成法益由金剛業菩薩加持故於無邊佛刹海會成大供養儀由金剛護菩薩加持故被大誓願莊嚴甲冑迴入生死廣作菩薩引育有情置於佛法由金剛藥叉菩薩加持故能摧天魔一切外道能羸無始煩惱怨敵由金剛拳菩薩加持故於三密門無量真言三昧印契合成一體由金剛嬉戲菩薩加持故於受用法圓滿快樂得受用智自在由金剛鬘菩薩加持故得菩提分法花鬘以爲莊嚴由金剛歌菩薩加持故得如來微妙音聲聞者無猒於聖德解

脱了覺諸法猶如谷響由金剛舞菩薩加持故得刹那迅疾分身頓至無邊世界由金剛焚香菩薩加持故得如來悦意無导智香由金剛花菩薩加持故能開衆生煩惱淤泥覺意妙花由金剛燈明菩薩加持故獲得五眼清淨自利利他照法自在由金剛塗香菩薩加持故得佛五種無漏淨身由金剛鈎菩薩加持故得召集一切聖衆速疾三昧由金剛羂索菩薩加持故得如虚空無障导善巧智由金剛鎖菩薩加持故得佛堅固無染觀察大悲解脱由金剛鈴菩薩加持故得如來般若波羅蜜音聲聞者能摧藏識中諸惡種子

以此三十七内證無上金剛界分智威力加持頓證毗盧遮那之身從無見頂相流出無量佛頂法身雲集空中以成法會光明遍覆如塔相輪十地滿足莫能覩見冥加有情身心罪障悉令殄滅無能知者雖不能覺知能息諸苦而生善趣從光明流出十六菩薩及八方等内外大護展轉出

光照觸惡趣以成窣覩波階級犄護諸佛窣覩波法界宫殿成爲相輪令身現證金剛界如來毗盧遮那遍照之身也

略述金剛頂瑜伽分别聖位修證法門

丙午歲高麗國大藏都監奉
勑雕造

略述金剛頂瑜伽分別聖位修證法門

校勘記

一　底本，麗藏本。

一　五三一頁上一行末字「序」，南、徑、清無。又「序」下，石有夾註「三十七尊」。

一　五三一頁上一行與二行之間，石有「特進試鴻臚卿大興善寺三藏沙門大廣智不空奉詔譯」；南有「大興善寺三藏沙門大廣智不空奉詔譯」；徑、清有「唐大興善寺三藏沙門大廣智不空奉詔譯」各一行。

一　五三一頁上二行第九字「是」，石無。

一　五三一頁上三行「頓證」，南、徑、清作「修證」。

一　五三一頁上六行「具足」，石、南作「具是」。

一　五三一頁上八行末字「消」，南、徑、清無。

一　五三一頁上一二行「場中」，石、南、徑、清作「道場」。

一　五三一頁上一八行「雙林」，石、南、徑、清作「雙樹」。

一　五三一頁中四行第五字「佛」，南、徑無。

一　五三一頁中六行「現生世」，南、徑、清作「現生世間」。

一　五三一頁中九行「本願」，石、南、徑、清作「持本」。

一　五三一頁中一九行經名，南、徑、清無。

一　五三一頁中二〇、二一行譯者，石、南、徑、清無。

一　五三一頁下一三行第七字「得」，石、南、徑、清無。

一　五三一頁下二一行「一體」，石、南、徑、清作「一聚」。下同。

一　五三二頁上一行第六字「於」，南、徑、清無。

一　五三二頁上八行至一四行「毗盧遮那佛……左邊月輪」與一五行至二一行「毗盧遮那佛……後邊月輪」，石、南、徑、清互置。

一　五三二頁中八行第一〇字「法」，石、南、徑、清無。次頁上一一行第一二字同。

一　五三二頁中二〇行第三字「勇」，石作「踴」。二一行第五字及本頁下一行第二字同。

一　五三二頁中二二行「照一切衆生」，石、徑、清作「時一切衆生」。

一　五三二頁下一行第七字「收」，南、徑、清作「收爲」。八行第九字同。

一　五三二頁下二一行第一二字「來」，南無。

一　五三三頁上五行第一一字「授」，石作「受」。

一　五三三頁中四行至五行「以四攝攝一切衆生安於無上菩提」，南、徑、清作「能除一切衆生惡種子」。

一　五三三頁中一四行第五字「語」，南作「器」。

一　五三三頁中一五行第三字「邊」，南、徑、清無。

一 五三三頁下七行「右邊」，石、南、徑、清作「左邊」。
一 五三三頁下一四行「左邊」，石、南、徑、清作「右邊」。
一 五三三頁下一八行首字「拳」，徑作「拳印」。
一 五三三頁下一九行第八字「令」，石、南、徑、清作「令除」。又「除其」，石、南、徑、清無。
一 五三三頁下二〇行「速獲世」，石、南、徑、清作「速獲世間」。
一 五三四頁上六行第二字「圓」，石、南、徑、清作「圓滿」。
一 五三四頁上二一行「法輪」，石、南、徑、清作「法音」。
一 五三四頁中三行第九字「佛」，石、南、徑、清作「如來」。
一 五三四頁中八行「無智」，石、南、徑、清無。
一 五三四頁中一五行第一三字「除」，南、徑、清無。
一 五三四頁下八行第一三字「及」，石、南、徑、清作「能」。
一 五三四頁下九行末二字至次行「五眼清淨」，石、南、徑、清作「清淨五眼」。
一 五三四頁下一九行第三字「受」，南、徑、清作「自受」。
一 五三五頁上七行「金剛」，石無。
一 五三五頁上一四行末字「羂」，石、南、徑、清無。
一 五三五頁上一五行第四字「形」，南無。本頁中一行第五字同。
一 五三五頁上一九行末字至次行首字「金剛」，石、南、徑、清無。
一 五三五頁上二二行「無畏」，石、南、徑、清作「無礙」。
一 五三五頁中一一行第四字「第」，石、南、徑、清無。
一 五三五頁中一四行「各居」，石、南、徑、清作「各住」。
一 五三五頁下五行「所行」，南、徑、清作「所修行」。
一 五三五頁下一五行「被具」，南、徑、清作「備具」。
一 五三五頁下一九行「便爲」，石、南、徑、清作「即便」。
一 五三五頁下末行第六字「世」，石、南、徑、清作「世間」。又第一一字「有」，石無。
一 五三六頁上一五行「有情」，石、南、徑、清作「衆生」。
一 五三六頁上一六行「外道」，石、南作「諸障」。
一 五三六頁中三行「焱香」，石、南、徑、清作「焚香」。
一 五三六頁中一〇行「三昧」，南作「三摩」。
一 五三六頁中一六行第二字「此」，石、南、徑、清無。
一 五三六頁中二一行第一三字「覺」，石、南、徑、清無。
一 五三六頁中二二行第一一字「明」，南、徑、清無。
一 五三六頁下二行「相輪令」，石、南、徑、清作「全」。

一　五三六頁下卷末經名，石作「略述金剛頂瑜伽分別聖位修證法門一卷」。

讀誦佛母大孔雀明王經前啓請法

特進試鴻臚卿開府儀同三司肅國公贈司空大興善寺三藏沙門大廣智不空奉　詔譯

南謨母馱野　南謨達磨野　南謨僧伽野

南謨七佛正徧知者子福切

南謨慈氏菩薩等一切菩薩摩訶薩

南謨獨覺聲聞四果四向我皆敬禮如是等聖衆我今讀誦摩訶摩瑜利佛母明王經我所求請願皆如意所有一切諸天靈祇或居地上或處虛空或住於水異類鬼神所謂諸天及龍阿蘇羅摩嚕多蘖嚕拏彥達嚩緊那羅摩護羅誐藥叉羅刹娑畢舍多比舍遮部多矩伴拏布單那羯吒布單那塞建那嗢摩那車耶阿鉢娑麼羅塢娑怛羅迦及餘所有一切鬼神及諸蠱魅人非人等諸惡毒害一切不祥一切惡病一切鬼神一切使者一切怨敵一切恐怖一切諸毒及諸呪術一切厭禱厮斷他命起毒害心行不饒益者皆來聽我讀誦佛母大孔雀明王經捨除暴惡咸起慈心於佛法僧生淸淨信我今施設香華飲食願生歡喜咸聽我言

佛母大孔雀明王經卷上　第二

怛你也二合他一去引迦里迦羅引里二矩畔引膩三餉棄顛四迦麼攞引乞史二合賀引哩引底五賀哩計引施室哩二合引麼底六丁以反賀哩氷異孕反誐黎七攪迷鉢羅二合攪迷八迦攞播引勢九迦攞式引娜哩十爛摩怒引底十一麼賀羅引乞灑二合枲十二部多蘖羅二合薩顛十三鉢羅二合底引砌引鈴十四補澀哞二合度引哞十五嚩淡末醉十六左娜引寫沮十七羅乞灑二合佗麼麼某甲十八颯跛哩嚩覽十九薩縛婆去喻引鉢捺羅二合吠引毗藥二合二十弥蕤以反嚩都韈羅灑二合捨馱二十一鉢設覩二十二捨囉瞞引捨單二十三悉鈿覩二十四滿怛羅二合鉢娜婆嚩引二合賀引二十五

諸如是等一切天神咸來集會受此香華飲食發歡喜心擁護於我某甲若爲國家或爲餘人而讀誦者即須稱說彼人名字下皆准此幷諸眷屬我等眷屬所有厄難一切憂惱一切疾病一切飢饉獄囚繫縛恐怖之處悉皆解脫壽命百歲願見百秋明力成就所求願滿此經須知大例若是尋常字體傍加口者即須彈舌道之但爲此方無字故借音耳自餘准可依字直讀不得彈舌聲勢致失本音即便乖訛

又讀誦時聲含長短字有重輕看注四聲而讀終須師授方能愜當又須粗識字義呼召始可随情若至我某甲处咸須具述所求之事然此經有大神力求者皆驗五天之地南海十洲及北方土貨邏等二十餘國無問道俗大乘小乘皆共尊敬讀誦求請咸蒙福利文頼不繁但爲舊經訛文有脱致使神州不多流布雖遺尼難讀者尚希故今綜尋諸部梵本勘令委的重更審詳譯成三卷并畫像壇場軌式利益然遍傳之永代耳

佛母大孔雀明王經卷上

如是我聞一時薄伽梵在室羅伐城逝多林給孤獨園時有一苾芻名曰莎底出家未久新受近圓學毗奈耶教爲衆破薪營澡浴事有大黑蛇從朽木孔出螫彼苾芻右足拇指毒氣徧身悶絶于地口中吐沫兩目翻上尒時具壽阿難陀見彼苾芻爲毒所中極受苦痛疾往佛所禮雙足已而白佛言世尊莎底苾芻爲毒所中受大苦惱具如上説如來大悲云何救護作是語已

尒時佛告阿難陀我有摩訶摩瑜利佛母明王大陁羅尼有大威力能滅一切諸毒怖畏災惱攝受覆育一切有情獲得安樂汝持我此佛母明王陀羅尼爲莎底苾芻而作救護爲結地界結方隅界令得安隱所有苦惱皆得消除彼等或爲天龍所持阿蘇羅所持摩嚕多所持蘖嚕拏所持彥達嚩所持緊那羅所持摩護囉誐所持藥叉所持羅刹娑所持畢𡅏多所持比舍遮所持步多所魅矩畔拏所魅布單那所魅羯吒布單那所魅塞建那所魅嗢麼那所魅車耶所魅阿鉢娑麼羅所魅塢娑路囉迦所魅爲如是等所執所魅之時佛母明王悉能加護令無憂怖壽命百年或被他人厭禱呪術蠱魅惡法之類所謂訖栗底迦羯摩拏迦具嘌那枳囉拏吠哆拏質者飲他血髓變人驅役呼召鬼神造諸惡業惡食惡吐惡影惡視惡跳惡蕎或造厭書或惡冒逆作如是惡事欲相惱亂者此佛母明王擁護彼人幷諸眷屬如是諸惡不能爲害又復瘧病一日二日三日四日乃至七日半月一月或復頻日或復須臾一切瘧病四百四病或常熱病偏邪癭病鬼神壯熱風黃痰癊或三集病飲食不消頭痛半痛眼耳鼻痛脣頰口痛牙齒舌痛及咽喉痛胷脅背痛心痛肚痛腰痛腹痛髀痛膝痛或四肢痛隱密處痛徧身疼痛如是過患悉皆除滅願護於我某甲幷諸眷屬我結地界結方隅界讀誦此經悉令安隱即説伽他曰

令我夜安　晝日亦安　一切時中

諸佛護念

即説陀羅尼曰

怛你也(二合)他(引)一 伊(上)膩二 尾膩三 枳膩四 呬膩五 弭膩六 𡅏膩七 頷妳八 伽(上引)妳九 努誐妳十 賀哩抳十一 嚩麌膩十二 蒡(引)蘇比舍止𩕳十三 阿(去)嚧(引)賀抳十四 汙嚧賀抳十五 曀𡅏十六 謎𡅏十七 帝𡅏帝𡅏十八 底里底里十九 謎𡅏謎𡅏二十 底謎底謎二十一 努謎努謎二十二 伊(上)置弭置二十三 尾瑟吒(二合)勝二十四 左跛𡅏二十五 尾麽𡅏二十六 尾麽𡅏二十七 護嚕護嚕二十八 阿濕嚩(二合)目棄二十九 迦(引)里三十 摩賀(引)迦里三十一 鉢羅(二合)枳(引)羅拏(二合)計施三十二 矩嚕三十三 嚩(引)具嚕三十四 句(引)嚕句(引)嚕三十五 護嚕護嚕三十六 嚩(引)譜嚕三十七 度(引)娑努(上鼻引)嚩三十八 怒努(鼻)嚩三十九 怒(引)麽努(鼻)嚩(引)四十 遏(引)攞夜四十一 吠攞夜四十二 比輸比

輸四十三 呬里呬里四十四 弭里弭里四十五 底里
底里四十六 鼻里鼻里四十七 祖魯祖魯四十八 毋
護毋護毋護四十九 毋護毋護五十 毋魯毋魯五十一
毋魯毋魯毋魯五十二引 護護護護護護
護護五十三 嚩引嚩引嚩引嚩引嚩
引嚩引嚩引嚩引嚩引五十四 惹攞引惹攞引惹
攞引惹攞引惹攞引惹攞引惹攞引
惹攞引惹攞引惹攞引五十五 娜麽娜麽䫂
五十六 荅跛荅跛䫂五十七 入嚩合二 羅入嚩合二
羅䫂五十八 鉢左鉢左䫂五十九 嬾努鼻六十 蘖
惹䫂六十一 曦羅灑合二 抳六十二 颰普合二 吒䫂
六十三 路引 跛䫂六十四 播引 左䫂六十五 賀哩抳
六十六 馱引 哩抳迦引 哩抳六十七 舸跛䫂六十八
沫那䫂六十九 曼膩底計七十 麽迦哩七十一 設
迦哩七十二 羯迦哩七十三 爍迦哩七十四 餉迦哩
七十五 入嚩合二 攞䫂七十六 努麽七十七 努鼻 嚩哩
七十八 努銘努銘七十九 遇引 攞引 野八十 鉢哩
吠攞引 野八十一 曦羅灑觀祢嚩無博反 三滿
帝曩八十二 伊上 里枳梟八十三 娑嚩引二合 賀引八十四

若讀誦經者至此處時隨所願求皆須稱說其事若天旱時去願天降雨若大澇時去願天止雨若有兵戈盜賊疾病流行飢饉惡時及餘厄難隨事陳說一心求請無不隨意

阿難陀有諸龍王名字當起慈心稱念其名攝除諸毒所謂

持國龍王我慈念　愛羅嚩拏常起慈
尾嚕博叉亦起慈　黑驕荅麽我慈念
麽抳龍王我慈愍　婆蘇枳龍常起慈
杖足龍王亦起慈　滿賢龍王我慈念
無熱惱池嚩嚕拏　曼娜洛迦德叉迦
難陀鄔波難陀龍　我常於彼興慈意
無邊龍王我慈念　嚩蘇目佉亦起慈
無能勝龍常起慈　縎嚩龍王我慈念
大麽娜斯我慈念　小麽娜斯亦起慈
阿鉢羅羅迦洛迦　有財沙彌龍王等
捺地穆佉及麽抳　白蓮華龍及方主
羯句吒迦及蠡足　毛毯馬勝等皆慈
娑難得迦烘鼻羅　針毛臆行龍王等
哩使迦龍我慈念　滿耳車面亦常慈
句洛迦龍我慈念　娑雌補多蘇難陀
愛羅鉢多大龍王　濫畝洛迦我慈愍
非人龍王我慈念　上人龍王亦復然
蔑瑳羅龍常起慈　母呰隣那我慈念
或有龍王行地上　或有龍王常居空
或有恒依妙高山　或在水中作依止
一首龍王我慈念　及以二頭亦復然
如是乃至有多頭　此等龍王我慈念
或復無足龍王類　二足四足等龍王
或復多足諸龍王　各起慈心相護念
此等龍王具威德　色力豐美有名聞
天與脩羅共戰時　有大神通皆勇猛
勿使無足欺輕我　二足四足勿相侵
及與多足諸龍王　常於我身無觸惱
諸龍及神我慈念　或在地上或居空
常令一切諸衆生　各起慈心相護念
復願一切含生類　及以靈祇諸大神
常見一切善徵祥　勿覩違情罪惡事
我常發大慈悲念　令彼滅除諸惡毒
饒益攝受離災危　隨在時方常擁護

曩謨窣覩合二 沒馱野一 曩謨窣覩合二 沒馱
野二 曩謨窣覩合二 目訖多合二 野三 曩謨
窣覩合二 目訖多合二 曳四 曩謨窣覩合二 扇
多野五 曩謨窣覩合二 扇多曳六 曩謨
窣覩合二 尾目訖跢合二 野七 曩謨窣覩合二 尾
目訖跢合二 曳八

諸有淨行者　能伏諸惡業　敬禮如是等
於我常衞護　若逢諸恐怖　一切惱亂時
并及災害時　疾病疫佐等　及被毒所中
不利益之時　護我并眷屬　無病壽百歲

佛告阿難陀往昔之時雪山南面有金曜孔雀王於彼而住每於晨朝常

讀誦佛母大孔雀明王陀羅尼晝必
安隱暮時讀誦夜必安隱即說陀羅
尼曰
曩謨沒馱野一曩謨達磨野二曩謨
僧去伽去野三怛你也二合佗去引四護護
護護護護五曩誐誐六努上鼻虎誐
誐七護野護野八尾惹野尾惹野九
度蘇度蘇十麌魯麌魯十一瞌攞詘攞
十二底里詘羅十三伊上里蜜怛𠻴二合引十四底
里蜜怛𠻴二合十五伊上里底里蜜怛𠻴二合十六努
鼻詘十七蘇努鼻詘十八姤引蘇帝十九遇引攞吠
攞二十左跛攞二十一尾麼攞二十二伊置哩二十三毗
置哩二十四哩置哩二十五尾置哩二十六曩謨窣覩
二合沒馱南二十七唧里枳枲二十八遇努呬迦二合引二十九
曩謨羅局二合耽三十護引囉娜引囉三十一嚩
囉濮二合覩祢嚩三十二三滿帝曩三十三捺捨蘇
你舍引蘇三十四曩謨母馱引南三十五娑嚩二合引賀引三十六
阿難陀彼金曜孔雀王忽於一時忌
誦此佛母大孔雀明王陀羅尼遂與
衆多孔雀婇女從林至林從山至山
而爲遊戲貪欲愛著放逸惛迷入山
穴中捕獵怨家伺求其便遂以鳥羂
縛孔雀王被縛之時憶本正念即誦

如前佛母大孔雀明王陀羅尼於所
繫縛自然解脫眷屬安隱至本住處
復說此明王陀羅尼曰
曩謨母馱引野一曩謨達磨野二娜謨
僧去伽去引野三曩謨蘇上𧹞囉拏二合引四嚩
娑引薩寫五麼麼引羅羅引枳孃二合六曩
謨摩賀麼引庾引哩曳二合七尾你也二合
囉枳惹二合八怛你也二合佗引九悉第十蘇悉
第十一謨左𩕳十二謨剎抳十三目訖帝二合十四
尾目訖帝二合十五阿麼黎十六尾麼黎十七𩕳
寧逸反麼黎十八嚩誐黎十九呬𡃤孃蘗陛二十
囉怛曩二合蘗陛二十一跋捺㘖二合二十二蘇跋
捺㘖二合二十三三滿多跋捺㘖二合二十四薩嚩
囉佗二合娑引馱𩕳二十五跛羅沫引佗娑引
馱𩕳二十六薩嚩囉佗二合鉢囉二合嚩引馱
𩕳二十七薩嚩普誐囉娑去引馱𩕳二十八麼曩
枲二十九麼曩枲三十摩賀麼引曩枲三十一咼
步帝三十二頞窒丁結反納部二合帝三十三頞窣
子律反帝三十四阿上惹𪘨二合三十五尾惹𪘨三十六尾
麼黎三十七阿上蜜哩二合帝三十八阿上麼𪘨
三十九阿上麼羅抳四十沒羅二合憾謎四十一
沒羅二合憾麼二合娑嚩𪘨四十二布囉停二合
四十三布囉拏二合麼努鼻引囉剃四十四蜜栗二合

多散吟引嚩頞四十五室哩引二合跛捺𪘨二合
戰捺𪘨二合四十六戰捺羅二合鉢囉二合陛四十七
素哩曳二合四十八素哩野二合建帝四十九味多
婆曳五十蘇𧹞囉抳五十一沒囉二合憾麼二合具
引曬五十二沒囉二合憾麼二合乳入瑟鹺二合
五十三薩嚩怛羅二合五十四鉢囉二合底賀帝五十五
娑嚩二合引賀引五十六那莫薩嚩沒馱南五十七
娑嚩二娑底二合麼麼引誐寫五十八嚩哩嚩囉
寫五十九囉乞產二合引屈㘑抳引觀六十吽嚩觀
六十一麼攞濮二合設單鉢扇覩二合六十二設羅難
引設單六十三護呰六十四麌呰具呰畝呰六十五
娑嚩二合引賀引六十六
佛告阿難陀往昔金曜孔雀王者豈
異人乎即我身是我今復說佛母大
孔雀明王心陀羅尼曰
怛你也二合佗去引一伊底蜜底二底里蜜
底三底里弭里蜜底四底黎五弭
里六弭里底弭七底里弭里八蘇上頓
嚩引頓嚩引九蘇上嚩左十唧里枳枲野
十一牝那謎膩十二曩謨沒馱南十三唧羯
枲鉢喃二合多慕黎十四壹底賀𡃤十五路
引呬多慕黎十六瞻嚩十七暗嚩十八俱置十九
矩曩置二十底羅君去左曩置二十一阿拏

𫋬多(上引)野(二十二)𧄼囉灑(二合)覩祢霧(二十三)曩𫋬
麼(引)娑(去二十四)娜捨麼(引)細底(二十五)畫底弭
里(二十六)枳里弭里(二十七)計擺弭里(二十八)計覩
母黎(二十九)努努(鼻)迷蘇努謎妳(三十一)娜里
謎(三十二)散覩𧄼𪒟(三十二)畝娑𧄼𪒟(三十三)畝
薩𪒟畝薩𪒟(三十四)瞻拏𫋬(反乐何)寧多(二合)羅
計捺迦擺(三十五)曩迦里謎(三十六)佉(上)羅麼
羅(三十七)企黎畫底(三十八)薩惹黎(三十九)頓吠(四十)
覩頻(鼻)吠(四十一)頻曩𪒟(四十二)鉢羅(二合)曩𪒟
(四十三)(二合)頻拏捺𪒟(四十四)𧄼羅灑(二合)覩祢務曩
謨娜計曩(四十五)散怛𪒟姤(引四十六)三滿帝曩
(四十七)曩羅(引)野死(四十八)播(引)羅野抳(四十九)賀
哩路(引上)里(五十)君(上)路(上引)里(五十一)伊(上)
里蜜寧底(五十二)吉底里蜜寧底(二合)
(五十三)伊(上)謎(引)悉鈿覩(五十四)捺羅(引合)
弭拏(引)(五十五)曼怛羅(二合)跛那(引)娑𫋬
(二合)賀(引)(十五)
阿難陀此佛母大孔雀明王心陀羅
尼若復有人欲入聚落應當憶念於
曠野中亦應憶念在道路中亦常憶
念或在非道中亦應憶念入王宮時
憶念逢劫賊時憶念鬬諍時憶念水
火難時憶念怨敵會時憶念大衆中

憶念或蛇蝎等螫時憶念爲毒所中
時憶念及諸怖畏時憶念風黄痰癃
時憶念或三集病時憶念或四百四
病一一病生時憶念若苦惱至時皆
當憶念何以故若復有人應合死罪
以罰物得脱應合被罰以輕杖得脱
應合輕杖被駡得脱應合被駡呵責
得脱應合呵責戰悚得脱應合戰悚
自然得脱一切憂惱悉皆消散
阿難陀此佛母大孔雀明王眞言一
切如來同共宣説常當受持自稱己
名請求加護願攝受我(某甲)除諸怖畏
刀杖枷鎖苦難之時願皆解脱常逢
利益不值災危壽命百歲得見百秋
阿難陀若有人天魔梵沙門婆羅門
等讀誦受持此佛母大孔雀明王陀
羅尼結其地界結方隅界請求加護
一心受持者我不見有天龍鬼神能
爲惱害所謂天及天婦天男天女及
天父母并諸朋屬如是等類無能爲
害若龍龍婦龍男龍女及龍父母并
諸朋屬亦不能爲害
若阿蘇羅及婦男女父母朋屬亦不

能爲害若麼嚕多及婦男女父母朋
屬等亦不能爲害若誐嚕拏及婦男
女父母朋屬等不能爲害若彦達嚩
及婦男女父母朋屬等不能爲害若
緊那羅及婦男女父母朋屬等不能
爲害若摩護囉誐及婦男女父母朋
屬亦不能爲害若藥叉及婦男女父
母朋屬等亦不能爲害若羅刹娑及
婦男女父母朋屬亦不能爲害若畢
𭌣多及婦男女父母朋屬亦不能爲
害若比舍遮及婦男女父母朋屬等
不能爲害若步多及婦男女父母朋
屬亦不能爲害若矩畔拏及婦男女
父母朋屬亦不能爲害若布單那及
婦男女父母朋屬等亦不能爲害若
羯吒布單那及婦男女父母朋屬等
亦不能爲害若塞建那及婦男女父
母朋屬等不能爲害若嗢麼那及婦
男女父母朋屬等不能爲害若車耶
及婦男女父母朋屬等不能爲害若
阿鉢娑麼囉及婦男女父母朋屬等
不能爲害若塢娑路囉迦及婦男女
父母朋屬等皆不能爲害

如是等天龍藥叉及諸鬼神所有親眷朋屬等發起惡心伺求人便作諸障難者此等天龍鬼神雖起惡心不能惱亂持此經者何以故由常受持佛母明王陀羅尼故此等天龍鬼神爲惱害者若還本處彼類不容入衆若有違此佛母明王眞言越界法者頭破作七分猶如蘭香蕱（梵云遏尒迦曼折里是蘭香蕱頭舊云阿梨樹枝者訛也西方元無阿梨樹）

復次阿難陀又有明王陀羅尼汝當受持即說明呪曰

怛你也（二合）他（去引一）伊（上）里弭里（二）緊糯契目訖帝（二合三）蘇目訖帝（二合四）阿（去引）拏曩（引）拏（五）蘇曩（引）拏（六）嚩囉灑（二合七）覩祢舞（引七）跛囉摩拏儗路（上引）爛（引八）阿（去）囉（引）播囉（引九）遏（引）怒（引）呬迦（引十）伊（上）里弭里（十一）比（又）尒里迦（十二）嗢努迦（引十三）嗢瀬努迦古（引）伊（上）里弭里（十五）底里弭里（十六）三滿怛多（入）訖嘌（二合）怛嚩（十七）護魯護魯（十八）呬里呬里（十九）弭里弭里（二十）枳里枳里（二十一）室哩（二合）曬（引）拏（二十二）沒里（二合）衫（二十三）畝魯畝魯（二十四）左攞左攞（二十五）唧里唧里（二十六）祖魯祖魯（二十七）尾置尾置（二十八）式弃式弃（二十九）壹置尾置（三十）式弃式弃（三十一）護祖（去音）護祖（三十二）護祖護祖（三十三）護祖護祖（三十四）護祖護祖（三十五）護祖護祖（三十六）賀囉賀囉（三十七）賀囉拏（引三十八）咎陛（引三十九）鉢囉（二合）咎陛（引四十）薩嚩訥瑟吒（二合四十一）麼努瑟鴿（二合引四十二）咎陛（引）弭（四十三）麼麼（四十四）颯跛哩嚩（引）囉寫（四十五）囉乞創（二合引）屈挽都迦嚕（引）弭（四十六）吤嚩都（四十七）𠰒囉灑（二合）設單（四十八）鉢捨都設囉喃（引）設單（四十九）糜底孕跛哩怛囉（二合五十）喃跛哩佗囉（二合五十一）跛哩播（引）攞喃（五十二）扇（引）底孕（二合五十三）娑嚩（二合）䆟底也（二合三）野南（五十四）難（上）拏跛哩賀（引）闌（彈舌呼五十五）尾灑拏灑喃（五十六）尾灑曩（引）捨難（五十七）枲（去引）麼（引）曼鄧（五十八）馱囉捉（引）曼蕩左迦嚕（引）弭（五十九）唧怛蜍（二合六十）唧怛囉（二合）麼黎（六十一）賀黎（六十二）賀攞麼黎（六十三）頗黎（六十四）頗攞麼黎（六十五）齲嚕齲嚕（六十六）佉（上）囉嚩嚕抳（六十七）味（引）蜍（引六十八）嚧曳（引六十九）阿（上）嚕麼嚕（七十）滅除一切毒（七十一）及起惡心者（七十二）根毒牙齒毒（七十三）飲食中諸毒（七十四）願佛以威光（七十五）滅除毒害苦（七十六）素嚕素嚕計（七十七）嚩囉嚩囉計（七十八）嘰囉嘰囉計（七十九）尾哩呬哩（八十）一切毒消除（八十一）願勿相侵害（八十二）七佛諸世尊（八十三）正徧知覺者（八十四）及以聲聞衆（八十五）威光滅諸毒（八十六）曀攞（引）謎攞（八十七）壹里謎攞（八十八）底里底里謎攞（八十九）底賀努賀（九十）尾麼（引）努麼（引九十一）曀蘇（上）努鼻摩（引九十二）遜嚩（引九十三）頻嚩（引九十四）三麼頻嚩（引九十五）阿（去引）妳曩（引）妳（九十六）矩攞矩攞曩妳（九十七）嚩囉灑（二合）覩祢嚩（去）（又九十八）伊（上）里枳枲（九十九）三曼帝曩（一百）曩嚩麼婆（一百一）𨯂婆麼（引）婆昧（引一百二）怛哩（二合引）謎（一百三）薩嚩薩怛吠（二合引）數（一百四）畝薩妳（一百五）畝娜（引）哩抳（一百六）計嚩擿計（一百七）嚩吒迦慕𩕳（一百八）伊（上）底攞嚩𩕳（一百九）都吠吠覩都吠（引一百十）畢哩（二合）孕迦𩕳（一百十一）阿（去引）嚩穌（一百十二）跛哩嚩穌（一百十三）那舞（引）那計（引）曩（一百十四）嚩囉灑（二合）覩祢（引）舞（一百十五引）曩謨（引）娑誐嚩姤（至此處所有求願隨意稱說）

印捺囉（二合）遏（引）跛枲迦（引）野（一百十六）壹置吒（引）野（一百十七）遏（引）怒（引）呬迦（引）野（一百十八）勃陵（二合）誐（引）哩迦野（一百十九）阿黎多黎（一百二十）君（去）多黎（一百二十一）阿（去引）捨寧（一百二十二）播捨寧（一百二十三）播（引）跛韈矩黎（一百二十四）曩謨（引）婆（去）誐嚩路（引）南（一百二十五）悉鈿覩滿怛囉（二合）鉢娜（引）娑嚩（二合引）賀（引一百二十六）

毗鉢尸如來　無憂樹下坐　尸棄佛世尊
依止奔陀利　毗舍浮如來　住在娑羅林
拘留孫如來　尸利沙樹下　羯諾迦大師
烏曇跋羅樹　迦攝波善逝　尼俱陀樹下
釋迦牟尼佛　聖種喬荅摩　坐於菩提樹
證無上正覺　是等諸世尊　皆具大威德
諸天廣供養　咸生敬信心　一切諸神鬼
皆生歡喜念　令我常安隱　遠離於衰危

七佛世尊所說明言曰

怛儞也(二合)佗(去引一)壹里弭里(二)枳里尾里(三)計(引)里嚩里(四)嗢努囉(引五)蘇努謨(引)祢(引六)慕薩囉(七)護護(八)迦囉劑(九)迦囉惹毋(引)𧮲(十)壹底捨嚩𡀔(引十一)矩覩里(二十)曩(引)囉(引)野拏(引十三)跛捨額(十四)跛捨跛捨額(十五)劫比羅嚩窣覩(二合十六)伊(上)哩嚩(引)悉細覩(十七)捺囉(二合引)弭拏(引十八)滿怛囉(二合)跛娜(引)娑嚩(二合引)賀(引十九)

復次阿難陀有大藥叉名是索訶世界主梵天王天帝釋四天大王二十八大藥叉將共所宜說若有受持如是大藥叉名者設有鬼神發起惡心欲相惱亂者頭破作七分猶如蘭香稍即說藥叉名曰

怛儞也(二合)佗(去引一)吉(引)底(丁以反)棊黎嚧嚕棊黎(二)三滿多棊黎(三)阿(去引)妳曩妳(四)矩薩曩妳(五)伊(上)帝弭帝(六)播嚕(七)阿嚕拏句(引八)麼嚕拏句(九)伊(上)里枳里唧里尾里(十)遇(引)怒(引)呬迦(引十一)嗢鉢度麼(引十二)牝娜吠拏(引十三)

願二足吉祥　四足亦吉祥　行路中吉祥
迴還亦吉祥　願夜中吉祥　晝日亦吉祥
一切處吉祥　勿值諸罪惡　一切日皆善
一切宿皆賢　諸佛皆威德　羅漢皆斷漏
以斯誠實言　願我常吉祥

阿難陀若讀誦此大明王經時作如是語此大孔雀明王佛所宣說願以神力常擁護我饒益攝受爲作歸依寂靜吉祥無諸災患刀杖毒藥勿相侵損我今依法結其地界結方隅界讀誦此經除諸憂惱壽命百歲願度百秋

復次阿難陀有大藥叉王及諸藥叉住大海邊或住妙高山及餘諸山或居曠野或住諸河川澤陂池屍林坎窟村巷四衢園苑林樹或居餘處有大藥叉住阿拏挽多大王都處如是等衆咸願以此佛母大孔雀明王陀羅尼擁護於我(某甲)并諸眷屬壽命百年願見百秋陀羅尼曰

怛儞也(二合)佗(去一)賀哩賀哩捉(二)賀(引)哩捉(三)左里佐(引)里額(四)怛囉(二合引)跛捉(五)謨(引)賀額(六)娑擔(二合)婆(去)額(七)答婆額(八)娑嚩(二合)演僕(引九)娑嚩(二合引)賀(引十)

復次阿難陀東方有大天王名曰持國是彦達嚩主以無量百千彦達嚩而爲眷屬守護東方彼有子孫兄弟軍將大臣雜使如是等衆彼亦以此佛母大孔雀明王陀羅尼擁護於我(某甲)并諸眷屬爲除憂惱壽命百歲願見百秋陀羅尼曰

怛儞也(二合)佗(一)粗粗嚕(二)粗粗嚕(三)粗粗嚕(四)粗粗(引)嚕(五)粗粗(引)嚕(六)粗(引)嚕粗嚕粗(引)嚕謎娑嚩(二合引)賀(引七)

復次阿難陀南方有大天王名曰增長是矩畔拏主以無量百千矩畔拏而爲眷屬守護南方彼有子孫兄弟軍將大臣雜使如是等衆彼亦以此佛母大孔雀明王陀羅尼擁護於我(某甲)并諸眷屬爲除憂惱壽命百歲願

見百秋陀羅尼曰
怛你也(二合)佗(一)吠嚕計吠嚕計(二)阿
蜜怛囉(二合)伽(去引)多(上)韈(三)嚩嚕拏嚩
底(四)吠努(鼻)麼(引)里韈(五)吠里韈(六)
補怛哩(二合)計(七)祖(去)祖唧祖娑嚩(二合引)
賀(引八)
復次阿難陀西方有大天王名曰廣
目是大龍主以無量百千諸龍而為
眷屬守護西方彼有子孫兄弟軍將
大臣雜使如是等眾彼亦以此佛母
大孔雀明王陀羅尼擁護於我(某甲)并
諸眷屬為除憂惱壽命百歲願見百
秋陀羅尼曰
怛你也(二合)佗(一)吠努哩吠努哩(二)麼置
帝麼置帝(三)句(引)胝句(引)胝(四)尾你庾(二合)
麼底(五)護護護護護護(六)護嚕
護嚕護嚕護嚕護嚕護嚕護嚕護嚕
(七)祖祖祖祖祖祖祖(八)左左左左
左左左左嚧(引)娑嚩(二合引)賀(引九)
復次阿難陀北方有大天王名曰多
聞是藥叉主以無量百千藥叉而為
眷屬守護北方彼有子孫兄弟軍將
大臣雜使如是等眾彼亦以此佛母

大孔雀明王陀羅尼擁護於我(某甲)并諸
眷屬為除憂惱壽命百歲願見百秋
陀羅尼曰
怛你也(二合)佗(一引)素(引)哩素(引)哩(二)施
哩施哩(三)麼底賀哩(四)賀哩麼底(五)
迦哩哩(六)賀哩哩(七)閇魯閇魯(八)冰
誐黎(九)祖魯祖魯(十)鉢度麼底(一十)賀
單尾衫(二十)鉢度(引)麼底娑嚩(二合引)賀(三十)

東方名持國　南方號增長　西方名廣
目　北方多聞天
此四大天王　護世有名稱　四方常擁護
大軍具威德　外怨悉降伏　他敵不能侵
神力有光明　常無諸恐怖　天與阿蘇羅
或時共鬭戰　此等亦相助　令天勝安隱
如是等大眾亦以此明王護我并眷
屬無病壽命百歲陀羅尼曰
怛你也(二合)佗(一)曀粽謎粽(二)底里謎
粽(三)嚩勢努(鼻)吠都努鼻吠(四若祈雨時稱此)
韈囉灑(二合)覩祢嚩三滿帝曩(若息災祈願時應云)
(某甲并諸眷屬所求滿願)呬哩(五)弭里(六)頓吠蘇頓吠(七)
頞蘇嚩蘇(八)跛囉麼努嚩蘇(九)韈囉
灑(二合)覩祢嚩(十)誐嚕孽路(引)野(一十)頓
妳觀頓妳(二十)鐩計穆計(三十)伊(上)里膩

(四十)弭哩膩(五十)呬里呬黎(六十)護魯護黎(七十)
呬哩弭里(八十)覩黎多嚕黎娑嚩(二合引)賀(九十引)

天阿蘇羅藥叉等　來聽法者應志心
擁護佛法使長存　各各勤行世尊教
諸有聽徒來至此　或在地上或居空
常於人世起慈心　日夜自身依法住
願諸世界常安隱　無邊福智益群生
所有罪業並消除　遠離眾苦歸圓寂
恒用戒香塗瑩體　常持定服以資身
菩提妙華徧莊嚴　隨所住處常安樂

佛母大孔雀明王經卷上

幸祥刀

佛母大金曜孔雀明王經序　時

佛母大孔雀明王經者牟尼大仙之靈言也揔持真句悲救要門綰悉地之玄宗息波瀾之苦海二十八部之神衆同誓護於斯經羅剎吞毒之都軍發慈心而誓衛藥叉大將數窮百姟動石孳山散支為首捧香花於舍衛起淨念於祇林禮明行之牟尼忻所談之深法樂飡禪悅希甘露以洗心佛乃悲愍將來託莎底而演教自陳因地為彼鳥王被羂網羅命如懸

露忽思古聖無上覺皇演陁羅尼能
超衆苦發聲應念繫縛氷銷適樂青
空翔騰自在迄於成佛訓彼囊因逝
多林中述斯密教洎嗟末代蠢蠢含
靈去聖遼遙運生像季多逢留難異
種魔生修行者被惑情迷居家者衆
邪為患妖祇禎怪常現灾祥若不此
經何威能制是以多聞慶喜親奉聖
言結集貝多周傳沙界然此支那數
朝翻譯民雖遭難尚未遍宣即蓋緣
往時譯者詞質而文梗潤文者闕方
便之妙言雖聖旨不乖尋讀者引肩
而聾日今所譯者即中天竺國三藏
國師和尚不空善唐梵之言窮五天
之教來於此國
勑令於大明宮乃譯此經勒成三卷
題云佛母大金曜孔雀明王經矣莫
不廣開佛日高照重昏秘密真詮遍
流同益靈符既顯万障自袪法藥普
施業患永滅願此法燈常耀愍法界
而清安聖壽千春保金枝而長茂天
龍警護法化恒宣佛勑流暉塵劫不朽

此經須知大例若是尋常字體傍加
口者即須彈舌道之但為此方無字
故借音耳餘自准可依字為說不得
浸有兼勢致使本音即使乘父頓又
積誦時終含長經字有能貴看注口
贊而請給之始可方能若至又須粗
識字義具述所求之事然此我某甲
囊須須具皆驗五天之地南經者大
神力求普贊羅等二十錄圖海十洲
及兆才吐大乘者普兵遷教隨閒遍
俗有小乘利交報不盛任萬讀誦某
請成藥福使神州不多流部籙經譯
文有訓獄尚稀飲今錄尋諸郵遺此
難讀誦當更畫評審譯成王部梵本
勸會委的畫利益具遂傳之卷并盡
偈壇壇執式利益具遂傳之來代可

佛母大孔雀明王經卷上

校勘記

一　底本，金藏廣勝寺本。

一　五四〇頁中一行前，石、麗有經序一篇，茲據麗藏本附録於卷後。

一　五四〇頁中一行「孔雀」，石作「金曜孔雀」。

一　五四〇頁中二、三行譯者，石作「唐開元三朝灌頂國師和尚特進試鴻臚卿開府儀同三司肅國公食邑三千户食實封三百户贈司空謚大辯正大廣智大興善寺三藏沙門不空奉詔譯」；徑、清作「唐特進試鴻臚卿開府儀同三司肅國公贈司空謚大辯正廣智大興善寺三藏沙門不空奉詔譯」；麗作「開府儀同三司特進試鴻臚卿肅國公食邑三千户賜紫贈司空謚大鑒正號大廣智大興善寺三藏沙門不空奉詔譯」。卷中同。

一　五四〇頁中七行「四果四向」，麗

作「四向四果」。

一　五四〇頁中一四行「部多」，麗無。又「布單那」，麗作「步多布單那」。

一　五四〇頁中二〇行第三字「祠」，石、磧、南、徑、清、麗作「伺」。

一　五四〇頁下一八行小註「若爲國家……下皆准此」，麗無。

一　五四〇頁下一九行「我等眷屬」，麗無。

一　五四〇頁下二二行至次頁上五行附註「此經須知大例……代耳」，石、麗置於經序下「見附録」。

一　五四〇頁下末行附註右首字「道」，磧、南、徑、清作「呼」。又「白餘准可」，磧、南作「自餘但可」；徑、清作「自餘唯可」。

一　五四一頁上一行右第八字「矩」，磧、南、徑、清作「短」。

一　五四一頁上六行經名，石作「佛母大金曜孔雀明王經卷上」。卷末經名同。

一　五四一頁上八行「逝多林」，磧、南、徑、清作「住逝多林」。

一　五四一頁上九行「新受」，磧、南、徑、清作「受具」。

一　五四一頁中二行「蘖嚕拏」，磧、南、徑、清作「誐嚕拏」。

一　五四一頁中五行首字「魅」，磧、南、徑、清作「持」。

一　五四一頁中一二行「迦具嘌那」，石、磧、南、徑、清、麗作「迦具囉那」。

一　五四一頁中一五行第二字「跳」，石作「趒」。同行第一二字「送」，磧、南、徑、清作「逆」。

一　五四一頁中二一行首字「邪」，麗作「邪病」。又「三集」，南作「三焦」。

一　五四一頁中二二行「半痛」，磧、南、徑、清作「半頭痛」。

一　五四一頁中末行「頻口」，石、磧、南、徑、清、麗作「口頻」。

一　五四一頁下一行「肚痛腰痛腹痛」，石作「腹痛肚痛腰痛」。

一　五四一頁下一行「肚痛」，磧、南作「肘痛」。

一　五四二頁上二〇行夾註左「天旱」，石、磧、南、徑、清、麗作「大旱」。

一　五四二頁上二一行夾註右「惡時」，磧、南、徑、清作「變異」。又左首字「餘」，石、麗作「諸」。

一　五四二頁中一〇行「羅迦」，磧、南、徑、清作「迦鉢」。

一　五四二頁中一四行「亦常慈」，麗作「亦起慈」。

一　五四二頁下五行「觸惱」，石、麗作「惱觸」。

一　五四三頁上一八行末字「忌」，石、磧、南、徑、清、麗作「忘」。

一　五四三頁下一四行第一一字「說」，石作「詤此」。

一　五四四頁上二一行第五字「道」，石、磧、南、徑、清、麗作「道路」。

一　五四四頁上末行末字「中」，徑、清作「中時」。

一　五四四頁中三行「三集病」，磧、南

作「三焦病」；清作「三膲病」。

一　五四四頁中九行「得脱」，石、徑、清作「解脱」。

一　五四四頁中一二行小字「某甲」，徑、清作「某甲并諸眷屬」。

一　五四四頁中一四行第一一字「得」，石作「願」。

一　五四四頁中末行「朋屬」，磧、南、徑、清、麗作「朋屬等」，下同。又第一三字「亦」，石作「等」；麗無，下至本頁下一四行第五字同。

一　五四四頁下二行第三字「亦」，石、麗無。下至一七行首字同。

一　五四四頁下二行第九字「誐」，石作「蘖」。

一　五四四頁下三行第七字「不」，石作「亦不」。

一　五四四頁下四行「不能」，磧、南、徑、清作「亦不能」。下至二二行同。

一　五四五頁上五行「佛母」，石作「此佛母大孔雀」。

一　五四五頁上七行「明王」，石作「大孔雀明王」。

一　五四五頁上八行「蘭香蒴」，磧、南、徑、清、麗作「蘭香稍」，下同。又夾註右「遏介曼」，石、磧、南、徑、清、麗作「遏爾迦曼」。

一　五四五頁上九行夾註右第二字「頭」，石、麗作「頭也」。又左第五字「元」，石、麗無。

一　五四五頁上一一行第六字「呪」，石、徑、清、麗無。

一　五四六頁上一行第一二字「棄」，石作「葉」。

一　五四六頁上二行「婆羅林」，石、徑、清、麗作「娑羅林」。

一　五四六頁上七行「神鬼」，石、徑、清、麗作「鬼神」。

一　五四六頁上八行末字「危」，石、徑、清、麗作「厄」。

一　五四六頁上九行第八字「言」，石、磧、南、徑、清、麗無。

一　五四六頁上一八行第一三字「訶」，石作「阿」。

一　五四六頁上一九行「梵天王」，徑、清作「大梵天王」。又「四天大王」，石、磧、南、徑、清、麗作「四大天王」。又「二十」，磧、南作「三十」。

一　五四六頁上二一行首字「是」，石、麗作「是等」。

一　五四六頁中一二行「阿難陀」，石、麗作「佛告阿難陀」。

一　五四六頁中一六行第四字「令」，石、徑、清、麗作「今」。

一　五四六頁中一七行「讀誦此經」，石、麗無。

一　五四六頁中一九行「諸藥义」，石作「諸大藥义將」；磧、南、徑、清、麗作「諸藥义將」。

一　五四六頁中末行第六字「拏」，石無。

一　五四六頁下一行「咸願」，麗作「成願」。

一　五四六頁下三行首字「年」，石作「歲」。

一　五四六頁下三行「願見百秋」，麗

作「即說」。

一　五四六頁下八行「阿難陀」，磧、南、徑、清作「阿難陀於此」。

一　五四六頁下一八行「阿難陀」，磧、南、徑、清作「阿難陀於此」。下至次頁上二〇行同。

一　五四七頁上二一行「藥义主」，清作「藥义王」。

一　五四七頁中一〇行「多聞天」，麗作「名多聞」。

一　五四七頁中一六行第五字「命」，石、磧、南、徑、清、麗無。

一　五四七頁中一八行小字左「稱此」，石作「應稱此句」。

一　五四七頁中一九行小字右「若息」，石作「五若」。

一　五四七頁下三行至一〇行七言偈，徑、清無。

一　五四七頁下六行「日夜」，麗作「晝夜」。

一　五四七頁下八行「罪業」，石、麗作「罪障」。

一　五四七頁下一一行卷末經名，磧、南置於二行呪語與三行偈言之間。

佛母大孔雀明王經卷中　駕　稍采刁

特進試鴻臚卿開府儀同三司肅國公贈司空大興善寺

三藏沙門㫖大辯正大廣智不空奉　詔譯

佛告阿難陀汝當稱念大藥叉王及

諸大藥叉將名字所謂

矩吠囉長子　名曰珊逝邪　常乘御於人

住弭凝羅國　以天誠實威　衆皆從乞願

彼亦以此佛母大孔雀明王眞言擁

護我某甲并諸眷屬爲除憂惱壽命

百歲願見百秋即說眞言曰

怛你也他一䚐𡁀二䚐勤迦黎三摩

引蹬倪四戰拏上引里五補嚕濮抳六尾

唧里額七遇引哩産馱引哩八摩引蹬

倪九戰拏上引里十麼里額十一四哩呬哩

十二阿去蘖底蘖底十三彥馱引哩十四句引

琵耻十五迦引䚐引哩十六尾賀引額呬

里䫂謎十七婆䚐引二合賀引十八

羯句忖那神　波吒棃子處　阿跛羅㖿多

住窣吐奴邑　賢善大藥叉　住於世羅城

摩那婆大神　常居於北界　大聖金剛手

住居王舍城　常在鷲峯山　以爲依止處

大神金翅鳥　毗富羅山住　質怛囉笈多

質底目溪住　薄倶羅藥叉　住於王舍城

營從并眷屬　有大威神力　大小黑藥叉

劫比羅城住　是釋迦牟尼　大師所生處

班足大藥叉　吠羅邪城住　摩醯首藥叉

止羅多國住　勿賀娑鉢底　住於舍衛城

娑蘖囉藥叉　娑雞多處住　金剛杖藥叉

毗舍離國住　訶里冰𧾷蘖羅　力士城中住

大黑藥叉王　婆羅拏斯國　藥叉名善現

住於古波城　吠史怒藥叉　住在墮羅國

馱羅抳藥叉　住於護門國　可畏形藥叉

住於銅色國　末達那藥叉　烏洛迦城住

阿吒薄倶將　曠野林中住　劫比羅藥叉

住於多豬城　護世大藥叉　嗢逝尼國住

蘇步底神　阿羅挽底住　水天藥叉神

婆盧羯泚國　歡喜大藥叉　住於歡喜城

持鬘藥叉神　住在勝水國　阿難陀藥叉

末羅鉢吒國　白牙齒藥叉　住於勝妙城

堅固名藥叉　末娑底國住　大山藥叉王

住在山城處　婆颯婆藥叉　住居吠你勢

羯底丁以反雞藥叉　住嚧四多國　此藥叉童子

名聞於大城　百辟大藥叉　住於頻陀山

廣車藥叉神　羯陵伽國住　能征戰藥叉

窣鹿近那國　雄猛大藥叉　過祖那林住

曼拏波藥叉　末達那國住　山峯藥叉神

住於摩臘婆 魯捺囉藥叉 嚧呬多馬邑
一切食藥叉 住於奢羯羅 波利得迦神
少智洛雞住 商主財自在 住在難勝國
峯手及世賢 跋婆底邪國 尸婆藥叉王
住食尸婆城 寂靜財藥叉 住在可畏國
因陀羅藥叉 因陀羅國住 華幢藥叉王
住於寂靜城 那嚕迦藥叉 那嚕迦城住
劫比羅藥叉 常在邑城住 寶賢及滿賢
住梵摩伐底 能摧伦藥叉 住健陀羅國
能壞大藥叉 得叉尸羅住 驢皮藥叉神
在於出山住 三密藥叉主 阿努波河側
發光明藥叉 盧鹿迦城住 喜長藥叉神
吅叉隅摧國住 婆以盧藥叉 住居婆以地
愛圓評藥叉 住在濫波國 薩踏婆藥叉
末土羅城住 雖腹藥叉王 住在撈伽城
日光明藥叉 住在蘇那國 屼頭山藥叉
住憍薩羅國 勝及大勝神 住在半尼國
圓滿大藥叉 末羅邪國住 娑邪羅藥叉
計羅多國住 護雲藥叉王 住在伴拏國
賽峯迦藥叉 住在安立國 僧迦離藥叉
必登蘖里住 引樂藥叉神 怛楞蘖底住
孫陀羅藥叉 那斯鶉國住 阿僧伽藥叉
婆盧羯車住 難你大藥叉 及子難你迦

○此二藥叉神 羯訶吒迦住 垂腹大藥叉
羯陵伽國住 大髆藥叉王 憍薩羅國住
娑悉底迦神 娑底羯吒國 波洛迦藥叉
常在林中住 賢耳大藥叉 怛胝肩國住
勝財藥叉神 住居陸滿國 氣力大藥叉
毗羅莫迦住 喜見藥叉神 住阿般底國
尸騫馱藥叉 住在牛摧國 愛合掌藥叉
住居吠你勢 陛瑟致得迦 住在蓋形國
調摩竭藥叉 住在三層國 廣目藥叉神
住居一腋國 安弩娑藥叉 優曇跋羅國
無功用藥叉 憍閃彌國住 微盧者那神
寂靜意城住 遮羅底迦神 住居鉢蓋國
赤黃色藥叉 劍畢離國住 薄俱羅藥叉
嗢逝訶那住 布剌拏藥叉 住曼拏比國
顙迦謎沙神 半遮離城住 難摧大藥叉
蘖度婆國住 堅頰藥叉神 住在水天國
脯闌逝野神 住在闊戰國 怛洛迦藥叉
及俱怛洛迦 二大藥叉王 住在俱盧土
大烏盧佉羅 及與迷佉羅 此二藥叉女
威德具名稱 并與諸眷屬 亦住俱盧土
徵帝播底神 及以義成就 此二藥叉王
阿曳底林住 住成就藥叉 牽鹿近那住
牽吐羅藥叉 住牽吐羅國 虎力師子力

并大師子力 俱胝年大將 佗勝宮中住
華齒藥叉神 住在占波城 摩竭陀藥叉
住在山行處 鉢跋多藥叉 瞿瑜伽處住
蘇囉那藥叉 那蘖羅國住 勇群大藥叉
娑雞多邑住 能引人藥叉 住在哥乾底
無勞倦藥叉 住憍閃彌國 賢善藥叉神
住於賢善國 步多面藥叉 波吒離子住
無憂大藥叉 住在迦遮國 羯徵羯吒神
菴婆瑟佗住 成就義藥叉 住在天腋國
曼那迦藥叉 住在難勝國 解脫藥叉神
住居勝水國 寶林藥叉神 住先陀婆國
常謹護藥叉 劫毗羅國住 羯吒徵羯吒
迦毗羅衛國 慳悋藥叉神 住乾陀羅國
墮羅藥叉神 臧擺邪肩住 處中藥叉神
賢善名稱住 吠琉璃藥叉 堅實城中住
漆薄迦藥叉 住居沙磧地 舍多大藥叉
及以毗羯吒 此二藥叉神 物那趙伽住
毗摩尼迦神 提婆設摩住 曼陀羅藥叉
捺羅那國住 作光藥叉神 羯濕彌羅國
占博迦藥叉 在羯吒城住 半支迦藥叉
羯濕彌羅際 具足五百子 有大軍大力
長子名肩目 住有支那國 諸餘兄弟等
憍尸迦國住 手足藥叉神 羯陵伽國住

佛母大孔雀明王經卷中　第六張　富

曼荼羅藥叉　住曼荼羅處　楞伽自在神
住於迦畢試　摩利支藥叉　羅摩腳蹉住
達磨波羅神　住在於蹉勒　大肩藥叉神
薄佉羅國住　毗沙門王子　具足德威光
住在覩火羅　有大軍大力　一俱胝藥叉
而爲其眷屬　娑多山藥叉　及以雪山神
此二大藥叉　辛都河側住　執三戟藥叉
住在三層殿　能摧大藥叉　羯陵伽國住
半遮羅嚩拏　達彌拏國住　財自在藥叉
住在師子國　鷄鴟口藥叉　住於曠野處
娩羯娑藥叉　常依地下住　有光明藥叉
白蓮華國住　設弭羅藥叉　於大城中住
能破他藥叉　捺羅泥國住　氷蘖羅藥叉
菴末離國住　末末拏藥叉　末末拏藏國
摩怛里藥叉　住於施欲國　極覺藥叉神
布底嚩佗國　那吒矩韈羅　住於迦畢試
鉢羅設羅神　鉢羅多國住　商羯羅藥叉
住於樂迦處　毗摩質多羅　莫里迦城住
水羯羅藥叉　羯得迦國住　滿面藥叉主
奔拏韈達那　羯嚩羅藥叉　住在烏長國
瓮腹藥叉神　憍薩羅國住　摩嗚幢大神
住居沙磧處　質怛羅細那　僕迦那國住
羅鞞拏藥叉　羅摩陀國住　赤黃色藥叉

佛母大孔雀明王經卷中　第七張　富

羅戶那國住　樂見藥叉神　鉢尼邪國住
金毗羅藥叉　住於王舍城　常居毗富羅
有大軍大力　萬俱胝藥叉　而爲其眷屬
瞿波羅藥叉　住在蛇蓋國　頻洛迦藥叉
頻洛迦城住　難提藥叉神　住在難提國
末里大天神　住在村巷處　毗沙門居住
佛下寶階處　遇拏挽多城　億衆神圍遶
如是等藥叉　有大軍大力　降伏他怨敵
無有能勝者　名稱滿諸方　具足大威德
天與阿修羅　戰時相助力
此等福德諸神大藥叉將徧贍部洲
護持佛法咸起慈心彼亦以此佛母
大孔雀明王眞言常擁護我某甲攝受
饒益令得安隱所有厄難皆悉消除
或爲刀杖損傷或被毒中王賊水火
之所逼惱或爲天龍藥叉所持及諸
鬼等乃至畢舍遮迦行惡病者皆遠
離於我某甲并諸眷屬我結地界結方
隅界讀誦此經除諸憂惱壽命百歲
願見百秋即說眞言曰
怛你也二合他一阿上迦蘇二尾迦蘇三
訶哩捉四賀引哩捉五馱囉捉馱引羅
捉六護計護計七母計母計八我某甲

佛母大孔雀明王經卷中　第八張　富

所有病苦
賀曩賀曩九賀曩賀曩十賀曩賀曩
十一賀曩賀曩十二賀曩賀曩十三我某甲所
有恐怖
娜賀娜賀十四娜賀娜賀十五娜賀娜賀
十六娜賀娜賀十七娜賀娜賀十八我某甲所有
怨家
跛左跛左十九跛左跛左二十跛左跛左二十一
跛左跛左二十二跛左跛左二十三我某甲所有
不饒益事
度度度度度度度度度度二十四我某甲所
有遭毒藥　賀賀賀賀賀賀賀賀賀賀
賀二十五我某甲所有他人厭禱　介置介
置二十六介置介置二十七介置介置二十八介置
介置二十九介置介置三十我某甲所有罪業
願皆消滅　祖魯祖魯三十一祖魯祖魯
三十二祖魯祖魯三十三祖魯祖魯三十四祖魯祖
魯三十五呬里呬里三十六呬里呬里三十七呬里
呬里三十八呬里呬里三十九呬里呬里四十弭里弭
里四十一弭里弭里四十二弭里弭里四十三弭里
弭里四十四弭里弭里四十五普嚕普嚕四十六普
嚕普嚕四十七普嚕普嚕四十八普嚕普嚕四十九
普嚕普嚕五十唧置唧置五十一唧置唧置

(五十二)唧置唧置(五十三)唧置唧置(五十四)唧置唧置(五十五)呬計(五十六)弭計(五十七)唧計(五十八)尾計(五十九)室哩(二合)(六十)跛捺㘑(二合引)瞢蘖黎(六十一)三(去)滿多跛捺㘑(二合)(六十二)薩嚩(引)囉他(二合)娑(去)馱(引)額(六十三)阿(上)麼黎(六十四)尾麼黎(六十五)賛捺囉(二合)鉢囉陛(六十六)素(引)哩野(二合)建(引)帝(六十七)努(鼻)迷(六十八)怒(引)努迷(鼻)(六十九)畢哩(二合)孕迦㘑(七十)娑嚩(二合引)賀(七十一引)

惟願諸神等常擁護我(某甲)并諸眷屬壽命百歲願見百秋

佛告阿難陀復有二十八藥叉大將名號汝當稱念此等藥叉大將能於十方世界覆護一切衆生爲除衰患厄難之事有四藥叉大將住於東方擁護東方所有衆生令離憂苦其名曰

涅伽(去引一)蘇寧怛囉(二合引二)布囉拏(二合)迦(三)劫比羅(四)

彼亦以此佛母大孔雀明王擁護我(某甲)并諸眷屬壽命百年(說所求事)

阿難陀有四藥叉大將住於南方擁護南方所有衆生令離憂苦其名曰

僧(去)賀(一)揭跛僧(上)賀(二)餉企羅

(三)難(上)那(四)

彼亦以此佛母大孔雀明王擁護我(某甲)并諸眷屬壽命百年(說所求事)

阿難陀有四藥叉大將住於西方擁護西方所有衆生令離憂苦其名曰

賀囉(入一)賀哩計爍(二)鉢囉(二合)僕(三)劫比羅(四)

彼亦以此佛母大孔雀明王擁護我(某甲)并諸眷屬壽命百年(說所求事)

阿難陀有四藥叉大將住於北方擁護北方所有衆生令離憂苦其名曰

馱囉拏(引一)馱囉難(上)拏(二)嗢你庾(二合引)業播路(三)尾瑟努(二合四)

彼亦以此佛母大孔雀明王擁護我(某甲)并諸眷屬壽命百年(說所求事)

阿難陀有四藥叉大將各住四維擁護四維所有衆生令離憂苦其名曰

半止(上)腳(一)半者羅巘拏(二)娑(去)跢儗哩(三)亥麼嚩多(四)

彼亦以此佛母大孔雀明王擁護我(某甲)并諸眷屬壽命百年(說所求事)

阿難陀有四藥叉大將常居於地擁護所有地居衆生令離憂苦其名曰

步莫(一)蘇(上)步莫(二)迦(引)囉(入三)塢跛迦(引)羅(四)

彼亦以此佛母大孔雀明王擁護我(某甲)并諸眷屬壽命百年(說所求事)

阿難陀有四藥叉大將常在空居擁護所有空居衆生令離憂苦其名曰

素(引)哩野(二合一)素謨(引二)阿儗額(二合三)嚩(引)庾(四)

彼亦以此佛母大孔雀明王擁護我(某甲)并諸眷屬壽命百年(說所求事)

復次阿難陀汝當稱念多聞天王兄弟軍將名號此等常護一切有情爲除災禍厄難憂苦遊行世間作大利益其名曰

印捺囉(二合一)素摩(二)嚩嚕拏(三)鉢囉(二合)惹(引)鉢底(入)[illegible](四)婆(去引)囉納嚩(二合)惹(五)伊舍那(六)室戰(二合)娜曩(七)迦(引)麼(八)室㘑(二合)瑟姹(二合九)矩額建姹(十)額建姹(十一)迦(十一)嚩賦麼抳(十二)麼抳者囉(十三)鉢囉(二合)拏(引)那(十四)塢跛半止迦(去十五)娑(去)跢儗哩(十六)亥麼嚩多(十七)布囉拏(二合十八)佉(上)你羅(十九)句(引)尾那(二十)遇(引)播(引)羅藥叉(二十一)阿(去)吒(引)嚩句(二十二)曩羅還(引)

闍(二十三) 唅捺羅乞灑婆(二十四) 半者羅嚩
挐(二十五) 蘇母契你(丁以反) 伽藥乂(二十七) 薩跛
哩惹諾(二十八) 唧怛囉(二合) 細曩(二十九) 濕
嚩(二合) 產達嚩(三十) 底哩(二合) 頗哩(引三十一) 左
怛哩(二合) 建吒迦(三十二) 你伽㘑底(三十三)
室者(二合) 麼(引) 多里(三十四)

此等藥叉是大軍主統領諸神有大威力皆具光明形色圓滿名稱周徧是多聞天王法兄弟多聞天王常勑此等藥叉兄弟若諸鬼神侵擾彼人者汝等爲作擁護勿使惱亂令得安樂諸藥叉聞已依教奉行

此等藥叉大將亦以此佛母大孔雀明王守護於我并諸眷屬壽命百年若有鬭諍苦惱之事現我前時願藥叉大將常衛護我(某甲)并諸眷屬令離憂苦或爲天龍所持阿蘇羅所持麼嚕多所持誐嚕拏所持彥達嚩所持緊那羅所持摩護囉誐所持藥叉所持羅刹娑所持畢隸多所魅比舍遮所魅步多所魅矩伴拏所魅布單那所魅羯吒布單那所魅塞建那所魅溫麼那所魅車耶所魅阿鉢娑麼羅所魅塢娑跢囉迦所魅諸刹怛囉所魅鍒跛所魅

爲如是等鬼神所持所魅之時皆擁護我(某甲)并諸眷屬令離憂苦壽命百年(所求事說)

復有諸鬼食精氣者食胎者食血者食肉者食脂膏者食髓者食生者食命者食祭祠者食氣者食香者食鬘者食華者食果者食苗稼者食火祠者食膿者食大便者食小便者食涕唾者食涎者食洟者食殘食者食吐者食不淨物者食漏水者

如是鬼魅所惱亂時願佛母明王擁護於我(某甲)并諸眷屬令離憂苦壽命百年願見百秋常受安樂

若復有人造諸蠱魅厭禱呪術作諸惡法所謂訖嘌底迦羯麼拏迦具嘌那枳羅拏吠多拏質嚩娜多嘔度路多飲佗血髓變人驅役呼召鬼神造諸惡業惡食惡吐惡影惡視或造厭書或惡跳惡驀或惡冒送作惡事時皆擁護我(某甲)并諸眷屬令離憂苦又有諸怖王怖賊怖水火等怖或佗兵怖惡友劫殺怨敵等怖遭飢饉怖夭壽死怖地震動怖諸惡獸怖如是等怖皆護於我(某甲)并諸眷屬

又復諸病疥癩瘡癬痔漏癰疽身皮黑澀飲食不消頭痛半痛眼耳鼻痛口脣頰痛牙齒舌痛及咽喉痛胷脅背痛心痛腰痛肚痛腹痛髀痛膝痛或四支痛隱密處痛瘦病乾消徧身疼痛如是等痛悉皆除滅又諸瘧病一日二日三日四日乃至七日半月一月或復頻日或復須臾或常熱病偏邪癭病鬼神壯熱風黃痰癊或三疾病四百四病一切瘧病如是等病悉令殄滅我今結其地界結方隅界讀誦此經悉令安隱娑嚩(二合引)賀(引)

復說伽佗曰

令我夜安　晝日亦安　一切時中
諸佛護念

復次阿難陀有十二大畢舍遮女亦應稱名如是鬼女於菩薩處胎時初生時及生已此等鬼女常爲守護其名曰

覽麼 尾覽麼(二) 鉢囉(二合) 覽麼(三) 鴩

覽麼賀哩底四賀哩計試五賀哩氷
蘖攞六迦里七迦羅里八劒母佗哩
九嚩二合迦枳十迦攞戍十一娜哩者十二
此等鬼女有大神力具大光明形色
圓滿名稱周徧天阿蘇羅共戰之時
現大威力彼亦以此佛母大孔雀明
王真言守護我某甲并諸眷屬壽命百
年真言曰
怛你也二合佗一賀鵌二佉鵌三齲鵌
四麼黎五弭黎六母黎七麼帝八曼
膩底計九護魯護魯十護魯護魯十一
護魯護魯十二護魯護魯十三弭膩弭膩
十四弭膩弭膩十五娑嚩二合娑底二合十六娑
嚩二合娑底二合十七娑嚩二合娑底二合十八娑
嚩二合娑底二合十九娑嚩引二合賀引二十
阿難陀復有八大女鬼亦應稱名是
諸女鬼於菩薩處胎時初生時及生
已此等女鬼常為守護其名曰
末那引一麼娜曩引二麼怒得迦二合吒三
嶋跛末娜四畢鵌二合底引五汙引惹賀
哩引六阿上捨寧引七佗囉二合薩寧引
制底八
此等女鬼有大神力具大光明形色

圓滿名稱周徧天阿蘇羅共戰之時
現大威力彼亦以此佛母大孔雀明
王真言守護於我某甲并諸眷屬壽命
百年真言曰
怛你也二合佗一引賀鵌二佉上鵌三齲
鵌四麼黎五弭黎六母黎七麼帝八
曼膩底計九護魯護魯十護魯護
魯十一護魯護魯十二護魯護魯十三弭膩
弭膩十四弭膩弭膩十五娑嚩二合娑底
二合十六娑嚩二合娑底二合十七娑嚩二合娑底
二合十八娑嚩二合娑底二合十九娑嚩引二合賀
引二十
阿難陀復有七大女鬼亦應稱名此
諸女鬼於菩薩處胎時初生時及生
已此等女鬼常為守護其名曰
阿麌噌二合你迦一引羅乞史二合底迦一引
質怛哩二合比舍引止迦三引布囉拏二合
跋捺囉二合迦四阿凝顊二合囉乞史二合
底迦引五蜜怛囉二合迦引哩迦引六乞嘌二合
二合史囉乞史二合底迦引七制底八
此等女鬼常䬸血肉惱觸於人有大
神力具大光明形色圓滿名稱周徧
天阿蘇羅共戰之時現大威力彼亦

以此佛母大孔雀明王真言守護於
我某甲并諸眷屬壽命百年真言曰
怛你也二合佗一賀鵌二佉上鵌三齲鵌
四麼黎五弭黎六母黎七麼帝八曼
膩底計九護魯護魯十護魯護魯十一
護魯護魯十二護魯護魯十三弭膩弭膩
十四弭膩弭膩十五娑嚩二合娑底二合十六娑
嚩二合娑底二合十七娑嚩二合娑底二合十八娑
嚩二合娑底二合十九娑嚩引二合賀引二十
阿難陀復有五大女鬼當稱彼名此
女鬼等於菩薩處胎時初生時及生
已此等女鬼常為守護其名曰
君上姹一引上顊君去姹二引難上娜三引
尾史努二合攞四引劫比攞五引
此等女鬼有大神力具大光明形色
圓滿名稱周徧天阿蘇羅共戰之時
現大威力彼亦以此佛母大孔雀明
王真言守護於我某甲并諸眷屬壽命
百年真言曰
怛你也二合佗一引賀鵌二佉上鵌三齲
鵌四麼黎五弭黎六母黎七麼帝八
曼膩底計九護魯護魯十護魯護魯
十一護魯護魯十二護魯護魯十三弭膩弭

佛母大孔雀明王經卷中　第九張　駕

膩十四弭膩弭膩十五娑嚩二合娑底二合十六
娑嚩二合娑底二合十七娑嚩二合娑底二合十八
娑嚩二合娑底二合十九娑嚩二合引賀引二十
阿難陀復有八大羅刹女於菩薩處
胎時初生時及生巳此等羅刹女常
爲衛護其名曰
護引賀引一蘇上試引麼鼻引二矩舍乞
史引二合三計失嚩引四舸冒引餌引蘇上五
蜜怛羅二合六路引四路引乞史二合七迦
引者羅引八
此等羅刹女有大神力具大光明形
色圓滿名稱周徧天阿蘇羅共戰之
時現大威力常取童男童女血肉充
食入新産家及空宅處隨光而行呼
人名字歛人精氣甚可怖畏驚恐於
人無慈愍心彼亦以此佛母大孔雀
明王真言守護於我某甲并諸眷屬壽
命百年真言曰
怛你也二合他一賀鵵二怯上鵵三齲
鵵四麼黎五弭黎六毋黎七麼帝八
曼膩底計九護魯護魯十護魯護魯
一十護魯護魯二十護魯護魯三十弭膩弭
膩四十弭膩弭膩五十娑嚩二合娑底二合
十六

佛母大孔雀明王經卷中　第十九張　駕

娑嚩二合娑底二合十七娑嚩二合娑底二合十八娑嚩
二合娑底二合十九娑嚩二合引賀引二十
阿難陀復有十大羅刹女於菩薩處
胎時初生時及生巳此等羅刹女常
爲衛護其名曰
賀哩底羅刹女一　難上娜羅刹女二
氷蘗羅羅刹女三　餉棄額羅刹女四
迦以迦羅刹女五　祢嚩蜜怛囉羅刹女六
禁畔拏羅刹女七　君娜牙羅刹女八
覽母迦羅刹女九　阿蔓羅羅刹女十
此等羅刹女有大神力具大光明形
色圓滿名稱周徧天阿蘇羅共戰之
時現大威力彼亦以此佛母大孔雀
明王真言守護於我某甲并諸眷屬壽
命百年真言曰
怛你也二合他一引賀鵵二怯鵵三齲鵵
四麼黎五弭黎六毋黎七麼帝八曼
膩底計九護魯護魯十護魯護魯一十
護魯護魯二十護魯護魯三十弭膩弭膩
四十弭膩弭膩五十娑嚩二合娑底二合十六娑
嚩二合娑底二合十七娑嚩二合娑底二合十八娑
嚩二合娑底二合十九娑嚩二合引賀引二十
阿難陀復有十二大羅刹女於菩薩

佛母大孔雀明王經卷中

處胎時初生時及生巳此等十二大
羅刹女常爲衛護其名曰
無主羅刹女　大海羅刹女　毒害羅刹女
施命羅刹女　明智羅刹女　持弓羅刹女
持爍底羅刹女　持刀羅刹女　持黎羅刹女
持輪羅刹女　輪圓羅刹女　可畏羅刹女
此等大羅刹女有大神力具大光明
形色圓滿名稱周徧天阿蘇羅共戰
之時現大威力彼亦以此佛母大孔
雀明王真言守護於我某甲并諸眷屬
壽命百年真言曰
怛你也二合他一引賀鵵二怯鵵三齲鵵
四麼黎五弭黎六毋黎七麼帝八曼
膩底計九護魯護魯十護魯護魯一十
護魯護魯二十護魯護魯三十弭膩弭膩
四十弭膩弭膩五十娑嚩二合娑底二合十六娑
嚩二合娑底二合十七娑嚩二合娑底二合十八娑嚩
二合娑底二合十九娑嚩二合引賀引二十
阿難陀復有十二天母於諸有情常
爲觸惱驚怖欺誑此諸天母於菩薩
處胎時初生時及生巳此天母等常
爲衛護其名曰
没囉二合臧銘一勞捺哩二合嬌麼哩二引

吠瑟拏二合微四夔引捺哩五縛攞四
簕吠哩七縛二合噜抳八夜彌野二合九
縛葉尾野十二合阿佗額二合野十一摩賀迦
離十二
此等天母有大神力具大光明形色
圓滿名稱周徧天阿蘇羅共戰之時
現大威力彼亦以此佛母大孔雀明
王真言守護於我某甲并諸眷屬壽命
百年真言曰
怛你也二合佗一引賀鵌二佉上鵌三黯
鵌四麼黎五弭黎六毋黎七麼帝八旻
膩底計九護魯護魯十護魯護魯十一
護魯護魯十二護魯護魯十三弭膩弭膩
十四弭膩弭膩十五娑縛二合娑底十六娑
縛二合娑底十七娑縛二合娑底二合十八娑縛二合
娑底二合十九娑縛二合引賀引二十
阿難陀復有一大畢舍支名曰一髻
是大羅刹婦居大海岸聞血氣香於
一夜中行八萬踰繕那於菩薩處胎
時初生時及生已此羅刹婦常爲衛
護彼亦以此佛母大孔雀明王真言
守護於我某甲并諸眷屬壽命百年真
言曰

怛你也二合佗一賀鵌二佉上鵌三黯鵌
四麼黎五弭黎六毋黎七麼帝八旻膩
底計九護魯護魯十護魯護魯十一護
魯護魯十二護魯護魯十三弭膩弭膩十四
弭膩弭膩十五娑縛二合娑底十六娑縛
二合娑底十七娑縛二合娑底二合十八娑縛二合
娑底二合十九娑縛二合引賀引二十
阿難陀復有七十三大羅刹女彼等
於菩薩處胎時初生時及生已此等
羅刹女常爲守護其名曰
劫比羅羅刹女　鉢努麼羅刹女　麼呬史羅刹女
謨里迦羅刹女　娜膩迦羅刹女　入嚩攞額羅刹女
荅跛額羅刹女　鷄攞拕羅刹女　尾麼囉羅刹女
馱囉抳羅刹女　賀哩室戰二合　捺囉二合羅刹女
嚧呬抳羅刹女　摩哩支羅刹女　護路拾額羅刹女
嚩魯抳羅刹女　迦攞羅刹女　君柰囉羅刹女
末羅羅刹女　藥敢寧羅刹女　迦羅攞羅刹女
麼蹬儗羅刹女　氷蘗羅羅刹女　頻拏囉羅刹女
具哩畢羅刹女　嚩馱里羅刹女　矩畔膩羅刹女
迦朗儗羅刹女　娑囉額羅刹女　末娜寧羅刹女
阿捨寧羅刹女　食胎羅刹女　食血羅刹女
包齒羅刹女　薔沸羅刹女　沒攞攞攞羅刹女
怛囉業播羅刹女　持金剛羅刹女　塞建那羅刹女

荅麼羅刹女　行雨羅刹女　震雷羅刹女
擊聲羅刹女　擊雹羅刹女　足行羅刹女
炬口羅刹女　持地羅刹女　黑夜羅刹女
焰摩使羅刹女　無垢羅刹女　不動羅刹女
高髻羅刹女　百頭羅刹女　百臂羅刹女
百目羅刹女　常害羅刹女　摧破羅刹女
猫兒羅刹女　末孥囉羅刹女　夜行羅刹女
畫行羅刹女　愛雜羅刹女　忿怒羅刹女
留難羅刹女　持刀棒羅刹女　持三戟羅刹女
手出羅刹女　意喜羅刹女　寂靜羅刹女
澡黑羅刹女　難多羅羅刹女　呬林摩羅刹女
青色羅刹女　質怛囉羅刹女
此等七十三諸羅刹女有大神力具
大光明形色圓滿名稱周徧天阿蘇
羅共戰之時現大神力彼亦以此佛
母大孔雀明王真言守護於我某甲并
諸眷屬壽命百年真言曰
怛你也二合佗一呬哩呬哩二弭哩弭哩三
怛拏多嚩妳四嚩計嚩計五護鵌護
鵌六馱囉馱囉七賀囉賀囉八左攞左
攞九祖魯祖魯娑縛二合引賀引十曩莫薩
嚩母馱南引娑縛二合引賀引十一鉢囉二合底
曳二合迦母馱南引娑縛二合引賀引十二遏囉

佛母大孔雀明王經卷中　第二十四張

曷二合攞引娑嚩引二合賀引三十毋引怛䟦
二合野寫冐引地薩怛嚩二合寫娑嚩
一引二賀四十薩嚩冐引地薩怛嚩合南引
娑嚩二合賀引五十阿曩引識引弭南
娑嚩引二合賀引六十塞訖哩二合娜引識弭
南娑嚩二合賀七十素嚕合路半曩引南
娑嚩引二合賀引八十三去藐禳路引南
娑嚩引二合賀引九十三去藐鉢羅二合底
半曩引南引娑嚩引二合賀十引没羅合
憾麽引二合野娑嚩引二合賀引十一印捺羅
一合野娑嚩引二合賀引十二鉢羅合惹跛
多上曳引娑嚩引二合賀引十三伊上舍
曩引野娑嚩引二合賀引十四阿上仡曩二合
曳引娑嚩引二合賀引十五嚩野吠引娑嚩
二合賀引十六嚩嚕拏鼻野娑嚩引一合賀
十七引玦麽鼻野娑嚩引二合賀引十八塢徧
捺羅二合野娑嚩引二合賀引十九吠引室
囉拏鼻麽拏鼻野十藥乞灑合地鉢多
上曳引娑嚩引二合賀引十一地哩二合多
上囉引瑟吒囉二合野二十三彥達嚩引地
鉢多上曳娑嚩引二合賀引十三尾嚕二合茶
去迦引野四十三禁伴拏引地鉢多上
曳引娑嚩引二合賀引十五尾嚕引播引乞

佛母大孔雀明王經卷中　第二十五張

灑二合野三十六曩識地鉢多上曳引娑
嚩引二合賀引十七祢嚩引南引娑嚩引二合
賀八引三十曩引誐南引娑嚩引二合賀引十九
阿上蘇上囉引南引娑嚩引二合賀引四十
麽嚕路引南引娑嚩引二合賀引十一誐嚕
拏去南引娑嚩引二合賀十二彥達嚩引
南引娑嚩引二合賀十三緊那囉引喃引
娑嚩引二合賀十四摩護引囉誐引南引
娑嚩引二合賀引十五藥乞灑二合喃引娑
嚩引二合賀引十六囉乞察二合娑引南娑
嚩二合賀引十七畢舍引跢引南引娑嚩
二合賀引十八比舍引左引南引娑嚩二合
賀四十九部路引南引娑嚩二合賀引五十禁
伴拏引上南引娑嚩引二合賀引十一布怛
曩南引娑嚩引二合賀引十二羯吒布怛曩引
南引娑嚩引二合賀引五十三塞建二合那引南
引娑嚩引二合賀引五十四嗢麽鼻娜南娑嚩
二合賀引五十五車耶南娑嚩二合賀引五十六
阿鉢娑麽二合囉南娑嚩二合賀引五十七塢
娑跢二合囉迦南娑嚩引二合賀引五十八賛捺
囉二合素哩野二合喻娑嚩引二合賀引五十九諾
乞察二合怛囉二合喃娑嚩引二合賀引六十佐
囉二合賀喃娑嚩引二合賀引六十一乳東反底鉖

佛母大孔雀明王經卷中　第二十六張

娑嚩引二合賀引六十二乞嘌史喃娑嚩引二合賀
三引六十悉馱没囉二合跢引南引娑嚩引二合
賀四引六十悉地野合尾你也二合南娑嚩
二合賀五引六十遇哩曳娑嚩引二合賀引十六彥
馱引里曳娑嚩引二合賀七引六十曩麌里曳娑
嚩引二合賀八引六十阿寗哩二合路曳娑嚩引二合
賀九引六十涂婆去額曳娑嚩引二合賀引六十
佐引閉置引曳娑嚩二合賀一引七十捺囉
二合弭蹶曳娑嚩引二合賀二引七十捨嚩哩
曳娑嚩二合賀三引七十阿蘭嚩捨嚩囉曳
娑嚩引二合賀四引七十贊拏上里曳娑嚩
二合賀五引七十麽蹬儗研以反曳娑嚩二合賀
六引七十曩誐紇哩合二乃夜引野娑嚩二合
賀七引七十誐嚕拏紇哩合二乃夜引野娑
嚩引二合賀八引七十麽鼻曩臬曳娑嚩二合
賀九引七十摩賀麽曩臬曳娑嚩引二合賀
八十灑拏乞灑二合哩曳娑嚩二合賀一引八十
麽抳跛捺囉二合八野娑嚩二合賀引二八十
三滿多跛捺囉合野娑嚩二合賀四引八十
摩賀三麽夜引野娑嚩二合賀五引八十摩
賀鉢囉二合底薩囉引野娑嚩二合賀六引八十
六引試多嚩曩野娑嚩二合賀七引八十摩賀
試多嚩曩野娑嚩引二合賀八引八十難上拏

難上拏馱羅抳曳娑嚩二合賀八十九引摩賀難上拏馱羅抳曳娑嚩二合賀九十引摩賀母呰隣上娜野娑嚩二合賀九十一引摩賀母呰隣上娜野娑婆嚩二合賀九十二引惹演底曳娑嚩二合賀九十三引扇底曳娑嚩二合賀九十四引阿濕嚩二合訖哩二合多引野娑嚩二合賀九十五引摩賀麼庚哩野二合尾你野二合羅惹野娑嚩二合賀九十六引

如是等大明大眞言大結界大護能除滅一切諸惡願破一切咒術惡業願除滅蠱魅厭禱願除滅訖栗底迦羯摩拏迦具栗那枳攞拏吠多拏賀遮畢舍遮迦願除滅塞建那唱摩那車邪阿鉢娑麼羅鴆婆路羅迦願除滅顚狂癇病消瘦疥癩願除滅種種鬼魅諸惡食者願除滅飲佗血髓變人驅役呼召鬼神造惡業者願除滅諸怖王怖賊怖水火等怖惡友劫殺怨敵等怖佗兵飢饉夭壽死怖地動惡獸及諸死怖願除滅惡食惡吐惡影惡視作厭書者願除滅惡跳惡蓦作冒送者願除滅一切瘧病一日二日三日四日乃至七日半月一月或復頻日或復須臾或常熱病等願除滅一切癘癬痔漏癰疽偏邪癭病鬼神壯熱風黃痰癊或三焦病四百四病願除滅頭痛半痛飲食不消眼耳鼻痛口脣頰痛願除滅牙齒舌痛咽痛喉痛胷脅背痛心痛肚痛願除滅胷痛腹痛脞痛膝痛及四支痛隱密處痛及偏身疼痛願除滅龍毒蛇毒藥毒蠱毒一切諸毒悉皆殄滅如是等一切鬼魅惡病生時皆擁護我某甲并諸眷屬悉令解脫壽命百年

復次阿難陀汝當稱念諸龍王名字此等福德龍王若稱名者獲大利益其名曰

佛世尊龍王　梵天龍王　帝釋龍王
焰摩龍王　大海龍王　海子龍王
娑蘗羅龍王　娑蘗羅子龍王　摩竭龍王
難馱龍王　鄔波難馱龍王　那羅龍王
小那羅龍王　善見龍王　婆蘇枳龍王
德叉迦龍王　阿嚕拏龍王　婆嚕拏龍王
師子龍王　有吉祥龍王　吉祥咽龍王
吉祥增長龍王　吉祥賢龍王　無畏龍王
大力龍王　設臘婆龍王　妙臂龍王
妙高龍王　日光龍王　月妙光龍王
大吼龍王　震聲龍王　雷電龍王
擊發龍王　降雨龍王　無垢龍王
無垢光龍王　頻洛迦頭龍王　蹉落迦頭龍王
馬頭龍王　牛頭龍王　鹿頭龍王
象頭龍王　濕力龍王　歡喜龍王
奇妙龍王　妙眼龍王　妙軍龍王
護嚕拏龍王　那母止龍王　母止龍王
母止隣那龍王　羅婆拏龍王　羅芨婆龍王
羅芨婆子龍王　室里龍王　山孤龍王
濫母嚕龍王　有蠱龍王　無邊龍王
羯諾迦龍王　象羯磋龍王　黃色龍王
赤色龍王　白色龍王　警羅葉龍王
商佉龍王　阿跋羅龍王　黑龍王
小黑龍王　力天龍王　那羅延龍王
劒麼羅龍王　石髆龍王　弶伽龍王
信度龍王　嚩蒭龍王　枲多龍王
吉慶龍王　無熱惱池龍王　善住龍王
警羅跋拏龍王　持地龍王　持山龍王
持光明龍王　賢善龍王　極賢善龍王
世賢龍王　力賢龍王　寶珠龍王
珠咽龍王　二黑龍王　二黃龍王
二赤龍王　二白龍王　華鬘龍王

赤華鞬龍王　犢子龍王　賢句龍王
鼓音龍王　小鼓音龍王　瞻末羅黨龍王
寶子龍王　持國龍王　增長龍王
廣目龍王　多聞龍王　車面龍王
占箄野迦龍王　驕荅摩龍王　半遮羅龍王
五髻龍王　光明龍王　頻度龍王
小頻度龍王　阿力迦龍王　羯力迦龍王
跋力迦龍王　曠野龍王　緊質額龍王
緊質額迦龍王　緝馱迦龍王　畢鷄荅摩龍王
蘇摩那龍王　入龍王　根人龍王
上人龍王　摩蹬迦龍王　曼寧洛迦龍王
非人龍王　頻箏迦龍王　最勝龍王
勝龍王　末擇迦龍王　阿魯迦龍王
醫羅龍王　醫羅鉢箏龍王　阿羅婆路龍王
麼羅婆路龍王　摩那私龍王　羯句禰迦龍王
劫比羅龍王　勢婆洛迦龍王　青蓮華龍王
有爪龍王　增長龍王　解脫龍王
智慧龍王　極解脫龍王　毛紲馬勝二龍王
醫羅迷羅二龍王　難陀跋難陀二龍王　阿齒羅龍王
大善現龍王　徧黑龍王　徧蟲龍王
妙面龍王　鏡面龍王　承迎龍王
嶮馱羅龍王　師子龍王　師子洲龍王
達弭龍王　達弭箏龍王　二黑龍王
二白龍王　二小白龍王

如是等一百七十七諸大龍王而爲上首及種類眷屬於此大地或時震響或放光明或降甘雨成熟苗稼已曾見如來受三歸依并受學處離金翅鳥怖離火沙怖免王役怖常持大地住大寶宮壽命長遠有大勢力富貴自在無量眷屬具足神通能摧怨敵有大光明形色圓滿名稱周徧天與脩羅共戰之時助威神力令天得勝彼諸龍王所有子孫兄弟軍將大臣雜使皆以此佛母大孔雀明王眞言守護於我(某甲)并諸眷屬令離憂苦壽命百年我及眷屬若清淨若不清淨若迷醉若放逸若行住坐臥若睡覺來去一切時中願皆擁護我等或爲天怖龍怖阿蘇羅怖摩嚕多怖誐嚕拏怖彥達嚩怖緊那羅怖摩護羅誐怖藥叉所怖羅刹娑怖畢隸多怖比舍遮怖步多所怖矩畔拏怖布單那怖羯吒布單那怖塞建那怖嗢摩那怖車邪所怖阿鉢娑麼羅怖塢娑跢羅迦怖如是等怖悉皆遠離又有諸佛王怖賊怖水火等怖或惡友劫殺怨敵等怖或佗兵怖遭飢饉怖夭壽死怖地震動怖諸惡獸怖所有一切恐怖之時令我(某甲)并諸眷屬悉皆解脫復說伽佗曰

令我夜安隱　晝日亦吉祥　於一切時中
諸佛常護念
南謨寧靚母馱野　南謨寧靚母馱曳
南謨寧靚尾目訖多野　南謨寧靚尾目訖多曳
南謨寧靚扇多野　南謨寧靚扇多曳
南謨寧靚目訖多野　南謨寧靚目訖多曳
諸有清淨婆羅門　能除一切諸惡業
如是等我歸依　擁護我身并眷屬
天阿蘇羅藥叉等　來聽法者應志心
擁護佛法使長存　各各勤行世尊教
諸有聽徒來至此　或在地上或居空
常於人世起慈心　日夜自身依法住
願諸世界常安隱　無邊福智益群生
所有罪障並消除　遠離衆苦歸圓寂
恒用戒香塗瑩體　常持定服以資身
菩提妙華徧莊嚴　隨所住處常安樂

佛母大孔雀明王經卷中

佛母大孔雀明王經卷中

校勘記

一 底本，金藏廣勝寺本。

一 五五二頁中七行第一〇字「威」，磧作「成」。

一 五五二頁下一行第三字「并」，麗作「諸」。

一 五五二頁下八行「古波城」，石、磧、南、徑、清、麗作「占波城」。

一 五五二頁下九行第七字「於」，石作「在」。

一 五五二頁下一〇行「於銅色國」，石作「居同色國」。

一 五五二頁下一一行第六字「曠」，石作「壙」。

一 五五二頁下一三行第一〇字「住」，磧、南、徑、清作「國」。

一 五五二頁下一五行第七字「在」，石作「於」。次頁上三行第一二字同。

一 五五二頁下二〇行「住於」，石、麗作「住在」。

一 五五三頁上六行第一二字「憧」，石、磧、南、徑、清、麗作「幢」，次頁上二一行第一三字同。又末字「王」，磧、南、徑、清作「主」。

一 五五三頁上一一行第三字「吐」，石作「土」。

一 五五三頁上一三行第一二字「居」，石作「在」。

一 五五三頁上一四行第一〇字「國」，麗作「城」。

一 五五三頁上二一行第一一字「怛」，石作「恒」。

一 五五三頁中一行第五字「神」，麗作「王」。又「吒迦」，石、麗作「迦吒」。

一 五五三頁中七行第三字「駄」，石作「馳」。

一 五五三頁中一一行「憍閃彌國」，麗作「憍閃彌羅」。

一 五五三頁中一七行「脯闌」，石作「晡嚫」。又「住在」，麗作「住居」。

一 五五三頁中一九行末字「女」，麗作「王」。次頁中六行同。

一 五五三頁下五行第八字「人」，石、磧、南、徑、清、麗作「樂」。

一 五五三頁下一四行第九字「肩」，麗作「堅」。

一 五五三頁下一六行首字「染」，磧、南作「深」。

一 五五三頁下二一行第五字「際」，麗作「國」。

一 五五三頁下二二行「住有」，石、磧、南、徑、清、麗作「住在」。

一 五五四頁上一行第一〇字「處」，麗作「國」。

一 五五四頁上四行「德威光」，麗作「德威嚴」。

一 五五四頁上一八行「住於」，石、麗作「住在」。

一 五五四頁上一九行首字「水」，石、磧、南、徑、清、麗作「氷」。又末字「主」，磧、南、徑、清作「王」；石、麗作「神」。
一 五五四頁中一行第一三字「邪」，石作「那」。
一 五五四頁中六行「住在」，石作「住居」。
一 五五四頁中一三行「護我」，石作「護於我」。下同。
一 五五四頁中一三行末字「受」，石作「授」。
一 五五四頁中一七行第一三字「皆」，麗作「悉皆」。
一 五五五頁上二〇行夾註「說所求事」，石、麗作「說所求事後皆准此」。
一 五五五頁中三行夾註「說所求事」，麗作「此處說所求事」。
一 五五五頁下一二行「常護」，麗作「擁護」。
一 五五六頁中三行「之時」，石無；麗作「者願佛母明王」。
一 五五六頁中四行「憂苦」，石、麗作「憂惱」。
一 五五六頁中五行夾註「說所求是」，麗作「如是等」。
一 五五六頁中一三行「如是」，石、麗無。
一 五五六頁中一七行第六字「嘌」，磧、南、徑、清、麗作「嘌」。下同。
一 五五六頁中二一行第二字「或」，石無。又第四字「跳」，石作「趒」。又第一〇字「送」，磧、南、徑、清作「逆」。
一 五五六頁下三行「并諸眷屬」，石、麗無。
一 五五六頁下五行「半痛」，徑、清作「半頭痛」。
一 五五六頁下五行至六行「口脣」，石作「脣口」。
一 五五六頁下七行「腰痛肚痛」，石作「肚痛腰痛」。
一 五五六頁下八行第一一字「消」，石作「痟」。
一 五五六頁下一二行首字「邪」，磧、南、徑作「斜」。又「三疾」，石、徑、清、麗作「三集」；磧、南作「三焦」。
一 五五六頁下一五行「悉令」，麗作「令得」。
一 五五七頁上七行第六字「我」，徑、清、麗作「於我」。
一 五五七頁中一三行第六字「七」，石作「八」。
一 五五七頁中二一行「惱觸」，麗作「觸惱」。
一 五五八頁上一四行末字「呼」，石、徑、清、麗作「喚」。
一 五五八頁上一五行第四字「歙」，磧、南、徑、清作「吸」。
一 五五八頁中六行至一〇行小字「一」……「十」，石無。
一 五五八頁中末行第一二字「於」，磧、南、徑、清作「於諸有情常爲觸惱驚怖欺誑此等羅刹女於」。
一 五五八頁下一行「十二大」，石、麗無。
一 五五八頁下三行至六行各「羅刹女」下，麗有序數詞「一」、至「十二」。

一　五五八頁下七行第三字「大」，石、磧、南、徑、清、麗無。

一　五五八頁下二〇行第八字「此」，石作「此等」。

一　五五八頁下二一行「初生時」，麗作「及初生時」。

一　五五九頁上一七行「畢舍支」，磧、南、徑、清、麗作「畢舍支女」。

一　五五九頁中九行末二字至次行首三字「此等羅刹女」，石、麗作「此羅刹女等」。

一　五五九頁中末行第四字「播」，磧、南、徑、清作「播囉」。

一　五五九頁下七行「末拏囉」，石、磧、南、徑、麗作「末拏囉」。

一　五五九頁下九行「三戟」，石作「三乂」；麗作「三戟叉」。

一　五五九頁下一〇行第七字「喜」，石作「嬉」。

一　五五九頁下一一行首字「慄」，石作「躁」。又第八字「囉」，石、麗無。

一　五六一頁上一一行末四字至次行首四字「訖嘌底迦羯摩拏迦」，石、麗無。

一　五六一頁上一四行「塢娑路囉迦」，石、麗無。

一　五六一頁上二一行第一二字「跳」，石作「趒」。

一　五六一頁上二二行「作昌送」，磧、南、徑、清作「作惡昌逆」。

一　五六一頁中三行「三焦」，石、徑、清、麗作「三集」。

一　五六一頁中四行「半痛」，磧、南、徑、清作「半頭痛」。

一　五六一頁中五行「口脣」，石作「脣口」。

一　五六一頁中五行末字至次行首三字「咽痛喉痛」，石、徑、清作「及咽喉痛」。

一　五六一頁中九行「蟲毒」，石、徑作「蠱毒」；磧作「蠱母」；麗作「呪毒蠱毒魅毒」。

一　五六一頁中二一行「吉祥咽」，石作「吉祥胭」；麗作「吉祥因」。

一　五六一頁下一行「月妙光」，石、磧、南、徑、清、麗作「月光」。

一　五六一頁下三行「無垢龍王」，石無。

一　五六一頁下九行「隣那」，石、磧、南、徑、清、麗作「隣陀」。又「羅婆拏」，麗作「羅娑拏」。

一　五六一頁下一〇行「羅笈婆子龍王」，石、麗無。

一　五六一頁下一四行首字「商」，石作「商」。又第六字「跋」，石作「跛羅」。

一　五六一頁下二二行第二字「咽」，石作「胭」。

一　五六二頁上八行第六字「曠」，石作「壙」。

一　五六二頁上九行「緊質穎迦」，石、麗作「緊質迦」。

一　五六二頁上一三行首字「勝」，石、麗作「難勝」。

一　五六二頁上一七行第六字「長」，

石作「盛」。

一五六二頁上一八行第一一字「綖」，石作「毯」。

一五六二頁上二〇行「偏蟲」，磧、南、徑作「偏蛊」。

一五六二頁上二二行「師子龍王」，石、麗無。

一五六二頁上末行「達弭龍王」，石、麗無。

一五六二頁中二行「一百七十七」，石、麗無。

一五六二頁中五行第二字「見」，石作「見在」。又第一三字「奪」，磧、南、徑、清作「脱」。

一五六二頁中八行「具足」，石、磧、南、徑、清作「具大」。

一五六二頁中一二行第五字「以」，石、麗作「亦以」。

一五六二頁中二二行第四字「邪」，清作「耶」。

一五六二頁下一行第一一字「或」，石、麗無。

一五六二頁下五行第二字「脱」，石作「脱壽命百年」。

一五六二頁下六行「吉祥」，磧、南、徑、清作「安隱」。

一五六二頁下九行第五、第一四字「尾」，磧、南、徑、清無。

一五六二頁下一一行第三至五字及第一一至一三字「窣覩目」，磧、南、麗作「窣覩尾目」；徑、清作「尾目」。

一五六二頁下一二行「清淨」，徑、清作「淨行」。

一五六二頁下一四行「志心」，石作「至心」。

一五六二頁下一四行至二一行「天……安樂」，磧、南、徑、清無。

一五六二頁下一九行「罪障」，麗作「罪業」。

佛母大孔雀明王經卷下

開府儀同三司特進試鴻臚卿肅國公食邑三千戶賜紫贈司空謚大鑒正號大廣智大興善寺三藏沙門　不空奉　詔譯　　時

佛告阿難陀過去七佛正遍知者亦復隨喜宣說佛母明王真言汝當受持微鉢尸如來正遍知者亦隨喜宣說此佛母大孔雀明王真言曰

怛你也二合他一阿羅嬭二迦羅嬭三麼嬭四麼那你䭾寧五阿上嚩隸六捨嚩隸七覲隸覲隸八母隸母隸九捨嚩隸十鉢羅拏二合捨嚩隸十一戶止十二戶止十三戶止十四戶止十五戶止十六娑嚩引二合賀引十七

復次阿難陀尸棄如來正遍知者亦隨喜宣說此佛母大孔雀明王真言曰

怛你也二合他一去引壹蘇彌蘇二鷀隸三尾鷀隸四唧里五引彌里六計覲母黎七暗嚩隸八引暗嚩隸引嚩底丁以反九努謎怒引努謐十唧里唧里十一矩止矩止十二母止母止十三娑嚩二合賀引十四

復次阿難陀毗舍浮如來正遍知者亦隨喜宣說此佛母大孔雀明王真言曰

怛你也二合他引一暮引哩暮哩二計跛知三滿膩滿膩底計四賀隸賀隸五佉隸六伽隸七頗上隸八頗黎九頗里顛難上帝十難底顛十一難底黎十二捨迦知麼迦知十三曩妳十四曩膩顛十五試哩試哩十六試哩試哩十七娑嚩引二合賀引十八

復次阿難陀羯句忖那如來正遍知者亦隨喜宣說此佛母大孔雀明王真言曰

怛你也二合他引一四膩二弭膩三矩膩母膩四覩膩五頞你難上帝六難底黎七爍迦哩八斫迦哩九他上誐哩十多去誐哩十一建左寧十二建引左曩引嚩底十三嚩隸嚩隸十四嚩隸嚩隸十五難帝悉地十六娑嚩二合賀引十七

復次阿難陀羯諾迦牟尼如來正遍知者亦隨喜宣說此佛母大孔雀明王真言曰

怛你也二合他引一難上多黎二怛多黎三怛多黎四多羅始引多上黎五味引隸尾惹曳引六平尾瑪引馱隸七阿羅薺慈曳反八尾羅薺尾羅惹麼斯九麼底十麼里十一麼引里顛十二門上妳引試羅門上妳十三入嚩二合黎十四入嚩引二合黎十五入嚩二合黎入嚩二合黎十六跛捺羅二合嚩底十七悉地娑嚩引二合賀引十八

復次阿難陀迦攝波如來正遍知者亦隨喜宣說此佛母大孔雀明王真言曰

怛你也二合他一引頞拏上隸二建拏隸三曼拏隸四奮去拏隸五昝謀六昝謨曩你七昝謨嚩底八滿帝曼膩底計九阿麼隸十僧思孕反係十一賀羅賀羅十二賀囉賀羅十三跛輸跛輸十四跛輸跛輸十五鉢底悉底娑嚩二合引賀引十六

阿難陀我釋迦牟尼如來正遍知者亦隨喜宣說此佛母大孔雀明王真言為欲利益諸有情故真言曰

怛你也二合他引一四里弭里二枳

里弭里三伊上里黎四羯怛黎五計
覩嚩黎六阿拏𡅏里七納脾哥脾八
没薩囉計九没薩蘇十怛囉二合騫祢十一
迦引𡅏哩十二劍母捺哩十三二合怛嚕
怛嚕十四嚩囉掘十五鉢囉二合訖
哩二合底能上瑟蘇十六二合弭里多黎
十七伊上底賀引細十八阿左黎十九
呲多黎二十嚩枳黎二十一嚩致嚩致
底計二十二撈吒瞻吠若祈雨時應云轙囉灑
覩祢嚩若急殃求願時應去悉鈿覩滿怛羅二合
鉢那二十三曩謨婆上誐嚩𠰒二十四引伊
上哩惹曳二十五遇引怒𡅏迦引曳二十六勃陵二合
誐引里迦曳二十七阿嚕止二十八曩引
嚕止二十九捺蘇三十捺蘇嚩日嚇二合
一三十捺吒嚩日嚇三十二二合唱娜野納
畢哩二合曳三十三阿攞多引黎三十四十
矩攞多夜三十五引那引囉野掘三十六鉢
捨顊三十七婆鉢二合捨顊三十八悉鈿
覩三十九捺攞二合弭拏引四十滿怛囉
二合鉢娜引四十一婆嚩二合賀四十二引
阿難陀我已敎汝受持佛母大孔雀
明王法救莎底苾芻地毒之難令彼
苾芻獲得安隱亦令一切有情讀誦

受持是經獲大安樂壽命百年所求
遂願已如前說
復次阿難陀慈氏菩薩亦隨喜宣說
此佛母大孔雀明王真言曰
怛你也二合他一引試哩試哩二試哩
跛捺𡃤三二合薩底薩底四薩底跛捺
𡃤五二合賀𡃤賀𡃤六賀里掘七難上底
捨嚩𡃤八試吠九戍羅播引掘顊十冐
引地十一冐引地冐引地十二冐引
地薩怛吠十三二合冐引地鉢哩播引左
掘引曳娑嚩二合賀引十四
阿難陀索訶世界主大梵天王亦隨
喜宣說此佛母大孔雀明王真言曰
怛你也二合他引一呬里呬里二弭
里弭里三麼里顊蕣迦哩四枳里枳
里五枳里枳里六枳里底七没囉二合賀麼二合
曳八矩蘭摘計九尾拏訶普細十䭾
囉䭾囉十一賀攞賀攞十二普嚕普
嚕十三普嚕普嚕娑嚩二合賀引十四
阿難陀此真言能滅一切惡毒能除
一切毒類佛力除毒菩薩摩訶薩力
除毒獨覺力除毒阿羅漢力除毒三
果四向聖力除毒實語者力除毒梵

三杖力除毒帝釋金剛杵力除毒吠
率怒輪力除毒火天燒力除毒水天
羂索力除毒阿蘇羅幻士力除毒龍
王明力除毒嚕捺囉三戟叉力除毒
塞騫那爍底力除毒佛母大孔雀明
王力能除一切諸毒令毒入地令我
某甲及諸眷屬皆得安隱阿難陀復
有一切毒類汝應稱彼名字所謂跛
磋那婆毒訶羅過羅毒迦羅俱吒毒
牙齒毒螫毒根毒末毒疑毒眼毒黿
毒雲毒虵毒龍毒蠱毒魅毒一切鼠
毒蜘蛛毒象毒蝦蟆毒蠅毒及諸蜂
毒人非人毒藥毒呪毒如是等一切
諸毒願皆除滅令我某甲及諸眷屬
卷除諸毒獲得安隱壽命百年願見
百秋
阿難陀帝釋天王亦隨喜宣說此佛
母大孔雀明王真言曰
怛你也二合他一若邏二膳覩黎三
麽引羅引膳覩黎四佐閉胝五膳覩
黎六末他上顊七伽引多顊八伉羅二合
薩顊九賀哩十矢哩十一你度二合底
矢哩十二怛嚕怛嚕拏上縛底十三

賀引賀引賀引賀引賀四引十僧思爭反
係十五地底十六地底十七矩嚕矩
嚕十八尾囉惹十九咄吒咄吒京二十
攞吒攞吒枲二十一悉哩悉哩二十二劫
比黎二十三劫比羅母黎二十四賀四引護
訥瑟吒二合二十五薩嚩訥瑟吒二合二十六鉢囉二合
訥瑟吒二合南二十七呰婆去能迦嚧
弭二十八曷娑多二合播引能上誐二十九
鉢囉二合底孕二合誐三十顰棄
囉二合怛迦盧弭三十一娑賀怛哩二合
掫勢三十二四柹吠三十三㗚徵僟寬以反抳
三十四素羅跛底攞底三十五嚩日囉二合
嚩日囉二合三十六嚩日囉二合三十七嚩日
囉二合嚩日囉二合三十八嚩日囉二合
鉢多曳三十九娑嚩二合賀引四十
阿難陀四大天王亦隨喜宣說此佛
母大孔雀明王真言曰
怛你也二合他引一入嚩二合攞入
嚩二合攞曩二荅跛荅跛曩三䭾麼
䭾麼曩四薩囉薩囉拏五矩胝矩胝
六毋胝毋胝七弭胝弭胝八薩囉薩
囉九賀囉賀囉十怛囉怛囉十一娜
娜娜娜十二嚩嚩嚩嚩嚩十三賀攞

賀攞賀攞賀攞賀攞十四悉地悉地
悉地悉地悉地十五娑嚩二合娑底
二合娑嚩二合娑底二合娑嚩二合
娑底二合娑嚩二合娑底二合娑嚩
二合娑底二合娑嚩二合賀引十六
令我某甲并諸眷屬皆得遠離一切
鬼神使者琰魔使者黑夜母天持黑
索者及死王所罰梵天所罰帝釋所
罰仙人所罰諸天所罰龍王所罰阿
蘇羅所罰麼嚕多罰誐嚕拏罰彥達
嚩罰緊那羅罰摩護羅誐罰藥叉所
罰羅刹娑罰畢隸多罰比舍遮罰步
多所罰矩畔拏罰布單那罰羯吒布
單那罰塞建那罰嗢麼那罰車耶所
罰阿鉢娑麼羅罰塢娑多囉迦罰吠
多拏罰王所罰賊所罰水火所罰並
一切處所有謫罰及輕小治罰令我
某甲并諸眷屬皆得遠離常見擁護
壽命百年願見百秋
阿難陀汝當稱念諸大河王名字其
名曰殑伽河王信度河王縛芻河王
枲多河王設臘部河王阿介囉伐底
河王琰母娜河王句賀河王訶尾怛

娑多河王設多訥嚕河王微播捺河
王愛羅伐底河王戰捺羅婆誐河王
薩羅娑底河王羯跋比顎河王孟喻
史拓河王迦尾哩河王搭没囉鉢拏
河王末度末底河王益荳伐底河王
遇末底河王捺末娜河王燥蜜怛羅
河王尾攞嚩蜜怛羅河王阿麼囉河
王跛麼囉河王半者羅河王素婆窣
堵河王鉢囉婆捺哩迦河王荅布多
河王尾麼羅河王遏娜嚩里河王泥
連善那河王四闌孃伐底河王
如是等諸大河王依此大地而住彼
諸河王處若天若龍若阿蘇羅麼嚕
多誐嚕拏彥達嚩緊那囉摩護囉誐
若藥叉羅刹娑畢隸多比舍遮若步
多矩畔拏布單那羯吒布單那塞建
那嗢摩那車耶阿鉢娑麼羅塢娑多
羅迦及食精氣者食胎者食血者食
肉者食脂膏者食髓者食生者食命
者食祭祠者食氣者食香者食鬘者
食花者食菓者食苗稼者食火祭者
食膿者食大便者食小便者食涕唾
者食涎者食洟者食殘食者食吐者

食不淨物者食漏水者
如是等種種形皃種種顏色隨樂變身
諸鬼神等依彼河住彼等亦以此佛
母大孔雀明王皆擁護於我某甲并
諸眷屬令離憂苦壽命百年常受安
樂
阿難陁汝當稱念諸大山王名字其
名曰妙高山王雪山王香醉山王百
峯山王朅地洛迦山王金脇山王持
光山王顙洯達羅山王輪圍山王大
輪圍山王因陁羅石山王梵宅山
王有吉祥山王善現山王廣大山王
出寶山王多虫山王寶頂山王出金
剛山王阿蘇羅巖山王毗摩質多羅
山王電光山王馬乳山王月光山王
日光山王摩羅耶山王頻陁山王賢
石山王質怛羅矩吒山王金峯山王
播哩耶怛羅山王妙醉山王有摩尼
山王藴矖𣦣山王梵嵛山王智淨山
王牛耳山王摩羅質怛羅山王劒形
山王炎熱山王安繕那山王積聚山
王鹿色山王達達山王罽羅娑山王
大帝山王

如是等諸大山王居此大地於彼等
山所有天龍阿蘇羅蘗嚕多譏嚕拏
彥達縛緊那羅摩護囉識藥叉羅刹
娑畢舍多比舍遮步多矩伴拏布單
那羯吒布單那塞建那嗢摩那車耶
阿鉢娑摩羅塢娑多囉迦諸鬼神等
及持明大仙并諸營從眷屬住彼山
者亦皆以此佛母大孔雀明王擁護
於我某甲并諸眷屬壽命百年除滅
惡事常覩吉祥離諸憂惱復說伽他
曰
令我夜安隱　晝日亦安隱　於一切時中
諸佛常護念
阿難陁汝當稱念諸星宿天名号彼
星宿天有大威力常行虛空現吉凶
相其名曰
昴星及畢星　觜星參及井　鬼宿能吉祥
柳星為第七
此等七宿住於東門守護東方彼亦
以此佛母大孔雀明王常護我某甲
并諸眷屬壽命百年離諸憂惱
星宿能摧怨　張翼亦如是　軫星及角亢
氐星居第七

此等七宿住於南門守護南方彼亦
以此佛母大孔雀明王常擁護我某
甲并諸眷屬壽命百年離諸憂惱
房宿大威德　心尾亦復然　箕星及斗牛
女星為第七
此等七宿住於西門守護西方彼亦
以此佛母大孔雀明王常擁護我某
甲并諸眷屬壽命百年離諸憂惱
虛星與危星　室星壁星等　奎宿及婁星
胃星最居後
此等七宿住於北門守護北方彼亦
以此佛母大孔雀明王常擁護我某
甲并諸眷屬壽命百年離諸憂惱
阿難陁汝當稱念有九種執曜名号
此執曜天巡行二十八宿之時能令
晝夜時分增減世間所有豐儉苦樂
皆先表其相其名曰
日月及熒惑　辰歲并大白　鎮及羅睺彗
此皆名執曜
此等九曜有大威力能示吉凶彼亦
以此佛母大孔雀明王常擁護我某
甲并諸眷屬壽命百年離諸憂惱復
以伽他讚諸星宿

宿有二十八　四方各居七　執曜復有七
加日月為九　揔成三十七　勇猛大威神
出沒照世間　示其善惡相　令晝夜增減
有勢大光明　皆以清淨心　於此明隨喜
此等星宿天皆亦以此佛母大孔雀
明王常擁護我某甲并諸眷屬壽命
百年
阿難陀汝當稱念諸大仙人名号此
諸仙人皆持成就禁戒常修苦行皆
具威德有大光明或住山河或居林
藪欲作善惡呪願吉凶隨言成就五
通自在遊行虛空一切所為无有障
㝵汝當稱念其名曰
阿瑟吒迦大仙嚩麽迦大仙嚩麽徐
嚩大仙摩利支大仙末建你耶大仙種
種友大仙娑私瑟侘大仙跋臘弭迦
大仙迦葉彼大仙老迦葉彼大仙勃
陵偶大仙勃哩羅娑大仙鴦儗羅大
仙娑儗羅娑大仙阿怛嚩耶大仙補
攞悉底耶大仙鹿頭大仙焰摩火大
仙洲子大仙黑洲子大仙賀哩多大
仙賀哩多子大仙等聲大仙高勇大
仙等高勇大仙說忍大仙名稱大仙

善名稱大仙尊重大仙黃大仙補怛
落迦大仙阿濕嚩攞野那大仙香山
大仙雪山大仙赤目大仙難住大仙
吠陝播野那大仙縛攬弭迦大仙能
施大仙訥麽娑大仙設臘婆大仙麽
拏大仙主宰大仙帝釋大仙歲星大
仙嬌大仙光大仙鸚鵡大仙阿羅祢
弥大仙鎮星大仙辰星大仙持毒大
仙乾陁羅大仙獨覺大仙仙角大仙
藥識大仙單拏野那大仙建姹野那大
仙烟頂大仙可畏大仙劫比羅大仙
嬌答摩大仙摩蹬伽大仙朱眼大仙
妙眼大仙娜羅那大仙山居大仙訖
哩弭羅大仙
此等諸仙皆　是往古大仙造四明論
喜閑呪術衆行備成自他俱利彼亦
以此佛母大孔雀明王擁護我某甲
并諸眷屬壽命百年離諸憂惱復說
真言曰
怛你也二合他一四反 哩四哩二四哩
佉哩三麼哩護哩四素哩賀哩五四
哩四哩六弭哩弭哩七嚕普嚕普嚕普八
拏嚕普九仡羅二合薩顊十徐他顊

十一諾賀顊十二伽多顊十三跛左
顊十四播引左顊十五播多顊十六
跢跛顊十七賀曩顊十八娜賀顊十九
娜賀娜賀娜賀二十娜羅娜羅娜羅顊
二十一播吒顊二十二邏引賀顊二十三謨
賀顊二十四婆播二合娑顊二十五畣婆
顊婆嚩二合賀引二十六
阿難陀汝當稱念此大地中有大毒
藥名字其名曰
頻拏羅引一半拏羅引二迦羅引攞
引三計度引羅引四部引蹬議麽底
五部引多鉢底六泯努鉢底七悉哩
鉢底八帝惹鉢底九帝祖引仡羅二合
鉢底十拽戍引鉢底十一拽戍仡羅
二合鉢底十二阿囉拏十三跢引囉拏
十四阿囉赦十五怛囉二合拏十六難跢引
諾賀引十七濟賀引濟邏引十八發邏麽
邏引十九止囉引難覩囉二十伊哩枳
止迦二十一捨且覩囉二十二尾補里二十
三曩矩里二十四枳哩比二十五怛郎識
哩瑟吒二合二十六闍引母麽底二十七畣
母麽底二十八麽麽麽底二十九迦麽黎
三十尾麽黎三十一軍拏黎三十二阿四覩

四三十縛計四三十縛迦拏引帝五三十
縛捺曩陛六三十蘇賀引誐黎七三十都
覽迷八三十蘇覽迷九三十
阿難陀此大毒藥及諸藥神亦以此佛
母大孔雀明王守護我某甲并諸眷
屬壽命百年離諸毒害
復次阿難陀此佛母大孔雀明王教
七佛正遍知如來之所宣說所謂微
鉢尸尸棄毗舍浮羯句忖那羯諾迦
牟尼迦攝波我釋迦牟尼如來正遍知
等皆隨喜宣說此佛母大孔雀明王慈
氏菩薩亦隨喜宣說索訶世界主大梵
天王并天帝釋四大天王持國天王
與揵達婆主增長天王與俱槃荼主
廣目天王與龍主多聞天王與藥叉
主并二十八大藥叉將皆隨喜宣說
此佛母大孔雀明王真言散支迦大
將訶利底母及五百子并諸眷屬亦
隨喜宣說阿難陀此佛母大孔雀明
王真言无能違越者若天若龍若阿
蘇羅蘗嚕多誐嚕拏彥達縛緊那羅
摩護囉誐等亦无能違越者若藥叉
若羅刹娑若畢舍多比舍遮步多矩

伴拏布單那羯吒布單那塞建那嗢
麽那車耶阿鉢娑麽羅塢娑路囉迦
等一切鬼神亦无能違越者及一切
諸惡食者食精氣者食胎者食血者
食肉者食脂膏者食髓者食生者食
命者食祭祠者食氣者食香者食鬘
者食花者食菓者食苗稼者食火祭
者食膿者食大便者食小便者食涕
唾者食涎者食洟者食殘食者食吐
者食不淨物者食漏水者如是等諸
惡食者亦不能違越此佛母大孔雀
明王又諸蠱魅厭禱呪術作諸惡法者
訖嘌底迦羯麽拏迦具嘌那枳剌拏
吠跢拏質者畢隸灑迦亦不能違越
又有飲他血髓變人駈役呼召鬼神
造諸惡業惡食惡吐惡影惡視或造
厭書惡跳惡驀或惡冒送作惡事者
亦不能違越此佛母大孔雀明王又
諸王賊水火他兵飢饉非時夭壽地
動惡獸怨敵惡友等亦不能違越悉
皆遠離又諸惡病疥癩瘡癬痔漏癰
疽身皮黑澁飲食不消頭痛半痛眼
耳鼻痛脣口頰痛牙齒舌痛及咽喉

痛胷脇背痛心肚痛腰胯及髀膝痛手
足支節及隱密處痛瘦病乾消遍身
疼痛如是等病亦不能違越皆得遠
離又諸瘧病一日二日三日四日乃
至七日半月一月或復頻日或復須
臾或常熱病偏邪瘿病鬼神壯熱風
黃痰癊或三集病四百四病皆不能
違越此佛母大孔雀明王
阿難陀復有鬼魅人非人等諸惡毒
害一切不祥及諸惡病一切鬼神并及
使者怨敵恐怖種種諸毒及以呪術
一切厭禱皆不能違越此摩訶摩瑜
利佛母明王常得遠離一切不善之
業獲大吉祥衆聖加持所求滿足復
次阿難陀若有人纔稱念此摩訶摩
瑜利佛母明王名字者便護自身及
護他人或結線索身上帶持如其此
人應合死罪以罰物得脫應合被罰
輕杖得脫應合輕杖被罵得脫應合
被罵自然得脫一切苦難悉皆消散
此人亦不被王賊水火惡毒刀杖之
所侵害人天鬼神无敢違越睡安覺
安離諸恐怖福德增長壽命延長

阿難陁唯除宿世定業必受報者但讀誦此經必獲應效

阿難陁若天旱時及雨澇時讀誦此經諸龍歡喜若滯雨即晴若亢旱必雨令彼求者隨意滿足

阿難陁此佛母大孔雀明王纔憶念者能除恐怖怨敵一切厄難何況具足讀誦受持必獲安隱

阿難陁此摩訶摩瑜利佛母明王是能除災禍息怨敵者為欲守護四衆苾芻苾芻尼鄔波索迦鄔波斯迦離諸怖畏故復說真言曰

相你也二合他引一　野轉底二馱引顊三馱囉抳四　矩嚕覩嚕銘娑嚩二合引賀引上

貪欲瞋恚癡　是世間三毒　諸佛皆已斷
實語毒消除　貪欲瞋恚癡　是世間三毒
達磨皆已斷　實語毒消除　貪欲瞋恚癡
是世間三毒　僧伽皆已斷　實語毒消除
一切諸世尊　有大威神力　羅漢具名稱
除毒令安隱　我等并眷屬　常得離災厄
願佛母明王　令一切安隱

尒時具壽阿難陁聞佛世尊說是經

大孔雀明王經卷下　第十九張　時

已頂禮雙足右遶三帀承佛聖旨往莎底苾芻所便以此佛母大孔雀明王法為彼苾芻而作救護結其地界結方隅界攝受饒益除其苦惱時莎底苾芻苦毒消散身得安隱從地而起與具壽阿難陁俱詣佛所禮雙足已在一面住

尒時世尊告阿難陁由此因緣汝當普告四衆苾芻苾芻尼鄔波索迦鄔波斯迦及國王大臣世間人等勸令一心受持此法為他人說書寫經卷在處流通當令嚴飾建立壇場香花飲食隨分供養令一切有情離諸憂惱得福无量常獲安樂壽命百年尒時世尊說是經已人天藥叉及諸鬼魅奉佛教勅不敢違越皆起慈心護持經者時具壽阿難陁及諸大衆天龍藥叉彦達嚩阿蘇羅摩嚕多蘗嚕拏緊那囉摩護囉誐人非人等聞佛所說皆大歡喜信受奉行

天阿蘇羅藥叉等　來聽法者應至心
擁護佛法使長存　各各勤行世尊教
諸有聽徒來至此　或在地上或居空

大孔雀明王經卷下　第二十張　時

常於人世起慈心　晝夜自身依法住
願諸世界常安隱　无邊福智益群生
所有罪業並消除　遠離衆苦歸圓寂
恒用戒香塗瑩體　常持定服以資身
菩提妙花遍莊嚴　隨所住處常安樂

佛母大孔雀明王經卷下

丙午歲高麗國大藏都監奉
勑雕造

大孔雀明王經卷下　第二十一張　時

佛母大孔雀明王經卷下

校勘記

一 底本，麗藏本。
一 五六七頁上一行經名，石作「佛母大金曜孔雀明王經卷下」。卷末經名同。
一 五六七頁上二、三行譯者，石作「唐開元三朝灌頂國師和尚特進試鴻臚卿開府儀同三司肅國公食邑三千户食實封三百户贈司空諡大辯正大廣智大興善寺三藏沙門不空奉詔譯」；磧、南作「特進試鴻臚卿開府儀同三司肅國公贈司空大興善寺三藏沙門諡大辯正大廣智不空奉詔譯」；徑、清作「唐特進試鴻臚卿開府儀同三司肅國公贈司空諡大辯正廣智大興善寺三藏沙門不空奉詔譯」。
一 五六七頁上五行「佛母」，磧、南、徑、清作「此佛母」。
一 五六八頁下三行第一〇字「士」，石無。
一 五六八頁下一二行第五字「象」，磧、南、徑、清作「豸」。
一 五六八頁下一三行第二字「人」，磧、南、徑、清作「人毒」。
一 五六九頁中一〇行第三字「所」，石、磧、南、徑、清無。
一 五六九頁中末行「訶尾怛」，石、磧、南、徑、清作「尾怛」。
一 五六九頁下一行「微播捺」，石、磧、南、徑、清作「微播捨」。
一 五六九頁下三行「薩囉娑底」，磧、南、徑作「薩囉娑嚩底」。
一 五六九頁下五行第八字「王」下，磧、南、徑有「吠怛囉二合嚩底河王」九字；清有「吠怛二合嚩河王」七字。
一 五六九頁下一三行第三字「王」，石、磧、南、徑、清無。
一 五七〇頁上四行第一〇字「於」，磧、南、徑、清無。
一 五七〇頁上一五行「馬乳山」，磧、南、徑、清作「馬耳山」。
一 五七〇頁中二〇行第一一字「護」，石、磧、南、徑、清作「擁護」。
一 五七〇頁下二行「護我」，石作「護於我」。下同。
一 五七〇頁下八行末字「惱」，徑作「苦」。
一 五七〇頁下九行「辟星」，磧、南、徑、清作「壁星」。
一 五七〇頁下一八行「大白」，石、磧、南、徑、清作「太白」。
一 五七〇頁下二二行「離諸憂惱」，石、磧、南、徑、清無。
一 五七一頁上五行第七字「亦」，磧、南無。
一 五七一頁上八行末字「此」，石作「彼」。
一 五七一頁上九行「成就禁戒」，磧、南、徑、清作「禁戒成就」。
一 五七一頁中九行第八字「覺」，石作「角」。
一 五七一頁中一六行首字「喜」，石、

一　五七二頁上八行第二字「佛」，石、徑、清作「善」；磧、南作「菩」。

一　五七二頁上一〇行「如來」，磧、南、徑、清無。

一　五七二頁中七行末字「祭」，徑、清作「祠」。

一　五七二頁中一二行第一一字「作」，磧、南、徑、清無。

一　五七二頁中一七行「冐送」，磧、南、徑、清作「冐逆」。

一　五七二頁中二二行「半痛」，磧、南、徑、清作「半頭痛」。

一　五七二頁中末行「脣口」，石作「口脣」。

一　五七二頁下一行「心肚膂胯」，磧、南、徑、清作「心痛肚痛腰痛胯痛」。

一　五七二頁下三行第六字「病」，石、磧、南、徑、清作「痛」。

一　五七二頁下七行「三集病」，磧、南作「三焦病」。

一　五七二頁下一四行首字「業」，磧、南、徑作「事」。

一　五七二頁下二〇行「自然得脱」，石作「自然解脱」；磧、南作「戰悚得脱應合戰悚自然得脱」；徑、清作「戰悚得脱應合戰悚自然解脱」。

一　五七三頁上二行第二字「誦」，磧、南、徑、清無。

一　五七三頁上四行第一一字「若」，磧、南無。

一　五七三頁上八行「安隱」，徑、清作「安樂」。

一　五七三頁上九行末字「是」，清無。

一　五七三頁上二一行「灾厄」，石、磧、南、徑、清作「灾危」。

一　五七三頁中五行「安隱」，磧、南作「安樂」。

一　五七三頁中七行末字「住」，徑、清作「立」。

一　五七三頁中一七行第二字「經」，徑、清作「是經」。

一　五七三頁中二一行「至心」，石作「志心」。

一　五七三頁中二一行至本頁下五行七言偈，磧、南無；徑、清置於卷末經名後。

一　五七三頁下一行「晝夜」，石、徑、清作「日夜」。

一　五七三頁下三行「罪業」，石作「罪障」。

一　五七三頁下四行「恒用」，徑、清作「每用」。

大雲輪請雨經卷上

子福刁　写

大唐特進試鴻臚卿大興善寺三藏沙門大廣智不空奉詔譯

如是我聞一時佛住難陀塢波難陀龍王宮吉祥摩尼寶藏大雲道場寶樓閣中與大苾蒭及諸菩薩摩訶薩衆復有諸大龍王衆其名曰

難那龍王塢波難那龍王娑伽羅龍王阿那婆達多龍王摩那斯龍王嚩嚕拏龍王德义迦龍王持國龍王嚩素吉龍王目真鄰陀龍王伊羅跋拏龍王芬陀利龍王威光龍王吉賢龍王電鬘龍王大摩尼髻龍王摩尼珠髻龍王光耀火龍王帝釋仗鋒龍王帝釋幢龍王帝釋杖龍王贍部幢龍王吉祥龍王大輪龍王大蟒蛇龍王光味龍王月威龍王具吉祥龍王寂見龍王善見龍王善住龍王摩尼瓔珞龍王興雲龍王持雨龍王澍雨龍王大拍脅聲龍王小拍脅聲龍王奮迅龍王大撥拏龍王大項龍王深聲龍王大深聲龍王大雄猛龍王塢鉢羅龍王大步龍王螺髮龍王質怛羅斯那龍王大名稱龍王醫羅葉龍王

徧光龍王驢耳龍王商佉龍王捺度羅龍王塢波捺度羅龍王安隱龍王應行龍王大應行龍王大力龍王呼嚧拏龍王何波羅龍王藍謨羅龍王吉哩弭賒龍王黑色龍王帝釋軍龍王那羅龍王塢波那羅龍王劒謨羅龍王捺囉弭拏龍王端正龍王象耳龍王猛利龍王黃色龍王電焰龍王大電焰龍王天力龍王嚩嚕蘖蹉龍王妙蓋龍王甘露龍王河津龍王瑠璃光龍王金髮龍王金光龍王月幢光龍王日光龍王警覺龍王牛頭龍王白色龍王黑色龍王焰摩龍王妙彌龍王蝦蟇龍王僧伽吒龍王尼泯馱囉龍王持地龍王千頭龍王寶髻龍王不空見龍王雲霧龍王蘇踅那龍王麌波羅龍王仁施龍王調善龍王宿德龍王蛟龍王蛟頭龍王持毒龍王食毒龍王蓮華龍王大尾龍王騰轉龍王可畏龍王善威德龍王五頭龍王波哩羅龍王古車龍王嗢怛羅龍王長尾龍王大頭龍王擯甲反卒龍王比迦龍王醜相龍王馬形龍王三頭

龍王龍仙龍王大威德龍王那羅達多龍王恐怖龍王焰光龍王七頭龍王大樹龍王愛見龍王大惡龍王無垢威龍王妙眼龍王大毒龍王焰肩龍王大害龍王大瞋忿龍王寶雲龍王大雲旋水龍王帝釋光龍王波陀樹龍王雲月龍王海雲龍王大香俱牟陀龍王華藏龍王赤眼龍王大幢幡龍王大雲藏龍王雲山龍王威德藏龍王雲戟龍王持夜龍王雲龍王雲雨龍王大雲雨龍王大光龍王雲聲雜瞋恚龍王惡餅龍王龍猛龍王焰光龍王雲蓋龍王應祁羅目佉龍王威德龍王出雲龍王無邊步龍王蘇師拏龍王大身龍王猴腹龍王寂靜龍王勤勇龍王甚烏龍王烏途羅龍王猛毒龍王妙聲龍王甘露堅龍王大散雨龍王攝於耕反霞聲龍王相擊聲龍王鼓聲龍王注甘露龍王雷擊龍王勇猛軍龍王那羅延龍王馬口龍王尾羯吒龍王

有如是等諸大龍王而為上首

復有八十四俱胝百千那庾多諸龍王俱來會坐

時彼一切龍王等從座而起各整衣服偏袒右肩合掌向佛即以種種無量無邊阿僧祇數微妙香華塗香末香華鬘衣服寶幢幡蓋龍華寶冠真珠瓔珞寶華繒綵真珠羅網覆如來上作衆伎樂起大殷重奇特之心右遶佛已卻住一面

尒時諸龍心發是願所有一切諸世界海微塵身海一切諸佛菩薩衆海徧於一切諸世界海已過所有一切四大地水火風微塵等海所有一切諸色影像微塵數海已過無量不可思議不可宣說阿僧祇數諸身等海於一身化作無量阿僧祇諸手雲海徧滿十方又於一一微塵分中化出無量供養雲海徧滿十方我等咸皆持以供養一切諸佛菩薩衆海無量無數不可思議不可宣說阿僧祇數無有間斷普賢行願色身雲海滿虛空際住如是菩薩色身雲海以一切寶衆光明色一切日月身宮殿道場雲海以一切寶鬘雲海以一切寶光明藏樓閣雲海一切末香樹藏雲海以一切塗香燒香現一切色雲海以一切擊諸音樂聲雲海以一切香樹雲海如是等無量無邊不可思議不可宣說阿僧祇數如是一切供養雲海如是等滿虛空際住我等咸皆供養恭敬尊重禮拜一切諸佛菩薩衆海復以一切莊嚴境界照耀藏摩尼王雲海滿虛空際住我等咸皆供養恭敬尊重禮拜一切諸佛菩薩衆海復以一切普徧寶雨莊嚴摩尼王雲海以一切寶光焰佛決定音聲摩尼王雲海以一切佛法平等音聲普徧摩尼寶王雲海以一切普門寶焰諸佛化光雲海以一切衆光明莊嚴顯現不絕摩尼寶王雲海以一切光焰順佛聖行摩尼寶王雲海以一切顯現如來不可思議佛剎電光明摩尼王雲海以一切間錯寶微塵三世佛身影像示現徧照摩尼王雲海如是等滿虛空際住我等咸皆供養恭敬尊重禮拜一切諸佛菩薩衆海

復以一切寶香間錯華樓閣雲海以

大雲輪請雨經卷上　第六　篤字号

一切無邊色摩尼寶王莊嚴樓閣雲海以一切寶燈香焰光樓閣雲海以一切真珠妙色樓閣雲海以一切華臺樓閣雲海以一切寶瓔珞莊嚴樓閣雲海以一切寶微塵數嚴飾無量莊嚴示現樓閣雲海以一切徧滿妙莊嚴樓閣雲海以一切普門華幢垂鈴羅網樓閣雲海如是等滿虛空際住我等咸皆供養恭敬尊重禮拜一切諸佛菩薩衆海

復以一切妙金寶間雜莊嚴瓔珞寶歡喜藏師子座雲海以一切華照耀間雜師子座雲海以一切帝青摩尼閻浮檀妙色蓮華藏師子座雲海以一切摩尼光寶幢妙蓮華藏師子座雲海以一切寶莊嚴妙色蓮華藏師子座雲海以一切樂見因陀羅蓮華光藏師子座雲海以一切無盡光焰威勢蓮華藏師子座雲海以一切寶光普照蓮華藏師子座雲海以一切佛音聲蓮華光藏師子座雲海如是等滿虛空際住我等咸皆供養恭敬

大雲輪請雨經卷上　第七　張　福字号

尊重禮拜一切諸佛菩薩衆海

復以一切妙香摩尼樹雲海以一切諸葉周帀皆如合掌出香氣樹雲海以一切莊嚴現無邊明色樹雲海以一切華雲垂布寶樹雲海以一切出於無邊莊嚴藏樹雲海以一切寶焰輪電樹雲海以一切栴檀末菩薩示現神通身樹雲海以一切不思議無邊樹神莊嚴菩提道場寶衣藏日電光明樹雲海以一切妙音聲流出意樂音普徧金光樹雲海如是等滿虛空際住我等咸皆供養恭敬尊重禮拜一切諸佛菩薩衆海

復以一切無邊寶色蓮華藏師子座雲海以一切周帀摩尼王電藏師子座雲海以一切瓔珞莊嚴藏師子座雲海以一切諸妙寶鬘燈焰藏師子座雲海以一切圓音出寶雨藏師子座雲海以一切華香蓮華莊嚴寶藏師子座雲海以一切佛座現莊嚴摩尼王藏師子座雲海以一切欄楯垂瓔莊嚴藏師子座雲海以一切摩尼寶峯金末香胎藏師子座雲海以一

大雲輪請雨經卷上　第八　張　福字号

切妙香寶鈴羅網普莊嚴日電藏師子座雲海如是等滿虛空際住我等咸皆供養恭敬尊重禮拜一切諸佛菩薩衆海

復以一切如意摩尼寶王帳雲海以一切帝青寶華焰一切華莊嚴帳雲海以一切香摩尼帳雲海以一切寶燈焰形帳雲海以一切佛神力出聲摩尼寶王帳雲海以一切華光焰寶帳雲海以一切妙鈴普徧出聲焰帳雲海以一切無邊色無垢妙摩尼臺蓮華焰帳雲海以一切金葉臺火光寶幢帳雲海以一切不思議莊嚴諸光瓔珞帳雲海如是等滿虛空際住我等咸皆供養恭敬尊重禮拜一切諸佛菩薩衆海

復以一切雜妙摩尼寶蓋雲海以一切無量光明莊嚴華蓋雲海以一切無邊色真珠藏妙蓋雲海以一切諸佛菩薩慈門音摩尼王蓋雲海以一切妙色寶焰華鬘妙蓋雲海以一切寶光明莊嚴垂鈴羅網妙蓋雲海以一切摩尼樹枝瓔珞蓋雲海以一切

日照明徹焰摩尼王諸香煙蓋雲海以一切栴檀末藏普徧蓋雲海以一切廣博佛境界電光焰莊嚴普徧蓋雲海如是等滿虛空際住我等咸皆供養恭敬尊重禮拜一切諸佛菩薩衆海

復以一切寶明輪雲海以一切無間寶焰光形輪雲海以一切華雲電光輪雲海以一切寶光佛化寶光明輪雲海以一切佛剎現入光輪雲海以一切音門佛境界吼聲寶枝光輪雲海以一切佛剎吠瑠璃寶性摩尼王光輪雲海以一切無邊衆生色心剎那顯現光輪雲海以一切佛願生放悅意聲光輪雲海以一切所化衆生會妙音摩尼王光輪雲海如是等滿虛空際住我等咸皆供養恭敬尊重禮拜一切佛諸菩薩衆海

復以一切摩尼藏焰雲海以一切佛色聲香味觸光焰雲海以一切寶焰雲海以一切佛法震聲徧滿焰雲海以一切佛剎莊嚴電光焰雲海以一切華樓閣光焰雲海以一切寶末光焰雲海以一切劫數佛出音聲教化衆生光焰雲海以一切無盡寶華鬘示現衆生光焰雲海以一切諸座示現光焰雲海如是等滿虛空際住我等咸皆供養恭敬尊重禮拜一切諸佛菩薩衆海

復以一切無邊色寶光雲海以一切音徧摩尼王寶光雲海以一切廣博佛剎莊嚴電光雲海以一切香光雲海以一切莊嚴光雲海以一切佛化身光雲海以一切種種寶樹華鬘光雲海以一切衣服光雲海以一切無邊菩薩諸行名稱寶王光雲海以一切真珠燈光雲海如是等滿虛空際住我等咸皆供養恭敬尊重禮拜一切諸佛菩薩衆海

復以一切不可思議摩尼寶光輪雲海以一切寶焰蓮華光雲海以一切無邊色摩尼寶光輪雲海以一切摩尼真珠色藏雲海以一切摩尼妙寶栴檀末香雲海以一切摩尼寶蓋雲海以一切清淨諸妙音聲悅可衆心寶王雲海以一切日光摩尼莊嚴雲海以一切無邊寶藏雲海以一切普賢色身雲海如是等滿虛空際住我等咸皆供養恭敬尊重禮拜一切諸佛菩薩衆海

尒時諸龍王等作是願已遶佛三帀頭面作禮得佛聖旨各各還依次第而坐

尒時有一龍王名無邊莊嚴海雲威德輪蓋三千大千世界主得不退轉住願力故爲欲供養恭敬禮拜於如來聽受正法來此贍部洲時彼龍王從座而起整理衣服偏袒右臂右膝著地合掌向佛而白佛言世尊我今欲有少問如來正偏知惟願聽許

尒時世尊告無邊莊嚴海雲威德輪蓋龍王言汝大龍王若有疑者恣聽汝問吾當爲汝分別解說令汝心喜

作是語已時無邊莊嚴海雲威德輪蓋龍王即白佛言唯然世尊云何能使諸龍王等滅一切苦得受安樂受安樂已又令於此贍部洲時降甘雨生長一切樹木叢林藥草苗稼皆生滋味令贍部洲一切人等悉受快樂

爾時世尊聞是語已即告無邊莊嚴海雲威德輪蓋大龍王言善哉善哉汝今爲彼諸衆生等作利益故能問如來如是等事汝大龍王善聽善聽極善聽汝當作意我爲汝說龍王汝成就一法令一切諸龍除滅諸苦具足安樂何者一法所謂行慈汝大龍王若有天人行大慈者火不能燒刀不能害水不能漂毒不能中内外怨敵不能侵擾安樂睡眠安樂覺寤以自福護持其身以大福而獲威德不被他陵於人天中形貌端嚴衆所愛敬所行之處一切無礙諸苦滅除心得歡喜諸樂具足大慈力故命終之後得生梵世汝大龍王若有天人修大慈行獲是福利是故龍王以慈身業以慈語業以慈意業應當修行

次復龍王有陀羅尼名施一切衆生安樂汝諸龍等常須讀誦繫念受持能滅一切諸龍苦惱與其安樂彼諸龍等既得樂已於贍部洲即能依時降注甘雨使令一切樹木叢林藥草苗稼皆得增長

爾時龍王復白佛言何者名爲施一切樂陀羅尼句

爾時世尊即說陀羅尼曰

怛你也(二合)他(一)馱(引)羅抳(尼貞反)馱(引)
囉抳(二)嗢路(引)囉抳(三去)鉢囉(二合)底(二合)
瑟恥(二合)路(引四)尾惹野羯囉(二合)挐(五)
薩底也(二合)鉢囉(二合)底(丁以反)枳孃(二合)(引六)薩
(引)賀(引)枳孃(二合)(引)曩(引)嚩底(七)嗢答播(二合)(引)
娜顊(八)尾嚧(引)賀顊(九)阿鼻曬左顊
十阿鼻弭也(二合)(引)賀囉輸(上)娑(去)(引)
嚩底(十一)阿惹麼底(十二)嚧呬禁婆(引)
路(引)底(十三)嚩(引)賀(引)訶囉訖禮(二合)餉
度曩(十四)播(引)跛弋(引)馱野(十五)沫(引)嚩
(引)顊哩(引)賀迦達摩曩(十六)(引)秫(詩聿反)馱
(引)路(引)迦(十七)尾底銘囉賀囉惹桒(十八)
耨佉(上)捨麼曩(十九)薩嚩毋馱(引)(二十)嚩路
(引)迦曩(引)地瑟耻(二合)帝(二十一)鉢囉(二合)枳
孃(二合)(引)曩(引)覓娑嚩(二合)(引)賀(引)(二十二)

佛告龍王此陀羅尼句一切諸佛加持汝等常須受持讀誦成一切義利得入法門是名施一切樂句

復次龍王有大雲所生加持莊嚴威德藏變化智幢降水輪吉祥金光毗

盧遮那一毛端所生種性如來名號汝等亦復憶念受持彼如來名號者一切諸龍種姓族類一切龍王眷屬徒衆并諸龍女生龍宮者所有苦惱悉皆除滅與其安樂是故龍王應當稱彼如來名號

南無毗盧遮那藏大雲如來

南無性現出雲如來　南無持雲雨如來

南無吉祥雲威如來　南無大興雲如來

南無大風輪雲如來　南無大雲閃電如來

南無大雲勇步如來　南無須彌善雲如來

南無大雲如來　南無大雲輪如來

南無大雲光如來　南無大雲師子座如來

南無大雲蓋如來　南無大善現雲如來

南無雲覆如來

南無光輪普徧照耀十方雷震聲起雲如來

南無大雲清涼雷聲深隱奮迅如來

南無布雲如來　南無虚空雨雲如來

南無疾行雲如來　南無雲垂出聲如來

南無雲示現如來　南無廣出雲如來

南無擊雲如來　南無雲支分如來

南無如著雲衣如來　南無雲苗稼增長如來

南無乘上雲如來　南無飛雲如來

南無雲名如來　南無散雲如來
南無大優鉢羅華雲如來　南無大香身雲如來
南無大涌雲如來　南無大自在雲如來
南無大光明雲如來　南無大雲施如來
南無大金摩尼寶藏如來　南無雲聲藏如來
南無雲族如來　南無雲攝受如來
南無散壞非時雲雹如來　南無大金雲高響如來
南無大發聲雲如來　南無大降雨雲如來
南無族色力雲如來　南無大雲牟雨水如來
南無流水大雲如來　南無大雲滿海如來
南無陽焰旱時注雨雲如來　南無無邊色雲如來
南無一切差別大雲示現贍部檀飛雲威德月光焰雲如來等應供正徧知三藐三佛陀

尒時世尊說是如來名已告無邊莊嚴海雲威德輪蓋龍王言汝大龍王此等如來名號汝等一切諸龍若能受持稱名禮敬者一切諸龍所有苦難皆悉解脫普獲安樂得安樂已即能於此贍部洲降注甘雨令一切藥草叢林樹木苗稼悉皆增長

尒時三千大千世界主無邊莊嚴海雲威德輪蓋龍王復白佛言世尊我今啓請如來說陀羅尼句令於未來末世之時於贍部洲亢旱不降雨處誦此陀羅尼即當降雨飢饉惡世多饒疾疫非法鬪諍人民恐怖妖星變怪災害相續有如是等無量苦惱以佛威神加持皆得除滅惟願世尊以大慈悲愍諸衆生爲說陀羅尼句警覺諸龍悉令受持能使諸天歡喜踊躍能摧一切諸魔遮止衆生災害逼惱能作息災吉祥之事能除妖星變恠如來所說五種雨障亦皆消滅即令此贍部洲雨澤以時惟願如來爲我等說

大雲輪請雨經卷上

大雲輪請雨經卷上

校勘記

一　底本，金藏廣勝寺本。

一　五七六頁中二行譯者，[徑]、[清]作「唐特進試鴻臚卿三藏沙門大廣智不空奉詔譯」；[麗]作「開府儀同三司特進試鴻臚卿肅國公食邑三千户賜紫贈司空謚大鑒正號大廣智大興善寺三藏沙門不空奉詔譯」。下卷同。

一　五七六頁中三行「佛住」，[徑]作「佛在」。

一　五七六頁中六行第八字「衆」，[麗]無。

一　五七六頁中一九行第三、四字「拍胷」，[麗]作「迫胷」。下同。

一　五七六頁中末行「醫羅業」，[石]、[麗]作「翳羅業」。

一　五七六頁下四行「何波羅」，[麗]作「阿波羅」。

一　五七六頁下六行末字「羅」，[徑]無。

一　五七七頁上九行「雲山」，[石]、[磧]、普、南、徑、清、麗作「雪山」。

一 五七七頁上一四行「威德」，徑作「處德」。

一 五七七頁上一九行「甘露」，石作「甘雨」。

一 五七七頁中四行末字至五行首字「末香」，石作「粖香」。下同。

一 五七七頁中一六行「十方」，磧、普、南、徑、清作「下方」。

一 五七七頁下一行「一切」，石、麗作「以一切」。

一 五七七頁下一二行「音聲」，麗作「音樂」。

一 五七八頁上一四行「師子座雲海」下，石、磧、普、南、徑、清、麗有「以一切摩尼燈蓮華藏師子座雲海」十四字。

一 五七八頁下五行第一一字「帳」，徑作「幛」。下同。

一 五七八頁下八行第九字「佛」，磧、普、南、徑、清無。

一 五七八頁下一二行「火光」，麗作「大光」。

一 五七九頁上一八行「佛諸」，石、普、徑、清、麗作「諸佛」。

一 五七九頁下一二行「右臂」，徑、清作「右肩」。

一 五八〇頁上四行第一一字「善」，石、麗無。

一 五八〇頁上一八行「次復」，石、磧、普、南、徑、清、麗作「復次」。

一 五八〇頁下一五行末字「來」下，磧、普、南、徑、清有「南無行雲如來」六字。

一 五八〇頁下一七行「大雲」，麗作「十方大雲」。

一 五八一頁上七行第一五字「空」，麗無。

一 五八一頁上一二行「贍部」，磧、普、徑、清作「贍部洲」。

一 五八一頁上一三行第一〇字「等」，麗無。

一 五八一頁中三行「飢餓」，石、麗作「飢饉」。

大雲輪請雨經卷下

特進試鴻臚卿大興善寺三藏沙門大廣智不空奉 詔譯

尒時世尊聞此無邊莊嚴海雲威德輪蓋龍王如是請已讚言善哉善哉汝大龍王能請如是利益安樂一切有情是故龍王汝今聽善聽極善聽汝當作意我為汝說此陀羅尼名為大悲雲生震吼奮迅勇猛幢一切如來威神加持隨喜宣說利益安樂一切衆生故於未來世若亢旱時能令降雨若滯雨時亦能令止飢饉疾病亦能除滅普告諸龍令使知聞復令諸天歡喜踊躍能摧諸魔安隱一切有情說此陀羅尼曰

怛你也(二合)他(去引)一 摩賀枳孃(二合引)曩(引) 嚩(無可反)婆(去引)娑(上)二 頻室哩(二合)多帝祖(引祖魯反) 洛乞史(二合)銘(引)三 濕嚩(二合)路(二合)茶(去)尾訖囉(二合)莫(四)嚩(同前音)日囉(二合)僧(去)伽(去引)多 囉(二合)五 鉢囉麼尾囉逝湼(寧逸反)麼囉孽 寧 拏(上)計覩(六)素(引)哩野(二合)鉢囉(二合)陛 尾麼朗(引)誐(七)拽瑟置(二合)跋囉跋囉 八 三(去)跋囉三(去)跋囉(九)跓(宅耶反下同)砧(宅洛反下同)母跓砧母(十)賀曩賀曩 摩賀

(引)鉢囉(二合)陛(十二)尾度(引)多謨(引)輸(引)馱迦(引)跢(十三)鉢囉(二合)枳孃(二合引)秫第(引)跛哩布囉抳(十四)母(引)怛跢(二合)母(引)怛跢(十五)母(引)怛哩(二合)味(引)囉那莫塞訖哩(三合)帝(十六)母(引)怛覽(二合引)母馱肆惹(上聲)擇惹囉(十七)惹擯(引)母馱肆(引)地孕(二合)誐(十八)矩素銘娜捨麼黎左(十九)咄吠(引)舍(引)囉你曳(二合)二十 阿瑟吒(二合)二十一(引)娜舍(引)吠(尾閉反)抳迦(引)母馱達謎(二十二)一輸(上)婆(去)麼底(丁以反)本寧野(二合)囉(引)始(二十三)輸(上)婆(去)羯磨(二十四)三門(上)尾帝儼避(引)跢尾囉惹娑計(二十五)尾補黎尾勢灑鉢囉(二合引)跛帝(二十六)頻囉(引)室囉(二合)嚩達謎(二十七)薩嚩路(引)迦惹瑟姹(二合)二十八 室跢(二合引)瑟姹(二合)嚩囉鉢囉(二合)嚩跢(二十九)阿努(鼻聲)怛跢阿僧(引)霓(上)馱囉馱囉(三十)地哩地哩(三十一)度嚕度嚕(三十二)扇(引)多(上)麼帝扇(引)多播(引)閉(三十三)薩囉薩囉(三十四)左囉左囉(三十五)唧哩唧哩(三十六)祖嚕祖嚕(三十七)跛囉麼母馱(引)拏(鼻聲)麼帝(三十八)摩賀(引)鉢囉(二合)枳孃(二合上)(引)播(引)囉弭帝娑嚩(二合)賀(引)三十九

南無智海毗盧遮那如來南無一切

諸佛菩薩摩訶薩衆
我今召請一切諸龍於瞻部洲令降
雨故以一切佛菩薩誠實真言誡勅
諸龍除滅五障後說陀羅尼曰
怛你也二合他一薩囉薩囉二悉哩悉
哩三素嚕素嚕四曩引誐引南引五惹
嚩惹嚩六介尾介尾七祖舞祖舞八
摩賀引曩引誐引阿去引蘗𢮦反多
九母馱薩底曳二合引寧訶瞻部引你
尾二合引閉十鉢羅二合䫂殺陀鍐二合十一左
羅左羅一十唧哩唧哩三十祖嚕祖嚕
摩賀引曩引誐引地跛底丁以反十五曩引
麼引蘗𢮦地㬥引七十摩賀引曩引誐引
母馱薩底曳二合寧訶瞻部引你尾二合
引閉七十鉢羅二合䫂殺陀鍐二合十八馱羅馱
羅九十地哩地哩二十度嚕度嚕一二十母馱
薩底曳二合曩二十薩嚩曩引麼引嚩
引訶以史夜二合引銘三二十𢘬引怛囉二合
唧帝曩四二十迦嚕拏引唧帝曩五二十母
你路引唧帝曩六二十鄔閉乞灑二合唧
帝曩七二十薩嚩母馱冐地薩怛嚩引地
瑟姹二合引寧八二十曩摩夜引曩引捨曳
平曩引蘗𢮦佗九二十摩賀曩引誐引地

跛多上野十三娑麼二合囉多母馱引南
一二十母馱達磨引喃二三十冐地薩怛嚩二合
僧伽南引二三十跛囉跋囉四三十鼻哩鼻
哩五三十部嚕部嚕六三十摩賀惹攬引謨誐
伽去嚩引哩馱引哩抳七三十摩賀部惹
誐引跛哩迦囉引入𢘬引怛囉二合唧帝
曩八三十蘗𢮦多娑麼二合囉多九三十嚩囉
捨引娑難捨引娑覩二合四十伽去𪘨下同乞伽
乞一四十岐去致岐致二四十具誅去具誅
鄔佗羅二合矩嚕二合馱引四十摩賀吠
誐引路引擺介賀嚩二合五四十摩賀
尾灑引阿引去蘗𢮦多六四十𢘬引怛囉
唧路引入𧄌囉灑二合陀鍐二合七四十伊上訶
瞻部你尾二合引閉薩嚩怛佗去蘗多薩
底曳引曩娑嚩二合賀引八四十怛吒怛吒
九四十底致底致十五咄拄咄拄一五十摩
賀引麼抳麼矩吒二五十冐引里馱囉引
試引尾灑嚧引比拏三五十娑麼二合囉多
底哩二合囉怛曩二合引地瑟姹二合引難四五十
嚩囉二合馱囉薩底曳二合引曩𧄌囉灑
多五五十伊上訶瞻部你尾二合引閉娑嚩二合
引賀引六五十迦攞迦攞七五十枳里枳里八五十矩
魯矩魯九五十麼護引娜迦嚩引悉諦六十

摩賀勃攞二合矩引吒夜引曩引鼻夜
引以諾鼻聲一十六阿去引蘗𢮦多二六十𢘬引怛
囉二合唧帝引曩伊上訶瞻部你尾二合
閉三六十𧄌囉灑二合馱引囉引母此啗二合
惹多四六十怛佗去引蘗多薩底曳二合曩六十
五怛佗引蘗路引地瑟姹二合𢘬引曩
六十嚩囉二合播引抳底貞反囉引枳孃二合引
七六十跛野底八六十羅擺羅擺羅擺八六十哩里哩里
九六十嚕嚕嚕嚕十七尾誐多多弭娜嚩
一七十娑去嚩多薩嚩部惹引那反虐
二七十怛哩拽二合怛他去引蘗多薩底曳
三七十曩伽去𪘨去麼四抳去弭
袪去弭五七十具重聲母具母娑嚩二合
賀引六十七阿引去嚩引賀夜引弭薩嚩曩
嚩引𢘬引怛囉二合唧帝引曩七十冐
地唧多布引羅𧄌二合誐諾引曩七十
八怛羅怛羅九七十底哩底哩十八覩嚕
覩嚕娑嚩二合賀引一八十尾矩胝曩引
曩引尾訖哩二合多二八十試引羅灑二
娑賀娑囉二合三八十試引羅灑二合囉訖路
乞灑二合四八十摩賀引𧄌囉拏二合五八十嚩
摩賀引摩護引囉誐引曩六八十
訶夜引訶哩嚩二合引摩賀引部惹虐入引娑

麼(二合)囉多(八十七)摩賀(引)迦(引)嚕抳迦(引)喃(引)
(八十八)薩嚩本孃帝(引)惹娑帝(二合)介多(引)
喃(引八十九)挽(引)多訖禮(舍去引)南(引)怛
佗(引)誐路(引)曩(引)麽地瑟姹(引二)難(九十一)
誐娜誐娜(九十二)凝(研以反)你(泥以反)凝你(九十三)
麌努麌努娑嚩(引二合)賀(九十四)阿(上)鉢囉
(二合)底訶多麽攞跛囉(引)訖囉(二合)護(九十五)
祖(去引)馱(引)咯(引)蘵囉灑(二合)馱(引)咯(入)
(引)鉢囉(二合)蘵囉灑(二合)帝(引)訶贍部
你尾(引二合)閉(九十七)捨囉捨囉(九十八)始哩
始哩秫(詩律反)嚕秫嚕娑嚩(二合引)賀(九十九)
暴(引)暴(引)摩賀(引)曩(引)虐(入)娑
嚩(二合)矩攞遏(引)怛囉(二合)麽努(鼻)娑麽
(二合)囉多(一百)蘵囉灑(二合)馱(引)囉(引一百一)盟
此哩(二合)惹帝(引)訶贍部(引)你尾(引二合)
閉(一百二)薩嚩袮(引)嚩薩底野(引二合)地
瑟姹(引二合)寧(引)曩麽(鼻)尾攪麽多娑
嚩(二合)賀(一百三)沒囉(二合)賀麽(二合)薩底野
(引二合)地瑟姹(引二合)寧(引)曩鉢囉(二合)蘵囉
灑(二合)帝(引)訶贍部(引)你尾(引二合)閉娑
嚩(引二合)賀(一百四)爍訖囉(二合)薩底曳(二合引)
曩鉢囉(二合)蘵囉灑(二合)多摩賀(引)曩(引)
虐(入引)伊(上)訶贍部你尾(引二合)閉娑嚩

(二合引)賀(一百五引)桜咄摩賀(引)囉(引)惹薩底
曳(二合引)曩鉢囉(二合)蘵囉灑(二合)帝訶贍
部你尾(引二合)閉娑嚩(二合)賀(一百六引)阿瑟
吒(二合)麽(鼻)迦薩底曳(二合引)曩鉢囉(二合)蘵
囉灑(二合)摩賀(引)曩(引)虐(一百七入引)伊(上)訶
贍部(引)你尾(二合引)閉娑嚩(二合引)賀(一百八引入)
鉢囉(二合)蘵囉灑(二合)多摩賀(引)曩(引)虐
(入引一百九)素嚕(二合引)多阿(引)半曩薩底曳
(二合引)曩伊(上)訶贍部你尾(二合引)閉娑
嚩(二合引)賀(一百十引)鉢囉(二合)蘵囉灑(二合)多
摩賀(引)曩(引)虐(入引一百十一)娑訖哩(二合)那誐
(引)弭薩底曳(二合引)曩伊(上)訶贍部(引)
你尾(引二合)閉娑嚩(二合)賀(一百十二)鉢囉
(二合)蘵囉灑(二合)多摩賀曩(引)虐(入引一百十三)
阿(上)曩(引)誐(引)弭薩底曳(二合引)曩伊
(上)訶贍部(引)你尾(二合)閉娑嚩(引二合)賀
(引一百十四)鉢囉(二合)蘵囉灑(二合)多摩賀(引)曩
(引)虐(入引一百十五)阿羅恨(二合)薩底曳(二合)寧
(引)訶贍部(引)你尾(引二合)閉娑嚩(引二合)賀
(引一百十六)鉢囉(二合)蘵囉灑(二合)多摩賀(引)曩
(引)虐(入引一百十七)鉢囉(合)一底曳(二合)迦毋馱
薩底曳(引二合)寧(引)訶贍部(引一百十八)你尾
(二合引)閉娑嚩(引二合)賀(引一百十九)鉢囉(二合)蘵囉

灑(二合)多摩賀(引)曩(引)虐(入引一百二十)薩嚩冒
(引)地薩怛嚩(二合)薩底曳(二合引)寧(引)訶
贍部(引)你尾(引二合)閉娑嚩(引二合)賀(引一百二
十一)鉢囉(二合)蘵囉灑(二合)多摩賀(引)曩(引)
虐(入引一百二十二)薩嚩怛佗(去引)薩跢(引)喃(引)
薩底野(二合)地瑟姹(引二合)寧(引)曩伊
(上)訶贍部(引)你尾(引二合)閉娑嚩(二合)賀
(引一百二十三)薩嚩袮嚩(引)南薩底曳(二合引)
曩捨麽野多薩冒(引)鉢捺囉(二合)嚩(引)
抳(尼呈反)娑嚩(引二合)賀(引一百二十四)薩嚩曩(引)誐
(引)喃(引)薩底曳(二合引)曩鉢囉(二合)蘵囉
灑(二合)帝(引)訶摩賀(引)畢哩(二合)體
毗琰(二合)娑嚩(引二合)賀(引一百二十五)薩嚩藥
乞灑(二合引)喃(引)薩底曳(二合引)曩囉乞
灑(二合)多薩嚩薩怛嚩(二合)喃(引)娑(入)
嚩(二合引)賀(引一百二十六)薩嚩彥達嚩(引)喃
(引)薩底曳(二合引)曩(引)跛賀囉多
薩冒(引)播(引)夜(引)素鉢捺囉(二合)嚩
(引)抳麽努(鼻)灑(引)喃(引)娑嚩(引二合)賀
(引一百二十七)薩嚩阿素囉(引)喃(引)薩底曳(二合)
(引)曩尾額蘵多野多(入聲)薩嚩尾灑
麽(鼻)諾(鼻)乞察(二合)怛囉(引二合)抳娑嚩
(二合引)賀(引一百二十八)薩嚩誐嚕拏(上引)喃(引)

薩底曳引二合曩毋怛哩濕三合矩嚕多
入聲薩曩引識引南引野你寧以反
訶嚩部引你尾引二合閉摩賀引韈囉
灑二合馱引囉引塢此哩二合惹自聲反欲
娑嚩引賀引一百三十薩嚩緊娜囉引南
引薩底曳引二合曩捨庾野多一百三十一薩
嚩捨引半引鉢囉二合賀攞二合娜野多
薩嚩薩怛嚩二合娑嚩二合賀引一百三十二薩
嚩麼護羅誐引南引薩底曳引二合曩尾
補攞尾娑底引二合囉努二合韈羅灑二合
馱引囉引塢此哩二合惹多散馱引囉
野多半左韈崖引多囉引夜引抳娑
嚩二合賀引一百三十三薩嚩嚩麼努鼻灑引南
引薩底曳二合曩跛哩播引攞野多薩
嚩麼努鼻灑引南引娑嚩二合賀迦羅
一百三十四迦囉迦囉一百三十五抧哩抧哩一百三十六矩
嚕矩嚕一百三十七娜囉娜囉一百三十八作哩
你寧以反曩努曩努一百三十九曩吒曩
吒一百四十顊底顊底一百四十一努努吒
吒同上一百四十二試伽囉一嚩引呬顊摩賀謎
引儉引謀馱謀馱一百四十三謎引祇岐異反謎引
祇一百四十四同上摩賀引謎引祇摩賀謎引
祇一百四十五摩賀謎引儉引謀馱隸

謎引具引你庾引二合底帝一百四十七謎伽
此字去聲中餘準此三去婆去吠微閉反迦引攞謎
祇一百四十八謎引伽引去羯鵌謎引伽薩惹
鵌一百四十九謎引伽蘗惹寧謎引伽具引
央帝一百五十謎伽冒引里謎伽麼引鼻邏引
達鵌謎伽尾步引灑抳一百五十一謎伽娑
嚩二合寧謎伽尾曩引捨顊一百五十二謎
蘗陛謎伽惹嚩謎伽鉢囉二合陛謎伽
嚩引哩馱引鵌一百五十三尾補攞謎伽去引
地庾二合央帝一百五十四謎伽野抧跛尾帝
薩頻引去跛賀引鵌擬哩建娜囉嚩引
枲顊一百五十五曩引誐麼引帝婆誐嚩底
一百五十六摩賀引謎抵室哩二合沫乳底
囉細試多僧去婆鉢二合勢一百五十七摩賀
嚩引多曼拏上囉帝娑遇引左鵌引一
百五十八摩賀引曩引誐尾訖哩二合賦帝
一百五十九婆誐嚩底報引拏鵌一合設擣囉
二合娑引野曩一百六十嚩引哩馱引哩抳鉢
囉二合韈灑母馱薩底曳二合寧引訶
嚩部引你尾二合閉娑嚩二合賀引一百六
十一伽去囉伽去囉祇哩祇哩具嚕具
嚕一百六十二祇哩抳祇哩抳一百六十三具麼鼻音
下同具歷具歷具麼一百六十四具麼哩具麼

哩一百六十五曩誐引試囉跛二合麼賀引謎
引伽去麼引里顙一百六十六尾你庾二合
囉迦二合邏跛麼引鼻里顙一百六十七薩嚩岁
惹又誐馱引哩抳一百六十八誐引伽跛
吒囉娑怛囉二合馱囉抳一百六十九誐引
伽尾數引羌囉一遇引左鵌引一百七十謎
伽去尾庾引二合訶嚩引賀寧藥惹曩引
娜顙曩引娜曩引你泥以反一百七十一帝曩引誐
引南引散祖引去娜顙引祖上娜野祢
引微引摩賀引誐引伽去麼引鼻里顙
一百七十二怛他引去蘖多蘖底曳二合曩薩嚩
曩引誐引識羅灑二合跛引麼鼻引尾擋
麼上帝引訶嚕部引你尾引二合閉娑嚩
二合賀引一百七十三伽去囉伽去囉祇岐異反哩
祇哩具嚕具嚕一百七十四祖去嚕祖去嚕
一百七十五尒哩尒里一百七十六惹囉惹囉一百七十七
薩囉薩囉一百七十八虞拏上虞拏上一百七十九
蘗拏蘗拏擬底擬底一百八十賀羅賀羅
呬馨以反里呬上里一百八十一戶魯戶魯一百
八十二怛攞怛攞底丁以反里底里覩魯覩
魯一百八十三賀曩賀曩諾賀諾賀鉢左鉢
左一百八十四羌哩二合恨拏二合羌哩二合恨拏
二合一百八十五沫轉舌呼下同娜沫娜鉢囉二合沫娜

鉢囉(二合)沫娜(一百八十六)薩譏嚩灑(二合)尾覲
南(二合)每(引)怛[口*余](二合)夜(引)枳孃(二合)
(引)跛野底(丁以反)娑嚩(二合)賀(引一百八十七)
第母第母沒第母沒第(一百八十八)賀羅賀
囉攞(引)半薩嚩薩怛嚩(二合引)南(引)阿(上)地
瑟姹(引二合)野奔頻演(二合)薩嚩母馱(引)
南(引)馱(引)囉抳馱[口*余](一百八十九)瑜(上)娑(去)
麼(鼻)帝(引)麌抳(尼夏反引)數鉢囉(引二合)跛
抳(一百九十)摩賀(引)枳孃(上二合引)惹(引)勒計(二合)
輸婆(去)達謎(引)薩底野(二合)鉢囉(二合)底
(丁以反)枳寧(二合一百九十一)摩賀(引)夜(引)曩你庾
(二合)央帝路(引)迦惹(自曳反引)瑟薑(二合一百九十二)
婆(去)誐嚩底(丁以反)母馱每怛[口*余](二合引一百九
十三)阿(去引)布(引)囉野薩嚩乞灑(二合)怛囉
(二合)抳東訖禮(二合)濕吠(引二合)櫓(去)譏
(引二)隸(引)半(引)拏(上)囉嚩(引)枲頻(一百九十四)度
度[口*余]度度[口*余](一百九十五)捨麼(鼻)捨麼(一百九十六)
扇(引)多麼(鼻引)曩(引)舍(引)薩嚩譏囉灑(二合)
尾覲南(引合)尾色檢(二合)娑野娑嚩(二合)
(引)賀(引一百九十七)薩嚩怛囉拽(三)陛嚩(二合)怛
佗(去引)蘖多薩底曳(二合引)曩每(引)怛囉
(二合)唧怛多夜(引一百九十八)迦嚕拏唧怛多夜
(引一百九十九)三(去)藐沒囉(二合)多多布(引)頻野

麼唧怛多夜(引二百)摩賀(引)曩(引)誐囉
(引)惹散怛(引去)娜夜(引)弭娑嚩(引二合)賀(引二)
(一百)阿(上)難(上)多跛哩迦囉娑(去引)薩囉
謎(引)伽(去)尾庾(引二)訶(二百)帝(引)祖(去)
昴拏(上)羅擽怛囉(二合引)迦(引)囉羅(引)
殘摩賀(引)曩(引)誐(引)地鉢底(引二合)散
祖(去引)娜夜(引)弭(二百三)鉢囉(二合)譏囉灑(二合)
帝(引)訶瞻部(引)你尾(引二合)閉娑嚩(二合引)
賀(引二百四)難(上)奴(引)眩難(上)奴(引)曩(引)誐
囉(引)遭散祖(去引)娜夜(引)弭鉢囉(二合)譏
囉灑(合二)帝(引)訶瞻部(引)你尾(引二合)閉
娑嚩(二合)賀(引二百五)娑(去引)蘖嚩(呼舌)曩(引)
識羅(引)殘散祖(去引)娜夜(引)弭鉢囉(二合)
譏囉灑(合二)帝(引)訶瞻部(引)你尾(引二合)閉
娑嚩(引二合)賀(引二百六)曩嚩多瞻卑(二合)曩(引)誐
囉(引)殘散祖(去引)娜夜(引)弭鉢囉(二合)譏
囉灑(合二)帝(引)訶瞻部(引)你尾(引二合)閉娑
嚩(引二合)賀(引二百七)麼(鼻)曩娑尾(合二)難曩(引)
誐囉(引)殘散祖(去引)娜夜(引)弭鉢囉(合二)
譏囉灑(合二)帝(引)訶瞻部(引)你尾(合二)閉
娑嚩(二合)賀(引二百八)[口*尃]赦曩(引)識囉(引)
殘散祖(去)娜夜(引)弭鉢囉(合二)譏羅灑
(合二)帝(引)訶瞻部(引)你尾(引二合)閉娑嚩

(二合)賀(引二百九)多(上)乞灑(二合)捷曩(引)識囉
(引)殘散祖(引去)娜夜(引)弭鉢羅(二合)譏囉
灑(二合)帝(引)訶瞻部(引)你尾(引二合)閉娑
嚩(引二合)賀(引二百十)地哩(二合)多(上)囉(引)瑟嚩(二合)
麼(鼻)曩(引)識囉(引)殘散祖(去)娜夜(引)弭
鉢囉(二合)譏囉灑(二合)帝(引)訶瞻部(引)你
尾(引二合)閉娑嚩(引二合)賀(引二百十一)嚩(引)隸際
曩(引)識囉(引)殘散祖(引去)娜夜(引)弭鉢
囉(二合)譏囉灑(二合)帝(引)訶瞻部(引)你尾
(引二合)閉娑嚩(引二合)賀(引二百十二)母唧陛(上)難
曩(引)識囉(引)殘散祖(去)那夜(引)弭鉢
囉(二合)譏囉灑(二合)帝(引)訶瞻部(引)你尾
(二合)閉娑嚩(引二合)賀(引二百十三)愛(引)囉(引)嚩
喃曩(引)識囉(引)殘散祖(去)娜夜(引)弭鉢
囉(二合)譏羅灑(二合)帝(引)訶瞻部(引)你尾(二合)
閉娑嚩(引二合)賀(引二百十四)報(引)拏嚩(二合)
嚩(舌)曩(引)識囉(引)殘散祖(去)娜夜(引)弭
鉢囉(二合)譏囉灑(二合)訶瞻部(引)你
尾(引二合)閉娑嚩(引二合)賀(引二百十五)室哩(二合)
帝(引)惹瑟曩(引)識囉(引)殘散祖(去)娜
夜(引)弭鉢囉(二合)譏囉灑(二合)訶瞻部
(引)你尾(引二合)閉娑嚩(二合)賀(引二百十六)室
哩(二合引)跛搽喃(二合)曩(引)識囉(引)殘散祖

去引娜夜引弭鉢囉二合蘖囉灑二合帝引
訶贍部引你尾二合閉娑嚩二合賀引二百十
一尾你庾二合多壓二合里難曩引誐囉
引殘散祖引去娜夜引弭鉢囉二合蘖囉
灑引二合訶贍部引你尾二合閉娑嚩二合
賀引二百十八摩賀引壓鼻捉祖引赦曩
引誐囉引殘散祖引去娜夜引弭鉢囉
二合蘖囉灑二合帝引訶贍部引你尾二合
引閉娑嚩二合賀引二百十九祖引拏引壓
鼻捉馱喃鼻平曩引誐囉引殘散祖
引娜夜引弭鉢囉二合蘖囉灑二合訶
贍部引你尾二合閉娑嚩二合賀引二百二十
阿嚩娑去曩矢棄難曩引誐囉引殘
散祖引去娜夜引弭鉢囉二合蘖囉灑二合
訶贍部引你尾二合閉娑嚩二合賀引二百二十一
一嚕蹉鉢囉二合目佉引去薩嚩曩引誐
囉引惹散祖引去娜夜引弭鉢囉二合蘖
囉灑二合訶贍部引你尾二合閉娑嚩二合
賀引二十二百二曩霓曩霓摩賀引曩
引霓二百二十三具引囉庶鼻曩細曩引誐
紇哩二合乃曳平度引庶鼻引矩黎
三塢瓦嚩二合盧引曬引鉢囉二合賛上
拏帝引惹自引尾數引瓦絲二合引二百二十六

阿去引試引尾灑引阿上𠰶具引㘑訖哩
三合史拏二合咻反平平蘖枸左路引
擺佘賀吠二合引摩賀引頗拏迦𠼝迦
羅播引勢勞引捺羅二合縛引枲顆跓
二十七跓反乇拸跓謎二百二十八二跛羅跛羅畢哩
畢哩補嚕補嚕尾娑普引二合尒
帝咄嚕咄嚕摩賀引暴引霓歷捉馱
徐引二百𠰶哩𠰶哩二嚕戶嚕二百三十一頗
囉頗囉二引三囉下同囉灑二合縛羅
灑二合二百三十二惹反自擺攬引母馱絲眘謀
眘謀二百三十七縛邏引賀計二百三十五怛乇怛
乇二百三十六跓反乇拸跓謀三上同跓謀二百三十七
度度度度謎二百三十八謎引伽去鉢羅
二合陛二百三十九謎引伽去嚩
迦茶去迦茶去迦茶去迦二百四十一跓
乇拸反跓謎伽去拏鼻伽去拏鼻二百四十一矢
蘖顉迦拏鼻迦拏鼻二百四十三誐拏鼻誐拏
二百四十四鼻摩賀引曩引誐蘖捉顉囉怛囉
二合引母闍若囉得迦引合哩引二百四十五摩
賀引曩誐訖哩二合乃曳二百四十六具摩鼻
具摩四十七具摩鼻引跋夜引二百四十八娑底
二合迦葬引儗哩部葬誐諾尾迦乇僧
去合迦乇二百四十九具引囉乇娑普二合尒

帝尾紫稟二合娑去寧二百五十阿去嚩引賀
夜引弭薩嚩曩引𪘨引薩嚩毋馱引
地瑟姹二合宏冉曩下二百五薩嚩怛哩曳
二合陀嚩二合怛佗引去蘗多薩你曳二合引
曩二百二十一毋引怛囉二合吽帝引曩鉢囉
二合蘖羅灑二合帝訶贍部引你尾二合閉引
娑嚩二合引賀引二百五十三自

尒時三千大千世界主無邊莊嚴海雲威德輪蓋大龍王及諸龍王等并龍眷屬聞佛教勑皆大歡喜信受奉行

天阿蘇羅藥叉等　來聽法者應至心
擁護佛法使長存　各各勤行世尊教
諸有聽徒來至此　或在地上或居空
常於人世起慈心　日夜自身依法住
願諸世界常安隱　無邊福智益群生
所有罪業並消除　遠離衆苦歸圓寂
恒用戒香塗瑩體　常持定服以資身
菩提妙華徧莊嚴　隨所住處常安樂

大雲輪請雨經卷下

大雲經祈雨壇法　三藏法師不空譯

若天亢旱時欲祈請雨者，於露地作壇除去凡礫及諸穢物，張設青幕懸青幡，香泥塗拭作一方壇。於壇中畫七寶水池，池中畫海龍王宮，於龍宮中有釋迦牟尼如來作說法相，佛右畫觀自在菩薩，佛左畫金剛手菩薩等侍衛。於佛前右畫三千大千世界主輪蓋龍王，佛前左畫難陀跋難陀二龍王。於壇四方用瞿摩夷汁各畫一龍王：於東方畫一龍王，一身三頭，量長三肘，并眷屬圍遶；又於南方畫一龍王，一身五頭，量長五肘，并諸眷屬；又於西方畫一龍王，一身七頭，量長七肘，并眷屬圍遶；於北方又畫一龍王，一身九頭，量長九肘，并眷屬圍遶。皆在靉靆青黑雲中，半身已下如蛇形，尾在池中，半身已上如菩薩形，皆合掌從池涌出。於壇四角置四清水瓶，隨其力分飲食菓子等，皆染作青色，以慇淨心布列供養，燒香散青色花。道場中所用物皆作青色。祈雨之人若是出家苾芻，應具律儀；若俗士，應受八戒。作法之時喫三白食，每日香湯沐浴，著新淨青衣，於壇西面以青物為座，即以香塗手，先應三密加持自身及護壇場。按上置此大雲經，於一切有情起大慈悲心，至誠請一切佛菩薩加持，晝夜虔誠讀此大雲經，或二人三人乃至七人更替讀誦，經聲不應間斷。亢旱之時如是依法讀此大雲經，或經一日二日乃至七日，定降注甘雨。若灾重不雨，更作必降甘雨。假使大海或有過限越潮，依此經作法轉讀，無不應効。應發願：讀經所生功德迴向諸龍，願皆離諸苦難，發無上菩提心，為一切有情降注甘雨。

大雲經祈雨壇法

路

大雲輪請雨經卷下

校勘記

一　底本，金藏廣勝寺本。

一　五八三頁中一行下，石有「大雲經祈雨壇法」七字。

一　五八三頁中四行第二字「蓋」，普無；磧、南作「善」。

一　五八三頁中五行「如是」，石、麗作「如來」。

一　五八三頁中八行第一一字「憧」，石、磧、普、南、徑、清、麗作「幢」。

一　五八三頁中一四行末字「曰」下，徑有夾註「三行蓋二藏譌作善非」。

一　五八四頁上二行第二字「令」，石、磧、普、南、徑、清、麗作「今」。

一　五八八頁下一一行「至心」，石作「志心」。

一　五八八頁下一一行至一八行七言偈與卷末經名行，磧、南、清互置。

一　五八八頁下一二行第五字「便」，石、磧、普、南、徑、清、麗作「使」。

一　五八八頁下一六行「罪業」，石作「罪障」。

一　五八八頁下一八行後，磧有「大雲輪請雨經後回向悔罪文」一行。

一　五八八頁下卷末經名後，石有「大雲經祈雨壇法」大段經文，兹據石經本附録卷后。

佛說雨寶陀羅尼經　二合　　䇿

大興善寺三藏沙門大廣智不空奉　詔譯

如是我聞一時薄伽梵住憍睒彌國建吒迦林與大苾芻衆五百人俱又與多諸大菩薩摩訶薩俱時憍睒彌國中有一長者名曰妙月諸根寂靜心意寂靜多有男女及多僮僕淨信成就往詣佛所頭面禮足遶百千帀卻住一面合掌恭敬而白佛言世尊欲問如來應正等覺少有所疑事惟願大慈垂愍聽許

尒時世尊告長者言恣汝意問當爲汝說令汝心喜時彼長者聞是語已歡喜踊躍世尊云何善男子善女人諸貧匱者可得富饒諸有疾病令無疾病尒時世尊告妙月長者言何緣作如是問時彼長者重白佛言世尊我等在家多諸眷屬資財乏少難可支濟又多疾病惟願世尊開示法要當令貧者永離貧窮倉庫財寶皆悉盈滿存濟家中妻子男女眷屬有來求者必生歡喜爲大施主使諸倉庫金銀珎寶如意摩尼金剛諸珎商佉

室羅赤珠碼碯金寶之類豐饒無有盡竭周給親屬廣修惠施饒益有情

尒時世尊告妙月長者言善男子我於過去阿僧祇劫前遇佛世尊名持金剛海音如來應正徧知從彼如來受得此雨寶陀羅尼受持讀誦思惟計念隨喜爲他廣說流布由此陀羅尼威德力故若善男子人與非人藥叉羅刹畢舍遮鳩槃拏烏娑多羅迦布單那羯吒布單那起惡心者不能爲害復有諸鬼噉人脂髓膿血涕唾大小便痢欲來惱者不能爲障礙佛告妙月若有善男子心念手持書寫但聞名字受持隨喜廣爲他敷演者彼善男子善女人長夜安隱受諸快樂爲瑜伽資糧安隱豐饒故若有人欲受持此雨寶陀羅尼者應供養一切如來一夜二夜或三夜專心誦持受敬淨信三寶諸天悉皆歡喜即雨財寶穀麥爲彼讀誦法師故即說陀羅尼曰

曩謨引娑去誐嚩帝一𭫷嚕合二馱囉二娑引誐囉捏步逸反具灑引耶三怛他

蘖多引野引四怛你也二合他引唵素嚕閉五跛捺囉二合嚩底丁以反六贊誐阿左嚩七阿左跛嚩八嗢瑦蘖伽引路你九嗢陛娜你十薩寫嚩底十一馱引孃上嚩底丁以反十二馱曩嚩底十三室利二合摩底十四鉢囉二合婆嚩底十五阿上摩嚩十六尾摩黎十七嚕嚕十八素嚕閉十九尾摩黎二十阿娜多悉帝二十一尾娜多悉帝二十二尾濕嚩二合計始二十三鴦矩嚩二十四瞻矩嚩二十五地寘二十六度度寘二十七跢跢嚩二十八多囉多囉二十九嚩日𠼝二合三十阿引鑁路你三十一步計步計三十二吒計吒計三十三戲囉灑二合左三十四你迦播二合娜你三十五婆誐挽三十六嚩日囉二合馱囉三十七娑引誐囉三十八捏具引衫三十九怛他引蘖路麼努娑麼二合囉四十娑麼二合囉嚩麼二合囉四十一薩嚩怛他引蘖多引娑麼二合囉麼努娑麼二合囉僧伽薩底也二合麼努娑麼二合囉四十五怛吒怛吒四十六布引囉布囉四十七布引囉也布引囉野四十八婆羅婆去囉婆去囉捏四十九素瞻誐麗五十扇引跢摩底五十一瞢誐攞摩底五十二鉢囉二合婆引摩底摩訶引㗚底五十三素婆捺囉二合嚩底五十四阿引蘖嗟引阿引蘖蹉五十五三麼野麼努娑麼二合囉娑嚩二合引賀引五十六阿馱引囉努麼娑麼二合囉娑嚩二合引賀引五十七鉢囉二合娑引去嚩麼努娑麼二合囉娑嚩二合引賀引五十八馱哩二合底麼努娑麼二合囉娑嚩二合引賀引五十九尾惹野麼努娑麼二合囉娑嚩二合引賀引六十薩嚩薩怛嚩二合尾惹野麼努娑麼二合囉娑嚩二合引賀引六十一

佛告妙月長者此名雨寶陀羅尼以此陀羅尼威力病患飢儉疾疫業障悉皆消滅若善男子善女人先應供養一切如來於一日一夜無間斷誦持此陀羅尼其家即雨寶如大人量一切災禍悉皆消滅是故善男子當受持此雨寶陀羅尼廣爲他人分別演說善哉世尊妙月長者聞佛所說歡喜踊躍我今從佛受此雨寶陀羅尼受持讀誦廣爲他人分別解說尒時妙月長者受佛教已右遶世尊百千帀已合掌恭敬頭面禮足歡喜而去尒時佛告具壽阿難陀汝往妙月長者家看彼長者諸庫藏中種種財穀諸珎寶物及諸資具今悉盈滿尒時具壽阿難陀受佛教已往詣憍睒彌大城往妙月長者家中入已見諸庫藏之中財寶悉皆盈滿見此事已心大歡喜踊躍而還尒時具壽阿難陀怪未曾有心甚歡喜而白佛言世尊以何因緣妙月長者家中庫藏盈滿佛言善男子妙月長者淨信於我受持此雨寶陀羅尼爲一切有情宣說是故阿難受持此陀羅尼廣爲人說我以佛眼觀諸世間天人魔梵沙門婆羅門於此受持雨寶陀羅尼者作其障難何以故如來不異語故此真言句不可壞故此陀羅尼無善根有情耳尚不聞何況書寫受持讀誦何以故一切如來真語宣說一切如來隨喜一切如來稱讚一切如來顯揚一切如來種植阿難陀白佛言善哉世尊以妙伽他而說頌曰

諸佛不思議　佛法亦復然　淨信不思議
果報亦復然　寂慧一切智　法王不生滅
已到勝彼岸　稽首佛勇猛

尒時具壽阿難陀聞佛說此雨寶陀羅尼經踊躍歡喜白佛言世尊今此法

要當何名此經我等今者云何奉持佛告難陀此經名妙月長者所問汝當受持亦名能獲一切財寶伏藏亦名一切如來稱讚雨寶陀羅尼教汝當受持時薄伽梵説此經已無量苾芻及諸菩薩幷諸天人阿蘇羅等一切大衆聞佛所説皆大歡喜信受奉行

心真言曰

唵　嚩素馱　嚩娑嚩(二合引)　賀(引)

心中心真言曰

唵室唎(二合)嚩素娑嚩(二合引)賀(引)

小心真言曰

唵　嚩素娑嚩(二合引)　賀(引)

佛説雨寶陀羅尼經

佛説雨寶陀羅尼經　校勘記

一　底本，金藏廣勝寺本。

一　五九一頁中一行經名前，石有「一切如來心秘密全身舍利寶篋印陁羅尼經合」一行。

一　五九一頁中一行經名，石作「佛説雨寶陀羅尼經一卷」。卷末經名同。

一　五九一頁中二行譯者，石作「三藏沙門不空奉詔譯」；徑、清作「唐三藏沙門大廣智不空奉詔譯」；麗作「開府儀同三司特進試鴻臚卿肅國公食邑三千户賜紫贈司空謚大鑒正號大廣智大興善寺三藏沙門不空奉詔譯」。

一　五九一頁中五行「多諸」，麗作「諸多」。

一　五九一頁下一〇行第一一字「那」，石、磧、南、徑、清、麗作「那等」。

一　五九一頁下一二行「便痢」，徑、清作「便利」。

一　五九一頁下一六行「安隱」，石作「安樂」。

一　五九一頁下一九行第四字「淨」，石無。

一　五九一頁下二〇行第一二字「故」，石、麗作「故來」。

一　五九二頁中一二行第一〇字「無」，麗作「無有」。

一　五九二頁中一七行「受此」，石作「以受此」。

一　五九二頁中二二行第七字「諸」，石無。本頁下一〇行第六字同。

一　五九二頁下三行「之中」，石無。

一　五九二頁下八行第八字至九行第一〇字「爲……尼」，石無。

一　五九二頁下九行「阿難」，麗作「阿難陀」。

一　五九二頁下一一行第一三字「作」，石、麗作「下能作」。

一　五九二頁下一二行第五字至一三行第三字「如……故」，石無。

一　五九二頁下一四行「書寫」，石、麗作「得書寫」。

一　五九二頁下一五行「一切如來隨喜」，石無。

一　五九二頁下二〇行第五字「然」，石作「尒」。

一　五九三頁上二行「難陀」，石、磧、南、徑、清、麗作「阿難陀」。

佛說穰麌梨童女經

三藏沙門大廣智不空奉　詔譯

如是我聞一時薄伽梵住舍衛國祇樹給孤獨園與大苾芻衆千二百五十人俱復有無量菩薩摩訶薩及諸天龍藥叉乾闥婆阿修羅迦樓羅緊那羅摩睺羅伽人非人等皆來集會尒時世尊告諸苾芻我念往昔住雪山北遊香醉山見一童女百福相好莊嚴其身鹿皮為衣以諸毒蛇而為瓔珞將諸毒蟲翫螈之類前後圍遶常為伴戲飲毒漿食毒菓彼女見我謂言仁者當知聽我宜說穰麌梨真言能除世間一切諸毒若人聞此真言及持我名者不被一切諸毒若人聞此真言及持我名者不被一切諸毒所害尒時童女為我宣說我從彼聞常持此法饒益有情我今當說真言曰

怛你也（二合）他（去引）唵（引）壹里蜜帝（一引）感（丁以反）里蜜帝（二引）壹里底里蜜帝（二引）努（鼻）迷努（鼻）麼（引）里（引）曳（平引四）訥泚訥蹬（去引）里（引）曳（平五）得羯羅抳（尼呈反）嚩（無博反）羯（鼻六）羅抳（鼻上七）羯濕弭（二合引）䌀（引八）羯濕弭（二合引）羅穆訖帝（二合引九）惡祇（祇也反十）惡伽（去）寧（十一）惡伽（去）曩伽寧（十二）壹里曳（十三）壹里壹里（引）曳（十四）阿（上）佉（引）佉（去）夜（引）曳（平十五）始（高合反）播（引）夜（引）曳（平十六）濕吠（二合引）帝（引十七）濕吠（二合引）多頻妳（引十八）阿（上）曩（引）努（鼻）羅乞灑（二合引）娑嚩（二合引）賀（十九）

佛告諸苾芻若人一聞此陀羅尼經七年遠離一切諸毒若常受持一切毒蟲及諸毒藥悉不能害若有毒蛇來齧此人者頭破作七分猶如蘭香梢其有受持此真言法應以白物先供養師然後受持必獲成就苾芻當知勿於蛇前稱誦此明其蛇必死應當以此真言加持死蛇令其蘇息真言曰

怛你也（二合）他（一去引）唵（引）壹羅（引）尾羅（二引）所句（去引）嚩句（去引四）句（引）拏（引）句妳（引三）底（丁以反五）報（引）拏（引）報（引）妳（引）底（同前）顆矩嚕拏（引六）顆矩嚕妳（引）底（同前七）普乇羅莫（引）普乇羅莫（引八）普乇被（諵蔺反）拏羅莫（引九）薩跛羅莫（引十）薩跛乇赦（准上音）拏羅莫（引十一）曩（引）誐羅莫（引十二）曩（引）誐乇被（同前）拏羅莫（引十三）阿（上）泚（引）蹉禮（引十四）撥攞尾曬（引十五）試（引）帝（引）試（引）多縛

寧引十六 滿路引 黎引十七 伊上 里黎引十八
賀黎賀黎十九 旦你引 旦你引二十 怛鉢二十一
一娑普二合 吒娑普二合 吒娑縛二合 賀引二十二
尒時世尊說此陀羅尼已告諸苾芻
我此真言能解世間一切諸毒蠱毒
魅毒蠱毒藥毒等不能爲害若有被
毒中者以此真言加持皆得消滅諸
苾芻此穰麌梨陀羅尼於一切如來
大會中說真實不虛不顛倒語如語
不異語諸有藥毒咒詛蠱毒魅毒欲來
相害能令卻著本所與者令使諸毒
入水入火入柱入壁亦令入地所有
諸毒不令成毒悉能除滅若人受持
此經日誦一遍非但滅世間諸毒亦
能除滅身中三毒
尒時世尊復說穰麌梨童女隨心真
言及成就法修行者欲成就此法先
斷五辛亦不食鹽不食油斷語於一
淨處三時澡浴三時換衣結印誦隨
心真言滿一萬遍則行法成就後作
一切事必獲成就隨心真言曰
唵引 阿上 粜是以反 尒賀吠二合引一 戍引 攞尒
賀吠二合引二 嚩羅二合 迦引 曳引三 佗羅二合 娑

佗羅二合 娑四 入嚩二合 羅入嚩二合 羅五
摩賀引 迦引 里六 摩賀引 喻祇覓夷反引七
濕嚩二合 里引 曳引八 奄引 頗鉢九 普吒
囉奚引 娑嚩二合 賀引十 吽 發吒半音 娑
嚩二合 賀引十一
我今復說穰麌梨印及觀行法其根
本印以二手相博如拗物勢以二小
指相並餘八指各散開微曲即成結
此印誦前根本真言加持自身五處
所謂右肩左肩心喉額等頂上散印
次結隨心印以右手五指散開微屈
如師子爪形即成結此印誦隨心真
言七遍加持五處修行者作先行成
就法已欲作法除毒之時觀想自身
爲穰麌梨童女身緑色狀如龍女具
足七頭項有圓光應想四臂右第一
手持三戟叉第二手執三五莖孔雀
毛左第一手把一黑蛇第二手施無
畏又想七寶瓔珞耳璫環釧臂腳釧
莊嚴其身并以諸蛇用爲瓔珞想從
一一毛孔流出火焰作此觀已於被
螫人前結根本印及隨心印加持
自身五處取一熟銅椀盛水誦隨心

真言加持七遍以右手掬水打被螫
人心上所有毒氣漸漸消除即於真
言句中增加此句所謂
左攞娑嚩二合引 賀引 尾鑠跛罝反 娑嚩二合
賀引
即取淨土加持七遍周帀圍遶被螫
之人一切諸毒應時消滅
又法於被螫人前結本印數誦吽字
一字真言或誦撲字一字真言加持
皆能除毒若常受持此穰麌梨法能
滅世間一切諸毒所求無不遂心
尒時世尊說此經已時彼大會天龍
藥叉人非人等聞佛所說皆大歡喜
信受奉行

佛說穰麌梨童女經一卷 潭 乙

佛説穰麌梨童女經

校勘記

一　底本，金藏廣勝寺本。此經，麗藏本大異，今作别本載於卷後。

一　五九五頁中一行經名，石作「佛説穰麌梨童女經一卷」。

一　五九五頁中二行譯者，石作「特進試鴻臚卿大興善寺三藏沙門大廣智不空奉詔譯」；徑、清作「唐三藏沙門大廣智不空奉詔譯」。

一　五九五頁中一五行至一六行「若人聞此真言及持我名者不被一切諸毒」，石、磧、南、徑、清無。

一　五九五頁下六行「一聞此陀羅尼」，磧、南、徑、清作「一切聞陀羅尼」。

一　五九六頁上五行第一三字「蠱」，磧、南、徑、清作「蟲」。

一　五九六頁上六行第三字「蠱」，南、徑、清作「蟲」。

一　五九六頁上二〇行第九字「行」，石作「先行」。又「成就」，石作「成然」。又「後作」，磧、南、徑、清作「復作」。

一　五九六頁中七行「二手」，石作「一手」。又「相愽」，徑、清作「相搏」。

一　五九六頁中一〇行「頂上」，徑、清作「項上」。

一　五九六頁下八行「本印」，石作「根本印」。

一　五九六頁下末行「一卷」，南、徑、清無。

佛說觀自在菩薩化身蘘麌哩曳童女銷伏毒害陀羅尼經

開府儀同三司特進試鴻臚卿肅國公食邑三千戶賜紫贈司空謚大鑒正號大廣智大興善寺三藏沙門不空奉　詔譯

如是我聞一時薄伽梵住舍衛國祇陁園與大苾蒭衆千二百五十人俱又與无數菩薩摩訶薩及天龍夜叉八部衆等皆来雲集

尒時如来告諸大衆我念往昔住雪山北遊香醉山見一童女百福相好莊嚴其身鹿皮為衣以諸毒虵而為瓔珞將諸毒虫虎狼師子前後圍遶常為伴侶飲毒菓漿食毒草菓彼女見我作如是言仁者聽我宣說一大真言能除世間一切諸毒若人聞此呪及念我名者不被一切諸毒所害尒時童女為我說呪我得聞已常持此呪饒益有情我今當說真言曰

怛你也他唵引壹哩蜜帝引底丁以反壹哩蜜帝壹哩帝哩蜜帝引努迷努麼引哩引曳引訥縱訥蹉引哩曳得羯囉抳尼貝反嚩揭囉抳揭濕弭𡀔引揭濕弭囉目訖帝二合惡祇惡伽你惡伽娜惡伽曩伽你壹哩曳壹哩壹哩曳阿佉夜引曳始為合反播夜曳濕吠帝引濕吠多頓妳阿曩引努囉乞砂二合伺嚩二合訶

佛言諸苾蒭若人一聞此呪却後七年遠離諸毒若人常念者一切毒虫及諸毒藥悉不能害若有毒虵来咬此人者其虵即爛壞其有受持此呪法者以自物先供養師然後受之法必成就勿於虵邊念此呪其虵即死死已令其甦活呪曰

怛你也他伊哩弥哩誐囉弥左斫骨嚕斫骨魯斫骨論斫骨論誐囉弥抳句吒句吒曳帝娑普吒娑普吒曳帝那揭黎那伽折迦蘭底哩壹掣囉佛沙尸怛囉畢怛囉悉普吒悉普吒伺嚩二合訶

若人念一遍經年諸毒不中若能常持非言外毒消滅亦除内三毒若惡瘡發背癰腫等病唯之念呪即差一切惡獸来但念七遍即過不能為害若為中毒處於中指上頭第一節文左右手遶瘡逆日轉念呪二七遍即差常念不得高聲高聲則有毒虫必死若惡虫死已以此呪解之即活念二七遍解毒呪曰

怛你也他壹哩弥哩議哩那伽斫伽蘭底哩壹掣囉合沙鷄怛吒悉怛吒担吒悉怛吒伺嚩二合訶

若人患發背逆日轉遶倒書一迊即差惡物自出大有神驗

佛說是語已大衆歡喜授持而起

蘘麌哩曳童女銷伏毒害呪經

丙午歲高麗國大藏都監奉
勑雕造

慈氏菩薩所說大乘緣生稻𦼮喻經　駕

特進試鴻臚卿大興善寺三藏沙門大廣智不空奉　詔譯

如是我聞一時婆伽梵住王舍城鷲峯山中與大苾芻僧千二百五十人俱及大菩薩摩訶薩衆尒時慧命舍利子往至慈氏菩薩摩訶薩經行處其慈氏菩薩與舍利子俱坐磐石上時慧命舍利子問慈氏菩薩摩訶薩言今日世尊觀見稻𦼮告諸苾芻而說是語汝等苾芻若見緣生即是見法若見法即見佛婆伽梵如是說已默然而住如來所說是經當有何義云何是緣生云何是法云何是佛云何見緣生即見法云何見法即見佛說是語已慈氏菩薩摩訶薩告舍利子言薄伽梵常爲苾芻說如此義若見緣生即見法若見法即見佛緣生者所謂無明緣行行緣識識緣名色名色緣六處六處緣觸觸緣受受緣愛愛緣取取緣有有緣生生緣老死如來說此是爲緣生云何是法如來略說八支聖道果得涅槃是名爲法云何是佛覺悟一切法故以聖慧眼證

慈氏菩薩緣生稻𦼮喻經　第二

於涅槃見作菩提所學之法是名爲佛云何見緣生如來說此緣生常住無人無我無衆生無壽命不顛倒無生無作無爲無對無礙見自性寂靜即見法若見如是種類常住無人無我無衆生無壽命不顛倒無生無對無礙是即見法從此已後即見法身得見如來現證正智又問緣生者是何義荅言有因有緣非無因緣名爲緣生而於此中如來略說緣生之相由此因故能生是果若如來出世及不出世法性法住法位順於緣生眞如不顛倒如不異如眞實不異實不顛倒不錯謬爲如是等復次緣生由二種因起云何爲二一者繫屬因二者繫屬緣其緣生法應知二種所謂外內外緣生者繫屬因云何所謂從種子生芽從芽生葉從葉生枝從枝生莖從莖生𦼮從𦼮生華從華生果若無種子芽無從生乃至無華果亦無所從生有種故生芽乃至有華生果其種不作是念我能生芽芽亦不作是念我從種生乃至華亦不作是

念我能生果果亦不作是念我從芽生然有種子故生芽乃至有華生果如是外緣生應知繫屬於因云何外緣生繫屬於緣所謂六界和合緣生繫屬於緣云何六界地水火風空時和合緣生繫屬於緣云何地界水火風空時界令種子攝持名爲地界令種子滋潤名爲水界令種子成熟名爲火界令種子增長名爲風界令種子作無障礙名爲空界令種子變易名爲時界若無衆緣子不生芽若不闕地界不闕水火風空時界則一切和合種子生芽其地界不作是念我能攝持種子水界不作是念我能滋潤種子火界不作是念我能成熟種子風界不作是念我能增長種子空界不作是念我能令種子作無障礙時界不作是念我能變易種子其種子亦不作是念我從衆緣而得生芽然假如是種子生芽其芽不自作不佗作不二俱作不自在天作不時變易作不自性生不繫屬作者無因得生如是種子以地水火風空時和合

故而生此外緣生法應知五種不常不斷不移轉因少果多相似相續不生異物云何不常種子芽異故不即是種是芽亦不以壞種而得生芽實種壞故而生以種壞芽生故名不常云何不斷先不壞種而生芽亦非不壞如是種和合生芽名爲不斷不移轉者種子芽爲異故因少果多者種子少果實多相似相續者隨其植種收果亦耳如是外緣生法五種應知云何內緣生有二種得生云何爲二種一者繫屬因二者繫屬緣內緣生法繫屬於因云何所謂無明緣行乃至生緣老死若無無明則無行然有無明即有行乃至有生緣老死得生其無明不作是念我能生行行不作是念我從無明生乃至生不作是念我能生老死然有無明即有行生乃至有生即有老死生如是內緣生法繫屬於因云何內緣生法繫屬於緣六界和合生云何六界和合所謂地水火風空識界和合緣生繫屬於緣云何地界令身聚合堅體名爲地界

云何水界令身作攝持名爲水界云何火界令身中食飲成熟名爲火界云何風界令身中作出入息名爲風界云何空界令身中成竅隙名爲空界云何識界令轉名色如束蘆五識相應有漏意識名爲識界若無六界則不成身若不闕內地界不闕水火風空識界則一切和合能生其身其地界不念我能令身聚合堅體水界不念我能令身作攝持火界不念我能令身中食飲成熟風界不念我能令身作出入息空界不念我能令身中成竅隙識界亦不作是念我能轉名色猶如束蘆其身亦不作是念我被衆緣所生然有如是衆緣而生其身是地界無我無人無命無壽者無意生無儒童無女無男無非男無吾我亦無餘水火風空識界亦無我無人無命無壽者無意生無儒童無女無男無非男無吾我無餘云何無明於此六界起一想合想常想堅想常恒想樂想靜想衆生想命想壽者想意生想儒童想吾我作者想生如是

種種無知名為無明於如是有無明境界生貪瞋癡於彼貪瞋癡生行於行事施設名為識其識生四蘊彼名色所依諸根則六處三法和合名為觸觸生受受耽著故生愛愛廣大故名為取取復生有業有作因生蘊蘊熟故名老蘊壞故名死於愛迷惑貪著熱惱故名愁追感往事言音哀感名為歎五識身相應名為苦意不悅故名憂隨煩惱故名為惱愚闇名無明造作名為行了別名為識至相攝持為名色依處所故名為六處觸境故名為觸領納故名受渴愛故名為愛取著故名為取取復生有故名為有能生故名生根熟故名老滅壞故名死哀戚故名愁悵快故名歎意不悅故名憂逼迫身故名為苦不稱情故名惱不修真實行名邪行無知名無明有無明故種種造作福近行行非福近行行不動近行行起福近行行非福近行行者故名為識是故名為無明緣行起非福近行行非福近行行者亦即是識是故名行緣識起

不動近行行不動近行行者亦是於識是故名為識緣名色名色增長作六處門是故名為名色緣六處六處身轉是故名為六處緣觸同類觸生同類受是故觸緣受於受差別耽著喜悅是故名為受緣愛愛耽著樂故愛不捨數數忻求故名為愛緣取如是營求復生有起業於身於語於意為有緣生從生蘊令熟壞滅名生緣老死如是名為十二緣生迭互為因不常不造作無思亦無緣生無盡法無離欲法無滅法無始來流轉不間斷隨轉如河駛流設使緣生不間斷隨轉如河駛流是十二支緣生四支和合而作轉因云何為四所謂無明愛業識是識種子自性為因業由自世為因無明愛煩惱自性為因業煩惱識能生種子如是業識作種子由愛識作種子沃潤無明識令種子開發其業不作是念我與識種子作由愛不作是念我與識種子作沃潤無明不作是念我令識種子開發識種

子亦不作是念我從衆緣而生然實識種子安立業煩惱以愛令沃潤以無明土覆生名色芽其名色芽不自作不他作不二俱作不自在天作不時變易作不從自性生不繫屬因無因亦不生然復從父母和合時相應及餘緣相應相續生是識種子於母腹中名色芽生於無主無我攝法如幻相因緣不闕從五種緣生眼識云何五種眼緣色明虛空從彼生作意眼識作依止色作所緣光明以為照虛空作無礙從彼生作意以為審慮若無衆緣眼識不生若闕內眼處如是色光明虛空作意則眼識不生如是五緣不闕則一切和合能生眼識其眼不作是念我與眼識作所依其色不作是念我與眼識為所緣光明不作是念我與眼識作照緣虛空不作是念我與眼識為無礙緣所生意不作是念我與眼識作審慮又眼識不作是念我為衆多緣所生然有衆多緣而生眼識餘四根者應如前知實無有法不從此世移轉至於彼有業

報施設因緣不關故譬如明鏡現其面像其面像不移轉至於鏡中而此鏡中有其面像因緣不關故如是不從此滅至於餘處有業果感招因緣不關故譬如月輪去地四萬由旬於金器中而有少水則現月像而實不從彼謝至於金器少水中現然有衆緣和合影現如是不從此滅生於餘處有業報相感因緣不關故譬如無薪火則不生有薪則火生業煩惱所生識種子從彼生處相續名色芽轉如是無主無我法無所攝法互爲因緣如幻相自性法因緣不關內緣生法五種應知不常不斷不移轉因少果多相似相續生云何不常從此邊蘊死於餘處邊蘊生非即死邊蘊是彼生邊蘊然死邊蘊滅於彼生邊蘊起是故不常云何不斷不先滅於死邊蘊而起生邊蘊亦非不滅於死邊蘊即於彼時而生中有蘊如秤不低昂名爲不斷云何不移轉然於異類轉生名不移轉云何因少果多於此身作少善惡業於來生身多受善惡報云何相似相續猶如現受身作業即於來生受報若是此緣生法如實以正慧眼長時修無人無我不顛倒不生不滅無作無爲無礙無所緣寂靜無畏無奪無盡如幻自性空寂不堅如癰如箭質礙無常性苦性空性無我性則前際不流轉謂我於過去爲曾有邪誰爲我過去曾爲有邪我於過去云何有邪復於後際流轉謂我於未來當有邪誰謂我未來當有邪我於未來當云何有邪我於未來不有邪誰謂我於未來不有邪我於未來云何不有邪復於中際不流轉我於今有邪誰謂我今有邪云何謂我今有邪此有情於此歿復往何處所有沙門婆羅門世間中異見所謂我見繫衆生見繫壽者繫諸見繫希望吉祥繫若以正見相應於此時悉斷諸結證得徧知如斷多羅樹無所有性入於勝義於諸趣長時修不生不滅得成就忍廣作無邊利樂有情事若有善男子善女人於此經中若須臾項審諦觀察緣生義理者即能頓滅無始時來極重業障廣集福德智慧通達永斷邪見說法無畏大德舍利子婆伽梵與彼善男子善女人授無上等覺大菩提記具壽舍利子并天龍藥叉彥達嚩阿蘇羅蘖嚕拏緊那羅摩護羅誐人及非人聞慈氏菩薩說是經已心大忻悅深生隨喜從此而起禮慈氏菩薩足歡喜奉行

慈氏菩薩所說大乘緣生稻䕸喻經　福智

慈氏菩薩所説大乘緣生稻𦼮喻經

校勘記

一 底本，金藏廣勝寺本。

一 五九九頁中一行經名，石作「慈氏菩薩所説大乘緣生稻𦼮喻經一卷」。卷末經名同。

一 五九九頁中二行譯者，徑、清作「唐三藏沙門大廣智不空奉詔譯」；麗作「開府儀同三司特進試鴻臚卿肅國公食邑三千户賜紫贈司空謚大鑒正號大廣智大興善寺三藏沙門不空奉詔譯」。

一 五九九頁中七行「磐石」，磧作「磨石」。

一 五九九頁中八行首字「時」，石無。

一 五九九頁中一六行第六字「爲」，石作「謂」。

一 五九九頁下八行第一三字「者」，石無。

一 五九九頁下一一行第四字「故」，石作「緣」。

一 五九九頁下一四行「緣生」，石、麗作「緣生者」。

一 六〇〇頁上八行「成熟」，麗作「成就」。下同。

一 六〇〇頁上二〇行「如是」，石、麗作「如是緣」。

一 六〇〇頁中六行第七字「壞」，石作「斷」。

一 六〇〇頁中七行第四字「種」，石、麗作「種壞」。

一 六〇〇頁下一七行「無非男」，石、麗作「無非男女」。二〇行同。

一 六〇一頁上三行首字「行」，麗作「彼」。

一 六〇一頁上八行末字「感」，石作「感」。

一 六〇一頁上一二行第二字「爲」，石、麗作「名爲」。

一 六〇一頁上二二行首字「爲」，石無。

一 六〇一頁中一七行第一三字「由」，石作「因」；麗作「田」。一九行末字及二一行末字同。

一 六〇一頁下八行「無主」，南、徑、清作「無生」。

一 六〇二頁上六行「金器」，石、麗作「全器」。七行同。

一 六〇二頁上一二行「無主」，磧、普、南、徑、清作「無生」。

一 六〇二頁上二二行第二字「生」，麗作「先」。

一 六〇二頁中一七行「我見」，磧、南、徑、清作「我是」。又「壽者」，磧、普、南、徑、清作「壽者見」。

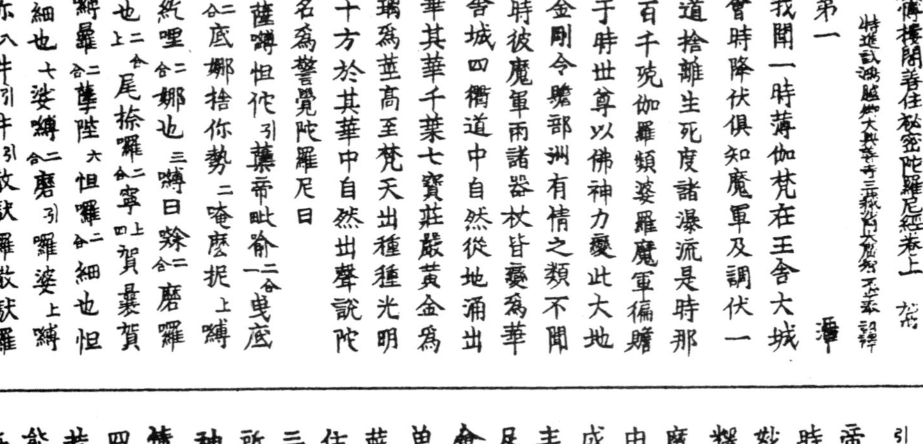

大寶廣博樓閣善住祕密陀羅尼經卷上 㭊

特進試鴻臚卿大興善寺三藏沙門大廣智不空奉詔譯

序品第一 潭

如是我聞一時薄伽梵在王舍大城於初會時降伏俱知魔軍及調伏一切外道捨離生死度諸瀑流是時那由佗百千殑伽羅頻婆羅魔軍徧贍部洲于時世尊以佛神力變此大地盡成金剛令贍部洲有情之類不聞恐怖時彼魔軍兩諸器杖皆變爲華於王舍城四衢道中自然從地涌出大蓮華其華千葉七寶莊嚴黃金爲臺瑠璃爲莖高至梵天出種種光明普徧十方於其華中自然出聲說陀羅尼名爲警覺陀羅尼曰

曩莫薩嚩怛佗(引)蘖帝毗喻(二合一)曳底瑟緻(二合)底娜捨你勢(二)唵麼抳(上)嚩曩(二合)紇哩(二合)娜也(三)嚩日㘑(二合)麼囉賽你也(二合上)尾捺囉(二合)寧(上四)賀曩賀曩(五)嚩曩(二合)蘗陛(六)怛囉(二合)細也怛囉(二合)細也(七)娑嚩(二合)麼(引)囉娑(上)嚩曩(引)你(八)吽(引)吽(引九)散馱囉散馱囉(十)沒馱(引)昧(上)底喇(二合十一)薩嚩怛佗(引)蘖多(二十二)嚩囉(二合)迦臘跛(二合)地瑟恥(二合)帝娑嚩(二合引)訶(引十三)

時彼蓮華中流出此陀羅尼已復出妙聲徧滿三千大千世界讚言善哉釋迦牟尼如來已度生死大海弥滅魔軍離煩惱塵破無明㲉然大法炬由此陀羅尼威德力故令此大地變成金剛降伏魔軍尒時金剛手祕密主菩薩歡喜踊躍身毛竦竪頂禮佛足白佛言世尊今此陀羅尼於何佛會最初而得我從昔來於諸世間未曾聞見尒時佛告金剛手祕密主菩薩有陀羅尼名大摩尼廣博樓閣善住祕密由此陀羅尼威得力故能令三千大千世界變成金剛一切魔軍所有器仗咸變爲華由此陀羅尼威神力故降諸魔衆及化俱知餘類有情悉令調伏由此陀羅尼威神力於四衢道涌出蓮華復告金剛手言我若不因此陀羅尼不能成等正覺不能降伏俱知魔衆不能枯竭煩惱大海不能然大法炬金剛手我於無量俱知百千劫來難難行苦行猶故不

能成菩提果由纔聞此大陀羅尼加
行相應故得成正覺金剛手此陀羅
尼有大威力有大殊勝是一切如來
眞實法性令諸如來圓證法身金剛
手由稱此陀羅尼名號則爲已稱十
方諸佛如來名號若能纔念則爲禮
拜供養一切如來尒時金剛手菩薩
摩訶薩以種種華種種香塗香末香
供養於佛旣供養已右遶三帀頂禮
佛足而白佛言世尊此陀羅尼有大
威德有大殊勝惟願世尊普爲一切
有情說彼世界現何殊勝功德一切
有情不以少善根得聞此陀羅尼此
陀羅尼等同如來身同舍利法性尒
時世尊告金剛手菩薩言金剛手衆
生下劣不勤精進心多惑亂愚癡闇
鈍躭著諸欲不信正法不敬父母不
敬沙門婆羅門不敬尊者是故此陀
羅尼不入彼人之手薄福少智少慧
如此衆生不能得聞不能受持不生
淨信此陀羅尼能滅一切罪是諸如
來祕密之藏尒時世尊復告金剛手
菩薩言善男子今爲汝說從此世界

東方過無量恒河沙數倶胝那庾多
佛世界彼有世界名寶燄其世界七
寶所成其城四面廣一由旬多諸人
民安隱豐樂彼諸男子及諸女人童
男童女一切瓔珞莊嚴其身上妙寶
冠嚴飾其首容貌端嚴有大威力勇
健精進智慧具足通達衆藝城中有
王名曰妙寶有八十倶胝大臣輔佐
圍遶其王皇后名光明寶有二萬宮
人皆如天女前後侍奉彼世界中所
生華樹及諸香樹皆是七寶所成水
生諸華亦是七寶所成陸生諸華皆
是閻浮檀金所成其國人民壽八萬
劫彼皆成就十善業道於佛法僧發
大淨信其王以正法養育不以非法
於諸有情常作利益彼世界中有佛
名端嚴摩尼種種清淨建立如來應
正等覺於彼世界成佛廣作佛事與
無量大菩薩摩訶薩衆及倶胝大持
明仙衆以爲眷屬彼如來身紫金色
具三十二相八十隨形好圓光一尋
其光周徧猶如七寶熾盛照曜諸菩
薩身悉皆金色晃曜相好端嚴坐七

寶蓮華彼皆辯才無礙智境通達明
了皆思惟大寶摩尼廣博樓閣善住
祕密陀羅尼由此陀羅尼威神力故
出生如是殊勝功德彼佛世尊爲一
切有情演說此陀羅尼法彼諸有情
暫聞此陀羅尼故常獲安樂彼一切
有情離諸地獄傍生及燄魔界阿修
羅身皆得解脫諸惡趣門悉皆關閉
開諸天門及開諸善趣彼世界有情
悉皆安住無上菩提彼一切有情悉
住慈心如水乳合彼佛世尊往昔久
遠行菩薩道時修此陀羅尼法作如
是願一切有情生我刹土者彼皆決
定不退轉無上正等菩提若有衆生
聞此陀羅尼受持讀誦精勤修習憶
念不捨求大成就乃至聞名或復手
觸或佩身上或纔眼視或書經卷或
書帛素或書牆壁一切衆生若有見
者五逆四重誹謗正法誹謗聖人捕
獵屠兒魁膾喃婆布羯娑盲者聾者
跛者傴者人所惡者瘂者癩者貧窮
下劣不定業者魔綱縛者墮邪見者
毗那夜迦觸者惡星陵逼者七曜害

者彼等諸人聞此陀羅尼決定當證無上正覺乃至傍生麁鳥蚊蝖飛蛾蝼蟻及餘卵生胎生化生濕生等諸衆生聞此陀羅尼名者當決定證得阿耨多羅三藐三菩提不應疑惑尒時世尊說是語已一切大衆皆大歡喜身毛聳竪是時天雨波頭摩華芬陀利華曼陀羅華摩訶曼陀羅華於虛空中有種種微妙天樂不鼓自鳴尒時會中大衆各各皆見身有光明於如來前自然涌出七寶樓閣端嚴麗好人所樂見其寶樓閣四柱四門及四堦道光明照曜樓閣四角有四大寶如日燄威復有無量摩尼寶珠綴於羅網無量寶鐸而懸其上無量繒幡以爲莊嚴種種妙華閒錯垂下是時大地六種震動所謂動搖震吼涌沒之相諸天宮殿光明照觸光所到處皆悉覺悟四大天王持明仙等亦復如是一切魔宮熾然焰起一切障者毗那夜迦皆大驚怖馳走十方大聲號哭

尒時世尊從眉閒毫相放大光明其光普照警覺十方一切佛刹中諸佛既警覺已其光復收卻入佛頂時十方佛咸皆同聲讚歎釋迦牟尼如來言善哉善哉釋迦牟尼如來今可應往寶燈世界端嚴摩尼種種清淨建立如來所今此大衆得相隨從瞻禮供養又得廣聞大寶廣博樓閣善住祕密陀羅尼法何以故此陀羅尼有大威德有大功能一切過去諸如來等共所加持若有人得聞此陀羅尼者乃至名字及手觸者彼人決定得不退轉證無上正覺尒時釋迦如來聞彼十方世界中諸如來請已復放無量俱知百千萬億光明告諸大會諸人等言我今欲往寶燈世界時將已至汝等當共速嚴隨從尒時如來從座而起詣昇七寶樓閣以手觸之其樓閣中忽然而出金剛師子妙座其座七寶所成莊嚴殊勝見者悅意又於座上生妙蓮華七寶所成黃金爲莖紅寶爲臺時佛世尊於蓮華上敷座而坐尒時世界皆大震動如來即入大會清淨三摩地以三昧力安慰一切大衆接詣虛空與一切衆會并諸眷屬及大菩薩眷屬大衆天龍藥叉彥達縛阿蘇羅誐嚕拏緊那羅摩護囉誐人及非人無量俱知持明仙衆金剛手祕密主與一切釋梵護世四大天王等上昇虛空往於東方過無量恒河沙數俱知那庾多百千佛刹於刹那頃至寶燈世界從空而下詣彼端嚴摩尼種種清淨建立如來所恭敬問訊少病少惱起居輕利時釋迦牟尼如來以千葉七寶所成蓮華奉獻彼佛時彼如來在大衆會處天妙宮殿舒金色臂安慰釋迦牟尼應正等覺安慰已坐於寶樓閣中謂釋迦牟尼如來曰婆伽梵已轉大法輪降伏魔軍然大法炬建立法幢擊大法鼓吹大法螺於彼世界已作佛事證薩婆若智婆伽梵今復轉第二法輪當於閻浮提開正法藏纔作是語彼諸佛刹十八種動所謂動極動徧動搖極搖徧搖振極振徧振吼極吼徧吼擊極擊徧擊涌極涌徧涌尒時天雨妙華現大神變於虛空中有

種種音樂不鼓自鳴共聲悅意又諸天子奏諸音樂所有天龍雨種種寶種種香種種旃檀香水種種衣服種種莊嚴具雨天妙赤珠瑪瑙毗盧遮那大寶日藏月愛日愛雨吉祥藏大摩尼寶雨天妙烏鉢羅蓮華俱勿頭蓮華芬陀利蓮華雨曼陀羅華大曼陀羅華雨天妙閻浮檀金華雨天妙銀華雨天妙真珠諸天子於虛空中出微妙音歡悅讚歎其音展轉相告善哉善哉釋迦牟尼如來今於此時再轉法輪於閻浮提建大妙寶如意法幢所謂大寶廣博樓閣善住祕密陀羅尼大教法今於閻浮提廣大流布尒時端嚴摩尼種種清淨建立如來應正等覺從眉間毫相出光其光普照十方佛刹警覺一切如來其光復照三千大千世界及諸天宮一切龍宮一切地獄傍生閻摩羅界阿蘇羅衆普皆照曜警覺已其光復收右遶彼佛及釋迦牟尼如來三帀便於頂沒尒時十方世界無量恒河沙等一切諸佛各各於彼本土作大神變

現神變已詣彼世界各各以大神通變化七寶樓閣於樓閣中出生閻浮檀金師子座彼一切佛并諸眷屬於樓閣中坐尒時端嚴摩尼種種清淨建立如來安慰彼等一切如來以大神通作大供養彼等諸佛供養已還坐師子座尒時摩尼藏菩薩摩訶薩詣端嚴摩尼種種清淨建立如來所頭面禮足白佛言世尊今現大集會諸佛菩薩并天龍藥叉彥達嚩阿蘇羅蘖嚕拏摩護囉誐人非人等并大持明仙會所謂金剛手菩薩爲上首與大摩訶薩現大神變唯願宣說大寶廣博樓閣善住祕密陀羅尼今正是時乃至第二第三作如是請尒時端嚴摩尼種種清淨建立如來告摩尼藏菩薩摩訶薩言汝往釋迦牟尼如來所啓請彼佛當爲汝說時摩尼藏菩薩詣釋迦牟尼如來應正等覺所遶佛三帀合掌頂禮前住白佛言世尊我今請世尊說大寶廣博樓閣善住祕密陀羅尼爲哀愍利益一切有情故尒時釋迦牟尼如來受摩尼藏

菩薩請已即告金剛手祕密主菩薩言祕密主汝往於大衆以金剛杵扣擊於地時金剛手祕密主承佛聖旨於大衆道場中以杵擊地纔擊地已其地四裂時三千大千世界六種震動於彼裂處涌出七寶樓閣其樓閣四角四柱四門嚴麗珠特相好圓備光明赫奕有四階道高三由旬縱廣正等有五由旬於樓閣中現閻浮檀金窣堵波種種寶珠而爲嚴飾七寶羅網而覆其上無量寶鐸懸於四角妙華繒綵而爲間錯彼窣堵波中有三如來身尒時一切如來并諸菩薩大衆皆共供養寶樓閣窣堵波中三如來所謂華鬘燒香塗香末香幢幡寶蓋奏諸音樂合掌禮敬時諸天龍藥叉彥達嚩蘖嚕拏緊那羅摩護囉誐人非人等一切衆會咸悉瞻仰皆生奇特希有之心咸作是言此寶樓閣窣堵波從何而來高聲讚言奇哉希有旋遶歌詠華香塗香末香并諸音樂供養寶樓閣窣堵波合掌頂禮瞻仰而住尒時於樓閣中出聲告言

汝諸大衆可觀空中衆聞此聲已咸
觀空中即見廣大吠瑠璃寶所成雲
葉在於虛空其寶雲葉上以金書此
大寶廣博樓閣善住祕密陀羅尼於
虛空際復出聲曰汝等一切諸佛并
菩薩大衆咸可讀此寶雲葉上陀羅
尼出此聲已於十方所來諸佛一一
佛前皆現吠瑠璃寶所成雲葉上以
金書此陀羅尼復出是聲南謨釋迦
牟尼如來今可開此寶樓閣窣堵波門
於彼窣堵波中有三如來身由此三如
來威神力故現大神變殊勝之相彼三
如來於此會中當具說此大寶廣博樓
閣善住祕密陀羅尼并曼荼羅成就明
法尒時十方同來諸佛咸作是言惟願
釋迦牟尼如來應正等覺爲諸大衆
開此窣堵波門令諸大會見三如來
所謂摩尼寶華幢王如來種種摩尼
如來金剛趣涌王如來應正等覺尒
時釋迦牟尼如來現大神通往詣寶
樓閣窣堵波舒百福莊嚴金色臂開
窣堵波門已示三如來身時三如來
讚釋迦牟尼言善哉善哉釋迦牟尼

如來今於贍部洲再轉法輪薄伽梵
可於此坐
尒時釋迦如來即昇寶塔與三如來
同座而坐尒時金剛手菩薩摩訶薩
頂禮釋迦牟尼如來白言世尊今此
樓閣及窣堵波中三如來從何而來
佛言乃往古昔不可思議無量無比
過無數劫於此閻浮提多諸人衆安
穩豐樂香稻不種自然成熟人無彼
我亦無貯積當彼之時無佛出世有
一寶山王彼山王中有三仙居住一
名寶髻二名金髻三名金剛髻彼三
仙人決定思惟佛法僧寶復作是念
我等何時成佛證無上等正覺度諸
有情時彼仙等作是思惟已須臾默
然復起前念故即證於諸有情慈心
歡喜種種樓閣三摩地即獲天眼觀
於上方見淨居天復於空中有聲言
善哉善哉正士能發勝心所謂阿耨
多羅三藐三菩提心汝豈曾聞大寶
廣博樓閣善住祕密陀羅尼邪過去
一切如來爲諸有情利益故已曾演
說纔聞此陀羅尼者當於無上菩提

不退轉一切佛法當得現證得一切
三摩地一切陀羅尼法悉皆現前善
能降伏一切魔軍然大法炬一切善
根當得現前滿足六波羅蜜能解一
切地獄餓鬼傍生焰魔界阿蘇羅衆
及生老病死憂悲苦惱永得解脫當
於後世時於此贍部洲有情不孝父
母不敬沙門婆羅門不敬耆舊誹謗
正法毀謗聖人應墮地獄誹謗諸佛
菩薩殺阿羅漢作五無間罪殺婆羅
門及殺牛者抄劫竊盜妄語者不與
取者懃邪行者離間和合者雜染語
者輕稱小斗者强奪財物者匿他財
物者妄言背信者先世惡業所持者
彼一切有情類由此陀羅尼威力若
讀若誦受持若佩身上若書衣中若
置幢上若書經卷若書素氎及牆壁
牌板乃至聞聲手觸及影其身及轉
觸餘人決定當得不退轉無上菩提
能於現世獲無量百千功德遠離諸
罪成就一切善根摧伏諸魔於諸世
間皆得敬愛於一切處皆得供養一
切國王王子宰官後宮并諸眷屬皆

得歡喜一切沙門婆羅門亦皆歡喜言音威肅人所樂聞手腳柔輭聲相和雅離於貧窮不受丗苦毒藥刀杖水火等難諸惡獸怖不能為害無諸賊怖無刼盜怖無旃陀羅怖無痡摩怖行大小路悉皆無怖無鬼神怖無羅刹比舍遮怖無拏吉你怖無毒蛇怖乃至一日二日三日四日寒虐常虐一切虐病悉不著身眼病耳病鼻病舌病齒病脣病喉病項病諸支分病手病背病胸病脅病痔病淋病痢病癢瘡病髀病腿腳痛病丁病瘧病累癧班病肚痛疥病疱皴癩癬無如是等病無頭痛不盲不瞎不傴無攘災死不齧不瘂不被輕欺如是等類現世不受得無礙辯臨命終時心不散動一切諸佛現前安慰亦不為厭禱蠱毒呪咀著身臥安覺安於其夢中見百千佛刹及見諸佛并諸菩薩圍遶由此秘密陀羅尼威力故獲如是殊勝功德時彼仙人得法歡喜心生踊躍於其住處便捨身命所捨之身由如生蘇銷鎔入地即於沒處而生三竹金為莖葉七寶為根於枝梢上皆有真珠香氣芬馥常有光明所有見者無不欣悅其竹生長十月便自剖裂各於竹內生一童子顏皃端正令人樂見最勝端嚴光色殊麗相好成就時三童子即於是地竹下結跏趺坐即入正定至第七日於其中夜皆成正覺其身金色三十二相八十種好圓光嚴飾時彼三竹悉皆變成七寶樓閣又於虛空中有大寶廣博樓閣善住秘密陀羅尼以金為字忽然而現時有四大天王所謂寶髻龍主天王寶藏鳩槃茶主天王妙珠光摩護羅識主天王摩尼金剛藥叉主天王各持寶蓋而覆其上唱佛功德是四天王各有無量百千眷屬悉持妙華而以供養咸作是言今佛丗尊出現於丗尒時丗尊告金剛手菩薩摩訶薩言昔三仙人者豈異人乎今此寶樓閣窣堵波中三如來是彼時三竹者今妙樓閣是彼時地者今此地是彼時丗界者今此丗界是彼三仙人由聞此陀羅尼懃脩習故捨彼仙身成等正覺

復次金剛手彼時空中讚歎此陀羅尼淨居天子者豈異人乎則我身是復有侍者名曰淨居常勤承事彼三仙人其三仙人成正覺已亦復供養為彼淨居而授記曰汝於來丗當得作佛其淨居者豈異人乎今此端嚴摩尼種種清淨建立如來是

尒時十方丗界所來一切諸佛咸讚釋迦牟尼如來言善哉善哉能以如來神通加持說此往昔因緣示現如來秘密陀羅尼此陀羅尼是一切如來秘密是一切如來母是一切如來心秘密陀羅尼是一切如來轉法輪秘密陀羅尼是一切如來往詣菩提道場秘密陀羅尼是一切如來詣金剛師子座秘密陀羅尼是一切如來神通遊戲秘密陀羅尼是一切如來波羅蜜圓滿秘密陀羅尼是一切如來般若波羅蜜攝受秘密陀羅尼是一切如來真言秘密陀羅尼是一切如來曼荼羅秘密陀羅尼是一切如來堅持印秘密陀羅尼是一切如來

放俱知光祕密陀羅尼是一切如來實際祕密陀羅尼是一切如來三摩地神變加持祕密陀羅尼是一切菩薩菩提心莊嚴祕密陀羅尼是一切菩薩安立如來地祕密陀羅尼是一切三摩地通達祕密陀羅尼是摧一切障祕密陀羅尼汝今說邪

尒時釋迦牟尼如來應正等覺住正念智觀察一切如來出大梵音復放百千萬俱知那庾多種種光明所謂青黃赤白紫普徧十方諸佛世界照曜已警覺一切如來其光復收遶佛三帀沒於佛頂光既沒已尒時世尊以淨妙梵音於大衆中即說警覺陀羅尼曰

唵引薩嚩怛他蘖多一摩抳捨多你跛底二合引二入嚩二合攞入嚩二合攞三達麼馱覩蘖鞞四麼抳麼抳五摩訶摩抳六怛他蘖多紇哩二合怛野麼抳娑嚩二合引訶七引

說此警覺大明陀羅尼已山林大地六種震動一切如來同聲讚言善哉善哉釋迦牟尼如來善說此最勝祕密陀羅尼於虛空中現贍部金雲徧滿十方於其雲中下七寶雨復雨龍堅栴檀末復雨優曇鉢華而以供養及餘種種妙華復雨蓮華俱物頭華芬陀利華蘇獻地迦華曼陀羅華摩訶曼陀羅華盧遮華摩訶盧遮華曼殊沙華摩訶曼殊沙華蘇摩那華末利師華瞻蔔華而供養佛一切魔宮熾然火起一切魔衆愁憂萎悴皆大驚怖一切障者毗那夜迦驚懼身皆流汗惡氣臭穢十方馳走所有諸天於佛教中生淨信者及天龍藥叉彥達嚩阿蘇羅蘖嚕拏緊那羅摩護羅識人非人等各持供具虔誠供養如來復有摩尼照羅思惟菩薩而爲上首與無量俱知那庾多百千菩薩悉持種種妙寶而供養佛時金剛手菩薩而爲上首與無量百千持明仙各持種種百千天衣而供養佛復有四大天王與無量百千萬億四天王衆以種種香華塗香抹香華鬘衣服幡蓋而供養佛復有梵天與梵衆諸天而來供養復有三十三天與百千萬億天子帝釋而爲上首供養於佛如是那羅延大自在天寶賢滿賢力天等同來供養復有日月天子在於空中而供養佛復有大吉祥天女大辯才天女餉企尼天女訶利底藥叉女與無量百千藥叉而爲眷屬復有毗摩大天女金剛迦離天女華齒天女使者大天女百千萬億各各以天宮殿供養於佛復有無量彥達嚩衆奏百千種天妙音樂而供養佛復有無量百千龍王集會所謂娑竭羅龍王難陀龍王鄔波難陀龍王嚩嚕拏龍王善住龍王寶髻龍王普徧形圓滿龍王以種種光味寶而供養佛復有轉輪王與無量百千萬億大臣宮人婇女及千子圍遶來供養佛尒時大地變成金剛於如來前從地涌出七寶蓮華其華百葉於其華中有贍部金剛千輻寶輪光明赫弈如日其光徧照三千大千世界於輪脔中出微妙聲作如是言善哉善哉釋迦牟尼如來能說如是祕密陀羅尼能轉無上大法輪能詣大菩提場此陀羅

尼是諸如來祕密明心是諸如來眞實理趣明心唯願世尊復更爲說此大寶廣博樓閣陀羅尼世尊已說警覺心陀羅尼由此陀羅尼警覺一切如來幷其大衆皆來集會世尊說此祕密陀羅尼今正是時世尊此陀羅尼是成佛根本能除一切罪能竭一切苦海能遮止一切生死曠野能超一切煩惱瀑流若無此陀羅尼大明成佛種子是轉大法輪是然大法炬王終不能成無上正覺此陀羅尼是是建大法幢是吹大法螺是擊大法鼓是法師子座善哉世尊唯願廣爲大衆說此大陀羅尼王曼荼羅印法畫像法尒時大會雲集天龍藥叉彥達嚩蘖嚕拏緊那羅摩護囉誐人非人等咸生希有奇特之心皆禮世尊瞻仰而住尒時世尊聞大衆虔誠請已即爲廣說此陀羅尼大教王法

根本陀羅尼品第二

尒時世尊告諸大衆我今說此陀羅尼教王此陀羅尼能成就無上菩提若有受持能除一切罪業身得清淨

即說根本陀羅尼曰

曩莫薩嚩怛他(引)孽多(去)南(一引)唵(二)尾補攞孽陛(三)麼抳紵羅(二合)陛(四)怛他多(五)你捺捨寧(六)摩抳摩抳(七)蘇(上)鉢囉(二合)陛(八)尾麼黎(九)娑(引)孽囉(十)儼鼻隸(十一)吽(十二)吽(十三)入嚩(二合)攞入嚩(二合)攞(十四)沒馱尾盧枳帝(十五)虞呬夜(二合)地瑟恥(二合)多(上)孽陛(十六)娑嚩(二合)訶(引十七)

尒時世尊說此大寶廣博樓閣善住祕密根本陀羅尼已於此大地六種震動雨大寶雨及大妙華一切所來大衆咸皆歡喜歎未曾有能令一切善法皆悉成就證得十地是時十方諸如來同聲讚歎釋迦牟尼如來言善哉釋迦牟尼如來乃能說此入菩提道場陀羅尼若纔聞此陀羅尼除滅一切惡趣纔憶念此陀羅尼者則爲以諸微妙香華塗香抹香供養十方一切諸佛若能纔誦即得不退轉無上正覺乃至百劫千劫百千劫一切如來不能讚歎盡其功能此陀羅尼有大威力一切諸魔終不能作其障礙一切冤家惡友鬼神藥叉羅剎人非人等不得其便增長無量善根若纔念此陀羅尼者獲福無量何況久能誦持其福不可校量尒時執金剛手藥叉將及四大天王往詣佛所恭敬合掌頂禮佛足供養而住白佛言世尊我等擁護持此陀羅尼有情加持養育皆令歡喜尒時世尊舒金色手摩執金剛手菩薩頂及安慰四大天王作如是言我以此陀羅尼付囑於汝若有持此陀羅尼者汝當擁護尒時執金剛手菩薩及四大天王白佛言世尊我等授付囑已以此大教王常當擁護彼有情受持陀羅尼者

心及隨心陀羅尼品第三

尒時世尊復說心陀羅尼曰

唵(一)麼抳嚩日𠼝(二合)吽

尒時世尊復說隨心陀羅尼曰

唵(一)麼抳(尼兼反)馱(上)𠼝(二)吽泮吒(半音)

若誦持根本陀羅尼者不假簡擇時日宿曜不限齋戒但誦滿一萬徧已然後佛前或舍利塔前於白月十五日潔淨洗浴著鮮淨衣隨力供養然四盞燈散諸香華受持陀羅尼者令

三白食族遶制底一百八帀誦陀羅尼一百八徧便於當處寢息天欲曉時如來即現其身執金剛手菩薩亦現於前所有願者皆得如意若造五無間罪者作如是法次第三徧方得感現勿生疑惑常於清旦誦一百八徧所求之事皆得成就蠱毒諸毒不能爲害水不能漂火不能燒賊不能劫病不能侵無佗冤怖常無重病亦無眼病耳病鼻病舌病口病齒病脣病頭痛支節痛一日瘧二日三日四日瘧悉不著身諸惡毒蛇虎狼禽獸不能爲害厭禱呪咀亦不著身此陀羅尼威力如是能息一切怖畏能滅一切惡障能生一切功德能成就六波羅蜜能成就如來境界纔誦此陀羅尼者皆能成辦一切事業若有人登大高山頂誦此陀羅尼盡眼所見處所有衆生滅一切罪業亦離一切地獄業得免傍生身若入天廟中誦此陀羅尼者使諸天神皆悉奉教若入龍池中誦此陀羅尼者一切龍衆皆來歸命若於日前誦此陀羅尼者日天子即來現其人前所求意願皆能與之若有人於執金剛手菩薩前誦此陀羅尼者金剛手菩薩現於其前所求願者亦得隨意若有人取昌蒲根誦此陀羅尼一千八徧口中含之入於王宮所有演說妃后彩女歡喜淨信若加持胡椒含於口中共佗人語所出言辭皆悉信受當生歡喜若加持白芥子一千八徧擲於虛空一切惡風雷雹皆得消散若加持鹽一百八徧與淨行婆羅門皆來敬愛食此鹽者皆得歡喜若欲令剎利敬愛者取白芥子護摩一千八徧即得敬愛若加持安悉香一千八徧於一切鬼魅病人前燒隨其所類皆自下語彼病即差若元旱時先以瞿摩夷塗地作四肘方壇中心畫一水池方二肘作青色於池中取瞿摩夷和土爲泥揑作一龍胷已上爲菩薩身作菩薩面於其頭上出三蛇頭胷已下爲蛇身於池中盤屈其龍徧身以黃丹塗令作赤色以金薄帖龍心上遶壇四邊以白粉畫作蓮華於壇四角揷四隻箭以五色線纏繞於箭周圍其壇又於線上懸五色小幡四角安四水瓶四門安香爐又用四箇小瓶一瓶盛乳一瓶盛酪一瓶盛乳糜一瓶盛酥及沙糖然四盞燈燒四種香所謂安悉薰陸白檀酥合於壇上散七種穀子（大麥小麥稻穀菉豆油麻芥子白芥子）供養五色食飲并諸華果念誦人面向東坐白芥子先誦陀羅尼加持一千八徧已然後取白芥子一顆誦陀羅尼一徧打龍頭上滿一千八徧其龍即降雨一切龍皆降伏若欲止雨加持白芥子一百八徧擲龍池中其雨即止若有惡風雹雨取佉陀羅木作橛釘龍池邊即得雹不下惡風即止若欲縛毗那夜迦取白芥子加持一百八徧安毗那夜迦頭上便不能作其障礙以乳洗毗那夜迦即得解脫所作事業皆得成就其持誦者常須清潔著鮮淨衣此是根本陀羅尼法

大寶廣博樓閣善住祕密陀羅尼經卷上

大寶廣博樓閣善住秘密陀羅尼輪

經云此陀羅尼有大威德佛由此成道由此降魔能滅惡障能成六度若書紙素牌壁幢閣之上有人暫視讀誦受持及聞聲佩身金轉觸餘人是人五逆四重十惡等罪消滅無有刀毒水火刼賊邪魅瘧疫寒熱一切病苦皆悉遠離見獲福慶所求遂意臨命終時諸佛安慰得生淨土所有禽獸飛蛾蚉䖟蟲等遇影下塵皆得解脫

大寶廣博樓閣善住秘密陀羅尼經卷上

校勘記

一　底本，金藏廣勝寺本。

一　六〇四頁中一行「卷上」，石作「序品第一卷上」。

一　六〇四頁中一行前，徑有「大寶廣博樓閣善住秘密陀羅尼輪」圖與釋文，今附録於卷後。

一　六〇四頁中二行譯者，徑、清作「唐特進試鴻臚卿三藏沙門大廣智不空奉詔譯」；麗作「開府儀同三司特進試鴻臚卿肅國公食邑三千户賜紫贈司空謚大鑒正號大廣智大興善寺三藏沙門不空奉詔譯」。卷中同。

一　六〇四頁中三行品名，石無。

一　六〇四頁中四行第一〇字「在」，麗作「住」。

一　六〇四頁中五行「俱知」，徑、清作「俱胝」。下同。

一　六〇四頁下一四行「威得」，石作「威德」。

一　六〇四頁下一九行第五字「出」，石、麗無。

一　六〇五頁中一一行首字「生」，徑作「有」。

一　六〇五頁下二行第二字「皆」，麗作「皆共」。

一　六〇五頁下六行「暫聞」，石、磧、普、南、徑、清、麗作「由聞」。

一　六〇五頁下九行「善趣」，徑作「惡趣」。

一　六〇六頁上三行「餘夘生」，磧、普、南、徑、清作「餘類」；石、麗作「餘類夘生」。

一　六〇六頁上四行第九字「當」，石、麗無。

一　六〇六頁中一四行「俱知」，磧、南作「俱胝」。下同。

一　六〇六頁中一七行第五字「詣」，磧、普、南、徑、清作「即」。

一　六〇六頁中末行「大會」，麗作「大寶」。

一 六〇六頁下一行第七字「詣」，磧、普、南、徑、清作「諸」。

一 六〇六頁下二行第一二字「衆」，麗無。

一 六〇六頁下一五行第七字「日」，磧、普、南、徑、清、麗作「曰」。

一 六〇七頁上一四行第六字「法」，麗作「法王」。

一 六〇七頁上二二行末字「等」，麗作「數」。

一 六〇七頁中一九行「如來」，石、麗無。

一 六〇七頁下一五行「憧憣」，磧、普、南、徑、清、麗作「幢幡」。

一 六〇八頁上八行第一二字「菓」，麗作「葉葉」。

一 六〇八頁中五行「白言」，麗作「白佛言」。

一 六〇八頁下一行「不退轉」，麗作「得不退轉」，又第一〇字「現」，石、普、徑、麗作「現前」。

一 六〇八頁下一四行「妄言」，磧、普、南、徑、清作「委言」。

一 六〇九頁上三行「世苦」，麗作「世間」。

一 六〇九頁上八行第一三字「虐」，石作「瘧」。次行首字、第四字同。

一 六〇九頁上一二行「丁病」，石作「疔病」；麗作「丁瘡」。

一 六〇九頁上一三行首字「累」，石、磧、普、南、徑、清、麗作「瘰」。

一 六〇九頁上一七行末字「厭」，麗作「⿰礻厭」。下同。

一 六〇九頁上一八行「呪咀」，石作「呪詛」。

一 六〇九頁上末行「銷鎔」，石作「消融」。

一 六〇九頁中一三行「妙珠」，石、麗作「殊妙」。

一 六〇九頁中一九行第一〇字「者」，石、麗無。

一 六〇九頁下六行「授記」，石作「受記」。

一 六〇九頁下二〇行「攝受」，石、麗作「攝授」。

一 六一〇頁上二一行「警覺」，徑作「驚覺」。

一 六一〇頁中一一行「流汗」，磧、南、徑、清作「流污」。

一 六一〇頁下二〇行「輪齋」，麗作「齋輪」。

一 六一一頁上一五行首字「畫」，石、磧、普、南、徑、清、麗作「晝」。

一 六一一頁中一一行「所來」，徑、清作「所求」。

一 六一一頁下八行第七字「手」，石、麗無。

一 六一一頁下一二行第八字「授」，磧、普、南、徑、清、麗作「受」。

一 六一二頁上五行第八字「次」，麗無。

一 六一二頁上一一行第八字「虐」，石作「瘧」。次行首字同。

一 六一二頁上一三行「呪咀」，石作「呪詛」。

一 六一二頁上二〇行「得免」，石、麗作「得免一切」。

一　六一二頁中一〇行第一二字「持」，經無。

一　六一二頁中一五行「所類」，石、麗作「所願」。

一　六一二頁中一七行第九字「畫」，石作「晝」。

一　六一二頁中二一行「盤屈」，石作「蟠屈」。

一　六一二頁中二二行第九字「怗」，石、經、清、麗作「貼」。

一　六一二頁下三行「香爐」，石作「香爐燒」。

一　六一二頁下五行「沙糖」，石作「粆糖」。

一　六一二頁下八行「白芥」，石、麗作「取白芥」。

一　六一二頁下一〇行末字「打」，麗作「釘」。

一　六一二頁下一三行第一二字「止」，經作「至」。

一　六一二頁下一五行第四字「雹」，石、麗作「霜雹」。

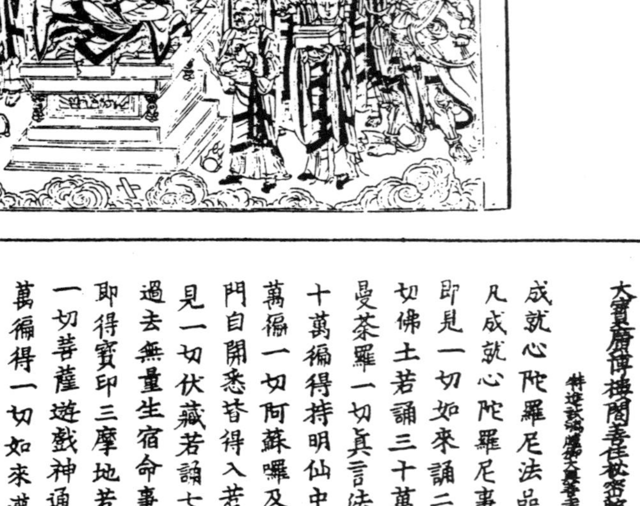

大寶廣博樓閣善住秘密陀羅尼經卷中　駕

特進試鴻臚卿大興善寺三藏沙門大廣智不空奉詔譯

成就心陀羅尼法品第四　福智升

凡成就心陀羅尼事業者誦十萬徧即見一切如來誦二十萬徧得見一切佛土若誦三十萬徧得成入一切曼荼羅一切真言法悉得成就誦四十萬徧得持明仙中轉輪王誦五十萬徧一切阿蘇囉及諸仙窟龍宮窟門自開悉皆得入若誦六十萬徧得見一切伏藏若誦七十萬徧即憶知過去無量生宿命事若誦八十萬徧即得寶印三摩地若誦九十萬徧得一切菩薩遊戲神通加持若誦一百萬徧得一切如來灌頂與一切如來同會福慧如是倍增而獲無量殊勝功德若造五無間罪誹謗聖人誹謗正法應入阿鼻地獄者由誦此陀羅尼十萬徧一切業障悉皆消滅得不退轉獲宿命智一切如來護念攝受得眼清淨耳清淨鼻清淨舌清淨身清淨增勝無量殊勝功德轉更增勝身業清淨兼獲世間種種事

業隨意成就復次說雄黃法取好雄黃置熟銅器中從白月十三日清淨洗浴著鮮淨衣喫三白食所謂乳酪粳米於佛前加持十萬徧至十五日夜所加持雄黃現三種成就相若煖若烟若光焰即得成就若煖將用點額即得安怛但那成就入阿蘇羅窟及一切神仙龍宮得持明轉輪王位意樂所作皆得成就若煙出用點眼中當見一切菩薩宮殿住處又見一切金剛族類菩薩一切諸惡魔不能障礙獲得一切法藏隨所去處皆得通達若現光焰即騰虛空證得然炬陀羅尼三摩地得作三十三天中主宰所須皆得若於山頂上誦一萬徧得一切衆生尊重所求皆得一切瞻部人咸來恭敬若入水池中誦一千八徧一切諸龍皆悉降伏取白芥子加持一千八徧散擲虛空應時注雨降伏諸龍若常日日誦持獲大吉祥若患一切病取水一缾以因陀羅呵悉多藥白及藥也及鉢羅奢藥赤及也白芥子并鬱金白檀香等各一分內著缾

中加持一萬徧取此香水淋灌於頂一切大重病人皆得除差及滅一切罪障所有符書厭禱皆悉消滅獲得一切殊勝吉祥若患癩病澡浴灌頂亦得除差若患白癜風以水灌頂亦得除差若有女人意欲求男以水灌頂即便生男若有人久持誦無靈驗悉地不現前者作此灌頂法速得悉地如是等世間出世間所求一切願皆得成就

成就隨心陀羅尼法品第五

誦隨心陀羅尼滿一萬徧所有諸鬼神作障難者悉來接足禮拜白言持明者救護我等勿斷我命所使我者決定得了我皆成就若誦二萬一千徧者即得一切天龍敬伏爲天中主所出言辭天皆奉行若誦三萬徧一切鬼神藥叉等咸悉順伏若誦四萬徧意欲鉤召隨意即成若誦五萬徧所欲鉤召追攝若天若龍若藥叉若蘗嚕拏若緊那羅阿蘇羅摩護羅及仙人婇女沙門婆羅門剎利國王王后宰相羣臣及餘種種人等皆得隨意燒安悉香和白芥子若誦六萬徧得無垢三摩地若誦七萬徧得作持明仙中轉輪王若誦八萬徧執金剛手菩薩及與眷屬來現其前若誦九萬徧得諸菩薩施與無畏若誦十萬徧得見一切如來彼等如來作是言善男子汝欲所往諸佛剎土皆得隨意無有障礙通達一切真言通達經論一切如來加持於三藐三菩提不退轉及得種種世間出世間法心所樂求皆得成就諸佛如來皆悉印可

諸儀軌陀羅尼品第六

坐真言曰

唵(一引)摩抳軍吒剎吽吽(二)娑嚩(二合引)訶(三引)

誦七徧然後坐作餘護持法

次結壇界真言曰

唵(一引)摩抳惹戍馱囉吽(二)娑嚩(二合)訶(三引)

誦此真言加持白芥子七徧散於四向便成結界

次結十方界真言曰

唵(一引)入嚩(合)里多麼抳(二)嚧止囉室(二合)抳吽吽泮吒(三 半音)

誦此真言加持香水和白芥子一百八徧散於十方即成結十方界

辟毗那夜迦真言曰

唵(一引)摩抳鉢囉(二合)娑嚩底(二)賀囉賀囉(三)吽吽泮吒(半音)娑嚩(二合)訶(四引)

誦此真言加持灰水二十一徧散於十方

頂髻真言曰

唵(一引)嚩羅(二合)摩抳(二)底瑟吒(二合)底瑟吒(三)吽吽泮吒(四 半音)

誦此真言七徧加持右手作拳舒大指以摩頂右旋三帀即成護身

加持衣真言曰

唵(一引)摩抳微布黎(二)地里地里(三)吽泮吒(四 半音)

誦此真言七徧加持衣服

洗漱真言曰

唵(一引)尾你庾(二合)嚩底(二)訶囉訶囉(三)摩訶(引)摩抳吽吽泮吒(四 半音)

誦此真言加持水洗手漱口及用澡於身能淨諸根

洗浴真言曰

唵一引蘇涅摩攞嚩底一訶囉訶囉二
播奔弭哩弭哩四吽娑嚩二合引訶五引
誦此真言加持白芥子水一百八徧
結身法護真言曰
唵一引摩捉達哩二吽吽泮吒三半音
誦此真言用灑一切香華果實飲食
及所用之物皆用此真言加持而護之
神線真言曰
唵一引地哩地哩二微麼羅迦哩三吽
吽泮吒四半音
獻華真言曰
唵一引薩嚩怛他蘖多二布惹麼捉吽吽四
所有華皆誦此真言加持散時亦誦
塗香真言曰
唵一引薩嚩怛他蘖多二巘馱摩捉娑頗
二合囉拏吽五
燒香真言曰
唵一引入嚩二合里多摩抳二阿沒囉矩吒
娑頗二合囉拏上尾蘖底吽三
燈真言曰
唵一引入嚩二合里多始佉黎三馱嚩哩五
吽吽泮吒四半音
獻食真言曰

唵一引鉢囉二合嚩囉引蘖囉二合嚩底二
娑囉娑囉三吽吽四
獻閼伽真言
唵一引摩訶末捉布囉耶馱囉馱囉吽
吽三
奉獻供養物及食等真言
唵一引摩訶微摩黎吽吽一娑囉娑囉
吽三
護摩真言
唵一引入嚩二合羅薩昝二合囉一誐誐那鈝
囉二合多囉捉吽吽三
加持念珠真言
唵一引嚧止囉摩捉二鉢囉二合韈多耶
吽三
以此真言加持念珠七徧若念誦本
真言二徧移一珠即成誦一切如來
所說真言一徧一一真言成無量百
千那庾多徧
念誦時真言曰欲念誦本真言時先誦此真言
唵一引嚩羅二合摩儞迦囉二緊迦吽吽泮三
結跏坐真言曰
唵一引蘇鉢囉二合韈底多吠藝二摩捉
摩捉娑嚩二合引訶二引

警覺一切如來真言
唵一引薩嚩怛他蘖多二嚩庚平惹吠
三多囉多囉四吽摩捉迦娜寧娑嚩
二合訶五引
請一切如來真言
唵一引蘇尾布羅嚩娜寧二訶囉訶囉
吽三
請一切天龍真言
唵一引阿鼻娑摩耶嚩日哩二合馱囉馱
囉吽三
請四天王等真言曰
唵一引微布羅鉢囉二囉縈一拄嚕拄
嚕吽吽三
求願真言
唵一引薩嚩怛他蘖多二地瑟吒一合那
質多僧哈詵乂二合拏三嚩日禮二合吽吽六
求菩薩願真言曰
唵一引摩捉尾誐嚩底吽二
加持弟子真言曰
唵一引輸上娑摩捉二戶盧戶盧吽三
加持弟子令弟子入壇真言曰
唵一引薩嚩怛他蘖多一喝哩二合捺耶
嚩曩二合捉三達囉達囉吽吽四

獻一切佛一切菩薩諸天等食真言

唵一引尾囉尾囉逝二誐誐那嚩呬你擺吽擺吽吽四

所有一切香華飲食皆誦此真言用持獻之護身真言曰

唵一引摩抳蘇唵二合婆抳二吠皽嚩底三囉訖叉二合囉訖叉二合㮈吽四

奉送諸聖衆真言曰

唵一引薩嚩怛他蘗多二毘盧你底娑摩二合囉三尼誐底四入嚩二合羅入嚩二合羅五吽吽娑嚩二合訶六引

誦此真言通一切處用所謂奉尊獻閼伽華飲食等用

已上一切心真言先各誦一百八徧然後作法時纔誦滅一切罪一切苦惱皆得解脫諸佛如來決定授菩提記當得作佛先世惡業受持此真言悉皆消散獲無量恒河沙數功德速證無上正等菩提能轉法輪

建立曼荼羅品第七

尒時世尊說曼荼羅儀軌依時法先擇勝地然後作壇其壇四肘四門以瞿摩夷和土偏塗拭之壇上張一白蓋稱壇大小於壇中心取二肘拼作一小方壇先以白檀香塗拭之用鬱金香塗之或以五色粉撚成或畫亦得於瓶器中和彩色用之於小壇中畫七寶樓閣於樓閣中畫一佛形像作說法相佛前作一蓮華七寶莊嚴於蓮華胎中畫作一輪其輪百輻齊輞具足以金莊嚴輪外畫焰光其蓮華莖吠瑠璃色佛左邊畫金剛手菩薩而作忿怒形右手執金剛杵左手執白拂右邊畫摩尼金剛菩薩種種瓔珞莊嚴其身左手執持寶珠右手執白拂四角各畫四天大王身著甲冑手執器仗種種頭冠瓔珞莊嚴其身作瞋怒形其小壇中畫七寶界道於其壇上懸一傘蓋可一肘量於傘蓋四面周帀懸幡其大壇東門懸五色繒幡以四金餅滿盛香水於餅中著七寶及諸香藥五穀於餅口插時華有果枝條以繒帛繫餅項置壇四角又以四銀餅滿盛乳安大壇四隅若無金銀餅以金銀塗餅替之於中壇南門中畫大吉祥天女種種瓔珞莊嚴其身北門中畫餉棄尼天女西門中畫金剛使者天女八臂持種種器仗以種種瓔珞莊嚴上懸青繒幡於中壇四邊香華飲食隨力供養然三十二燈種種華果散其壇上於佛像前置金香爐燒蘇合香金剛手菩薩前以銀香爐燒安悉香摩尼金剛菩薩前亦以銀香爐燒蘇合香於四天王前燒薰陸蘇合白膠香和燒於吉祥天女前燒白檀香於餉棄尼天女前燒安悉香於金剛女使者前燒薩羅計香是膠香於四天王等前各各別以飲食而供養之其中壇四門外各立吉祥標門其大壇東門中畫訶利帝母七子圍遶於南門中畫大自在天王於西門中畫華齒羅剎女於北門中畫毗摩天女顏皃美麗有七婇女圍遶於壇上四邊插三十二隻箭其一一箭以五色加持線纏周帀圍遶於梁上懸五色小幡以爲莊嚴於大壇外食界道上置種種華種種味飲食幷種果七種油餅三十二挽三十二餅三十二香爐燒燈

一百八盞種種末香種種燒香所謂
薰陸香安悉香必栗迦(日藷香)白檀沉香
多蘗羅香蘇合薩羅計(青膠香也)應燒五石
蜜香又以龍惱香麝香鬱金紫檀白
檀等各各以爲塗香次應獻食飲乳
酪沙糖水石蜜水各盛八鉼乳粥八
梡又以粳米菉豆油麻相和作粥八
梡粳米飯歡喜團各八梡又粳米粥
八梡復盛油四瓦梡蘇四瓦梡沙糖
四梡石蜜四梡油麻四梡果子四梡
七種穀子四梡應以種種飲食供養
所謂天竺餅煎餅菉豆餅油麻煎餅
無憂餅妙味餅酥餅沙糖餅已上飲
食隨所得營辦當於引弟子入壇門
中兩邊置香水二鉼應爲弟子入壇
儀軌其弟子入已即爲弟子灌頂誦
此眞言以用灌頂

眞言曰

唵(一引)摩訶尾布羅(二)鉢囉(二合)底(丁以反)悉
馱(二合)多悉第(三)阿吒說者拾(四)薩嚩怛
他蘗多鼻曬罽(五)娑囉娑囉三婆囉
(六)吽吽

纔灌頂已先世一切罪障一切業障
悉皆清淨得一切如來攝受一切如
來加持一切如來灌頂一切如來安
慰一切悉地現前所思所求皆得滿
願即成入一切如來三昧耶曼荼羅
入一切如來法性證甚深法忍往詣
菩提場獲得如是等勝上功德乃至
獲得不退轉證無上正等菩提

畫像品第八

尒時世尊告諸大衆我今說畫像法
而能成就一切事業應取新白氎不
割截者或一肘或二肘令四方等畫
人應受八戒其畫彩色於新器中盛
勿用皮膠七寶莊嚴樓閣於樓閣中
畫如來作說法相坐師子座佛右邊
畫金剛手菩薩十二臂黃白色其像
四面正面歡喜右邊面忿怒相左邊
面開口狗牙上出當頭上面顰眉怒目
頭冠瓔珞種種莊嚴於蓮華上半跏
而坐

左邊畫寶金剛菩薩四面十六臂正
面歡喜右面青色作摩訶迦羅天面
左面綠色作師子面頭上面顰眉露齒
忿怒相作戭綠色右邊第一手持眞多
摩尼寶作獻佛勢左邊第一手持蓮
華右第二手作安慰手左第二手持
三戟叉二手合掌餘手皆執諸器仗
右第四手持輪左第四手持劒右第
五手持金剛杵左第五手持華鬘右第
六手持念珠左第六手持軍遲右第
七手持刀左第七手持梵夾右第八
手持寶塔左第八手持須彌山於蓮
華臺上半跏而坐於其座下畫餉棄
尼天女有八臂跪坐合掌作供養佛
相金剛手菩薩座下作吉祥天女跪坐
持寶器滿盛種種寶供養如來於吉
祥天女後畫金剛使者天女作笑面
有四臂種種瓔珞而爲嚴飾手持種
種器仗餉棄尼天女後畫華齒天女
身著素服以手持華瞻仰如來於如
來前畫作七寶華其華百葉以金爲
臺吠瑠璃爲莖其蓮華上畫作百輻
輪齊輞具足輪外周帀皆有光焰於
蓮華根下畫四天大王悉被甲冑種
種嚴飾手執器仗蓮華下畫作水池
以七寶莊嚴於池岸上應畫持誦人
跪坐手持香爐并持華枝又持念珠

跪生瞻仰如來於寶樓閣上於虛空中畫梵天毗紐天大自在天散華供養應依如是儀則畫像其持誦者著新淨衣食三白食從白月八日在如來前如法念誦至十五日令滿十萬徧其像動搖及見自身熾然光明獲得無障礙眼證清淨摩尼行三摩地於一切持明仙中爲轉輪王覩見一切如來讚誦一徧遠離一切地獄傍生能斷貪瞋癡等離諸慳悋垢成就一切功德獲得一切安樂攝受一切善根一切如來之所加持一切菩薩之所安慰一切諸天悉皆擁護一切藥叉羅刹畢舍多比舍遮阿蘇囉彥達嚩蘖嚕拏緊那囉摩護囉誐人非人等悉來侍衛於一切王宮皆得供養令諸世間皆得順伏一切功德波羅蜜皆悉圓滿如是等殊勝功德悉皆獲得若讚誦者獲如上福利況多增勝受持者若有讀誦受持相應供養求成就并與印契眞言相應對於像前其人等同諸佛應受天人世間供養禮拜其人等同諸佛應見應知如來之所受記其人決定不退轉於無上菩提不復生於母胎所生世界蓮華化生不離諸佛菩薩所生之處共諸如來集會乃至坐菩提場

護摩品第九

尒時如來復爲諸大衆說護摩法先須清淨身心然後作法一一法速令成就起廣大利益爲諸有情發如是心應作護摩如法供養護摩眞言曰

唵一引娑嚩二合訶鉢底二部囉二合部嚩二合吽吽泮吒半音娑嚩二合引訶四引

以此眞言加持油麻白芥子和酥一徧一燒滿一百八徧能令一切眞言法速得成就除遣一切障者毗那夜迦一切罪一切煩惱一切冤家惡友皆得摧伏禁止令其迷惑一切惡夢災怪不祥之事自然消散

又以安悉香白芥子和酥誦眞言一徧一投火中燒之滿一千八徧一切鬼魅頭自破裂一切病患諸瘧速得除愈一切鬼神變怪皆得遠離

又以酥和白芥子一誦眞言一投火中滿一千八徧獲得一邑主

又以白芥子和酥護摩一千八徧一切諸恐怖冤家佗敵悉皆除滅

又以天木杉木是和酥護摩一千八徧得囉若幷內宮眷屬歡喜敬愛所求皆遂

若以白膠香和酥及白芥子於山峯上護摩如前徧數一切諸宮窟門自然而開即得入中爲持明仙中王

又以香膠和芥子油於龍池邊護摩一千八徧一切諸龍皆得敬愛所勑皆作之依時降雨不損苗稼

又以飲食護摩一千八徧供養如來即得五穀豐饒

又以鹽護摩一千八徧一切藥叉女皆來禮足作是言大家勿斷我命任意驅使皆得成辦

又以酥和粳米護摩一千八徧獲大吉祥

又以胡椒對日護摩一千八徧常得諸天擁護獲大吉祥

又於大吉祥天女前以油麻和白芥子護摩得大財豐饒

又以遏迦木護摩一千八徧即成警覺諸佛菩薩悉知是人離一切罪於

一切世間出世間真言王悉皆現前除一切病於諸冤敵而得最勝一切生死苦不能陵逼由此真言力故諸有善業皆果成就一切惡夢不祥之事皆得消散一切厭禱一切繫縛一切煩惱不能侵擾如是等護摩事業能作息災能獲安樂獲得財利設有墮諸惡見衆生令得正見

尒時娑伽梵告金剛手菩薩此教王有大威德是一切如來心是諸如來母是諸如來轉大法輪是諸如來往詣菩提場是諸如來建大法幢是諸如來吹大法蠡是諸如來坐金剛座是諸如來降伏魔軍是諸如來最勝祕密是諸如來極大祕密金剛手此陀羅尼於贍部洲息一切有情煩惱能除一切有情罪能晛贍部洲有情地獄餓鬼傍生之業能除有情生老病死愁歎苦憂及諸熱惱

尒時世尊復告金剛手菩薩我以天眼觀諸如來不能說此陀羅尼所生功德聚此陀羅尼有如上最勝殊妙如是廣大如是甚深如是等勝最勝上最上大神通如是大寶廣博樓閣教王薄福少德衆生必不聞此陀羅尼名字況復得見受持讀誦若有聞見此陀羅尼名者是人已曾親近恒沙諸佛菩薩金剛手此陀羅尼是如來心難解難入若有善男子善女人於百千萬劫供養八十俱胝那庾多百千恒河沙諸佛菩薩飲食衣服房舍臥具百種湯藥幡蓋香華塗香末香復以七寶滿三千大千世界日日中奉施諸佛金剛手於汝意云何是善男子善女人功德多不金剛手菩薩白佛言世尊此人功德無量無邊不可稱數若有誦此陀羅尼一徧者此人功德勝前功德諸佛如來說不能盡若有善男子善女人於一時須作意思惟此陀羅尼稱量比前供養如一切如來飲食衣服香華七寶功德倍勝於前即成供養一切如來

尒時如來說是語已衆中天龍藥叉彥達嚩阿蘇囉蘖嚕拏緊那囉摩護囉誐人非人等一切大衆踊躍歡喜發聲稱讚五體投地虔誠禮敬合掌向佛白言世尊此陀羅尼等同如來出於世間今佛世尊於贍部洲能善建立此祕密陀羅尼心法尒時十方同會諸佛菩薩咸讚釋迦如來言善哉善哉既讚歎已各還本土尒時釋迦牟尼世尊以佛神力還娑訶世界

大寶廣博樓閣善住祕密陀羅尼經卷中

大寶廣博樓閣善住祕密陀羅尼經卷中

校勘記

一　底本，金藏廣勝寺本。
一　六一六頁中末行首字「更」，麗作「受」。
一　六一六頁下七行第六字「但」，石、麗無。
一　六一六頁下一四行「三十三」，石作「三十二」。
一　六一六頁下二二行夾註左第二字「也」，石無。
一　六一六頁下末行「欝金」，麗作「欝金香」。
一　六一七頁上三行第七字「厭」，麗作「壓」。
一　六一七頁上一九行「鉤召」，石作「勾召」。次行同。
一　六一七頁上二一行「摩護囉」，磧、普、南、徑、清作「摩護囉誐」。
一　六一七頁上二二行「國王」，磧作「國主」。
一　六一七頁中二一行「結界」，石作「法界」。
一　六一七頁下三行「成結」，石作「結成」。
一　六一八頁上四行首字「結」，石、磧、普、南、徑、清、麗作「浴」。
一　六一八頁中三行「真言」，石、麗作「真言曰」。以下時有出現，不一一出校。
一　六一八頁中一六行「二徧」，石、磧、普、南、徑、清、麗作「一徧」。
一　六一八頁中一九行夾註右第四字「本」，石無。
一　六一八頁下八行至一三行「請一切……吽吽三」與一四行至一八行「求願……嚩底吽二」兩段經文，石、磧、普、南、徑、清、麗互置。
一　六一九頁上一二行「本尊」，石、麗作「奉送本尊」。
一　六一九頁上一三行第三字「華」，麗作「香花」。
一　六一九頁上二一行「依時法」，麗作「依時依法」。
一　六一九頁中五行第八字「晝」，磧、普、南、徑、清、麗作「畫」。
一　六一九頁中二二行「塗餅」，石、麗作「圖瓶」。
一　六一九頁下一二行夾註「是膠香」，石、磧、普、南、徑、清、麗作「是青膠香」。
一　六一九頁下一七行第一三字「皃」，磧、普、南、徑、清作「厚」。
一　六一九頁下二一行「食界」，磧、普、南、徑、清作「金界」。又第一二字「置」，石作「安置」。
一　六一九頁下末行第三字「椀」，麗作「梡」。下同。
一　六二〇頁上三行夾註左第二字「也」，石無。
一　六二〇頁上四行「龍惱香」，石、磧、普、南、徑、清、麗作「龍腦香」。
一　六二〇頁上六行「沙糖」，石作「粆糖」，九行、一三行同。又「八鉼」，徑作「入瓶」。

一　六二〇頁上一五行「爲弟子」，麗作「爲弟子作」。

一　六二〇頁中一三行「七寶」，麗作「畫七寶」。

一　六二〇頁中末行第三字「相」，磧、普、南、徑、清無。

一　六二〇頁下一一行第七字「座」，磧、普、南、徑、清無。

一　六二〇頁下一九行第三字「輞」，石作「網」。

一　六二〇頁下二〇行「四天大王」，麗作「四大天王」。

一　六二一頁上一八行「皆悉」，麗作「悉皆」。

一　六二一頁上一九行第八字「獲」，石、麗作「猶獲」。

一　六二一頁中一行「受記」，磧、南、徑、清作「授記」。

一　六二一頁中二〇行「諸虐」，石、磧、普、南、徑、清、麗作「諸瘧」。

一　六二一頁下二行第二字「諸」，石、麗作「諸魔」。

一　六二一頁下三行夾註「杉木是」，石、麗作「杉木是也」。

一　六二一頁下四行「囉若」，麗作「囉惹」。

一　六二一頁下七行第九字「持」，清作「時」。

一　六二一頁下一四行「勿斷」，石、麗作「勿傷」。

一　六二二頁上四行第五字「果」，麗作「易」。

一　六二二頁上一二行第四字「場」，磧、普、南、徑、清無。

一　六二二頁中七行第一一字「𩑔」，麗作「知」。

大寶廣博樓閣善住秘密陀羅尼經卷下　時

開府儀同三司特進試鴻臚卿肅國公食邑三千戶賜紫贈司空謚大鑒正號大廣智大興善寺三藏沙門　不空奉　詔譯

護摩品第九之餘

尒時金剛手祕密主菩薩面兒熙怡微笑身毛竪持金剛杵輪擲揮空以種種香花衣服嚴具諸持明仙衆歌讚歎詠往詣佛所以諸香花衣服嚴具而散佛上遶佛三帀頂禮佛足漸進佛前偏袒右肩右膝著地合掌白佛言世尊如來今於世間然大法炬於贍部洲建立陀羅尼教王若有見聞此陀羅尼者等同見佛出興於世應如是知世尊說是大寶廣博樓閣善住秘密大印曼茶羅教明王法世尊若有纔聞此陀羅尼者於無上菩提決定得不退疾證無上等覺菩提解脫一切罪障惟願世尊爲諸衆生說此陀羅尼印法即以伽他而問於佛

此之秘密印　云何而輪結　云何安於指
云何復安齊　云何手按手　云何以印觸
而作於加持　云何印在心　云何而舒臂
云何三昧邪　云何安慰印　云何以神力
加持速成就　云何金剛座　云何灌頂印

大寶樓閣陀羅尼經卷下　第三　恒

云何法輪印　云何持無上　無能勝密印
云何轉輪印　及如意寶印　云何四王印
云何吉祥天　祕密之契印　云何餉棄尼
及女使者印　云何持壇中　一切聖衆印
云何迎請印　云何根本印　心及隨心印
如上之印法　惟願大牟尼　而爲我解說
由結此印故　一切業成就　纔見此印故
諸罪皆清淨　若修真言法　成無上悉地
願佛說真實　由結此印故　世尊爲我說

尒時釋迦牟尼如來於大衆中舒金色如象王鼻百千福莊嚴臂按金剛手秘密主菩薩頂而安慰之作是言金剛手此大寶廣博樓閣善住秘密陀羅尼印品如是印法汝今聽善聽極善聽作意思惟今委寄汝汝應極生恭敬印品及曼茶羅成就法當於後世敬重印品知一切印等同如來薄伽梵詣菩提場如轉法輪如佛舍利於後世時不應授與下族類人惡性有情破戒有情懈怠有情不淨信者躭嗜有情我慢有情如斯之類不須爲說此陀羅尼等同如來舍利勿今隱没若有薄福有情聞我此法便

生毀謗當知此等如毀謗佛無有異
也是故金剛手菩薩應執持此陀羅尼
所在之處如佛無異
尒時金剛手菩薩頂禮佛足白言世
尊如是如是世尊所説我當專心受
持恭敬供養以報佛恩惟願世尊為
我演説我當守護如來三昧耶不敢
違越不敢棄捨不敢疑惑令持明者
速得成就
尒時薄伽梵作念正知於大衆中以
吉祥儀軌説修行此大寶廣博樓閣
善住秘密陀羅尼大印品持明者善
須依法澡浴及飲五淨依法加持及
自護身著新淨衣先以白檀香徧塗
手臂然後復用鬱金香塗繫於神線
臂釧茅鐶安於右臂離喧閙寂靜處
建立精室或舍利塔前對佛像面向
東方作吉祥坐及結跏坐先於一切
有情起大慈心深生悲愍即應誦根
本陀羅尼次誦心陀羅尼隨心陀羅
尼以華鬘燒香供養一切如來并供
養持金剛觀自在曼殊室利慈氏等
憐愍有情者徧禮十方一切如來所

奉獻者二手合掌應作如是言
住在於十方　諸佛攝受我　徧在於十方
過去及現在　未來諸世尊　菩薩威德者
我今悉皆禮
唵一引 牟尼摩尼二 鉢囉二合 嚩囉三 鉢
囉二合 嚩鎵四 麼呬耶二合 鉢納銘二合五
摩訶鉢囉二合 陛娑嚩二合引 訶六引
次結普徧光明寶清淨如來心印
先以右手拇指捻頭指甲上如鐶餘
三指展之次以左手展其頭指屈大
拇指押三指甲上二手相對置於心前
應住寂靜心　觀想佛形像　身儀應寂靜
復以寂靜根　身不應動搖　不動於靜慮
結印誦密言　數限二十一
唵一引 薩嚩怛他蘖多紇哩二合 捺耶二
摩抳入嚩二合 攞寧三 阿去 尾瑟吒二合
也吽四引
纔結此印即持一切如來心印積集
廣大福聚如恒河沙那庾多百千如
微塵諸佛若有善男子善女人苾芻
苾芻尼優婆塞優婆夷以滿三千大
千世界七寶及天妙衣服塗香末香
燒香華鬘瓔珞諸莊嚴具幢幡寶蓋

供養一一佛滿百劫如是供養一切
佛已若有人結此印誦真言一徧所
生善根百分不及其一如上恒河沙
諸佛不能盡説其福聚如是大威德
有大神驗纔結此印誦真言觀念地
獄一切衆生彼地獄衆生皆得解脱
由此觀行皆得生極樂世界如是等
阿修羅及焰摩界傍生皆得解脱一
切身垢過現生身得清淨一切如來
攝受護念即成見一切如來皆由結
此普徧光明寶清淨如來印威力故
次結一切如來心印亦名安慰一切
如來印先以左肘當胯平展仰掌即
屈無名指小指以大拇指押之右手
准前印不改攀眉羯吒訖又眼自視
其身微屈身齒咬下脣應誦真言曰
唵一引 薩嚩怛他蘖多二 鉢囉二合 嚩囉
引 蘖囉摩抳吽三
纔結此印誦真言即成入一切如來
所有三昧耶曼荼羅則成俱知三昧耶
者若人百千劫來宿障由見此印即
得消滅閉一切惡趣門即成結一萬
四千俱胝那庾多百千佛大三昧印

及誦真言又同結一切如來部族印一切夜叉羅刹部多諸毗那夜迦等皆悉被燒如一火聚是諸障者面皆踣地皆順三昧邪不敢違越一切諸天頂戴誦持者二足皆住三昧邪由纔見聞此印故即成知一切三昧邪者一切惡龍亦順住三昧邪不敢違越無有三昧邪祕密曼荼羅教軌儀無不知者悉皆成入由結印誦真言故諸有惡人不敬信者及外道怨敵不饒益有情者皆起慈心深生恭敬一切懷惡意諸煩惱者悉皆消滅即成具三昧邪即離一切罪障即成歸依三寶即成就大福德聚遠離諸疾病離一切慳悋煩惱垢

次結一切如來普遍大寶三昧邪祕密大印先以右手置右膝上以大拇指捻中指甲上次以左手仰攢安心上拇指押中指無名指甲上舒頭指及小指發慈心開目而住即誦真言曰

唵(引)薩嚩怛他孽多(引)毗三冐馱娜嚩羅(二合)吽(二)

纔結此印誦真言即得一切如來之所安慰皆稱善哉舒手按頂憐如愛子則為一切如來之子千俱胝那庾多恒河沙諸佛所共安慰其人一切罪障皆得清淨一切煩惱悉皆消滅一切菩薩悉皆禮敬一切諸天悉皆侍衛一切鬼神并一切夜叉羅刹悉皆不敢侵陵一切障礙毗那夜迦不敢惱害馳散十方一切皆起慈心由見此印故無有疑也見持明者持此最勝印當知佛菩薩現前安慰由誦此真言當知是佛音聲等同諸佛佛語甚深難聞若有善男子善女人苾蒭苾蒭尼鄔波索迦鄔波斯迦若持明者結跏趺坐結印誦真言若得見持此真言人則成見六十二恒河沙百千俱胝那庾多諸佛如來應正等覺不應起疑惑應當供養彼人奉其衣服應起恭敬如大師想觀持明者等同諸佛當知是人則同諸佛一切希求勝願皆得滿足若一時間結印誦真言慈心偏緣六趣輪迴諸有情二足四足多足思惟起悲愍心輪迴有情及傍生者皆獲安慰獲佛菩提不久諸天擁護於一切曼荼羅成知三昧邪者印成誦一切真言即成結一切即

次結一切如來莊嚴大寶光加持祕密大印以二手右押左背相叉屈二頭指各如鉤二小指各直竪二大指各屈在掌中結跏趺坐以印當齊上傾身向右顰眉眼寂靜而視觀想諸佛住大慈心應誦真言矜愍一切有情觀佛色相置印於頂上結印時誦唵字吽字泮字結印已由誦唵字成加持菩提場由誦吽字加持轉法輪由誦泮字加持菩提樹如須彌山不傾動一切如來所加持一切佛皆與授記一切處加持人天是人身得清淨如日光摩尼照曜離一切罪增長福德聚是處猶如窣堵波由結此印故猶如菩提場諸佛所加持加持於十地亦加持不退轉處能淨宿障解脫諸惡趣關閉諸地獄門開諸天門是人於七十二恒河沙數俱胝那庾多百千諸佛所種植善根獲得授記一切鬼神夜叉羅刹及龍皆生恐怖及諸障毗那夜迦踣面於地如火聚焚

燒及諸餘類難調伏者摧壞無疑此印難見難聞離一切罪及離八大地獄成就一切眞言教法即成入一切曼荼羅一切三昧耶印如來所說皆得加持亦能加持一切印成佛菩提最勝纔結此印一切處常得加持眞言曰

唵一引薩嚩怛他蘖多引地瑟姹二合那二摩尼摩尼吽泮吒三半音

次結如來寶大金剛安立金剛師子座印先應結金剛跏坐即結金剛合掌印想身為金剛杵形微屈身觀想遍毛端遍觸然後二手合掌屈二頭指捻二大指甲竪二中指如金剛杵形直竪二無名指以二小指拄在無名指背以印觸地及觸二膝即安於齊此名二金剛師子座印其地猶若金剛周帀十方如金剛牆亦成一切如來座由一切如來加持故成金剛座樓閣一切難調伏者不能俎壞一切處得無畏及障者毗那夜迦一切諸魔類由結此印皆得超勝彼皆一切馳散及夜叉羅刹大力作障者悉皆遠離難伏不見形者及諸不友寃敵惡心衆生悉皆殄滅由結此印故一切有情若男若女皆得敬愛王及後宮皆得歡喜及餘有情在於地上皆得敬伏一切隨順晝夜無間斷由諸佛加持成金剛寶殿建立師子座由佛神通加持故如俱知恒河沙數百千應供正徧知處成金剛師子座由纔結此印於如是等如來所成奉獻金剛座則獲一切如來神力加持由纔結如來寶大金剛建立金剛師子座印一切地獄傍生焰魔界餓鬼阿蘇羅身一切地獄等由先世業障以此金剛牆令摧壞令繫縛皆令消滅其身得清淨成金剛不壞身由誦眞言結印故於諸惡趣皆得解脫及解脫一切罪眞言曰

唵一引薩嚩怛他蘖多鉢囉二合嚩囉二摩尼嚧黎三吽吽泮吒四半音

次結一切如來大寶出生灌頂大印二手合掌如金剛杵二頭指傍舒二中指屈節指面相合直竪二無名指如金剛杵二大指押二小指甲上結吉祥跏坐置印於頂上應誦此眞言曰

唵一引薩嚩怛他蘖多尾麼羅三婆吠二吽吽三

纔結此印誦眞言其持明者於六十八百千恒河沙數微塵等如來應供正徧知以一切如來神變加持獲得灌頂即彼乃至得如上如來繫無垢繒於其首以一切曼荼羅印品明眞言灌頂成就無量阿僧祇福德聚獲得無量善根一切菩薩金剛手於持明仙人以百千徧灌其頂一切天龍夜叉乾闥婆阿蘇囉蘖嚕拏緊那羅摩護囉誐四天王與成彼持明人灌頂一切持明仙中輪王與成彼灌頂為一切如來長子殊勝灌頂成一切如來三昧耶祕密曼荼羅灌頂以大寶廣博樓閣祕密成灌頂一切不友寃敵作障者毗那夜迦惡藥叉羅刹部多鬼神不能見彼持明者其持誦者身如虛空隱形不現普徧十方一切佛刹一切如來應供正徧知廣大衣服繒綵七寶瓔珞莊嚴頭冠於一切如來所作大供養雲海成供養灌頂由纔結此印得如是神通自在善根成

就如是大威德大福利
次結一切如來光明大寶摧魔熾然
法輪神通加持大印
二手合掌安於心以右手大指頭指
甲相捻餘三指直舒捲於心屈左手
大指入掌中捻中指甲上餘三指微
屈二手背相著其左手掌面向前結
跏趺坐應誦眞言住慈三摩地内心
定寂静由結此印即轉清浄大法輪
三千大千世界六種震動無疑諸佛
菩薩皆觀察持明者金剛手歡喜并
諸天眷屬持明轉輪王常來侍衛持
明者四大天王晝夜常護持四方一
切如來常加持由轉法輪於諸衆皆
得超勝一切障作障毗那夜迦持明
者若持此印心得寂静離諸障難是
人等同如來出興於世轉大法輪如
坐菩提場轉大法輪我見彼人等同
諸佛應當供養所獲善福如供養佛
持誦者應清浄心於諸有情常起悲
愍應結印誦眞言少顰眉脣齒俱合
觀想佛形如轉法輪心作是思惟降
伏諸魔制諸障難由結此印誦眞言

故能然大法炬建大法幢擊大法鼓
吹大法螺作大師子吼增長福德聚
由纔結此印如結八十俱胝恒河沙
諸佛眞言密印是諸如來亦加其威
神威稱善哉善哉授菩提記眞言曰
唵一引薩嚩怛他蘖多三摩耶二摩据
嚩㬰二合吽吽三
次結無能勝印
以右手大指跓頭指頭屈如環餘三
指直竪左手亦然竪二手所舒指皆
相著以印小指當於脅顰眉向下觀
身以右脚押左脚以羯吒訖乂眼顧
視意誦眞言即舉右脚以大拇指觸
地由纔結印誦眞言故即能降伏諸
魔并諸營從得勝及降伏一切作障
毗那夜迦及不現形者一切夜乂羅
刹於諸冤敵通達無礙及諸不友冤
敵得勝離煩惱苦及諸鬼趣得勝於
其身中貪瞋癡及餘種種煩惱彼皆
寂静由纔結印故則解脱諸罪一切
所往處得勝於眞言法得無障礙得
成無障礙事得離一切諸病乃至證
菩提一切處諸天擁護於十方無能

勝眞言曰
唵一引薩嚩怛他蘖多惹耶尾若耶二
阿介多嚩㬰二合吽吽三
次結一切如來轉法輪印
先以右手握大拇指作拳左手亦然
以右拳安於左拳上由結此印一切
如來之所印可如恒河沙俱知百千
如來咸皆歡喜受與無上悉地是諸
如來决定現其身於一切持明仙衆
中為轉輪王一切眞言印契教法悉
皆通達如在心於諸曼荼羅成就最
勝一切諸天十方擁護轉法輪眞言曰
唵一引薩嚩怛他蘖多達磨馱覩二摩
訶度捉試佉黎三喝囉喝囉四吽吽
泮吒半音五
次結金剛手菩薩印
先以二手合掌二中指右押左内相
乂二頭指并二大指如金剛形竪二
無名指指面相著二大指直竪二小
指擗開舉其左肘下其右肘顧視左
肘右脚押左脚半跏微展左脚作顰
眉怒目瞋相以齒咬下脣喉中稱吽
聲意誦眞言觀已身如金剛手纔

結印誦眞言故三十三天皆大驚怖一切天宮悉皆震動一切夜叉羅刹王及難調諸龍鬼神毗那夜迦及諸作障者悉踣面在地號哭四方馳走金剛手皆大歡喜授與悉地眞言教

次結寶金剛菩薩印

准前印唯探開二頭指安印當心結跏趺坐起慈心眼寂靜而視端嚴柔輭誦眞言隨其意思所求滿足金剛手常歡喜觀彼人如所愛子眞言曰

唵一引 杜嚧二合 杜嚧二合 摩㞙摩㞙三

法悉皆成就福聚增長持明中爲主宰若能三摩地相應洗浴清淨塗香塗身著新淨衣服諸佛如來觀察其人一切曼荼羅聖衆皆大歡喜眞言曰

唵一引 薩嚩怛他誐多摩訶嚩囉二合 賀嚩耶二 馱羅馱羅三 吽吽泮吒四 半音 摩訶蜜你與二合 怛末㞙二合 娑嚩二合 訶四引

次結四大天王印

先以右手安於臍上屈大指入掌以頭指捻大指頭餘三指直舒左手安左胯上直舒頭指餘三指握大指爲拳作擬勢身向前微屈眼視右手住忿怒形怒目不轉睛應誦眞言曰

唵一引 嚧迦播里伲二 惹耶惹耶吽三

次結吉祥天女印

先以二手虛心合掌二頭指二中指以右手近右乳邊頭指直竪大指屈入掌中以中指無名小指慢爲拳左手覆右膝觸膝上曲身向前怒目而視應誦眞言曰

唵一引 能上 瑟置哩三合 扼二平 尾娑囉吽三

次結使者天女印

二無名指散開微屈如開敷蓮華形由結印誦眞言能滿一切所希求願是大威德者眞言曰

唵一引 尾摩羅誐羅二合 縛底二 三婆囉吽三

次結鉤藥㞙天女印

先以右手仰掌當心平展下其肘次以右手平展覆掌於右手下二手背相背舉其臂肘引頭向前微曲身誦眞言曰

唵一引 阿識曞野二 地囉門上 者吒訶悉你吽三

次結曼荼羅中一切聖衆印

以二手指相叉鉤結安於齊展左脚按地即成誦眞言曰

唵一引 三曼多迦囉跛哩布囉捉二 馱迦馱迦三 吽泮四

次結華齒天女印

先以右手屈五指如蓮華形安左耳上左手准前安於心眞言曰

唵一引 娑囉娑囉二 尾娑囉吽吽三

介時金剛手　復白世尊言　云何根本印
云何是心印　云何隨心印　牟尼爲我說
世尊作是言　二手作合掌　應置於心上
屈於二頭指　及以二大指　相捻猶如環
二中指蹙屈　猶如於寶形　竪合二無名
擘開二小指　是名根本印　智者結此印
誦根本密言　即成先行法　次說心印相
先以於右手　仰掌安於心　大指與無名
而以頭指捻　餘三指平舒　次以於左手
大指捻小甲　餘三亦直舒　覆於左膝上
是則名心印　亦名安慰印　功德如根本
次法隨心印　准前心印相　大拇與頭指
相捻猶如環　依前左脚上

結此印能成辦一切事業滅一切罪

除一切煩惱不久決定當得佛菩提若人結一一印其福不可量由結此印於無量阿僧祇恒河沙數俱知那庾他百千如來應正等覺雨大供養雲海塗香末香華鬘衣服幢幡瓔珞其人樂見彼人金剛手持明王并諸眷屬衆晝夜常擁護其人四大天王決定擁護其處等同窣堵波由結此印故其地如來說如有舍利塔皆得決定不退轉是故金剛手若善男子善女人苾蒭苾蒭尼優婆塞優婆夷嚴具七寶於一切如來成供養種種百味飲食隨如來所宜成出生供養隨其意樂醫藥資緣於一一如來前成廣大供養由結印誦真言於一切如來平等於十方即警覺彼等如來稱善哉悉皆授與記一切如來安慰淨信持明者應當極生恭敬受持讀誦供養若自書寫勸他書寫應當結印以大信心以大恭敬以種種物應當供養其善男子善女人苾蒭苾蒭尼鄔波索迦鄔波斯迦獲大福成就一切戒成就大精進大忍辱成就大禪

定成就極那成就大智慧成就廣大功德成就六波羅蜜圓滿若有得此陀羅尼印壇場法者成就如是廣大功德佛說是經已金剛手菩薩摩訶薩及一切大衆天龍藥叉彦達嚩阿蘇囉蘖嚕拏緊娜囉摩護囉誐人非人等皆大歡喜信受奉行

大寶廣博樓閣善住秘密陀羅尼經卷下

大寶廣博樓閣善住秘密陀羅尼經卷下

校勘記

一　底本，金藏廣勝寺本。六二五頁中一至一一行原版缺，以麗藏本補。

一　六二五頁中二、三行譯者，石作「特進試鴻臚卿大興善寺三藏沙門大廣智不空奉詔譯」；磧、普、南作「特進試鴻臚卿三藏沙門大廣智不空奉詔譯」；徑、清作「唐特進試鴻臚卿三藏沙門大廣智不空奉詔譯」。

一　六二五頁中四行「護摩品第九之餘」，石、磧、普、南、徑、清無。

一　六二五頁中六行「聳竪」，石作「悚竪」。

一　六二五頁下六行「印法」，徑作「法印」。

一　六二五頁下一四行第一二字「聽」，磧、普、南、徑、清作「諦聽」。

一　六二五頁下一八行「薄伽梵」，石、麗作「如薄伽梵」。

一 六二五頁下一九行第八字「授」，石作「受」。

一 六二六頁中二行第九字「受」，石作「授」。

一 六二六頁中九行第一三字「鐶」，石作「環」。

一 六二六頁中一三行第五字「根」，石、麗作「眼」。

一 六二六頁下一五行第一一字「又」，石、普、徑、麗作「叉」。

一 六二六頁下二〇行第一一字「俱」，磧、南、徑、清無。

一 六二七頁上一〇行「怨敵」，石作「寃敵」。

一 六二七頁上一四行末字至一五行首字「疾病」，石作「病疾」。

一 六二七頁上一九行「拇指」，石作「以大拇指」。又第一〇字「甲」，石作「壓」。

一 六二七頁中一〇行第二字「印」，石作「即」。

一 六二七頁中二二行第八字「悲」，麗作「慈」。

一 六二七頁下二行第三字「印」，石、麗作「即」。又末字「即」，石、磧、麗作「印」。

一 六二七頁下二〇行「庚多」，磧、普、南、徑、清、麗作「庚多」。

一 六二八頁上一九行「組壞」，磧、普、南、徑、清、麗作「沮壞」。

一 六二八頁中六行「俱知」，磧、普、南、徑、清、麗作「俱胝」。下同。

一 六二八頁中末行「跏坐」，清作「趺坐」。

一 六二九頁中九行第六字「跓」，石、麗作「拄」。

一 六二九頁中一〇行末字「皆」，石、麗作「背」。

一 六二九頁中一八行第四字「離」，石、麗作「離諸」。

一 六二九頁下二一行第一〇字「展」，磧、普、南、徑、清、麗作「展」。

一 六三〇頁上五行第八字「授」，石作「受」。

一 六三〇頁上六行首字至一一行末字「次……三」與一二行首字至一七行末字「法……音半四」兩段文字，石、磧、普、南、徑、清、麗前後互置。

一 六三〇頁中一行末字「住」，石、磧、普、南、徑、清、麗作「作」。

一 六三〇頁中二行「怒目」，石作「努目」。八行同。

一 六三〇頁中六行首字至一一行末字「以……印」與一二行首字至一七行末字「二……印」兩段文字，石、磧、普、南、徑、清、麗互置。

一 六三〇頁中八行第三字「右」，石作「左」。

一 六三〇頁中一九行第二字「右」，石、麗作「左」。

一 六三〇頁中二〇行末字「誦」，徑、清無。

一 六三〇頁下一三行末字「環」，石作「鐶」。

一 六三〇頁下一八行第四字「指」，

石、麗作「相」。

一　六三〇頁下二〇行「功德」，石作「功能」。

一　六三〇頁下二二行第九字「腳」，石、麗作「膝」。

一　六三一頁上六行首字至一一行末字「其……夷」與一二行首字至一七行末字「嚴……慰」兩段文字，石、磧、普、南、徑、清、麗互置」。

一　六三一頁上一九行第九字「佗」，石作「他人」。

菩提場莊嚴陀羅尼經　肥

唐特進試鴻臚卿大興善寺三藏沙門大廣智不空奉　詔譯

如是我聞一時薄伽梵住茷羅痆斯大城廣博大園與苾芻衆五千人俱皆是大阿羅漢諸漏已盡所作已辦逮得已利斷諸有結復有菩薩摩訶薩五百人俱

尒時世尊滿月十五日而坐說法其衆會有無量俱胝那庾多百千有情婆羅門刹利梵志尼乾子等及餘外道戲論幻術居屍林納衣持牛戒者居山谷持禁戒者復與大天衆皆於佛前衆會而坐時大衆會邪見異道心懷疑難如來愍念皆安慰之恣其所問復有天龍藥叉乾闥婆阿修羅迦樓羅緊那羅摩睺羅伽人非人等前後圍遶而坐復有天帝釋與忉利天子天衆百千眷屬前後圍遶來至佛所復有梵王與娑訶世界主梵衆天子百千眷屬皆來集會復有日月天子寶賢滿賢賢力天等與大藥叉將衆及大自在天那羅延天焰魔天水天俱尾羅天四大天王吉祥天女辯才天女訶利帝母商棄尼天女華齒天女訶利帝五百子等皆與眷屬衆會而坐復有娑伽羅龍王難陀龍王烏波難陀龍王與無量百千龍衆圍遶復有緊那羅王摩呼羅伽王與無量眷屬前後圍遶作大供養而住聽法其大衆會有大婆羅門名毗紐達多住波吒離子城是婆羅門多諸財寶豐饒巨富與毗沙門天王等敵是婆羅門多聞聰哲智慧審慮諦修善品意樂淨信極善歸依三寶優婆塞中最爲第一其婆羅門爲無子息晝夜作是思惟若無子息當生何趣又斷我族婆羅門又作思惟大師佛世尊即是我父我是佛子眞正妙法是我之母僧伽聖衆是我兄弟今生有幸遇大吉祥及於來世我今問佛世尊修何法行我由修行一法攝一切善根迴向於無上正等菩提常恒三寶種永不斷絕由此福因緣得有子息我今欲問世尊修何法行尒時毗紐達多大婆羅門往詣世尊遶佛三帀合掌禮佛而白佛言世尊能以

一法積集一切善根所謂證得無上正等菩提即成共諸三寶善根無盡令我獲得子息世尊告言善哉善哉大婆羅門能問如是善義汝今當聽善聽極善聽極善作意吾今爲汝廣稱讚敷演大婆羅門有菩提場莊嚴陀羅尼大教王由此陀羅尼種植一切善根能滿一切意願我念過去世於波吒釐子城東門外有一大園其園名阿蘇釐園中有羅刹女住名華阿蘇釐其園羅刹女稟性暴惡威怒千由旬內所有男女童男童女奪其精氣波吒釐子城中人民常被驚怖懷大憂懼互相瞻視咸言作何方便時衆多耆舊告諸人衆汝等諦聽我等聞佛出世其佛號曰妙光幢如來應供正遍知汝等應當往詣彼佛世尊所問佛世尊救濟汝等憂懼之難時諸人衆白耆舊言世尊今者在於何處耆舊答言世尊今在半遮羅聚落是諸人衆復白耆舊我等作何方便耆舊告言汝等還歸可於淨處以瞿摩夷和土塗作方壇四方齊整散

諸雜華置四香爐四餅香水并四器食然四盞燈又取一頻伽餅滿盛香水取一齒木安於餅上應當啓請彼如來言惟願世尊明日食時降臨於此如來悉知過去未來現在之事如來拔濟一切有情墮險趣者地獄餓鬼畜生常令解脫如來必當食時降赴以大神通并諸眷屬來至波吒釐子城時諸人衆聞此語已衆人咸集高顯淨處以瞿摩夷和土塗壇以種種華散其壇上嚴飾賢餅置種種飲食塗香燒香然燈置於四方種種音樂金頻伽寶莊嚴餅滿盛香水齒木安於餅上置壇中心以和雅音高聲作是唱言稽首歸命妙光幢如來世尊應正等覺稽首歸命憐愍一切有情大牟尼世尊稽首歸命奇特法性佛世尊惟願拔濟我等受苦衆生惟願明日食時來受我供安慰我等一切有情爲歸爲依爲作善趣解脫我等極甚怖畏險惡難處時大人衆纔發此言於其處地六種震動頻伽寶餅傾倒於地即成大蓮華池天妙八

功德水充滿其中其水香淨不冷不熱令人悅意其池水中有種種華所謂青蓮華紅蓮華赤蓮華白蓮華滿於池內金砂布地四道寶堦以種種寶間錯莊嚴即其齒木變爲寶樹高六由旬縱廣正等有八由旬其樹根莖枝葉華果皆七寶所成復於是處其地寬廣嚴淨面各十二由旬成一大曼荼羅其處令人愛樂殊麗端嚴處處皆有種種水陸諸華於華樹上有種種鳥鸚鵡孔雀迦陵頻伽共命之鳥及餘吉祥諸鳥金背金翅毛羽皆是七寶所成出和雅音其地種種華樹以爲莊嚴所謂多摩羅樹瞻蔔華樹波吒羅樹無憂樹阿低木多迦樹蘇摩那樹迦南摩樹尼羅樹大尼羅樹竭乳羅樹薔薇華樹上藍努迦樹庚髗他以反迦樹信努迦縛雜樹等皆是妙光幢如來本願菩提場莊嚴陀羅尼神力加持故作大神變時波吒釐子人衆心生奇特互相視言今所現者大神通相先應而現難之威力離之神通於此贍部洲

現大利益現大功德當於世間現此瑞相與諸有情成大利益時彼人衆互相視言汝等各去營辦種種殊勝飲食明日請佛廣大供養時彼人衆各還本家共夜營辦種種飲食色香美味香華塗香末香幢幡音樂與多眷屬將至中路祇候世尊時妙光幢如來在半遮羅大聚落中與大衆會說法教化於大衆前忽現七寶所成頻伽水餅并及齒木尒時世尊見已微笑即舒百千福裝嚴金色臂取頻伽餅并及齒木寂然而住尒時大衆見此事已咸生奇特歎未曾有現此瑞相未知何方迎請世尊尒時衆中有一菩薩摩訶薩名妙清淨慧往詣佛所頭面禮足右遶三帀而白佛言世尊此之瑞相從何而來現頻伽水餅并及齒木奉請世尊佛言此頻伽餅齒木從波吒離子大城而來告妙清淨慧菩薩言汝可行籌隨從我者以大神力明日晨朝當入波吒離子大城時妙清淨慧菩薩摩訶薩聞是語已尋即行籌告諸聲聞衆菩薩衆

有大神通能作神境通者可受此籌明日晨朝入波吒離子城時妙清淨慧菩薩徧行籌已即請世尊尒時世尊於晨朝時着整衣服以大威嚴以大眷屬以大神力遊戲加持與諸大衆即乘虛空天龍藥叉乾闥婆阿修羅迦樓羅緊那羅摩睺羅伽作大音樂以種種香華塗香末香衣服嚴具於虛空中供養如來以佛神通於須臾頃至波吒離子大城從空而下至寬廣嚴淨大曼荼羅處坐師子座彼大衆各各自乘華宮殿而來會坐時城中人衆以佛威神力各持種種供養世尊及彼大衆菩薩聲聞衆天龍八部衆聲聞衆世尊知食時將至皆令坐食種種色香美味飲食恣意食足尒時大衆食已洗漱整理衣服以大神通復以供養旋遶三帀各於佛前次第而坐即以上事白佛言世尊於此城東門外有園名阿蘇離於彼園中有羅剎女名華阿蘇離其性暴惡常奪男女童男童女精氣晝夜常懷害心惟願世尊開示方便除此災害尒時妙

光幢如來安慰大衆寂默而住示現微笑從佛面門出種種光明以此其光照曜三千大千世界及照阿蘇離園羅剎女并百千眷屬佛威神力令彼羅剎女并諸眷屬四方馳走其園被燒如一火聚悲聲號哭十方奔走我等歸誰誰當救我是時城中有諸天衆空中出聲告言汝等可往妙光幢如來所稽首歸依當令汝獲得安樂時彼華阿蘇離羅剎女百千眷屬怛然往詣佛所頭面禮足白佛言惟願世尊救我惟願薄伽梵救我惟願修伽陀救我世尊我從今已後更不敢害諸有情更不敢便惱有情時妙光幢如來默然而許即入菩提場遊戲神通加持三摩地由入此三摩地故照曜十方一切佛剎彼剎中一切如來悉皆顯現并聞爲大衆說法音聲時妙光幢如來說菩提場莊嚴陀羅尼彼十方世界中如來皆讚言善哉善哉妙光幢如來善說菩提場莊嚴陀羅尼教王令調伏華阿蘇離羅剎女并及眷屬安立十善業道并諸

人衆令得不退轉地置於善道即其城地七寶所成及雨七寶共贍部洲人民豐饒安樂大婆羅門我當彼之時爲婆羅門童子年始七歲聞此陀羅尼於佛教中得生淨信便證無上正等菩提大婆羅門或有猶豫生疑者往昔時華阿蘇離羅刹女豈異人乎即汝身是何以故汝爲阿蘇離羅刹女時損害衆生無有善心經無量劫墮於惡趣大婆羅門莫生疑惑當彼之時波吒離子城中人衆今此天龍藥叉乾闥婆阿修羅迦樓羅緊那羅今來雲集者是大婆羅門或生猶豫或生疑惑當彼之時羅刹女百千眷屬者不應作如是見何以故是我集會中婆羅門刹利梵志尼乾子及餘外道戲論幻術者居屍林納衣持牛戒者居山谷持禁戒者等是

尒時釋迦牟尼如來說往昔因緣已默然而住時一切大衆聞此往昔因緣皆生奇特持種種香華塗香末香華鬘衣服幢幡往詣世尊所而作供養右遶三帀頭面禮足而作是言惟願世尊說菩提場莊嚴陀羅尼教王惟願世尊說惟願修伽陀說此大明王令一切有情作大光明於後末世一切有情能滿諸願

尒時世尊大衆請已默然而住受請微笑現微笑後從其面門出種種光照曜十方世界照曜已彼世界中一切諸佛悉皆顯現又聞彼諸如來說法語言於此地中即生七寶樹其樹根莖枝葉華果殊勝天妙悦意受用安樂現於贍部洲其樹現大遊戲神通加持

尒時文殊師利童眞菩薩見此神通及見如來微笑往詣世尊頭面禮足遶佛三帀合掌向佛白佛言世尊惟願說菩提場莊嚴陀羅尼教王惟願善逝說之與一切有情作大利益長養一切種植善根者

尒時釋迦牟尼如來受文殊師利童眞菩薩請即入觀佛三摩地由纔入此三摩地於刹那頃見十方世界刹土一切諸佛如一箭道彼十方世界九十俱胝百千恒河沙數諸佛皆來集會同聲讚釋迦牟尼如來言善哉善哉釋迦牟尼如來善說此大陀羅尼教王過去一切如來已說悉皆加持隨喜惟願世尊廣爲宣說菩提場莊嚴陀羅尼法要大教王儀軌

尒時文殊師利童眞菩薩以如來所生法界感於鉢中二手捧鉢奉獻如來

尒時釋迦牟尼如來舒金色臂受文殊師利童眞菩薩鉢受已擲於空中於刹那頃其鉢徧滿虛空所感法界舍利如來形像滿三千大千世界虛空彼如來咸皆讚歎釋迦牟尼如來言善哉善哉釋迦牟尼佛見彼一一如來前皆有釋迦牟尼佛并大衆會一一釋迦牟尼佛前復有文殊師利菩薩滿鉢感法界奉獻現大神通現大神變

尒時金剛手菩薩摩訶薩白文殊師利童眞菩薩言甚奇特文殊師利童眞菩薩現於如來大衆會神變今此光相爲誰所現以何因緣是誰威神現大如來形像集會

文殊師利言金剛手汝豈不知現此

光相神發耶金剛手言文殊師利我昔未曾見聞如是大神通一切如來集會此之希有未曾見聞今乃得見尒時金剛手菩薩摩訶薩旋轉金剛杵右遶世尊佛前而住白佛言世尊欲說何法今有未曾見聞相現於世聞中大神通相分明而現佛言金剛手且待須臾當自證見於刹那頃佛前忽然有七寶幢從地踊出高七千踰繕那闊五千踰繕那天妙莊嚴光明熾盛垂妙網絲真珠羅網彌覆其上鈴鐸搖動出和雅音華鬘莊嚴無量俱胝百千天子從空而下持種種七寶供養具而供養寶幢

尒時世尊告金剛手菩薩言汝可往開幢門

尒時金剛手菩薩徧身光焰如火聚熾盛頭冠纓絡莊嚴其身執金剛杵面貌忿怒令人怖畏近至寶幢而申右臂開其幢門開幢門已於是幢中有師子座其座閻浮檀金所成七寶莊嚴以種種天妙衣服敷其座上廣博面奋高勇光明幢頂如來應供正徧知如來於上而坐入三摩地而現

尒時廣博面奋高勇光明幢頂如來讚歎釋迦牟尼佛言善哉善哉釋迦牟尼如來於世間中現大神變現大如來集會無有神變集會與此等者先佛等覺而亦未有此如來集會神通示現惟願世尊說此菩提場莊嚴陀羅尼教王成多人利益安樂哀愍此如來形像遊戲神通集會現此幢相皆是菩提場莊嚴陀羅尼威力現此神變亦是此陀羅尼加持先現此瑞惟願世尊說菩提場莊嚴陀羅尼大教王

尒時釋迦牟尼如來受廣博面金口高勇光明幢頂如來請已即說菩提場莊嚴陀羅尼曰

曩謨婆誐嚩帝一尾補攞嚩娜二曩建賛努得訖使二合三鉢多二合鉢囉二合婆引娑計覩母羅馱寧四薩嚩怛他引蘖路寫五曩謨婆誐嚩帝六捨引枳也二合母曩曳七怛他引蘖多引夜引囉賀二合帝三藐三沒馱引野八怛你也二合他九引唵十引冐地冐地冐地冐地十一薩嚩怛他引蘖多盧引者羅十二馱囉馱囉十三賀囉賀囉十四鉢囉二合賀囉鉢囉二合賀囉十五麼賀引冐地唧多馱羅十六主盧主盧十七捨怛囉濕弭二合散祖你帝十八薩嚩怛他引蘖多引毗色訖帝十九虞顐二十虞拏嚩帝二十一沒馱虞拏嚩婆細二十二弭里弭里二十三誐誐曩怛麗二十四薩嚩怛他引蘖多地瑟恥二合帝二十五曩婆蘖多二合麗二十六捨麼捨麼二十七鉢囉二合捨麼鉢囉二合捨麼二十八薩嚩播引跛鉢囉二合捨麼寧二十九薩嚩播引跛尾輸引馱寧三十虎盧虎盧三十一麼賀冐地末引誐三鉢囉二合悉體二合帝三十二薩嚩怛他引蘖多三十三鉢囉二合底丁以反瑟恥二合多秫第娑嚩二合引訶引三十四

纔說此菩提場莊嚴陀羅尼大教王已十方一切諸佛皆讚言善哉善哉及所現一切如來稱善哉善哉釋迦牟尼如來善說此陀羅尼教王利益安樂一切有情尒時大地六種震動雨種種華雨塗香末香衣服嚴具真珠臂釧頭冠瓔珞諸天於空中奏種種音樂出微妙聲雨種種華所謂青

蓮華紅蓮華赤蓮華白蓮華曼陀羅華摩訶曼陀羅華盧遮華曼殊沙華摩訶曼殊沙華蘇摩那華婆利師迦華瞻蔔華摻乾地華以種種華而供養佛今於如來大集會聞此大陀羅尼或有證得阿羅漢果或證緣覺菩提果或有證斯陀含果或有證阿那含果或有證須陀洹果或有住菩提心或有得不退轉地或有得授無上正等菩提記或有生天果報或在地獄受諸苦惱悉皆解脫或有生焰魔界或生傍生或有生於鬼趣彼等悉皆解脫安置佛道於此閻浮提大示現種種神通其世界衆生皆㦖感歡悅人民充滿豐饒安樂

尒時金剛手祕密主頂禮佛足合掌白佛言世尊說此陀羅尼教王甚極難得若有苾芻苾芻尼優婆塞優婆夷善男子善女人聞此陀羅尼受持讀誦爲他宣說如理作意生幾所福成就佛言善哉善哉金剛王大祕密主妙問如是義此問極端嚴極善妙問金剛手汝可往詣文殊師利菩薩

所問應當爲汝廣分別說

尒時金剛手即詣文殊師利菩薩所右遶文殊師利菩薩白言若有人受持讀誦爲他宣說如理作意此菩提場莊嚴陀羅尼得幾所福文殊師利童眞菩薩告金剛手言諦聽我今以辟喩說盡三千大千世界處所有土地山川地阜析爲百分千分乃至細如毛端分我不見一處微塵不周徧我又以天眼觀如來身分舍利亦徧一切處我無不見如來法身分舍利法界舍利骨舍利肉舍利如一芥子量空界而不周徧或有人具大威德神通悉能筭數觀察度量可知其數金剛手其人是爲智慧是爲聰哲耶金剛手言文殊師利是人甚奇特希有文殊師利復言金剛手諦聽如上微塵舍利筭數觀察度量可知其數復次金剛手所有一切微塵一切身分舍利准如上數微塵准如上數舍利數量尒所如來或住一劫或餘一劫或復千劫讚揚此菩提場莊嚴陀羅尼教王功德不能辟喩校量盡其

功德福利金剛手此菩提場莊嚴陀羅尼教王有如是大威德若有受持讀誦爲他宣說供養經卷當知是人獲無量無邊功德不可窮盡

彼大衆集會天龍藥叉乾闥婆阿蘇羅迦樓羅緊那羅摩睺羅伽及彼衆中有情從文殊師利童眞菩薩聞此所說功德皆得阿耨多羅三藐三菩提不退轉地所謂阿耨多羅三藐三菩提記咸皆三度唱陀南讚歎曩謨歸命釋迦牟尼應供正徧知佛世尊曩謨歸命奇特神通佛世尊曩謨歸命作奇特業佛世尊

尒時金剛手大祕密主白文殊師利童眞菩薩言云何於此菩提場莊嚴陀羅尼大教王種植善根文殊師利童眞菩薩言金剛手此義當問如來如來悉知是義

尒時金剛手祕密主往詣佛所遶佛三帀而白佛言云何於此菩提場莊嚴陀羅尼種植善根佛言金剛手汝今諦聽當爲汝說此陀羅尼種植善根法金剛手若有善男子善女人欲

永種植善根修無上菩提道資糧者
苾芻苾芻尼優婆塞優婆夷或善男
子善女人淨信善心者應受持此陀
羅尼以此積集善根若有淨信善男
子善女人比丘比丘尼優婆塞優婆
夷澡浴清淨著新淨衣以瞿摩夷和
土塗作方曼荼羅以五淨灑隨力分
散華燒香供養以菩提場莊嚴陀羅
尼加持香水七徧浴佛形像復加持
白檀香用塗佛上又加持鬱金香塗
上隨力分供養旋遶禮拜對於佛前
誦一徧然一盞燈金剛手我今說彼
即爲種植善根金剛手我今作譬喻
說三千大千世界大龍王降微細雨
或有一人有大神力能數是雨渧我
復作譬喻說以彼筭計籌量可知其
數彼善男子善女人苾芻苾芻尼優
婆塞優婆夷准如上雨渧數如來應
正等覺所承事供養禮拜或於一劫
或過一劫乃至百劫生如是功德聚
可知其福如上浴像種植善根所生
功德一切如來不能知其數量
復次金剛手第二校量福德以少善
根因緣能成就廣善根果報此菩提
場莊嚴陀羅尼於樺皮上書或置金
剛杵中或置佛像中或畫像上或置
印塔中或置窣堵波中隨於一事置
此陀羅尼即成造百千數若置一窣
堵波中彼善男子善女人即成造百
千窣堵波其人獲得尒所造塔功德
種植善根金剛手若有苾芻苾芻尼
優婆塞優婆夷善男子善女人於四
衢道或高山頂或於河岸或於城門
或王道路造作一六窣堵波寫此陀
羅尼并經置於相輪樑中如我先譬
喻說滿三千大千世界微塵數量法
身舍利法界舍利骨舍利肉舍利彼
善男子善女人即成造如上尒所微
塵舍利等數量窣堵波即成一切如
來舍利藏窣堵波即成佛曼荼羅窣
堵波即成一切如來藏塔如來誠言
作如是記別金剛手若有善男子善
女人於如來記別塔所或華或香或
復合掌稽首作禮或一旋遶彼善男
子善女人苾芻苾芻尼優婆塞優婆
夷即種植無量無邊善根一切罪障
悉皆消滅一切地獄傍生皆得解脫
證得不退相莊嚴三摩地身得清淨
乃至菩提場一切善根無有窮盡更
不復生於母胎金剛手此陀羅尼甚
難得聞金剛手若有人造佛形像或
埿或畫或木或鈿或以香埿或以鍮
石或以熟銅或以三金（金銀銅也）或鐵或銀
或金或造窣堵波或紙或素書寫此
陀羅尼并經及功能安於舍利塔中
及佛像中應當供養禮拜金剛手彼
苾芻苾芻尼優婆塞優婆夷善男子
善女人以如來先譬喻量以如來校
量功德量以佛眼觀察舍利數量以
大海渧數量如是如來形像等量若
有苾芻苾芻尼優婆塞優婆夷善男
子善女人於一佛像或一塔中置此
陀羅尼恭敬供養禮拜是人即成供
養尒所佛形像獲得尒所福德聚
尒時金剛手秘密主白佛言世尊此
大陀羅尼教王有大威德有大福利
有大神通纔稱名者獲大善根成就
大福
尒時世尊告金剛手秘密主菩薩言

金剛手若有苾芻苾芻尼優婆塞優婆夷善男子善女人欲滿大功德聚者若欲供養過去未來現在一切諸佛如來者應盡書寫此陀羅尼經置於塔中日日供養及香水浴旋遶禮拜彼善男子善女人苾芻苾芻尼優婆塞優婆夷所有過去未來現在如來先所說譬喻數量者悉皆成四事供養當知此善男子善女人一切如來加持一切如來之所授記一切如來皆所安慰其人得不退轉

尒時世尊告文殊師利童眞菩薩及金剛手祕密主菩薩四大天王言我今付囑汝等佛子此陀羅尼教王於末後世勿令隱沒應護受持此經有情擁護長養以各各自眞言儀軌印契加持彼人

尒時文殊師利童眞菩薩金剛手大祕密主菩薩及四大天王從座而起頭面禮足作是言世尊我等已受如來付囑此陀羅尼大教王我當守護彼大丈夫受持此陀羅尼者一切資具不令乏少無歸無依者悉皆救濟

乃至菩提場轉法輪我等咸皆護持

尒時世尊告文殊師利童眞菩薩金剛手大祕密主菩薩四大天王讚言善哉善哉汝等應當作如是事

尒時世尊普告大衆此陀羅尼能成辦一切事業能與一切悉地能消滅一切罪障所作一切事業通達無礙應身器清淨澡浴著新淨衣每日誦一百八徧即見一切諸佛壽命百歲遠離一切疾病一切賢聖常當擁護金剛手祕密主四大天王亦常當擁護一切意願皆得滿足命終當生妙喜世界不復於母胎中生常得蓮華化生得宿命智若誦二十一徧當遠離決定地獄業一切罪悉皆除滅決定不墮於惡趣於諸究竟皆得勝若誦七徧一切鬬諍言訟論理得勝當於白月十五日一日一夜不食清淨澡浴著新淨衣對佛像結加趺坐以華香燒香燈明供養世尊誦此菩提場莊嚴陀羅尼一千徧滿一千徧已即見釋迦牟尼如來舒金色臂按行者頂而安慰之讚言善哉善哉大持

明者大丈夫汝所作菩提場莊嚴陀羅尼汝已成就汝持明者大勤勇精進汝已作是勤苦已圓滿多善根所欲往佛世界隨願而往其持明者身有熾盛光明照曜一切眞言教法悉皆成就日滿一切願由作此法先行成就設令作五無間罪者由一日一夜斷食念誦其罪悉皆消滅現世得成就

若於有舍利塔中黑月十四日一日一夜不食澡浴清淨身著淨衣於熟銅器中滿盛白芥子誦陀羅尼加持一千徧即法成就當一切處用取白芥子一把散於龍池中即一切龍歡喜隨順持誦者彼等龍容許入於宮中悉皆接足禮彼人所處分悉皆奉教取白芥子擲於虛空霜雹即止亦能制止暴風

若白芥子擲散四方一切風雲雹鵰鷲鵄鴞蝗蟲暴惡蟲獸等皆被禁縛口

若取白芥子擲於火中火不能燒擲於江河水即不流

擲於商估中不被賊劫不見彼衆
擲於王宫門國王大臣後宫悉令歡喜
擲於大衆大衆皆共供養彼人
擲於他敵彼軍衆即被禁止
若擲關戍守捉處身隱即不現而過
若撒於苗稼上不被蟲傷
若天旱時擲於龍池即降大雨
若暴雨時擲於空中極暴雨止息
若擲寃家舍中不復有寃相逼
若擲於城門城内一切逼迫悉皆消
滅一切夜叉羅刹馳走而去
若鬭戰時擲散彼軍即被禁止自軍
得勝
若口中含一切鬭諍言訟論理得勝
若置於水中與患者澡浴一切疾病
皆得除愈
若有人患諸鬼魅取白芥子和沙糖
燒熏病人一切鬼魅皆得解脱
若有牛疫諸畜疫人疫童男疫童女
疫於四衢道取白芥子和土燒一切
疫病悉皆止息
若於自頭髮中散於一切處得人供
養一切人見皆生憐愛

若持誦者從十四日以二手按文殊
師利菩薩足從初夜至圓滿十五日
晨朝無間念誦文殊師利菩薩住行
人前一切意願皆得滿足
若按金剛手菩薩足誦陀羅尼加持
一千八遍以安悉香和蘇燒金剛手
菩薩即現其前一切意願咸事皆得
成就眞言教法授與彼人養育如子
又法若以二手按摩尼拔陀羅藥叉
足誦陀羅尼一千八遍獲得廣大財
寶即現其身所言皆作
若以手按毗沙門頂燒沈水香誦陀
羅尼八十遍即得一千金錢
又法若觀吉祥天女面誦陀羅尼一
千八遍得一千金錢
又法若畫藥叉以五色彩成誦陀羅
尼一千二十遍燒薩勒枳香（薰陸香也）藥
叉女現其人前誓作爲女使者所爲
分事皆能成辨乃至命存成辨百種
千種事成就一切義利
我今說畫像法能成就一切取不截
髮長四肘擇去毛髮不應用皮膠畫
人清淨受八戒然後令畫當中畫釋

迦牟尼佛於寶樹下師子座於釋迦
牟尼佛上又畫一佛作說法相其菩
提樹種種寶莊嚴釋迦牟尼右邊畫
聖文殊師利菩薩種種寶瓔珞莊嚴
於蓮華上雙膝跪坐二手捧鉢作獻
佛勢佛右邊畫聖金剛手菩薩面貌
忿怒瞋相一切寶莊嚴身手把金剛
杵作旋轉勢於蓮華上雙膝跪坐瞻
仰如來聖文殊師利後畫寶幢其量
廣大界道莊嚴於幢中畫如來座師
子座作安慰相金剛手後畫菩提場
莊嚴陀羅尼經夾置於寶篋中篋四
面周帀畫佛安置師子座上於寶篋
下畫金剛使者作威怒形於寶幢下
畫吉祥天女於佛下當中畫四大天
王皆被甲冑作威怒形天王下畫持
誦者左手執香爐右手把念珠瞻視
世尊由畫此佛像應墮惡趣者謗方
廣大乘毁謗聖人作五無間罪若畫
此像者悉皆消滅其人得不退轉何
況能修持其人等同如來
尒時世尊說菩提場陀羅尼曼荼羅
法欲建立此曼荼羅者或於寺内或

於天廟或在山間或於清淨隨自意樂處依教平治其地以瞿摩夷和土加持已然後塗拭其壇周圓十六肘量其畫壇人清淨澡浴然後令畫四門四角均停四角畫四天王中央畫佛形像於門門中畫寶樹於東門畫吉祥天女南門畫辯才天女西門畫棄尼天女北門華齒天女畫壇了以稻穀華和白芥子散於壇上兼散時華塗香末香四角安四香水缾以四器盛飲食供養四門安四香爐兼諸飲食種種華鬘及三白食四角安四盞燈念誦者面向東坐應後夜入曼荼羅護身結界纔入此曼荼羅一切罪障悉皆消滅一切惡地皆得成就一切福聚皆得長生獲得佛菩提遠離諸惡趣不被一切鬼神侵擾一切諸天悉皆擁護晝夜常得安隱親諸助伴獲得大護由入此曼荼羅得不退轉地

我今說心陀羅尼曰

唵一引 薩嚩怛他引 蘖多二 尼也二合 嚩路枳帝三 惹野惹野娑嚩二合 引 訶四引

心中心陀羅尼曰

唵一引 虎嚕虎嚕二 惹野穆契娑嚩二合 引 訶三引

澡浴灑淨陀羅尼

唵一引 惹里你二 惹曳娑嚩二合 引 訶三引

結界陀羅尼

唵一引 三曼多布引 囉拏二合 惹曳娑嚩二合 引 訶三引

結曼荼羅界陀羅尼

唵一引 滿拏羅惹曳娑嚩二合 引 訶二引

供養食陀羅尼

唵一引 臬哩二 弭里三 惹曳娑嚩二合 引 訶四引

迎請陀羅尼

唵一引 薩嚩散馱[illegible]二 弭里三 惹曳娑嚩二合 引 訶四引

供養華陀羅尼

唵一引 沒馱矩素銘娑嚩二合 引 訶二引

供養燒香陀羅尼

唵一引 惹野獻第娑嚩二合 引 訶二引

灌頂陀羅尼

唵一引 尾惹野蘖陛娑嚩二合 引 訶二引

結頂髻陀羅尼

唵一引 怛他引 蘖多惹曳娑嚩二合 引 訶二引

加持衣服陀羅尼

唵一引 惹野勿哩二合 第娑嚩二合 引 訶二引

護弟子身加持陀羅尼

唵一引 矩擺馱哩娑嚩二合 引 訶二引

奉送聖衆陀羅尼

唵一引 馱囉馱囉二 弭里三 惹曳娑嚩二合 引 訶四引

加持念珠陀羅尼

唵一引 素三婆嚩惹曳娑嚩二合 引 訶二引

獻座陀羅尼

唵一引 素那哩惹曳娑嚩二合 引 訶二引

縛毗那夜迦陀羅尼

唵一引 素哩惹曳娑嚩二合 引 訶一引

迎請一切如來陀羅尼

唵一引 鉢嚩二合 嚩囉二 惹野三 悉第娑嚩二合 引 訶四引

護身陀羅尼

唵一引 囉乞叉二合 尼惹曳娑嚩二合 引 訶二引

供養燈陀羅尼

唵一引 惹野你比寧娑嚩二合 引 訶二引

護摩陀羅尼

唵一引 麼黎二 尾麼羅三 惹曳娑嚩二合 引 訶四引

請一切如來陀羅尼

唵一引娑羅娑羅二慧曳三悉第娑嚩二合賀引訶四引

我今說修行心陀羅尼心中心陀羅尼功能若誦心陀羅尼百千徧得爲持明仙中斫羯囉伐底取雄黃置熟銅器中加持千徧取點額即得飛騰虛空一切天龍八部宮門悉開得見得入隨意遊行壽命一劫

若加持掃尾羅眼藥百千徧用點眼即得安怛那一切鬼神宮悉皆開得入

又法誦一萬徧得見一切如來

又法加持窣堵波擲八千徧安於塔上一切如來舍利來入此塔則成大舍利窣堵波塔

又法取文殊師利鉢加持鉢八千徧滿盛乳糜粥置文殊師利手節從菩薩乞請一千人喫此粥不盡

又法取餘部眞言法用此陀羅尼加持隨心所欲隨作隨成

我今說印法

以二手平展以右手押左手仰掌安心上名爲菩提場莊嚴陀羅尼根本

印繞結此印滅一切罪一切如來安慰其人亦成請一切如來結此印一切如來甚恭敬其人

即前根本印舉右手通一切處用即成一切印一切如來所加持以右手安於齊下以大指捻頭指頭此印通一切印一切如來所加持由結此印遠離一切罪障

尒時文殊師利菩薩說陀羅尼爲護持此陀羅尼教法故陀羅尼曰

曩謨曼殊室哩二合野耶一俱摩囉部路耶二怛你也二合他三慧曳四尾慧曳五慧曳室哩二合六儒瑟知二合引二吽娑嚩二合訶七引

若念誦時先行時求成就時先誦此陀羅尼七徧即無障礙速得成就

尒時金剛手祕密主菩薩說此大明陀羅尼曰

怛你也二合他一嚩囉二合二母瑟知二合二訶曩三娜訶四跛進五嚩囉二合吽吽癹吒娑嚩二合引訶六引

以此陀羅尼加持白芥子七徧念誦處散擲四方即成大結界

尒時四大天王說眞言曰

怛你也二合他一地哩二合底二呬哩三弭里四娑羅五鉢囉二合娑囉六鼻里鼻里娑嚩二合引訶七引

以此眞言加持白芥子水三七徧灌自頂一切鬼神夜叉悉皆降伏接足禮拜而退

尒時世尊說是經已文殊師利童眞菩薩金剛手大祕密主菩薩四大天王及一切天龍八部人非人等聞佛所說皆大歡喜信受奉行

菩提場莊嚴陀羅尼經

菩提場莊嚴陀羅尼經

校勘記

一　底本，金藏廣勝寺本。
一　六三四頁中二行譯者，徑、清作「唐特進試鴻臚卿三藏沙門大廣智不空奉詔譯」；麗作「開府儀同三司特進試鴻臚卿肅國公食邑三千戶賜紫贈司空諡大鑒正號大廣智大興善寺三藏沙門不空奉詔譯」。
一　六三四頁下二二行第二字「劒」，石、磧、普、南、徑、清、麗作「鈕」。
一　六三五頁上四行第九字「善」，石、麗無。
一　六三五頁上五行「善聽極善聽」，麗無。
一　六三五頁上一一行第五字「園」，石、麗無。
一　六三五頁中一行末字「楪」，石、麗作「疊」。
一　六三五頁中八行末三字至次行首字「波吒離子」，石、麗作「波吒離」。下同。
一　六三五頁中一一行末字至一二行首字「飲食」，石作「食飲」。
一　六三五頁下一八行第二字「上」，石、麗作「止」。同行夾註「佗以反」，徑、清無。
一　六三五頁下二〇行第一二字「故」，石無。
一　六三六頁上三行「營辧」，磧、普、南、徑、清、麗作「營辦」。下同。
一　六三六頁上一一行「裝嚴」，磧、普、南、徑、清、麗作「莊嚴」。
一　六三六頁中二行第一二字「妙」，石無。
一　六三六頁中一二行第七字「華」，石作「化」。
一　六三六頁中一七行第七字「理」，石無。
一　六三六頁下二行末字至三行首字「其光」，磧、普、南、徑、清作「光明」。
一　六三七頁上八行第一〇字「爲」，麗作「花」。
一　六三七頁上九行「善心」，石、麗作「慈心」。
一　六三七頁上一五行第六字「作」，石、麗無。
一　六三七頁中八行末字「說」，徑作「諸」。
一　六三七頁下三行「教王」，磧、南作「教主」。
一　六三七頁下八行第一三字「受」，石作「授」。下同。
一　六三七頁下一〇行第四字「項」，磧、普、南、徑、清、麗作「頃」。
一　六三七頁下末行末字「此」，磧、普、南、徑、清作「汝」。
一　六三八頁上八行「須臾」，石作「須庾」。
一　六三八頁上九行第七字「幢」，石、麗作「柱」。
一　六三八頁上末行第二字「面」，磧、普、南、徑、清無。
一　六三八頁中二行第五字「面」，磧、

一 六三九頁上五行第七字「大」，石、普、南、徑、清、麗無。

一 六三九頁上二一行「金剛王」，石、磧、普、南、徑、清、麗作「金剛手」。

一 六三九頁中一一行第一一字「身」，石、麗作「身身」。

一 六四〇頁中三行第九字「或」，麗作「或置」。

一 六四〇頁中一二行第九字「檏」，石作「棖」；磧、普、南、徑、清作「檏」；麗作「揲」。

一 六四〇頁下八行第三字「或」，石無。

一 六四〇頁下一二行第七字「先」，磧、普、南、徑、清作「光」。

一 六四〇頁下一三行第四字「量」，石、麗作「數量」。又「佛眼」，石作「天眼」。

一 六四〇頁下一八行首字「養」，麗作「養禮拜」。

一 六四一頁上一〇行「授記」，石作「受記」。

一 六四一頁中二〇行「燒香」，麗無。

一 六四一頁下二行第三字「汝」，石、麗作「法」。

一 六四二頁上九行「有寃相遇」，石、麗作「有恨」。

一 六四二頁上一九行第五字「諸」，石無。

一 六四二頁中四行「滿足」，石、麗作「圓滿」。

一 六四二頁中八行「授與」，石作「受與」。

一 六四二頁下一行「師子座」，麗作「坐師子座」。

一 六四二頁下三行「右邊」，磧、南、徑、清作「左邊」。

一 六四二頁下六行「右邊」，石、麗作「左邊」。

一 六四二頁下一二行第一一字「箇」，麗作「憧」。第一三字及一三行末字同。

一 六四二頁下一八行第六字「佛」，麗無。

一 六四三頁上三行「十六肘」，石作「十肘」。

一 六四三頁上五行「均停」，磧、普、南、徑、清、麗作「鈞停」。

一 六四三頁上六行第六字「門」，石、麗無。

一 六四三頁上一一行「飲食」，石作「食飲」。

一 六四三頁上一六行「長生」，石、磧、普、南、徑、清、麗作「生長」。

一 六四四頁上一三行第八字「撐」，石作「檏」。

一 六四四頁上二〇行「隨作」，石無。

一 六四四頁下末行「陀羅尼經」，磧、普作「陀羅尼經一卷」。

除一切疾病陁羅尼經　阿

開府儀同三司特進試鴻臚卿肅國公食邑三千戶賜紫贈司空謚大鑒正號大廣智大興善寺三藏沙門不空奉　詔譯

如是我聞一時薄伽梵住室羅伐城逝多林給孤長者園與大苾芻衆千二百五十人俱衆多諸大菩薩摩訶薩尒時世尊告阿難陁言阿難陁有陁羅尼能除世間一切疾病汝當受持讀誦通利如理作意即說密言曰

怛你也二合他一　尾摩黎尾摩黎二　特𡙎俱抧黎三　室刿二合末底丁以反四　軍拏黎五　嫩奴鼻六　印捺羅二合儗頸二合七　毋隸娑嚩二合訶

佛告阿難陁此陁羅尼若誦持者宿食不消癨亂風黃痰癊患痔瘻淋上氣欬嗽虗寒熱頭痛半痛著鬼魅者悉得除差我以佛眼觀見彼人諸天魔梵沙門婆羅門能作障難除非決定業報盡者餘無能違越作其障難如來應供正遍知說一切有情中如來為尊勝一切法中離欲法尊一切衆中僧伽為尊以此誠實言願我及一切有情食飲喫噉入腹消化得正安樂娑嚩二合訶引

尒時世尊說是經已諸苾芻僧并諸菩薩摩訶薩一切大衆天龍八部受持佛語歡喜奉行

除一切疾病陁羅尼經

丙午歲高麗國大藏都監奉
勑雕造

除一切疾病陁羅尼經

除一切疾病陀羅尼經

校勘記

一　底本，麗藏本。

一　六四七頁上一行經名，石、徑、清作「佛說除一切疾病陀羅尼經」。卷末經名同。

一　六四七頁上二、三行譯者，石作「特進試鴻臚卿大興善寺沙門大廣智三藏不空奉詔譯」；磧、南作「大興善寺三藏沙門大廣智不空奉詔譯」；徑、清作「唐三藏沙門大廣智不空奉詔譯」。

一　六四七頁上四行「一時」，磧、南、徑作「一切」。

一　六四七頁上四行末字「城」，石無。

一　六四七頁上五行第一〇字「大」，石無。

一　六四七頁上六行「衆多諸大」，磧、普、南、徑、清作「及衆大多」。

一　六四七頁上七行「阿難陁言」，石無。

一　六四七頁上八行「世間」，石無。

一　六四七頁上九行「密言」，石作「真言」。

一　六四七頁上一四行「陁羅尼」，石作「真言」。又「誦持」，石作「持誦」。

一　六四七頁上一五行第四字「瘂」，石作「瘂」。又「痔瘻淋」，磧、徑、清作「痔瘺淋瀝」；普、南作「痔痛淋瀝」。

一　六四七頁上一六行第三字「虐」，石、磧、南、徑、清作「瘧」。又「半痛」，磧、普、南、徑、清作「背痛」。

一　六四七頁上一七行第一一字「人」，石無。

一　六四七頁上末行「爲尊」，石作「爲勝」。

一　六四七頁中四行「大衆」，石無。

能淨一切眼疾病陀羅尼經　阿

開府儀同三司特進試鴻臚卿肅國公食邑三千戶賜紫贈司空謚大鑒正號大廣智大興善寺三藏沙門不空奉　詔譯

如是我聞一時薄伽梵住迦毗羅衛國釋迦種族聚落尒時有一釋種住車尼摩迦聚落於佛淨信於法淨信於僧淨信歸依於佛歸依於法歸依於僧不疑於佛不疑於法不疑於僧盡心於佛盡心於法盡心於僧決定於等覺勝趣其人眼所見色相而不得見

尒時乞曬摩迦釋種憶念如來作如是言稽首佛世尊智炬陀羅尼能作光明者歸命善逝大悲者護念攝受我令我眼清淨

尒時世尊超越世間耳眼以天耳聞以天眼見尒時世尊告阿難陀言汝往於釋種所以此陀羅尼明加護令淨其眼令彼拔濟令彼攝受令彼長養令彼結界令彼眼無垢翳得離疾病廣令流布四部衆苾芻苾芻尼優婆塞優婆夷及餘有情眞言曰

怛你也〈二合〉他〈引〉呬里弭里黎枳呬里係帝護庾護庾護也麽寧護魯護魯怒魯怒魯娑嚩〈二合引〉訶

阿難陀此陀羅尼明王眼垢風垢黃病痰病三集病我及某甲眼勿令痛勿令淚淚以羅漢實語禁戒實語以苦行實語以諸仙實語以緣生實語苦實語集實語滅實語道實語辟支佛實語我某甲願令眼清淨七佛等覺已說我釋迦牟尼應供正遍知今說四大天王亦說天帝釋亦說娑訶世界主梵王亦說阿難陀我不見天世魔世沙門婆羅門趣持此淨眼陀羅尼者患眼翳瞙淨暈所謂令眼天作龍作藥叉作羅刹作羅刹女作必舍支女作鳩槃茶作鳩槃茶女作起屍鬼作人厭禱作梵志厭禱作無敢違越無不應效具壽阿難陀汝今受此陀羅尼將往釋種聚落授與乞曬麽迦傳我語令晝三時夜三時誦持此陀羅尼其阿難陀至彼授與乞曬麽迦乞曬麽迦纔聞此陀羅尼已其眼脉已淨眼耳得見離一切諸垢尒時

能淨一切眼疾病陀羅尼經　第二張

世尊說是經已天人阿修羅乾闥婆等聞佛所說歡喜奉行

能淨一切眼疾病陀羅尼經

丙午歲高麗國大藏都監奉
勅雕造

能淨一切眼疾病陀羅尼經　第三張　阿

能淨一切眼疾病陀羅尼經

校勘記

一 底本，麗藏本。

一 六四九頁上一行經名，石、徑、清作「佛說能淨一切眼疾病陀羅尼經」。卷末經名同。

一 六四九頁上二、三行譯者，石作「特進試鴻臚卿大興善寺三藏沙門大廣智不空奉詔譯」；磧、普、南作「大興善寺三藏沙門大廣智不空奉詔譯」；徑、清作「唐三藏沙門大廣智不空奉詔譯」。

一 六四九頁上一二行末字「如」，磧、普、南、徑、清無。

一 六四九頁上一五行第五字「清」，磧、普、南、徑、清無。

一 六四九頁中五行第五字「集」，磧、普、南、徑、清作「焦」。

一 六四九頁中六行「羅漢」，磧、普、南、徑、清作「尸羅」。

一 六四九頁中一四行「翳瞙」，石作「瞖瞙」。

一 六四九頁中一五行末字至次行第四字「必舍支女作」，磧、普、南、徑、清作「必舍支作必舍支女作」。

一 六四九頁中一六行第四至第七字「作鳩槃荼」，石無。

一 六四九頁中一九行第五字「將」，石作「特」。又第一一字「授」，石作「受」，二一行第一一字同。

一 六四九頁中二一行第八字「随」，磧、普、南、徑、清無。

一 六四九頁中末行「眼耳」，徑、清作「眼目」。

一 六四九頁下二行「所說」，石作「說已」。

佛說救拔焰口餓鬼陁羅尼經　阿

開府儀同三司特進試鴻臚卿肅國公食邑三千戶賜紫贈司空謚大鑒正號大廣智大興善寺三藏沙門不空奉　詔譯

尒時世尊在迦毗羅城尼俱律那僧伽藍所與諸比丘并諸菩薩無數衆會前後圍遶而為說法尒時阿難獨居靜處念所受法即於其夜三更已後見一餓鬼名曰焰口其形醜陋身體枯瘦口中火然咽如針鋒頭髮蓬亂爪牙長利甚可怖畏住阿難前白阿難言却後三日汝命將盡即便生於餓鬼之中是時阿難聞此語已心生惶怖問餓鬼言若我死後生餓鬼者行何方便得免斯苦

尒時餓鬼白阿難言汝於明日若能布施百千那由他恒河沙數餓鬼并百千婆羅門仙等以摩伽陁國所用之斛各施一斛飲食并及為我供養三寶汝得增壽令我離於餓鬼之苦得生天上阿難見此焰口餓鬼身形羸瘦枯燋極醜口中火然咽如針鋒頭髮蓬亂毛爪長利又聞如是不順之語甚大驚怖身毛皆竪即從座起疾至佛所五體投地頂禮佛足身體戰慄而白佛言願救我苦所以者何我住靜處念所授法見焰口餓鬼而語我言汝過三日必當命盡生餓鬼中我即問言云何令我得免斯苦餓鬼荅言汝今若能施於百千那由他恒河沙數餓鬼及百千婆羅門仙等種種飲食汝得增壽世尊我今云何能辦若干餓鬼仙人等食

尒時世尊告阿難言汝今勿怖我有方便令汝能施若干百千恒河沙餓鬼及諸婆羅門仙等種種飲食勿生憂惱

佛告阿難有陁羅尼名曰無量威德自在光明殊勝妙力若有誦此陁羅尼者即能充足俱胝那由他百千恒河沙數餓鬼及婆羅門仙等上妙飲食如是等衆乃至一一皆得摩伽陁國所用之斛七七斛食阿難我於前世作婆羅門於觀世音菩薩所及世間自在威德如來所受此陁羅尼故能散施與無量餓鬼及諸仙等種種飲

救拔焰口餓鬼陁羅尼經　第二張　河

食令諸餓鬼解脫苦身得生天上阿難汝今受持福德壽命皆得增長尒時世尊即為阿難說陁羅尼曰

那謨薩嚩怛他蘖多 引 嚩盧枳帝唵三婆囉三婆囉吽

佛告阿難若有善男子善女人欲求長壽福德增榮速能滿足檀波羅蜜每於晨朝及一切時悉無障礙取一淨器盛以淨水置少飯麨及諸餅食等以右手加器誦前陁羅尼滿七遍然後稱四如來名号

曩謨婆誐嚩帝鉢囉 二合 枳孃 二合 部引多囉怛曩 二合 怛他蘖多也 此云多寶如來

由稱多寶如來名号加持故能破一切諸鬼多生已來慳悋惡業即得福德圓滿

那謨婆誐嚩帝素 嚕波 引 耶怛他誐哆野 此云南無妙色身如來

由稱妙色身如來名号加持故能破諸鬼醜陋惡形即得色相具足

曩謨婆誐嚩帝 尾鉢囉 二合 誐攞蘖多怛囉 二合 也怛他蘖多也 此云廣博身如來

由稱廣博身如來名号加持故能令

救拔焰口餓鬼陁羅尼經　第三張　可

諸鬼咽喉寬大所施之食悉覔充飽曩謨娑誐嚩帝阿上婆去孕迦囉也怛他蘖多也此云離怖畏如來由稱離怖畏如來名号加持故能令諸鬼一切恐怖悉皆除滅離餓鬼趣佛告阿難若族姓善男子等旣稱四如來名号加持已彈指七遍取於食器於淨地上展臂寫之作此施已於其四方有百千那由他恒河沙數餓鬼前各有摩伽陀國七七斛食受此食已悉皆飽滿是諸鬼等悉捨鬼身生於天上

阿難若有比丘比丘尼優婆塞優婆夷常以此密言及四如來名号加持食施鬼便能具足無量福德則同供養百千俱胝如來功德等無差別壽命延長增益色力善根具足一切非人夜叉羅刹諸惡鬼神不敢侵害又能成就無量福德壽命若欲施諸婆羅門仙等以淨飲食滿盛一器即以前密言加持二七遍投於淨流水中如是作已即為以天仙美妙之食供養百千俱胝恒河沙數婆羅門仙彼諸

救拔焰口餓鬼陁羅尼經　第四張　可

仙人得加持食故以密言威德各各成就根本所願諸善功德各各同時發誓願言願是食人令壽延長色力安樂又令其人心所見聞正解清淨具足成就梵天威德行梵天行又同供養百千恒河沙如來功德一切寃讎不能侵害若比丘比丘尼優婆塞優婆夷若欲供養佛法僧寶應以香花及淨飲食以前密言加持二十一遍奉獻三寶是善男子善女人則成以天餚饍上味奉獻供養滿十方界佛法僧寶亦為讃歎勸請隨喜功德恒為諸佛憶念稱讃諸天善神恒來擁護即為滿足檀波羅蜜阿難汝隨我語如法修行廣宣流布令諸衆生普得見聞獲無量福是名救餤口餓鬼及苦衆生陁羅尼經以是名字汝當奉持一切大衆及阿難等聞佛說已一心信受歡喜奉行

救拔餤口餓鬼陁羅尼經

丙午歲高麗國大藏都監奉

勅雕造

救拔焰口餓鬼陁羅尼經　第五張　勿

佛說救拔焰口餓鬼陀羅尼經

校勘記

一　底本，麗藏本。

一　六五一頁上二行譯者，石作「特進試鴻臚卿大興善寺三藏沙門大廣智不空奉詔譯」；磧、普、南作「大興善寺三藏沙門大廣智不空奉詔譯」；徑、清作「唐三藏沙門大廣智不空奉詔譯」。

一　六五一頁上一二行首字「於」，磧、普、南、徑、清作「此」。

一　六五一頁上一八行「及爲」，石作「爲及」。

一　六五一頁上末行「毛爪」，磧、普、南、徑、清作「爪牙」。

一　六五一頁中四行第七字「授」，磧、普、南、徑、清作「受」。

一　六五一頁中一六行第五字「殊」，石、磧、普、南、徑、清無。

一　六五一頁中二一行「觀世音」，磧、普、南、徑、清作「觀自在」。

一　六五一頁中二二行第八字「受」，石作「授」。

一　六五一頁下九行「飯麨及諸餅食」，磧、普、南、徑、清作「飲麨及諸餅飯」。

一　六五一頁下一〇行第五字「加」，磧、普、南、徑、清作「按」。

一　六五一頁下一一行與一二行之間，磧、普、南、徑、清有「南謨多寶如來」一行。

一　六五一頁下一三行夾註「此云多寶如來」，磧、普、南、徑、清無。

一　六五一頁下一五行「惡業」，磧、普、南、徑、清作「惡業罪障消滅」。

一　六五一頁下一六行與一七行之間，磧、普、南、徑、清有「南謨妙色身如來」一行。

一　六五一頁下一八行夾註「此云南無妙色身如來」，磧、普、南、徑、清無。

一　六五一頁下二〇行與二一行之間，磧、普、南、徑、清有「南謨廣博身如來」一行。

一　六五一頁下二二行夾註「此云廣博身如來」，石作「此云南謨廣博身如來」；磧、普、南、徑、清無。

一　六五二頁上一行與二行之間，磧、普、南、徑、清有「南謨離怖畏如來」一行。

一　六五二頁上三行夾註「此云離怖畏如來」，石作「此云那謨離怖畏如來」；磧、普、南、徑、清無。

一　六五二頁上六行「善男」，磧、普、南、徑、清無。又第一二字「旣」，磧、普、南、徑、清無。

一　六五二頁上一〇行第三字「各」，磧、普、南、徑、清作「各各」。

一　六五二頁上一一行「諸鬼等悉」，磧、普、南、徑、清作「諸餓鬼悉等」。

一　六五二頁上一三行第四字「有」，石無。

一　六五二頁上一四行「密言」，磧、普、南、徑、清作「真言」。二一行及本頁中九行同。

一　六五二頁上一五行第三字「鬼」，磧、普、南、徑、清作「餓鬼」。

一　六五二頁上二二行第八字「仙」，磧、普、南、徑、清作「諸」。又第一一字「之」，磧、普、南、徑、清作「飲」。

一　六五二頁中一行「密言」，磧、普、南、徑、清作「呪」。

一　六五二頁中三行「願是食人令壽延長」，石作「呪願是食令壽延長」；磧、普、南、徑、清作「願施食人壽命延長」。

一　六五二頁中一〇行「善女人」，磧、普、南、徑、清作「及善女人」。

一　六五二頁中一一行「十方界」，石作「十方」；磧、普、南、徑、清作「十方世界」。

一　六五二頁中卷末經名，磧、普、南作「佛說救焰口餓鬼陀羅尼經」；徑、清作「佛說救拔焰口餓鬼陀羅尼經」。

佛說三十五佛名禮懺文一卷 出烏波離所問經

阿

開府儀同三司特進試鴻臚卿肅國公食邑三千戶賜紫贈司空謚大鑒正號大廣智大興善寺三藏沙門不空奉　詔譯

娜謨釋迦牟尼佛
娜謨金剛堅固能摧佛
娜謨寶焰佛　娜謨龍自在王佛
娜謨勤勇軍佛　娜謨勤勇喜佛
娜謨寶火佛　娜謨寶月光佛
娜謨不空見佛　娜謨寶月佛
娜謨無垢佛　娜謨離垢佛
娜謨勇施佛　娜謨淨行佛
娜謨梵施佛　娜謨水王佛
娜謨水天佛　娜謨賢吉祥佛
娜謨無量威德佛　娜謨栴檀吉祥佛
娜謨光吉祥佛　娜謨無憂吉祥佛
娜謨那羅延吉祥佛
娜謨花吉祥佛　娜謨蓮花光遊戲
神通佛　娜謨財吉祥佛
娜謨念吉祥佛
娜謨善稱名号吉祥佛
娜謨帝幢幡王佛　娜謨鬪戰勝佛
娜謨勇健吉祥佛　娜謨勇健進佛
娜謨普遍照曜莊嚴吉祥佛
娜謨寶蓮華遊步佛
娜謨寶蓮華妙住山王佛

如是等十方一切世界中諸佛世尊出現世間住持遊行願皆觀察哀愍於我我或今生或於餘生無始時來廣作衆罪或自作或隨喜作或教他作或偷盜佛物四方僧物或自作或隨喜作或教他作或造五無間罪十不善業道或自作或隨喜作或教他作由此業障覆蔽身心生於八難或墮地獄傍生鬼趣或生邊地及弥戾車或生長壽天設得人身諸根不具或起邪見撥無因果或猒諸佛出興于世如是一切業障我今對一切諸佛世尊具一切智者具五眼者證實際者稱量者知者見者前我今誠心悉皆懺悔不敢覆藏願我尸羅律儀復得如故復願諸佛世尊攝受護念證明於我若我今生或復餘生無始時來於流轉生死或曾捨施傍生一團之食或曾持一淨戒或曾修梵行善根

或曾修少分無上智善根悉皆合集計校籌量如三世一切諸佛於最勝無上迴向願中願皆迴向無上正等菩提

一切罪懺悔　諸福皆隨喜　及勸請諸佛
願證無上智　過去及未來　現在人中尊
無量功德海　我今稽首禮

右此三十五佛名并懺悔法出烏波離所問經能淨業障重罪現生所求禪定解脫及諸地位皆能滿足五天竺國修行大乘人常於六時禮懺不闕功德廣多文煩不能盡錄但依天竺所行者略記之餘如本經所述也

佛說三十五佛名禮懺文

丙午歲高麗國大藏都監奉
勑雕造

佛說三十五佛名禮懺文一卷

校勘記

一 底本，麗藏本。

一 六五四頁上一行經名，磧、南、徑、清作「佛說三十五佛名禮懺文」。又夾註右「烏波離」，磧、南、徑、清作「烏波離」。

一 六五四頁上二行至三行譯者，磧、南作「大興善寺三藏沙門大廣智不空奉詔譯」；徑、清作「唐三藏沙門大廣智不空奉詔譯」。

一 六五四頁上二〇行第四字「稱」，石、磧、南、徑、清作「稱揚」。

一 六五四頁上末行「娜謨鬪戰勝佛」，與本頁中首行「娜謨勇健吉祥佛」，石互置。

一 六五四頁中五行第三字「等」，磧、徑、清無。

一 六五四頁中九行「佛物」，石、磧、南、徑、清作「佛物僧物」。

一 六五四頁中一八行「知者」，石無；又「我今」，石作「今我」。

一 六五四頁中二〇行「攝受」，石作「攝授」。

一 六五四頁中末行第五字「一」，石無。

一 六五四頁下八行至一〇行夾註「右此……述也」，磧、南、徑、清作正文。末字「也」，石、磧、南、徑、清無。

一 六五四頁下八行左「所求」，石作「所求世間果報乃至」。

一 六五四頁下九行右「及諸地位」，石作「地波羅蜜」。

一 六五四頁下一〇行右「文煩」，石作「文繁」。

一 六五四頁下末行「禮懺文」，石作「礼懺文一卷」。

八大菩薩曼荼羅經　一卷　肥

大興善寺三藏沙門大廣智不空奉　詔譯

如是我聞一時薄伽梵住補怛落迦山聖觀自在菩薩宮殿與百千俱胝那庾多菩薩前後圍遶介時衆中有一菩薩名曰寶藏月光從座而起整理衣服偏袒右肩曲躬合掌白言薄伽梵我有少疑惟願如來聽許諮問於是寶藏月光菩薩言若善男子善女人作八曼荼羅者云何建立復依何法趣無量福令修行者速證菩提介時如來讚寶藏月光菩薩言善哉善哉善男子汝能問如是甚深之義而為利益無量無邊有情與安樂故及能淨除三惡趣故為證無比無上智故汝今善聽若諸有情纔聞此密言者得長壽樂善男子有八曼荼羅是八大菩薩甚深法要若有情依法建立此八曼荼羅一徧者所有十惡五逆謗方等經皆悉消滅一切所求善利勝願悉得成就即說如來密言曰

唵引摩訶尾囉　娑嚩二合引賀二引

即曼荼羅中想於如來真金色身三十二相坐蓮華臺

次說觀自在菩薩密言曰

吽引一纈唎二合二郝三鉢納麼二合室哩二合曳娑嚩二合引訶四引

即想曼荼羅中聖觀自在身赤色左手持蓮華右手施願頭冠中有無量壽如來

次說慈氏菩薩密言曰

唵訶哩尔娑嚩二合引訶一引

於觀自在菩薩後想慈氏菩薩金色身左手執軍持右手施無畏冠中有窣堵波半加而坐

次說虛空藏菩薩密言曰

阿引蘖婆也娑嚩二合引訶一引

於佛背後想虛空藏菩薩左手持寶安於心上右手施流出無量寶

次說普賢菩薩密言曰

纈唎二合惹也娑嚩二合引訶一引

虛空藏菩薩左邊想普賢菩薩戴五佛冠金色身右手持劍左手施願半加而坐

次說金剛手菩薩密言曰

唵引鑁囉嚩娑嚩二合引訶一引

於如來左邊想金剛手菩薩右手執金剛杵左手安於胯戴五佛冠身青色半加而坐

次說曼殊室利菩薩密言曰

室利二合闇藍護娑嚩二合引訶一引

於金剛手菩薩前想曼殊室利童眞菩薩五髻童子形左手執青蓮華華中有五股金剛杵右手作施願身金色半加而坐

次說除蓋障菩薩密言曰

匿伐囉拏娑嚩引二合訶一引

於曼殊室利菩薩前想除蓋障菩薩金色身左手持如意幢右手施願半加而坐

次說地藏菩薩密言曰

乞灑二合訶囉惹娑嚩二合引賀一引

於如來前想地藏菩薩頭冠瓔珞面皃熈怡寂靜愍念一切有情左手安齊下拓鉢右手覆掌向下大指捻頭指作安慰一切有情想此八大菩薩曼荼羅供養觀行法若善男子善女人受持此八曼荼羅經一切業障悉皆消滅速證無上正等菩提佛說是經已諸大菩薩及聲聞衆一切天龍八部聞佛所說歡喜奉行

八大菩薩讚

圓寂宮城門　能摧戶扇者　諸佛法受用
救世我頂禮　自手流清水　能除餓鬼渴
三界如意樹　頂禮蓮華手　大慈水爲心
能息瞋恚火　頂禮慈氏尊　能斷欲弓弦
虛空藏妙慧　虛空寂靜尊　生死流解脫
頂禮佛心子　無邊有情惑　能息無益心
普賢我頂禮　善逝上首子　塵勞無僮僕
超勝摩羅軍　頂禮金剛手　能說一切明
頂禮妙吉祥　持妙童子形　舒徧智慧燈
穰奪三界冥　一切除蓋障　是故我頂禮
無盡智慧尊　能生無竭辯　如地諸有情
所依一不斷　堅慧悲愍藏　地藏我頂禮
此眞善逝子　讚揚所獲福　以此諸有情
如彼成讚器

八大菩薩曼荼羅經

八大菩薩曼荼羅經

校勘記

一　底本，金藏廣勝寺本。

一　六五六頁中一行經名，徑、清作「佛說八大菩薩曼荼羅經」。卷末經名同。

一　六五六頁中二行譯者，石作「特進試鴻臚卿大興善寺三藏沙門大廣智不空奉詔譯」；徑、清作「唐大興善寺三藏沙門大廣智不空奉詔譯」；麗作「開府儀同三司特進試鴻臚卿肅國公食邑三千戶贈司空謚大鑒正號大廣智大興善寺三藏法師不空奉詔譯」。

一　六五六頁中八行「如來」，石作「如來應正等遍知」。

一　六五六頁中九行「於是」，磧、普、南、徑、清作「於是如來應等正徧知告」。

一　六五六頁中一三行第六字「汝」，石、麗無。

一　六五六頁中一四行首字「而」，石無。

一　六五六頁中二一行「善利」，石、磧、普、南、徑、清作「義利」。

一　六五六頁下六行「身赤色」，麗作「赤色身」。

一　六五六頁下一三行「而坐」，石、麗作「坐」。石下同。

一　六五六頁下一七行第四字「上」，石無。

一　六五七頁上二行「右手」，石作「左手」。

一　六五七頁上九行「五股」，石作「五服」。

一　六五七頁上一三行第八字「前」，石、麗作「右」。

一　六五七頁上一八行「如來」，石作「慈氏」。

一　六五七頁上二〇行第八字「合」，麗無。

一　六五七頁上二一行「安慰」，磧、普、南、徑、清作「慰安」。又「一切」，磧、普、南、徑、清作「一切」。

一　六五七頁上末行至本頁中一行「一切……菩提」，石作「一切成就」。

一　六五七頁中一二行第五字「軍」，磧、普、南、徑、清作「宣」。

一　六五七頁中一四行首字「穰」，石、徑、清、麗作「攘」。又第五字「溟」，石、麗作「冥」；徑、清作「暝」。

葉衣觀自在菩薩經

特進試鴻臚卿大興善寺三藏沙門大廣智不空奉　詔譯　肥潭

尒時婆伽梵住極樂世界與諸大衆宣說妙法時金剛手菩薩從座而起偏袒右肩雙膝著地頂禮觀自在菩薩摩訶薩足白觀自在菩薩言聖者住大悲解脫如幻三昧能除一切有情苦惱與世出世利益安樂假使三千大千世界一切衆生同時有種種苦惱及八難苦或希望世間出世果報若能一心稱念觀自在菩薩摩訶薩名號應時不捨大悲誓願即現種種隨類之身能滿衆生一切勝願亦能護持國界拔濟苦難亦能攝受養育增長吉祥亦能遮止囚禁苦刑亦能銷除蠱毒鬼魅及諸惡病亦能臨陣禁制刀杖亦能消除水火災難亦能斷除厭禱呪詛亦能結護方隅地界唯願聖者哀愍未來一切有情國王男女若淨信三寶護持佛法相承王業勿令斷絕爲彼等故說軌儀陀羅尼加持方便

尒時觀自在菩薩摩訶薩從座而起頂禮佛足右遶三帀還座本處合掌向佛而白佛言唯願世尊哀愍加持我有葉衣觀自在菩薩摩訶薩陀羅尼能除一切有情災禍疫疾飢儉劫賊刀兵水旱不調宿曜失序亦能增長福德國界豐盛人民安樂我今欲說唯願聽許佛言善哉善哉隨汝意說尒時觀自在菩薩承佛威神而說陀羅尼曰

曩謨囉怛曩(二合)怛囉(二合)夜(引)野(一)曩謨阿弭路(引)婆(去引)野(二)怛佗(去引)蘖路(引)夜(引)囉賀(二合)帝(三去)藐三(去)没馱(引)野(三)曩謨阿(去引)哩野(二合引)嚩路(引)枳帝濕嚩(二合)囉野(四)冒地薩怛嚩(二合引)野(五)摩訶薩怛嚩(二合引)野(六)摩賀迦(引)嚕抳(尼整反)迦(引)野(七)曩謨摩賀娑佗(去引)(二合)麼鉢囉(二合引)跛路(引二合)野(八)冒地薩怛嚩(二合)野(九)摩賀薩怛嚩(二合引)野(十)摩賀迦嚕抳(尼整反)迦野(十一)嚩(引)麼寧怛鑁(二合引)曩麼寫(去引)弭(十二)怛鑁(二合引)曩謨寫(去引)弭(十三)嚩摩寧妣舍(上)鉢囉拏(二合)捨嚩哩(十四)鉢囉(二合)拏(二合)捨嚩哩妣舍(上)鉢囉(二合)拏(二合)捨嚩哩鉢囉(二合)拏(二合)捨嚩哩妣舍(上)(十五)婆(去)誐嚩底(丁以反)(十六)跛捨跛囉(二合)輸(上)播捨(去)馱哩抳(十七)夜(引)顉迦顉(十八)婆(去)夜顉(二合)...

荅跛(二合)你也(二合)麼(引)曩𩕳聿(二合)荅跛(二合)撚
帝(十九)夜(入引)迦(引)室質(二合)你(泥以反)多庚(引二十)夜
(入引)迦(引)室質(二合)怛麼(二合)哩庚(二十一)夜(入引)
迦(引)室質(二合)摩賀(引)麼(引)哩庚(二合二十二)曳(引)
計賀努鉢捺羅(二合)嚩(無鉢反二十三)曳計賀努
播(引)夜(引)娑(引入二十四)曳計賀捺𠃵野(二合引)
娑嚩(半上引二十五)曳計賀努跛薩虛(引二十六)塢跛
薩誐(三)滿馱(引)嚩(引二十七)嗢鉢撚帝(二十八)薩
嚩(引)𩕳路(引)𩕳薩嚩(引)娑彈(二合引二十九)薩吠
帝嚩(引)攞多(三十)瞎武(無發反引)鉢撚帝曩(三十一)
半旋多多娑多(二合)𠹕寧曩薩底曳(二合三十二)
薩底也(二合)嚩(引)計(引)曩(三十三)惹(自攞反下同)惹惹
惹(三十四)瞎鼻室止(二合)半旋路(三十五引)地瑟耻
帶(二合引)漫怛羅(二合)鉢乃(三十六)麼(鼻聲)麼(二)薩
嚩薩怛嚩(二合引)難(上)者(三十七)羅迦㑗(二合引)矩
嚕(三十八)麌不并(二合)矩嚕(三十九)跛哩怛羅(二合引)
喃矩嚕(四十)跛哩孽羅(二合)怛(上)矩嚕(四十一)跛
哩播(引)攞曩矩嚕(四十二)扇(引)幷矩嚕(四十三)
娑嚩(二合)娑底野(二合)曩矩嚕(四十四)難(上)
拏跛哩賀(引)暡矩嚕(四十五)設娑怛羅(三合)
跛哩賀暡矩嚕(四十六)尾濺怒(引)濺南矩
嚕(四十七)尾濺曩(引)捨曩矩嚕(四十八)枲(引)麼
(引)滿蕩矩嚕(四十九)馱羅抳滿蕩左矩
嚕(五十)怛你也(二合)佗(去引五十一)阿蜜哩(二合)帝阿
蜜哩(二合)姤納婆(二合)吠(五十二)阿濕嚩(二合)娑黨
(二合引)覔(五十三)麼(引鼻聲)麼羅麼(引鼻聲)麼羅(五十四)捨
麼鉢羅(二合)捨麼(五十五)覩奴(鼻聲)尾覩奴(准前)
(五十六)覩黎覩母黎娑嚩(二合引)賀(引一五十七)

心真言曰

唵(一)鉢羅拏(二合)捨嚩哩(二)吽(引)登吒(半聲三)

時觀自在菩薩說此陀羅尼已白佛言世尊若善男子善女人誦此陀羅尼一徧即護自身若誦兩徧即護伴侶若誦三徧能護一家若誦四徧護一聚落若誦五徧護一國界若國內疫病流行應取白氎闊一肘半長二肘先令畫人潔淨齋戒以瞿摩夷汁和少青綠以香膠和勿用皮膠取鬼宿日畫葉衣觀自在菩薩像其像作天女形首戴寶冠冠有無量壽佛瓔珞環釧莊嚴其身身有圓光火焰圓遶像有四臂右第一手當心持吉祥果第二手作施願手左第一手持鉞斧第二手持索坐蓮華上畫像成已懸於竿上令一人執持執竿之人無間斷誦葉衣觀自在菩薩陀羅尼聲鼓鳴磬所擊之杖用摘枳王真言加持二十一徧方乃擊之真言曰

唵(一)摘枳吽(短聲)弱(二)

又令二人誦讚一人誦吉慶讚一人誦吉祥讚令知法弟子三五人一人持香爐燒安悉香其香以葉衣觀自在菩薩心真言加持一百八徧然後取香燒煙勿令斷絕一人持賢缾滿盛香水插葉果樹枝令持缾人在前先行引像二人吹蠡引入王宮右旋一帀南門而出復從東入卻遶城內坊市一帀便城南門出城南門外置一大水缾於中置種種飲食雜果及麨阿闍黎誦妙色身如來真言加持七徧然後誦葉衣觀自在菩薩陀羅尼七徧於真言句中稱國王名號加持願王國界無諸災難然後於路側曠野棄擲水缾令破作是告言聞魔界中行病鬼等汝等受領此飲食復道而歸於諸有情起大悲心令此國界無諸災難

又法欲求長壽無病者隨意大小氎上畫葉衣觀自在菩薩像於施願手

下晝彼男女其像置道場中每日香
華飲食旋遶供養發願常得加持滿
其所願
又法若國王男女難長難養或短壽
疾病纏眠寢食不安皆由宿業因緣
生惡宿直或數被五曜陵逼本宿令
身不安則於所居之處用牛黃或紙
或素上書二十八大藥叉將真言怗
四壁上先於東方壁上怗四大藥叉
將真言從東北角起首所謂第一藥
叉將真言曰
唵一你引囉伽二合吒枳吽弱娑嚩二合引
訶三引
第二藥叉將真言曰
唵一蘇寗怛囉二合吒枳吽弱娑嚩
二合引訶三引
第三藥叉將真言曰
唵一布囉拏二合迦二吒枳吽弱娑嚩二合引
訶三引
第四藥叉將真言曰
唵一迦比攞二吒枳吽弱娑嚩二合引訶三引
次於南方壁上怗四大藥叉將真言
第一藥叉將真言曰

唵一僧伽二吒枳吽弱娑嚩二合引訶三引
第二藥叉將真言曰
唵一塢波僧伽二吒枳吽弱娑嚩二合引訶三引
第三藥叉將真言曰
唵一商企羅二吒枳吽弱娑嚩二合引訶三引
第四藥叉將真言曰
唵一難上娜二上吒枳吽弱娑嚩二合引訶三引
次於西方壁上怗四大藥叉將真言
第一藥叉將真言曰
唵一訶哩二吒枳吽弱娑嚩二合引訶三引
第二藥叉將真言曰
唵一訶哩計奢二吒枳吽弱娑嚩二合引訶三引
第三藥叉將真言曰
唵一鉢囉合僕二吒枳吽弱娑嚩二合引訶三引
第四藥叉將真言曰
唵一迦比羅二吒枳吽弱娑嚩二合引訶三引
次於北方壁上怗四大藥叉將真言
第一藥叉將真言曰
唵一馱邏拏二吒枳吽弱娑嚩二合引訶三引
第二藥叉將真言曰
唵一馱邏難上那二吒枳吽弱娑嚩二合引
訶三引
第三藥叉將真言曰

唵一塢你庚合誐跛羅二吒枳吽弱娑嚩
二合引訶三引
第四藥叉將真言曰
唵一尾灑拏二吒枳吽弱娑嚩二合引訶三引
次於東北隅怗一大藥叉將真言曰
唵一半支迦二吒枳吽弱娑嚩二合引訶三引
次於東南隅怗一大藥叉將真言曰
唵一半左引羅嶮拏二吒枳吽弱娑嚩
二合訶三引
次於西南隅怗一大藥叉將真言曰
唵一娑上踐擬哩二吒枳吽弱娑嚩二合引
訶三引
次於西北隅怗一大藥叉將真言曰
唵一害麼嚩多二吒枳吽弱娑嚩二合引訶三引
次於下方足不踏處石上鐫四大藥
叉將真言置於四方地下
東方地下一大藥叉將真言曰
唵一步莫二吒枳吽弱娑嚩二合引訶三引
南方地下一大藥叉將真言曰
唵一蘇步莫二吒枳吽弱娑嚩二合引訶三引
西方地下一大藥叉將真言曰
唵一地羅二吒枳吽弱娑嚩二合引訶三引
北方地下一大藥叉將真言曰

唵一塢波迦羅二叱枳吽弱娑縛二合訶三引
次於上方四隅各上各怙一大藥叉
將眞言
東北隅舍上一大藥叉將眞言曰
唵一蘇哩也二合叱枳吽弱娑縛二合訶三引
東南隅舍上一大藥叉將眞言曰
唵一阿銀你二合叱枳吽弱娑縛二合訶三引
西南隅舍上一大藥叉將眞言曰
唵一蘇摩二叱枳吽弱娑縛二合訶三引
西北隅舍上一大藥叉將眞言曰
唵一縛庾二叱枳吽弱娑縛二合訶三引
怙眞言已於二十八大藥叉將住各
各以香塗一小壇壇上燒香雜華飲
食燈燭閼伽虔誠啓告惟願二十八
大藥叉將并諸眷屬各住本方護持
守護甲某令除災禍不祥疾病夭壽獲
得色力增長聰慧威肅端嚴具足易
養易長壽命長遠作是加持已二十八
大藥叉將不敢違越諸佛如觀自在
菩薩及金剛手菩薩教勑晝夜擁護
卧安覺安獲大威德若有國王作此
法者其王境內災疾消滅國土安寧
人民歡樂又法應畫本生宿直每月

供養若作如是法者惡宿直轉成吉
祥以白檀香刻作葉衣觀自在菩薩
像并於樺皮上書此眞言共帶若作
此法取鬼宿直日受灌頂其灌頂缾
以繒繫項滿盛香水水中著七寶及
五種藥所謂娑訶者囉等娑訶泥縛
建吒迦哩勿哩訶底儗哩羯囉拏及
五種子諸香等以葉衣觀自在陀羅
尼加持一百八徧以用灌頂洗諸障
難灌頂已取一瓦㼶盛種種飲食彼
男女頭上遶三帀令一知法遠送擲
破即結線索以葉衣眞言加持繫其
頭上若作如是法身上疾病鬼魅厭
禱執曜令逼本宿所皆悉殄滅
又法若人疫病取舍彌木此國無楮木替然火
然後蘇護摩餧骨投一百八徧於火
中燒七日已來每日供養葉衣觀自
在菩薩護摩之時稱彼國城名聚落
名村坊名一切災難悉皆除滅如是
象疫馬疫牛疫水牛疫各取本類骨
本毛作護摩七日七夜亦皆災滅
又法取一缾滿盛香水誦眞言加持
一百八徧以水淋彼畜一切疫病悉

皆消滅
又法若人頭痛取有香氣華加持一百
八徧令鼻齅即得除愈
又法若人患鬼魅取粳米粉捏作彼
魅形以鑌刀段段截之七日護摩即
得除差
又法若人患瘧若一日二日三日乃
至七日或長時患瘧用牛黃書此眞
言戴即得除差
又法或嬰孩鬼魅書此眞言帶則得
除愈
又法劫賊侵奪坊市村邑或欲遠遊
路長劫取佉陀羅木末護摩誦眞言
一百八徧所去之處無諸障難
又法若蟲食苗稼取砂以眞言加持
一百八徧散於田中蟲自遠去五穀
豐熟

葉衣觀自在菩薩經

葉衣觀自在菩薩經

校勘記

一 底本，金藏廣勝寺本。

一 六五九頁中二行譯者，[徑]、[清]作「唐特進試鴻臚卿三藏沙門大廣智不空奉詔譯」；[麗]作「開府儀同三司特進試鴻臚卿肅國公食邑三千户賜紫贈司空謚大鑒正號大廣智大興善寺三藏沙門不空奉詔譯」。

一 六五九頁中一五行第一三字「刑」，[麗]作「形」。

一 六六〇頁中一七行第八字「[illegible]」，[石]無。

一 六六〇頁中一八行第八字「身」，[石]無。

一 六六〇頁中二一行第六字「索」，[石]、[磧]、[南]、[徑]、[清]、[麗]作「羂索」。

一 六六〇頁下一行「摘枳」，[石]作「摘枳」。下同。

一 六六〇頁下八行「取香燒煙」，[石]作「取燒香煙」。

一 六六〇頁下九行第五字「菓」，[石]作「花」；[磧]、[南]、[徑]、[清]、[麗]作「華」。

一 六六〇頁下一一行第一〇字「入」，[磧]、[南]、[徑]、[清]無。

一 六六〇頁下一七行「王國」，[石]、[麗]作「國王」。

一 六六〇頁下二〇行「大悲心」，[石]、[麗]作「大慈心」。

一 六六〇頁下二二行末字「氎」，[磧]、[南]、[徑]、[清]作「於白氎」。

一 六六〇頁下末行第一〇字「像」，[磧]、[南]、[徑]、[清]作「像如前四臂」。

一 六六一頁上四行「或短壽」，[磧]、[南]、[徑]、[清]作「或薄命短壽」。

一 六六一頁上五行「纏眠」，[磧]、[南]、[徑]、[清]作「纏綿」。

一 六六一頁上八行末字「怗」，[石]、[麗]作「帖」，下同；[徑]、[清]作「貼」，下同。

一 六六一頁下一五行第一一字「鎸」，[石]作「擕」。

一 六六一頁下一七行第五字「一」，[石]無。

一 六六二頁上一二行第一三字「住」，[麗]作「位」。

一 六六二頁上二二行「災疾」，[石]作「灾疫」。

一 六六二頁上末行「本生」，[磧]、[南]、[徑]、[清]作「本命」。

一 六六二頁中六行第九字「囉」，[磧]、[南]、[徑]、[清]作「囉藥」。又末字「嚩」，[磧]、[南]、[徑]、[清]作「嚩藥」。

一 六六二頁中七行第四字「哩」，[磧]、[南]、[徑]、[清]作「哩藥」。又第八字「底」，[磧]、[南]、[徑]、[清]作「底藥」。又第一三字「挐」，[磧]、[南]、[徑]、[清]作「挐藥」。

一 六六二頁中八行第二字「種」，[磧]、[南]、[徑]、[清]作「種種」。

一 六六二頁中一〇行末字「彼」，[磧]、[南]、[徑]、[清]作「於彼」。

一 六六二頁中一一行「知法」，[磧]、[南]、[徑]、[清]作「知法者」。

一 六六二頁中一四行「令逼本宿所」，[石]、[麗]作「陵（[麗]作「淩」）逼本命宿所」。又末字「滅」下，[磧]、[南]、[徑]、[清]

有夾註「由灌頂戴像二十八太藥叉時常隨擁護」。

一 六六二頁中一五行夾註「此國無諸木替」，石、麗作「此國無取諸(麗作「諸」)木替之」。

一 六六二頁中二二行「加持」，磧、南、徑、清作「加持水瓶」。

一 六六二頁下四行第五字「恚」，石作「遺」。又第一二字「揑」，石、麗作「担」。

一 六六二頁下五行「鎖刀」，石、磧、南、徑、清、麗作「鑛刀」。又「段段」，石、麗作「誦段段」；磧、南、徑、清作「即段段」。

一 六六二頁下一〇行「嬰孩」，磧、南、徑、清作「嬰孩恚」。

一 六六二頁下一二行第三字「劫」，磧、南、徑、清作「被劫」。

一 六六二頁下一三行「路畏劫」，石、麗作「路畏劫盜」；磧、南、徑、清作「路行畏劫奪」。

一 六六二頁下卷末經名，石作「葉衣觀自在菩薩經一卷」。

趙城縣廣勝寺

訶利帝母真言法　三合　肥 潭

特進試鴻臚卿大興善寺三藏沙門大廣智不空奉　詔譯

尒時訶利帝藥叉女在佛衆會從座而起五體投地禮佛雙足而白佛言我有心真言由如真多摩尼寶能滿一切悉願爲利益安樂閻浮提諸善女人及男女故惟願世尊哀愍聽許我今說之真言曰

唵一引弩弩麼引里迦引呬帝娑嚩引二合訶二引

若有女人不宜男女或在胎中墮落斷敘不收皆由四大不宜男女不能調適或被鬼神作諸障難或是宿業因緣不宜男女應取白氎或一肘或一磔手或長五寸或隨意大小畫訶利帝母作天女形像金色身著天衣頭冠瓔珞坐宣臺上垂下兩足於垂足兩邊畫二孩子傍宣臺立於二膝上各坐一孩子以左懷中抱一孩子於右手中持吉祥果畫師應受八戒其彩色中不用皮膠畫像成已淨治一室嚴儀塗拭以香泥作方壇置像壇中以種種華散於壇上復以甘脆

飲食乳糜酪餅及諸果子閼伽香水燒沈水香而供養像面向西持誦者面東對像念誦每日三時時別誦一千徧取月生五日起首先誦十萬徧然後對像前念誦所求一切事皆悉圓滿又法女人欲得男女者月經後澡浴取黃牛乳母子同色者搆乳一升置銀器中以右手無名指攪乳誦真言加持一千八十徧然後取服至五日內則得有胎

又法欲令他人歡喜敬愛者或飲食果子或華或香加持一百八徧於真言句中加彼人名將與彼人則得歡喜敬愛

又法若有人作留難口舌者畫彼人形左腳踏之誦真言一千八十徧則得無難

又法欲令一切人歡喜取牛黃末置銀器中准前以無名指攪誦真言加持一百八徧點於額上一切人見皆歡喜順伏

又法若新衣服對像前加持一百八徧然後取著一切人見亦皆歡喜敬愛

又法若有惡夢誦眞言一百八徧則得惡夢消除

又法若月蝕時取蘇五兩置器中以金筯攪無間斷念誦加持乃至月却得圓滿爲限然後取一分供養訶利帝母餘者漸喫即有胎孕所生男女聰慧福德

又法取牛膝根作齒木加持一百八徧嚼及揩齒所出言詞令人樂聞意欲所求他人之事皆得隨意成就

又法欲得壽命長遠者取骨屢草嫩苗搵蘇蜜酪護摩七夜夜別誦眞言一千八十徧一擲火中則得長壽

又法欲得所爲所作隨意成就者每月生五日二十日塗飾道場散華種種飲食乳糜酪飰及諸果子閼伽香水燒沈香薫陸以用供養先供養一切如來文殊師利菩薩普賢等一切菩薩然後供養我訶利帝母何以故我本藥叉女如來受與我三歸五戒菩提心律儀戒對諸十地菩薩故是先供養諸佛菩薩供養已對此像前誦一萬徧所求事業皆得滿足訶利

帝母念誦法

愛子心眞言

唵一引知上尾知上顙婆嚩二合引訶二引

印合掌屈二大拇指入掌中誦心眞言供養訖於頂上放二大拇指即散去請召發遣皆放此印以白檀香横量六指作童子形具足兩手各把果子與人頭上作三髻角子於閑靜處安置誦眞言萬徧即現身問言喚我何事隨心荅之取黄牛肉方寸一加持一燒日三時滿四日得大自在隨意入法牛肉安悉香爲九月八日三時念誦燒上香一千八徧至十日巳夜半現大光相得大神力安悉香爲丸一加持一燒日三時時別一千八徧五日調伏一切人

又法百草華一一加持散身上得千人衣食

又法日誦眞言燒蘇合香七日見地下金藏巳種種華果飲食壇中供養日日如是得一切財寶

又法安悉香和乳粥一加持一燒七日日三時時別一千八徧現身共語

任意問

又法被禁閉誦一萬徧即解脫治病加持菴羅果葉乳中漬燒加持除一切病

訶利帝母眞言法

訶利帝母真言法

校勘記

一 底本，金藏廣勝寺本。

一 六六五頁中一行經名，麗作「訶利帝母真言經」。

一 六六五頁中二行譯者，石作「特進試鴻臚卿大興善寺三藏沙門大廣智不空奉詔譯」；磧、南作「大興善寺三藏沙門大廣智不空奉詔譯」；經、清作「唐特進試鴻臚卿三藏沙門大廣智不空奉詔譯」；麗作「開府儀同三司特進試鴻臚卿肅國公食邑三千户賜紫贈司空謚大鑒正號大廣智大興善寺三藏沙門不空奉詔譯」。

一 六六五頁中七行「女人及男女故」，石、麗作「男子及善女人」。

一 六六五頁中一二行「斷叙不妝」，石、麗作「斷緒不收」；磧、南、經、清作「斷叙不收」。又「不宜男女」，石、麗無。

一 六六五頁中一三行「或是」，南、經、清作「此是」。

一 六六五頁中一五行第八字「或」，石、麗無。

一 六六五頁中一六行第八字「像」，石作「緣」；麗作「純」。又「金色」，石作「金色或白紅色」。

一 六六五頁中一七行「宣臺」，磧、南、經、清作「寶臺」。一八行同。又「兩足」，石作「右足」。

一 六六五頁中一九行第八字「左」，石、麗作「左手」。

一 六六五頁中二二行「以香泥作方壇」，麗作「以香塗作一方壇」。

一 六六五頁下二行「沈水」，石作「好沉」；又第五字「而」，石、麗作「而用」。

一 六六五頁下四行「十萬」，磧、南、經、清作「千萬」。

一 六六五頁下五至六行「事皆悉圓滿」，石作「願皆悉滿足」。

一 六六五頁下六行第一三字「經」，石無。

一 六六五頁下七行「牛乳」，石、麗作「乳牛」。又「搆乳」，石作「擊乳」；磧、南、經、清作「搫乳」。

一 六六五頁下九行「一千八十」，石作「一千八」；磧、南作「二千八十」。

一 六六五頁下一〇行「五日」，石、麗作「七日」。又第五字「得」，石無。

一 六六五頁下一六行「左脚」，石作「以左脚」。又「一千八十徧」，石作「一千遍」。

一 六六五頁下一八行「歡喜」，石、麗作「歡喜者」。

一 六六五頁下二二行第三字「若」，石、麗作「若得」。

一 六六六頁上三行第三字「若」，石無。又第一二字「器」，石、麗作「金器」。

一 六六六頁上四行第四字「無」，石、麗作「無令」。

一 六六六頁上七行「聰慧」，石作「聰明」。

一　六六六頁上一二行第二字「榅」，磧、南、徑、清、麗作「搵」。

一　六六六頁上一三行第四字「十」，石、麗無。又「一擲」，石、麗作「一遍一擲」。

一　六六六頁上一五行首字「月」，石、麗作「月月」。又「塗飾」，石、麗作「塗拭」。

一　六六六頁上一八行「菩薩」，石無。

一　六六六頁上二〇行第八字「受」，石無；麗作「授」。

一　六六六頁中一行「念誦法」，石作「真言法」。

一　六六六頁中二行「真言」，麗作「真言曰」。

一　六六六頁中六行第七字「放」，磧、南、徑、清作「做」。

一　六六六頁中一二行首字「入」，磧、南、徑、清、麗作「又」。

一　六六六頁中一三行「一千八」，麗作「十八」。

一　六六六頁中二二行第五字「香」，麗無。

一　六六六頁下一行首字「任」，麗作「供」。

一　六六六頁下三行第六字「葉」，麗作「茅」。

一　六六六頁下卷末經名，麗作「訶利帝母經」。

毗沙門天王經　肥

特進試鴻臚卿大興善寺三藏沙門大廣智不空奉　詔譯

介時毗沙門天王在於佛前合掌白佛言世尊我爲未來諸有情等利益安樂豐饒財寶護持國界故說自眞言我此眞言如眞多摩尼寶心能滿衆願世尊聽許我說佛言善哉善哉天王汝能愍念爲諸有情恣汝意說介時毗沙門天王歡喜無量即於佛前說心眞言曰

曩謨囉怛曩(二合)怛囉(二合)夜(引)野(一) 曩謨吠室囉(二合)摩拏(鼻引)野(二) 摩賀(引)囉(引)惹(引)野(三) 薩縛薩怛縛(二合)曩(引)摩(鼻引四) 舍跛哩布(引)囉摩(引)野(五) 悉地迦羅(引)野(六) 蘇(上)囊娜(引)野(七) 怛娑寧(引)曩 莫塞訖哩(二合)怛縛(二合八) 伊(上)捨(引)吠(引)室囉(二合)摩拏(鼻引)紇哩(二合)乃野(九) 摩(引)纖多以濕(引)弭(十) 薩縛薩怛縛(二合)蘇(上)佉(去引)縛嚩(十一) 怛你也(二合)他(去引十二) 唵 悉地悉地(十三) 蘇(上)母蘇(上)母(十四) 左(上)左(上)左(上)左(上十五) 左羅左羅(十六) 娑羅娑羅(十七) 羯羅羯羅(十八) 枳里枳里(十九) 矩嚕矩嚕(二十) 母嚕母嚕母嚕(二十一) 主嚕主嚕(二十二) 娑(去引)馱野過貪摩麼(二十三) 顆底也(二合)末佗努(鼻引)娑(去)嚩娑嚩(二合引)賀(引二十四) 吠室囉(二合)麼拏(鼻引)野娑嚩(二合引)賀(引二十五) 怛曩娜(引)野娑嚩(二合)賀(引二十六) 麼(鼻)努(鼻引)囉佗(二十七) 跛哩布(引)囉迦(引)野娑嚩(二合)賀(引二十八)

介時毗沙門天王說此眞言已白佛言世尊我今說受持眞言法先取安悉香白檀香龍腦香多蘖羅香薰陸香蘇合香和合此香供養我毗沙門天王若迎請時結根本印以二頭指向身三招即誦眞言七徧頂上散印

怛你也(二合)他(一去引) 曩謨吠(引)室囉(二合)麼(鼻)拏(鼻引)野(二) 曩謨馱曩娜(引)野(三) 馱寧(寧定切)濕嚩(二合)囉(引)野(四) 阿(去引)蘖(言羯切)蹉(去引)阿蘖蹉(五) 阿跛哩弭多馱寧(引)濕嚩(二合)囉(六) 鉢囉麼(鼻)迦(引)嚕捉迦(七) 薩嚩薩怛嚩(二合)呬(黎異切)多(上)唧多(八) 麼麼馱曩麼(鼻)努(鼻)鉢囉(二合)拽(延結切)蹉(九) 娑嚩(二合)莎麼(鼻引)蘖蹉娑嚩(二合引)賀(引十)

行者念誦常無間斷乃至毗沙門天王子赦你娑現童子形告持誦者言汝有何事請召我父持誦者言我爲供養三寶授與我財寶童子赦你娑

於須臾頃還至毗沙門天王所向父王言持誦者求諸財寶爲供養故利益有情毗沙門天王告童子敎你娑言汝日日與金錢一百乃至壽終其童子敎你娑日日送金錢一百與持誦者安於頭邊其金錢異種香氣先願所得之者除自受用外應行捨施不應貯積而懷慳悋常於一切有情起大悲心勿生嗔恚以殊勝香華飲食燈明於寂靜處如法供養佛法僧寶兼復思惟而無間斷爲毗沙門天王并諸眷屬念恩德故常應誦吉祥讃令彼天王獲諸吉慶願毗沙門天王男女眷屬內外親姻輔弼乃至使者及諸眷從國界有情佛所稱讃十種福利悉皆獲得所謂一者淨信二者戒三者聞四者捨五者受六者慧七者形貌八者力九者辯十者色聲香味觸富貴自在於佛法中而聞法眼證得聖果獲得甘露妙法亦得三十七品助佛道法持誦者每日作如是發願毗沙門天王即生歡喜告自眷從眷屬汝等觀彼持誦者於我深生恭敬

復告子敎你娑言持誦者希望欲見我毗沙門藥叉王欲閉惡趣門所思勝願皆令滿足壽無量百千歲獲得如意寶飛騰虛空安怛那及得伏藏若男若女及羅惹皆令敬愛亦解一切禽獸語言令得豐財永離貧匱彼持誦者常於白月八日及十五日令畫人受八戒澡浴著新淨衣取不截白氎畫像其彩色中不用皮膠中心畫釋迦牟尼佛作說法相佛右邊畫吉祥天女形眼目廣長顏貌寂靜首戴天冠瓔珞臂釧莊嚴其身右手作施願手左手執開敷蓮華畫像得已於清淨處安像供養以塗香華燒香飲食燈明以供養佛及吉祥天女受持者不應以下劣心而生恐怖應以決定心如法念誦此吉祥天女眞言曰

曩莫室哩二合伽去曩引野一曩謨吠引室羅二合摩拏上引野二摩賀引藥乞灑二合羅引惹引地羅引惹野三曩莫室哩二合夜引襄引四摩賀引祢引吠五鼻引怛你也二合佗去引六唵怛囉怛囉七咄嚕咄嚕八蘇瑟䶰二合蘇瑟䶰二合下征瞉切上同九瞉抳迦曩迦十嚩囉二合吠引女拏瞉切引哩也二合十一穆訖多二合曩引麽引稜去訖唱二合多十二僕引十三薩嚩薩怛嚩二合十四呬多迦引麽十五吠引室羅二合摩拏十六室哩二合野泥上尾引十七末膩毗去十八瞻醯去引十九具囉拏二合二十具羅拏二合二十一鼻麽婆麽婆二十二捺羅二合捨野悉地二十三娜娜引四銘二十四捺囉二合捨曩迦引麽寫二十五捺羅二合拾南二十六鉢羅二合賀攞引二合娜野摩諾娑嚩二合賀引二十七

介時毗沙門天王見持誦此眞言及供養如來愍念行者則爲現身作童子形或居士形右手持如意寶左手持金篋顏貌寂靜來至像前禮佛像已告行者言汝今於我欲求何願爲入修羅窟邪爲求伏藏邪爲求伏火水銀邪爲求安怛那羅惹敬愛邪雄黃成就邪安膳那藥成就邪持明成就邪飛騰虛空邪壽命一大劫邪如是等願悉能成就持誦者曰毗沙門天王言願我一切處通達獲得金銀無盡名稱福德壽命無量劫飛騰

虛空變化種種瑜伽自在毗沙門言
隨汝所願尒時毗沙門天王欲重明
其義而說偈言

假使有日月　從空墮於地　或大地傾覆
寧有如是事　不應生少疑　此法易成就
不假於齋戒　利益貧匱者　一切人恭敬
乃至盡壽命　毗沙門加持　遠離諸危難
藥叉將衛護　常隨受持者　若能持是教
諸願悉成就　迅疾如射箭　諸王敬彼人
獲得無盡寶　千俱胝藥叉　衛護持誦者
能滿諸勝願　解脫諸惡趣　若見毗沙門
俱尾羅財施　獲得大智慧　乃至天眼通
壽命俱胝歲　若人殺重心　愛敬此教法
應當求成就　決定無有疑　今此護身法
多聞天所說　由此加持故　真言上悉地

即誦護身明

曩謨囉怛曩(合二)怛囉(合二)野(引上聲)野曩謨吠(引)室囉(合二)麼(鼻)拏(引鼻)野(二合一)麽賀(引)囉(引)惹(引)野(三)怛你也(合二)佗(去引四)唵(引)[口*朗](引轉舌)誐[口*朗](上准)誐(五)[口*朗](尼簡切下同)拏[口*朗]拏(六)齲(區乞切下文同)拏(拏數切鼻音拏數字上聲)齲拏(亦上音七)摩賀(引)囉(引)惹(八)囉乞灑(二合)囉乞灑(二合)𤚥(莫感切鼻引九)薩冐(毛保切引)鉢捺囉(合二)吠(引)毗藥(合二)娑嚩(引二)賀(引十)

我今說根本印以二手右押左內相叉豎二名指頭相合屈二頭指如鉤若迎請時向身招若發遣時向外撥念誦時結印當心誦七徧即頂上散然後取念珠專注念誦

次說吉祥天女身印二手虛心合掌開二頭指二中指二無名指屈如蓮華形二大指二小指豎合若念誦時當心結誦真言七徧頂上散毗沙門天王經中

毗沙門天王呪曰

那謨裴鑠囉嚩拏寫(一)摩訶曷囉闍寫施鞞(二)娑婆訶(三)施嚩跋跌犁娑婆訶(四)

若呪淨油七徧二七徧用塗臥所乞財物等得如所願

毗沙門天王經

毗沙門天王經

特進試鴻臚卿大興善寺三藏沙門大廣智不空奉　詔譯

尒時毗沙門天王在於佛前合掌白佛言世尊我為未來諸有情等利益安樂豐饒財寶護持國界故說自真言我此真言如真多摩尼寶心能滿眾願世尊聽許我說佛言善哉善哉天王汝能愍念為諸有情恣汝意說尒時毗沙門天王歡喜無量即於佛前說心真言曰

曩謨囉怛曩(二合)怛囉(二合)夜(引)野(一)曩謨吠室囉(二合)摩拏(鼻引)野(二)摩賀(引)囉(引)惹(引)野(三)薩嚩薩怛嚩(二合)曩(引)摩(鼻引四)含(引)跛哩布(引)囉摩(引)野(五)悉地迦囉(引)野(六)蘇(上)蹇娜娜(引)野(七)怛姪他(二合引)曩莫塞訖哩(三合)怛嚩(二合八)伊(上)捨(引)吠(引)室囉(二合)摩拏(鼻引)紇哩(二合)乃野(九)摩(引)櫱多以灑(引)弭(十)薩嚩薩怛嚩(二合)蘇(上)佉(去引)嚩憾(十一)怛你也(二合)佗(去引十二)唵悉地悉地(十三)蘇(上)母蘇(上)母(十四)左(上)左(上)左(上)左左(上十五)囉左囉(十六)娑囉娑囉(十七)羯囉羯囉(十八)枳里枳里(十九)矩嚕矩嚕(二十)母嚕母嚕(二十一)主嚕主嚕(二十二)娑(去引)馱野過貪

摩麼二十顐底也二合末佗弩引鼻娑去嚩
娑嚩引二合賀十四吠室囉二合麼拏引鼻野娑
嚩引二合賀引十五馱曩娜引野娑嚩二合賀
引一麼鼻弩引鼻囉佗二十七跛哩布引囉迦
引十六野娑嚩二合賀引十八
尒時毗沙門天王說此眞言已白佛
言世尊我今說受持眞言法先取安
悉香白檀香龍腦香多蘖羅香薰陸
香蘇合香和合此香供養我毗沙門
天王若迎請時結根本印以二頭指
向身三招即誦眞言七徧頂上散印
怛你也二合佗一去引曩謨吠引室囉二合麼
拏引鼻野二曩謨引馱曩娜引野三馱
寧寧定切引濕嚩二合囉引野四阿去引蘖言獨切
𡁠去引阿蘖𡁠五阿跛哩弭多馱寧引濕
嚩二合囉六鉢囉麼鼻迦引嚕捉迦七薩
嚩薩呾嚩二合四繁異切多上啣多八麼麼
馱曩麼鼻弩鼻鉢囉二合拽延結切𡁠九娑
嚩二合瑛麼鼻引蘖𡁠娑嚩二合引賀引十
行者念誦常無間斷乃至毗沙門天
王子赦你娑現童子形告持誦者言
汝有何事請召我父持誦者言我爲
供養三寶授與我財寶童子赦你娑

於須臾頃還至毗沙門天王所告父
王言持誦者求諸財寶爲供養故利
益有情毗沙門天王告童子赦你娑
言汝日日與金錢一百乃至壽終其
童子赦你娑日日送金錢一百與持
誦者安於頭邊其金錢異種香氣先
願所得之者除自受用外應行捨施
不應貯積而懷慳悋常於一切有情
起大悲心勿生瞋恚以殊勝香華飲
食燈明於寂靜處如法供養佛法僧
寶兼復思惟而無間斷爲毗沙門天
王幷諸眷屬念思德故常應誦吉祥
讚令彼天王獲諸吉慶願毗沙門天
王男女眷屬內外親姻輔弼乃至使
者及諸營從國界有情佛所稱讚十
種福利悉皆獲得所謂一者淨信二
者戒三者聞四者捨五者受六者慧
七者形貌八者力九者辯十者色聲
香味觸冨貴自在於佛法中而聞法
眼證得聖果獲得甘露妙法亦得三
十七品助佛道法持誦者每日作如
是發願毗沙門天王即生歡喜告自
營從眷屬汝等觀彼持誦者於我深

生恭敬
復告子赦你娑言持誦者希望欲見
我毗沙門藥叉王欲開惡趣門所思
勝願皆令滿足壽無量百千歲獲得
如意寶飛騰虛空安怛那及得伏藏
若男若女及羅惹皆令敬愛亦解一
切禽獸語言令得豐財永離貧匱彼
持誦者常於白月八日及十五日令
畫人受八戒澡浴著新淨衣取不截
白氎畫像其彩色中不用皮膠中心
畫釋迦牟尼佛作說法相佛右邊畫
吉祥天女形眼目廣長顏貌寂靜首
戴天冠瓔珞臂釧莊嚴其身右手作
施願手左手執開敷蓮華畫像得已
於清淨處安像供養以塗香華燒
香飲食燈明以供養佛及吉祥天女
受持者不應以下劣心而生恐怖應
以決定心如法念誦此吉祥天女眞
言曰
曩莫室哩二合伽去曩引野一曩謨吠引
室囉二合摩拏上引野二摩賀引藥乞灑二合
囉引惹引地囉引惹野三曩莫室哩
二合夜引曩四引摩賀引祢引吠五鼻怛你

也二合 佗去引 六 唵怛羅怛囉七 嗢嚕嗢
嚕八 蘇瑟緻二合 蘇瑟緻二合下緻 切上同 九 麼抳
迦曩迦十 縛囉二合 吠引 女拏 裂切引 哩也二合 十一
穆訖多二合 曩引 麼引 稜去 訖哆二合 多
十二 僕引 十三 薩縛薩怛縛二合 十四 喝多迦引 麼
十五 吠引 室羅二合 摩拏十六 室哩二合 野泥上 尾
引十七 末朧毗去十八 噓醯引 四十九 具羅拏二合
具羅拏二合 二十 麼娑麼娑二十一 捺羅二合
捨野悉地二十二 娜娜引 四銘二十三 捺羅二合 捨
曩迦引 麼寫二十四 捺羅二合 捨南二十五 鉢羅
二合 賀攞二合 引 娜野摩諾娑縛二合 引 賀引二十六
尒時毗沙門天王見持誦此真言及
供養如來慇念行者則爲現身作童
子形或居士形右手持如意寶左手
持金篋頬貌寂靜來至像前禮佛像
已告行者言汝今於我欲求何願爲
入修羅窟邪爲求伏藏邪爲求伏火
水銀邪爲求安怛但那羅慈敬愛邪
雄黃成就邪安膳那藥成就邪持明
成就邪飛騰虛空邪壽命一大劫邪
如是等願悉能成就持誦者白毗沙
門天王言願我一切處通達獲得金
銀無盡名稱福德壽命無量劫飛騰

虛空變化種種瑜伽自在毗沙門言
隨汝所願尒時毗沙門天王欲重明
其義而說偈言

假使有日月　從空墮於地　或大地傾覆
寧有如是事　不應生少疑　此法易成就
不假於齋戒　利益貧匱者　一切人恭敬
乃至盡壽命　毗沙門加持　遠離諸危難
藥叉將衛護　常隨受持者　若能持是教
諸願悉成就　迅疾如射箭　諸王敬彼人
獲得無盡寶　千俱胝藥叉　衛護持誦者
能滿諸勝願　解脫諸惡趣　若見毗沙門
俱尾羅財施　獲得大智慧　乃至天眼通
壽命俱胝歲　若人殷重心　愛敬此教法
應當求成就　決定無有疑　今此護身法
多聞天所說　由此加持故　真言上悉地
即誦護身明

曩謨羅怛曩二合 怛羅二合 夜引 野一 曩謨
吠引 室羅二合 麼鼻 拏鼻引 野二合 麼賀引 囉
引 惹引 野三 怛你也二合 佗去引 四 唵引 朗舌轉
識朗上 作 識五 赧尼簡切下同 拏赧拏六 齲嘔字切下
文同 拏擊數切鼻音 數字上聲 齲拏準上音七 摩賀引 囉引
惹八 囉乞灑二合 囉乞灑二合 㝵莫咸切鼻引九 薩
冒毛保切引 本 捺羅二合 犬引 毗藥二合 娑縛二合 引

賀引十
我今說根本印以二手右押左內相
叉豎二右指頭相合屈二頭指如鉤
若迎請時向身招若發遣時向外撥
念誦時結印當心誦七徧即頂上散
然後取念珠專注念誦
次說吉祥天女身印二手虛心合掌
開二頭指二中指二無名指屈如蓮
華形二大指二小指豎合若念誦時
當心結誦真言七徧頂上散毗沙門
天王經中
毗沙門天王呪曰
那謨裴鑠囉嚩拏寫一摩訶曷囉闍
寫施鞞二娑婆訶三施嚩跋跌犁娑
婆訶四
若呪淨油七徧二七徧用塗臥所乞
財物等得如所願

毗沙門天王經

毗沙門天王經

校勘記

一　底本，金藏廣勝寺本。附金藏興國院本（即六七一頁下至六七三頁下）以供版本學研究之參考。

一　六六九頁中二行譯者，徑、清作「唐特進試鴻臚卿三藏沙門大廣智不空奉詔譯」；麗作「開府儀同三司特進試鴻臚卿肅國公食邑三千户贈司空謚大鑒正號大廣智大興善寺三藏法師不空奉詔譯」。

一　六六九頁中六行「寶心」，石、麗作「寶王」。

一　六六九頁中七行「世尊」，石作「唯願世尊」。

一　六六九頁中九行第六字「天」，石無。

一　六六九頁下末行第五字「授」，石作「受」。

一　六七〇頁上一行第一三字「向」，磧、普、徑、清、麗作「告」。

一　六七〇頁上九行「大悲心」，麗作「大慈心」。

一　六七〇頁上一九行「而聞」，石、磧、普、南、徑、清、麗作「而開」。

一　六七〇頁上二一行「助佛道法」，石作「助道佛法」。

一　六七〇頁中四行末字「得」，石無。

一　六七〇頁中五行「安怛那」，石作「安怛但那」。

一　六七〇頁中八行第四字「常」，石作「當」。

一　六七〇頁下一八行「安怛但那囉惹」，石作「安怛那囉闍」；麗作「安怛那囉惹」。

一　六七〇頁下二〇行「壽命」，麗作「受命」。

一　六七〇頁下二一行第一二字「曰」，石、磧、普、徑、清、麗作「白」。

一　六七一頁上七行「盡壽命」，石、麗作「壽命盡」。又「危難」，麗作「厄難」。

一　六七一頁中三行「名指」，磧、普、徑作「右指」。

一　六七一頁中九行首字「華」，石無。又「竪合」，徑作「堅合」。

一　六七一頁中一〇行「頂上」，石作「頭上」。

一　六七一頁中一〇行至一七行「毗沙門……如所願」，石無。

一　六七一頁中一〇行第一二字至次行第四字「毗沙門天王經中」，麗無。

一　六七一頁中一六行第四字「油」，磧、普、南、徑作「洒」。又「二七徧」，麗無。

觀自在菩薩說普賢陀羅尼經　福刁　肥

特進試鴻臚卿大興善寺三藏沙門大廣智不空奉　詔譯

如是我聞一時薄伽梵住王舍城靈鷲山與大苾蒭衆及大菩薩摩訶薩九十九俱胝衆俱尒時聖觀自在菩薩摩訶薩在彼衆會從座而起白佛言世尊我欲顯說普賢陀羅尼世尊此陀羅尼我於月上光如來所授得若善薩乘者纔聞此陀羅尼即得不退轉速疾承事一切如來應供正徧知者能銷滅一切業障獲得安樂富饒身得清淨語業清淨意得清淨通達一切大智大祕蜜海能滿一切大願海即見一切如來我由聞此陀羅尼便證無生法忍獲得首楞嚴三摩地證得寶印三摩地焰炬三摩地海印三摩地普徧虛空三摩地證得如是等恒河沙數三摩地門復證得聞無盡蔵等八萬四千陀羅尼門由此證得具慧具行得如是智慧成就所聞法於諸佛所聞法無間承事供養惟願世尊許我爲四部衆說佛言聽汝宣說

尒時觀自在菩薩摩訶薩入金剛曼茶羅三摩地即說陀羅尼曰

曩莫囉怛曩二合怛囉二合野耶一曩莫阿引哩耶二合嚩盧枳帝濕嚩二合囉引耶三冐地薩怛嚩二合引野四摩訶薩怛嚩二合引野五摩訶引迦引嚕抳迦引野六怛你也二合他七佉上誐吠佉上誐吠八斫屈蒭二合佉九吠秫嚕二合怛囉二合佉十吠伽囉引二合拏佉吠十一尒賀嚩二合引佉吠十二迦引野佉吠十三麼娜佉吠十四娑囉佉吠十五吠麼佉吠十六式穰上佉吠十七你弭多上佉吠十八鉢囉二合抳馱曩佉吠十九三摩引他佉吠二十播引囉弭多去引佉吠二十一冐地佉吠二十二娑囉娑囉娑囉二十三薩嚩没馱引地瑟恥二合帝二十四婆囉婆囉婆囉達磨地瑟恥二合帝二十五迦囉迦囉迦囉僧去伽引地瑟恥二合帝二十六曩莫阿哩野二合嚩嚕枳帝濕嚩二合囉引野二十七冐地薩怛嚩二合野二十八摩訶薩怛嚩二合野二十九摩訶迦嚕抳迦引野三十曩慕捺嚩二合曩嚩二合底丁以反引南冐引地薩怛嚩二合句引胝引南引三十一阿地瑟恥二合帝靚鈴引三十二阿引聿

嘌二合麼嬭者娜難上觀三十三怛你也二合佗
三十四蘇囉鼻蘇囉鼻三十五毋你毋你摩
訶毋你三十六麼底麼底麼底摩訶麼底三十七曩
莫阿引哩野引二合嚩盧枳帝濕嚩二合囉
引野三十八冐地薩怛嚩引二合野三十九摩訶
引薩怛嚩二合野引四十摩訶引迦引嚕抳
迦引野四十一悉殿覩三滿多跛捺囉二合馱
引囉抳娑嚩二合引訶引四十二
尒時觀自在菩薩說此陀羅尼時九
十二俱胝菩薩證得首楞嚴三摩地
恒河沙數菩薩證得微妙陀羅尼三
摩地我今說此陀羅尼功德每於晨
朝誦此陀羅尼一百八徧滿二十一
日觀自在菩薩即現其身所求一切
願皆得滿足若人囚禁枷鎖七日誦
持即得解脫若人患瘧於左耳邊誦
患者即愈若人患風邪魅病酥油相
和加持二十一徧令服即得除差若
患齒痛加持齒木二十一徧令嚼即
愈若患耳痛取疊華子油並置於熱
銅器中加持七徧滴於耳中即愈若
患頭痛肚痛加持手摩捫即愈若患
鬼魅結呪索加持一百八徧令帶即

愈若被拏吉你魅加持油七徧摩塗
支節即愈若患一切病加持或手或
柳枝摩拂即愈如上諸法即未置功
業隨誦即効若欲求見佛菩薩證陀
羅尼門三摩地門神通隱形安膳那
藥雄黃成就者行者於舍利塔或佛
像前塗拭曼荼羅懸繒幡蓋散種種
華燒檀香沈香薰陸香然燈一百盞
廣大供養念誦者清淨澡浴著淨衣
服身持梵行即誦此陀羅尼結方隅
界陀羅尼曰
曩謨囉怛曩二合怛囉二合引野耶一曩莫
阿引哩野引二合嚩盧枳帝濕嚩二合囉引
野二冐地薩怛嚩引二合野三摩訶引薩
怛嚩二合野四摩訶引迦引嚕抳迦引野
五怛你也引二合佗六止里滿馱銘七上弭
里滿馱引弭八止里弭里滿馱引弭九梟
引摩引滿馱引弭十梟引摩引銘十一羯室
旨二合娜底訖囉二合麼覩娑嚩二合引訶引十二
以此陀羅尼加持水二十一徧於道
場中散灑十方即成結界我今說迎
請陀羅尼真言行者先誦北陀羅尼
迎請已然後念誦陀羅尼曰

曩謨囉怛曩二合怛囉二合野引耶一曩莫
阿引哩野引二合嚩盧枳帝濕嚩二合囉引野
二冐地薩怛嚩二合野三摩訶去引薩怛嚩
二合野四摩訶迦引嚕抳迦引野五怛你也
二合佗六止里止里七弭里弭里八止里
縛引九醫四娑誐抗十曩引哩野引二合䳍盧
枳帝濕嚩二合囉娑嚩二合訶引十一
此陀羅尼是我心真言誦真言即成
請召行者從白月八日起首乃至十
五日日三時時別誦一百八徧三時澡
浴三時換衣其十五日作廣大供養
無限念誦其日中夜觀自在菩薩來
至道場現金色身相好端嚴放百千
光明持誦者不應恐怖生勇健心纔
見觀自在菩薩即得地位證得陀羅
尼三摩地即見東方阿閦如來南方
寶幢如來西方無量壽如來北方天
鼓音王如來見四如來十方無量如
來身廣大威德承於諸佛大悲願力
久住世間從此命終當生淨妙佛剎
於一切處供養承事諸佛如來
尒時世尊說是經已菩薩摩訶薩并
天龍藥叉乾闥婆阿修羅迦樓羅緊

那羅摩睺羅伽人非人等皆大歡喜

觀自在菩薩説普賢陀羅尼經　莫大　肥　褐刀

信受奉行

觀自在菩薩説普賢陀羅尼經

觀自在菩薩説普賢陀羅尼經

校勘記

一　底本，金藏廣勝寺本。

一　六七五頁中二行譯者，磧、南作「大興善寺三藏沙門大廣智不空奉詔譯」；徑、清作「唐三藏沙門大廣智不空奉詔譯」；麗作「開府儀同三司特進試鴻臚卿肅國公食邑三千户賜紫贈司空謚大鑒正號大廣智大興善寺三藏沙門不空奉詔譯」。

一　六七五頁中八行第一三字「授」，麗作「受」。

一　六七五頁中一三行「大智大秘蜜海」，石、麗作「大秘密海」；磧、南、徑、清作「大智大密海」。

一　六七五頁中一八行第一三字「聞」，石、磧、普、南、徑、清、麗作「開」。

一　六七五頁中二一行首字「法」，石、麗作「之法」。

一　六七五頁下三行至次頁上八行咒語及此下兩段咒語之一側，石均刻有梵文。

一　六七六頁上一三行第一三字「十」，磧、南、徑、清作「日」。

一　六七六頁上一六行首字「持」，磧、普、南、徑、清作「此」。又第九字「麿」，石、磧、普、南、徑、清、麗作「瘩」。

一　六七六頁中二二行第一一字「北」，石、磧、普、南、徑、清、麗作「此」。

一　六七六頁下九行首字「請」，石作「誦」。

一　六七六頁下一〇行第三字「日」，磧、普、南、徑、清無。

一　六七六頁下一七行「寶憧」，石、磧、普、南、徑、清、麗作「寶幢」。

一　六七六頁下二〇行第八字「殄」，石、磧、普、南、徑、清、麗作「終」。

趙城縣廣勝寺

文殊問經字母品第十四

開府儀同三司特進試鴻臚卿肅國公食邑三千戶賜紫贈司空謚大鑒正號大廣智大興善寺三藏沙門不空奉詔譯

尒時文殊師利白佛言世尊一切諸字母云何一切諸法入於此及陁羅尼字佛告文殊師利一切諸法入於字母及陁羅尼字文殊師利如

稱阿上 字時是無常聲
稱阿去引 字時是遠離我聲
稱伊上 字時是諸根廣博聲
稱伊去引 字時是世間災害聲
稱塢上 字時是多種逼迫聲
稱汙引 字時是損減世間多有情聲
稱哩 字時是直輭相續有情聲
稱唎引 字時是斷染遊戲聲
稱力 字時是生法相聲
稱嚧引 字時是三有染相聲
稱曀 字時是超所求聲
稱愛 字時是威儀勝聲
稱汙 字時是取聲
稱奧 字時是化生聲
稱暗 字時是無我所聲
稱惡 字時是沈沒聲
稱迦上 字時是入業異熟聲

稱佉上 字時是出一切法等虛空聲
稱誐上 字時是甚深法聲
稱伽去 字時是摧稠密無明闇冥聲
稱仰 字時是五趣清淨聲
稱左 字時是四聖諦聲
稱蹉上 字時是不覆欲聲
稱惹 字時是超老死聲
稱酇才舸反 字時是制伏惡語言聲
稱孃上 字時是制伏他魔聲
稱吒上 字時是斷語聲
稱咤上 字時是出置荅聲
稱拏上 字時是出攝伏魔諍聲
稱荼去 字時是滅穢境界聲
稱拏鼻呼 字時是除諸煩惱聲
稱多上 字時是真如無間斷聲
稱他 字時是勢力進無畏聲
稱娜 字時是調伏律儀寂靜安隱聲
稱馱 字時是七聖財聲
稱曩 字時是遍知名色聲
稱跛 字時是勝義聲
稱頗 字時是得果作證聲
稱麼 字時是解脫繫縛聲
稱婆 字時是出生三有聲

稱𠲿(鼻聲呼) 字時是息憍慢聲
稱野 字時是佛通達聲
稱囉(梨假反) 字時是樂不樂勝義聲
稱訶 字時是斷愛支聲
稱嚩(無可反) 字時是寂上乘聲
稱捨 字時是出信進念定慧聲
稱灑 字時是制伏六處得六神通智聲
稱娑 字時是現證一切智聲
稱賀 字時是害煩惱離欲聲
稱乞灑(二合) 字時是一切文字究竟無言說聲
文殊師利此謂字母義一切諸字入於此中

文殊問經字母品第十四

文殊問經字母品第十四

校勘記

一 底本，金藏廣勝寺本。六七八頁中一至一一行原版殘，以麗藏本換。

一 六七八頁中一行經名，徑、清作「文殊問經字母品」。

一 六七八頁中二、三行譯者，磧、南作「大興善寺三藏沙門大廣智不空奉詔譯」；徑、清作「唐特進試鴻臚卿三藏沙門大廣智不空奉詔譯」。

一 六七八頁中一五行音註「引」，麗作「引去」。

一 六七八頁中一七行「稱噫」，磧、普、南、徑、清、麗作「稱嚧」。又音註「引」，磧、普、南、徑、清無。

一 六七八頁中一八行「是超」，麗作「是起」。

一 六七八頁中二一行「化生聲」，麗作「化生之聲」。

一 六七八頁下三行「稠蜜」，磧、普、南、徑、清、麗作「稠密」。

一 六七八頁下六行「稱蹉」，麗作「稱磋」。又音註「上」，磧、南、徑、清無。

一 六七八頁下九行「佗魔」，石作「他廣」。

一 六七八頁下一六行「稱佗」下，石、磧、普、南、徑、清有音註「上」。

一 六七八頁下一七行第五字「是」，石作「是施」。

一 六七八頁下末行「稱婆」下，石、磧、普、南、徑、清有音註「去」。

一 六七九頁上四行「支聲」，石作「枝聲」。

一 六七九頁上七行「稱灑」下，磧、南、徑、清有音註「上」。

一 六七九頁上八行「稱娑」下，石、麗有音註「上」。

一 六七九頁上卷末經名，石作「文殊師利問經」；徑、清作「文殊問經字母品」；麗作「文殊師利問字母經」。

金剛頂蓮華部心念誦儀軌一卷

開府儀同三司特進試鴻臚卿肅國公食邑三千戶賜紫贈
司空謚大鑒正號大廣智大興善寺三藏沙門不空奉　詔譯

歸命禮普賢　金剛蓮花手　說修瑜伽法
先應禮三寶　長跪合蓮掌　運心對聖眾
陳罪應隨喜
次觀一切法　遠離於塵垢　應誦此真言
器界皆清淨　淨地真言曰
唵囉儒波誐多薩嚩達摩
亦當淨三業　觀法本清淨　誦此真言明
三業皆清淨　淨身真言曰
娑嚩二合婆嚩秫馱薩嚩達摩
由此真言故　其身成法器　於定中觀佛
遍滿如胡麻　則誦遍照明　應然見諸佛
警觀佛真言曰
大嚩日囉二合馱覩
吽字想於心　變成五股杵　諸想遍身中
所有微塵數　為金剛薩埵　金剛掌舒臂
全身委地禮　捨身遍法界　奉獻阿閦尊
盡禮尊諸佛
真言曰
唵薩嚩怛他誐多布儒波薩他曩夜
怛摩二合喃你哩夜多夜弭薩嚩怛他
誐多嚩日囉二合薩怛嚩二合地瑟
吒二合娑嚩二合給吽
次想怛洛二合字　於額金剛寶　想身為寶形
身中微塵數　想成金剛藏　全身以額禮
金剛掌於心　奉獻寶生尊　想於無邊刹
皆持五佛冠　灌一切佛頂真言曰
唵薩嚩怛他誐多布惹毗灑迦耶怛
麼二合喃你哩夜多夜弭薩嚩怛他誐多
嚩日囉二合囉怛曩二合毗詵者給怛洛二合
想紇哩二合字於口　即想八葉蓮　觀身為蓮華
身中微塵數　想成金剛法　全身以口禮
金剛掌於頂　奉獻無量壽　想於諸佛會
而請轉法輪
真言曰
唵薩嚩怛他誐多布惹鉢囉二合嚩嘌
多二合那耶怛麼二合喃你哩二合耶多夜
弭薩嚩怛他誐多嚩日囉二合達磨引
鉢囉二合嚩嘌多耶給紇哩二合
噁字想於頂　變為業金剛　觀身皆金剛
身中微塵數　皆成金剛業　全身以頂禮
當心金剛掌　奉獻不空尊　想於普集會
觀金剛業身　而作大供養
真言曰

金剛頂蓮華部心念誦儀軌　第三張　末

唵薩縛怛他誐多布惹羯磨拒阿怛
麽二合喃你哩耶多夜弭薩縛怛他誐
多縛日囉二合羯磨矩嚧鉿噁噁噁噁
次結金剛持大印　禪慧檀智反相叉
右膝著地置頂上　一一想礼如來足
欲指從頂如垂帶　從心旋轉如舞勢
金剛合掌置頂上
真言曰
唵薩縛怛他誐多迦耶縛訖只多縛
日囉二合縛娜南迦嚕弭唵縛日囉二合
勿反微一
歸命十方正等覺　最勝妙法菩薩衆
以身口意清淨業　殷懃合掌恭敬礼
無始輪迴諸有中　身口意業所生罪
如佛菩薩所懺悔　我今陳懺亦如是
諸佛菩薩行願中　金剛三業所生福
緣覺聲聞及有情　所集善根盡隨喜
一切世燈坐道場　覺眼開敷照三有
我今胡跪先勸請　轉於無上妙法輪
所有如來三界主　臨般無餘涅槃者
我皆勸請令久住　不捨悲願救世間
懺悔隨喜勸請福　願我不失菩提心
諸佛菩薩妙衆中　常為善友不厭捨

離於八難生無難　宿命住智相嚴身
遠離愚迷具悲智　悉能滿足波羅蜜
富樂豐饒生勝族　眷屬廣多恒熾盛
四無导辯十自在　六通諸禪悉圓滿
如金剛幢及普賢　願讚迴向亦如是
行者廣大願　次應發勝心　願一切有情
如來所稱讚　世間出世間　速成勝悉地
真言曰
唵薩縛怛他誐多商斯哆引薩縛薩
埵南薩縛悉馱藥三波你演二合覩引
怛他誐多室者二合地底瑟姹反折諫
覩引
麽乇為兩目　應觀為日月　二手金剛拳
各安於腰側　遍視空中佛　諸佛皆歡喜
所有香花等　及餘供養具　因此目瞻覩
去垢成清淨　辟除成結界
真言曰
唵縛日囉二合涅哩二合瑟致二合
麽乇
福智二羽合　十度初交分　名為金剛掌
一切印之首
真言曰
唵縛日嘲引二合惹哩

即彼金剛掌　十度結為拳　名為金剛縛
能解結使縛
真言曰
唵縛日囉引二合滿馱
即以金剛縛　能淨第八識　亦除雜染種
怛囉二合乇二字　想安於兩乳　二羽金剛縛
掣開如戶扇
真言曰
唵縛日囉二合滿馱怛囉二合乇半音
即以金剛縛　禪智屈入掌　檀慧戒方開
想召无漏智　入於藏識中
真言曰
唵縛日囉引二合吠奢噁
即以前印相　進力拄禪智　以附於心門
無漏智堅固
真言曰
縛日囉二合母瑟致二合鍐
二羽金剛縛　忍願竪如針　纔誦真言已
自身成普賢　坐於月輪上　身前觀普賢
真言曰
唵三摩耶引薩怛鍐二合
行者次應結　大揩真實契　二羽金剛縛
檀慧禪智竪　忍願交入掌　指面令相合

以二度判心　名為大悲箭　以射猒離心
極喜三昧耶　等覺本誓願
真言曰
唵三昧耶斛引　蘇囉多薩怛鍐三合
行者次應結　降三世大印　二羽忿怒拳
檀慧背鉤結　進力二皆竪　身想忿怒王
八臂而四面　笑怒忿怖形　四牙熾威身
右足宜左直　踏大天及后　勵聲誦真言
旋轉於十方　左轉成辟除　右旋成結界
真言曰
唵蘇婆你蘇婆吽蘖哩訶拏蘖哩訶
拏吽蘖哩訶拏播野吽訶曩野斛婆
誐鍐嚩日囉二合　吽　發吒半聲
次結金剛蓮　二羽金剛縛　檀慧禪智竪
蓮華三昧耶　得成蓮華部　轉輪之主宰
真言曰
唵嚩日囉一合　鉢娜摩二合　三摩耶
薩怛鑁三合
阿賴耶識中　違背菩提種　次結法輪印
摧彼猒離輪　即前蓮華印　檀慧而交竪
摧制於自心　即滅二乘種
真言曰
吽吒枳薩怖二合吒耶摩訶尾囉誐嚩

日嚂二合　嚩日囉二合　馱囉薩帝曳
二合　曩拼
即結大欲印　二羽金剛縛　禪入智虎口
隨誦而出入　真言曰
唵蘇囉多嚩日藍二合　弱吽鍐斛引三
昧耶薩怛鑁三合
大樂不空身　印契同於上　普願諸有情
速證如來地　修行瑜伽者　應發如是心
成熟衆生已　次當召一切　自成大悲智
菩提大欲滿　圓成大悲種
真言曰
唵摩訶蘇佉嚩日喻二合　娑馱耶薩嚩
薩怛吠二合　毗喻二合　弱吽鍐斛
次結召罪印　二羽金剛縛　忍願申如針
進力屈如鉤　起大悲愍心　來去而觀想
召諸有情罪　自身三惡趣　衆罪召於掌
黑色如雲霧　衆多諸鬼形
真言曰
唵薩嚩播波迦哩灑二合拏嚩日囉二合
薩怛嚩二合　三摩耶吽發吒半音
次結摧罪印　八度內相叉　忍願如前竪
應觀獨股杵　當應自身相　變成降三世
厲聲誦真言　內心起慈悲　忍願應三拍
摧諸有情罪　三惡皆辟除　真言曰

唵嚩日囉二合播尼尾薩普吒二合耶薩
嚩播耶滿馱那你鉢囉二合謀訖灑二合
耶薩嚩播耶誐底丁以反毗藥二合薩嚩薩
怛嚩二合薩嚩怛他誐多嚩日囉二合三
摩耶吽怛囉二合吒半音
次淨三業障　令滅決定業　二羽金剛掌
進力屈二節　禪智壓二度　結此業障除
真言曰
唵嚩日囉二合羯磨尾輸馱耶薩嚩嚩
羅拏你毋馱薩底曳二合曩吽
次成菩提心　自佗令圓滿　印如蓮華契
安於頂之左
真言曰
唵戰捺嚧二合多染三曼多婆捺羅二合
枳囉尼摩訶嚩日哩二合尼吽
運心諸有情　月上如來威　速成如普賢
瑜伽經所說　應結加趺坐　肢節不搖動
應結等持印　二羽金剛縛　仰安於齊上
端身勿搖動　舌拄於上腭　止息令微細
諦觀諸法性　皆由於自心　煩惱隨煩惱
蘊界諸入等　皆如幻與焰　如乾闥婆城
亦如旋火輪　又如空谷響　如是諦觀已
不見於身心　住寂滅平等　究竟真實智

即觀於空中　諸佛如胡麻　徧滿虛空界
想身證十地　住於如實際　空中諸如來
彈指而警覺　告言善男子　汝之所證處
是一道清淨　金剛喻三昧　及薩婆若智
尚未能證知　勿以此為足　應滿足普賢
方成最正覺　身心不動搖　定中禮諸佛
真言曰
唵薩嚩怛他誐多波娜滿娜南(引)迦
嚕弭
行者聞警覺　定中普禮已　唯願諸如來
示我所行處　諸佛同音言　汝應觀自心
既聞是說已　如教觀自心　久住諦觀察
不見自心相　復想禮佛足　白言最勝尊
我不見自心　此心為何相　諸佛咸告言
心相難可測　授與心真言　即誦徹心明
觀心如月輪　若於輕霧中　如理諦觀察
真言曰
唵只多鉢囉(二合)底吠鄧迦嚕弭
藏識本非染　清淨無瑕穢　由具福智故
自心如滿月　復作是思惟　是心為何物
煩惱習種子　善惡皆由心　心為阿賴耶
修淨以為因　六度熏習故　彼心為大心
藏識本非染　清淨無瑕穢　長時積福智

喻如淨滿月　無體亦無事　即說亦非月
由具福智故　自心如滿月　踊躍心歡喜
復白諸世尊　我以見自心　清淨如滿月
離諸煩惱垢　能執所執等　諸佛皆告言
汝心本如是　為客塵所翳　菩提心為淨
汝觀淨月輪　得證菩提心　授此心真言
密誦而觀察
真言曰
唵冐地只多母駄波那夜弭
能令心月輪　圓滿益明顯　諸佛復告言
菩提心堅固　復授心真言
觀五股金剛　蓮華真言曰
唵底瑟侘(二合)嚩日囉(二合)鉢娜麼
汝於淨月輪　觀八葉蓮華　令普周法界
唯一大蓮華　應當知自身　金剛蓮華界
真言曰
唵嚩日囉(二合)怛麼(二合)句含
自身為蓮華　清淨無染著　復白諸佛言
我為蓮華身　時彼諸如來　便勅行者言
觀身如本尊　復授此真言
唵野佗(引)薩嚩怛佗誐多薩怛佗(二合)
(引)含
既成本尊身　結如來加持　不改前印相

應誦此真言
真言曰
唵薩嚩怛佗誐多(引)避三冐地涅哩
(二合)茶嚩日囉(二合)地瑟姹(二合)
次結四如來　三昧耶印契　各以本真言
而用加持身　不動於佛心　寶生尊於額
無量壽於喉　不空成就頂
真言曰
唵嚩日囉(二合)薩怛嚩(二合引)地瑟姹(二合)娑
嚩(二合)給
唵嚩日囉(二合)囉怛曩(二合引)地瑟姹(二合)娑
嚩(二合)給
唵嚩日囉(二合)達麼(引)地瑟姹(二合)娑嚩
(二合)給
唵嚩日囉(二合)羯麼(引)地瑟姹(二合)娑嚩
(二合)給
既已加持身　次應授灌頂　五如來印契
各如三昧耶　徧照灌於頂　不動佛於額
寶生尊頂右　無量壽頂後　不空成就佛
應在頂之左
真言曰
唵薩嚩怛佗蘖帶(引)濕嚩(二合)囉耶(二合)
毗(引)曬(引)迦吽

唵嚩日囉二合薩怛嚩二合引毗訖遮鈴引吽
唵嚩日囉二合羅怛曩二合引毗訖遮鈴引
怛咯二合
唵嚩日囉二合鉢娜麼二合毗訖遮鈴引
紇哩二合
唵嚩日囉二合羯磨引毗訖遮鈴引噁

次於灌頂後　應繫如來鬘　四方諸如來
皆三昧耶契　額前二羽分　三結於頂後
向前如垂帶　先從檀慧開

唵嚩日囉二合薩怛嚩磨羅毗訖遮鈴鍐
唵嚩日囉二合羅怛曩二合麼羅毗訖遮鈴鍐
唵嚩日囉二合鉢娜麼二合麼羅毗訖遮鈴鍐
唵嚩日囉二合羯磨麼羅毗訖遮鈴鍐

次於諸有情　當興大悲心　無盡生死中
恒被大誓甲　為淨佛國土　降伏諸天魔
成最正覺故　被如來甲冑　二羽金剛拳
當心舒進力　二度相縈遶　心背齊兩膝
臍胸心兩肩　喉頂額又頂　各各三旋遶
徐徐前下垂　先從檀慧散　即能護一切
天魔不能壞

真言曰

唵砧

次應金剛拍　平掌而三拍　由此印威力
縛解解者縛　便成堅固甲　聖衆皆歡喜
獲得金剛體　如金剛薩埵

真言曰

唵嚩日囉二合覩瑟也二合斛引

次結現智身　二羽金剛縛　禪智入於掌
身前想月輪　於中觀本尊　諦觀於相好
徧入金剛已　本印如儀則　身前當應結
思惟大薩埵

真言曰

唵嚩日囉二合薩怛嚩二合噁

次結見智身　印契如前相　見彼智薩埵
應觀於自身　鉤召引入縛　令喜作成就

真言曰

唵嚩日囉二合薩怛嚩二合扭哩二合捨也二合

次結四字明　印如降三世　初進如鉤形
次進力互交　仍屈頭相拄　次應互相鉤
次腕合而振　由此四明印　召引縛令喜

真言曰

弱吽鍐斛引

此三昧耶印、當結金剛縛　忍願竪如針
成本尊瑜伽

誦三昧耶薩埵鍐　背後徧入賛捺羅
於中等觀薩埵體　我三昧耶薩怛鍐

真言曰

三摩瑜哈摩訶三摩瑜哈

次應想大海　八功德之水　於上想金龜
七金山圍遶　想山間有河　皆八德水成
想種子并誦　哈鍐與鉢囉

真言曰

唵尾摩攞娜地吽

次想須彌盧　皆以四寶成

真言曰

唵阿者攞吽

上想寶樓閣　則結金剛輪　由此印威力
則成諸輪壇　二羽金剛拳　進力檀慧鉤
於中應觀想　輪壇如本教　即於寶閣中
而觀曼荼羅

真言曰

唵嚩日囉二合斫迦囉二合吽

次應誦啓請　不改前印相　想白諸聖尊
降此曼荼羅

啓請曰

野引吠焰引二合涅又作逸尾竭那娑上斫迦
羅二合悉地寫去多畝陛𧀽桑嚩日囉

二合軍荼利係都吽焰合一吽引吽焰二入合
麽薩覩合二娑娜曩莫
次結開門契　想開大壇門　二羽金剛拳
檀慧應相鉤　進力豎側合　毎門誦眞言
應吽而擘開　從東而右旋　毎方面向門
若方所小狹　即應觀想中　運心如本教
眞言曰
唵嚩日羅合二娜嚩合二嚧亞茹合二吒也
三摩耶鉢囉合二吠舍耶吽
次結啓請契　啓白於聖尊　二羽金剛縛
忍願應竪合　進力屈如鉤　中後而不著
稱名而啓請　三唱伽佗曰
阿演去都薩吠慕嚩乃迦娑囉引鉢
羅合二拏弭哆引世沙迦蔵反茲句囉摩
羅引娑乞叉合二訖哩合二哆難上哆娑
嚩娑嚩合二娑嚩娑嚩合二演慕𠷈難多
娑嚩娑嚩合二婆嚩
次觀佛海會　諸聖普雲集　次臂作彈指
指聲徧法界
眞言曰
唵嚩日羅入合二娑摩惹弱
諸如來集會　皆在於虛空　誦一百八
名讚禮曼荼羅衆讚曰

嚩日羅合二薩怛嚩合二摩訶薩怛嚩一二合
嚩日羅合二薩嚩怛佗蘗多二三曼多跋
涅羅合二嚩日羅引二合你耶三嚩日羅
二合播儜曩莫牟薩都合二帝四
嚩日羅合二羅惹蘇沒馱誐哩耶一二合嚩
日朗合二矩捨怛佗蘗多二阿目佉羅
惹嚩日羅合二你耶三嚩日羅合二喝沙
曩牟薩覩合二帝四
嚩日羅合二羅誐摩訶燥企也一嚩日
羅合二嚩拏嚩商迦羅二摩羅迦摩麼
訶嚩日羅二合三嚩日羅合二踏波南牟薩
覩合二帝四
嚩日羅合二娑度蘇嚩日羅合二蘗羅一
嚩日羅合二都瑟吒合二摩訶羅諦二鉢
羅合二母你耶合二羅惹嚩日羅合二你耶二二合
嚩日羅合二喝沙曩牟薩覩合二帝四
嚩日羅合二羅怛那合二蘇嚩日羅合二囉
佗一嚩日羅合二阿迦捨摩訶摩尼二阿
迦捨蘗婆嚩日羅合二荼擬也反二嚩日羅合二
蘗婆曩牟薩覩合二帝四
嚩日羅合二帝惹摩訶入嚩合二攞一嚩
日羅合二素哩耶合二尒曩鉢羅合二婆二
嚩日羅合二囉濕彌二摩訶帝惹一嚩

日羅合二鉢羅合二婆曩牟薩覩合二帝四
嚩日羅合二計都蘇娑怛嚩引二合囉佗一
嚩日羅合二特嚩合二惹蘇都灑迦二羅怛
那合二計都摩訶嚩日羅合二嚩囉也三二合
瑟𠷈曩牟薩都合二帝四
嚩日羅合二賀娑摩訶賀娑一嚩日羅
二合悉弭二多摩訶歩多二必哩合二伍
丁以反鉢羅合二毋你耶嚩日羅合二凝哩耶
三嚩日羅合二必哩合二帝曩牟薩覩合二帝四
嚩日羅合二達摩蘇上娑怛嚩引二合羅佗
一嚩日羅合二鉢娜摩合二蘇戍馱迦二路
計濕嚩合二羅蘇嚩日羅合二乞叉二合三嚩
日羅合二儜上怛羅南牟薩覩合二帝四
嚩日羅合二底丁以反乞叉合二拏摩訶也那
一嚩日羅合二句捨摩訶庾馱二曼殊室
利合二嚩日羅合二儼反巭甘鼻哩耶三嚩日羅
二合沒第南牟薩覩合二帝四
嚩日羅合二係覩摩訶曼荼一嚩日羅
二合斫羯羅合二摩訶曩耶二蘇鉢羅合二
靺怛曩嚩日路合二羅佗三嚩日羅合二曼
荼南牟薩覩合二帝四
嚩日羅合二婆沙蘇微微反一你耶引二合蘗羅
一嚩日羅合二惹波蘇悉地那二阿嚩遮

嚩日羅二合微反同上你耶引二合蘖囉三嚩日
羅二合婆沙南牟薩覩二合帝四
嚩日羅二合羯摩蘇嚩日羅二合枳孃一
羯麼嚩日羅二合蘇婆嚩二合蘖羅二嚩
日羅二合目伽摩吽娜哩耶二合三嚩日羅
二合尾濕嚩二合南牟薩覩二合帝四
嚩日囉二合囉乞乂二合摩訶吠哩耶二合一
嚩日羅二合鞞摩摩訶涅哩二合荼去二訥
哩庾二合馱那蘇微反同上仡哩耶二合三嚩日
羅二合尾哩耶二合南牟薩覩二合帝四
嚩日羅二合藥乞乂二合摩吽播耶一嚩
日羅二合鄧瑟吒羅二合摩訶婆耶二麼
羅鉢羅二合末你嚩日羅二合路葉羅二合三
嚩日羅二合戰拏南牟薩覩二合帝四
嚩日羅二合散地蘇婆寧上地耶一嚩
日羅二合滿馱鉢羅二合毛斫迦二嚩日
羅二合毋瑟吒二合耶引蘖羅三摩耶三
嚩日羅二合毋瑟獻二合南牟薩覩二合帝四
次結四明印　印如降三世　鉤㽵進度招
索進力如環　鎖開腕相鉤　鈴合腕以振
各誦本真言曰
嚩日明引二合矩捨弱嚩日羅二合播捨吽
嚩日羅二合薩普引吒鍐嚩日羅二合斛

捨惡
次結金剛拍　令聖衆歡喜
真言曰
唵嚩日羅二合多羅覩瑟也二合斛引
次入平等智　捧閼伽香水　想浴諸聖身
當得灌頂地
真言曰
唵嚩日囉二合娜迦吽
次結振鈴印　右杵左振鈴　心入般解脫
觀照般若理
真言曰
唵嚩日羅二合健吒覩使也二合斛引
次結羯磨印　於心而修習　諦觀心月輪
而有羯磨杵　應結金剛拳　等引而兩分
右羽金剛拳　以握力之端　左拳安於臍
右羽垂觸地　左拳如前相　右羽為施願
二羽仰相叉　進力竪相背　禪智橫其端
左拳復安臍　右羽施無畏　是五如來契
彼彼真言曰
唵質多鉢羅二合底微鄧迦嚕弭唵冐
地只多母怛波那夜弭唵底瑟吒二合
嚩日羅二合一唵嚩日羅引二合怛摩句唅唵
曳佗薩嚩一怛佗引蘗多薩怛佗引唅

次當結羯磨　四波羅蜜契　各如本佛印
而誦於真言　彼彼真言曰
薩怛嚩二合嚩日哩二合囉怛那嚩日哩二合
達摩嚩日哩二合羯磨嚩日哩二合
次結十六尊　羯磨契之儀　左拳安腰側
右羽拍擲杵　二拳交抱胸　進力鉤以招
二拳如射法　當心作彈指　進力如寶形
於心旋日輪　右肘拄左拳　二拳口仰散
左蓮右開契　左手想持華　右手如把劒
覆拳進力拄　於臍而半轉　並至口仰散
先從禪智舒　旋舞心兩頰　金剛掌於頂
二拳被甲冑　進力禪慧牙　二拳而相合
十六大士印　內外八供養　并及於四護
印相今當說　二拳各胸側　向左小低頭
二拳以繫鬘　從額頂後垂　二拳側相合
從臍至口散　二拳生舞儀　旋轉掌於頂
以金剛拳儀　燒香等四印　以降三世印
鉤鎖等四攝　並拳向下散　仰散如捧獻
禪智竪如針　開掌塗胸前　進屈如鉤形
進力曲相捻　二度便相鉤　合腕微搖動
彼彼真言曰
嚩日羅二合薩怛嚩二合阿嚩日羅二合羅惹
弱嚩日羅二合羅誐護嚩日羅二合娑度索嚩

日羅合二羅怛那唵縛日羅合二帝惹暗引
縛日羅合二計都怛藍合二縛日羅合二賀娑
郝縛日羅合二達磨紇哩合二縛日羅合二底
引乞叉合二瑟拏淡縛日羅合二戌都給
縛日羅合二娑沙藍縛日羅合二羯磨劍
縛日羅合二羅乞叉合二唅縛日羅合二藥
乞叉合二吽縛日羅合二散引地鑁縛日
羅合二邏引細護引縛日羅合二摩黎怛
羅合二乞半音縛日羅合二儗引帝儗引縛
日羅合二涅栗合二帝訖哩合二乞縛日羅
合二度笲竗縛日羅合二補澀筂合二唵縛
日羅合二路引計你引縛日羅合二嚩提
虐縛日朗合二矩捨弱縛日羅合二播拾
吽縛日羅合二薩普合二乞鑁縛日羅合二欱
捨斛引

右心左按地　遶輪壇四面　各一稱真言
安立賢劫位
真言曰
吽
次結三昧耶　於舌觀金剛　先合金剛掌
便成金剛縛　忍願如劍形　進力肘於背
忍願竪如針　反屈如寶形　移屈如蓮葉
面合於掌中　檀慧禪智合　是為五佛印

彼彼真言曰
縛日羅合二枳惹合二南阿去引縛日羅合二
枳惹合二南吽縛日羅合二枳惹合二南怛
喀合二縛日羅合二枳惹合二南嚩唎縛日
羅合二枳惹合二南惡

次結三昧耶　四波羅蜜契　各如本佛印
別別誦真言　彼彼真言曰
縛日羅合二室哩合二吽縛日羅合二戞剌
怛藍合二縛日羅合二多羅䫜哩合二佉韈
日哩合二尼斛

次結十六尊　八供與四攝　三昧耶印契
忍願竪如針　小大開而竪　次以金剛縛
進力屈如鉤　因鉤便交竪　不解縛彈指
大竪次反屈　不改大與次　舒六而旋轉
前二亦不改　中縛下四幢　不易前印相
反開散於口　由縛禪智竪　進力屈如蓮
由縛竪忍願　屈上節如鉤　忍願復入掌
四竪五竪交　由縛進力蓮　禪智開偃附
六度叉而覆　大各捻小甲　進力針當心
進力檀慧開　小竪進力鉤　縛大捻小根
進力竪甚背　縛偃竪禪智　此印展當額
從齒口仰散　旋舞掌於頂　由縛而下散
從縛仰開獻　由縛禪智針　解縛摩於胸

由縛進如鉤　禪智入虎口　上四交如環
禪智入掌捻　四印而一縛　彼彼真言曰
三昧耶薩怛鑁合二
阿曩耶薩怛鑁合二
阿斛引蘇佉
娑度娑度
蘇摩訶怛鑁合二
嚕褒你庾合二多
遏囉佗合二鉢羅合二必底丁以反
可可吽鑿
薩縛迦哩
穪佉砌那
毋馱月地
鉢羅合二底攝那
蘇縛始怛鑁合二
涅作邏反婆也怛鑁合二
設咄嚕合二博乞叉合二
薩縛悉地
摩訶羅底丁以反
路波式陛
輸路合二怛羅合二燥引契合耶反
薩婆布而見移反
鉢羅合二訶邏引你你

破邏(引)誐彌
素帝惹(引)佗哩(二合)
素嚩蕩凝(魚以反)
阿夜(引)呬弱
阿呬吽吽
係薩普(二合引)吒錢
健吒惡惡
次大供養契　供養諸如來　應結金剛縛
印相從心起　初結徧照尊　羯磨之印儀
唵薩嚩怛他誐多嚩日囉(二合)馱怛嚩(二合)訥多羅布惹娑發(二合)羅拏娑摩曳吽
次金剛薩埵羯磨印
唵薩嚩怛他誐多嚩日囉(二合)薩怛嚩(二合)耨多羅布惹娑發(二合)羅拏娑摩曳吽
金剛寶羯磨印
唵薩嚩怛他誐多嚩日囉(二合)囉怛那(二合引)耨多羅布惹娑發(二合)羅拏娑摩曳吽
次金剛法羯磨印
唵薩嚩怛他誐多嚩日囉(二合)達摩耨多羅布惹娑發(二合)羅拏娑摩曳吽
次金剛業羯磨印
唵薩嚩怛他誐多嚩日羅(二合)羯磨(引)耨多羅布惹娑發(二合)羅拏娑摩曳吽

次心上金剛縛密語曰
唵薩嚩怛佗誐多薩嚩怛摩(二合)涅哩耶(二合)怛那布(引)惹娑發(二合)羅拏羯磨嚩日哩(二合)呵(引)
左脅密語曰
唵薩嚩怛他誐多薩嚩怛麽(二合)涅哩耶(二合)怛那布惹薩發(二合)羅拏羯磨吃哩(二合)弱
右脅密語曰
唵薩嚩怛他誐多薩嚩(引)怛麽涅哩耶(二合)怛那努羅誐拏布惹薩發(二合)羅拏羯磨嚩悍護(引)
背後密語曰
唵薩嚩怛他誐多薩嚩(引)怛摩(二合)涅哩耶(二合)怛那婆度迦羅布惹薩發囉拏羯磨覩瑟吾索額上密語
唵那莫薩嚩怛他誐多(引)毗麗(引)迦囉怛寧(二合)驃嚩日囉(二合)摩尼唵
心上旋轉如日輪相密言曰
唵那莫薩嚩怛他誐多蘇哩耶(二合)嚩日囉(二合)帝介你嚩日囉(一合)以翊(二合引)
頂上長舒二臂密語曰
唵娜莫薩嚩怛他誐多(引)捨破哩布

羅拏真多摩尼特嚩惹吃利(二合)驃嚩日囉(二合)特嚩(二合)惹吃哩(二合)怛鑑
口上笑㰦解散密語曰
唵娜莫薩嚩怛他誐多摩訶必哩(二合)底鉢羅(二合)母你耶(二合)迦黎驃嚩日囉(二合)賀西郝
口上密語曰
唵薩嚩怛他誐多嚩日羅(二合)達磨多三摩地避薩覩努彌摩訶達磨吃哩(二合)噸剔(二合)
左耳真言曰
唵薩嚩怛他誐多鉢羅(二合)枳惹(二合)波羅蜜多避(引)毘哩(二合)賀凝薩覩拏彌摩訶具沙努覽淡
右耳真言曰
唵薩嚩怛他誐多斫羯囉乞叉(二合)囉鉢剌(二合)靺怛那薩嚩蘇怛賴(二合)多奈耶曳(引)薩覩努彌薩嚩曼荼黎吽
頂後真言曰
唵薩嚩怛他誐多散馱婆沙沒馱僧凝(魚以反)底(丁以反)遊(引)誐南蘇覩努弭嚩日羅(二合)嚩制(引)斫
頂上真言曰

唵薩嚩怛他誐多度播冥伽三母捺
囉二合薩發合囉拏布惹銘迷迦囉迦囉
右肩上真言曰
唵薩嚩怛他誐多補澀波二合鉢囉二合
娑囉二合薩發二合囉拏布惹銘迷枳哩
枳哩
右胯上真言曰
唵薩嚩怛他誐多路迦入嚩二合擺薩
發合一囉拏布惹銘迷跋囉跋囉
復置心上真言曰
唵薩嚩怛他誐多獻陀三母捺囉二合
薩發合二囉拏布惹銘迷矩嚧矩嚧
次結散華契　觀察於十方　言我今勸請
諸佛轉法輪　復應作是念　今此贍部洲
及於十方界　人天意生華　水陸所有華
皆持獻十方　一切大薩埵　部中諸眷屬
契明密語天　我爲普供養　一切諸如來
而作事業故
密語曰
唵薩嚩怛他誐多補澀波二合布惹吽
伽三母捺囉二合薩發二合囉拏三摩
曳吽引
又結燒香契　而作是思惟　人天本體香

和合變易香　如來羯磨故　我今皆奉獻
密語曰
唵薩嚩怛他誐多度波布惹吽伽三
母捺囉二合薩發二合囉拏三摩曳吽引
次結塗香契　人天本體香　和合變易香
如是差別香　如來羯磨故　我今皆奉獻
密語曰
唵薩嚩怛他誐多獻陀布惹吽伽三
母捺囉二合薩發二合囉拏三摩曳吽引
次結燈契已　而作是思惟　人天本體生
及差別光明　爲作事業故　我今皆奉獻
密語曰
唵薩嚩怛他誐多你波布惹吽伽三
母捺囉二合薩發二合囉拏三摩曳吽引
三摩地寶契　應作如是念　此界及餘界
寶山諸寶類　地中及海中　彼皆爲供養
如來羯磨故　我今皆奉獻
密語曰
唵薩嚩怛他誐多尾特勝二合誐羅怛
那二合引稜迦囉布惹吽伽三母捺囉二合
薩發二合囉拏三摩曳吽引
結嬉戲契已　應作是思惟　人天之所有
種種諸戲弄　玩笑伎樂具　皆爲供養佛

而作事業故　我今當奉獻
密語曰
唵薩嚩怛他誐多賀寫反斯夾邏寫訖剔
二合拏囉底燥契耶二合擳怛囉二合布惹
吽伽三母捺囉二合薩發二合囉拏三摩
曳吽
結薩埵三昧耶　應作是思惟　如是劫樹等
能與種種衣　嚴身資具者　彼皆爲供養
而作事業故　我今當奉獻
密語曰
唵薩嚩怛他誐多嚩日路二合跋麼三
摩地婆嚩那引播那冒惹那嚩娑那
布惹吽伽三母捺囉二合薩發二合囉拏
三摩曳吽
羯磨三昧耶　而作是思惟　於虛空藏中
所有諸如來　爲我承事故　想一一佛前
而作有已身　以親近侍奉
密語曰
唵薩嚩怛他誐多迦引耶涅哩夜二合
怛那布惹吽伽三母捺囉二合薩發二合
囉拏三摩曳吽
達摩三昧耶　而作是思惟　我今即此身
與諸菩薩等　觀得法實性　平等無有異

旣作是觀已　而誦此密言

密語曰

唵薩縛怛他誐多只多涅哩夜合怛那布惹吽伽三母捺羅合二薩發合二羅拏三摩曳吽

寶幢三昧邪　應觀生死中　一切衆生類
苦惱之所纏　深生哀愍故　我今爲救護
并護菩提心　未度者令度　未安者令安
皆令得涅槃　及雨種種寶　所求令滿足
作是思惟已　而誦此密言

密語曰

唵薩縛怛他誐多摩訶縛日路合二捨反巨巳婆縛娜那波羅蜜多布惹吽伽三敢涅羅合二薩發合二羅拏三摩曳吽

次結香身契　三昧邪塗香　而作是思惟
願一切衆生　三業諸不善　願悉皆遠離
一切諸善法　願悉皆成就

密語曰

唵薩縛怛他誐多努多羅摩訶冒馱賀羅迦尸羅波羅蜜多布惹吽伽三母涅羅合二薩發合二羅拏三摩曳吽

結羯磨鬘地　復應作是念　願一切衆生
悉心無惱害　遠離諸怖畏　相視心歡喜
諸相好莊嚴　成甚深法藏

密語曰

唵薩縛怛他誐多儞怛羅合二摩訶達摩縛冒陀乞鏟合二底波羅蜜多布惹吽伽三母捺羅合二薩發合二羅拏三摩曳吽

鬪戰勝精進　三昧邪甲胄　而作是思惟
願一切衆生　修菩薩行者　被堅固甲胄

密語曰

唵薩縛怛他誐多儞婆去嚩鉢黎丁夜合二誐努怛羅摩訶尾引哩耶合二波羅蜜多布惹吽伽三母涅羅合二薩發合二羅拏三摩曳吽

結三摩地契　華方佛羯磨　應作是思惟
願一切衆生　調伏於煩惱　隨煩惱怨讎
獲甚深禪定　而誦此密語

密語曰

唵薩縛怛他誐多𠸪怛羅合二摩訶燥企耶合二尾賀引羅馱那波羅蜜多布惹吽伽三母捺羅合二薩發合二羅拏三摩曳吽

結編照世尊　羯磨勝契已　而作是思惟
願一切衆生　成就五種明　世間出世間
智慧普成就　而得真實見　除煩惱障智

辯才無畏等　佛法嚴其心　而誦此真言

密語曰

唵薩縛怛他誐多𠸪怛羅稽上跢捉尼炅反上耶𠸪羅拏嚩引娑那尾耶也那摩訶鉢羅合二惹反而耶波羅蜜多布惹吽伽三母涅羅合二薩發合二羅拏三摩曳吽

勝上三摩地　印契次應結　二羽外相叉
禪智令相拄　仰安於懷中　應作是思惟
證法真實性　空無相無作　諸法悉如是
觀已誦密言

密語曰

唵薩縛怛他誐多𠹷四耶摩訶鉢羅合二底丁以反鉢底丁移反布惹吽伽三母涅羅合二薩發合二羅拏三摩曳吽

次應合指爪　而作是思惟　我今出語言
願一切衆生　悉皆令得聞　而誦此密言

密語曰

唵薩縛怛他誐縛引俱半音涅哩夜合二怛那布惹吽伽三母涅羅合二薩發合二羅拏三摩曳吽

如是廣作佛事已　次應誦心爲念誦
衆會眷屬自圍遶　住於圓寂大鏡智

當結金剛三昧耶　而誦金剛百字明
次誦金剛薩埵明　或三或五或七徧
誦百字真言曰
唵嚩日囉(合二)薩怛嚩(合一)三摩耶摩努播攞耶嚩日囉(合二)薩怛嚩(合二)底尾(合二)努播底瑟姹(合二)涅哩(合二)濁(半聲)弭婆嚩素覩使瑜(合二)弭婆嚩阿努囉訖覩弭婆嚩素補使瑜(合二)弭婆嚩薩嚩悉地弭鉢囉(合二)也瑳薩嚩羯磨素者弭只多室唎(合二)藥句嚧吽呵呵呵呵斛薄伽梵薩嚩怛佗誐多嚩日囉(合二)摩弭悶遮嚩日㘑(合二)婆嚩摩訶三昧耶薩怛嚩(合二)惡
次應捧珠鬘　誦真言七徧　復以加持句
如法而加持　端坐如儀則　應以金剛語
一千或一百　隨意而念誦
真言曰
唵嚩日囉(合二)薩怛嚩(合二)惡
次結蓮華三昧耶　誦本真言七徧已
即誦蓮華百字明　或一或三或至七
此蓮華百字真言同上金剛百字真言唯改鉢娜麼及後種子字為頡唎也即是二羽捧珠鬘本真言七徧捧珠頂及心真言以加持真言曰
唵嚩日囉(合二)麌呬也惹波三摩曳吽
既加持珠已　住等引而誦　不極動舌端
脣齒二俱合　成就語密教　金剛語離聲
修身觀相好　四時不令闕　百千是為限
又復應過是　神通及福智　現世同薩埵
念誦分限畢　捧珠發大願　結三摩地印
入法界三昧　行者出三昧　即結根本印
誦本明七徧　復修八供養　以妙音讚歎
獻閼伽香水　以降三世印　左旋而解界
次結三昧拳　一誦而掣開　次結羯磨拳
三誦三開手　從彼彼出生　所有一切印
於彼彼當解　由此真言心
真言曰
唵嚩日囉(合二)穆
次結奉送印　二羽金剛縛　忍願如蓮葉
指端安時華　誦已而上擲　為奉送聖眾
真言曰
唵訖哩(合二)覩嚩薩嚩薩怛嚩(合二)囉佗(二合)悉地娜多(二)野佗努蘗車特梵(合二)勃馱尾灑孕(三)布娜囉誐摩那野覩(四)唵鉢娜麼(合二)薩怛嚩(合二)穆
次當結寶印　二羽金剛縛　進力如寶形
禪智亦復然　印相從心起　安於灌頂處
分手如繫鬘　次結甲冑印
真言曰
唵嚩日囉(合二)囉怛那(合二)毗詵者鈝薩嚩母捺囉(合)咩捺哩(合二)𡍼矩嚕囉迦嚩制那吠
次應被甲已　齊掌而三拍　令聖眾歡喜
以此心真言　解縛得歡喜　獲得金剛體
真言曰
嚩日囉(合二)覩瑟也(合二)斛(引)
奉送聖尊已　當結加持契　誦明加四處
灌頂被甲冑　又為指印儀　如前四佛說
懺悔并發願　然後依閑靜　嚴飾以香華
住於三摩地　讀誦大乘典　隨意任經行

金剛頂蓮華部心念誦儀軌

金剛頂蓮華部心念誦儀軌一卷

校勘記

一　底本，金藏廣勝寺本。六八〇頁中一行至六八二頁中三行原版缺，以麗藏本補。

一　六八〇頁中一行經名，石、磧、普、南、徑、清作「金剛頂蓮華部心念誦儀軌」。

一　六八〇頁中二、三行譯者，石作「特進試鴻臚卿上京大興善寺三藏沙門大廣智不空奉詔譯」；磧、普、南作「大興善寺三藏沙門大廣智不空奉詔譯」；徑、清作「唐北天竺三藏沙門大廣智不空奉詔譯」。

一　六八〇頁下三行「怛咯」，磧、普、南、徑、清作「怛嚕」。又夾註「二合」，徑、清無。

一　六八〇頁下一〇行夾註「二合」，石、徑、清無。

一　六八〇頁下一九行首字「嗯」，磧、普、南、徑、清作「惡」。

一　六八一頁上四行「禪慧檀智」，磧、普、南、徑、清作「檀慧禪智」。

一　六八一頁上一八行「覺眼」，石作「淨眼」。

一　六八一頁中一三行「麽吒」，磧作「麽吁」。

一　六八一頁中二〇行「初交分」，磧、普、南、徑、清作「初分交」。

一　六八一頁下六行夾註「二合」，徑、清無。

一　六八一頁下一〇行末字「開」，磧、普、南、徑、清作「間」。

一　六八二頁上六行第三字「背」，磧、普、南、徑、清作「皆」。

一　六八二頁上八行「右足箕左直」，磧、普、南、清作「右足跙左直」；徑作「右足跙右直」。

一　六八二頁上二一行第二字「掣」，磧、普、南、徑、清作「制」。又「二乘」，磧、南、徑、清作「一乘」。

一　六八二頁中九行第一四字「染」，石、麗作「深」。

一　六八二頁下一六行首字「運」，磧、南、徑、清作「蓮」。

一　六八二頁下一八行末字「上」，石、麗作「下」。

一　六八三頁上一三行「自言」，石、磧、普、南、徑、清、麗作「白言」。

一　六八三頁上一九行末字「故」，石作「力」。

一　六八三頁中一一行「真言」下，石有咒語「唵素乞乂麽嚩囉」(「唵素乞乂」、「麽嚩囉」下均有音註「二合」)。

一　六八三頁中一九行「便勑」，磧、普、南、徑、清作「更勑」。

一　六八三頁下五行「印契」，石、麗作「契印」。次頁中一三行同。

一　六八三頁下六行「於佛心」，石、磧、普、南、徑、清、麗作「佛於心」。

一　六八四頁上九行「如垂帶」，麗作「如帶垂」。

一　六八四頁上二〇行「喉頂」，普、麗作「喉項」。

一　六八四頁中二行第五字「拍」，麗作「指」。

一　六八四頁中一四行第一〇字「縛」，石作「噂」。

一　六八四頁下一四行第一三字「檀」，石作「壇」。

一　六八五頁上五行第四字「擘」，石作「掣」。

一　六八六頁上二〇行第一一字「鈴」，徑、清、麗作「鈴」。

一　六八六頁上二一行末字「曰」，石、麗無。

一　六八六頁上二一行與二二行之間，石、麗有「真言曰」一行。

一　六八六頁中三行「真言曰」，石無。

一　六八六頁中一四行第五字「杵」，磧、普、南、徑、清作「印」。

一　六八六頁中一五行首字「右」，石、麗作「左」。

一　六八六頁中一八行「左拳」，石作「右拳」。

一　六八六頁下一〇行第五字「拄」，麗、磧、普、南作「住」。

一　六八六頁下一二行第九字「慧」，麗作「智」。

一　六八七頁上二一行第一三字「肘」，石、麗作「附」。

一　六八七頁上二二行第六字「反」，石作「及」。又第一一字「移」，麗作「抄」。

一　六八七頁中一七行第一〇字「鉤」，磧、普、南、徑、清作「劍」。又末字「禪」，石、麗作「縛」。

一　六八七頁中一八行第四字「竪」，徑、清作「堅」。

一　六八七頁中二一行第三字「竪」，石、麗作「拄」。又第五字「背」，石作「背」。又第一三字「展」，石、麗作「屈」。

一　六八七頁下一行「智入」，石、麗作「入智」。

一　六八九頁中一五行第四字「寶」，石作「實」。

一　六八九頁下七行第六字「邪」，麗無。

一　六八九頁下一六行「爲我」，石、麗作「我爲」。

一　六八九頁下一七行第二字「作」，石、麗作「皆」。

一　六九〇頁中一四行「華方」，石、麗作「北方」。

一　六九一頁上二二行「噸唎」下，麗有夾註「二合」。

一　六九一頁中五行「修身」，麗作「循身」。又末字「限」，石作「根」。

一　六九一頁中一七行首字「指」，磧、普、南作「諸」。

一　六九一頁下一二行末字「説」，石作「法」；麗作「印」。

趙城縣廣勝寺

金剛頂瑜伽千手千眼觀自在菩薩修行儀軌經

開府儀同三司特進試鴻臚卿肅國公食邑三千戶賜紫贈司空謚

大鑒正號大廣智大興善寺三藏沙門　不空奉　詔譯

我依瑜伽金剛頂經說蓮華部千手千眼觀自在菩薩身口意金剛祕密修行法行者應從瑜伽阿闍梨稟求受菩提心律儀戒入大曼荼羅受灌頂位勝解行地捨身命時勇猛精進懷悲愍心不厭生死決定求證普賢菩薩身歷仕諸佛樂修勝義般若波羅蜜具慈悲喜捨饒益有情或於山間勝地閑靜之處或於清淨伽藍及舍利塔前修治精室塗拭壇場周帀懸幡上施天蓋於壇西面安千手千眼觀自在菩薩像持誦者於壇東對像敷茅薦為座或坐跋腳小床壇上分布曼荼羅列諸聖位置二閼伽滿盛香水安四賢瓶於壇四角每日取種種時華散於壇上燒香塗香燈明飲食及諸果子加持分布四邊供養每入道場虔誠作禮發露懺悔隨喜勸請迴向發願即運心觀想徧滿虛空一切如來具諸相好皆入法界定又觀自身住佛海會中即結警覺一切如來印二手各作金剛拳檀慧相鉤直舒進力二度側相拄真言以印三舉真言曰

唵嚩日嚕(引二合)底瑟姹(一合)

由結此印誦警覺真言一切如來皆從定出瑜伽者應作是思惟啓告諸佛我身少慧少福沒於苦海仗託諸佛威神之力惟願不捨大悲本願慈悲矜愍觀察護念拔濟於我彼一切如來各以神力加持護念修瑜伽者獲無量福聚身心自在

次應禮四方如來請求加護先禮東方阿閦如來等一切如來瑜伽者即以全身委地二手金剛合掌長舒頂上以心著地至誠敬禮真言曰

唵薩嚩怛他(引去)孽多(一)布(引)儒(無閉反引)跛娑佗(二合引)曩(引)夜(引)多麼(二合引)南(二)顐哩野(二合引)多夜(引)銘(三)薩嚩怛他(引去)孽多(四)嚩日囉(二合)薩怛嚩(二合引)地瑟姹(二合)娑嚩(二合)給(五引)吽

由結捨身印及誦真言奉獻供養禮敬故瑜伽者由作此禮乃至成佛常得金剛薩埵加持令菩提心圓滿

次禮南方寶生如來等一切如來如

前展身委地金剛合掌下當心以額
著地至誠禮敬眞言曰
唵薩嚩怛佗引去蘗多一布引惹慈攞反引皐
瞻引迦引夜引多麼引二合南二穎哩野二合引多
上夜引銘三薩嚩怛佗引去蘗多四嚩日囉二合
囉怛曩二合鼻詵去左娑嚩二合鈝怛路二合引五
由結捨身印及誦眞言奉獻供養禮
敬故乃至成佛地地中常得虛空藏
菩薩受與灌頂福德圓滿具諸相好
當爲三界法王
次禮西方無量壽如來等一切如來
如前展身金剛合掌置於頂上以口著
地至誠敬禮眞言曰
唵薩嚩怛佗引去蘗多一布引惹慈攞反鉢
囉二合韈怛曩引夜引多麼引二合南二穎哩野
二合引多上夜引銘三薩嚩怛佗引去蘗多四嚩
日囉二合達磨鉢囉二合韈怛野鈝引五紇唎二合六
由結捨印及誦眞言奉獻供養禮敬
故乃至成佛常得觀自在菩薩加持
智慧圓滿轉妙法輪
次禮北方不空成就如來等一切如來
展身如前金剛合掌置於當心以頂
著地至誠禮敬眞言曰

唵薩嚩怛佗引去蘗多一布引惹慈攞反引
羯麼抳阿引去多麼引二合南二穎哩野二合多
上夜引銘三薩嚩怛佗引去蘗多四嚩日囉二合
羯麼矩嚕鈝五引
由結捨身印及誦眞言奉獻供養禮
敬故乃至成佛常得金剛業菩薩加
持於一切佛世界成就廣大供養業
然後結加趺坐端身正念不動支節
閉目寂靜入四無量心觀即結定印
初入慈無量心定以慇淨心徧緣六
道四生一切有情皆具如來藏備三
種身口意金剛以我修三密功德力
故願一切有情等同普賢菩薩如是
觀已即誦大慈三摩地眞言曰
唵摩賀引昧引怛囉夜引二合娑頗二合囉一引
次應入悲無量心三摩地智以悲愍
心徧緣六道四生一切有情沈溺生死
苦海不悟自心妄生分別起種種煩
惱隨煩惱是故不達眞如平等如虛
空超恒沙功德以我修三密加持力
故願一切有情等同虛空藏菩薩如
是觀已即誦大悲三摩地眞言曰
唵摩賀引迦嚕拏上夜引娑頗二合囉一

次應入喜無量心三摩地智以清淨心
徧緣六道四生一切有情本來清淨
猶如蓮華不染客塵自性清淨以我
修三密功德力故願一切有情等同
觀自在菩薩如是觀已即誦大喜三
摩地眞言曰
唵秫誅聿反馱鉢囉二合謨引娜娑頗二合囉一
次應入捨無量心三摩地智以平等
心徧緣六道四生一切有情皆離我
我所離蘊處界及離能取所取於法
平等心本不生性相空故以我修三
密功德力故願一切有情等同虛空
庫菩薩如是觀已即誦大捨三摩地
眞言曰
唵摩護引閉乞灑二合引娑頗二合囉一
瑜伽者由修習四無量心定誦四無
量心眞言非於未來所有人天種種
魔業障難悉皆除滅身中頓集無量
福聚心得調柔堪任自在
次結金剛合掌印二手十度右押左
互相交即成眞言曰
唵嚩日囉二合引惹慈攞反里
由結金剛合掌印速得滿足十波羅

窒得十自在
次結金剛縛印即以前印十度外相
叉作拳即成眞言曰
唵嚩囉二合滿馱一
由結金剛縛印瑜伽者速得十地滿足
次結摧十種障金剛縛印如前金剛
縛以印三度掣拍心上即成眞言曰
唵嚩囉二合滿馱一怛囉二合吒半音二
由結此印能摧滅心中十種惑障則
顯現發揮身口意金剛
次結金剛徧入印如前金剛縛印禪
智屈入掌各捻戒方置於心上眞言曰
唵嚩囉二合引吠微閉反捨惡一
由結此印瑜伽者身中三密金剛皆
得順伏加持不散
次結金剛拳三昧耶印如前金剛徧
入印進力屈拄禪智背即成眞言曰
唵嚩囉二合母瑟置二合鍐一
由結金剛拳三昧耶印身口意金剛
合爲一體修瑜伽者速得一切成就
次結三昧耶印如前金剛縛直竪忍
願相合即成誦眞言三徧眞言曰
唵三去摩野娑怛鑁一二合

則觀自身等同金剛薩埵處在月輪
又觀金剛薩埵在身前如鏡中像與
身相對等無有異由結此印誦眞言
觀念相應故即得於一切印爲主宰
次結大三昧耶眞實印二手金剛縛
忍願屈入掌面相合檀慧禪智直竪
相合以忍願頭頻觸心上眞言曰
唵三去摩野斛一引素囉多娑怛鑁二三合
由結此印警覺瑜伽者身中金剛薩
埵以威神加持行者速得成就普賢
菩薩身
次結三世勝菩薩印二手各作金剛
拳右手加左手腕上檀慧反相鉤直
竪進力安印當心誦眞言三徧眞言曰
唵遜婆一去顐遜婆引去吽短聲後同二疙囉二合
疊拏二合疙囉二合疊拏二合吽三疙囉二合疊
拏二合跛野吽四阿引去曩野斛引婆去誐鑁
五嚩囉二合吽並短聲發吒半音六
即入金剛忿怒威光熾盛三世勝三摩
地此菩薩有四面皆忿怒八臂各執
器仗左足踏烏摩如丁字勢立徧身
火焰烱然如劫災火此即三世勝聖
者三摩地觀也修行者應住菩提心

深起悲愍滅除内外人天等障即以
印左轉三帀辟除障者便右轉三帀
隨意大小結爲方隅界即印心額喉
頂各誦一徧頂上散印
由結此印誦眞言住此忿怒三摩地
身心所有煩惱業障以金剛猛利悲
火焚燒悉盡次結蓮華三昧耶印如
前金剛縛檀慧禪智竪相合置於口
上誦眞言曰
唵嚩囉二合跛娜麼一二合三去麼野娑怛
鑁二三合
瑜伽者作是思惟我今此身等同觀
自在菩薩想左手當心執蓮華右手
作開敷華勢住圓滿月輪中了了分
明由結此印誦眞言加持故一切三
摩地一切方便般若波羅蜜速得成就
次結三摩地印如前金剛縛仰安加
趺上進力屈中節竪柱背禪智横相
拄於進力上即誦眞言曰
唵三去摩地跛娜銘二合紇哩一二合入引
瑜伽者端身正坐儼然不動想自身
在一切如來海會觀一一佛身微細由
如胡麻相好具足了了分明即入觀自

在菩薩觀智作是思惟一切法本來清淨我亦清淨於世間貪愛清淨故則瞋恚清淨於世間塵垢清淨故則一切罪清淨於世間一切法清淨故則一切有情清淨於世間般若波羅蜜多清淨故則薩婆若清淨瑜伽者作是觀已身心豁然清淨即誦通達心眞言曰

唵唧多上鉢囉二合底丁以反吠微閉反引鄧一迦嚕弭二

瑜伽者誦無限數當證二無我顯現如來藏證圓滿菩提心即誦菩提心眞言曰

唵冐引地唧多上母多跛二合娜夜引弭

即閉目澄心觀自身中正當胷間有圓滿清淨潔白滿月一心專注更不異緣於圓明上想有八葉蓮華於蓮華胎中觀　紇哩二合字如紅玻璨色即誦加持蓮華眞言曰

唵底瑟姹二合跛娜麼一二合

想其蓮華漸舒漸大乃至徧滿小千世界及中千世界大千世界其華具大光明照曜六道衆生滅除一切苦惱彼等獲得安樂悅喜即誦引蓮華眞言曰

唵娑頗二合羅跛娜麼一二合

復想是蓮華漸斂漸小量等已身即誦斂蓮華眞言曰

唵僧去賀囉跛娜麼一二合

又想空中一切如來悉皆入此蓮華中合為一體其蓮華變成觀自在菩薩身紅玻璨色坐蓮華臺上首戴寶冠中有化佛了了分明以決定心如是觀已即誦自身成本尊瑜伽眞言曰

唵嚩日囉二合達磨引合一

由誦此眞言加持故瑜伽者自身與本尊身等無有異

次結加持印如前金剛縛進力合竪屈如蓮葉禪智並竪即成以印加持四處所謂心額喉頂各誦一徧眞言曰

唵嚩日囉二合達麼引地瑟姹二合娑嚩二合鋡

由結此印加持故修行者感德自在離諸障難本尊瑜伽速得成就

次結佛寶冠灌頂印如前金剛縛忍願直竪進力相拄如蓮葉安於額上誦眞言三遍眞言曰

唵怛他去引蘖多達磨吽一引

由結此印及誦眞言則獲得無量壽如來寶冠灌頂

次結蓮華鬘印二手各作蓮華拳當額如繫鬘相遶三帀即分頂後亦遶三帀兩邊徐徐下如垂帶勢從檀慧度次第舒散十度誦眞言曰

唵跛娜麼合一麼上引黎一達麼紇哩二合入引鋡二

由結蓮華鬘印當得為蓮華部中法王

次結金剛甲冑印二手各作金剛拳直舒進力於二度端想唵砧吒耶反二字即誦被甲冑眞言曰

唵嚩日囉二合迦嚩左一嚩日哩二合引矩嚕二嚩日囉二合嚩日囉二合含三

隨誦眞言以進力二度初於心上相遶三帀分至背後亦相遶還却至齊相遶次遶右膝還至臍皆相遶次至腎後卻至心前次遶右肩次遶左肩次至喉復至頸後至額前復至腦後每處皆相遶三帀如前徐徐兩邊下如垂帶勢從檀慧度次第散十度便以二手旋拳如舞當心三度拍掌即

誦拍掌真言曰

唵跋娜麼(合二)觀史野(合二)斛(一引)

由結金剛甲冑印乃至成佛於一切處一切生常被大慈金剛甲冑莊嚴身心求世出世間悉地速疾成就內外諸障毗那夜迦不能侵嬈由誦真言金剛拍掌故一切聖衆悉皆歡喜

次於下方空中想憾(胡感反)字其字如染玄色漸舒漸廣成大風輪於風輪上想鋡(胡感反)字白色漸引漸大與風輪相稱變為水輪於水輪上想鉢囉(二合)字金色稱其水輪成一金龜於龜背上想素字變為妙高山四寶所成又想劍(平)字變成金山七重圍遶則於妙高山上虛空中想毗盧遮那佛徧身毛孔流出香乳雨澍七山間以成八功德香水乳海於妙高山頂上想有八葉大蓮華於蓮華上有八大金剛柱成寶樓閣於蓮華胎中想訖哩(二合)字從字流出大光明徧照一一佛世界所有受苦衆生遇光照觸皆得解脫於此大光明中踊出千手千眼觀自在菩薩具無量相好威德十波羅蜜菩薩周帀圍遶八供養菩薩各住本位於寶樓閣四隅有白衣大白多羅毗俱胝等四大菩薩各與無量蓮華部衆前後圍遶諸天八部以為眷屬如是觀想無量聖衆及本尊極須分明勿令忘失次第即結纔發意轉法輪菩薩印二手各作金剛拳進力檀慧相鉤結即誦真言曰

唵嚩囉(二合)斫訖囉(二合)吽(一)弱(二)吽(三)鑁(四)斛(五引)

即以印置於身前壇上即成蓮華部世調伏大曼茶羅以印安於心上即自身成大曼茶羅以印觸本尊像彼像或畫或鑄或塑皆成大曼茶羅以印置身前空中即滿虛空界成大曼茶羅修行者設有越法悞失三業破三昧耶戒由結此印誦真言加持故能除諸過皆得圓滿

次結普請警覺一切聖衆印如前金剛縛直豎忍願進力屈如鉤即成瑜伽者應以清雅梵音誦警覺聖衆真言徧警覺本尊并十波羅蜜菩薩蓮華部聖衆真言曰

阿(去引)夜(引)四(蘇吳反)試伽嚩(二合轉舌呼)素蘖路(引)枳孃(二合)吠(微閉反)誐多(一)鉢囉(二合)拏(上引)頡且(得耶反)帝嚩囉薩怛嚩(二合)尾訖囉(二合)麼(入聲引二)迦嚕(引)四薩鋑嚩囉娜(引)摩賀(引)麼攞(引入聲三)阿(上)賛拏迦(引)薩怛嚩(二合)尾秝(丁以反)地迦(引)囉迦四(引入)怛怛嚩(二合)難底(丁以反後同)囉闍底(上同)囉闍(五)尾囉闍尾囉闍(六)阿囉囉訖哩(二合)播(引)麼野娑嚩(二合引)賀(十引)

便結普召集佛菩薩印即分前印賀前交臂右押左以忍禪願智彈指即想左手拓金剛乾搥右手執獨鈷金剛杵搥擊聲徹十方世界諸佛菩薩一切聖衆聞已皆悉集會於曼茶羅上空中瑜伽者即住觀自在菩薩三摩地即誦蓮華部一百八名讚普禮一切聖衆誦讚歎曰

慧(自攝反)野觀沒哩(二合)野拏(上引)羅餉佉惹(上)吒計捨迦邏(引)跋馱嚩(一)鉢娜麼(二合)嚩嚩(引)誐捜惡置(二合)怛囉(二合)野寧(引)怛囉(二合)娑賀娑囉(二合)步暂(自含反二)娑怛多那莫娑訖哩(合三)始(引)枇尾你野(引二合)馱囉你(引)嚩誠喃(二)阿賀麼(上)嚩路(引)枳帝(引)濕嚩(二合)囉摩嚩娑多(上)單鉢羅拏

多(入)跛娜麼(二合)囉(引)誐頞(寧逝反)麼(上)藍(五)
迦(引)麼(上)羅(引)誐毋(上)答(上)給(六)路(引)迦曩(引)他
曳馱銘(引七)薩嚩秣(許吉反)馱悉地野(二合)左(八)
次結馬頭明王鉤印二手金剛縛進
力屈如鉤向身招之誦眞言三徧眞
言曰
唵賀野㰤哩(二合)嚩摩賀(引)跛娜莽
(二合)矩舍(引二)羯囉灑(二合)野試(引)伽覽(二)薩嚩
跛那麼(二合)矩擺(三去)麼琰(四引)跛娜莽(二引)
矩捨馱囉(五)吽(引)弱(六)
由結此印請召一切聖衆皆來集會
次結不空羂索菩薩印二手蓮華合
掌進力禪智金剛縛右手智度入左
手虎口中即誦眞言曰
唵阿(上)謨(引)伽(去)跛娜麼(二合)播(引)捨(一)矩
嚕(引二合)馱(引)羯囉灑(二合)野(二)鉢囉(二合)吠(微閉反引)
捨野(三)摩賀跛輸(上)跛底(丁以反四)焰麼嚩
嚕拏(上)矩吠(同前音引)囉(五)沒囉(二合)憾麼(二合)吠
(引)灑馱囉(六)跛娜麼(二合)矩擺(三去)麼琰
(七引)吽(引)吽(引八)
由結此印一切聖衆皆成引入大曼
荼羅次結蓮華鎖菩薩印二手蓮華
合掌進力禪智金剛縛各相捻如環

即誦眞言曰
唵跛娜麼(二合)娑怖(二合)吒滿馱(一)薩嚩跛
娜麼(二合)矩羅(二)三(去)麼夜(引)攘(引)伽覽
(三合)吽(引)鍐(四)
由結此印一切聖衆以大悲本誓於
道場中各依本位堅住不散
次結蓮華俱摩羅印二手蓮華合掌
禪智屈入掌各置檀慧戒方度間即
誦眞言曰
唵㲉狳佉(一)娑曩得矩(二合)麼(引)囉(二)吠(准前)
(引)灑馱囉(三)跛娜麼(二合)倂吒夜(引)吠(引)捨
野(四)薩嚩跛娜麼(二合)矩擺(三去)麼琰(五引)
薩嚩母捺囕(引二合)滿馱野(六)薩嚩悉馱
踰(引)銘鉢囉(二合)拽磋(七)跛娜麼(二合引)吠捨
惡惡惡惡(八)
由結此印誦眞言三徧一切聖衆皆
大歡喜次獻閼伽香水二手捧閼伽
器當額奉獻誦眞言七徧想浴一切
聖衆雙足眞言曰
娜莫三(去)滿多毋馱(引)南(一引)唵誐誐曩
(二)三(去)麼(引)糝麼娑嚩(二合引)賀(三引)
瑜伽者獻閼伽時心中所希望事即
發願啓白聖者我所求悉地願速成就

次結蓮華喜戲菩薩印二手蓮華合
掌禪智並竪微開安於心上即成瑜
伽者觀想自身等同喜戲菩薩想從
心中流出無量喜戲菩薩供養本尊
及一切聖衆蓮華喜戲眞言曰
唵跛那麼(二合)邏(引)細(一)羅(引)誐野(二)摩賀
(引)袮(引)尾(二)囉(引)誐布(引)惹(自攞反引)三(去)麼
野吽(三引)
由結此印誦眞言供養故不久獲得
如來地住法圓現法樂住證成無上
菩提
次結蓮華鬘菩薩印即以前印舒臂
向前與自額齊運想從額流出無量
蓮華鬘菩薩供養本尊及一切聖衆
蓮華鬘眞言曰
唵跛娜麼(二合)麼(引上)黎(一)毘詵(去)左(引)鼻
曬(引)迦(二)布(引)惹(自攞反引)三(去)麼野吽(三引)
由結此印誦眞言供養故獲得相好
具足當爲三界法王
次結蓮華歌讚菩薩印即以前印下
至當臍蓮華合掌徐徐漸上至口以印
從口向前下瀉想從口流出無量蓮
華歌讚菩薩供養本尊及一切聖衆

蓮華歌讚真言曰

唵跛娜麼二合儗寧以反引帝一誐引娜儗引多一布引惹自攞反引三去麼曳引吽二引

由結此印誦真言供養故不久當具六十四種梵音四無礙辯能於無量世界轉大法輪

次結蓮華舞菩薩印二手各作蓮花拳先於胸右互相旋轉如舞勢次於胸左亦互相旋轉如舞勢次於頰右次於頰左如前旋轉誦真言不間斷末後蓮華合掌置於頂上想從頂流出無量蓮華舞菩薩供養本尊及一切聖衆蓮華舞真言曰

唵跛娜麼二合額栗二合底曳二合一薩嚩布引惹准前引二鉢囉二合韈多曩三去麼曳吽三引

由結此印誦真言供養故當得三種逆疾意成身剎那頃於無量世界作神通遊戲利樂有情廣作佛事

次結蓮華焚香菩薩印二手蓮華合掌覆二掌向下散想從印流出妙香雲海徧周法界普供養一切如來海會蓮華焚香真言曰

唵跛娜麼二合度上引跛布引惹引三引麼曳一鉢囉二合賀攞引二合娜野二跛娜麼二合矩羅娜以帝三摩賀誐捉計四跛娜麼二合囉底吽五引

由結此印供養故獲得如來無礙金剛解脫智

次結蓮華華供養菩薩印二手蓮華合掌向上如散華勢運想從印流出種種天妙華普供養一切如來海會蓮華華供養真言曰

唵補澁跛二合布引惹引三去麼曳一跛娜麼二合嚩引悉額二摩賀引室哩二合曳三跛娜麼二合矩羅鉢囉二合底賀哩四薩嚩引囉攤引二合娑引去馱野吽五引

由結此印供養故獲得百福莊嚴無邊受用身

次結蓮華燈燭菩薩印二手蓮華合掌禪智竪相竝運想從印流出無量摩尼燈光普照一切佛剎蓮華燈燭真言曰

唵你引跛布引惹引三去麼曳一跛娜麼二合矩羅遜娜哩二摩賀怒引底野引二合路引揵散惹曩野三跛娜麼二合薩囉娑嚩二合底吽四短聲

由結此印誦真言供養故獲得如來清淨五眼

次結蓮華塗香菩薩印二手蓮華合掌當胸上分散如塗香勢想從印中流出塗香雲海普徧供養一切如來海會即誦蓮華塗香真言曰

唵巘馱布引惹反引三去麼曳摩賀跛娜麼二合矩羅二際致矩嚕三薩嚩羯麼引捉誐四跛娜麼二合悉地吽五引

由結此印誦真言供養故獲得戒定慧解脫解脫知見五分法身

次結檀波羅蜜菩薩印右手仰掌屈頭度與智度相捻餘度皆舒即誦真言曰

唵婆誐嚩底丁以反娜引曩引地跛帝一尾娑栗二合惹布引羅野娜引難娑嚩二合引賀二引

由結此印誦真言三徧即滅無量劫慳悋業種獲得三種施福所謂資生施無畏施法施即檀波羅蜜圓滿現生獲得富饒資緣具足心得自在壽命長遠

次結戒波羅蜜菩薩印二手內相叉

禪智直竪即誦真言曰

唵試引攞馱引哩抳一娑誐嚩底丁以反吽二引郝三

由結此印誦真言三徧即滅無量劫破戒業種獲得三種戒功德所謂攝律儀戒攝善法戒饒益有情戒即戒波羅蜜圓滿常以戒香莊嚴身口意業所有違犯四重禁苾芻苾芻尼犯八他勝罪悉皆清淨當來隨願得生淨妙佛刹

次結忍波羅蜜菩薩印准前戒波羅蜜印以進力相合如針禪智竝竪即誦真言曰

唵婆誐嚩底一乞鏟引二合底馱引哩抳吽發吒二半音

由結此印誦真言三徧則滅無量劫瞋恚業種獲得三種忍功德所謂耐怨害忍安受苦忍諦察法忍則忍辱波羅蜜圓滿儀容端嚴令人樂見不相憎疾皆來親附勝解尤深隨念變化

次結精進波羅蜜菩薩印准前忍波羅蜜印進力折開即成真言曰

唵尾微一反引哩曳二合迦哩吽一尾准前音引哩曳二合尾微一反引哩曳二合娑嚩二合引賀二引

由結此印誦真言三徧即滅無量劫懈怠懶惰業種獲得三種精進所謂被甲精進攝善法精進利樂有情精進則精進波羅蜜圓滿身心安樂離諸疾病無有苦惱修世出世福智願皆得成辦

次結禪波羅蜜菩薩印即結加趺坐左手仰掌於加趺上以右手仰於左手上以禪智二度甲相拄即誦真言曰

唵婆誐嚩底一薩嚩播引賀引哩抳二摩引賀奈引底曳二合吽引吽引吽引發吒三半音

由結此印誦真言三徧即滅無量劫散亂業種獲得三種靜慮所謂安住靜慮引發靜慮辦事靜慮即禪波羅蜜圓滿身心輕利所修神通速得成就諸魔不能侵擾一切業障悉皆消滅

次結般若波羅蜜菩薩印左手平舒五指仰置心下以右手覆於左手上即誦真言曰

唵地引室哩二合引二輸嚕二合多三尾惹曳娑嚩二合引賀四引

由結此印誦真言三徧即滅無量劫愚癡業種獲得三種慧所謂人空無分別慧法空無分別慧俱空無分別慧則般若波羅蜜圓滿獲得聰明智慧悟解世間出世間法博達五明甚深義理

次結方便波羅蜜菩薩印右手慧方握智度左手定握禪度二手相博忍願相背直竪如針進力平舒側相拄即誦真言曰

唵摩賀引毎引怛囉二合喞帝娑嚩二合引賀一引

由結此印誦真言三徧即滅無量劫無善巧方便業種獲得二種方便善巧所謂迴向方便善巧拔濟有情方便善巧即方便波羅蜜圓滿修持世間六波羅蜜由此印真言瑜伽相應少施功業福德廣多疾得成就皆至究竟成無上菩提資糧

次結願波羅蜜菩薩印右手直竪五度以掌向外作施無畏勢即誦真言曰

唵迦嚕抳丑呈反賀賀賀犙一

由結此印誦真言三徧即滅無量劫

惡願業種獲得二種勝願所謂求無
上菩提願利樂有情願印願波羅蜜
圓滿從初發心乃至成佛於其中間
所求世間出世間殊勝上願皆得圓滿
次結力波羅蜜菩薩印准前戒波羅
蜜印禪智進力忍願皆竪頭相合即
誦真言曰
唵(引)娜麼(引)醯母你帝吽(一引)賀賀賀吽(引)
弱(一)
由結此印誦真言三遍即滅無量劫
於世出世方惠業種獲得二種力所
謂思擇力修習力於諸對治法伏得
諸煩惱斷諸惑障修道時決定勝解
一切天魔惡友不能移易獲得不退轉
次結智波羅蜜菩薩印二手外相叉
作拳檀慧直竪互交少分屈進力頭
相拄令圓忍願直竪頭相合即誦真
言曰
唵麼麼枳孃(二合)曩迦哩吽(引)娑縛(二合)
賀(一引)
由結此印誦真言三遍即滅無量劫
俱生我執種俱生法執種獲得二種
受用智所謂受用法樂智成就有情

智勤二種障所謂煩惱障所知障證
得一切法如幻如陽焰如夢如影像
如谷響如光影如水月如變化如因
陀羅網如虛空不久滿足十地住法
雲地為大法師
次結白衣觀自在菩薩印二手內相
叉作拳竪進力頭相拄令圓禪智並
竪誦真言曰
曩謨囉怛曩(二合)怛羅(二合)夜(引)野(一)娜
莫阿(去引)哩野(二合)嚩路(引)枳帝濕嚩(二合)
囉(引)野(二)冒(引)地薩怛嚩(二合)野(三)摩訶
薩怛嚩(引二合)野(四)摩賀(引)迦(引)嚕抳迦
(引)野(五)娜羅捨(二)曩娑鉢(二合)捨曩(引)毗
琰(二合)嚩(引)室囉(二合)嚩(二合)拏(七)娑麼(二合)囉
抳曩嚩(引)寫(引)麼誐(八)薩嚩薩怛
嚩(引二合)南(引)薩嚩弭野(二合)地(上)吉蹉(上)迦
(九)怛你也(二合)他(去引十)羯𧹞尾羯𧹞羯徵
羯𧹞(十一)羯吒尾羯吒羯徵羯𧹞(二十)婆
(去)識嚩底(丁以反)尾惹曳(引)娑嚩(二合)
賀(三引上)
由結此印誦真言七遍蓮華部母聖
者加持故諸魔毗那夜迦不得其便
從初作先行時乃至求成就時念誦

遍數奉獻此尊掌持設令出念誦處
誤失三業破三昧耶戒所有念誦功
課定充先行成就數功不虛棄剋獲
悉地或有惡人無辜作留難者想彼
人在瑜伽者足下誦真言二十一遍
所有作留難者悉皆消散慈心相向
不能障礙
次結大白觀自在菩薩印二手內相
叉進力二度合竪微開禪智並竪即
誦真言曰
曩謨囉怛曩(二合)怛羅(二合)夜(引)野(一)娜
莫阿(去引)哩野(二合)嚩路(引)枳帝濕嚩(二合)
囉(引)野(二)冒(引)地薩怛嚩(二合)野(三)摩賀
薩怛嚩(引二合)野(四)摩賀(引)迦(引)嚕抳
迦(引)野(五)怛你也(二合)他(去引六)濕吠(二合)帝
(七引)濕吠(二合)曩(引)覓(八引)濕吠(二合)多(上)部惹
(九)濕吠(二合)多嚩悉怛嚩(二合)濕吠
惹曳(引)尾惹(上)曳(三引十)阿(上)介帝(引)
多麼(上)𧹞(一引十)羅拶訖哩(二合)帝(二引)
阿(上)囉(引)介帝(四十)薩嚩悉馱娜莫娑訖
哩(二合)帝(五引十)四里弭里枳里(十六)捺羅
捨(二合)野娑(去)馱野娑嚩(二合)賀(七引十)
由結此印誦真言三遍無量劫積集

十不善黑業悉皆消滅一切善品白
法無漏圓寂皆得圓滿瑜伽者真言
久修持怨生疑惑欲知未來成不成
善惡之事於欲眠寢時以衣覆頭以
右手右旋摩其面誦此大白真言二
十一徧即右脅而卧離諸思想惟觀
念大白觀自在菩薩睡已須臾須即
夢見老人或見國王淨行見白衣少
年婦人或見華果種種吉祥勝事當
知未來剋獲成就殊勝吉祥若夢中
見旃陀羅身著垢弊破衣服或見女
人醜惡形容或見不吉祥之物當知
所求事不成必有障礙
次結多羅菩薩印准前大白印進力
頭相合如針即成真言曰
曩謨囉怛曩二合怛囉二合夜引野一娜
莫阿去哩野二合引二嚩路引枳帝濕嚩二合
囉引野三冒引地薩怛嚩二合引野四摩
賀引薩怛嚩二合引野五摩賀引迦引嚕
抳迦引野六怛你也二合他去引七唵路去引
雞八彈舌呼後同哆去引睹九哆睹婆嚩二合引
賀十引
由結此印誦真言三徧助本尊力令

修瑜伽者於諸有情大悲尤深速獲
成就
次結俱胝菩薩印准前多羅印進
力微屈如蓮葉即成真言曰
曩莫薩嚩怛他去引蘖帝引毗喻引二合一囉
曷合二毗藥合二三去藐三去母第引毗藥
二合二唵婆野曩引捨顛三怛囉引一合薩顛
怛囉引二合婆野怛囉二合引細四鼻哩合二矩
胝怛胝五吠微閉反引後同怛胝吠反准上怛胝六
吠引囉胝吠引囉胝七濕吠合二帝惹
致顛婆嚩引二合賀八引
由結此印誦真言三徧獲得威德自
在諸障業不能侵擾
次結本尊千手千眼觀自在菩薩根
本印二手金剛合掌以忍願二度相
合檀慧禪智四度擘開各直竪即成
誦根本陀羅尼曰
曩謨引囉怛曩合二怛囉合二夜引野一娜
莫阿去引哩野引二合嚩路引枳無以反帝濕
嚩二合下無敬反囉引野二冒引地薩怛嚩引二合
野三摩賀引薩怛嚩引二合野四摩賀引
迦引嚕抳尼是反迦引野五摩賀引尾引
囉引野六娑上下同賀娑囉引二合乞灑二合野

七娑賀娑囉二合室哩二合引灑引野八娑賀娑
囉合二播引娜引野九娑賀娑囉合二尒然以反引
賀嚩引二合野十娑賀娑囉二合步惹自攝反引野
十一嚧呬娑去誐例十二阿去哩野二合引嚩路
引枳准前音帝濕嚩合二囉十三鴝亢囉二合十四阿
一底庾合一亢囉二合十五摩賀引鄔亢囉二合十六
摩賀引曩引那十七枳里枳里枳里枳
里十八弭里弭里弭里弭里十九唧里唧
里唧里唧里二十曩跓陟皆反曩跓飛上曩跓
曩跓一二十訖囉二合娑上聲下同訖囉二合娑訖囉
二合娑訖囉二合娑二十二矩嚕轉舌下同矩嚕矩嚕
矩嚕二十三嚧醯夫引四二十摩賀引尾引囉
二十五麼上娜娜娜二十六尾引哩演二合引娜娜
二十七薩嚩迦引捨引銘鉢囉二合摭磋二十八
試引伽嚩二合重呼嚩陜銘二十九囉引瑟鷗
二合彈舌呼娑囉引惹自攝反就矩嚕三十娑上賀
娑囉二合步引惹准前十一三娑賀娑囉二合尾
引囉二三十路引騷引濕嚩合二囉娑去引馱野
三十三娑娜引悉朕地以反銘娑去嚩四三十嚩囉
努引娑去嚩五三十阿麼嚕引娑去嚩引
弭六三十唵引曩謨引窣睹二合帝娑去誐
伽七三十阿去哩野二合嚩路引枳帝引濕
嚩二合囉八三十鉢囉合二沒地野合二鉢囉二合

枲引娜鈐九三十引嚩囉努引麼麼十四婆上嚩引四娑嚩二合引賀引十一

誦此陀羅尼七徧已頂上散印由結根本印誦此陀羅尼能作四種成就事一者息災二者增益三者降伏四者敬愛鉤召等所有希望世間出世間果報皆得滿願本教中所不說成就法者用蓮華部中法對此像前作必獲成就

次結加持念珠印即取蓮子念珠安於掌中合掌當心誦淨珠真言加持七徧真言曰

唵尾嚧引左曩引麼攞娑嚩二合引賀一引

即捧珠頂戴然後以左手禪戒二度捻珠右手智方二度捻珠餘大度直竪當心相去二三寸許以千轉真言加持七徧真言

唵嚩囉二合𡁠四野仁二惹自攞跛　三去麼曳引吽二引

即以二手各聚五度如未敷蓮華以智方二度移珠誦千手千眼陀羅尼一徧與娑嚩二合賀字齊聲移一珠如是念誦不緩不急不應出聲稱呼真言字令一一分明寂靜念誦離諸散亂一心專觀本尊勿緣異境或百或千常定其數念誦畢已捧珠頂戴至誠發願安珠本處修瑜伽者為求無上菩提發大淨信念念精誠於諸有情深起悲愍拔濟之心於自希望成就悉地行願以決定心志不移易晝夜精勤不憚劬勞從初作先行念誦承事時乃至求悉地成就時時不應間斷處所不移易徧數不應闕於一淨室四時三時精誠念誦對本尊像前常辦外供養物隨自力分不令間斷如是依教修習不久當獲廣大成就如是觀智念誦畢已復結本尊印誦根本陀羅尼三徧不解此印誦蓮華部百字真言一徧頂上散印真言曰

唵跛娜麼二合薩怛嚩二合三去麼野麼努播引攞野二跛娜麼二合薩怛嚩二合三怛吠二合引努引跛底瑟姹二合四沒哩二合濯重呼引銘婆引嚩五素跢引數引銘婆嚩六阿努引囉訖跢引二合銘婆嚩七素報引數引銘婆嚩八薩嚩悉地娑二合上聲銘鉢囉二合拽嗟九薩嚩羯磨素左銘十質多上室哩二合藥矩嚕上吽一引十賀賀賀斛引婆去誐鑁十二薩嚩怛他引去蘖多十三跛娜麼二合上麼引銘門上左十四跛娜弭二合引婆去嚩十五摩賀引三去麼野薩怛嚩二合引惡入引十六

由誦百字真言加持故能令本尊三摩地堅住身中設曾犯五無間罪謗方廣大乘經一切罪垢悉皆消滅現生所求殊勝悉地皆得圓滿

復結八供養印各誦真言一徧復結十波羅蜜菩薩印及白衣觀自在等四大菩薩印各誦本真言一徧即獻閼伽心中所希望隨便啓告即結三世勝菩薩印左轉解界即對聖眾前發露懺悔隨喜勸請迴向發願

次結奉送聖眾印如前金剛縛忍願直竪相拄如蓮葉即成以一時華置於印端捻之誦奉送真言一徧頂上散印真言曰

唵訖哩二合跢引嚩反一夫博薩嚩薩怛嚩二合引囉他二合悉地捺跢三引拽他引去努引誐車二合引四蘖車陀鑁二合母馱尾灑閻五補曩囉引誐六麼曩引野覩七唵嚩日囉二合跛娜

麼二合穆八

又以此奉送印加持心額喉頂即結灌頂印如前繫鬘被甲金剛拍掌各誦本眞言一徧然後禮佛隨意出道場常令身心和悅任本尊瑜伽觀不應散亂常樂修諸善品每以香塗印塔助本尊瑜伽於念誦處數須塗拭及洗浴佛像旋遶有舍利窣堵波塔深入六念三摩地及入三解脫門如是衆善所生有爲無爲福聚迴向一切有情我所希望殊勝悉地願一切有情無諸障礙皆獲此成就

金剛頂瑜伽千手千眼觀自在菩薩念誦法我今復說四種成就法

所謂扇底迦法息災也白報瑟置二合迦法增益也黃嚩試羯囉拏法敬愛也赤阿毗遮嚕迦法降伏也黑

若欲作息災法者面向北坐像面向南於本尊前塗拭圓壇觀本尊作白色所獻華果飲食幷自身衣服皆作白色塗香用白檀燒香用沈水點酥燈以慈心相應從月一日初夜時起首至月八日一期滿每日三時澡浴三時換衣至日滿時或斷食或食三白食如是依法念誦則能除滅災難業障重罪或五星陵逼本命宿時感招種種災禍口舌鬬諍王官逼迫家國不和疫病飢儉鬼魅不祥悉皆殄滅獲得吉祥身心安樂所求如意修世出世行願無礙成就

若作增益法者面向東坐像面向西本尊前塗拭方壇觀本尊作黃色所獻華果飲食幷自身衣服等皆作黃色塗香用白檀如少鬱金燒白檀香然油麻油燈以喜悅心相應從月九日日出時起首至十五日一期滿准前三時澡浴三時換衣至日滿時准前斷食及三白食如是念誦能遷官榮及增壽命求福德聰慧名聞或求伏藏豐財糓屬象馬五穀成熟職仕王官得勢得力一切殊勝事皆得增益

若作敬愛法者面向西坐像面向東本尊前塗蓮華形壇觀本尊作赤色身著緋衣所獻華果飲食等盡皆赤色塗香用欝金燒香以丁香蘇合香蜜和燒之然諸果油燈以喜怒心相應從十六日後夜時起首至二十三日一期滿至日滿時澡浴斷食法准前如是念誦得一切人敬愛若家不和國不和怨敵伺求方便欲求彼此相敬和順者及令眷屬朋友恩義親厚承事官長得善顏色恩愛親者依此法求必得和順又欲求說法辯才言音威肅聞者喜悅聖賢加護天龍八部一切歡喜者當依此法精誠念誦所求速得滿願

若作降伏法者面向南坐像面向北本尊前塗三角壇觀本尊作青色或黑色身著青黑衣獻青色華臭華不香華及曼陀羅華等飲食用石榴汁涂作黑色或作青色塗香用栢木閼伽用牛尿以黑色華及芥子栢木塗香等各取少分置閼伽中燒安悉香然芥子油燈以忿怒心相應誦馬頭明王眞言或蓮華部使者一髻尊眞言從二十四日午時或中夜時起首至月盡日一期滿滿日澡浴斷食法如前如是念誦能調伏毒惡鬼神及諸惡毒龍令國亢旱或風雨霜雹傷

損苗稼疫病流行亦調伏惡人於國不忠殺害無量有情破滅佛教謗正法一闡提邪見惡人及諸外道斷善根者及侵害傳持正法者及背師僧父母不念恩德作留難者及諸惡獸蟲狼師子惡龍惡人欲相損害者如是等類作此法時彼等起惡心者必有覺觸身心不安或病或至不濟即勸彼令發善心若能悔過自責永斷惡心者即為彼人作息災法念誦彼等即免災難若求出世間上上悉地速滿福德智慧二種資糧及滿足十地波羅蜜超越三無數劫難行難進又緣滅除內外諸障修行者決定一緣本尊三摩地三密相應心無間斷仗託諸佛菩薩大悲願力助護以三密成就資緣四印相應瑜伽者不應苦節邀期令心神散亂於定不進行住坐臥四威儀中令身心悅樂念念與勝義瑜伽相應於清淨法界常作觀行無時無方無晝無夜一道清淨猶如虛空於見聞覺知惟觀真如於名於相悉知阿上字無緣大悲自他平

等常樂利樂無邊有情速令成就波羅蜜行等同觀自在菩薩若能如是修持或山間深谷殊勝巖窟清淨伽藍於四月四時專精念誦默斷語業勵身心不耽著睡眠懈怠隨瑜伽者根性利鈍淨信勝解差別於其中間必獲輕安三昧現前即於定中見無數佛會聞妙法音證得十地位諸波羅蜜圓滿身心精健於後十六大生證成無上菩提欲求出世間成就者已曾入金剛界大曼荼羅受本尊持明灌頂從阿闍梨具受契印真言瑜伽觀行依法畫本尊像隨力大小隨自愛樂吉祥福地兼助伴知法弟子及成就資緣具等其弟子須孝敬於師善順其意淨信深法住菩提心堪助伴於一種悉地共成心不移易求成就物有四種等類一者輪鉤杵鉞斧及棒錫杖等二者雌黃雄黃牛黃及諸藥類等三者取河兩岸上土作諸禽獸形所謂象馬水牛犛牛孔雀金翅鳥等四者本尊像成就依蘇悉教法而作成就輪等及藥物禽獸形本

尊像等長短分量形色并及童女織成白氎等依其中間隨其一而作成就且滿足真言先行遍數然後共助伴知法弟子限時限日限月限年晝夜以大精勤如人鑽火不應間斷求三種相現所謂暖煙光明等瑜伽者欲近成就時有種種障起應作降伏息災等護摩隨上中下成就物等或執或塗身或乘或手持飛騰虛空兼助伴知識或有人見於成就者或成就者見彼人總得飛騰遊諸世界供養諸佛菩薩壽命一大劫獲得初地百法明門若但依此念誦法或一時二時或三時四時於一淨室對尊像前結契念誦常不間斷現生必獲三業清淨所求世間榮華富貴皆悉成就獲得財寶豐饒人所樂見博達經論名聞十方諸佛菩薩擁護加持睡安覺安諸魔不能侵害臨命終時本尊現前將往極樂世界蓮華胎中上品上生證菩薩位受無上菩提記

金剛頂瑜伽千手千眼觀自在菩薩修行儀軌經

金剛頂瑜伽千手千眼觀自在菩薩修行儀軌經

校勘記

一 底本，金藏廣勝寺本。六九四頁中一行至六行原版殘缺，以麗藏本補。

一 六九四頁中一行經名，石作「金剛頂瑜伽千手千眼觀自在菩薩修行儀軌經一卷」；麗作「金剛頂瑜伽千手千眼觀自在菩薩修行儀軌經卷上」。

一 六九四頁中二至三行譯者，石作「特進試鴻臚卿大興善寺三藏沙門大廣智不空奉詔譯」。

一 六九四頁中一〇行「歷仕」，石、麗作「歷侍」；磧、普、南、徑、清作「歷事」。

一 六九四頁中一二行「閑靜」，麗作「閑淨」。

一 六九四頁中一三行第一〇字「拭」，石作「飾」。

一 六九四頁中一八行「四賢瓶」，麗作「四寶瓶」。

一 六九四頁下九行首字「矝」，普、南、徑、清、麗作「矜」。

一 六九四頁下一一行第四字「聚」，麗無。

一 六九五頁上一八行第三字「捨」，石、麗作「捨身」。

一 六九五頁下一〇行第五字「處」，石、麗無。

一 六九五頁下一三行首字「庫」，南、徑、清作「藏」。

一 六九五頁下一七行第五字「非」，麗無。

一 六九六頁上一七行第二字「印」，磧作「函」。

一 六九六頁中四行第六字「即」，磧、普、南、徑、清作「印」。

一 六九六頁中六行第四字「八」，石、磧、普、南、徑、清、麗作「入」。

一 六九六頁中七行第四字「忍」，磧作「慧」。

一 六九六頁中一三行第七字「腕」，石、麗無。

一 六九六頁中二一行「左足」，磧、南、徑、清作「右足」。

一 六九六頁中末行第五字「觀」，南、徑、清作「印」。

一 六九六頁下四行第二字「各」，磧、普、南、徑、清無。

一 六九六頁下六行末字「惠」，石作「慧」。

一 六九六頁下一八行第九字「柱」，石、磧、普、南、徑、清作「相」；麗作「拄」。

一 六九七頁上一六行「清淨」，磧、普、南、徑、清作「清涼」。

一 六九七頁上一七行「異緣」，石、麗作「易緣」。

一 六九七頁上二一行「小千」，石作「小千一」。

一 六九七頁上二二行第三字「及」，石無。

一 六九七頁中一〇行第二字「中」，

石、麗作「冠中」。

一　六九七頁中一六行第八字「竪」，磧作「立」。

一　六九七頁中一七行「所謂」，磧、徑、清作「所誦」。

一　六九七頁下一三行第五字「胄」，石無。

一　六九七頁下一八行第一〇字「皆」，麗作「背」。

一　六九七頁下二〇行第一一字「復」，石、麗作「後」。

一　六九八頁上一〇行第三字「鉿」，石作「鈒」。

一　六九八頁上一九行第二字「柱」，磧作「柱柱」。

一　六九八頁上二二行第七字「踊」，石作「涌」。

一　六九八頁中八行第七字「即」，石無。

一　六九八頁中二一行第九字「誦」，磧、南作「請」。

一　六九八頁下一〇行「禪願」，石作「顛禪」。

一　六九八頁下一一行第八字「搥」，石、普、麗作「稚」；又「獨鈷」，石作「獨股」。

一　六九八頁下一二行第三字「擊」，石作「繫」。

一　六九九頁上四行第一三字「縛」，石作「嚩」。

一　六九九頁下一行「喜戲」，普、南、徑、清作「嬉戲」。下同。

一　七〇〇頁上一〇行第一〇字「言」，南作「言言」。

一　七〇〇頁中一七行第六字「竝」，石、麗無。

一　七〇〇頁下二行末字「眼」，至此，麗卷上終，卷下始。

一　七〇一頁上五行末字「攝」，石、麗無。

一　七〇一頁上八行第一三字「尼」，普作「已」。

一　七〇一頁上一七行末字至一八行第二字「耐怨害」，石作「害怨耐」。

一　七〇一頁上二二行第六字「折」，麗作「圻」。

一　七〇一頁中六行「疾病」，麗作「疾疹」。

一　七〇一頁下八行「相悖」，普、南、徑、清作「搏」。

一　七〇一頁下九行末字「相」，石無。

一　七〇一頁下一四行第三字「巧」，石作「功」。

一　七〇二頁上六行第一〇字「竪」，石、磧、普、南、徑、清、麗作「竪」。

一　七〇二頁上一七行第二字「柱」，石、磧、普、南、徑、清、麗作「拄」。下同。又第八字「竪」，磧無。

一　七〇二頁下二行首字「誤」，麗作「設誤」。

一　七〇二頁下九行第四字「二」，石無。

一　七〇三頁上八行「或見」，磧作「或有」。

一　七〇三頁中三行第三字「祕」，石作「秘」。

一　七〇三頁中一三行第三字「障」，石、麗作「障魔」。

一　七〇三頁中一六行第八字「析」，石作「圻」。

一　七〇四頁上三行「七偏」，南作「十偏」。

一　七〇四頁上一七行「真言」，石、麗作「真言曰」。

一　七〇四頁中九行「時時」，麗作「時時時」。

一　七〇四頁中一一行「淨室」，石、麗作「精室」。

一　七〇四頁中一三行「不欠」，磧、普、南、徑、清、麗作「不久」。

一　七〇四頁下一〇行第三字「八」，石無。

一　七〇四頁下一三行第五字「所」，石、麗作「所求」。

一　七〇五頁上六行第一三字「塗」，石作「泥」；麗作「埿」。

一　七〇五頁上九行第九字「入」，麗無。

一　七〇五頁上一六行夾註右首字「也」，石無。夾註左第二字同。

一　七〇五頁上二一行第一三字「點」，石、麗作「然」。

一　七〇五頁上末行第八字「滿」，石作「滿日」。本頁中一三行第一三字、本頁下二行第三字同。

一　七〇五頁中五行「疫病」，麗作「疾病」。又第一三字「弥」，石作「誅」。

一　七〇五頁中一八行第七字「所」，磧、普、南、徑、清無。

一　七〇五頁下六行「承事」，普、南、徑、清作「承淨」。

一　七〇五頁下一六行「栢木」，磧、普、南、徑、清作「相木」。

一　七〇五頁下一七行第一〇字「中」，石、麗作「木」。

一　七〇五頁下二一行「滿滿」，石作「滿」。

一　七〇五頁下末行末字「傷」，磧、普、南、徑、清作「復」。

一　七〇六頁上七行末字「必」，石、麗作「如」。

一　七〇六頁上一二行第一四字「十」，磧、普、南、徑、清無。

一　七〇六頁上一五行末字「仗」，石作「伏」。

一　七〇六頁上一六行第一二字「以」，磧、普、南、徑、清作「心」。

一　七〇六頁上末行第六字「上」，徑、清作「上聲」。

一　七〇六頁中四行第一三字「語」，石、麗作「語言」。

一　七〇六頁中一一行末字「明」，磧作「名」。

一　七〇六頁中一六行第一三字「堪」，普作「兼」。

一　七〇六頁中一八行第二字「㘞」，磧、普、南、徑、清作「總」。又第一一字「鉤」，石、麗作「鉤釰」。

一　七〇六頁中二〇行第一一字「上」，石、麗無。

一　七〇六頁下二行第九字「隨」，石、麗作「隨墮」。

一　七〇六頁下三行第二字「且」，麗作「具」。

一　七〇六頁下七行「俸伏」，磧、普、南、徑、清、麗作「降伏」。

一　七〇六頁下末行經名，石作「金剛頂瑜伽千手千眼觀自在菩薩修行儀軌念誦成就法經一卷」；麗作「金剛頂瑜伽千手千眼觀自在菩薩修行儀軌經卷下」。

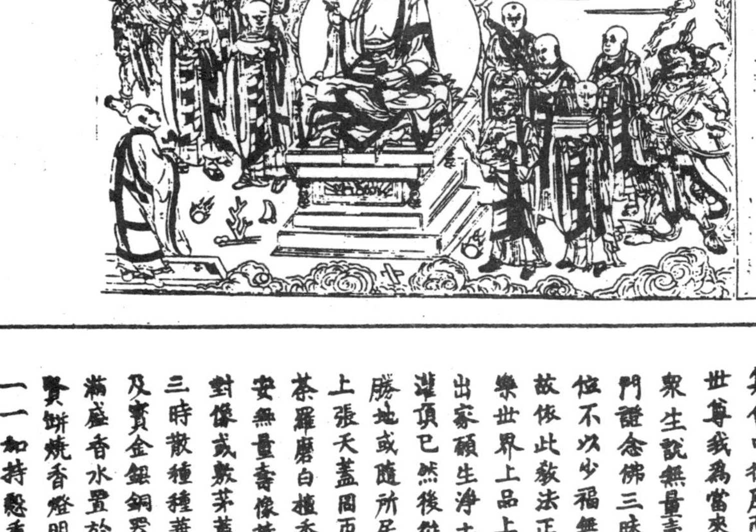

無量壽如來修觀行供養儀軌　輕

大興善寺三藏沙門大廣智不空奉　詔譯

爾時金剛手菩薩在毗盧遮那佛大集會中從座而起合掌恭敬白佛言世尊我為當來末法雜染世界惡趣衆生說無量壽如來陀羅尼修三密門證念佛三昧得生淨土入菩薩正位不以少福無慧方便得生彼刹是故依此教法正念誦行決定生於極樂世界上品上生獲得初地若在家出家願生淨土者應先入曼荼羅得灌頂已然後從師受念誦儀軌或於勝地或隨所居塗拭淨室建立方壇上張天蓋周帀懸幡上壇分布八曼荼羅磨白檀香用塗聖位於壇西面安無量壽像持誦者於壇東坐面西對像或敷茅薦或坐庳脚小床每日三時散種種華燒種種香置閼伽或用螺盃及寶金銀銅器石瓷未經用者滿盛香水置於壇上於壇四角安四賢缾燒香燈明塗香飲食隨力所辦一一加持懇重供養行者每日澡浴即思惟觀察一切有情本性清淨為

諸客塵之所覆蔽不悟真理是故說此三密加持能令自他皆得清淨即二手蓮華合掌誦淨三業真言三徧

真言曰

唵(引)娑嚩(二合)婆(去)嚩秫(詩律反)馱(引)薩嚩達麼(二入引)娑嚩(二合)婆(去引)嚩秫(上准)度(上)憾

由此真言加持故即成清淨內心澡浴

每入道場時對本尊前端身正立蓮華合掌閉目心想在極樂世界無量壽如來并諸菩薩眷屬側以自身五體投地想於一一佛菩薩前恭敬作禮即誦普禮真言曰

唵(引)薩嚩怛他(去)孽多(二)播(引)那滿娜(上)曩(上引)迦嚧(引)弭(三)

即右膝著地合掌當心虔誠發露懺悔無始以來一切罪障則隨喜諸佛菩薩聲聞緣覺一切有情所修福業又觀十方世界所有如來成等覺者請久住世不般涅槃又發願言我所積集善根禮佛懺悔隨喜勸請以此福聚迴施一切有情願皆得生極樂世界見佛聞法速證無上正等菩提然後

結加趺坐或半加坐右押於左以香塗手先結佛部三昧耶印二手虛心合掌開二頭指微屈各附中指上節又開二大指各捻二頭指下第一文結印成已想無量壽如來三十二相八十種好了了分明即誦佛部三昧耶真言曰

唵一引怛佗去蘖覩二引納婆二合嚩三引耶娑嚩二合賀引二

誦三徧或七徧安印頂上便散由結此印及誦真言警覺佛部一切聖衆皆來加持護念修真言者速令獲得身業清淨罪障銷滅福慧增長

次結蓮華部三昧耶印二手虛心合掌二大指二小指各頭相著餘六指微屈如開敷蓮華葉形即成結此印已想觀自在菩薩相好端嚴并無量俱胝蓮華族聖衆圍遶即誦蓮華部三昧耶真言曰

唵一引跛娜謨二合引二納婆二合嚩引耶娑嚩二合賀引三

誦三徧或七徧加持安印於頂右便散由結此印及誦真言警覺觀自在菩薩及蓮華部聖衆皆來加持行者獲得語業清淨言音威肅令人樂聞無礙辯才說法自在

次結金剛部三昧耶印二手左覆右仰令背相著以右大指叉左小指以左大指叉右小指中間六指博著手腕如三股杵形即成結印當心想金剛藏菩薩相好威光并無量執金剛眷屬圍遶即誦金剛部三昧耶真言曰

唵一引嚩日囉二合引二納婆二合嚩引耶娑嚩二合賀引三

誦三徧或七徧加持安印於頂左便散由結此印及誦真言警覺金剛藏菩薩并金剛部聖衆皆來加持行者獲得意業清淨證菩提心三昧現前速得解脫

次結被甲護身印二小指二無名指右押左內相叉二中指直竪頭相拄二頭指屈如鉤形附中指背勿令相著二大指並竪捻無名指即成結印當心誦真言印身五處各誦一徧先印額次右肩次左肩印心及喉是爲五處即起大悲心徧緣一切有情願皆被大慈悲莊嚴甲冑速令離諸障難證得世間出世間殊勝成就如是觀已即成被金剛甲一切諸魔不敢障難護身真言曰

唵一引嚩日囉二合引儗你二合鉢囉二合捻以指跛跢引二合野娑嚩二合賀引三

由結此印誦真言慈心愍念力故一切天魔及諸障者悉見行者威光赫弈猶如日輪各起慈心不能障礙及以惡人無能得便煩惱業障身不染著亦護當來諸惡趣苦疾證無上正等菩提

次結地界金剛橛印先以右中指入左頭中指間右名指入左名小指間皆頭外出以左中指皺右中指背入右名小指間二小指二頭指各頭相拄二大指下相捻即成結此印已想印如金剛杵形以二大指向地觸之誦真言一徧一印於地如是至三即成堅固金剛之座地界真言曰

唵一引枳里枳里一嚩日囉二嚩日哩二合步引囉滿馱滿馱四吽引發吒半音五

由結此印真言加持下至金輪際成

金剛不壞之界大力諸魔不能搖動少
施功力大獲成就地中所有諸穢惡
物由加持力故悉皆清淨其界隨心
大小即成
次結金剛牆印准前地界印開掌𢾅
竪二大指如牆形即成想從印流出
熾焰以印右旋遶身三轉稱前地界
即成金剛堅固之城牆界真言曰
唵一引薩囉薩囉二嚩日囉二合鉢囉二合
迦引囉三吽引發吒吒字半音呼四
由結此印誦真言及觀行力故隨心
大小成金剛光焰方隅牆界諸魔惡
人虎狼師子及諸毒蟲不能附近
次結大虛空藏菩薩印二手合掌二
中指右押左外相叉博著手背二頭
指相蹙如寶形即成想從印流出無
量諸供養具衣服飲食宮殿樓閣等
如瑜伽廣說即誦大虛空藏真言曰
唵一引誐誐曩三去婆去嚩二嚩日囉二合
斛三引
修行者縱使觀念力微由此印及真
言加持力故諸供養物皆成真實一
如極樂世界中行廣大供養者次想

壇中有紇哩二合字放大光明如紅頗
梨色徧照十方世界其中有情遇斯
光者無有不得罪障消滅
次結如來拳印以左手四指握拳直
竪大指以右手作金剛拳握左大指
即成以此拳印地真言加持七徧變
其世界如來拳真言曰
唵一引步欠二平聲
由結此印及真言加持威力故即變
此三千大千世界成極樂剎土七寶
為地水鳥樹林皆演法音無量莊嚴
如經所說即誦伽他曰
以我功德力　如來加持力　及以法界力
願成安樂剎
行者由數習此定現生每於定中見
極樂世界無量壽如來在大菩薩衆
會開說無量契經臨命終時心不散
動三昧現前剎那迅速則生彼土蓮
華化生證菩薩位
次結寶車輅印以二手仰相叉右押
左以二頭指側相跓二大指捻二大
頭指下第一文即成送車輅真言曰
唵一引覩舞古反下同覩嚕吽二引

結此印想成七寶莊嚴車輅往彼極
樂世界請無量壽如來幷諸菩薩眷
屬乘此車輅不散此印便以此二大
指向身撥二中指頭便誦請車輅真
言曰
曩莫悉底哩耶四合地尾二合迦引南一怛
他去蘖路引南二引唵嚩日朗二合引儗妍以反孃
上引三迦囉灑二合耶娑嚩二合引賀四引
則想車輅來至道場住虛空中則結
迎請聖衆印
次結迎請聖衆印二手右押左內相
叉作拳令掌相著左大指屈入掌右
大指曲如鉤向身招之即誦迎請真
言曰
唵一引阿去嚧引力迦迦字半音呼二曀醯引去呬娑
嚩引二合賀二引
由結此印奉請故無量壽如來不捨
悲願赴此三摩地所成淨土道場幷
無量俱胝大菩薩衆受修行者供養
證明功德
次結馬頭觀自在菩薩印作辟除結
界二手合掌二頭指二名指屈入掌
各自相背並二大指微屈勿著頭指

輊華刁

無量壽如來修觀行供養儀軌 第九

即成誦馬頭明王真言曰

唵一引阿蜜嘌二合䚷引納婆二合嚩吽癹吒半音呼吒字娑嚩二合賀二引

誦三遍即以印左轉三帀辟除一切諸魔皆自退散便以印旋三帀即成堅固大界

次結金剛網印准前地界印以二大指捻二頭指下節一文即成誦真言三遍隨誦以印於頂上右旋轉便散網界真言曰

唵一引尾娑普合二囉捺囉二合乞灑二合二嚩日囉二合半惹自反囉三吽引癹吒半音呼四

由結此印真言加持力故即於上方覆以金剛堅固之網乃至他化自在諸天不能障難行者身心安樂三摩地易得成就

次結金剛火院界印以左手掌掩右手背令相著捺竪二大指即成想從印流出無量光焰以印右旋三帀則於金剛牆外便有焰圍遶即成堅固清淨大界火院真言曰

唵一引阿三去莽上𩕳寧吽引癹吒半音呼二

獻閼伽香水以二手捧閼伽器當額

輊華刁

無量壽如來修觀行供養儀軌 第十

奉獻誦真言三遍想浴聖衆雙足閼伽真言曰

娜莫三去滿多沒馱引南一引誐誐曩三去麼引上糝上摩娑嚩二合引賀二引

由獻閼伽香水供養令修行者三業清淨洗除一切煩惱罪垢從勝解行地至十地及如來地當證如是地波羅蜜時得一切如來授與甘露法水灌頂

次結華座印准前蓮華部三昧耶印稍屈指令圓滿即是結此印已想從印流出無量金剛蓮華徧此極樂世界中無量壽如來及諸大菩薩一切聖衆各皆得此金剛蓮華座真言曰

唵一引迦麼上攞娑嚩二合賀二引

由結蓮華座印誦真言加持行者獲得十地滿足當得金剛之座三業堅固猶如金剛

次結廣大不空摩尼普供養印二手金剛合掌二頭指捻如寶形竪二大指即誦廣大不空摩尼供養陀羅尼曰

唵一引阿上謨引伽去布引惹自攞反麼

抳尼及反跛納麼二合嚩日囉二合怛他去蘖多尾路引枳帝三三去滿多鉢囉二合薩囉吽四引

此廣大不空摩尼供養陀羅尼纔誦二徧則成於無量壽如來集會及無邊微塵刹土中雨無量廣大供養所謂種種塗香雲海種種華鬘雲海種種燒香雲海種種天妙飲食雲海種種天妙衣服雲海種種摩尼光明燈燭雲海種種幢幡寶帳寶蓋雲海種種天妙音樂雲海普於諸佛菩薩衆會成真實廣大供養由結印誦此陀羅尼供養故獲得無量福聚猶如虛空無有邊際世世常生一切如來大集會中蓮華化生得五神通分身百億能於雜染世界拔濟受苦衆生皆作安樂利益即於現世受無量果報當來得生淨土

次應澄心定意專注一緣觀無量壽如來了了分明如對目前具諸相好并無量眷屬及彼刹土念念欣慕現前獲得三昧成就虔誠一心願生彼國心不異緣念念相續即誦無量壽如來讚歎三徧讚曰

曩謨引弭跛引娑去引野曩謨引弭跛引庾曬一引曩謨引曩謨引進底里二合孽上拏上迦囉引答麼二合寧二引曩謨引弭跛引娑去引野慕以反曩上野帝引毋寧三引素引去佉引嚩底二合夜引弭多嚩引努鼻紉跛野四引素佉嚩底孕二合引迦曩迦尾唧怛囉二合迦引曩南五引麻上努鼻引囉鈴引素薩孕多帶引囉稜去訖哩二合馱六引多嚩室囉二合夜引苔鉢囉三合體多麼努手上寫地引麼上多都多反七鉢囉二合夜引弭擔引麼護麼拏上囉怛囉二合散左琰八引

修行者每日三時常誦此讚讚佛功德菩覺無量壽如來不捨悲願以無量光明照觸行者業障重罪悉皆消滅身心安樂澄寂悅意久坐念誦不生疲倦心得清淨疾證三昧即入觀自在菩薩三摩地閉目澄心觀自身中圓滿潔白猶如淨月仰在心中於淨月上想曰哩二合引字放大光明其字變成八葉蓮華於蓮華臺上觀自在菩薩相好分明左手持蓮華右手作開華勢是菩薩作是思惟一切有情身中具有此覺悟蓮華清淨法界不染煩惱於蓮華八葉上各有如來入定結加趺坐面向觀自在菩薩項佩圓光身中如金色光明晃曜即想此八葉蓮華漸舒漸大量同虛空即作是思惟以此覺華照觸如來海會願成廣大供養心不移此定則於無邊有情深起悲愍以此覺華蒙照觸者於苦煩惱悉皆解脫等同觀自在菩薩即想蓮華漸漸收斂量等已身則結觀自在菩薩印加持四處所謂心額喉頂其印以二手外相叉二頭指相柱如蓮華葉二大指並豎即成誦觀自在菩薩真言曰

唵一引嚩日囉二合達磨紇哩引二合

由結此印及真言加持心額喉頂故即自身等同觀自在菩薩

次結無量壽如來根本印二手外相叉作拳豎二中指頭相柱如蓮華葉形結此契已誦無量壽如來陀羅尼七遍以印於頂上散陀羅尼曰

曩謨引囉怛曩二合怛羅二合夜引耶一引曩莫阿引哩野二合引弭跢引婆去引耶二怛他去孽跢引夜囉曷二合帝三去藐三去沒馱耶二怛你也他四唵阿蜜嘌二合帝五阿蜜嘌二合妬引納婆二合吠引六阿蜜栗二合多三去婆上吠七阿蜜嘌二合多孽陛八阿蜜嘌二合多悉弟九阿蜜嘌二合多帝際自曳反十阿蜜嘌二合多尾訖嚟二合引多十一阿蜜嘌二合多誐弭寧十二阿蜜嘌二合多誐誐曩吉引底迦隸十三阿蜜嘌二合多努努鼻娑嚩二合十四蘇上嚩二合娑嚩二合十四薩嚩引囉他二合娑去引馱寧十五薩嚩羯磨訖禮引二合捨乞灑二合孕迦羅十六引娑嚩二合賀引十七

此無量壽如來陀羅尼纔誦一遍則滅身中十惡四重五無間罪一切業障悉皆消滅若苾芻苾芻尼犯根本罪誦七遍已即時還得戒品清淨誦滿一萬遍獲得不廢忘菩提心三摩地菩提心顯現身中皎潔圓明猶如淨月臨命終時見無量壽如來與無量俱胝菩薩眾圍遶來迎安慰行者則生極樂世界上品上生證菩薩位即取蓮子數珠安於手中二手捧珠合掌未敷蓮華形以千轉念珠真言加持七遍真言曰

唵一引嚩日囉二合戲四耶二合惹自攞反波三去密

𠷑引吽二引

加持已即捧珠頂戴心發是願願一切有情所求世間出世間殊勝大願速得成就則當心以二手各聚五指如未敷蓮華左手持珠以右手大指名指撥珠誦陀羅尼一徧與娑嚩合二賀字聲齊移一珠念誦聲不緩不急不高不下應不出聲稱呼真言字令一一分明心觀此三摩地所成淨土及前所請來無量壽佛相好圓滿在於壇中如是觀行了了分明專注念誦不令間斷遠離散動一坐念誦或百或千若不滿一百八徧則不充所願徧數無量壽如來加持故則身心清淨乃至開目閉目常見無量壽如來則於定中聞說甚深妙法於一一字一一句悟無量三摩地門無量陀羅尼門無量解脫門此等同觀自在菩薩速能至於彼國念誦數畢捧珠頂戴發是願言願一切有情得生極樂世界見佛聞法速證無上正等菩提次結定印以二手外相叉二頭指背相著從中節已上直竪二大指捻二

頭指即成則觀身中菩提心皎潔圓明猶如滿月復作思惟菩提心體離一切物離蘊界處及離能取所取法無我故一相平等心本不生自性空故即於圓滿清淨月輪上想紇哩二合入引字門從字流出無量光明於一一光明徧觀成極樂世界聖衆圍遶無量壽佛廣如無量壽經所說如是念誦修習三摩地已欲出道場則結本尊印誦本陀羅尼七徧以印頂上散即誦讚歎

次結普供養印誦廣大不空摩尼供養陀羅尼又獻閼伽心中所有祈願啓白聖衆唯願聖者不越本誓成就我願如是念誦供養發願已即結前火院印左轉一帀解前所結界復結寶車輅印誦前請車輅真言以二大指向外撥二中指頭奉送聖衆於真言句中除迦囉濕合二野句加蘗蹉蘗蹉句即成奉送次結三部三昧耶印各誦三徧然後結被甲護身印印身五處則對本尊前虔誠發願禮佛任出道場隨意經行常讀誦無量壽經心檀增上意樂精勤念誦印佛印塔數行檀施修持禁戒忍辱精進禪定智慧所修善品皆悉迴向共諸衆生同生淨土上品上生證歡喜地獲得無上菩提記別此法通一切蓮華部

無量壽如來心真言曰

唵一引阿蜜㗚二合多帝際賀囉吽二引

誦十萬徧滿得見阿彌陀如來命終決定得生極樂世界

無量壽如來修觀行供養儀軌

无量壽如來心真言

唵引路計濕嚩二合囉囉惹訖哩二合入引

此真言誦一遍敵誦阿弥陀經不可說遍秘故勝故破重障難不能具說

唵阿蜜嘌二合多帝䝘賀囉吽此法通一切蓮花部　無量壽如來念誦法

誦十万遍滿得見阿弥陀如來命終決定得生極樂世界

無量壽如來發願陀羅尼

迦哩迦曾沙迦哩多你也你魯計一摩以你針多觀二尾毋唧且都魯迦三應應左素左哩帝曩四㖿薩縛怛縛二合跛囉應素契曩五素佉縛底孕二合缽囉二合僙觀

無量壽如來修觀行供養儀軌

校勘記

一　底本，金藏廣勝寺本。

一　七一一頁中一行經名，石作「無量壽如來念誦修觀行儀軌一卷」；麗作「無量壽如來觀行供養儀軌」。

一　七一一頁中二行譯者，石作「特進試鴻臚卿大興善寺三藏沙門大廣智不空奉詔譯」；麗作「藏沙門大廣智不空奉詔譯」；徑、清作「唐三藏沙門大廣智不空奉詔譯」；麗作「開府儀同三司特進試鴻臚卿肅國公食邑三千户賜紫贈司空謚大鑒正號大廣智大興善寺三藏沙門不空奉詔譯」。

一　七一一頁中五行「惡趣」，石、麗作「惡業」。

一　七一一頁中六行「如來」，麗作「佛」。

一　七一一頁中一二行第六字「從」，石作「依」。

一　七一一頁中一三行第八字「找」，石、磧、普、南、徑、清、麗作「拭」。

一　又「淨室」，麗作「清淨」。

一　七一一頁中一四行「上壇」，麗作「壇上」。

一　七一一頁中一六行第七字「誦」，石作「念」。又第九字「於」、第一二字「坐」，石無。

一　七一一頁中一七行「對像」，石、麗作「對像而坐」。

一　七一一頁中一八行「燒種種香」，磧、普、南、徑、清無。又「螺盃」，麗作「盆盃」。

一　七一一頁中一九行「寶金銀銅器」，石作「寶金銀銅」；麗作「金銀銅」。又「石瓷玉等器」，磧、普、南、徑、清作「石瓷瓦等」；麗作「石瓷瓦等器」。

一　七一一頁中二一行「燒香」，石作「香花飲食」。又「飲食」，石無。

一　七一一頁中二二行「行者」，石、麗作「行人」。次頁下八行同。

一　七一一頁中二二行與末行之間，石、麗有「着新淨衣或用真言加持以爲澡浴」一行。

一　七一一頁下一行「不悟真理」，石、麗作「不悟真理迷失菩提淪溺生死受無量苦」。

一　七一一頁下二行第六字「能」，麗無。又末字「即」，石、麗作「即以」。

一　七一一頁下九行第六字「心」，石、麗作「運心」。又「無量」，石、麗作「對無量」。

一　七一一頁下一〇行第四字至第一〇字「并……側」，石作「并觀音大勢諸尊菩薩一切聖衆則以」。又第一〇字「側」，磧、普、南、徑、清、麗作「則」。又第一二字「自」，麗無。

一　七一一頁下一八行「十方世界」，石作「十方諸佛世界」。又第一三字「覺」，麗作「正覺」。

一　七一一頁下二一行「善根」，石、麗無。又「勸請」，石、麗作「勸請無量善根」。

一　七一一頁下二二行「得生」，石作「同生」。

一　七一一頁下末行「速證」，石作「速得」。

一　七一二頁上二行「二手」，麗作「以二手」。

一　七一二頁上一〇行第一一字「便」，麗無。

一　七一二頁上一一行「聖衆」，石、麗作「諸佛」。

一　七一二頁上一二行「皆來」，麗作「皆來集會」。

一　七一二頁上一四行第八字「邪」，石無。

一　七一二頁上一五行「相著」，麗作「相捻」。

一　七一二頁上一六行第八字「葉」，麗無。

一　七一二頁中一行末字「者」，石作「人」。本頁下八行第一一字同。

一　七一二頁中二行第一〇字「肅」，石作「朗」。

一　七一二頁中三行「無礙」，石、麗作「得無礙」。

一　七一二頁中二〇行第八字「無」，石無。

一　七一二頁中二二行首字「印」，石無。又「右肩次左肩印心」，石作「左右肩心」。

一　七一二頁中末行第六字「悲」，石、麗作「慈悲」。

一　七一二頁下二行「出世間」，石、麗作「出世間上上」。

一　七一二頁下一〇行第一〇字「業」，磧、普、南、徑、清作「諸」。

一　七一二頁下一一行末字至次行首字「正等」，石、麗無。

一　七一二頁下一五行第八字「繳」，石、麗作「繳」。又「入右」，石、麗作「入右頭中指間以左名指繳右名指背入右」。

一　七一二頁下二〇行「地界」，石無；麗作「下方」。

一　七一二頁下末行第四字「印」，石作「印誦」。又「真言加持下至金輪際」，麗作「及誦真言加持力故下至金剛輪際」。

一　七一三頁上二行「穢惡」，石、麗作「惡穢」。

一　七一三頁上八行「牆界」，石無。

一　七一三頁上一三行「附近」，石、麗作「輔近」。

一　七一三頁上一八行「大虛空藏」，石、麗作「大虛空藏菩薩」。

一　七一三頁上二一行「觀念力」，石作「觀行力」。

一　七一三頁上末行第一二字「者」，石無。

一　七一三頁中三行「無有不得」，石作「皆得」；麗作「無不皆得」。

一　七一三頁中五行末字「指」，石、麗作「指甲」。

一　七一三頁中六行第六字「印地」，石、麗作「印印地誦」。

一　七一三頁中九行第五字「及」，石、麗作「及誦」。

一　七一三頁中一四行「安樂」，石作「極樂」。

一　七一三頁中一八行首字「動」，麗作「亂」。

一　七一三頁中二〇行第七字「以」，石、麗無。

一　七一三頁中二一行第八字「跓」，石、麗作「拄」。又末字「大」，石、麗無。

一　七一三頁中二二行「送車輅」，石無。

一　七一三頁下一行首字「結」，麗作「由結」。

一　七一三頁下二行「諸菩薩」，石作「諸大菩薩」。

一　七一三頁下三行「便以此」，石、麗作「以」。

一　七一三頁下四行第一一字「請」，麗無。

一　七一三頁下九行末二字至次行末字「則結迎請聖衆印」，麗無。

一　七一三頁下一一行首字至第七字「次……印」，石無。

一　七一三頁下一七行「奉請故」，石、麗作「誦真言奉請故」。

一　七一三頁下二〇行「證明功德」，石、麗作「速令得上上成就」。

一　七一三頁下二一行第一一字「作」，石作「用」。

一　七一三頁下二二行「二名指」，麗作「二無名指」。

一　七一四頁上五行第七字「便」，石、麗無。又第一〇字「旋」，石、麗作「右旋」。

一　七一四頁上八行第七字「節」，麗作「第」。

一　七一四頁上九行第一二字「轉」，石、麗無。

一　七一四頁上一三行「真言」，石、麗作「及誦真言」。

一　七一四頁上一五行「不能」，石、麗作「不能違越而生」。

一　七一四頁上一九行第七字「焰」，石、麗作「焰火」。

一　七一四頁上二〇行第八字「焰」，石作「火院」；麗作「火焰」。

一　七一四頁上二一行「大界火院」，磧、南作「大界大院」；徑、清作「火界火院」；麗作「火院大界」。

一　七一四頁上末行「獻閼伽香水」，石作「次獻閼伽香水」；麗作「次結獻閼伽香水印」。

一　七一四頁中八行「授與甘露法水」，石、麗作「甘露法水受與」。

一　七一四頁中一四行「金剛蓮華座」，石、麗作「金剛蓮花爲座蓮花座」。

一　七一四頁中一九行第九字「普」，石、麗無。

一　七一四頁中二〇行第八字「捻」，麗無。又第一三字「竪」，石、麗作「並竪」。

一　七一四頁中二一行第三字「即」，石、麗作「即成」。又「廣大」，石無。

一　七一四頁下四行「二偏」，石、磧、普、南、徑、清、麗作「三偏」。

一　七一四頁下四行末字至次行首字「無邊」，麗無。

一　七一四頁下五行「微塵」，石無。又

第五字「土」，麗無。

一　七一四頁下八行「光明燈燭」，麗作「燈燭光明」。

一　七一四頁下一一行第八字「由」，麗作「皆由」。又末二字至次行首字「陀羅尼」，麗作「真言」。

一　七一四頁下一五行「受苦」，石作「苦惱」。又末字「作」，石作「令」；徑作「得」；麗無。

一　七一四頁下一六行「安樂利益」，石作「安樂」；麗作「安隱利益」。

一　七一四頁下二〇行「欣慕」，石作「欣趣」。

一　七一四頁下末行「讚曰」下，石有夾註「讚在餘卷上此不抄之」。

一　七一五頁上一行至十二行音譯讚文，石無。

一　七一五頁上一三行「修行者」，石作「行人」。又「讚佛」，麗作「歎佛」。

一　七一五頁上一五行「行者」，石作「行人」。

一　七一五頁上一六行「澄寂悦意」，石作「清淨適悦」。

一　七一五頁上一七行「疲倦」，石作「勞倦」。又「清淨」，石作「自在」。

一　七一五頁上二一行「於蓮華臺上」，石作「於華臺上有」；麗作「於蓮華上有」。

一　七一五頁上末行第二字「華」，石、麗作「敷」。

一　七一五頁中二行第五字「於」，麗作「於其」。

一　七一五頁中四行第五字「中」，石、麗無。

一　七一五頁中五行第一一字「同」，石、麗作「等」。

一　七一五頁中七行第七字「心」，石、麗作「若心」。又第一三字「於」，石作「能於」。

一　七一五頁中一二行「以二手」，磧、普、南、徑、清作「以手」。

一　七一五頁中一三行第二字「柱」，石、磧、普、南、徑、清作「拄」。又第五字「華」，石無。又末字「誦」，石、麗作「即誦」。

一　七一五頁中一六行「及真言」，石、麗作「及誦真言」。又「心額喉頂」，麗無。

一　七一五頁中一七行第四字「等」，麗無。又「菩薩」，麗作「菩薩等无有異」。

一　七一五頁中一九行「相柱」，磧、普、南、徑、清作「相拄」；麗作「相跓」。

一　七一五頁中二〇行「此契」，石、麗作「成印」；徑作「此印」。

一　七一五頁中二一行第八字「散」，麗作「散無量壽如來根本」。

一　七一五頁下一五行「廢忘」，石作「忘失」。

一　七一五頁下一七行第三字「輪」，石、麗無。

一　七一五頁下一八行第一二字至次行首字「安慰行者」，石、麗作「行者安慰身心」。

一　七一五頁下二〇行「數珠」，磧、普、南、徑、清、麗作「念珠」。

一　七一五頁下二一行第三字「未」，石、麗作「如未」。

一　七一六頁上四行「當心以二手」，石、麗作「以二手當心」。

一　七一六頁上五行第九字「以」，石無。

一　七一六頁上六行「一徧」，石無。

一　七一六頁上一三行第一三字「祈」，石、磧、普、南、徑、清作「祈」；麗作「析」。

一　七一六頁上一八行「此等」，石作「此身」；麗作「此身等」。

一　七一六頁上二一行「正等」，石、麗無。

一　七一六頁上二二行第五字至本頁中一行第四字「以……成」，石、麗無。

一　七一六頁中二行「思惟」，石、麗作「是思惟」。

一　七一六頁中三行第四字「離」，石、麗作「無」。

一　七一六頁中四行「一相」，徑、清作「一切」。又「自性空」，麗作「自性空自性空」。

一　七一六頁中五行第五字「滿」，石作「明」。又「紇哩」，麗作「有紇哩」。

一　七一六頁中七行第二字「徧」，石、麗作「道」。

一　七一六頁中八行「廣如無量壽經所説」，石作「廣如經説」；麗作「如觀經所説」。

一　七一六頁中一〇行第三字「本」，麗作「根本」。

一　七一六頁中一一行第三字「歎」，麗作「歎真言讚歎真言已」。

一　七一六頁中一二行第三字「普」，石作「普通」。

一　七一六頁中一四行「不越」，石作「不違」。

一　七一六頁中一七行「誦前請車輅真言」，石、麗無。

一　七一六頁中一八行「二中指頭」，石、麗作「二中指頭誦本真言」。又第一三字至二〇行第六字「於……送」，石、麗無。

一　七一六頁中二一行「各誦」，石、麗作「各誦真言」。

一　七一六頁中末行第八字「常」，石、麗作「常應」。

一　七一六頁下一行首字「心」，石無。又「心懷增上」，麗作「勿懷上慢」。

一　七一六頁下二行首字「樂」，石作「好」。

一　七一六頁下五行「記別」，磧、普、南、徑、清、麗作「記莂」。又「此法通一切蓮華部」，石、麗無。

一　七一六頁下六行末字「曰」，石無。

一　七一六頁下六行至九行「無量壽如來心真言曰……決定得生極樂世界」，麗譯文差異較大，茲據麗藏本附於卷後。

一　七一六頁下八行首字「誦」，石作「此法通一切蓮花部無量壽如來念誦法誦」。

一　七一六頁下一〇行經名，石作「無

量壽如來念誦修觀行供養儀軌一卷」。

阿閦如來念誦供養法一卷 衡

開府儀同三司特進試鴻臚卿肅國公食邑三千戶賜紫贈司
空謚大鑒正號大廣智大興善寺三藏沙門不空奉詔譯

敬礼遍照尊 我今依契經 略說阿閦佛
修行念誦儀 行者應當礼 五方諸如來
盡想虛空中 遍滿如胡麻 即對一一佛
盡心而懺悔 隨喜及勸請 我所積集福
迴向諸有情 次即對本尊 應當結跏坐
端身應正直 閉目離攀緣 即起悲愍心
觀察無邊界 初結三昧耶 次誦金剛輪
滅除諸過咎 即當結甲印 加持於五處
次作金剛橛 堅牢道場地 復結方隅界
壇中觀大海 中想弥盧山 上觀寶樓閣
閣上師子座 種種供養具 衆寶以莊嚴
次結車輅印 想奉妙喜剎 即靜虛空道
又結請寶車 及以部心請 復應作辟除
及示三昧耶 即結金剛網 奉獻閼伽水
想浴無垢身 復當奉尊座 次第獻五供
即結虛空藏 盡於無邊界 一一想雲海
以身親奉獻 即當誦讚歎 或讚百八名
即結部母印 加持本所尊 及護於自身
次結本尊印 即當掐珠鬘 加持已頂戴
諦住而念誦 即入字輪觀 以此殊勝福
迴向於有情 即結本尊印 次誦部母明
如前五供養 及讚本尊德 即獻閼伽水
應結外院印 左轉而解界 復結寶車輅
外撥而奉送 想尊還本宮 重結三昧耶
五悔如前作 即起隨自意 讀誦大乘經
或住三摩地 印塔思六念 以福資悲地
是名菩薩行

行者入本尊精舍面向東方蹋跪合掌諦想一切如來諸大菩薩微塵數衆遍十方界由如胡麻如對目前於中復想五方如來各禮一拜禮一切如來真言曰

唵薩嚩怛他誐跢迦引耶嚩吉質多播引娜滿娜喃迦嚕弭

由誦此真言 作禮於諸佛 即於十方剎
禮事悉圓滿

即右膝著地合掌當心而懺諸咎我從無始時來至于今身所作衆罪十惡四重五無間等無量無邊今對一切諸佛大菩薩前深生悔根發露陳懺一懺已後更不復造懺悔真言曰

唵薩嚩播引跛娑普吒二合娜訶曩嚩日囉引二合野娑嚩引二合訶

由誦此真言 實相理相應 諸罪如枯草
焚盡無有餘

次應思惟一切如來諸大菩薩緣覺聲聞及諸凡夫積集福智我今盡隨喜如一切如來隨喜一切福智我今亦如是隨喜隨喜一切福智真言曰

唵薩嚩怛他誐跢奔昆野二合枳穰二合曩努慕娜曩布惹引冥伽三母捺囉引二合娑發二合囉拏三麽曳吽

由誦此真言 諸佛及菩薩 二乘凡夫福
獲殊勝隨喜

次諦觀一切如來遍周法界初成正覺即想己身處彼海會一一佛前誠心勸請願諸如來哀愍我等轉無上法輪請轉法輪真言曰

唵薩嚩怛他引誐跢引地曳二合沙拏布惹冥伽三母捺羅二合娑發二合囉拏三昧曳吽

由誦此明故 一切諸如來 雜染清淨剎
轉無上法輪

次應勸請十方諸佛如來不般涅槃願諸如來哀愍有情久住世間不般涅槃於無量劫廣作利益請不般涅

槃真言曰
唵薩嚩怛他誐單引曩地曳二合沙
夜引寘薩嚩薩怛嚩二合呬多引羅
他引野達摩馱到悉體他以反麼婆嚩
觀
由誦此真言　一切諸如來　復住無量劫
廣利益有情
行者作是思惟我今禮佛懺悔隨喜
勸請言如是積集無量福智願皆迴向
一切眾生佛所稱讚殊勝悉地願諸
有情皆得圓滿迴向發願真言曰
唵薩嚩怛他引誐跢商悉跢引薩嚩
薩怛嚩引二合南引薩嚩悉地藥三鉢
睍馱引怛他引誐多室者引二合地底
瑟綻二合馱引
由誦此真言　諦誠發勝願　一切眾生類
速皆得悉地
行者於本尊像前結跏趺座或半跏
或吉祥乃至輪王等隨意而坐復想
一切如來及諸菩薩金剛部眾起大
悲愍拔濟安樂一切有情願一切眾
生速得無上菩提悉地
即結佛部印　止觀虛心合　開掌定輔進

惠輔於定側　專住於一緣　思惟佛相好
真言誦三遍　置頂便散之
佛部三昧耶真言曰
唵怛他引誐姤納婆二合嚩引野娑
嚩引二合訶
由誦結此印　一切佛部眾　加持於行者
不違自本誓　次結蓮花部　虛心作合掌
微開進念定　即想觀自在　具相持蓮花
而住瑜伽定　分明誦三遍　頂右而散之
蓮花部三昧耶真言曰
唵跛娜謨二合納婆二合嚩引野娑
嚩引二合訶引
由誦結印故　一切蓮花部　聖眾來雲集
本願而加持　次結金剛部　止觀反相叉
餘力三鈷形　心想執金剛　威德手持杵
具相身嚴飾　應當誦三遍　頂左而散之
金剛部三昧耶真言曰
唵嚩日嚧二合納婆二合嚩引野娑
嚩引二合訶引
由誦及結印　一切執金剛　皆集來現前
與願不違誓　次結甲冑印　二羽內相叉
念力並申合　定輔如杵形　額肩心及喉
五處各一遍　思惟身威光　熾盛遍圍遶

諸魔及障者　馳散不敢覩
金剛甲冑真言曰
唵嚩日囉引二合銀你二合鉢囉二合
捻跛跢二合也娑嚩引二合訶
由結甲印故　遠離於諸障　能遮惡趣門
亦護諸眾生　次結金剛輪　大威德印契
二羽內相叉　竪二念定力　二念糺定合
二慧並申合　安契當於心　誠心誦七遍
金剛輪真言曰
娜麼悉底𠹕三合野一陁尾二合迦
引南引薩嚩怛他引誐跢引南引三
暗引四尾囉介五尾囉介六摩賀引
嚩日囉七二合娑跢娑跢八些引囉帝九些
引囉帝十怛邏二合異十一怛邏二
合異十二尾馱麼你十三三畔若你
十四怛囉二合麼底十五悉馱引仡
𠼪二合怛藍二合沙嚩引二合訶引
由誦此真言　如再入輪壇　失念破三昧
菩薩與聲聞　身口律儀　四重五無間
是等諸罪障　悉皆得清淨　次當結地界
進念乎相交　信定慧堅合　雙慧輔於地
三柏想下方　熾成獨鈷杵　徹至金剛際
想除地過患

金剛橛真言曰
唵枳里枳里嚩日囉二合嚩日哩二合
部律二合滿馱滿馱吽發吒半音
由結地印故 盡想道場內 即成金剛地
諸魔不得便 以微少功行 速證三摩地
身心不疲倦 遠離於昏沉 次結金剛牆
准前下方契 豎開二慧豎 三匝而右旋
心想金剛牆 赫奕起威燄 遍護於道場
以成方隅界
金剛牆真言曰
唵薩囉薩囉嚩日囉二合 鉢囉二合
迦引囉吽發吒半音
由結牆印故 諸魔及障者 毗那夜迦等
四散而馳走 次結大海印 止觀仰相叉
即成於海印 當心而旋轉 應想成大海
深廣無邊際 清淨八功德 皆從法界生
大海真言曰
唵尾麽路娜地吽
次結須彌印 止觀內叉拳 真言誦三遍
即想妙高山 四寶而成就 七金山圍遶
山頂想樓閣 衆寶以莊嚴
須弥山真言曰
唵阿左攞吽

阿閦如來念誦供養法一卷 第七張 衛

次結虛空藏 明妃大密印 二羽金剛縛
進力如寶形 餘度豎如幢 止觀下相交
即成供養儀 次第修如是 次想於殿中
本尊與眷屬 各依花位座 塗香及花鬘
燒香摩尼燈 閼伽及賢瓶 殊妙天飲食
寶柱而行列 以我功德力 如來加持力
及以法界力 普供養而住
虛空藏大明妃真言曰
唵誐誐曩三婆嚩嚩日囉二合 穀引
由誦結此印 虛空藏本尊 不越本願力
皆成實供養 次應結寶車 止觀仰相叉
二定側相拄 二慧輔定側 真言誦三遍
奉送本尊剎
奉車輅真言曰
唵覩嚕覩嚕吽
行者持香鑪 即靜虛空道 真言誦三遍
壞裂魔羅網
靜治道路真言曰
唵一蘇悉地迦哩二 惹嚩二合 理
跢引 難引 跢三 慕嘌怛曳四 惹嚩二合
攞惹嚩二合 攞滿馱滿馱賀曩賀曩
吽發吒半音
心想七寶車 衆寶共莊嚴 繒幡寶鈴鐸

阿閦如來念誦供養法一卷 第八張 衛

珠鬘遍交絡 無量諸天樂 不鼓自然鳴
皆奏和雅音 想至妙喜剎 本尊與眷屬
乘此寶車輅 即當結請車 准前車輅印
慧力撥二念 想車至於空
請上車輅真言曰
曩麽悉底哩二合 野一 地尾二合 迦
引南二 薩嚩怛他誐跢引南引 唵四
嚩日郎二合 倪你夜二合五 羯沙野娑嚩
二合 訶
次結部心印 止觀內相叉 左慧向身招
三遍加來句 本尊與眷屬 歡喜赴集會
部心請真言曰
唵嚩日囉引二合 地力二合 翳係係娑
嚩引二合 訶
由誦此真言 本尊與眷屬 歡喜赴集會
與願令成就 即結辟除印 止觀金剛形
先當舉止羽 外拓作辟除 一切諸魔羅
怖畏而馳走
辟除真言曰
唵枳里枳里嚩日囉引二合 吽發吒半音
由誦及辟除 諸有魔障者 從聖隱聚會
奔馳而四散 即舉於觀羽 作示三昧耶
聖衆憶昔願 復當赴集會

阿閦如來念誦供養法一卷 第九張 衛

示三昧耶真言曰
唵商羯隸三麽野娑縛引二合訶引
次結金剛網　准前金剛墻　二慧捻定側
右旋於頂上　即成堅固網　上方諸魔羅
無有能侵惱　修行速得成
金剛網真言曰
唵尾塞普引二合羅捺囉引二合乞叉二合
縛日囉引二合半惹囉吽發吒半音
即結密縫印　止掌輔觀背　二慧而申直
真言誦三遍　右旋及上下　心想金剛焰
容合方隅界　感靈其處所
金剛火院真言曰
唵阿三摩引銀你二合吽發吒半音
次應虔誠心　奉獻閼伽水　持器當於額
運想沐聖衆
奉閼伽真言曰
娜莫三滿跢没馱南引誐誐曩三摩
引娑摩娑縛引二合訶引
次應獻花座　二羽虛心合　進念定微屈
運心而旋轉　本尊與眷屬　想坐花臺上
二處本位　觀念令分明
花座真言曰
娜莫三滿跢没馱引南悉引

次結塗香印　觀掌向外竪　止羽握右觀
心想塗香雲　遍塗聖衆海
塗香供養真言曰
唵一嶮馱磨引祢你二縛囉茫三鉢
囉引二合底佉哩二合亶拏二合娑縛
二合訶引
纔結塗香印　遍於印契中　無量香天女
各持塗香器　盡於無邊刹　供養佛聖衆
不久當獲得　五分具法身　次結花鬘印
止觀仰相叉　二定屈如環　慧輔定下節
心想奉花鬘　用獻聖眷屬
花鬘供養真言曰
唵一麽引攞引馱凝二縛日囉二合
馱囉娑縛引二合訶引
纔結花鬘印　遍於印契中　無量花天女
各持花鬘器　盡於無邊刹　供養佛聖衆
不久當獲得　離染如蓮花　即結焚香印
二羽而仰掌　信進念竪背　定慧側相拄
心想燒香雲　以奉聖眷屬
焚香供養真言曰
唵一度跛始契矩魯縛日哩二合扼
娑縛引二合訶引
纔結焚香印　遍於印契中　無量香天女
各持七寶爐　盡於無邊刹　供養佛聖衆

不久當獲得　如來無礙智　次結飲食契
二羽虛心合　慧方輔禪側　狀如食器形
心想飲食雲　以奉聖眷屬
飲食供養真言曰
唵一磨攞磨攞二合寘伽磨引疑你
三鉢囉二合底佉哩二合亶拏四二合
縛日哩二合扼娑縛引二合訶引
纔結飲食契　遍於印契中　無量諸天女
各持寶食器　盡彼無邊刹　供養佛聖衆
不久當獲得　法喜禪悅食　次結燈明印
觀羽密作拳　堅念慧側輔　真言誦三遍
心想摩尼燈　以奉聖眷屬
寶燈供養真言曰
唵一惹縛引二合攞引麽引隸你二合祢
跛始契娑縛引二合訶引
纔結燈明印　遍於印契中　無量燈天女
各持摩尼燈　盡彼無邊刹　供養佛聖衆
不久當獲得　清淨五種眼　運心悉周遍
無量佛刹中　種種而奉獻　無邊供養儀
即結虛空藏　大菩薩密印　二羽金剛縛
二定如寶形　信進如幢刹　二慧而合竪
真言誦三遍
虛空藏真言曰

娜麽薩嚩怛他引誐帝鼻喻二合尾
濕嚩二合目契鼻藥二合薩嚩他引欠
嗢娜誐二合帝塞普二合囉吅鈐誐
誐曩劒娑嚩二合引訶引
即讃本所尊　無量功德聚　或誦百八名
歌詠聲供養　行者於身中　當心應觀察
圓滿淨月輪　專注令分明　上想金剛杵
金色五智形　光明遍流出　照觸無邊界
警覺魔羅宮　廣大作佛事　以此三麽地
而成阿閦佛　具相觸地印　眷屬以圍遶
即結根本印　加持於四處
無動如來真言曰
唵惡屎荎二合毗野二合吽
次結恭莫計　部母大悲者　二羽内相叉
信念慧如針　三遍加本尊　即當護已身
各誦於一遍　加持於五處
恭莫計真言曰
娜謨囉怛娜二合怛囉引二合夜野娜
麽室戰二合拏嚩日囉引二合播拏曳
摩訶藥叉細曩鉢跢曳唵矩蘭馱哩
滿馱滿馱吽發吒半音
次結如來不動大身印
誦本明七遍

大身真言曰
娜謨婆誐嚩帝　惡屎荎二合毗夜
二合野怛他誐跢引夜引囉訶二合
帝三藐三没馱引野怛你野二合他
引迦迦你迦迦你嚧左你嚧左你咄
嚧二合吒你咄嚧二合吒你怛邏二合
娑你怛邏二合娑你鉢囉引二合底
反訶路你鉢囉引二合底訶路你薩嚩丁以
羯麽跛藍跛邏野屈荎二合毗野二合
覩娑嚩二合引訶引
次應淨念珠　二羽捧珠鬘　加三遍頂戴
淨珠鬘真言曰
唵吠嚧者娜麽攞娑嚩二合引訶
次結持念珠　二羽半金剛　以此持念珠
真言誦三遍
持珠真言曰
唵嚩蘇苐底室哩二合曳鉢娜苐二合忙
里你娑嚩二合訶
即誦本尊明　身前觀尊相　自身亦如是
專注離散亂　或以實相理　與法身相應
真言字分明　不緩亦不急
或千或百八　一數常准定　念誦當畢已
捧珠於頂上　遍數付部母　復結三昧耶

誦本明三遍　即入字輪觀　於心月輪上
行列真言字　金色具威光　思惟實相理
應觀唵字門　諸法無流注　次念阿字門
諸法本不生　第三閦字門　諸法無盡藏
第四陛字門　諸法無自性　第五吽字門
諸法無因緣　一一真言字　觀照法界性
從初至究竟　注心勿令間　復結部母印
真言誦三遍　應以歌詠音　讃揚本尊德
重結五供養　奉獻本所尊　復獻閼伽水
慇懃求本願　隨心上中下　如教獲悉地
即結外院印　右旋解諸界　次結寶車輅
及結部心印　送尊皆外撥　復結三部印
護身及五誨　應當如前作　礼佛隨意樂
讀誦方廣乘　十法行威招　無量無邊福
契經思六念　皆以實相理　二應思惟
相應瑜伽教　若欲除業障　應當印佛塔
或沙及香泥　皆安緣起偈　積數如經說
終畢現奇特
修集念誦法　以此勝福田　一切諸有情
速成阿閦佛
發遣真言曰用前車輅印三外撥三念
唵嚩日囉引二合地力二合夜吅夜吅
娑嚩二合訶引

由誦此真言　即成發遣尊
除萎花真言曰
唵澀微二合帝摩訶澀微二合帝佉引娜寧娑縛引二合訶引
次掃地真言曰
唵訶羅訶羅儞祇古反引孽羅二合訶羅拏引耶娑縛二合訶引
塗地真言曰
唵迦羅引隸摩訶迦羅隸娑縛引二合訶引

阿閦如來念誦供養法一卷

丁未歲高麗國大藏都監奉
勅雕造

阿閦如來念誦供養法一卷　第十六張　衡

阿閦如來念誦供養法一卷

校勘記

一　底本，麗藏本。

一　七二三頁上一行經名，石作「阿閦如來念誦法一卷」；磧、普、南、徑、清作「阿閦如來念誦供養法」。磧、普、南、徑、清卷末經名同。

一　七二三頁上二、三行譯者，石作「特進試鴻臚卿大興善寺三藏沙門大廣智不空奉詔譯」；磧、普、南作「大興善寺三藏沙門大廣智不空奉詔譯」。

一　七二三頁上一一行第九字「甲」，磧、普、南、徑、清作「界」。

一　七二三頁上一四行「閣上」，石、普、南、徑、清作「閣中」。

一　七二三頁上一五行第一二字「静」，磧、普、南、徑、清作「淨」。

一　七二三頁中三行首字「如」，石作「加」。

一　七二三頁中七行「或住三摩地」，磧、普、南、徑、清無。

一　七二三頁中八行「是名菩薩行」，磧、普、南、徑、清無。

一　七二三頁中二一行末二字至次行首二字「陳懺一懺」，磧、普、南、徑、清作「一陳」。

一　七二三頁中二二行第九字「懺」，磧、普、南、徑、清無。

一　七二三頁下六行「一切福智」，磧、普、南、徑、清無。

一　七二三頁下一一行「獲殊勝」，石作「成無量」。

一　七二三頁下一四行第一三字「無」，磧、普、南、徑、清無。

一　七二三頁下一九行第四字「明」，磧、普、南、徑、清作「呪」。

一　七二四頁上九行第三字「言」，磧、普、南、徑、清無。

一　七二四頁上一〇行第一一字「悉」，徑作「惡」。

一　七二四頁上一一行「迴向發願」，石無。

一　七二四頁上一七行「皆得」，石作「皆獲」。

一　七二四頁上一九行「隨意」，石作「隨自意」。

一　七二四頁上二二行「速得」，石、磧、普、南、徑、清作「速證」。又「悉地」，石無。

一　七二四頁上末行「定輔」，磧、普、南、徑、清作「定轉」。本頁中二二行同。又末字「進」，石作「念」。

一　七二四頁中一行「專住」，磧、普、南、徑、清作「專注」。

一　七二四頁中一五行「三鈷」，磧、普、南、徑、清作「三股」。

一　七二四頁下七行第八字「念」，磧、普、南、徑、清作「合」。又「定合」，磧、普、南、徑、清作「合定」。

一　七二四頁下二一行第一三字「輔」，磧、普、南、徑、清作「觸」。

一　七二四頁下二二行「熾成獨鈷杵」，磧、普、南、徑、清作「熾盛獨股杵」。

一　七二四頁下末行第二字「除」，磧、普、南、徑、清作「際」。

一　七二五頁上五行末字「池」，石、磧、普、南、徑、清作「地」。

一　七二五頁上六行第九字「昏」，石作「惛」。

一　七二五頁上七行「揲開二慧竪」，磧、普、南、徑、清作「折開三慧竪」。又第一三字「両」，磧、普、南、徑、清作「兩」。

一　七二五頁上一三行第四字「印」，石作「即」。

一　七二五頁上二〇行第二字「想」，磧、普、南、徑作「成」。

一　七二五頁中一行第六字至二行第一〇字「明……幢」，石無。又「明妃」，磧、普、南、徑、清作「菩薩」。

一　七二五頁中二行第八字「竪」，磧、普、南、徑、清作「盡」。又「手相」，磧、普、南、徑、清作「平相」。

一　七二五頁中三行「供養儀」，石作「供養契」。又「次第修如是」，石無。

一　七二五頁中四行「花鬘」，磧、普、南、徑、清作「香鬘」。

一　七二五頁中一〇行「本尊」，石、磧、普、南、徑、清作「大尊」。

一　七二五頁中一六行第七字「静」，磧、普、南、徑、清作「淨」。

一　七二五頁中一八行「静治道路真言曰」，磧、普、南、徑、清作「淨治道路真言曰」並夾註「此真言印合於下請上車輅真言後用」。

一　七二五頁下五行第二字「上」，石無。

一　七二五頁下一一行第三字「加」，石、磧、普、南、徑、清作「如」。又「本尊與眷屬歡喜赴集會」，磧、普、南、徑、清無。

一　七二五頁下一二行第三字「請」，磧、普、南、徑、清無。

一　七二五頁下一五行首字至一六行第五字「由……就」，石無。

一　七二五頁下一六行第一一字「止」，石作「及示三昧耶止」。

一　七二五頁下一七行「外拓」，磧、普、南、徑、清作「外託」。

一　七二五頁下一九行「辟除真言曰」，石無。

一　七二六頁上一〇行「心想」，石作「止想」。

一　七二六頁中七行「遍於印契中」，磧、普、南、徑、清無。

一　七二六頁下二行第六字「慧」，普、徑作「契」。

一　七二六頁下八行第六字「遍」，徑作「偏」。又第一三字「諸」，磧、普、南、徑、清作「食」。

一　七二六頁下九行末字「衆」，徑作「果」。

一　七二六頁下二〇行首字「即」，石作「次」。又第一一字至二一行末字「二……竪」，磧、普、南、徑、清作「止觀互相交即成供養儀」。

一　七二七頁上八行「五智形」，徑作「五形形」。

一　七二七頁上一五行第八字「加」，磧、普、南、徑、清作「如」。

一　七二七頁上二二行「如來不動」，石無。

一　七二七頁中一一行「二羽」，磧、普、南、徑、清作「二手」。又「加三遍頂戴」，石作「伽三遍頂戴」；磧、普、南、徑、清無。

一　七二七頁中一六行首字至一八行末字「持……訶」，磧、普、南、徑、清無。

一　七二七頁中一九行第二字「誦」，磧、普、南、徑、清作「結」。

一　七二七頁中末行「遍數」，磧、普、南、徑、清作「遍散」。又「三昧那」，石、磧、普、南、徑、清作「三昧耶」。

一　七二七頁下九行「復獻」，徑作「便獻」。

一　七二七頁下一〇行「獲悉地」，磧、普、南、徑、清作「請悉地」。

一　七二七頁下一二行第五字「印」，磧、普、南、徑、清作「請」。又「外撥」，石作「外擲」。

一　七二七頁下一三行「五誨」，石、磧、普、南、徑、清作「五悔」。

一　七二七頁下一四行「十法」，磧、普、南、徑、清作「十方」。

一　七二七頁下二一行夾註「用前車乾印三外撥三念」，石作「用前車輅印三外撥二念」；磧、普、南、徑、清作正文「用前車輅印三外撥三念」。

一　七二八頁上一行「即成」，石作「成就」。

一　七二八頁上卷末經名，石作「阿閦佛念誦法一卷」。

佛頂尊勝陁羅尼念誦儀軌法一卷　衡

開府儀同三司特進試鴻臚卿肅國公食邑三千戶賜紫贈
司空謚大鑒正號大廣智大興善寺三藏沙門不空奉　詔譯

夫念誦陁羅尼法先於三昧耶曼荼
羅見聖衆得灌頂知本尊從師受得
三昧耶即於山間閑處或於淨室畫
本尊尊勝陁羅尼像安於東壁上持
誦者以面對之其念誦處掘地深一
肘半地中若有瓦礫骨灰毛髮及諸穢
物等並須除之若無還取本土填滿
築令平正土若有餘其地吉祥以瞿
摩夷和好土泥地面令平正又取瞿摩
夷和水誦無能勝陁羅尼二十一遍
加持瞿摩夷其無能勝真言曰
曩莫三曼多沒馱引喃引一唵引二
虎嚕虎嚕三戰拏理四摩蹬儗以五反丁
娑嚩引二合賀引
加持巳後從東北隅起首右旋塗之
次取蜀葵葉或蓮子葉揩拭令其光
淨於上取白粉和水以繩分九位拼
之石上磨白檀香用塗九位其九位
者中央安毗盧遮那佛位右邊安觀
自在菩薩位觀自在後安慈氏菩薩
位毗盧遮那佛位後安虛空藏菩薩
位此菩薩左邊安普賢菩薩位毗盧
遮那佛位左邊安金剛手菩薩位金
剛手菩薩位下安文殊師利菩薩位
毗盧遮那佛前安除蓋障菩薩位除
蓋障菩薩位右邊安地藏菩薩位是
名九位並用白檀香塗之以為迎請
賢聖之位月上安帳蓋四面懸幡道
場四邊晨朝奉獻乳糜齋時獻酪飯
并甜臟食及以諸漿粲諸菓子四門
安四香爐四隅安四淨瓶盛香水插花
或青葉樹枝以為供養四角燃四盞
酥燈道場前於念誦者座前安置閼
伽香水兩椀所盛供養取金銀熟
銅瓷器或新瓦器或螺盃或新淨葉
餘並不堪欲盛食時先淨洗器覆之以
香煙熏內既盛食巳又須香烟熏之以
無能勝陁羅尼加持水灑之則於壇中
右旋布列然後於壇前安卑脚床子去
地半寸或茅草薦或藉以淨物念誦
者坐之念誦人應淨澡浴澡浴法如
蘇悉地中說或以法澡浴觀法實相

以為澡浴或以在家出家護持本律
儀戒無所毀犯以為澡浴或每日三
時佛前禮佛發露懺悔隨喜勸請發
願迴向以為澡浴或以清淨真言加
持七遍以為清淨澡浴正誦之時觀
一切法本性清淨我亦得清淨如是
作意即誦澡浴真言曰
唵引娑嚩二合婆引嚩秫馱引薩嚩
達摩入娑嚩二合婆引嚩戍引度憾
每日入道場念誦定其時節或二時謂
早朝黃昏或三時加午時或四時依瑜
伽加中夜若於本教尊勝陁羅尼經每
於白月十五日除滅業障增福延命要
期誦一千遍證出世三摩地得不忘陁
羅尼其日一日一夜不食為上或食三
白食所謂乳酪粳米飯或粥為中或
如常齋食為下身著淨衣服心應虔
誠淨信心不猶預若欲持誦至道場先
雙膝著地礼毗盧遮那佛及八大菩
薩發露懺悔發五大願一衆生無邊
誓願度二福智無邊誓願集三法門
無邊誓願學四如來無邊誓願事五
無上菩提誓願成結加趺坐以香塗

手結三昧耶印誦真言曰
曩莫三曼多沒馱喃一 阿三寘二底
哩二合 三寘三 三昧曳娑嚩引二合 賀引
其印二手合掌竪二大指印於五處
額右肩左肩心喉各誦真言一遍加
持頂上散由三昧耶印真言威神力
故能淨如來地地波羅蜜圓滿能成
就世間出世間悉地
次結法界生印誦真言曰
曩莫三曼多沒馱引南一 達羅磨二
合 馱引 睹二 娑嚩二合 娑嚩二合 句
憾
結印相二手大指安於掌中各作拳
竪二頭指側並合安於頂上從頂向
下徐徐下散誦真言三遍即觀自身
等同法界離諸色相猶如虛空
次結金剛薩埵法輪印誦真言曰
曩莫三曼多嚩日羅二合 喃引 唵引
嚩日羅引二合 怛摩二合 句引 憾
結印相二手背相叉以左大指安右
手掌中與右手大指相拄即誦真言
三遍獲得自身如金剛薩埵
次結金剛甲冑印真言曰

曩莫三曼多嚩日囉二合 喃引 唵引
嚩日羅二合 迦嚩者吽
其印相二手虛心合掌二頭指各安
於中指背二大指並合於中指中節
上成印同前五處各誦真言一遍由
此加持自身成被金剛甲冑一切天
魔無能親近
次結不動尊印真言曰
曩莫三曼多嚩日羅二合 喃一 引戰
拏摩賀盧沙拏二句 薩叵二合 吒耶
三吽怛羅二合 吒憾引 鋡引
結印二手各以大指捻小指及無名
指甲上各竪中指頭指並之左手為
鞘右手為刀以刀入鞘狀右刀手印
左旋轉辟除道場中諸魔作障者右
旋轉八方結上下方隅界然後想道
場中須弥山於山頂上想七寶樓閣
於樓閣中毗盧遮那佛與八十俱胝
十地滿足菩薩摩訶薩以為眷屬而
自圍遶四門四隅各四菩薩及八供
養以內外供養觀想奉獻了了分明
次結奉請聖衆如來鉤印誦真言曰
曩莫上三去滿馱沒馱喃引一 噁二

引 薩嚩怛羅二合 鉢羅二合 底訶諦
怛他引蘖當矩捨三 冐地者囉哩耶
二合 跛哩布引 羅迦四 娑嚩二合 引
賀引
印相二手內相叉作拳申右手頭指屈
如鉤形誦三遍由印真言威神力故
諸佛如來及以聖衆不違本誓皆悉
集會
次結奉獻座印誦真言曰
曩莫三曼多沒馱喃引 惡引急
契相二手虛心合掌二小指二大指相
合餘六指開舒微屈如蓮花敷誦三
遍由此印及真言威力流出一切微妙
寶座猶如雲海奉獻如來一切聖衆
次奉獻閼伽誦真言曰
曩莫三曼多沒馱南一 誐誐曩三摩
三摩娑嚩二合 賀引
即以兩手捧器當額蹦跪誦三遍奉
獻閼伽沐浴聖衆
次結奉獻塗香印誦真言曰
曩莫上三去曼多沒馱南引一 微輸
上馱嚩引度上納婆嚩引耶娑嚩二
合引賀

契相右手竪掌向外以左手握右手腕誦三遍由此印真言威力故流出一切塗香雲海供養一切如來及諸聖衆

次結奉獻花鬘印誦真言曰

曩莫三曼多没馱南引摩賀引昧怛哩夜三合毗庾二合那蘖帝娑縛二合賀

契相二手内相叉仰掌頭指相拄誦三遍由此印及真言威力流出一切花鬘雲海供養一切如來聖衆

次結奉獻燒香印真言曰

曩莫三曼多没馱引南一達㗚馱引怛縛二合引孥鼻音蘖帝引娑縛二合賀

契相二手仰掌以小指中指無名指屈竪相背誦三遍由此印真言威力流出一切燒香雲海供養一切如來及諸聖衆

次結奉獻飲食印誦真言曰

曩莫三曼多没馱南引阿囉囉迦囉沫隣捺湿摩賀引沫履娑縛二合賀

契相虛心盌令開掌如器誦三遍由

此印真言威力流出無邊飲食雲海供養一切如來及諸聖衆

次結奉獻燈明印誦真言曰

曩莫三曼多没馱引南引怛他引蘖怛紫娑叵二合羅寧二縛娑去娑娜三誐誐猱娜哩野二合娑縛二合賀

契相右手作拳竪中指以大指捻中指中節誦三遍由此印真言威力流出一切燈明雲海供養一切如來及諸聖衆又復如來大乘經所說當觀想幢蓋幡綱瓔珞衣服繒綵等物諸供養雲海充遍法界誠實言伽他而讚曰

以我功德力　如來加持力　及以法界力

普供養而住

次結虛空藏明妃印真言曰

曩莫三曼多没馱引南引薩縛他欠嗢娜蘖二合帝娑叵囉呬引𤚥誐誐劒娑縛二合引賀引

其契相二手相叉合掌右押左誦七遍次想自身於心中有圓明月輪了了分明於月輪上想

欠字白色放大光明遍照十方一切

世界思欠字實相義所謂一切法等同虛空離諸色相離諸障礙則於真實理中觀自身作金剛波羅蜜佛母菩薩像左手持蓮花其蓮花上有五股金剛杵右手作仰掌垂手為施願勢具頭冠瓔珞面貌慈愍拔濟一切衆生勢作是觀已二手外相叉作拳竪二中指以此金剛波羅蜜印加持印於四處謂印心額喉頂印已便散手誦金剛波羅蜜真言曰

唵薩怛縛二合縛日哩二合吽

當印四處時各誦一遍即用前印安於額上誦三遍以為灌頂灌頂已其印手分兩邊以金剛拳繼頂後誦真言曰

唵縛日囉引二合鼻訖遮

誦三遍即結被甲印二手各作金剛拳各竪頭指當心相纏如繼甲冑即於背後亦復如是次臍次兩膝卻繞臍後漸當心次兩肩亦如是繼次繼項下項後額前卻於腦後以兩金剛拳繼漸垂手兩邊徐徐下如垂帶勢即以兩手掌相拍三聲誦被甲真言曰

唵引砧𠷁 唵
又拍掌真言曰
唵縛日囉二合覩史耶二合穀
自想已身成本尊已二手合掌屈二
頭指甲相背以二大指壓二頭指頭
如彈指勢即誦尊勝陀羅尼曰
曩謨引婆誐嚩帝一怛頼二合路引枳也
二合鉢囉二合底丁以反三尾始瑟吒二合耶四勃
䭾引耶五婆誐嚩帝六怛你也二合他七引
唵八尾戍引䭾也九三麼三滿多嚩
婆娑十薩頗二合囉拏二十蘗底丁異反十誐
賀曩二十薩嚩二合婆引嚩秫下輪律反第三十
阿鼻詵左鉿引十四素誐多嚩囉嚩左
曩十五蜜㗚二合多引鼻曬罽八十六阿引
賀囉阿上引賀囉十七阿引八欲散䭾引囉
抳十八戍引䭾也戍䭾也十九誐誐曩尾
秫提二十鄔瑟抳二合沙二十尾惹也尾
秫提二十二娑賀娑囉二合三囉濕弭二合
散祖引儞帝四二十薩嚩怛他引蘗多
引五二十地瑟侘二合引二曩引地瑟恥二合多
六二十敏捺𡃤二十七二合嚩日囉二合迦引
耶二十八僧去賀怛那秫第九二十薩嚩引
嚩囉拏尾秫第三十鉢囉二合底你𩑦多

也一三十阿引欲秫第二三十三麼耶引
地瑟恥二合帝三三十麼抳麼抳四三十怛闥
多引步多俱胝五三十跛哩秫第六三十
尾娑怖二合吒七三十勃地秫第八三十惹
也惹也九三十尾惹也尾惹也十四娑麼
二合囉娑麼二合囉一四十薩嚩勃䭾引地
瑟恥二合多秫第二四十嚩日嚟二合嚩日囉
二合蘗鞞三四十嚩日覽二合婆嚩覩四四十
麼麼五四十薩嚩薩怛嚩二合難引上
左迦引上也尾秫第七四十薩嚩蘗底八四十
跛哩秫第九四十薩嚩怛他引蘗多
三摩引濕嚩二合娑引地瑟恥二合帝
一五十勃䭾勃䭾二五十冐䭾也冐
䭾也三五十三滿多跛哩秫第四五十薩
嚩怛他引蘗多引五五十地瑟姹二合曩
引六五十地瑟恥二合多七五十摩賀引畝捺
𡃤二合八五十娑嚩二合賀引九五十
所誦之聲不高不下不緩不急一心
緣觀毗盧遮那佛了了分明誦七遍
已即頂上散取菩提子念珠安於掌
中誦加持念珠真言曰
唵尾嚧遮那麼羅 娑嚩二合賀引
誦七遍已安頂上以左手當心承珠右

手移珠每與娑嚩二合賀齊聲移一珠
念誦至一百八遍乃至一千遍却取珠
鐇於掌中合掌安於頂上而發所求清
淨妙願願一切衆生皆悉獲得復結本
尊印誦七遍或三遍復結金剛波羅
蜜印
又復結五種供養印并誦七種真言
而供養之具如上說即結不動尊印
誦一遍以印右轉即成解界執閼伽
器奉獻供養即結前三昧耶印當頂
上奉送誦三昧耶真言一遍不解此
印便誦金剛解脫真言曰
唵嚩日囉二合謨引訖叉二合穆
奉送諸佛聖衆如前礼拜發露懺悔
隨喜勸請發願迴向已出道場後即於
靜處轉讀大乘經典第一義諦以此妙
福迴向所求助成悉地若作息災法
面向北其壇圓觀聖衆白色道場中
所供養物皆白身著白衣面向北座燒
沉水香若作增長法面向東坐本尊及
供養并自身衣服悉皆黃色燒白檀
香若作降伏法面向南坐本尊及供
養并衣服並青色或黑色燒安息香

若作敬愛法面向西坐觀本尊赤色
及飲食衣服皆赤燒酥合香

佛頂尊勝陀羅尼念誦儀軌法一卷

丙午歲高麗國大藏都監奉
勑雕造

佛頂尊勝念誦法　第十五　衡

佛頂尊勝陀羅尼念誦儀軌法一卷

校勘記

一　底本，麗藏本。

一　七三一頁上一行經名，石作「佛頂尊勝陀羅尼念誦儀軌一卷」；磧、普、南、徑、清作「佛頂尊勝陁羅尼念誦儀軌」。

一　七三一頁上二、三行譯者，石作「特進試鴻臚卿大興善寺三藏沙門大廣智不空奉詔譯」；磧、普、南作「大興善寺三藏沙門大廣智不空奉詔譯」；徑、清作「唐三藏沙門大廣智不空奉詔譯」。

一　七三一頁上六行「閑處」，磧、普、南、徑、清作「空閑處」。

一　七三一頁上七行第一三字「上」，石、磧、普、南、徑、清無。

一　七三一頁上八行「掘地」，石、磧、普、南、徑、清作「地掘」。

一　七三一頁上一八行第四字「後」，石、磧、普、南、徑、清無。

一　七三一頁上一九行首字「次」，石、磧、普、南、徑、清作「塗已」。又第九字「葉」，石作「草葉」。

一　七三一頁上二〇行末字「拼」，徑作「併」。

一　七三一頁中五行第三、四字「菩薩」，石、磧、普、南、徑、清無。

一　七三一頁中六行「毗盧遮那佛前」，磧、普、南、徑、清作「金剛手右邊」。

一　七三一頁中七行第三至第五字「菩薩位」，石、磧、普、南、徑、清無。

一　七三一頁中八行「迎請」，石、磧、普、南、徑、清作「延請」。

一　七三一頁中一一行「甜膩」，磧、普、南、徑、清作「甜脆」。

一　七三一頁中二〇行第六字「後」，磧、普、南、徑、清無。又第一一字「畢」，磧、普、南、清作「庳」；徑作「庫」。

一　七三一頁下四行末字至五行第五字「加持七遍以爲」，石、磧、普、南、徑、清作「誦三遍以爲殊勝」。

一　七三一頁下一〇行「時節」，石、磧、普、南、徑、清作「時限」。

一　七三一頁下一五行「戒食」，磧作「飲食」。

一　七三二頁上一行首字「手」，石、磧、普、南、徑、清作「兩手」。

一　七三二頁上四行「其印」，石、磧、普、南、徑、清作「結印者」。

一　七三二頁上五行「額右肩左肩心喉」，石、磧、普、南、徑、清作「一額二右肩三左肩四心五咽喉」。

一　七三二頁上七行第七字「地」，石、磧、普、南、徑、清無。

一　七三二頁上一三行「結印相」，石、磧、普、南、徑、清作「結印者」，二〇行同。

一　七三二頁上二一行首字「手」，石、磧、普、南、徑、清無。又第三字「中」，石無。又第一一字「即」，石、磧、普、南、徑、清作「即成」。

一　七三二頁中三行「其印相」，石無。

一　七三二頁中五行「成印同前」，石、磧、普、南、徑、清作「印於」。

一　七三二頁中五行末字至六行第五字「由此加持自身」，石、磧、普、南、徑、清作「五處如前説由加持故即」。

一　七三二頁中一二行「結印」，石無。

一　七三二頁中一三行「頭指」，石、磧、普、南、徑、清作「及頭指」。

一　七三二頁中一四行首字「鞘」，磧、普、南、徑、清作「矟」。又「以刀入鞘狀右刀手印」，石、清作「以右刀手印」；磧、普作「以右力印」；南、徑作「以右刀印」。

一　七三二頁中一五行「左旋轉」，磧、普、南、徑、清作「右旋轉」。

一　七三二頁中一六行第二字「轉」，磧、普、南、徑、清無。又「結上下」，石、磧、普、南、徑、清作「上下結」。

一　七三二頁中二二行首字至末字「次……曰」，徑無。

一　七三二頁下五行「印相」，石、磧、普、南、徑、清作「結印者」。

一　七三二頁下一一行「契相」，石、磧、普、南、徑、清作「結印者」。下至次頁中七行同。

一　七三二頁下一三行第五字「及」，石、磧、普、南、徑、清無。次頁上一〇行第七字同。

一　七三二頁下一八行首字「即」，石、磧、普、南、徑、清無。又第九字「[illegible]」，石、磧、普、南、徑、清無。

一　七三三頁上二行第二字「誦」，磧、普、南、徑、清作「誦真言」。又「威力」，石、磧、普、南、徑、清作「威德力」。

一　七三三頁上五行第八字「誦」，石、磧、普、南、徑、清無。

一　七三三頁上一二行「結拳」，石無。又「印真言曰」，石作「真言」。

一　七三三頁上一六行第七字「以」，石、磧、普、徑、清無。

一　七三三頁上末行「虛心密令」，石、磧、普、南、徑、清作「二手虛心密合」。

一七三三頁中八行第二字「中」，石無。

一七三三頁中一〇行第一一字「所」，石無。

一七三三頁中一一行「幢蓋幡網」，石、磧、普、南、徑、清作「播幢蓋網」。

一七三三頁中一四行「功德」，磧、普、南、徑、清作「福德」。

一七三三頁中一六行末字「曰」，石無。

一七三三頁中二〇行「其契相」，石、磧、普、南、徑、清作「結印者」。

一七三三頁下四行第三字「像」，石、無。

一七三三頁下九行「額喉頂」，石、磧、普、南、徑、清作「次印額次喉次頂」。

一七三三頁下一三行第一〇、一一字「灌頂」，石、磧、普、南、徑、清無。

一七三三頁下一四行第五字「以」，石無。又第九字「繼」，磧、普、南、徑、清作「繫」；徑作「擊」。

一七三三頁下一八行第一一字「繼」，磧、普、南、徑、清作「繫」，下至二二行第二字同。

一七三三頁下一九行第一三字「却」，磧、普、南、徑、清作「即」。二一行第七字同。

一七三三頁下二一行首字「項」，磧、普、南、徑、清作「頂」。又第一二字「兩」，磧、普、南、徑、清無。

一七三三頁下二二行「徐徐下」，石、磧、普、南、徑、清作「徐下」。

一七三四頁中末行「安頂上」，石作「安頂上發願」；磧、普、南、徑、清作「安珠頂上發願」。

一七三四頁下四行第二字「妙」，石無；磧、普、南、徑、清作「之」。又末字至次行第三字「本尊印誦」，石、磧、普、南、徑、清作「尊勝印或誦」。

一七三四頁下七行「七種」，磧、普、南、徑、清作「五種」。

一七三五頁上一行第九字「坐」，石無。

一七三五頁上二行「飲食」，石作「食飲」。

一七三五頁上卷末經名，石、磧、普、南作「佛頂尊勝陁羅尼經念誦儀軌」；徑、清作「佛頂尊勝陁羅尼念誦儀軌」。

金剛頂勝初瑜伽普賢菩薩念誦法一卷 衛

開府儀同三司特進試鴻臚卿肅國公食邑三千户賜紫贈司空謚大鑒正號大廣智大興善寺三藏沙門不空奉詔譯

歸命禮普賢 法界真如體 我今依大教
金剛頂勝初 略述修行儀 勝初金剛界
海會諸聖衆 垂慈見加護 利益修行者
是故結集之 若欲求解脱 依於阿闍梨
求受於灌頂 若得許可已 方依本教修
揀擇得勝處 建立於輪壇 即當想自身
同彼普賢體 色白如珂雪 端坐入三昧
舌上想五股 淨妙金剛杵 密誦此真言
同一法界淨 即誦真言曰
唵 娑縛二合 婆縛戍度含
由誦此真言 身器皆清淨 即觀虚空佛
遍滿如胡麻 則誦遍照明 歷然見諸佛
觀佛真言曰
欠平 縛日囉二合 馱都
應滿普賢行 求成最正覺 身心不動搖
定中禮諸佛 即誦真言曰
唵 薩嚩怛他誐多 波引 娜滿娜南 迦
嚕弭
本尊大印成 次結金剛掌 竪合交初分

密言如是稱
嚩日𡀔引二合 惹引 哩
便爲金剛縛 其明如後陳
嚩日羅引二合 滿馱
開縛摧拍心 應誦密言曰
縛日羅二合 滿馱怛囉二合 吒半音
次前金剛縛 禪智檀慧開 稱遍入真言
降臨每加護
嚩日羅引二合 吠捨惡
不改次前契 禪智進力加 是名三昧拳
真言如是誦
嚩日羅引二合 母瑟知二合 鍐
分彼拳作二 左慢右安心 身語意金剛
形體依初觀 同前縛爲準 智與進力門
禪遍於其中 秘密三昧契 印心額喉頂
皆誦此真言
素囉多薩怛鑁三合
金剛縛叉陳 忍願成刀狀 進力捻刀側
依初第一文 禪押於智端 如結加趺勢
印頂心當想 毗盧遮那佛 儼然鮮白耀
誦此真言曰
唵 部入欠平
次當印其額 應想阿閦尊 色青處於前

誦此密明句
嚩日囉二合 薩怛嚩二合
次按於頂右 其名寶生尊 黄色相端嚴
真言如是誦
嚩日羅二合 囉怛那二合
舉置於頂後 無量壽如來 色亦殊特儀
稱此真言曰
嚩日囉二合 達磨
復至於頂左 不空成就尊 緑色五佛周
稱此秘明句
嚩日囉二合 羯磨
次作寶鬘印 灌頂以嚴身 用二金剛拳
額前遂縈繞 復分拳腦後 如前又繫鬘
自檀慧徐開 以羽兩傍下 若垂繒帶想
誦次後真言
唵一 嚩日囉二合 麽攞避詵左二 滿
三 鑁四
定慧羽皆舒 俱拍契成就 能悦一切聖
真言如是稱
嚩日囉二合 覩使也二合 斛引
金剛慢印明 默心誦一遍
薩鑁矩嚕野他引 素上欠平
復具明如上 金剛薩埵冠 以五佛色身

安住相應印　遍照薄伽梵　契住如來拳
次陳阿閦鞞　定羽持衣角　成拳按心上
慧觸地如儀　施願寶生尊　智掌仰當乳
無量光勝印　定拳慢執蓮　慧拳似敷花
又如無動佛　智羽三幡相　如拔濟有情
揚掌於乳傍　不空成就印　又作金剛縛
開掌禪智合　檀慧直如峯　忍願入於掌
相合如箭狀　印心額及喉　於頂亦如之
皆用心密語
吽
便捧其香水　稱後閼伽明
跛囉摩素上佉去捨野一娑羅里多
二尾邏引娑囊弭帶囉囊二合㗚引
弭婆誐鍐擔三弱吽鍐斛四唵唵唵
唵五鉢囉二合底引車上六矩素上
滿引惹里哩曩引二合他七
近額奉獻之　如儀浴眾聖　依前觀滿月
皓白現壇中　大聖處於間　契住金剛慢
復陳四尊位　眼前在其前　色赤衣服然
冠鬘以嚴飾　二羽彎弓矢　瞻矚薩埵儀
計里計羅尊　色白居其右　金剛拳二羽
交抱三昧耶　於後愛為名　形服皆青色
二拳堅慧辟　肘以定羽承　共執摩竭幢

於左名為慢　色黃拳在胯　向左小低頭
羯摩印真言　加持諦安立　七聖金剛慢
應誦心密言
吽
諸尊次復陳　自眼前為始　二拳各堅固
彎弓放箭儀　密契相已成　秘明如後誦
弱一縛日囉二合地哩二合瑟知二
合二娑引去引野計三麼吒半音四
進前拳二羽　交辟抱於胸　計里計羅尊
當誦此後句
吽一縛日囉二合計利吉麗二吽三
又旋次前印　慧辟直如幢　定拳承肘間
誦明名愛契
鈴一縛日哩二合你二娑麽二合囉三
囉吒半音四
二拳各居胯　以頭向左傾　慢契相遂成
真言如後誦
斛一縛日囉二合迦引冥溼縛二合
哩二怛藍二合引三
次陳內供養　初起東南隅　捧花形服白
金剛妙適悅　金剛適悅性　色黑執香爐
金剛眼獻燈　色赤嚴飾尒　末為塗香位
金剛大吉祥　形服皆以黃　次陳其契相

俱先二拳舞　如儀遂結成　以二金剛拳
相並上擲散　想妙花供養　真言如後稱
糸一縛日囉引二合羅底三
並拳乃下擲　念梵香雲海　普遍於一切
誦如後真言
摩訶引囉多縛日囉一合斛二
二拳禪智合　如燈應運想　廣施為佛事
密言如是稱
唵一縛日囉二合路引者寧三
並覆其二拳　依胸兩向散　若妙塗香勢
當誦此真言
摩訶引室唎一二合縛日哩二二合唵三
外供養諸尊　四隅又存想　東南名嬉戲
二拳以當心　笑處於西南　二羽口傍散
歌居於西北　彈執其箜篌　東北舞為名
如儀旋轉勢　形服皆金色　真言契又陳
覆並於二拳　繞心應右轉　是名嬉戲印
其名如後稱
糸囉底縛日囉一二合尾邏引賜你二
怛囉二合吒半音
如前印口傍　白檀慧徐散　揚掌極節辟
合笑誦真言
糸囉底縛日囉一合賀引細二娑訶

定辟如鉤於篌　旼進力微屈　慧羽彈弦勢
為歌誦其明
糸羅底縛日羅(二合)擬(引)諦(二)諦諦(三)
二拳舞於心　頂上合便散　其名舞契相
真言句遂陳
糸羅底縛日羅(二合)你哩(二合)諦(二)
吠波吠波(三)
四承旨居門　形儀復當演　初持鉤青色
嚴麗處於間　南摸索皆黃　西執鎖尚赤
其北名為磬　具綠色衿鬘　秘契及真言
復次今當設　二拳皆應逼　檀慧反相鉤
進力皆極舒　又稍屈進度　微招是鉤契
其明如後稱
縛日朗(二合)矩勢(一)弱(二)
前印進力交　又以頭相拄　其中如羂索
稱誦後真言
縛日羅(二合)播(引)勢(一)鈝(二)
旼進力相鉤　開拳背交辟　遂名鏁契成
密言如是稱
縛日羅(二合)餉迦麗(一)鑁(二)
如鎖背相著　動搖聲明日
縛日羅(二合)健吒(一)斛(二)
大聖所嚴飾　花座及衣服　并餘見前尊

其色隨身相　殊形具衆德　皆戴五佛冠
將建曼荼羅　諸位先存想　月輪圓明現
其中觀念之　半跏面本尊　適悅目瞻仰
又宣三昧印　本尊前所陳　彼契及真言
如儀勿差謬　餘尊次當設　亦眼前為初
准彼所讃身　大樂隨心印　極屈其進力
初分背相著　禪智並押之　契相當成就
以禪押於智　深交印乃成　名計里計羅
次陳摩竭相　進鉤於願度　力摸其忍端
戒方舒成針　檀慧合而直　禪智自相並
各押進力傍　愛契相已成　不改次前印
從外爾其股　先右左亦然　內供養又明
側捩金剛掌　上擲為花印　下散成燒香
禪智逼為燈　塗香依胷啟　嬉戲旋轉札
笑契近口傍　自檀慧徐開　又結其歌印
攺力度微屈　進虛撥於間　定羽住吒逝
慧作三幡相　當心乃旋舞　八供養已周
次結金剛縛　旼進力微屈　徐招是鉤契
從縛索當生　禪度智力間　印成又為鎖
環進禪智力　捻已便相鉤　又作堅固縛
禪智戒方下　當胷遂搖動　為聲四攝成
三昧耶真言　同前羯磨句　金剛座捶位
及行者所居　皆有十六尊　圍遶端嚴住

又誦次所陳　最勝真實讃　能纔稱念故
速令悉地圓
摩訶(引)素(上)佉(一)摩訶(引)囉(引)誐(二)
摩訶(引)縛日羅(二合)(三)摩訶(引)馱那(四)
摩訶(引)抧孃(二合)那(五)摩訶(引)羯摩
(六)縛日囉(二合)薩怛嚩(引)(二合)你也(二合)
悉地野(二合)寘(七)
誦讃聲畢已　觀念本所尊　身心不散乱
捧戴於珠鬘　當心以加持　而誦真言曰
唵縛日羅(二合)虞呬也(二合)惹波(三)
摩曳吽
次誦本所尊　持珠住等引　不極動舌端
脣齒二俱合　金剛語離聲　分明覩相好
四時不令間　百千已為限　或復過於是
真言如是稱
唵縛日羅(二合)薩怛縛(二合)惡
念誦分限畢　捧珠發大願　即結根本印
誦本明七遍　復修八供養　以妙聲誦讃
捧獻閼伽水　解界及諸印　即結三昧拳
一誦而掣開　次結羯摩拳　三誦三開手
彼彼所生印　一一自當解　即誦真言曰
唵縛日羅(二合)穆
次結奉送印　二羽金剛縛　忍願竪如針

誦已而上擲　而誦真言曰
唵訖哩二合　覩縛薩縛薩怛縛二合
囉他二合　悉地娜多野他努誐蘖車
持梵二合　勃馱尾灑塩布那囉誐摩
那野覩唵縛日囉二合　薩怛縛二合
穆
次當結寶印　二羽金剛縛　進力如寶形
禪智亦復尒　印相從心起　置於灌頂處
分手如繫鬘　亦成甲冑印　真言如是稱
唵縛日囉二合　囉怛那二合　毗詵者
銘薩縛母捺囉二合　吽捺哩二合　穆
矩嚕縛囉迦縛制那
吽
加持被甲已　齊掌而三拍　令聖衆歡喜
以此真言印　解縛得歡喜　而誦真言曰
唵縛日囉二合　覩瑟也二合　斛引
奉送聖衆已　自作加持竟　便出於道場
任意自經行　轉讀大乘典　調息自身心
心常想本尊　仁者應遵奉

金剛頂勝初瑜伽普賢菩薩念誦法一卷

丙午歲高麗國大藏都監奉
勅雕造

金剛頂普賢菩薩念誦法卷　第十張　備

金剛頂勝初瑜伽普賢菩薩念誦法一卷

校勘記

一　底本，麗藏本。
一　七三八頁上一行經名，石作「金剛頂勝初瑜伽普賢菩薩念誦法經一卷」；磧、普、南、徑、清作「金剛頂勝初瑜伽普賢菩薩念誦法經」。卷末經名同。
一　七三八頁上二、三行譯者，石作「特進試鴻臚卿大興善寺三藏沙門大廣智不空奉詔譯」；磧、南作「大興善寺三藏沙門大廣智不空奉詔譯」；普作「大興善寺沙門大廣智不空奉詔譯」；徑、清作「唐三藏沙門大廣智不空奉詔譯」。
一　七三八頁上一九行「即誦」，石無。
一　七三八頁中一四行第一四字「力」，石、磧、普、南、徑、清作「如」。
一　七三八頁中二〇行第一三字「鮮」，石作「潔」。又末字「耀」，石、磧、普、南、徑、清作「輝」。
一　七三八頁中末行「色青」，石作「青色」。
一　七三八頁下六行第三字「於」，石、磧、普、南、徑、清作「在」。
一　七三八頁下九行末字「周」，磧、普、南、徑、清作「同」。
一　七三九頁上二行第一三字「按」，石作「安」。
一　七三九頁上三行首字「慧」，磧、普、南、徑、清作「契」。
一　七三九頁上六行第五字「傍」，石作「房」。
一　七三九頁上八行第二字「合」，磧、普、南、徑、清作「和」。
一　七三九頁上一九行首字「復」，磧、普、南、徑、清作「後」。
一　七三九頁中一行第三字「名」，磧、普、南、徑、清作「右」。
一　七三九頁中二行第六字「加」，磧、普、南、徑、清作「如」。
一　七三九頁下一五行第八字「其」，石作「於」。

一 七三九頁下一八行第二字「名」，石、磧、普、南、徑作「明」。

一 七四〇頁上一行末字「勢」，徑、清作「熱」。

一 七四〇頁上九行第一三字「鎖」，徑、清作「鑽」。

一 七四〇頁上一一行第一三字「反」，磧、普、南、徑、清作「及」。

一 七四〇頁中一行「五佛」，磧作「三佛」。

一 七四〇頁中五行第一二字「眼」，磧作「助」。

一 七四〇頁中八行第六字「深」，徑作「染」。

一 七四〇頁中一〇行第五字「針」，磧、普、南、徑、清作「計」。

一 七四〇頁中一一行第六字「爱」，磧、普、南、徑、清作「受」。

一 七四〇頁中一三行第二字「掖」，磧、普、南、徑、清作「綖」。

一 七四〇頁中一六行第一〇字「閒」，磧、普、南、徑、清作「門」。

一 七四〇頁中一七行第一〇字「舞」，磧、普、南、徑、清作「轉」。

一 七四〇頁中一八行首字「次」，石、磧、普、南、徑、清作「復」。

一 七四〇頁中一九行第一〇字「閒」，磧、普、南、徑、清作「開」。又末字「鎖」，磧作「銷」。

一 七四〇頁中二一行第一二字「磬」，石、磧、普、南、徑、清作「磬」。

一 七四〇頁中末行末字「住」，石、磧、普、南、徑、清作「位」。

一 七四〇頁下一二行「極動」，石作「動極」；磧、普、南、徑、清作「摇動」。

一 七四〇頁下一三行「脣齒」，磧、普、南、徑、清作「脣舌」。

一 七四〇頁下末行第二字「結」，磧、普、南、徑作「縛」。

一 七四一頁上一行「而誦真言曰」，石作「真言如是稱」。

一 七四一頁上七行「二羽」，徑作「二印」。

一 七四一頁上九行「真言如是稱」，石作「次誦真言曰」。

金剛王菩薩秘密念誦儀軌　輕

大興善寺三藏沙門大廣智不空奉　詔譯

我今愍念一切求等覺者或不知此秘密瑜伽速成佛法於三大阿僧祇劫忍諸苦行不至無上菩提我愍是故於金剛頂百千頌中略說毗盧遮那如來自性成就法身金剛界大圓鏡智流出佗受用異名金剛王菩薩念誦儀軌以三密修行大印等能令眞言行菩薩速證如來等覺之位獲得薩婆若智住大普賢地於無盡生死界調伏一切有情悉令安住無上菩提而無疲倦先應簡擇通達金剛頂瑜伽阿闍梨求受五部灌頂或持明灌頂若不解簡擇者則自墜失旣遇眞實阿闍梨應生如來出現之想所有上妙世間資具悉應奉獻何以故此最上乘法三世諸佛所共遵承故於此法中一一諮問悉令曉悟曼荼羅法畫像法自灌頂法息災等五種秘密四印大印一印五智成身三密加持秘密供養皆須通達若眞言行菩薩當任大菩提心所作功德迴

向等覺果故大悲利益速得成佛若異此者非但不得悉地是名謗一切佛決定墮三惡趣若所爲所作皆爲菩提利益有情意所求願無不成就眞言者受法已應建立道場安置尊像著新淨衣依瑜伽法四時念誦乃至二時必不可闕常與適悅三摩地相應凡初入道場禮佛長跪以二手如開敷蓮華此名淨器界眞言印眞言曰

唵一囉儒播蘖多入薩縛達莫二

不易前印誦淨三業眞言加持四處眞言曰

唵一娑縛二合娑縛輸輸律反鑠薩縛達莫二娑縛一合娑縛輸度憾三

次即結金剛起印以二手金剛拳擅慧互相鉤進力以頭側相拄欲結此印先於二手心舌觀五智金剛杵以印三舉誦此眞言警覺盡虛空界一切如來眞言曰

唵一縛囉二合底瑟姹二合二

每一舉誦一徧已即覲諸佛數如恒沙滿虛空界然後長舒二臂於頂上

金剛合掌長展二足以身委地禮東
方不動如來以身奉獻真言曰
唵一薩嚩怛他蘖多布祖引鉢娑佗
二合曩也二阿引荅麽合二南三涅哩也二合多
夜引彌四薩嚩怛他蘖多五嚩曰囉合二薩
怛嚩引二合地瑟姹合二娑嚩合二鋡吽六
作如是念為欲承事供養一切如來
故我今獻已身惟願一切如來哀愍
故又斂二足以金剛合掌置於心上
以額著地禮南方寶生如來以身奉
獻真言曰
唵一薩嚩怛他蘖多布惹鼻曬引迦也
二阿引荅麽合二南三涅哩也二合多夜引彌
四薩嚩怛他引蘖多五嚩曰囉合二囉怛曩合二
鼻詵左娑嚩合二鋡怛咯合二六
作如是念為欲供養一切如來求請
灌頂我今奉獻已身願一切如來以
金剛寶與我灌頂又以合掌置於頂
上以口著地禮西方無量壽如來以
身奉獻真言曰
唵一薩嚩怛他蘖多布惹鉢囉合二靺哆
曩也二阿引怛麽合二南三涅哩也二合多夜
引彌四薩嚩怛他蘖多五嚩曰囉合二達麽

鉢囉合二靺哩多合二也鋡紇唎合二六
作如是念我今為展轉供養一切如
來故奉獻已身願一切如來為我轉
金剛法輪
又以金剛合掌置於心上以頂著地
禮北方不空成就如來奉獻真言曰
唵一薩嚩怛他蘖多布惹羯磨尼二
阿引荅麽合二南三涅哩也二合多夜引彌
四薩嚩怛他蘖多五嚩曰囉合二羯磨俱嚕
鋡惡六
作如是念我今為供養一切如來作
事業故奉獻已身願一切如來為我
作金剛事業
次以右膝著地結金剛持印以印置
於頂上想普禮一切如來及菩薩足
左覆右仰大小指互相鉤是為持印
真言曰
唵一嚩曰囉合二勿一反二

次隨喜勸請　迴向及發願　然後半加坐
二手金剛拳　置於二髀上　心舌及二手
吽字勝金光　猶如婆伽梵　住於說法相
身處淨月輪　如數明鏡坐　光明徧法界
普淨有情界　即以慈悲眼　瞻視虛空佛
施轉視八方　散射金剛焰　結界及辟除
處等金剛城

次住四無量心三摩地於心月中觀
想羯磨金剛以大悲心斷一切有情苦
觀羯磨周徧法界真言曰
唵一摩訶迦嚕拏也二合薩頗合二囉二
次運慈心以羯磨輪徧有情界與無
量樂真言曰
唵一摩訶每底哩合二薩頗合二囉二
次以善心運羯磨輪徧有情界真言曰
唵一薩嚩輸馱二鉢囉合二毋那薩頗合二囉三
次運心羯磨輪徧有情界成就大捨
真言曰
唵一摩訶閉訖灑合二薩頗合二囉二
次結金剛合掌印誦金剛合掌真言曰
唵一嚩日囕合二惹里二
即以此前印便為金剛縛誦金剛縛
真言曰
唵一嚩曰囉合二滿馱二
次結開心印先於右乳上想怛囉合二
字左乳上安吒字想此二字如啓扇
以前縛印相心上三掣開之真言曰
唵一嚩曰囉合二滿馱怛囉合二吒半音二

次當前一肘觀八葉蓮華於其華上置惡字放大光明如水精白色即以金剛縛出二風如捻取其字置心殿中真言曰

唵(一)嚩囉(二合)吠舍噁(二)

安其字已歷然在心

次以金剛縛並屈二空入掌以二風各屈柱二空背以印觸胸真言曰

唵(一)嚩囉(二合)母瑟致(二合)鍐(二)

以是開心門已想其字分明住

次結普賢三麼耶印金剛縛申合二火真言曰(誦一遍)

唵(一)三麼耶薩怛鍐(三合)

次結悅喜三麼耶印如前縛忍願入掌交合地空皆合竪以此大欲箭射彼二乘種真言曰

唵(一)三麼耶斛(二)素囉多薩怛鍐(三合)(二)

次結勝三世印以二手金剛拳檀慧背相鉤二風各正真言曰

唵(一)遜婆(去)顉遜婆吽(短聲下同)(二)仡哩(二合)佷拏(二合)仡哩(二合)佷拏(二合)吽仡哩(二合)佷拏(二合)播也吽(四)阿(引)曩也斛婆誐鍐(五)嚩囉(二合)吽泮吒(半音)(六)

以是印左旋成辟除右旋成結界

次結定印二羽外相叉仰置臍下以進力捻禪智真言曰

唵(一)三摩地鉢納銘(二合)紇唎(二合)

端身正坐作是思惟一切諸法從自心起從本已來皆無所有入寂滅定已即復觀虛空中無數諸佛猶如大地滿成胡麻不可稱數時彼諸佛各舒右手彈指警覺告行者言善男子汝所證者一道清淨未證一切智海應當憶念菩提之心成就普賢一切行願行者聞警覺已自觀己身於諸佛前一一作禮而白佛言云何名菩提心諸佛告言汝觀心中字門本性清淨如淨滿月授與真言曰

唵(一)質多鉢囉(二合)底吠鄧迦嚕彌(二)

行者承旨默誦一徧即觀自心如淨滿月尒時諸佛作是言善男子菩提之心體相如此復授真言曰

唵(一)冒地質多母怛波(二合)娜夜彌(二)

行者默誦一徧已作是思惟菩提之心體性堅固即於月輪上觀五智金剛杵真言曰

唵(一)底瑟姹(二合)嚩日囉(二合)(二)

觀金剛猶如金色放淨光明在月輪中猶如水精內外明徹又觀此嚩羅(二合)廣大周法界真言曰

唵(一)薩頗(二合)囉嚩日囉(二合)(二)

又觀嚩日囉(二合)漸漸卻斂所在虛空中諸如來合同一體量等己身而止真言曰

唵(一)僧賀囉嚩日囉(二合)(二)

復應作是思惟我今此身成金剛身真言曰

唵(一)嚩日囉(二合引)怛麼(二合)俱憾(二)

自知是五智金剛則又變成本尊身身有四臂上二住端箭勢下右手仰當心持金剛杵下左手為金剛拳安在胯側持金剛鈴蹙眉口微咲白色戴五佛冠緋裙天衣半加坐月輪中蓮華上即結根本印以二手金剛拳檀慧進力反相鉤即是彼印誦真言曰

吒枳吽惹(一)

以印加持心額喉頂四處已即結金剛界自在印堅固縛申二大屈初分相拄舒二風附背真言曰

唵步欠

當以印安於頂上誦前真言

次又安額真言曰

唵一縛囉二合薩怛縛二合

次安頂右真言曰

唵一縛囉二合囉怛那二合

次安頂後真言曰

唵一縛囉二合達磨二

次安頂左真言曰

唵一縛囉二合羯磨二

次以金剛拳當額分向項後申二風三相遶便自地輪歷展從兩肩下為垂帶勢真言曰

唵一縛囉二合麼徐避詵者鈴

次想唵砧二字在二風面唵右砧左出綠色光如抽藕絲便以綠索於心上三遶次背齊二膝又仰至齊次齊後次心次右左兩肩次頸次額次頂後便如前垂天衣勢并誦唵砧二字

次作悅喜契金剛縛三拍真言曰

唵一縛羅二合覩使也二合斛二引

即觀淨月輪中觀斛字變為本尊便結金剛入印縛已二空並入中真言曰

唵一縛囉二合薩怛縛二合惡二

又誦此真言曰

唵一縛羅二合薩怛嚩二合涅哩二合捨也二

次以四印四明召入身以前悅喜三昧耶二火為四攝真言曰

弱吽鑁斛

前所觀者為之法身令所觀者為之智身相合表一體故次應以此心供養門莊嚴世界

壇中觀白蓮　妙色金剛莖　八葉具鬚蘂
衆寶自莊嚴　常出無量光　百千衆蓮遶
其上複觀想　大覺師子座　寶王以校飾
在大宮殿中　寶柱皆行列　徧有諸幢蓋
珠鬘等交絡　垂懸妙寶衣　周帀香華雲
及與衆寶雲　普雨雜華等　繽紛以嚴地
諧韻天妙聲　而奏諸音樂　宮中想淨妙
賢缾與閼伽　寶樹王開敷　照以摩尼燈
三昧總持地　自在之婇女　佛波羅蜜等
菩提妙嚴華　方便作衆妓　歌詠妙法音
以我功德力　如來加持力　及以法界力
普供養而住

即誦大虛空庫明真言曰

唵一誐誐那三婆嚩嚩日羅二合斛二

誦三遍所生善願皆得成就

次於壇中師子座上月輪中觀唵字成本尊於本尊前安麼字為意生金剛右安賀引為計里枳羅金剛後安蘇為愛樂金剛左安佉為意氣金剛於西北隅安縛為意生金剛女東北隅安曰羅二合為計里枳黎金剛女東南隅安薩為愛樂金剛女西南隅安怛縛二合為意氣金剛女東門中安弱為色菩薩南門中安吽為聲菩薩西門中安鑁為香菩薩北門中安斛引為味菩薩外院西北角安素為時春菩薩東北角安囉為時雨菩薩東南角安多為時秋菩薩西南角安薩怛鑁二合為時冬菩薩次於畫像心安唵字此字兩邊安弱字成本尊即結鈎索鎖鈴等印迎請

二手金剛拳　地輪反相鈎　二風各正直
右風屈如鈎　結已誦真言　以右風三招
是為金剛鈎　即誦真言曰

唵一縛囉二合引矩　舍弱二

不易此前印　二風面相合　相蹙令如環
是為金剛索

真言曰
唵一縛囉二合跛捨吽二
不易於索印　二風反相鉤　是爲金剛鎖
即誦真言曰
唵一縛囉二合薩怖二合吒鍐二
不改此前印　二地及二風　悉使面相合
是爲金剛鈴
真言曰
唵一縛囉二合健吒斛二
由結金剛鉤　即便降本尊　由金剛索印
能引於聖者　由金剛鎖印　便能令止住
由結金剛鈴　能悅喜諸聖
次應獻閼伽以金剛合掌印平側向
右與真言俱以按其器然獻之真言曰
唵一跛囉麼素佉捨也二娑擇里多曩
麼帶三嘌娑囉弭多曩麼弭四婆誐
鑁躭五弱吽鍐斛六係鉢囉二合底車
句素漫惹悵曩託七
次以左金剛拳置胷側右金剛拳仰
當心真言曰
斛縛囉一合薩怛鍐一二合素羅多薩怛
鍐二三合
即以金剛王印以左拳爲執弓勢右
爲引箭勢是爲京生金剛印真言
唵一縛羅二合薩怛吠二合吽二
次以二金剛拳右押左交臂抱胷是
爲計里枳羅金剛印真言曰
唵一縛羅二合計里吉黎二
次以左金剛拳承右肘右拳竪之如
幢相是爲愛金剛印真言曰
唵一縛羅二合凝里斛二
次以二拳各安胷側是爲意氣金剛
印真言曰大廚爲之
唵一縛羅二合薩迷吧你二
次以前抳弓勢稍向下柔輭爲之是
爲意生金剛女印真言曰
弱一縛羅二合涅哩二合瑟致二合娑也計麼
乇二
次如前抱勢柔輭爲之是爲計里枳
絮金剛女印真言曰
吽一縛羅二合計里枳牅吽二
次如前幢印是爲愛金剛女印真言曰
鍐一縛囉二合抳薩麼二合羅羅乇二
次如前安一拳胷側是爲意氣金剛
女印真言曰
斛一縛羅二合迦迷失縛二合哩怛覽一二合
次以縛上散是爲時春印真言曰
唵一縛囉二合布瑟閉二合二
次二下散是爲時雨印真言曰
唵一縛囉二合度閉二
次以縛以二空頭相捻以安二目間
爲時秋金剛印真言曰
唵一縛囉二引合路計二
次以二塗胷是爲時冬金剛印真言曰
唵一縛囉二合巘提二
次以前鉤是爲色印真言如前已下同前唯女
次如索是爲聲印真言如前次如前
鎖是爲香印次如前鈴是爲味印色
真言曰
唵一縛囉二合引央句始弱二
聲真言曰
唵一縛囉二合跛勢吽二
香真言曰
唵一縛囉二合商迦綠鍐二
味真言曰
唵一縛囉二合健隸斛二
次如前金剛王印以右拳向身旋轉
三四高聲誦真言便能振動十方世

界一切佛菩薩加持行人速與悉地
眞言曰
唵枳吽若
次以所舞拳安於心上即能安慰十
方世界眞言曰
吽唵枳斛
次結根本印誦百字眞言或七徧或
三徧或一徧不解其印誦本眞言七
徧即頂上散印百字眞言曰
唵一縛日囉二合薩怛縛二合三麼耶麼努播
攞也二縛日囉二合薩怛縛二合底尾二合努播
底瑟姹二合三涅哩二合住茶反彌婆嚩四素
覩使瑜二合彌婆嚩五阿努囉訖覩二合
彌婆嚩六素補使瑜二合彌婆嚩七薩
嚩悉朕我寢反彌鉢囉二合也瑳八薩嚩
羯磨素左彌九質多室唎二合藥句嚕
吽十一呵呵呵呵斛引十二薄誐鍐薩
嚩怛佗蘖多嚩日囉二合麼彌悶遮十三嚩
日利二合婆嚩十四摩訶三麼耶薩怛嚩
二合惡引十五
次以二手捧珠頂戴然後卻至心誦
加持念珠千轉眞言七徧眞言曰
唵一嚩日囉二合虞呬也二合惹播一三麼

吽吽三引
次當與瑜伽所說念誦四種念中應
以金剛念誦最爲相應或萬或千下
至一百八徧或過於萬住心定數已
後一切時中取初數爲定數限畢已
復陳內外供養奉獻閼伽求自意願
復結三世勝印及誦本眞言一徧以
印左旋一帀解所結界復結初三麼
耶印置於頂上誦金剛解脫眞言奉
送聖尊及其眷屬眞言曰
唵一縛日囉二合薩怛縛二合穆二
奉送已復結三昧耶印誦眞言加持
四處灌頂被甲歡喜印等出道場已
於一切時但住大菩提心或常持大
印即於現生得成等覺何況諸果不
成就耶唯除不利益一切有情心捨
菩提心餘所求善願無不剋獲

金剛王菩薩祕密念誦儀軌

金剛王菩薩祕密念誦儀軌

校勘記

一　底本，金藏廣勝寺本。

一　七四三頁中一行經名，石、麗作「金剛王菩薩祕密念誦儀軌一卷」。卷末經名同。

一　七四三頁中二行譯者，石作「特進試鴻臚卿大興善寺三藏沙門大廣智不空奉詔譯」；徑、清作「唐三藏沙門大廣智不空奉詔譯」；麗作「開府儀同三司特進試鴻臚卿肅國公食邑三千户賜紫贈司空謚大鑒正號大廣智大興善寺三藏沙門不空奉詔譯」。

一　七四三頁中末行第五字「任」，石、磧、普、南、徑、清、麗作「住」。

一　七四三頁下七行第七字「閑」，磧、普、南、徑、清作「間」。

一　七四三頁下一三行末字「曰」，石、麗作「曰」及夾註「所謂心額喉頂上散即是」。

一　七四四頁中二一行第五字「光」，石作「剛」。
一　七四四頁下三行第一二字「月」，石、麗作「月輪」。
一　七四四頁下五行「羯磨」，石、麗作「羯磨輪」。
一　七四四頁下一〇行「善心」，石、磧、普、南、徑、清、麗作「喜心」。
一　七四四頁下一二行第三字「心」，石、麗作「捨心」。
一　七四四頁下一五行「誦金剛」，石、麗作「二手十度右壓左互相交即成誦金剛」。
一　七四四頁下一七行第一〇字「縛」，麗作「嚩」，末字同(以下常混用，不再出校)。
一　七四四頁下二一行「啓扇」，石、麗作「戶扇」。
一　七四四頁下二二行第五字「捐」，石、磧、普、南、徑、清、麗作「拍」。
一　七四五頁上八行第六字「背」，石作「華」。
一　七四五頁上一〇行第三字「開」，石、麗作「閉」。
一　七四五頁上一六行「二乘」，石、麗作「三乘」。
一　七四五頁上一九行第七字「正」，石、麗作「正直」。
一　七四五頁下三行末字「囉」，磧、普、南、徑、清、麗作「日囉」。六行第四字同。
一　七四五頁下一六行首字「在」，石、麗作「左」。
一　七四五頁下二二行第一一字「大」，石、麗作「火」。
一　七四六頁上一七行第一〇字「仰」，石、麗作「却」。
一　七四六頁上一八行第四字「次」，徑作「坎」。
一　七四六頁上一九行第三字「如」，徑作「在」。
一　七四六頁上末行第一二字「中」，石、麗作「掌中」。
一　七四六頁中一一行第三字「自」，磧、普、南、徑、清作「白」。
一　七四六頁中一四行第九字「寶」，徑作「表」。
一　七四六頁下一五行夾註「二合」，磧、普、南、徑、清作「二字」。
一　七四七頁上一四行首字「右」，麗作「左」。
一　七四七頁中一行「真言」，徑、清、麗作「真言曰」。
一　七四七頁中一六行末字至次行首字「枳黎」，石、麗無。
一　七四七頁中二一行「一拳」，石、磧、普、南、徑、清、麗作「二拳」。
一　七四七頁下六行首字「爲」，石、麗作「是爲」。
一　七四七頁下一〇行夾註右「下同」，石作「上同」。
一　七四七頁下一一行夾註左第一字「爲」，石無。
一　七四八頁上四行「安慰」，石作「復安慰」。
一　七四八頁上二一行「頂戴」，石作

一　七四八頁中三行末字「下」，磧、普、南、徑、清作「萬」。

一　七四八頁中四行「一百」，石作「百」。又第一〇字「住」，石作「任」。

趙城縣廣勝寺

普賢金剛薩埵瑜伽念誦儀　輕

特進試鴻臚卿大興善寺三藏沙門大廣智不空奉　詔譯

我今說普賢菩薩身口意金剛念誦法由修此法等同金剛薩埵修行者住勝解行地皆入金剛界大曼荼羅受菩提心戒於諸有情有大悲愍拔濟安樂心不惜身命剎那剎那常懷證得普賢菩薩身於身業勤勇常習徧觀一切諸佛菩薩如對目前所居山間阿蘭若或於精室或於僧伽藍或於宅舍建立道場面向東方或西隨取穩便端身結加趺坐或全加或普賢加或隨意坐心徧緣一切有情界令有情三業身口意淨密語曰

唵一娑嚩(二合)婆嚩(二合)秫(入)度憾二(引)

次應觀如來相好圓備運心想供養以天妙塗香華鬘燒香燈燭飲食種種讚歎則依四種禮印契密語禮四方如來捨身供養則成受三世無礙智律儀戒則起右膝著地結持金剛三麼耶印當心誦密語於頂上散由結此印誦密語則成徧禮供養承事一切如來密語曰

唵一(引)嚩日囉(二合)勿(二合)

次應發露說罪隨喜勸請迴向發願已則結加趺坐作是思惟願一切有情獲得出世無上悉地成就密語曰

唵一薩嚩怛他(引)蘖多餉(去聲一)悉多(二合)薩嚩薩怛嚩(二合)南(引三)薩嚩悉馱藥(二合四)三鉢儞(五)怛他蘖多室者(二合引)地底瑟姹(二合)䏑(六)

次結金剛掌印誦密語三徧密語曰

嚩日囕(二合)惹里一

由結此印誦密語所修瑜伽相應門悉皆成就

次應結金剛縛印誦密語曰(三徧下同)

嚩日囉(二合)滿馱一

由結此印於十種煩惱結使縛皆得解脫十波羅蜜圓滿即以縛印三掣拍胸前誦密語曰

嚩日囉(二合)滿馱怛囉(二合)吒(半音)(半一)

由結此印當入曼荼羅時阿闍梨所引入金剛薩埵三業金剛體令入弟子心自性金剛智令得發動顯現

次結金剛徧入印即前金剛縛二大指入掌安於無名指間誦密語曰

嚩囉引二合吽發吒一
由結此印三業金剛於身中作大阿吠奢獲大神驗威德
不解前金剛縛以二頭指各屈拄二大指背即成金剛拳印密語曰
嚩囉二合母瑟知二合鍐一
由結此印誦密語令三業金剛堅住不散失
次以金剛縛合豎二中指是金剛薩埵三麽耶印密語曰
三麽邪薩怛鍐一三合
由結此印修行者當住普賢大菩薩三摩地坐於滿月中背倚於月輪令身色相好圓備
次則結素囉多大誓真實印以縛二大指二小指各以頭相拄如獨鈷金剛杵二中指入掌豎合令拄心上即成應作是思惟我身既成普賢菩薩發是心成慈解脫無邊有情界於此三摩地中觀一切有情自他無別同體大悲即誦大真實密語曰
三麽耶斛一素囉多娑怛鍐二三合
次應住勝三世忿怒金剛三麽地立印四面八臂威德赫弈光明熾盛如劫燒焰左腳踏摩醯首羅右腳踏烏摩即以二手金剛拳二小指反相鉤豎二頭指以印左旋辟除人天諸魔障者右旋則成結方隅界諸佛菩薩尚不違越何況三界中作障者即以印加持心額喉頂四處誦密語曰
唵引一遜婆去你遜婆去吽二短仡哩二合恨拏二合仡哩二合恨拏二合吽三仡哩二合恨拏二合波耶吽四引阿娜耶斛五引婆誐鍐六引嚩日囉二合吽泮吒半音呼之七
由結此印誦密語三密相應阿賴耶識中所有雜染種子以此金剛智火焚燒悉盡一切外障不能爲障難
次結蓮華族三麽邪印以二手金剛縛合豎二大指及二小指以印安於口三誦密言當觀自身等同金剛法大菩薩密言曰
唵一嚩日囉二合跛納麽二合三麽耶薩怛鍐三合
由結此印所修三摩地瑜伽悉皆現前
次結定印徧觀虛空界一切諸佛猶如胡麻即誦此密語曰
唵一薩嚩瑜誐質多二母答波二合娜夜引彌三
由結印誦密言滅一切障便得安樂悅意超魔羅境即同諸佛得一切世天供養即誦通達心密語曰
唵一質多鉢囉二合底吠鄧迦嚕彌二
次入九種緣生三摩地智觀一切法如幻如陽焰如夢如影像如聲響如光影如水中月如變化如虛空作是觀已是心於染淨通達無礙猶若虛空次應入菩提心觀誦菩提心密語曰
唵一冒地質多二母答波二合娜夜引彌三合
則於身中當胷臆間觀圓滿月皎潔清涼無限數多誦通達菩提心密語畢得心水澄淨菩提心月影現於中次則此滿月上觀五鈷金剛杵了了分明誦密語曰
唵一引底瑟姹二合嚩日囉二合
由作如是觀誦此密語是心成如金剛次觀身如五鈷金剛杵誦密語曰
嚩日囉二合怛麽二合俱含
次觀徧滿虛空中佛悉入金剛杵中合爲一體由作如是瑜伽觀智并誦

密語修行者三業成如金剛修行者
當觀自身如普賢菩薩戴五佛冠身
如水精月色右手持五鈷金剛杵左
手持金剛鈴身處在滿月輪了了分
明則誦密語曰
唵嚩日囉(二合一)薩怛嚩(二合二)三母地(引)含(二)
次用素羅多金剛印結金剛縛以右
大拇指入左虎口即成以此印加持
心額喉頂密語曰
唵(一)素羅多娑怛鍐(三合二)
次二手結金剛縛豎二中指屈上節
如劍二頭指各屈附二中指令相著
二大指如結加即成是名金剛界印
亦名五佛冠印密語曰
唵(一)薩嚩怛佗蘖多(二)羅怛曩(引一合)毗
曬迦噁(引二)
以此印安於頂誦一徧次安額次頂
右頂後頂左各誦一徧金剛鬘真言曰
唵(一)嚩日囉(二合)麼隸(二合)鼻詵(上)者鋡鍐
次以二手作金剛拳當額如繫鬘繒
次移腦後亦如前繫已從小指散下
如垂引繒帶勢次結被甲印密語曰
唵(引一)砧(一)

即以二金剛拳長二頭指於指端想唵砧二字便
以二指當心相遶三徧次背後至臍二膝又至
臍次背至心左右肩頸次頂後額腦後結拳
如繫甲勢祕密語曰　唵(引)阿婆(引)曳嚩日囉(二合)迦嚩制
滿馱羅訖叉(二合)鈴吽唅(反)便二手旋拳如舞便用金
剛掌三相拍誦悅喜聖衆密語曰
唵(一)嚩日囉(二合)覩使也(二合)斛(引二)
次想自身在須彌頂本初心無二邊
普賢境界曼茶羅中央普賢菩薩與
八金剛明妃圍遶四隅嬉戲等內供
養金剛鈎女等四門無量菩薩圍遶
則瑜伽者結金剛輪曼茶羅印二手
金剛拳二頭指二小指互相鉤結即
成若先有念誦壇以此印安身前壇
上按地誦密語三徧隨意則成普賢
曼茶羅密語曰
唵(一)嚩日囉(二合)斫羯囉(二合)吽(引二)弱吽鍐
斛(三)
次應結警覺一切聖衆印以二手交
臂右押左彈指每誦一徧一彈指令
滿四徧密語曰
唵嚩日囉(二合)三麼惹弱(二)
由作此印普賢菩薩及一切眷屬應

時雲集在於空中則誦普賢菩薩一
百八名讚誦已則結金剛薩埵大誓
真實印并誦密語請聖衆降曼茶羅
中密語曰
糸摩訶素(上)佉嚩日囉(二合一)薩怛嚩(二合)
夜(引)呬(二)試佗𠿒(二合三)摩訶(引)素(上)佉
嚩日囉(二合)母(引)佉三昧耶(四)摩誓播(引)
攞野(五)鉢囉(二合)毋䟦鉢囉(二合)毋䟦(六)
素(上)羅多薩怛鍐(三合七)阿努囉訖覩(二合)
茗婆嚩(八)素(上)覩瑟庾(二合)茗婆嚩(九)
素(上)覩瑟庾(二合)茗婆嚩(十)素(上)涅哩
(二合)住(反)茗婆嚩(十一)素(上)布瑟庾(二合)茗
婆嚩(十二)婆誐鍐(十三)阿曩(引)你瑜馱諾
薩怛嚩(二合十四)薩嚩悉朕(反)茗(十五)鉢囉
(三合)野車(二合)沙怛梵(二合十六)阿(引)訖哩(二合)使
也(二合)鉢囉(二合)吠奢(十七)三摩曳囉蹉(二合)
特嚩(二合十八)嚩試(引)迦嚕彌(十九)昧毋娜(二合)
滿怛羅(二合二十)跛乃(二十一)弱(二十二)吽(二十三)鍐(二十四)
斛(二十五)
由結印誦此密語能警覺普賢菩薩
并諸聖眷屬歡悅不越本誓來降道
場此印及密語能召引入縛令喜悅
誦至　弱字掌中二指如鉤來去至

吽字屈如環則成索至　鍐字則交
結則名鎖至　斛字則如鈴搖動能
悅諸聖或誦三徧或四徧
次結閼伽印以二手金剛掌二中指
頭指合二頭指在中指後如鉤形二
大指各捻二頭指根下即成以印捧
閼伽器當額奉獻若道場中先無閼
伽但唯改二大指相交即名閼伽印
但想捧八功德水浴諸聖尊足密語曰
跛羅摩素上佉引捨也一娑攞里多
二尾邏娑曩彌帶囉曩二合麼彌婆伽
汶擔二合三弱吽鍐斛四唵唵唵唵五鉢
羅二合底車上六矩素上滿惹里囉曩二合
佗七
由獻閼伽故能洗滌無始煩惱塵垢
速獲身口意清淨
次當於曼荼羅中位想圓滿月於月
中有普賢菩薩住金剛轝印次於大
聖前想欲金剛形服色赤衣冠瓔
珞種種嚴飾目瞻大聖住金剛弓箭
印次於大聖右想計里計羅尊色白
以二金剛拳交臂住抱印於大聖後
想愛金剛形服皆青竪左臂執摩竭

幢以右金剛拳承其肘亦共持於幢
於大聖左邊想金剛慢尊形服皆黃
以二金剛拳各安胯頭向左少低此
五聖尊皆住羯磨印欲金剛密語曰
弱一蘇囉二合涅哩二合瑟知二合娑引去也
計三麼吒四
計里計羅尊密語曰
吽一蘇囉二合計里二引吉攞吽三
愛金剛密語曰
鍐一蘇日哩二合抳二娑麼二合三囉囉
吒吒四
金剛慢菩薩密語曰
斛一蘇囉二合迦引冥濕蘇二合哩三怛
覽二合四
次以二金剛拳初如舞便以二拳相
並上如散華勢是春金剛菩薩印當
想聖者居中院東南隅色服俱白持
華以爲印誦密語曰
唵一麼度蘇日哩二合共共三
次結雲金剛菩薩焚香印以二拳相
並下擲即成想此尊在壇內院西南
隅形服皆黑持香爐以爲印作是觀
已誦密語曰

唵一若伽去蘇日哩二合麌魯麌魯三
次結秋金剛菩薩燈燭印以二拳並
竪二大指即成當想此尊在內院西
北隅形服皆赤持燈以爲印想成已
誦密語曰
唵一舍羅娜蘇日哩二合暗引暗三引
次結金剛霜雪菩薩印並覆二金剛
拳摩其胷兩向散若塗香勢即成當
想此菩薩住內曼荼羅東北隅形服
皆黃色持塗香器以爲印作是觀已
誦密語曰
唵一蘇囉二合勢始鉢吽短吽二短
次結外供養諸尊東南嬉戲菩薩以
二金剛拳當於心西南金剛笑菩薩
以二拳各在傍向後散勢西北金剛
歌菩薩左手作拳竪臂展頭指向身
持箜篌爲印右作彈弦勢東北金剛
舞菩薩以二拳旋轉結舞印此四尊
服形皆作金色初嬉戲印以二拳遠心
右轉即成誦密語曰
系囉底蘇囉二合一尾邏賜你一怛囉
二合吒三
如前印安口傍翻掌向外從小指漸

開各向後散住笑容誦密語曰
系囉底𠽫囉二合賀引細二訶訶三
次以左手作拳竪頭指屈臂向身如
竪後右手拳竪頭指作彈弦勢是爲
歌印密語曰
系囉底𠽫囉二合擬引諦二諦諦三
以二拳從心旋轉舞漸上至頂合掌
使散是舞印密語曰
系囉底𠽫囉二合㑞哩二合諦二吠波
吠波三
次結四門菩薩印儀初東門金剛鉤
菩薩居曼荼羅門中青色南門中金
剛索菩薩黃色持索爲印西門中金
剛鎖菩薩赤色持鎖爲印北門中金
剛鈴菩薩緑色持鈴以爲印此四菩
薩各具冠瓔種種嚴麗以二金剛拳
二小指反相鉤直竪左頭指屈右頭
指上節上下來去是鉤印密語曰
縛日㘃引二合矩勢一弱二
不解前印改二頭指以頭相拄如環
是索印密語曰
𠽫囉二合播引勢一吽二
前印二頭指互相鉤結交屈其臂是

鎖印密語曰
𠽫囉二合餉迦麗一鑁二
如前鎖印以二拳背相著動搖是鈴
印密語曰
𠽫囉二合健鍊一斛二
次結三昧耶印令本尊不越大悲赴
其本願則二手金剛縛以二中指入
掌交合二小指二大指各竪頭相拄
如獨鈷杵形是普賢菩薩三昧耶印
用前羯磨密語已後十六聖尊三昧
耶亦並前羯磨密語
次結欲金剛三昧耶印准前印合其
掌屈二頭指以甲相背以二大指押
即成
次結金剛計里吉羅印即以前欲金
剛印交二大指右押左即成
次結愛金剛印以前普賢菩薩二小
指合竪二無名指舒如針二中指右
押左内交入二虎口屈二頭指各鉤
中指二大指並竪押即成
次結金剛慢印用前愛金剛印先頓
右髀次左髀即成
次結春金剛印金剛合掌左右緩上

擲如散華勢即成
次結雲金剛印以此前印左右緩覆
掌下散即成
次結秋金剛印以金剛掌二大指頭
相逼即成
次結冬金剛印以前印磨胷向後散
如塗香勢即成
次結金剛嬉戲印以金剛縛左右旋
轉如舞勢即成
次結金剛笑印以此前印擲掌向外
從二小指漸次於口兩傍散即成
次結金剛歌印以金剛縛竪左頭指
令微屈以頭指虛撑如彈弦勢即成
次結金剛舞印以右手大指頭指頭
相捻作佉吒迦左手三𢸓當心旋轉
舞即成
次結金剛鉤印以金剛縛竪右頭指
屈上節招即成
次結索印即縛印右大指入左虎口
即成
次結鎖印即縛印各以大指捻頭指
如連鎖即成
次結鈴印即金剛縛以二大指入掌令

拄者無名中指開以此印搖動即成
所結如上十七聖尊三昧耶即當結
印之時於曼荼羅中想一一聖尊形
色衣服華坐月輪及己身住大印皆
有諸聖尊并無量眷屬圍遶皆須明
了次當誦普賢菩薩讚曰

薩嚩(引)努囉(引)誐素(上)佉薩怛嚩(二合)
曩娑(一去)怛網(二合)嚩囉(二合)薩怛嚩(二合)跛
囉莫素(上)囉多(二入)娑嚩冥摩訶素(上)
佉涅哩(二合)住掣囉也惹(三)鉢囉(二合)底
跛你也(二合)悉䟦者攞麼鉢囉(二合)拏多(四入)

誦第一句讚當結欲金剛羯磨印次
誦第二句結計里吉羅金剛羯磨印
誦第三句結愛金剛羯磨印誦第四
句結慢金剛羯磨印則成四種歌詠
四種舞印正結印誦讚時入大三摩
地則住普賢菩薩大印誦大樂不空
三昧耶真實密語曰

唵(一)摩訶素(上)佉嚩囉(二合)薩怛嚩(二合)(二)
弱吽鍐斛(三)素囉多薩怛鍐(三合)(四)

住大印等同普賢菩薩若欲成就普
賢菩薩應一月念誦每日四時無限
數念誦若疲懈解印全身金剛合掌
作四禮以此為憩息令其心不疲厭
其滿月夜結大印一夜念誦至於晨
朝普賢菩薩來身光如月輪抱其行
者自身入徧支分其行者身等同普
賢五佛冠身著天妙瓔珞華鬘身口
意如金剛薩埵所有親族見彼人成如
是威德皆生驚愕恭敬禮拜彼人常
在自家作大神通亦作佛身現大神
通亦現三世勝金剛身調伏難調者
悉皆調伏隨意騰空自在往於無量
世界供養諸佛受天妙五欲樂壽命
盡虛空利樂無邊有情成大利益成
毗盧遮那佛身

普賢金剛薩埵瑜伽念誦儀

次結四門菩薩印儀初東門金剛鉤
菩薩居曼荼羅中青色南門中金剛
索菩薩黃色持索為印西門中金剛
鏁菩薩赤色持鏁為印北門中金剛
鈴菩薩綠色持鈴為印此四菩薩各具
五佛冠鬘種種嚴飾以為莊嚴次結
鉤印二手金剛拳二小指相鉤直竪
左頭指屈右頭指上下來去是鉤印
密語曰

唵嚩日囉(二合)矩勢(一)弱

次不解前印改二頭指頭相拄如鏁
是索印密語曰

唵嚩日囉(二合)播(引)勢(一)吽(二)

次以前印二頭指二大指手相交頭
相捻屈其腕是鏁印密語曰

唵嚩日囉(二合)鉤迦麗(一)鍐(二)

次如前鏁印二大指入掌搖動即成
密語曰

唵(引)嚩日囉(二合)健吒(一)斛(二)

次結雲金剛菩薩焚香印以二拳相並下擲即成想此尊在壇內院東南隅形服皆黑持香爐以為印作是觀已誦密語曰

唵茗伽去縛日哩二合麌魯麐吾

次以二拳初如舞便以二拳相並上如散花勢是春金剛菩薩印當想此尊居內院西南隅色服俱白持花密語曰

唵歷度縛日哩二合共共

次結秋金剛菩薩燈印二拳並竪一大指即想此尊居內院西北隅形服皆赤持燈為印密語曰

唵含囉娜縛二合日哩二合暗引暗引

次結金剛雲菩薩印並覆二拳摩其胷兩向散想此尊居內院東北隅形服皆綠色持塗香器密語曰

唵引縛日囉二合勢始隷吽短吽短

次於曼荼羅中位想圓滿月於月輪中有普賢菩薩住金剛慢印

次於大聖前想欲金剛形服色赤衣冠瓔珞種種嚴飾目瞻大聖住金剛弓箭印

次於大聖右想計里計羅尊色白以二金剛拳交辟住抱印

次於大聖後想愛金剛形服皆青竪左辟執摩竭幢右手承其肘亦共持於幢

於大聖左邊想金剛慢尊形服皆黃以二金剛拳各安髈頭向左少低此五尊皆住羯磨三摩地印

次金剛密語曰

弱一縛日囉二涅哩二合瑟知二合娑去引也計三摩吒吒音平

次誦計里計羅尊密語曰

吽一縛日囉二合計哩二引吉麗吽三

次誦金剛愛密語曰

鍐一縛日囉二合抳二娑摩二合囉囉吒平音

次誦慢菩薩密語曰

斛一縛日囉二合迦引冥濕縛二合哩二怛藍二合三

結以上十七尊聖衆

普賢金剛薩埵瑜伽念誦儀

校勘記

一　底本，金藏廣勝寺本。

一　七五一頁中一行經名，石作「普賢金剛薩埵略瑜伽念誦儀軌一卷」；麗作「普賢金剛薩埵略瑜伽念誦儀軌」。

一　七五一頁中二行譯者，石、磧、南作「大興善寺三藏沙門大廣智不空奉詔譯」；徑、清作「唐大興善寺三藏沙門大廣智不空奉詔譯」；麗作「開府儀同三司特進試鴻臚卿肅國公食邑三千户賜紫贈司空謚大鑒正號大廣智大興善寺三藏沙門不空奉詔譯」。

一　七五一頁中三行「我今」，徑作「今我」。

一　七五一頁中八行首字「證」，石、麗無。又「勤勇常習」，石、麗作「懃常修習」。

一　七五一頁中一〇行第一二字「僧」，

石、麗無。

一　七五一頁中一三行「賢加」，石作「賢枷」。

一　七五一頁中一六行「運心」，磧、普、南、徑、清作「心運」。

一　七五一頁中一七行第七字「燒」，石、麗無。

一　七五一頁中二一行「密語」，石、麗無。又末字「結」，石、麗無。

一　七五一頁下八行與九行之間，磧、普、南、徑、清有「次應思惟於他有情願獲平等清淨如來之法及我身三業清淨密語曰唵引(「引」，磧、普、南無)沙嚩二合婆嚩戍入聲度憾」。

一　七五一頁下九行末字「日」，石作「曰」及夾註「三徧下同」。

一　七五一頁下一一行第五字「誦」，石、麗作「及誦」。

一　七五一頁下一二行首字「悉」，石、麗作「悉地」。

一　七五一頁下一三行「次應」，石、麗無。又夾註「三徧下同」，石、麗無。

一　七五一頁下一五行「由結此印於十種煩惱結使縛」，石、麗作「由結使」。

一　七五一頁下一六行「圓滿」，石、麗作「頓得圓滿次」。

一　七五一頁下一九行「此印」，石、麗作「此印及誦密語」。又第一〇字「時」，石、麗無。

一　七五一頁下二〇行第一一字「體」，石、麗無。

一　七五一頁下末行第八字「指」，石無。

一　七五二頁上四行「不解前金剛縛」，石、麗作「次以准前印」。

一　七五二頁上七行「誦密語」，石、麗無。

一　七五二頁上九行「金剛縛」，石、麗作「前金剛縛印」。

一　七五二頁上一〇行「三麼耶」，石、麗無。

一　七五二頁上一二行第一二字「大」，石、麗無。

一　七五二頁上一三行「滿月中背倚於」，石、麗無。

一　七五二頁上一四行第四字「好」，石、麗作「光明」。

一　七五二頁上一五行第二字「則」，石、麗無。又第一三字「縛」，石、麗作「縛印」。

一　七五二頁上一六行第八字「頭」，石、麗作「指頭」。又末三字至次行首二字「獨鈷金剛杵」，石作「獨鈷杵」；磧、普、南、徑、清作「獨股金剛杵」；麗作「獨貼杵」。

一　七五二頁上一八行第二字「應」，石、麗無。

一　七五二頁上一九行第二字至次行第四字「是……中」，石作「此心時成就無邊解脫」；麗作「是心成就無邊解脫」。

一　七五二頁上二一行第六字「大」，石、麗作「大誓」。

一　七五二頁中二行第三字「焰」，石、

麗作「爛」。又第一二字「脚」，磧、普、南、徑、清無。又第一四字「烏」，石作「烏」。

一　七五二頁中四行末字「障」，石、麗作「及作障」。

一　七五二頁中七行「加持」，石、麗作「印」。又第九字「誦」，石、麗無。

一　七五二頁中一七行「三誦密言當觀自身等」，石、麗作「想自身」。

一　七五二頁中一八行「大菩薩密言」，石作「菩薩密言」；麗作「菩薩密語」。

一　七五二頁中二二行「虛空」，徑作「虛中」。又「界一切」，石、麗無。

一　七五二頁中末行第六字「此」，石、麗無。

一　七五二頁下三行「由結印誦密言」，石、麗作「由結此印誦密語」。

一　七五二頁下四行「魔羅境」，石作「魔境」。

一　七五二頁下九行「水中月」，石、麗作「水月」。又「虛空」，磧、普、南、徑、清作「虛空遊」。

一　七五二頁下一〇行「於染淨」，石、麗作「於染於淨」。

一　七五二頁下一一行第九字「誦」，石、麗作「中誦密語」。

一　七五二頁下一三行「則於身中」，石、麗作「由結此印則於身中」。

一　七五二頁下一六行「次則」，石、麗作「於」；普作「次則於」。又第九字「鈷」，磧、普、南、徑、清作「股」，下同。

一　七五二頁下一七行第五字「語」，石作「說」。

一　七五二頁下二二行第一〇字「入」，麗作「來入」。

一　七五二頁下末行「瑜伽」，石、麗無。

一　七五三頁上二行「五佛」，石、麗作「其五佛」。

一　七五三頁上八行「虎口」，石、麗作「虎口中」。

一　七五三頁上一一行第四字「結」，石、麗無。

一　七五三頁上一二行第八字「附」，石、麗作「輔」。

一　七五三頁上一七行首字至次行末字「以……曰」，石、麗作「次結灌頂印置印安於頂上同前印密語曰」。

一　七五三頁上二一行第二字「移」，石、麗無。

一　七五三頁上二二行「次結被甲印」，石、麗作「印誦」。

一　七五三頁中一行「即以二」，石、麗作「次結被甲印二手」。

一　七五三頁中二行「二膝」，磧、普、南、徑、清、麗作「二膝」。

一　七五三頁中三行第一〇字「頸」，石作「頭」。

一　七五三頁中四行第五字「秘」，石、麗無。又第五字至次行夾註「秘……呼甘反」，磧、普、南、徑、清無。

一　七五三頁中五行至六行「便二手旋拳如舞便用金剛掌三相拍誦悦喜聖衆」，石作「次二手旋拳如舞勢妙拍一遍令歡喜」；麗作「次二手旋拳如舞勢妙拍一遍」。

一　七五三頁中八行首字至一六行第三字「次……羅」，石、麗作「次結金剛輪曼荼羅印二手金剛拳二頭指二小指互相鉤即成印地及身五處」。

一　七五三頁中一九行第二字「應」，石、麗無。

一　七五三頁下一行第七字「中」下，石、麗有大段經文（包括呪語），今據麗本附錄於卷後，即七六〇頁下一行至末行「次結……斛二」。

一　七五三頁下一行「則誦普賢」，石、麗作「次誦本尊」。

一　七五三頁下二〇行第五字「此」，石、麗無。

一　七五三頁下二一行「諸聖」，麗作「諸聖衆」。

一　七五四頁上四行第五字「印」，石作「即」。

一　七五四頁上五行第二字「指」，麗作「相」。

一　七五四頁上六行第一〇字「即」，石作「印」。

一　七五四頁上八行第一〇字「即」，石、麗作「即成」。

一　七五四頁上九行「但想捧」，石、麗作「想」。

一　七五四頁上一七行首字至本頁下一二行「次……吽二合」，麗無。

一　七五四頁下一九行第七字「初」，麗作「如初」。

一　七五四頁下二〇行首字「右」，麗作「左右」。又第四字「成」，麗無。

一　七五四頁下末行「如前印」，麗作「次結笑印如前印」。

一　七五五頁上一行第六字「住」，麗作「作」。

一　七五五頁上三行「以左手」，麗作「以右手」。

一　七五五頁上四行「右手」，麗作「以右手」。

一　七五五頁上七行首字「以」，麗作「次」。

一　七五五頁上八行首字「使」，麗作「便」。

一　七五五頁上一一行首字至次頁上三行第一三字「次……尊」，麗此段經文大異，現附錄於卷後，即七五七頁上一行至本頁中末行「次結……聖衆」。

一　七五五頁下一三行「以頭指虛橕」，磧、普、南、徑、清作「以右頭指虛撐」。

一　七五六頁上四行「月輪」，麗作「月輪中」。

一　七五六頁上五行第二字「諸」，麗無。又「并無量」，麗無。

一　七五六頁上一四行首字「誦」，麗作「次」。又第一二字「誦」，麗無。

一　七五六頁上一六行「正結印」，麗無。

一　七五六頁上一七行「則住普賢菩薩大印誦大樂」，麗作「用之次誦大乘」。

一　七五六頁上二一行末字至次行第

三字「普賢菩薩」，麗作「本尊」。

一七五六頁中一行第二字「四」，麗無。

一七五六頁中五行第四字「冠」，麗作「頭冠」。

一七五六頁中一二行第三字「空」，麗無。

一七五六頁中卷末經名，麗作「普賢金剛薩埵略瑜伽念誦軌儀」。

趙城縣廣勝寺

金剛頂瑜伽金剛薩埵五秘密修行念誦儀軌　輕二

大興善寺三藏沙門大廣智不空奉　詔譯

如金剛頂經百千頌十八會瑜伽演頓證如來内功德秘要夫修行菩薩道證成無上菩提者利益安樂一切有情以爲妙道一切有情沈没流轉五趣三界若不入五部五密曼荼羅不受三種秘密加持自有漏三業身能度無邊有情無有是處五趣有情三界所攝所謂欲界色界無色界色無色界修行出三界道别解脱定慧以爲增上緣其上二界由定地所攝故欲界無禪是散善地設有修定軌則仍假藉頭陀苦行依七方便由根贏劣無學緣覺果尚自難成何况十地大普賢地及成毗盧遮那三身普光地位二乘之人雖證道果不能於無邊有情爲作利益安樂於顯教修行者久經三大無數劫然後證成無上菩提於其中間十進九退或證七地以所集福德智慧迴聲聞緣覺道果仍不能證無上菩提若依毗盧遮那佛自受用身所説内證自覺聖智

法及大普賢金剛薩埵地受用身智則於現生遇逢曼荼羅阿闍梨得入曼荼羅爲具足羯磨以普賢三摩地引入金剛薩埵入其身中由加持威德力故於須臾頃當證無量三昧耶無量陀羅尼門以不思議法能變易弟子俱生我執法執種子應時集得身中一大阿僧祇劫所集福德智慧則爲生在佛家其人從一切如來心生從佛口生從佛法生從法化生得佛法財（法財謂三密菩提心教法）纔見曼荼羅能須臾頃淨信以歡喜心瞻覩故則於阿頼耶識中種金剛界種子具受灌頂受職金剛名號從此已後受得廣大甚深不思議法超越二乘十地此大金剛薩埵五密瑜伽法門於四時行住坐臥四威儀之中無間作意修習於見聞覺知境界人法二空執悉皆平等現生證得初地漸次昇進由修五密於涅槃生死不染不著於無邊五趣生死廣作利樂分身百億遊諸趣中成熟有情令證金剛薩埵位瑜伽者在閑靜山林或於精室或隨所樂之

處當禮四方如來以身供養誦本眞
言由捨身故則捨三業有漏之體則
成受三世無礙律儀戒次於空中想
一切諸佛菩薩衆會然後右膝著地
結金剛起印誦其眞言心當思惟令
一切如來不應貪現法樂住惟願哀
愍不越本誓加持覆護當對聖衆發
露懺悔隨喜勸請復發五種大願則
結金剛薩埵跏謂以右脚押左當結
定印誦無上正等菩提心眞言曰
唵薩嚩瑜誐質多母怛跛(二合)娜野(引)弭
由誦此眞言故一切如來令瑜伽者
獲得不退轉能摧一切魔寃是人等
同大菩薩及諸如來瑜伽者作是思
惟我應發金剛薩埵大勇猛心一切
有情具如來藏性普賢菩薩徧一切
有情故我令一切衆生證得金剛薩
埵位又作是思惟一切有情金剛藏
性未來必獲金剛灌頂故我令一切
有情速得大菩薩灌頂地證得虛空
藏菩薩位又作是思惟一切有情法
藏性能轉一切語言故我令一切衆
生得聞一切大乘脩多羅藏證得觀

自在菩薩位
又作是思惟一切有情羯磨藏性善
能成辨一切事業故我令一切衆生
於諸如來所作廣大供養證得毗首
羯磨菩薩位
又作是思惟一切有情旣具四種藏
性獲得四大菩薩之身以我功德力
如來加持力及以法界力願一切有
情速證清淨毗盧遮那佛身眞言曰
唵薩嚩怛他(引)誐多商斯多薩嚩薩怛
嚩(二合)南薩嚩悉䭾藥三波你演(二合)耽
怛他(引)蘖多失者(二合)地底瑟姹(二合)耽
即結金剛合掌印二手掌合十指相
交右押左誦眞言曰
唵嚩日囉(二合)惹里
由結此印故十波羅蜜圓滿成就福
德智慧二種資糧
次結金剛縛印准前金剛合掌便外
相叉作拳誦眞言曰
唵嚩日囉(二合)滿馱
由結此印即成金剛解脫智
次以金剛縛三拍自心誦眞言曰
唵嚩日囉(二合)滿馱怛囉(二合)吒(半聲)

由結此印故能摧身心所覆蔽十種
煩惱則召一切印處在身心隨順行
者成辦衆事一切印者所謂大智印
三昧耶智印法智印羯磨智印
次結金剛阿尾捨印二羽金剛縛屈
禪智各置戒方間誦眞言曰
唵嚩日囉(二合)阿尾捨惡
由結此印令四智印發揮有大威力
速得成就
次結金剛拳三昧耶印准前印進力
捻禪智背眞言曰
唵嚩日囉(二合)母瑟置(二合)鑁
由結此印能縛堅固一切印(一切印者是四印也)
常於行者身心之中而不散失
次結三昧耶印二手金剛縛合竪忍
願安於當心誦眞言曰
三摩耶娑怛梵(三合)
由結契印誦眞言已於背後想有月
輪以爲圓光身處在其中想金剛薩
埵由結此印及誦眞言故大智印等
一切部中所結一切印一切如來身
口意金剛印功不虛棄無敢違越若
誦一千徧結一切印皆得成就次結

大三昧耶真實印二羽金剛縛忍願
入掌相交合檀慧禪智面相合如獨
鈷金剛杵以忍願觸於心上誦真言曰
娑麽耶斛蘇囉多娑怛梵三合
由結此印觸心故金剛薩埵徧入身
心速與成就意欲希望諸願皆得
次結金剛薩埵大智印即解次前印
二羽各作金剛拳左手置於胯右手
調擲金剛杵勢置作心上右腳押左
誦真言曰
縛日囉二合薩怛鑁二合
誦已想自身為金剛薩埵處大月輪
坐大蓮華五佛寶冠容貌熈怡身如
月色內外明徹生大悲愍拔濟無盡
無餘眾生界令得金剛薩埵身三密
齊運量同虛空
由持瑜伽大智印相應故設若越法
具造重罪并作諸障持彼大智印故
一切供養恭敬若有人禮拜供養尊
重讚歎者則同見一切如來及金剛
薩埵當住此智印則於身前想金剛
薩埵智身如自身觀以四印圍遶同
一月輪同一蓮華各住本威儀執持

標記各戴五佛寶冠瑜伽者專注身
前金剛薩埵心不散動即誦真言曰
縛日囉二合薩怛縛二合惡
由誦此真言故金剛薩埵當阿尾捨
顯現誦真言曰
縛日囉二合薩怛縛二合涅哩二合捨
由誦此真言故令定中見金剛薩埵
了了分明即誦四字真言
弱吽鑁斛引
由誦此真言故金剛薩埵智身令召
令入令縛令喜與瑜伽者定身交合
一體
次結素囉多印二羽金剛縛右智入
左虎口中乃於心額喉頂四處加持
各誦真言一徧
素囉多薩怛梵三合
由結印加持故四波羅蜜身各住本
位當恒護持
次結五佛寶冠印二羽金剛縛忍願
並竪合屈上節如劒形進力附著忍
願背以印置於頂上次置額際次置
頂右次置頂後次置頂左各誦真言
一徧真言曰

唵薩縛怛他引蘗多囉怛曩二合阿毗
詵迦阿
由結此印故獲得一切如來金剛薩
埵灌頂位
次結金剛鬘印二羽金剛拳額前相
遶結二羽分腦後又結便從檀慧徐
徐開如垂冠繒帛誦真言曰
唵縛日囉二合麽引羅引阿毗詵者滿鈴
即結甲冑印徧身擐甲
次結歡喜印二羽平掌拍令歡喜誦
真言曰
縛日囉二合覩史也二合斛引
次結前金剛薩埵大智印誦根本真
言曰
唵摩訶素佉縛日囉二合薩怛縛二合弱吽
鑁斛引素囉多薩怛梵三合
次應結四秘密羯磨印即誦金剛歌
讚此讚四句每結一印當誦一句讚曰
薩縛努羅誐素佉薩怛摩二合曩娑怛
網合三縛日囉三合薩怛縛二合跛羅莫素羅
多八娑縛二合冥摩訶引素佉涅哩二合
住掣野諾三合鉢羅二合底跛儞悉地者
囉虞鉢曩多

次作欲金剛印二羽金剛拳左羽想執弓右羽持箭如射勢即成此尊印身稱眞言曰

薩嚩(引)努羅(引)誐素佉薩怛摩(三合)曩娑

次結計里計羅印准前印二拳交抱於胷即成此尊印身誦眞言曰

薩怛鑁(二合)嚩囉(二合)薩怛嚩(二合)跛羅莫素囉多(入)

次結愛金剛印准前二金剛拳左拳承右肘竪右臂如幢勢即成此尊印身誦眞言曰

薩嚩寘摩訶(引)素佉涅哩(二合)住掣野諾

次結金剛慢印二金剛拳各安胯向左少傾頭如禮勢即成此尊印身誦眞言曰

跛攞悉地也(二合)左攞虞鉢曩多(入)

次結五秘密三昧耶印即結金剛薩埵三昧耶印作金剛縛屈忍願入掌相合如前禪智檀慧各相拄如獨鈷金剛杵誦眞言曰

素囉多薩怛梵(三合)

由結此印誦眞言故神通壽命威力相好等同金剛薩埵

次結欲金剛三昧耶印准前印屈進力上節甲背相合以禪智並押其上誦眞言曰

弱嚩囉(二合)涅哩(二合)瑟知(二合)娑野計麼吒

由結此印故能斷細無明住地煩惱

即結計里計羅三昧耶印准前印右智押禪相交誦眞言曰

吽嚩囉(二合)計里吉麗吽

由結此印故能拔濟護持一切受苦衆生界皆獲大安樂三摩地

次結愛金剛三昧耶印准前印進力互相握忍願進力並合如眼勢竪戒方相合檀慧亦然誦眞言曰

鑁嚩日哩(二合)捉娑摩(二合)羅囉乞

由結此印故獲得大悲解脫憐愍一切有情猶如一子皆起拔濟安樂之心

次結金剛慢三昧耶印用次前印緬其二股先右次左誦眞言曰

斛(引)嚩囉(二合)迦寘濕嚩(二合)哩怛覽(二合引)

由結此印故獲得大精進波羅蜜剎那能於無邊世界一切如來所作廣大供養

次結金剛薩埵三昧耶印誦大乘現證百字眞言曰

唵嚩日囉(二合)薩怛嚩(二合)三麼耶麼努播(引)攞野嚩日囉(二合)薩怛嚩(二合)底尾(二合)努跛底瑟姹(二合)涅哩(二合)住(茶護反)弭娑嚩素覩史喻(二合)寘娑嚩阿努囉訖覩(二合)寘娑嚩素補史喻(二合)寘娑嚩薩嚩悉朕寘鉢囉(二合)也瑳薩嚩迦麼素左寘質多室唎(二合)藥句嚕吽呵呵呵呵斛婆誐梵薩嚩怛他(引)蘖多嚩日囉(二合)麼弭閃左嚩日哩(二合)婆嚩摩訶(引)三麼耶薩怛嚩(二合)惡

即入金剛薩埵三摩地幷結大智印誦大乘現證金剛薩埵眞言曰

嚩日囉(二合)薩怛嚩(二合)

或住大智印或持數珠無限念誦勿令疲頓由住三摩地誦此眞言故現世證得無量三摩地亦能成本尊之身一切如來現前證得五神通遊歷十方一切世界廣作無邊有情利益安樂等事

瑜伽者行住坐卧常以四眷屬而自圍遶處大蓮華同一月輪金剛薩埵

者是普賢菩薩即一切如來長子是一切如來菩提心是一切如來祖師是故一切如來禮敬金剛薩埵如經所說金剛薩埵三摩地名爲一切諸佛法此法能成諸佛道若離此更別無有佛欲知金剛者名爲般若波羅蜜能通達一切佛無滯無礙猶如金剛能出生諸佛

金剛計里計羅者是虚空藏三摩地與無邊衆生安樂拯拔無邊衆生溺貧匱泥者所求世出世間希願皆令滿足

愛金剛者是多羅菩薩住大悲解脱愍念無邊受苦有情常懷濟拔施與安樂

慢金剛者是大精進波羅蜜住無礙解脱於無邊如來廣作佛事及作衆生利益

欲金剛持金剛弓箭射阿賴耶識中一切有漏種子成大圓鏡智金剛計里計羅抱金剛薩埵者表淨第七識妄執第八識爲我癡我見我慢我愛成平等性智

金剛薩埵住大智印者從金剛界至金剛鈴菩薩以三十七智成自受用佗受用果德身

愛金剛者持摩竭幢能淨意識緣慮於淨染有漏心成妙觀察智

金剛慢者以二金剛拳置胯表淨五識質礙身起大勤勇盡無餘有情皆頓令成佛能淨五識身成成所作智

欲金剛者是慧眼觀察於染淨分依佗性智一切法非有非無金剛計里計羅者以無染智觀染智觀察淨分依佗與果德中圓成不即不異知一切法與菩提涅槃不即不異

金剛薩埵者是自性身不生不滅量同虚空則是徧法界身

愛金剛者以大悲天眼觀見一切有情身中普賢體不增不減

金剛慢者以清淨無礙肉眼觀一切有情處在異生位雖塵勞覆蔽本性清淨若與大精進相應即得離垢清淨

金剛薩埵者是毗盧遮那佛身欲金剛是金剛波羅蜜計里計羅是寶波羅蜜

金剛愛是法波羅蜜

金剛慢是羯磨波羅蜜

金剛薩埵者即彼薄伽梵阿閦如來

欲金剛者即是金剛薩埵

計里計羅者即是金剛王

愛金剛者即是金剛愛

金剛慢者即是金剛善哉

金剛薩埵者即彼薄伽梵寶生如來

欲金剛者即是金剛寶

計里計羅者即是金剛日

愛金剛者即是金剛幢

金剛慢者即是金剛笑

金剛薩埵者即彼薄伽梵觀自在王如來

欲金剛者即是金剛法

計里計羅者即是金剛利

愛金剛者即是金剛因

金剛慢者即是金剛語

金剛薩埵者即彼薄伽梵不空成就如來

欲金剛者即是金剛業

計里計羅者即是金剛護

愛金剛者即是金剛藥叉

金剛慢者即是金剛拳
內四供養者即彼四眷屬
外四供養者亦彼四眷屬
欲金剛以菩提心箭鉤召一切有情
安置佛道計里計羅抱印爲大方便
金剛乘令證不染智以愛金剛摩竭
幢爲大悲金剛鎖經無量劫處於生
死心不移易度一切衆生以爲其道
金剛慢者以大精進爲般若金剛鈴
警悟在無明窟宅隨眠有情
普賢曼荼羅不離五身降三世曼荼
羅即同金剛界蓮華部徧調伏曼荼
羅依此例之寶部一切義成就亦同
此說
金剛薩埵五密爲如來部即是金剛
部即是蓮華部即是寶部五身同一
大蓮華者爲大悲義同一月輪圓光
者爲大智義是故菩薩由大智故不
染生死由大悲故不住涅槃如經所
說有三種薩埵所謂愚薩埵智薩埵
金剛薩埵以金剛薩埵簡其二種薩
埵修行得此金剛乘人即名金剛薩
埵是故菩薩勝慧者乃至盡生死恒
作衆生利而不趣涅槃以何等法能
得如此是故般若及方便智度所加
持諸法及諸有一切皆清淨諸法及
諸有名爲人法二執是故欲等調世
間令得淨除故有頂及惡趣調伏盡
諸有由住虛空藏三摩地於人法二
執皆悟平等清淨猶如蓮華是故如
蓮性清淨本不爲垢所染諸欲亦然
不染利羣生者作安樂利益事居大
自在位是故大欲得清淨大安樂富
饒三界得自在能作堅固利益者菩
提心爲因因有二種度無邊衆生爲
因無上菩提爲果獲大悲爲根兼住
大悲心二乘境界風所不能動摇皆
由大方便方便者三密金剛以爲增
上緣能證毗盧遮那清淨三身果位

金剛頂瑜伽金剛薩埵五秘密修行念誦儀軌

金剛頂瑜伽金剛薩埵五祕密修行念誦儀軌

校勘記

一　底本，金藏廣勝寺本。
一　七六二頁中一行經名，石作「金剛頂瑜伽金剛薩埵五祕修行念誦儀軌一卷」；清作「金剛頂瑜伽金剛儀軌」。卷末經名同。
一　七六二頁中二行譯者，石作「特進試鴻臚卿大興善寺三藏沙門大廣智不空奉詔譯」；徑作「唐三藏沙門大廣智不空奉詔譯」；清作「唐北天竺三藏沙門大廣智不空奉詔譯」；麗作「開府儀同三司特進試鴻臚卿肅國公食邑三千户賜紫贈司空謚大鑒正號大廣智大興善寺三藏沙門不空奉詔譯」。
一　七六二頁中一二行「二界」，清作「三界」。
一　七六二頁中一六行第六字「及」，麗作「及證」。

一　七六二頁中一九行「夊經」，麗作「夊夊經」。

一　七六二頁中二〇行「或證」，麗作「或至」。

一　七六二頁中二一行第九字「迴」，石、麗作「迴向」。

一　七六二頁下一行第一〇字「地」，麗作「他」。

一　七六二頁下二行「闍梨」，麗作「阿闍梨」。

一　七六二頁下四行「威德」，麗作「威神」。

一　七六二頁下一七行第三字「威」，麗無。

一　七六二頁下一八行第九字「空」，麗無。

一　七六二頁下二二行「成熟」，麗作「成就」。

一　七六三頁上二行第七字「捨」，清作「於」。

一　七六三頁上九行第七字「誦」，南、徑作「誦」。

一　七六三頁中九行「佛身」，石作「佛」；麗作「身誦」。

一　七六三頁中二二行「次以」，麗作「次結」。又「三拍」，磧、南、徑、清作「二指」。

一　七六三頁下一〇行第一三字「進」，石、麗作「屈進」。

一　七六三頁下一一行「背真言」，石、麗作「背誦真言」；清作「有真言」。

一　七六三頁下一三行夾註左首字「是」，麗作「即」。

一　七六三頁下一五行末字至次行首字「忍願」，麗作「二中指」。

一　七六三頁下一八行「由結契印」，麗作「結契」。

一　七六三頁下一九行第八字「在」，麗無。

一　七六四頁上二行末字至次行首字「獨鈷」，石、磧、南、徑、麗作「獨股」，下同。

一　七六四頁上九行第八字「作」，石、麗作「於」。

一　七六四頁上一九行「一切」，麗作「一切如來」。

一　七六四頁上二一行「智印」，麗作「大智印」。

一　七六四頁中五行「誦真言」，麗作「次誦真言」。

一　七六四頁中八行「真言」，麗作「明曰」。

一　七六四頁中一一行首字「令」，石無。

一　七六四頁中一三行「右智」，麗作「右大指」。

一　七六四頁中一五行「一徧」，磧、南、徑作「一徧真言曰」。

一　七六四頁中一七行「由結印」，石作「由縛印」；麗作「由此印」。

一　七六四頁中一八行「常怛」，石、磧、南、徑、清、麗作「常恒」。

一　七六五頁上一一行末字「印」，清無。

一　七六五頁上一四行「安胯」，麗作「安胯以頭」。

一七六五頁上一五行第三字「傾」，【徑】作「頃」。又第四字「頭」，【麗】無。

一七六五頁上一八行第一〇字「即」，【石】無。

一七六五頁中六行第八字「細」，【石】、【麗】作「微細」。

一七六五頁中八行第三字「禪」，【石】、【麗】作「左禪」。

一七六五頁中一八行「次前印」，【石】、【麗】作「次准前」。

一七六五頁下一行「次結」，【石】、【麗】作「次住」。又「印誦」，【麗】作「誦印」。

一七六五頁下二行末字「曰」，【磧】、【南】、【徑】無。

一七六六頁上五行末字「別」，【石】、【麗】無。

一七六六頁上六行第五字「知」，【石】、【麗】無。

一七六六頁上七行首字「蜜」，【石】無。又第七字「佛」，【石】、【麗】作「佛法」。

一七六六頁上一〇行「拯拔」，【石】作「拯抱」。

一七六六頁上一四行「常懷濟拔」，【清】作「常情懷濟拔」；【麗】作「常懷拔濟」。

一七六六頁上一六行「慢金剛」，【麗】作「金剛慢」。

一七六六頁中一一行「觀染智」，【石】、【麗】無。

一七六六頁中一二行第五字「德」，【石】、【麗】作「德位」。

一七六六頁下一九行第六字「即」，【麗】作「即是」。

一七六六頁下二二行「計里計羅者即是金剛護」，【清】無。

一七六七頁上三行「外四供養者亦彼四眷屬」，【清】無。

一七六七頁上五行「計里」，【麗】作「以計里」。

一七六七頁上一三行「此例」，【石】作「此倒」。

一七六七頁上一五行第七字「爲」，【石】、【麗】作「即爲」。又「即是」，【麗】作「是即」，一六行第二、三字及第七、八字同。

一七六七頁上一七行「大悲」，【麗】作「大悲解脱」。

一七六七頁上二一行第一〇字「簡」，【石】作「間」。

一七六七頁上二二行「修行」，【石】作「修所」。

一七六七頁中八行第五字「本」，【石】、【麗】作「本潔」。又「諸欲」，【石】、【麗】作「諸欲性」。

一七六七頁中九行「利群生」，【麗】作「利群生利群生」。

一七六七頁中一一行「堅固利益」，【清】作「利益堅固」；【麗】作「堅固利益堅固利益」。

一七六七頁中一三行第八字「復」，【石】、【麗】作「復次」。

一七六七頁中一五行「方便者」，【石】、【麗】作「大方便者」。

金剛壽命陀羅尼念誦法

開府儀同三司特進試鴻臚卿肅國公食邑三千戶賜紫贈司空謚大鑒正號大廣智大興善寺三藏沙門 不空奉 詔譯

太

我今依金剛頂瑜伽經毗盧遮那報身佛於色界頂第四禪成等正覺即下須弥頂金剛寶峯樓閣盡虛空遍法界一切如來皆悉雲集前後圍遶異口同音雅願世尊轉微妙法甚深秘密四種法輪所謂金剛界輪降三世教令輪遍調伏法輪一切義利成就輪如是四輪從毗盧遮那如來心出一一輪皆有三十七聖者一一真言一一三摩地一一印契威儀執持大悲願力於雜染佛世界淨妙佛世界或隱或顯輪轉利樂度諸衆生各各不同毗盧遮那佛受諸如來請已欲轉法輪時即入三摩地觀見摩醯首羅天等剛強難化執著邪見非我寂靜大悲之身堪任調伏於時世尊入忿怒三摩地從胃臆五峯金剛菩提心流出四面八臂威德熾盛精奔難覩降三世金剛菩薩身遍礼毗盧遮那及一切諸佛唯願世尊示教於我何所為作佛告降三世菩薩汝今調伏難調諸天令歸依諸佛法僧發菩提心諸天盡皆歸依唯大自在天恃大威德來相拒敵降三世種種苦治乃至於死毗盧遮那佛入悲愍大悲三昧耶說金剛壽命陀羅尼便入金剛壽命三摩地乃結印契加持摩醯首羅天復還得穌更增壽命歸依諸佛灌頂授記證得八地金剛壽命真言曰

唵嚩日囉(二合)喻曬(二合)娑嚩(二合)賀(引)

佛告執金剛菩薩若有善男子善女人受持念誦日各三時時別千遍過去所有惡業因緣短命夭壽由持此陀羅尼故信心清淨業障銷滅更增壽命若有修習三摩地者現生不轉父母生身獲五神通夌虛自在說三摩地門結加趺坐端身閉目二手重疊安於臍下於虛空中遍想諸佛了了分明即於自身中當心觀如滿月光明瑩徹上有五股金剛杵形漸大如等身變為降三世菩薩頂有毗盧遮那佛從佛遍身遍毛孔中出甘露灌頂注

句身入於心中復想金剛薩埵菩薩即結金剛壽命菩薩陀羅尼印二手金剛拳以頭指右押左相鉤安於頂上誦金剛壽命陀羅尼七遍安於額上分手繫項後直舒二指遍身旋轉如擐甲冑勢甲冑真言曰

唵砧嚩日囉(二合)欲

由加持此印故獲得身如金剛不壞難諸災攘見者歡喜生大恭敬

次說護摩除災延命壇治一淨室於東邊安金剛壽命菩薩像懸諸幡蓋像前作三肘方壇掘深去瓦礫骨灰諸不淨物等如其地无諸穢物還取舊土填之土若有餘是大吉祥相法易成就若有穢物即取河兩岸淨土填平和諸香瞿摩夷塗壇中心畫以白粉作一肘半金剛甲冑中央穿一爐深半肘周圍緣如不欲穿者安火爐行者火爐前坐壇四面供養飲食諸果子等壇四角安缾於爐中然炭先辦乳木長十指麁如大指二十一莖以酥搵兩頭誦金剛壽命真言擲於火中然熾盛已即於火中想八葉蓮

花於花胎中想阿字光明遍照成金剛壽命菩薩次以四字四明引請菩薩入火爐受諸供養即以右手半金剛印以水灑火令淨次取一器感滿融酥以骨屢草青者一莖揾酥誦金剛壽命陁羅尼一遍擲於火中乃至一百八莖或一千八莖次後擲燒諸香乳酪念誦已畢以三滿杓酥傾於火中初後如是若能於三長齋月或自本生日作是供養能除災難增益壽命國土安泰无諸灾疫風雨以時一切賢聖擁護其人

金剛壽命陁羅尼念誦法

丙午歲高麗國大藏都監奉
勑雕造

金剛壽命陁羅尼念誦法　第四張　巷

金剛壽命陀羅尼念誦法

校勘記

一　底本，麗藏本。

一　七七〇頁上一行經名，【石】作「金剛壽命陀羅尼念誦法一卷」。卷末經名同。

一　七七〇頁上二至三行譯者，【石】作「大興善寺三藏沙門金剛智不空奉詔譯」；【磧】、【南】作「南天竺國三藏金剛智興沙門不空奉詔譯」；【徑】、【清】作「唐南天竺國三藏金剛智與沙門不空奉詔譯」。

一　七七〇頁上九行第三字「法」，【磧】、【南】、【徑】、【清】無。

一　七七〇頁上末行第一二字「及」，【磧】、【南】、【徑】、【清】作「佛」。

一　七七〇頁中六行「悲愍」，【磧】、【南】、【徑】、【清】作「慈愍」。

一　七七〇頁中九行末字「授」，【磧】、【南】、【徑】、【清】作「受」。

一　七七〇頁中一九行第五字「於」，【磧】、【南】、【徑】、【清】無。

一　七七〇頁中二〇行「心觀」，【磧】、【南】、【徑】、【清】作「觀心」。

一　七七〇頁下五行第五字「項」，【磧】、【南】、【徑】、【清】作「頂」。

一　七七〇頁下一八行第七字「縁」，【磧】、【南】、【徑】、【清】作「安縁」。

一　七七〇頁下二一行末字「莖」，【磧】、【南】、【徑】、【清】無。

一　七七一頁上六行第八字「擲」，【磧】、【南】、【徑】、【清】作「擲一莖」。

瑜伽瑜祇訖沙囉烏瑟尼沙斫訖囉眞言安怛陀那儀
則一字頂輪王瑜伽經　一卷　榮
大興善寺三藏沙門大廣智不空奉　詔譯
眞言行者若求安怛陀那應作是念
云何我能速取成就當習是三摩地
所謂一切法無色猶如虛空性自成
就作如是勝解當如本教淨持地等
作是三摩地
普徧三千界　充滿智成水　有大寶蓮華
開敷在水中　寶莖如須彌　上方珠網覆
蓮上有大寶　八柱以莊嚴　想成寶樓閣
四門當四方　珠網道鐸等　及妙拂莊嚴
半滿月珠瓔　垂寶間錯帶　是大寶樓閣
徧滿於有頂　應隨力思惟　觀供養雲海
先所觀樓中　有悅意白繖　以衆寶端嚴
寶瓔半滿月　妙拂等莊飾　繖上有大寶
普徧發光相　皆散雨衆寶　眞言智觀行
於彼樓閣中　金剛師子座　寶蓮華莊嚴
珠網道繒磬　白拂等莊嚴　一切欲喜樂
於中圓遶住　不遠於身前　應想第二座
一切皆如上　唯無師子座　角門於四處
嬉戲焚香等　次作圓具法　云何作圓具
先應觀諸法　無性為自性　物我同一體

一字頂輪王瑜伽經　第二張　榮
然後加諸法　云何加諸法　生老病死憂
攙攙於心田　如是思惟已　應生大悲愍
由是生智心　則是光明心　光明心者即是菩提心也
以大悲熏成　其體如皓月　離能取所取
菩提心已生　應住身口意　所明體加持
此名圓具法　即於瑜伽中成身次第也　族明勝次第
知族五部明已五部眞言也　衆具言咸德心知已　自住部王法
謂一字頂輪王法也　則為當族主　先應印已成謂大印也
次明應思惟　由身口意體　觀身為諸佛
於心想月輪　眞言者應知　有種種光明
皆從月形生　徧至無量界　復入行人心
堅固為五峯　變為金剛形　想在彼掌中
復出種種光　其光皆徧滿　至於無邊界
而作佛遊戲　還來瑜伽身　如是皆入已
成普賢大色　應觀大菩薩　諸相皆成就
一切莊嚴具　蓮華鬘灌頂　自成摩訶薩
從瑜伽心生　持眞言弓箭　依住於月輪
或持鬘而住　或四方安居　隨力觀身前
諸衆生大樂　最上令成就　一切印嚴手
惠施於一切　諸有情如願　并熙怡為舞
金剛慢流出　為左於胷側　住右作舞勢
安立衆生利　如自明隨形　諸衆生所思
皆令成調伏　作如是加持　利益於衆生

及餘諸利益　攞寫等供養　而以陳奉獻
自身自所尊　真言字相應　隨力而念誦
如聲色相應　以字爲華鬘　智者應思惟
依瑜伽相應　於聲我今說　一字最勝成
如來蓮華部　而住聲念誦　我讚如雷聲
分明稱吽字　我說金剛部　亦通大自在
念誦者成就　南摩尼羯磨　此部作念誦
如擊鈴鐸聲　如箜篌笛聲　如舞動瓔聲
其如孔雀鳴　如諸部法中　相應一切義
成如是音聲　而作於念誦　與真言相應
真言者隨聲　應思惟其義　不久當成就
此通一切部　是聲念誦儀（二軌竟）　我說色念誦
我今說一切　色者說爲印　與此相應轉（謂還爲也）
善思惟其明　當安於胸臆　印焰明觀察
身中出金剛　甘露而灌灑　令本天喜悅
得隱自身形　大勤勇我說　由此真言者
知以印令我　不久易餘身　我今說瑜伽
念誦如昔說　其明應思惟　安置於自處
供養以如教　紇相應念誦　離心喉頂舌
鼻及與齶處　及離念內外　唯法相應念
不應依於聲　此名爲金剛　瑜伽念誦儀
若知真實體　應當知成就　而獲得常恒
以此瑜伽法　相應而住之　以菩提勝心

爲成就不久　皆悉得如意　其中字念誦
如獲我今說　如是積資糧　真言應誦持
以文字爲色　應分別觀之　作念誦事業
月行列意生　明字與之俱　安本尊胸臆
不久得道成　於月以月合　於一切字色
應於上思惟　光明輪莊嚴　行列不間斷
如以線穿珠　金色以爲光　晃曜本尊身
如彼彼月字　殊勝妙真言　以成真言者
則彼彼喜悅　力命增威感　意光明相應
我說爲文字　行列之念誦

我今通諸儀則成就物光澤我今說誦明念誦者若作彼以光明成就於諸物應生念誦相應儀一切真言皆得成一儀與相應應作識清淨清淨爲心識智者然當入成就以身以語以意依如是物而住應知四支法於瑜伽法成就此中說爲意獲通及地等以身現諸身（決云謂隨衆生意所樂者）以語辯一切煙焰等成就我說物成就於身中身成就者種類有多種四印及餘輪壇瑜伽者應當盡可解者而作大曼荼羅曼荼羅儀軌成辦中央三昧形應安輭座（西方或以赤麞皮中安鮮華而生）而安坐一切瑜伽三摩地相應晝夜等至（謂入定也）真言者住與慧念相應中夜或明相現時決定當成就或地及神通成就如來說我今說意成就現身而獲之以印加持身我今爲大印應作思惟於成就及曼荼羅念誦者淨心則成就我說成就相口身或出光明暖焰及增等若見升空去成就相應知於身成就我廣說已

我說語成就法如獲次第說應爲先行法已如前法應作（謂自建立已來乃至大印等）口心印上住蓮華應知於心間於上住商佉（頭在蓮華上也）商佉中出聲相續无間斷於蓮華中發生金剛舌以白色（頭作赤色上有金剛）舌上或想佛或寶或蓮華或羯磨金剛或餘部印契或一月及兩月三四及五月乃至八箇月觀想於此壇結加趺坐常以本寂靜相應分明觀商佉聲已即依蓮華界從華蘂出聲量如微塵其聲出至咽次又至於舌便即成其字舌字出光焰熾猛而普徧以聲滿虛空行者住定誦或一日及一夜中夜或後夜從舌出光明其光有大

聲或從心從脣及齒出開錯光明若見如是者當知得悉地以此語相應成就能摧諸異宗令他發淨信能爲衆生利益如是瑜伽相應念誦有比丘嚩迦者吒得口成就於間錯山中七日而成語成就儀則

我今說物成就如前瑜伽應成就應取餘部物等或用餘部印及真言三擻多（謂以物應安縛心前聲住物便瀉爐中及餘聲未盡還住物）行相作已智者於此曼荼羅即入羯磨三昧耶自爲一切羯磨自在其中爲色相一切於本部主應與於右手印物爲次第於金剛縛中安物物類於中積縛印當臍下或當心二手以縛物獻安自心自明智者以此法觀身火光聚以先所集身口意善資糧用以此身物安於明手中真言字火焰聲念誦真言者盡其夜應作不應破其坐以此儀則法初夜當生暖煙當於中夜光焰於明相如是漸次加如光焰成物得飛騰虛空於三界自在我說安善那法我曾已先說應斷一切取應依於本明乃至自身體語心亦如是以自真言應隱沒作本明主應作念誦大金剛名者以金剛大身智者應堅住召入縛令喜當安於心如自心所樂我明觀自身我是虛空由此相應成就故乃至一切欲界主彼等不見形刹那至梵天以盡彼法作鈎召應作四印曼荼羅應安意在左手自身安於彼以拳應堅持作拳爲虛空如是安怛陀那雖忉利天宮亦不能見遊於他化自在天宮恣意安樂自在乃至意所樂

丸藥口安怛陀那法

我今略說成就法如是觀自明我是一切體（所謂以虛空內所有爲一切體）自身同彼印住微細金剛三昧入於自明心於丸藥成就觀丸藥置於口能遊須彌頂一切世間不能見藥色成大人（謂體隨意變身）受忉利天宮欲樂隨意得快樂餘世間相雜我今說安陀那丸藥依本教成真言智應作自明智身前求成就者應獻無垢如虛空明身物及色以明字行列光焰相應住當入本尊身如隱沒住意從明口流出真言光威猛丸藥善應成焰氣騰生已禁止已安口爲不現形中自在遊戲於四洲刹那諸世界還來歸本處所去得隨意種種成就藥叉衆常以爲眷屬亦能遊戲須彌四天王下層四藥叉世界作無量有情利益失正道漂曠野王賊水火等逼起悲愍心於一切繫縛處我當成就已皆令得解脫

我今已略說廣法如大經應觀自心日月形具光明則此月中一字如金色難觀如日輪光明普舒徧瑜伽想光明則其字爲輪其輪爲轉輪持妙色形七寶圍遶徧身毛孔中流出無量佛瑜伽應思惟用金剛界印四處誦真言加持勤勇力成就念定勤爲薪焚燒一切罪以真言色火當離疑分別求大乘樂棄小乘樂慇懃慧菩提住真言儀則

瑜伽瑿迦訖沙囉烏瑟尼沙斫訖囉真言安怛陀那儀則一字頂輪王瑜伽經

瑜伽翳迦訖沙囉烏瑟尼沙斫訖囉真言安怛陀那儀則一字頂輪王瑜伽經

校勘記

一　底本，金藏廣勝寺本。

一　七七二頁中一行經名，石、麗作「一字頂輪王瑜伽觀行儀軌一卷」。卷末經名同。

一　七七二頁中三行譯者，徑、清作「唐大興善寺三藏沙門大廣智不空奉詔譯」；麗作「開府儀同三司特進試鴻臚卿肅國公食邑三千户賜紫贈司空謚大鑒正號大廣智大興善寺三藏沙門不空奉詔譯」。

一　七七二頁中五行「云何我」，石、麗作「我云何」。

一　七七二頁中七行「如本」，石作「如來」。又「淨持」，麗作「淨治」。

一　七七二頁中一一行「蓮上」，石、麗作「花上」。

一　七七二頁中一三行「是大寶樓閣」，石作「是時大樓閣」。

一　七七二頁中一五行「端嚴」，麗作「端飾」。

一　七七二頁中一六行「莊飾」，麗作「莊嚴」。

一　七七二頁中一七行「光相」，石、麗作「光明」。

一　七七二頁下一行「死憂」，石、麗作「憂死」。

一　七七二頁下三行夾註「者即是」，石、麗作「即」。

一　七七二頁下四行「皓月」，石、麗作「滿月」。

一　七七二頁下五行「已生」，石作「出生」。

一　七七二頁下七行夾註「知族五部明已」，石、麗作「知已族五部明」。

一　七七二頁下八行夾註左「王法」，石、麗無。又正文「族主」，石、麗作「族王」。

一　七七二頁下九行「觀身」，石、麗作「想身」。

一　七七二頁下一〇行「於心想月輪下」，石、麗有「無垢猶如佛」一句。

一　七七二頁下二一行「金剛慢」，麗作「金剛鬘」。

一　七七二頁下二二行「所思」，石、麗作「所見」。

一　七七三頁上一行「奉獻」，石作「供獻」，麗作「供養」。

一　七七三頁上四行「一字」，麗作「一切」。

一　七七三頁上自六行第一一字「亦始，至同頁中一〇行第一〇字「誦」止，該段五言石、麗作長行。又「大自在」，石、麗作「摩醯首羅」。

一　七七三頁上七行第一三字「作」，石、麗無。

一　七七三頁上八行第二字「擊」，石、麗無。又「箜篌」，石、麗作「箜篌聲」。又「瓔聲」，石、麗作「瓔珞聲」。

一　七七三頁上九行首字「其」，石、麗作「其聲」。又第七字「諸」，石、麗作「一切」。

一　七七三頁上一〇行第八字「於」，

石、麗無。

一　七七三頁上一二行「是聲念誦儀」及夾註「二軌竟」，石、麗作「此是聲念誦儀軌」。

一　七七三頁上一三行夾註右首字「謂」，徑作「詣」。

一　七七三頁上一四行第八字「於」，石、麗作「其」。

一　七七三頁上一六行第一〇字「說」，石、麗作「說色念誦」。

一　七七三頁上一七行第五字「我」，石、麗作「成就」。又第一二字「今」，石、麗無。又「瑜珈」，磧、普、南、徑、清、麗作「瑜伽」。

一　七七三頁上一八行第五字「說」，石、麗作「所說」。

一　七七三頁上二〇行「鼻及與齶處」，石、麗作「鼻喟」。

一　七七三頁中一行「皆悉」，石、麗作「皆當」。

一　七七三頁中五行「道成」，石、麗作「安怛陁娜」。

一　七七三頁中九行「熾盛」，石、麗作「益更熾盛」。

一　七七三頁中一〇行第三字「爲」，石無。

一　七七三頁中一一行第三字「通」，石、麗作「遍」。又「光澤」，石、麗作「光暉」。

一　七七三頁中一六行「四支」，徑、清作「内支」。又末字「於」，石、麗無。

一　七七三頁中一九行第一二字「身」，石、麗無。

一　七七三頁中二一行第七字「可」，石、麗作「其所」。

一　七七三頁中末行夾註左末字「生」，石、磧、普、南、徑、清、麗作「坐」。

一　七七三頁下三行「決定」，石、麗作「或三更或明相決定」。

一　七七三頁下四行第一二字「以」，石、麗作「以此」。

一　七七三頁下五行「思惟」，石、麗作「是思惟」。

一　七七三頁下七行第一一字「焰」，石、麗作「烟」。次頁下一行第五字同。

一　七七三頁下一三行夾註「蓮華」，石、麗作「花」。

一　七七三頁下二〇行第一〇字「又」，石、麗無。

一　七七三頁下二一行第一〇字「熾」，石、麗作「燄」。

一　七七三頁下二二行第八字「住」，石、麗作「經」。

一　七七四頁上三行「成就」，石、麗無。

一　七七四頁上五行第六字「得」，石、麗作「當得」。又「山中」，石作「山」；麗作「出」。

一　七七四頁上八行第一一字「及」，南作「以」。

一　七七四頁上九行夾註右「二合訶聲」，石作「聲」；麗無。又「住物」，石、磧、麗作「拄物」，左同。

一　七七四頁上一三行第九字「物」，石、麗無。

一　七七四頁中二行第一一字「大」，

石、麗無。

一 七七四頁中五行第五字「故」，磧、南、徑、清無。

一 七七四頁中一〇行第九字「天」，石、麗無。

一 七七四頁中一四行夾註左「所有爲一切體」，石、麗作「有所爲一體也」。

一 七七四頁中一七行「大人」，石、麗作「大力」。又夾註左「變身」，石、麗作「變身也」。

十 七七四頁中一九行「安陀那」，石、徑、清、麗作「安怛陀那」。

一 七七四頁下二行第九字「戲」，石、麗無。

一 七七四頁下六行「王賊」，石、麗作「賊王」。

一 七七四頁下七行首字「水」，石無。又「悲愍心」，石、麗作「是悲憫心」。又第九字「於」，磧、普、南、徑、清無。

一 七七四頁下一〇行「日月」，石、麗作「月月」。又第四字「具」，磧、普、南、徑、清作「見」。又第七字「則」，石、麗作「則於」。

一 七七四頁下一七行第五字及第九字「乘」，石、麗無。

趙城縣廣勝寺

仁王般若念誦法　策　記

大興善寺三藏沙門大廣智不空奉　詔譯

尒時佛告波斯匿王今爲王說仁王護國般若波羅蜜多持明之法王當諦受一心善聽先明入道場儀軌

若諸仁王爲求息災先須沭浴著新淨衣若行王者受近住戒應起殷重大乘之心欲求成就不惜身命於無邊有情廣起悲願濟度之心能如是者速得成就入道場已五體投地徧禮法界一切三寶右膝著地懺悔三業一切罪障勸十方佛轉正法輪請諸如來久住於世隨喜三乘所修福智以我某甲所修功德悉皆迴向無上菩提願共法界一切有情所求悉地速得滿足次結加趺坐如其闕緣不得澡浴二手塗香發殷重心結淸淨印兩手當心虛心合掌如未敷蓮華誦眞言曰

唵一娑嚩二合娑引嚩輸入鐸二引薩嚩達磨三引上娑嚩二合娑引嚩輸度憾四

誦此眞言三徧正誦之時運心廣布一切諸法本來淸淨是故我身亦悉

淸淨卽閉目運想徧滿虛空一切諸佛菩薩道場衆會執持種種上妙香華三業至誠頭面禮敬第一結佛部三昧耶印

兩手當心內相叉作拳並竪二大拇指誦眞言曰

唵一尒那尒迦娑嚩二合訶二去引

不出聲誦此眞言三徧下皆准知於頂上散由結此印契誦此佛部三昧耶眞言故十方法界一切諸佛悉皆雲集徧滿虛空加持行法行生者離諸障惱三業淸淨所修行願速得成就

第二結諸菩薩部三昧耶印

兩手當心如前作拳左大拇指屈於掌中誦眞言曰

唵一阿引嚧力迦娑嚩二合訶二去引

准前誦三徧於頂上散由結此印契誦此諸菩薩部三昧耶眞言故卽得觀自在菩薩等十方法界一切菩薩悉皆雲集徧滿虛空加持　行者三業淸淨無諸災難謂諸菩薩承本悲願令所求者皆悉滿足

第三結金剛部三昧耶印

右如前印舒左大拇指屈右大拇指
於掌中誦眞言曰
唵一嚩曪二合地力迦娑嚩二合引訶二引
准前誦三徧於頂上散由結此印契
誦金剛部三昧耶眞言故即得十方
法界一切金剛現威怒身如雲而集
滿虛空界加持行法行者三業堅固
猶如金剛謂彼聖者承佛威神以自
願力大則護持國界令無災難小則
乃至一身令無諸厄
第四結護身印
又用三部所結印契及誦眞言五處
加持謂額左肩右肩心喉五處於頂
上散即成被金剛堅固甲冑由此加
持徧行者身威光赫弈一切諸魔作
障惱者眼不敢覩疾走而去
第五結辟除印及金剛方隅寶界印
右以前金剛部印契誦彼眞言遶壇
左轉三帀即能辟除大力諸魔隨佛
菩薩菩隱顯者遠去地界隨心大小
右轉三帀即成金剛方隅寶界諸佛
菩薩尚不違越況障惱者能得其便
於頂上散

第六結請聖衆降壇印
右用前三部印契及誦眞言以大拇
指向身招請三徧三招即前滿空三
部聖衆各依本位不相障礙寂然而
住頂上散
第七獻閼伽香水印
右以兩手持捧摩尼寶器盛香水置
於眉間誦眞言曰
唵一嚩曪二合引娜迦吽二引
准上誦三徧運心廣布次第普浴一
切聖衆於頂上散由獻閼伽故從勝
解行地乃至法雲地於地地中十方
法界諸佛菩薩皆悉加護諸灌頂者
第八獻寶座印
右以兩手當心虛心合掌二大拇指
及二小指相附少屈餘之六指各散
微屈如開敷蓮華眞言曰
唵一迦磨攞娑嚩二合引訶二引
由結印契及誦眞言所獻寶座令諸
聖衆皆如實受用則令行法行者至
果位中獲得金剛堅固座
第九結普供養印
右以兩手合掌五指互交以右押左

置於心上誦眞言曰
娜莫三曼多沒馱引南一引薩嚩他引欠平二烏娜誐二合諦薩頗二合囉呬引鋡三誐
誐曩上劒娑嚩二合引訶四引
由結此印誦眞言故運心廣布周徧
法界諸佛菩薩道場海會普雨一切
諸供養具初誦一徧塵沙寶器滿盛
塗香普塗聖衆誦第二徧種種華鬘
普徧莊嚴誦第三徧燒種種香普徧
供養誦第四徧雨諸天中上妙飲食
置於寶器普徧供養誦第五徧雨諸
摩尼以爲燈明普徧供養諸佛菩薩
由誦眞言加持力故所獻香等於諸
海會悉皆眞實聖衆受用行法行者
於當來世常獲是報
第十結般若波羅蜜多根本印
入以兩手背相附收二頭指以二小
指屈於掌中以大拇指各押二指頭
置於心上誦經中陀羅尼七徧由結
此印誦陀羅尼故行法行者自身即
便變成般若波羅蜜多菩薩而為一
切諸佛之母其菩薩像結加趺坐白
蓮華上身黃金色衆寶瓔珞徧身莊

嚴首戴寶冠繒帛兩邊垂下左手當心持般若梵夾右手當乳作說法印以大拇指押無名指頭即想菩薩從頂至足身諸毛孔流出光明作種種色徧滿法界一一光中化無量佛徧虛空界諸世界中普爲衆生當根宜說般若波羅蜜多甚深之法皆令悟解住三摩地行法行者作此觀已頂上散印手持數珠置於掌中合掌當心誦眞言曰

唵一尾嚧者那引麼攞娑嚩引二合訶引二

誦此三徧加持數珠頂上戴已然後當心左手承珠右手移珠念念相應住佛母三昧觀心莫間斷誦一百八徧或二十一徧誦眞言曰

娜謨囉怛娜二合怛囉二合夜野一娜莫引阿哩夜二合吠無蓋反嚕者娜引野二怛佗引蘖多引夜囉訶二合諦三三藐三沒馱引野四娜莫阿引哩野二合五三滿多跋捺囉引二合野六冒地薩怛嚩引二合野七摩賀薩怛嚩引二合野八摩賀迦引嚕抳迦引野九怛你野佗引十枳孃二合娜鉢囉二合你引閉十一惡乞叉二合野句勢十二鉢羅二合底婆引娜嚩底十三薩嚩沒馱引嚩路枳諦十四揄誐跛哩你瑟跛二合寧十五避引囉努羅嚩誐引係十六底哩野三合特嚩二合十七跛哩你瑟跛二合寧十八冒地質多散惹娜你十九薩嚩引毗曬迦毗引色訖諦二合二十達磨娑引誐囉三步諦二十一阿慕伽室囉二合嚩寧二十二摩賀三滿多跋捺囉步弭二十三涅奴逸反哩野二合諦二十四尾野二合羯囉拏二十五跛訖哩鉢囉二合跛你二十六薩嚩悉馱二十七娜麼塞訖哩二合諦二十八薩嚩冒地薩怛嚩二合十九散惹娜你三十娑誐嚩底三十阿丁以反上三十一沒馱引麼諦三十二阿羅你迦囉嫁三十三阿羅拏迦囉嫁三十四摩賀鉢囉二合枳攘三十五播囉弭諦娑嚩二合賀引三十六

如是依前志心誦念徧數足已即頂戴數珠置於本處結三摩地印攢舒兩手以右押左置於齊下端身閉目頭少微屈注心心上諦觀圓明鏡智上縱廣一肘漸徧法界布字行列右旋次第觀一一字光明徹照從外向內至於地字從內向外漸觀諸字周而復始至第三徧心善寂定了了分明觀所詮義不生不滅一一平等皆徧法界非動非靜定慧雙運永離諸相即是般若波羅蜜多三摩地觀從此卻結般若波羅蜜多印誦陀羅尼七徧於頂上散次結普供養印如前運心次第供養對聖衆前以向所修所生功德盡將資益所求諸願爲國爲家利佗滿足然後施衆生迴嚴淨土迴向實際迴求無上菩提願共有情速至彼岸次結前結界印誦前眞言三徧左轉即成解界次結前三部印誦前眞言三徧皆以大拇指向外撥之即成發遣聖衆各歸本土行者作禮而去如常經行受持讀誦大乘勿散動也如是五更至於晨朝以爲初時從日午後至於未時爲第二時從黃昏後至於中夜爲第三時從中夜後至於五更爲第四時如是時中各依本數精勤不怠一切佗敵自然降伏一切災難永不復生尒時波斯匿王聞佛說已即從座起作禮圍遶歡喜踊躍信受奉行

仁王般若念誦法

新譯仁王般若經陀羅尼念誦軌儀序　上金

大興善寺翻經沙門　慧靈述

我皇帝聖德廣運仁育群品亦既纂曆吹大法螺刊梵言之輕重誓迷徒之耳目偉矣哉迺辟興善寺大廣智三藏不空與義學沙門良賁等一十四人開府魚朝恩翰林學士常衮等去歲夏四月於南桃園再譯斯經秋九月詔資聖西明百座敷闡下紫微而五雲抱出經長衢而萬姓作禮阡郭充滿猶墻堵焉稽緇衣覽青史自摩騰入漢僧會遊吴瑞法之來莫與京者經云若未來世有諸國王建立正法護三寶者我令五方菩薩往護其國令無灾難又云五菩薩自於佛前發弘誓言我有陀羅尼能加持擁護是一切佛本所修行速疾之門若人得聞一經於耳所有罪障悉皆消滅況復習誦而令通利佛即讚言若誦持此陀羅尼者我及十方諸佛悉常擁護諸惡鬼神敬之如佛不久當得阿耨菩提則知此陀羅尼字母之根底衆瑜伽之藪澤如彼水木歸其本源故菩薩演之王者建之黎人念之諸佛讚之俾尔昌而熾俾尔福而利於可以見聖人之心其益既弘其軌亦妙苟于誠不克曷降之以嘉三藏是以譯具多之文良賁法師乃受從簡素始夫處所方便終其觀行儀則修為十門第以位次一一昭著庶無懵焉凡我道俗將保厥躬遂求願踐菩提之路登仁壽之域者何莫由斯之道哉

仁王般若念誦法

校勘記

一　底本，金藏廣勝寺本。

一　七七八頁中一行前，麗有序文一篇，今附録於卷後。

一　七七八頁中一行經名，石作「仁王般若念誦法經」。

一　七七八頁中二行譯者，徑、清作「唐三藏沙門大廣智不空奉詔譯」；麗作「開府儀同三司特進試鴻臚卿肅國公食邑三千户賜紫贈司空謚大鑒正號大廣智大興善寺三藏沙門不空奉詔譯」。

一　七七八頁中七行第四字「行」，石、麗作「法行」。

一　七七八頁中一九行末字「曰」，磧無。

一　七七八頁中末行末字「悉」，石無。

一　七七八頁下五行「兩手」，磧、南、徑、清作「以兩手」。又第九字「拳」，磧、南、徑、清無。

一 七七八頁下一一行「行法行生者」，石、麗作「行者」；磧、南、徑、清作「行法行者」。
一 七七八頁下一七行首字「准」，磧作「唯」。
一 七七八頁下二〇行「加持」，磧、南、徑、清、麗作「加持行法」。
一 七七九頁上一行第五字「舒」，磧、南作「以」。
一 七七九頁上四行第一二字「此」，石無。
一 七七九頁上七行「行法行者」，石作「行者」。下同。
一 七七九頁上九行第九字「令」，磧作「彼」。
一 七七九頁上一三行「左肩右肩」，石作「右肩左肩」。
一 七七九頁上二〇行「善隱顯著」，石、麗作「若有隱者」。又「地界」，石、麗作「他界」。
一 七七九頁中五行末字「散」，石作「散也」。
一 七七九頁中七行「持捧」，徑作「捧持」。
一 七七九頁中八行第三字「間」，石作「中」；磧作「即」。
一 七七九頁中一〇行「准上」，徑作「准前」。又「廣布」，磧、南、徑、清作「廣大」。
一 七七九頁中一三行「諸灌頂者」，石、麗作「諸佛灌頂」。
一 七七九頁中二一行末字「座」，石、麗作「寶座」。
一 七七九頁下五行「運心」，麗作「蓮心」。
一 七七九頁下一五行首字「於」，石無；徑作「如」。又第四字「世」，石無。
一 七七九頁下一七行首字「入」，石、麗作「又」；磧、南、徑、清作「當」。又第一二字「以」，石無。
一 七七九頁下二一行首字「便」，石無。又第一二字「而」，石無。
一 七八〇頁上二行第八字「夾」，徑、清作「筴」。
一 七八〇頁上八行第一一字「者」，南、麗作「王」。
一 七八〇頁中一五行「志心」，石作「至心」。
一 七八〇頁中一八行「注心」，石、麗作「專注」。
一 七八〇頁中一九行「縱廣」，徑作「縱橫」。
一 七八〇頁下七行第九字「施」，石、磧、南、徑、清、麗作「迴施」。
一 七八〇頁下一〇行第五字「轉」，磧、南、徑、清作「輪」。又第六字「即」，徑作「印」。
一 七八〇頁下一五行第三字「從」，磧、南、徑、清無。又「日午」，石作「午時」。
一 七八〇頁下卷末經名，石作「仁王般若念誦法經一卷」；麗作「仁王般若念誦法一卷」。

一字頂輪王念誦儀軌　奉

開府儀同三司特進試鴻臚卿肅國公食邑三千戶賜紫
贈司空謚大鑒正號大廣智大興善寺三藏沙門不空奉　詔譯

我今依忉利天宮會釋迦牟尼如來所說无比力超勝世間出世間真言上上一切佛頂主宰一字頂輪王念誦儀則修行者先當入此頂輪王大曼荼羅得阿闍梨灌頂印可方受此法須善明解然後於清淨處安本尊像面西稽首礼受三歸捨身懺罪受戒發菩提心隨喜勸請發願迴向已應結佛部三昧耶印以二手內相叉雙並竪二大拇指即成是名一切如來心印真言曰

唵迩那迩入聲呼

次結蓮花部三昧耶印准前佛部心印屈左大拇指入掌右大指准前直竪即成是名蓮花部心印真言曰

唵阿盧力

次結金剛部三昧耶印准前佛部心印屈右大指入掌直竪左大拇指即成是名金剛部心印真言曰

唵嚩日囉二合地力二合

次結甲冑印以二手內相叉竪二中指各屈上節如劒形以二頭指各拄中指背以印加持額右肩左肩心喉五處一遍真言曰

唵斫羯囉二合靺栗底鉢囉二合睬訶多羅捺囉引二合囉捺囉引二合娑去娑摩二合車盧瑟尼二合沙路乞灑二合路乞灑二合鈴吽發吒半音娑嚩二合引訶引

次結佛眼印以二手合掌屈二頭指各拄中指背並屈二大拇指入掌以印真言加持五處真言曰

曩莫三滿多没馱引南一引唵嚕嚕薩普二合嚕入嚩二合羅底瑟吒二合悉馱盧者寧薩嚩囉他二合娑引達泥娑嚩引二合訶

次結大海印以二手內相叉合掌擘開二大指以印右旋三帀想成大海水真言曰

唵微摩盧娜地娑嚩引二合訶引

次於大海中想須弥盧山四寶所成以二手內相叉急握作拳合腕並竪

即成真言曰

唵阿者攞吽

次於須弥盧山上想七寶樓閣即結加持寶樓閣印以二手金剛合掌左右十指各交初分即成真言曰

曩謨三滿多没馱引南引唵薩嚩他欠嗢娜蘖二合帝薩頗二合囉四引鈐誐誐曩劍平聲娑嚩引二合訶引

次結佛頂輪王印二手內相叉作拳竪二中指屈上節如劒形並竪二大指屈二頭指捻二大指頭上即成印五處加護真言曰

曩謨三滿多没馱引南步嚕唵三合

次結網擬印准前根本印屈二頭指上節背不相著以二大拇指各壓上下揮轉即成結上下界真言曰

曩謨三滿多没馱引南引阿鉢囉二合底賀多舍娑娜南唵微枳囉拏微特防二合娑尼迦比羅貳嚩里尼怛囉二合嚩二合能上瑟吒囉二合路乞沙二合鈴發娑耶嚩日囉二合吠睬薩帝𠼝引囉特

次結墻印准前根本印屈二頭指兩節相逼平竪二大拇指附二頭指右

旋三匝即成金剛墻界真言曰
唵引莫瑩嚩命同前
次結車輅印二手內相叉仰掌申二
頭指令甲側相拄屈二大指各拄頭
指根下想於他方世界奉迎本尊真
言曰
唵覩嚕覩嚕吽
次結迎車輅印准前車輅印以二大指
各撥中指頭向身三招真言曰
曩謨悉底哩也四合地尾二合迦南怛他蘖
多南唵嚩日囉二合儗以爾反你也二合
羯哩沙二合耶娑嚩二合訶除若來請遣
沙二合尾薩若那耶去
次結迎請印准前根本印屈右頭指
於中指後向前三招真言曰
曩謨婆誐嚩帝阿鉢囉二合底賀覩
瑟尼二合沙耶翳呬翳呬婆誐吻達
麼囉惹鉢囉二合底制𭾱反鷄奚南遏
鉗𭷎談補澁奔二合補甘反度奔上末隣你
半者滿遮避路吃沙二合阿鉢囉二合
底賀多麼攞鉢囉二合𭪿囉二合麼
耶娑嚩二合訶引
次結一切辦事佛頂印以二手內相

又竪二中指屈上節如劒形諸供養
物及浴水洗淨土等並用此真言加
持辟除去垢結界皆用此真言左旋
辟除右旋結界真言曰
曩謨三滿多沒馱南一唵吒嚕唵三合
滿馱娑嚩二合訶引
次重結前網撅印一用結上方界
次結阿娑莽倪倪枳反尼印側二手左
掩右竪二大指即成右轉一匝即成
密縫真言曰
唵阿娑莽倪尼吽發
次結獻閼伽印准前根本印屈二頭
指各附中指竪二大指各附頭指根
側真言曰
曩謨三滿多沒馱南唵閼伽羅訶閼
伽必哩二合野鉢羅二合底𭾱鷄奚反娜末
鉗娑嚩二合訶引
次重結根本印
次結獻師子座印准前根本印屈二
頭指於二大指甲側真言曰
唵阿者囉尾囉耶娑嚩二合訶引
次結塗香印准前根本印屈右頭指
倚於左中指下節真言曰

曩謨三滿多沒馱南唵怛嚩二合
盧枳也二合𭷎馱蘖帝吽吽發發娑嚩
二合訶引
次結獻花印准前塗香印改右頭指
倚左中指下節真言曰
曩謨三滿多沒馱南引唵薩嚩盧
迦補澁波二合步多耶吽吽發發娑嚩
二合訶引
次結燒香印准前根本印屈二頭指
各倚於中指中節真言曰
曩莫三滿多沒馱南唵尾囉蘖
多微蘖多度跛耶吽吽發發娑嚩二合
訶引
次結獻食印准前根本印屈二頭指
上節各附於大指側真言曰
曩謨三滿多沒馱南唵薩嚩
盧迦麼里必哩二合夜引吽吽發發
娑嚩二合訶引
次結獻燈明印准前根本印屈二頭
指兩節令不相著二大指各附於頭
指上真言曰
曩謨三滿多沒馱南唵薩嚩盧迦
珊捺囉二合捨那耶吽吽發發娑嚩

二合訶引
次結普供養加持印二手虛心合掌
上頂各兩節相交真言曰
曩謨三滿多没馱南　冐地薩怛嚩
二合　南喻薩嚩怛囉二合　僧俱蘇弭
多避枳羞囉始寧
曩謨薩覩二合　諦娑嚩二合　訶引
次結遍照佛頂印二手內相叉合為
拳令二中指節微起真言曰
曩謨三滿多没馱南悪引　莫峪
次結白傘蓋佛頂印以二大指各捻
二无名指甲上側相合二頭指屈如蓋
形二中指微屈相合　二小指各竪相
合真言曰
曩謨三滿多没馱南阿鉢囉二合　底
賀多舍　娑那南唵麼麼麼吽匿　反除　曩
次結光聚佛頂印准前白傘蓋印拆
開二頭指即成真言曰
曩謨三滿多没馱南阿鉢囉二合　底
賀多舍娑娜南　唵怛他蘖都瑟尼
二合　娑阿那嚩盧枳多慕嚛馱帝儒囉
始吽入嚩二合　攞入嚩二合　攞馱迦
馱迦娜囉娜囉微娜囉微娜囉嗔那

嗔那頻那頻那吽吽發發娑嚩引　二合
訶引
次結高佛頂印准前白傘蓋印屈二
頭指各拄中指中節背真言曰
曩謨三滿多没馱南阿鉢囉二合　底
賀多舍娑娜南唵引　你馳你馳畢瑜
二合　娜誐都瑟尼二合　沙吽吽發發
娑嚩二合　訶引
次結勝佛頂印准高佛頂印移二頭
指向上兩穬麦許真言曰
曩謨三滿多没馱南阿鉢囉二合　底賀
多舍　娑那南唵入嚩二合　羅惹論瑟尼
二合　沙吽發娑嚩二合　引　訶引
次結摧毀佛頂　尾枳囉拏　印二手內相
叉作拳竪二中指屈節以右中指拄
左中指面令出半節許真言曰
曩謨三滿多没馱南阿鉢囉二合　底賀
多舍　娑娜南唵尾枳囉拏度那度那
積引
次結摧碎佛頂印准前改左中指
拄右中指面亦出半節許真言曰
曩謨三滿多没馱南阿鉢囉二合　底賀
多舍娑那喃唵阿鉢囉二合　底賀都瑟

尼二合　沙耶薩嚩尾伽曩二合　尾特望
二合　娑那迦囉耶怛𠿒二合　乞耶娑嚩二合
訶引
次結輪王佛頂心印准前根本印屈
二頭指各拄中指上節真言曰
曩莫三滿多没馱南　阿鉢囉二合　底
賀多舍娑娜南唵怛他蘖都瑟尼二合
沙阿那嚩盧枳多没馱尼斫羯羅二合
靺𠼝二合　底吽入嚩二合　羅入嚩二合　羅馱迦
馱迦度那微度那怛囉二合　娑耶麼囉逾
瑳羅耶賀那賀那伴惹伴惹暗悪膽
鉢龍二合　企尼君吒哩尼阿鉢囉二合
尒多薩怛羅二合　馱哩尼吽發娑嚩二合　訶
次結心中心印准前根本印屈二頭
指各加於二中指上節上真言曰
曩莫三滿多　没馱南　阿鉢囉二合
底賀多舍娑那南唵阿鉢囉二合　尒多
特　他異反
普通諸佛頂印二手虛心金剛合掌
如花在掌中修行者若急遽不能遍
結諸佛頂印但結此印誦諸佛頂真
言
次結頂印准前根本印屈右頭指竪

於右中指後令不相著真言曰
曩莫三滿多 沒馱南 阿鉢囉三合
底賀多舍娑那南唵斫羯羅二合鞢嘌
一合 底唵吽
次結頭印准前根本印開二頭指各
直竪於中指後令不相著微屈真言
曰 同上 蟀命
唵斫羯囉二合鞢嘌二合底吽登娑嚩
二合 訶引
次又結根本印
次結大三昧耶印加護本尊二手內
相叉竪二中指屈二頭指中指後如
鉤相去一麥許二大指各附頭指
根下右旋三匝真言曰
唵商羯哩摩訶三昧延娑嚩二合訶引
次誦一百八名讚讚歎
欲念誦先以五支成本尊或五相成
本尊瑜伽或於三處頂舌心也想一字頂
輪成本尊坐八葉蓮花於一一葉上
想七寶唯當前蓮花葉上想佛眼
尊次應持珠此依菩提場所說經道
次持珠合掌捧珠誦淨珠真言七遍
真言曰

唵阿娜步二合伍尾惹曳而反 悉地
悉馱囉梯娑嚩引二合訶
次結持珠印二手各以大指捻无名
指甲上直竪二中指二小指屈二頭
指於中指後令不相著如毗盧遮那經半金剛杵印
真言曰
曩謨婆誐嚩底蘇悉第 娑馱耶悉
馱囉梯 娑嚩二合訶引
次應淨其心 如法而念誦 持珠令當心
繫心於鼻端 字句分明乎 不緩亦不急
不頻伸欠呿 咳嗽與唾涕 染等心相應
及心緣苦受 如是等過患 皆不得成就
當念誦時身心不得疲怠若勞倦即
應結五供養印誦讚歎獻閼伽念誦
畢持珠頂上
次結前奮鍵印左轉一帀即成解界
次結奉送印准前根本印大頭指外
擲誦迎請真言除翳呬翳呬加蘖車
蘖車句即成奉送
次應復結墻及網橛等印加護處上
下及所成就物
次結計里枳里印以左大指壓左小
指甲上餘三指頭坼開直竪如三股

杵形右旋轉三匝成結界真言曰
唵枳里枳里 嚩日囉二合吽登
次結軍吒利印二小指於掌中交以
二无名指小指上以二大指壓二无
名指上竪二中指相合屈二頭指於
中指後令一麥許不相著右旋三匝
即成結界真言曰
曩謨囉怛曩二合怛囉二合夜引也曩莫室戰
二合 拏嚩日囉二合跛拏曳摩訶藥
乞叉二合 細曩跛多曳曩莫室戰
二合拏嚩日囉二合句路馱耶唵虎嚕
虎嚕底瑟吒二合底瑟吒二合 滿馱滿
馱呵那呵那阿蜜哩二合帝吽登娑
嚩二合訶
從一字真言 至於十五字 每計於字數
十字一洛叉 乃至於三字 應誦三洛叉
應作先事法 三十字已上 應誦一万遍

一字頂輪王念誦儀軌一卷

丙午歲高麗國大藏都監奉
勑雕造

一字頂輪王念誦儀軌

校勘記

一 底本，麗藏本。另有同名異譯本，載於卷後。

一 七八三頁上一行經名，石作「一字頂輪王念誦儀軌一卷」；磧、普、南、徑、清作「一字佛頂輪王念誦儀軌」。

一 七八三頁上二行及三行譯者，石、磧、普、南作「特進試鴻臚卿大興善寺三藏沙門大廣智不空奉詔譯」；徑、清作「唐特進試鴻臚卿三藏沙門大廣智不空奉詔譯」。

一 七八三頁中三行「劒形」，磧、普、南、徑、清作「鉤形」。

一 七八三頁中一八行「合掌」，石、磧、普、南、徑、清作「仰掌」。

一 七八三頁中一九行第六字「印」，磧、南、徑、清無。

一 七八三頁下四行第六字「印」，普作「即」。

一 七八三頁下末行「大拇指」，磧、南、徑、清作「大指」。

一 七八四頁中二行末字至次行首字「加持」，徑作「左加」。

一 七八四頁中八行音註「倪枳反」，磧、南、徑、清無。

一 七八四頁中一九行第一二字「印」，普無。

一 七八四頁中二二行「頭指」，普作「指頭」。

一 七八四頁中末行「左中指」，石、磧、普、南、徑、清作「右中指」。

一 七八四頁下四行第一二字「左」，磧、南、徑、清作「右」。

一 七八四頁下一〇行「中節」，磧、普、南、徑、清作「下節」。

一 七八四頁下二〇行第五字「不」，石無。

一 七八五頁上三行「上頂」，磧、普、南、徑、清作「十指」。

一 七八五頁上八行第一三字「合」，磧、普、南、徑、清無。

一 七八五頁上一一行至一六行「次結白傘蓋佛頂印……伱翼反」與一七行至末行首四字「次結光聚佛頂印……馱迦娜囉」，磧、南互置。

一 七八五頁上一一行至一六行「次結白傘蓋佛頂印……伱翼反」與一七行至本頁中二行「次結光聚佛頂印……訶引」，徑、清互置。

一 七八五頁上一一行「二大指」，磧、南、徑、清作「二手大指」。

一 七八五頁上一二行第四字「指」，磧、普、南、徑、清無。

一 七八五頁上一三行第六字「屈」，石無。

一 七八五頁上一七行末字「圻」，磧、普、南、徑、清作「折」。次頁中末行第八字同。

一 七八五頁下二〇行第一〇字「急」，石作「忩」；磧、普、南、徑、清作「忽」。

一 七八六頁上一行第六字「令」，磧、

普、南、徑、清作「合」。又末字「曰」，磧、南無。

一 七八六頁上一二行「二頭指」，磧、南、徑、清作「三頭指」。

一 七八六頁上一六行「讚讚」，磧、普、南、徑、清作「讚」。

一 七八六頁上一八行夾註右首字「頂」，磧、南、徑作「項」。

一 七八六頁上一九行「八葉」，普作「金葉」。又「葉上」，磧、南、徑、清作「華上」。

一 七八六頁上二〇行首字「想」，磧、普、南、徑、清作「想相」。

一 七八六頁中一一行第三字「伸」，普作「呻」。

一 七八六頁中一二行第五字「受」，普作「愛」。

一 七八六頁中一三行「劳倦」，磧、南、徑、清作「劳倦時」。

一 七八六頁中一四行第六字「印」，普作「即」。

一 七八六頁中末行末字「股」，石、磧、南作「鈷」。

一 七八六頁下一行第三字「右」，磧、普、南、徑、清無。

一 七八六頁下五行第二字「指」，磧、普、徑、清無。

一 七八六頁下一五行「至於十五字每計於字數」，磧、南、徑、清無。又第一二字「計」，石無。

一 七八六頁下一六行「十字一洛叉」，石、普作「一字一洛叉」；磧、南、徑、清無。又「乃至於三字」，石、磧、普、南、徑、清作「乃至三十字」。

一 七八六頁下卷末經名，磧、普、南、徑、清作「一字佛頂輪王念誦儀軌」。

一字頂輪王念誦儀軌 依切利益會所說經譯
我今說無比力超勝世間出世間眞言上上
一切佛頂王佛頂輪王念誦儀則行者先當
清淨於淨處安本尊像面西稽首禮受三歸
捨身識罪受戒發菩提心隨喜勸請發願迴
向已應結佛部三昧耶印四頂互內交二輪
並合堅前附於蓋是名一切如來心印眞言
曰
唵一引 迩那匿反而二
次結蓮華三昧耶印即前印左輪屈入掌中
右輪如前竪是名蓮華部心印眞言曰
唵引 阿嚕力二
次結金剛部三昧耶印即前蓮華部心印右
輪屈入掌中左輪依前竪是名金剛部心印
眞言曰
唵一引 嚩日囉二合 地力二合二
次結甲冑印准根本印屈二蓋柱二光背印
額右肩左肩心喉五處眞言曰
唵一引 斫羯囉二合 韈嘌底二合 鉢囉二合 睒弭多
三 囉捺囉三合 囉捺囉引四 婆去 娑摩合二 車 十七
尹三 盧瑟尼合二 沙五 囉乞沙合二 囉乞沙合二 鋡六 吽
發娑嚩引二 合 訶七引
次結佛眼印二手合掌屈二蓋各柱光背二
輪屈入掌印五處眞言曰
娜謨三漫多勃馱南一 唵二引 嚕嚕薩怖合二 嚕
三 入嚩合二 攞底瑟姹四二 合 悉馱盧者寧五 薩
嚩喇佗合二 娑達尼娑嚩引二 合 訶六引
次結大海印二手內相叉仰掌擘開二輪右
旋三帀想大海眞言曰
唵引 微麼盧娜地娑嚩引二 合 訶二引

次於大海中想須彌盧山四寶所成二手內
相叉急握堅拳眞言曰
唵一引 阿者攞吽二
次於須彌盧山上想寶樓閣加持寶樓閣印
印二手金剛掌眞言曰
娜莫三漫多勃馱南一引 唵薩嚩佗攵二 鄔娜
哦合二 帝薩頗合二 囉吗四引 鋡三 哦哦那檢娑嚩
引二 合 訶四引
次結佛頂輪王印二掌內相叉作拳竪二光
屈上節如劒並竪二輪屈二蓋兩節相柱於
二輪上印五處加護眞言曰
娜莫三漫多勃馱南一 步嚕唵二三 合
次結網橛印准前根本印屈二蓋上節背不
相著以二輪各壓上下揮轉即成結上下界
眞言曰
娜莫三漫多勃馱南一 阿鉢囉合二 底呵多舍
娑娜南二 唵三引 微枳囉拏微特防合去二 娑尼
四 迦比羅貳嚩里尼五 怛囉合二 娑耶六 嚩日
囉合二 吠賒薩帝數引 囉持縛七二 合 能上 瑟吒
囉合三 囉乞沙合二 鋡發八
次結牆印准前根本印屈二蓋兩節相遍平
竪二輪附二蓋右旋三帀即成金剛牆界眞
言曰 歸命同前
噁一引 莫鏧二
次結車輅印二手內相叉仰掌申二蓋令甲
側相柱屈二輪柱蓋根下想於佗方世界奉 十八
迎本尊眞言曰 尹三
唵一引 覩嚕覩嚕吽二
次結迎輅印准車輅印以二輪撥光頭向身
三招眞言曰

發遣除羯哩灑合二 耶加尾薩哩惹耶娜莫薩
底哩野合二 地尾合二 迦南一 怛佗薩哆南二 唵
引 嚩日鄔合二 儗反愚以 你也合二 羯哩灑耶娑嚩
引二 合 訶四引
次結印請印准前根本印屈右蓋於光後向
前三招眞言曰
娜謨婆誐嚩帝阿鉢囉合二 底呵覩瑟尼合二 沙
耶二 翳呬翳合二 娑誐刎三 達麼囉惹平 鉢囉
二合 底車反鳴奚 南四 遏鉗獻談補瑟貶反適 諸 度
貶上同 末隣你半者五 滿遮避洛乞叉六二 合 阿
鉢囉合二 底呵多七 麼囉鉢囉引 羯囉合二 麼耶
娑嚩引二 合 訶八引
次結一切辨事佛頂印二手內相叉竪二光
如幢諸供養物及浴水洗淨土等並用此眞
言加持辟除去垢結界皆用此眞言左旋辟
除右旋結界眞言曰
娜莫三漫多勃馱南一 唵二引 吒嚕唵三二 合 滿
馱娑嚩引二 合 訶四引
次重結前網橛印結上方界
次結阿娑莽俔反移 根 尼印側二手左掩右竪 十九
尹三 二輪右轉一帀即成密縫眞言曰
唵一引 阿娑莽俔尼吽發二
次結獻閼伽印准前根本印屈二蓋相柱附
二光竪二輪各附蓋根側眞言曰
娜莫三漫多勃馱南一 唵二引 闕伽囉訶三 闕
伽必哩合二 野四 鉢囉合二 底車反鳴奚 娜末鉗娑
嚩引二 合 訶五引
次重結根本印
次結獻師子座印准前根本印屈二蓋於二
輪甲側眞言曰

唵引一阿者囉尾囉耶娑嚩引二合訶引二
次結塗香印准前根本印屈右蓋倚於右光
下節真言曰
娜謨三漫多勃馱南一唵引二怛䫂合二盧枳也
合二𡁠馱薩帝三吽吽發發娑嚩引二合訶引四
次結獻華印准前塗香印改左蓋倚右光下
節真言曰
娜謨三漫多勃馱南一唵引二薩嚩盧迦補瑟
波合二步哆耶三吽吽發發娑嚩引二合訶引四
次結燒香印准前根本印屈二蓋各倚於光
下節真言曰
娜謨三漫多勃馱南一唵引二尾嚧蘖哆微哦
多度麼耶三吽吽發發娑嚩引二合訶引四
次結獻食印准前根本印屈二蓋上節各附
於輪側真言曰
娜謨三漫多勃馱南一唵引二薩嚩盧迦底里
必哩合二夜耶三吽吽發發娑嚩引二合訶引四
次結獻燈明印准前根本印屈二蓋兩節令
不相著二輪各附於蓋上真言曰
娜謨三漫多勃馱南一唵引二薩嚩盧迦珊捺
囉合二捨娜耶三吽吽發發娑嚩引二合訶引四
次結普供養加持印二手虛心合掌上頂各
兩節相交真言曰
那莫薩嚩勃馱冒地薩怛嚩合二南一唵引二薩
嚩怛囉合二僧俱蘇弭多三遊吉惹囉始那慕
薩低娑嚩二合訶引四
次結遍照佛頂印二手內相叉合爲拳令二
光節微起真言曰
娜謨三漫多勃馱南一噁引二莫含反二
次結白傘蓋佛頂印二輪各捻二高甲上側

相合二蓋屈如蓋形二光微屈相合二勝各
竪相合真言曰
娜謨三漫多勃馱南一阿鉢囉合二底呵多舍
娑娜南二唵引三麼麼麼吽匿反作四真
次結光聚佛頂印准前白傘蓋印折開二蓋
真言曰
那莫三漫多勃馱南一阿鉢囉合二底呵多舍
娑娜南二唵引二怛佗蘖都瑟尼合二沙四阿娜
嚩盧枳多慕嘌馱五二合帝儒囉始吽六入嚩
二合攞入嚩合二攞七馱迦馱迦八娜囉微娜囉
九瞋那牝那吽吽發發娑嚩引二合訶引十
次結高佛頂印准前白傘蓋印屈二蓋柱二
光中節背真言曰
那莫三漫多勃馱南一阿鉢囉合二底呵多舍
娑娜南二唵引二你馳你里滄合二娜哦都瑟尼
二合沙四吽吽發發娑嚩引二合訶引五
次結勝佛頂印准高佛頂印移二蓋向上兩
積麥許真言曰
娜莫三漫多勃馱南　阿鉢囉合二底呵多舍
娑娜南二唵引三入嚩合二羅惹踰瑟尼合二沙四
吽發娑嚩引二合訶引五
次結摧毀佛頂尾枳囉拏印二手內相叉作拳竪
二光屈上節右光柱左光面令出半節許真
言曰
娜謨三漫多勃馱南一阿鉢囉合二底呵多舍
娑娜南一唵引三尾枳囉那四度那度那犢引五
次結摧碎佛頂印並准前改左光柱右光面
亦出半節許真言曰
娜謨三漫多勃馱南一阿鉢囉合二底呵多舍
娑那南二唵引三阿鉢囉合二底呵都瑟尼合二沙

耶四薩嚩尾伽那合二尾持望合二娑那迦囉耶
五怛嚧合二吒耶娑嚩引二合訶引六
次結輪王佛頂心印准前根本印屈二蓋柱
二光上節節上真言曰
娜莫三漫多勃馱南一阿鉢囉合二底呵多舍
娑娜南二唵引三怛佗蘗都瑟尼合二沙那嚩盧
枳多四没馱尼斫羯囉合二韈嘌底五二合吽入
嚩合二攞入嚩合二攞六馱迦馱迦七度那微度
那八怛囉合二娑耶麼囉踰瑳囉耶九呵那呵
那十伴惹伴惹十一暗音儞鉢嚨十二二合企尼君
吒哩尼三十阿鉢囉尒多薩怛囉馱哩尼四十吽
發娑嚩引二合訶引十五
次結心中印准前根本印屈二蓋加於二光
上節上真言曰
娜莫三漫多勃馱南一阿鉢囉合二底呵多舍
娑那南二唵引三阿鉢囉引尒多持反出真四
普通諸佛頂印二手虛心金剛合掌如華在
掌中行者若忽遽不能徧結諸佛頂印但結
此印誦諸佛頂真言次結頂印准前根本印
屈右蓋竪於右光後令不相著真言曰
娜莫三漫多勃馱南一阿鉢羅合二底呵多舍
娑那南二唵引二斫羯囉合二韈嘌底合二嚩吽四
次結頭印准前根本印開二蓋各直竪於光
後令不相著微屈真言曰歸命同前
唵引一斫羯囉合二韈嘌底二二吽發娑嚩引二合
訶引三
次又結根本印
次結大三昧耶印加護本尊二手內相叉竪
二光屈二蓋於光後如鉤相去一穬麥許二
輪各附蓋根下右旋三帀真言曰

唵引商羯哩一摩訶三昧鹽娑嚩引二合訶三引
次誦一百八名讚歎
欲念誦先以五支成本尊或五相成本尊瑜伽或於處處頂舌心也想一字頂輪成本尊坐八葉蓮華於一一葉上想七寶在前蓮華葉上想佛眼尊次應持珠此依菩提場所說經
次持珠合掌捧珠誦淨珠真言七徧真言曰
唵一引阿娜步合二伍尾惹曳而吳反二悉地悉馱囉梯娑嚩引二合訶三引
次結持珠印二手各以輪捻高甲直竪二光二勝屈二蓋於光後令不相著如此處遮那經半金剛拳印
真言曰
那謨婆誐嚩底一蘇悉第娑馱耶二悉馱囉梯娑嚩引二合訶三引
次應淨其心　如法而念誦　持珠令當心
繫心於鼻端　字句分明呼　不緩亦不急
不頻伸噈嗌　咳嗽與唾涕　洟等心相應
及心緣苦受　如是等過患　皆不得成就
當念誦時身心不得疲怠若勞倦即應結五供養印誦讚歎獻閼伽念誦畢持珠頂上次結前密縫印左轉一帀即成解界
次結奉送印准前根本印左蓋外擲誦迎請真言除𦡉吧𦡉吧加薩車薩車句即成奉送
次應復結牆及網橛等印加護處上下及所成就物次結計里枳里印左輪壓勝甲上餘三指頂坼開直竪如三鈷杵形右旋轉三帀成結界真言曰
唵一引枳里枳里嚩日囉合二吽發二
次結軍吒利印二勝於掌中交屈二高壓以二輪壓高上竪二光相合屈二蓋於光後令一麥許不相著右旋三帀即成結界真言曰
娜謨囉怛那合二怛囉合二夜耶一娜莫室戰合二拏嚩日囉合二波拏曳二摩訶藥乞叉合二細那波多曳三那莫室戰合二拏嚩日囉合二句路馱耶四唵五引虎嚕虎嚕六底瑟姹合二底瑟姹合二七滿馱滿馱八呵那呵那九阿蜜哩合二帝吽發娑嚩引二合訶十引
從一字真言至於十五字每計於字數一字一洛叉乃至三十字應誦三十洛叉應作先事法三十字已上應誦一萬徧
北三末

尹三

一字頂輪王念誦儀軌

校勘記

一　底本，宋磧砂藏本。
一　七八九頁上三行第五字「王」，[石]作「主」。
一　七八九頁上一〇行第八字「印」，[石]作「印印」。
一　七八九頁中五行首字「印」，[石]無。
一　七八九頁中一三行第四字「橧」，[石]、[南]、[徑]、[清]作「橛」。
一　七八九頁下五行第三字「印」，[石]作「迎」。
一　七八九頁下二〇行末字「堅」，[石]作「竪」。
一　七九〇頁上六行第一五字「右」，[石]作「左」。
一　七九〇頁上二行「上頂」，[石]作「十頂」。
一　七九〇頁中一行「微屈」，[石]、[徑]、[清]作「微屈」。
一　七九〇頁下一三行「心中印」，[石]

作「心中心印」。

一　七九〇頁下一八行第六字「忽」，南作「怱」。

一　七九〇頁下二四行夾註左「同前」，石作「同上」。

一　七九一頁上四行「處處」，石作「三處」。

一　七九一頁上六行夾註「菩提場」，石作「菩提道場」。

一　七九一頁上一八行第一〇字「患」，南作「意」。

一　七九一頁上二六行第三字「頂」，石作「頭」。又第四字「圻」，徑作「拆」。又「三鈷」，徑、清作「三股」。

一　七九一頁中末行經文後，石、徑、清各有卷末經名一行，石作「一字頂輪王念誦儀軌一卷」；徑、清作「一字頂輪王念誦儀軌」。

觀自在菩薩如意輪念誦儀軌一卷 賣

大興善寺三藏沙門大廣智不空奉 詔譯

依灌頂道場經說修陀羅尼法門求速出離生死大海應須先入諸佛如來海會灌頂道場受灌頂已發歡喜心從師親受念誦法則後於淨室山林流水最爲上勝建立道場安置本尊修眞言者面向東方應瞿摩夷塗拭其地以白檀香磨爲香泥以用塗壇或方或圓隨意大小而於壇上散諸名華燒香供養取二淨器盛滿香水安置壇中以用供養行者澡浴或不澡浴悉無障礙但當運心思惟觀察一切衆生本性清淨爲諸客塵之所覆蔽不見淸淨眞如法性爲令淸淨應當至心誦此密語眞言曰

唵一引娑嚩二合婆引嚩戍度引唅二

由此眞言加持故身口意業悉得清淨然後五輪著地歸命禮十方一切諸佛諸大菩薩方廣大乘右膝著地懺悔隨喜勸請發願

歸命十方正等覺 最勝妙法菩薩衆
以身口意淸淨業 慇懃合掌恭敬禮
無始輪迴諸有中 身口意業所生罪
如佛菩薩所懺悔 我今陳懺亦如是
諸佛菩薩行願中 金剛三業所生福
緣覺聲聞及有情 所集善根盡隨喜
一切世燈坐道場 覺眼開敷照三有
我今胡跪先勸請 轉於無上妙法輪
所有如來三界主 臨般無餘涅槃者
我皆勸請令久住 不捨悲願救世間
懺悔隨喜勸請福 願我不失菩提心
諸佛菩薩妙衆中 常爲善友不厭捨
離於八難生無難 宿命住智相嚴身
遠離愚迷具悲智 悉能滿足波羅蜜
富樂豐饒生勝族 眷屬廣多恒熾盛
四無礙辯十自在 六通諸禪悉圓滿
如金剛幢及普賢 願讚迴向亦如是

次對本尊前結加趺坐或半加坐起大慈心我修此法爲一切衆生速證無上正等菩提先磨諸香以用塗手然後結於佛部三昧耶陀羅尼印以二手虛心合掌開二頭指屈轉二中指上節二大指屈轉二頭指下節其印即成置印當心想於如來三十二相八十種好相好分明如對目前至

心誦眞言七徧眞言曰
唵一引怛他引蘖覩引納婆二合嚩引也娑
嚩二合引訶二引
由結此印及誦眞言故即警覺一切如來悉當護念加持行者以光明照觸所有罪障皆得消滅壽命長遠福慧增長佛部聖衆擁護歡喜生生世世離諸惡趣蓮華化生速證無上正等菩提

次結蓮華三昧耶印
以二手虛心合掌散開二頭指二中指二無名指屈如蓮華形置於當心想觀自在菩薩相好具足誦眞言七徧於頂右散眞言曰
唵一引跛那謨二合引納婆二合嚩引也娑嚩
二合引訶二引
由結此印及誦眞言故即警覺觀自在菩薩等持蓮華者一切菩薩蓮華部衆悉皆歡喜加持護念一切菩薩光明照觸所有業障皆得消滅一切菩薩常爲善友

次結金剛部三昧耶印
以左手翻掌向外以右手掌背安左手背用左右大指小指互相鉤如金剛杵形安置於當心想金剛藏菩薩誦眞言七徧頂上左散之眞言曰
唵一引嚩日嚧二合納婆二合嚩引也娑嚩
二合引訶二引
由結此印及誦眞言故即警覺一切金剛聖衆加持擁護所有罪障皆悉除滅一切痛苦終不著身當得金剛堅固之體

次結護身三昧耶印
以二手內相叉右押左豎二中指屈二頭指如鉤形於中指背勿令相著並二大指押無名指即成印身五處所謂額次右肩次左肩次心次喉於頂上散各誦眞言一徧眞言曰
唵一引嚩日囉二合引銀你二合鉢囉二合捻跛
跢二合引也娑嚩二合引訶二引
由結此印及誦眞言加持故即成被金剛甲冑所有毗那夜迦及諸天魔作障礙者退散馳走悉見行者光明被身威德自在若居山林及在嶮難皆悉無畏水火等災一切厄難虎狼師子刀杖枷鎖如是等事皆悉消滅見者歡喜命終已後不墮惡趣當生諸佛淨妙國土

次結地界眞言印
右無名指入左無名指小指內中指入左中指頭指內左亦如之餘指並頭相拄即想印成火燄金剛杵形大指著地擊之一擊一誦至三便止隨意大小摽心即成堅固地界眞言曰
唵一引枳里枳里二嚩日囉二合嚩日哩
二合部律二合半音四滿馱滿馱吽引發吒半音五
由結此印及誦眞言加持地界故下至水際如金剛座天魔及諸障者不爲惱害少加功力速得成就

次結方隅金剛牆眞言印
准前地界開二大指豎之側如牆形想印金剛杵形右遶身三轉摽心大小即成金剛堅固之城諸佛菩薩尚不違越何況諸餘難調伏者毗那夜迦及毒蟲利牙爪者不能附近眞言曰
唵一引薩囉薩囉二嚩日囉二合引鉢囉二合
迦引囉吽引發吒三半音
行者次應想於壇中八葉大蓮華上有師子座座上有七寶樓閣垂諸瓔

珞繒綵幡蓋寶柱行列垂妙天衣周
布香雲普雨雜華奏諸音樂寶餅閼
伽天妙飲食摩尼爲燈作此觀已而
誦此偈
以我功德力　如來加持力　及以法界力
普供養而住
說此偈已次結大虛空藏普通供養印
以二手合掌以二中指外相叉以二
頭指相柱反蹙如寶形結印成已誦
眞言四徧普通供養眞言曰
唵一引誐誐曩三去娑去嚩嚩日囉二合引
斛二引
由誦此眞言加持故所想供養眞實
無異一切聖衆皆得受用
次應結寶車輅印
二手內相叉仰掌頭指橫相拄以二
大指各捻頭指根下想七寶車輅金
剛駕御寶車乘空而去至於極樂世
界誦眞言三徧眞言曰
唵一引都嚕都嚕吽二引
由此眞言印加持故七寶車輅至極
樂土想如意輪觀自在菩薩及諸聖
衆眷屬圍遶寶車輅至道場中虛空

而住
次結請車輅印
准前印以大指向身撥中指即誦眞
言三徧眞言曰
娜麼悉底囉三合野地尾二合迦一引南一引怛
他引蘖多引喃二引唵嚩日朗二合誐你
野二合引羯唎沙二合也娑嚩二合引訶三引
由此眞言印加持故聖衆從本土來
至道場空中而住
次結請本尊三昧耶降至於道場印
二手內相叉作拳左大拇指入掌以
右大拇指向身招之眞言曰
唵一引阿嚧引力迦二半音阿蘖車阿蘖
車娑嚩二合引訶三引
由此眞言印加持故菩薩不越本誓
故即赴集於道場
次應辟除諸作障者結蓮華部明王
馬頭觀自在菩薩眞言印
二手合掌屈二頭指無名指於掌內
甲相背竪開二大指左轉三帀心想
辟除諸作障者一切諸魔見此印見
退散馳走眞言曰
唵一引阿蜜哩二合覩引納皤二合嚩二吽引

發吒半音娑嚩二合引訶三引
次結上方金剛網印
准前牆印二大指捻二頭指下節誦
眞言三徧頭上右轉三帀便止眞言曰
唵一引尾娑普二合囉捺囉二合乞叉二合嚩
日囉二合引半惹囉吽發吒二半音
由此網印眞言加持故即成金剛堅
固不壞之網
次結火院密縫印
以左手掩右手背竪二大指誦眞言
三徧右遶身三帀想金剛牆外火院
圍遶眞言曰
唵一引阿三莽𩕳你一合吽發吒二半音
次獻閼伽香水眞言印
二手捧器想浴聖衆足誦眞言三徧
眞言曰
曩莫三滿多沒馱引南一引誐誐曩娑
莽娑忙娑嚩二合引訶二引
由獻閼伽香水故行者三業清淨洗
滌煩惱垢
次當結獻蓮華座印
二手虛心合掌舒開左右無名指中
指頭指屈如微敷蓮華形在寶樓內

諸聖及本尊各坐本位眷屬圍遶了了分明誦眞言三徧眞言曰

唵一引迦麼攞娑嚩二合引訶二引

由結蓮華座印眞言故行者當得十地滿足當得金剛之座

次結普供養印

二手合掌以右押左交指即成誦眞言三徧想無量無邊塗香雲海華鬘雲海燒香雲海飲食燈明雲海皆成清淨廣多供養普供養眞言曰

曩莫三滿多沒馱引南一引薩嚩佗引欠搵娜孽二合底娑頗二合囉呬引𤚥二誐誐曩劒娑嚩二合引訶二引

次應誦讚歎偈

迦麼攞目佉一迦麼攞路引左娜二迦麼攞引娑那三迦麼攞賀娑路四合迦麼攞引娑毋你五迦麼攞迦麼攞六三婆嚩七娑迦攞麼攞八乞叉二合攞娜九那麼悉帝十一合

次應思惟想於身正當留間如滿月形光明晃曜月上八葉蓮華上有如意寶珠如紅頗黎色赫弈光明至無量世界於光明中想自身如本尊像六臂相好起大悲心即結如意輪根本印二手合掌二頭指屈如寶形二中指屈相拄如蓮華葉合竪二大指即成誦根本眞言七徧想於本尊如對目前頂上散之眞言曰

曩謨囉怛曩二合怛曩二合夜引也二曩莫阿引哩夜二合嚩路引枳帝溼嚩二合囉引也二冒引地薩怛嚩二合也三摩賀引薩怛嚩二合也四摩賀引迦引嚕抳迦引也五怛你也二合佗去引六唵引七斫訖囉二合韈底振多引摩抳八摩賀引跛納銘九二合嚕嚕底瑟姹二合十入嚩二合攞阿迦囉灑二合也一十吽泮吒半音二十娑嚩二合引訶二引十

次結心印

准前根本印無名指小指外相叉即成誦眞言七徧頂上散之眞言曰

唵一引跛娜麼二合振跢引麼抳入嚩二合攞吽二引

次結心中心印

准前根本印中指外相叉小指擯竪即成誦眞言七徧頂上散之眞言曰

唵一引嚩囉娜跛納銘二合一吽二引

即持念珠於掌中以心中心眞言加持七徧然後持珠當心次第記數誦之至一百八徧乃至一千八十任本尊三摩地更莫異緣了了分明徧數了已珠安掌中頂戴安置本處然後結根本印心印心中心三印即入三摩地觀即觀心圓明漸舒廓周法界不見身心成清淨法界乃至食頃從三昧出次結普供養印獻香華等及閼伽水讚歎發願即結火院結界印頂上左轉一徧即成解界

次結車輅印向外撥之次結迎請印向外撥之次結護身印印五處已次結三部印任意經行讀誦大乘經典迴助心中所求上中下悉地行者若能日日三時依此念誦罪障消滅得大智慧三昧成就本尊現前能獲功德如經所述

觀自在菩薩如意輪念誦儀軌一卷

觀自在菩薩如意輪念誦儀軌一卷

校勘記

一 底本，金藏廣勝寺本。此經，房山石經本大異，今作爲別本，載於卷後。

一 七九三頁中一行經名，南、徑、清作「觀自在菩薩如意輪念誦儀軌」。卷末經名同。

一 七九三頁中二行譯者，徑、清作「唐北天竺三藏沙門大廣智不空奉詔譯」；麗作「開府儀同三司特進試鴻臚卿肅國公食邑三千户賜紫贈司空謚大鑒正號大廣智大興善寺三藏沙門不空奉詔譯」。

一 七九三頁中八行第一〇字「應」，麗作「應以」。

一 七九三頁中一一行「燒香」，麗作「燒香燈明」。

一 七九三頁中一六行「至心」，麗作「至心蓮華合掌」。

一 七九三頁中一八行「加持故」，麗作「加持力故」。

一 七九三頁中二一行末字「願」，麗作「願以至心每誦此偈」。

一 七九三頁下二行與三行之間，普、南、徑、清有「我今深發歡喜心隨喜一切福智聚」兩句。

一 七九三頁下一七行「慈心」，徑作「慈悲」。又「速證」，麗作「願速證」。

一 七九三頁下末行「相好分明」，麗作「了了分明」。

一 七九四頁上一行第二字「誦」，麗作「誦此」。

一 七九四頁上一〇行「蓮華」，麗作「蓮華部」。

一 七九四頁上一二行「屈如蓮華」，麗作「微屈如開敷蓮華」。又「置於」，麗作「安於」。

一 七九四頁上一三行「具足誦真言」，麗作「特妙蓮華即誦此真言」。

一 七九四頁上一九行第二字「衆」，麗作「聖衆」。

一 七九四頁上二〇行「業障」，麗作「罪障」。

一 七九四頁中三行首字「誦」，麗作「持妙金剛杵威光相好即誦」。又「頂上」，麗作「於頂上」。

一 七九四頁中七行「皆悉」，麗作「悉皆」。

一 七九四頁中九行末字「體」下，麗有「一切諸魔不能侵嬈」八字。

一 七九四頁中一〇行「三昧邪印」，麗作「被金剛甲冑印」。

一 七九四頁中一一行「二中指」，麗作「二中指頭相拄」。

一 七九四頁中一三行「印身」，麗作「以印加持自身」。

一 七九四頁中一五行第三字「散」，麗作「散印」。

一 七九四頁中二二行「水火」，麗作「所有水火」。

一 七九四頁下三行「真言印」，麗作「金剛橛印」。

一 七九四頁下五行第一一字「之」，麗作「之皆頭外出」。

一 七九四頁下一四行「真言」，麗無。
一 七九四頁下一五行「地界」，麗作「地界印」。又「竪之」，麗作「直竪」。
一 七九四頁下一六行「金剛杵」，麗作「如金剛杵」。
一 七九四頁下一九行「能附」，麗作「輔」。
一 七九四頁下二二行「大蓮華上」，麗作「大蓮花花上」。
一 七九四頁下末行「師子座」，麗作「妙師子座」。
一 七九五頁上八行「二中指外相义」，麗作「二中指右壓左外相叉慱著手背」。
一 七九五頁上一三行「誦此真言加持」，麗作「結此印及誦真言加力」。又「真寶」，麗作「真實」。
一 七九五頁上一六行「頭指」，麗作「二頭指」。
一 七九五頁上一七行第九字「想」，麗作「想印成」。
一 七九五頁上一九行第二字「誦」，麗作「請諸聖衆即誦」。
一 七九五頁上二一行「此真言印」，麗作「結此印真言」。又末字至次行首六字「極樂土想如意輪」，麗作「彼極樂國土又想如意輪」。
一 七九五頁上末行「寶車」，麗作「乘寶車」。
一 七九五頁中三行「准前印以大指」，麗作「便誦請車輅真言以二大指」。
一 七九五頁中三行末六字至次行末字「撥中指即誦真言三徧真言曰」，麗作「撥二中指頭誦三徧真言曰」。
一 七九五頁中九行「至道場空中」，麗作「至此道場空虛」。
一 七九五頁中一一行「左大拇指入掌」，麗作「左大指屈入掌中」。
一 七九五頁中一二行「招之」，麗作「招之誦真言七遍」。
一 七九五頁中一五行第八字「故」，麗作「觀自在」。
一 七九五頁中一六行「道場」，麗作「道場受此供養」。
一 七九五頁中二〇行至二一行「左轉三帀心想辟除諸作障者」，麗作「微屈離頭指二小指二中指各各合竪即成隨誦真言以印頂上左旋三匝想辟除諸作難障者」。
一 七九五頁中二一行末字「見」，磧、普、南、徑、清、麗作「已」。
一 七九五頁中二二行「退散馳走」，麗作「退散馳走便右旋三匝即成結界明王」。
一 七九五頁下四行「頭上」，麗作「以印頂上」。又「便止」，麗無。
一 七九五頁下七行「由此網印」，麗作「由結此印」。
一 七九五頁下九行「火院」，麗作「金剛火院」。
一 七九五頁下一〇行「手皆」，磧、普、南、徑、清、麗作「手背」。
一 七九五頁下一一行「火院」，麗作「有三重火焰」。
一 七九五頁下一五行「二手捧器」，麗作「二手捧器當額奉獻」。

一　七九五頁下一九行「行者」，麗作「行者獲得」。

一　七九五頁下末行第一三字「樓」，麗作「樓閣」。

一　七九六頁上二行「分明」，麗作「分別」。

一　七九六頁上四行「真言」，麗作「加持奉獻」。

一　七九六頁上七行第五字「以」，麗作「以十指」。又「交指」，麗作「互相交上節」。

一　七九六頁上八行第四字「想」，麗作「想從印流出」。

一　七九六頁上一〇行「廣多」，麗作「廣大」。又「普供養真言曰」，麗作「即誦普供養三遍真言曰」。

一　七九六頁上二〇行第七字「身」，麗作「自身中」。

一　七九六頁上二一行「八葉蓮華上」，麗作「有八葉蓮花於蓮花胎中」。

一　七九六頁上二二行第一三字「至」，麗作「照」。

一　七九六頁上末行至本頁中一行「想自身如本尊像六臂相好」，麗作「涌出本尊如意輪觀自在菩薩具足六臂相好圓滿柱思惟相作是觀已」。

一　七九六頁中四行第三字至次行第七字「誦根本真言七徧想於本尊如對目前頂上散之」，麗作「想如意輪菩薩如對目前了了分明即誦根本陀羅尼七遍頂上散印」。

一　七九六頁中一五行「次結心印」，麗作「次結如意輪印」。

一　七九六頁中一六行「無名指小指」，麗作「二無名指二小指右壓左」。

一　七九六頁中一七行第二字「誦」，麗作「誦心」。

一　七九六頁中二一行「根本印」，麗作「心印」。

一　七九六頁中二二行第三字「誦」，麗作「誦心中心」。

一　七九六頁下一行第五字「於」，麗作「蟠於」。

一　七九六頁下二行末字至次行首二字「誦之至」，麗作「念誦滿」。

一　七九六頁下三行「乃至一千八十住」，麗作「或一千八十遍心住」。

一　七九六頁下五行「了已」，麗作「了了」。

一　七九六頁下七行「法界」，南、徑、清作「沙界」。

一　七九六頁下一四行第四字「印」，麗作「三昧耶印即出道場」。

觀自在如意輪菩薩念誦法一卷

師子國三藏阿目佉奉　詔譯

我依蘇悉地經說修陀羅尼法門速求出離生死大海證出世智應須入一切如來海會曼荼羅得受灌頂已發歡喜心從阿闍梨親受念誦法則後於清淨室中或於山林流水殊勝之處應建立道場安本尊像修真言者於壇西面向東坐應以瞿摩夷塗拭其地以白檀香泥塗作曼荼羅位或圓或方隨意大小於其壇上散諸名花燒香燈明以用供養取二淨器滿盛香水安置壇中奉獻本尊浴諸聖衆行者或時澡浴或不澡浴悉無障礙應當運心思惟觀察一切有情本性清淨為諸客塵之所覆蔽不見清淨即蓮花合掌以清淨心誦淨三業真言三遍真言曰

唵引娑嚩二合婆去引嚩秫詩聿反度引憾

由此真言加持力故身口意業皆得清淨然後歸命十方一切諸佛諸大菩薩方廣大乘一切賢聖即以五輪著地虔誠作礼右膝著地懺悔隨喜勸請發願以至心每誦此偈

歸命十方正等覺　最勝妙法菩薩衆
以身口意清淨業　慇懃合掌恭敬礼
無始輪迴諸有中　身口意業所生罪
如佛菩薩所懺悔　我今陳懺亦如是
諸佛菩薩行願中　金剛三業所生福
緣覺聲聞及有情　所集善根盡隨喜
一切世燈坐道場　覺眼開敷照三有
我今胡跪先勸請　轉於無上妙法輪
所有如來三界主　臨般無餘涅槃者
我皆勸請令久住　不捨悲願救世間
懺悔隨喜勸請福　願我不失菩提心
諸佛菩薩妙衆中　常為善友不猒捨
離於八難生無難　宿命住智相嚴身
遠離愚迷具悲智　悉能滿足波羅蜜
富樂豐饒生勝族　眷屬廣多恒熾盛
四無礙辯十自在　六通諸禪悉圓滿
如金剛幢及普賢　願讃迴向亦如是

誦此偈已次對本尊前結跏趺坐或半跏坐起大悲心作如是念我修此法為一切衆生願速證無上正等菩提即以塗香塗手先結佛部三昧耶印二手虛心合掌開二頭指捻二中指上節二大指屈附二頭指下節文印相即成安印當心應想如來三十二相八十種好了了分明如對目前至心誦此真言七遍真言曰

唵引怛他引蘖都引納婆二合嚩引野娑嚩二合賀引

由結此印及誦真言警覺一切如來悉當擁護念加持行者以無量光明照觸所有罪障悉皆消滅壽命長遠福慧增長佛部聖衆擁護念加持世世生生離諸惡趣常生諸佛淨妙國土　次結蓮花部三昧耶印　二手虛心合掌散開二頭指二中指二無名指微屈如開敷蓮花形安於當心想觀自在菩薩相好圓滿持妙蓮花即誦此真言七遍於頂右散印真言曰

唵引跛娜謨二合納婆二合嚩引野娑嚩二合賀引

由結此印及誦真言警覺觀自在菩薩及持蓮花者一切菩薩蓮花部聖衆悉皆歡喜加持擁護念修真言者以無量光明照觸所有罪障悉皆消滅壽命長遠福慧增長

次結金剛部三昧耶印　以左手翻掌向外以右手仰於左手背上以左右大指小指手相叉餘六指博著手腕如金剛杵形安於當心想金剛藏菩薩持妙金剛杵威光相好即誦此真言七遍於頂左散印真言曰

唵嚩日嚧二合納婆二合嚩引野娑嚩二合賀引

由結此印及誦真言警覺金剛藏菩薩及金剛部一切聖衆加持擁護念修真言者所有罪障皆得除滅遠離一切災厄苦難當得金剛堅固之身一切諸魔不能侵嬈　次結護身被金剛甲冑印　二手內相叉右壓左豎二中指頭相拄屈二頭指於中指背勿令相著如金剛　杵形並二大指壓無名指即成以印加持自身五處每處各誦真言一遍先印

額次印右肩次印左肩次心次喉於頂上散印真言曰　唵縛囉(二合)儗穎(二合)鉢羅(二合)捨䟦(奴揭反引)路(二合引)野娑縛(二合)賀(引)

由結此印及誦真言加持故遍體即成被金剛甲胄所有毗那夜迦及諸天魔作障礙者退散馳走皆見行者光明赫奕威德自在若入山林及險難處皆得無畏所有水火等災一切厄難及虎狼師子刀杖枷鎖悉皆遠離一切衆生見者歡喜命終已後不墮惡趣必生諸佛淨土　次結地界金剛橛印

先以右手中指入左頭中指間右無名指入左名小指間皆頭外出以左中指纔右中指背入右頭中指間以左名指纔右指背入右名小指間二小指二頭指各頭相拄二大指下相捻即成結此印已想印如金剛杵形以二大指向地觸之誦真言一遍一印於地如是至三即成堅固金剛之座地界真言曰

唵枳里枳里(一)縛日囉(二合)縛日哩(二合)(二)步(引)囉滿馱滿馱(三)吽(引)癹吒(四)

由結此印真言加持下至金輪際成金剛不壞之界大力諸魔不能搖動少施功力大獲成就地中所有諸穢惡物由加持力故悉皆清淨其界隨心大小即成

次結方隅金剛牆印准前地界印開二大指直竪側如牆形想印如金剛杵右旋三帀隨心大小即成金剛堅固之城一切如來尚不違越何況諸難調伏者毗那夜迦毒蟲之類必不能附近墻界真言曰

唵薩羅薩羅(一)縛日囉(二合)鉢羅(二合)迦(引)囉吽(引)癹吒　行者次應想壇中有八葉大蓮花花上有妙師子座於座上有七寶樓閣垂諸瓔珞繒綵幢幡寶柱行列垂妙天衣周帀香雲普雨天花奏諸音樂寶缾閼伽天妙飲食摩尼寶燈作此觀已而誦此偈

以我功德力　如來加持力　及以法界力　普供養而住

說此偈已即結大虛空藏菩薩印　二手合掌二中指右壓左外相义博著手背二頭指相蹙如寶形即成想從印流出無量諸供養具衣服飲食宮殿樓閣等供養一切聖衆即誦虛空藏真言曰

唵誐誐曩三(去)婆(去)縛(一)嚩日囉(二合)斛(引)

由結此印及誦真言加持力故所想供養具等真實無異一切聖衆悉皆受用次結送寶車輅印二手內相义仰掌二頭指橫相拄以二大指各捻頭指根下想印成七寶車輅金剛駕御乘空而去至極樂世界請諸聖衆即誦真言三遍真言曰　唵覩嚕覩嚕吽(引)

由結此印真言加持故七寶車輅至彼極樂國土又想如意輪觀自在菩薩及諸聖衆眷屬圍遶乘此車輅不解此印便誦請車輅真言以二大指向身撥二中指頭誦三遍真言曰

娜莫悉底哩(二合)野(二合)地尾(二合)迦(引)南(一引)薩縛怛他(引)蘖(去)跢(引)南(二引)唵(引)嚩日朗(二合引)儗(寬以反)孃(三)迦囉灑(二合)野娑縛(二合)賀

由結此印真言加持諸聖衆等從本土來至此道場空虛而住

次結請本尊降道場印

二手內相义作拳左大指屈入掌中以右大指向身招之誦真言七遍真言曰

唵阿(去引)嚧(引)力迦(半音)曀(引)醯(引)呬娑縛(二合)賀(引)

由結此印真言加持觀自在菩薩不越本誓赴集道場受此供養　次結馬頭明王印

二手合掌屈二頭指二無名指相背並竪二大指微屈離頭指二小指二中指各各合竪即成隨誦真言以印頂上左旋三帀想辟除作障難者一切諸魔見此印已退散馳走便右旋三帀即成結界明王真言曰

唵阿(上)蜜㗚(二合)妬(二合引)納婆(二合)縛吽癹吒娑縛(二合引)賀(引)　次結上方金剛網印

准前墻印二大指捻二頭指下第一文即成誦真言三遍以印頂上右轉三帀真言曰

唵尾娑普(二合)囉捺洛(二合)乞灑(二合)縛日囉(二合)半惹(自攞反)囉吽癹吒　由結此印真言加持故即於上方覆以金剛堅固之網　次結金剛火院界印

以左手掩右手背竪二大指誦真言三遍右轉三帀想金剛墻外有三重火焰圍遶真言曰

唵阿(上)三(去)莽(引)儗(寬以反)顊吽(引)癹吒

次獻閼伽香水　二手捧器當額奉獻想浴

聖衆雙足誦真言三遍真言曰
娜莫三去滿多母馱引南引誐誐曩三去㢮
三摩上引上同娑嚩二合引賀
由獻閼伽香水故行者獲得三業清淨洗除
一切煩惱罪垢　次結獻蓮花座印
准前蓮花部三昧耶印捎屈諸指如花座形
即成想於曼荼羅中寶樓閣內本尊及諸聖
衆各住本位皆坐寶蓮花座眷屬圍遶了了
分明即誦此花座真言三遍真言曰
唵迦麼攞娑嚩二合賀引
由結蓮花座印加持奉獻故行者獲得十地
滿足成就當來金剛之座　次結普供養印
二手合掌以十指右壓左手相交上節即成
誦真言三遍想從印流出無量無邊塗香雲
海燒香雲海飲食雲海燈明雲海皆成清淨
廣大供養即誦普供養真言三遍或七遍真
言曰
娜莫薩嚩怛他引去蘗帝引毗瑜二合引一合尾濕嚩
二合目契引毗藥二合薩嚩他引去欠三唱娜蘗
二合帝四引娑頗二合囉呬四翳異反引鈐五誐誐曩劒
平娑嚩二合引賀引六
次以清雅梵音誦蓮花讚供養本尊及聖衆
讚歎曰
迦麼上聲下同攞目佉迦麼上准攞路引左曩
二迦麼攞引娑上曩三迦麼攞曷娑多二合四
迦麼攞引婆去母類迦麼攞五迦麼攞三去

婆去嚩無可反娑上六迦攞麼羅乞灑二合引攞
曩七娜麼悉帝二合引八
行者次應住菩提心觀及觀本尊想自身中
正當胸間猶如滿月光明晃曜於月輪上有
八葉蓮花於蓮花胎中有如意寶紅頗梨色
赫弈光明照無量世界於光明中涌出本尊
如意輪觀自在菩薩具足六臂相好圓滿住
思惟相作是觀已起大悲心即結本尊如意
輪根本印
二手合掌二頭指屈如寶形二中指頭相拄
如蓮葉二大指並竪即成想如意輪菩薩如
對目前了了分明即誦根本陀羅尼七遍頂
上散印陀羅尼曰
曩謨囉怛曩二合怛囉二合夜引野一曩莫阿去引
哩野二合嚩路引枳帝濕嚩二合囉引野二合三冒
引地薩怛嚩二合引野四摩賀引薩怛嚩二合引
野五摩賀引迦引去嚕抳尼諸反迦引野六怛
你也二合他去七引唵引斫訖囉二合韈底八震
引麼抳上同摩賀引鉢納銘二合十嚕嚕底瑟
姹十一入嚩二合囉阿引去羯囉灑二合野十二吽引
十三發吒半音娑嚩二合賀引
次結如意輪心印　准前根本印二無名指
二小指右壓左外相叉即成誦心真言七遍
頂上散印真言曰
唵跛那麼二合震跢引麼上抳入嚩二合囉吽引

觀自在多羅瑜伽念誦法合　十七　御
次結心中心印　准前心印以二小指竪交
即成誦心中心真言七遍頂上散印真言曰
唵嚩羅娜跛娜銘二合吽引
即取念珠蟠於掌中以心中心真言加持七
遍然後持珠當心次第記數念誦滿一百八
遍或一千八十遍心住本尊三摩地更莫異
緣了了分明勿令散亂念誦畢已捧珠頂上
戴安本尊前復結心中心印入三摩地觀心
中圓明漸漸舒廓遍周法界不見身心成清
淨法界或一食頃或隨意多少時欲出三昧
漸斂月輪量同初觀印結普供養印誦前讚
歎獻諸香花及閼伽等廣發大願即結前火
院印頂上左旋一帀成解界
次結寶車輅印向外撥中指徐徐舉印想送
聖衆頂上便散次結前迎請印以右大指頭
向外擲之即成奉送真言曰
唵阿去嚧引力迦引蘗磋蘗磋娑嚩二合引賀
次結護身印如前加持自身五處又結三部
三昧耶印即出道場任意經行讀誦大乘經
典用助心中所求悉地行者若能日日三時
依此軌儀念誦一切罪障悉皆消滅得大智
慧三昧成就本尊現前所獲功德不可校量
如經所述
觀自在如意輪菩薩念誦法一卷　御

大虛空藏菩薩念誦法　奄

開府儀同三司特進試鴻臚卿肅國公食邑三千戶贈司空謚
大鑒正號大廣智大興善寺三藏沙門　不空　奉　詔譯

我今依瑜伽金剛頂經説寶部虛空藏菩薩真言教法為愍念在家出家薄福少德乏少資具者所求世間出世間勝願多不遂意若依此教法修行業報等障皆悉消除福德增長心神適悅淨信大乘利樂有情心无退轉世出世間所有財寶悉皆獲得於一切衆生能作利益一稱一念所得福聚尚猶虛空何況作意如法修行所願必獲殊勝成就行者先應入灌頂道場親對師前受得儀軌或於山間靜處或於寺舍隨所樂處建立精室作一方壇隨其大小以瞿摩夷塗地作八曼荼羅周匝懸幡上安天蓋於壇西面安虛空藏菩薩像持誦者壇東對像念誦以種種時花散於壇上燒香燈明飲食菓子隨力所辦以為供養每入道場對尊像前五體投地礼一切如來及諸聖衆即懺悔隨喜勸請發願已然後結跏趺坐或半跏隨意而坐端身正念當以塗香用塗二手虛心合掌如未敷蓮花誦清淨真言三遍或七遍頂上散印則三業清淨以成勝義澡浴淨三業真言曰

唵[illegible]入第稺戍引駄曩引耶娑嚩二合引賀引

次結佛部心三昧耶印以止觀十度内相叉作拳以禪智並竪結印成已觀想諸佛遍滿虛空即誦佛部心真言三遍頂上散印真言曰

唵尒曩尒迦半音娑嚩二合賀引

次結蓮花部心三昧耶印准前佛部心印智度屈入掌直竪禪度結此契已想於一切如來右邊有觀自在菩薩并諸眷屬即誦蓮花部心真言三遍頂上右散印真言曰

唵阿去引嚧引力迦半音娑嚩二合賀引

次結金剛部心三昧耶印准前佛部心印以禪度屈入掌直竪智度想於一切如來左邊有金剛手菩薩并諸眷屬即誦金剛部心真言

三遍頂左散印真言曰

唵嚩日囉二合地力二合迦半音娑嚩二合引賀

次結被甲護身印以觀羽禪度横於掌内以進忍戒檀四度握拳結此契成印身五處所謂印額右肩左肩心喉是名五處護身真言曰

唵步引入嚩二合羅吽引

由結此印加持五處即成被金剛光焰堅固甲冑一切諸魔不能障難所持真言速得成就

次結請虛空藏菩薩印二羽金剛縛直竪忍願反蹙如寶形進力各屈如鉤想於壇中有寶樓閣於樓閣内有八葉開敷蓮花誦真言四遍以進力向身招之本尊并及眷屬皆來集會迎請真言曰

唵薩嚩怛他去誐多引毗囇引迦嚩日囉二合囉怛曩二合薩嚩引舍引跛哩布囉迦弱吽鑁斛引怛嚂二合引

次結軍吒利身印以檀慧右押左相交入掌以戒方並

抑交上以禪智並抑戒方以忍願直豎頭相拄進力屈如鉤作三股杵形即誦軍吒利真言隨誦以印左旋三匝辟除一切諸魔右轉三匝便成結界真言曰

曩謨囉怛曩二合怛囉二合夜引耶娜莫室戰二合拏摩賀嚩日囉二合矩嚕引二合馱引耶唵戶嚕戶嚕底瑟姹二合底瑟姹二合滿馱滿馱賀曩賀曩阿蜜里二合帝吽發吒娑嚩二合引賀引

次獻遏伽水　行者常於壇上並膝置二淨器滿盛香水以為遏伽初迎請時獻右邊者後奉送時獻左邊者每奉獻時二羽捧遏伽器當額奉獻即誦真言想浴本尊及諸聖衆真言曰

唵嚩日囉二合娜迦吽

次結獻蓮花座印　以二羽虛心合掌以檀慧禪智各頭相著餘中間六度微屈頭相離猶如開敷蓮花葉形真言曰

唵迦麽攞娑嚩二合賀引

由結此印真言加持一切聖衆并及本尊皆得七寶蓮花為座

次結大虛空藏普通供養印　以二羽合掌以戒方三度外縛以進力反蹙如寶形結成契已誦真言四遍普供養真言曰

唵誐誐曩三去娑去嚩引嚩日囉二合斛引

想從印出生无量種種供養香花燈燭塗香飲食寶幢幡蓋即於本尊及一切聖衆前則成就真實廣大供養

次結羯磨印　以止羽當心仰掌以智力相捻反屈力度如寶形以觀羽仰掌向前作施願勢結此契已作是思惟我身即同虛空藏菩薩即誦羯磨真言曰

唵嚩日囉二合囉怛努二合鼻聲引憾

由作此觀加持故行者自身即等同本尊虛空藏菩薩

次結三昧耶印　以二羽金剛縛進力反蹙如寶形禪智並豎置於當心即誦三昧耶真言七遍真言曰

唵嚩日囉二合囉怛曩二合吽

即取水精念珠安於掌中合掌當心誦加持念珠真言三遍真言曰

唵尾嚧引左曩麽攞娑嚩二合賀引

則捧珠安於頂上發是願言十方世界所有修真言行者彼所受持一切真言願速成就即止羽承珠觀羽當心移珠不緩不急心離散亂或千或百限數畢已捧珠頂戴又發是願一切有情所希望世出世間殊勝果報以我念誦福力速令成就即安珠於本處復結本尊三昧耶印誦三昧耶真言七遍頂上散印又結普供養印誦普通供養真言七遍頂上散即誦虛空藏菩薩讚嘆曰

嚩日囉二合囉怛曩二合素上嚩日囉二合囉怛他二合嚩日囉引二合迦引捨摩賀引麽抳二阿去引迦引捨蘖娑去嚩日囉二合茶反馱夜三嚩日囉二合蘖婆去曩謨引窣堵二合帝四

誦讚嘆已即取左邊遏伽當額奉獻即結前軍吒利印左旋一匝解界次結三昧耶印奉送一切聖衆奉送真言曰

唵嚩日囉二合囉怛曩二合穆

舉印安於頂上誦真言七遍即成奉

送一切聖衆復結三部心三昧耶各

誦三遍次結護身印如前印於五處

即礼佛發願隨意出道場轉讀大乘

印佛印塔廣行檀施常須饒益一切

有情

大虚空藏菩薩念誦法

丙午歲高麗國大藏都監奉

勑雕造

大虚空藏菩薩念誦法　　第七張　伦

大虚空藏菩薩念誦法

校勘記

一　底本，麗藏本。

一　八〇三頁上一行經名，石作「大虚空藏菩薩念誦法一卷」。卷末經名同。

一　八〇三頁上二、三行譯者，石作「特進試鴻臚卿大興善寺三藏沙門大廣智不空奉詔譯」；磧、普、南作「大興善寺三藏沙門大廣智不空奉詔譯」；徑、清作「唐三藏沙門大廣智不空奉詔譯」。

一　八〇三頁上九行第一三字「世」，磧、普、南、徑、清作「世間」。

一　八〇三頁上一二行「修行」，磧、普、南、徑、清作「修持」。

一　八〇三頁上一九行第一〇字「於」，磧、普、南、徑、清無。

一　八〇三頁中一行「半跏」，磧、普、南、清作「半加趺」；徑作「半趺跏」。

一　八〇三頁中一四行第一二字「直」，石作「真」。

一　八〇三頁中一七行第七字「上」，磧、普、南、徑、清無。

一　八〇三頁下五行「戒檀」，磧、普、南、徑、清作「檀戒」。

一　八〇三頁下八行第二字「日」，石無。

一　八〇三頁下一五行第八字「於」，磧、普、南、徑、清無。

一　八〇三頁下一六行「於樓閣」，磧、普、南、徑、清無。

一　八〇三頁下末行「相交」，磧、普、南、徑、清作「相叉」。

一　八〇四頁上一二行首字「次」，磧、普、南、徑、清作「次結」。

一　八〇四頁上一六行首字「即」，磧、普、南、徑、清作「印」。

一　八〇四頁上一九行「次結獻蓮花座印」，徑無。

一　八〇四頁中四行「三度」，磧、普、南、徑、清作「二度」。

一　八〇四頁中一二行「止羽」，徑作

一 八〇四頁中二〇行第七字「以」，磧、普、南、徑、清作「即以」。

一 八〇四頁下一行「即取」，徑、清作「即以」。

一 八〇四頁下一三行第三字「通」，磧、普、南、徑、清無。

一 八〇五頁上二行第四字「於」，磧、普、南、徑、清無。

一 八〇五頁上三行第四字至次行第六字「聖……護」，石無。又「三昧耶」，磧、普、南、徑、清作「三昧耶印」。

「二羽」。

趙城縣廣勝寺

瑜伽蓮華部念誦法　一頁　槃

大興善寺三藏沙門大廣智不空奉　詔譯

初入道場至心頂禮懺悔發願迴向等已即結蓮華合掌印兩手指虛其掌似未開芙蓉誦一切法清淨真言印心額喉頂上各一徧即得清淨真言曰

唵薩嚩二合娑嚩二合婆嚩戍馱薩嚩達摩薩嚩娑嚩二合婆嚩戍度唅

然後右膝著地蓮華合掌置於頂上誦真言想禮一切諸佛菩薩本尊足真言曰

唵鉢娜二合麼二合劒反微一

作此法已即於一切諸佛菩薩禮事供養皆悉成就然後結加趺坐或半加坐即結蓮華三昧耶印兩手外相叉合拳竪二大指二小指相並呈示一切諸佛菩薩本尊即憶本誓願加持攝受真言曰

唵嚩日囉二合鉢娜麼二合三摩耶薩怛鑁三合

次結極喜印准前手勢但以二中指下於當中以指面相合真言曰

唵三摩耶斛素囉多薩怛鑁三合

次結開心印觀二乳上右怛囉二合引左吒字如戶樞以金剛縛三掣開以開自心猶如啓扇真言曰

唵嚩日囉二合滿馱怛囉二合吒

次結入智印准前金剛縛但以二大拇指屈入掌中觀一時前有白蓮華上置惡字字有白光流入心中住白蓮華上真言曰

唵嚩日囉二合引微舍惡

次結閉心門印准前縛但以二頭指並拄二大拇指節以其印觸心真言曰

唵嚩日囉二合引母瑟知鋡閉心門

次結定印兩手相叉仰安齊下以二大拇指句上相拄即誦入三摩地真言曰

唵三摩地鉢娜彌二合紇唎二合

次應端身正念入三摩地舌拄上腭止諸攀緣觀內外一切法皆無所有若妄念多者應先數息數息法從一息至七息又從一至七相續不絕心無攀緣即不須數息深入清淨無所有處即觀諸佛徧滿虛空其身大小猶如胡麻具諸相好告行者言善男子汝觀自心又觀己身徧禮佛足

白佛言世尊云何觀心心何相貌諸
佛告言善男子心相難可測量授與
眞言密誦觀察眞言曰
唵質多鉢囉(二合)底微鄧迦嚕弭
行者密誦諦觀已心猶如淨月諸佛
告言善男子汝心本如是但客塵所
翳當知此即是菩提心又授眞言曰
唵冒地質多母怛波(二合)娜夜弭
誦此眞言諦觀心月轉更分明淨無
瑕翳即於月輪中觀紇唎(二合)字成一
八葉白蓮華光明顯照眞言曰
唵底瑟姹(二合)嚩囉(二合)鉢娜麼(二合)
次又觀此白蓮華徧周法界量同虛
空眞言曰
唵薩發(二合)囉嚩囉(二合)鉢娜摩(二合)
次觀白蓮華漸漸收斂盡空諸佛悉
入其中量等已身眞言曰
唵僧訶囉嚩囉(二合)鉢娜摩(二合)
即變蓮華成觀自在菩薩寶冠瓔珞
相好莊嚴放大光明徧周法界冠上
有無量壽佛本尊左手執白蓮華右
手作擘開蓮華勢眞言曰
唵三摩腧含摩訶三摩腧含薩婆怛
陀孽多(引)毗三冐地嚩囉(二合)鉢娜麼(二合)
阿怛摩(二合)句含
入是三昧者一切天龍八部見行者
身與觀自在等無差別能除行者無
量億劫生死重罪一切勝願無不悉
地現得圓滿金剛法身即觀此身便
成正覺
次結加持印外相叉金剛結縛已即
變屈二頭指捻二大拇指印心額喉
頂各誦一徧眞言曰
唵紇唎(二合)薩婆迦哩阿地瑟姹(二合)薩
嚩(二合)給
次結灌頂印合掌已竪二大拇指偃
蹙入指如寶形置於頂上誦眞言三
徧想五如來冠以冠其首眞言曰
唵紇唎(二合)摩捉鉢娜摩(二合)阿毗詵者
薩嚩(二合)給怛咯(二合)紇唎(二)
次結繫鬘印誦眞言以前冠頂印從
額分二手於腦後三相繞如繫鬘便
向前耳邊下從小指散垂如鬘帶勢
眞言曰
唵嚩囉(二合)鉢娜摩(二合)磨棘給紇唎(二合)
次結甲冑印結金剛拳如小兒握固
以二頭指各拄二大拇指節當心已
即申二頭指相掩一節許仍以右指押
左指上觀右頭指面有唵字左頭指面
有砧字口中仍誦此兩字眞言不斷
絕想其字並放綠色光如抽藕絲光
不斷絕心前三遶背上三遶又至齊
又至兩膝又至腰又當心次右肩左
肩次至額上又於腦後各三遶已卻
結金剛拳印從小指散如垂天衣即
以二縛不得解但以掌三相拍眞言曰
唵嚩囉(二合)鉢娜摩(二合)覩史也(二合)斛(引)
次於壇中觀阿(上)字成月輪於月輪
中觀紇唎(二合)字成本尊身放大光明
無量眷屬普現於圓光內即結鉤印
金剛縛舉右頭指如鉤三招一誦一
招眞言曰
唵阿夜係弱
次以索印如前縛以二頭指根拄如
環引本尊入所觀智身眞言曰
唵阿係吽吽
次結鎖印准前縛以二頭指及二小
指相串各相捻如聯鎖令本尊止住
眞言曰

唵係攞普吒二合鑁
次結鈴印准前縛屈二大拇指入掌
中三撼手如揺鈴令本尊歡喜真言
唵尾舍耶斛引
次結獻遏伽香水印誦百字真言或
餘讃歎兩手外相叉擘開掌以二中
指頭相合以二頭指微屈去中指一
麥許不相著狀如三鈷杵頭二大拇
指博著二頭指下側即想香水滿掬
誦真言向前寫灌洗本尊足真言曰
唵嚩日路二合娜迦𤙖
本尊既至次結羯磨印左手金剛拳
當心著想把白蓮華右手亦金剛拳
於上轉想撥開蓮華即身同本尊事
業真言曰
唵嚩囉二合達摩紇唎二合
次結三昧耶印金剛縛屈二頭指以
二大拇指押同已上加持印令本尊
憶本誓願加持擁護真言曰
唵薩嚩迦里三遍
然後結金剛嬉戲內供養印金剛縛
伸二大拇指偃向身相並當心真言曰
唵摩訶囉底丁以反

次結鬘准前印更不改但以二臂相
並直伸向前當額真言曰
唵路波輸陛
次結歌印不改前印從前至口解散
向前垂二手下如發歌音真言曰
唵秫嚧上論律反下緒音二合怛囉二合燥溪
次結舞印以二金剛拳相旋遶各從
小指散便金剛合掌置於頂上金剛合掌者合掌身著頭右押左風相交是也真言曰
唵薩嚩布而而至反
已上四內供養
次結焚香印以金剛縛向下散解如
焚香真言曰
唵鉢囉二合訶囉二合你寧引去
次結華印以金剛縛向上解散如散
華真言曰
唵頻攞誐弭
次結燈印准前嬉戲但以二大拇指
頭屈前相逼亦不得相著指真言曰
唵素帝惹佐哩二合
次結塗香印以金剛縛解散摩胸上
如塗香勢真言曰
唵素巘蕩倪以妍反

已上外四供養
次結部心根本印合掌以二無名指
二頭指初分相交其二小指二大拇
指擘開誦百字真言三遍三字半七
遍已於頂上散然後執念珠念誦二
手把珠當心念誦諦觀本尊放淨光
明流注己頂照於心月月有白蓮華
身與本尊色相無二如於明鏡自觀
已身與本尊互成影像徧數終訖懺
悔發願重獻三昧耶重結八供養然
後發遣聖者復還本宮發遣者用前
三昧耶印當口解真言曰
唵鉢娜摩二合薩怛嚩二合穆輕
然後復結加持灌頂甲冑拍印等然
後出道場或讀大乘經或印佛作塔
於一切時本尊三摩地不令間斷若
觸穢處當觀頂上有法界生字放赤
色光所謂嚂字於所食物皆加持此
字即不成穢觸於一切供養香華皆
加持此字放白色光即無穢觸所供
養物皆徧法界
蓮華部百字真言曰
唵一鉢娜摩二合下同薩怛嚩二合下同三麼耶

瑜伽蓮華部念誦法　第九張

麽努播羅耶三 鉢娜麽二合 薩怛嚩二合 怛尾努波底瑟姹二合五 沮里二合 住 孫 娑嚩六 素覩使諭二合 徠娑嚩七 阿努囉訖覩二合 徠娑嚩八 素補使諭二合 徠娑嚩九 薩嚩悉地徠鉢囉二合 也瑳十 薩嚩羯磨素者徠十一 質多室唎二合 藥十二 句嚕吽十三 呵呵呵呵穀引 十四 薄伽梵十五 薩嚩怛佗孽多十六 鉢娜摩二合 十七 麽徠悶者十八 鉢娜徠引 娑嚩十九 摩訶三摩耶薩怛嚩二合 二十 紇唎二合引聲 二十一

瑜伽蓮華部念誦法

瑜伽蓮華部念誦法

校勘記

一　底本，金藏廣勝寺本。

一　八〇七頁中一行經名，石、麗作「瑜伽蓮花部念誦法一卷」。卷末經名同。

一　八〇七頁中二行譯者，石作「特進試鴻臚卿大興善寺三藏沙門大廣智不空奉詔譯」；徑、清作「唐北天竺三藏沙門大廣智不空奉詔譯」；麗作「開府儀同三司特進試鴻臚卿肅國公食邑三千户賜紫贈司空謚大鑒正號大廣智大興善寺三藏沙門不空奉詔譯」。

一　八〇七頁中三行「至心」，石作「志心」。

一　八〇七頁中一六行首字「加」，南、徑、清作「加趺」。

一　八〇七頁中一七行「合拳」，磧、南、徑、清作「合掌」。

一　八〇七頁中二一行「二中指」，磧、南、徑、清作「二手中指」。

一　八〇七頁中二二行首字「下」，麗作「垂下」。又第三字「當」，石作「掌」。

一　八〇七頁下一行夾註左「引」，磧、南、徑、清無。

一　八〇八頁上一六行第八字「收」，徑、清作「取」。

一　八〇八頁中六行首字「地」，南、徑、清作「備」。

一　八〇八頁中八行「結縛」，麗作「縛結」。

一　八〇八頁中一九行「腦後」，麗作「頸後」。

一　八〇八頁下二行末字「押」，石、麗無。

一　八〇八頁下四行第二字「砧」，石、麗作「跕」。

一　八〇八頁下八行「腦後」，麗作「脛後」。又「各三」，磧、南、徑、清作「各三遍」。

一　八〇八頁下一三行首字「中」，磧、

南作「上」。

一　八〇八頁下一八行第一二字「根」，石、麗作「相」。

一　八〇八頁下二一行末三字至次行首字「及二小指」，麗作「二大指」。

一　八〇九頁上三行第三字「憾」，石、麗作「撼」。

一　八〇九頁上五行「遏伽」，磧、南、徑、清作「閼伽」。

一　八〇九頁上七行「中指」，石、麗作「中指背」。

一　八〇九頁上九行第二字「博」，石作「搏」。又「二頭指」，南作「一頭指」。

一　八〇九頁上一四行「蓮華」，石、麗作「蓮葉」。

一　八〇九頁中九行夾註左「頭相交是也」，石作「頭相交」；磧、南、徑、清作「頭指相交是也」。

一　八〇九頁中一一行「四内」，麗作「内四」。

一　八〇九頁中一二行「散解」，麗作「解散」。

一　八〇九頁下二行第一二字「無」，石無。

一　八〇九頁下一四行第三字「復」，磧、南、徑、清無。

一　八〇九頁下一五行「作塔」，石、麗作「印塔」。

一　八〇九頁下二〇行第二字「持」，石無。

甘露軍荼利菩薩供養念誦成就儀軌　榮刀

特進試鴻臚卿大興善寺三藏沙門大廣智不空奉　詔譯

歸命金剛手　密主菩薩　能說最上乘
令速證菩提　甘露軍荼利　能摧諸魔障
以慈悲方便　現大忿怒形　成大威日輪
照曜無邊界　修行者暗冥　速得悉地故
流沃甘露水　洗滌藏識中　薰習雜種子
速集福智聚　獲圓淨法身　故我稽首禮
我今依密言　微妙理趣教　說甘露儀軌
阿闍梨先擇　修密言弟子　淨信三寶者
愛敬於大乘　渴仰瑜伽教　好修菩薩行
其心不怯弱　求學相應門　捨身命及財
無猒倦悋惜　族姓具諸根　多聞護正法
愛樂六度行　愍念諸有情　常披大誓甲
盡度無邊界　一切有情類　令疾證菩提
阿闍梨若見　如是法器人　方便而勸誘
先當為演說　微妙菩薩道　善巧般若理
速疾菩提路　然與受三歸　令發菩提心
次授與三世　無礙三種戒　菩薩之律儀
方引入輪壇　授與本所尊　持明諸灌頂
應示曼荼羅　告令三昧耶　從今至成佛
勿捨菩提心　恭敬阿闍梨　等同一切佛
猶若執金剛　於諸同學處　深敬不輕慢
從師受金剛　及受金剛鈴　為求悉地故
乃至菩提場　常持不應捨　親對灌頂師
具受本尊教　決定無疑誤　然後方進修

修瑜伽者從師受得本尊儀軌已當於閑靜處或於山林幽谷諸教所說勝上之處建立淨室或於精舍若於塔中淨治其地以瞿摩夷塗拭又白檀香塗曼荼羅或方或圓隨意大小以諸名華散於壇上塗香燒香飲食燈明閼伽隨力所辦陳設莊嚴當於室中安本尊像面向西修瑜伽者面向東全身委地作禮奉獻已身諸佛菩薩攝受為主宰密言曰

唵引薩嚩怛他蘖多二布惹引鉢囉二合韈多曩夜三多麼二合南你哩夜二合多夜弭四薩嚩怛他蘖多室者二合地底丁以反下同瑟姹二合五引薩嚩怛他蘖多訖孃二合南阿引尾捨覩六

誦此密言作是思惟盡十方一切世界微塵剎土諸佛大海會皆有自身於一一聖眾前捨身奉事由密言加持故蒙諸聖眾皆悉攝受又應五輪著地作禮復想自徧禮一切如來及

菩薩足密言曰
唵一引薩嚩怛他引蘖多二播引娜滿
娜喃迦路弭三
由此密言加持故能令瑜伽者不起于座偏至十方眞實敬禮一切塵刹海會諸佛如來次應右膝著地合掌當心閉目運心徧觀虛空有無量無邊塵刹海會諸佛菩薩集會降赴瑜伽者所又想已身對一一諸佛菩薩前持種種塗香粖香華鬘燒香天妙飲食燈明寶炬奉獻一切諸佛菩薩不起此座憨念盡無餘有情界漂流六趣由自心虛妄分別迷於眞理作諸不善感招異熟種種苦果觀於人天趣耽著五欲求不得苦於諸天趣作變易苦以妙覺華開敷菩提心觀於寒氷地獄以焚香氣馥遠離寒氷之苦於餓鬼趣中以天妙加持飲食願彼等充飽遠離慳悋之業觀於脩羅傍生趣色無色界心器矯誑瞋恚之心更互殘害及耽著三昧味以我般若燈明悉除彼等惑纏則於佛海會前虔誠發露三世之障隨喜一切佛菩薩聲聞緣覺隨喜三世福德智慧資糧則觀無量無邊界雜染世界中一切有情類皆證無上正等菩提又想已身於一一諸佛菩薩前請轉無上法輪久住於世莫入涅槃瑜伽者即結加趺坐或半加隨意而坐脩瑜伽者不應執著外淨常以勝義自性清淨法水洗滌身心如理相應誦清淨密言三徧

唵一引娑嚩二合婆引嚩秫馱二引薩嚩達
莫三引娑嚩二合婆引嚩秫度憾四

如金剛頂瑜伽經中說

身口意金剛　菩提心爲先　淨心爲澡浴
利樂修行者

即取塗香塗二手合掌當心即結如來部三麼耶契如未敷蓮合掌助以進力附忍願上節以禪智各附進力側結成印已誦密言入瑜伽作意觀一切如來徧滿虛空願加持我又想從印流出無量光明照觸盡無餘一切有情速證平等眞如以此佛三昧耶契速證瑜伽願一切有情證得究竟大菩提密言曰

曩莫三滿多沒馱南一引唵二引怛他引
蘖妬納婆二合嚩野娑嚩二合引訶三引

由誦結契作意等同如來當獲具相三十二無見頂相三身圓滿以契安於頂上隨便解散

次結蓮華部三麼耶印又芙蓉合掌當自心前檀慧禪智並竪餘六度散開屈如八葉蓮華結成印已誦密言入甚深大悲瑜伽三麼地觀滿虛空界觀自在菩薩與無量持蓮華者願加持我復起此觀從印流出無量光明照觸六趣有情根本藏識中雜染種子獲得自性平等無緣大悲速得如幻三摩地隨類六趣示現種種身四無礙解脫具六十四種梵音圓音頓應一切有情以成佛道密言曰

曩莫阿麼攞播拏曳一唵二引鉢納謨
二合納婆二合嚩引也娑嚩二合引訶三引

由此印密言加持故等同觀自在菩薩當獲十地十自在三種意生身以此契安於自口上解散

次結金剛部三昧耶印二手相背檀慧禪智互相叉結印成已誦密言入

菩提心三摩地觀徧滿虛空界金剛手菩薩與軍荼利無量忿怒衆集會願加持我復想從印流出無量光明照觸一切有情不定趣異生趣向二乘速成大菩提密言曰

曩莫三滿跢嚩日囉二合赧一引唵二引嚩日囉二合納婆二嚩引也娑嚩二合訶三引

由誦結契作意不久當得金剛薩埵身口意金剛能說密教教令輪以作盡無餘有情上中下悉地速疾頓證悉地因便以此印當自心前解散

復作是念盡無餘世界中有無量無邊有情雖發無上菩提之心雖積集福德智慧資糧闕瑜伽智慧方便加持妙法退失善根諸魔得便云何爲彼引入解脫輪爲一一有情說三密瑜伽微妙大乘速疾頓獲世間出世間殊勝悉地果報發如是心則成被大誓莊嚴甲冑則結金剛明王最勝印內縛忍願並申以進力二度屈如鉤當忍願初節背如三鈷金剛杵形禪智並申直附忍願側密言曰

唵一引嚩囉引二合哏你二二合鉢囉二合捻二引跛路二合也娑嚩一合訶三引

以此印額左右肩心喉等五處頂上散由結此印誦密言作意則成被金剛甲冑身同金剛明王威光赫弈無量無邊金剛族使者侍一切障難及不善心有情無能侵害上於虛空界乃至下風輪際所有空行地居下毗那夜迦等類皆起慈心不能爲障礙修密言行菩薩

次應結金剛輪菩薩印誦密言以入曼荼羅者受得三世無障礙三種菩薩律儀由入曼荼羅身心備十微塵剎世界微塵數三摩耶無作戒若或因屈申俯仰發言吐氣起心動念廢忘菩提之心退失善根以此印契密言殊勝方便誦持作意能除違犯愆咎三昧耶如故倍加光顯能淨身口意故則成入一切曼荼羅獲得灌頂三摩耶應結契誦七徧以二手內相叉進力並申直忍願纏進力初節前各以峯相拄禪智並申直當心誦密語曰

曩莫悉底哩也二合地尾二合迦引南引怛佗引蘖跢引南二引闇尾囉介尾囉介三摩訶嚩日哩四二合娑跢娑跢五娑囉帝娑囉帝六怛囉二合以怛囉二合以七尾馱麼你八三畔惹你九怛囉二合麼底十悉馱引儗哩二合怛㘕二合娑嚩二合訶引十一

誦密言時作是觀念盡虛空界徧法界三界生死六趣有情速得入金剛界大曼荼羅等同金剛薩埵大菩薩

次應身前想於下界風輪想憾字黑色漸引形如半月徧相稱如風輪當思眞實句所謂一切法離因緣

次應於風輪上想鑁字白色光明漸引圓滿大小如本水輪當思眞實句所謂一切法自性離言說又於水輪上想鉢囉二合字門變成金龜放金色光明漸引廣大無量由旬當思眞實義所謂一切法勝義不可得以爲方便又於空中想欠字門變成毗盧遮那如來當思眞實義所謂一切法如虛空佛身色如素月光首戴金剛寶冠瓔珞嚴飾身被天妙輕衣結菩提勝印深起悲愍一切有情被貪瞋癡

煩惱火焚燒積集無量不善極惡之業想毗盧遮那佛徧身流注甘露八功德水色如珂雪淋灑六趣一切有情煩惱之火盈滿金輪龜背爲大香乳海故當結成就海印十度内縛仰右旋誦此密言曰

唵(一引)尾麽路(引)捺地吽(二)

爲成就變化蓮華故當觀嚂字門流散赤焰而成火輪其形三角漸引量同水輪忽然之間從金龜背涌出八葉大蓮華金剛爲莖廣大無量由旬於華臺中觀阿字門當思眞實義所謂一切法本不生從阿字門法界等流涌出蘇彌盧山王爲成就妙高山故當結成就寶山王印十度内相交爲拳相合竪密言曰

唵(一引)阿者攞吽(二)

由此印密言三摩地故便成蘇彌盧山王四寶所成七重金山周帀圍遶山間有八功德水山王傍出四趾四天王等天各住本方無量眷屬衛護金剛峯寶樓閣其山縱廣八萬四千由旬其地平正爲令堅密牢固如金剛下至空際應結金剛橛印戒從慧方皆開入掌忍入願力開示然方願峯從檀戒進忍間向外出餘度各以峯相拄結成以誦密言想印成金剛橛散流無量威猛火焰以大指向地釘之一誦一釘至三徧便止即成堅固地界密言曰

唵(一引)枳里枳里(二)嚩日囉(二合)嚩日哩(二合)步(引三)滿馱滿馱吽發吒(四半音)

由此印密言加持故設於念誦處道場地中不依法除一切過患不祥感招種種障難由此印加持故成金剛座天魔及諸障者不爲惱害少用功力速疾獲大成就隨心大小稱壇場地應知

次結方隅　金剛牆印

准前橛印開檀智竪之側如牆形應觀印成金剛杵從印流出無量熾焰金剛火焰右旋印遶身三轉稱壇大小即成金剛堅固之城密言曰

唵(一引)薩囉薩囉(二)嚩日囉(二合)鉢囉(二合)迦(引)羅吽發吒(三半音)

由結印誦密言作意加持故一切諸佛尚不違越何況諸餘難調者毗那夜迦及毒蟲利牙爪者而能侵凌

瑜伽者又應於須彌山頂觀大寶殿其殿無價摩尼所成四方正等具足四門其門左右有吉祥幢軒楯周環徧垂珠鬘瓔珞鈴鐸繒幡種種間錯而爲莊嚴彌布殿中微風搖擊出和雅音復於殿外四角及諸門角以半滿月等金剛寶而鈿飾之寶柱行列垂妙天衣周布香雲普雨雜華復於外有無量劫樹行列諸天覺奏衆妙音樂寶鉼閼伽天妙飲食摩尼爲燈作此觀已而誦此偈

以我功德力　如來加持力　及以法界力

普供養而住

說此偈已即結大虛空庫藏印十度金剛縛進力蹙如寶禪智並申通忍願檀慧戒方合如幢結是印誦密言想從印流出如上供具樓閣等眞言曰

唵(一引)誐誐曩三婆嚩嚩日囉(二合)斛(二引)

以此密言印加持故縱觀不成皆成眞實廣大供養由此法尒所成故

又於寶樓閣中央觀　阿字兩邊觀

吽引字是甘露軍荼利法身種子字
次於東方觀 吽短聲字是降三世法
身種子
又於南方觀 怛洛二合字是忿怒金
剛藏法身種子
又於西方觀 紇唎二合字是金剛軍
荼蓮法身種子
次於北方觀 惡字是金剛羯抳古聲
大金剛童子法身種子
即結金剛因菩薩印為令成就教令
輪曼荼羅故普令一切有情寘然入
金剛界等曼荼羅故
瑜伽者則同入一切曼荼羅故得受
一切灌頂故約事業所建立一切曼
荼羅成吉祥清淨不增不減一切如
來稱讚故應結金剛因契及誦密語
二手各作金剛拳進力檀慧互相鉤
結印安於自口上誦三遍則成入金
剛界等教令輪一切曼荼羅次安於
頂上則成受一切灌頂復以印按於
所建立事相及觀所成等曼荼羅上
則真實如金剛薩埵親建立輪壇誦
此密語曰

唵一引嚩囉二合斫羯囉二合吽二弱吽鑁
斛三
次結金剛寶車輅印
十度內相叉仰掌進力側相拄以禪
智各捻進力根下想金剛使者駕御
金剛寶車乘空而往至於妙喜世界
誦密言三遍真言曰
唵一引覩嚕覩嚕吽二引
由此密語印加持故七寶車輅至阿
閦如來妙喜世界大集會中請本尊
甘露軍荼利菩薩并諸大忿怒菩薩
眷屬無量諸供養菩薩圍遶乘此車輅
次結請車輅印
准前印以禪智向身撥忍願誦密言
三徧密語曰
曩莫悉底哩也四合地尾二合迦引南一引
怛佗蘖哆引南二引唵三引嚩日囉二合儗研以反
你也二合迦哩灑二合也娑嚩二合引訶四引
由此印密言加持故聖眾從本土來
至道場空中而住
次結請本尊三昧耶降道場印十度
內相叉作拳禪度入掌以智度向身
招之誦密言曰

唵一引嚩攞二合特勒二合瞪係曳二合四
娑誐鑁三阿密哩二合哆軍拏里娑嚩
二合引訶五引
由此密言印加持菩薩不越本誓願
故即赴集會於道場
次應辟除諸魔作障難者當用降三
世威怒眼印密言於兩目童人上觀
吽引字變為日輪流出無量威光於
一一光道上有種種金剛火焰猛利
杵輩眉怒目右旋顧視菩薩大眾由
此金剛怒眼視諸魔隱在大眾中者
皆悉退散以此瞻覩本尊及聖眾咸
皆歡喜
次結上方金剛網印
准前牆印以禪智各捻進力下節結
印成已觀印為金剛杵又從印流出
無量金剛杵一一杵皆流出無邊威
焰相續成網頂上旋印三帀誦此密
語曰
唵一引尾塞普二合羅捺囉二合乞叉二合一嚩
囉二合半惹攞吽發吒半音三
由此網印密言加持故即成金剛堅
固不壞之網

次結火院密縫印
以左手掩右手背竪禪智結印成已
當作此觀從印流出金剛熾盛火焰誦
密言三遍右遶身三帀想於金剛牆
外火焰圍遶誦此密語曰
唵(一引)阿三麼𩕳你(二合)吽發吒(半音)(二)
又結大三昧耶印十度內相叉為拳
並竪忍願屈進力如鉤在忍願兩邊
如三鈷杵形以禪智附進力側右旋
印三帀誦密言三遍護於火院界外
誦密語曰
唵(引)(一)商羯禮(二)摩訶三麼琰娑嚩(二合)(引)
訶(引)(三)
由此印密言加持故如金輪王等佛
頂經說若有人誦持頂輪王等佛頂
五百由旬內修餘部密言者請本所
尊念誦聖者不降赴亦不與悉地由
一字頂輪威德攝故若結此大界設
鄰近持誦頂輪王人不能阻礙本尊
威力所持餘部密言皆速得成就
次結獻華座印
二手芙蓉合掌禪智各捻檀慧甲為
臺餘度如金剛印成觀印為金剛蓮華

又想從印流出無量金剛蓮華座奉
獻本尊及聖眾等誦此密語曰
唵(一引)嚩囉(二合)味(引)囉也娑嚩(二合引)訶(引)(二)
由結此印誦密言故本尊及眷從則
真實各受得座已
瑜伽者應辦　閼伽二新器　商佉或金銀
雜寶及熟銅　下至瓦木等　充滿盛香水
時華汎於上　二手捧當額　即思惟本尊
軍荼利身色　紺如碧頗黎　威光逾劫焰
赫弈佩日輪　嚬眉笑怒容　虎牙上下現
千目視不瞬　晃曜威如日　千手各操持
金剛諸器仗　首冠金剛寶　龍瓔虎皮裙
無量忿怒眾　金剛及諸天　圍遶作侍衛
觀念分明見　住於曼荼羅　復觀閼伽水
流出注本尊　及聖眾二足　能以一渧水
成閼伽雲海　普遍諸佛剎　應誦後密言
曩謨囉怛曩(二合)怛囉(二合)夜也(一)曩謨
嚩囉(二合)矩嚕(二合引)馱(引)也(二)唵(三引)婀蜜
哩(二合)路軍拏里(四)訶娑訶娑(五)過者過
者(六)吽發吒(半音)娑嚩(二合引)訶(七引)
由獻閼伽香水故　速獲清淨妙法身
次結金剛塗香印
加持塗香奉獻(本尊)等及諸聖眾其印

以左手握右手腕舒右手五度揚掌
如施無畏勢結印成已誦密語思惟
從印流出塗香雲海徧至一切世界
盡虛空界法界徧滿一切微塵佛剎
大海會聖眾前皆有自身持塗香器
供養一一尊而成廣大供養誦此密
語曰
唵(一引)嚩馱莽里你(二)嚩囉(二合)誐鉢囉(二合)
夜儗喇(二合)恨拏(二合)娑嚩(二合引)訶(三引)
由結印誦密言作意速獲五分法身
能除一切有情煩惱炎熱
次結金剛華印加持諸華奉獻本尊
及諸聖眾下至一華皆成無量雲海
周徧供養一切聖眾若無華但結此
印奉獻其印以二手十度內相叉圓
屈進力峯相拄禪智附進力側結印
成已兼誦密語復應思惟從印流出
種種華雲海周徧一切世界虛空界
法界徧滿一切微塵佛剎海會大眾
前而成廣大供養誦此密語曰
唵(一引)苿(引)邏(引)馱禮(二)嚩囉(二合)馱禮
娑嚩(二合引)訶(三引)
由結此印誦密言加持故速獲三十

二相能令一切有情菩提心華開發
次結金剛焚香印加持焚香奉獻本尊及聖衆以二手背相合進力峯側相拄禪智各捻進力側結印成已即作是觀從印流出焚香雲海周徧一切世界盡虛空界法界徧滿氛馥供養一切微塵刹土大海會一一聖衆前皆自身持種種和合香燒焫供養誦此密語曰
唵(一引)度(引)麼式契矩嚕(二)嚩曩(二合)挋娑嚩(引二合)訶(三引)
由結此印誦密言加持故速獲無礙智
次結金剛飲食印奉獻本尊及聖衆以二手合芙蓉掌結印成已誦密語又應思惟從印流出無量飲食雲海周徧一切世界盡虛空界法界徧滿一切微塵刹土佛大海會一一聖者前成就無限廣大供養若以此印加持世間微少飲食而成天甘露食雲海周徧奉獻一切聖者誦此密語曰
唵(一引)麼攞麼攞(二)寘伽莽里你(三)鉢囉(二合)底擬侶(二合)根拏(二合四)嚩日哩(二合)挋娑嚩(二合引)訶(五引)

由結此印誦密語故速證三解脫味得法喜禪悅食
次結金剛燈印奉獻本尊及聖衆其印以右手作拳舒忍度以禪押進甲禪峯捻忍中文側右旋照即作是觀從印流出無量金剛燈雲海周徧一切世界盡虛空界法界徧滿一切微塵刹土佛海會大衆前成廣大供養以此印加持一燈便成無量金剛燈雲海能周徧供養照曜一切佛刹聖衆海會誦此密語曰
唵(一引)入嚩(二合)攞(引)莽(引)里你(二)捻跛式契娑嚩(引二合)訶(三引)
由此密語印加持故速獲如來淨五眼
次結普供養印供養本尊及聖衆二手十度初分相交結印成已誦密語思惟從印流出種種供養雲海天妙伎樂歌舞嬉戲等天妙衣服飲食燈明閼伽賢缾劫樹寶幢幡蓋諸寶等類一切人天所有受用之物衆多差別供養具如大乘契經所說供養之具周徧一切世界盡虛空徧法界一切微塵刹土諸佛海會一一聖衆前

皆有真實供養誦此密語曰
曩莫薩嚩沒馱冐地薩怛嚩(二合)南(引)薩嚩佗(引)欠(二)嗢娜誐(二合)帝(二)娑頗(二合)囉呬鈴誐誐曩劒(平)娑嚩(引二合)訶(三引)
供養已了觀想本尊兼諸眷屬即誦此讚讚揚聖者無量功德
麽訶麽邏(引)也戰拏(引)也(一)尾你也(二合)邏(引)惹(引)也娑(引)馱吠(二)訥難(上)跢曩麽迦(引)夜也(三)曩麽悉帝(二合)嚩囉(二合)播(引)拏曳(四)
讚歎本尊已然後布字令自身成本尊三麽地二手金剛縛仰安臍下閉目澄心定慮起大慈心於一切有情願諸衆生速證本尊三麽地威德熾威壽命神通等同聖者即於自頂上想唵字赤色具大光明照曜十方次觀婀字當心色如珂雪內外照曜如大月輪又觀蜜哩(二合)字於兩肩上色如虹霓徧照一切世界又觀帝字於臍輪色如晧素光明潤澤照於無邊世界一切惡趣次觀吽字於兩髀其色如黃金光明照觸無間惡趣
次觀

頗字安兩脛其色如玄雲照觸諸佟
羅速令悟正道次觀
吒字安二足掌素色其形如半月流
出光明照觸諸外道令捨邪見網歸
信於三寶由此布字三摩地自身變
成本尊
次說本尊身相應觀四面四臂右手
執金剛杵左手滿願印二手作羯磨
印身佩威光焰鬘住月輪中青蓮華
色坐瑟瑟磐石正面慈悲右第二面忿
怒左第三面作大笑容後第四面微
怒開口即結本尊羯磨印智押慧度
甲餘如三鈷形慧手亦如之右押左
交臂密言曰
唵一引婀蜜哩合二帝吽發吒半音二
由此密語印加持自身等同甘露尊
隨意所樂觀念四臂八臂乃至兩臂
千臂住本尊瑜伽三摩地並須歷然
分明
次結金剛部母莽莫雞印二手內相
叉忍願檀慧禪智並申如三鈷金剛
杵形結印成已當誦此密言曰
曩謨囉怛曩合二怛囉合二夜也一曩麼
室戰合二拏嚩曪合二播拏曳二麼訶藥
乞义合二細曩跛怛曳三怛你也合二佗四
唵五引矩蘭馱哩六滿馱滿馱七吽發
吒半音娑嚩二合引訶八引
如前印自身五處由部母印加持故
速得悉地現前一切魔障悉皆遠離
人間所有怨敵不善心者皆得摧壞
發大慈心向瑜伽者忽見惡夢或不
祥事現誦一百八遍一切皆得摧壞
發大慈心向瑜伽者忽見惡夢或不
祥事現誦一百八遍一切皆得消散
獲大吉祥瑜伽者即觀此聖者在本
尊前坐蓮華臺頭冠瓔珞如天女形
左手持五鈷金剛杵右手施無畏勢
即想從部母口中流出金字本尊密
言行列具有光明入瑜伽者口於舌
上右旋如華鬘作如是觀行已頂上
解散此印
次結本尊三昧耶印檀慧相交入掌
並屈戒方押叉間忍願並申進力屈
如鈎住忍願初節後如三鈷金剛杵
形禪智並申押戒方背處於忍願間
誦此密言曰
曩謨囉怛曩合二怛囉合二夜也一曩麼
室戰合二拏嚩賀嚩囉合二俱路二合引馱引
也二唵三引戶嚕戶嚕四底瑟吒合二底
瑟吒二合五滿馱滿馱六賀曩賀曩七阿
蜜哩合二帝吽發吒半音娑嚩二合引訶八引
當誦七遍了了分明觀本尊及自身
為本所尊由此印密言加持故聖者
不越本誓授與悉地即捻珠安於兩
手中如未敷蓮合掌捧戴誦金剛語
菩薩密言加持七徧密言曰
唵一引嚩囉合二愚上四也合二惹引跛二三
麼曳吽三引
由此密言加持念珠即誦密言一徧
移一珠即為以誦密言一千徧以二
手大指頭指當心掐珠餘三指散直
左手引珠右手掐珠如轉法輪相念
誦一百八徧或一千徧若不滿一百
八徧即不充祈願徧數念誦之時心
不間斷觀身為本尊誦之時不應出
聲不緩不急至娑嚩合二訶字珠齊畢
數限滿已還捧心珠加持安置
又結本尊三摩耶印誦密言七徧然
後結部母印誦七徧想從自口中部

流出本所持密言金字行列入部母口兼所持本尊密言徧數乃功德付與部母收掌守護終不散失然後結金剛縛定入本尊密言字輪實相三麼地即於兩目童人上觀覽字色如燈焰微屈頸閉目以心慧眼照了心道當於胷臆內觀想圓滿菩提心月輪秉現在於身器了了分明離外散動由智慧定水澄淨得菩提心月影於中現良久心專注一緣即於圓明上以心密言右旋一一字布列意誦乃至三五徧即觀初唵字一切法本來無所得與義相應時但心緣理不緣於字一道清淨徧周法界即入第二阿字門即觀一切法本不生既觀已即入第三蜜哩(二合)字門一切法我不可得即成平等眞如自性成就恒沙功德次應入第四帝字門一切法眞如不可得諦觀已內有微細能所緣因緣法義即入第五吽字門一切法因不可得因無所得故果亦無所獲次入第六頗字門一切法果不可得由果無所得故即成究竟圓滿法身一切無漏法諸所依止即觀第七吒字門一切法本不可得由一切法無諍故一切法本不可得由一切法無所得故一切法本無生由一切法無生故一切法我不可得由一切法無我故一切法眞如不可得由一切法眞如無所得故一切法因不可得故由一切法因無所得故一切法果不可得由一切法果無所獲故即一切法離諍由一切法無諍故獲得清淨無戲論實相三麼地周而復始由一念清淨心相應故獲得無礙般若波羅蜜無始時來一切業障報障煩惱障一時頓滅十方一切諸佛及本尊現前不久當獲得隨意所樂世間出世間悉地成就現生證初歡喜地菩薩後十六大生證無上正等菩提則從定出二手金剛合掌運心觀本尊及聖衆以微妙讚歎摩訶讃揚功德又以五種供養如前運心而獻之又獻閼伽心中所求悉地啓白聖衆惟願聖者不越本誓大悲弘願授與我悉地則以火院密縫印密言左轉解前諸結車輅印想本印想本尊及眷屬乘車輅向外撥忍頭奉送聖衆還歸本土妙喜世界密言如前又結前金剛部母以智度向外擲誦此密語曰

唵(一引)嚩囉(二合)蘖蹉蘖繞(二)婆誐鑁(三)阿蜜哩(二合)路軍拏里(四)娑嚩(二合)婆嚩南(引)補曩囉(引)誐麼曩(引)也郍娑嚩(二合)訶(引五)

又結三部印誦密言三徧結護身印已禮佛菩薩隨意經行讀誦大乘經典以福迴施一切有情心中所求悉地當願衆生速疾獲得瑜伽者喫食時以部主密言印加持自身五處然後喫食寢息時以部母印密言加持自身五處便易及諸穢處用烏樞瑟摩金剛心密言印加持五處諸魔不得其便速得成就烏樞瑟摩心密言曰

唵(一引)俱嚕(二合)馱曩吽弱(二)

甘露軍荼利菩薩供養念誦成就儀軌

甘露軍茶利菩薩供養念誦成就儀軌

校勘記

一　底本，金藏廣勝寺本。

一　八一二頁中一行經名，石、麗作「甘露軍荼利菩薩供養念誦成就儀軌一卷」。

一　八一二頁中二行譯者，石作「大興善寺三藏沙門大廣智不空奉詔譯」；徑、清作「唐三藏沙門大廣智不空奉詔譯」；麗作「開府儀同三司特進試鴻臚卿肅國公食邑三千户賜紫贈司空謚大鑒正號大廣智大興善寺三藏沙門不空奉詔譯」。

一　八一二頁中五行「慈慧」，石作「悲慧」。

一　八一二頁中九行「微妙」，徑作「微密」。

一　八一二頁中一六行第一〇字「人」，磧、普、南、徑、清作「者」。

一　八一二頁中一八行第八字「受」，石、麗作「授」。

一　八一二頁下一行第一〇字「鏧」，磧、南、徑、清作「磬」。

一　八一二頁下二行首字「乃」，石作「及」。

一　八一二頁下一一行第一〇字「修」，麗無。

一　八一二頁下一三行第三字「攝」，石無。

一　八一二頁下末行第七字「自」，石、麗作「自身」。

一　八一三頁中九行「密言」，石作「密言曰」。

一　八一三頁中一六行「三麼」，徑、清作「三昧」。下同。

一　八一三頁中一七行第三字「附」，磧、普、南、徑、清無。

一　八一三頁中二一行「三昧」，石作「三麼」。下同。

一　八一三頁中二二行「速證」，石作「速疾」。

一　八一三頁下四行第一二字「以」，石作「以此」。

一　八一四頁上九行「教教」，石、麗作「教」。

一　八一四頁上二一行第一〇字「鈷」，石、磧、南、徑、清、麗作「股」。下同。

一　八一四頁中五行「使者」，南、徑、清作「種者」。

一　八一四頁中一三行「戒禁」，麗作「禁戒」。

一　八一四頁中一九行第一〇字「以」，石、麗無。

一　八一四頁中二二行首字「語」，麗作「言」。

一　八一四頁下一一行第九字「相」，石作「想」。

一　八一四頁下一二行第一〇字「離」，石、麗作「離諸」。

一　八一四頁下一六行正文第九字「金」，石無。

一　八一五頁上一〇行第一二字「涌」，石作「踊」。一四行第二字同。

一　八一五頁中二行「開入」，石、麗作「間入」。

一八一五頁中五行「散流」，石、麗作「流散」。

一八一五頁中一四行「壇場」，磧、普、南、徑、清作「道場」。

一八一五頁下五行第七字「有」，磧、普、南、徑、清無。

一八一五頁下七行第一二字「擊」，石、麗作「激」。

一八一五頁下一一行首字「外」，石、麗作「其外」。

一八一五頁下末行第一一字「兩」，石作「於兩」。

一八一六頁上七行首字「荼」，磧、南、徑、清、麗無。

一八一六頁上九行夾註右首字「云」，石、麗作「名」。

一八一六頁下七行「童人」，石、磧、南、徑、麗作「瞳人」。

一八一六頁下一一行第四字「怒」，石、麗作「威怒」。

一八一六頁下一二行第六字「此」，石無。

一八一六頁下一八行「相續」，磧、徑、麗作「相續」。

一八一七頁上七行第七字「印」，石無。

一八一七頁上一八行第四字「輪」，徑無。

一八一七頁上一九行「本尊」，石、麗作「不尊」。

一八一七頁中六行「商佉」，石、磧、南、徑、清、麗作「商佉」。

一八一七頁中九行第三字「利」，磧、普、南、徑、清作「佩」。

一八一七頁中一六行末字「言」，石作「言曰」。

一八一八頁上八行第二字「皆」，石作「皆有」。

一八一八頁中一行第三字「此」，石無。

一八一八頁中一一行末字「曰」，石無。

一八一八頁中一九行「幢幡」，磧、普、南、徑、清作「幢幡」；麗作「幡幢」。

一八一八頁下二〇行第六字「色」，磧、普、南、徑、清無。

一八一八頁下二行首字「胜」，磧、南、清、麗作「膣」。

一八一九頁上一〇行第三字「瑟」，石、麗作「瑟瑟」；磧、普、南、徑、清作「琴瑟」。又第九字「悲」，石無。

一八一九頁上一四行首字「交」，磧、徑、清作「來」。

一八一九頁上一八行第一一字「益」，磧、普、南、徑、清作「蓋」。

一八一九頁中九行至一〇行「祥事現誦……或不」，麗無。

一八一九頁中二一行「鈎住」，石作「鈎柱」。

一八一九頁下八行「捻珠」，石作「取念珠」。

一八一九頁下一五行第七字「心」，磧、徑、清作「以」。

一八一九頁下二一行「心珠」，石、麗作「念珠」。

一八二〇頁上二行第一一字「乃」，

石作「及」。

一 八二〇頁上四行第四字「定」，石、麗作「定印」。

一 八二〇頁上五行第一一字「覽」，石、磧、南、徑、清、麗作「嚂」。

一 八二〇頁上一五行首字「二」，石作「二列」。

一 八二〇頁上一九行末字「所」，石、麗作「緣所」。

一 八二〇頁上二一行「法因」，麗作「能所」。

一 八二〇頁中四行「無生」，石作「不生」。

一 八二〇頁中八行首字「故」，石、麗無。

一 八二〇頁中九行第一一字「獲」，石作「得」。

一 八二〇頁中一三行「業障」，麗作「障業」。

一 八二〇頁下一行「車輅印想本印想」，石、麗作「界則結車輅印想」。

一 八二〇頁下三行「如前」，石作「加之」。

一 八二〇頁下四行第五字「母」，麗作「母印」。

一 八二〇頁下一六行第一二字「烏」，麗作「嗚」。

一 八二〇頁下卷末經名，石作「甘露軍荼利菩薩念誦儀軌一本」；麗作「甘露軍荼利菩薩供養念誦成就儀軌一卷」。

聖觀自在菩薩心真言瑜伽觀行儀軌　奄

開府儀同三司特進試鴻臚卿肅國公食邑三千戶賜紫贈司空

諡大鑒正號大廣智大興善寺三藏沙門不空奉詔譯

夫修瑜伽者先於靜處建立曼荼羅以香水散灑以種種時花散於壇上行者先須澡浴著新淨衣次入道場對尊像前五輪投地發慇重心頂禮一切如來及諸菩薩即結跏趺坐觀想諸佛如在目前然後至誠懺一切罪作如是言我某甲自從无始已來輪迴生死乃至今日所造衆罪无量无邊不自覺知自作教他見作隨喜我今懺悔不復更造唯願諸佛慈悲攝受令我罪障速得消滅 如是三說

復應自誓受三歸依戒作如是言諸佛菩薩哀愍護我我某甲始從今日乃至當坐菩提道場歸依如來无上三身歸依方廣大乘法藏歸依僧伽諸菩薩衆 如是三說

我某甲歸依佛竟歸依法竟歸依僧竟從今已往乃至成佛更不歸餘二乘外道唯願諸佛慈悲攝受

次應捨身供養應作是言諸佛菩薩願哀愍故攝受於我從今已往乃至成佛我常捨身供養一切如來及諸菩薩唯願慈悲哀愍加護 如是三說

次於禀下方空中觀賀字黑色其字變成風輪其形半月於風輪上應觀嚩字白色其字變成水輪其形圓滿於水輪上應觀囉字金色其字變成猛利金剛杵流出金剛火焰其形三角從下向上至於地輪及以自身火焰焚㶴唯有灰燼即以此灰變成金剛輪其輪白色堅密隨量大小其形正方次於金剛輪上觀想八葉大蓮花具寶鬚蘂於蓮花臺上想娑上字黃金色其字具无量光明變此娑字成聖觀自在菩薩結跏趺坐身如金色圓光熾盛身披輕縠繒綵衣著赤色裙左手當臍執未敷蓮花右手當胷作開花葉勢具頭冠瓔珞首戴无量壽佛住於定相作是觀已

即結三昧耶印

以二手當心密合掌並竪二大指誦

聖觀自在觀行儀軌　第二張

真言曰

那莫三滿多母馱引南引阿上三去銘底哩二合三銘三去麽阜曳引娑嚩二合引賀引

誦真言三遍以印印五處加持所謂額右肩左肩心喉頂上散之由結此印即能速滿十地行願十波羅蜜能見一切如來地能超過法道界所謂超過勝解地淨心地如來地名超過法道界

次結法界生印

以二手各作金剛拳側相著竪二頭指頭側相拄置於頂上即於頂上想覽字從字流出白色光遍照自身及以內外即觀自身等同法界誦真言曰

那莫三去滿多母馱引南引達磨馱引都娑嚩二合婆引去嚩句引憾

誦真言三遍以印從頂上便分二拳兩邊徐徐下散

次結轉法輪印

以二手當心背相附以右押左四指手相鉤左手大拇指秘於右手掌中以右手大拇指頭相拄觀自身如金

聖觀自在觀行儀軌　第三張

剛薩埵菩薩左手執金剛鈴置於左
胯上右手持五股杵當心作跳躑勢
身如白月色頂戴五佛冠坐月輪中
誦真言曰
娜莫三去滿多嚩日囉二合引𤚥引嚩
日囉二合怛麼二合句引憾
誦真言三遍已即於頂上散印
次結大日如來劍印
以二手當心合掌屈二頭指中節橫
相拄以二大拇指並押二頭指上節
如劍形結此印已即觀自心中有八葉
蓮花於蓮花中想阿上字放金色光
與印相應想彼阿上字了一切法本
來不生即誦真言曰
娜莫三去滿多母馱引南引惡引尾
引囉吽欠誦真言八遍以印如前加
持自身五處於頂上散印
次結普供養印
以二手合掌右押左交上節即成誦
真言曰
娜莫三去滿多母馱引南薩嚩他引去
欠嗢娜蘖二合帝颯頗二合囉呬引𤚥誐
誐曩劍平娑嚩二合引賀引

結印當心誦真言五遍想從印流出
无量无邊香花飲食供養盡虛空遍
法界一切賢聖於頂上散印
次觀行布字法
修瑜伽者應觀想自身眉間置吽字
赤金色變成白毫相於腦交縫內置
暗字白色光滿其腦中於頂上置覽
上字作赤色光分焰上徹於佛頂上應
想唵字白色光照法界於自右足掌置
娑嚩二合字左足掌置賀字即觀自
心為菩提心離一切我離蘊處界能
取所取於法平等了知自心本來不
生空无自性是故應當觀察自心非
我人衆生壽者等性何以故彼我人
等性无所造作无所得故我人等本
无寧有自性即得遠離一切我見是
心亦非蘊處界性何以故此蘊等性
於勝義中實不可得故蘊處界分別
自性即非彼心是心亦非能取所
取非彼能取妄想之心非彼所取
青黃等相故世尊言心不住內亦
不住外不住中間何以故本來清
淨無分別故如是觀察則知自心

无我平等了一切法本來不生離妄
分別皆无自性猶如虛空緣諸有情
思惟愍念彼无始來不知自心本來
清淨妄生分別顛倒鬼魅之所噉嚼
於生死中受種種苦我今云何起大
精進令諸有情覺悟自心了清淨法
令彼遠離虛妄分別如是大悲為菩
提心發是心已於囉字上具圓點即
為覽字為法界種子想二囉字置二
眼中如盛燈光普照一切用此光明
智慧之眼觀自心中所置阿上字了
一切法本來不生即於阿字流出白
色光明照无邊塵沙世界除一切有
情身中无明癡闇即想自身轉成毗
盧遮那如來具頭冠瓔珞坐白蓮花
身如金色光明照曜作住三摩地相
應如是觀
次結觀自在菩薩心印
以二手內相叉翹竪二大拇指印相即
成結印當心誦觀自在菩薩心真言
七遍以印加持心額喉頂誦真言曰
唵阿去引嚧引力迦迦半音呼娑嚩二合引
賀引

隨誦真言以右大拇指向身招之即成召請即觀本尊心上有圓滿寂靜月輪於月輪中右旋安布陁羅尼字其字皆放白色光遍周法界其光還入行者頂於脩瑜伽者心月輪中准前右旋布列了了分明其字復放光明准前作觀如是觀已脩瑜伽者自身與本尊觀自在菩薩身等无差別如彼鏡像不一不異

次應思惟字義阿上字門者一切法本不生故囉字門者一切法遠離塵故攞字門者一切法相不可得故此攞字為加聲變成力字從此力字中流出迦字迦字門者一切法无造作故應如是觀繫心於真言文字之上即思字下所詮義門謂本來不生等如上四義如是作觀終而復始名為三摩地念誦若作出聲念者於真言中應作此句誦真言曰

唵阿去引嚧引力迦力者中合迦字也枳引囉底二合丁異反下同嘮乞灑彌去尾步底銘娜娜娑縛二合引賀

次應觀前阿嚧力迦等四字黃金色

聖觀自在瑜伽儀軌　第七張　淦

誦前真言即得增益法中所求皆得前所觀心中阿上字及腦中暗字體是一也眼中囉字頂上覽字如是四字義以成自身等覺句也復觀菩提心即結前三昧耶印及結前法界生轉法輪幷鋼印等加持自身五處各誦本真言即礼佛發願迴向已出道場常轉大乘花嚴般若等教及印佛印塔經行旋遶窣堵波令速成就

聖觀自在菩薩心真言瑜伽觀行儀軌一卷

出大毗盧遮那成道經

丙午歲高麗國大藏都監奉

勑雕造

聖觀自在觀行儀軌　第八張　淦

聖觀自在菩薩心真言瑜伽觀行儀軌

校勘記

一　底本，麗藏本。

一　八二四頁上一行經名下，石、磧、普、南、徑、清有夾註「出大毗盧遮那成道經」。

一　八二四頁上二行至三行譯者，石作「大興善寺三藏沙門大廣智不空奉詔譯」；磧、普、南作「大興善寺三藏沙門大廣智不空奉詔譯」；徑、清作「唐三藏沙門大廣智不空奉詔譯」。

一　八二四頁上九行「至誠」，石作「志誠」。

一　八二四頁中一二行「灰爐」，南、徑、清作「灰爐」。

一　八二四頁中二一行第五字「相」，磧、南、徑、清無。

一　八二四頁中末行末字「誦」，石無。

一　八二四頁下五行「印印」，磧、南、徑、清作「印印於」。

一　八二四頁下一四行「自身」，磧作「自邊」。
一　八二四頁下二二行第九字「秘」，磧、南、徑、清作「拯」。
一　八二五頁上一〇行第二字「跓」，石、磧、普、南、徑、清作「拄」。
一　八二五頁上一九行第一二字「即」，徑無。
一　八二五頁中六行第八字「相」，磧、普、南、徑、清作「相光」。
一　八二五頁中八行末字至九行首字「應想」，石作「意想」。
一　八二五頁中一五行第四字「所」，石無。
一　八二五頁中一七行末字「性」，磧、普、南、徑、清作「世」。
一　八二五頁下六行第三字「令」，徑、清作「於」。
一　八二五頁下一三行第一一字「除」，磧、普、南、徑、清作「際」。
一　八二五頁下一四行第九字「想」，石無。又「轉成」，磧、普、南作「得成」。又末字「毗」，磧、普、南、徑、清無。
一　八二五頁下一七行末字「觀」，磧、普、南、徑、清作「觀一切已」。
一　八二五頁下一九行第九字「二」，磧、普、南、徑、清作「右」。
一　八二六頁上五行首字「入」，磧、普、南、徑、清作「來入」。
一　八二六頁上一一行「囉字」，石作「嚧字」。
一　八二六頁上末行「嚧力」，磧、普、南、徑、清作「囉攞」。
一　八二六頁中二行「觀心」，磧作「當心」。
一　八二六頁中九行「窣堵波」，石作「窣觀堵波」。
一　八二六頁中一〇行卷末經名，磧、普、南、徑、清作「聖觀自在菩薩心真言瑜伽觀行軌儀」。
一　八二六頁中一一行「出……經」，石、磧、普、南、徑、清無。

金剛頂經多羅菩薩念誦法一卷

開府儀同三司特進試鴻臚卿肅國公食邑三千戶賜紫贈司空謚大鑒正號大廣智大興善寺三藏沙門不空奉　詔譯

歸命瑜伽自在王　善住如幻三昧者
普於淨染諸剎海　能示種種隨類身
我依蓮花相應門　開示多羅大悲法
為令修習三昧者　離於二乘无悲定
速具神通波羅蜜　即能頓證如来位
行者應發普賢心　從師具受金剛戒
不顧身命起慈心　乃能堪入解脫輪
應從師受三摩耶　契印密語如經說
敬阿闍梨如佛想　於同學所殷重心
或於山間阿練若　流泉浴池悅意處
山峯石窟迥樹邊　建立壇場如法則
莊嚴精室置本尊　隨力供養一心住
遍觀十方諸佛海　懺悔發願皆如教
為成三業金剛故　當於二手舌心中
吽字相成五智杵　猶是加持能悉地
次應結契名警覺　二手皆作金剛拳
檀慧相鉤竪進力　二度相拄名起印

真言曰

唵　嚩日路(二合)底瑟吒(二合)

次應敬礼阿閦尊　捨身求請不退轉
金剛合掌舒頂上　全身著地以心礼

真言曰

唵(一)薩嚩怛他(引)蘗多(二)布儒波(二合)薩他那夜(引)答麼(二合)南(三)屋哩夜(二合)多夜弭(四)薩嚩怛他(引)蘗多(五)嚩日囉(二合)薩怛嚩(二合六)地瑟咤(二合七)薩嚩(二合八)給(引)

次礼南方寶生尊　捨身求請灌頂位
金剛合掌當於心　以額著地虔誠礼

真言曰

唵(一)薩嚩怛他(引)蘗多(二)布惹毗曬(二合)迦(引)耶怛麼(二合)南(三)涅哩夜(二合)多夜弭(四)薩嚩怛他蘗多(五)嚩日囉(二合)囉怛娜(二合)阿毗詵者給(引)

次禮觀自在王尊　捨身求請三摩地
金剛合掌置頂上　以口著地虔心請

真言曰

唵(一)薩嚩怛他(引)蘗多(二)布惹鉢囉(二合)韈嘌多(二合)娜耶(引)怛摩(二合)南(三)涅哩夜(二合)多夜弭(四)薩嚩怛他蘗多(五)嚩日囉(三合)達摩(六)鉢囉(二合)韈嘌多(二合)夜給(七引)

次禮不空成就尊　捨身求請善巧智
金剛合掌安於心　以頂著地哲首請

真言曰

唵一 薩嚩怛他引蘖多二布惹𤚥麽
上尼阿怛摩二合南三涅哩夜二合
多夜弭四薩嚩怛他引蘖多五嚩日
囉二合 謁麽句嚧鈐六
次觀諸佛遍虛空　當結持印普礼足
禪慧桓智叉相叉　右膝著地置頂上
真言曰
唵嚩日囉二合 徵一入 叉
次以成就妙真言　普願衆生同悉地
一切如來稱讚法　當願加持速成就
真言曰
唵一 薩嚩怛他蘖多餉悉多二薩嚩
薩怛嚩二合 南三 薩嚩悉馱藥四三鉢
覞覞五 怛他蘖多失者引 地底瑟綻
二合 䀚六
次當結加趺身坐　淨除三業令清淨
諸法本性清淨故　願令自他悉无垢
真言曰
唵一 娑嚩二合 婆嚩戍馱二 薩嚩達
磨娑嚩二合 婆嚩戍度唅
次結蓮花三昧耶　十度相叉堅固縛
忍願竪合如蓮葉　想身同彼多羅尊
真言曰
唵一 嚩日囉二合 鉢娜麽三合 三麽耶四

金剛頂經多羅菩薩念誦法一卷　第三張

薩怛鍐二合 五
次結極喜三昧印　定慧二羽堅固縛
忍摩願度中交合　檀慧禪智竪相著
真言曰
唵一 三麽耶穀引 二 素囉多三 薩怛鍐
次當開心入佛智　二乳加持怛囉吒
結金剛縛當心前　三掣開心如啓扇
真言曰
唵一 嚩日囉二合 滿馱二 怛囉二合
吒二
次觀蓮臺阿字門　二點莊嚴成寂智
禪智屈入金剛縛　召字旋入於心中
真言曰
唵一 嚩日囉引二合 吠舍惡三
次結密合金剛拳　以此加持使堅固
入印進力住禪智　故能堅持不退失
真言曰
唵一 嚩日囉二合 母瑟知二合 鈐
次結蓮花摧魔印　以此淨除諸障難
應以金剛合掌儀　進力如牙竪禪智
內住慈心現威怒　右旋三遍成界方
真言曰
唵一 摩訶戰拏二 尾始嚩二合 路波尾迦

金剛頂經多羅菩薩念誦法一卷　第四張

觀自在多羅念誦法　第五

吒三 鉢娜麽二合 能瑟吒囉三合四 羯囉囉五 毗
濕拏六 嚩吒怛囉二合七 怛囉引 安耶薩縛
鈐九 鉢娜麽二合 藥乞叉二合 佉陀十 地
地力歹下同十一
次應端身住三昧　二羽相叉爲定印
空界塵身諸佛海　警覺令觀真實意
真言曰
唵一引 質多鉢囉二合 底二 微鄧迦嚕弭三
即觀阿字爲月輪　重以真言使明顯
真言曰
唵一引 冒地質多二 毋怛波二合 娜夜弭三
自心本性清淨故　應妙觀察金剛蓮
真言曰
唵引 底瑟吒二合 鉢娜麽二二合
爲成清淨一相故　漸令開敷周法界
即得大悲三摩地　悉能普淨衆生界
真言曰
唵一引 薩登二合 囉鉢娜麽二二合
爲令三昧純熟故　悉令延縮得自在
漸斂智蓮量已身　普發淨光照三昧
真言曰
唵一引 僧訶囉二 鉢娜麽三二合
次以堅固妙真言　加持能令不傾動

真言曰
唵一引涅里二合荼二底瑟吒三二合鉢娜麼四二合
虛空所現諸如來　悉入覺華爲一體
應知等同於諸佛　堅固菩提誓願身
真言曰
唵一引鉢娜麼引二合怛麼合二句唅二三麼
諭唅三麼訶三麼諭唅四薩嚩怛佗蘖多
引毗三冒提五鉢娜麼引二合怛麼合二句唅六
即觀妙蓮爲本尊　其身淨滿緣金色
摩尼妙寶爲珠瓔　寶冠首戴無量壽
右現殊勝與願印　左以定手持青蓮
住於三昧處月輪　普放慈光照三界
次以根本青蓮印　心額喉頂徧加持
真言曰
唵一引多唎二咄多利三吽四引
次結寶印自灌頂　二羽堅固金剛縛
進力禪智如寶形　額上加持繫頂後
真言曰
唵引嚩曰囉二合二囉怛那引二合三毗詵者鈐四薩嚩畝捺囉二合五迷涅哩合二值句嚧六嚩囉迦嚩制七娜鈐八
二手如垂鬘帶已　便應自被堅固甲
結金剛拳舒進力　唵砧二字想指面

心背齊臍及兩膝　喉咽頂後皆三遶
檀慧前散垂天衣　即能堅固無傾動
當以二羽三相拍　是名蓮華喜印儀
真言曰
唵一引鉢娜麼二合二都使也合二穀三引
次應嚴淨佛國土　爲欲奉事諸如來
諦觀無盡香水海　妙蓮上持華藏界
摩尼寶殿以莊嚴　出過諸天妙供具
虛空諸天爲第五　所欲皆從虛空生
心樂供養諸聖衆　願令如意普圓滿
以此真實加持已　當結金剛合掌儀
真言曰
唵一引誐誐娜二三婆嚩三嚩日囉合二穀四引
寶地莊嚴華座上　𤙖弃合二字門成本尊
放淨光明超日月　蓮華眷屬悉圍遶
次以請召密方便　召集尊身入智體
定慧一羽堅固縛　進力二度屈如鈎
真言曰
唵一引鉢娜忙合二俱舍引迦哩灑合二耶二摩
訶鉢娜麼合二俱蘭三訶也紇唎合二嚩四三
摩焰吽五弱六
次結蓮華索大印　蓮掌智入進禪中
以此密印及真言　召請本尊能引入

真言曰
唵一引阿目伽播捨二句嚧合二馱三三摩曳四
鉢囉二合下同吠舍五鉢囉二合吠捨耶六薩嚩
三麼延吽七引
次結華手爲鎖印　進力禪智相鈎結
以此蓮華上留印　能令本尊堅固住
真言曰
唵一引鉢娜麼合二商迦梨鈴一
次結蓮華鈴密印　禪智屈入蓮華掌
以此密印及真言　能令本尊妙歡喜
真言曰
唵一引鉢娜麼合二健吒二馱哩三施伽囉四二合
摩吠舍耶五三麼耶六殺目佉七惡八
次以悅意妙伽陀　捧持閼伽獻香水
妙音徧至無邊界　以此加持速成就
真言曰
娜莫三曼多勃馱喃一婆誐嚩底二冒地
母陀囉二合三努多囉四嚩日囉合二達磨五
鉢囉合二諭擬娜六諦娜薩諦娜七悉䟦
鈐八唵引九多利十咄多唎十一咄唎十二薩嚩
二合引訶引十三
次應廣設四內供　華掌竪建禪智度
以此蓮華嬉戲故　能滿檀那波羅蜜

真言曰
唵一引鉢娜麼二合囉底二布而曳二合下同穀三引
次結蓮華鬘密印　以蓮華掌前申臂
由獻華鬘供養故　當滿淨戒波羅蜜
真言曰
唵一引鉢娜麼二合茲曬迦二布而曳二合囉吒三
次結蓮華歌詠印　華掌從臍至口散
獻此如來妙法音　能滿安忍波羅蜜
真言曰
唵一引鉢娜麼二合儗多布而曳二合儗三
次結蓮華舞供養　華手旋舞置於頂
由此密印及真言　速具精進波羅蜜
真言曰
唵一引鉢娜麼二合涅哩二合底也三合布而
曳合訖里二合吒四
次結蓮華焚香印　華掌下散如焚香
由此焚香印威力　當證靜慮波羅蜜
真言曰
唵一引度波鉢娜弭合二祢二吽三引
次結蓮華華供養　蓮掌上散如獻華
由獻妙華莊嚴故　速證般若波羅蜜
真言曰
唵一引鉢娜麼二合母瑟知二合三吽四引

次結蓮華燈明印　禪智前逼蓮華手
以此燈明供養故　當滿方便波羅蜜
真言曰
唵引鉢娜麼二合二句囉三遜捺喇四達磨
引魯計五布而曳二合六布羨耶七吽八引
次結蓮華塗香印　散掌心上如塗香
以此真言密印儀　能滿誓願波羅蜜
真言曰
唵一引鉢娜麼二合二㰤提三吽四引
次結本尊根本印　以印加持自心上
二羽智拳節相背　進力禪智堅相合
真言曰
唵一引鉢娜麼二合多黎二吽四引
次結不空多羅心　以印加持於額上
准前根本祕印相　改竪檀慧令相著
真言曰
唵一引尾補囉二多黎三吽四引
次結本尊寶冠印　以此大印置頂上
准前心印竪忍願　進力遠屈三度背
真言曰
唵一引鉢囉合二嚩囉二多黎三吽四引
次結真實加持印　以此能召於一切
准前灌頂寶冠印　唯以精進度去來

真言曰
唵一引阿慕伽二多嚟三吽四引
次結摧壞諸魔印　以此能伏難調者
准前灌頂寶冠印　直申力度右旋遶
真言曰
唵一引三麼耶二多嚟三吽四引
次以字門布己身　唵字頂上哆安額
嚟字兩目咄二肩　哆字當心嚟當臍
咄字二髀嚟二脛　薩嚩合二左足訶右足
四明引尊入己身　以此加持無二體
應結青蓮根本印　稱誦蓮華百字明
定慧二羽內相叉　進力禪智竪相柱
真言曰
唵一引鉢娜麼二合下同薩怛嚩二合下同三麼耶
二麼努播羅耶三鉢娜麼二合薩怛嚩二合四
怛尾合二努波底瑟吒二合五涅里合二努護合二
寐婆嚩六素覩使諭合二寐婆嚩七阿努
囉訖覩合二寐婆嚩八素補使諭合二寐婆
嚩九薩嚩悉地寐鉢囉合二也瑳十薩嚩
羯磨素者寐十一質多室唎合二藥十二句路
吽十三呵呵呵呵穀十四引薄伽梵十五薩嚩
怛佗蘖多十六鉢娜麼十七麼寐閦者十八
鉢娜寐引婆嚩十九摩訶三麼耶薩怛

嚩二十紇唎二合引二十一

觀自在多羅念誦法　第十二張　和刀

稱誦百字眞言已　不解前印念本明

眞言曰

娜謨囉怛那二合怛囉二合夜引也一娜莫阿哩也二合引嚩嚕枳帝引濕嚩二合囉耶二冒地薩怛嚩二合耶三摩訶薩怛嚩二合耶四摩訶迦嚕抳迦耶五怛你也二合他六唵引七哆嚟八咄多嚟九咄嚟十薩嚩二合引訶引十一

復以眞言加珠鬘　頂上捧戴當心念

眞言曰

唵引一嚩日囉二合跛尾怛囉二合三麼耶吽引二

誦持數限終竟已　復獻閼伽誦妙讚

重設八供發願已　解界想尊還本宮

結前蓮華三麼耶　頂上散華便禮足

眞言曰

唵引一訖哩姤嚩二二合薩嚩薩怛嚩二合引嘌託三悉地捺多四也佗努誐五蘗瑳特鍐六没馱微灑焰七布那囉哦八麼那也都九唵引十鉢娜麼二合十一薩怛嚩二合十二穆十三

以奉送諸本尊已　加持灌頂被甲冑

堅住本尊三摩地　自恣住止或經行

復應轉讀摩訶衍　常令淨業恒不間

當得多羅親現前　所求勝願皆圓滿

觀自在多羅念誦法　第十三張　李一

現世得入歡喜地　十六生後成菩提

觀自在多羅瑜伽念誦法

金剛頂經多羅菩薩念誦法

校勘記

一　底本，金藏廣勝寺本。八三四頁中至次頁中，原版或缺或殘，以麗藏本補換。

一　八二八頁中一行經名，石作「觀自在多羅瑜伽念誦法一卷」。

一　八二八頁中二行至三行譯者，石、磧、普、南作「特進試鴻臚卿大興善寺三藏沙門大廣智不空奉詔譯」；徑、清作「唐三藏沙門大廣智不空奉詔譯」。

一　八二八頁中一一行「三摩耶」，徑、清作「三昧耶」。下同。

一　八二八頁中一八行「猶是」，磧、普、南、徑、清作「如是」。

一　八二九頁中一二行「二點」，石作「三點」。

一　八二九頁中一七行第五字「住」，石、徑、清作「拄」；磧、普、南作「柱」。

一　八二九頁下一五行第一二字「周」，

石、麗作「同」。

一　八三〇頁上九行第一二字「緣」，石、麗作「緑」。

一　八三〇頁上一一行「珠勝」，南、徑、清、麗作「殊勝」。

一　八三〇頁中一行第九字「咽」，石、麗作「頞」。

一　八三〇頁中一七行「一羽」，石、磧、南、徑、清、麗作「二羽」。

一　八三〇頁中二二行「蓮掌」，磧、普、南、徑、清作「蓮華」。

一　八三〇頁下六行第五字「上」，石、磧、普、南、徑、清、麗作「止」。

一　八三一頁中一九行「三度」，石、麗作「二度」。

一　八三一頁下三行首字至六行末字「次……引四」，石無。

一　八三一頁下九行第四字「脞」，石、麗作「膝」。

一　八三二頁上九行第五字「加」，石作「如」。

一　八三二頁中卷末經名，石作「觀自在多羅念誦法一卷」；麗作「金剛頂經多羅菩薩念誦法一卷」。

大方廣佛華嚴經入法界品四十二字觀門 宅

開府儀同三司特進試鴻臚卿肅國公食邑三千戶賜紫贈司空謚
大鑒正號大廣智大興善寺三藏沙門 不空奉 詔譯

爾時善財童子從天宮下向迦毗羅城至善知衆藝童子所頭頂禮敬於一面立白言聖者我已發阿耨多羅三藐三菩提心而未知菩薩云何學菩薩行云何修菩薩道我聞聖者善能教誨願為我説時彼童子告善財言善男子我得菩薩解脱名善知衆藝我恒稱持入此解脱根本之字

阿上字時名由菩薩威德入無差別境界般若波羅蜜門悟一切法本不生故

羅字時入無邊際差別般若波羅蜜門悟一切法離塵垢故

跛字時入法界際般若波羅蜜門悟一切法勝義諦不可得故

左輕呼字時入普輪斷差別般若波羅蜜門悟一切法無諸行故

曩舌頭呼字時入無阿賴耶際般若波羅蜜門悟一切法性相不可得故

攞字時入無垢般若波羅蜜門悟一切法出世間故愛支因緣永不現故

娜字時入不退轉加行般若波羅蜜門悟一切法調伏寂靜真如平等無分別故

麼字時入金剛場般若波羅蜜門悟一切法離縛解故

拏上字時入普遍輪般若波羅蜜門悟一切法離熱矯穢得清涼故

灑字時入海藏般若波羅蜜門悟一切法無罣礙故

縛字時入普遍生安住般若波羅蜜門悟一切法言語道斷故

多上字時入照曜塵垢般若波羅蜜門悟一切法真如不動故

野字時入差別積聚般若波羅蜜門悟一切法如實不生故

瑟吒二合上字時入普遍光明息除熱惱般若波羅蜜門悟一切法制伏任持相不可得故

迦上字時入差別種類般若波羅蜜門悟一切法作者不可得故

娑上字時入現前降霔大雨般若波羅蜜門悟一切法時平等性不可得故

麼輕呼字時入大迅疾衆峯般若波羅蜜門悟一切法我所執性不可得故

誐上字時入普遍輪長養般若波羅蜜門悟一切法行取性不可得故

他上字時入真如無差別般若波羅蜜門悟一切法處所不可得故

惹字時入世間流轉窮源清淨般若波羅蜜門悟一切法能所生起不可得故

娑嚩二合字時入念一切佛莊嚴般若波羅蜜門悟一切法

安隱性不可得故

馱字時入觀察法界道場般若波羅蜜門悟一切法能持界性不可得故

捨字時入隨順一切佛教般若波羅蜜門悟一切法寂靜性不可得故

佉上字時入現行因地智慧藏般若波羅蜜門悟一切法如虛空性不可得故

訖灑二合字時入決擇息諸業海藏般若波羅蜜門悟一切法窮盡性不可得故

娑多上二合字時入摧諸煩惱清淨光明般若波羅蜜門悟一切法住持處非處令不動轉性不可得故

孃上輕呼字時入生世間了別般若波羅蜜門悟一切法能所知性不可得故

囉他上二合字時入逆生死輪智道場般若波羅蜜門悟一切法執著義性不可得故

婆去引字時入一切宮殿道場莊嚴般若波羅蜜門悟一切法可破壞性不可得故

磋上字時入修行加行藏蓋差別道場般若波羅蜜門悟一切法欲樂覆性不可得故

娑麼二合字時入現見十方諸佛旋般若波羅蜜門悟一切法可憶念性不可得故

訶嚩二合字時入觀察一切衆生堪任力遍生海藏般若波羅蜜門悟一切法可呼召性不可得故

哆娑二合字時入一切功德海趣入修行源底般若波羅蜜門悟一切法勇健性不可得故

伽去字時入持一切法雲堅固海藏般若波羅蜜門悟一切法厚平等性不可得故

姹上字時入願往詣十方現前見一切佛般若波羅蜜門悟一切法積集性不可得故

儜上字時入字輪積集俱胝字般若波羅蜜門悟一切法離諸諠諍無往無來行住坐卧不可得故

頗字時入成熟一切衆生際往詣道場般若波羅蜜門悟一切法遍滿果報不可得故

塞迦上二合字時入無著無礙解脫地藏光明輪普照般若波羅蜜門悟一切法積聚蘊性不可得故

也娑上二合字時入宣說一切佛法境界般若波羅蜜門悟一切法衰老性相不可得故

室左上二合字時入一切虛空以法雲雷震吼普照般若波羅蜜門悟一切法聚集足跡不可得故

吒上字時入無我利益衆生究竟邊際般若波羅蜜門悟一切法相驅迫性不可得故

荼去引字時入法輪無差別藏般若波羅蜜門悟一切法究

竟處所不可得故

善男子我稱如是入諸解脫根本字時此四十二般若波羅蜜為首入無量無數般若波羅蜜門

又善男子如是字門是能悟入法空邊際除如是字表諸法空更不可得何以故如是字義不可宣說不可顯示不可執取不可書持不可觀察離諸相故善男子辟如虛空是一切物所歸趣處此諸字門亦復如是諸法空義皆入此門方得顯了若菩薩摩訶薩於如是入諸字門得善巧智於諸言音所詮所表皆無罣礙於一切法平等空性盡能證持於衆言音咸得善巧若菩薩摩訶薩能聽如是入諸字門印阿上字印聞已受持讀誦通利為他解說不貪名利由此因緣得二十種殊勝功德何等二十謂得強憶念得勝慚愧得堅固力得法旨趣得增上覺得殊勝慧得無礙辯得揔持門得無疑惑得違順語不生恚愛得無高下平等而住得於有情言音善巧得蘊善巧處善巧界善巧得緣起

善巧因善巧緣善巧法善巧得根勝劣智善巧他心智善巧得觀星曆善巧得天耳智善巧宿住隨念智善巧神境智善巧死生智善巧得漏盡智善巧得說處非處智善巧得往來等威儀路善巧是為得二十種殊勝功德善男子我唯知此入諸解脫根本字智如諸菩薩摩訶薩能於一切世間善巧之法以智通達到於彼岸而我云何能知能說彼功德行時善財童子頭面敬禮衆藝之足遶無數匝戀仰而去

大方廣佛花嚴經入法界品頓證毗盧遮那法身字輪瑜伽儀軌

夫欲頓入一乘修習毗盧遮那如來法身觀者先應發起普賢菩薩微妙行願復應以三密加持身心則能悟入文殊師利大智慧海然修行者宜初於空閑處攝念安心閉目端身結跏趺坐運心普緣無邊剎海諦觀三世一切如來遍於一一佛菩薩前慇勤恭敬禮拜旋遶又以種種供具雲海奉獻如是等一切衆聖廣大供養

已復應觀自心心本不生自性成就光明遍照猶如虛空復應深起悲念哀愍衆生不悟自心輪迴諸趣我當普化拔濟令其開悟盡無有餘復應觀察自心諸衆生心及諸佛心本無有異平等一相成大菩提心瑩徹清涼廓然周遍圓明皎潔成大月輪量等虛空無有邊際復應於月輪內右旋布列四十二梵字悉皆金色放大光明照徹十方分明顯現一一光中見無量剎海有無量諸佛有無量衆前後圍遶坐菩提場成等正覺智入三際身遍十方轉大法輪度脫群品悉令現證無住涅槃復應悟入般若波羅蜜四十二字門了一切法皆無所得能觀正智所觀法界悉皆平等無異無別修瑜伽者若能與是旋陁羅尼觀行相應即能現證毗盧遮那如來智身於諸法中得無障礙

圓明字輪

四十二字頌曰

阿上攞跛左曩攞娜麽拏上灑縛
須上野瑟吒上二合迦上娑上莾誐他上
惹娑縛二合馱捨佉上訖灑二合娑須
二合孃上攞他上二合二婆去縒上娑麽
二合訶縛二合哆沙二合伽上姹上儜上頗
娑迦二合野娑上二合室左上二合吒上荼去

大方廣佛花嚴經入法界品四十二字觀門

丙午歲高麗國大藏都監奉

勅雕造

花嚴四十二字觀門　　第十張　宋

大方廣佛華嚴經入法界品四十二字觀門

校勘記

一　底本，麗藏本。

一　八三四頁上一行經名，磧、南、徑、清作「大方廣佛華嚴經入法界品四十二字觀」。

一　八三四頁上二行至三行譯者，石、磧、南作「特進試鴻臚卿大興善寺三藏沙門大廣智不空奉詔譯」；徑、清作「唐特進試鴻臚卿三藏沙門大廣智不空奉詔譯」。

一　八三四頁上四行第九字「宫」，磧、南、徑、清無。又「迦毗羅」，石作「迦羅」。

一　八三四頁上八行「善能」，徑作「能善」。

一　八三四頁中一六行第七字「墅」，磧、南、徑、清無。

一　八三五頁上一〇首字「如」，磧、南、徑、清無。

一　八三五頁上一四行「娑多」，石作「娑頞」。

一　八三五頁下九行第二字「脱」，石、磧、南、徑、清作「辯」。

一　八三五頁下二一行第七字「性」，石無。

一　八三六頁上一四行第八字「證」，磧、南、徑、清作「詮」。

一　八三六頁上一六行第五字「阿」，磧、南、徑、清作「列阿」。

一　八三六頁下一二行第八字「場」，磧、南、徑、清作「座」。

一　八三七頁上圓明字輪圖，石、磧、南、徑、清無。

一　八三七頁上卷末經名，石作「大方廣花嚴字輪瑜伽儀軌一卷」；磧作「大方廣佛華嚴經入法界品四十二字輪觀門法」；南、徑、清作「大方廣佛華嚴經入法界品四十二字觀」。

大聖文殊師利菩薩讚佛法身禮并序

亦名禮文殊大聖一切境界智光明莊嚴經

開府儀同三司特進試鴻臚卿肅國公食邑三千戶賜紫贈

司空謚大鑒正號大廣智大興善寺三藏沙門不空奉　詔譯

皇帝以深仁敷宇大明燭物普灑甘露洪蕩初心元不空叨沐聖慈濫當翻譯特奉恩命令集上都義學沙門良賁等一十六人於內道場翻仁王護國般若及大乘密嚴等經畢願讚揚次於至覺冀介福於聖躬竊見大聖文殊師利菩薩讚佛法身經據其梵本有四十一禮先道所行但唯有十禮於文不備歎德未圓恐乖聖者懇誠又闕群生勝利不空先有所持梵本並皆具足今譯流傳庶裨弘益其餘懺悔儀軌等並如舊本此不復云于時大唐永泰元年維夏四月也經云

如是我聞一時佛住王舍城鷲峯山中與大比丘衆二萬五千人俱皆是阿羅漢與大菩薩摩訶薩七十二那庾多俱胝文殊師利菩薩而為上首尒時文殊師利菩薩從座而起整理衣服偏袒右肩頂禮佛足合掌恭敬稱揚如來說伽他曰

無色無形相　無根無住處　不生不滅故
敬禮無所觀　不去亦不住　不取亦不捨
遠離六入故　敬禮無所觀　不住於諸法
離有離無故　行於平等故　敬禮無所觀
出過於三界　等同於虛空　諸欲不染故
敬禮無所觀　於諸威儀中　去來及睡寤
常在寂靜故　敬禮無所觀　去來悉平等
已住於平等　不壞平等故　敬禮無所觀
入諸無相定　見諸法寂靜　常在三昧故
敬禮無所觀　無住無所觀　於法得自在
慧用常定故　敬禮無所觀　不住於六根
不著於六境　常在一相故　敬禮無所觀
入於無相中　能斷於諸染　遠離名色故
敬禮無所觀　不住於有相　亦離於諸相
入於無相故　敬禮無所觀　無分別思惟
心住無所住　諸念不起故　敬禮無所觀
無藏識如空　無染無戲論　遠離三世故
敬禮無所觀　虛空無中邊　諸佛心亦然
心同虛空故　敬禮無所觀　諸佛虛空相
虛空亦無相　離諸因果故　敬禮無所觀
不著於諸法　如水月無取　遠離於我故
敬禮無所觀　不住於諸蘊　不著於處界

遠離顛倒故　敬禮無所觀　常等於法界
我見悉皆斷　遠離二邊故　敬禮無所觀
不住於諸色　非取亦非捨　遠離非法故
敬禮無所觀　證無障礙法　通達於諸法
遠離魔法故　敬禮無所觀　非有亦非無
有無不可得　離諸言說故　敬禮無所觀
摧折我慢幢　非一亦非二　遠離一二故
敬禮無所觀　身口意無失　三業常寂靜
遠離譬喻故　敬禮無所觀　一切智常住
應現無功用　遠離諸過故　敬禮無所觀
微妙無漏念　無限無分別　等情非情故
敬禮無所觀　以心無礙故　悉知一切心
不住自他故　敬禮無所觀　無礙無所觀
常住無礙法　遠離諸心故　敬禮無所觀
心常無所緣　自性不可得　平等無量故
敬禮無所觀　以無所依心　悉見諸剎土
知諸有情故　敬禮無所觀　諸法薩婆若
畢竟無所有　佛心難測故　敬禮無所觀
諸法猶如幻　如幻不可得　離諸幻法故
敬禮無所觀　佛常在世間　而不染世法
不染世間故　敬禮無所觀　一切智常住
空性空境界　言說亦空故　敬禮無所觀
證無分別定　得如幻三昧　遊戲神通故

敬禮無所觀　非一亦非異　非近亦非遠
於法不動故　敬禮無所觀　一念金剛定
剎那成等覺　證無影像故　敬禮無所觀
於諸三世法　成就諸方便　不動涅槃故
敬禮無所觀　涅槃常不動　無此岸彼岸
通達方便故　敬禮無所觀　無相無所有
無患無戲論　不住有無故　敬禮無所觀
智處悉平等　寂靜無分別　自他一相故
敬禮無所觀　一切平等禮　無禮無不禮
一禮徧含識　同歸實相體

介時世尊讚文殊師利菩薩言善哉善哉汝今善說如來功德一切諸法本來清淨文殊師利假使有人教化三千大千世界一切有情成辟支佛不如有人聞此功德一念信解即超過彼百千萬倍如是展轉无能稱計譬喻校量具如本經所說

大聖文殊師利菩薩讚佛法身禮

安邑縣西郭村寺僧普滿鑒經五卷奉為十方施主師長父母法界衆生同成佛道者

大聖文殊師利菩薩讚佛法身禮並序

校勘記

一　底本，金藏廣勝寺本。八三八頁中一行至本頁下二行，原版殘，以麗藏本換。

一　八三八頁中二行「此禮出……莊嚴經」，磧、南作「此法出……莊嚴經」；徑、清無。

一　八三八頁中三行至四行譯者，石作「大興善寺大廣智和上譯」；磧、南作「特進試鴻臚卿大興善寺三藏沙門大廣智不空奉詔譯」；徑、清作「唐特進試鴻臚卿三藏沙門不空奉詔譯」。

一　八三八頁中一〇行第一二字「次」，磧、南、徑、清無。

一　八三八頁中一三行第五字「其」，石、磧、南、徑、清作「真」。又「四十一」，磧、南、徑、清作「四十」。

一　八三八頁中一九行首字「大」，徑、清無。

一八三八頁下一七行「入於無相故」，麗作「入相於無中」。

一八三八頁下二三行末字「故」，麗作「相」。

一八三九頁上七行「一二」，磧、南、徑、清作「一一」。

一八三九頁上一二行「以心」，磧、南、徑、清作「以於」。

一八三九頁上二一行「常住」，石作「常空」。

一八三九頁中一六行第一二字「能」，磧、南、徑、清無。又「稱計」，石、麗作「稱讚」。

一八三九頁中卷末經名，石作「大聖文殊師利菩薩讚佛法身禮一卷」。

趙城縣廣勝寺

受菩提心戒儀　　功

普賢瑜伽阿闍梨集

大興善寺三藏沙門大廣智不空奉　詔譯

最上乘教受戒懺悔文

弟子某甲等稽首歸命禮徧虛空法界十方諸如來瑜伽總持教諸大菩薩衆及禮菩提心能滿福智聚令得無上覺是故稽首禮

禮佛眞言曰

唵薩嚩怛佗孽多引播引那滿捺　喃迦嚧弭

次應運心供養

弟子某甲等　十方一切刹　所有諸供養
華鬘燈塗香　飲食幢幡蓋　誠心我奉獻
諸佛大菩薩　及諸賢聖等　我今至心禮

普供養虛空藏眞言曰

唵誐誐曩引三婆嚩嚩日囉二合斛

次應懺悔

弟子某甲等　今對一切佛　諸大菩薩衆
自從過去世　無始流轉中　乃至於今日
愚迷眞如性　起虛妄分別　貪瞋癡不善
三業諸煩惱　及以隨煩惱　違犯佗勝罪
及餘罪從等　毀謗佛法僧　侵奪三寶物

廣作無間罪　無量無邊劫　不可悟知數
自作教佗作　見聞及隨喜　復依勝義諦
眞實微妙理　聖慧眼觀察　前後中三際
彼皆無所得　自心造分別　虛妄不實故
以爲慧方便　平等如虛空　我悉皆懺悔
誓不敢覆藏　從今懺已後　永斷不復作
乃至成正覺　終更不違犯　惟願十方佛
一切菩薩衆　哀愍加護我　令我罪障滅
是故至心禮

懺悔滅罪眞言曰

唵薩嚩播波娜賀引曩嚩日囉二合野引娑嚩二合引賀引

次當受三歸依

弟子某甲等　從今日以往　歸依諸如來
五智三身佛　歸依金剛乘　自性眞如法
歸依不退轉　大悲菩薩僧　歸依三寶竟
終不更歸依　自利邪見道　我今至心禮

三歸依眞言曰

唵步引欠

次應受菩提心戒

弟子某甲等　一切佛菩薩　從今日以往
乃至成正覺　誓發菩提心
有情無邊誓願度　福智無邊誓願集

受菩提心戒儀　第三張　功字號

佛法無邊誓願學　如來無邊誓願事
無上菩提誓願成
今所發覺心　遠離諸性相　蘊界及處等
能取所取執　諸法悉無我　平等如虛空
自心本不生　空性圓寂故　如諸佛菩薩
發大菩提心　我今如是發　是故至心禮
次誦受菩提心戒真言曰
唵冒地質多 沒怛播 二合 那野 引 弭
最上乘教受發菩提心戒懺悔文
弟子某甲等歸命十方一切諸佛諸大菩薩大菩提心爲大導師能令我等離諸惡趣能示人天入大涅槃是故我今至心頂禮弟子某甲等十方世界所有一切最勝上妙香華幡蓋種種供養奉獻一切諸佛菩薩至心頂禮
弟子某甲等自從過去無始已來乃至今日貪瞋癡等種種煩惱及忿恨等諸隨煩惱惱亂身心廣作一切身業不善殺盜邪婬口業不善妄言綺語惡口兩舌意業不善貪瞋邪見種種煩惱無始相續纏染其心令身口意造罪無量或殺父母殺阿羅漢出

受菩提心戒儀　第四張　功字號

佛身血破和合僧毀謗三寶打縛衆生破齋破戒飲酒食肉及食五辛如是等罪無量無邊不可憶知今日誠心發露懺悔一懺已後永斷相續更不敢造惟願十方一切諸佛諸大菩薩加持護念能令我等罪障銷滅
弟子某甲等自從今身乃至當坐菩提道場於其中間歸依如來無上三身歸依方廣大乘法藏歸依一切不退菩薩僧歸依佛竟歸依法竟歸依僧竟從今已往更不歸依二乘外道惟願十方一切諸佛證知我等至心頂禮弟子某甲等始從今身乃至當坐菩提道場於其中間誓發無上大菩提心
衆生無邊誓願度　福智無邊誓願集
法門無邊誓願學　如來無邊誓願事
無上菩提誓願成
今所發心復當遠離我法二相顯明本覺真如平等鏡智現前得善巧智具足圓滿普賢之心惟願十方一切諸佛諸大菩薩證知我等至心頂禮
南無東方阿閦佛　南無南方寶生佛

受菩提心戒儀　第五張　功

南無西方阿彌陀佛　南無北方不空成就佛
南無清淨法身毗盧遮那佛
最上乘教受戒懺悔文

受菩提心戒儀

受菩提心戒儀

校勘記

一　底本，金藏廣勝寺本。
一　八四一頁中一行經名，石、麗作「受菩提心戒儀一卷」。卷末經名同。
一　八四一頁中二行「普賢……集」，麗無。
一　八四一頁中三行譯者，石作「大興善寺三藏不空奉詔譯」；徑、清作「唐特進試鴻臚卿三藏沙門大廣智不空奉詔譯」；麗作「開府儀同三司特進試鴻臚卿肅國公食邑三千戶賜紫贈司空謚大鑒正號大廣智大興善寺三藏沙門不空奉詔譯」。

一 八四一頁中四行「最上乘教受戒懺悔文」，石、麗無。次頁下三行同。

一 八四一頁中五行「慕甲」，磧作「某甲」。

一 八四一頁中一四行「燈塗香」，石作「塗香等」。

一 八四一頁中一六行第六字「藏」，石無。

一 八四一頁中一八行「懺悔」，石作「懺悔法」。

一 八四一頁中二二行「及以隨煩惱」，石作「及隨煩惱等」。

一 八四一頁中末行第八字「佛」，石作「諸」。

一 八四一頁下五行「我悉皆」，石作「悉皆我」。

一 八四一頁下一七行「不更」，石作「更不」。

一 八四一頁下二〇行末字「戒」，磧、南無。

一 八四二頁上七行「次誦」，石無。

一 八四二頁上九行首字至頁中一五行第三字「最……心」，石作「夫欲念誦先發五大願然始懺悔即當念誦」。

一 八四二頁中一一行「已往」，麗作「已後」。

一 八四二頁中一四行末字「大」，麗無。

一 八四二頁中一九行首字「今」，石作「我今」。

一 八四二頁中二二行第三字至頁下二行末字「諸……佛」，石作「加持護念至心頂禮常住三寶」。

趙城縣廣勝寺

金剛頂瑜伽三十七尊禮　　切

南無清淨法身毗盧遮那佛
南無金剛堅固自性身阿閦佛
南無功德莊嚴聚身寶生佛
南無受用智慧身阿彌陀佛
南無作變化身不空成就佛
南無大圓鏡智金剛波羅蜜出生盡虛空徧法界一切波羅蜜菩薩摩訶薩
南無平等性智寶波羅蜜出生盡虛空徧法界一切波羅蜜菩薩摩訶薩
南無妙觀察智法波羅蜜出生盡虛空徧法界一切波羅蜜菩薩摩訶薩
南無成所作智業波羅蜜出生盡虛空徧法界一切波羅蜜菩薩摩訶薩
南無一切如來菩提心金剛薩埵菩薩等盡虛空徧法界同一體性金剛界生身一切菩薩摩訶薩
南無一切如來菩提心金剛王菩薩等盡虛空徧法界同一體性金剛界主身一切菩薩摩訶薩
南無一切如來菩提心金剛欲菩薩等出生盡虛空徧法界一切波羅蜜菩薩摩訶薩

南無一切如來菩提心金剛善哉菩薩等出生盡虛空徧法界一切波羅蜜菩薩摩訶薩
南無一切如來功德聚金剛寶菩薩等出生盡虛空徧法界一切波羅蜜菩薩摩訶薩
南無一切如來功德聚金剛光菩薩等出生盡虛空徧法界一切波羅蜜菩薩摩訶薩
南無一切如來功德聚金剛幢菩薩等出生盡虛空徧法界一切波羅蜜菩薩摩訶薩
南無一切如來功德聚金剛笑菩薩等出生盡虛空徧法界一切波羅蜜菩薩摩訶薩
南無一切如來智慧門金剛法菩薩等出生盡虛空徧法界一切波羅蜜菩薩摩訶薩
南無一切如來智慧門金剛利菩薩等出生盡虛空徧法界一切波羅蜜菩薩摩訶薩
南無一切如來智慧門金剛因菩薩等出生盡虛空徧法界一切波羅蜜

菩薩摩訶薩
南慕一切如來智慧門金剛語菩薩
等出生盡虛空徧法界一切波羅蜜
菩薩摩訶薩
南慕一切如來大精進金剛業菩薩
等出生盡虛空徧法界一切波羅蜜
菩薩摩訶薩
南慕一切如來大精進金剛護菩薩
等出生盡虛空徧法界一切波羅蜜
菩薩摩訶薩
南慕一切如來大精進金剛牙菩薩
等出生盡虛空徧法界一切波羅蜜
菩薩摩訶薩
南慕一切如來大精進金剛拳菩薩
等出生盡虛空徧法界一切波羅蜜
菩薩摩訶薩
南慕一切如來適悅心金剛嬉戲菩
薩等出生盡虛空徧法界同一體性
金剛界生身一切供養雲海菩薩摩
訶薩
南慕一切如來離垢繒金剛鬘菩薩
等出生盡虛空徧法界一切波羅蜜
菩薩摩訶薩

南慕一切如來妙法音金剛歌菩薩
等出生盡虛空徧法界一切波羅蜜
菩薩摩訶薩
南慕一切如來神通業金剛舞菩薩
等出生盡虛空徧法界一切波羅蜜
菩薩摩訶薩
南慕一切如來真如薰金剛焚香菩
薩等出生盡虛空徧法界一切波羅
蜜菩薩摩訶薩
南慕一切如來勝莊嚴金剛華菩薩
等出生盡虛空徧法界一切波羅蜜
菩薩摩訶薩
南慕一切如來常普照金剛燈菩薩
等出生盡虛空徧法界一切波羅蜜
菩薩摩訶薩
南慕一切如來戒清涼金剛塗香菩
薩等出生盡虛空徧法界一切波羅
蜜菩薩摩訶薩
南慕一切如來四攝智金剛鉤菩薩
等出生盡虛空徧法界同一體性金
剛界生身一切成辦波羅蜜菩薩摩
訶薩
南慕一切如來善巧智金剛索菩薩

等出生盡虛空徧法界同一體性金
剛界生身一切奉教波羅蜜菩薩摩
訶薩
南慕一切如來堅固智金剛鎖菩薩
等出生盡虛空徧法界同一體性金
剛界生身一切如來使者波羅蜜菩
薩摩訶薩
南慕一切如來歡樂智金剛鈴菩薩
等出生盡虛空徧法界同一體性金
剛界生身一切如來隨順波羅蜜菩
薩摩訶薩
普爲梵釋四王天龍八部帝主人王
師僧父母及善知識道場衆等法界
有情並願斷除諸鄣歸命懺悔
至心懺悔弟子衆等自從無始曠大
劫來至于今日迷無我覺計有我人
我計既興常緣我所根塵浩遠識蔭
奔波擊動身心猶如電轉淸淨眼耳
鼻舌身意一念不覺誰作六師偷法
王財供邊見賊賊旣熾盛破涅槃城
殘害法身焚燒慧命如此等罪數越
塵沙從迷至迷莫測終始今始覺悟
深悔自慚曉夜驚惶身心戰慄永斷

迷覺貪愛我人投涅槃城歸安樂國
以無我覺降伏六師收法王財納三
堅藏賁給慧命增益法身然法性燈
常照無盡行願理事塵界不遠三寶
三乘普當弘護迷覺之罪隨懺消滅
懺悔迴向已至心歸命禮三寶
至心發願弟子衆等及法界有情始
從今日乃至無上菩提念念堅固念
念勝進身心自在辯說無礙於一念
之中具足一切種智須知諸法畢竟
空寂而常度脫一切衆生同證涅槃
不以涅槃為證發願已至心歸命禮
三寶

淪藏義學沙門　智深刀

金剛頂瑜伽三十七尊禮

金剛頂瑜伽三十七尊禮

校勘記

一　底本，金藏廣勝寺本。

一　八四四頁中一行與二行之間，磧、南、徑、清各有譯者一行，磧、南作「唐三藏大廣智不空奉詔譯」，徑、清作「唐特進試鴻臚卿三藏沙門大廣智不空奉詔譯」。

一　八四五頁上一九行「雲海」，徑、清作「海雲」。

一　八四五頁下二二行「莫惻」，磧、南、徑、清作「莫測」。

金剛頂經金剛界大道場毗盧遮那如來自受用身內證智
眷屬法身異名佛最上乘秘密三摩地禮懺文　宅
開府儀同三司特進試鴻臚卿肅國公食邑三千戶賜紫贈司空
諡大鑒正號大廣智大興善寺三藏沙門　不空奉　詔譯
初礼請佛梵歎依常
南謨常住三世淨妙法身金剛界大
悲毗盧遮那佛
南謨金剛堅固自性身阿閦佛
南謨福德莊嚴聚身寶生佛
南謨受用智慧身阿弥陁佛
南謨作變化身不空成就佛
南謨大圓鏡智金剛波羅蜜出生盡
虛空遍法界塵刹波羅蜜等一切諸佛
南謨平等性智寶波羅蜜出生盡虛
空遍法界塵刹波羅蜜等一切諸佛
南謨妙觀察智法波羅蜜出生盡虛
空遍法界塵刹波羅蜜等一切諸佛
南謨成所作智羯磨波羅蜜出生盡
虛空遍法界塵刹波羅蜜等一切諸佛
南謨一切如來菩提心金剛薩埵等
盡虛空遍法界同一體性金剛界生
身一切諸佛

南謨一切如來菩提心金剛王等盡
虛空遍法界同一體性金剛界生身
一切諸佛
南謨一切如來菩提心金剛愛等盡
虛空遍法界同一體性金剛界生身
一切諸佛
南謨一切如來菩提心金剛喜等盡
虛空遍法界同一體性金剛界生身
一切諸佛
南謨一切如來福德聚金剛寶等盡
虛空遍法界同一體性金剛界生身
一切諸佛
南謨一切如來福德聚金剛光等盡
虛空遍法界同一體性金剛界生身
一切諸佛
南謨一切如來福德聚金剛幢等盡
虛空遍法界同一體性金剛界生身
一切諸佛
南謨一切如來福德聚金剛笑等盡
虛空遍法界同一體性金剛界生身
一切諸佛
南謨一切如來智慧門金剛法等盡
虛空遍法界同一體性金剛界生身

一切諸佛
南謨一切如來智慧門金剛利等盡
虛空遍法界同一體性金剛界生身
一切諸佛
南謨一切如來智慧門金剛因等盡
虛空遍法界同一體性金剛界生身
一切諸佛
南謨一切如來智慧門金剛語等盡
虛空遍法界同一體性金剛生身一
切諸佛
南謨一切如來大精進金剛業等盡
虛空遍法界同一體性金剛生身一
切諸佛
南謨一切如來大精進金剛護等盡
虛空遍法界同一體性金剛生身一
切諸佛
南謨一切如來大精進金剛牙等盡
虛空遍法界同一體性金剛生身一
切諸佛
南謨一切如來大精進金剛拳等盡
虛空遍法界同一體性金剛生身一
切諸佛
南謨一切如來適悅心金剛嬉戲等

盡虛空遍法界一切供養雲海菩薩摩訶薩
南謨一切如來大覺分金剛鬘等盡虛空遍法界一切供養雲海菩薩摩訶薩
南謨一切如來妙法音金剛歌等盡虛空遍法界一切供養雲海菩薩摩訶薩
南謨一切如來神通業金剛舞等盡虛空遍法界一切供養雲海菩薩摩訶薩
南謨一切如來眞如熏金剛焚香等盡虛空遍法界一切供養雲海菩薩摩訶薩
南謨一切如來勝莊嚴金剛花等盡虛空遍法界一切供養雲海菩薩摩訶薩等
南謨一切如來常普照金剛燈等盡虛空遍法界一切供養雲海菩薩摩訶薩等
南謨一切如來常供養金剛塗香等盡虛空遍法界一切供養雲海菩薩摩訶薩等

南謨一切如來四攝智金剛鉤菩薩等盡虛空遍法界一切成辦菩薩摩訶薩
南謨一切如來善巧智金剛索菩薩等盡虛空遍法界一切奉教菩薩摩訶薩
南謨一切如來堅固智金剛鎖菩薩等盡虛空遍法界一切使者菩薩摩訶薩
南謨一切如來歡樂智金剛鈴菩薩等盡虛空遍法界一切隨順菩薩摩訶薩如上金剛界大曼荼羅三十七尊並是法佛現證菩提內眷屬毗盧遮那平體
南謨盡十方蓮花藏世界海不可說不可說微塵剎土海會中常住三世平等一切三寶普為五類諸天世主九際出世父母諸善知識道場施主盡無餘界有情並願斷除諸障歸命懺悔至心懺悔

無始輪迴諸有中　身口意業所生罪
如佛菩薩所懺悔　我今陳懺亦如是

懺悔已至心歸命頂禮大悲毗盧遮那佛至心隨喜

又應深發歡喜心　隨喜一切福智聚
諸佛菩薩行願中　金剛三業所生福
緣覺聲聞及有情　所集善根盡隨喜

隨喜已至心歸命頂禮大悲毗盧遮那佛至心勸請

復觀諸佛坐道樹　已身各請轉法輪
一切世燈坐道場　覺眼開敷照三有
所有如來三界主　臨般無餘涅槃者
我皆勸請令久住　不捨悲願救世間

勸請已至心歸命頂禮大悲毗盧遮那佛至心迴向

懺悔隨喜勸請福　願我不失菩提心
諸佛菩薩妙衆中　常為善友不厭捨
遠離八難生無難　宿命住智相嚴身
遠離愚迷具悲智　悉能滿足波羅蜜
富樂豐饒生勝族　眷屬廣多恒熾盛
四無㝵辯十自在　六通諸禪悉圓滿
如金剛幢及普賢　願讚迴向亦如是

迴向發願已至心歸命頂禮大悲毗盧遮那佛

已下次第如常

白衆等各念此時清淨偈

諸法如影像 清淨無瑕穢 取説不可得

皆從因業生

金剛頂經金剛界大道場毗盧遮那如來自受用身
內證智眷屬法身異名佛最上乘秘密三摩地禮懺

亦名三十七尊禮懺文

丙午歲高麗國大藏都監奉
勑雕造

金剛頂經禮懺文 第七張 它

金剛頂經金剛界大道場毗盧遮那如來自受用身內證智眷屬法身異名佛最上乘秘密三摩地禮懺文

校勘記

一 底本，麗藏本。

一 八四七頁上一行經名前，石有「三十七尊礼懺文請佛梵歎依常」一行。

一 八四七頁上一行「大道場」，石作「道場」。

一 八四七頁上三、四行譯者，石作「大興善寺大廣智和上譯」。

一 八四七頁上五行「初礼請佛梵歎依常」，石無。

一 八四七頁上八行第五字「堅」，石作「竪」。

一 八四七頁上一三行末字「佛」，石作「菩薩」，末行末字同。

一 八四七頁上一四行「波羅蜜」下，石有小字「准上」。一六行、一八行同。

一 八四七頁上一四行第一一字至一五行末字「出……佛」，石無。一六行第一一字至一七行末字同。

一 八四七頁中一行第一三字「等」，石作「等」及小字「准上」。下至次頁上二一行末字同。

一 八四七頁中一行末字至三行末字「盡虛空遍法界同一體性金剛界生身一切諸佛」，石無。下至本頁下二〇行末字至二二行末字同。

一 八四七頁中四行「金剛愛」，石作「金剛染」。

一 八四七頁中一六行「金剛憧」，石作「金剛幢」。

一 八四八頁上三行末字至五行末字「盡……薩」，石無，下至一三行首字至一四行末字同。

一 八四八頁上一五行末字至一七行末字「盡……等」，石無，一八行末字至二〇行末字及二二行首字至末行末字同。

一 八四八頁上二一行「常供養」，石

作「戒清涼」。

一　八四八頁中一八行「九際出世」，石作「久際世出世」。

一　八四八頁下六行第八字「頂」，石無。

一　八四八頁下一三行「至心」，石作「志心」。

一　八四九頁上四行至六行經名，石作「三十七尊禮懺文一卷」。

大樂金剛不空真實三昧耶經般若波羅蜜多理趣釋上　功

大興善寺三藏沙門大廣智不空　奉　詔譯

如是者所謂結集之時所指是經也我聞者蓋表親從佛聞也一時者當說經之時其地六種震動或天雨衆華餘時則無此相又三乘種性皆獲聖果乃稱一時也婆伽梵者能破義也所破者破四魔也又有六義如聲論所釋熾盛自在與端嚴等也成就殊勝者毗盧遮那自覺聖智也一切如來者准瑜伽教中五佛是也其五佛者即盡虛空徧法界無盡無餘佛聚成此五身也金剛加持者表如來十眞如十法界十如來地以成上下十峯金剛大空智處加持者表如來於中道十六大菩薩普賢智從此展轉流出共成三十七位以成解脫輪大曼荼羅三昧耶智者誓也亦曼荼羅也勿令將來最上乘者不從師受而專意自受者也是故得知修最上乘必須師受三昧耶然後可修行也已得一切如來灌頂寶冠爲三界主者如來在因地從灌頂師入三昧耶

智是荼羅阿闍梨加持弟子身中本有如來藏性發金剛加持以成修眞言行菩薩法器則堪任持明等乃至傳受印可等灌頂階位以此爲初因由三密四智印相應成究竟三界法王主以爲果已證一切如來一切智智瑜伽自在已證〔〕一切如來者同上所說五佛也一切智智者唯佛自證之智皆以瑜伽法相應獲得於法自在能作一切如來一切印平等種種事業於無盡無餘一切衆生界一切意願作業皆悉圓滿一切印者四智印也能作由獲瑜伽自在故能作一切如來五佛亦如前釋一一佛皆有一切印平等羯磨處智徧至無盡無餘佛刹衆生界能作種種利益究竟安樂一切有情界悉令圓滿上中下一一皆成九品悉地常恒三世一切時身語意業金剛大毗盧遮那如來常恒者表如來清淨法界智無始時來本有處煩惱而不減與淨法相應證清淨而不增也三世者爲過去未來現在是也一切時者在於異生時後

證聖果時三業清淨猶如虛空身語意業不被虛妄分別所生煩惱所染故也金剛者證得佛地一切法自在得證身口意三密金剛於藏識中修道煩惱習氣堅若金剛難摧用以大空金剛智三摩地證得法身光明徧照毗盧遮那如來也經云在於欲界佗化自在天王宮中一切如來常所遊處吉祥稱歎大摩尼殿種種間錯鈴鐸繒幡微風摇擊珠鬘瓔珞半滿月等而為莊嚴佗化自在天宮者名為欲界頂佗化自在天王宮殿菩薩證得第六地住現前地菩薩位般若波羅蜜觀多作此天眾王為天人說般若波羅蜜其天界五欲殊勝超越諸天是故毗盧遮那佛為金剛薩埵說大樂大貪染加持現證瑜伽理趣速疾由是得聞不染世間雜染諸煩惱超越魔羅之境其宫殿是大樂不空金剛薩埵大曼荼羅皆從毗盧遮那佛福德資糧出生大妙金剛五寶所成金剛峯寶樓閣其曼荼羅四方八柱列八位四門中位毗盧遮那徧照如來内證之智解脫是也其八位後當說

經云與八十俱胝菩薩衆俱所謂金剛手菩薩摩訶薩觀自在菩薩摩訶薩虛空藏菩薩摩訶薩金剛拳菩薩摩訶薩文殊師利菩薩摩訶薩纔發心轉法輪菩薩摩訶薩虛空庫菩薩摩訶薩摧一切魔菩薩摩訶薩與如是等大菩薩衆恭敬圍遶而為說法一一菩薩同類種性有十俱胝衆金剛手菩薩者在毗盧遮那前月輪中表一切如來菩提心初發菩提心由金剛薩埵加持修證普賢行願證如來地觀自在菩薩者在毗盧遮那後月輪表一切如來大悲隨緣六趣拔濟一切有情生死雜染苦惱速證清淨三摩地不著生死不證涅槃皆由觀自在菩薩金剛法現證虛空藏菩薩者在毗盧遮那右月輪表一切如來眞如恒沙功德福資糧聚由修虛空藏菩薩行行四種施後當說三輪清淨喻若虛空無盡有為無漏成受用變化身資糧也金剛拳菩薩在毗盧遮那左月輪表一切如來三種祕密在金剛拳菩薩掌由眞言行菩薩以入輪壇得灌頂者得聞如來三業密教修行獲得世出世殊勝悉地淨除無始十種不善惡業證得無障礙究竟智文殊師利菩薩在東南隅月輪表一切如來般若波羅蜜多慧劒住三解脫門能顯眞如法身常樂我淨由菩薩證此智便成等正覺也纔發心轉法輪菩薩者在西南隅月輪表一切如來四種輪金剛界輪降三世輪徧調伏輪一切義成就輪由修眞言行菩薩得入如是等輪依四種智印以成十六大菩薩生便證無上菩提虛空庫菩薩者在西北隅表一切如來廣大供養儀由修眞言行菩薩修得虛空庫菩薩瑜伽三摩地於一念頃身生盡虛空徧法界一一佛前於大衆會以種種雲海供養奉獻如來便從一切佛聞說妙法速滿福德智慧資粮以虛空為庫藏隨緣諸趣拯濟利樂諸有情漸引致無上菩提以為巧便摧一切魔菩薩在東北隅表一切

如來大悲方便外示現威怒內懷悲愍住加行位護持修行辟除諸障成菩提時摧伏天魔及摩醯首羅一切難調伏者令彼等受化致於無上菩提以忿怒智而成究竟如上所釋八大菩薩攝三種法所謂菩提心大悲方便是也如上所釋諸菩薩包括一切佛法真言門及一切顯大乘如是等大菩薩衆恭敬圍遶八供養及四門菩薩等以表如來三昧眷屬經云而爲說法初中後善者所說何法諸大菩薩般若理趣初善者一切如來身密一切契印身威儀也中善者一切如來語密真言陀羅尼法王敕勑不可違越也後善者本尊瑜伽一切三摩地無量智解脫也又一釋初善者增上戒學中善者增上心學後善者增上慧學文義巧妙者文巧依聲語詞韻清雅具六十四種梵音也義妙者依二諦世俗勝義諦也純一者表如來瑜伽不與三乘同共教故唯如來究竟內證不共佛法圓樂智圓滿者由如上智能斷三界九地見道修道一切煩惱及習氣斷二種障二種資糧圓滿也清淨者表離垢清淨由瑜伽法一念淨心相應便證真如實際不捨大悲於淨穢土受用身變化身成佛經云潔白者清淨法界本來不染與無量雜染覆蔽異生無明住地其性亦不減預聖流證佛地其性亦不增如經云說一切法清淨句門者爲修瑜伽行者於生死流轉不染故廣作利樂有情事故速證無量三摩地解脫智慧故速集廣大福德資糧故超越一切魔羅毗那夜迦衆速疾得世出世間勝願滿足故說如來大悲愍念最上乘種性者說十七種清淨瑜伽三摩地是故諸契經說三界唯心由心清淨有情清淨由心雜染有情雜染又說有情界是菩薩淨妙佛國土由修得十七清淨句門是也經云所謂妙適清淨句是菩薩位者妙適者即梵音蘇囉多也蘇囉多者如世間那羅那哩娛樂金剛薩埵亦是蘇囉多以無緣大悲徧緣無盡衆生界願得安樂利益心曾無休息自他平等無二故名蘇囉多耳由修金剛薩埵瑜伽三摩地得妙適清淨句是故獲得普賢菩薩位

欲箭清淨句是菩薩位者由修欲金剛瑜伽三摩地得欲箭清淨句是故獲得欲金剛菩薩位

觸清淨句是菩薩位者由修金剛髻離吉羅瑜伽三摩地得觸清淨句是故獲得金剛髻離吉羅菩薩位

愛縛清淨句是菩薩位者由修愛縛金剛瑜伽三摩地得愛縛清淨句是故獲得愛金剛菩薩位

一切自在主清淨句是菩薩位者由修金剛慠瑜伽三摩地得一切自在主清淨句是故獲得金剛慠菩薩位

見清淨句是菩薩位者由修意生金剛瑜伽三摩地得見清淨句是故獲得意生金剛菩薩位

適悅清淨句是菩薩位者由修適悅金剛瑜伽三摩地得適悅清淨句是故獲得適悅金剛菩薩位

愛清淨句是菩薩位者由修貪金剛瑜伽三摩地得愛清淨句是故獲得貪

金剛菩薩位
慢清淨句是菩薩位者由修金剛慢瑜伽三摩地得慢清淨句是故獲得金剛慢菩薩位
莊嚴清淨句是菩薩位者由修春金剛瑜伽三摩地得莊嚴清淨句是故獲得春金剛菩薩位
意滋澤清淨句是菩薩位者由修雲金剛瑜伽三摩地得意滋澤清淨句亦云喜悅清淨句是故獲得雲金剛菩薩位
光明清淨句是菩薩位者由修秋金剛瑜伽三摩地得光明清淨句是故獲得秋金剛菩薩位
身樂清淨句是菩薩位者由修冬金剛瑜伽三摩地得身樂清淨句是故獲得冬金剛菩薩位
色清淨句是菩薩位者由修色金剛瑜伽三摩地得色清淨句是故獲得色金剛菩薩位
聲清淨句是菩薩位者由修聲金剛瑜伽三摩地得聲清淨句是故獲得聲金剛菩薩位

香清淨句是菩薩位者由修香金剛瑜伽三摩地得香清淨句是故獲得香金剛菩薩位
味清淨句是菩薩位者由修味金剛瑜伽三摩地得味清淨句是故獲得味金剛菩薩位
何以故一切法自性清淨故般若波羅蜜多清淨者雖一切法本來清淨由有客塵煩惱習氣覆蔽身心輪迴六趣由獲得瑜伽理趣四種智印
所謂大智印　三昧耶智印　法智印
羯磨智印
如前菩薩一一具四種印相應方得離垢清淨便證普賢大菩薩設使因緣不具不得四智印如經所說一聞於耳獲得勝福决定不異疾證無上正等菩提以爲正因金剛手若有聞此清淨出生句般若理趣乃至菩提道場一切蓋障及煩惱障法障業障設廣積集必不墮於地獄等趣設作重罪消滅不難若能受持日日讀誦作意思惟即於現生證一切法平等金剛三摩地於一切法皆得自在受

於無量適悅歡喜以十六大菩薩生獲得如來及執金剛位者釋毗盧遮那佛在大衆中爲未來有情修瑜伽者對諸十地菩薩說受持讀誦具修行福利速滅無始時來無量諸重業障乃至未來際以悲愍廣大願力周遊六趣利樂有情由聞及修不染不受諸不善異熟業獲得世間出世間殊勝悉地即於十六大生作金剛薩埵菩薩等乃至金剛拳菩薩最後身便成毗盧遮那身也時婆伽梵一切如來大乘現證三昧耶一切曼荼羅持金剛勝薩埵於三界中調伏無餘一切義成就金剛手菩薩摩訶薩爲欲顯明此義故熙怡微笑左手作金剛慢印右手抽擲本初大金剛作勇進勢說大樂金剛不空三昧耶心者婆伽梵義如前所釋一切如來大曼荼羅中五方佛也大乘有七義一者法大二者心大三者勝解大四者意樂大五者資粮大六者時大七者究竟大由諸菩薩承此大乘證得無上正等菩提現證者瑜伽師所證三

摩地境也
三昧邪者名為本誓亦名時亦名期契亦為曼荼羅之異名一切曼荼羅者於本部四種曼荼羅一大曼荼羅二三昧邪曼荼羅三法曼荼羅四羯磨曼荼羅以此四種曼荼羅攝瑜伽一切曼荼羅金剛勝薩埵者金剛義菩提心是也勝謂最勝薩埵名勇猛於三界中調伏者三界謂欲界色界無色界於中能調伏摩醯首羅等諸天難調伏者令得受化無餘一切義成就者普賢菩薩異名也金剛手菩薩摩訶薩者此菩薩本是普賢從毗盧遮那佛二手掌親受五智金剛杵即與灌頂名之為金剛手菩薩摩訶薩者如前所釋為欲顯明此義故者所謂驗明大智印標幟首戴五佛寶冠熙怡微笑左手作金剛慢印右手抽擲本初大金剛作勇進勢本初者本來清淨法界也左手作金剛慢印者為降伏左道左行有情令歸順道右手抽擲五智金剛杵作勇進勢者令自他甚深三摩地順佛道念念昇

進獲得普賢菩薩之地即說大樂金剛不空三昧邪本誓心真言吽字吽字者因義因義者謂菩提心為因即一切如來菩提心亦是一切如來不共真如妙體恒沙功德皆從此生此一字具四字義且賀字以為本體賀字從阿字生由阿字一切法本不生故一切法因不可得其字中有汙聲汙聲者一切法損減不可得其字頭上有圓點半月即謂麼字者一切法我義不可得我有二種所謂人我法我此二種皆是妄情所執名為增益邊若離損減增益即契中道

唵字者金剛薩埵法智印明也
麼字者欲金剛法智印明也
賀字者金剛悅喜法智印明也
蘇字者愛金剛法智印明也
怛字者慢金剛法智印明也
嚩字者意生金剛法智印明也
囉字者金剛髻離吉羅法智印明也
娑字者愛金剛法智印明也
多嚩字者金剛傲法智印明也
弭字者春金剛法智印明也
吽字者雲金剛法智印明也
鑁字者秋金剛法智印明也
縠字者冬金剛法智印明也
蘇字者色金剛法智印明也
囉字者聲金剛法智印明也
多字者香金剛法智印明也
薩多鑁字者味金剛法智印明也

此密言十七字則為十七菩薩種子即成法曼荼羅若畫一一菩薩本形即成大曼荼羅若畫本聖者所執持標幟即成三昧邪曼荼羅如前種子字各書本位即名法曼荼羅各鑄本形安於本位即成羯磨曼荼羅次說安立次第分曼荼羅位中央九位外院更加一重中央安金剛薩埵依薩埵菩薩前安欲金剛右邊安髻離吉羅後安愛樂金剛左安金剛慢右邊前隅安意生金剛右邊後隅安髻離吉羅左邊後隅安愛金剛左邊前隅安傲金剛以次外院如前次第安布四隅初安春金剛次安雲金剛次安秋金剛次安冬金剛外院前安色金剛右安聲金剛後安香金剛左

安味金剛既安布已則修行者結三昧耶等印成本尊瑜伽加持四處五方佛灌頂被甲誦四字明令召入令縛令歡喜獻閼伽即與四智印相應入三摩地念誦或瑜伽師坐於中位三摩地中如前布列即誦十七字眞言心緣一一理趣清淨句入一一理趣地門徧周法界乃至第十七位周而復始以心得三摩地爲限即名爲大樂不空眞實修行瑜伽儀軌

已上名大樂不空金剛薩埵初集會品

時婆伽梵毗盧遮那如來婆伽梵者如前所釋毗盧遮那如來名徧照報身佛於色界頂第四禪色究竟天成等正覺爲諸菩薩說四種自證自覺聖智說四智菩提所謂金剛平等現正等覺以大菩提金剛堅固故者由如來淨阿賴耶於大圓鏡智相應證得堅固無漏之三摩地能淨無始無明地微細煩惱義平等現等正覺以大菩提一義利故者第七無漏末那與第八淨阿賴耶識中無漏種子能緣所緣平等平等雖能取所取故證得平等性智流出隨其衆生愛樂身猶如衆色摩尼能作無邊有情義利法平等現等覺以大菩提

自性清淨故者由如來清淨意識與妙觀察智相應證得一切法本性清淨於淨妙佛國土爲諸菩薩能轉無上法輪一切業平等現等覺以大菩提一切分別無分別性故者由如來無漏五識與成所作智相應現三業化於淨妙國土及雜染世界任運無功用無分別作佛事有情事

金剛手若有聞此四出生法讀誦受持設使現行無量重罪必能超越一切惡趣乃至當坐菩提道場速能剋證無上正覺者佛告金剛手菩薩爲未來有情聞此中修理趣福利心不猶預能發淨信修行則現世惡報及來生能轉定業疾證無上菩提也

時婆伽梵如是說已欲重顯明此義故（此令所以意解可釋）熙怡微笑持智拳印說一切法自性平等心者熙怡微笑持智拳印者希奇於事表修行者具一切結使諸煩惱纏結毗盧遮那大智印誦心眞言等同徧照尊則應受一切世間殊勝供養應受一切如來諸大菩薩禮敬是故有此微笑也

惡（引）字心眞言者具含四字爲一體阿字菩提心義如此字一切字之爲先於大乘法中趣向無上菩提心爲先阿（引）字者行義則四智印瑜伽教中修行速疾方便由集福德智慧資糧證成無上菩提正因第三字極長高聲阿字者等覺義由證無邊智解脫三摩地陀羅尼門摧伏四種魔羅受十方一切如來三界法王灌頂轉正法輪第四惡字者涅槃義由斷二種障謂煩惱所知之障證得四種圓寂所謂一者自性清淨涅槃二者有餘依涅槃三者無餘依涅槃四者無住處涅槃前三通異生聲聞緣覺第四唯佛獨證不同諸異乘則此四字是毗盧遮那佛自覺聖智四種智解脫外現四大轉輪王菩薩所謂第一金剛薩埵其二金剛寶菩薩其三金剛法菩薩第四金剛羯磨菩薩是也修行者應建立曼荼羅中央毗盧遮那佛背

日輪頭冠瓔珞身著白繒天衣結智拳印坐師子座身如月殿毗盧遮那佛前金剛薩埵菩薩背月輪戴五佛冠右手持金剛杵左持鈴半加而坐毗盧遮那佛右邊虛空藏菩薩背月輪右手持金剛寶左手施願半加而坐毗盧遮那後觀自在菩薩左手持蓮華右手開敷華勢亦半加而坐於毗盧遮那佛左邊月輪金剛羯磨菩薩二手作旋舞置於頂上勢內四隅安四內供養各各如本形外四隅置外四供養各各持本供養具四門置鈎索鎖鈴菩薩各住本威儀毗盧遮那佛成等正覺由四種瑜伽三摩地所謂金剛薩埵

金剛寶　金剛法　金剛羯磨等瑜伽三摩地從金剛薩埵至羯磨次第流出、嬉戲鬘歌舞等菩薩又從四內供養依次流出香華燈塗香等四外供養菩薩又從四大菩薩各流出四門四門菩薩四種曼荼羅大智三昧　邪法羯磨輪也如前大樂中所說類同若修瑜伽者成就般若理趣位於中位即誦

毗盧遮那佛真言

唵嚩日囉二合馱都惡

自作本尊瑜伽以四字明召請曼荼羅聖衆誦四出生法運心一一出生徧周法界周而復始皆以五智相應念念能滅諸宿障惡業現生證菩薩地後十六生證成毗盧遮那無邊法身能現於無量淨穢諸剎土報化現證無上菩提已上毗盧遮那理趣會品

大樂金剛不空真實三昧邪經般若波羅蜜多理趣釋上

大樂金剛不空真實三昧邪經般若波羅蜜多理趣釋上

校勘記

一　底本，金藏廣勝寺本。

一　八五一頁中一行經名，石、磧、南、徑、清、麗作「大樂金剛不空真實三昧邪經般若波羅蜜多理趣釋卷上(「卷上」，石作「一卷」)」。

一　八五一頁中二行譯者，徑、清作「唐三藏沙門大廣智不空奉詔譯」；麗作「開府儀同三司特進試鴻臚卿肅國公食邑三千户賜紫贈司空謚大鑒正號大廣智大興善寺三藏沙門不空奉詔譯」。

一　八五一頁中二〇行第六字「者」，麗無。

一　八五一頁中二一行首字「乘」，石、麗作「乘者」。

一　八五一頁下七行第六字「證」，磧、南、徑、清作「證者」。

一　八五一頁下一〇行「一切印」，麗

作「一切印者四智印也」。

一 八五一頁下一二行第九字至一三行首二字「一切……印也」，麗無。

一 八五一頁下一八行末字「時」，麗作「時者」。

一 八五一頁下一九行「如來」，麗作「如來也」。

一 八五二頁上一三行第六字「住」，石、麗作「位」。又第一二字「位」，石、麗作「住」。

一 八五二頁中一六行「速證」，石作「速獲」。

一 八五二頁下一三行「如是等」，徑作「如來是」。

一 八五二頁下二二行首字「樂」，麗作「益」。

一 八五三頁上一行第九字「現」，麗無。

一 八五三頁上六行「所謂」，麗作「所爲」。

一 八五三頁上一九行首字「語」，石、麗作「論」。

一 八五三頁上二二行第一一字「圓」，石作「圎」。

一 八五三頁中八行第五字「如」，石、麗作「加」。

一 八五四頁中八行第一〇字「法」，磧、南、徑、清無。

一 八五四頁中一三行第一三字「方」，石作「力」。

一 八五四頁中一四行第一二字「設」，石、麗作「位設」。

一 八五四頁下二行第一一字「釋」，石、麗無。

一 八五四頁下六行「未來際」，石作「如來」；麗作「盡未來際」。

一 八五四頁下一六行「搯擲」，磧、南、徑、清、麗作「抽擲」，次頁上一九行、二二行同。

一 八五五頁中一六行第一〇字「印」，石無。

一 八五五頁下一四行首字「安」，徑作「各」。

一 八五五頁下一六行「菩薩」，石無。

一 八五六頁上三行第七字「誦」，磧、南、徑、清作「謂」。

一 八五六頁上八行第二字「地」，石、麗無。

一 八五六頁上一一行第三字「名」，麗無。

一 八五六頁中二行末字「利」，磧、南、徑、清作「衆」。

一 八五六頁中七行「法輪」，徑作「法轉」。本頁下一二行末字至次行首字，徑、清同。

一 八五六頁中二〇行夾註右「所以」，石作「可」；磧、南、徑、清、麗作「可以」。又夾註左第三字「可」，石、麗作「不」。

一 八五六頁下六行「菩提」，石、麗作「菩提菩提」。

一 八五六頁下一六行第一四字「處」，石、麗無。

一 八五六頁下二一行第二字「其」，麗作「第」。

一 八五七頁上一行「白穀」，磧、南、

徑、清作「輕」。

一　八五七頁上四行第七字「左」，麗作「左手」。

一　八五七頁上二〇行「四門四門」，石作「四門」。

一　八五七頁中二行末字「惡」，石作「惡」，並夾註「五字引」。

一　八五七頁中卷末經名，石無(不分卷)；磧、南、徑、清、麗作「大樂金剛不空真實三昧邪般若波羅蜜多理趣釋卷上」。

大樂金剛不空真實三昧耶經般若波羅蜜多理趣釋卷下　七

開府儀同三司特進試鴻臚卿肅國公食邑三千戶賜紫贈司空

謚大鑒正號大廣智大興善寺三藏沙門　不空奉　詔譯

時調伏難調釋迦牟尼如來者於閻浮提五濁末法為調伏九十五種異類外道現八相成道皆得受化致於佛道現生釋迦族姓中乃姓釋迦氏牟尼者寂靜義身口意寂靜故稱牟尼於須彌頂三十三天金剛寶峰樓閣中毗盧遮那佛轉輪有四種所謂金剛輪寶輪法輪羯磨輪其四輪皆攝在二輪中所謂正法輪教令輪即彼毗盧遮那於閻浮提化相成佛度諸外道即於須彌頂示現威猛忿怒形降伏魔醯首羅等驕佚我慢妄自恃具一切智由貪瞋癡一切雜染熏習藏識為令彼等清淨離諸煩惱故示現左右脚踏魔醯首羅及烏摩妃由入貪無戲論性瑜伽三摩地故獲得一切瞋無戲論性由入瞋無戲論性瑜伽三摩地故獲得一切癡無戲論性由入癡無戲論性瑜伽三摩地故獲得一切法無戲論性由一切法無戲論性瑜伽三摩地故獲得般若波羅蜜多無戲論性五種無戲論智成降三世曼荼羅中央安降三世於降三世前安忿怒薩埵菩薩後安忿怒善哉菩薩右邊安忿怒王菩薩左邊安忿怒愛菩薩四內隅安四忿怒內供養於外四隅安四忿怒外供養東門安弓箭畫契其南門安劍西門輪北門三股叉二皆如前四種曼荼羅皆以降伏以為三摩地修行者欲降伏三界九地煩惱怨敵故誦此當部中五種無戲論般若理趣欲降諸天頻那夜迦及惡人危害佛法者運心入五種無戲論瑜伽三摩地自身作降三世瑜伽大智印與四印相應誦一字明相應入實相理趣義同前此忿怒吽字金剛部攝猛利故速得成辦阿毗遮嚕迦如廣瑜伽經等所說是故釋迦牟尼佛告金剛手言若有人聞此理趣受持讀誦設害三界一切有情不墮惡趣為調伏故疾證無上正等菩提者害三界一切有情一切有情者由貪瞋癡為因受三界中流轉若與理趣相應

般若理趣釋卷下　第二張　七

則滅三界輪迴因是故害三界一切有情不隨惡趣為調伏貪等三毒也故得速證無上菩提是故如來密意作如是說時金剛手大菩薩欲重顯明此義故持降三世印以蓮花面微笑而怒顰眉猛視利牙出現住降伏立相說此金剛吽迦羅心持降三世印者三世所謂摩醯首羅義由此印得降伏淨信引入佛道以蓮花面微笑而怒顰眉者聖者住內心與觀自在悲愍心相應外示現忿怒也猛視者於四種眼中第三忿怒眼義也利牙出現者與金剛藥叉三摩地相應住降伏立相者降三世立印其二足相去可五搩屈右膝舒左膝雨足右踏摩醯首羅左踏烏摩其修行者若與降伏法相應者如前大智印誦一字明加前人名想彼人在左足下不經一七日則彼人三毒及煩惱悉皆散滅修行者作降伏三世本尊瑜伽觀已自住曼茶羅中央運心布前右後左四忿怒八供養四門如本教口誦五無戲論般若理趣運心遍法界周而復始

由此修行證得無量三摩地積集福德智慧以為成佛資糧此一品唯通修降三世修瑜伽者以為儀軌餘皆備諸廣本已上降三世品

時婆伽梵者如前所釋得自性清淨法性如來者是觀自在王如來異名則此佛名無量壽如來若於淨妙佛國土現成佛身住雜染五濁世界則為觀自在菩薩復說者則至毗盧遮那佛為觀自在菩薩說一切法平等觀自在智印出生般若理趣說四種不染一切煩惱及隨煩惱三摩地法所謂世間一切欲清淨故則一切瞋清淨此則金剛法菩薩三摩地所謂世間一切垢清淨故則一切罪清淨此則金剛利菩薩三摩地所謂一切法清淨故則一切有情清淨此即金剛因菩薩三摩地所謂世間一切智智清淨則般若波羅蜜多清淨此即金剛語菩薩三摩地由瑜伽者得受四種清淨菩薩三摩地於世間悲願生於六趣不被一切煩惱染汙猶如蓮花以此三摩地能淨諸雜染是故佛

告金剛手言若有聞此理趣受持讀誦作意思惟設住諸欲猶如蓮花不為客塵諸垢所染疾證無上正等菩提修行者持觀自在菩薩心真言設求成就般若理趣應建立曼茶羅中央畫觀自在菩薩如本儀形前安金剛法右安金剛利左安金剛因後安金剛語於四內外隅各安四內外供養於東門畫天女形表貪欲南門畫蛇形表瞋西門畫猪表癡形北門畫蓮花表涅槃形得入此輪壇至無上菩提一切諸惑皆不得染汙或時自住壇中作本尊瑜伽心布列聖衆圍遶以四字明召請誦心真言誦持四種清淨般若理趣入一一門遍周法界周而復始成一法界自他平等或時想已身純利字門成八葉蓮花胎中想金剛法於八葉上想八佛或時他身想吽字五股金剛杵中央把處想十六大菩薩以自金剛與彼蓮花二體和合成為定慧是故瑜伽廣品中密意說二根交會五塵成大佛事以此三摩地奉

獻一切如來亦能從妄心所起雜染速滅疾證本性清淨法門是故觀自在菩薩手持蓮華觀一切有情身中如來藏性自性清淨光明一切惑染所不能染由觀自在菩薩加持得離垢清淨等同聖者紇利字具四字成一字眞言賀字門者一切法因不可得義囉字門者一切法離塵義塵者所謂五塵亦名能取所取二種執著伊字門者自在不可得二點惡字義惡字名爲涅槃由覺悟諸法本不生故二種執著皆遠離證得法界清淨紇利字亦云慙義若具慙愧不爲一切不善即具一切無漏善法是故蓮華部亦名法部由此字加持於極樂世界水鳥樹林皆演法音如廣經中所說若人持此一字眞言能除一切災禍疾病命終已後當生安樂國土得上品上生此一通修觀自在心眞言行者亦能助餘部修瑜伽人也

已上觀自在菩薩般若理趣會品

時薄伽梵如前釋已一切三界主如來者寶生佛也寶生之變化則虛空藏菩薩是也復說此菩薩理趣修行一切如來灌頂智藏者虛空藏菩薩之異名般若理趣者如前所釋所謂以灌頂施故能得三界法王位此則金剛寶菩薩三摩地行所謂義利施故得一切意願滿足此則金剛光菩薩三摩地行所謂以法施故得圓滿一切法此則金剛幢菩薩三摩地行所謂滋生施故得身口意一切安樂此則金剛笑菩薩三摩地行灌頂施與何類瑜伽者想自身虛空藏菩薩以金剛寶灌頂一切如來義利施者惠施沙門婆羅門貧緣具法施者爲施不現形與天龍八部等說法等慈生施者施與傍生之類也修行者修虛空藏菩薩三摩地行故應建立本菩薩曼荼羅曼荼羅中央畫虛空藏菩薩如本形前畫金剛寶右畫金剛光左畫金剛幢後畫金剛笑內外院四隅各列內外四供養如本形東門安金剛杵南門寶西門蓮華北門鈴修行者若入此曼荼羅令他人現生所求一切富貴階位悉得滅一切貧窮業障設盜一切有主所攝物者六分之一不得不與取罪速疾獲得一切悉地或時瑜伽師坐曼荼羅中作本尊瑜伽觀與諸聖衆圍遶以四字明請召即誦心眞言四種理趣門運心徧法界愍念貧窮孤露常行惠施三輪清淨心無慳悋常與等虛空三摩地相應不久獲得虛空藏菩薩身時虛空藏大菩薩欲重顯明此義故熈怡微笑以金剛寶鬘自繫首說一切灌頂三昧邪寶心者怛覽字者具四字表四種理趣行門多字眞如不可得義囉字離塵義阿引字一切法本來寂靜猶如虛空莽字一切法無我義常與此心眞言相應故身心無礙有如虛空按怛䭾那法尤於此部中最速成就所求一切伏藏皆得現前眞陀摩尼寶能滿一切衆生希求願故

已上虛空藏品

時婆伽梵已如前釋一切如來智印如來不空成就之異名也復說亦如前釋一切如來智印加持者是三密門身口意金剛也般若理趣如前所

釋說四種印所謂持一切如來身印則爲一切如來身者是金剛業菩薩三摩地身眞言者由得身加持得無礙身於無邊世界作廣大供養加持一切如來語印則得一切如來法者此名金剛護菩薩三摩地由此三摩地能普護無邊有情界常以大慈甲冑而自莊嚴獲得如金剛薩埵法身持一切如來心印則證一切如來三摩地由眞言者得金剛藥义三摩地能令盡藏識中殺害心雜染種子得大方便大悲三摩地爲調伏示現威猛忿怒金剛藥义菩薩之身持一切如來金剛印即成就一切如來身口意業最勝悉地者由修瑜伽者得金剛拳菩薩三摩地能成就一切眞言教中三密之門是故廣瑜伽中說身口意金剛合成名爲拳一切如來縛是爲金剛拳是故佛告金剛手若有聞此理趣受持讀誦作意思惟由持身印得一切成就（此八字本初功般漢本在第四）由持語印得一切口自在由持心印得一切智智由持金剛印得一切事業皆悉成就疾證無上正等菩提修行者欲成就般若理趣瑜伽者應建立金剛拳曼荼羅中央畫一切如來拳菩薩前畫金剛業右畫金剛護左畫金剛藥义後畫金剛拳內外四隅各安內外四供養於四門安四菩薩東門滌金剛南門金剛髻梨吉羅西門愛金剛北門金剛慢或時瑜伽者住曼荼羅中自作本尊瑜伽想諸眷屬各住本位以四字明召請一切聖衆則誦一字眞言則誦四種金剛拳般若理趣印運心一一理趣門量同法界周而復始一切三摩地皆得現前惡字是涅槃義四種涅槃攝一字中四種者如前所釋時婆伽梵爲欲顯明此義故熙怡微笑持金剛拳大三昧邪印說此一切堅固金剛印悉地三昧邪自眞實心者如上句義表本菩薩大智印威儀兼贊語密功能

此是金剛拳菩薩儀軌

已上金剛拳理趣會品

時薄伽梵一切無戲論如來者是文殊師利菩薩之異名復說轉字輪般若理趣轉字輪者是五字輪三摩地也所謂法空與無自性相應故者是金剛界曼荼羅中金剛利菩薩三摩地諸法無相與無相性相應故者是降三世曼荼羅忿怒金剛利三摩地諸法無願與無願相應故者是徧調伏曼荼羅中蓮華利菩薩三摩地諸法光明般若波羅蜜多清淨故者一切義成就曼荼羅中寶利菩薩三摩地修瑜伽者成就般若波羅蜜多應立曼荼羅曼荼羅者布列八曼荼羅形於中央畫文殊師利童子形四方安四佛以虛空智劍各繫四佛臂上其四隅置四種般若波羅蜜印外四隅安外四供養四門安四種契印東門畫劍南門畫鑠底西門鉢北門梵夾或時瑜伽師坐於曼荼羅中作本尊瑜伽運心布列聖衆以四字明召請誦一字明則誦四種般若理趣與心相應徧周法界周而復始乃至一月或六月一年不久當得無礙辯才證得無量三摩地門文殊師利菩薩現前持文殊師利童眞欲重顯明此義故熙怡

微笑以自劍揮斫一切如來以說此般若波羅蜜多最勝心者一切有情無始輪迴與四種識積集無量虛妄煩惱則爲凡夫在凡夫位名爲識預聖流至如來地名爲智以四智菩提對治四種妄識妄識既除則成執法智若不妄執法則成法執病是故智增菩薩用四種文殊師利般若波羅蜜劍斷四種成佛智能取所取障礙是故文殊師利現揮斫四佛智也般若波羅最勝心者菴字者覺悟義覺悟有四種所謂聲聞覺悟緣覺覺悟菩薩覺悟如來覺悟覺悟名句雖同淺深有異自利利他資糧小大不同以四種覺悟總攝一切世間出世間出世間上上是故文殊師利菩薩得法自在故曰法王之子

已上文殊師利理趣品

時薄伽梵一切如來入大輪如來者是纔發意菩薩之異名也復說入大輪般若理趣大輪者是金剛界大曼荼羅也所謂入金剛平等則入一切如來法輪者由稱此般若理趣金剛輪三摩地則成入金剛界屬金剛界六種曼荼羅（六種曼荼羅指歸中已釋訖）入義平等則入大菩薩輪者由稱此般若理趣忿怒輪則成入降三世屬降三世十種曼荼羅（其十種指歸中先已談訖）入一切法平等則入妙法輪者由稱此般若理趣蓮華輪三摩地則成入徧調伏屬徧調伏六種曼荼羅者大密微細法業獻四一印及成六種壇（六種如前指歸中已說）入一切業平等則入一切事業輪由稱此般若理趣羯磨輪三摩地則成入一切義成就屬一切義成就六種曼荼羅是纔發心轉法輪大菩薩欲重顯明此義故熙怡微笑轉金剛輪說一切金剛三昧耶心者如前句義中說金剛輪菩薩六智印形狀金剛三昧耶心者吽字是也吽字具四輪義若修金剛輪菩薩三摩地應建立曼荼羅畫八輻輪形當輪齊中畫金剛輪菩薩形八輻間畫八大菩薩如前布列八輪外四隅畫四波羅蜜菩薩內院四隅安四內供養外四隅安四外供養內隅四門安四菩薩東門金剛薩埵菩薩南門降三世金剛西門觀自在菩薩北門虛空藏瑜伽者破三昧耶或阿闍梨非法失師位由建立此輪壇則復本阿闍梨位修一切三摩地真言速得成就若引弟子入若自身入則成入一切世間出世間曼荼羅或時瑜伽阿闍梨自坐壇中運心布列諸聖衆以四字明請聖衆則誦一字真言次誦四種輪般若理趣運心遍周法界不久當得如毗盧遮那佛轉輪法王（已上纔發意菩薩理趣品）

時婆伽梵一切如來種種供養藏廣大儀式如來者是虛空庫菩薩之異名也復說一切供養最勝出生般若理趣所謂發菩提心則為於諸如來廣大供養者此是金剛嬉戲菩薩三摩地菩提心義一切如來以菩提心爲佛增上緣於菩提心法園樂爲智波羅蜜自娛故齊一切衆生則為於諸如來廣大供養也者此是金剛鬘菩薩三摩地由淨信心入於佛法大海得七寶如意寶[illegible]齊拔一切有情滿一切所求希願令一切有情受諸

戒品以自莊嚴受持妙典則為於諸如來廣大供養者此是金剛歌菩薩三摩地由此三摩地於佛集會中能問答一切大乘甚深般若波羅蜜也於般若波羅蜜多受持讀誦自書教他書思惟修習種種供養則為於諸如來廣大供養者此是金剛舞供養菩薩三摩地由大精進以金剛眦首羯磨解脫智徧遊無邊世界於諸佛前以廣大供養請說一切佛法般若波羅蜜等諸修多羅以十種法行頓積集福德智慧二種資糧獲得三種身此菩薩主一切供養門供養門者有多種依蘇悉地教有五種供養又有二十種供養於瑜伽教中有四種供養所謂菩提心供養資糧供養法供養羯磨供養如前四種理趣門是又有五種秘密供養又有八種供養又有十六種大供養又有十七種雜供養乃至一切供養悉皆攝入虛空庫菩薩供養儀軌中若修行者欲求成就虛空庫菩薩者應建立曼荼羅中央畫虛空庫菩薩右手持羯磨杵左手作金剛拳按於左胯半加坐月輪中八大菩薩圍遶內外四隅安八供養四門應置四種寶東門置鉤南門置金西門置摩尼寶北門置真珠或時修行者坐曼荼羅中自作本尊瑜伽觀以聖眾圍遶以四字明召請持一字真言則誦四種般若理趣運心徧法界周而復始乃至三摩地現前若自入令他入曼荼羅然後受持一字真言或加香華等種種供養具若能運心供養佛菩薩則供養具徧周法界一一佛菩薩前成廣大供養時虛空庫大菩薩欲重顯明此義故熙怡微笑說此一切事業不空三昧耶一切金剛心者如前已釋心真言者唵字是也唵字三身義亦名無見頂相義亦名本不生義亦是如來毫相功德義

已上虛空庫菩薩理趣品

時婆伽梵者如前所釋能調伏持智拳如來摧一切魔菩薩之異名也或說一切調伏智藏般若理趣所謂一切有情平等故忿怒平等者是金剛降三世三摩地由此定調伏他化自在魔王受化引入佛道一切有情調伏故忿怒調伏此是寶部中寶金剛忿怒三摩地由此定能調伏摩醯首羅受化入於佛道也一切有情法性故忿怒法性者此是蓮華部中馬頭忿怒觀自在三摩地由此定調伏梵天受化入於佛道一切有情金剛性故忿怒金剛性者此是羯磨部中羯磨三摩地由此定調伏那羅延受化令入佛道也何以故一切有情調伏即為菩提者本是慈氏菩薩由此菩薩內入慈定深矜愍難調諸天外示威猛令得受化引入菩提

時摧 一切魔大菩薩欲重顯明此義故熙怡微笑以金剛藥叉形持金剛牙恐怖一切如來者一切外道諸天悉具如來藏是未來佛令捨邪歸正故名恐怖一切如來如來者離五怖得四無所畏無能怖者也今所恐怖非在果位如來乃在因佛也以說金剛忿怒大笑心者此是金剛藥叉菩薩大智印也郝字具四義一切法本

不生義因義二種我義由迷一切法本不生理爲一切煩惱因煩惱因起二種我所謂人我法我是故一切外道諸天執我執法令彼調伏入金剛藥叉三摩地即思此菩薩一字心真言入一切法本不生門則離一切煩惱因煩惱既離即證二種無我人空法空則顯真如恒沙功德即超越三界九地妄心所起諸惑雜染是故名爲摧一切魔大菩薩也若瑜伽者欲降伏一切世間出世間魔怨應建立金剛藥叉曼荼羅中央畫摧一切魔菩薩前安魔王天王右安摩醯首羅後安梵天左安那羅延天內四隅應置四部中牙印外四隅安四外供養四門應置四種印契東門畫三鈷忿怒杵南門畫金剛寶光焰熾盛西門畫金剛蓮華具光明北門畫羯磨金剛光明徧流建立此壇已自入令佗入則離一切怨敵惡人所不能害或時坐於輪中作本尊瑜伽想聖衆圍遶則誦四字明召請聖衆次誦一字明誦四種般若理趣起大慈心於衆生界運心徧法界周而復始由此三摩地修行設三界中一切有情盡爲魔難作障難不能傾動修行者所修一切世間出世間悉地皆得滿足

已上摧一切魔菩薩理趣品

時婆伽梵一切平等建立如來者是普賢菩薩之異名也復說一切法三昧耶最勝出生般若理趣所謂一切平等性故般若波羅蜜多平等性者是金剛部大曼荼羅由入此曼荼羅能悟一切有情皆有不壞如金剛佛性一切義利性故般若波羅蜜多義利性者此是寶部曼荼羅由此入曼荼羅證得如虛空真如恒河沙功德故一切法性故般若波羅蜜多法性者此是蓮華部大曼荼羅由入此曼荼羅證悟清淨法界如蓮華不染諸惑一切事業性故般若波羅蜜多事業性者即是羯磨部大曼荼羅由入此曼荼羅獲得迅疾身口意至於十方一切世界佛集會廣大供養也應知是金剛手入一切如來菩薩三昧耶加持三摩地說一切不空三昧耶心者如前釋吽字義初品所釋瑜伽者爲成就四種曼荼羅教外金剛部成辦一切世間悉地故應建立曼荼羅其壇輪形三重中輪畫八輻齊中先別畫金剛手菩薩安其齊中八輻中畫八大菩薩各頭向外又更一重畫五類外金剛部諸天所謂上界天王那羅延等四種又畫遊空日天等四種又畫住虛空四種頻那夜迦四方各配四門又畫地居主藏等四種天又畫地中猪頭等四神如上等從東北隅右旋布列令帀頭皆向外其第三重如前五種天之妃后各配本天相對此曼荼羅前誦持一字心兼修四種般若理趣運心徧法界周而復始不久身得同降三世金剛於中齊輪中移出金剛手菩薩自居其內想自身作降三世金剛三摩地結彼等五類教勑即誦金剛手一字明稱彼等天真言相和誦皆得使役應成辦所求皆遂

已上降三世教令輪品

時婆伽梵如來者是毗盧遮那佛也

復說一切有情加持般若理趣所謂一切有情如來藏以普賢菩薩一切我故者一切有情不離大圓鏡智性是故如來說一切有情如來藏以普賢菩薩同一體也一切有情金剛藏以金剛藏灌頂故者一切有情不離平等性智性是故如來說一切有情金剛藏金剛藏者即虛空藏也以金剛寶獲得灌頂也一切有情妙法藏能轉一切語言故一切有情不離妙觀察智性是故如來說一切有情妙法藏妙法藏者觀自在菩薩也於佛大集會能轉法輪也一切有情羯磨藏羯磨藏者即毗首羯磨菩薩也能作所作性相應故者一切有情不離成所作智性能八相成道所作三業化令諸有情調伏相應也此四種智即四大菩薩現轉輪王是也時外金剛部欲重顯明此義故作歡喜聲說金剛自在自真實心者外金剛部者摩醯首羅等二十五種類諸天也心真言者怛唎字怛字真如義真如有七種所謂流轉真如實相真如唯識真如安立真如邪行真如清淨真如正行真如唎字塵垢義塵垢者五蓋義能蓋覆真如是故五趣輪迴生死輪中爲對治彼等難調諸天建立五種解脫輪毗盧遮那佛爲世間同類攝化說摩醯首羅曼荼羅中央畫摩醯首羅各畫本形若依世俗是名外曼荼羅如本形以八種天圍遶四供養四門若依勝義則爲普賢曼荼羅以事顯於理故即事即理理事不相礙故即凡即聖性相同一真如也

已上外金剛會品

尒時七母女天頂禮佛足獻奉鉤召攝入能殺能成三昧耶真實心者七母女天者是摩訶迦羅天眷屬也獻奉鉤召者以金剛鉤印能召一切兩足多足等諸有情類攝入者以金剛索印引入曼荼羅及引入佛道能殺者殺害毀壞正法損害多有情者殺害不善心也能成者令修真言行離世間障難速得悉地也三昧耶者是彼天女本誓也真實心者毗欲字是毗欲字一切法三有不可得欲字一切乘不可得由三有情種種愛樂勝解不同是故如來出興于世說五乘所謂天乘梵乘聲聞乘緣覺乘大乘是故佛楞伽經中伽佗說乃至心流轉我說爲諸乘若心得轉依無乘及乘者此天等亦有曼荼羅中央畫摩訶迦羅以七母天圍遶具如廣經所說摩訶迦羅者大時義時謂三世無障礙義者大是毗盧遮那法身無處不徧七母天者并梵天母表八供養菩薩以事顯理也

已上七母天集會品

尒時摩度羯囉天三兄弟等親禮佛足獻自心真言者摩度羯囉三兄弟是梵王那羅延摩醯首羅之異名也薩嚩字者薩字則一切法平等如虛空嚩字一切法言說不可得也此天亦有曼荼羅曼荼羅中書如弓形三天次第而畫軌儀法則如廣經所說爲文繁不復具引此三天表佛法中三寶三身佛寶者是金剛薩埵法寶者是觀自在菩薩僧寶者是虛空藏菩薩此三者皆從毗盧遮那心菩提心

中流出亦名三法兄弟以事顯理也

已上三兄弟集會品

尒時四姊妹女天獻自心眞言者其第一名惹耶第二名微惹耶第三阿尒多第四阿波羅尒多此四天亦有曼荼羅中央畫都牟盧天此天四姊妹之兄也東西南北各畫一天女其軌則如廣經所說四姊妹者表瑜伽中四波羅蜜所謂常波羅蜜樂波羅蜜我波羅蜜淨波羅蜜是也都牟盧表毗盧遮那佛唅字眞言者一切法因不可得共眞言中帶莽字詮一切法我不可得即成寶相般若波羅蜜若欲修此天法者與此一字相應亦契世間出世間三摩地威德自在一切見者皆得歡喜所出言詞所求一切皆得從命

已上四姊妹集會品

尒時婆伽梵無量無邊究竟如來者是毗盧遮那異名也爲欲加持此教令究竟圓滿故者此教者指理趣般若教也復說平等金剛出生般若理趣所謂般若波羅蜜多無量故一切如來無量者此顯金剛部中曼荼羅皆具五部一一聖衆具無量曼荼羅四印等亦無量也般若波羅蜜多無邊故一切如來無邊者顯寶部中具五部曼荼羅四印等亦無邊也一切法一性故般若波羅蜜多一性一性者顯蓮華部中具五部曼荼羅四印等同一清淨法界性也一切法究竟故般若波羅蜜多究竟者顯羯磨部具五部曼荼羅等四印得至究竟無住涅槃也金剛手若有聞此理趣受持讀誦思惟其義彼於佛菩薩行皆得究竟者此中曼荼羅廣大如一切教集瑜伽經所說（廣攝大幻網金經瑜伽曼荼羅是也）所以不說心眞言者彼教中一一聖衆各有一字心眞言不可具載今略指方隅

時婆伽梵毗盧遮那得一切祕密法性無戲論者得一切祕密法性無戲論如來者後當說五種祕密三摩地也復說最勝無初中後大樂金剛不空三昧耶金剛法性般若理趣者後當廣釋所謂菩薩摩訶薩大欲最勝成就故得大樂最勝成就者此是欲金剛明妃菩薩三摩地也菩薩摩訶薩大樂最勝成就故即得一切如來大菩提最勝成就者此是金剛髻梨吉羅明妃菩薩三摩地菩薩摩訶薩得一切如來大菩提最勝成就故即得一切如來摧大力魔最勝成就者此是大樂金剛三空三昧耶金剛薩埵菩薩三摩地也菩薩摩訶薩得一切如來摧大力魔最勝成就故即得徧三界自在主成就者此是愛金剛明妃菩薩三摩地菩薩摩訶薩得徧三界自在王成就故即得淨除無餘界一切有情住著流淪以大精進常處生死救攝一切利益安樂最勝究竟皆悉成就者此是金剛慢明妃菩薩三摩地此五種三摩地祕密中最祕密今說修行曼荼羅像同一蓮華座同一圓光中央畫金剛薩埵菩薩右邊畫二種明妃各本形左邊亦畫二種具如金泥曼荼羅像東南隅是也修行者得阿闍梨灌頂方可修此五密所獲利大福廣不可具說得廣

經者自應尋見耳
菩薩勝慧者　乃至盡生死　恒作衆生利
而不須涅槃者
此是金剛薩埵菩薩三摩地行願義
如上文應知耳
般若及方便　智度所加持　諸法及諸有
一切皆清淨者
此是欲金剛明妃菩薩三摩地行般
若波羅蜜義攝也
欲等調世間　令得淨除故　有頂及惡趣
調伏盡諸有者
此是金剛髻梨吉羅明妃三摩地行
大靜慮義攝也
如蓮體本淨　不爲垢所染　諸欲性亦然
不染利羣生者
此是愛金剛明妃三摩地行大悲所
攝也
大欲得清淨　大安樂富饒　三界得自在
能作堅固利者
此是金剛慢明妃三摩地行大精進
所攝也成無上菩提要妙速疾法門
雖有多種皆攝四種法所謂大慧是
般若波羅蜜也二大靜慮是大三摩
地也三大悲於生死苦不疲倦四大
精進濟拔無邊有情令證金剛薩埵
是故現自在位同一蓮華同一圓光
體不異故輔翼悲智不染生死不住
涅槃是故
大欲得清淨剛金　大安樂富饒寶　三界得自在蓮
能作堅固利羯磨
則成金剛薩埵毗盧遮那佛大悲行
願身也金剛手等乃至十六大菩薩
生得於如來執金剛位者如前已釋
可解吽字亦如前釋五種善哉句從
金剛部配乃至佛部金剛修多羅者
指瑜伽教金剛乘法也餘句義歡喜
信受奉行囑累流通分也

大樂金剛不空真實三昧耶經般若波羅蜜多理趣釋卷下

大樂金剛不空真實三昧耶經般若波羅蜜多理趣釋卷下　功

大樂金剛不空真實三昧經般若波羅蜜多理趣釋卷下

校勘記

一　底本，金藏廣勝寺本。八六〇頁中至次頁下及八六四頁下，原版或殘或缺，以麗藏本換、補。

一　八六〇頁中一行經名，石無（末分卷）。又「三昧」，磧、南、徑、清、麗作「三昧耶」。

一　八六〇頁中二、三行譯者，石無；磧、南作「大興善寺三藏沙門大廣智不空奉詔譯」；徑、清作「唐三藏沙門大廣智不空奉詔譯」。

一　八六〇頁中七行第八字「姓」，石、磧、南、徑、清無。

一　八六〇頁中末行第七字「由」，磧、南、徑、清作「由入」。

一　八六〇頁下三行「於降三世」，石無。

一　八六〇頁下五行第一一字「邊」，磧、南、徑、清無。

八六一頁上一五行第四字「揲」，磧、南、徑、清作「坼」。又第一三字「右」，磧、南、徑、清作「左」。

八六一頁上一六行第五字「左」，磧、南、徑、清作「右」。

八六一頁上一九行第八字「及」，石、磧、南、徑、清作「及隨」。

八六一頁上二〇行第五字「伏」，磧、南、徑、清無。

八六一頁上二二行第八字「本」，磧、南、徑、清作「來」。

八六一頁中七行「如來」，磧、南、徑、清無。

八六一頁中一三行「清淨」，石、磧、南、徑、清作「清淨者」。

八六一頁下七行末字「因」，磧、南、徑、清作「因止緣」。

八六一頁下一〇行「形表嗔」，石、磧、南、徑、清作「表瞋形」。

八六一頁下一九行「五股」，磧、南、徑、清作「五鈷」。•

八六二頁上七行第二字「字」，石、麗無。

八六二頁上一九行第七字「一」，麗作「一品」。

八六二頁中七行第五字「行」，磧、南、徑、清、麗無。

八六二頁中九行第二字「滋」，磧、南、徑、清作「資」。

八六二頁中一一行第七字「自」，磧、南、徑、清無。

八六二頁中一四行「慈生」，石作「滋生」。

八六二頁中二二行「佗人」，石作「他入」。

八六二頁下六行「慜念」，石、麗作「慈悲慜念」。

八六三頁上四行第一三字「加」，石、麗無。

八六三頁上八行「薩埵」，麗作「不壞」。

八六三頁下二行第四字「法」，石、麗作「諸法」。

八六三頁下一六行第一一字「夾」，石、麗作「甲」；徑、清作「筴」。

八六四頁上六行「對治」，石作「對持」。又第一三字「執」，石作「熱」。

八六四頁上七行第三字「不」，石、麗無。

八六四頁上一一行「波羅」，麗作「波羅蜜」。又「菴字」，石、麗作「菴字菴字」。

八六四頁上一七行「之子」，石作「子」。

八六四頁中二行夾註左第四字「釋」，徑、清作「説」。

八六四頁中八行第一三字「及」，石作「乃」。

八六四頁中一九行首字「當」，石無。又第一一字「形」，石作「於」。

八六四頁中二二行「内隅」，石作「内隅」。

八六四頁下二〇行「也者」，磧、南、徑、清作「者也」。

八六五頁上一九行「十七種」，石作「十七六種」。

一　八六五頁中八行第一〇字「至」，磧、南、徑、清無。

一　八六五頁中九行第六字「入」，石、麗作「入此」。

一　八六五頁中一七行首字「相」，麗作「上」。

一　八六五頁中二〇行第一二字「伏」，磧、南、徑、清無。

一　八六五頁下二一行「因佛」，石、麗作「因位」。

一　八六六頁上九行第八字「離」，磧、南、徑、清作「離」。

一　八六六頁上一六行「三鈷」，石、磧、普、南、徑、清作「三股」。

一　八六六頁中三行「項動」，石作「傾動」。

一　八六六頁中一一行第一〇字「如」，麗無。

一　八六六頁中一三行「此入」，石作「入此」。

一　八六六頁下一行第七字「初」，麗作「如初」。

一　八六六頁下二行第八字「教」，石、麗作「教勑」。

一　八六六頁下一六行第一二字「中」，石、麗無。

一　八六六頁下一九行第四字「即」，石、麗作「印」。

一　八六七頁上一〇行第四字「故」，麗作「故者」。

一　八六七頁上一六行第三字「能」，石、麗作「能作」。

一　八六七頁中四行「對治」，石作「對持」。

一　八六七頁中一〇行「即事」，石作「即是」。

一　八六七頁中二二行首字「彼」，磧、南、徑、清作「母」。

一　八六七頁中末行第二字「欲」，磧、南、徑、清、麗無。

一　八六七頁下一八行「中書」，石、麗作「中畫」；磧、南、徑、清作「畫」。

一　八六七頁下二二行首字「是」，石、麗無。

一　八六八頁上一行「兄弟」，石作「弟兄」。

一　八六八頁上四行第九字「微」，磧、南、徑、清作「微」。

一　八六八頁中一九行第三字「戲」，石作「獻」。又第五字至次行首字「者……論」，石、麗無。

一　八六八頁中二〇行第七字「說」，石無。

一　八六八頁中二一行第二字「復」，石作「後」。

一　八六八頁下八行「三空」，石、徑、清、麗作「不空」。

一　八六八頁下一二行第七字「地」，麗作「地也」。

一　八六八頁下一三行第五字「王」，石、徑、清、麗作「主」。

一　八六八頁下末行「利大福廣」，石、麗作「福利文廣」；磧、南、徑、清作「福利廣大」。

一　八六九頁上三行第三字「須」，麗作「取」。

一八六九頁上一〇行第六字「令」，磧、徑、清作「今」。

一八六九頁上二二行「大慧」，徑、清作「一大慧」。

一八六九頁中八行末字至九行首字「行願」，麗作「願行」。

一八六九頁中一四行「奉行」，麗作「奉行者」。

一八六九頁中卷末經名，石作「大樂金剛不空真實三昧邪經般若波羅蜜多理趣釋一卷」；磧、南作「大樂金剛不空真實三昧邪經般若波羅蜜多理趣釋下」；徑、清作「大樂金剛不空真實三昧耶經般若波羅蜜多理趣釋卷下」；麗作「大樂金剛不空真實三昧邪經般若理趣釋下卷」。

趙城縣廣勝寺

般若波羅蜜多理趣經大樂不空三昧真實金剛薩埵菩薩等一十七聖大曼荼羅義述一卷

開府儀同三司特進試鴻臚卿肅國公食邑三千戶賜紫贈司空謚大鑒正號大廣智大興善寺三藏沙門不空奉　詔譯　并依釋略序

尒時毗盧遮那如來於他化自在天王宮為諸大菩薩等說此般若波羅蜜甚深理趣十七清淨句門蓋是十七大菩薩三摩地之句義也為令能住持者疾至菩提故遂演此十七聖位大曼荼羅如來與諸大士等所說密語依此修行速疾成就何者為一十七聖其一所謂大樂不空三昧真實金剛菩薩蓋表諸佛普賢之身周遍器世間及有情世間以其無邊自在理常體寂不妄不壞故有是名也左持金剛鈴是適悅義置胷之左表大我焉右持五股金剛杵是五智義轉拳向外示衆生也於曼荼羅據其中位而揔其衆相除是而有一十六位焉蓋正覺之徑路

其二所謂意生金剛菩薩以大悲欲箭害二乘心所以手持是箭而現其欲離俱幻平等智身

其三所謂髻利吉羅金剛菩薩於中國之言名觸以不捨衆生必令解脫故從明觸性即菩提故所以住抱持相而現其觸淨俱幻平等智身

其四所謂悲愍金剛菩薩以悲愍故以愛念繩普縛衆生未至菩提終不放捨亦如摩竭大魚吞啗所遇一入口已更無免者所以持此摩竭魚幢而現其愛縛捨離俱幻平等智身其五所謂金剛慢菩薩以無過上智令一切衆生悉證毗盧遮那如來體於世出世間皆得自在所以住傲誕威儀而現其我無我俱幻平等智身

其六所謂金剛見菩薩以寂照大悲之眼於雜染界妙淨土乃至真諦俗諦唯見一切法勝義真實之諦不散不動所以持意生之契而現其三昧之身

其七所謂金剛適悅菩薩於身塵而得適悅清淨於生死解脫不猒不住所以持觸金剛相而現其三昧之身

其八所謂金剛貪菩薩即貪愛而得清淨故遂能以貪而積集功德智慧疾至菩提由住貪愛性故所以持悲愍之契而現其三昧之身

其九所謂金剛自在菩薩出入三界自在無畏於生死涅槃而得大我之體所以住金剛慢相而現其三昧之身

其十所謂金剛春菩薩能以菩提覺華起供養雲海亦以方便授與衆生作功德利以華是春事遂以名之故亦持華以爲其契

其十一所謂金剛雲菩薩能以法澤慈雲滋潤含識亦以方便授諸身心使無始無明臭穢不善化成無量供養香雲以鑪煙像雲遂以爲號故持焚香之器以爲契焉

其十二所謂金剛秋菩薩常以智燈破諸黑暗亦以方便授與衆生起無量光明供養雲海以其空色清爽黄如秋時衣智光之體遂以名之故執燈明以爲其契

其十三所謂金剛霜雪菩薩能以五無漏蘊香塗衆生心體滅煩惱之熱成五分法身之香亦以方便授與衆生起塗香供養雲海以旃檀塗香解諸毒熱有似霜雪遂以名之故執塗香以爲其契

其十四所謂金剛色菩薩以色清淨智於淨妙界起受用色身於雜染界起變化色身而攝來之事故以持鉤爲契

其十五所謂金剛聲菩薩以聲清淨智能表六十四種梵音普周法界而爲引入之事故持索以爲其契

其十六所謂金剛香菩薩以香清淨智發金剛界自然名稱之香入一切心以爲止留之事故以持鎖爲契

其十七所謂金剛味菩薩以味清淨智持瑜伽三摩地無上法味以爲歡樂之事故持鈴爲契如是等大菩薩十七清淨三摩地智依文廣述有無量名義體用理事成證之門今但粗舉綱目而已

般若波羅蜜多理趣經大樂不空三昧真實金剛菩薩等一十七聖大曼荼羅義述

般若波羅蜜多理趣經大樂不空三昧真實金剛薩埵菩薩等一十七聖大曼荼羅義述一卷

校勘記

一　底本，金藏廣勝寺本。八七三頁中原版缺，以麗藏本補。

一　八七三頁中一、二行經名，石作「般若波羅密多理趣經大樂不空三昧真實金剛薩埵菩薩等一十七大曼荼羅義述」；磧、南、徑、清作「般若波羅蜜多理趣經大安樂不空三昧真實金剛菩薩等一十七聖大曼荼羅義述」。

一　八七三頁中三至四行譯者及小字「并依釋略序」，石作「三藏沙門大廣智不空奉詔譯」；磧、南作「大興善寺三藏阿目佉金剛依釋略序」；徑、清作「唐大興善寺三藏阿目佉金剛依釋略序」。

一　八七三頁中五行「尒時」，磧、南、徑、清作「昔」。

一　八七三頁中六行末字「蜜」，石、磧、南、徑、清作「蜜多」。
一　八七三頁中一一行第一二字「爲」，石無。
一　八七三頁中一二行「大樂」，石、磧、南、徑、清作「大安樂」。
一　八七三頁中一七行「五股」，磧、南、徑、清作「鈷」。又第九字「杵」，磧、南、徑、清無。
一　八七三頁中一八行第七字「也」，石作「加」。又「其中」，磧、南、徑、清作「有中」。
一　八七三頁下九行第一一字「過」，石無。
一　八七三頁下一四行第六字「果」，石、磧、麗作「界」。又「妙淨」，石作「淨妙」。
一　八七三頁下二二行「功德」，石、麗作「一切功德」。
一　八七三頁下二三行第二字「至」，石、麗作「證」。
一　八七四頁上一五行至次行首字「清爽黃如」，石作「清淨猶如」；麗作「清爽莫如」。
一　八七四頁上一六行第四字「衣」，石、麗作「欲表」；徑、清作「依」。
一　八七四頁上一九行末字「熱」，石、麗作「穢熱」。
一　八七四頁上二〇行第五字「身」，石無。
一　八七四頁上二二行「毒熱」，石作「熱毒」。
一　八七四頁中三行第六字「而」，石、麗作「而爲」。又第一二字「以」，石無。
一　八七四頁中六行「普周法界」，石作「遍周法界」。
一　八七四頁中七行「以爲其契」，石作「爲契」；麗作「以爲契」。
一　八七四頁中九行第一一字「香」，石作「者」。
一　八七四頁中一〇行首字「心」，石、麗作「散動心」。又第九字「以」，石無。
一　八七四頁中一三行「故持」，石作「故能持」。
一　八七四頁中一六行「而已」，石、麗作「而已出金剛頂經第十三會大三昧耶真實瑜伽略鈔大意」。
一　八七四頁中末行經名，石作「十七尊釋一卷」；麗作「般若波羅蜜多理趣經大樂不空三昧真實金剛薩埵菩薩等一十七聖大曼荼羅義述一卷」。

金剛頂瑜伽護摩儀軌　功

師子國三藏沙門阿目佉跋折羅奉　勅改為古藏　詔譯

我今說護摩　由此速成就　由護摩業儀
相應不間斷　如是一切事　隨明當應作
隨類作護摩　無上成就業　護摩說多種
略說有五類　廣說大瑜伽　於祕密教說
我今則略說　持明之遊戲　由護摩儀軌
成就於族壇　護摩五種事　一一有多種
息災及增益　第三為降伏　鉤召為第四
第五是敬愛　如是五護摩　敬愛為最勝
我今說軍荼　依瑜伽相應　息災爐正圓
應當如是作　增益應正方　三角作降伏
金剛形軍荼　鉤召為最勝　長作蓮華葉
敬愛為相應　已說五種類　軍荼業無上
息災初夜起　增益初日分　中日分應作
降伏猛利法　鉤召一切時　於夜作敬愛
如是五瑜伽　作業而等引　面北作息災
增益向東方　面南作降伏　應面西而住
仰視徧諸方　是為鉤召儀　若敬愛相應
應住面向西　息災結佛印　增益寶摽幟
金剛怒降伏　金剛鉤鉤召　火召而相應
敬愛蓮華部　如是五瑜伽　應作護摩事
息災燒甘木　增益用果木　苦木降伏業

刻木為鉤召　華木說敬愛　如是五種木
瑜伽者應用　息災爐作輪　增益三鈷杵
降伏一鈷作　鉤召應作鉤　敬愛作蓮華
息災爐應量　橫全竪半肘　增益兩肘量
竪量應用半　降伏軍荼相　三角各一肘
竪量應半之　鉤召長一肘　橫竪各減半
敬愛亦一肘　橫竪如鉤召　五種軍荼壇
應畫作三重　中院羯磨杵　四隅畫蓮葉
第二院四契　謂四波羅蜜　四隅內供養
第三院應畫　八方天眷屬　四隅於四門
外供養四攝　中安徧照尊　此息災軍荼
餘四軍荼相　三院皆如是　增益於中院
應畫羯磨寶　四隅畫蓮葉　第二院應畫
寶生佛眷屬　第三院及門　亦如前所說
降伏於中院　獨鈷羯磨杵　四隅畫蓮葉
第二院應畫　降三世眷屬　四種忿怒相
第三院及門　亦如前所說　而皆忿怒相
鉤召於中院　應畫金剛鉤　四隅畫蓮葉
第二院應畫　不動佛眷屬　第三院四隅
八方及四門　如初軍荼知　敬愛於中院
畫蓮華羯磨　四隅三鈷杵　第二院應畫
無量壽眷屬　應畫四種尊　第三院四隅
八方及四門　所說亦如前　此是五護摩

瑜伽經所說 修行者應知 四契及四攝
內外八供養 布列在壇位 阿闍梨今說
行人南方坐 金剛應在南 寶部而在西
法契當北面 羯磨在東方 嬉戲西南隅
鬘應西北角 謌契與東北 舞印在東南
燒香如嬉戲 華供準隅方 燈應如謌詠
塗香如舞位 鉤在金剛後 索與寶部對
鎖應隨法契 鈴如羯磨知 隨行人右旋
諸壇當如是 循環而安立 息災第二院
四波羅蜜契 金剛三鈷杵 寶契如寶形
法如獨鈷杵 上戴開敷蓮 羯磨羯磨杵
嬉戲三鈷杵 鬘如寶冠形 謌應畫箜篌
舞獨鈷羯磨 鉤為金剛鉤 索如般索勢
一頭半獨鈷 兩在於中心 鎖如並兩環
其中如連環 鈴作金剛鈴 燈作蠟燭相
塗香畫香器 燒香作香爐 散華為華盤
增益第二院 寶生尊眷屬 光相如日形
笑如橫三鈷 其中間安齒 幢如竪寶幢
降伏四忿怒 薩埵三鈷杵 王如並二鈷
善哉並雙手 以作彈指相 愛如竪弓箭
鉤召第二院 亦如降伏壇 而無有增減
敬愛第二院 無量壽眷屬 法如法波羅
利當為劍形 語應畫舌相 因作日輪形

中獨鈷羯磨 延命如增益 爐外畫甲胄
如人被甲形 而令雙袖垂 袖如三獨鈷
下如覆蕉籠 上作三峯形 如三獨鈷杵
內外八供養 及與四護等 諸爐皆如一
一一所畫契 皆坐蓮華上 而有火焰光
八方天眷屬 亦如諸契等 皆隨行人座
而起於東方 帝釋獨鈷杵 縱竪左右飛
火天畫軍持 蓮座上火焰 焰摩兩鈷叉
其中安人頭 縱飛如帝釋 羅刹王畫力
座焰如火天 水天畫羂索 兩頭獨鈷頭
風天作幡旗 而坐蓮華中 毗沙門作棒
縱竪亦如上 含那半三鈷 蓮座火焰光
智者應善知 審諦無錯謬
其爐緣高兩指闊四指緣內爐口本地闊兩指於中契印高兩指其爐逆身開竪頂闊四指長兩指次橫長十指竪闊四指次作蓮華葉形令大小相稱從賢頂至葉末都十二指高下並與緣齊五種爐並同其法地法如大曼荼羅掘地加持所用鍬等印二羽金剛縛禪智進力各相並竪真言二十一徧真言曰

唵 你佉那 縛蘇上 提薩縛引二合 訶引

加持泥及瞿摩夷塗香等印二羽合掌忍進力戒方二節相合禪智並竪去進力令如口形真言二十一徧真言曰

唵 阿上 蜜哩二合 都納婆上 縛吽發吒 薩縛引二合 訶引

加持五色粉印及真言並如瑜伽經所說加持酥蜜酪乳及木五穀香華等並以金剛羯磨菩薩真言加持各七徧印二羽各以禪智捻檀慧甲餘三度磔開竪如金剛杵形即相叉右壓左真言曰

唵 縛日羅二合 羯磨 劍平

所燒護摩支皆安右邊酥於蓮葉臺上蜜酪乳乳糜飯等近爐右邊安左邊竪二器盛香水器用金銀熟銅白瓷商佉等並通用香用白檀鬱金龍腦等二器一用灑淨火及供養物等用聖衆火天漱口灑淨印禪捻檀甲餘三度磔開竪如三鈷杵形以灑水真言曰

唵 阿蜜哩二合 諦 吽發吒半音

漱口印右羽金剛拳舒進度攪水如持七徧訖便屈四度作掬抄水垂臂令掌向身右旋灑火真言曰

唵嚩羅娜嚩日囉（二合引）曇

息災本尊火天及爐衣服食香華皆用白作吉祥坐輿愍心相應（交兩脚竪右膝右壓左）增益皆用黃金加坐　降伏皆用黑蹲踞坐鈎召皆用赤半加坐　敬愛色同鈎召賢坐（或物垂脚）

迎請從三昧耶至迎請皆依本法或隨五種護摩隨部部主五相成身迎請已誦讚歎以四攝安立聖衆圍遶爐然後獻閼伽各結本羯磨印安立示本三昧耶誦護摩眞言一百八徧然後取一華以火天眞言加持三徧或七徧擲火中然後結火天印以左羽握右羽腕右羽舒掌向外屈禪度橫在掌中進度如鈎來去招以迎請獻已以禪捻進度即成發遣眞言曰

唵翳四翳四摩訶部多泥（上）嚩哩使你尾（二合）惹薩嚩摩蘖哩（二合）四怛嚩（二合）虎帝摩訶囉麼悉泯（平）珊你四都娑嚩阿誐那（二合）曳訶微也（二合）迦微也（二合）嚩訶娜耶娑嚩（二合引）訶（引）

迎已以香木三灑三漱口然後用本眞言以大杓三滿酌酥投火想投火

天口中至於心蓮華眞言曰（加持華皆用此）

唵阿誐那曳娑嚩（二合引）訶（引）

即以此眞言小杓三投蜜酪乳及木乃至香華等想火天四臂右手無畏第二手持珠左手仙杖第二手執軍持想從心徧身中流出無量塗香雲華雲燒香雲飲食燈明種種供養供養一切佛菩薩緣覺聲聞及一切世天於火天眞言娑嚩訶上稱所求事投之然以大杓三滿投供養加持一華置本方坐處請出爐還本座然後三淨火以四字明迎請佛菩薩各坐本座三獻漱口以滿三大杓酥獻然後以小杓三酌蜜酌乳乳糜飰及木五穀華香等各三投想投聖等口中至心若作息災法五穀中須十倍加油麻木用一百八或五十四或二十一眞言曰

唵薩嚩播波娜訶那嚩日囉（二合）耶娑嚩（二合引）訶（引）

或有教中說用本部母眞言爲息災或本尊眞言或毗盧遮那眞言皆娑嚩訶上加所爲自他願除一切災語

心專注於爐中聖衆想聖衆皆從心外徧身毛孔流出供養雲海至無邊世界供養一切佛及除一切三惡趣苦惱護摩已以滿三大杓酥獻聖衆所殘五穀香華等聚一器中獻十方世天餘爐並同

若作增益如前迎火天即獻聖衆三大杓木及香華等並如前燒粳米或欲延命燒屈蘘草其延命爐如前增益爐外作甲胄形餘香華等並如前唯粳米屈蘘草加餘物十倍增益眞言曰

唵嚩日囉（二合引）補瑟吒曳（平）娑嚩（二合引）訶（引）

延命契二羽各金剛拳舒進力相鈎置頂上想身爲降三世於印上想毗盧遮那佛從身中流出天甘露灌注行人身延命眞言曰

唵嚩日囉（二合）喻曬（師皆反）娑嚩（二合引）訶（引）

於娑嚩訶上加爲自他願增益或延命語或當時心所願安如是語心專注於爐中聖衆想從聖衆心外徧身毛孔中流出供養雲海至無邊世界

供養一切佛及光明照觸一切有情六道四生皆獲榮盛富貴及延壽命即以此光明想自宅中雨七寶及所資用物又想天甘露灌注自身周徧毛孔若作降伏法如前迎火天或蔓菁或芥子等油或水牛酥或用醬地羅先獻聖衆三大杓已用無香華及臭華安悉香雞毒藥等或唯用鐵或作彼形叚叚截投之(芥子堆壁毒藥等作)投火天時即想從火天心外徧身中流出器仗投彼身上想火天及本尊皆作忿怒形真言曰

吽嚩曩(二合)薩怛嚩(二合)耶癹吒(半音)

於癹上加彼名號或用本尊法或用不動尊真言或降三世真言或文殊師利六足尊真言想忿怒尊身中流出器仗雲海供養盡虛空一切忿怒尊即此器仗落彼上及家若作鉤召法迎請火天及所用木華等物皆如增益唯華用有刺木赤華或用本尊法中所燒物真言曰

吽嚩曩(二合)羯哩灑(二合)耶弱

於弱上加彼人名即想從本尊心外徧身流出無量金剛鉤供養盡虛空一切佛菩薩賢聖即此鉤鉤召三惡趣有情安置人天善趣即以此衆鉤入彼心召來

若作敬愛法迎請及所用物並同上唯華用赤色華或用本尊法中所用物真言曰

吽嚩囉(二合)勿捨野弱

於弱上加彼名號即想本尊身中流出華箭徧無量世界供養一切佛賢聖及射聲聞緣覺狀離心及六道四生互增恚心即以此衆箭射彼人五處(所謂額兩乳心及下分)凡諸爐若無酥用乳亦得若遙加持人或抄名或取前人衣標心而加持供養聖衆已用大杓三滿杓獻聖衆并三灑三漱即取小杓以滅三惡趣真言爲一切有情護摩七徧或二七或三七真言曰

唵嚩曩(二合)波尼尾薩普(二合)吒耶薩嚩跛耶滿陀娜你鉢囉(二合)謨訖灑(二合)耶薩嚩跛耶誐帝毗藥(二合)薩嚩薩怛捝(二合)薩嚩怛佗誐多嚩曩(二合)三磨耶吽怛囉吒(半聲)

即心奉送聖衆還本座即以四字明引十方世天入爐中依前三灑漱即以所殘香華五穀酥蜜等投爐誦本真言一徧或三徧各於薩嚩訶上加所求事即結聖衆羯磨及三昧耶契誦讚歎發願結降三世左旋解界即奉送如念誦法即出道場於道場外八方敷茅草或蓮葉或諸餘青草或塗圓壇爲十位於帝釋右左置梵天地天位與八方而十若道場外無置位處即於道場前閑靜處爲方界於中布八方於中央布兩位置梵天地天以施十方天食應用雜粥所謂粳米油麻菉豆相和莫令極淸淨香美盛一器中每座先置一淨葉循環舉置葉上先以淨缾盛香水點寫少香水於葉上以獻次以右手中無名二指彈少塗香以獻次獻一華置之於座次獻燒香以爐焚香於座前獻諸座同此一爐次粥一杓粥置葉上以獻次用小蠟燭或紙燭以獻便插粥上從香水至燭各以本真言加持三徧每位從水至燭獻畢然向其次其燭

作意獻諸位未偏已來不用令滅須
助伴或驅使數人各執一物以供事
若一一自取即燭必不終事每位於
薩嚩訶上加所求願語東方天帝釋
眞言曰
南莫三曼多没馱南引印捺羅二合耶
娑嚩引二合訶引
東南方火天眞言曰
南莫三滿多没馱南阿誐那二合曳娑
嚩引二合訶引
南方焰摩天眞言曰
南莫三曼多没馱南焰摩耶娑嚩二合
訶引
西南方羅刹主天眞言曰
南莫三曼多没馱南引乃哩底曳二合
娑嚩引二合訶引
西方水天眞言曰
南莫三曼多没馱南引嚩嚕拏引野
娑嚩引二合訶引
西北方風天眞言曰
南莫三曼多没馱南引嚩耶吠微伕反娑
嚩引二合訶引
北方毗沙門天王眞言曰

南莫三曼多没馱南引吠室囉二合嚩
拏娑嚩引二合訶引
東北方伊舍那天眞言曰
南莫三曼多没馱南引伊舍那耶娑
嚩引二合訶引
上方梵天眞言曰
南莫三曼多没馱南引没囉二合唅音憨
鉢寧尼奚反娑嚩引二合訶引
下方地天眞言曰
南莫三曼多没馱南引畢哩二合體佗以反
微曳二合娑嚩引二合訶引
七曜眞言曰
南莫三曼多没馱南引蘗囉二合醯溼
嚩二合哩耶鉢囉二合跛多而渝二合底丁已反
麼耶娑嚩引二合訶引
二十八宿眞言曰
南莫三曼多没馱南引諾乞灑二合怛
囉二合涅寧吉反那佉曳娑嚩二合訶引如是從東方至此歸命並同
於八方中加兩位與上下天對曜東
宿西諸獻並同若須別把獨用亦得
若護摩壇中各依本方摽心令住亦
不設位

次說三波多護摩法
安所成就物於酥器前或物大即安
於右邊或左邊行人自身酥器及物并
爐聖衆如是爲五集循環次第應安
立取小杓滿杓酥加於所盛物上誦
眞言至薩嚩字即舉杓投火與訶聲
俱下便長引訶聲令杓卻至物上訶
聲方絕偏別如此若加持人即安杓
頭上若用本尊眞言無薩嚩訶字者
當加之而誦餘如上所說
次說杓相儀軌
我今次應說　注杓寫杓相　於此住成就
持誦者速疾　注杓一肘量　法木令堅密
無孔穴應作　口應妙端嚴　橫當四指量
深量用一指　形如吉祥子　於中三鈷杵
應令極端嚴　柄圓足人把　近口與柄末
應作蓮華文　寫杓長及圓　并及刻鏤文
皆如注柄相　木亦如前說　或用佉陀羅
口用襌上節　旋币爲其量　橫應一寸餘
深量當半之　於中作蓮華　亦或金剛杵
我今已略說　注寫二杓相　是大仙所說
求悉地應作　持誦修行人

金剛頂瑜伽護摩儀軌十五　切字号

金剛頂瑜伽護摩儀軌

金剛頂瑜伽護摩儀軌

校勘記

一　底本，金藏廣勝寺本。

一　八七六頁中一行經名，石、麗作「金剛頂瑜伽護摩儀軌一卷」。卷末經名同。

一　八七六頁中二行譯者，麗作「開府儀同三司特進試鴻臚卿肅國公食邑三千户賜紫贈司空謚大鑒正號大廣智大興善寺三藏沙門不空奉詔譯」。

一　八七六頁中一三行末字「葉」，石、麗作「形」。

一　八七六頁中一八行末字「住」，徑、清作「坐」。

一　八七六頁中二〇行「摽幟」，石、磧、南、徑、清、麗作「幖幟」。

一　八七六頁中二一行第一一字「火」，石、麗作「大」。

一　八七六頁下二行第一四字「鈷」，磧、南、徑、清、麗作「股」。下同。

一　八七六頁下四行第七字「全」，磧、普、南、徑、清作「金」。又第八字「竪」，石作「深」。下同。

一　八七六頁下一一行「外供養四攝」，石作「外養四攝中」。

一　八七六頁下一八行末字「葉」，麗作「華」。

一　八七七頁上六行第八字「准」，磧作「唯」。

一　八七七頁上一八行第八字「問」，石、麗作「間」；磧、普、南、徑、清作「開」。

一　八七七頁上一九行第八字「三」，麗作「二」。又末字「鈷」，石、麗作「鉤」。

一　八七七頁中九行末字「力」，石、徑、清作「刀」；麗作「万」。

一　八七七頁中一一行第四字「憣」，磧作「播」；清、麗作「幡」。

一　八七七頁中一五行第二字「闍」，石作「闇」。

一　八七七頁中一八行第四字「賢」，石、磧、南、徑、清無；麗作「竪」。

一　八七七頁中一九行第一〇字「活」，石、磧、南、徑、清、麗作「治」。

一　八七七頁中二一行「金剛縛」，石作「金剛拳」。

一　八七七頁下一行第一一字「印」，磧、普、南、徑、清無。

一　八七七頁下一四行「糜飯」，磧、普、南、徑、清作「飯糜」。

一　八七七頁下一五行夾註右第五字「熟」，麗無。

一　八七七頁下一七行首字「用」，石、磧、普、南、徑、清、麗作「一用」。又「火天瀨口」，磧、普、南、徑、清作「漱口」；麗作「火天漱口」。

一　八七七頁下末行首字「令」，磧、普、南、徑、清、麗作「合」。

一　八七八頁上二行「食香」，磧、普、南、徑、清作「飲食」。

一　八七八頁上四行第六字「金」，石、磧、普、南、徑、清作「全」。

一　八七八頁中五行第六字「左」，磧、南、徑、清作「右」。又第九字「杖」，磧、南、徑、清作「枝」。

一　八七八頁中一三行第一二字「酥」，磧、普、南、徑、清無。本頁下四行第一一字同。

一　八七八頁中一四行首字「以」，麗作「復以」。又第二字「小」，石、麗無。又第七字「酌」，石作「酪」。

一　八七八頁中一七行第六字「八」，石、麗作「八枚」。

一　八七八頁下九行第六字「蔞」，石作「屢」。又第八字「其」，石無。

一　八七八頁下一〇行第一二字「並」，石無。

一　八七九頁上二行第六字「獲」，徑作「護」。

一　八七九頁上五行末字「或」，石、磧、普、南、徑、清、麗作「或用」。

一　八七九頁上八行第九字「藥」，磧、普、徑、清無。又第一二字「唯」，石、麗無。又末字「鐵」，石、磧、普、南、徑、清、麗作「鐵末」。

一　八七九頁上二一行第四字「燒」，磧、普、徑、清作「嬈」。

一　八七九頁中二行第九字「此」，石、麗作「想比」。

一　八七九頁中五行「敬愛」，徑作「愛敬」。

一　八七九頁中一一行第六字「緣」，徑作「圓」。

一　八七九頁中一二行第二字「互」，麗作「乎」。

一　八七九頁下三行第一二字「火」，磧、普、南、徑、清無。

一　八七九頁下一七行第八字「以」，石無。

一　八七九頁下二一行第一二字「插」，石作「安於」。

一　八八〇頁上末行第七字「王」，石、麗無。

一　八八〇頁下一五行「吉祥子」，石作「吉祥字」。

一　八八〇頁下一八行第四字「柄」，石作「杓」。

一　八八〇頁下一九行「旋帀」，磧作「放而」。

趙城縣廣勝寺

陀羅尼門諸部要目　功

大興善寺三藏沙門大廣智不空奉　詔譯

瑜伽本經都十萬偈有十八會初會經名一切如來眞實攝經其經說五部佛部毗盧遮那佛以為部主金剛部阿閦佛以為部主寶部寶生佛以為部主蓮華部阿彌陀佛以為部主羯磨部不空成就佛以為部主彼五部主各有四菩薩以為眷屬前右左背而安列四內供養各屬四部次第應知四外供養亦屬四部四門鉤索鎖鈴四部次第應知

又有四方賢劫中十六大菩薩表賢劫中一千菩薩

又外有五類天一一類有四天總有二十并后復有五類成二十五類者

上界四天

住虛空四天　遊虛空四天　地居有四天

居地底四天

瑜伽部曼荼羅有四一金剛界二降三世三徧調伏四一切義成就此四曼荼羅表毗盧遮那佛內四智菩薩

又四智謂大圓鏡平等性妙觀察成所作為四智也

又一一曼荼羅建立六曼荼羅所謂大曼荼羅三昧耶曼荼羅法曼荼羅羯磨曼荼羅四印曼荼羅一印曼荼

陀羅尼門諸部要目　第三紙　功

羅唯降三世曼荼羅具十曼荼羅餘皆具六一切印契一切法要以四智印攝盡大智印以五相成本尊瑜伽

三昧耶印以二手和合金剛縛發生成印

法智印舌本尊種子法身三摩地一切契經文義

羯磨智印以二金剛拳如執持器仗標幟如身威儀形

又瑜伽中四種眼法眼敬愛熾盛眼召鉤忿怒眼降伏心毀富煩惱慈眼除災息究

又一切如來教集瑜伽中一百二十種護摩依二十五種爐護摩爐中契印標幟各異所求遲速成辦世間出世間成就果報諸會浩汗文義稍多恐繁文且略指方隅依毗盧遮那成道經大本十萬偈可有三百卷經唐國所譯略本七卷此經中說一百六十心十緣生句五輪地輪水輪火輪風輪空輪此經中二種修行菩提心以為因大悲以為根方便為究竟依勝義世俗若依勝義修行建立法身曼荼羅是故此經中說先稱虛空中曼荼羅是故觀本尊法身遠離形色猶如虛空住如是三摩地若依世俗諦修行依四輪以為曼荼羅本尊聖者若

黄色住地輪曼荼羅共形方名金輪聖者若白色住水輪曼荼羅共形圓名水輪聖者若赤色住火輪曼荼羅三角共形聖者若青若黑住風輪曼荼羅半月共形如大曼荼羅安於八葉蓮華臺五佛四菩薩安於臺葉中曼荼羅外又有三種曼荼羅一切如來曼荼羅釋迦牟尼曼荼羅文殊師利曼荼羅此曼荼羅名爲大悲胎藏曼荼羅弟子受灌頂法小曼荼羅極微妙委曲餘部所不代此中修行供養兼存二種謂事與理爲二此經中護摩火天有四十種就中一十二種火爲最勝爐形及木有乳果類若練所用各不同東西南北祈願各殊內外護摩亦依五輪求四種事速疾成就息災增益降伏敬愛所請火天各各不同寂靜熈怡忿怒喜怒次第應知

蘇悉地經教中依三部所謂佛部五佛頂等蓮華部種類甚多金剛部金剛薩埵等變化無量有三種三昧耶佛部蓮華部金剛部有三部心真言尒那尒迦半音呼一阿嚧力二嚩日囉二合地力三部主有三種金輪王佛頂佛部主蓮華部主馬頭觀自在金剛部主三世勝金剛

三種部母佛部佛眼以爲部母蓮華部白衣觀自在以爲部母金剛部忙麼雞菩薩以爲部母

三種明妃佛部無能勝菩薩以爲明妃蓮華部多羅菩薩以爲明妃金剛部金剛孫那利菩薩以爲明妃

三種忿怒不動尊佛部忿怒忿怒鈎蓮華部忿怒軍荼利金剛部忿怒

有四種界金剛橛地界金剛牆八方界金剛網上方界密縫阿三莽儗你界又有四種界結護曼荼羅金剛索護東方金剛幢幡護西方金剛迦利護南方金剛峯護北方又大界名商羯羅設佛頂護輪王等隣近不被障礙此經中修真言者成就世間悉地依時依處時者謂三時處謂本尊像前供養五種除閼伽一者塗香二者華鬘三者燒香四者飲食五者燈明白共黄東黑南赤西隨息災增益降伏敬愛所求應知成就者十八種物隨身廣如經說

三時澡浴三時换衣一月分爲四時從月生一日至八日應作息災從九日至十五日應作增益從十六日至二十三日應作降伏從二十四日至月盡日爲敬愛法蕤呬耶經亦同蘇悉地說分布曼荼羅及緋地法此經中極微細不可具錄

又八方其護持帝王營從兵法五天竺國深敬信佛法於帝王可傳蘇婆呼童子經此經中說辦求成就人護摩杵金銀銅鐵石水精佉陁羅木等無量種各不同杵五股三股一股長十六指爲上十二指爲中八指爲下乃至一指節者爲下此經中說不持金剛杵念誦者無由得成就金剛鈴者是般若波羅蜜義金剛杵者是菩提心義能壞斷常二邊契合中道有十六菩薩位亦表十六空爲中道兩邊各有五股五佛五智義亦表十波羅蜜能摧十種煩惱成十種真如便證十地證金剛三摩地獲金剛智坐金剛座亦是一切智智亦名如來自覺聖智若不修此三摩地智得成佛者無有是處恐文繁

不能廣述若廣釋窮劫不可説盡恒剎三昧耶經同毗盧遮那集合所有聖衆修行敎法自性成就此敎中修行者但住菩提心大悲志願不捨無盡衆生界所不應事不可違不可食若為者犯三摩耶此經中説誦大輪金剛真言不染諸愆過以為方便現生一切真言速疾成就此經中不動尊等四十二如來僮僕使者若修真言行菩薩堅持菩提心我等承事供養擁護食彼修行者殘食彼等至無上菩提諸有作障者毗那夜迦不得其便速證無上菩提

都部陁羅尼目一卷

丙午歲高麗國大藏都監奉
勑雕造

陀羅尼門諸部要目

校勘記

一　底本，金藏廣勝寺本。此經石經本差異較多，作別本附載於後。又八八四頁下至八八五頁上兩版，原版殘缺，以麗藏本換。

一　八八三頁中一行經名，麗作「都部陁羅尼目一卷」。

一　八八三頁中二行譯者，徑、清作「唐特進試鴻臚卿三藏沙門大廣智不空奉詔譯」；麗作「開府儀同三司特進試鴻臚卿肅國公食邑三千户賜紫贈司空謚大鑒正號大廣智大興善寺三藏沙門不空奉詔譯」。

一　八八三頁中四行第一〇字「經」，磧、南、徑、清、麗無。

一　八八三頁中五行「金剛部」下夾註右第四字「以」，麗無。

一　八八三頁中八行「右左」，麗作「左右」。

一　八八三頁中一二行「一千」，麗作「一切」。

一　八八三頁中一四行「二十并后」，麗作「二十天并妃后」。

一　八八三頁中二〇行「菩薩」下，麗有「謂金剛灌頂蓮花羯磨爲四智」十二字。

一　八八三頁中二一行首字至末字「又……也」，磧、南、徑、清無。又末字「也」，麗作「矣」。

一　八八三頁中末行第五字「洪」，磧、南、徑、清、麗作「法」。

一　八八三頁下二行第三字「六」，麗作「六曼荼羅」。

一　八八三頁下六行夾註右第二字「二」，麗作「二手」。又夾註左「摽幟」，磧、南、清、麗作「幖幟」。下同。

一　八八三頁下七行「法眼」，麗無。又夾註「敬愛」，麗作「敬愛法」。

一　八八三頁下八行「慈眼」，麗作「慈悲眼」。又夾註「息寃」，麗作「息怨敵也」。

一　八八三頁下一〇行第一〇字「護」，麗作「於護」。同行末字「契」，磧、南、徑作「執」。

一　八八三頁下一二行「浩汗」，磧、南、徑、清、麗作「浩汗」。

一　八八三頁下一三行「繁文」，麗作「文繁」。

一　八八三頁下一六行「五輪」，麗作「及五輪」。

一　八八三頁下一八行第六字「根」，麗作「根本」。

一　八八三頁下一九行「世俗」，麗作「世俗二諦」。

一　八八三頁下二〇行第九字「稱」，磧、南、徑、清作「絣」。

一　八八四頁上三行「若青若黑」，磧、南、徑、清作「若青色若黑色」。

一　八八四頁上六行第一二字「羅」，麗作「羅一者」。

一　八八四頁上七行「釋迦」，麗作「二者釋迦」。

一　八八四頁上九行「弟子」，麗作「若弟子」。

一　八八四頁上一一行「二種謂」，磧、南、徑、清作「二種」；麗作「二種法謂」。又「爲二也」，磧、南、徑、清無。

一　八八四頁上一八行首字「蘇」，麗作「若蘇」。

一　八八四頁上二一行末字「尒」，磧、南、徑、清作「羅」。

一　八八四頁中一九行第六字「供」，麗作「有供」。

一　八八四頁下一行第四字「浴」，磧、南、徑、清作「洗」。又第七字「換」，磧、南、徑、清作「浣」。

一　八八四頁下二行首字「從」，磧、南、徑、清無。

一　八八四頁下六行第三字「說」，磧、南、徑、清無。

一　八八四頁下八行首字「又」，磧、徑、清作「及」。

一　八八四頁下一〇行第六字「說」，磧、徑無。

一　八八四頁下一三行第九字「爲」，磧、南、徑、清作「以爲」。

一　八八四頁下一四行第二字「者」，磧、南、徑、清無。又第一四字至一五行首字「念誦者」，磧、南、徑、清無。

一　八八四頁下一五行第七字至一六行第二字「金……義」，磧、南、徑、清無。

一　八八四頁下一六行第七字「是」，磧、南、徑、清無。又末字「常」，磧、南、徑、清無。

一　八八四頁下一七行「合中道」，磧、南、徑、清作「中道中」。

一　八八四頁下二一行「摩地」，磧、南、徑、清作「業」。

一　八八五頁上二行「集合」，磧、南、徑、清作「集會」。

一　八八五頁上五行至六行「不應……三摩耶」，磧、南、徑、清作「應不違事設違之不應食啗若有食者不成破三昧耶戒」。

一　八八五頁上一二行「有作」，磧、南、徑、清無。

一　八八五頁上一三行首字「其」，磧、南、徑、清無。

一　八八五頁上一四行卷末經名，磧、南、徑、清作「陀羅尼門諸部要目」。

金剛壽命陀羅尼一卷　大方廣佛花嚴經入法界品一卷

都部陀羅尼目一卷　大興善寺三藏不空奉　卿　詔譯

謹按瑜伽大本金剛頂經都十万偈有十八會
經初會經名一切如來真實攝經其經說五部
一者佛部　即毗盧遮那佛以為部主中方
二者金剛部　即阿閦如來以為部主東方
三者寶部　即寶生如來以為部主南方
四者蓮花部　即阿弥陁佛以為部主西方
五者羯磨部　即不空成就如來以為部主北方
石此五部主各有四菩薩謂金剛寶法羯磨
名為四波羅蜜菩薩以為眷屬在前右左背
而安列以四內供養謂喜鬘歌舞為四各屬
四部次第應知以四外供養謂香花燈塗為
四各屬四部以四門鈎索鏁鈴亦名四攝用
配四門東南西北次第應知　又有四方賢
劫中十六大菩薩表賢劫中一切菩薩
又外有五類天一一類有四天惣有二十天
并妃后復有五類成二十五者上界四天住
虛空四天遊虛空四天地居有四天居地底
有四天　瑜伽部曼荼羅有四　一金剛界
二降三世三遍調伏四一切義成就此四曼
荼羅表毗盧遮那佛內有四智菩薩謂金剛
灌頂蓮花　羯磨為四智又四智謂大圓鏡
平等性妙觀察成所作為四智矣
又一一曼荼羅建立六曼荼羅所為大曼荼
羅三昧耶曼荼羅法曼荼羅羯磨曼荼羅四
印曼荼羅一印曼荼羅唯降三世曼荼羅具

都部陀羅尼目　二　卿

十曼荼羅　餘五皆具六曼荼羅一切印契
一切法要以四智印攝盡大智印以五相成
本尊瑜伽三昧耶印以二手和合金剛縛發生成印
法智印各各本尊種子法身三摩地一切契經文義　羯磨智印
以二手金剛拳如執持器仗幖幟如身威儀形　又瑜伽中四種眼一
敬愛眼鈎召二熾威眼三忿怒眼降伏心煞害煩惱也
四慈悲眼除毒息寃馘也　又一切如來教集瑜伽
中一百二十種護摩依二十五種爐於護摩
爐中契印幖幟各異所求迅速成辦世間出
世間成就果報諸會浩瀚文義稍多恐文繁
且略指方隅依毗盧遮那成道經大本十万
偈可有三百卷經唐國所譯略本七卷此經
中說一百六十心十緣生句及五輪地水火
風空五輪也此經中二種修行菩提心以為
因大悲以為根本方便為究竟依勝義世俗
二諦若依勝義諦修行建立法身曼荼羅是
故此經中說先稱虛空中曼荼羅是故觀本
尊法身遠離形色猶如虛空住如是三摩地
若依世俗諦修行依四輪以為曼荼羅本尊
聖者若黃色住地輪曼荼羅其形方名金輪
聖者若白色住水輪曼荼羅其形圓名水輪聖者若
赤色住火輪曼荼羅其形三角聖者若青若黑依
風輪曼荼羅其形半月如大曼荼羅安於八葉蓮
花臺五佛四菩薩安於臺葉中曼荼羅外
又有　三種曼荼羅　一者一切如來曼荼羅
二者釋迦牟尼曼荼羅　三者文殊師利曼

施主奉聖州保寧寺沙門玄英　俗弟子史君慶

都部陀羅尼目　三　卿

荼羅名為大悲胎藏曼荼羅若弟子授灌頂
法　小曼荼羅極微妙委曲餘部所不代此
中修行供養兼存二種法謂事與理為二也
此經中護摩火天有四十種就中二十二
種火為最勝爐形及木有乳果類苦練所
用各不同東西南北祈願各殊內外護摩亦
依五輪求四種事速疾成就　一息災　二
增益　三降伏　四敬愛所請火天各以不
同亦四差別　一寂靜　二熈怡　三忿
怒　四喜怒配前四種事次第應知　若蘇
悉地經教中依三部所謂一佛部五佛頂等
二蓮花部種類甚多　三金剛部金剛菩薩
等變化無量有三種三昧耶　佛部　蓮花
部　金剛部　次有三部心真言　介那介迦
半音呼一呼阿嚧力二嚩囉二合地叻二合三部主有
三佛部主金輪佛頂王　蓮花部主馬頭觀
自在　金剛部主三世勝金剛　三種部母
佛部佛眼以為部母　蓮花部白衣觀自在
以為部母　金剛部忙麼鷄菩薩以為部母
三種明妃　佛部無能勝菩薩以為明妃
蓮花部多羅菩薩以為明妃　金剛部金剛
孫那利菩薩以為明妃　三種忿怒　不動
尊佛部忿怒　忿怒鈎蓮花部忿怒　軍荼
利金剛部忿怒　有四種界　金剛橛地
界　金剛墻八方界　金剛網上方界　密
縫阿三蕣儗你界　又有四種界結護曼荼
羅　金剛索護東方　金剛幢幡護西方　金
剛迦利護南方　金剛峯護北方

都部陁羅尼目　四　卿
又大界名　商羯羅設佛頂護輪王等隣近
不被障礙此經中修真言者成就世間悉地
依時依處時者為三時處謂本尊像前
月供養五種除闕伽　一塗香　二花鬘
燒香　四飲食　五燈明　白　北黃　東黑
南赤　西息灾　增益　降伏　敬愛所求
應知成就者十八種物隨身廣如經說
三時澡浴　三時換衣　一月分為四時　從月
一日至八日　應作息灾法　從九日至十五
日應作增益法　從十六日至一十三日應
作敬愛法　從二十四日至月盡日應作降
伏法若准王、唧耶經亦同蘇悉地說分布曼
茶羅及拼地法此經中極微細不可具錄
又八方其護持帝王營從兵法五天竺國深
敬信佛法於帝王可傳　若蘇婆呼童子經
中說辦求成就人護摩杵金銀銅鐵石水晶
佉陀羅木等無量各不同杵有三種一五鈷
二三鈷三一鈷長者十六指為上十二指為
中八指為下乃至一指節者為下此經中說
若不持金剛杵念誦者無由得成就　金剛
鈴者是般若波羅蜜義　金剛杵者是菩提
心義能壞斷常二邊契合中道有十六菩薩
位亦表十六空為中道兩邊各有五鈷五佛
五智義亦表十波羅蜜能摧十種煩惱成十
種真如便證十地證金剛三摩地獲金剛智
坐金剛座亦是一切智智亦名如來自覺聖
智若不　修此三摩地智得成佛者無有是

施主奉聖州保寧寺沙門玄英　俗弟子史君慶

都部陁羅尼目　五　卿
憂恐文繁不能廣述若廣釋窮劫不盡但制
三摩耶經同毗盧遮那集會所有聖衆修行
教法自性成就此教中修行者但住菩提心
大悲志願不捨無盡衆生界所不應事不可
建不可食若違者犯三摩耶此經中說誦大
輪金剛真言不染諸愆過以為方便現生一
切真言速疾成就此中不動尊聖者等四十
二如來童僕使者若修真言行菩薩者堅持
菩薩心我等承事供養擁護食彼修行者殘
食彼等至無上菩提諸有作障者毗那夜迦
不得其便速證無上菩提
都部陁羅尼目一卷

大乘緣生論一卷　聖者鬱楞迦造　宅

開府儀同三司特進試鴻臚卿肅國公食邑三千戶賜紫贈司空諡大鑒正號大廣智大興善寺三藏沙門　不空奉　詔譯

從一生於三　從三轉生六　六二二更六
從六亦生六　從六有於三　此三復有三
三復生於四　四復生於三　從三生於一
彼一復生七　於中所有苦　牟尼說皆攝
十二種差別　智二說為空　緣生支力故
應知十二法　無知與業識　名色根三和
領渴及以取　集生熟八終　初八九煩惱
第二第十業　餘七皆是苦　三攝十二法
初二是過去　後二未來時　餘八是現在
此謂三時法　煩惱業感報　報還生煩惱
煩惱復生業　亦由業有報　離惱何有業
離業何有報　無報則離惱　此三各寂滅
五支因生果　名為煩惱業　七支以為果
七種苦應知　因中空無果　果中亦無因
因中亦無因　果中亦無果　智者空相應
丗中四種支　因果合故有　煩惱業果合
應許為六分　有節所攝故　二丗即及三略
因果雜為節　三四節總略　二二二三二
苦位有五法　作者及藏界　境轉生流行
迷惑發起果　等流果為二　相應根分中
一一三二分　熱惱使短果　轉出等流果
相應餘分中　二一一一法　此有十二種
和合故緣生　無眾生無命　空空無慧以知
無我無我所　無我無我中　四種無知空
餘支亦如是　斷常二邊離　此即是中道
若覺已成就　覺體是諸佛　覺已於衆中
聖仙說無我　曾於城喻經　導師說此義
迦旃延經說　正見及空見　破邏遇娑經（梵音經名也）
亦說殊勝空　緣生若正知
彼知空相應　緣生若不知　亦不知彼空
於空若起慢　於蘊不生猒　彼名惡趣空
則迷緣生義　緣生不迷故　離慢彼知空
及猒於蘊故　不迷於業果　業作緣續生
亦非不緣此　空緣當有此　業報受用故
十二支差別　先已說緣生　彼煩惱苦業
三中如法攝　從三生於二　從二生於七
從七復生三　有輪如是轉　一切皆因果
從空生於空　從法生於法　藉緣生煩惱
藉緣亦生業　藉緣亦生報　無一不有緣
誦燈印鏡音　日光種子醋　蘊續不移時
智應觀彼二

緣生三十論本竟

緣生三十論我當隨順文第解釋

從一生於三　從三轉生六　六二二更六

從六亦生六

從一生於三者一謂無知此無知者說名無明於苦集滅道中不覺知故名爲無知由故則有福非福不動說名三行及身行口行心行等從其轉生

從三轉生六者從三行生六識身所謂眼識耳識鼻識舌識身識意識六二者彼六識身轉生二種所謂名色二更六者名色二種轉生六處所謂眼處耳處鼻處舌處身處意處從六亦生六者從彼六處轉生六觸所謂眼觸耳觸鼻觸舌觸身觸意觸

從六有於三　此三復有三　三復生於四
四復生於三

從六有於三者從彼六觸轉生三受所謂樂受苦受不苦不樂受此三復有三者還從彼等三受轉生三種愛所謂欲愛有愛無有愛三復生於四者從彼三種愛轉生四取所謂欲取見取戒禁取我語取四復生於三者從彼四取轉生三有所謂欲有色有無色有

從三生於一　彼一復生七　於中所有苦
牟尼說皆攝

從三生於一者還以彼等三有作緣生當來一種生彼一復生七者還從一生當有老死愁歎苦憂惱等七種於中所有苦牟尼說皆攝者於中無明爲始苦爲終無量種苦世尊略說皆此所攝

十二種差別　智士說爲空　緣生支力故
應知十二法

十二種差別智士說爲空者此無知等差別有十二支彼一切皆自性空應當知如此所說唯是空法從空生空從法生法由緣生支法故應知十二法者若以次第生支力故彼十二法如是應知彼中迷惑相者是無明彼行句處積集當有相者是行彼識句處次受生支轉出相者是識彼名色句處名身色身和合相者是名色彼六處句安置根相是六處彼觸句處眼色識共聚相者是觸彼受句處受非愛顚倒受用相者是受彼愛句處無猒足相者是愛彼取句處執持斷取相者是取彼有句處名身色身相者是有彼生句處蘊生起相者是生彼老句處成熟相者是老彼死句處命根斷者是死彼愁句處怨遠相者是愁彼歎句處哭聲者是歎彼苦句處身逼惱相者是苦彼憂句處心逼惱相者是憂彼諸熱惱句處損害相者是惱

無知與業識　名色根三和　領渴及以取
集出熟後邊

於中無知者是無明業者行識者是了別名色五蘊聚根者是處三和者是觸領納者是受渴者是愛取者是執持受用者是有起者是生熟者是老後邊者是死

又此等差別相攝我當次第說之於中煩惱業差別

初八九煩惱　第二第十業　餘七皆是苦
三攝十二法

三煩惱者無明愛取二業者行有七報者識名色六處觸受生老死等此十二法三種所攝又時差別

初二是過去　後二未來時　餘八是現在
此謂三時法

大乘緣生論　第六張　功字号

無明行初二種過去時生老死後二
種未來識名色六處觸受愛取有八
種現在時
又此等各各次第相生
煩惱業感報　報還生煩惱　煩惱復生業
亦由業有報
煩惱業報三種如前所說由彼煩惱
故有業由業故有報還由報故有煩
惱由煩惱故有業由業故有報
問曰由煩惱盡各各寂滅其義云何
答曰
離惱何有業　離業何有報　無報則離惱
此三各寂滅
若其此心無煩惱染則不集業若不
作業則不受報若滅報者亦不生煩
惱如是此三各各寂滅
又此等有因果分
五支因生果　名爲煩惱業　七分以爲果
七種苦應知
五種因名爲煩惱業者如前所說無
明行愛取有是也七種果轉生者亦
如前所說七種苦所謂識名色六處
觸受生老死是也

大乘緣生論　第七張　功字号

又此因果二種空
因中空無果　果中亦無因　因中亦無因
果中亦無果　因果二俱空　智者空相應
梵本一偈今爲一偈半
若此所說因果二種於中若因空果
亦空果空因亦空因空因亦空果空
果亦空於此四句際當與相應
又此更有別分
丗中四種支　因果合故有　煩惱業果合
應許爲六支
丗中四種支因果合故有者所說三
丗五種因共七種果總略爲四種大
第有四種分於中無明行過去時二
法爲初分識名色六處觸受現在時
爲第二分愛取有亦是現在時爲第
三分生老死未來時二法爲第四分
此謂四種分也煩惱業果結許爲六
分者煩惱業報三種結爲二根則爲
六分於中無明乃至受以無明爲根
愛乃至老死爲愛根無明根中無明
是煩惱分行是業分識名色六處觸
受是報分愛根中愛取是煩惱分有
是業分生老死是報分

大乘緣生論　第八張　功字号

又節分總略
有節所攝故　二節及三略　因果雜爲節
三四節總略
有節爲本發起二節所謂有生兩開
是第一節行識兩開是第二節此二
節此二並爲業果節受愛中因果共
雜是第三節此之三節復爲四種總
略無明行二種是第一總略識名色
六處觸受五種是第二總略愛取有
三種是第三總略生老死二種是第
四總略此謂三節及四總略
又此等法中位時差別
二三二三二　苦位有五法　作者及藏界
境轉生流行
法者無明行說爲二種識名色六處
說爲三種觸受說爲二種愛取有說
爲三種又二者生老死說爲二種此
等五法是苦位中作者胎藏境界發
轉出生於中流行如數當知於中無
明行二種說爲苦位中作者識名色
六處三種說爲苦位中胎藏觸受二
種說爲苦位中境界愛取有三種說
爲苦位中發生老死二種說爲苦位

中流行
又果差別
迷惑發起果　報流果爲二　相應根分中
一一三二分
如前所說此無明根及愛根於無明根初分中迷惑發起報等流名四種果一一三二數分之道隨其次第當與相應於中無明是迷惑果行是發起果識名色六處是報果觸受是等流果復有餘殘果
熱惱缺短果　轉出等流果　相應餘分中
二二一法
如前所說第二愛根分中熱惱缺短轉生等流果等隨其數分二一一一於此法中當與相應於中愛取是熱惱果有是缺短果生是轉出果老死是等流果如是此等則有八果
此有十二種　和合緣生故　無衆生無命
空無以慧知
如是無明占譯無明今無知乃正也爲初老死爲後有十二支和合勝故各各緣生而無衆生無壽命空無以慧應知於中無衆生者以不牢固故無壽命者以無我

故空者無作者以無作者故
無我無我所　無我無我中　四種無知空
餘支亦如是
無知是無我此中無知是無我所以無我故無我中無無知四種無知無我所中亦無無知空如四種次第無知空
如是行等餘支亦皆是空應當知之
斷常二邊離　此如是中道　若覺已成就
覺體是諸佛
有是常執無是斷執此二邊由此生緣故生彼彼諸有中若離二邊即契中道若不知此是義則諸外道墮於二邊若覺悟已是則一切諸佛如佛於世間能成就非餘
覺已於衆中　聖仙說無我　曾於城喻經
導師說此義
彼亦是此中道覺已於諸衆中佛說無我無我所汝等比丘當知謂著我我所愚童凡夫寡聞之類隨假施設中復我及我所比丘生時但苦生滅時但苦滅如城喻經中導師已說義又

迦旃延經說　正見及空見　破邏具孥經
亦說殊勝空
此等三經及以餘處如是之相世尊已廣說
緣生若正知　彼知空相應　緣生若不知
亦不知彼空
於前所說緣生若有正知彼知無異彼復何知謂知於空緣生若不知亦不知空者於此緣生若其不知亦於彼空不能解入應知之
於空若起慢　則不猒於蘊　若有彼無見
則迷緣生義
於空若起慢則不猒若起空慢則於五蘊中不生猒離若有彼無見則迷緣生義者若復由於無見迷此緣生義故則於四種見中隨取何見一者斷見二者常見三者自在化語四者一切宿業作
緣生不迷故　離慢彼知空　及猒於蘊故
不迷於業果
緣生不迷故離慢彼知空者於前所說各各緣生中若無迷心及於執取我我所中若得離慢彼則如法能入

於空及䑛於蘊故不迷於業果者五蘊中執取我我所故則徧世間輪轉不息於彼蘊中䑛離故於此業果相續則無顛倒亦不迷惑

又問此義云何

業作緣續生　亦非不緣此　空緣當有此
業報受用具

業作緣續生亦非不緣此者煩惱業報如前所說彼以如是善不善業推遣衆生傍及上下相續而生若非此業則不作緣若不然者則不作業受報已作業而失空緣當有此業報受用具者若由此等善不善業有報受用則自性是空本無有我作緣發生彼性空亦應當知

彼義今更略說

十二支差別　前已說緣生　彼煩惱業苦
三中如法攝

無明爲初老死爲後是十二支緣生差別如前所說彼中三是煩惱二是業七是苦皆已攝入

從三生於二　從二生於七　從七復生三
有輪如是轉

無明愛取三種所生行有二種彼二所生識名色六處觸受生老死七支彼七支中如前所說還生三種彼三復其二更七是故二種次第不斷此之有輪如是轉

因果生諸世　無別有衆生　唯是於空法
還自生空法

因果生諸世無別有衆生者無明行愛取有五種名因識名色六處觸受生老死七種果此等所有普徧世間若我若衆生若壽若生者若丈夫若人若作者是等分別唯虛誑應當知之彼云何生唯是於空法還自生空法謂自性空中假名煩惱業果唯有空假名煩惱業果法生此是其義

藉緣生煩惱　藉緣亦生業　藉緣亦生報
無一不有緣

若有煩惱則有種種無量業及種種業所生果報彼皆因共緣應當知之無有一法無因緣者

又爲明彼義今更說譬喻

誦燈印鏡音　日光種子醋　衆續不移轉
智應觀彼二

如誦有教誦者受誦者所有教誦不移轉受誦何故教誦者仍安故其教誦者亦不相續何以故自不自故如燈次第生非是初燈移轉亦非第二無因而生如是印與像二種面與鏡二種音與響二種日與火二種種子與芽二種醋與舌涎二種此等所有皆不移轉亦非不生亦非無因而生彼二種五蘊相續次第轉非初蘊而移轉而第二蘊亦非不生亦非無因而生智者於此蘊相續次第不移轉應當正觀又內外相應有十種皆當知於中外十種者一者非常故二者非斷故三者不移轉故四者因果相繫無中間故五者非彼體故六者非別異故七者無作者故八者非無因故九者剎那滅故十者同類果相繫故彼外所有種子滅無餘故非常芽出生故非斷種子滅無餘已其芽本無今有生故不移轉彼所相續無有斷絕因果相繫故無中間種子芽差別故非彼體從出生故非別異因緣和合故無作者種子爲因故非無因種

子芽莖枝葉華果等展轉相生故剎那滅甜醋醎苦辛澀隨因差別果轉出故同類果相繫於中內十種者一者死邊蘊滅無餘故非常二者得支生支蘊故非斷三者死邊蘊滅無餘已支生支蘊本無今有生故不移轉四者蘊相續無有斷絕因果相繫故無中間五者死邊支生支蘊差別故非彼體六者從彼出生故非別異七者因緣和合故無作者八者煩惱業為因故非無因九者迦邏羅頞浮陀箄尸伽那奢佉出胎嬰孩童子少年長宿等展轉相生故剎那滅十者善不善薰隨因差別果轉出故同類果相繫

又有三偈

如燈焰轉生　識身亦如是　前際與後際
亦無有積集　不生亦有生　破壞不和合
所生亦無住　而此作業轉　若於彼緣生
而能觀知空　若知彼施設　則契於中道

於中無明行愛取有是為集諦識名色六處觸受生老死是為苦諦彼十二支道諦者令彼滅證方便所謂念處正斷如意足根力覺支八聖道名為道諦

大乘緣生論一卷

大乘緣生論一卷

校勘記

一　底本，金藏廣勝寺本。八九〇頁中至頁下第八行原版殘，以麗藏本補。

一　八九〇頁中一行經名，磧、南、徑、清作「大乘緣生論」，卷末經名同。

一　八九〇頁中二至三行譯者，石作「大興善寺三藏沙門大廣智不空奉詔譯」；磧、南作「特進試鴻臚卿大興善寺三藏沙門大廣智不空奉詔譯」；徑、清作「唐特進試鴻臚卿三藏沙門大廣智不空奉詔譯」。

一　八九〇頁中一〇行首字「領」，石、磧、南作「飲」。又「集生熟次終」，磧、南、徑、清作「集出熟後邊」。

一　八九〇頁中一七行第八字「空」，磧、南作「說」。

一　八九〇頁中一八行第一〇字「果」，磧、南、徑、清作「果因果二俱空」。

一　八九〇頁中二三行「迷惑發起果」，

磧、南作「迷發起果報」。又第六字「等」，石、徑、清作「報」。

一　八九〇頁下二行「故緣生」，徑、清作「緣生故」。又「慧以知」，磧、南、徑、清作「以慧知」。

一　八九〇頁下七行第一三字「遇」，徑、清作「具」。又夾註「名也」，徑無。

一　八九〇頁下一〇行「於蘊……趣空」，徑、清作「則不猒於蘊若有彼無見」。

一　八九〇頁下一三行末字「故」，石、清、麗作「具」。

一　八九〇頁下一四行「先巳」，徑作「前已」。又「苦業」，石、清、麗作「業苦」。

一　八九〇頁下一六行至次行「一切……於法」，徑、清作「因果生諸世無別有衆生唯是於空法還自生空法」。

一　八九〇頁下一九行末字「時」，徑、清作「轉」。

一　八九一頁上二行第七字「一」，石、麗無。

一　八九一頁上一八行「三復」，石作「從三復」。

一　八九一頁上二〇行第九字「四」，麗作「從四」。

一　八九一頁中四行第二字「生」，麗無。

一　八九一頁中一三行第一二字「應」，麗作「應當」。

一　八九一頁中一九行第八字「相」，麗作「相者」。

一　八九一頁下一一行第八字「根」，磧、南、徑、清作「相」。

一　八九一頁下一九行末字「七」，磧、南、清作「十」。

一　八九二頁上一八行「七分」，徑、清作「七支」。

一　八九二頁中三行「因果二俱空」，石、麗無。

一　八九二頁中四行「一偈半」，麗作「一句矣」。

一　八九二頁中八行「別分」，麗作「分別」。

一　八九二頁中一〇行「六支」，徑、清作「六分」。

一　八九二頁下六行「此二」，麗無。

一　八九二頁下末行第五字「發」，麗作「發轉」。

一　八九三頁上一八行「緣生故」，石、麗作「故緣生」。

一　八九三頁中一一行「此生」，石、磧、南、徑、清作「此此生」。

一　八九三頁下二行末字「空」，石作「經」。

一　八九三頁下一三行第八字「猒」，南、徑、清作「猒者」。

一　八九四頁上三行「於此」，石、麗作「於」。

一　八九四頁上五行第二字「問」，石作「何」；麗無。

一　八九四頁上一四行第二字「則」，石、麗無。

一　八九四頁中一〇行第六字「果」，

石、麗作「名果」。

一　八九四頁中一一行「若壽」，石作「若受」。

一　八九四頁中二二行第一一字「衆」，徑作「蘊」。

一　八九四頁下二行第一一字「安」，磧、南、徑、清、麗作「安安」。

一　八九四頁下七行第九至第一〇字「二種」，石、麗作「二種二種」。

一　八九四頁下二一行「相繫」，麗作「相繼」。次頁上七行同。

一　八九四頁下二二行首字「故」，磧、南、徑、清作「所」。

一　八九五頁上七行「因果」，石作「因」。

一　八九五頁上一二行第五字「奢」，石、麗作「奄」。

一　八九五頁中一行第三字「斷」，麗作「勤」。

七俱胝佛母所說准提陀羅尼經　宅

開府儀同三司特進試鴻臚卿肅國公食邑三千戶賜紫贈司空謚大鑒正號大廣智大興善寺三藏沙門不空奉　詔譯

如是我聞一時薄伽梵在名稱大城逝多林給孤獨園與大苾芻衆并諸菩薩及諸天龍八部前後圍繞愍念未來薄福惡業衆生即入准提三摩地說過去七俱胝佛所說陀羅尼曰

娜莫颯多南引三藐三没馱引俱引胝南引怛儞也二合他引唵者禮主禮准泥娑嚩引二合賀引

若有修眞言之行出家在家菩薩誦持此陀羅尼滿九十万遍無量劫造十惡四重五無間罪悉皆消滅所生之處常遇諸佛菩薩豐饒財寶常得出家若是在家菩薩修持戒行堅固不退誦此陀羅尼常生天趣或於人間常作國王不墮惡趣親近賢聖諸天愛敬擁護加持若營世務無諸災橫儀容端正言音威肅心無憂惱若出家菩薩具諸禁戒三時念誦依教修行現生所求出世間悉地定慧現前證地波羅蜜圓滿疾證無上正等菩提

若誦滿一万遍即於夢中見佛菩薩即吐黑物其人若罪尤重誦二万遍即夢見諸天宮寺舍或登高山或見上樹或於大池中澡浴或見騰空或見與諸天女娛樂或見說法或見拔髮剃髮或食酪飯飲白甘露或度大海江河或昇師子座或見菩提樹或乘船或見沙門或見居士以白衣黃衣覆頭或見日月或見童男童女或上有乳菓樹或見黑丈夫口中吐火焰共彼鬪得勝或見惡馬水牛欲來抵觸持誦者或打或叱怖走而去或食乳粥酪飲或見蘇摩那花或見國王若不見如是境界者當知此人前世造五無間罪應更誦滿七十万遍即見如上境界應知罪滅即成先行然後依法畫本像或三時或四時或六時依法供養求世間出世間悉地乃至無上菩提皆悉獲得

若有修持此陀羅尼當知未來成就處所有難無難悉地遲疾應於一淨室以瞿摩夷塗一小壇隨力供養以結

界眞言結十方界以香水一瓶置在壇中一念誦其瓶動轉當知所為所求事成就若不動轉其事不成

又法取一丸梡以香塗置於壇中專心念誦梡若轉動事即成就若不動事即不成

又法欲知未來之事先塗一小壇令一具相福德童子澡浴清潔著新淨衣服以七俱胝眞言加持香塗童子手又加持花七遍置童子手中令童子掩面立於壇中又取別花誦眞言加持一遍一打童子手背乃至二十一枚即問童子善惡之事童子皆說

又法取一明鏡置於壇中先誦眞言加持花一百八遍已然後又誦眞言一遍一擲打鏡面於鏡面上即有文字現說善惡事

又法欲知事善不善成就不成就取蘇摩那花香油誦眞言加持一百八遍塗右手大母指面誦眞言聲不斷絶令童子觀指上現諸佛菩薩形像或現文字具說善惡

又法若人患鬼魅病取楊柳枝或茅

草誦眞言拂患者身即得除愈
又法若患重病者誦眞言一百八遍
稱彼人名以牛乳護摩即差
又法若孩子夜啼令童女右搓線誦
眞言加持結二十一結繫於頸下孩
子即不夜啼
又法先加持白芥子一百八遍然後
取芥子誦眞言一遍一擲打彼鬼魅者
滿二十一遍其鬼魅馳走病者除愈
又法若有患鬼以瞿摩夷塗一小壇
以麩炭畫地作鬼魅形誦眞言以石
榴等鞭之彼鬼啼泣馳走而去
又法若人被鬼魅所著或復病者身
在遠處不能自來或念誦人又不往
彼取楊柳枝或桃枝或花加持一百
八遍使人將往病人所以杖拂病人
或以花使病人嗅或以花打病人是
魅即去病者除差
又法若被虵所齧或拏吉女鬼所持
旋遶病人誦眞言其病即愈
又法若人患癰腫等及諸毒蟲所嚙
取檀香汁和土為埿誦眞言七遍塗
瘡上即愈

七俱胝佛母陀羅尼經　第四張　乇

又法若在路行誦此眞言不被賊劫
傷損亦離諸惡禽獸等難
又法若鬪諍言訟論理及談論求勝
者誦此眞言強勝
又法若於江河中行誦此眞言不被
漂伱及水中惡龍黿鼉等傷害
又法若被囚禁繫閉者誦此陀羅尼
速得解脫
又法國中有疫病七夜以油麻粳先
和酥蜜作護摩即得災滅國土安寧
又法若求豐饒財寶者每日以種種
食護摩得財寶豐饒
又法欲令人敬愛歡喜者眞言句中
稱彼人名即得歡喜順伏
又法若無衣者念誦即得衣
又法意中所求念誦皆得如意
又法若人身體支節痛加持手二十
一遍摩觸痛處即差
又法若患瘧及頭痛以加持手二十
一遍摩觸亦得除差
又法塗一小壇取一銅椀盛滿淨灰
令童子兩手按灰椀上持誦者應誦
眞言本尊使者入童子身其椀即轉

七俱胝佛母陀羅尼經　第五張　乇

即下語童子日自結三部三昧耶印
誦三部眞言即取滑石過與童子童
子即於地上書過去未來事吉凶善
惡及失脫經論廢忘難義眞言印即
得知解
又法兩軍相敵於樺皮上書此陀羅
尼懸於竹竿上令人手把誦眞言彼
敵即破
又法若女人無男女以牛黃於樺皮
上書此眞言令帶不久當有男女
又法或有女人夫不重取一新缾滿
盛水於缾中著七寶及諸藥五穀
白芥子以繒帛繫缾項以眞言加持
一百八遍令女人結根本印安頂上
以水灌頂即得寵愛敬重非但敬重
亦得有子息在胎牢固
又法行者每念誦時結大印誦眞言
印塔滿六十万遍所求之事皆得滿
足觀自在菩薩金剛手菩薩多羅菩
薩即為現身所求如意或作阿蘇羅
宮中王或得菩薩地或得長年藥或
得敬愛法成就
又法於菩提道場於大制底前誦此

七俱胝佛母陀羅尼經一張　第六張　乇

陁羅尼得見聖僧共語與悉地成就得共彼同行即共同彼聖僧

又法於高山頂上念誦一俱胝遍金剛手菩薩將此人領五百六十人同共阿蘇羅宮壽命一劫得見弥勒菩薩聽聞正法聞法已獲菩薩地得不退轉

又法上毗補羅山云但有高山亦得有舍利塔像前念誦隨力以香花供養乞食以支身命從月一日至十五日誦陁羅尼滿三十万遍取其滿日一日一夜不食倍加供養至後夜即見金剛手菩薩將行人往自宮中為行者則示阿蘇羅窟門入窟中得天妙甘露壽齊日月

又法於三道寳階從天下處寳塔行者乞食旋遶誦俱胝遍即見無能勝菩薩與願為說妙法示無上菩提道或見訶利底母將此人入自宮中與長年藥還童年少端正可喜獲得伏藏大人許可應廣利益三寳得一切菩薩安慰示其正道乃至菩提道場

又法若人無宿善根無菩提種不修

菩提行纔誦一遍則生菩提法芽何況常能念誦受持

七俱胝准提陁羅尼念誦儀軌

若有修習此陁羅尼求成就者先須澡浴應著淨衣嚴飾道場安置本尊隨力所辦其道場法應擇勝地作四肘壇掘深三肘除去瓦礫惡土髮毛及骨灰蟲蟻等以好淨土填滿築平揺無惡土即取舊土填土若有勝當知其地是大吉祥速疾成就取未隨地瞿摩夷以香水和沙好土為泥誦無能勝真言加持二十一遍然後泥壇泥已復取五淨相和五淨者瞿摩夷汁牛尿酪乳酥以無能勝菩薩真言加持一百八遍右旋遍塗其壇若於山石上建立或在樓閣或居船上一切賢聖得道處但以五淨塗拭面向東坐結無能勝印按地誦真言七遍加持壇中心又取諸藥七寳并五穀各少分掘中心深一肘安諸藥及七寳復取舊土填滿平治以右手按誦地天偈三遍警覺地天神偈言

汝天親護者　於諸佛道師　修行殊勝行

淨地波羅蜜　如破魔軍衆　釋師子救世

我亦降伏魔　我畫曼荼羅

誦地天真言曰

曩莫三滿多沒䭾引南引毘哩二合體他以反微曳二合娑嚩二合賀

誦偈加持已然後以檀香塗九箇聖位如滿月以新淨供具金銀熟銅商法具玉石瓷木等新器盛諸飲食及好香花燈燭閼伽香水隨力所有布列供養若在家出家菩薩求成就者每入道場先應禮佛懺悔隨喜勸請發願已應自誓受菩提心戒真言曰

唵没引地止多母怛跛二合娜野弭

菩提心者離一切我執遠離蘊處界及離能取所取於法平等自心本不生自性空故如過去一切佛菩薩發菩提心我亦如是此名自誓受菩提心戒由誦一遍思惟勝義諦獲得無量無邊無為功德莊嚴三業乃至菩提道場其福無間斷速滅一切業障真言速得成就本尊現前如花嚴入法界品慈氏菩薩為善財童子說菩提心功德自誓菩提心戒已全跏半跏隨

意而坐端身閉目即結定印想空中准提佛母與七俱胝佛圍遶遍滿虛空定中禮一切諸佛及准提佛母然後以塗手應結契印佛部三摩耶印

二手虛心合掌開二頭指屈輔二中指甲下第一節側二大指各附二頭指根下即成當心誦真言七遍想於如來三十二相八十種好相好分明如對目前真言曰

唵怛他(引)蘖都納婆(二合)嚩(引)野娑嚩(二合引)賀(引)

由結此印誦真言故即警覺一切如來悉當護念加持行者以光明照觸所有罪障皆得消滅壽命長遠福慧增長佛部聖衆擁護歡喜生生世世離諸惡趣蓮花化生速證無上正等菩提

蓮花部三麼耶印

以二手虛心合掌散開二頭指二中指二無名指屈如蓮花形安印當心誦真言七遍想觀自在菩薩相好具足於頂右散真言曰

唵跛娜謨(二合)納婆(二合)嚩(引)野娑嚩(二合引)賀(引)

由結此印誦真言故即警覺觀自在菩薩等持蓮花者一切菩薩光明照觸所有業障皆悉除滅一切菩薩常為善友金剛部三麼耶印

以左手翻向外以右手掌背安左手背以左右大小指互相鉤如金剛杵形安於當心想金剛手菩薩誦真言七遍頂左散印真言曰

唵嚩日囉(二合)納婆(二合)嚩(引)野娑嚩(二合)賀(引)

由誦此印及誦真言故即警覺一切金剛聖衆加持擁護所有罪障皆得除滅一切痛苦終不著身當得金剛堅固之體

次結第二根本印(身用護)

二手外相叉二頭指二大指並直豎即成誦佛母心真言印身五處所謂額次右肩次左肩次心次喉頂上散真言曰

唵迦麼黎尼麼黎准泥娑嚩(二合)賀(引)

結護身印時起大悲心遍緣六道四生願一切有情披大悲莊嚴堅固金剛甲冑速證無上正等菩提

次結地界橛印

二手內相叉豎二大指頭指二小指各相合屈左頭指如鉤三掣大母指指地即成一掣誦真言一遍真言曰

唵准你你枳攞野娑嚩(二合)賀(引)

由結此印誦真言加持地界故下至水際如金剛座天魔及諸障者不為惱害少如功力速得成就持誦者次應於壇中想八葉大蓮花上有師子座座上有寶樓閣垂諸瓔珞繒幡幢蓋寶柱行列垂妙天衣周布香雲普雨雜花奏諸音樂寶瓶閼伽天妙飲食摩尼為燈如無漫荼羅但於空中觀想即成作此觀已應誦此偈

以我功德力　如來加持力　及以法界力
普供養而住

誦此偈已即誦大虛空藏菩薩真言曰

唵誐誐曩三婆嚩嚩日囉(二合)斛(引)

由誦此真言加持故所想供養具真實無異一切聖衆皆得受用

次結寶車輅印

二手內相叉仰掌二頭指橫相拄以二大指各捻頭指根下想七寶車輅

佛部使者駕御七寶車輅乘空而去
至於色界頂阿迦尼吒天毗盧遮那
佛宮殿中誦真言七遍真言曰
唵覩嚕覩嚕吽引
由誦真言結印加持故七寶車輅至
色界頂准提佛母并八大菩薩及諸
聖衆眷屬圍遶乘七寶車輅
次結請車輅印
准前印以大指向身撥中指即成誦
真言七遍真言曰
曩莫悉底哩二合野地尾二合迦南一怛
他引蘖多引南二唵嚩日朗二合擬伽以反
羯哩灑二合也娑嚩二合賀
由誦真言加持故聖衆從本土來至
道場空中而住次結請本尊印從車
輅下降於道場准前第一根本印以
二大指向身招誦真言三遍真言曰
唵者禮主禮准泥翳醯曳二合呬娑誐
嚩底丁以反娑嚩二合賀
次結無能勝菩薩印辟除障者
二手右押左內相叉作拳竪二中指
頭相合即成遠身左旋三帀作是思
惟所有障者毗那夜迦諸惡鬼神遠

走而去所來聖衆不越本三麽耶大
悲而住願垂加護
次結牆界印
曩莫三滿多勃䭾引南引唵戶嚕
戶嚕戰拏里麽引蹬耆娑嚩二合引賀
准前地界印屈右頭指展左頭指右
旋三帀隨心近遠即成金剛堅固之
城諸佛菩薩尚不違越何況諸餘難
調伏者毗那夜迦及毒蟲利牙爪者
不能輔近真言曰
唵准你偉鉢囉二合迦囉耶娑嚩二合
賀引
次結上方網界印
准前牆界印展左頭指右押左當中
節相交即成誦真言三遍真言曰
唵准你偉半惹囉娑嚩二合賀
由誦真言結印加持故即成金剛堅
固不壞之網
次結火院密縫印
以左手掩右手背相重直竪二大指
即成誦真言三遍右旋三匝想金剛
牆外有金剛火圍繞真言曰
唵阿三莽擬伽以反你吽引發吒半音

由結此印誦真言成大結護密縫不
被諸魔入
次結閼伽印
二手內相叉竪二中指頭相著以二
頭指捻二中指背二大指側附二頭
指根下即成根本印准前根本印微
屈二大指入掌即成閼伽印誦真言
三遍真言曰
唵者禮主禮准泥遏鉗鉢囉二合底瑳
娑誐嚩底丁以反娑嚩二合引賀引
行者思惟聖衆了了分明想自身在
諸佛聖衆足下手持七寶閼伽器盛
香水浴聖衆足由獻閼伽香水故行
者三業清淨洗滌煩惱垢業障消滅
次結蓮花座印
准前根本印並二大指向身竪運想
從此印流出無量師子座奉獻一切聖
衆是諸聖衆各各皆坐真言曰
唵迦麽邏娑嚩二合引賀
由結座印誦真言奉獻聖衆故行者
當得十地滿足得金剛之座
准前根本印以二大母指頭捻二中
指中節即成誦真言三遍真言曰

唵者娑縛二合賀引
想從此印流出無量光明一一光明
道有無量七寶賢缾想滿天妙香水
灌注一切聖衆澡浴後想空中有無
量天樂供養本尊諸佛菩薩一切聖
衆由結此印誦真言故行者不久當
證法雲地
次結塗香印
准前根本印以二大指博著右頭指
下節即成真言三遍真言曰
唵禮娑縛二合賀引
想從此印流出無量光明一一光明
道有無量天妙塗香粖香雲海供養
本尊諸佛菩薩一切聖衆由結此印
誦真言故當證一切如來戒定慧解
脫解脫知見者
次結花印
准前根本印以二大指博著左頭指
節即成誦真言三遍真言曰
唵主娑縛二合賀引
想從此印流出無量光明一一光明
道有無量種種水陸天花雲海供養
本尊諸佛菩薩一切聖衆由結此印誦

真言故當得大慈三摩地成就能利
樂無邊衆生諸災難不著身
次結燒香印
准根本印屈右頭指捻二大指頭即
成誦真言三遍真言曰
唵禮娑縛二合賀
想從此印流出無量光明一一光明
道有無量和合俱生天妙燒香雲海
供養本尊諸佛菩薩一切聖衆由結
此印誦真言故當得普遍法界三摩
地成就次結飲食印准前根本印以
左頭指捻二大指頭即成誦真言三
遍真言曰
唵准娑縛二合賀引
想從此印流出無量光明一一光明
道有無量天妙種種飲食雲海供養
本尊諸佛菩薩一切聖衆當得法喜
禪悅食三解脫寂勝妙三摩地成就
次結燈印
准前根本印以二頭指各捻二大指
頭即成誦真言三遍真言曰
唵泥娑縛二合賀
想從此印流出無量光明一一光明

道有無量種七寶燈燭雲海供養本
尊諸佛菩薩一切聖衆當得般若波
羅蜜光明五眼清淨
次誦讚歎
阿縛怛囉左𧢼囉娜二合舍引囉馱
二合娑麼二合囉哩補句致鉢囉二合拏
麼跛娜尾囮帝阿者禮怛蘇娑哩
素你祖禮悉𧖓思准泥薩囉二合悶
底南引娑縛捨麼你娑嚩二合窣引
帝薩跛囉二合弩拏吠怛你也二合他引訖
濕二合嚩引拏蘗帝阿尾你多薩怛
縛二合娜麼顊跛囉二合枲那路引迦怛
囉二合野引囉他二合迦剎囉訖多引二合
囉尾二合引那戍引鼻顊播引怛囉二合
迦囉鐸訖使二合顊娑普二合砧悉體二合
怛縛引二合進底多麼囉二合龕去二合瑟
砧二合李佉若悉曩顊尒然以反下同那你底
薩帝知戈反曩跛囉二合曩跛囉二合庫
舜二合地矚囉始㗚野薩怛梵帝知曳反
囉弭焰引二合巷悶去怛母二合顊帽引
你你夷反嚩日哩二合播枳還馱淰二合素
囉哩補娑嚩南跛囉二合吠捨覩底阿
引哩野二合嚩路引枳帝嚩悉𧖓底諾

僧捨閒薩多惹播引多半音多諾反曩悉底二合薩怛梵八三合引曩那娜惹悉薩寧底緊旨你也二合羯底二合毗藥二合壹底娑迦羅播引跛曩引舍顯娑誐縛底跛耻多麼引怛囉二合悉地迦哩布羅野麽努引囉貪眞㮈娜底曩怛梵八二合娑麽一合覽迦室子多半音二合

次說本尊陁羅尼布字法

從頂至足觀一一眞言字屈曲分明流出光明照六道四生輪迴有情深起悲愍施與安樂用陁羅尼九字布列於行者身

即成以如来印八大菩薩所加持身若作息灾增益降伏敬愛隨四種法所謂白黃黑赤成辦悉地

即結布字印二手內相叉二大指二頭指二小指相合即成

想唵字安於頂以大母指觸頭上

次想兩目童人上俱想者字復以大母指觸右左眼上

次想禮字安於頭上用大母指觸

次想主字當心以大母指觸

次想禮字安左右肩以大母指觸

次想准字安齊上以大母指觸

次想泥字安右左兩脛上以小指觸

次想娑縛二合字安右左兩脛上以小指觸

次想賀字安右左二足掌用小指觸

由想布眞言結印加持故行者身即成准泥佛母身滅除一切業障積集無量福德吉祥其身成金剛不壞體若能常專注觀行一切悉地皆得見前速證無上正等菩提

次結根本印誦根本真言七遍頂上散印即取菩提子念珠具一百八侬法貫穿即以塗香塗其珠上以二手掌中捧珠當心誦眞言七遍加持念珠真言曰

唵尾嚧引遮那引麽羅娑縛二合賀引

加持頂戴心口作是願言我今欲念誦唯願本尊諸佛菩薩加持護念願令速得隨意所求悉地圓滿然後以左手無名指大指承珠右手以大指無名指移珠手如說法相當於心前移珠念誦其聲不緩不急心專注不

異緣觀自身同本尊身相好具足又於身前壇中觀想七俱胝佛母與眷屬圍遶了了分明對坐每稱娑縛二合賀字同時移一珠或百八或一千八為念誦遍數常須限定若不滿一百八即不充求悉地遍數念誦畢已翻珠於掌中頂戴發願作是願言以我念誦功德一切衆生所修眞言行求上中下悉地速得成就安珠於篋中即結定印端身閉目澄心定意當於胷臆身內炳現圓明如滿月皎潔光明起大精進決定取證若能不懈怠專功必當得見本源清淨之心於圓明中想唵字餘八字右旋於圓明上布列於定中須見真言字分明既不散動得定即與般若波羅蜜相應即畫圓明月輪

次應思惟字母種子義

唵字者是三身義亦是一切法本不生義

者字者一切法不生不滅義

禮字者一切法相無所得義

主字者一切法無生滅義

禮字者一切法無垢義
准字者一切法無等覺義
泥字者一切法無取捨義
娑嚩二合字者一切法平等無言說義
賀字者一切法無因義
由一切法本不生故即得不生不滅
由不生不滅故即得相無所得
由相無所得故即得無生滅
由無生滅故即得無垢
由無垢故即得無等覺
由無等覺故即得無取捨
由無取捨故即得平等無言說
由平等無言說故即得無因無果般
若相應無所得以此為方便入勝義實
則證法界真如以此為三摩地念誦
念誦畢已應結根本印
次結澡浴印　次結五供養印
次誦讚歎閼伽　次結阿三麼擬
儞二合印左轉一匝解界次結寶車輅
印以大母指向外撥中指頭奉送聖
者還本宮奉送真言曰
唵者禮主禮准泥蘗車蘗車婆誐

七俱胝佛母所說准提陀羅尼經一卷　第三十張　宅

嚩底沙安嚩二合娑嚩南布娜囉引誐
麼那野娑嚩二合引賀
次結三部三麼耶印各誦真言一遍
禮佛如前懺悔隨喜勸請發願迴向
無上菩提隨意經行轉讀大乘經典
花嚴大般若等經印塔像浴舍利右
旋遶思六念以此福聚迴向自所求
悉地次說息災增益敬愛調伏四種
法扇底迦法者求滅罪轉障除災害
鬼魅疾病囚閉枷鏁疫病國難水旱
不調蟲蝗苗稼五星淩逼本命悉皆
除滅煩惱解脫是名息災法作此法
時著白衣面向北交脚豎膝吉祥坐
觀本尊白色供養飲食菓子香花燈
燭地等悉皆白色從月一日至八日
日三時念誦夜作護摩息災真言曰
唵者禮主禮准泥令某甲若為他人念誦稱彼名字
扇底矩嚕娑嚩二合引賀布瑟置二合
迦法者求延命官榮伏藏富饒聰慧
聞持不忘藥法成就金剛杵等成就
或作師子烏馬類以真言加持二相
現隨上中下所求獲果如悉地廣說
欲求持明仙人阿蘇囉窟及諸八部

七俱胝佛母陀羅尼經　第三十三張　宅

鬼神窟求入者皆得及證地位神通
求二種資糧圓滿速成無上菩提名
增益法作此法時身著黃衣面向東
結跏趺坐觀本尊黃色所供養香花
飲食菓子燈燭地等並皆黃色從月
八日至十五日日三時念誦夜作護
摩真言曰
唵者禮主禮准泥令某甲布瑟徵二合一矩
嚕娑嚩二合賀
伐施迦囉拏法者若欲令一切人見
者發歡喜心攝伏鉤召若男若女天
龍八部藥叉女及攝伏鬼神有諸怨
敵作不饒益事皆令迴心歡喜諸佛
護念加持是名攝召敬愛法作此法
者身著赤衣面向西豎二膝並踞名
普賢坐觀本尊及所供養香花飲食
菓子燈燭地等並皆赤色從十六日
至二十三日日三時念誦夜作護摩
攝召真言曰
唵者禮主禮准泥令某甲嚩試矩嚕娑
嚩二合賀引
阿毗遮嚕迦法者犯五無間謗方等
大乘毀滅佛性背逆君主惑乱正法

七俱胝佛母陀羅尼經　第三十五張　宅

於如是之人深起悲愍應作降伏法以驢糞或馳糞或燒尸灰以用塗壇作此法時身著黑衣或青衣面向南左脚押右脚蹲踞坐觀本尊黑色取臭無香氣黑色或青色花供養所供飲食香花菓子燈燭地等並皆黑色或青色從月二十三日至月盡日取午時中·夜二時念誦夜作護摩真言

曰

吽者禮主禮准泥甲令半跛囉二合喃伽多野吽發吒

次說准泥佛母畫像法

取不截白疊去毛髮者擣於淨壁先應塗壇以閼伽飲食隨力供養畫師應受八戒齋清淨畫像其彩色中勿用皮膠於新器中調色應畫准提佛母像身黃白色結跏趺坐坐蓮花上身佩圓光著輕縠如十波羅蜜菩薩衣上下皆作白色復有天衣角絡瓔珞頭冠臂環皆著螺釧檀慧著寶環其像面有三目十八臂上二手作說法相右第二手作施無畏第三手執劍第四手持寶鬘第五手掌俱緣菓第

六手持鉞斧第七手執鉤第八手執金剛杵第九手持念珠左第二手執如意寶幢第三手持開敷紅蓮花第四手軍持第五手羂索第六手持輪第七手商佉第八手賢瓶第九手掌般若梵夾蓮花下畫水池池中難陀龍王塢波難陀龍王拓蓮花座左邊畫持誦者手執香爐瞻仰聖者准提佛母矜愍持誦人眼下顧視上畫二淨居天子一名俱素陀天子手執花鬘向下承空而來供養聖者畫像已隨力僧次請七僧供養開光明呪願讚歎於像下應書法身緣起偈將像於精室秘密供養以帛覆像念誦時去覆帛瞻禮供養念誦畢却以帛覆慎勿令人見何以故從師受儀軌畫像法若轉與人呈像被魔得便當須秘密

七俱胝佛母所說陀羅尼經

丙午歲高麗國大藏都監奉

勅雕造

七俱胝佛母所說准提陀羅尼經

校勘記

一　底本，麗藏本。

一　八九八頁上二、三行譯者，磧、南、徑、清作「特進試鴻臚卿大興善寺三藏沙門大廣智不空奉詔譯」。其中徑、清冠以「唐」字。

一　八九八頁上一四行「四重」，磧、南、徑、清作「四重五逆」。

一　八九八頁中四行「天室」，磧、南、徑、清作「天堂」。

一　八九八頁中一四行第五字「飲」，磧、南、徑、清作「飰」。又「蘇摩那花」，磧、清作「蘇摩耶花」。

一　八九八頁中二〇行首字「刀」，磧、南、徑、清作「乃」。

一　八九八頁下二行第三字「一」，磧、南、徑、清作「一心」。

一　八九八頁下二一行第七字「上」，磧、南、徑、清作「面上」。

一　八九九頁上一〇行第六字「鬼」，

磧、南、經、清作「鬼魅」。

一　八九九頁上一二行第三字「鞭」，磧、南、經、清作「杖鞭」。

一　八九九頁上一六行第一一字「杖」，磧、南、經、清作「枝」。

一　八九九頁上一七行末字「是」，磧、南、經、清作「鬼」。

一　八九九頁上一九行「拏吉」，磧、南、經、清作「拏吉你」。

一　八九九頁中九行「疫病」，磧、南、經、清作「疾病」。又「七夜」，磧、南、清作「十夜」。又「粳先」，磧、南、經、清作「粳米」。

一　八九九頁中一二行第四字「得」，磧、南、經、清作「即得」。

一　八九九頁下一行第六字「日」，磧、南、經、清作「即」。

一　八九九頁下一一行第八字「不」，磧、南、經、清作「不敬」。

一　八九九頁下一八行第一二字「皆」，磧、南、清作「即」。

一　九〇〇頁上二行第七字「共」，磧、南、經、清作「得」。

一　九〇〇頁上五行首字「共」，磧、南、經、清作「共入」。

一　九〇〇頁中八行第七字「灰」，磧、南、經、清作「灰炭」。

一　九〇〇頁中一二行「真言」，磧、南、經、清作「菩薩真言」。

一　九〇〇頁中二〇行「中心」，磧、南、經、清作「壇中心」。

一　九〇〇頁下八行首字「法」，磧、南、經、清作「佉」。

一　九〇〇頁下一二行「真言」，磧、南作「真言真言」。

一　九〇〇頁下一六行第七字「過」，磧、南、經、清作「過去」。

一　九〇一頁上四行第二字「以」，磧、南、經、清作「以香」。

一　九〇一頁中一二行第二字「誦」，磧、南、經、清作「結」。

一　九〇一頁中二二行「大悲」，磧、南、經、清作「大慈」。

一　九〇一頁下二行「頭指」，磧、南、經、清作「二頭指」。

一　九〇一頁下八行第四字「如」，磧、南、經、清作「加」。

一　九〇一頁下九行第四字「中」，磧、南、經、清作「中心」。

一　九〇二頁中一五行第六字「誦」，磧、南、經、清作「誦此」。

一　九〇二頁中二二行第六字「火」，磧、南、經、清作「火焰」。

一　九〇二頁下二一行與二二行之間，磧、南、經、清有「次結澡浴印」一行。

一　九〇三頁上七行首字「證」，磧、南、經、清作「得」。

一　九〇三頁上九行及一八行「愽著」，磧、南、經、清作「傅著」。

一　九〇三頁上一〇行「下節即成」，磧、南、經、清作「下節側即成誦」。

一　九〇三頁上一六行末字「者」，磧、南、經、清作「香」。

一　九〇三頁上二二行第九字「天」，磧、南、經、清作「天妙」。

一　九〇三頁中二行末字「身」，磧、南、經、清作「身故」。
一　九〇三頁中四行首字「准」，磧、南、經、清作「准前」。
一　九〇三頁下一行第五字「種」，磧、南、經、清作「種種」。
一　九〇四頁上一八行「相合」，磧、南、經、清作「相合直竪」。
一　九〇四頁上一九行至次頁上六行之梵文，磧、南、經、清無。
一　九〇四頁上二〇行第二字「想」，磧、南、經、清作「想左字」。
一　九〇四頁上二一行第二字「者」，磧、南、經、清作「禮」。
一　九〇四頁上二二行第三字「禮」，磧、南、經、清作「祖」。
一　九〇四頁上末行第三字「主」，磧、南、經、清作「禮」。
一　九〇四頁中一行第三字「禮」，磧、南、經、清作「准」。
一　九〇四頁中二行第三字「准」，磧、南、經、清作「泥」。
一　九〇四頁中三行「次想……觸」，磧、南、經、清無。
一　九〇四頁中四行「兩脞」，磧、南、經、清作「兩脛」。
一　九〇四頁中六行「次想……指觸」，磧、南、經、清作「次想訶字安右左兩脛上以小指觸」。
一　九〇四頁中末行首字「移」，磧、南、經、清作「持」。
一　九〇四頁下四行「或百八或一千八」，磧、南、經、清作「一百八或一千八十」。
一　九〇四頁下八行第一二字「言」，磧、南、經、清無。
一　九〇四頁下一〇行「定意」，磧、南、清作「静意」。
一　九〇四頁下二一行首字「者」，磧、南、經、清作「左」。
一　九〇四頁下末行首字「主」，磧、南、經、清作「祖」。
一　九〇五頁上六行首字「賀」，磧、南、經作「訶」。
一　九〇五頁上一六行「念誦」，磧、南、經、清無。
一　九〇五頁中一三行第九字「脚」，磧、南、經、清作「脛」。
一　九〇五頁中二一行「二相」，磧、南、經、清作「三相」。
一　九〇五頁中二二行第一〇字「如」，磧、南、經、清作「如蘇」。
一　九〇五頁下二行末字「名」，磧、南、經、清作「是名」。
一　九〇五頁下一二行第九字「伏」，磧、南、經、清作「伏難調伏」。
一　九〇五頁下一六行首字「普」，磧、南、經、清作「爲」。
一　九〇五頁下二二行末字「等」，磧、南、經、清作「廣」。
一　九〇六頁上五行末字「供」，磧、南、經、清作「供養」。
一　九〇六頁上六行「菓子」，磧、南、經、清作「菓子等」。
一　九〇六頁上一三行第一〇字「損」，磧、南、經、清作「懀」。

一　九〇六頁上二〇行第五字「環」，磧、南、徑、清無。

一　九〇六頁中三行「寶幢」，磧、南、徑、清作「寶幢」。

一　九〇六頁中一〇行第一三字「執」，磧、南、徑、清作「持」。

一　九〇六頁中一二行第一〇字「開」，磧、南、徑、清作「請開」。

一　九〇六頁中末行經名，磧、南、徑、清作「七俱胝佛母所説准提陁羅尼經」。

大集大虛空藏菩薩所問經卷第一　曲

開府儀同三司特進試鴻臚卿肅國公食邑三千戶賜紫贈司空謚大鑒正號大廣智大興善寺三藏沙門不空奉　詔譯

如是我聞一時薄伽梵在如來境界寶莊嚴道場而此道場皆是如來之所加持積集廣大福德資糧大行等流之所成就是諸菩薩所住宮殿演說無邊甚深法處亦是如來遊戲神通無礙智境能生廣大善巧念慧入無所有智所行處盡未來世稱讚無量殊勝功德世尊現證一切諸法平等自在善轉無上清淨法輪善能調伏諸弟子衆善達一切有情意樂善知一切諸根彼岸善斷一切煩惱結習於諸佛事任運施作無有休息與大苾芻衆六百萬人俱此諸苾芻皆是如來法王之子心善解脫慧善解脫已斷一切煩惱結縛善說一切甚深佛法復能通達於無相法端嚴殊特具足威儀為大福田增長之處善住如來之所教令

復有菩薩摩訶薩衆從諸佛剎而來集會其數無量不可思議不可辭喻不可言說此諸菩薩於剎那頃遊戲無邊諸佛世界供養奉事一切如來勸請說法聞法不猒常恒成熟一切有情善巧方便能到第一清淨彼岸住無礙解超越種種分別戲論位皆隣近一切智智其名曰電天菩薩戰勝菩薩遍照菩薩勇健菩薩摧疑菩薩奮迅菩薩觀察眼菩薩常舒手菩薩與如是等上首菩薩摩訶薩俱

尒時世尊為諸菩薩摩訶薩說大集會甚深法時一切大衆處在虛空住寶樓閣而此樓閣莊嚴殊勝猶如大莊嚴世界中一寶莊嚴佛土諸菩薩衆所住樓閣無有異也是諸大衆各各相見皆坐其中時此三千大千世界一切色像蘇迷盧山輪圍山大輪圍山贍部洲等聚落城邑江河泉流陂池大海叢林草木一切地居所有宮殿悉皆隱蔽而不復現欲色空居乃至有頂諸天宮殿及諸有情形色之類亦悉不現猶如劫燒火災之後大地焚爇唯有虛空中無一色為眼

所見此亦如是三千大千世界之中無一色相為諸有情眼所觀見唯除此寶莊嚴道場聲聞菩薩諸天龍藥叉乾闥婆等一切衆會所有色像了然顯現又此道場有師子座自然涌出其量高廣万踰繕那此師子座出淨光明普照三千大千世界映蔽日月釋梵護世所有諸光皆不復現佛坐其上時諸大衆見此奇特勝妙相已踊躍歡喜歎未曾有互相謂言如是殊勝莊嚴樓閣善巧差別假使我等住一劫壽說莫能盡

尒時舍利子承佛威神從寶樓閣起住虛空整理衣服偏袒右肩䠒跪合掌而白佛言世尊是何因緣先現此瑞於此三千大千世界所有色像悉皆隱蔽如大虛空唯有如是所居衆寶莊嚴樓閣自然顯現佛告舍利子汝今見此寶樓閣不荅言已見佛言舍利子汝能讚歎此寶樓閣功德盡不舍利子言盡我壽量不能稱讚真實功德如是舍利子有世界名大莊嚴彼中所有妙寶樓閣一切衆會皆

住虛空今此樓閣如彼所現舍利子白佛言世尊彼大莊嚴世界今在何許佛言舍利子東方過此八佛世界微塵數佛土有世界名大莊嚴佛号一寶莊嚴如來應供正遍知明行足善逝世間解無上士調御丈夫天人師佛世尊今現在說法舍利子以何因緣名大莊嚴彼世界中所有莊嚴殊勝之事若我住世以一劫壽說不能盡是故名之為大莊嚴復以何緣名為一寶莊嚴彼佛常說唯以大菩提心而為其寶是故名為一寶莊嚴彼佛說法與諸菩薩昇師子座及寶樓閣踊在虛空高八十俱胝多羅樹為諸菩薩說虛空清淨法印善男子云何名為虛空清淨法印所謂一切法離性無性故云何離性無性謂一切法無所表示故云何無表示謂一切法無光顯故云何無光顯謂一切法遠離緣慮故云何無緣慮謂一切法寂靜相故云何寂靜相謂一切法無二相故云何無二相謂一切法遠離別異故云何無別異謂一切法入

一道相故云何入一道相謂一切法自性相清淨故云何自性相清淨謂一切法超過三世故云何超過三世謂一切法無依處故云何無依處謂一切法無影像故云何無影像謂一切法超過境界故云何過諸境界謂一切法內外清淨故云何內外清淨謂一切法性無雜染故云何無雜染謂一切法性寂靜故云何性寂靜謂一切法遠離心意識故云何離心意識謂一切法出離相本不生故云何出離相本不生謂一切法無我攝受故云何無我攝受謂一切法無主宰故云何無主宰謂一切法性無我故云何性無我謂一切法本來清淨故云何本來清淨謂一切法本無涅槃故云何無涅槃謂一切法性如幻故云何性如幻謂一切法無實事故云何無實事謂一切法無造作相故云何無造作相謂一切法遠離身心相故云何遠離身心相謂一切法離相無相故云何離相無相謂一切法自相不動故云何自相不動謂一切法無

所依止故云何無所依止謂一切法無所緣故云何無所緣謂一切法遠離阿賴耶故舍利子彼一寶莊嚴如来為諸菩薩說如是三十二虛空清淨法印時無量菩薩知諸法性與虛空等得法自在清淨智忍舍利子彼大莊嚴世界所有菩薩以布施莊嚴於無量劫隨順捨故以淨戒莊嚴身心清淨無諸垢故以忍辱莊嚴於諸有情無害心故以精進莊嚴積集一切法資糧故以靜慮莊嚴遊戲一切解脫等持等至故以智慧莊嚴遠離一切煩惱習故以大慈莊嚴拔濟一切有情故以大悲莊嚴不捨一切有情故以大喜莊嚴於一切有情常喜悅故以大捨莊嚴於一切有情無憎愛故

復次舍利子彼一寶莊嚴如来世界中有菩薩摩訶薩名大虛空藏以大福德及大威力而自莊嚴獲無礙智以相好莊嚴於身以辯才莊嚴於語以勝定莊嚴於心以多聞總持莊嚴於念以平等捨莊嚴於實以慧莊嚴

於諸趣意樂以勝進加行莊嚴於增上意樂到於一切法無疑惑故以神足莊嚴遊戲自在諸神通故以福德莊嚴獲寶手功德常施捨故以智莊嚴分別有情種種意樂故以覺莊嚴令諸有情悟勝法故以眼莊嚴能於五眼得清淨故以耳莊嚴聞諸法義如響應故以無礙解莊嚴法義詞辯無盡説故以力莊嚴得佛十力壞魔怨故以無畏莊嚴摧諸外論無所屈故以功德莊嚴獲佛無邊諸功德故以法莊嚴於衆毛孔演法如響故以明莊嚴能見一切佛法藏故以光莊嚴照耀一切諸佛刹故以記心莊嚴無錯謬故以教誡莊嚴令如説行故以神境莊嚴變現一切種種相故以一切佛讚歎莊嚴住無繫屬得自在故以一切善法莊嚴入一切佛法境故舍利子彼虛空藏菩薩摩訶薩成就如是無量功德與諸菩薩發意欲來詣此娑訶世界瞻仰於我恭敬禮拜奉事供養亦為分別此大集會微妙法門令斯十方諸來菩薩生大喜

悦清淨信樂又令菩薩攝受大攝受道法故

尒時大虛空藏菩薩摩訶薩與十二俱胝菩薩前後圍遶一心瞻仰一寶莊嚴如來白言世尊我今欲詣娑訶世界禮拜供養釋迦牟尼佛願見聽許彼佛告言今正是時隨汝意往即時頂禮一寶莊嚴如來足已住對面念承佛遊戲無行神通從彼國沒忽然不現一念之頃與衆菩薩至此娑訶世界寶莊嚴道場住於虛空散彼世界衆妙花香如雨而下所謂末香塗香幢幡繒蓋月花大月花妙殊勝花日月光花日燈花日精花愛花大愛花照曜花娑闍羅花勝妙娑闍羅華遍無垢花清淨無垢花金光照曜花虛空照曜花大白香照觸花百葉千葉花除憂花作喜花天所讚花龍花安樂生喜花禪枝花令身快樂花令心歡喜花香遍三千世界花息除衆病華妙威德莊嚴花流出無邊福德花照觸十方菩薩華雨如是等種種妙華積高至膝周遍三千大千世界

時諸大衆見此花已白言世尊如是種種勝妙諸華衆妙妓樂昔所未見昔所未聞從何所來願見開示佛言是彼大虛空藏菩薩摩訶薩從大莊嚴世界而來此會住在虛空先雨如是勝妙諸花供養於我及此經法

尒時大虛空藏菩薩摩訶薩與俱來菩薩從空而下頭面禮足遶佛三帀住一面立而白佛言世尊彼一寶莊嚴如來問訊世尊少病少惱起居輕利安樂行不此有十二俱胝菩薩昔以曾受世尊化導與我俱來詣此娑訶世界為欲聽聞大集經故彼世尊為欲令諸菩薩於一切法得自在故成就大法故唯願世尊哀愍攝受為説如是甚深法要

尒時大虛空藏菩薩即於空中變大寶蓋衆寶莊嚴覆如來頂光明照耀遍徹十方昇於如來師子之座其座高廣万踰繕那於是大虛空藏菩薩合掌讚佛説伽他曰

上法功德妙智尊　清淨無垢無限量
如空平等寂無動　敬禮甚深無與等

能示身相微妙色　不離法身現是身
悲隨有情身亦然　普現百福莊嚴相
已離音聲無間見　斷諸言詞無説示
雖知語性如空響　以大悲心而演説
於諸有情心平等　知心如幻無自性
悉知心行無思慮　平等究竟心為心
示現種種度世間　善逝身形無所得
以妙所依功德體　隨其所樂為現身
法無所得佛亦然　不著於法離分別
知法能度有情故　隨宜為説常無間
大衆普共觀佛身　所現色相皆差別
世尊已離身心相　隨現皆令衆歡喜
因緣和合諸法生　虛妄分別非真實
以知諸法悉如是　得成正覺證涅槃
既斷分別離中邊　知其空寂無自性
雖知諸法性清淨　善説業果無差違
法無有情壽及人　寂然如空離名字
了彼有情實非有　悉令證入甘露門
已修百億行難思　精進求於無上道
由此因緣已成辦　到無行處覺涅槃
妙覺諸法性無殊　於上中下皆平等
住平等智無分別　故佛常無不定心
知蘊處界皆如幻　三界猶如水中月

有情如夢性非真　為説如此非真法
世諦説成無上覺　不可説得無得相
菩提無得輪亦然　轉無轉相無所轉
自度度他於彼岸　自解解他諸繫惑
自安安他置大乘　自他俱證涅槃樂
有情無生亦無滅　有情本来常清淨
有情自性如幻相　有情既悟證菩提
色如虛空無有生　一切世間亦如是
是法無色離色相　由知是義色寂靜
以偈稱讚如来德　有情聞讚皆深著
佛德如空不可量　如是無二真讚佛
敬禮能覺諸有情　無觀無心至無得
唯有諸佛能讚佛　我禮如如真德尊
了諸有情無我人　諸佛法界同一相
已知諸法離欲相　故我供養平等尊

尒時大虛空藏菩薩摩訶薩説是伽他已即時寶莊嚴道場妙寶樓閣六種震動空中出聲而作是言釋迦牟尼世尊於無數俱胝那庾多百千劫中所有積集阿耨多羅三藐三菩提法此大虛空藏菩薩以妙伽他悉能稱揚善男子若於夢中尚未曾聞何況得見若有善男子善女人聞此伽

他能生信解解已修行當知此人漸次不久能師子乳如虛空藏菩薩

尒時大虛空藏菩薩摩訶薩白佛言世尊我為欲聞大集經典故来至此娑訶世界瞻仰世尊禮拜供養聽聞斯法今此衆中諸来正士各各於法而有疑心唯願世尊令於諸法得法光明生決定慧善哉世尊我今欲問決定之義唯願如来少賜方便何以故世尊是無礙智者善知一切有情諸根前後熟故世尊得光明者離諸闇瞑故世尊知義者善能分別諸句義故世尊知時者不越時授記故世尊知宜者於諸有情隨宜説法故世尊遊戲者於諸神通得自在故世尊淨觀察者了有情心行如掌中故世尊高大者無能見頂故世尊勇健者三千界中無能陵屈故世尊自然者無師證悟一切法故世尊導師者於諸道中示正路故世尊大醫王者以甘露藥能永除斷有情惑障纏蓋病故世尊持大力者得於是處非處乃至三明故世尊大無畏者於一切世

聞沙門婆羅門諸天魔梵之中大師子孔無所畏故世尊成就不共法者獲得三世無礙智身口意清淨三摩鉢底解脫知見等不共法故世尊住大慈者以無礙慧於諸有情平等觀察如虛空故世尊住大悲者以平等慧於諸有情善行惡行若苦若樂無所動故世尊住大喜者行於禪定解脫到彼岸故世尊住大捨者心無憎愛如虛空故世尊住平等者入一切如來平等智故世尊無希望者智慧滿足遠名利故世尊一切智者五眼清淨見一切法悉究竟故我知世尊成就如是無量無邊功德我等今者愛樂法故於此法中欲小諮問令諸有情於平等法方便出生一切智智

尒時佛告虛空藏菩薩摩訶薩言善哉善哉正士汝於殑伽河沙佛所已得授記我今聽汝隨有所問當為分別令得歡喜於是衆中有菩薩摩訶薩名功德王光明問虛空藏菩薩言汝為何故問於如來時大虛空藏菩薩即以伽他而荅之曰

普心等於諸有情　妙心等住於彼岸
悟心無心入妙理　是故我問於世尊
得光無暗清淨者　無疑能斷彼疑惑
為令決定得解脫　是故我問於世尊
知我無我悉清淨　常利有情住無我
解脫有情我見縛　為此等故問世尊
威儀善住於淨戒　意樂清淨虛空等
堅固不動若迷盧　是故我問功德者
精進無邊勇無退　能摧我慢衆魔怨
自淨淨彼煩惱纏　故我請問端嚴者
樂聞施戒忍精進　禪定解脫發諸通
清淨無垢勝慧明　故我問於清淨義
住空無相無願者　示現生死或涅槃
無生無住無去來　故我問於清淨智
甚深知見無崖際　聲聞緣覺及餘衆
無能難問不可測　我為如是問世尊
樂於正法能通達　法與非法俱無取
常於善法心不亂　是故我問如來法
不斷佛種諸賢士　能護正法及僧伽
名聞三世諸佛稱　故我問於功德海

尒時大虛空藏菩薩以伽他荅功德王光明菩薩已白佛言世尊云何菩

薩修行布施波羅蜜多猶若虛空云何修行淨戒忍辱精進禪定般若波羅蜜多猶若虛空云何修行福德智慧二種莊嚴猶若虛空云何不捨離佛隨念不捨離法隨念僧隨念捨隨念戒隨念天隨念云何菩薩修行諸行等於涅槃云何菩薩善知一切有情行相云何能持佛法寶藏如來等覺彼法性相如實而知云何菩薩善知有情本來清淨而成熟之云何菩薩如理相應修習佛法至於究竟云何菩薩不壞神通於一切法而得自在云何菩薩得住甚深佛法理趣一切聲聞及辟支佛所不能測云何菩薩入緣起善巧智遠離一切邊見云何菩薩以如來印印於真如不間斷善巧智云何菩薩入於法界甚深理趣見一切法手相周遍平等一性云何菩薩意樂堅固猶若金剛於此大乘無有傾動云何菩薩於自境界清淨如佛境界云何菩薩得陁羅尼無忘法行云何菩薩獲得如來加持無礙辯才云何菩薩於生死中而得自

在云何菩薩摧伏怨敵超越四魔云何等菩薩積集無量福德資糧為諸有情作所依止云何菩薩出無佛世為諸有情而作佛事云何菩薩獲得海印三摩地不忘一切有情心行云何菩薩得無染着心如虚空風無有障礙云何菩薩善知軌儀修行離暗獲得光明不隨他緣得自然智速到大乘一切智智

尒時佛告大虚空藏菩薩摩訶薩言善哉善哉正士復言善哉善哉正士汝今善能問於如來如是深義能為有情發如是問汝能明了一切佛法已曾供養奉事過去無量諸佛於諸佛所種諸善根被精進甲求法無猒以智慧器扶出諸魔境常樂利益一切有情超越世間毀譽八法心行平等猶若虚空久已積集一切智智如汝功德邊際叵量已於恒沙過去佛所曾問斯義是故正士諦聽諦聽善思念之吾當為汝分別解說菩薩摩訶薩所獲功德到於大乘一切智智

虚空藏菩薩言唯然世尊願樂欲聞

佛告大虚空藏菩薩言善男子菩薩成就四法修行布施波羅蜜多猶若虚空云何為四所謂以我清淨故有情清淨以有情清淨故施即清淨以施清淨故迴向清淨以迴向清淨故菩提清淨善男子是為菩薩成就四法修行布施波羅蜜多猶若虚空復次若菩薩成就八法能淨修行布施波羅蜜多云何為八所謂我清淨施我所清淨施因清淨施見清淨施相清淨施異相清淨施不望果報清淨施心平等如虚空清淨施是為菩薩成就八法能淨修行布施波羅蜜多善男子辟如虚空無有邊際菩薩無限行施亦復如是辟如虚空寬廣無礙菩薩迴向行施亦復如是辟如虚空無色菩薩離色行施亦復如是辟如虚空無有受者菩薩離受行施亦復如是辟如虚空無所染著菩薩遠離染著行施亦復如是辟如虚空無所為作菩薩遠離有為行施亦復如是辟如虚空無有識想菩薩離於識想行施亦復如是辟如虚空遍諸佛

剎菩薩大慈行施遍緣恒沙諸佛國土一切有情亦復如是辟如虚空無有窮盡菩薩不斷三寶種迴向行施亦復如是辟如虚空無有暗暝菩薩行施離煩惱暗亦復如是辟如虚空無相顯現菩薩行施心體清淨亦復如是辟如虚空含容一切菩薩行施普攝有情亦復如是又如變化人施變化者無心分別不希其報菩薩行施亦復如是皆如幻化遠離能所不希果報善男子菩薩行施以勝智慧捨諸煩惱以方便智不捨有情是為菩薩修行布施波羅蜜多猶若虚空

尒時燈手菩薩摩訶薩在於會中即從座起白佛言世尊菩薩摩訶薩以何等相修行如是布施波羅蜜多佛言善男子菩薩摩訶薩應以無相修行如是布施波羅蜜多何以故以一切法無身相身相清淨故無有情相有情相清淨故無法相法相清淨故無智相智相清淨故無慧相慧相清淨故無心相心相清淨故無世間相世間

相清淨故無色相色相清淨故無見相見相清淨故如是乃至無暗無明離一切相無相究竟邊際獲無盡忍得於如來決定記莂住於菩薩尼夜摩位以不退印印之得佛灌頂成就一切平等佛法善知一切有情行相菩薩以如是行脩行布施波羅蜜多說是法時万六千菩薩於諸法中見諸法性猶若虛空獲無生法忍尒時世尊說伽他曰

心常清淨恒行施　為求菩提不望報
施已歡喜無追悔　是為妙施得解脫
智者知法皆如幻　不顧身命及以財
於餘資具皆不貪　志佛菩提心決定
悉皆等施無憎愛　不生退沒恒進脩
由觀諸法如虛空　是故無喜亦無猒
知法性相本清淨　菩提與施亦復然
由於所施不生貪　故常能捨無戲論
平等普施離思慮　於上中下無分別
意樂清淨常無垢　所有惠施離悕望
知身幻化皆無常　財亦不堅如夢電
即生悲愍世間故　而能常施不染世
無我行施煩惱淨　即能建立於佛教

虛空藏菩薩所問經卷第一　第十九張　由

不為魔羅所得便　如是施心難校量
十力所說此施心　應住清淨尸羅行
由此善脩獲靜慮　智慧便能速圓滿
施或與心俱清淨　燒諸結使不復生
自他皆獲於利益　能得無為涅槃樂
為除貪結行於施　是故不染亦不著
惠彼令無於苦惱　自成清淨菩提因
所施心無於退沒　由斯得見菩提性
已見菩提清淨德　則能度於無量衆

大集大虛空藏菩薩所問經卷第一

丙午歲高麗國大藏都監奉
勑雕造

虛空藏菩薩所問經卷第一　第二十張　由

大集大虛空藏菩薩所問經卷第一
校勘記

一　底本，麗藏本。
一　九一〇頁上一行經名，石作「大乘大集虛空藏菩薩所問經卷第一」，卷末經名同。下至卷第八卷首與卷末經名例同。
一　九一〇頁上二行至三行譯者，石作「特進試鴻臚卿三藏沙門大廣智不空奉詔譯」。下至卷第八同。
一　九一〇頁中四行「聞法」，石無。
一　九一〇頁下二〇行「讚歎」，石作「歎」。
一　九一一頁上一三行第九字「昇」，石作「勝」。
一　九一一頁中一行「一切」，石作「入一切」。
一　九一二頁上一二行第五字「於」，石無。
一　九一二頁中一行第十三、十四字「攝受」，石作「乘助」。

一　九一二頁中一八行第五字「憂」，石作「愛」。

一　九一二頁中一九行「安樂」，石作「樂」。

一　九一三頁上一行「身相」，石作「相好」。

一　九一三頁上一五行首字「既」，石作「已」。

一　九一三頁下一〇行第三字「生」，石作「此」。又末字至次行首字「漸次」，石無。

一　九一四頁上一五行「欲小」，石作「欲少」。

一　九一五頁上一六行「常樂」，石作「當樂」。

一　九一五頁中四行「施即」，石作「是則施」。

一　九一五頁中一九行「無所」，石作「無有」。

大集大虛空藏菩薩所問經卷第二　曲

開府儀同三司特進試鴻臚卿肅國公食邑三千戶賜紫贈司空謚大鑒
正號大廣智大興善寺三藏沙門　不空奉　詔譯

尒時世尊復告大虛空藏菩薩摩訶薩言善男子菩薩成就四法修行淨戒波羅蜜多猶若虛空云何為四所謂知身如影像知聲如谷響知心如幻化知慧如虛空是為菩薩成就四法修行淨戒波羅蜜多猶若虛空復次若菩薩成就八法能淨修行淨戒波羅蜜多云何為八所謂不離菩提心戒清淨故離聲聞緣覺心得無限量心戒清淨故不捨一切學處智慧清淨故於一切處受生願清淨故於戒不緩任運無作行清淨故迴向菩提魔羅心清淨故心無熱惱煩惱清淨故大願圓滿菩提清淨故是為菩薩成就八法能淨修行淨戒波羅蜜多善男子辟如虛空清淨菩薩持戒清淨亦尒辟如虛空無有垢穢菩薩持戒無垢亦尒辟如虛空寂靜不亂菩薩持戒寂靜亦尒辟如虛空無有邊際菩薩持戒無邊亦尒辟如虛空無有繫屬菩薩持戒無繫亦尒辟如虛空無有執著菩薩持戒離著亦尒辟如虛空無可積集菩薩持戒無積亦尒辟如虛空不離於性菩薩持戒不離亦尒辟如虛空其性常住菩薩持戒常住亦尒辟如虛空究竟無盡菩薩持戒無盡亦尒辟如虛空無有形相菩薩持戒離相亦尒辟如虛空無有來往菩薩持戒無動亦尒辟如虛空無有戲論菩薩持戒離戲亦尒辟如虛空遠離諸漏菩薩持戒無漏亦尒辟如虛空無所為作菩薩持戒無為亦尒辟如虛空無有變易菩薩持戒不變亦尒辟如虛空無有分別菩薩持戒無取亦尒辟如虛空遍一切處菩薩持戒周遍亦尒辟如虛空無有破壞菩薩持戒無犯亦尒辟如虛空無有高下菩薩持戒平等亦尒辟如虛空性離於染菩薩持戒無染亦尒善男子是為菩薩修行淨戒波羅蜜多猶若虛空尒時世尊說伽他曰

護戒寂靜心無垢　能除熱惱無所得

身語意業無瑕疵　一切律儀皆具足
智者不以戒憍逸　內心恒寂而無亂
智者常依菩提心　而於心意不染著
遠離諸業無思慮　如是不生諸分別
既離青黃及赤白　亦不住於名色中
無取無捨無染心　辟如虛空無障礙
此戒智者所稱讚　不見所讚諸句義
是戒能令心寂靜　亦能寂靜諸煩惱
悉得止觀之邊際　了然顯現得解脫
解脫諸縛之聖者　悉皆安住於尸羅
是故戒為勝解脫　亦為菩提根本句
諸有杜多居蘭若　小欲善足絕貪求
遠離憒閙而住禪　心獲輕安離煩惱
如是戒是為根本　思惟寂靜解脫句
是故尸羅為莊嚴　一切處為安樂道
亦令遠離於散動　斷諸煩惱及諸見
慈心遍布如虛空　能靜邊執令清淨
決定不捨菩提故　而於菩提無分別
智者若具如是德　皆由於戒到彼岸

善男子若菩薩成就四法修行忍辱波羅蜜多猶若虛空云何為四所謂他罵不報知語如虛空他打不報知身如虛空他瞋不報知心如虛空掉

戲不報知意如虛空是為菩薩成就四法修行忍辱波羅蜜多猶若虛空復次若菩薩成就八法能淨修行忍辱波羅蜜多云何為八所謂於諸有情心無限礙猶若虛空修行忍辱得清淨故於諸利養不生貪著猶若虛空修行忍辱得清淨故於諸有情利益平等猶若虛空修行忍辱得清淨故身心無壞猶若虛空修行忍辱得清淨故離諸惑結猶若虛空修行忍辱得清淨故離所觀境猶若虛空修行忍辱得清淨故觀諸法性不生不滅猶若虛空修行忍辱得清淨故於色無色以慈遍緣猶若虛空修行忍辱得清淨故是為菩薩成就八法能淨修行忍辱波羅蜜多猶若虛空善男子復有八法能諦觀察修行忍辱波羅蜜多云何為八所謂性空忍辱不壞諸見故無相忍辱不違於相故無願忍辱不捨菩提故無行忍辱不盡有為故無生忍辱不住無為故無起忍辱不住生滅故無有情忍辱不壞體性故如如忍辱不壞三世故如

是善男子是為八種諦察法忍能修忍辱波羅蜜多又善男子行忍辱波羅蜜多時若有毀罵於我我當忍受名我忍辱非忍辱波羅蜜多若見罵者及以罵法我當忍受名我忍辱非忍辱波羅蜜多住無諍行是音聲忍辱非忍辱波羅蜜多作是加行彼我俱空思惟忍受彼我無常思惟忍受此名施設忍辱非忍辱波羅蜜多善男子都不見有能行所行譬如大娑羅林若復有人手持利斧入彼林中斫其枝葉彼樹然無一念之心彼為能斫此為所斫不生憎愛善男子菩薩摩訶薩行忍辱波羅蜜多時亦復如是無有憎愛無能分別無所分別是為菩薩修行忍辱波羅蜜多猶若虛空介時世尊說伽他曰

盡智無生清淨忍　於境不染意成就
內外寂靜無所依　心淨忍辱等虛空
是身如影如草木　心形如幻無真實
是法性空無所見　身心變異等於彼
設有毀譽無喜怒　無所分別無高下
知忍如地如門閫　依教忍辱度有情

雖知一切法性空　無人無我無壽命
不違因緣及造作　此忍最為真實行
聞彼惡言不瞋恚　知語言性如虛空
修習身心空亦然　當淨有情修此忍

善男子云何菩薩修行精進波羅蜜多猶若虛空若菩薩成就四法修行精進波羅蜜多猶若虛空云何為四所謂勤修善根知一切法未成就故於諸佛所作大供養了知如來身平等故常樂成就無量有情知諸有情無所得故從諸佛所受持正法不見諸法所猒離故是為菩薩成就四法修行精進波羅蜜多猶若虛空復次善男子若菩薩成就八法能淨修行精進波羅蜜多云何為八由莊嚴身勤行精進知身如影像無所得故由莊嚴語勤行精進知語如響性無所得故由莊嚴心勤行精進得致於定知心無所得故為具諸波羅蜜分勤行精進展轉修習思惟無所得故由成就一切菩提分法勤行精進菩提性相思惟無所得故為淨佛土勤行精進知諸佛國等於虛空無所得故為

成就一切所聞悉皆能持勤行精進知所聞法猶如響應究竟無所得故為成就一切佛法故勤行精進知諸法界平等一相思惟無所得故是為菩薩成就八法能淨修行精進波羅蜜多善男子菩薩復有二種精進所謂加行精進限齊精進以加行精進策身口意修習成就一切善法無有所住思惟無所得故以限齊精進應住不出不入隨順法界無所去来則如虛空無所得故如虛空無色於諸有情成就所作菩薩精進亦復如是依諸佛法成就一切有情事故如虛空含容一切色菩薩精進含容一切有情離一切見亦復如是如虛空一切草木生長無根無住菩薩精進生長一切佛法不住我見亦復如是如虛空遍一切處無所動搖菩薩精進遍一切善法無所動相亦復如是如虛空等現種種色菩薩精進等為有情示現修習平等思惟皆無所得亦復如是善男子是為菩薩修行精進波羅蜜多猶若虛空尒時世尊說伽他曰

勇猛所生精進力　無悋於身及命財
能行威德大菩提　於諸有情恒利益
往昔所修功德利　不生猒倦常修習
愛樂解脫諸有情　於諸如来常供養
願遊無量諸佛刹　摧伏一切諸魔羅
常樂給施一切人　常樂護持於淨戒
常樂大慈相應忍　常樂勤集諸善根
思惟無量禪定心　以大智慧常觀察
無量慈心捨瞋恚　功德利益正修行
於身於命無所悋　善能解脫諸煩惱
常修無我空解脫　離相無相大威德
永離諸見修菩提　如幻陽焰觀自性
樂說空法無思慮　依世淨行讀諸經
於法無法二俱亡　不捨音聲及文字
於世常說諸經典　讚佛功德亦無邊
有情心行既難量　智者應生大精進
悟於無量有情性　不滯於生及不生
能以無邊精進心　常習度生諸淨法

善男子云何菩薩修行禪定波羅蜜多猶若虛空若菩薩成就四法修行禪定波羅蜜多猶若虛空云何為四所謂安心於內內心無所見制心於外外心無所得由自心平等故知一

切有情心亦平等彼心及平等思惟證知皆如幻化是為菩薩成就四法修行禪定波羅蜜多猶若虛空復次善男子若菩薩成就八法能淨修行禪定波羅蜜多云何為八所謂不依蘊而修禪定不依處而修禪定不依界而修禪定不依現世而修禪定不依他世而修禪定不依欲界而修禪定不依色界而修禪定不依無色界而修禪定是為菩薩成就八法能淨修行禪定波羅蜜多猶若虛空

復次善男子菩薩以專注心禪定清淨云何專注於法名字不除不加無變異無差別無損無益無取無捨無暗無明無分別非不分別無想無作意無一無二亦無無一二無動無思無戲論無積聚亦無無積聚不思惟一切相心無所住名為專注專注心不流散於色眼色識遠離故自相清淨觀行專注心不流散於聲耳聲識遠離故自相清淨專注心不流散於香鼻香識遠離故自相清淨專注心不流散於味舌味識遠離故自相清淨專

注心不流散於觸身觸識遠離故自相清淨專注心不流散於法意法識遠離故自相清淨善男子譬如虛空於劫燒時不為所燒於水災時不為所濕如是菩薩修習禪定不為一切諸煩惱火之所焚燒一切解脫等持等至諸禪定水之所漂溺常無間雜令散動有情安住禪定而於禪定不生愛味出定亦然無復障礙於諸聖人常現寂靜非聖人所勤成就之常令定心住於平等不平等者說法化導不見平等及不平等於等不等亦不相違心無有礙猶如虛空是故名為修禪定者亦名勝慧修禪定者亦名不住識修禪定者由此定故而彼菩薩獲得如是無住禪定猶若虛空尒時世尊說伽他曰

善護諸根修靜慮　常定不著於有情
等引平等度世間　於內於外常安住
不依於蘊及處界　遠離境界住寂靜
智者其心常在禪　於等不等皆平等
達於法界無高下　見心與意皆寂靜
為令世間成就故　示現諸禪及變易

彼無變易及禪定　自在心通亦復然
現境無色禪定中　示現欲界亦如是
皆為有情成就故　彼復不著於有情
境界如空如幻化　陽炎水月夢及雲
已知禪定及世間　即轉世心成智慧
不能覆蔽於心故　則得生於自在心
了達禪定及神通　遊歷遍於俱胝刹
普能供養於諸佛　無知惑障悉斷除
諸根調伏意寂然　度奢摩他無分別
世間及意俱清淨　常恒智力寂亦然
以無所得住平等　故名平等遍無相
若於平等無所住　是故名為得定者

善男子云何菩薩修行般若波羅蜜多猶若虛空若菩薩成就四法修行般若波羅蜜多猶若虛空云何為四所謂由虛空清淨故入一切有情清淨由智清淨故入一切識清淨由法界清淨故入我人有情壽者清淨由義清淨故入一切文字清淨是為菩薩成就四法修行般若波羅蜜多猶若虛空復次善男子若菩薩成就八法能淨修行般若波羅蜜多云何為八所謂勤集一切善法不著常見勤

斷一切不善法不著斷見知緣起法而不違於無生法忍現四無礙解而不著於四辯善能決擇四鄔馱南不見無常苦無我寂靜善說業果而亦不動於無業果住無戲論智常顯說一切法句差別之相善得一切淨法光明於諸有情說於清淨及雜染法是為菩薩成就八法能淨修行般若波羅蜜多善男子當知般若是清淨句能摧惡覺故是無變異句自相清淨故是無分別句無可限齊故是如實句性真實故是諦句無動搖故是誠實句無虛誑故是聰慧句解諸縛故是滿足句聖者功德故是通達句善能觀察故是第一義句無所言說故是平等句無差別故是堅牢句不可壞故是不動句無所依故是金剛句能穿鑿故是濟度句所作已辦故是清淨句性無染故是無瞖句明無所得故是無二句無有建立故是盡句究竟盡滅故是無盡句無為常住故是無為句非生滅所攝故是空句寂清淨故是虛空句無障礙故是虛空

道句無行迹故是無所得句自性無故是智句智識無二故是無攞句離對治故是無身句無轉易故是苦遍知句離遍計苦故是集斷句害貪欲故是證滅句究竟無生故是修道句入無二道故是佛隨句能生正覺故是達摩句究竟離欲故善男子如是等類句義差別智慧光明不屬於他於所說法隨入少分都無分別及所分別是名修行般若波羅蜜多猶若虛空尒時世尊說伽他曰

明慧能斷煩惱習　示現作業及因緣
不依我見及有情　不住壽者并人相
於我無我二俱離　顯說般若到真源
般若能摧於所有　般若能度於瀑流
般若能作清淨因　般若能安勝解脫
淨慧能離諸纏蓋　於蘊處界悉遍知
明慧照耀三界空　於能所相皆解脫
修行般若令清淨　一切世間無所著
通達能行般若行　常修淨慧照真空
五眼清淨五根明　能除五趣淨五蘊
至於彼岸常安住　入於法界亦復然
平等猶若大虛空　高廣善順於佛智
於得無得二俱離　能示中道甘露門
隨順聖人之所行　善能分別無分別
能知苦集斷貪愛　修道示滅顯無為
成就實智慧光明　故了三世無來去
於諸剎土皆平等　諸法寂靜等亦然
了諸有情無我人　是則真修智慧者

善男子云何菩薩修行福德猶若虛空善男子一切法性猶如虛空以菩提心而為種子所修福聚皆不捨離於菩提心積集善根而皆迴向薩婆若海由是獲得無量福德皆如虛空善男子菩薩應當發如是心虛空無量故感招福聚亦復無量何以故由意無量故福亦無量菩薩於彼應作是觀善男子復有十種無量莊嚴菩薩應滿如是福聚云何為十所謂無量身莊嚴相好圓滿故無量語莊嚴隨說法輪皆清淨故無量心莊嚴通達一切有情心故無量行智莊嚴成熟無量諸有情故無量行相莊嚴淨無量佛剎故無量福德禪定精進莊嚴成滿無量佛威儀故無量大菩提場莊嚴應滿一切相及行故無量無遮施會莊嚴成滿無量佛毫相故無量恭敬無我莊嚴成滿如來無見頂相故無量無間定心莊嚴成滿無量無諂曲心順淨意故善男子是為十種無量莊嚴菩薩若能如是發廣大心猶如虛空所獲福德如虛空故

善男子云何菩薩修行智慧猶如虛空若菩薩遍緣一切有情有欲心無欲心如實知有瞋心無瞋心如實知有癡心無癡心如實知有雜染心無雜染心如實知自既離欲復能為他補特伽羅說調伏欲法自既離瞋復能為他補特伽羅說調伏瞋法自既離癡復能為他補特伽羅說調伏癡法自離雜染復能為他說調伏一切諸煩惱法不見有貪瞋癡煩惱者為下劣心離貪瞋癡煩惱者為勝上心何以故以彼菩薩於不二法界清淨法門以證知故如是法界即貪瞋癡界如是法界即離染界是故法界與一切法互相涉入法界即法法即法界無所不遍若知我界即知法界法界我界無有二故所以者何我清淨

故法界清淨如是一切法清淨故光顯容受亦無容受離於一切相無相故無所安立猶如虛空名無礙智由無礙智了一切法無所障礙是為菩薩修行智慧猶如虛空

善男子云何菩薩佛所印可佛隨念所謂念無漏戒是戒佛隨念一切法平等不散是定佛隨念一切法無所分別是慧佛隨念不住於二心是解脫佛隨念不著一切智是解脫知見佛隨念三世平等不動是力佛隨念不住一切漏是無所畏佛隨念如是當念佛身所有一切功德皆是佛隨念法界平等無所分別復次佛隨念念佛所有色自性清淨由見色自性清淨故無念智隨至乃至受想行識見識自性清淨故無念智隨至如是十二處十八界亦復如是由一切法自性智故寂殊勝慧一切作意遠離一切見纏遠離如是知色無垢濁念無垢濁是謂佛所印可佛隨念復次佛隨念謂念於佛行住坐臥一切威儀不生執著於佛說法於佛寂黙不

生執著亦不執著念與非念所以者何佛無念無作意非色非相非法非非法由一切相緣慮不現行故善男子是名佛所印可佛隨念

善男子云何菩薩佛所印可法隨念法名離欲於法無染故亦無法隨念法名無阿賴耶於法無隱沒故亦無法隨念法名寂靜以無心意識染著故亦無法隨念法名無相於法無隨相識故亦無法隨念法名無為於法無施設住故亦無法隨念復次法隨念若念無間斷不起法想即入正位證無生忍觀一切法本來不生無法可證即是一切學無學緣覺菩薩正等菩提所證之處如是一切聖所證解脫法亦無自性是為菩薩佛所印可法隨念

善男子云何菩薩佛所印可僧伽隨念僧名無為彼不可以造作而作而無現行身語意業但是施設而有所行是無為僧離施設住超諸言論善男子是為佛所印可僧伽隨念善男子云何菩薩佛所印可捨隨念所謂捨於

一切所依資具及捨於法亦無所捨此名最勝捨於一切法無取無捨亦無所求無有緣慮非無緣慮彼無心行亦無施設亦不住於識不生於心以無住心故名為佛所印可捨隨念復次菩薩捨隨念者以所修行迴向平等薩婆若智不見菩提為所隨念何以故以薩婆若與彼隨念性無二故善男子如是法智相應是名菩薩佛所印可捨隨念善男子云何菩薩佛所印可戒隨念戒名無為無漏無礙永息功用成就一切禁戒無識無相亦不住心作三摩地最勝所依亦是發生淨慧根本離於戲論及解脫相亦無二種分別之相智者所讚無有現色能息煩惱亦無施設安樂隨行亦無對治一切分別菩薩常於如是類戒無有垢濁是名菩薩佛所印可戒隨念

善男子云何菩薩佛所印可天隨念應隨念二種天一者五淨居天有聖者故二者覩史多天以一生補處菩薩在彼天故復次此一生補處菩薩

住彼天宮有十種頂法何者為十所謂一切波羅蜜中般若波羅蜜多而為其頂一切神通之中不退神通而為其頂一切地中唯灌頂地而為其頂一切菩提分法之中不退正見勝三摩地而為其頂一切無礙解中義辯無礙而為其頂一切智中無著無礙智而為其頂一切根中知上中下根無礙智而為其頂一切力無畏中照耀隨入智而為其頂一切眼中佛眼觀察一切佛法了如掌內而為其頂坐菩提場中當成正覺一剎那心相應正慧而為其頂是為十種頂法之相應隨念之若菩薩得是念已見則不亂隨眠纏不亂作意戲論不亂於如是類念無垢濁應當如是隨念彼天善男子是名菩薩佛所印可天隨念

善男子云何菩薩所行諸行等於涅槃涅槃名寂靜悉除一切煩惱滅一切受離一切所緣出蘊處界即彼正士獲得涅槃平等以本願力遊戲大悲方便智慧得如來加持故善修智

慧意樂清淨住於如幻妙三摩地悉知有情煩惱生死皆如幻化示現受生由此能斷諸生死縛無所染汙名曰涅槃既得自在不生而生無所不生亦無所生常在涅槃不斷生死而成熟有情無有休息善男子此名菩薩大悲方便雙智慧門若菩薩住此門者獲得涅槃平等行菩薩行

善男子云何菩薩善知一切有情行相善男子菩薩有八萬四千行是於根本鄔馱南句有情行相無量差別不可思議不可言說唯佛能知非諸聲聞緣覺所了亦非菩薩之所能了彼菩薩蒙佛加持及自智力隨知一切有情行相所謂如是自性相如是行相如是因相如是緣相如是作相如是和合相或種種相離相欲相瞋相癡相等分相地獄相傍生相琰魔界相天相人相或聲聞尼夜摩相或緣覺尼夜摩相或佛尼夜摩相或遠因相中因相近因相如是有情一切

行相如實知之除一切智不被摧伏善男子是為菩薩善知一切有情行相

大集虛空藏菩薩所問經卷第三

丙午歲高麗國大藏都監奉

勅雕造

大集大虛空藏菩薩所問經卷第二

校勘記

一　底本，麗藏本。

一　九一八頁下九行「悉得」，石作「悉能」。又「之邊」，石作「諸邊」。

一　九一八頁下一一行「本句」，石作「本故」。

一　九一八頁下一二行「小欲」，石作「少欲」。

一　九一八頁下一七行「能静」，石作「能淨」。

一　九一九頁上一〇行「惑結」，石作「惑見」。

一　九一九頁下一〇行「成就」，石作「成熟」。

一　九二〇頁上二行「猶如」，石作「由如」。

一　九二〇頁中五行「推伏」，石作「摧伏」。

一　九二〇頁中一〇行「所慳」，石作「所悋」。

一　九二〇頁中一二行「自性」，石作「自在」。

一　九二〇頁中末行「自心」，石作「此心」。

一　九二〇頁下二一行「專注」，石作「觀行專注」。

一　九二一頁上一〇行「成就」，石作「成熟」，末行及本頁中三行同。

一　九二一頁下六行「法句」，石作「法故」。

一　九二二頁上二二行首字至本頁下六行第三字「至……空」與本頁下六行第四字至次頁上一五行第九字「所……淨」，石兩段經文互置。

一　九二二頁下一七行「者爲」，石作「者有」。

一　九二三頁上六行「印可」，石作「印可隨」。

一　九二三頁中二〇行「而有」，石作「而無」。

一　九二三頁下四行「不住」，石作「無住」。一三行同。

一　九二三頁下一三行「作三」，石作「則三」。

一　九二四頁上二一行「受離」，石作「愛離」。

大集大虛空藏菩薩所問經卷第三　曲

開府儀同三司特進試鴻臚卿肅國公食邑三千戶賜紫贈司空謚大鑒正號大廣智大興善寺三藏沙門　不空奉　詔譯

善男子云何菩薩能持世尊佛法寶藏善男子諸佛法藏無有窮盡以一切有情根性行相差別無量諸佛世尊為令趣入隨其尒所差別根性說法寶藏亦有尒所無量無邊是故名為佛法寶藏復次如來證菩提夜般涅槃夜於其中間已說今說當說所有一切悉名如說不異說真說云何名為如說如彼真如平等而說故名如說云何不異說所說之法依勝義諦平等無二名不異說云何真說稱法自性名為真說復次諸佛法藏不可以文字說假使滿於三千大千世界一切有情皆如阿難陁多聞第一於百千俱胝劫中說於一義不可究盡如是諸佛無邊法藏菩薩悉能如法受持一切文字皆不廢忘於一切義無有差異使諸有情皆得歡喜供養奉事一切如来摧壞一切魔怨制伏一切外道息滅煩惱顯揚正法如是善男子是名持佛世尊佛法寶藏復次善男子如我等覺彼法自性菩薩如是如彼法性應當受持云何名為如来等覺彼法自性謂知法自性悉皆如幻不成就相故悉皆如夢無境界相故悉如陽炎畢竟無生相故悉如光影無移動相故亦如影像無自性相故知空自性究竟如露故知無相自性無分別故知無願自性心無住故知離欲自性一切欲遠離故知無為自性超諸數相故善男子如是言說為他了別故我已現證是法自性彼法性相不可言說若菩薩欲受持諸佛法藏應如如來覺了諸法自性而以文字語言為諸有情如是說法是為菩薩能持諸佛正法寶藏

善男子云何菩薩善知有情本來清淨而成熟之善男子有情界本来清淨於彼根本性有情不可得若菩薩欲成熟彼有情應如是知根本清淨復應念彼無我見無有情見無命者見無受者見復次所說有情名者但

從顛倒見纏無明有愛虛妄分別諸煩惱生無有實性而彼菩薩應當斷除虛妄顛倒一切煩惱而為有情說如此法不壞其性為令了知有情無故有情離故應當如是成熟有情善男子是名菩薩善知有情本来清淨而成熟之

善男子云何菩薩如理相應修習佛法如理者名入緣生何以故如彼彼因緣感彼彼果報謂如布施因獲大財富是故菩薩行布施已盡將迴向一切智智滿足成就檀波羅蜜尸羅是生人天之因菩薩普令汙戒有情安住淨戒要期迴向薩婆若已滿足成就戒波羅蜜忍辱柔和為莊嚴身口意之因菩薩常行自利利他不為惱害住於忍辱迴向薩婆若已滿足成就忍波羅蜜精進為能引攝一切佛法之因菩薩應發勤精進心積集一切所有善根盡將迴向薩婆若已滿足成就精進波羅蜜禪定為於正知之因菩薩為欲求正知故修習奢摩他資糧盡以迴向薩婆若已滿足

成就禪波羅蜜般若多聞為大慧之因菩薩不取不執聞相迴向薩婆若已滿足成就般若波羅蜜如是能於一切善法知如是因感如是果是名因緣如理作意復次如理作意者謂知於我及一切法如理作意如是知我無我一切法悉皆無我知我是空一切法悉皆是空我但有名一切法亦唯有名菩薩如是如理作意於一切法平等相應即是具足一切佛法是為菩薩如理相應修習佛法

善男子云何菩薩不退神通於一切法而得自在善男子若有沙門或婆羅門不害身見起於神通彼還退失若時菩薩已害身見及能遠離六十二等一切諸見起於神通名為具智具惠具覺具施具戒具定亦即名為身心遠離具是智已內常寂靜外無所行遍所知心可所欲心善決擇心善清淨慧無煩惱濁得光明無翳智積集福資糧積集智資糧積集奢摩他資糧積集毗鉢舍那資糧資以檀那淨戒莊嚴被以忍辱精進甲冑依

於禪定善修般若隨順大慈安住大悲超出方便成如是法起妙神通高昇無礙乃至坐於菩提道場以神通故於一切法皆得自在現一切色聞一切聲入一切心憶念無量劫獲得一切遊戲神通伏斷諸漏乃至隨意轉變皆得自在於一切法無復功用善男子是為菩薩不退神通於一切法而得自在

善男子云何菩薩入甚深佛法理趣一切聲聞緣覺難測善男子甚深者名為緣生理趣所謂無明緣行行緣識識緣名色名色緣六處六處緣觸觸緣受受緣愛愛緣取取緣有有緣生生緣老死憂悲苦惱由集為因為緣生大苦蘊令諸有情流轉雜染菩薩於彼善能了知此則名為緣生理趣云何名為緣滅理趣謂無明滅則行滅行滅則識滅識滅則名色滅名色滅則六處滅六處滅則觸滅觸滅則受滅受滅則愛滅愛滅則取滅取滅則有滅有滅則生滅生滅則老死憂悲苦惱滅由是因緣滅則大苦蘊滅故令有情獲得清淨如是名為緣滅理趣

若菩薩於彼如是了知是名為入甚深理趣非諸聲聞緣覺能於雜染得清淨者此是諸佛如來境界若菩薩以佛威神加持之力則能於此隨分覺悟復次甚深者名薩迦耶薩迦耶清淨故一切法清淨何以故此薩迦耶推求根本無所得故其無所得則為甚深諸佛於我皆無所得我本清淨如我清淨一切法亦清淨以何因緣而名清淨謂彼諸法本來不生無所起滅故名清淨復次無暗無明無所賴耶真實勝義名為甚深彼無眼識乃至亦無意識無有境界是無境界則是真實第一義諦名為甚深亦無心意執著勝義以難測難見不可覺故於此諸類甚深法理但以假名隨順世諦於他有情分別顯示是為菩薩得入甚深佛法理趣一切聲聞緣覺難測

善男子云何菩薩入緣起善巧智遠離一切邊見善男子緣起者無所緣是緣起無事無成就是緣起無常苦無我寂靜是緣起無我無有情無命者無養育無補特伽羅無人無儒童

是緣起無生無起是緣起無所有無功用空無相寂靜無所行無戲論是故名無戲論法如是生是為生如是滅是為滅復次無我無有情無壽命無養育無補特伽羅無人無儒童則無有法可為緣生於彼無我主宰名故辟如草木牆壁影像一切諸法亦復如是如外諸法之所生時生無所有滅時滅無所有內法亦尒生時生無所有滅時滅無所有除緣起法無實所生開緣無滅如是相應則一切邊見悉皆離也云何邊見邊見者名斷名常生時不生壞時不壞無生無壞於斷常邊自然清淨自清淨故於諸邊見皆得清淨善男子是為菩薩入緣起善巧智遠離邊見善男子云何菩薩以如來印印於真如不間斷善巧智善男子如來印印者不間斷印無生無轉無所取無動無所動一切世間人天阿脩羅無所傾動何以故世間人天阿脩羅以彼印印如是如來印究竟不生印究竟空性印究竟無相印究竟無願印究竟無為印究竟離欲印究竟真如印究竟實際印

究竟虛空印善男子辟如空中印無所現如是如來印於五眼而不現於光明之相以自相印而印之故乃至如來於一切法施設言說皆以如來印印之是為施設彼所有識及境界法皆是作法安立而於彼法不作種種安立之相以真如印印之無有間斷云何於真如間斷若分別諸法見上中下名為間斷若於諸法無所分別名無間斷復次於多分別而生分別於彼真如無能壞亂辟如有情於空中行而彼虛空無有破壞如是一切有情於真如中行而彼真如無有斷壞菩薩如是由以智故於色於法以真如印印之不於真如間斷破壞是為菩薩以如來印印於真如不間斷善巧智

善男子云何菩薩入於法界甚深理趣見一切法與諸法界平相周遍平等一性法界者亦名離欲界離一切塵故亦名不生界無聚集故不相違界本無生故無往界無等故無來界無礙故無住界不生起故如如界三

世平等故無我界本來清淨故無壽者界由勝義故無了別界無所住故無阿賴耶界無染汙故無生起界性決定故如虛空界性清淨故如涅槃界無戲論故如是名為入法界理趣若菩薩入如是理趣凡所演說一一語言皆與法界理趣平相周遍即知欲界法界無二無別復次欲性法界嗔性法界無二嗔性法界癡性法界無二癡性法界煩惱性法界無二煩惱性法界欲界性法界無二欲界性法界色界性法界無二色界性法界無色界性法界無二無色界性法界空性法界無二空性法界眼界性法界無二眼界性法界色性法界無二色性法界眼識界性法界無二眼識界性法界乃至意界性法界無二意界性法界意識界性法界無二意識界性法界蘊界性法界無二蘊界性法界地水火風界性法界無二地水火風界性法界空性法界無二乃至八万四千法蘊行一切法法界無二是為一切法法性界若菩薩由平

等智入如是法界則能見一切法平等性理趣善男子是為菩薩入法界理趣

善男子云何菩薩意樂堅固猶若金剛住此大乘無有傾動善男子菩薩成就十二種法意樂堅固猶若金剛不為人天世間所壞云何十二所謂菩提心意樂增上意樂不壞故於施戒忍精進禪定般若不壞故大慈大悲不壞故四攝法不壞故成熟有情不壞故淨佛國土不壞故不猒患生死不壞故無猒足善根不壞故為莊嚴相好設無遮施會不壞故為護正法棄捨身命不壞故所有善根迴施一切有情不壞故積集一切佛法不壞故善男子若菩薩於如是法修習不壞當知尒時名為成就堅固金剛不壞意樂如金剛寶能摧諸寶自體不壞如是菩薩成就堅固意樂能摧一切有情煩惱隨眠而自體不壞善男子是為菩薩成就金剛堅固意樂於此大乘無有傾動

善男子云何菩薩於自境界清淨如佛

境界善男子佛境界者無有境界離於境界一切清淨彼菩薩由自境界及佛境界悉清淨故而淨眼境界即佛境界亦無佛境界及眼境界無近無遠何以故遠離境界與佛境界亦無遠離境界及眼境界其耳境界即佛境界亦無佛境界無有遠近何以故遠離境界與佛境界亦無遠離境界及耳境界其鼻境界即佛境界亦無佛境界無有遠近何以故遠離境界與佛境界亦無遠離境界及鼻境界其舌境界即佛境界亦無佛境界无有遠近何以故遠離境界與佛境界亦無遠離境界及舌境界其身境界即佛境界亦無佛境界無有遠近何以故遠離境界與佛境界亦無遠離境界及身境界其意境界即佛境界亦无佛境界无有遠近何以故遠離境界與佛境界亦无遠離境界及意境界乃至蘊處界十二因緣亦復如是善男子若菩薩入佛境界遠離境界一切境界若自境界清淨平等是即名為入佛境界如是六種境界所有影現

彼皆入於諸佛境界不生取著悉遠離故如是如來境界無有染礙一切境界不染不礙亦復如是善男子如是解者是為菩薩成就隨入佛界清淨自界清淨

善男子云何菩薩獲得陁羅尼無忘法行善男子菩薩應於此陁羅尼修持作業云何修持善男子有三十二種修陁羅尼法所謂求法故愛樂法故法苑樂故隨法流故隨順法故尊上法故承事供養多聞者故常於和上及阿闍梨無有我慢恭敬供養故求法無猒故於教授者隨順不逆故於說法者敬愛如佛不求其短故於所聞法悉皆受持故不懈怠故於法不恡故所行法施無悕望故於所聞法如理作意故於所聞法善觀察故求於多聞無有限故常於梵行無休息故常樂遠離心寂靜故常勤修習六隨念故於六染法常弃捨故於六和敬恒不捨故於一切有情起無礙心故於緣生法修順忍故於三脫門作意觀察不驚怖故不捨聖種杜多

功德故護持正法心無下劣故觀於衆生起大悲故求於正法不惜身命故修大智行離愚惑故成就有情不懈倦故如是名為修陁羅尼無忘失業復次善男子若菩薩得是陁羅尼已於佛所說悉能遍持令不忘失謂所聞法無有忘失以念不忘以捨覺悟以慧照了入於一切無盡文字得諸言音隨類善解智得無礙辯演說無滯智於了義經入理趣智不了義經入理趣智入於世俗無盡說智入於勝義不斷說智於正斷精進得無退智於四神足起遊戲智於諸根中得差別智於諸力中得無動智於七覺支得開悟智於八聖道得入理智於奢摩他得心住智於毗鉢舍那得法決擇智於智解脫得隨順智於諸辯說得深入智於諸神通得生起智於諸波羅蜜得分別智於四攝法得隨機智於諸音聲得語路智於決定法得決擇智於諸經義得無間斷智於諸文字得無盡智於諸有情得歡喜智於求法者得稱根說法智於佛所說

得念摠持智於一切文字得入詞句智於諸垢淨得如實覺智於諸業緣得悟果報智於一切法得光明無翳智是名陁羅尼得陁羅尼平等身語心者能雨無盡法能息諸煩惱能生一切諸佛法故由得此陁羅尼甚深理故常無忘失是故名為菩薩得陁羅尼無忘法行善男子云何菩薩獲得如來加持無礙辯才善男子若菩薩常蒙如來之所加持得二十四種無礙辯才云何名為二十四種所謂迅疾辯利捷辯無礙辯無滯辯善詞辯甚深辯間錯衆音辯勝妙莊嚴辯無沉沒辯無畏辯種種偈讃辯修多羅緣起本事辯能摧伏他辯說差別無盡句辯顯現微妙辯端嚴威德辯說法無間辯天衆莊嚴辯斷諸疑惑辯世出世法辯不錯失辯慈悲喜捨悅可衆心辯宿命通辯佛所加持辯善男子如是二十四種辯修二十四種業而得成就何者二十四種業所謂不逆師長教誨故獲迅疾辯往來無諂故獲得利捷辯離諸煩惱故得無礙辯不好

雜住故得無滯辯不離閒語故得善詞辯悟緣生故得甚深辯以種種施故得間錯衆音辯嚴飾如來塔廟故得勝妙莊嚴辯不捨菩提心故得無沉沒辯善護戒蘊故得無畏辯施種種幢幡鈴蓋故得說種種偈讃辯承事恭敬種種捨施諸師長故得說修多羅緣起本事辯不逼惱貧匱有情故得能摧伏他辯施無盡寶藏令他入法故得說差別無盡句辯所說真實無麁獷故得顯現微妙辯不輕毀尊教及離間他人故得端嚴威德辯於自得法住持故得說法無間辯不謗毀他以歡喜心施所愛物故得天衆莊嚴辯於法不師拳如聞說故得斷一切疑辯觀於一切皆如師長不加逼惱施病者藥故得世出世法辯不求他過常自省察故得不錯失辯以平等心觀諸有情置涅槃道不著一切利養恭敬及名聞故得慈悲喜捨悅可衆心辯善言柔軟如說修行心無濁亂故得宿命通辯不謗大乘不樂小乘悲愍有情故得佛所加持辯是

名成就二十四種辯才之業復次令他有情到究竟故名為辯才於他住持能警覺故名為辯才於他歡喜意相續故名為辯才於他有情說隨心智故名為辯才善男子成就如是法功德智是為菩薩獲佛加持無碍辯才

善男子云何菩薩於生死中而得自在善男子菩薩成就十二種法於生死中而得自在云何十二所謂遠離惡友故親近善友故於佛所許見清淨故戒蘊清淨從三摩鉢底起於智慧方便而雙運故獲不退神通故觀諸法無生故為滿本願於生死中而受生故觀於有情起大慈故以大悲定觀察諸法如幻化故知一切法不生滅故於如夢性法不虛妄法如實觀察故以佛世尊威神加持或現生死而不染生死故是為十二若菩薩成就此十二法能於無量阿僧祇所生之處示現受身廣大利益一切有情善男子如是一切從二種根之所建立所謂神通智及大悲根如是名為菩薩摩訶薩於生死中獲於神通

而得自在

善男子云何菩薩摧伏怨敵超越四魔善男子若菩薩以如幻智通達一切五蘊諸法皆如幻化超越蘊魔通達諸法本性清淨超煩惱魔通達緣起超越死魔不退菩提心故超越天魔復次菩薩如是觀故能害所有障於菩提一切魔業魔不得便何謂魔業謂愛樂小乘是為魔業不讚菩提心是為魔業於諸有情簡別行施是為魔業樂求生處而持禁戒是為魔業為求色相而修忍辱是為魔業作世間事相應精進是為魔業於禪味著是為魔業以慧猒離於下劣法是為魔業在於生死而有疲倦是為魔業作諸善根而不迴向是為魔業猒離煩惱是為魔業覆藏已過是為魔業憎嫉菩薩是為魔業誹謗正法是為魔業背恩不報是為魔業不求諸度是為魔業不敬正法是為魔業慳惜於法是為魔業希利說法是為魔業離於方便成就有情是為魔業捨四攝法是為魔業毀破禁戒是為魔業

輕持戒者是為魔業順聲聞行是為魔業順緣覺乘是為魔業要求無為是為魔業猒離有為是為魔業心懷疑惑不利有情是為魔業所聞好疑不善通達如理作意是為魔業好懷諂誑假示哀愍是為魔業麁獷惡罵是為魔業於罪不猒是為魔業染著自法是為魔業少聞便足是為魔業不求正法是為魔業樂求非法是為魔業於障蓋纏不樂對治是為魔業不淨心口是為魔業忍沙門垢是為魔業善男子如是乃至好行十不善業捨於善法如是一切悉為魔業若菩薩成就四法而能超越云何為四所謂不忘菩提心故勤修六度不放逸故住於善巧智成就有情故住甚深理護持正法故善男子菩薩若與此法相應決定能摧諸魔怨敵是為菩薩超出四魔

善男子云何菩薩積集無量福德資糧為諸有情作所依止善男子若菩薩於一切有情起同體大悲住於禪定見來求者悉皆捨施以福無盡得於寶手令他受用意樂清淨心如平

地離於高下有所悕望豐饒利益或清淨故得心無著善護諸根復能成辦一切施會得陀羅尼成就辯才以如是等積集善根迴向菩提普施有情如外四大一切世間依住如是內四大為一切有情依住菩薩作是思惟我所積集一切善根法智善巧無有一法不與有情而為依住是為菩薩獲得無量福德資糧為諸有情作所依住

善男子云何菩薩出無佛世為諸有情而作佛事善男子若菩薩為出生處非處智故修十力業為出生漏盡智故修四無畏業為出生三十無礙智修十八不共法業為出生得佛眼光明故修五眼悉知業為出生一切神通故修宿命業為獲成就滿足菩提故修具足一切善法斷身口意諸煩惱業為出生相好莊嚴故修集一切福資糧業為出生十地得灌頂一切佛法故修集一切智資糧業如是善男子若菩薩具修如是業已於無佛世能為有情廣作佛事而成就之

虛空藏菩薩所問經卷第三　第十九張　由

善男子云何菩薩獲得海印三摩地不染一切有情心行善男子以何因緣名為海印三摩地如贍部洲諸有情等若千色類皆於海中而現影像故名大海如是若干有情一切心色之類乃至音聲彼諸影像皆於菩薩心海中現是故名為海印三摩地譬如大海同一醎味菩薩一味法解脫智亦復如是譬如大海不越潮限菩薩觀時非時故不越成菩提時坐於道場亦復如是譬如大海不宿死屍菩薩不與一切習氣煩惱及聲聞緣覺心俱亦復如是譬如大海容納万流不增不減菩薩容受一切諸法無有增減亦復如是譬如大海其廣無涯菩薩慧用無邊亦復如是譬如大海深難得底菩薩智海一切聲聞緣覺難測亦復如是譬如大海能作無量世界依止菩薩作諸有情依止亦復如是善男子是為菩薩善入海印三摩地已不染一切有情心行

善男子云何菩薩得無染著心如虛空風無有障礙善男子若菩薩於一

虛空藏菩薩所問經卷第三　第二十張　由

切法遠離見纏心無所著譬如大風於虛空中無所染著如是菩薩於一切法心無所著亦復如是是為菩薩得無染著心如虛空風無有障礙

大集大虛空藏菩薩所問經卷第三

丙午歲高麗國大藏都監奉
勅雕造

虛空藏菩薩所問經卷第三　第二十一張　由

大集大虛空藏菩薩所問經卷第三

校勘記

一　底本，麗藏本。

一　九二六頁上一三行「依勝」，石作「勝」。

一　九二六頁中八行首字「如」，石作「知」。

一　九二六頁中一一行第一〇字「欲」，石無。本頁下二二行第七字同。

一　九二六頁中一五行第七字「如」，石作「如是如」。又「諸法」，石作「説法」。

一　九二六頁下一八行第三字「忍」，石作「忍辱」。

一　九二六頁下二一行「精進」，石作「進」。

一　九二七頁上一七行第二字「惠」，石作「慧」。

一　九二七頁下二行「雜染」，石作「離染」。

一　九二七頁下八行「所得」，石作「所得何以故」。

一　九二八頁中六行「作法」，石作「非法」。

一　九二八頁下二〇行第三字「地」，石作「地界」。

一　九二八頁下末行第九字「界」，石作「法界」。

一　九二九頁上一〇行「成熟」，石作「成就」。

一　九二九頁下一三行「教授」，石作「教受」。

一　九三〇頁上一行「觀於」，石作「於」。

一　九三〇頁上三行「成就」，石作「成熟」。

一　九三〇頁上四行「倦故」，石作「惓故」。

一　九三〇頁中二行「實覺」，石作「實學」。

一　九三一頁上一二行第六字「運」，石作「願」。

一　九三一頁中一五行「疲倦」，石作「厭倦」。

一　九三一頁中二二行第七字「就」，石作「熟」，本頁下一六行首字、次頁上末行第一四字同。

一　九三一頁下二行「要求」，石作「樂求」。

一　九三一頁下一〇行「心口」，石作「心垢」。

一　九三一頁下一三行「悉爲」，石作「悉有」。

一　九三一頁下二〇行「爲諸」，石作「謂諸」。

大集大虛空藏菩薩所問經卷第四　㽞

開府儀同三司特進試鴻臚卿肅國公食邑三千戶賜紫贈司空謚大鑒正號大廣智大興善寺三藏沙門不空奉　詔譯

善男子云何菩薩善知軌儀修行離暗獲得光明不隨他緣得自然智速到大乘一切智智善男子若菩薩於彼所行軌儀一切諸行不退不動獲得光明名為正法自智光明亦名於法無障礙智能離於暗獲得光明不隨他緣得自然智何以故彼菩薩住自然智光明之時於他有情及於此法照了決定不隨他緣速疾能證薩婆若智介時世尊說伽他曰

已脫諸見之智者　於生死中具福德
住於瑜伽離諸相　迴向菩提無盡處
應具一切智資糧　無邊智慧虛空性
無色無相亦無法　則能滿足一切智
應念佛身勝生子　於彼心意不散動
不取色相及種姓　是故名為念如來
法體遠離於諸欲　湛然寂靜常無相
若能遠離於所緣　是故名為真念法
無為無染常解脫　是故名為念僧伽
一切貪緣諸事物　悉能捨施無所著
無思清淨無分別　是故名為念於捨
無為尸羅無諸漏　離身語意不流轉
不生三有無所依　是為正念無漏戒
淨居諸天體無垢　及住兜率紹法王
應念如是清淨天　不久我常亦如彼
若持諸佛之正法　不應執著煩惱事
於法非法皆解脫　如是能持諸佛法
如佛所得菩提相　受持法者亦復然
若知本際無有塵　是則名持諸佛法
由我淨故有情淨　法淨智者隨行之
知諸有情心性淨　以如是行而成就
不作斷滅有情界　亦不見彼有增減
為說斷除顛倒見　化無量衆令清淨
應說世間諸境界　不異如來之境界
佛之境界如虛空　世間之境亦如是
一切語言及文字　悉皆猶如空谷響
中間無有所聞者　如是知已獲揔持
受持修習及讀誦　盡能宣說法理趣
無我無人無法想　如是安住陁羅尼
能持一切諸佛法　善說聞者皆歡喜
正念不離三摩地　由此決定於揔持
於法不動無散心　亦於諸法無疑惑

譬如龍王降大雨　彼人說法亦復然
無著無縛無障礙　能說千億俱胝典
於諸有情無法想　彼得辯才勝功德
承佛威神說妙法　千俱胝劫常無礙
令諸有情心歡喜　安住辯才佛功德
若知一切法理趣　體性皆若於虛空
無人無命無壽者　彼即名持佛正法
有情本性皆圓寂　究竟諸法悉無生
是忍境界無垢淨　得此名為不放逸
見於諸蘊皆如幻　則見諸法真實性
知於六處如空邑　是則能超於蘊魔
譬如空中起浮雲　一切諸惑亦如是
常於正理勤觀察　彼則能超煩惱魔
若知無生常不生　則知寂滅亦無滅
法無過去未來世　決定不為死魔侵
於法無動亦無思　不住菩提無覺想
無我無人起悲濟　是降天魔之眷屬
見於識智二平等　不住無為及有為
心如幻化知世間　是名勇健難摧伏
於此彼岸無所著　說法修習相應者
拔濟有情無人想　是名菩薩之導師
觀察三有如曠野　亦如空性不變異
無路無人無拔濟　是為說法大商主

善說有無真實法　了法本來常清淨
悲與寂滅理相應　是名菩薩導師者
前後流轉心相續　如此二心不和合
了知流注心體性　是名菩薩之勇健
知諸法性本清淨　猶如虛空如水月
不著一切諸煩惱　是淨菩薩恒常稱讚
若知一法同諸法　如幻陽炎無所取
虛妄空寂不常恒　彼人不久成真覺

說此決定法門時七萬二千那庾多天人緊那羅摩睺羅伽等皆發無上正等覺心三万二千菩薩得無生法忍於此三千大千世界六種震動大光普照百千諸天雨種種花奏諸伎樂以歌歎而共讚歎此諸有情已為如來法印印之若有聞此法門能生勝解受持演說如法修行一切智者於此佛刹皆應禮敬以自莊嚴所以者何由佛世尊出興於世演此秘密決定法門令我等聞非餘有情所聞見故

介時大虛空藏菩薩從佛世尊聞說是已即時獲得六無垢清淨三摩地門以價直三千世界摩尼寶網覆於佛上而為供養一心合掌作如是言如來今者以無礙智觀察一切有情根性前後善巧宣說無障礙法甚深理趣由此衆會皆大歡喜讚歎大乘時十方世界所來集會諸菩薩等復放光明皆言由於如來說如是法門令我等聞深生慶幸靡不歡喜

介時會中有菩薩摩訶薩名曰辯白大虛空藏菩薩言正士汝名虛空庫藏而汝豈以虛空為庫藏耶虛空藏菩薩言善男子我亦是虛空亦是庫藏辯菩薩言善男子我願見汝虛空庫藏差別之相虛空藏菩薩言善男子如汝之心所思惟物我令空中為汝雨之辯菩薩言我昔曾見赤優鉢羅吉祥如來蓮花莊嚴世界彼有蓮花名曰一切光明遍照其量廣於一俱盧舍有多千葉香潔柔軟猶若迦止栗那綿身觸之時受極快樂其香芬馥遍於無量百千世界彼中菩薩聞香見花即皆得定唯願仁者於此衆會而雨是花時辯菩薩一心淨意未久之間於是大虛空藏菩薩以大威神加持力故即於空中雨如是花時此會衆見是花已各各獲得愛樂花三摩地從定出已異口同聲讚大虛空藏菩薩言善哉善哉正士由汝加持智力故令一切有情悉皆獲得如是之力

介時衆中復有菩薩名寶莊嚴白大虛空藏菩薩言大士唯願為我及諸有情於虛空中雨細粖金所言未訖即有無量粖金從虛空中如雨而下寶莊嚴菩薩復言願於空中雨一切寶所言未訖即於空中有無量無數種種名種種色種種摩尼之寶如雨而下所謂金銀頗胝迦吠琉璃碼碯赤珠牟娑羅藏寶吉祥藏寶駱娑羅無垢光寶月光寶日光寶照曜寶珠勝光寶贍部光寶火光寶硨磲璧玉珊瑚帝青寶德藏寶寂靜光寶澄清濁水寶不壞光明寶建立眼寶旋轉寶釋迦楞伽寶勝寶大勝寶威德熾盛寶吉祥藏王寶金剛藥寶世光寶光味寶持光半月寶贍部檀寶贍部洲光寶千光寶炬火光寶勝莊嚴寶息熱寶無

熱惱寶除病寶淨眼寶淨耳鼻舌身
意寶照曜支寶照曜寶青光寶黃光
寶頗胝迦寶白頗胝迦寶網寶以要
言之餘如是類無量之寶悉皆雨之
如是無邊衆寶名字若於一劫不可
説盡
尒時復有時王菩薩白大虛空藏菩
薩言大士此娑訶世界有無量受苦
有情貧匱飢餓無諸飲食著破弊衣
復有裸形及諸餓鬼露體饑渴被髮
覆身常思所弃涕唾膿血爲如是類
願生憐愍雨以衣食而充濟之時虛
空藏菩薩以加持力即於虛空雨種
種飲食異類衣服百千色相無量無
邊不可筭數上妙細軟過於迦止栗
那綿身觸之時受極快樂於此三千
大千世界一切貧匱孤露有情及諸
餓鬼蒙此飲食勝妙衣服悉皆充足
尒時會中復有菩薩名曰醫王白大
虛空藏菩薩言大士今此世界無量
有情嬰諸疾病復無眷屬所能瞻視
以病纏綿受大苦惱願爲此等諸有
情類雨上藥草令彼患者悉皆除愈

所言未訖即時虛空雨於無量甘露
妙藥由此藥故一切病者服皆除差
復有菩薩名摧惡趣白大虛空藏菩
薩言善男子願以大悲息三惡趣受
諸劇苦一切有情所言未訖即於空
中出大光明照捺落迦傍生鬼趣彼
諸有情皆息衆苦得受安樂又於虛
空雨衆花鬘塗香末香幢幡傘蓋燈
燭音樂奴婢妻妾童子婇女象馬車
乘宅舍城郭村邑聚落國土宮殿樓
閣花園窓牖牀榻珍寶輦輿四牛十
六牛乃至千牛所駕之車悉於虛空
如雨而下皆由大虛空藏菩薩加持
力故復告衆言善男子汝等皆取如
是等物隨用捨施當令滿足檀波羅蜜
復有菩薩名戒莊嚴白大虛空藏菩
薩言善男子汝已雨於檀波羅蜜何不
復雨戒波羅蜜所言未訖即時十方
諸佛及諸菩薩皆共讚歎戒波羅蜜
莊嚴功德如是讚歎戒功德聲從空
中出如是讚歎忍辱精進禪定智慧
莊嚴功德所出之聲亦復如是又聞
諸佛菩薩百千詞句稱讚諸法無增

無減由此法音警覺三千大千世界
令無量無數有情修學三乘而得成就
復有菩薩名普遍光明白大虛空藏
菩薩言汝虛空庫藏爲唯於此世界
中現饒益有情爲復亦能於餘世界
現如斯事
尒時大虛空藏菩薩告普遍光明菩
薩言善男子汝獲無垢妙淨天眼當
觀十方諸佛世界爲見何物説是語
已時普遍光明即以天眼觀見十方
無量阿僧祇世界所雨寶物飲食衣
服一如此界無所減少又聞空中所
説一切微妙法音亦不增減
尒時普遍光明菩薩見是事已深生
奇特歎未曾有以鄔馱南稱讚大虛
空藏菩薩不可思議難可測量而能
頓於一切世界現如是等種種寶物
唯願以佛威神之力及於仁者加持
之力令此衆會及餘世界一切有情
普皆得見如是衆寶普皆得聞虛空
法音
尒時大虛空藏菩薩即如其言更雨
如是種種諸寶皆令此會及他方國

土一切有情悉皆得見各各皆發無上正等菩提之心

尒時王舍大城有五百女人共詣大虛空藏菩薩所到已白言我聞正士能滿一切有情所願然今我等夫主並死不知所趣唯願大士示我令見

尒時大虛空藏菩薩以威神力故即為五百女人各各現其本夫形狀住菩薩前時虛空藏告諸女言姊妹當觀此是汝等本夫以不彼諸女等各見本夫悲喜交集時彼丈夫各自隨逐是諸女等還歸本家七日之中為女說法令得成就咸發無上菩提之心住不退轉時五百女相共來詣大虛空藏菩薩之所一心同聲以伽他讚曰

我等今知是法相　猶如幻化虛空性
而為我等示現夫　今我成就最勝業
以是諸法皆變化　本空無心無所動
由此通達無漏法　永不隨逐諸煩惱
是故皆發菩提心　願欲拔濟有情類
蒙為我等授記莂　當得成佛度有情
同名善調之如來　廣於後世修諸行

我等獲斯妙法雨　是故稱讚大導師

尒時復有五百丈夫被賊欲害即聞空中聲曰汝等當知有菩薩名大虛空藏能於怖畏諸有情類施於無畏汝等應當歸依稽首必無所害時彼諸人以恐怖故皆共一心異口同聲作如是言南無大虛空藏菩薩作是語時虛空藏菩薩化五百人從虛空下住彼人前告諸賊言是等貧匱何用害為寧殺我等今當與汝衣服瓔珞所須之物令無所乏勿斷彼命時彼諸賊即殺化人其五百人咸離怖畏泰然安隱皆共往詣大虛空藏菩薩之所恭敬合掌頭面禮足作如是言我等今者皆從大師得全性命故來頂禮莫知所報廣大之恩唯願為我說微妙法當共受持成二利行

尒時大虛空藏菩薩告言善男子汝等今者既無所懼各各宜發阿耨多羅三藐三菩提心則得自利利他成就說是語已彼等一時皆發阿耨多羅三藐三菩提心即以上妙衣服價直百千奉虛空藏菩薩以申供養如

是供養虛空藏菩薩已即為供養一切諸佛尒時世尊悉與彼等授於記莂於當來世過無量劫修菩提分法已當得成佛同号無怖畏如來多陀阿伽度阿羅訶三藐三佛陀

尒時舍利子白大虛空藏菩薩言善男子汝得此虛空庫藏已來經今幾何不枯不竭周給一切無有窮盡虛空藏言大德於意云何豈有虛空而竭盡耶不也大士虛空藏言如是大德舍利子虛空自性無盡我今所有善根功德亦復如是所以者何我為菩提於無量劫積集無量無邊善根悉皆迴向如彼虛空無有窮竭是故周給不竭不盡如汝所言而此空中施設庫藏經幾何者乃至我發菩提心來空中庫藏又近如是時舍利子復言汝發菩提心復經幾時答曰如佛世尊知其近遠舍利子即白佛言世尊此虛空藏菩薩發菩提心經幾許時佛言善男子我若具說人天聞者皆生疑惑舍利子言善哉世尊唯願垂慈為我開示又此會中有無量衆

皆共渴仰願為解說令得淨信

尒時佛告舍利子辟如恒河沙數世界所有微塵一一微塵復為一劫如是塵劫為一洛叉復有無量那由他洛叉微塵劫盡是微塵所有劫數彼虛空藏發於無上正等覺心經尒所時舍利子復白佛言世尊彼虛空藏初發心時所遇如來名字何等佛告舍利子彼時如來出現於世名一切勝願寶威德王如來應供正遍知明行足善逝世間解無上士調御丈夫天人師佛世尊世界名現一切佛剎劫名寶莊嚴舍利子彼現一切佛剎世界所有功德莊嚴成就我以劫壽說不能盡舍利子彼佛世尊所坐道場周千世界復有　超過數量諸菩薩衆以為眷屬舍利子彼時世界有轉輪王名一切天灌頂王於三千大千世界彼王復有不可思議寶藏有三万六千子皆悉化生有大威德彼佛世界乃至無有女人之名舍利子彼佛世尊壽百千劫其一切天灌頂王於四十中劫承事彼佛一日之中用千

俱胝上妙資具積高須彌以為供養所積福聚不可思議其王諸子及諸眷屬皆發阿耨多羅三藐三菩提心舍利子彼時一切天灌頂王莫作異觀今虛空藏菩薩是

尒時舍利子白佛言甚奇世尊此大虛空藏菩薩被不可思議甲冑乃至久遠住於大乘能證如是威德法行佛言舍利子是大虛空藏菩薩所供養佛超過無量恒河沙數於彼佛所淨菩提心恒河沙數佛所菩提心淨則意樂淨恒河沙數意樂淨則加行淨恒河沙數加行淨則增上意樂淨恒河沙數增上意樂淨則檀波羅蜜多淨恒河沙數檀波羅蜜多淨則尸羅波羅蜜多淨恒河沙數尸羅波羅蜜多淨則忍辱波羅蜜多淨恒河沙數忍辱波羅蜜多淨則精進波羅蜜多淨恒河沙數精進波羅蜜多淨則禪那波羅蜜多淨恒河沙數禪那波羅蜜多淨則般若波羅蜜多淨恒河沙數般若波羅蜜多淨則方便波羅蜜多淨恒河沙數方便波羅蜜多

淨則一切有情無礙心無礙光淨恒河沙數有情無礙心無礙光淨則大慈淨乃至大悲大喜大捨大神通智淨則身語心淨由恒河沙數心清淨則一大人相淨如是廣說三十二大人相乃至一切大人相善根淨則虛空庫藏淨舍利子由如是故此虛空藏菩薩能於空中示現一切菩薩之行舍利子辟如虛空無有窮盡善男子如是菩薩一切願行清淨無盡亦復如是是故名為虛空庫藏說是法時會中有一万菩薩獲得無盡財寶于虛空庫藏滿足願忍

尒時會中復有菩薩名曰法王白大虛空藏菩薩言我願從空中聞妙法音虛空藏言善男子汝極生恭敬心住虛空作大師想我當令汝聞妙法音尒時法王菩薩并諸大衆一心合掌向空禮敬瞻仰而住以虛空藏菩薩加持力故即於空中出伽他曰

心意與諸法　皆如於虛空　我今說少分
汝等次第聽　虛空無高故　下亦不可得
諸法亦如是　其性無高下　虛空無有生

滅亦無所得　諸法亦如是　生滅不可得
空中無損減　復無增益性　諸法如虛空
平等無增減　空中無有暗　亦無於所染
心性亦如是　無暗亦無染　譬如日月光
虛空無愛染　心亦同虛空　無愛亦無染
譬如於虛空　斧斫無傷損　菩薩觀衆苦
亦無憂懼心　如空雨甘露　虛空無愛悅
菩薩於名利　不生染愛心　毀譽空不動
苦樂心恒靜　大地雖搖動　虛空性常住
菩薩於世法　遠離分別心　如空火不燒
菩薩惑無染　虛空離生滅　法界無去來
衆色現於空　諸法依心住　空無色非色
心性亦復然　虛空雖假名　心意識如是
如空無邊故　智者德如斯　猶空迹難成
菩提行無相　虛空無前際　五蘊性亦然
過現四大空　未來亦如是　如劫燒空界
難滿諸有情　五欲流注心　難滿亦如是
佛說大法句　離欲出世間　教法廣無涯
如空無所得　了知真實法　不壞不住性
知性即無性　正見住實際　聲性空無有
言說性亦然　法體本無言　無聲亦無說
諸法如幻炎　夢影響皆空　寂靜無比方
引導故為喻　法無相說相　能所相皆無

虛空藏菩薩所問經卷第四　第六張　幽

菩薩了真如　如空無所得　無著無所有
無覺無戲論　不虐有情故　如性為菩薩
有情本涅槃　聞此不驚怖　被勇猛甲冑
名住菩提者　猶如於幻師　害多幻化衆
實無有所害　所度生亦然　幻化及有情
諸佛法亦尒　若悟同一性　無自性為性
虛空藏菩薩　得虛空庫藏　充足諸有情
此藏無窮盡　無邊功德聚　得此清淨藏
汝觀諸法性　其性無移動　應知一切法
因緣和合生　由此無有窮　法藏難思故
世尊常演說　四種法無盡　有情及虛空
菩提心佛法　如諸世間物　可說有窮盡
無物無所盡　是故說無盡　究竟滅盡法
盡法無所盡　無盡無不盡　是故說無盡
若人聞此法　名菩薩覺悟　則知如是人
速住菩提道

尒時大衆聞是伽他已，即於會中有八千菩薩得無生法忍，一万二千天子住虛空中發於阿耨多羅三藐三菩提心。

大集大虛空藏菩薩所問經卷第四

丙午歲高麗國大藏都監奉
勑彫造

虛空藏菩薩所問經卷第四　第七張　幽

大集大虛空藏菩薩所問經卷第四

校勘記

一　底本，麗藏本。
一　九三四頁上一一行第二字「然」，石無。
一　九三四頁中六行「我常」，石作「我當」。
一　九三四頁中一二行末字「就」，石作「熟」。
一　九三四頁中一三行第七字「界」，石作「戒」。
一　九三四頁中末行「諸法」，石作「諸佛」。
一　九三四頁下一一行「超於」，石作「超諸」。
一　九三四頁下一九行「難摧」，石作「能摧」。
一　九三四頁下二二行「亦如」，石作「亦知」。
一　九三五頁上一一行首字「正」，石無。

一 九三五頁下一二行第一〇字「有」，石無。

一 九三五頁下一六行「寶殊」，石作「寶珠」。

一 九三五頁下一八行「澄清」，石作「澄淨」。

一 九三六頁中二行末字「差」，石作「愈」。

一 九三六頁下一行「警覺」，石作「警悟覺察」。

一 九三六頁下二行「成就」，石作「成熟」。次頁上一八行同。

一 九三六頁下一八行「唯願」，石作「惟願如來」。

一 九三七頁上三行「共詣」，石作「皆詣」。

一 九三七頁上一二行第六字「還」，石作「請還」。

一 九三七頁上一八行「今我」，石作「令我」。

一 九三七頁下三行「無量」，石作「數量」。

一 九三八頁下一一行第六字「爲」，石無。

一 九三九頁上一二行「依心」，石作「於心」。

一 九三九頁上一四行第八字「德」，石作「得」。

一 九三九頁中二行「如性」，石作「知性」。

大集大虛空藏菩薩所問經卷第五　曲

開府儀同三司特進試鴻臚卿肅國公食邑三千戶贈司空謚大鑒正號大廣智大興善寺三藏沙門不空奉　詔譯

尒時衆中有菩薩名常希奇從座而起白世尊言未知此聲從何而出佛言善男子汝當問彼大虛空藏菩薩當為汝說尒時常希奇菩薩即白大虛空藏菩薩言大士我今不知如此法聲從何而出唯願仁者為我說之虛空藏菩薩言善男子於意云何彼谷中響從何而有常希奇菩薩言因於他聲之所顯出虛空藏菩薩言善男子彼之谷響為是身耶為是心耶為是色耶為是聲耶可實有不不也大士響無自體因聲顯發豈有實耶善男子響既不實因聲而有如是虛空所出法聲亦復如是從不思議智之所顯由心攝持自空而出故有流轉非即流轉能顯其聲善男子汝觀因緣和合所作甚深之理衣因感果亦無因果性不流轉而此二法無自性故無作者故若知因緣不能感果則了諸法本無和合所以者何如世尊說若知雜染是則清淨不斷雜染亦自清淨何以故煩惱自性本清淨故如此二法名施設句所謂雜染及以清淨依勝義際所建立故勝義際中雜染清淨皆不可得勝義際者名為無際即彼無際名為實際是實際即空際是空際即我際是我際即一切法際若知一切法際空際寂靜際極寂靜際所有際門則於一切諸法無所取著獲無导智

尒時舍利子問常希奇菩薩言善男子汝以何故名常希奇荅曰大德舍利子我於一切法常勤精進生希奇心樂欲滿足而不能解又於一切菩薩之行生希奇心當願入於一切有情心行之智而不能解願於一切煩惱魔業令不得便而不能解是故於法常生希奇由此因緣名常希奇

尒時長老舍利子白佛言甚奇世尊而此正士辯才如是明了一切諸佛之法無所染者所說之法亦不取著

尒時會中有菩薩名寶吉祥白大虛

空藏菩薩言善男子唯願為我說三摩地我當如說而修行之時大虛空藏菩薩告寶吉祥菩薩言善男子有三摩地名為菩薩清淨意樂能除道障菩提故有三摩地名一切有情無导光明謂與有情作照明故有三摩地名讓自他超越一切他惱害故有三摩地名為無垢能令獲得心清淨故有三摩地名為遍照謂能增長諸善法故有三摩地名為端嚴謂能獲得澄淨性故有三摩地名為高廣謂能獲得無見頂故有三摩地名為遠離謂能調伏諸煩惱故有三摩地名為迴旋能右迴旋入真道故有三摩地名為退轉能轉外道邪見故有三摩地名為作樂遊諸法苑受快樂故有三摩地名到究竟殖清淨行到後地故有三摩地名為威德獲心自在無贏劣故有三摩地名入平等於諸有情心平等故有三摩地名知作業能隨所作知業果故有三摩地名師子幢能離怖畏身毛竪故有三摩地名心勇健能消一切煩惱魔故

有三摩地名芬陁利於諸世間獲無染故有三摩地名跛度摩謂能獲得心莊嚴故有三摩地名光莊嚴能照一切諸佛剎故有三摩地名善作業謂能永害憎愛心故有三摩地名幢莊嚴謂能照耀諸佛法故有三摩地名為有炬能照一切諸習氣故有三摩地名為日燈能離一切諸黑暗故有三摩地名為日旋能觀一切有情心故有三摩地名功德藏諸功德法隨順轉故有三摩地名那羅延能伏一切他論難故有三摩地名為堅固能獲金剛不壞身故有三摩地名為具堅能超一切世間慧故有三摩地名曼荼羅能獲不退諸神通故有三摩地名金剛場謂能往詣菩提場故有三摩地名金剛喻善能穿鑿諸漏法故有三摩地名為具行能知有情諸心行故有三摩地名為治地能令遠離愛欲過故有三摩地名為摧壞能令摧壞四魔怨故有三摩地名日觀身能觀一切色身相故有三摩地名為不眴能令專注一境性故有三

摩地名入虛空能淨一切精進心故有三摩地名為無諍能超一切所緣境故有三摩地名無垢輪能轉清淨妙法輪故有三摩地名為電光能觀察心剎那壞故有三摩地名善作勝繚能速圓滿諸善法故有三摩地名為能淨能斷一切不善法故有三摩地名身莊嚴能滿大人相隨好故有三摩地名語莊嚴梵音說法令眾喜故有三摩地名心莊嚴令諸善法不失壞故有三摩地名為無畏能得堅固不退轉故有三摩地名為等施於諸有情無簡別故有三摩地名戒積集令一切願悉滿足故有三摩地名忍甲冑能於身命無顧惜故有三摩地名精進堅固能獲速疾諸神通故有三摩地名無量藏能令梵王所攝伏故有三摩地名無所有令無色界有堪能故有三摩地名為高幢不為有情所陵伏故有三摩地名為高燈善能觀察於十方故有三摩地名為慧炬能摧一切障蓋纏故有三摩地名為海印能現種種所作業故有三摩

地名無量旋能斷一切諸惡見故有三摩地名為空性能離一切諸相見故有三摩地名為無相能斷遍計諸分別故有三摩地名為無願善能清淨諸願相故有三摩地名為不動能害一切動意思故有三摩地名具足音能善獲得無导辯故有三摩地名為遍持能持一切所聞法故有三摩地名為淨念能善受持諸佛法故有三摩地名為無盡悉令有情生歡喜故有三摩地名為寶嚴能令一切得寶手故有三摩地名為隨去能隨有情獲心智故有三摩地名知所趣於有情趣令覺悟故有三摩地名為意入能令心意皆清淨故有三摩地名為法雲隨其勝解雨法雨故有三摩地名為念佛能證甘露清淨法故有三摩地名為念法能證離欲諸善法故有三摩地名為念僧令於佛法不退轉故有三摩地名為念捨令於資具悉能捨故有三摩地名為念戒建立諸佛法根本故有三摩地名為念天令於淨法無過失故有三摩地名

入法界知一切法平相入故有三摩地名虚空性令一切法悉無导故有三摩地名無生性能令獲得無生忍故有三摩地名類不類於文句差別以善巧智悉能持故有三摩地名妙說無垢卑菩薩由得此三摩地一剎那頃能以慧證大菩提故善男子如是八十三摩地門一一皆有五百三摩地門以為眷屬合集筭計成於四萬三摩地門清淨雜染是為八万三摩地門彼前後中際及無盡智各有五百三摩地門并清淨雜染合成八万四千三摩地門乃至如是佘所三摩地為佘所法郥馱南復成如來八万四千差別法蘊由彼有情八万四千心行別故善男子根本郥馱南令諸有情入佛智行生警悟故復次一切佛智入一切有情心行所說法藏無量無邊不可思議非百千劫之所能說我今於此三摩地門略說少分說此法時會中有一万六千菩薩於三摩地門證無生法忍八万四千人天發阿耨多羅三藐三菩提心佘時世

尊讚大虚空藏菩薩言善哉善哉善男子快說如是三摩地功德法門顯揚如來微妙勝智而此法門汝身自證不由他悟佘時寶吉祥菩薩白佛言世尊以何因緣虚空藏菩薩於如來所能從虚空雨於衆寶佛告寶吉祥菩薩言善男子我念過去無量不可數劫佘時有佛出興於世号無垢炎無量光王如來應供正遍知明行足善逝世間解無上士調御丈夫天人師佛世尊有世界名弥佉羅劫名功德光善男子其弥佉羅世界國土安樂人民熾盛七寶為地其平如掌清淨柔軟猶若迦止栗多綿行隨觸時受勝快樂閻浮檀金以覆其上種種諸寶而為嚴飾界以八道寶樹行列如他化天隨所受用皆適其意諸人天衆悉共居止宮殿樓閣心念飲食隨意皆至善男子彼無垢炎無量光王如來有六十那由他菩薩摩訶薩衆當於彼時有轉輪聖王名曰福報莊嚴七寶具足其王國城如贍部洲所居宮殿東

西南北四方皆各四瑜繕那間錯七寶以為莊嚴復有五百園苑嚴飾交映善男子是福報莊嚴王有八万四千婇女端正殊妙有四万子皆悉端嚴力勇無敵有二寶女一名吉祥威二名吉祥光王與婇女及諸王子前後圍遶往詣於彼愛莊嚴園遊觀歌舞而自娛樂是二寶女各於懷中化生一子端正無比色相光明宿植善根成就願力志求無上正等菩提一名師子二名師子勇步適化生已即共同聲向於父王說伽他曰

昔造善惡皆不亡　供養如來亦不失
不捨菩提意樂故　堅固多聞亦不忘
不失檀那及淨戒　忍辱柔和行成就
知恩報恩作善業　精勤不捨菩提願
一心禪定得解脫　定與慧俱心不惑
能修智業常不動　是故速得證菩提
滅諸煩惱而不染　由此不生胞胎藏
化生處在蓮花上　如蓮在水而無染
東方有佛名醫王　我等自彼來求法
親近供養無垢佛　成就三世無导智
父王可共往佛所　奉事禮敬以修治

如來出世遇甚難　猶若優曇鉢花現
王聞是語極歡喜　悉與妻子并侍從
一千俱胝諸眷屬　往詣於彼見如來
慇懃致敬彼世尊　妙花塗香以供養
頭面禮足而右遶　合掌端身住佛前
師子并及彼勇步　亦復頂禮於佛足
禮佛足已伽他讚　為求正法利有情
願為我濟勝歸依　於世盲瞑作燈燭
妙達有情心意樂　隨彼勝解能開悟
今我父王恃尊位　為諸五欲之所纏
不往親近於如來　亦失供養及聞法
善哉世尊生悲愍　願說寂勝菩提道
咸令一切聞法已　皆得不退於佛乘
時佛踊在虛空中　高於八十多羅樹
王令聽我最勝法　聞已如說而修行
五欲無常命難保　身如朝露水上泡
欲樂如夢如嬉戲　誰有智者生貪著
習欲之人無猒足　轉令熾盛增渴愛
愚夫隨境無休已　唯聖慧者能知足
五蘊如幻而不堅　誑惑世間應善察
諸界如彼毒蛇類　六處喻若空村邑
無王無國無妻子　助伴但有於無常
唯施戒定及精進　今世他世為伴侶

覩我神通威德力　相好端嚴具辯才
汝樂來世如是業　應發無上菩提意
福報大王聞法已　并與七十俱胝衆
妻子侍從諸眷屬　皆發無上菩提心
咸言已發最勝心　悉願廣度衆生類
誓行殊勝菩提行　願得成佛世間尊

善男子時福報莊嚴王從佛所聞是伽他已與其眷屬合掌恭敬稽首作禮而白佛言世尊唯願垂慈受我供養尒時世尊心生憐愍即受其請時福報莊嚴王即以種種衣服飲食卧具醫藥皆是殊勝上妙珎異離過之財於八万四千歲以為供養時師子及師子勇步并餘二万王子發淨信心捨世榮位於彼佛法出家為道時王二子勤行精進於菩提分法修習不久獲五神通以如意通力及智願力能於一切諸佛世界施作佛事廣為有情說於妙法令無量無數阿僧祇有情安住阿耨多羅三藐三菩提心善男子其福報莊嚴王過八万四千歲已為聞法故往詣無垢炎無量光王如來所見二童子出家修道竊自思惟是童子出家有何所獲不如於

我八万四千歲中以種種樂具供養功德善男子時無垢炎無量光如來知王心念即告師子勇步童子言善男子汝應示現慧神通福神通力神通暎蔽大衆所有威光并魔宮殿一切光明顯菩提相令此大衆生希有心得於正見降伏異論然大法炬息諸煩惱遊戲菩薩自在神通尒時師子勇步菩薩即時舉手捫大虛空三千世界六種震動復更舉手捫摸虛空即於空中雨有百千俱胝天樂不鼓自鳴其音和雅復更舉手捫摸如前即雨無量昔未聞見極妙天花柔軟猶如迦止栗那綿手觸之時受勝快樂并種種寶末香塗香繒蓋幢幡衣服飲食一切受用莊嚴資具積滿三千大千世界一切衆會得未曾有尒時無垢炎無量光王如來告福報莊嚴王言如是雨寶廣大惠施可得知其數量以不王白佛言世尊所雨寶施猶如虛空不可知量佛言大王此師子勇步菩薩若以神通智慧之力於剎那頃雨如是寶遍於恒河沙

數世界一切有情隨意所取皆得滿足悉令歡喜善男子當介之時有地居天唱如是言此菩薩於當來世必得成就虛空庫藏能隨有情心之所求皆從空中雨如是寶如是四大王衆天三十三天夜摩天覩史多天樂變化天他化自在天大梵王天展轉相告悉皆如是

介時無垢炎無量光王如來即便印可如是當成虛空庫藏作是言已恒沙諸佛悉共發聲同時印可亦復如是善男子彼福報莊嚴王見師子勇步菩薩神變如是合掌向佛白言世尊菩薩神通福德之力乃能如是不可思議即立王子勝慧繼嗣為王自捨國位剃除鬚髮於彼佛法出家入道既出家已作是思惟所捨施者為欲利益身口意故夫出家者令身口意悉清淨故所捨施者為濟闕之夫出家者無所闕乏所捨施者得報危脆夫出家者獲果堅實所捨施者有我所攝夫出家者無所攝受所捨施者有於身見夫出家者離一切見所

虛空藏菩薩所問經卷第五　第十三張　由

捨施者猶如嬰孩歡喜遊戲而無所知夫出家者寂靜智慧悉皆遍知作是思惟已閑居寂靜不生放逸勤加修道其後未久獲五神通善男子介時福報莊嚴王者莫作異觀即拘留孫如來是也介時師子菩薩者即我身是師子勇步菩薩者即大虛空藏菩薩是是虛空藏菩薩於無量百千俱胝那庾多劫從虛空庫藏常能雨寶無有休息善男子介時勝慧王子者今慈氏菩薩是善男子悅意清淨宿植善根所聞法教當知皆是有情依處說此大虛空藏菩薩昔因緣時有十二万人皆發阿耨多羅三藐三菩提心

介時大虛空藏菩薩白佛言世尊云何菩薩出世間道佛告大虛空藏菩薩言善男子出世間道者所謂六波羅蜜三十七菩提分法奢摩他毗婆舍那四攝法四無量心四禪四無色定五神通善男子此名菩薩出世間道世間者所謂五蘊菩薩為求菩提以慧方便知色無常行於布施知色

虛空藏菩薩所問經卷第五　第十四張　由

苦知色無我知色寂靜知色空知色無相知色無願知色無行知色不生知色不起知色緣生知色遠離知色無執知色無阿賴耶知色不發起知色如幻知色如夢知色如陽焰水月谷響光影知色如影像如草木瓦礫而行布施菩薩如是行施之時知色真如由知色真如故即知施真如知施真如故即知迴向真如知迴向真如故即得菩提真如得菩提真如故即知有情真如知有情真如故即知我真如知我真如故即知一切法真如知一切法真如故非真如不妄真如不異真如隨知如是而行布施善男子是為菩薩出世間道如是知受想行識無常已而行布施如是知識無我知識寂靜知識空知識無相知識無願知識無行知識無生知識無起知識緣生知識遠離知識無執知識無阿賴耶知識不發起知識如幻如夢陽焰水月谷響光影影像知識無形相已而行布施如是行施之時知識真如故即得施真如由得施真如

虛空藏菩薩所問經卷第五　第十五張　由

故即得迴向真如得迴向真如故即得菩提真如得菩提真如故即得有情真如得有情真如故則得我真如得我真如故則得一切法真如得一切法真如故非真如不妄真如不異真如而行於施善男子是為菩薩出世閒道復次善男子菩薩知色無常已而護於戒乃至知色如草木瓦礫已而護於戒菩薩如是護戒之時知色真如由知色真如故則知戒真如戒真如故則得迴向真如迴向真如故則得菩提真如菩提真如故則得有情真如有情真如故則知我真如我真如故則得一切法真如一切法真如故非真如不妄真如不異真如則隨護於戒善男子是名菩薩出世間道如是知受想行識無常已而護於戒如是乃至知識無形相已而護於戒如是護戒之時由知識真如故則得戒真如戒真如故即得迴向真如迴向真如故則得菩提真如菩提真如故則得有情真如有情真如故則知我真如我真如故則得一切法真如一切法真如故非真如不妄真如不

異真如則隨護戒善男子是為菩薩出世間道復次善男子菩薩知色無常已而行忍辱精進禪定般若乃至知色如草木瓦礫已而行般若菩薩如是行般若之時知色真如由知色真如故則得般若真如般若真如故則得迴向真如迴向真如故則得菩提真如菩提真如故則得有情真如有情真如故則知我真如我真如故則知一切法真如一切法真如故非真如不妄真如不異真如行於般若善男子是為菩薩出世間道如是知受想行識無常已而行般若如是乃至知識無形相已而行般若如是行般若時由知識真如故則得慧真如慧真如故則得迴向真如迴向真如故則得菩提真如菩提真如故則得有情真如有情真如故則知我真如我真如故知一切法真如一切法真如故非真如不妄真如不異真如而行般若善男子是為菩薩出世間道復次善男子菩薩知色無常已於身觀身修身念處乃至知色如草木瓦

礫已修身念處菩薩如是修身念處之時知色真如知色真如故知身真如乃至知一切法真如一切法真如故非真如不妄真如不異真如修身念處不共身俱行尋伺善男子是為菩薩出世間道如是受想行識知無常已修身念處如是乃至知識無形相已修身念處如是修身念處之時由知識真如故則得身念處真如身念處真如故則得迴向真如迴向真如故則得菩提真如菩提真如故則得有情真如有情真如故則知我真如我真如故則知一切法真如一切法真如故非真如不妄真如不異真如修身念處乃至修受心法念處亦復如是不與法俱行尋伺善男子是為菩薩出世間道如是知色無常已修四正勤四如意足五根五力七菩提分八聖道分奢摩他四攝四無量四禪四無色五神通亦如是知色苦色無我色寂靜色空色無相色無願色無行不生不起緣生遠離乃至知色如草木瓦礫已引神通智如是知

受想行識無常已引神通智乃至知識無表相已引神通智如是蘊真如神通真如故乃至一切法真如一切法真如故非真如不妄真如不異真如引神通智亦復如是善男子是為菩薩出世間道何以故此道超越世間道故知色真如不壞其色不斷不常從於緣生無生自性如是知受想行識真如不壞其識不斷不常從於緣生無生自性超蘊世間弃欲色無色而無染著以不染故為於五趣受生有情說此名為出世間道由佛假說有於世間是故不壞何以故無常相不壞世間苦相無我相寂靜相空相無相相無願相無行相乃至真如相不壞世間故善男子是為菩薩出世間道此道清淨菩薩若住此清淨道即能於彼惡道有情作大光明由得光明名為安住出世間道此道最勝能令往趣菩提場故此道淨勝能離一切不善心故此道殊勝能到於佛智慧頂故此道無上能度生死諸瀑流故此道無比能超一切偏異

道故此道無等無有一法能相類故此道無等等不離往昔因佛道故此道安隱善能摧伏諸魔怨故此道無导如意通智所遊戲故此道無暗有慧光明故此道平正無諸諂曲故此道端直離諸邪曲故此道平等等有情心故此道廣大容諸有情故此道寬博平不相逼故此道能生無有疲倦故此道福資糧檀波羅蜜故此道無熱惱戒波羅蜜故此道無怖畏忍波羅蜜故此道不退轉進波羅蜜故此道離諸境禪波羅蜜故此道遍虛空慧波羅蜜故此道隨順智能令變化故此道常滿足集諸善法故此道隨法輪所問不忘故善男子是為菩薩出世間道如是殊勝清淨無比若菩薩欲住此清淨道當被大甲冑成就大乘由此往詣菩提場故何等名為被大甲冑此諸菩薩若被未度者令度甲冑修治大船故被未解脫者令解脫甲冑解脫煩惱諸見縛故被未安者令安甲冑令捨一切攝受怖故被未涅槃者令得涅槃甲冑令顛倒者獲正道故被解脫一切有情甲冑令者

我有情命者壽者無所得故被受持正法甲冑不貪身命故被淨佛剎土甲冑修習善根無猒足故被莊嚴相好甲冑積集種種福資糧故被摧諸魔外道所說甲冑獲神通力故被令一切有情歡喜甲冑獲四無礙智故被求諸佛正法甲冑得陁羅尼智故被觀一切有情心甲冑得神通智故被知一切有情根前後智甲冑由方便智慧故被滿足十力甲冑積集智慧力故被無所畏甲冑於一切處心無退沒故被滿足十八不共法甲冑修一切善法斷一切不善法故被聞一切法不驚不怖不畏甲冑知一切法如幻夢光影谷響水月故被大悲甲冑知諸有情本來涅槃悉成就故被善巧方便甲冑聞空無相無願無行一切法不生而能示現處生死故被先加持不動甲冑聞說超過尼夜摩相一切諸法不生一切行不滅不取果證故是為菩薩大乘甲冑菩薩被此二十大甲冑已乘於大乘到於彼岸復次乘者以四攝法為輪善能攝取諸

有情故以淨十善為輻善能通達諸正行故以淨意樂善根為軸善作甚深行根本故以廣大緣生智為轂堪任荷負有情善故以大慈悲為輞攝受法寶眷屬而莊嚴故以堅固力為繫縛最勝功德無退失故以先誓願及善巧智為運動大悲方便能雙運故以奢摩他為轅引發正慧善能遍知四聖諦故以無遮施輻為資糧故以如意足遊諸佛剎故以正念繩持菩提心不退失故復次乘者廣持容受一切有情摧伏二乘制諸外道破壞魔眾顯現明智能到究竟一切菩薩所應學故梵釋諸天皆讃仰故如師子座安處一切說法者故亦能顯現微妙色相觀無猒故金剛鉤鏁堅固意樂常無壞故以菩提心而為先導令身行願功德滿故以淨天眼常觀察故以淨光明照十方故常雨清淨覺支花故常奏無导法音樂故善說正理相應法故善化同類諸有情故一切菩薩為眷屬故無量功德所莊嚴故流出無上薩婆若故善男子

虛空藏菩薩所問經卷第五　第十二張　曲

如是菩薩擐彼二十清淨甲冑乘此大乘住出世道以作佛事安立有情說此大乘甲冑莊嚴時七万二千人天發於無上正等菩提之心三万二千菩薩於出世間道皆得清淨獲無生忍

大集大虛空藏菩薩所問經卷第五

丙午歲高麗國大藏都監奉
勑雕造

虛空藏菩薩所問經卷第五　第十三張　曲

大集大虛空藏菩薩所問經卷第五

校勘記

一　底本，麗藏本。
一　九四一頁下三行第一〇字「言」，石無。
一　九四二頁上八行第一一字「諸」，石作「諸法」。
一　九四二頁上一一行「能伏」，石作「能摧」。
一　九四二頁中六行首字「緣」，石無。
一　九四二頁下一一行末字「得」，石作「獲」。
一　九四三頁上一七行「警悟」，石作「驚悟」。
一　九四三頁中一三行末字「若」，石作「如」。
一　九四三頁中二一行「名曰」，石作「名爲」。
一　九四三頁下七行「彼愛」，石作「彼受」。
一　九四四頁下一五行「繒盖幢幡」，

— 九四五頁上一〇行末字「恒」，石作「繒幡幢蓋」。
— 九四五頁上一一行第五字「共」，石作「恒河」。
— 九四五頁中四行「修道」，石作「修進」。
— 九四五頁下二行第一三字「不」，石無。
— 九四五頁下一六行第五字「已」，石無。
— 九四五頁下一七行末二字「知識」，石無。
— 九四六頁上三行首字至四行第七字「情……得」，石無。
— 九四六頁上二三行第三字「如」，石作「如知」。
— 九四六頁中一五行第四字「由」，石無。
— 九四六頁中末行「觀身」，石無。
— 九四六頁下七行第二字「已」，石無。
— 九四六頁下八行「如是修身念處」，石無。
— 九四七頁上一八行第二字「道」，石無。本頁中一七行第六字同。
— 九四七頁下一六行「成就」，石作「成熟」。
— 九四八頁上八行「正慧」，石作「心慧」。
— 九四八頁上九行「施輻」，石作「施福」。
— 九四八頁上一五行「故亦」，石作「故以」。

大集大虚空藏菩薩所問經卷第六　曲

開府儀同三司特進試鴻臚卿肅國公食邑三千戶賜紫贈司空諡大鑒正號大廣智大興善寺三藏沙門不空奉　詔譯

尒時寶吉祥菩薩問大虚空藏菩薩言仁者汝已淨出世間道耶虚空藏菩薩言善男子如是已淨復問言云何已淨答言我清淨故已淨復問言云何我清淨答言世間清淨故我清淨復問言云何世間清淨答言善男子色前際清淨無去故色後際清淨無来故色中際清淨不住故如是受想行識識前際清淨無去故識後際清淨無来故識中際清淨不住故善男子是故名為世間清淨復問仁者如是世間清淨欲何所顯答言善男子顯一切法悉皆清淨復問云何顯一切法清淨答曰以智慧故知一切法前際後際之分齊故復問云何一切法前後分齊答曰不斷不常故復問於彼不斷不常是何言說答曰不斷不常是不生不滅言說復問於彼不生不滅是何言說答曰不生不滅是無言說復問云何法無言說答曰是法無數故復言仁者法若無數云何隨於名數答曰善男子辟如虚空不隨名數但以名數假名虚空如是名數即非名數復問云何數非數門答曰數門者說有為法非數門者說無為法又數非數法皆是無為是故佛說應以智慧遠離一切稱量數法於有為數以識稱量如理觀察尒時不見是法應斷是不應斷是法應證是不應證是法應修是不應修不見諸法亦不作限量若無見無量是時即獲無所執著得無悕望若無悕望則無所緣得無所緣則得無我若得無我則無所執云何無所執不執色是常無常不執受想行識是常無常不執色是苦是樂不執受想行識是苦是樂不執色是我無我乃至不執識是我無我不執色是淨非淨乃至不執識是淨非淨不執色是空非空乃至不執識是空非空即獲無所執著三摩地得是三摩地已常起大悲度諸有情不見流轉生死煩惱所以者何生死涅槃性無別故於諸有情現見涅槃亦知自身本来涅槃是名菩薩般涅槃行善男子云何菩薩般涅槃行般涅槃者名無有觀行迴向薩婆若於薩婆若不作色求不作受想行識求以無求心住清淨戒滿足本願於一切法不見增減獲於平等住於法界由住法界行菩薩行亦無行法而為所行善男子是為菩薩般涅槃行復問云何無行有行觀察涅槃善男子菩薩作意觀察涅槃名為有行證於無行以無行故名為涅槃復次菩薩於言說詮表不生分別名為涅槃又涅槃者名為彼岸而彼岸者無有諸相於彼諸相心不取著名為涅槃又彼岸者名無分別於彼不起分別心故名為涅槃又彼岸者無阿賴耶於彼不起阿賴耶心故名為涅槃善男子如是行已名為菩薩般涅槃行尒時世尊讚虚空藏菩薩言善哉善哉正士快說此法契於菩薩般涅槃行說此法時會中有五百菩薩得無生法忍

虚空藏菩薩所問經卷第六　第三张　曲

尒時大虛空藏菩薩摩訶薩白佛言世尊由於如來智慧光明照曜我等故得斯辯非我能也辟如日光照閻浮提所有色像如是世尊大調御士慧光明力能令我等曉了諸法亦復如是

尒時寶吉祥菩薩謂虛空藏菩薩言善男子汝今云何隱其自智皆言盡是如來加持虛空藏言一切菩薩所獲法　皆是如來之所加持非唯於我善男子若無如來所說諸法菩薩從何而有辯才寶吉祥言若因如來生菩薩辯當知佛辯可移轉耶虛空藏言如來辯才無有移轉但為其因以因如來所說之法生菩薩辯辟如無明不轉至行但為行因生起行故如是佛辯無所移轉但為作因生菩薩辯又如象馬人聲不轉至谷因彼等聲生於谷響故彼聲等但與谷響而作其因佛辯亦尒無有移轉但與菩薩辯才作因寶吉祥言如來常說甚深緣生又說諸法而無所生善男子豈無緣生一切法耶虛空藏言若緣

有作者是法有生因緣之法無有作者是故諸法說無有生寶吉祥言如來今者出現於世豈非生耶虛空藏言若真如有生可說如來有其生也若許真如無有生者不應徵責如來出世以為有生是故無生說為如來如來者於一切法隨所覺悟名為如來汝善男子復云何言如來生耶此應置荅復問云何置荅對曰如法性住是名為置復問法性云何住虛空藏言住不生不滅不住非不住是名法性住如法性住無所住一切諸法亦復如是住無所住如來亦尒住無所住不生不滅非住非不住如是非住非不住名如來住處善男子言如來生者是著一邊言不生者亦著一邊離此二邊名為中道善男子觀如來者應如是觀若異觀者非正觀也寶吉祥言如來生義如是甚深住無所住不生不滅虛空藏言善男子若解此佛生之義者不生增上復問善男子云何名增上虛空藏言增上者名增益句謂於無中妄生增益法無增益若

能於法不生增益名平等句無等句無句無句無文字句無了別句於彼無心意識所行無所行句其無所行句辟如空中實無鳥跡假以言說說鳥跡聲如是如來實無有生假以言說說佛出世其智慧者方能曉了不生句義所以者何此不生句義即是一切諸法自性所謂無生而此無生亦無自性無自性者無有所住無所住際是一切法際住一切法際名為實際亦名邊際際遍一切處故由是證得一切法實際猶如虛空平等無有限齊彼法實際亦無限齊若如是齊際者不名一切法實際如是平等一切法實際則我際知我際則知一切有情際若知一切有情際則知一切法實際是實際是我際是一切有情際是一切法際是名盡際夫盡際者涅槃之謂也證此理者名得涅槃又一切法者無有相待離相對治辟如虛空無能對治如是諸法亦無對治若言有涅槃可入可求是生滅見此法應生此法應滅彼人則為行於生滅不知涅槃平

等一性以不知故則著諸法妄生諍論如世尊言若知我教授應知則為滿足沙門寂勝功德尒時具壽阿難陁白佛言甚奇世尊大虛空藏菩薩無礙辯才乃能如是由自身證能作斯說時大虛空藏菩薩語阿難陁言大德不應說言我自身證所以者何我身即虛空以身虛空故知一切法悉為虛空云何大德言我身證阿難陁言身若空者汝以何身而作佛事虛空藏言以法身故法身者無有遷變蘊處界等不生不滅非顛倒身得隨意現意所成身而作佛事阿難陁言大士汝證法身耶虛空藏言大德如我所解離法無身我身即法法即我身若法若身無有二相故言身證阿難陁言大士若身證者汝得阿羅漢耶荅言無所得故而得所以者何阿羅漢者善能通達無諍法故不染不恚亦不癡故復言大士若如是者汝應究竟般涅槃耶虛空藏言大德阿羅漢者不般涅槃何以故知一切法究竟涅槃斷涅槃想但諸異生作是

分別言我涅槃乃至分別計有種種涅槃差別阿難陁言大士如汝所說菩薩非阿羅漢非異生非學非無學非辟支佛非菩薩非如來虛空藏言善哉善哉具壽阿難陁以非阿羅漢非異生非學非無學非辟支佛非菩薩非如來故菩薩於一切處皆能示現亦不住於一切位地說是法時會中有五百阿羅漢各脫身所著上服而以供養虛空藏菩薩作如是言願一切有情獲得辯才如虛空藏尒時大虛空藏菩薩以加持力故令其所奉上妙法衣盡入虛空隱而不現彼等羅漢苾芻問虛空藏菩薩言大士如是等衣為何所在虛空藏言並入於我虛空庫藏

尒時世尊熙怡微笑阿難陁白佛言世尊何因緣故而現微笑如來微笑非無因緣唯願演說佛告阿難陁言彼諸苾芻所奉衣服以虛空藏菩薩威神力故令衣盡入虛空庫藏往彼袈裟幢世界山王如來所而作佛事虛空藏菩薩所說法音於彼世界皆

從袈裟之所流出無量菩薩聞此法已皆得無生法忍阿難陁當知菩薩神通智勝以如是等種種言音成就有情以是因緣故我笑耳說是法時忽於空中雨無量日月光花皆如火色昔所未見花中出聲而作是言若人聞此大虛空藏菩薩所說不退法印得生信解必定當趣菩提道場

尒時阿難陁白佛言世尊如是之花從何所來佛告阿難陁有一梵王名光莊嚴為百千世界主是彼梵天為供養虛空藏菩薩故雨如是花阿難陁言世尊我等咸願見彼梵王佛言且待須臾汝當自見

尒時光莊嚴梵王與諸梵眾六十万八千人前後圍遶從彼天沒至於佛前頭面禮足右遶三匝退坐一面合掌向佛白言甚奇世尊此虛空藏菩薩不可思議具足淨戒威德三摩地威德神通威德智慧威德滿願威德善巧方便威德增上意樂威德法身自在威德身莊嚴威德口意莊嚴威德於一切法自在威德世尊是虛空藏

菩薩都不從於身口意業勤發示現一切化事但由往昔修習之力積集善根滿足諸佛甚深之行由此能作大師子吼佛言如是如是梵王如汝所說菩薩皆由昔善根力積集福智資糧而於無上正等菩提誓不退轉能現如是神通化事

尒時光莊嚴梵王白佛言世尊云何為菩薩善根云何為福云何為智佛告梵王言善根者謂諸有情寂初發於阿耨多羅三藐三菩提心福者謂發心已超於一切聲聞緣覺為諸有情修行布施持戒及修所成一切福業智者謂以所集善根迴向薩婆若故復次善根者謂淨意樂無矯誑故福者加行積集一切福故智者增上意樂悉殊勝故復次善根者於諸善法願堅固故福者集善資粮無猒足故智者所有善根觀如幻故復次善根者謂獲善友福者不捨善友智者數問善友復次善根者樂求佛法福者所聞不忘智者悅於法樂復次善根者常求佛法福者說法無所悕望

智者於法無悋復次善根者常樂聽法福者如理觀察智者如法修行復次善根者常樂見佛福者常供養佛智者隨順佛教復次善根者謂獲出家福者修聖種行智者樂住蘭若復次善根者善能修習少欲知足福者於諸衣食任運不貪智者於所受用任運無染復次善根者修念處觀福者滿四正斷智者獲如意足復次善根者謂入信根福者修於進念智者觀三摩地慧復次善根者住於五力福者隨順覺支智者入聖道智復次善根者心住妙理福者求奢摩他資粮智者得毗鉢舍那善巧復次善根者謂施所成福業事福者謂戒所成福業事智者謂修所成福業事復次善根者謂增上戒學福者增上心學智者增上慧學復次善根者說悔諸罪福者隨喜衆善智者勸請諸佛復次善根者捨諸所有福者不悕望報智者迴向菩提復次善根者於戒要期福者持戒不缺智者持戒迴向復次善根者於諸有情不懷損害福者所

聞惡語而能忍受智者能捨身命成就有情復次善根者勤求善法不生猒倦福者以所有善根迴施有情智者積集善根迴向菩提復次善根者謂能修習諸禪支等福者謂獲禪定一切善根智者從諸禪定現生欲界復次善根者慧力多聞福者所聞觀察智者慧得圓滿復次善根者等視有情福者證得慈定智者慈心平等猶如虛空復次善根者謂修習三地資粮福者積集四地資粮智者圓滿八九十地資糧復次善根者謂初發心菩薩福者住行菩薩智者不退菩薩復次善根者謂平等行福者相好莊嚴智者無見頂相復次善根者莊嚴佛土福者心念惠施智者利諸有情復次善根者聞說魔業福者覺察魔業智者能超魔業復次善根者謂具大悲福者善巧方便智者謂修般若復次善根者莊嚴菩提道場福者善能摧壞諸魔智者謂一刹那心相應慧成於正覺梵王如是名為善根福智

尒時光莊嚴梵王白佛言甚奇世尊能以三句義說一切法時大虛空藏菩薩摩訶薩告光莊嚴梵天言梵天有一句能攝一切法云何為一謂性空句所以者何由一切法同空性故是謂一句復有一句攝一切法謂無相句無願句皆攝一切法如是廣說乃至無行句離欲句寂靜句無阿賴耶句法界句真如句實際句不生句不起句涅槃句各攝一切法亦如是復次梵王欲者是離欲句以離欲性即是欲故一切佛法亦同是性嗔者是離嗔句以離嗔性即是嗔故一切佛法亦同是性癡者是離癡句以離癡性即是癡故一切佛法亦同是性乃至身見者是無身見句以無身見性即是身見故一切佛法亦同是性色者是無色句以無色性即是色故一切佛法亦同是性如是受想行識識者是無識句以無了別性即是識故一切佛法亦同是性如是廣說處界十二緣生無明者即是明句以明性即是無明故一切佛法亦同是

性乃至生者是不生句以不生性即是生故一切佛法亦同是性一切法句者是無法句以無法性即是諸佛法故一切佛法亦同是性梵王是為一句攝一切法若菩薩入此法門者則於一句入一切佛法梵王辟如大海呑納衆流是一一句攝一切法亦復如是辟如虛空能包万像此一一句攝一切法亦復如是是故此句無盡展轉無量辟如算師數以算籌布在局上然局中無籌籌中無局而能展轉成無量數如是一句成無量句亦復如是梵王如是等百千劫所說挍量佛法若身若心皆無所得亦不可以數知何以故一切法者是佛法故是佛法者即非法故所以者何以想分別以想遍知假名說故於中無相亦非無相無法非無法究竟無相此相清淨自相遠離猶如虛空同一自性佛法亦尒性相皆空虛空藏菩薩說是法時於彼梵衆二万二千梵天皆發阿耨多羅三藐三菩提心復有五千梵王以宿植善根獲無生法忍

大集大虛空藏菩薩所問經卷第六

丙午歲高麗國大藏都監奉
勑雕造

大集大虛空藏菩薩所問經卷第六

校勘記

一　底本，麗藏本。

一　九五〇頁中三行第二字「隨」，石作「隳」。四行第二字同。

一　九五〇頁中一五行第五字「執」，石作「執曰」。

一　九五一頁上一五行「以因」，石無。

一　九五一頁上一八行第六字「馬」，石無。又一三字「因」，石無。

一　九五一頁中八行首字「汝」，石無。

一　九五一頁中二〇行「若解」，石作「若善解」。

一　九五一頁中二一行第二字「之」，石無。

一　九五二頁下三行末字「就」，石作「熟」。次頁下二行首字同。

一　九五二頁下一七行「三迊」，石作「三匝」。

一　九五三頁上九行首字「爲」，石無。

一　九五三頁中六行「修習」，石作「修智」。

一　九五三頁中末行「損害」，石作「損壞」。

一　九五三頁下一〇行第一〇字「謂」，石作「爲」。

一　九五四頁中二行末字「者」，石無。

一　九五四頁中一〇行「算師」，石作「算數師」。

一　九五四頁中一八行「此相」，石作「自相」。

一　九五四頁中二二行「復次」，石作「復有」。

大集大虛空藏菩薩所問經卷第七 曲

開府儀同三司特進試鴻臚卿肅國公食邑三千戶賜紫贈司空
謚大鑒正號大廣智大興善寺三藏沙門 不空奉 詔譯

尒時寶手菩薩摩訶薩問大虛空藏菩薩言善男子菩提心者以何法攝持得不退轉虛空藏菩薩言善男子菩提心者以二法攝持住不退轉云何為二所謂意樂及增上意樂復問言善男子此意樂及增上意樂以何所攝荅言善男子以四法攝云何為四所謂意樂以無諂及無誑所攝增上意樂以不雜心及勝進脩行所攝是為四法攝於二法復問言而此四法於幾法攝荅言以八法攝云何為八所謂無諂以正直及正住所攝無誑以無虛假及清淨意樂所攝不雜心以不退沒心及不退精進所攝勝進脩行以福德資粮及智慧資粮所攝是為八法攝於四法復問善男子又此八法以幾法攝荅言以十六法攝云何為十六所謂正直以寂靜及柔和所攝正住以無我及無矯所攝無虛假以大慈及大悲所攝清淨意樂以身清淨及心清淨所攝不退沒心以堅固及力所攝不退精進以如說所作及正脩行所攝福德資粮以加行及增上加行所攝智慧資粮以多聞及思所聞所攝是為八法以十六法攝復問言此十六法以幾法攝荅言善男子此十六法以三十二法攝云何為三十二所謂寂靜以慙及愧所攝柔和以善語及安樂住所攝無我以謙下及不動所攝無矯以無垢及無傷語所攝大慈以於一切有情平等心及無礙心所攝大悲以無疲倦及供給有情一切作使所攝身清淨以不害及自財知足所攝心清淨以調柔及寂靜性所攝堅固以不缺要期及決定拔濟所攝力以善住慧及不動慧所攝如說所作以如說性及能作所攝正脩行以正加行及正精進所攝加行以超勝及不退轉所攝增勝加行以從他聞及如理作意所攝多聞以親近善友及隨順善友丅攝思所聞以正行勇猛及靜慮觀察

所攝善男子是為以三十二法攝十六法復問言善男子此三十二法以幾法攝荅言此三十二法以六十四法所攝云何為六十四所謂慙以內觀察及攝諸根所攝愧以護外境及敬有德所攝善語以求法及愛樂法所攝安樂住以身靜及心靜所攝謙下以不貢高及如法語所攝不動以身不曲及心不曲所攝無垢以除三垢及脩三脫門所攝無傷語以無麁獷及無離間語所攝無礙心以自護及護他所攝於一切有情平等心以無簡別及一味性所攝不疲倦以如夢自性及如幻自性所攝供給有情一切作事以神通及方便所攝不害以羞恥及信業報所攝於自財知足以少欲及知足所攝調柔以不躁動及不欺誑所攝寂靜性以捨吾我及無我所所攝不缺要期以觀菩提心及順菩提場所攝決定拔濟以覺悟魔業及諸佛加持所攝善住慧以不輕躁及不掉動所攝不動慧以心如山及不移轉所攝如說性以善作業及不追

悔所攝能作以實性及真性所攝正加行以順緣生及離斷常所攝正精進以如行及如理所攝不退轉以正斷及不懈慢所攝超勝以勇猛及精進所攝從他聞以善友及求法所攝如理作意以奢摩他資粮及毗鉢舍那資粮所攝親近善友以承順及恭敬所攝隨順善友以身輕利及心輕利所攝正行勇猛以昰繇及離欲所攝靜慮觀察以因不壞及果不壞所攝善男子是為三十二法以六十四法所攝復問言善男子此六十四法以幾法攝荅言善男子此六十四法以一百二十八法所攝所謂内觀察以觀空及觀性所攝攝諸根以正念及正知所攝護外境以防諸根及不馳散所攝敬有德以觀自過智者及不求他過智者所攝求法以自要期勇猛不退及於他作惡不念所攝愛樂法以求法及順法所攝身靜以離昏沉及離癡性所攝心靜以遍知及斷除煩惱所攝不貢高以不憍慢及斷暴惡所攝如法語以斷不善法及滿一切

虚空藏菩薩所問經卷第七　第四張　句

善法所攝身不曲以不麁語及不惡語所攝心不曲以正念及正三摩地所攝除三垢以不淨觀及慈悲觀所攝修三解脱門以無數取趣及勝義所攝不麁獷以利益語及安樂語所攝無離間語以不壞語及和合語所攝自護以不作一切罪及積一切福所攝護他以忍辱及柔和所攝無簡別以等虚空心及如風心所攝一味性以真如及法界性所攝如夢自性以見聞覺知法及所經不受用法所攝如幻自性以諸惑及遍計分別所攝神通以成辦利益及順智慧所攝方便以慧光明及觀有情所攝羞恥以悔已不生及無覆藏自過所攝信業報以現證諸法不生放逸及畏後世苦所攝小欲以清淨受用及離無猒足心所攝知足以易滿及易養所攝不躁動以究竟盡及無諍所攝不欺誑以實語及法柔和所攝捨吾我以不計囙及摧惡見所攝無我所以無我慢及無貪所攝觀菩提心以不悕望劣乘及悲愍有情所攝順菩提場以摧伏

虚空藏菩薩所問經卷第七　第五張　当

諸魔及現證佛法所攝覺悟魔業以善友教授及修習般若波羅蜜多所攝諸佛加持以如說所作及不捨一切有情所攝不輕躁以心如地及斷愛憎所攝不掉動以離惡作及觀無常所攝心如山以不高及不下所攝不移轉以不退壞願行及勝進願行所攝善作業以智所作及不追念魔事所攝不悔以戒清淨及三摩地清淨所攝實性以世俗諦及勝義諦所攝真性以真如及真實所攝順緣生以因及緣所攝離斷常以無生及無滅所攝加行以信業果及拔除業所攝如理以遠離道及不生道所攝正斷以斷不善及不斷善所攝不懈慢以心力及身力所攝勇猛以審諦及不失修行所攝精進以不雜心及不退轉所攝善友以恭敬及供養所攝求法以求正智及求解脱所攝奢摩他資粮以身遠離及心遠離所攝毗鉢舍那資粮以聞法不猒及如理作意所攝承順以禮拜及合掌所攝恭敬以實語及不欺誑所攝身輕

虚空藏菩薩所問經卷第七　第六張　当

利以於食知量及初中後夜警寤寐睡眠相應所攝心輕利以無欲及正思惟所攝涅槃以離無常及苦所攝離欲以無我及無攝受所攝因不壞以寂滅因及勝解所攝果不壞以如瑜伽不欺誑及如勝解果讚歎所攝善男子是為六十四法以一百二十八法所攝善男子如是我已略說一切法所攝若倍倍說諸法增數以我無斷辯才或於一劫或餘一劫不可窮盡

尒時寶手菩薩聞大虛空藏菩薩說是諸法所攝之時得未曾有踊躍無量即以右掌覆此三千大千世界於剎那頃盡十方界所有花鬘塗香末香幢幡衣服衆妙音樂皆從寶手右掌之中如雨而下遍滿三千大千世界花至于膝幢幡衣服周遍虛空嚴飾交映百千音樂不鼓自鳴於其聲中出伽他曰

持德顯德百福滿　摧魔念慧具修行
善說法要大沙門　能摧十方有漏行
殊勝修持吉祥滿　降伏怖畏離塵惛

能度人天置涅槃　十力盡漏心無相
以微妙音演說法　不失不謬三垢除
人天無比三界尊　隨順世間能與樂
念慧修持悉圓滿　十力最勝壞魔軍
由是能開甘露門　無有塵累善調御
遊行不動出於衆　十力調伏利人天
妙慧如空無所依　法界不動安如地
聲光能壞諸塵暗　是故妙讚離垢尊
慧光照曜滿吉祥　光顯牟尼蔽魔衆
隨化人天在三有　示定示亂離攀緣
世間無礙悉如空　故佛調伏人天衆
三千大海量可悉　十方虛空猶可步
一切有情心可知　如來功德難思則

說此伽他讚歎佛時天魔波旬嚴四種兵來詣佛所住衆會前現其自身如長者形頭面禮足住在一面白佛言世尊此大虛空藏菩薩及寶手菩薩是二正士成就無量無邊功德又能示現如是種種奇特神通利益之事於未來世而有有情聞此經典開悟信解思惟者不佛告波旬未來世中信此經者其數甚少如以一毛端拼為百千分以此一分於大海中取

一渧水善男子信此經者如毛端水不信之者如大海水時魔波旬聞是語已心大歡喜踊躍歌舞出於衆會尒時舍利子白佛言世尊此是何人歡喜踊躍出於衆會佛告舍利子是天魔波旬現長者形來至我所欲隱蔽正法聞說後世信經者少心生慶快是故唱言沙門瞿曇眷屬減少我眷屬多尒時魔波旬生歡喜已出於衆會欲還天宮作如是念此虛空藏及餘菩薩并於瞿曇所有功德皆悉滅少時虛空藏菩薩即以神力制魔波旬及其眷屬住於空中令不得去而告魔言波旬虛空無礙何不速去還尒天宮魔即答言汝見虛空無有障礙我觀空中盡唯暗黑不知所從唯向下觀見佛世尊光明普照時虛空藏菩薩告波旬言波旬豈有內心意樂自法外見暗耶無如是理時魔波旬自知內心常懷嫉惱深生媿恥白虛空藏菩薩言我從今日之後更不復作魔羅之業虛空藏菩薩言波旬是為希有是為難事能發如是堅固

之願波旬汝及眷屬宜應下來於如來所聽聞法要所以者何佛世難值時魔波旬意還本宮志不樂聽以虛空藏告勅之故與諸眷屬從於空中俛仰而下

尒時虛空藏菩薩告衆菩薩言諸仁者頗能宣說超越諸魔之法門耶各隨所樂說之時彼會中有菩薩名曰山王作如是言若有求離魔之境界是墮魔界若知一切境界皆是佛界無有魔界是人則名隨佛境界入佛境者尚不見有佛之境界况餘境界菩薩由此超越魔道是故名為超魔法門

寶吉祥菩薩曰心緣慮者為魔境界若復於法無所緣慮知一切法皆無所得則攝無阿賴耶彼何有魔之所為作是為菩薩超魔法門

寶手菩薩曰若有執著則墮魔境若不取著則無諍競與一與二不共心俱何況諸魔若菩薩證此不俱法門則超魔境是為菩薩超魔法門

寶勇菩薩曰若墮空有是為有諍以

有諍故則住魔境若不墮空有隨順相識而無所轉住無相際則超魔境是為菩薩超魔法門寶思惟菩薩曰如來說一切妄想煩惱如光影如影像不轉非不轉不來不去不住內外若如是知者則於分別煩惱不起於分別煩惱不滅則斷遍計起於魔境是為菩薩超魔法門

寶藏菩薩曰若有染不染則有愛憎以有愛憎則墮魔行若離憎愛名住平等若住平等則於諸法種種相離離諸相故平等思惟得是平等名超魔境是名菩薩超魔法門離寶菩薩曰起於我者則為魔業若我清淨何有魔為所以者何由我淨故煩惱清淨煩惱淨故一切法清淨由一切法淨故虛空清淨住是虛空清淨法者則超魔境是為菩薩超魔法門

法王菩薩曰辟如大王得灌頂已有大營從無所怖畏得灌頂菩薩亦復如是以衆法寶而為眷屬於一切魔無有怖畏所以者何彼灌頂位滿足一切無量佛法法寶眷屬能持十方

一切諸佛所說之法若菩薩住如是心則超魔境是為菩薩超魔法門

山相擊王菩薩曰辟如有孔隙處風入其中搖動於物有往來相菩薩亦尒若心有間隙心則搖動以搖動故魔則得便是故菩薩守護於心不令間隙若心無間隙則諸相圓滿以相圓滿故則空性圓滿是為菩薩超魔法門

喜見菩薩曰於諸見中見佛見法是為最勝此中見佛者不以色見不以受想行識見於一切法都無所見是真見佛見法者於一切法離於作意不見文字不生貪著是真見法以見佛見法得成就故能超魔境是為菩薩超魔法門

帝網菩薩曰起念思惟名為魔業菩薩於彼因緣若有動念思惟不如理作意皆是魔作若不動不念不起思惟不生於觸則超魔境是為菩薩超魔法門

功德王光明菩薩曰若有對治則為魔業若無對治即為法界一切諸法皆順法界若入法界則無魔界所以

者何離於法界魔不可得法界魔界同真如性無有少異菩薩解此則入一道超於魔境是為菩薩超魔法門香象菩薩曰無力者魔得其便有力者魔不得便無力者謂於三解脫門聞生驚怖有力者於三解脫門聞不驚怖何以故若證解脫則不驚怖通達此者不生驚怖善修行者亦不驚怖無驚怖故則超魔境是為菩薩超魔法門

慈氏菩薩曰猶如大海同一鹹味佛法智海同一法味亦復如是若佛若法悉皆平等空無相願不生不起一相平等一味平等若菩薩了知一味相者則超魔境是為菩薩超魔法門虛空藏菩薩曰仁者譬如虛空超過一切所有境界亦無眼耳鼻舌身意菩薩如是知一切法自性清淨猶如虛空等身口意入智光明若得智光則超魔境是為菩薩超魔法門文殊師利菩薩曰仁者汝等所說悉是魔境何以故施設文字皆為魔業乃至佛語猶為魔業無有言說離諸文字

魔無能為若無施設即無我見及文字見以無我故則於諸法無有損益如是入者則超魔境是為菩薩超魔法門爾時大虛空藏菩薩告魔波旬言汝聞說此超魔境界法門不耶波旬答言唯然已聞虛空藏言波旬汝敢於此諸大菩薩所說超魔境界法門作魔事不答言大士我或昔聞超魔境界殊勝法門或復當聞終不敢能為其魔業何況現證爾時會中有四護菩提場眷屬天一名溫却利二名三年得却梨三名具香四名淨信時此四天告波旬言我昔見汝於菩提樹下如來正坐道場成正覺時汝率營從與作留難世尊彼時以慈悲調柔戒聞定慧堅固勇猛精進福智以其寶手擊觸於地無量世界應時震動世尊神力已摧伏汝及其眷屬應自證明今復更於佛菩薩所欲為魔業波旬汝及眷屬而今之後於佛菩薩宜應尊重修諸供養

爾時波旬即時變化八万四千俱胝寶蓋遍覆大衆又以種種無量天諸

妙花塗香末香持散佛上及諸衆會作如是言所有一切欲界莊嚴及一切佛剎莊嚴乃至我宮殿所有莊嚴殊勝珍寶天上人間妙受用具悉以奉獻佛及衆會亦以供養虛空藏菩薩時虛空藏菩薩語波旬言汝及眷屬皆應發於無上正等菩提之心

爾時波旬并其八万四千眷屬悉發阿耨多羅三藐三菩提心時彼衆中有一魔子名為惡面於衆魔中最為上首心不敬信樂為非法作如是言何用發此菩提心為我等當設種種方便令如是經隱沒於地不得流布

爾時世尊告大虛空藏菩薩言善男子汝今聞是魔言不耶汝當宣說摧伏制止諸魔眷屬明真言句令無能為亦使由此明真言句怛沙魔衆悉得安住無上菩提

爾時虛空藏菩薩摩訶薩即說明真言曰

怛你也(二合)他阿鞞蘇(知謁反)尾鞞蘇三鞞鞮娑呬多奴散地怒嚕怛羅(二合)嬭(平聲呼)涅(奴一反)伽怛你(平奴致反)昧怛羅(二合)庾羯鞮(二合)

迦(嚕日)拏你(奴燄反)刪泥婆(去)底(鞮以反)也(二合)鞊底
(鞮以反)步多嗒乇灑(二合)達磨俚(奴一反)物哩(二合)
鞮達磨嗒乇史(二合)鞮烏駈(上聲)里你企
里戶盧戶盧戶盧戶盧怛羯剩拏怛他
縛你侄始羅奴鞊底(丁以反)惡乇曬(二合)耶涅
(寧遙反)你勢(平聲)羯剎拏(二合)奢跛羯哩(二合)勢(平聲)
没駄地瑟耻(二合)帝達牟入縛(二合)羅你
僧伽奴戦迷阿努杜體阿那底羯羅
(二合)摩抳曳你蘖(去)囉(二合)呵尼麼囉跛乇
羅(二合)斯庾紇底(二合)紇哩(二合)鞮安拏嵾
阿奢婆怛剝(二合)薩尾羅也努我銘阿
哩也(二合)虞拏迦剝(去)悉第悉駄跛泥母
乇灑(二合)努句黎你蘖囉(二合)呵抳跛羅
縛你喃達哩灑(二合)你麼羅鉢哩麗(二合)
諾阿尾扇覩者怛縛(二合引)嚧摩訶囉惹
諾捨羯嚧(二合)泥(平聲)縛那泯捺路(二合)没
羅(二合)訶摩(二合)婆憨跛底母馱鉢羅(二合)
薩(尹以)縛那戦藥乇灑(二合)羯哩(二合)擔
(平聲)跛哩怛羅(二合)喃薩他(二合)比擔婆縛
(二合)婆丁也(三合)也喃達摩婆拏迦那摩
路乇灑(二合)曳薩達摩寫跛哩蘖囉(二合)
訶耶婆縛(引二合)訶

尒時大虛空藏菩薩說是真言已即

時三千大千世界六種震動時彼惡魔心無淨信不樂法者聞空中聲曰若有聞此明真言句若魔若魔男若魔女若魔民不發阿耨多羅三藐三菩提心不捨魔業者則令金剛手藥叉以大火焰金剛之杵摧碎其頂尒時魔衆心驚毛豎即皆同時仰觀虛空見有五百大金剛手各各臨於惡魔頭上垂欲下擊皆悉怖懼一時咸發阿耨多羅三藐三菩提心尒時世尊熈怡微笑時具壽阿難陁一心合掌白佛言世尊世尊微笑非無因緣唯願如來為我解說尒時世尊告阿難陁言汝見此五百衆魔以怖懼故發菩提心不阿難陁言唯然已見佛復告阿難陁言此魔波旬當成佛時與諸眷屬於彼彼世界各各異名尒時具壽阿難陁白佛世尊經於幾時此魔當成無上菩提得菩提已佛及世界名為何等佛告阿難陁此魔波旬當於來世十千佛所為作魔事從彼佛所聞金剛摥摧壞煩惱清淨法門又於彼佛所問於秘密甚深軌則

威儀功德尸羅處所行勤行方便於最末後無邊無垢幢如來所當作魔事於彼佛所善根淳熟心得决定獲得一切佛法光明發菩提心然後經於過阿僧祇數量佛所恭敬供養於彼佛法出家修道護持正法教化成就無量有情復更過於四万阿僧祇劫當得成於阿耨多羅三藐三菩提名為妙住得法光如來應供正遍知明行足善逝世間解無上士調御丈夫天人師佛世尊世界名清淨安立劫名清淨復次阿難陁清淨安立世界國土豐盛人民快樂如覩史多天宮所有受用樂具彼國菩薩受用樂具亦復如是彼妙住得法光如來壽命四十中劫有六十四俱胝諸聲聞衆一万二千大菩薩衆阿難陁如是諸魔若魔男若魔女若魔民悉發住於無上正等菩提之心皆隨生彼清淨世界時妙住得法光如來知其深心皆悉與授阿耨多羅三藐三菩提記

大集大虛空藏菩薩所問經卷第七

丙午歲高麗國大藏都監奉勑雕造

虛空藏菩薩所問經卷第七　第十九張　由

大集大虛空藏菩薩所問經卷第七

校勘記

一　底本，麗藏本。
一　九五六頁上一九行「復問」，石作「復問言」。
一　九五六頁中一四行「作使」，石作「作事」。
一　九五六頁中一七行首字「期」，石作「斯」。
一　九五六頁下五行第八字「愧」，石作「愧以」。
一　九五六頁下一六行末字「小」，石作「少」。次頁中一七行首字同。
一　九五六頁下一九行「不缺」，石作「不脫」。
一　九五七頁下一行「佛法」，石作「佛性」。
一　九五七頁下八行「不追」，石作「不追悔」。
一　九五八頁上一八行「花至于」，石作「天花至」。
一　九五九頁中五行第五字「不」，石無。
一　九五九頁中一〇行「憎愛」，石作「愛憎」。
一　九五九頁下一八行「皆是魔作」，石作「皆不應作」。
一　九五九頁下一九行「魔境」，石作「魔界」。
一　九六〇頁下八行「悉發」，石作「悉」。
一　九六一頁中六行「摧碎」，石作「摧破」。
一　九六一頁中一七行「彼彼」，石作「彼」。
一　九六一頁中一八行「白佛」，石作「白佛言」。
一　九六一頁下一行「處所」，石作「處」。
一　九六一頁下七行首字「就」，石作「熟」。

大集大虛空藏菩薩所問經卷第八　曲

開府儀同三司特進試鴻臚卿肅國公食邑三千戶賜紫贈司空謚大鑒正號大廣智大興善寺三藏沙門不空奉　詔譯

尒時會中釋梵護世見與波旬授菩提記一切皆生奇特之心歎言希有甚奇世尊彼等諸魔於佛善說法毗柰耶而作魔事猶見如來福不唐捐皆蒙授記當證無上正等菩提究竟涅槃世尊豈有善男子善女人以善信心入於佛法所獲福業而得校量當知皆是諸佛境界非餘聲聞緣覺所測

尒時佛告釋梵護世諸天人等如汝所說誠諦不虛實是諸佛如來境界善男子夫心者是緣生法譬如染纈或處受色或處不受有情心行亦復如是或起煩惱或復不起或有利根或有鈍根如來隨根設法教化悉令解悟引入法中善男子夫煩惱者無有方所亦無住處復無積聚從不如理作意和合而生若如理觀察是離染性則為清淨然我密意說名邪見若如實知則為正見非邪正見過現實有若於邪見正見知已不生取著是則名為入正見道善男子煩惱如皮清淨為性由彼所覆慧明無力是故不見根本清淨復次有分別者名為煩惱無分別者名清淨性善男子譬如大地依水而住水依風住風依空住是四界中空無所依以其虛空不壞不動無所積聚無積聚故住不生滅自性相應是故三界不久不住無常變異非虛空界如是蘊處界依業煩惱而住業煩惱依非如理作意而住非如理作意依自性清淨心住是清淨心不為客塵煩惱所染所有非如理作意業煩惱蘊處界等一切皆是因緣和合故有因緣若闕則不生起彼清淨性無有因緣亦無和合亦不生滅如虛空性非如理作意如風業煩惱如水蘊處界如地由是一切諸法無有堅牢根本無住本來清淨善男子是名自性清淨法光明門菩薩由證此法門故不為一切諸煩惱垢之所染汙亦不思惟此清淨法

以不思故則滅一切尋伺緣慮證清淨性由證清淨則超魔境以超魔境則安住佛境以住佛境則超有情境入不動法界以入不動清淨法界則入平等無差別境則名獲得一切智智說此法時有無量菩薩於業煩惱障一切纏垢悉得遠離證無生忍

尒時室利毱多優婆塞於大衆中即從座起頭面禮足而白佛言世尊我今從佛聞此解脫清淨法門頓除疑悔所以者何我昔曾設深大火坑及和毒食於如來所起損害意世尊威德無所損傷為我說法雖少信向心猶疑惑仍生追悔今於佛前復得聞此甚深經典疑網悉除心無憂悔獲法光明發阿耨多羅三藐三菩提心世尊我於今者名為大益得殊勝利

尒時佛讚室利毱多長者言善哉善哉善男子汝今聞我所說法故生淨信樂由是因緣於賢劫中所有諸佛悉皆承事恭敬供養於彼佛所廣修梵行護持正法過七百万阿僧祇劫當得成佛号曰離一切纏如來應供

正遍知明行足善逝世間解無上士調御丈夫天人師佛世尊時室利毱多優婆塞聞佛與授阿耨多羅三藐三菩提記歡喜踊躍得未曾有即解嚴身上妙瓔珞散於佛上作如是言世尊今我宅中有四大藏無量金寶充滿其中以第一藏捨與妻子僮僕及營事者第二大藏捨與一切貧窮下賤孤獨乞人第三大藏捨與一切往來苾芻及四方僧第四大藏奉獻如來及上首苾芻唯願世尊令我速獲無住相施功德成就我今欲於如來善說毗奈耶中出家受戒修習梵行於是世尊聽其出家時室利毱多優婆塞即便出家受具足戒

爾時大虛空藏菩薩白佛言世尊如來於無量阿僧祇劫之所積集甚深難得阿耨多羅三藐三菩提法於佛滅後誰當奉持時彼衆中有六十俱胝菩薩摩訶薩即從座起合掌禮佛異口同音說伽他曰

如來滅度後　我等悉皆能　不惜於身命
護持佛正法　捨一切名利　及離諸眷屬

不捨此正法　為證佛智故　毀呰及罵辱
麁言不善語　由護正法故　如此皆能忍
輕賤及掉弄　誹謗不稱讚　如此悉皆忍
為持此經故　當來諸苾芻　住相希名利
為魔之伴黨　於法為障礙　毀戒破法者
親近於俗人　貪著供養故　不專求正法
好習於外道　無知懷憍慢　自讚歎己身
惱亂寂靜者　棄捨阿蘭若　常樂無利言
好習惡咒術　計著於身見　或樂知僧事
與僧作留難　捨離於禪誦　交雜諸世務
常求於利養　不樂戒多聞　雖行於布施
心恒懷雜染　計種種我相　但念於乞食
樂往白衣家　論說世俗事　思慮諸俗務
貿易并販賣　好作如是事　自稱是沙門
堅執於諸有　計著種種見　聞說真空法
怖畏如深嶮　不信有業果　言無後世報
但作虛誑語　非法言是法　惡世中苾芻
自在力如王　於此末法時　我能持正法
於諸修多羅　不求亦不讀　各自師己見
執異乎相非　所有深經典　與解脫相應
於如是正法　心皆不樂說　及樂世俗論
稱揚為希有　如斯惡人輩　不久滅正法
微妙甚深經　文義俱善巧　於彼惡世時

悉皆被滅壞　非法無道王　人庶皆荒亂
於如是惡世　無不懷恐怖　我等悉皆能
處如是末世　護持佛所說　無上之正法
以慈於有情　設破於正法　亦起悲愍心
由持此經故　若見持戒人　起於貪愛心
我以憐念故　方便令棄捨　若見惡心者
謗毀於正法　為之起慈悲　令見我歡喜
隨力護彼人　不加麁惡語　亦不與之言
彼當自安住　復以四攝行　成熟彼等人
又令生警覺　省悟虛妄過　我當捨憒鬧
住於阿蘭若　不親近俗務　猶如鹿自在
少求及知足　修行四聖種　住戒及頭陀
具禪定智慧　我當無間修　調柔靜解脫
若入於聚落　為說微妙法　若有求法者
令遠住空閑　寂默自修持　常安於法樂
若有於現前　作諸過失者　我為利衆生
當自觀身行　住法常寂靜　於敬與不敬
安住如須彌　不染世間法　我當為導師
苾芻毀戒者　來加以惡言　觀是自受業
亦不起報心　於他無害想　常住於正法
此非我應作　我是於沙門　彼無沙門行
聞我正教誨　則謗修多羅　或斷我耳鼻
亦不樂見我　若聞密警覺　則謗於正法

當來諸苾芻　受持正法者　為其作留難
不令聞正法　於王難問語　破壞於大衆
我等承佛力　皆令得聞法　當彼惡世時
寧捨於身命　為持正法故　作衆生利益
先知他意樂　後方共語言　當來大佈時
住是真實行　我問世間眼　法王光明尊
由持此經典　為得幾所福

尒時世尊告大虛空藏菩薩及諸菩薩摩訶薩言善男子譬如東方一世界抹為十三千大千世界如是南西北方四維上下各各抹為十三千大千世界如是世界盡末為塵復以一塵為一世界若復有人於東方過尒所塵世界下於一塵復更東行過尒所塵世界又下一塵如是展轉盡尒所塵於東方諸佛世界無有邊際南西北方四維上下亦復如是善男子於汝意云何如是十方世界所下微塵誰有如來以無礙智之所究了非餘知其數不不也世尊如是微塵世界能知佛言善男子是諸世界若下微塵及不下處盡諸世界以為大城圍

遶牆壁上至有頂下窮水際滿此城中著淨芥子以一芥子為一佛世界善男子於意云何是諸芥子世界寧為多不甚多世尊佛言善男子如是芥子及諸世界我知其數知百知千乃至知緊迦羅弥末羅阿閦婆等若有善男子善女人求菩提故以七寶滿尒所世界施於尒所芥子數住功德法菩薩諸佛及恭敬供養若復有人聞此甚深微妙經典能淨信忍所得福德勝前福德若復有人以尒所芥子數行無遮施或復有人得聞此經於諸有情生無礙心住調柔忍如七步頃繫念思惟所得福德勝前福德若復有人修諸福業成就尒所芥子數天主帝釋大梵天王轉輪聖王或復有人受持此經能知無常苦空無我涅槃寂靜如是知已於諸有情生於大悲為不斷三寶種故發無上正等菩提之心如是福德勝前福德尒時大虛空藏菩薩白佛言世尊唯願如來加持此經後末法時於贍部洲廣令流布是時佛告虛空藏菩薩

言善男子我以此法付四天王所以者何由此四王護持世界故令此法久住世間廣得流布我今復以微妙真言加持四大天王即說真言曰

怛你也二合他度度棃他地棃特縛二合惹跛底特嚩二合惹棃迦引棃阿引靺怛你捨迷捨麼鉢底扇底丁以反目谿你識囉二合賀博乞叉二合哆阿奴娜囉鄔那囉毛識摩三摩鉢地鞁他輸地鉢他奴識摩鉢他輸地鉢囉二合枳娘二合目谿阿哩也二合句棃　步多喀　乞曬二合　阿你涅灑遮茗涅灑遮多引麼灑遮多怛鞁灑遮没馱鞁那達摩　奴　散地阿哩也二合識拏嵯識摩阿那哩也二合你伽哆你嚧瑟吒二合鉢囉二合娑娜寧[口幷]濕嚩二合囉鞁那魯迦失上二合怛剌二合訖哩二合多阿奴囉訖沙二合演都伊鈴引達摩散地帝寢反尾婆惹都你魯訖鞮二合涅涅上世引鉢囉二合底路乞灑二合覩達摩馱哩尼

尒時四大天王由此真言所加持故心懷悚慄身毛皆竪即往佛所頭面礼足白佛言世尊我等四王護持此經當令未来久住於世我能攝持如是經典所流行處有不樂法諸神天龍夜叉乾闥婆阿脩羅迦樓羅無能障礙若有樂法善神即當令彼心得寂靜若有法師於說法會忘失文句能令憶持獲得辯才增長慧解

尒時世尊告四天王善哉善哉汝等四王皆是我子從法化生由我勸汝守護正法功德因緣得為天王當超世間速證圓寂

尒時世尊復告大虛空藏菩薩言善男子我今亦以真言加持帝釋令護此經久住於世說真言曰

怛你也二合 他輸第輸婆末底輸婆尾庚二合 係那捺㮈那哩㳫覩哩㳫納迷捨迷鄔波捨迷屈吠嗚馹黎阿蘇目溪馱羅丘阿羅㳫輸輸盧二合囉婆四伲阿陛𡛟陛那散地三迷三摩䮍底三摩羅濕弥二合阿世呼 呼奚奚馹

嚧馹𡙓阿那底羯囉二合 鉊你縛路乞灑二合 摩四伲摩訶縛娑娑鉢羅二合 陛阿蘖專覩捨羯嚧㲲縛曩沒捺羅 合那捨合多那夜那縛羅摩矩吒達羅僧舍嚩二合 留曰末嚕捺娑二合 嚩那你嚩斯娑嚩二合引 訶引

尒時天帝釋聞此真言已歡喜踊躍所住宮殿悉皆震動即與百千眷屬圍遶来詣佛所頭面礼足白佛言世尊我等諸天擁護此經於贍部洲廣宣流布令得修行若有法師受持此經我等眷屬咸共擁護令無惱患使得歡喜生淨信樂受持斯經皆得成就以法莊嚴若於王城聚落村邑說法之處我當率諸眷屬相共往詣彼法師所與作衛護若有輕賤嗔罵彼法師者令發淨心若有諸魔作諸障難我當擁護悉使退散不令得便

尒時佛告天帝釋言善哉善哉憍尸迦汝當獲得天妙自在住法自在於一切佛所護持正法能師子吼何以故憍尸迦以能受持一佛正法即於三世諸佛所說正法皆能守護

尒時世尊復告大虛空藏菩薩言善男子我為娑訶世界主大梵天王說威德真言句義由此真言故大梵天王護持此經即說真言曰

怛你也二合 他毋怛哩下二合同 輸婆毋怛哩二合 達摩毋怛哩二合 毋怛哩二合 也嫪娑嚩韈三摩毋怛哩二合 珊地毋怛哩二合 阿怒識摩毋怛哩二合 阿嫪羅訖叉二合 毋怛哩二合 阿努度羅毋怛哩二合 薩丁那二合 毋怛哩二合 達磨毋怛哩二合 阿努蘗羅二合 訶毋怛哩二合 阿尾鉢羅二合 底丁反以 娑羅毋怛哩二合 唱盧迦那毋怛哩二合 尾盧迦那毋怛哩二合 毋蘗努識摩毋怛哩二合 没馱地瑟姹二合 那毋怛哩二合 阿努羅乞叉二合 毋怛哩二合 達摩鉢羅二合 底丁反以 路乞叉二合 努毋怛哩一合 毋乞叉二合 毋怛哩二合 阿那奴哩盧馱尾嚧馱毋怛哩二合 阿多乞毋怛哩二合 没羅二合 賀麼二合 㦽他毋怛哩二合 蘇那椤迦羅毋怛哩二合 怛寫努珊地迦盧那毋怛哩二合

怛寫奴珊地暮你多毎怛哩二合怛
寫奴珊地庋二合閉訖叉二合毎怛
哩二合没羅二合賀摩二合鉢地勢
識摩那毎怛哩二合質都你尾哩也
二合毎怛哩二合阿奴娑羅娑毎怛
哩二合你娑底二合羅娑毎怛哩二合二
薩嚩怛羅二合娑識麼那毎怛哩二
合阿蘖車末羅二合含門二合唱悉
梨二合惹騄那素犬尾入蜜逾底丁以
叉瑟姹二合娑嚩二合娑嚩二合三
摩提你瑟羯羅二合摩摩訶尾麼難
引尾也二合嚩魯迦耶染摸你尾崩
補甘反句盧濕嚩二合達摩咯訖叉二
合麼底丁反寅羯羅二合弥没馱地瑟
吒二合南

尒時娑訶世界主大梵天王在於梵
世由此慈心真言加持及佛威神力
故天耳聞已即共六十六万梵衆来
詣佛所頭面礼足退坐一面白佛言
世尊我等蒙佛大慈大悲加持力故
令護此經若當来世有諸法師於此
甚深秘密經典受持讀誦乃至書寫
奉持供養若彼法師在阿蘭若及於

衢路村邑聚落王城處所若為宣說
如是經者我等當共擁護攝受加其
氣力令得精勤念慧辯才悉皆增長
不信者令信其淨信者令住正行
世尊我等今於如來所說正法之
眼皆共奉持廣令流布

尒時世尊告大梵王言善哉善哉梵
王如来今者隨喜汝等守護正法梵
王汝當不久坐於道場轉正法輪如
我今轉如汝今者擁護斯經諸餘梵
天於當来世護持正法亦應如是

尒時世尊復告慈氏菩薩摩訶薩言
慈氏我今以此無量阿僧祇俱胝劫
積集無上正等菩提希有之法付囑
於汝乃至欲令受持讀誦為他廣說
報佛恩故亦滿自己希求願故令諸
有情增長善根故令諸菩薩護法光
明故摧一切諸魔外道故護持正法
不斷三寶種故慈氏菩薩白佛言世
尊我今當於如来在世及涅槃後常
護法藏何以故我亦曾於過去護斯
正法世尊我雖在於覩史多天於是
類經倍增護持令久住世世尊若未

来世其有衆生於如是等經聞已受持
書寫讀誦如法修行為他廣說當知
皆是我之威力所加持故世尊當彼
之時若有魔及魔民共為朋黨不能
障難如我一毛成就善根掛為百分
千分歌羅分乃至優波尼沙陁分若
三千大千世界之中一切有情悉並
為魔若魔眷屬而於我所成就善根
一分福智之力猶不能得生於障難
何況如来於無量阿僧祇俱胝劫積
集無上菩提之法而能障礙

尒時世尊告慈氏菩薩言善哉善哉
善男子有四種法為菩薩行何者為
四所謂破煩惱魔壞諸外道成熟有
情護持正法善男子如是四種是菩
薩行而此四種以一行攝云何為一
所謂護持正法

尒時世尊告尊者大迦葉波具壽阿
難陁言我以此經付囑汝等汝當受
持此經為他廣說大迦葉波言世尊
我當隨力於如来無上菩提之法勤
加守護為他宣說阿難陁言唯然世
尊我已受持如是法要於當来世

以佛威力廣宣流布令不斷絶尒時福莊嚴菩薩摩訶薩從座而起叉手合掌白佛言世尊如是之經如來所說甚深希有斷諸疑網寂勝了義難見難悟是第一義空性相應以戒念定慧而為莊嚴顯說解脱寂靜無染是諸智人之所知境一切諸佛之所稱讃亦是一切諸經之王以陁羅尼印印之令受持者得無礙辯增長念慧堅固不退摧魔怨敵不為於他異宗所壞能摧惡戒增長頭陁無貪功德復是正住大捨功德出生無量諸佛智法若有善男子善女人能於此經受持讀誦繫念思惟為他廣說書寫供養審諦觀察如理作意正行相應得幾所福尒時世尊即以伽他告福莊嚴菩薩摩訶薩曰

我以佛眼見十方　廣大無邊諸剎土
於中盛滿諸七寶　盡皆普施諸菩薩
若人受持是經典　如佛所說無所得
而能習誦為他說　如是功德超於彼
衆花塗香并傘蓋　衣服繒綵及幢幡

遍滿積彼世界中　供養諸佛并菩薩
於後末世法滅時　若有受持此經典
如說修行不放逸　所獲福聚超於彼
十方世界諸巨海　盡皆盛滿種種油
其炷高大如須弥　然燈供養佛制底
若有於彼法滅時　世間盡為諸暗覆
能燃如此大法炬　所獲功德倍於前
若於無量諸導師　奉事經於億千劫
以天適意妙供養　勤求寂勝佛菩提
為報如来深重恩　護持三寶令久住
安諸有情住佛法　持此經福多於彼
以佛眼觀諸有情　能致梵王帝釋位
若有能持此經典　獲大勝福過於彼
令諸有情得羅漢　復能成就緣覺乘
若有能發菩提心　受持此經福過彼
假令經福皆為色　盡虚空界不能受
除佛世尊一切智　於此勝福無能了
若於俱胝千億劫　持此如来所說經
所生功德不可量　猶如十方無有際

尒時福莊嚴菩薩從佛聞是護持此經所得功德不可限量生大歡喜踊躍無量而白佛言世尊後末世時諸有情類若有不能持此經者當知是

人墮於魔界世尊我觀護持白餘正法所獲善根猶如芥子若有能護此經法者所得功德如十方虚空無有窮盡不可譬喻世尊我今被於勇猛甲冑寧捨身命護持是經不為悕望已身之利但求一切有情安樂說此法時以大虚空藏菩薩福德力故有十方無量恒沙佛剎虚空藏菩薩及無量佛諸菩薩衆從於虚空雨種種花以為供養空中有聲而作是言善哉善哉大虚空藏菩薩摩訶薩乃能作此廣大佛事乃至於此大集法要殊勝莊嚴亦能攝受未来有情莊嚴正法令彼不失菩提之心於此經中受持讀誦書寫解說尒時世尊為欲囑累此經典故以神通力即從身中放大光明遍照十方無量佛剎悉皆振動有無量阿僧祇有情發阿耨多羅三藐三菩提心無量有情得無生法忍復有無量有情心得解脫復有無量有情得法眼淨復有無量有情離諸貪染復有無量有情得於人天福德勝因當得見佛一切大衆皆生

隨喜佛說是經已時大虛空藏菩薩摩訶薩具壽大迦葉彼具壽阿難陀娑訶世界主大梵天王釋提桓因四大天王諸苾芻衆及大菩薩天人阿脩羅乹闥婆等一切衆會聞佛所說皆大歡喜信受奉行

大集大虛空藏菩薩所問經卷第八

丙午歲高麗國大藏都監奉勅雕造

虛空藏菩薩所問經卷第八　第十九張　由

大集大虛空藏菩薩所問經卷第八

校勘記

一　底本，麗藏本。

一　九六三頁上二〇行「從不」，[石]作「不」。

一　九六三頁下二行「以超魔境」，[石]無。

一　九六三頁下七行「垢悉得」，[石]作「性悉能」。

一　九六四頁上五行「散於」，[石]作「設於」。

一　九六四頁中一四行「貿易」，[石]作「貨易」。

一　九六四頁下一〇行「又今」，[石]作「又令」。

一　九六四頁下一七行「身行」，[石]作「諸行」。又「寂静」，[石]作「静樂」。

一　九六六頁上一行第四字「大」，[石]無。

一　九六六頁上一〇行「天王」，[石]作「天王言」。

一　九六七頁中四行「正行」，[石]作「正行也」。

一　九六七頁中一七行「護法」，[石]作「獲法」。

一　九六七頁下六行第一二字「陁」，[石]無。

一　九六七頁下一四行第二字「所」，[石]無。

一　九六八頁中二行「法滅」，[石]作「滅法」。

一　九六八頁中五行「佛制」，[石]作「諸制」。

一　九六八頁中六行「彼法」，[石]作「後法」。

大唐新翻護國仁王般若經序

代宗皇帝製

皇矣至覺子于元元載有海以般若之舟萴稠林以智慧之劍綿絡六合羅罩十方弘宣也深志應也大自權與天竺泳洙漢庭行無緣之慈納常樂之域信其博施僩恭城而逾遠仰夫湛寂超言象之又玄五始不究其初一得同根其本以彼取此何其遼哉朕忝嗣鴻休丕承大寶軫推溝以夕惕方徹枕而假寐夫其鎮乾坤遏殺虐和風雨著星辰與物無為乂人艱止不有般若其能已乎朕嘗澡身定泉宅心道祕細尋龍宮之藏稽合鷲峯之旨懿夫護國實在茲經竊景行於波斯匿闡揚於調御至若高張五忍足明側隱之深永祛衆難寔惟化清之本名假法假心空色空推之於無則境智都寂引之於有迺津梁不窮思與黎蒸共臻實相而緹油貝葉文字參差東夏西天言音訛謬致使古今翻譯清濁不同前後參詳輕重匪一其猶大輅緣繼韋而增華譬彼堅冰始積水而非厲先之所譯語質未融披讀之流臨文三覆凡諸釋氏良用慨然

先聖翹誠玉毫瞻慮真境發揮滿教搜綴缺文詔大德三藏沙門不空推校詳譯未周卻卷三藏學究二諦教傳三密義了宗極伊成字圓褰蒙西指汎盃南海影與形對勤將歲深妙印度之聲明洞中華之韻曲甘露洽朕香風襲予既而梵夾遠賫洪鍾待扣佇延吹萬之籟率訓開三之典朕哀纏欒棘悲感霜露捧戴

遺詔不敢忘遑延振錫之羣英終為山之九仞開府朝恩許國以身歸佛以命弼我真教申夫妙門爰令集京城義學大德良賁等翰林學士常袞等於大明宮南桃園詳譯護國般若畢弁更寫定密嚴等經握槧含毫研精賾頤彙者訛略刊定較然昔之沉隱鉤索煥矣足可懸諸日月大燭昏衢潤之雲雨橫流動植伏願上資仙駕飛慧雲於四天迥出塵勞蹋金蓮於十地朕理昧幽關文慙麗則見推序述悅撫空懷聊紀之於首篇庶克開于厥後將發皇永永可推而行之時旃蒙歲木槿榮月也

仁王護國般若波羅蜜多經卷上

開府儀同三司特進試鴻臚卿肅國公食邑三千戶贈司空謚大鑒正號大廣智大興善寺三藏沙門不空奉　詔譯

序品第一

如是我聞一時佛住王舍城鷲峯山中與大比丘衆千八百人俱皆阿羅漢諸漏已盡無復煩惱心善解脫慧善解脫九智十智所作已辦三假實觀三空門觀有為功德無為功德皆悉成就復有比丘尼衆八百人俱皆阿羅漢復有無量無數菩薩摩訶薩實智平等永斷惑障方便善巧起大行願以四攝法饒益有情四無量心普覆一切三明鑒達得五神通修習無邊菩提分法工巧技藝超諸世間深入緣生空無相願出入滅定示現難量摧伏魔怨雙照二諦法眼普見知衆生根四無礙解演說無畏十力妙智雷震法音近無等等金剛三昧如是功德皆悉具足復有無量優婆塞衆優婆夷衆皆見聖諦復有無量修

七賢行念處正勤神足根力八勝處十遍處十六心行趣諦現觀復有十六大國王波斯匿王等各與若干千萬眷屬俱復有六欲天王釋提桓因等與其眷屬無量天子俱色四靜慮諸大梵王亦與眷屬無量天子俱諸趣變化無量有情阿脩羅等若干眷屬俱復有變現十方淨土而現百億師子之座佛坐其上廣宣法要一一座前各現一花是百億花衆寶嚴飾於諸花上一一復有無量化佛無量菩薩四衆八部悉皆無量其中諸佛各各宣說般若波羅蜜多展轉流遍十方恒沙諸佛國土有如是等諸來大衆各禮佛足退坐一面

尒時世尊初年月八日入大寂靜妙三摩地身諸毛孔放大光明普照十方恒沙佛土是時欲界無量諸天雨衆妙花色界諸天亦雨天花衆色間錯甚可愛樂時無色界雨諸香花香如須弥花如車輪如雲而下遍覆大衆善佛世界六種震動尒時大衆自相謂言大覺世尊前已為我等說摩訶般若

波羅蜜多金剛般若波羅蜜多天王問般若波羅蜜多大品等無量無數般若波羅蜜多今日如來放大光明斯作何事時室羅筏國波斯匿王作是思惟今佛現是希有之相必雨法雨普皆利樂即問寶蓋無垢稱等諸優婆塞舍利弗須菩提等諸大聲聞弥勒師子吼等諸菩薩摩訶薩言如来所現是何瑞相時諸大衆無能荅者波斯匿王等承佛神力廣作音樂欲色諸天各奏無量天諸伎樂聲遍三千大千世界

尒時世尊復放無量阿僧祇光其明雜色一一光中現寶蓮華其華千葉皆作金色上有化佛宣說法要是佛光明普於十方恒河沙等諸佛國土有緣斯現彼他方佛國中東方普光菩薩摩訶薩東南方蓮華手菩薩摩訶薩南方離憂菩薩摩訶薩西南方光明菩薩摩訶薩西方行慧菩薩摩訶薩西北方寶勝菩薩摩訶薩北方勝受菩薩摩訶薩東北方離塵菩薩摩訶薩上方喜受菩薩摩訶薩下方

蓮華勝菩薩摩訶薩各與無量百千俱胝菩薩摩訶薩皆来至此持種種香散種種花作無量音樂供養如来頂禮佛足默然退坐合掌恭敬一心觀佛

仁王護國般若波羅蜜多經觀如來品第二

尒時世尊從三昧起坐師子座告大衆言吾知十六諸國王等咸作是念世尊大慈普皆利樂我等諸王云何護國善男子吾今先為諸菩薩摩訶薩說護佛果護十地行汝等皆應諦聽諦聽善思念之是時大衆波斯匿王等聞佛語已咸共讚言善哉善哉即散無量諸妙寶花於虛空中變成寶蓋覆諸大衆靡不周遍時波斯匿王即從座起頂禮佛足合掌長跪而白佛言世尊菩薩摩訶薩云何護佛果云何護十地行

佛告波斯匿王言護佛果者諸菩薩摩訶薩應如是住教化一切卵生胎生溼生化生不觀色相不觀色如受想行識我人知見常樂淨倒四攝六度二諦四諦力無畏等一切諸行乃至

菩薩如來亦復如是不觀相不觀如所以者何以諸法性即真實故無來無去無生無滅同真際等法性無二無別猶如虛空蘊處界相無我我所是為菩薩摩訶薩修行般若波羅蜜多

波斯匿王白佛言世尊若菩薩衆生性無二者菩薩以何相而化衆生耶佛言大王色受想行識常樂我淨法性不住色不住非色受想行識常樂我淨亦不住淨不住非淨何以故以諸法性悉皆空故由世諦故由三假故一切有情蘊處界法造福非福不動行等因果皆有三乘賢聖所脩諸行乃至佛果皆名為有六十二見亦名為有大王若著名相分別諸法六趣四生三乘行果即是不見諸法實性

波斯匿王白佛言諸法實性清淨平等非有非無智云何照佛言大王智照實性非有非無所以者何法性空故是即色受想行識十二處十八界士夫六界十二因緣二諦四諦一切皆空是諸法等即生即滅即有即空剎那剎那亦復如是何以故一念中

有九十剎那一剎那經九百生滅諸有為法悉皆空故以甚深般若波羅蜜多照見諸法一切皆空內空外空內外空空空大空勝義空有為空無為空無始空畢竟空散空本性空自相空一切法空般若波羅蜜多空因空佛果空空空故空諸有為法法集故有受集故有名集故有因集故有果集故有六趣故有十地故有佛果故有一切皆有善男子若菩薩住於法相有我相人相有情知見為住世間即非菩薩所以者何一切諸法悉皆空故若於諸法而得不動不生不滅無相無無相不應起見何以故一切法皆如也諸佛法僧亦如也聖智現前最初一念具足八萬四千波羅蜜多名歡喜地障盡解脫運載名乘動相滅時名金剛定體相平等名一切智智

大王此般若波羅蜜多文字章句百佛千佛百千萬億一切諸佛而共同說若有人於恒河沙三千大千世界滿中七寶以用布施大千世界一切

有情皆得阿羅漢果不如有人於此經中乃至起於一念淨信何況有能受持讀誦解一句者所以者何文字性離無文字相非法非非法般若空故菩薩亦空何以故於十地中地地皆有始生住生及以終生此三十生悉皆是空一切智智亦復皆空大王若菩薩見境見智見說見受即非聖見是愚夫見有情果報三界虛妄欲界分別所造諸業色四靜慮定所作業無色四空定所起業三有業果一切皆空三界根本無明亦空聖位諸地無漏生滅於三界中餘無明習變易果報亦復皆空等覺菩薩得金剛定二死因果空一切智亦空佛無上覺種智圓滿擇非擇滅真淨法界性相平等應用亦空善男子若有脩習般若波羅蜜多說者聽者譬如幻士無說無聽法同法性猶如虛空一切法皆如也大王菩薩摩訶薩護佛果為若此

尒時世尊告波斯匿王言汝以何相而觀如來波斯匿王言觀身實相觀

佛亦然無前際無後際無中際不住三際不離三際不住五蘊不離五蘊不住四大不離四大不住六處不離六處不住三界不離三界不住方不離方明無明等非一非異非此非彼非淨非穢非有為非無為無自相無他相無名無相無強無弱無示無說非施非慳非戒非犯非忍非恚非進非怠非定非亂非智非愚非來非去非入非出非福田非不福田非相非無相非取非捨非大非小非見非聞非覺非知心行處滅言語道斷同真際等法性我以此相而觀如來佛言善男子如汝所說諸佛如來力無畏等恒沙功德諸不共法悉皆如是修般若波羅蜜多者應如是觀若他觀者名為邪觀說是法時無量大衆得法眼淨

仁王護國般若波羅蜜多經菩薩行品第三

介時波斯匿王白佛言世尊護十地行菩薩摩訶薩應云何修行云何化衆生復以何相而住觀察

佛告大王諸菩薩摩訶薩依五忍法以為修行所謂伏忍信忍順忍無生忍皆上中下於寂滅忍而有上下名為菩薩修行般若波羅蜜多善男子初伏忍位起習種性修十住行初發心相有恒河沙衆生見佛法僧發於十信所謂信心念心精進心慧心定心不退心戒心願心護法心迴向心具此十心而能少分化諸衆生超過二乘一切善地是為菩薩初長養心為聖胎故

復次性種性菩薩修行十種波羅蜜多起十對治所謂觀察身受心法不淨諸苦無常無我治貪瞋癡三不善根起施慈慧三種善根觀察三世過去因忍現在因果忍未來果忍此位菩薩廣利衆生超過我見人見衆生等想外道倒想所不能壞

復次道種性菩薩修十迴向起十忍心謂觀五蘊色受想行識得戒忍定忍慧忍解脫忍解脫知見忍觀三界因果得空忍無相忍無願忍觀二諦假實諸法無常得無常忍一切法空得無生忍此位菩薩作轉輪王能廣化利一切衆生

復次信忍菩薩謂歡喜地離垢地發光地能斷三障色煩惱縛行四攝法布施愛語利行同事修四無量慈無量心悲無量心喜無量心捨無量心具四弘願斷諸纏蓋常化衆生修佛知見成無上覺住三脫門空解脫門無相解脫門無願解脫門此是菩薩摩訶薩從初發心至一切智諸行根本利益安樂一切衆生

復次順忍菩薩謂焰慧地難勝地現前地能斷三障心煩惱縛能於一身遍往十方億佛剎土現不可說神通變化利樂衆生

復次無生忍菩薩謂遠行地不動地善慧地能斷三障色心習氣而能示現不可說身隨類饒益一切衆生

復次寂滅忍者佛與菩薩同依此忍金剛喻定住下忍位名為菩薩至於上忍名一切智觀勝義諦斷無明相是為等覺一相無相平等無二為第十一一切智地非有非無湛然清淨無來無去常住不變同真際等法性

無緣大悲常化衆生乘一切智乘來化三界善男子諸衆生類一切煩惱業異熟果二十二根不出三界諸佛示導應化法身亦不離此若有說言於三界外別更有一衆生界者即是外道大有經說大王我常語諸衆生但斷三界無明盡者即名為佛自性清淨名本覺性即是諸佛一切智智由此得為衆生之本亦是諸佛菩薩行本是為菩薩本所修行五忍法中十四忍也

佛言大王汝先問言菩薩云何化衆生者菩薩摩訶薩應如是化從初一地至後一地自所行處及佛行處一切知見故若菩薩摩訶薩住百佛剎作贍部洲轉輪聖王修百法明門以檀波羅蜜多住平等心化四天下一切衆生若菩薩摩訶薩住千佛剎作忉利天王修千法明門說十善道化一切衆生若菩薩摩訶薩住萬佛剎作夜摩天王修萬法明門依四禪定化一切衆生若菩薩摩訶薩住億佛剎作覩史多天王修億法明門行菩提分法化

一切衆生若菩薩摩訶薩住百億佛剎作化樂天王修百億法明門二諦四諦化一切衆生若菩薩摩訶薩住千億佛剎作他化自在天王修千億法明門十二因緣智化一切衆生若菩薩摩訶薩住萬億佛剎作初禪梵王修萬億法明門方便善巧智化一切衆生若菩薩摩訶薩住百萬微塵數佛剎作二禪梵王修百萬微塵數法明門雙照平等神通願智化一切衆生若菩薩摩訶薩住百萬億阿僧祇微塵數佛剎作三禪梵王修百萬億阿僧祇微塵數法明門以四無礙智化一切衆生若菩薩摩訶薩住不可說不可說佛剎作第四禪大梵天王為三界王修不可說不可說法明門得理盡三昧同佛行處盡三界原普利衆生如佛境界是為菩薩摩訶薩現諸王身化導之事十方如來亦復如是證無上覺常遍法界利樂衆生

尒時一切大衆即從座起散不可說花焚不可說香供養恭敬稱讚如來時彼斯匿王即於佛前以偈讚曰

世尊導師金剛體　心行寂滅轉法輪
八辯圓音為開演　時衆得道百萬億
天人俱修出離行　能習一切菩薩道
五忍功德妙法門　十四菩薩能諦了
三賢十聖忍中行　唯佛一人能盡原
佛法衆海三寶藏　無量功德於中攝
十善菩薩發大心　長別三界苦輪海
中下品善粟散王　上品十善鐵輪王
習種銅輪二天下　銀輪三天性種性
道種堅德轉輪王　七寶金輪四天下
伏忍聖胎三十人　十住十行十迴向
三世諸佛於中學　無不由此伏忍生
一切菩薩行根本　是故發心信心難
若得信心必不退　進入無生初地道
化利自他悉平等　是名菩薩初發心
歡喜菩薩轉輪王　初照二諦平等理
權化有情遊百國　檀施清淨利群生
入理般若名為住　住生德行名為地
初住一心具衆德　於勝義中而不動
離垢菩薩忉利王　現形六趣千國土
戒足清淨悉圓滿　永離誤犯諸過失
無相無緣真實性　無體無生無二照
發光菩薩夜摩王　應形往萬諸佛剎

善能通達三摩地　隱顯自在具三明
歡喜離垢與發光　能滅色縛諸煩惱
具觀一切身口業　法性清淨照皆圓
焰慧菩薩大精進　觀史天王遊億剎
實智寂滅方便智　達無生理照空有
難勝菩薩得平等　化樂天王百億國
空空諦觀無二相　垂形六趣靡不周
現前菩薩自在王　照見緣生相無二
勝義智光能遍滿　往千億土化眾生
焰慧難勝現前地　能斷三障迷心惑
空慧寂然無緣觀　還照心空無量境
遠行菩薩初禪王　住於無相無生忍
方便善巧悉平等　常萬億土化群生
進入不動法流地　永無分段超諸有
常觀勝義照無二　二十一生空寂行
順道法愛無明習　遠行大士獨能斷
不動菩薩二禪王　得變易身常自在
能於百萬微塵剎　隨其形類化眾生
悉知三世無量劫　於第一義而不動
善慧菩薩三禪王　能於千恒一時現
常在無為空寂行　恒沙佛藏一念了
法雲菩薩四禪王　於億恒土化群生
始入金剛一切了　二十九生永已度

寂滅忍中下忍觀　一轉妙覺無等等
不動善慧法雲地　除前所有無明習
無明習相識俱轉　二諦理圓無不盡
正覺無相遍法界　三十生盡智圓明
寂照無為真解脫　大悲應現無與等
湛然不動常安隱　光明遍照無所照
三賢十聖住果報　唯佛一人居淨土
一切有情皆暫住　登金剛原常不動
如來三業德無量　隨諸眾生等憐愍
法王無上人中樹　普蔭大眾無量光
口常說法非無義　心智寂滅無緣照
人中師子為演說　甚深句義未曾有
塵沙剎土悉震動　大眾歡喜皆蒙益
世尊善說十四王　是故我今頭面禮

尒時百萬億恒河沙大眾聞佛世尊及波斯匿王說十四忍無量功德獲大法利聞法悟解得無生忍入於正位

尒時世尊告大眾言是波斯匿王巳於過去十千劫龍光王佛法中為四地菩薩我為八地菩薩今於我前大師子吼如是如是如汝所說得真實義不可思議唯佛與佛乃知斯事

善男子此十四忍諸佛法身諸菩薩行不可思議不可稱量何以故一切諸佛皆於般若波羅蜜多中生般若波羅蜜多中化般若波羅蜜多中滅而實諸佛生無所生化無所化滅無所滅第一無二非相非無相無自無他無來無去如虛空故善男子一切眾生性無生滅由諸法集幻化而有蘊處界相無合無散法同法性寂然空故一切眾生自性清淨所作諸行無縛無解非因非果非不因果諸苦受行煩惱所知我相人相知見受者一切空故法境界空空無相無作不順顛倒不順幻化無六趣相無四生相無聖人相無三寶相如虛空故善男子甚深般若無知無見不行不緣不捨不受正住觀察而無照相行斯道者如虛空故法相如是有所得心無所得心皆不可得是以般若非即五蘊非離五蘊非即眾生非離眾生非即境界非離境界非即行解非離行解如是等相不可思量是故一切菩薩摩訶薩所修諸行未至究竟而於

中行一切諸佛知如幻化得無住相而於中化故十四忍不可思量善男子汝今所說此功徳藏有大利益一切衆生假使無量恒河沙數十地菩薩說是功徳百千億分如海一滴三世諸佛如實能知一切賢聖悉皆稱讃是故我今略述所說少分功徳

善男子此十四忍十方世界過去現在一切菩薩之所修行一切諸佛之所顯示未來諸佛菩薩摩訶薩亦復如是若佛菩薩不由此門得一切智者無有是處何以故諸佛菩薩無異路故善男子若人聞此住忍行忍迴向忍歡喜忍離垢忍發光忍焰慧忍難勝忍現前忍遠行忍不動忍善慧忍法雲忍正覺忍能起一念清淨信者是人超過百劫千劫無量無邊恒河沙劫一切苦難不生惡趣不久當得阿耨多羅三藐三菩提是時十億同名虛空藏菩薩摩訶薩與無量無數諸來大衆歡喜踊躍承佛威神普見十方恒沙諸佛各於道場說十四忍如我世尊所說無異各各歡喜如

說修行般若波羅蜜多

尒時世尊告波斯匿王汝先問云復以何相而住觀察菩薩摩訶薩應如是觀以幻化身而見幻化正住平等無有彼我如是觀察化利衆生然諸有情於久遠劫初刹那識異於木石生得染淨各自能為無量無數染淨識本從初刹那不可說劫乃至金剛終一刹那有不可說不可說識生諸有情色心二法色名色蘊心名四蘊皆積聚性隱覆真實大王此一色法生無量色眼得為色耳得為聲鼻得為香舌得為味身得為觸堅持名地津潤名水煖性名火輕動名風生五識處名五色根如是展轉一色一心生不可說無量色心皆如幻故善男子有情之受依世俗立若有若無但生有情妄想憶念作業受果皆名世諦三界六趣一切有情婆羅門刹帝利毗舍首陁我人知見色法心法如夢所見善男子一切諸名皆假施設佛未出前世諦幻法無名無義亦無體相乘三界

名善惡果報六趣名字諸佛出現為有情故說於三界六趣染淨無量名字如是一切如呼聲響諸法相續念念不住刹那刹那非一非異速起速滅非斷非常諸有為法如陽焰故諸法相待所謂色界眼界眼識界乃至法界意界意識界猶如電光不定相待有無一異如第二月諸法緣成蘊處界法如水上泡諸法因成一切有情俱時因果異時因果三世善惡如空中雲善男子菩薩摩訶薩住無分別無彼此相無自他相常行化利無化利相是故應知愚夫垢識染著虛妄為相所縛菩薩照見知如幻士無有體相但如空花是為菩薩摩訶薩住利自他如實觀察說是法時會中無量人天大衆有得伏忍空無生忍一地二地乃至十地無量菩薩得一生補處

仁王護國般若波羅蜜多經二諦品第四

尒時波斯匿王白佛言世尊勝義諦中有世俗諦不若言無者智不應二若言有者智不應一一二之義其事

云何佛言大王汝於過去龍光王佛法中已問此義我今無說汝今無聽無說無聽是即名為一義二義汝今諦聽當為汝說

尒時世尊即說偈言

無相勝義諦　體非自他作　因緣如幻有
亦非自他作　法性本無性　勝義諦空如
諸有幻有法　三假集假有　無無諦實無
寂滅勝義空　諸法因緣有　有無義如是
有無本自二　辟如牛二角　照解見無二
二諦常不即　解心見無二　求二不可得
非謂二諦一　一亦不可得　於解常自一
於諦常自二　了達此一二　真入勝義諦
世諦幻化起　辟如虛空花　如影如毛輪
因緣故幻有　幻化見幻化　愚夫名幻諦
幻師見幻法　諦幻悉皆無　若了如是法
即解一二義　遍於一切法　應作如是觀

大王菩薩摩訶薩住勝義諦化諸有情佛及有情一而無二何以故有情空以菩提空得置有情空得置菩提菩提此二皆空以有情空以一切法空空故空何以故般若無相二諦皆空謂從無明至一切智無自相無他

相於第一義見無所見若有修行亦不取著若不修行亦不取著非行非不行亦不取著於一切法皆不取著菩薩未成佛以菩提為煩惱菩薩成佛時以煩惱為菩提何以故於第一義而無二故諸佛如來與一切法悉皆如故波斯匿王白佛言十方諸佛一切菩薩云何不離文字而行實相佛言大王文字者謂契經應頌記別諷誦自說緣起辟喻本事本生方廣希有論議所有宣說音聲語言文字章句一切皆如無非實相若取文字相者即非實相大王修實相者如文字修實相即是諸佛智母一切有情根本智母此即名為一切智體諸佛未成佛與當佛為智母諸佛已成佛即為一切智未得為性已得為智三乘般若不生不滅自性常住一切有情此為覺性若菩薩不著文字不離文字無文字相非無文字能如是修不見修相是即名為修文字者而能得於般若真性是為般若波羅蜜多大王菩薩摩訶薩護佛果護十地行護

化有情為若此也

波斯匿王白佛言真性是一有情品類根行無量法門為一為無量耶佛言大王法門非一亦非無量何以故由諸有情色法心法五取蘊相我人知見種種根行品類無邊法門隨根亦有無量此諸法性非相非無相而非無量若菩薩隨諸有情見一見二是即不見一二之義了知一二非一非二即勝義諦取著一二若有若無即世俗諦是故法門非一非二

大王一切諸佛說般若波羅蜜多我今說般若波羅蜜多無二無別汝等大眾受持讀誦如說修行即為受持諸佛之法大王此般若波羅蜜多功德無量若有恒河沙不可說諸佛是一一佛教化無量不可說有情是一一有情皆得成佛是諸佛等復教化無量不可說有情亦皆成佛是諸佛等所說般若波羅蜜多有無量不可說那庾多億偈說不可盡於諸偈中而取一偈分為千分復於千分而說一分句義功德尚無窮盡何況如是

無量句義所有功德若有人能於此經中起一念淨信是人即超百劫千劫百千萬劫生死苦難何況書寫受持讀誦為人解說所得功德即與十方一切諸佛等無有異當知此人諸佛護念不久當成阿耨多羅三藐三菩提說是法時有十億人得三空忍百萬億人得大空忍無量菩薩得住十地

仁王護國般若波羅蜜多經卷上

丙午歲高麗國大藏都監奉

勅雕造

仁王護國般若經卷上　第五張　官

仁王護國般若波羅蜜多經卷上

校勘記

一　底本，麗藏本。

一　九七〇頁上一行序名，石作「大唐新譯仁王護國般若經序卷上」。又「大唐」，南作「唐」；徑、清無。

一　九七〇頁上二行「代宗」，徑、清作「唐代宗」。

一　九七〇頁上五行第一〇字「應」，徑作「廣」。

一　九七〇頁上一二行第一三字「乂」，南作「又」。

一　九七〇頁上一三行第一一字「朕」，磧、南、徑、清無。

一　九七〇頁上一四行「道秘」，磧、南、徑、清作「秘道」。

一　九七〇頁上一七行「明側」，磧、南、徑、清作「明惻」。

一　九七〇頁上二〇行第一一字「油」，磧、南、徑、清作「紬」。

一　九七〇頁下三行第六字「槿」，磧、南、徑、清作「堇」。

一　九七〇頁下四行經名，石作「仁王護國般若波羅蜜多經序品第一」。

一　九七〇頁下五行至六行譯者，石作「特進試鴻臚卿開府儀同三司肅國公大興善寺三藏沙門不空奉詔譯」；磧、南作「三藏沙門大廣智不空譯」；徑、清作「唐三藏沙門大廣智不空譯」。卷下同。

一　九七〇頁下七行「序品第一」，石無。

一　九七〇頁下二一行末字「力」，徑作「方」。

一　九七一頁中七行第一二字「大」，磧、徑、清作「天」。

一　九七一頁下六行品名上的經名，徑、清無。下至卷下例同。

一　九七一頁下二二行「淨倒」，磧、南、徑、清作「我淨」。

一　九七二頁上一六行「六趣」，石作「五趣」。

一　九七二頁下一一行「三有」，石作

「有三」。

一　九七二頁下二〇行「護佛果」，石作「護佛果者」。

一　九七二頁下二一行第二字「此」，石作「此也」。

一　九七三頁上二行「不離三際」，磧、南、徑、清無。

一　九七二頁中五行「恒河沙」，石作「恒沙」。

一　九七三頁中一四行第三字「施」，石作「故」。

一　九七三頁中二一行第五字「想」，石、清作「相」。

一　九七三頁下四行第一三字「慈」，磧、南、徑、清作「心慈」。

一　九七三頁下一一行第一一字「難」，磧作「離」。

一　九七四頁上一〇行第二字「本」，徑作「亦」。

一　九七四頁中一六行第五字「王」，石、磧、南、徑、清作「主」。

一　九七四頁下二〇行「忉利王」，石作「忉利天」。

一　九七五頁上一九行第一二字「而」，磧、南、徑、清作「常」。

一　九七五頁中一行第五字「下」，磧、南、徑、清作「不」。

一　九七五頁中五行第一〇字「應」，徑作「廣」。

一　九七六頁下一二行末二字至一三行首字「無化利」，磧、南、徑、清無。

一　九七七頁上一九行首字「情」，磧、南、徑、清作「性」。

一　九七七頁中一一行首字「希」，石作「布」。

一　九七七頁下五行「五取」，石作「五趣」。

趙城縣廣勝寺

仁王護國般若波羅蜜多經卷下　自

開府儀同三司特進試鴻臚卿肅國公食邑三千戶賜紫贈司空謚大鑒正號大廣智大興善寺三藏沙門不空奉　詔譯

護國品第五

尒時世尊告波斯匿王等諸大國王諦聽諦聽我為汝等說護國法一切國土若欲亂時有諸灾難賊来破壞汝等諸王應當受持讀誦此般若波羅蜜多嚴飾道場置百佛像百菩薩像百師子座請百法師解說此經於諸座前燃種種燈燒種種香散諸雜花廣大供養衣服臥具飲食湯藥房舍床座一切供事每日二時講讀此經若王大臣比丘比丘尼優婆塞優婆夷聽受讀誦如法修行灾難即滅大王諸國土中有無量鬼神一一復有無量眷屬若聞是經護汝國土若國欲亂鬼神先亂鬼神亂故即萬人亂當有賊起百姓喪亡國王太子王子百官互相是非天地變恠日月衆星失時失度大火大水及大風等是諸難起皆應受持講說此般若波羅蜜多若於是經受持讀誦一切所求官位富饒男女慧解行来随意人天果報皆得滿足疾疫厄難即得除愈杻械枷鎖檢繫其身皆得解脫破四重戒作五逆罪及毀諸戒無量過咎悉得消滅

大王往昔過去釋提桓因為頂生王領四軍衆来上天宮欲滅帝釋時彼天主即依過去諸佛教法敷百高座請百法師講讀般若波羅蜜多經頂生即退天衆安樂

大王昔天羅國王有一太子名曰斑足登王位時有外道師名為善施與王灌頂乃令斑足取千王頭以祀塚間摩訶迦羅大黑天神自登王位巳得九百九十九王唯少一王北行萬里乃得一王名曰普明其普明王白斑足言願聽一日禮敬三寶飯食沙門斑足聞巳即便許之其王乃依過去諸佛所說教法敷百高座請百法師一日二時講說般若波羅蜜多八千億偈時彼衆中第一法師為普明王而說偈言

劫火洞然　大千俱壞　須弥巨海
磨滅無餘　梵釋天龍　諸有情等

尚皆殄滅　何況此身　生老病死
憂悲苦惱　怨親逼迫　能與願違
愛欲結使　自作瘡疣　三界無安
國有何樂　有為不實　從因緣起
盛衰電轉　暫有即無　諸界趣生
隨業緣現　如影如響　一切皆空
識由業漂　乘四大起　無明愛縛
我我所生　識隨業遷　身即無主
應知國土　幻化亦然

尒時法師說此偈已時普明王聞法悟解證空三昧王諸眷屬得法眼空其王即便詣天羅國諸王衆中而作是言仁等今者就命時到悉應誦持過去諸佛所說般若波羅蜜多偈諸王聞已亦皆悟解得空三昧各各誦持時班足王問諸王言汝等今者皆誦何法

尒時普明即以上偈荅班足王王聞是法亦證空定歡喜踴躍告諸王言我為外道邪師所誤非汝等咎汝各還國當請法師解說般若波羅蜜多時班足王以國付弟出家為道得無生法忍

大王過去復有五千國王常誦此經現生獲報汝等十六諸大國王修護國法應當如是受持讀誦解說此經若未來世諸國王等為欲護國護自身者亦應如是受持讀誦解說此經說是法時無量人衆得不退轉阿脩羅等得生天上無量無數欲色諸天得無生忍

仁王護國般若波羅蜜多經不思議品第六

尒時十六國王及諸大衆聞佛說此般若波羅蜜多甚深句義歡喜踴躍散百萬億衆寶蓮華於虛空中成寶華座十方諸佛無量大衆共坐此座說般若波羅蜜多是諸大衆持十千金蓮華散釋迦牟尼佛上合成華輪蓋諸大衆復散八萬四千芬陀利華於虛空中成白雲臺臺中光明王佛與十方諸佛無量大衆演說般若波羅蜜多是諸大衆持曼陀羅華散釋迦牟尼佛及諸衆會復散曼殊沙華於虛空中變作金剛寶城城中師子奮迅王佛共十方諸佛大菩薩衆演說勝義般若波羅蜜多復散無量天諸妙華於虛空中成寶雲蓋徧覆三

千大千世界是華蓋中雨恒河沙華從空而下

時波斯匿王及諸大衆見是事已歎未曾有合掌向佛而作是言願過去現在未來諸佛常說般若波羅蜜多願諸衆生常得見聞如我今日等無有異佛言大王如汝所說此般若波羅蜜多是諸佛母諸菩薩母不共功德神通生處諸佛同說能多利益是故汝等常應受持

尒時世尊為諸大衆現不可思議神通變化一華入無量華無量華入一華一佛土入無量佛土無量佛土入一佛土一塵剎土入無量塵剎土無量塵剎土入一塵剎土無量大海入一毛孔無量須彌入芥子中一佛身入無量衆生身無量衆生身入一佛身大復現小小復現大淨復現穢穢復現淨佛身不可思議衆生身不可思議乃至世界不可思議當佛現此神變之時十千女人現轉女身得神通三昧無量天人得無生法忍無量阿脩羅等成菩薩道恒河沙菩薩現

身成佛

仁王護國般若波羅蜜多經奉持品第七

尒時波斯匿王覩佛神變見千華臺上徧照如來千華葉上千化身佛千華葉中無量諸佛各說般若波羅蜜多白佛言世尊如是無量般若波羅蜜多不可識識不可智知云何諸善男子於此經中明了覺解爲人演說佛言大王汝今諦聽從初習忍至金剛定如法修行十三觀門皆爲法師依持建立汝等大衆應當如佛而供養之百千萬億天妙香華而以奉上善男子其法師者習種性菩薩若比丘比丘尼優婆塞優婆夷修十住行見佛法僧發菩提心於諸衆生利樂悲愍自觀己身六界諸根一切無常苦空無我了知業行生死涅槃能利自佗饒益安樂聞讚佛毁佛心定不動聞有佛無佛心定不退三業無失起六和敬方便善巧調伏衆生勤學十智神通化利下品修習八萬四千波羅蜜多善男子習忍以前經十千劫行十善行有退有進譬如輕毛隨風東西若至忍位入正定聚不作五逆不謗正法知我法相悉皆空故住解脫位於一阿僧祇劫修習此忍能起勝行

復次性種性菩薩住無分別修十慧觀捨財命故持淨戒故心謙下故利自佗故生死無亂故無相甚深故達有如幻故不求果報故得無礙解故念念示現佛神力故對治四倒三不善根三世惑業十顚倒故我人知見念念虛僞了達名假受假法假皆不可得無自佗相住眞實觀中品修習八萬四千波羅蜜多於二阿僧祇劫行諸勝行得堅忍位

復次道種性菩薩住堅忍中觀諸法性得無生滅四無量心能破諸闇常見諸佛廣興供養常學諸佛住迴向心所脩善根皆如實際能於三昧廣作佛事現種種身行四攝法住無分別化利衆生智慧明了甚深觀察一切行願普皆修習能爲法師調御有情善觀五蘊三界二諦無自佗相得如實性雖常修勝義而受生三界何以故業習果報未壞盡故於人天中順道生故上品修習八萬四千波羅蜜多三阿僧祇劫修二利行廣大饒益得善調伏諸三摩地住勝觀察修出離行能證平等聖人地故

復次歡喜地菩薩摩訶薩超愚夫地生如來家住平等忍初無相智照勝義諦一相平等非相無相斷諸無明滅三界貪未來無量生死永不生故大悲爲首起諸大願於方便智念念修習無量勝行非證非不證一切徧學故非住非不住向一切智故行於生死魔不動故離我我所無怖畏故無自佗相常化衆生故自在願力生諸淨土故善男子此初覺智非如非智非有非無無有二相方便妙用非倒非住非動非靜二利自在如水與波非一非異智起諸波羅蜜多亦非一異於四阿僧祇劫滿足修習百萬行願此地菩薩無三界業習更不造新由隨智力以願生故念念常行檀波羅蜜多布施愛語利行同事廣大清淨善能安住饒益衆生

復次離垢地菩薩摩訶薩四無量心最勝寂滅斷瞋等習修一切行所謂遠離殺害不與不取心無染欲得眞實語得和合語得柔輭語得調伏語常行捨心常起慈心住正直心寂靜純善離破戒垢行大慈觀念念現前於五阿僧祇劫具足清淨戒波羅蜜多志意勇猛永離諸染

復次發光地菩薩摩訶薩住無分別滅無明闇於無相忍而得三明悉知三世無來無去依四靜慮四無色定無分別智次第隨順具足勝定得五神通現身大小隱顯自在天眼清淨悉見諸趣天耳清淨悉聞衆聲以佗心智知衆生心宿住能知無量差別於六阿僧祇劫行一切忍波羅蜜多得大總持利益安樂

復次焰慧地菩薩摩訶薩修行順忍無所攝受永斷微細身邊見故修習無邊菩提分法念處正勤神足根力覺道具足為欲成就力無所畏不共佛法於七阿僧祇劫修習無量精進波羅蜜多遠離懈怠普利衆生

復次難勝地菩薩摩訶薩以四無畏隨順眞如清淨平等無差別相斷隨小乘樂求涅槃集諸功德具觀諸諦此苦聖諦集滅道諦世俗勝義觀無量諦為利衆生習諸伎藝文字璽方讚詠戲笑工巧呪術外道異論吉凶占相一無錯謬但於衆生不為損惱為利益故咸悉開示漸令安住無上菩提知諸地中出道障道於八阿僧祇劫常修三昧開發諸行

復次現前地菩薩摩訶薩得上順忍住三脫門能盡三界集因集業麤現行相大悲增上觀諸生死無明闇覆業集識種名色六處觸受愛取生老死等皆由著我無明業果非有非無一相無相而不二故於九阿僧祇劫行百萬空無相無願三昧得一切般若波羅蜜多無邊光照

復次遠行地菩薩摩訶薩修無生忍證法無別斷諸業果細現行相住於滅定起殊勝行雖常寂滅廣化衆生示入聲聞常隨佛智示同外道示作魔王隨順世間而常出世於十阿僧

祇劫行百萬三昧善巧方便廣宣法藏一切莊嚴皆得圓滿

復次不動地菩薩摩訶薩住無生忍體無增減斷諸功用心心寂滅無身心相猶如虛空此菩薩佛心菩提心涅槃心悉皆不起由本願故諸佛加持能一念項而起智業雙照平等以十力智徧不可說大千世界隨諸衆生普皆利樂於千阿僧祇劫滿足百萬大願心心趣入一切種一切智智

復次善慧地菩薩摩訶薩住上無生忍滅心心相證智自在斷無礙障具大神通修力無畏善能守護諸佛法藏得無礙解法義詞辯演說正法無斷無盡一剎那項於不可說諸世界中隨諸衆生所有問難一音解釋普令歡喜於萬阿僧祇劫能現百萬恒河沙等諸佛神力無盡法藏利益圓滿

復次法雲地菩薩摩訶薩無量智慧思惟觀察從發信心經百萬阿僧祇劫廣集無量助道法增長無邊大福智證業自在斷神通障於一念項能徧十方百萬億阿僧祇世界微塵數國土

悉知一切衆生心行上中下根為說三乘普令修習波羅蜜多入佛行處力無所畏隨順如來寂滅轉依善男子從初習忍至金剛定皆名為伏一切煩惱無相信忍照勝義諦滅諸煩惱生解脫智漸漸伏滅以生滅心得無生滅此心若滅即無明滅金剛定前所有知見皆不名見唯佛頓解具一切智所有知見而得名見善男子金剛三昧現在前時而亦未能等無等等譬如有人登大高臺普觀一切無不斯了若解脫位一相無相無生無滅同眞際等法性滿功德藏住如來位善男子如是諸菩薩摩訶薩受持解說皆往十方諸佛刹土利安有情通達實相如我今日等無有異善男子十方法界一切如來皆依此門而得成佛若言越此得成佛者是魔所說非是佛說是故汝等應如是知如是見如是信解爾時世尊欲重宣此義而說偈言

彼伏忍菩薩　於佛法長養　堅固三十心
名為不退轉　初證平等性　而生諸佛家

由初得覺悟　名為歡喜地　遠離於染汙
瞋等種種垢　具戒德清淨　名為離垢地
滅壞無明闇　而得諸禪定　照曜由慧光
名為發光地　清淨菩提分　遠離身邊見
智慧焰熾然　名為焰慧地　如實知諸諦
世間諸伎藝　種種利群生　名為難勝地
觀察緣生法　無明至老死　能證彼甚深
名為現前地　方便三摩地　示現無量身
善巧應群生　名為遠行地　住於無相海
一切佛加持　自在破魔軍　名為不動地
得四無礙解　一音演一切　聞者悉歡喜
名為善慧地　智慧如密雲　徧滿於法界
普灑甘露法　名為法雲地　滿足無漏界
常淨解脫身　寂滅不思議　名為一切智

佛告波斯匿王我滅度後法欲滅時一切有情造惡業故令諸國土種種災起諸國王等為護自身太子王子后妃眷屬百官百姓一切國土即當受持此般若波羅蜜多皆得安樂我以是經付囑國王不付比丘比丘尼優婆塞優婆夷所以者何無王威力不能建立是故汝等常當受持讀誦解說大王吾今所化大千世界百億

須彌百億日月一一須彌有四天下此贍部洲十六大國五百中國十萬小國是諸國中若七難起一切國王為除難故受持解說此般若波羅蜜多七難即滅國土安樂

波斯匿王言云何七難佛言一者日月失度日色改變白色赤色黃色黑色或二三四五日並照月色改變赤色黃色日月薄蝕或有重輪一二三四五重輪現二者星辰失度彗星木星火星金星水星土等諸星各各為變或時晝出三者龍火鬼火人火樹火大火四起焚燒萬物四者時節改變寒暑不恒冬雨雷電夏霜氷雪雨土石山及以沙礫非時降雹雨赤黑水江河汎漲流石浮山五者暴風數起昏蔽日月發屋拔樹飛沙走石六者天地亢陽陂池竭涸草木枯死百穀不成七者四方賊來侵國內外兵戈競起百姓喪亡大王我今略說如是諸難其有日晝不現月夜不現天種種災無雲雨雪地種種災崩裂震動或復血流鬼神出現鳥獸怪異如是

災難無量無邊一一災起皆須受持
讀誦解說此般若波羅蜜多
尒時十六國王聞佛所說皆悉驚怖
波斯匿王白佛言世尊何故天地有
是災難佛言大王由贍部洲大小國
邑一切人民不孝父母不敬師長沙
門婆羅門國王大臣不行正法由此
諸惡有是難興大王般若波羅蜜多
能出生一切諸佛法一切菩薩解脫
法一切國王無上法一切有情出離
法如摩尼寶體具衆德能鎮毒龍諸
惡鬼神能遂人心所求滿足能應輪
王名如意珠能令難陀跋難陀等諸
大龍王降霔甘雨潤澤草木若於闇
夜置高幢上光照天地明如日出此
般若波羅蜜多亦復如是汝等諸王
應作寶幢及以幡蓋燒燈散華廣大
供養寶函盛經置於寶案若欲行時
常導其前所在住處作七寶帳衆寶
為座置經於上種種供養如事父母
亦如諸天奉事帝釋
大王我見諸國一切人王皆由過去
侍五百佛恭敬供養得為帝主一切
聖人得道果者來生其國作大利益
若王福盡無道之時聖人捨去災難
競起大王若未來世有諸國王建立
正法護三寶者我令五方菩薩摩訶
薩衆往護其國
東方金剛手菩薩摩訶薩手持金剛
杵放青色光與四俱胝菩薩往護其國
南方金剛寶菩薩摩訶薩手持金剛
摩尼放白色光與四俱胝菩薩往護
其國
西方金剛利菩薩摩訶薩手持金剛
劒放金色光與四俱胝菩薩往護其國
北方金剛藥叉菩薩摩訶薩手持金
剛鈴放瑠璃色光與四俱胝藥叉往
護其國
中方金剛波羅蜜多菩薩摩訶薩手
持金剛輪放五色光與四俱胝菩薩
往護其國是五菩薩摩訶薩各與如
是無量大衆於汝國中作大利益當
立形像而供養之
尒時金剛手菩薩摩訶薩等即從座
起頂禮佛足卻住一面而白佛言世
尊我等本願承佛神力十方世界一
切國土若有此經受持讀誦解說之
處我當各與如是眷屬於一念頃即
至其所守護正法建立正法令其國
界無諸災難刀兵疾疫一切皆除世
尊我有陀羅尼能加持擁護是一切
佛本所修行速疾之門若人得聞一
經於耳所有罪障悉皆消滅況復誦
習而令通利以法威力當令國界永
無衆難即於佛前異口同音說陀羅
尼曰
娜謨囉怛娜(二合)怛囉(二合)夜野(一)娜莫
(引)阿哩夜(二合)吠(無反)路者娜(引)野(二)怛
他(引)蘖多(引)夜囉訶(二合)諦(三)三藐三
沒馱(引)野(四)娜莫阿(引)哩野(二合五)三滿
多跋捺囉(二合引)野(六)冒地薩怛嚩(二合引)野
(七)摩賀薩怛嚩(二合引)野(八)摩賀迦(引)嚕
抳迦(引)野(九)怛你野他(引十)枳穰(二合)娜
鉢囉(二合)你(引)閑(十一)惡乞叉(二合)野句勢
(十二)鉢囉(二合)底婆(引)娜嚩底(十三)薩嚩沒
馱(引)嚩路枳諦(十四)喻誐跛哩你濕跛
(十五)寧(二合)儼避(引)囉努囉嚩誐(引)係(十六)底哩
野(三合)特嚩(二合十七)跛哩你濕跛(二合)寧(十八)冒地
質多散惹娜你(十九)薩嚩(引)毗曬迦(引)毗色

訖諦(二合)(二十)達磨娑(引)誐囉三步諦(二十一)阿暮伽室羅(二合)嚩儜(二十二)摩賀三滿多跋捺囉(二合)步弭(二十三)涅(奴逸反)哩野(二合)諦(二十四)尾野(二合)羯囉拏(二十五)跛哩鉢囉(二合)跛你(二十六)薩嚩悉䭾(二十七)娜麼塞訖哩(二合)諦(二十八)薩嚩冐地薩怛嚩(二合)(二十九)散惹娜你(三十)婆誐嚩底(丁以反上同)(三十一)沒䭾(引)麼諦(三十二)阿囉嬭迦囉嬭(三十三)阿囉拏迦囉嬭(三十四)摩賀鉢囉(二合)枳孃(二合)(三十五)播囉弭諦娑嚩(二合)(引)賀(引)(三十六)

尒時世尊聞是說已，讚金剛手等諸菩薩言：善哉善哉，若有誦持此陀羅尼者，我及十方諸佛悉常加護，諸惡鬼神敬之如佛，不久當得阿耨多羅三藐三菩提。

大王，吾以此經付囑汝等毗舍離國、憍薩羅國、室羅筏國、摩伽陀國、波羅痆斯國、迦毗羅國、拘尸那國、憍睒彌國、般遮羅國、波吒羅國、末吐羅國、烏尸尼國、奔吒跋多國、提婆跋多國、迦尸國、瞻波國，如是一切諸國王等，皆應受持般若波羅蜜多。

時諸大衆阿脩羅等，聞佛所說諸災

難事，身毛皆竪，高聲唱言：願我未來不生彼國。時十六王即捨王位，修出家道，具八勝處、十一切處，得伏忍、信忍、無生法忍。

尒時一切人天大衆阿脩羅等，散曼陀羅華、曼殊沙華、婆師迦華、蘇曼那華，以供養佛，隨其種性得三脫門，生空、法空、菩提分法。無量無數菩薩摩訶薩散拘勿頭華、波頭摩華而供養佛，無量三昧悉皆現前，得住順忍、無生法忍。無量無數菩薩摩訶薩得恒河沙諸三昧門，眞俗平等，具無礙解，常起大悲，於百萬億阿僧祇佛刹微塵數世界廣利衆生，現身成佛。

仁王護國般若波羅蜜多經囑累品第八

佛告波斯匿王：今誡汝等，吾滅度後正法欲滅，後五十年、後五百年、後五千年，無佛法僧，此經三寶付諸國王，建立守護，令我四部諸弟子等受持讀誦，解其義理，廣爲衆生宣說法要，令其修習出離生死。

大王，後五濁世，一切國王、王子、大臣自恃高貴，破滅吾教，明作制法，制我

弟子比丘、比丘尼不聽出家修行正道，亦復不聽造佛塔像，白衣高座，比丘地立，與兵奴法等無有異。當知尒時法滅不久。

大王，破國因緣皆汝自作，恃己威力，制四部衆不聽修福，諸惡比丘受別請法，知識比丘共爲一心，互相親善，齋會求福，是外道法，都非我教。百姓疾疫，無量苦難，當知尒時國土破滅。

大王，法末世時，國王、大臣、四部弟子各作非法，橫與佛教作諸過咎，非法非律，繫縛比丘，如彼獄囚。當知尒時法滅不久。

大王，我滅度後，四部弟子、一切國王、王子、百官乃是任持護三寶者，而自破滅，如師子身中蟲自食師子肉，非外道也。壞我法者得大過咎，正法衰薄，民無正行，諸惡漸增，其壽日減，無復孝子，六親不和，天龍不祐，惡鬼惡龍日來侵害，災恠相繼，爲禍縱橫，當墮地獄、傍生、餓鬼；若得爲人，貧窮下賤，諸根不具，如影隨形，如響應聲，如人夜書，火滅字存，毀法果報亦復如是。

大王未來世中一切國王王子大臣與我弟子橫立記籍設官典主大小僧統非理役使當知尒時佛法不久大王未來世中一切國王四部弟子當依十方一切諸佛常所行道建立流通而惡比丘爲求名利不依我法於國王前自說過患作破法緣其王不別信受此語橫立制法不依佛戒當知尒時法滅不久大王未來世中國王大臣四部弟子自作破法破國因緣身自受之非佛法咎天龍捨去五濁轉增若具說者窮劫不盡

尒時十六大國王聞說未來如是諸誡悲啼號泣聲動三千天地昏闇光明不現時諸王等各各至心受持佛語不制四部出家學道當如佛敎

尒時恒河沙等無量大衆皆共歎言當尒之時世間空虛是無佛世

尒時波斯匿王白佛言世尊當何名此經我等云何奉持佛告大王此經名爲仁王護國般若波羅蜜多亦得名爲甘露法藥若有服行能愈諸疾大王般若波羅蜜多所有功德猶如虛空不可測量若有受持讀誦之者所獲功德能護仁王及諸衆生猶如垣牆亦如城壁是故汝等應當受持

佛說是經已彌勒師子月等無量菩薩摩訶薩舍利弗須菩提等無量聲聞欲界色界無量天人比丘比丘尼優婆塞優婆夷阿脩羅等一切大衆聞佛所說皆大歡喜信受奉行

仁王護國般若波羅蜜多經卷下

仁王護國般若波羅蜜多經卷下

校勘記

一　底本，金藏廣勝寺本。九八〇頁中一行至次頁中八行，原版或缺或殘，以麗藏本補換。

一　九八〇頁中二至三行譯者，石作「特進試鴻臚卿大興善寺三藏沙門大廣智不空奉詔譯」。

一　九八〇頁中二二行第九字「說」，磧、南、徑、清作「讀」。

一　九八〇頁下六行第六字「上」，石作「土」。

一　九八〇頁下七行第二字「主」，磧、南、徑、清作「王」。

一　九八一頁上一八行第四字「明」，磧、南、徑、清作「明王」。

一　九八二頁上一一行第一一字「如」，石作「知」。

一　九八二頁下三行第三字「三」，磧、南、徑、清作「於三」。

一　九八三頁上五行「正直」，磧、南、

一　九八三頁上一〇行首字「滅」，磧作「滅」。

一　九八三頁上一〇行首字「滅」，磧、經、清作「正真」。

一　九八三頁中一四行第一三字「生」，石、南、清、麗作「有生」。

一　九八四頁上五行「煩腦」，石、磧、麗作「煩惱」。

一　九八四頁中一三行「甘露」，石作「甘雨」。又末字「界」，經、清作「戒」。

一　九八四頁下九行「薄蝕」，石作「悖蝕」。

一　九八五頁上一二行第五字「遂」，麗作「逐」。

一　九八五頁上一七行第一〇字「燈」，石、麗作「香」。

一　九八五頁上末行「帝主」，清、麗作「帝王」。

一　九八五頁中九行第四字「白」，南、清、麗作「日」。

一　九八六頁上二〇行「奔吒跋多國」，石作「奔吒國」。

一　九八六頁中五行「人天大」，磧、南、經作「人天」，麗作「天人大」。

一　九八七頁中五行第一〇字「月」，麗作「吼」。

趙城縣廣勝寺

大聖文殊師利菩薩佛刹功德莊嚴經卷上　實

特進試鴻臚卿大興善寺三藏沙門大廣智不空奉　詔譯

如是我聞一時薄伽梵住王舍城鷲峯山中與大苾蒭衆一千人俱菩薩八萬四千皆於無上正等菩提得不退轉所謂慈氏菩薩文殊師利菩薩觀自在菩薩得大勢菩薩而爲上首

復有七十二俱胝諸天衆俱皆悉住於菩薩之乘

復有天帝釋娑訶世界主大梵天王與其眷屬四萬天衆俱亦皆住於菩薩之乘

復有四阿蘇羅王所謂毗摩質多羅阿蘇羅王末利阿蘇羅王驢肩阿蘇羅王歡喜阿蘇羅王與百千阿蘇羅眷屬俱

復有六萬二千諸大龍王所謂難陀龍王鄔波難陀龍王水天龍王摩那斯龍王地持龍王無熱惱龍王蘇迷盧龍王伏魔龍王月上龍王如是等而爲上首

復有四大天王所謂持國天王增長天王廣目天王多聞天王與百千藥

大聖文殊師利菩薩佛刹功德莊嚴經卷上　第二張　實

叉眷屬俱所謂金毗羅大藥叉阿吒嚩俱大藥叉針毛大藥叉妙慧大藥叉形相大藥叉徧形藥叉不動藥叉如是等而爲上首

時王舍城國王大臣及諸四衆天龍藥叉人非人等各以衣服飲食臥具醫藥種種資具於如來所恭敬尊重而爲奉獻

尒時世尊受王請食於晨朝時著衣持鉢與諸苾蒭及於天人百千之衆前後圍遶向王舍城不生慫王宮以佛威神力故大神境通放百千種妙色光明百千音樂同時俱奏雨衆妙華烏鉢羅華鉢頭摩華俱勿頭華芬陀利華繽紛而下是時如來以神通力隨按足處涌寶蓮華大如車輪白銀爲莖黃金爲葉吠瑠璃寶以爲其鬚於華臺中有化菩薩結加趺坐是諸菩薩與寶蓮華俱遶王舍城右旋七帀而說頌言

商主利益世間者　拔濟有情爲福田
釋雄寂靜大威德　世尊今當入此城
若有樂求生天衆　解脫生老病死苦

欲求摧伏魔羅軍　應當供養釋師子
牟尼名號甚難聞　多俱胝劫行精進
悲愍世間作利益　大仙今入此王城
無量無邊劫行施　飲食衣服及車乘
所愛男女幷妻子　及捨王位入於城
能施手足與眼耳　捨頭及鼻諸支分
由具一切捨功德　獲於殊勝薩婆若
善學檀那淨律儀　於戒無缺人中勝
具足忍辱勝功德　寂靜心意今入城
修習精進俱胝劫　厭離悲愍觀世間
入於禪定住寂靜　是大梵音今入城
無量智慧無等倫　猶若虛空無有際
善忍功德戒亦然　如是勝行皆清淨
勤勇摧伏魔羅衆　獲不動慧無憂惱
微妙法輪依教轉　大法自在今入城
其有樂求我善逝　三十二相以莊嚴
彼菩提心行願成　應往親近而供養
斷欲瞋癡諸煩惱　及餘覺觀惡思欲
速辦無量供養具　應當親近於大師
若人欲求梵天位　釋提桓因大自在
以妙供具諸天樂　應當奉獻大牟尼
欲求輪王王四洲　獲得七寶願成就
具足千子皆勇猛　應當供養人中尊
欲求長者及小王　獲得資財無有盡
顏貌端嚴勝眷屬　應速往供於牟尼
若有修行解脫者　樂聞殊勝大仙法
是故汝當速往聽　於此難聞今得聞

今時王舍大城及百千村邑聚落聞此頌讚覺已其中男女童男童女各賚華香燒香塗香末香華鬘幷金銀華幢幡而佐鼓角弦管種種音樂一心思惟願佛攝受踊躍歡喜恭敬供養於是世尊將入城時即舉右足按城門閫城中之地六種震動諸天及人百千音樂不鼓自鳴雨天妙華城中有情盲者得視聾者得聞狂者得本心裸者得衣服飢者得飲食貧者得資財當此之時亦復不為貪欲瞋恚愚癡慳悋嫉妬忿慢之所逼惱慈心相向猶如父子彼樂音中而說頌曰

世尊十力入於城　是大丈夫釋師子
剎那皆獲大安樂　盲者得視聾得聞
狂者復心無散亂　裸露之者獲衣服
所有飢渴得飲食　貧窮之人獲財寶
無量諸天在虛空　恭敬禮拜而讚歎
雨花供養如來月　鼓角而佐諸樂音
以佛入城悉皆奏　其城中地六種動
見者奇特懷悅意　貪愛瞋癡而不逼
慳嫉慢等悉皆除　慈心相向如父子
如來十力入城時　人民安樂悉歡喜
音樂不鼓皆自鳴　獲得非常極喜悅
皆以如來威神故　天人蘇羅世間衆
如是多種俱時現　奇特殊勝不思議
當於世尊入城時　廣作多人利益事

今時世尊入王舍城時有居家菩薩摩訶薩是豪姓長者之子名摧過咎於里巷中遥觀世尊相好奇特端嚴澄睟諸根寂靜觀者無厭任奢摩他最上調伏防護諸根如善調象正念不亂如淨泉池三十二相八十隨好莊嚴其身時彼菩薩見如來色相端嚴成就極生尊重淨信之心便往佛所稽首雙足右遶三帀卻住一面時摧過咎菩薩摩訶薩於世尊前合掌恭敬而白佛言世尊菩薩成就幾法速得阿耨多羅三藐三菩提心隨所悕求淨佛國界嚴淨佛剎

於是世尊為欲哀愍摧過咎故知化緣將至於衢路中住時有無量百千

俱胝人衆皆詣佛所稽首佛足合掌而住於虛空中復有無量百千諸天禮敬世尊時薄伽梵告摧過咎菩薩摩訶薩言菩薩成就一法速疾證得無上菩提隨其意樂獲淨佛刹云何一法善男子菩薩摩訶薩於一切有情起大悲愍增上意樂應發無上菩提之心云何增上意樂善男子增上意樂者若發菩提心已不應起少不善法行云何少不善法行謂不行貪愛不行瞋恚不行愚癡若住居家威儀不應行調戲行若出家者不應求恭敬利養善住出家所修行法謂一切法如實通達云何一切法如實通達善男子一切法者謂蘊處界云何通達五蘊應觀五蘊如幻遠離空性無所緣寂靜不生不滅作如是通達亦不見通達者亦無所見無知無思亦無分別及所分別一切分別寂滅通達名為菩薩摩訶薩正行不捨有情何以故彼自知其法如是為化有情演說有情及法皆不可得善男子由一法成就故速證無上正等菩提則能圓滿淨佛刹上說此佛刹功德莊嚴成就法門時摧過咎菩薩得無生法忍歡喜踊躍上昇虛空高七多羅樹於彼衆中二千有情發菩提心一萬四千諸天及人遠塵離垢於諸法中得法眼淨於是世尊熙怡微笑從其面門放青黃赤白紅紫等光照無量無邊世界照已還來遶佛三帀而從頂入是時具壽阿難陀即從座起整理衣服偏袒右肩右膝著地於世尊前說伽他曰

諸法自在到彼岸　十力導師最勝尊
一切智者世普聞　惟願今說現微笑
牟尼云何覺過去　云何未來悉覺悟
現在云何而覺知　惟願演說現微笑
一切有情之心行　下中最上之差別
解脫諸想到彼岸　惟願調御說笑因
億那庾多諸天來　禮敬世尊而合掌
於大衆中生渴仰　惟願牟尼說妙法
智到於彼岸　愆過不可得　知一切勝行
何緣而現笑　如是億俱胝　求法諸天衆
無量諸苾芻　皆來聽正法　供養發願故
無量種音聲　一切皆渴仰　願佛除疑惑

佛告具壽阿難陀汝今見此摧過咎菩薩摩訶薩上昇虛空高七多羅樹不阿難陀白佛言世尊已見修伽陀已見佛言阿難陀此摧過咎菩薩卻後過於六十二阿僧企耶百千劫於此三千大千世界離熱惱劫中當得成阿耨多羅三藐三菩提號寂靜調伏音聲如來應正等覺阿難陀彼寂靜調伏音聲如來佛刹功德莊嚴及以聲聞菩薩之衆亦如不動如來妙喜世界而無異也是時世尊說是法已從於彼處漸次而往不生怨王宮到已與苾芻衆各隨次第敷座而坐時不生怨王知其世尊并苾芻僧坐已即以種種飲食色香美味手自斟酌供養世尊及苾芻僧悉令充足復以上妙衣服奉上如來及苾芻衆為佛及僧躬自披擐披擐已訖為佛作禮即於佛前退就一面處于卑座而白佛言世尊忿恨及覆并諸過咎及以無知從何而生從何而滅

佛告大王忿恨及覆并諸過咎皆從我我所生我我所者於無處建立若

不知功德及以過患名爲無知若如實知我我所者智與非智不能施設是故大王應如是學一切有爲法本無來去亦無言說大王法無來去無來去法不生不滅無生滅者則名爲智而是無知亦名爲智何以故諸法入出互不相知若無所知名之爲智

尒時不生怨王白佛言世尊甚奇特如來應正等覺如是善說我今寧可聞法中夭不願不聞壽命長遠是時大王復請世尊晡時說法尒時世尊即便聽許飯食已訖而收衣鉢往靈鷲山洗足敷座入三摩地於時世尊爲欲說法於其晡時從三摩地起時具壽舍利子及諸大聲聞皆從定起時文殊師利童眞菩薩亦從定起與四萬天子俱慈氏菩薩與五千菩薩衆俱師子勇猛雷音菩薩與五百菩薩衆俱皆從定起領諸眷屬前後圍遶詣靈鷲山頂面禮佛各各敷座退坐一面

時不生怨王與諸眷屬前後圍遶往靈鷲山詣如來所稽首佛足退坐一面

時王舍城復有無量百千有情悉皆共往鷲峯山中至如來所稽首佛足退坐一面

尒時舍利子以佛威神力故從座而起偏袒右肩右膝著地合掌向佛而白佛言世尊如來適於王舍大城四衢路中已爲摧過各菩薩摩訶薩略說菩薩摩訶薩圓滿佛剎功德莊嚴善哉世尊惟願廣說如諸菩薩行菩薩行勿令退轉無上菩提獲一切智摧伏魔羅降諸外道淨諸煩惱嚴淨佛剎滿其願已起善巧慧離於佛地住聲聞及緣覺地善轉法輪修諸波羅蜜令其獲得薩婆若智現爲菩薩與無量無數有情作大利益於此會中有求菩提善男子善女人得親從佛聞說妙法歡喜踊躍彼歡喜已如說修行尒時世尊作是思惟我今現起如是神通由此神通現行境界普徧十方即放多百千光明一一光明於多佛剎作那庾多百千光明照曜於彼諸剎土中映蔽日月是其光明映奪眼根所有諸天龍藥叉摩尼電火等光悉不復現亦無地獄色相及餘有情光明乃至十方諸世界中輪圍山大輪圍山目眞隣陀山大目眞隣陀山蘇迷盧山王及餘黑山牆壁樹林以佛光明而照曜故悉皆透徹

尒時世尊放斯光已作謦欬聲警覺十方無量世界是時東方去此世界過八十四殑伽沙數諸佛剎土有世界名爲普徧彼土有佛號吉祥積王如來應正等覺今現住世彼佛剎中不聞聲聞緣覺之名唯有清淨大菩薩衆充滿其國一一菩薩各有百俱胝不退轉菩薩摩訶薩前後圍遶而爲眷屬彼世界中有一菩薩摩訶薩名爲法勇以何義故名爲法勇彼吉祥積王如來與衆說法法勇菩薩聞說法已上昇虛空高七多羅樹自隱其身爲衆說法所謂菩薩藏法門陀羅尼金剛句時彼衆會咸作念言一切諸法唯有其聲善男子何以故不見其身而聞其聲出如是聲色成就不現如色聲亦尒如聲一切法亦尒無量菩薩而獲得忍以是義故名爲法

勇時法勇菩薩摩訶薩見大光明聞謦欬聲即時往詣吉祥積王如來所頭面禮足退住一面白佛言世尊以何因緣於世間中有大光明及聞大謦欬聲昔未曾有時吉祥積王如來告言善男子西方去此過八十四殑伽沙數佛剎有世界名娑訶佛號釋迦牟尼如來應正等覺今現住世為欲召集十方世界俱胝那庾多諸菩薩故而令聽法一切毛孔放此光明及謦欬聲法勇菩薩即白吉祥積王如來言世尊我今欲往娑訶世界禮拜瞻覲供養承事釋迦牟尼如來應正等覺兼欲見彼諸菩薩眾及聽法故佛言可往今正是時法勇菩薩即與六十俱胝大菩薩眾前後圍遶從彼土沒猶如壯士屈伸臂頃現此界中是時法勇菩薩摩訶薩作是思惟今我作何神境通故往彼禮拜觀覲供養釋迦牟尼如來作是念已即入一切莊嚴三摩地由是三摩地神境通威力故令此三千大千世界滿中妙華積至于膝百千音樂同時俱作寶幢幡蓋種種莊嚴復以妙香普薰此界猶如他化自在天宮是時法勇菩薩現神通已與諸菩薩詣釋迦牟尼如來所頭面禮足右遶三帀隨所來方以願力故化現蓮華而坐其上

尒時南方去此過九十六俱胝那庾多佛剎有世界名離塵彼現有佛號師子勇猛奮迅如來應正等覺而為無量大菩薩眾恭敬圍遶彼世界中有一菩薩摩訶薩名曰寶手以何義故名為寶手謂彼菩薩於諸佛土化有情時即以右手徧捫若干諸佛世界即隨所欲而能成辦供具手出佛法僧聲施戒忍進禪定智慧慈悲喜捨之聲及餘種種百千俱胝那庾多法寶之聲以是義故名為寶手

尒時寶手菩薩摩訶薩見大光明聞謦欬聲昔所未聞昔所未見即詣師子勇猛奮迅如來所頭面禮足白佛言世尊以何因緣而有此瑞現大光明及聞如是大謦欬聲佛言善男子北方去此過九十六俱胝那庾多佛剎有世界名娑訶佛號釋迦牟尼如來應正等覺今現住彼於一切毛孔放大光明作謦欬聲為欲演說佛剎功德莊嚴令無數菩薩各取本願佛剎莊嚴故現斯瑞尒時寶手菩薩又白師子勇猛奮迅如來言我今欲往娑訶世界禮拜觀覲供養承事釋迦牟尼如來并見諸菩薩及聽法故佛言何用往彼雜染世界寶手菩薩白佛言世尊釋迦牟尼如來應正等覺見何義利取彼雜染世界而乃不取淨佛國土佛言善男子彼佛世尊昔於長夜作如是言願我速得成就大悲常於弊惡有情之中成無上正覺轉妙法輪寶手菩薩復白師子勇猛奮迅如來言世尊彼釋迦牟尼如來乃能往昔發是大悲難發之願現於如此惡世界中如是忍尊甚為難遇我今當往禮拜觀覲佛言可往今正是時然汝詣彼應善護察無自毀傷彼佛菩薩難為難遇其餘有情心行險詖難可調伏寶手菩薩復白佛言彼土雖有忿恨怨懟無傷於我假使一切有情盡未來際於俱胝劫

瞋恨罵辱乃至刀杖瓦石打擲悉能受之終不加報時師子勇猛奮迅如來告一切衆菩薩言諸善男子汝等若能如實手菩薩被忍辱甲冑者可與俱往娑訶世界師子勇猛奮迅如來說是語已寳手菩薩一心一意與彼會中無量菩薩前後圍遶於彼刹没現此界中時寳手菩薩即作是念今我以何神通境界禮拜釋迦牟尼如來云何安樂無量有情作是念已即作神通現行境界而以右手覆此三千大千世界從于手中雨諸飲食衣服車乘金銀瑠璃眞珠珂貝珊瑚璧玉隨諸有情心所悕願悉能充滿樂聞法者即從手中而得聞法復使無量聞法有情現證眞實亦令無數有情受勝妙樂是時寳手菩薩摩訶薩作如是神通境界已與諸菩薩往詣釋迦牟尼如來所頭面禮足右遶三帀隨所來方以願力故化現蓮華而坐其上

尒時西方去此過九十俱胝那庾多百千佛刹有世界名寳藏彼土有佛號寳積王如來應正等覺今現住彼其佛刹土清淨瑠璃之所成就無有聲聞緣覺唯是清淨大菩薩衆去來坐立於瑠璃地皆見寳積王如來分明顯現猶如清淨明鏡覩其面像是諸菩薩於彼地中見佛世尊亦復如是見已請法佛便爲說往昔本願彼諸菩薩聞法得忍彼寳積王如來常於眉間毫相摩尼寳中放大光明徧照彼刹日月光明悉皆映蔽不辯晝夜以華開合方辯晝夜時彼寳積王如來刹中有一菩薩摩訶薩名殊勝願慧遇釋迦牟尼如來光明照觸聞謦欬聲便詣寳積王如來所頭面禮足退住一面白佛言世尊以何因緣於世間中有如是謦欬之聲及大光明佛言善男子東方去此過九十俱胝那庾多百千佛刹有世界名娑訶佛號釋迦牟尼如來應正等覺爲欲召集十方世界俱胝那庾多菩薩令其聞法徧於毛孔放大光明作謦欬聲時殊勝願慧菩薩摩訶薩聞是語已又白佛言世尊我今欲往娑訶世界禮拜親覲供養承事釋迦牟尼如來應正等覺并見彼諸菩薩及聽法故佛言可往今正是時尒時殊勝願慧菩薩摩訶薩即與諸菩薩於刹那頃來到娑訶世界時殊勝願慧菩薩即作是念今我以何神變往彼親覲釋迦牟尼如來作是念已入三摩地由此三摩地神境通故令此三千大千世界傍生焰魔界苦悉皆停息於刹那頃獲得無上殊勝安樂及地獄火悉皆弥滅餓鬼傍生及焰魔界有情所有飢渴皆獲飽滿於刹那間便得安樂猶如苾芻入初靜慮當於是時無一有情而爲貪恚愚癡忿恨惱害慳慢嫉妬矯誑覆藏之所逼惱一切諸趣有情互起慈心及利益心是時殊勝願慧菩薩現如是神境通已與諸菩薩詣釋迦牟尼如來所頭面禮足右遶三帀隨所來方以願力故化現蓮華而坐其上

尒時北方去此過六萬三千佛刹有世界名常莊嚴彼現有佛號生娑羅帝王彼世界中無有在家衣俗服者

一切菩薩皆服袈裟而彼世界尚不聞有女人之名況胎生者一切皆著袈裟之服結跏趺坐蓮華化生彼佛世尊爲諸菩薩常說性印法門云何名爲性印法門所謂發菩提心即爲滿足菩薩律儀即入菩薩藏陀羅尼根本處心不散動能行捨故即入空性三摩地住於正行故即入無相三摩地無所悕望故即入無願三摩地性離貪欲故通達蘊處界於悕望事而得覺悟而於佛智正願無生乃至通達一切法於一切法分別無分別悉皆斷除由於彼等作如是見是故名爲性印法門於彼會中有一菩薩摩訶薩名相莊嚴星宿積王本願殊勝若有衆生見其身者必定當得三十二相時彼菩薩遇佛光明聞謦欬聲便詣生娑羅帝王如來所頂禮雙足右遶三帀退住一面白言世尊以何因緣有大光明及謦欬聲彼佛告言善男子於此南方過六萬三千佛刹有世界名娑訶佛號釋迦牟尼如來應正等覺於一切毛孔放此光明

作謦欬聲爲欲召集十方無數世界諸大菩薩令聽法故相莊嚴星宿積王菩薩言以何因緣名爲娑訶世界佛言彼之世界能忍貪恚愚癡及諸苦惱是故名爲娑訶世界相莊嚴星宿積王菩薩言彼娑訶世界諸有情等毀罵捶打皆能忍受邪佛言善男子彼佛世界諸有情等少能成辦如斯功德而多隨順貪恚愚癡怨恨纏縛彼菩薩言若如是者彼之世界不應名娑訶也佛言相莊嚴星宿積王彼佛刹土亦有行菩薩乘諸善男子及善女人已曾供養無量諸佛成就忍辱將護有情善自調伏若諸有情以衆苦具而來加害悉能含忍終不放逸貪恚愚癡善男子由有如此諸善丈夫是故彼界名曰娑訶又彼釋迦牟尼如來世界之中亦有有情具足衆惡少能悔過其心麤獷而無愧恥不欽佛不重法不愛僧當墮地獄傍生餓鬼彼釋迦牟尼如來於此下劣有情之中悉能忍受罵辱嫌恨誹謗惱亂惡言怨憎心如大地不可動

搖無所違逆若得供養及以不得心無高下亦無憎愛是故彼界名爲娑訶尒時相莊嚴星宿積王菩薩又白佛言世尊我等今者得大善利不生於彼弊惡下劣有情之中佛言善男子莫作是說何以故東北方有世界名千莊嚴彼現有佛號大自在王如來應正等覺其土有情皆悉具足一向安樂譬如苾芻入滅盡定彼之安樂亦復如是若諸有情於彼佛刹百俱胝歲修諸梵行不如於此娑訶世界一彈指頃於諸有情起慈悲心所獲功德尚多於彼何況能於一日一夜住清淨心尒時相莊嚴星宿積王菩薩白佛言世尊我等欲往娑訶世界禮拜親覲供養承事釋迦牟尼如來應正等覺幷見彼諸菩薩及聽法故佛言可往今正是時尒時相莊嚴星宿積王菩薩摩訶薩與百俱胝菩薩從彼土沒於刹那頃到娑訶世界即時相莊嚴星宿積王菩薩便作是念今我以何神通之力供養禮覲釋迦牟尼如來作是念已以自神境通於

虛空中化成寶蓋覆此三千大千世
界百千萬億珠瓔寶幡周帀垂布於
其蓋中雨種種華百千音樂不鼓自
鳴復令此會苾芻苾芻尼鄔波索迦
鄔波斯迦天龍藥叉健達嚩阿蘇羅
櫱路茶緊捺咯摩呼羅伽人非人等
各自見身具三十二相現寶蓋中
尒時相莊嚴星宿積王菩薩作如是
神境通已與諸菩薩詣釋迦牟尼如
來所頂禮雙足右遶三帀隨所來方
以願力故化現蓮華而坐其上如是
乃至徧於十方各有無量阿僧祇佛
刹中無量阿僧祇百千億菩薩見大
光明聞謦欬聲皆閉彼世尊而來此
土頭面禮佛各坐一面亦復如是又
此三千大千世界天龍藥叉健達嚩
阿蘇羅櫱路茶緊捺咯摩呼羅伽乃
至釋梵護世及餘大威德諸天等皆
見光明聞謦欬聲咸來佛所頂禮雙
足却坐一面
尒時世尊作如是神通現行已十方
阿僧祇俱胝無量無邊百千那庾多
佛刹所有菩薩來集會者皆見此上
功德莊嚴并佛身量菩薩聲聞及受
用具各與自刹悉皆同等一一諸菩
薩各各知自巳身在於其中尒時慈
氏菩薩即從座起整理衣服偏袒右
肩右膝著地合掌向佛而說頌言

無邊智慧十方聞　大光普照人天界
一切有情共度量　無有能測於佛智
十方無量諸菩薩　為求法故咸來集
住此悉皆瞻敬佛　而皆渴仰大牟尼
如來具戒定慧者　端嚴無畏如師子
慧光如日照虛空　名稱普聞諸佛國
諸天龍神與士女　并及苾芻苾芻尼
皆悉合掌而恭敬　願佛哀愍為說法
過現未來可度者　決定了知是法器
如來善達諸有情　惟願演說除疑惑
云何修行諸佛子　獲得淨刹離塵垢
云何成就於大願　如來為我廣宣說
云何不染於慳悋　云何不壞於尸羅
云何忍辱而能度　毀罵誹謗皆堪忍
云何勇猛勤精進　修行無倦俱胝劫
無量苦惱諸有情　悉令獲得大安樂
云何專注常等引　住三摩地清淨心
而能不染於諸境　猶如蓮華不著水
云何能說甚深法　通達出世之智慧
云何降伏魔羅軍　究竟證於無上覺

大聖文殊師利菩薩佛刹功德莊嚴經卷上

丙午歲高麗國大藏都監奉
勅雕造

文殊師利佛刹功德經卷上　第二十三張

大聖文殊師利菩薩佛刹功德莊嚴經卷上

校勘記

一　底本，金藏廣勝寺本。

一　九八九頁中二行譯者，麗作「開府儀同三司特進試鴻臚卿肅國公食邑三千户賜紫贈司空謚大鑒正號大廣智大興善寺三藏沙門本空奉詔譯」。卷中、卷下同。

一　九八九頁下一一行「不生怨王」，石、麗作「未生怨王」。下同。

一　九九〇頁下一九行第三字「而」，石無。

一　九九二頁上八行「甚奇特」，石、麗作「甚奇甚特」。

一　九九二頁上一二行「飰食」，石作「飲食」。

一　九九二頁上二〇行「禮佛」，石作「禮佛足」。

一　九九二頁中一〇行第三字「勿」，石作「物」。

一　九九二頁中一三行首字「住」，石、麗作「住於」。

一　九九二頁下一行「等光」，石作「光明」。

一　九九二頁下九行「名爲」，麗作「名」。

一　九九三頁下二一行「險詖」，石作「諂詖」。

一　九九四頁下五行「殊勝」，麗作「珠勝」。

一　九九四頁下一一行「傍生」，麗作「畜生」。

一　九九四頁下二二行「彼現有」，石作「彼有」。

一　九九六頁上末行末字「上」，石、麗作「土」。

趙城縣廣勝寺

大聖文殊師利菩薩佛刹功德莊嚴經卷中　甯

特進試鴻臚卿大興善寺三藏沙門大廣智不空奉　詔譯

尒時如來告慈氏菩薩摩訶薩言汝今爲佛嚴辦法座我當昇已說往昔意樂所修諸行善巧出生諸佛刹土功德莊嚴趣向正行法門時慈氏菩薩即作是念今者世尊以何義故令我嚴座不使阿難陀大目揵連等云何棄舍彼諸聲聞緣覺將非惟爲清淨諸菩薩說或彼聲聞緣覺於此法門而非器故爲菩薩故令我敷座

尒時慈氏菩薩摩訶薩即作神通現行境界由此通故化師子座高四方踰繕那以無量寶周帀鈿飾以天妙衣而敷其上其衣柔軟而觸之者獲得安樂從其座出種種光明照此三千大千世界是時如來從本座起而昇此座三千大千世界六種振動有異於常

尒時世尊告具壽舍利子菩薩成就四法能令所願皆得滿足云何爲四一者發趣菩提意樂二者於諸有情起悲愍心三者發起精進四者近善知識菩薩由成就此四法故圓滿大願

復次舍利子菩薩成就一法不退大願淨刹成就云何一法是菩薩應當學不動如來爲菩薩時本所修行發弘誓願言我當所在生處若不出家則爲欺誑十方諸佛世尊如是舍利子是諸菩薩應隨順學若佛出世若不出世一切生處皆悉決定捨家趣於非家何以故而諸菩薩最勝利益者所謂出家舍利子菩薩摩訶薩樂出家者則能攝取十種功德云何爲十一者不著諸欲二者樂阿蘭若三者行佛所行四者不著妻子貪愛財利五者離惡趣行法六者習善趣行法七者而能獲得善根成就八者積集善根而不退失九者恒爲諸天之所歎美十者常爲非人之所擁護舍利子樂出家者則能攝取如是十種功德是故舍利子菩薩摩訶薩欲求正覺者欲解脫有情者是故常樂出家是故舍利子是名一法獲得成就不退大願得隨意樂清淨佛刹

復次舍利子菩薩成就二法不退大

願隨其意樂清淨佛刹土云何爲二
所謂菩薩不樂求聲聞不樂求聲聞
乘不愛樂聲聞乘所説法不樂親近
聲聞乘者不學聲聞律儀戒不樂宣
説共聲聞乘相應之法亦不勸他行
聲聞乘於緣覺乘亦復如是惟爲勸
發有情成就最上阿耨多羅三藐三
菩提是名爲二舍利子若有勸他趣
入佛乘而此菩薩則能攝取十種功
德云何爲十一者攝取無聲聞緣覺
佛刹土二者得純一清淨大菩薩衆
三者諸佛世尊之所護念四者常爲
諸佛稱名讚歎而爲説法五者於一
切事生廣大心六者若生天上當作
帝釋或梵天王七者若生人中作轉
輪聖王八者常見諸佛世尊而不遠
離九者常爲諸天人之所愛樂十者
獲得不壞眷屬及無量福聚何以故
舍利子若有能令三千大千世界諸
有情類一切皆得阿羅漢果或緣覺
地若復能置一有情於佛菩提此之
功德甚多於彼何以故舍利子若聲
聞緣覺出現於世則不能令佛種不

斷若佛如來不出於世亦無聲聞及
以緣覺舍利子以佛世尊出現於世
是故能令佛種不斷則有聲聞緣覺
施設舍利子由此勸他住菩提心獲
得如是十種功德不退大願得隨意
樂清淨佛刹
復次舍利子菩薩成就三法不退大
願攝取佛刹功德莊嚴云何爲三一
者尊重住阿蘭若二者無所悕望而
行法施三者安住淨戒律儀舍利子
菩薩安住淨戒律儀即能獲得十種
無畏云何爲十一者入聚落無畏二
者衆中説法無畏三者飲食無畏四
者出聚落無畏五者入寺無畏六者
入僧衆無畏七者安坐無畏八者詣
和尚阿闍梨無畏九者教誡大衆住
慈心無畏十者受用衣服飲食臥具
醫藥資緣之具無畏舍利子所謂安
住淨戒律儀獲得如是十種無畏
又舍利子菩薩説法心不悕望復能
攝取十種功德云何爲十一者不爲
多欲二者不求他人識知三者不求
名稱四者於施主家心不繫著五者

不占恪貴族門徒六者於麤於細而
生知足七者諸天來詣不生憍慢八
者而不退於觀佛作意九者所説言
教爲他信受十者起念佛心舍利子
菩薩法施心不悕望獲得如是十種
功德
又舍利子菩薩尊敬住阿蘭若復能
成就十種功德云何爲十一者遠離
無益談話二者樂於寂靜三者心緣
定境四者不營諸務五者愛敬諸佛
六者不捨禪定喜樂七者修梵行時
無有障礙八者少加功用證三摩地
九者所受教法名句文身未曾忘失
十者所聞法義皆悉了知舍利子菩
薩尊重住阿蘭若獲得如是十種功
德若菩薩成就三法不退大願得隨
所樂淨佛刹土
復次舍利子菩薩成就四法不退大
願獲隨所樂淨佛刹土云何爲四一
者實語如説修行二者常自謙下剪
除我慢三者遠離慳嫉四者見他榮
盛心生歡喜如是名爲成就四法
又舍利子菩薩實語有四種功德云

何爲四一者口中常出青蓮華香二者語業清淨言辭無礙三者人天之中以爲准繩四者攝取諸佛圓滿音聲舍利子菩薩實語獲得如是四種功德

又舍利子菩薩謙下有四種功德云何爲四一者遠離惡趣不受駝驢牛馬狗等諸傍生身二者不被輕毀三者惡友怨敵不能凌突四者常爲人天恭敬禮拜舍利子是爲菩薩謙下獲得如是四種功德

又舍利子菩薩遠離慳嫉有四種功德云何爲四一者不忘捨心二者於飢饉時作大施主三者常不閉戶四者見律儀者於施於受不生嫉妬舍利子是爲菩薩遠離慳嫉獲得如是四種功德

又舍利子菩薩見他榮盛心生歡喜有四種功德云何爲四一者常起是心爲彼有情被此甲冑令彼快樂彼等既以自福及以己力獲得財寶而受安樂而令於我倍生歡喜二者所有財物王難水火劫賊惡友無能侵奪三者隨所生處財寶男女及其眷屬皆悉具足帝王歡喜何況餘人四者財寶廣大受用無窮舍利子是爲菩薩見他榮盛心生歡喜獲得如是四種功德

復次舍利子菩薩成就五法不退大願得隨所樂淨佛刹土云何爲五一者菩薩爲淨佛刹成就莊嚴而應求法從彼聞法應當諮問菩薩云何成就如是功德莊嚴既得聞已如說修行即應求證眞如實相

又舍利子二者菩薩欲發願生淨佛國土應當清淨持淨律儀由律儀淨故隨其所願決定得生既得生於淨佛刹已即應觀察彼土取其相狀種種莊嚴聲聞菩薩大衆受用資具既得相已深生恭敬而爲合掌諮佛問法

又舍利子三者菩薩取彼廣大佛刹功德莊嚴彼佛世尊如其增上意樂即便爲說由佛說故即能成就廣大佛刹功德莊嚴彼聞法已如說修行

又舍利子四者菩薩於事於智而令清淨遠離非法云何事云何智於能緣所緣遠離聲聞緣覺智故名之爲智謂所聞法皆當修行名之爲事

又舍利子五者菩薩知佛自性知刹土自性云何佛自性云何刹土自性佛及刹土唯有其名知其名清淨如是知故不生執著如是舍利子是爲菩薩成就五法不退大願獲隨意樂清淨佛刹

復次舍利子菩薩成就六法速得阿耨多羅三藐三菩提超越一切世間最淨佛刹云何爲六一者此菩薩爲大施主而行捨施所有愛樂躭著珍玩物等而生媿恥悉能捨施踊躍歡喜作是思惟我行大施圓滿大乘我當滿足無上菩提又作是念不應以斯少分而能獲得無上正覺如是思惟已所有榮盛盡皆捨施乃至身命應當捨施況餘財產妻子男女而不施耶何以故舍利子薩婆若者謂何句義舍利子菩薩摩訶薩行菩薩行時於自所有一切皆捨以是義故獲得菩提名一切智

又舍利子二者在家菩薩出家菩薩

若安住淨戒律儀設爲活命終不毀犯淨戒學處所持律儀要期功德迴向一切有情成阿耨多羅三藐三菩提生大歡喜我是持戒者於淨戒律儀深生愛樂晝夜專修梵行安樂即佛法現前與理相應得實相觀住實相觀故得甚深忍證深忍故即得正見由正見故則正修行由住正修行故猒惡三界由猒三界故便生怖畏由怖畏故即求出離由懷出離見故作是念言我既有如是苦惱一切有情亦應如是我應爲彼有情荷兹重擔令彼獲得究竟安樂作於如是觀察之時即得大悲既住大悲發大精進猶如救於頭衣之然不捨精進即能獲得薩婆若智

又舍利子三者菩薩應被忍辱甲冑離於憍慢得大忍力若遇罵辱及捶打時忍辱成就不生瞋恨作是思惟假使有捧如蘇迷盧山有人執持而見捶打盡俱胝劫常見罵而我不應起瞋恨心何以故彼諸有情未隨佛學而我欲於佛菩薩學是故若彼所有打罵便能增長忿所大悲我當爲彼有情被弘誓甲冑攝取有情令得解脫離於生死入於涅槃是故我今不應瞋恨若被如是忍辱甲冑即能獲得十種成就云何爲十一者族姓成就二者財產成就三者眷屬成就四者色相成就五者捨施成就六者善友成就七者得聞正法成就八者如說修行成就九者臨命終時得見諸佛承事成就十者既見佛已生淨信心成就舍利子是爲菩薩十種成就

又舍利子四者菩薩發大精進堅固要期成就善法被於如是精進甲冑作是思惟爲一切有情盡未來際於生死中次第修行諸精進行而不疲倦以善要期爲一切有情於介所劫流轉生死發是精進不捨有情舍利子若有菩薩以十方各如殑伽沙數世界滿中七寶於念念中奉上如來如是相續盡未來際若有菩薩內懷增上意樂住大悲心以如是心被精進甲冑而此功德復多於彼舍利子菩薩具此精進得十種功德云何爲十一者離凡愚行二者攝取佛行三者於生死中作過患想四者由此攝取大悲五者不退往昔本願六者少諸疾病七者不違越三世諸如來故八者薄婬怒癡九者隨其所聞於名句文皆悉通達十者修行成就舍利子發精進者獲得如是十種功德

又舍利子五者菩薩憶念諸佛世尊由此心得專注觀於如來常恒得定靜念成就作是思惟我應行如來行若心散動失念則不能得殊勝之處所謂佛智是故應當捨離心所攝受一切之物亦捨一切利養恭敬聚落城邑飲食資生及諸親友爲欲利益諸有情故不捨有情樂阿蘭若住寂靜處獨行無侶如犀一角住阿蘭若寂靜處已起大慈心初徧一方二三四方乃至十方普徧有情住於慈心住已則得名爲住禪那者舍利子若有菩薩以一切樂具於殑伽沙劫供養一切殑伽沙諸佛及苾芻僧并諸眷屬若有出家菩薩求於寂靜住阿

蘭若而行七步如此福德甚多於彼何以故以能速得大菩提故舍利子樂於寂靜住禪那者則能獲得十種功德云何爲十一者得念二者得慧三者得正修行四者堅志勇猛五者得逆疾辯六者得陀羅尼七者於生於死而得善巧八者於戒蘊等處而不動搖九者諸天奉事十者於他榮盛而不貪羨舍利子樂於寂靜住禪那者獲得如是十種功德

又舍利子六者菩薩善應了知慧所流出而作是念慧從何生謂從淨戒律儀處生而是慧者能令一切白法增長是故菩薩應學一切世間智慧工巧呪術醫方難作難成悉皆徧學如是學已復作是念而今此慧不能證入離欲寂滅亦復不能趣向神通及以正覺非向沙門非婆羅門非向涅槃是故我今應更徧求法藥工巧以如是慧令我得彼究竟寂滅而彼菩薩求諸法本不見少法能起於法以不見故住於寂滅住寂滅故則無熱惱無熱惱故了知生死爲於有情

而作利益令諸有情滅除衆苦舍利子是爲菩薩成就六法不退大願得隨意樂淨佛刹土

復次舍利子菩薩成就七法不退大願得隨所樂淨佛刹土云何爲七一者自己所有一切皆捨所捨不可得故二者於戒不缺不思惟戒故三者忍辱柔和有情不可得故四者發起精進於身口意不可得故五者成就靜慮不住靜慮故六者智慧圓滿無分別故七者隨念諸佛遠離相故舍利子菩薩如是成就七法不退大願獲得一切淨佛刹土種種莊嚴

復次舍利子菩薩成就八法不退大願得隨所樂淨佛刹土云何爲八一者心不嫉妬二者施莊嚴具三者其心廣大四者尊敬法師五者不行邪命六者平等惠施七者不自矜高八者不輕篾他舍利子是爲菩薩成就八法不退大願得隨意樂淨佛刹土

復次舍利子菩薩成就九法不退大願得隨所樂淨佛刹土云何爲九一者具身律儀二者具語律儀三者具意律儀四者令貪欲衰謝五者令瞋恚衰謝六者令愚癡衰謝七者不行欺誑八者爲堅固善友九者不輕慢善友舍利子菩薩如是成就九法不退大願得隨意樂淨佛刹土

復次舍利子菩薩成就十法不退大願得隨意樂淨佛刹土云何爲十一者菩薩執持妙華詣如來所或窣堵波興供養時作是願言如此妙華色香殊勝見者欣悅我成佛時令我刹中種種妙華徧布其地及衆寶樹周帀莊嚴乃至燒香末香塗香衣服飲食寶蓋幢幡金銀瑠璃眞珠車渠珊瑚等寶用奉獻時應如是迴向佛刹功德莊嚴菩薩應當住淨律儀若住戒者隨心所願皆得成就

復次舍利子二者菩薩觀察自受樂時作是願言兼他同受如是之樂是故菩薩成正覺時其佛刹中所是有情悉皆具足一向安樂

復次舍利子三者菩薩不於他發不喜悅言詞常出善巧語言作如是願得菩提時我佛刹中勿令有情聞不

悅聲常使得聞悅意之聲
復次舍利子四者菩薩常勸有情修
十善道所有善根共諸有情迴向薩
婆若智得菩提時我佛刹中悉令成
就十善業道
復次舍利子五者菩薩隨所至方眼
所見者有情男女童男童女一切皆
勸令修無上正等菩提終不讃揚二乘
果故是故菩薩得菩提時彼佛刹中
所生有情一切皆悉發於無上菩提
之心遠離聲聞緣覺之意獲得如是
清淨刹土諸菩薩衆充滿其中
復次舍利子六者菩薩於佗利養絡
不遮斷見佗得利常生歡喜是故菩
薩得菩提時彼佛刹中所是有情受
用資具恒無斷絕獲得如是大法光明
復次舍利子七者菩薩若見苾芻苾
芻尼有犯過者終不發揚但自安住
正法之中是故菩薩得菩提時彼佛
刹中一切無有過失之聲何以故以
彼大衆皆得清淨無過失法故
復次舍利子八者菩薩樂法求法不
生熱惱凡所聞法正住修行得菩提

時彼佛刹中有情樂法皆無熱惱如
所聞法隨順修行
復次舍利子九者菩薩以商佉鼓角
弦管種種音樂奉獻如來窣堵波時
以此善根迴向成就佛刹莊嚴是故
菩薩得菩提時彼佛刹中百千音樂
不鼓自鳴
復次舍利子十者菩薩若見失念有
情作是願言令得正念是故菩薩
得菩提時彼佛刹中一切有情得禪
悅食舍利子如是佛刹具足功德設
使如來辯才或於一劫或過一劫說
不能盡舍利子然我今者隨諸菩薩
之所樂欲如是略說令增上意樂者
聞已趣向當獲圓滿佛刹功德
復次舍利子菩薩成就三法速得無
上正等菩提所求佛刹皆得成就云
何三法一者住不放逸二者如所聞
法起正修行三者發殊勝大願
舍利子若菩薩成就此三法者速證
無上正等菩提隨其所樂淨佛刹土
皆得圓滿
尒時具壽舍利子白佛言世尊希有

如來善說此法世尊由住不放逸故
獲得一切菩提分法住正修行故得
大菩提以大願殊勝故成就佛刹
佛告舍利子如是如是如汝所說由
不放逸故得菩提分法由住正修行
故得大菩提由發殊勝大願故得淨
佛刹圓滿莊嚴
舍利子如我往昔依勝願故成如是
刹舍利子我由住不放逸故滿其大
願由正修行故得大菩提舍利子若
但言說而不修行尚不能至聲聞之
地何況能得無上菩提是故舍利子
菩薩應當要期真實如說修行於諸
學處應如是學
尒時會中四萬菩薩從座而起合掌
向佛異口同聲白言世尊如佛所說
菩薩學處我當隨學住不放逸成就
修行滿其大願嚴淨佛刹如是之行
我當行之若諸菩薩隨其所願我當
滿足
尒時世尊熙怡微笑時舍利子白佛
言世尊以何因緣現此微笑佛告舍
利子汝見此諸善男子作師子吼不

舍利子言唯然已見佛言舍利子此諸善男子過百千劫各於異剎得阿耨多羅三藐三菩提同號願莊嚴亦如當來師子佛等其國清淨與無量壽如來剎土不增不減唯除壽量舍利子言彼諸如來壽量幾何佛言彼一一佛皆壽十劫

尒時師子勇猛雷音菩薩即從座起偏袒右肩右膝著地合掌向佛白言世尊是文殊師利童眞菩薩諸佛如來常所稱讚是文殊師利久如當得無上菩提所得佛剎當復云何佛告師子勇猛雷音菩薩摩訶薩言善男子汝當自問文殊師利童眞菩薩師子勇猛雷音菩薩問文殊師利言汝於何時當得阿耨多羅三藐三菩提荅言善男子汝何不問我云何住於無上菩提而乃問我成菩提也何以故我於菩提尚猶不住云何令我證菩提邪菩提之法不住不證而我云何有所證住師子勇猛言文殊師利汝豈不爲利一切有情證菩提邪荅言不也善男子何以故有情不可得故若有情可得我當爲彼有情證於菩提而住菩提有情壽命及補特伽羅皆無所有是故我今不住菩提亦不退轉師子勇猛言文殊師利汝豈不住於佛法邪不也善男子一切諸法住於佛法凡所有法無漏無際無相無形是故佛住於如如佛所住一切諸法亦復如是師子勇猛復言善男子今汝所言我不住於佛法我今當問如是之義應當忍許而爲我說荅言善男子於意云何爲色求菩提邪爲色本性爲色如如爲色自性爲色空性爲色遠離爲色法性求菩提邪善男子於意云何若色是菩提色豈證菩提邪色本性色如如色自性色空性色遠離色法性證菩提邪荅言不也文殊師利色不求菩提菩提無色本性無色如如無色自性無色空性無色遠離無色法性無色而證菩提乃至廣說色法性亦不證菩提文殊師利言善男子於意云何受想行識求菩提邪善男子受想行識證菩提邪乃至識法性證菩提邪荅言不也文殊師利受想行識不求菩提不證菩提乃至識法性不求菩提不證菩提文殊師利言善男子於意云何離於五蘊有我我所施設邪荅言不也文殊師利言善男子云何二法而證菩提師子勇猛言文殊師利初發心菩薩聞如是語對文殊師利皆生驚怖以文殊師利此語便爲定量此諸菩薩而作是言我不求菩提不證菩提文殊師利言善男子一切諸法無有驚怖於實際中亦無驚怖佛爲無驚怖者而演說法若驚怖者彼則生猒若生猒者彼則離欲若離欲者彼則解脫若解脫者則無菩提若無菩提是則不著彼若無著是則無去若無有去是則無來若無有來則無願求若無願求則無所求若無所求則不退轉若不退轉從何而退從我執退邪從有情壽命及補特伽羅若斷若常取相分別而生退邪彼若退轉無退轉者云何而退從空性無相無願實際及諸佛法退邪從何佛法而退轉邪謂不離佛法不究竟佛法

無所觀無所出入無所行亦無表示唯有其名空無生無滅無去無來遠離清淨離染無塵離塵不平不等遠離作意無盡無執著無等無非等是為佛法善男子所有佛法此法無法何以故其處不可得故若如是佛法生者善男子新發意菩薩聞此說已必生驚怖速證菩提若不驚怖不證菩提師子勇猛言文殊師利云何如是密意而說答言善男子若驚怖若分別彼等咸皆證於菩提如是發心若不發心為於正覺所來之者皆證菩提

復次不發心者彼不得菩提亦不思惟彼菩提心實無所得亦不分別若不分別不證正覺以何因緣不證正覺彼不得菩提亦不證菩提何以故善男子虛空界豈證菩提邪答言不也文殊師利言善男子如來豈不說一切法同虛空邪答言如是如是文殊師利言如虛空等提亦尒如菩提虛空亦然虛空菩提無二無別若菩薩知此平等則無所知亦無不知說此法時一萬四千苾芻盡諸有漏心得解脫十二那庾多苾芻遠塵離垢於諸法中得法眼淨九萬六千有情昔未曾發無上菩提之心今皆已發五萬菩薩得無生法忍

尒時師子勇猛雷音菩薩白文殊師利言汝發無上菩提心來為幾時邪文殊師利言止善男子莫於無生法中而起分別善男子若有作如是言我發菩提心我為菩提行行彼等是大邪見者善男子我不見彼心為菩提發故我以心不可見故是故不為菩提發心師子勇猛言文殊師利是何句義文殊師利言善男子若無所見是名平等如向所說師子勇猛言文殊師利云何名為平等善男子平等者無種種相由此平等說一切法一味一味者說一性說一性者寂靜性則無雜染亦無清淨如是說法不斷不常不生不滅無我無攝受不取不捨如是說法說已無所思亦無所分別善男子於此平等法中起修行智名為平等

復次善男子菩薩入於如是法性不見異不見一名為平等其平等者離不平等於不平等中及以平等本來清淨

尒時師子勇猛雷音菩薩白佛言世尊今文殊師利不肯自說我於無上菩提發心遠近大衆皆欲樂聞佛言善男子文殊師利是甚深忍者乃至甚深忍亦不可得菩提不可得心亦不可得以心不可得故是故不說發心遠近善男子汝應善聽我今當說文殊師利童真菩薩久已發於無上菩提之心

善男子過去久遠過七十萬阿僧企邪百千殑伽沙劫彼時有佛號雷音如來應正等覺明行足善逝世間解無上士調御丈夫天人師佛世尊出現于世在於東方去此過七十二那庾多佛剎有世界名無生彼雷音如來於中說法諸聲聞衆有八十四俱胝那庾多諸菩薩衆二倍過前善男子彼時有王名曰虛空七寶具足王四天下正法理化為法輪王善男子

彼虛空王於雷音如來會中八萬四千歲以種種樂具衣服飲食宮殿臺觀僮僕給侍一一殊妙恭敬供養承事雷音如來及諸菩薩聲聞大衆其王親族中宮婇女王子大臣唯務供養餘無所作雖經多歲初無疲倦過八萬四千歲後其王是時獨居無侶作是思惟我已積集無量善根我今迴向如是善根欲求何願爲求帝釋爲梵王邪爲轉輪聖王邪爲求聲聞邪緣覺邪善男子彼虛空王作是念已空中諸天告言大王止止勿起如是下劣之心何以故王之所集福聚甚多大王應發無上菩提之心

善男子時虛空王聞作是語已歡喜念言我今於此決定不退何以故天知我心而來告我善男子尒時虛空王即與八十俱胝那庾多百千有情往詣雷音如來所頂禮雙足右遶七帀退坐一面又善男子彼虛空王向雷音如來合掌說伽陀曰

我問最勝法　惟願人尊說　云何得最勝
丈夫人中尊　對於世尊前　我已廣供養
以心無所依　未曾發迴向　獨處生是念
一緣繫此心　已作廣大福　云何而迴向
爲求於釋梵　及以轉輪王　爲求於聲聞
并及於緣覺　心中作是念　諸天告我言
若發下劣心　其福當損壞　大王發勝願
作諸有情利　爲度世間故　應發菩提心
我問於徧覺　諸法自在者　云何發是心
成於等正覺　以何獲此處　爲我而顯示
應發菩提念　等同於牟尼　從空聞是語
故白於如來　大王汝當知　我今次第說
諸法屬因緣　樂欲爲根本　如彼所希願
獲果亦如是　我昔於過去　亦曾發是心
利益諸有情　發如是勝願　由彼勝願故
而獲殊勝果　我證大菩提　滿足勝希願
汝必成正覺　當發如是心　而行此妙行
大王應勇猛　從佛聞是語　其王大歡喜
而作師子吼　世間皆振動　乃至本初際
及盡生死邊　利益諸有情　我行無邊行
對於大衆前　我發菩提心　誓度諸羣生
皆離於衆苦　願從今已後　若我有染行
瞋恚嫉妬心　并我慢貪愛　是欺誑十方
及現在諸佛　從此而已後　乃至證菩提
誓行於梵行　我捨貪欲罪　隨佛而修學
淨戒柔和忍　不以忿遏心　速求成正覺
我盡未來際　於一一有情　淨於佛剎土
無量不思議　稱揚彼名號　普聞十方國
我今自授記　成佛不應疑　對於導師前
我淨於意業　及淨於身業　乃至於語業
悉皆令清淨　不應起不善　以我具實行
得佛剎世間　由斯誠實言　地當六種動
我若不實語　四大互遷易　以言誠實故
當有諸音樂　空中而自奏　以我實無誑
亦無諸結使　以斯誠實故　願雨天妙華
由說不妄語　具實誓覺故　於十方無量
俱胝剎震動　剎那於虛空　俱胝音樂奏
雨妙曼陀華　高七迷盧山　二十俱胝人
隨彼王而學　皆出微妙音　我等當成佛
如二十俱胝　一切人亦尒　學王求正覺

善男子彼時虛空王者莫作異觀今文殊師利童眞菩薩是也童眞菩薩當彼之時爲虛空王過七十萬阿僧企耶百千殑伽沙劫最初發於菩提之心又過六十殑伽沙劫得無生法忍從此已後滿足十地具足十力亦滿一切如來之地亦滿足一切佛法亦不曾於一念起如是心我證無上

正等菩提

大聖文殊師利功德莊嚴經卷中　第二七　實字號

復次善男子彼時二十俱胝人同與彼王於雷音如來所發菩提心者皆已證於無上菩提轉不退法輪爲阿僧祇有情而作佛事作佛事已以佛涅槃而般涅槃彼等皆是文殊師利之所勸發於施戒忍進定慧悉皆次第承事彼等諸佛所有教法皆悉護持餘有一佛在此下方過四十殑伽沙佛土世界名地佛號地天壽命無量今見住世有無量聲聞之所圍遶說此文殊師利往昔事時衆中七千有情皆發無上正等大菩提心

僧圓諦刁

大聖文殊師利菩薩佛刹功德莊嚴經卷中

大聖文殊師利菩薩佛刹功德莊嚴經卷中

校勘記

一　底本，金藏廣勝寺本。

一　九九八頁中一三行「四方」，石、麗作「四萬」。

一　九九八頁下一六行第五字「不」，石無。

一　九九八頁下二一行「是故」，石、麗作「如是」。

一　九九九頁上一行第六字「清」，石、麗無。

一　九九九頁上三行第七字「乘」，石、麗無。又末字「近」，石作「覲」。

一　九九九頁上一一行第三字「土」，石、麗無。

一　九九九頁上一七行第四字「常」，麗無。

一　九九九頁上二一行第三字「復」，石、麗作「復有」。

一　九九九頁中一行「於世」，石作「現世」。

一　九九九頁中一三行「飲食」，石、麗作「食飲」。

一　九九九頁下一行第三字「悋」，麗作「悕」。

一　一〇〇〇頁中一九行第九字「如」，石作「知」。

一　一〇〇〇頁下一一行首字「最」，石、麗作「取」。

一　一〇〇一頁上一八行「罵辱」，石作「罵毀」。

一　一〇〇一頁中一四行「一切」，石、麗作「一一」。

一　一〇〇二頁上一行第三字「而」，石作「即」。

一　一〇〇二頁中一六行第二字「心」，石無。

一　一〇〇二頁下一四行第八字「應」，石作「亦應」。

一　一〇〇三頁下九行末字「大」，麗作「本」。

一　一〇〇四頁下一五行第三、四字

「是則」，石作「則是」。

一 一〇〇五頁上二行「無去無來」，石作「無去來」。

一 一〇〇五頁上八行首字「必」，石、麗作「心」。

一 一〇〇五頁上一二行「所來之者」，石作「所求之者」。

一 一〇〇五頁中一〇行第一〇字「行」，麗無。

一 一〇〇五頁下末行「法輪王」，麗作「法輪王」。

一 一〇〇六頁上一一行首字「邪」，麗無。

一 一〇〇六頁上一五行第九字「作」，石、麗無。

一 一〇〇六頁中一二行第一四字「是」，麗作「此」。

一 一〇〇六頁中二〇行「染行」，石、麗作「染汙」。

一 一〇〇六頁下七行「佛刹」，石、麗作「佛利」。

一 一〇〇六頁下一八行第五字「爲」，

一 一〇〇七頁上五行第一〇、一一字「佛事」，石作「事佛」。石作「彼」。

一 一〇〇七頁上七行第一〇字「定」，石、麗作「定及」。

大聖文殊師利菩薩佛刹功德莊嚴經卷下　實

特進試鴻臚卿大興善寺三藏沙門大廣智不空奉　詔譯

尒時師子勇猛雷音菩薩白文殊師利言仁者已滿足如來十力及以十地一切佛法悉皆圓滿何故不證無上菩提文殊師利言善男子豈有圓滿諸佛法已更證菩提何以故已圓滿故更何所證師子勇猛復言文殊師利云何圓滿諸佛法耶荅言眞如圓滿由眞如圓滿故一切佛法圓滿由一切佛法圓滿故虛空圓滿虛空眞如一切佛法無二無別復次善男子如汝所言佛法圓滿佛法圓滿者色圓滿受想行識圓滿佛法圓滿亦復如是師子勇猛言文殊師利云何色圓滿云何受想行識圓滿文殊師利言善男子汝所見色是常耶為無常耶荅言不也文殊師利言善男子若法不增不減是名圓滿以何因緣知法圓滿轉如是智則生分別智若不轉則不分別亦無所分別亦不增不減若不增不減則名平等是故善男子若見色平等者則是色圓滿若

見受想行識平等者則是受想行識圓滿

尒時師子勇猛雷音菩薩白文殊師利言汝久已得甚深忍而不起心作如是解我證菩提今文殊師利豈不欲覺悟有情而勸發耶荅言善男子我不曾覺悟有情及以勸發何以故有情無所有故有情遠離故有情無所得故若菩提可得是則覺悟有情而有勸發善男子我及菩提有情俱不可得是故我覺悟有情勸發平等不令求於無上菩提亦不退轉何以故無所分別性平等故了知於行無來無去名為平等亦名空性句空性句者則無所求善男子若如是者云何言久而獲得忍既無所得我豈有心證菩提耶善男子汝見心與智得耶荅言不也文殊師利言其心非色無名乃至菩提以名施設是菩提及心亦不空名亦不空師子勇猛言善男子莫作如是密意而說文殊師利言心無所生我云何得菩提耶心既不生云何為現證耶師子勇猛言云

何名現證文殊師利言善男子隨覺一切法思惟平等名爲現證作是隨覺無少起想亦不滅想名爲現證如是眞如非眞如不起分別名爲現證若住正見於法平等無所得故以無所得不作一不作異不思一不思異名爲現證若於身證一相知一切法所謂無相若知一切法無相者不於身心而有染著名現證得云何名得文殊師利言善男子無所行句是名爲得無所行者不於三界中行三界言說所不能說何以故正法無阿賴邪亦無所行故不能言說

復次善男子無聲言說亦無法可得以無所得是故名得

尒時師子勇猛雷音菩薩白佛言世尊善哉願說文殊師利童眞菩薩所得佛刹佛言善男子汝當自問文殊師利童眞菩薩時師子勇猛雷音菩薩摩訶薩白文殊師利言云何是仁者佛刹莊嚴荅言善男子若樂菩提者汝可當問師子勇猛言汝豈不樂菩提耶文殊師利言不也善男子若有樂求則有猒離若有猒離則有貪愛若有貪愛則無出離善男子我爲是故而不祈樂亦無猒離復次善男子汝言云何成就佛刹莊嚴我不能自讚何以故對於如來一切智前說自佛刹功德莊嚴即爲菩薩自讚已德佛告文殊師利汝可當說自願佛刹功德莊嚴何以故令諸菩薩從汝聞已決定成滿此之願故文殊師利言我不敢違於如來教命承佛威力我今說之

尒時文殊師利童眞菩薩從座而起偏袒右肩右膝著地向佛作禮而白佛言世尊我今當說若有求菩提善男子善女人應當諦聽若得聞已令其滿足眞實之行由文殊師利右膝著地之時於刹那間十方大地殑伽沙數諸佛世界六種震動文殊師利白佛言我願若不於無量俱胝那庾多百千劫積集菩提我終不證無上正覺世尊我以無礙天眼見於十方乃至無量無邊世界所有諸佛世尊若非是我勸發無上菩提之心修菩提行勸學施戒忍進禪慧令彼成就六波羅蜜我既勸已教授教誡悉令滿足無上正覺世尊彼時我以無礙天眼觀察十方作佛事已然後我證無上菩提

尒時衆中或有菩薩作是念言云何文殊師利童眞菩薩見如是等諸佛世尊是時如來知諸菩薩作是思惟告師子勇猛雷音菩薩言善男子譬如有一丈夫以此三千大千世界碎如微塵於意云何彼微塵若筭師筭師弟子筭知其數是百是千是俱胝那庾多百千不不也世尊佛言善男子如是文殊師利童眞菩薩以無礙天眼觀察十方一一世界見於如是無量無數諸佛世尊

尒時文殊師利又白佛言世尊我有如是願以殑伽沙數廣大世界成一佛刹其佛刹中牆壁高大至于有頂無量百千衆寶莊嚴復以無量妙寶間錯鈿飾若不尒者我終不證無上菩提

復次世尊我復有願令我刹中菩提

之樹其量正等萬大千界彼樹光明徧照一切諸佛剎土復次世尊我復有願坐菩提樹已於其中夜成等正覺乃至般涅槃夜於其中間不起于座但以化身徧於十方無量無數俱胝那庾多諸佛剎土為諸有情而演說法

復次世尊我復有願令我剎中無有聲聞緣覺之名唯有清淨大菩薩衆離一切過及諸惑等皆是清淨梵行之者滿此佛剎其佛剎中無女人名一切菩薩唯是化生悉披袈裟結跏趺坐如是菩薩充滿其國唯除如來之所變化往詣十方為諸有情隨其意樂說三乘法

尒時師子勇猛雷音菩薩白佛言世尊文殊師利當來成佛名字何等佛言善男子此文殊師利成佛之時名為普見善男子以何因緣稱彼如來号為普見善男子普見如來普使十方無量阿僧祇俱胝那庾多百千世界中普令見故名為普見彼諸有情見彼佛者決定當得無上菩提普見如來雖未成佛若我現在及滅度後有聞其名亦皆決定當得阿耨多羅三藐三菩提唯除已入聲聞尼夜摩位及下劣勝解之者

復次文殊師利白佛言世尊我復有願如無量壽如來剎中以法喜為食而我佛剎中菩薩初生起食想時即便百味飲食盈滿於鉢在右手中尋作是念若未供養十方諸佛及施貧窮苦惱有情并餓鬼趣於其千歲乃至不得噉食者若不惠施令其飽足我終不食於剎那頃獲五神通有大威德乘空無礙如風不著即往十方無量無數諸佛剎中以食供獻諸佛世尊并聲聞衆及施貧匱苦惱有情并餓鬼趣令其充飽離乎飢渴即為說法既說法已於剎那頃還至本土

復次世尊我復有願得菩提已於我剎中若諸菩薩初生之時所須衣服隨其意念即於手中而出清淨沙門所宜衣服是衣出已便作是念若不以此實衣先當供獻十方諸佛而我不應便自受用纔發是念即時往詣無數世界以此實衣奉獻諸佛還復本處然自披擐

復次世尊於我剎中諸菩薩衆所有受用之具先皆奉獻諸佛世尊并聲聞衆然自受用又我剎中遠離八難及不善聲願於我剎中遠離衆苦無有毀犯淨戒律儀於色聲香味觸無不悅意

尒時師子勇猛雷音菩薩白佛言世尊而彼世界名号何等普見如來成佛出現復在何處佛言善男子彼佛世界名如願圓滿積集離塵清淨其佛剎土在此南方娑訶世界亦在其中

復次文殊師利童真菩薩白佛言我復有願於我剎中積集無量百千衆寶無量摩尼互相影現所有大寶十方剎土之所難得亦未曾見彼所積集摩尼寶等所有名号於百千俱胝歲說不能盡世尊彼世界中菩薩樂見彼剎而為金者即現於金樂見銀者即現於銀然於見金未曾損減樂見吠瑠璃頗胝迦赤珠碼碯辛薩羅寶無量諸寶各隨所樂見種種相并

及彼沈水香多蘗羅香多摩羅跋香龍腦香栴檀香各隨所欲悉皆得見非彼世界寶相變異彼佛刹中不假日月星宿摩尼火光之所照見皆從菩提樹自然出光而作照明彼諸菩薩意所欲樂以此光明照彼俱胝那庾多百千世界無有晝夜以華開合辯其晝夜隨諸菩薩所樂時節即皆應之亦無寒暑及老病死若諸菩薩隨其所樂欲證菩提即往餘刹於覩史多天壽盡降生而成正覺於彼佛刹空中常奏俱胝那庾多百千種樂雖不現相而聞其聲於彼樂中無有貪染相應之聲唯出諸波羅蜜聲佛聲法聲僧聲諸菩薩藏法教之聲悉皆得聞彼中菩薩渴仰於佛隨所詣處經行坐立應念即見普見如來應正等覺坐菩提樹若諸菩薩於法有疑但見彼佛不待解說疑網皆斷解了法義

尒時會中無量俱胝那庾多百千諸菩薩衆異口同音而說是言今此世尊名義相稱所謂名號普見如來若

有得聞其名號者快哉獲得殊勝之利何況得生彼佛刹中若有得聞如是授記所說法要及聞文殊師利童眞菩薩名號經於耳者是則名爲面見諸佛說是語已尒時世尊告諸菩薩言如是如是如汝所說善男子若有受持俱胝那庾多百千如來名號若復有稱文殊師利童眞菩薩名者福多於彼何況稱於普見佛名何以故彼俱胝那庾多百千如來利益有情不及文殊師利於一劫中所作利益

尒時俱胝那庾多百千天龍藥叉健達縛阿蘇羅蘗路茶緊那羅摩呼羅伽人非人等同聲唱言那謨文殊師利童眞菩薩那謨普見如來應正等覺衆多天龍說是語已八十俱胝那庾多百千有情發無上正等大菩提心無量有情成熟善根於無上菩提得不退轉文殊師利復白佛言世尊我復有願如我所見十方無量無數俱胝那庾多百千諸佛世尊而彼諸佛所有佛刹功德莊嚴行相之類如是一切皆令置我一佛刹中唯除而

爲聲聞現化所莊嚴刹及五濁之世若我自讃佛刹功德莊嚴過尒所殑伽沙劫說不能盡世尊如我所願唯佛世尊應正等覺餘不能知佛言如是如是文殊師利如來知見於三世中無有限礙

尒時衆中或有菩薩作如是念文殊師利所說佛刹功德莊嚴與無量壽如來刹土爲等不邪是時世尊知彼菩薩心之所念即告師子勇猛雷音菩薩言善男子譬如丈夫而折一毛以爲百分以一分毛於大海中取一滴水善男子彼一毛水多大海水多師子勇猛白佛言世尊一毛水少大海水多佛言善男子彼丈夫所舉一毛端水如無量壽佛刹功德莊嚴餘大海水如普見如來佛刹功德莊嚴應如是見

尒時師子勇猛白佛言世尊過去現在及以未來頗有如是佛刹功德莊嚴已不佛荅言有善男子東方去此過八十俱胝百千殑伽沙世界彼有佛刹名願住高顯是中有佛名普光

大聖文殊師利佛刹功德莊嚴經卷下 第十二 寶

常多功德海王如來今現住彼佛壽無量無邊復有無量大菩薩衆圍遶說法善男子彼佛刹土功德莊嚴與普見如來佛刹不增不減有四菩薩彼不退甲胄住如是行善男子彼諸菩薩亦當得此普見如來佛刹莊嚴師子勇猛言惟願說彼菩薩名號及其住處并說普光常多功德海王如來佛刹爲我示現彼佛菩薩令諸菩薩取彼佛刹佛言善男子汝等諦聽我今當說善男子第一菩薩名光明幢在於東方無憂吉祥如來佛刹第二菩薩名爲智上在於南方智王如來佛刹第三菩薩名爲寂根在於西方慧積如來佛刹第四菩薩名爲願慧在於北方那羅延如來佛刹

尒時世尊以神境通現普光常多功德海王如來佛刹令此大會見彼如來及菩薩衆并其佛刹功德莊嚴昔所未見亦未曾聞不可思議衆相成就彼此世界互得相見猶觀掌中阿摩勒果彼佛世尊普光常多功德海王如來身量八萬四千踰繕那金色

大聖文殊師利佛刹功德莊嚴經卷下 第十三 寶

光明端嚴照曜如蘇迷盧山王與四萬二千踰繕那身量菩薩摩訶薩前後圍遶於無量功德莊嚴菩提樹下坐師子座住俱胝那庾多世界爲諸有情而演說法

尒時世尊告諸菩薩言善男子汝等見彼如來佛刹功德莊嚴菩薩衆不時諸大衆異口同聲白言世尊唯然已見我等當修此菩薩行如文殊師利童真菩薩之所修行我等亦當成就如此莊嚴佛刹

尒時世尊熈怡微笑從其面門放種種光所謂青黃赤白紅紫等光照曜無量無邊世界照已還來遶佛三帀入於佛頂

尒時慈氏菩薩摩訶薩白佛言世尊以何因緣現此微笑佛告慈氏由現彼佛世界功德莊嚴時此大衆中八萬四千菩薩見彼佛刹莊嚴之事如文殊師利童真佛刹於彼衆中唯有十六正士而能成就增上意樂作是願言如文殊師利國土莊嚴願令我等亦當如是除十六正士餘無能發

大聖文殊師利佛刹功德莊嚴經卷下 第十四 寶

如是大願樂速疾證無上菩提所求佛國如無量壽莊嚴功德慈氏汝今見不意樂成就菩薩而能作大利益由增上意樂故發是勝願是故得彼佛刹如文殊師利其諸菩薩少有信心志願下劣由羸劣業過六十俱胝那庾多百千劫然始得滿五波羅蜜

尒時光明幢智上寂根願慧等四大菩薩從四方來而現於此各於無量吠瑠璃光明樓閣中坐有俱胝那庾多百千天衆圍遶震動諸刹以種種神通散俱胝那庾多百千華及奏音樂是時慈氏菩薩摩訶薩白佛言世尊以何因緣於此世界大地震動四方復有四樓閣現佛言慈氏是四菩薩由佛驚覺而來親覲於佛世尊所言未訖於刹那須此四菩薩從樓閣下往詣佛所頭面禮足遶佛三帀退坐一面彼菩薩光從四方來普照大衆

尒時世尊告諸菩薩言善男子此四正士住不思議旨趣汝等於彼正士應發殊勝恭敬之心當問法要善男子汝等當聽彼正士願彼正士願者

所有菩薩乘善男子善女人若有得見彼四菩薩於無上菩提得不退轉超二十俱胝劫流轉生死具足圓滿五波羅蜜若有女人聞其名者速得捨離女人之身是時世尊現彼剎已還攝神力而彼世界忽然不現

尒時文殊師利白佛言世尊一切法如幻譬如幻師化作幻事幻而復隱世尊如是一切法生已復滅亦無生滅此則平等世尊若學平等疾證無上正等菩提尒時智上菩薩白文殊師利童眞菩薩言云何而證無上菩提文殊師利言善男子法無所得亦無所壞於無無所著於有無所得智上菩薩言文殊師利爲於有故獲於菩提爲於無邪荅言善男子法本無生無已有無今有無當有究竟無所得故智上菩薩言文殊師利以何一相而說於法文殊師利言善男子云何所說一相法邪智上菩薩荅曰文殊師利不見蘊及處界亦非無見亦非有見於法無分別亦無所分別又不於法而見積集亦不於法而見散失是即名爲一相法門

師子勇猛雷音菩薩曰若於法性不違法性不作種種分別是凡夫法是聲聞法是緣覺法是如來法入於一相謂遠離相是即名爲一相法門

善見菩薩曰若脩行眞如而於眞如無所思惟亦不分別此是甚深是即名爲一相法門無盡辯菩薩曰諸法皆盡究竟盡者乃曰無盡說一切法不可盡者是即名爲一相法門善思惟菩薩曰若於思惟入不思惟彼無所思亦不可得是即名爲一相法門離塵菩薩曰若究竟不染於一切相染無所染亦不愛不恚不癡不作一不作異亦非作亦非不作不取不捨是即名爲一相法門

娑婆羅菩薩曰若入甚深法難測如大海而於正法亦不分別如是住如是說於自無所思於他無所說是即名爲一相法門

月上童眞菩薩曰若思惟一切有情平等如月而亦不思我及有情如是說者是即名爲一相法門

摧一切憂闇菩薩曰若遇憂慼而無所憂而於憂箭亦不疲猒云何有情起於憂根所謂於我若有於我住平等者是即名爲一相法門

無所緣菩薩曰若不緣欲界不緣色無色界不緣聲聞獨覺之法不緣佛法如是說者是即名爲一相法門

普見菩薩曰若說法者應平等說其平等者所謂空性不於空性思惟平等於平等法亦無所得如是說者是即名爲一相法門

三輪清淨菩薩曰夫所說法不違三輪云何爲三於我無所得於聞不分別於法無所取如此名爲三輪清淨如所說者是即名爲一相法門

成就行菩薩曰若知一切法不著如是知如是說亦不說一字所謂離言說故若如是說一切法者是即名爲一相法門

深行菩薩曰若樂瑜伽知一切法則於諸法而無所見於彼若說若無說者於法無二是即名爲一相法門

如是無量大威德諸菩薩等各各以

之樹其量正等萬大千界彼樹光明徧照一切諸佛刹土復次世尊我復有願坐菩提樹已於其中夜成等正覺乃至般涅槃夜於其中間不起于座但以化身徧於十方無量無數俱胝那庾多諸佛刹土爲諸有情而演說法

復次世尊我復有願令我刹中無有聲聞緣覺之名唯有清淨大菩薩衆離一切過及諸惑等皆是清淨梵行之者滿此佛刹其佛刹中無女人名一切菩薩唯是化生悉披袈裟結跏趺坐如是菩薩充滿其國唯除如來之所變化往詣十方爲諸有情隨其意樂說三乘法

尒時師子勇猛雷音菩薩白佛言世尊文殊師利當來成佛名字何等佛言善男子此文殊師利成佛之時名爲普見善男子以何因緣稱彼如來号爲普見善男子普見如來普使十方無量阿僧祇俱胝那庾多百千世界中普令見故名爲普見彼諸有情見彼佛者決定當得無上菩提普見

是文殊師利何以故但有名字名字亦空文殊師利乃至菩提名亦遠離無所有空空者即是菩提

尒時佛告師子勇猛雷音菩薩言汝頗見聞無量壽如來聲聞菩薩諸衆會耶唯然世尊我已見聞善男子於意云何答言非是筭數思議之所能及佛言善男子如摩伽陀國量一婆訶胡麻取一粒喻無量壽佛國聲聞菩薩衆會餘況文殊師利童真菩薩得菩提時菩薩衆會應如是知善男子如以三千大千世界末爲微塵一塵一劫若比普見如來壽量劫數百分千分百千俱胝分乃至筭數譬喻所不能及善男子以筭數計校壽量應知普見如來壽命無量無邊善男子譬如三千大千世界抹爲微塵或有一丈夫取一微塵乃至衆多微塵過三千大千世界乃下一塵彼之丈夫如是東行下盡塵數如是十方一一丈夫准前下盡彼微塵數善男子於意云何彼三千大千世界是百是千是俱胝那庾多百千知其量不答

言不也世尊善男子如是十丈夫各過三千大千世界又下微塵彼一切世界已下未下盡末爲塵善男子於意云何豈能筭計是百是千是俱胝那庾多百千數不答言不也世尊佛言善男子乃至十方十丈夫復過三千大千世界所下微塵及所未下微塵之數又末爲塵善男子於意云何豈能筭計彼之微塵是百是千是俱胝那庾多百千乃至仰蘖羅泯末羅阿閦婆等世尊若人聞此筭數心則迷亂彼不可知其數量佛言善男子如來悉知彼之微塵是百是千是俱胝那庾多百千乃至仰蘖羅泯末羅阿閦婆等善男子如是如來悉知復過彼量

尒時慈氏菩薩摩訶薩白佛言世尊若有菩薩求於如是了色之無盡智穿於無量劫中受泥黎苦而是菩薩於如是色大智中終不棄捨佛言慈氏如是如是如汝所說豈有於佛無盡大智不起悕望唯除下劣勝解及懈怠者說此如來大智之時一萬有

憤發菩提心

佛告師子勇猛言善男子如是十方世界微塵彼十丈夫下微塵數過如是等微塵數劫善男子文殊師利童眞菩薩於彼多劫示現行於菩薩之行何以故善男子文殊師利不可思議願亦不可思議趣向亦不可思議證菩提已壽命亦不可思議菩薩衆會亦不可思議

尒時師子勇猛雷音菩薩摩訶薩白佛言世尊希有文殊師利發趣甚大所修行大所謂文殊師利童眞菩薩乃於尒所微塵數劫不生疲倦文殊師利言善男子於意云何虛空有如是念於晝夜半月月時歲劫百劫千劫俱胝那庾多百千劫不荅言不也文殊師利何以故虛空界無分別故文殊師利言善男子若如虛空等悟一切法隨悟如是亦不分別無所分別於彼晝夜半月月時歲等如先所說無有少想於法起者善男子如虛空界大火熾然過無量殑伽沙劫而虛空界不曾生起亦不燒壞何以故虛空界無自性故如是善男子若菩薩知一切法無性亦無熱惱疲倦如虛空不燒不生疲倦及以熱惱而不動搖亦不生不朽不死不還不起無去無來如是如是善男子文殊師利名號亦尒而不燒壞亦不疲倦亦無熱惱亦不動搖不生不朽不死不還不起無去無來何以故名字究竟遠離故說是法時四大天王釋提桓因大梵天王及餘大威德諸天子等異口同音唱如是言若諸有情聞此法門獲大善利何況受持讀誦當知不以少善根而能成就世尊我等於此法門受持讀誦廣宣流布爲護持正法故

尒時師子勇猛雷音菩薩白佛言世尊善男子善女人於此法門受持讀誦爲他宣說如是法要佛剎莊嚴成就發如是心如文殊師利所得功德爲幾許耶佛言善男子如來以無障礙眼所見世界若有菩薩以七寶滿彼世界於一一佛奉獻供養乃至盡未來際俱胝劫中捨施令此菩薩安住淨戒律儀於一切有情得平等心若有菩薩於此佛剎功德莊嚴法門受持讀誦復能發心隨文殊師利所學行於七步功德之聚比前福聚百分千分迦羅分百千俱胝分乃至筭數所不能及

尒時文殊師利菩薩入菩薩平等照曜如幻相三摩地入已由文殊師利三摩地故乃至衆會菩薩等近見十方無量無邊諸佛世界一一佛前皆有文殊師利說自佛剎功德莊嚴衆會見已於文殊師利勝願三摩地智而生奇特如文殊師利童眞菩薩法王之子於百千俱胝那庾多願我等咸見

尒時慈氏菩薩白佛言世尊當何名此法門云何受持佛告慈氏令此法門名爲諸佛遊戲汝當受持亦名不思議願汝當受持亦名說佛剎功德莊嚴汝當受持亦名發菩提心令歡喜汝當受持

尒時十方無量菩薩衆集會者於佛及法作大供養雨衆天華頭面禮足遶佛三帀各還本土作是讚言奇哉

大聖文殊師利菩薩佛剎功德莊嚴經卷下　第二十四張　實

世尊奇哉世尊令我等聞是不思議法及文殊師利童真菩薩大師子吼說是法已殑伽沙數菩薩於無上菩提得不退轉無量有情成就善根佛說是經已文殊師利童真菩薩摩訶薩師子勇猛雷音菩薩摩訶薩所有諸大聲聞梵釋護世天龍藥叉健達嚩阿蘇羅蘗路茶緊那羅摩呼羅伽人非人等皆大歡喜信受奉行

宝嚴僧題傍　施主弟子張瑾　妻董氏

大聖文殊師利菩薩佛剎功德莊嚴經卷下

自辯才說一相法說此一相法門時七十俱胝菩薩得无生法忍八萬那庾多百千有情發无上正等菩提之心七千苾蒭盡諸有漏心得解脫九十六那庾多人天得法眼淨

介時師子勇猛雷音菩薩摩訶薩白佛言世尊彼普見如來有幾何大菩薩衆而為眷屬壽量幾何劫後幾時文殊師利成等正覺佛言善男子如是之義當問文殊師利童真菩薩

介時師子勇猛雷音菩薩摩訶薩問文殊師利童真菩薩言汝劫後幾時當得菩提文殊師利言善男子若虛空界而為色相我乃證於無上菩提若幻師所幻丈夫證菩提我乃當證无上菩提若漏盡阿羅漢證菩提我乃當證無上菩提若夢中丈夫若光影若響應如是變化證菩提我乃當證無上菩提若以日光成夜月光成晝我乃當證無上菩提

善男子汝可當問求菩提者師子勇猛言文殊師利豈不求菩提耶荅言善男子不也何以故文殊師利即是菩提菩提即

大聖文殊師利菩薩佛剎功德莊嚴經卷下

校勘記

一　底本，金藏廣勝寺本。

一　一〇〇九頁下一二行第四字「於」，石無。

一　一〇一一頁中七行第三字「佛」，石、麗無。

一　一〇一一頁中一六行「充飽」，麗作「充滿」。

一　一〇一二頁上二行第二字「腦」，石、麗作「堅」。

一　一〇一二頁上八行第六字「諸」，石作「其」。

一　一〇一二頁上一六行末字「詣」，麗作「諸」。

一　一〇一二頁上末行「普見」，麗作「晉見」。

一　一〇一二頁下末行「佛名」，石、麗作「佛號」。

一　一〇一三頁上一四行第九字「爲」，

石無。

一〇一三頁下一六行「驚覺」，麗作「警覺」。

一〇一三頁下末行「彼正士願」，石無。

一〇一四頁上一八行第二字「故」，石、麗無。

一〇一四頁下一五行首字「如」，麗作「如是」。

一〇一五頁上經文内容，石、麗與之大異（與一〇一八頁上重），兹據麗藏本附於卷後，即「自辯才……菩提即」。

一〇一五頁中八行「摩伽陀國」，石、麗作「摩伽佛國」。

一〇一六頁上一二行「菩薩」，石、麗無。

一〇一六頁下二〇行「受持」，麗作「奉持」。

一〇一七頁上二行第一一字至四行首字「大……提」，石無。

新譯仁王般若經陀羅尼念誦儀軌序

大興善寺翻經沙門　慧靈　述

我皇帝聖德廣運仁育群品亦既纂曆吹大法螺刊梵言之輕重警迷徒之耳目偉矣哉迺辟興善寺大廣智三藏不空與義學沙門良賁等一十四人開府魚朝恩翰林學士常袞等去歲夏四月於南桃園再譯斯經秋九月詔資聖西明百座敷闡下紫微而五雲抱出經長衢而萬姓作禮所郛充滿猶墻堵焉緇衣覽青史自摩騰入漢僧會遊吳瑞法之來莫與京者經云若未來世有諸國王建立正法護三寶者我令五方菩薩往護其國令無災難又云五菩薩自於佛前發弘誓言我有陀羅尼能加持擁護是一切佛本所修行速疾之門若人得聞一經於耳所有罪障悉皆消滅況復習誦而令通利佛即讚言若誦持此陀羅尼者我及十方諸佛悉常擁護諸惡鬼神敬之如佛不久當得阿耨菩提則知此陀羅尼字母之根底衆瑜伽之藪澤如彼水木歸其本源故菩薩演之王者建之黎人念之諸佛讚之俾介昌而熾俾介福而利於可以見聖人之心其益既弘其軌亦妙苟于誠不克昌降之以嘉三藏是以譯貝多之文良賁法師乃受從簡素始夫處所方便終其觀行儀則修為五門第以位次一一昭著庶無僭焉凡我道俗將保厥躬遂求願踐菩提之路登仁壽之域者何莫由斯之道哉

仁王護國般若波羅蜜多經陀羅尼念誦儀軌　出金剛頂瑜伽經

開府儀同三司特進試鴻臚卿肅國公食邑三千戶賜紫贈司空謚大鑒正號大廣智大興善寺三藏沙門　不空　奉　詔譯

第一明五菩薩現威德

第一東方金剛手菩薩

經東方金剛手菩薩摩訶薩手持金剛杵放青色光與四俱胝菩薩往護其國

解曰金剛手者依三藏所持梵本金剛頂瑜伽經云堅固利用具二義也依彼經者然五菩薩依二種輪現身有

異一者法輪現眞實身所修行願報得身故二教令輪示威怒身由起大悲現威猛故此金剛手即普賢菩薩也手持金剛杵者表起正智猶如金剛能斷我法微細障故依教令輪現作威怒降三世金剛四頭八臂摧伏一切摩醯首羅大自在天諸魔軍衆侵害正法損惱衆生者令調伏故放青色光者顯能除遣魔等衆也與彼東方持國天王及將無量乾闥婆衆毗舍闍衆而為眷屬與四俱胝菩薩往護其國

第二南方金剛寶菩薩

經南方金剛寶菩薩摩訶薩手持金剛摩尼放日色光與四俱胝菩薩往護其國

解曰言金剛寶者如彼經云虛空藏菩薩也依前法輪現勝妙身修施等行三輪清淨手持金剛摩尼者梵云摩尼此翻云寶體淨堅密猶如金剛即是金剛如意寶也隨諸有情所求皆得依教令輪現作威怒甘露軍荼利金剛示現八臂摧伏一切阿修羅

衆眷屬諸惡鬼神惱害有情行疾疫者令調伏故放日色光者顯能除遣修羅等也與彼南方增長天王及將無量恭畔荼架薜荔多衆而為眷屬四俱胝者且一俱胝者華嚴經云百洛叉為一俱胝即當此方百億數矣餘三俱胝准此應悉與如是衆往護其國

經西方金剛利菩薩摩訶薩手持金剛劍放金色光與四俱胝菩薩往護其國

第三西方金剛利菩薩

解日言金剛利者如彼經云文殊師利菩薩也依前法輪現勝妙身正智圓滿得自在故手持金剛劍者示其所作能斷自他俱生障故依教令輪現作威怒六足金剛手辟各六坐水牛上摧伏一切諸惡毒龍興惡風雨損有情者令調伏故放金色光者顯能除遣惡龍等也與彼西方廣目天王及無量諸龍富單那衆而為眷屬與四俱胝菩薩往護其國

第四北方金剛藥叉菩薩

經北方金剛藥叉菩薩摩訶薩手持金剛鈴放瑠璃色光與四俱胝藥叉往護其國

解日梵云藥叉此云威德又翻為盡能盡諸怨故如彼經云摧一切魔怨菩薩也依前法輪現勝妙身車智圓滿得自在故手持金剛鈴者其音震擊覺悟有情表以般若警群迷故依教令輪現作威怒淨身金剛示現四辟摧伏一切可畏藥叉常於晝夜伺求方便奪人精氣害有情者令調伏故放瑠璃色光者顯能除遣藥叉等也與彼北方多聞天王及將無量藥叉衆羅剎娑衆而為眷屬與四俱胝菩薩往護其國

第五中方金剛波羅蜜多菩薩

經中方金剛波羅蜜多菩薩摩訶薩手持金剛輪放五色光與四俱胝菩薩往護其國

解日言金剛波羅蜜多者此云到彼岸也如彼經云轉法輪菩薩也依前法輪現勝妙身行願圓滿住等覺位也手持金剛輪者毗盧遮那初成正

覺請轉法輪以表示故又以法輪化導有情令無數無量至彼岸故依教令輪現作威怒不動金剛摧伏一切鬼魅惑亂諸障惱者令調伏故放五色光者顯異衆德破前諸闇也與天帝釋及將無量諸天而為眷屬與四俱胝菩薩往護其國

第二建立漫荼羅軌儀

夫依經建立護國護家護身除災轉障從凡成聖修行瑜伽至究竟漫荼羅者先於寂靜清潔之處有舍利處最為殊勝或於精室或於山林巖窟之所或於兩河合流之處或於園林花菓茂盛蓮華池側或於賢聖得道之處或於行者所愛樂處或於船上及重閣上盤石之上或於悅意林樹之下如是處等壇立漫荼羅於吉祥日掘地深兩肘廣四肘六肘乃至十二肘除去瓦礫髮毛灰骨諸雜穢物盡皆除去別取淨土兩河岸土如法作壇於掘處無諸穢物却填舊土如土有賸最上之地祈願速滿填若平備其地為中所願則中塡若不足其

地則下所願遲晚難得成遂塡築平滿如於舍利塔下船上重閣上盤石之上及委清淨無濁穢地即但如法建立漫荼羅則不須掘於壇中心既平塡已擇吉祥日日初分時掘深一尺縱廣亦佘以五穀種子及諸香藥各取少分置之於中誦地天眞言曰

曩莫三滿多沒馱南畢哩(二合)體(寧以反)微曳(二合)娑嚩(二合)訶

誦二十一遍加持香等安置其中塡土平滿丈於壇上面向東坐於壇中心縱廣一肘取諸香水塗一圓壇以諸時花遍布其上及以乳粥珍菓飲食至心供養以右手按其壇上誦地天眞言一百八遍即說偈言

汝天於佛所　親證成正覺　我肆漫荼羅　當願常加護

誦偈三遍即取瞿摩夷不墮地者以淨物取和諸香水誦前眞言加持二十一遍即從壇東北角右手漸次如法右旋塗誦前眞言至塗壇畢不得間斷勿作異語壇既乾已又准前法純用瞿摩夷汁如前再塗誦前眞

言並皆如上乾已又以取蓮子草或蜀葵葉或龍葵葉擣以用摩飾令壇光淨次於壇上張青色蓋稱壇大小繞壇懸幡二十四口次於壇中如法彩畫畫人沐浴著新淨衣受近住戒其壇三重莫用皮膠用諸香膠如無香膠煎糯米汁用和彩色於壇中心畫十二輻輪東畫五股金剛杵南邊畫金剛寶西邊畫金剛劍北邊畫金剛鈴此上五事即是五方菩薩手中所執秘密之契東南隅畫三股金剛杵西南隅畫寶冠西北隅畫箜篌東北隅畫羯磨金剛杵當四角上置四賢瓶金銀銅瓷新瓦亦得受一升已下滿瓶盛水插枝條花用四色繒各長四尺青黃赤綠如上次第繫四瓶項次第三重東門畫金剛鉤南門畫金剛索西門畫金剛鎖北門畫金剛鈴東南角畫香爐西南角畫荷葉於中畫雜花西北角畫燈東北角畫塗香器所畫杵等皆有光焰三重壇外一重界道四面畫門當外界道於壇四角釘佉陀羅木橛如無此木橛鐵橛紫檀木橛

亦得長十二指入地四指誦下第三金剛眞言加持橛二十一遍已然後釘也以五色縷令童女右合麁細如小指以繫橛頭周圍壇上於壇四門置四香鑪焚沈檀薰陸酥合等香於壇四角畫三股半金剛杵四角之上各然一盞燈於四門外左右兩邊各置二瓷椀(金銀銅並得)盛閼伽香水每時皆換其水灑於淨處不得踐蹋如若要祈一七二七乃至七七日即每日晨朝以八椀乳粥八椀酪飯八疊珍菓八疊甜脆日日新潔恭敬供養若不要祈尋常供養焚香燈閼伽塗香及採時花日常供養每月十四十五日於此兩日粥飯菓等如上供養為國為家為自身除災難者面向北坐觀想本尊及諸供養皆作白色寂靜默誦為求增益面向東坐想本尊等皆作黃色歡喜寂靜不出聲誦為降伏者面向南坐想本尊等作青黑色內起大悲外現威怒大聲念誦為求敬愛面向西坐想本尊等皆作赤色以喜怒心出聲念誦隨此四種若息

灾者從月一日至月八日若求增益從月九日至十五日若求敬愛從十六日至二十二日若調伏者從二十三日至月盡日建立道場終而復始如有切要不得依日但晝夜分依時建立若息灾者取初夜時若增益者取初日分若敬愛者取後夜分若調伏者取日中中夜若建道場及以念誦要祈等四種依上日時以為常則若求出離無上菩提修瑜伽者晝夜四時後夜日中黃昏中夜運心供養最為上勝至下當悉恐人難解故晝壇耳

第三入道場儀軌

若行者為求息灾先須沐浴著新淨衣若在家者受近住戒應起慇重大乘之心欲求成就不惜身命於無邊有情廣起悲願濟度之心能如是者速得成就入道場已五體投地遍禮法界一切三寶右膝著地懺悔三業一切罪障勸請十方佛轉正法輪請諸如來久住於世隨喜三乘所修福智以我某甲所修功德悉皆迴向無

上菩提願共法界一切有情所求悉地速得滿足次結加趺坐如其闕緣不得澡浴二手塗香發慇重心結清淨印兩手當心虛心合掌如未敷蓮花誦真言曰

唵娑嚩(二合)婆(引)嚩輸(入)鐸(引)薩嚩達磨(入引)娑嚩(二合)婆嚩輸度撼

誦此真言三遍正誦之時運心廣布一切諸法本來清淨是故我身悉亦清淨即閉目運想遍滿虛空一切諸佛菩薩道場衆會執持種種上妙香花三業至誠頭面禮敬

第一結佛部三昧耶印

兩手當心內相叉作拳並竪二大母指誦真言曰

唵介那介迦娑嚩(二合)訶(去引)

不出聲誦此真言三遍下皆准知於頂上散由結此印契誦此佛部三昧耶真言故十方法界一切諸佛悉皆雲集遍滿虛空加持行者離諸障惱三業清淨所修行願速得成就

第二結諸菩薩部三昧耶印

兩手當心如前作拳左大母指屈於

掌中誦真言曰

唵阿(引)嚧(引)力迦娑嚩(二合)訶

准前誦三遍於頂上散由結此印契誦此諸菩薩部三昧耶真言故即得觀自在菩薩等十方法界一切菩薩悉皆雲集遍滿虛空加持行者三業清淨無諸灾難謂諸菩薩承本悲願令所求者皆悉滿足

第三結金剛部三昧耶印

右如前印舒左大母指屈右大拇指於掌中誦真言曰

唵嚩日囉(二合)地力迦娑嚩(二合引)訶

准前誦三遍於頂上散由結印契誦金剛部三昧耶真言故即得十方法界一切金剛現威怒身如雲而集滿虛空界加持行者三業堅固猶如金剛謂彼聖者承佛威神以自願力大則護持國界令無灾難小則乃至一身令無諸厄

第四結護身印

又用三部所結印契及誦真言五處加持謂額右肩左肩心喉五處於頂上散即成被金剛堅固甲冑由此加

持遍行者身威光赫弈一切諸魔障惱者眼不敢覩疾走而去

第五結辟除印及金剛方隅寶界印

右以前金剛部印契誦彼真言遶壇左轉三匝即能辟除大力諸魔隨佛菩薩善隱顯者遠去地界隨心大小便右轉三匝即成金剛方隅寶界諸佛菩薩尚不違越況障惱者能得其便於頂上散

第六結請聖衆降壇印

右用前三部印契及誦真言以大母指向身招請三遍三招即前滿空三部聖衆各依本位不相障礙寂然而住頂上散

第七獻閼伽香水印

右以兩手持捧摩尼寶器盛滿香水置於眉中誦真言曰

唵嚩日嚧(二合)娜迦吽(引)

准上誦三遍運心廣布次第普洛一切聖衆於頂上散由獻閼伽故從勝解行地乃至法雲地於地地中十方法界諸佛菩薩皆悉加護獲諸灌頂

第八獻寶座印

右以兩手當心虛心合掌二大母指及二小指相附少屈餘之六指各散微屈如開敷蓮華真言曰

唵迦磨攞娑嚩(二合引)訶

由結印契及誦真言所獻寶座令諸聖衆皆如實受用則令行者至果位中獲得金剛堅固寶座

第九結普供養印

右以兩手合掌五指平交以右押左置於心上誦真言曰

娜莫三曼多沒馱(引)南(引)薩嚩他(引)吽(平)烏娜誐(二合)諦薩頗(二合)囉(四引)給誐誐曩(上)劒娑嚩(二合引)訶

由結此印誦真言故運心廣布周遍法界諸佛菩薩道場海會普雨一切諸供養具初誦一遍塵沙寶器滿盛塗香普塗聖衆誦第二遍種種花鬘普遍莊嚴誦第三遍焚種種香普遍供養誦第四遍雨諸天中上妙飲食置於寶器普遍供養誦第五遍雨諸摩尼以為燈明普遍供養諸佛菩薩由誦真言加持力故所獻香等於諸海會悉皆真實聖衆受用行者當來常獲

是報

第十結般若波羅蜜多根本印

又以兩手背相附收二頭指以二小指屈於掌中以大拇指各押二指頭置於心上誦經中陀羅尼七遍由結此印誦陀羅尼故行者自身即變成般若波羅蜜多菩薩為一切諸佛之母其菩薩像結加趺坐白蓮花上身黃金色衆寶瓔珞遍身莊嚴首戴寶冠繫冠白繒兩邊垂下左手當心持般若梵夾右手當乳作說法印以大母指押無名指頭即想菩薩從頭至足身諸毛孔流出光明作種種色遍滿法界一一光中化無量佛遍虛空界諸世界中普為衆生當根宣說般若波羅蜜多甚深之法皆令悟解住三摩地行者作此觀已頂上散印手持數珠置於掌中合掌當心誦真言曰

唵尾嚧者那(引)麼攞娑嚩(二合引)訶

誦此三遍加持數珠頂上戴已然後當心左手承珠右手移珠念念相應住佛母三昧觀心莫間斷誦一百八

或二十一遍掐數足已頂戴數珠置於本處結三摩地印橫舒兩手以右押左置於臍下端身閉目頭少微屈注心心上諦觀圓明鏡智上縱廣一肘漸遍法界布字行列右旋次第觀一一字光明徹照從外向內至於地字從內向外漸觀諸字周而復始至第三遍心善寂定了了分明觀所詮義不生不滅一一平等皆遍法界非動非靜定慧雙運永離諸相即是般若波羅蜜多三摩地觀

從此欲結般若波羅蜜多印誦陀羅尼七遍於頂上散次結普供養印如前蓮心次第供養對聖衆前以向所修所生功德盡將資益所求諸願為國為家利他滿足然後迴施衆生迴嚴淨土迴向實際迴求無上菩提願共有情速至彼岸次結前結界印誦前真言三遍左轉即成解界次結前三部印誦前真言三遍皆以大拇指向外撥之即成發遣聖衆各歸本土行者作禮而去如常經行受持讀誦大乘勿散動也

第四釋陀羅尼文字觀行法

娜謨(此云歸命)囉怛曩(二合此云寶)怛囉(二合)夜(引)耶

此云三順此方言歸命三寶謂由持經誦陀羅尼者密語乃云歸命三寶何故須歸耶謂梵本金剛頂瑜伽經云歸依佛故即得諸佛五菩薩等一切菩薩與無量眷屬皆來加護謂諸菩薩尊敬菩提心見發菩提心歸依佛者常加護故歸依法者即得帝釋并諸眷屬四天王天皆來加護謂由帝釋往因危難得般若法加護獲益故常尊敬歸依僧者即得色究竟天五淨居等并諸眷屬皆來加護謂諸菩薩及聲聞僧多居彼天住現法樂故常尊敬

娜莫(此云歸命)阿(上引)哩也(二合引)

此云遠離惡不善法會意翻云聖者也

吠路者娜野

此云遍照亦云大日如世間日唯照一邊不照一邊照晝不照夜照一世界不照餘世界但得名日不得名大毗盧遮那名大日者色身法身普周法界十方世界悉皆照曜若人稱名歸命禮拜則得法界一切諸佛菩薩聖賢乃至八部加持衛護

怛他(引)蘖多野(此云如來)囉訶(二合)諦

此云應供亦云害怨亦云不生

三藐(此云正)三沒馱(引)野

此云等覺順此方言歸命聖者遍照如來應供正等覺

娜莫(此云歸命)阿(引)哩野(二合此云聖者)三滿多(此云遍亦云普亦云等)跋捺囉(此云賢)野

依聲明法八轉聲中第四為聲為彼作禮故名為也下諸野字皆准此釋謂此菩薩說三密門廣明行願若有諸佛不修三密門不依普賢行願得成佛者無有是處若成佛已於三密門普賢行願有休息者無有是處故歸命也

冒地薩怛嚩(二合)野　舊云菩提今云冒地舊云薩埵今云薩怛縛(二合)於上五字此方語略略彼三字但云菩薩

摩訶薩怛嚩(二合引)野(此云大勇猛者)　摩訶迦嚕抳迦(引)野　此云大悲者順此方言歸命聖者普賢菩薩大勇猛大

悲者由悲此故即得十方諸佛菩薩悉皆加護諸佛菩薩修三密門行普賢行證得勝果故常尊敬

恒你也他引此云所謂古云即說

枳穰那智共三鉢囉二合你引閉

此云燈由此智燈破諸闇故瑜伽釋云以無所得智為方便無智無得即成般若波羅蜜多智燈普照一切法界無分別故

惡梵本此是阿字此翻為無隨文便作

惡字呼乞叉二合也此翻云盡句引勢

此翻為藏無盡藏也瑜伽釋云阿字為種子阿字者詮一切法本不生故然此阿字是一切字母能生一切字若得阿字門瑜伽相應則得諸佛無盡法藏則悟一切法本不生由如虛空一相清淨平等無二即成無分別智

鉢囉二合底婆引娜此云辯才縛底

此云具也順此方言具辯才也瑜伽釋云鉢囉二合字為種子鉢囉二合字者詮般若波羅蜜多無所得也由證諸

法本來不生故獲諸佛無盡法藏於後得智得四無礙解辯說自在故

薩嚩一切此云沒馱此云覺者縛路引枳諦

此云所觀察即一切佛所觀實相也瑜伽釋云薩字為種子薩字者詮一切法平等義也瑜伽者能緣所緣悉皆平等智證真理入法駃流即同無邊一切佛所觀察故

瑜引識此云相應跛哩你涩跛二合穎

此云圓成順此方言圓成相應也瑜伽釋云瑜字為種子瑜字者詮一切乘無所得也觀智相應證圓成理即於諸乘教理行果悉皆證得一真法性

儼避引囉此云甚深努囉嚩識引係

此云難測謂前圓成甚深難測也瑜伽釋云儼字為種子儼字者詮真如法無來無去性離言詮唯自覺聖智離相而證

底哩野二合特嚩二合此云三世跛哩你涩跛二合穎

此云圓成即三世圓成也瑜伽釋云底哩也二合三字是梵一字以為種子

底哩野二合者詮一切法真如平等塵沙功德性自成就也此真如法雖遍一切體非三世也然過去現在未來世者從虛妄生是不相應行蘊所攝有為法故真如非彼悉皆遠離

冒引地質多此云菩提心散惹引曩你此云能

生順此方言即前三世圓成能生菩提心瑜伽釋云冒字為種子冒字者詮一切法無縛義也若能知自身中菩提之心自性成就三世平等猶如虛空離一切相即能了知一切有情心及諸佛心皆如自心本來清淨則起大悲深生矜愍種種方便令諸有情離苦解脫得至究竟無縛無解是為廣大菩提心也

薩嚩引毗曬迦引此云一切灌灑

毗色訖諦二合

此云所灌會意翻云以灌頂法而灌其頂灌頂法者彼經有五所謂寶冠印契及水光明名号而灌頂也瑜伽釋云薩字為種子薩字者詮一切法無除著義由觀自他及諸佛心同一真如得同體悲是故獲得不染不著則得

十方一切諸佛法雨灌頂獲勝地也
謂十地中地地皆得勝上灌頂三業
加持於無量修多羅演説自在
達磨(此云法)娑誐囉(此云海)三步諦
此云出生順此方言謂從法海出生
無礙解脱無斷盡故瑜伽釋云達字
為種子達字者詮一切法染淨二體
皆不可得以正體智斷本識中俱生
智障則成法海流出教法廣利樂故
阿(去聲短呼)暮(引)伽此云無間斷古譯云
不空者謬也
室囉(二合)嚩停
此云聞也順此方言於諸佛所無間
聽聞瑜伽釋云今依聲論釋無間者
阿字為種子阿字者詮一切法本來
寂靜本來涅槃由證此法遍周法界
諸佛刹土大集會中於諸佛前所聞
教法悉皆憶持永不忘故
摩訶(此云大引)三滿多(此云普)跋捺囉(二合此云賢)步彌
(此云地)涅哩野(二合引)諦
此云出生順此方言從前諸地所修
行願能出生此大普賢地即十地後
等覺地也然瑜伽中從凡至聖總為

般若陀羅尼念誦儀一卷　第二十二張　白

四地一勝解行地通目地前二普賢
行願地通目十地三大普賢地即等
覺地四普照曜地即成正覺地依彼釋
者摩字為種子摩字者詮一切法我
法空故謂瑜伽者斷微細障證我法
空即起出此大普賢地證普照曜成
等正覺福智莊嚴受用法身俱圓滿
故
尾野(二合)羯囉(二合)拏(此云受記)跛里鉢囉(二合)跛停
此云獲得順此方言獲得受記即是
先得受記今獲滿足也瑜伽釋云尾
野(二合)字為種子尾野(二合)字者詮一切
法畢竟不可得由果圓滿究竟證得
一切諸法自性寂靜自性涅槃能證
所證皆同一性不增不減常圓滿故
薩嚩悉馱
此云成就人即是十地諸菩薩也
娜麼塞訖哩(二合)諦
此云作禮禮有二義一者禮彼般若
之法二者禮彼成正覺人具此二義
故十地者之所作禮也瑜伽釋云薩
字為種子薩字者詮生滅義於薩字
中有阿字詮無生義然果位中由證

般若陀羅尼念誦儀一卷　第二十三張　良

阿字不生不滅體常堅固猶若金剛
勝用自在即能普現無邊應化種種
利樂示有生滅實無生滅故
薩嚩(二合此云一切)冒(引)地薩怛嚩(二合此云菩薩)散惹曩
你此云出生順此方言出生一切菩
薩也瑜伽釋云薩字為種子薩字者
詮一切法無等義也由觀此字心與
真如平等一相清淨即是般若波羅
蜜多出生一切菩薩地故
婆誐嚩底敵對翻云具福智者會意
釋云世尊
沒馱(此云覺)麼(引)諦
此云母順此方言佛世尊母婆伽梵
者男聲呼也婆誐嚩底者女聲呼也
二俱會意釋云世尊若依聲明敵對
譯者婆伽云破梵翻為能能破四魔
名婆伽梵又云薄阿梵依聲明論分
字釋云薄名為破阿名無生梵名為
證智能證阿名為阿梵由阿梵故能
破煩惱故佛世尊不生不滅不去不
來不一不異不常不斷不增不減具
如是德名薄阿梵又云薄伽梵薄伽
云福智梵名為具會意釋云由具福

般若陀羅尼念誦儀一卷　第二十四張　占

智莊嚴滿足名薄伽梵亦是男聲瑜伽釋云娑字為種子娑字者詮一切法有不可得由心染故有生死由心淨故有涅槃彼二離心俱不可得謂由般若為生了因即能出生一切諸佛故名為母上十六句如瑜伽經中亦為普賢菩薩十六行也

阿囉姊迦囉姊阿囉拏迦羅姊

然此十二字明三秘密三業清淨阿字名者詮一切法本來不生由知一切法本來不生故悟一切法離塵囉字門者詮一切法離塵義也由知一切法離塵故即悟一切法無諍姊字門者詮一切法無諍義也由知一切法無諍故即悟一切法無造作迦字門者詮一切法無造作由知一切法無造作故即悟一切法清淨羅字門者詮一切法清淨由知一切法清淨故即悟一切法無諍姊字門者詮一切法無諍由知一切法無諍故即悟一切法本來寂靜阿字門者詮一切法本來寂靜由知一切法本來寂靜故即悟一切法無拓

囉字門者詮一切法無拓由知一切法無拓故即悟一切法無諍拏字門者詮一切法無諍由知一切法無諍故即悟一切法無造作迦字門者詮一切法無造作由知一切法無造作故即悟無分別智囉字門者詮一切法無分別由知一切法無分別故即悟一切法無動姊字門者詮一切法無動由知一切法無動故即證摩訶般若波羅蜜多無住道也

摩訶（引此云大）鉢囉（二合）枳穰（二合此云極智）播（引）囉弭諦

依聲明論分句釋云播藍伊（上聲）多伊多者此岸也播藍者彼岸也乘大極智離生死此岸到涅槃彼岸得無住處大般涅槃也

娑嚩（二合引）訶

此云成就義亦云吉祥義亦云圓寂義亦云息灾增益義亦云無住義今依無住義即是無住涅槃依此涅槃盡未來際利樂有情無盡期故此上凡言種子者是引生義攝持義見如十字合成一句以初一字而為種子下

之九字所有觀智依初引生攝入初字由此而言若知一法即知一切法若知一法空即知一切法空能於一字專注觀察修諸行願一切行願皆得圓滿

第五陀羅尼觀想布字輪

若行者能於此般若波羅蜜多經修瑜伽觀智者於此陀羅尼從初至末所有文字一一句一一字思惟觀察於自心中清淨圓明大圓鏡上想一金輪外第一重有十六輻次第右旋想十六句分明顯現次第二重有十二輻想十二字右旋安布次第三重布列十字於十字中有一地字此中意者攝前長行乃至諸會大般若等為十六句攝十六句為十二字攝十二字為其十字攝彼十字歸于一字從廣至略漸減漸深一字現前同於法界性相平等至究竟故然修行者觀諸梵字了了分明周而復始若心專注於諸文字屈曲次第心不異緣即成定品觀所詮理即成慧品二法雙運任運現前通達無礙念念銷滅一

切業障報障煩惱障身心轉依皆得
自在獲諸神通至究竟位三身具矣

仁王護國般若波羅蜜多經陀羅尼念誦儀軌

丙午歲高麗國大藏都監奉
勅雕造

般若陀羅尼念誦儀軌　第十八張　白

仁王護國般若波羅蜜多經陀羅尼念誦儀軌

校勘記

一　底本，麗藏本。

一　一〇一九頁上一行序名，磧作「大唐新譯仁王般若經陀羅尼念誦儀軌序」；南作「唐新譯仁王般若經陀羅尼念誦儀軌序」；徑、清作「新譯仁王護國經道場念誦軌儀序」。

一　一〇一九頁上二行首字「大」，徑、清作「唐大」。

一　一〇一九頁上三行末字「篡」，石、作「纂」。

一　一〇一九頁上五行第八字「辟」，南、徑、清作「大」。

一　一〇一九頁上八行末字「秋」，磧、南、徑、清作「至秋」。

一　一〇一九頁上九行「西明」，磧、南、徑、清作「西明兩寺各五十人」。

一　一〇一九頁上一〇行「五雲……作禮」，磧、南、徑、清作「千官作禮經出內而萬姓觀瞻逐感卿雲呈瑞嘉氣浮空左右兩街威儀整肅旛華前引音樂後隨內外咸歡京城共喜」。

一　一〇一九頁上一二行至一三行「之來莫與京者」，磧、南、徑、清作「西來莫茲竝矣」。

一　一〇一九頁上一九行「習誦」，磧、南、徑、清作「誦習」。

一　一〇一九頁上二〇行首字「若」，磧、南、徑、清作「若有」。

一　一〇一九頁上末行第一三字「字」，磧、南、徑、清作「諸字」。

一　一〇一九頁中一行第一〇字至二行第四字「如……故」，磧、南、徑、清作「茲實祕藏真詮者矣是以」。

一　一〇一九頁中三行至四行「介昌……利於」，磧、南、徑、清作「其福而廣俾其利而大於斯傳者」。

一　一〇一九頁中四行至六行首字「其益……嘉」，磧、南、徑、清作「也其功既妙利益隆深克念應時殊祥必降我」。

一　一〇一九頁中六行「是以」，磧、南、經、清無。又第九字「之」，石無。又第一一字「良」，磧、南、經、清作「命良」。

一　一〇一九頁中七行首字「乃」，磧、南、經、清無。又第六字至八行第三字「始……則」，磧、南、經、清作「觀行印持其道場念誦儀」。

一　一〇一九頁中九行末字至一〇行第二字「遂求願」，磧、南、經、清作「同崇出世之因共」。

一　一〇一九頁中一〇行第一一字「之」，磧、南、經、清無。

一　一〇一九頁中一一行末字「哉」，磧、南、經、清作「矣」。

一　一〇一九頁中一二行至次行經名，石作「仁王護國般若波羅蜜多經陀羅尼念誦軌儀」；磧、南、經、清作「仁王護國般若波羅蜜多經道場念誦軌儀」。

一　一〇一九頁中一三行夾註「出……經」，磧、南、經、清無。

一　一〇一九頁中一四行至一五行譯者，石、磧、南作「京(「京」，石無)大興善寺三藏沙門大廣智不空奉詔譯」；經、清作「唐北天竺三藏沙門大廣智不空奉詔譯」。

一　一〇一九頁下八行第六字「惱」，磧、經、清作「害」。又第九字「者」，磧、南、經、清作「皆」。

一　一〇一九頁下一四行首字至第八字「經……薩」，磧、南無。

一　一〇一九頁下二〇行第五字「云」，磧、南、經、清作「爲」。

一　一〇二〇頁上一行「諸惡」，磧、南、經、清作「及諸」。

一　一〇二〇頁上二行第一〇字「者」，磧、南、經、清無。

一　一〇二〇頁上三行第四字「也」，磧、南、經、清作「衆也」。

一　一〇二〇頁上五行第九字「者」，磧、南、經、清作「如」。

一　一〇二〇頁上七行第一二字「衆」，磧、南、經、清作「等衆」。

一　一〇二〇頁上一五行「示其」，磧、南、經、清作「示現」。

一　一〇二〇頁中二行「藥叉」，磧、南、經、清作「藥叉菩薩」。

一　一〇二〇頁中五行第一〇字「摧」，磧、南、經、清作「摧伏」。

一　一〇二〇頁中七行「其音震」，磧、南、經、清作「鈴音振」。

一　一〇二〇頁中末行「金剛」，磧、南、經、清無。

一　一〇二〇頁下五行第九字「前」，磧、南、經、清無。

一　一〇二〇頁下九行「護身」，磧、南、經、清作「及自身」。

一　一〇二〇頁下一五行第三字「或」，磧、南、經、清作「及」。又第一〇字「處」，磧、南、經、清作「之處」。

一　一〇二〇頁下一七行「處等壇」，石作「處等堪」；磧、南、經、清作「等處堪」。

一　一〇二〇頁下一八行「六肘」，磧、南、經、清作「或六肘」。

一　一〇二〇頁下一九行「灰骨」，磧、南、徑、清作「灰土骨等」。
一　一〇二〇頁下二一行第四字「掘」，磧、南、徑、清作「取土」。
一　一〇二〇頁下二二行首字「土」，磧、南、徑、清無。
一　一〇二一頁上二行「舩上」，磧、南、徑、清作「上上」。
一　一〇二一頁上三行「之上及委」，磧、南、徑、清作「處及」。又第八字「濁」，石、磧、南、徑、清作「觸」。又「但如法」，磧、南作「但如如法」；徑作「但如法」。
一　一〇二一頁上四行第一三字「心」，磧、南、徑、清無。
一　一〇二一頁上五行「日日」，磧、南、徑、清作「日取曰」。
一　一〇二一頁上一四行第二字「至」，磧、南、徑、清作「志」。又末字「地」，磧、南、徑、清作「前地」。
一　一〇二一頁上一八行第二字「偈」，磧、南、徑、清作「此偈」。又第一一字「墜」，磧、南、徑、清作「墜」。
一　一〇二一頁上一九行「淨物取」，磧、南、徑、清作「器物承取」。
一　一〇二一頁上二一行首字「注」，石、磧、南、徑、清作「法」。
一　一〇二一頁中一行第九字「以」，磧、南、徑、清無。
一　一〇二一頁中二行第二字及第六字「華」，磧、南、徑、清作「華」。又「搗以用摩飾」，磧、南、徑、清作「摘以摩拭」。又第一四字「先」，石、磧、南、徑、清作「光」。
一　一〇二一頁中四行第五字「日」，石、磧、南、徑、清作「口」。
一　一〇二一頁中五行「沐浴」，磧、南、徑、清作「須沐浴」。
一　一〇二一頁中六行第一三字「煎」，磧、南、徑、清作「即煎」。
一　一〇二一頁中八行第一〇字「邊」，磧、南、徑、清無。次行第二字同。
一　一〇二一頁中九行第八字「邊」，磧、南、徑、清作「方」。又第一二字「鈴」，磧、南、徑、清作「牙」。
一　一〇二一頁中一四行第二字「瓷」，磧、南、徑、清作「瓷等」。又第七字「受」，磧無；南、徑、清作「可受」。又第一二字「滿」，磧、南、徑、清作「物滿」。
一　一〇二一頁中末行第八字「椒」，磧、南、徑、清無。
一　一〇二一頁下三行末字「如」，磧、南、徑、清作「如其」。
一　一〇二一頁下八行第三字「瓷」，磧、南、徑、清作「華」。又小字左「並得」，磧、南、徑、清作正文「瓷等用」。
一　一〇二一頁下九行第一二字「如」，磧、南、徑、清無。
一　一〇二一頁下一〇行首字「祈」，磧、南、徑、清作「祈請」，一三行第二字同。又「一七二七」，磧、南、徑、清作「一七日二七日」。
一　一〇二一頁下一一行及次行「八疊」，磧、南、徑、清作「八楪」。

一　一〇二一頁下一二行第四字「脆」，磧、南、徑、清作「脆等各下八分」。

一　一〇二一頁下一三行第九字「燒」，磧、南、徑、清無。

一　一〇二一頁下一四行「十四」，磧、南、徑、清作「十四日」。

一　一〇二一頁下一五行「粥飯菓等如上供養爲」，磧、南、徑、清作「乳粥華果等供養若爲」。

一　一〇二一頁下一六行「面向北」，石作「面北」。

一　一〇二一頁下二二行第二字「愛」，磧、南、徑、清作「愛者」。次頁上二行第一二字同。

一　一〇二二頁上二行第一三字「從」，磧、南、徑、清作「從月」。三行第一二字同。

一　一〇二二頁上三行第八字「若」，磧、南、徑、清作「若求」。

一　一〇二二頁上五行「切要」，磧、南、徑、清作「急切」。

一　一〇二二頁上八行「中中」，磧、南、徑、清作「中及中」。

一　一〇二二頁上九行第三字「祈」，磧、南、徑、清作「祈求」。又「日時」，磧、南、徑、清作「時日」。

一　一〇二二頁上一〇行第五字「無」，磧、南、徑、清作「至無」。又第一二字「者」，磧、南、徑、清作「者即」。

一　一〇二二頁上一二行第一〇字「人」，磧、南、徑、清作「煩」。

一　一〇二二頁上一四行「儀軌」，磧、南、徑、清作「軌儀」。

一　一〇二二頁上一五行「若行者爲求息灾」，磧、南、徑、清作「夫欲求息災者」。又第一〇字至次行首字「沐浴着新淨衣」，磧、南、徑、清作「着新淨衣及沐浴等」。

一　一〇二二頁上末行第五字「甲」，磧、南、徑、清作「甲等」。又「悉皆迴向」，磧、南、徑、清作「皆悉回向」。

一　一〇二二頁中二行首字「地」，磧、南、徑、清作「皆」。又「其闕」，磧、南、清作「有缺」。

一　一〇二二頁中三行第五字「二」，磧、南、徑、清作「以」。

一　一〇二二頁中一二行第四字「至」，磧、南、徑、清作「志」。

一　一〇二二頁中一四行首字「兩」，磧、南、徑、清作「以兩」。又末字「母」，石作「拇」，次頁上一一行末字、次頁中一行第一三字同。

一　一〇二二頁中一七行第一〇字「下」，磧、南、徑、清作「向下」。

一　一〇二二頁下三行第一二字「此」，磧、南、徑、清無。

一　一〇二二頁下七行第一二字「本」，磧、南、徑、清作「大」。

一　一〇二二頁下八行首字「今」，磧、南、徑、清作「令」。又第六字「悉」，磧、南、徑、清作「得」。

一　一〇二二頁下九行末字「印」，石無。

一　一〇二二頁下一〇行首字「右」，磧、南、徑、清無。

一　一〇二二頁下一三行第一二字

「印」，磧、南、徑、清作「此印」。

一〇二二頁下一七行至一八行「大則」，磧、南、徑、清作「則能」。

一〇二二頁下一八行「小則」，磧、南、徑、清無。

一〇二二頁下二一行第九字「及」，磧、南、徑、清作「乃」。

一〇二二頁下二二行第四字「額」，磧、南、徑、清作「額上」。又「右肩左肩」，石作「左肩右肩」。又「心喉」，磧、南、徑、清作「上心及喉等」。

一〇二三頁上二行首字「障」，石、磧、南、徑、清作「作障」。又第七字「覩」，磧、南、徑、清作「觀」。

一〇二三頁上六行第九字「地」，磧、南作「佗」；徑、清作「他」。

一〇二三頁上七行首字「便」，磧、南、徑、清無。

一〇二三頁上一〇行第五字「聖」，磧、南、徑、清作「諸聖」。

一〇二三頁上一四行首字「住」，磧、南、徑、清作「住於」。

一〇二三頁上一七行第三字「眉」，磧、南、徑、清作「肩」。

一〇二三頁上二〇行第一一字「伽」，磧、南、徑、清作「伽香水」。

一〇二三頁上二一行「於地」，磧、南、徑、清作「一一」。又第一二字至次行首字「十方法界」，磧、南、徑、清作「法界十方」。

一〇二三頁中三行「真言」，磧、南、徑、清作「誦真言」。

一〇二三頁中七行第三字「得」，磧、南、徑、清無。

一〇二三頁中二一行末字「誦」，磧、南、徑、清無。

一〇二三頁下三行首字「又」，磧、南、徑、清作「右」。

一〇二三頁下九行第五字「實」，石、磧、徑作「寶」。

一〇二三頁下一〇行「繫冠」，磧、南、徑、清無。

一〇二三頁下一二行第一三字「頭」，磧、南、徑、清作「頂」。

一〇二三頁下一三行第三字「諸」，磧、南、徑、清作「多」。

一〇二三頁下一四行第一二字「遍」，磧、南、徑、清作「徧滿」。

一〇二三頁下一五行首字「界」，磧、南、徑、清無。

一〇二三頁下二一行第二字「此」，磧、南、徑、清作「此真言」。

一〇二三頁下末行末字「八」，磧、南、徑作「八徧」。

一〇二四頁上一行第六字「掐」，磧、南、徑、清無。

一〇二四頁上四行第九字「智」，磧、南、徑、清無。

一〇二四頁上一二行第三字「欲」，石、磧、南、徑、清作「卻」。

一〇二四頁上一九行第六字「左」，磧、南、徑、清作「右」。

一〇二四頁上末行「散動」，磧、南、徑、清作「令散亂」。

一〇二四頁中五行「歸耶謂」，磧、

一 南、經、清作「皈命邪爲」。

一 一〇二四頁中六行首字「云」，磧、南、經、清作「云何須皈依佛」。

一 一〇二四頁中七行「無量」，磧、南、經、清作「諸」。

一 一〇二四頁中一〇行「四天王天」，磧、南、經、清作「四大天王」。

一 一〇二四頁中一二行「常尊敬」，磧、南、經、清無。又第九字「即」，磧、南、經、清無。

一 一〇二四頁中一四行第六字「僧」，磧、南、經、清作「衆」。

一 一〇二四頁中二一行「照晝不照夜」，磧、南、經、清作「晝照夜不照」。

一 一〇二四頁下一六行末字「故」，磧、南、經、清作「是故」。

一 一〇二五頁上一行第四字「歸」，磧、南、經、清作「皈命」。

一 一〇二五頁上二行第五字「諸」，磧、南、經、清作「謂」。

一 一〇二五頁上一〇行第四字「此」，磧、南、經、清作「云此」。

一 一〇二五頁上一二行第三字「呼」，磧、南、經、清作「呼今此須云阿字上聲短呼也」。

一 一〇二五頁上一三行「此翻爲藏」，磧、南、經、清作「此翻藏即」。

一 一〇二五頁中四行第六字「即」，磧、南、經、清作「即是」。

一 一〇二五頁中五行「云薩字」，石作「薩」。

一 一〇二五頁中六行第六字「瑜」，磧、南、經、清作「爲瑜」。

一 一〇二五頁中七行第九字「駃」，石、經作「駛」。

一 一〇二五頁中八行第三字「佛」，磧、南、經、清作「諸佛」。

一 一〇二五頁中一一行第四字及第九字「瑜」，南、經、清作「喻」。

一 一〇二五頁中一二行第五字「也」，磧、南、經、清作「故」。

一 一〇二五頁下一三行「矜慜」，磧、南、經、清作「矜愍」。

一 一〇二五頁下一六行末字「灑」，石作「曬」；磧、南、經、清作「頂」。

一 一〇二五頁下一八行第四字「灌」，磧、南、經、清作「灌頂」，又「翻云……而灌」，磧、南、經、清作「以翻灌頂法以灑」。

一 一〇二五頁下一九行「灌頂」，磧、南、經、清無。

一 一〇二五頁下二二行「佛心」，磧、南、經、清作「佛之心」。

一 一〇二五頁下末行第一一字「不」，磧、經、清無。

一 一〇二六頁上一行「法雨」，磧、南、經、清作「法水」。

一 一〇二六頁上五行「謂從」，磧、南、經作「謂」；清作「諸」。

一 一〇二六頁上九行首字「智」，磧、南、經、清作「所知」。

一 一〇二六頁上一〇行正文第一〇字「譯」，磧、南、經、清無。

一 一〇二六頁上一四行第九字「聲」，磧、南、經、清作「聲明」。

一　一〇二六頁上一六行「遍周」，磧、南、徑、清作「周遍」。

一　一〇二六頁中五行「故謂」，石作「法謂」，磧、南、徑、清作「故爲」。

一　一〇二六頁中六行末字「成」，磧、南、徑、清作「地成」。

一　一〇二六頁中七行首字「等」，磧、南、徑、清作「正等」。

一　一〇二六頁中八行首字「故」，磧、南、徑、清作「故也」。一五行末字同。

一　一〇二六頁中一〇行及一一行「受記」，磧、南、徑、清作「授記」。

一　一〇二六頁中一三行「畢竟」，磧、南、徑、清作「究竟」。

一　一〇二六頁中一七行「此云」，南、徑作「引此云」。次頁中一八行同。

一　一〇二六頁中二一行第四字「者」，磧、南、徑、清無。

一　一〇二六頁下三行第三字「示」，磧、南、徑、清作「亦」。

一　一〇二六頁下六行第二字「也」，磧、南、徑、清作「地也」。

一　一〇二六頁下一四行第一〇字「者」，磧、南、徑、清無。

一　一〇二六頁下一五行「釋云」，石作「譯云」。

一　一〇二六頁下一六行首字「譯」，清作「釋」。

一　一〇二六頁下一七行末字至一八行第二字「分字釋」，磧、南、徑、清無。

一　一〇二七頁上一行第九字「梵」，磧、南、徑、清作「梵又薄伽梵」。

一　一〇二七頁上九行「三業清淨」，磧、南、徑、清作「即是身語意三密也瑜伽釋云」。

一　一〇二七頁上一三行第六字「故」，磧、南、徑、清無。一七行第五字及本頁中八行第六字同。

一　一〇二七頁中七行第一二字「由」，磧、南、徑、清作「故由」。

一　一〇二七頁中一六行第三字「般」，磧、南、徑、清無。

一　一〇二七頁中二一行末字「凡」，磧、南、徑、清無。

一　一〇二七頁中二二行第一二字「具」，石、磧、南、徑、清作「且」。

一　一〇二七頁中末行第三字「成」，磧、南、徑、清作「爲」。

一　一〇二七頁下一行第九字「初」，磧、南、徑、清作「所」。

一　一〇二七頁下五行「圓滿」，磧、南、徑、清作「滿足故」。

一　一〇二七頁下六行第二字「五」，磧、南、徑、清作「五明」。

一　一〇二七頁下七行「若行者能」，磧、南、徑、清作「若修行者」。

一　一〇二七頁下八行第六字「於」，磧、南、徑、清作「爲」。

一　一〇二七頁下一四行「於十字」，磧、南、徑、清無。

一　一〇二七頁下一八行「同於」，磧、南、徑、清作「周于」。

一　一〇二八頁上卷末經名，石作「仁王護國般若波羅蜜多經陀羅尼念誦軌儀一卷」；磧、南作「大(「大」，南無)唐新譯仁王護國經道場念誦軌儀」；徑、清作「仁王護國般若波羅蜜多經道場念誦軌儀」。

中華大藏經（漢文部分）

校勘凡例

一 《中華大藏經（漢文部分）》的底本以《趙城金藏》爲主；《趙城金藏》缺佚，則以《高麗藏》等作底本。各卷所用底本的名稱及涉及底本的其他問題，均在校勘記的第一條中說明。

一 《中華大藏經（漢文部分）》選用的參校本共八種，即《房山雲居寺石經》（石）、宋《資福藏》（資）、《影印宋磧砂藏》（磧）、元《普寧藏》（普）、明《永樂南藏》（南）、明《徑山藏》（徑）、《清藏》（清）、《高麗藏》（麗）。

一 校勘記中的「諸本」，若底本爲金藏，即包括石、資、磧、普、南、徑、清、麗全部八種校本；若底本爲麗藏，則包括石、資、磧、普、南、徑、清全部七種校本。其他情況若用「諸本」，校勘記中則另加說明。

一 校勘採用底本與校本逐字對校的办法，只勘出經文中的異同及字句錯落，一般不加評注。參校本若有缺卷，或有殘缺、漫漶等字迹無可辨認者，則略去不校，校勘記亦不作記録。

一 一經多卷，經名、譯者、品名出現同樣性質的問題，一般只在第一卷出校，並注明以下各卷同；分卷不同時，以底本爲主出校。

一 古今字、異體字、正俗字、通假字及同義字，一般不出校。如：

古今字：宍（肉）；猗（倚）；歫（跛）；鉾（矛）；誼（義）等。

異體字：䏶（槃）；刹（剎）；皃（貌）；惱（惱）；㝵（碍、礙、閡）等。

正俗字：恠（怪）；滴（渧）；體（躰）；刺（刾）；閙（閙）等。

通假字：惟（唯）；嫉（疾）；頻（嚬、顰）；揣（摶）；尠（鮮）等。

同義字：言（曰）；如（若）；弗（不）等。